Doris Debenjak

Wörterbuch
DEUTSCH – SLOWENISCH
SLOWENISCH – DEUTSCH

Slovar
NEMŠKO – SLOVENSKI
SLOVENSKO – NEMŠKI

Založba DRAVA Verlag

Klagenfurt/Celovec
Layout und Druck: Tiskarna / Druckerei Drava, Klagenfurt/Celovec

ISBN 3-85435-255-7
Schulbuch-Nr. 3969

INHALT / VSEBINA

GLAVNE ZNAČILNOSTI NEMŠKEGA JEZIKA

1. Besede v slovarju so vseskozi razporejene po abecednem redu. Abecedno so uvrščeni tudi preterit in deležnik preteklega časa krepkih in nepravilnih glagolov ter skloni zaimkov.
2. Znak ~ stoji tam, kjer bi bilo treba ponoviti geslo, predvsem v frazah in idiomih, v predložnih zvezah je praviloma izpuščen.
3. **Naglasi** so označeni samo pri nemških besedah in sicer tam, kjer ni naglašen prvi zlog. Če torej naglas ni posebej označen, naglasimo prvi zlog. Naglas je označen s črtico pod samoglasnikom oz. diftongom. V pisavi v nemščini naglasov – razen v nekaterih tujkah – ne označujemo.
4. **Spol** je naveden pri vseh samostalnikih, in sicer z znaki *m (moški), f* (ženski) in *n* (srednji).
5. **Skloni** so navedeni v nemško-slovenskem delu pri nesestavljenih samostalnikih na začetku gesla: **Strich**, **~s**, **~e**. Sestavljenke in zloženke (npr. Anstrich, Bindestrich) se sklanjajo tako, kot njihov zadnji samostalnik, zato tam oblike niso posebej navedene. Pri nesestavljenih samostalnikih navajam torej poleg edninskega imenovalnika še končnico rodilnika in imenovalnika množine: **~s**, **~e**, – des Strichs, die Striche; preglas v množini je označen takole: **Tuch**, **~s**, **£er** (Tuch, des Tuchs, die Tücher). Sprememba ß v ss je zaznamovana v oklepajih: **Riß**, **~(ss)es**, **~(ss)e**. Drugi primeri: **Mutter**, **~**, **£**, (Mutter, der Mutter, die Mütter), **Endung**, **~**, **~en** (Endung, der Endung, die Endungen). Znak – pomeni, da samostalnik nima množine. Če je množinskih oblik več so razvrščene po pomenih: **Band**, **~s**, **Bänder** trak, vez, **Bande** spone; **Band**, **~s**, **£e** zvezek, knjiga. Kjer je v rodilniku poleg oblike s **-s** mogoča še sporedna oblika z **-es** (des Tuches, des Striches), ta ni posebej omenjena, ker zastareva.
6. **Glagoli** so navedeni z nedoločnikom. Pri krepkih in nepravilnih glagolih so navedeni še: **tretja oseba** ednine sedanjika (če se v osnovi razlikuje od prve), preterit in deležnik preteklega časa: **nehmen**, *er* **nimmt**, **nahm**, **genommen**. Pri sestavljenih glagolih opozarja zvezdica na krepke in

nepravilne oblike, te poiščemo pri osnovnem glagolu (abnehmen). Če je sestavljeni glagol naglašen na osnovi (torej ne na prvem zlogu: vernehmen, übersetzen), je neločljivo sestavljen in tvori deležnik preteklega časa brez **ge-**: vernommen, übersetzt, v nasprotju z ločljivo sestavljenimi: abnehmen – abgenommen, vorsetzen – vorgesetzt.

7. Nepravilne oblike primernika in presežnika niso uvrščene v slovar, poiščemo jih v slovničnem pregledu.
8. Znak / pomeni »oziroma«. Primer: *Durst haben / bekommen:* beseda s prvim glagolom (Durst *haben*) pomeni »biti žejen« in z drugim (Durst *bekommen*) »postati žejen«.
9. Besede, ki so znotraj gesla pri posameznih pomenih tiskane ležeče (v oklepaju ali ne), so odnosnice, sinonimi, širši pojmi – ti naj olajšajo izbiro pravega prevoda – včasih pa tudi besede, s katerimi se beseda pogosto veže: npr. **Stein** kamen, *(Obst)* koščica, *(Spiel)* figura.
10. **Neid** (*blaß* zelena), **Pate** (*stehen* biti), **Wiege** (*stehen* teči) – nekatere stalne zveze so v nemščini drugačne kot v slovenščini. Na take zveze opozarjajo h geslu pripisane besede v oklepaju: slovenski **zeleni** zavisti ustreza **blasser** *Neid*, biti za botra je nemško *Pate stehen*, zibelka je tekla rečemo po nemško *die Wiege stand*.
11. Fraze in idiomi so večkrat izpuščeni, če so ali enaki slovenskim ali (v nemško slovenskem delu) če so zlahka razumljivi.
12. *A*, *D*, *G*, *N* so oznake za sklone, s katerimi se veže glagol. Predlogi, ki se vežejo z glagolom, so navedeni pri pomenih, če sodoločajo pomen glagola *(sich freuen über, sich freuen auf)*. Kadar pa ne vplivajo na pomen, in se določen glagol oz. pridevnik vedno veže le z določenim predlogom, tedaj so navedeni za glagolom oz. pridevnikom: *bitten* prositi (*um* za), reich (an).
13. V nemško-slovenskem delu so **tujke** praviloma izpuščene, če so enake kot v slovenščini ali če se od slovenske oblike razlikujejo le v končnici ali pravopisu. V slovensko-nemškem delu so navedene le najvažnejše. Seveda so v obeh delih slovarja upoštevane tujke, katerih raba se bistveno razlikuje od slovenske: *parken* – parkirati, *testen* – testirati, *testieren* – zapustiti z oporoko

Aktualne spremembe v nemškem pravopisu glej poglavje »Neuregelung der deutschen Rechtschreibung im Überblick«, stran 21.

Abkürzungen – Kratice

A	tožilnik, *Akkusativ*
a.	tudi, *auch*
adj.	pridevnik, *Adjektiv*
adv.	prislov, *Adverb*
anat.	anatomsko, *Anatomie*
art.	spolnik, *Artikel*
atrib.	atributivno, *attributiv*
bio.	biološko, *Biologie*
bot.	botanično, *Botanik*
cj.	veznik, *Konjunktion*
D	dajalnik, *Dativ*
eccl.	cerkveno, *kirchlich*
el.	električno, *elektrisch*
em	*einem*
en	*einen*
etw.	*etwas*
f	ženski spol, *Femininum*
F	pogovorno, *umgangssprachlich*
fig.	v prenesenem pomenu, *figurativ*
G	rodilnik, *Genitiv*
geol.	geološko, *Geologie*
gl.	glej, *siehe*
gram.	slovnično, *grammatisch*
gymn.	telovadno, *gymnastisch*
I	orodnik, *Instrumental*
indef.	nedoločeno, *unbestimmt*
inst.	instalatersko, *Installation*
interj.	medmet, *Interjektion*
inter.	vprašalno, *fragend*
ipd.	in podobno, *und Ähnliches*
iron.	ironično, *ironisch*
irr.	irealno, *irreal*
itd.	in tako dalje, *usw.*
jd	*jemand*
jm	*jemandem*
jn	*jemanden*
js	*jemandes*

kem.	kemično, *chemisch*
kond.	pogojno, *konditional*
L	mestnik, *Lokativ*
lok.	krajevno, *örtlich*
m	moški spol, *Maskulinum*
mat.	matematično, *mathematisch*
med.	medicinsko, *medizinisch*
mil.	vojaško, *militärisch*
N	imenovalnik, *Nominativ*
n	srednji spol, *Neutrum*
nacist.	nacistično, *nationalsozialistisch*
num.	števnik, *Nummerale*
part.	členica, *Partikel*
pej.	slabšalno, *pejorativ*
phys.	fizikalno, *Physik*
pl.	množina, *Plural*
poet.	poetično, *poetisch*
pol.	politično, *politisch*
pred.	povedkovo določilo, *prädikativ*
pret.	preterit, *Präteritum*
pron.	zaimek, *Pronomen*
prp.	predlog, *Präposition*
psih.	psihološko, *Psychologie*
rel.	oziralno, *relativ*
sest.	sestavljenka, *Zusammensetzung*
teatr.	gledališko, *Theater*
tehn.	tehnično, *technisch*
telef.	telefonsko, *Telefon*
temp.	časovno, *zeitlich*
typ.	tiskarsko, *Buchdruck*
univ.	univerza, *Universität*
V	vulgarno, *vulgär*
več.	večinoma, *meist*
v/i	neprehoden glagol, *intrasitives Verb*
v/t	prehoden glagol, *transitives Verb*
zast.	zastarelo, *veraltet*
zoo.	zoološko, *Zoologie*
*	glagol je krepak ali nepravilen

Pisava

a kot slovenski **a**, **ä** beremo **e**, **äu** kot **oj**.
b kot slovenski **b**, na koncu besede kot v slovenščini nezveneč.
c v tujkah; **ck** beremo **k**, samoglasnik pred njim kratek.
ch v nemških besedah **h**, v tujkah iz modernih jezikov ustrezno izgovorjavi v teh jezikih.
d kot v slovenščini; **dt** beremo **t**.
e kot v slovenščini, na koncu besed in v končnicah kot polglasnik; **ei** beremo kot **aj**, **eu** kot **oj**; gl. še **ie**.
f kot v slovenščini.
g kot v slovenščini, na koncu besede nezveneč.
h na začetku besede beremo kot **h**, enako v končnici **-heit** in v zloženkah. Za vokali (nehmen) zaznamuje dolžino vokala. Primerjaj še **ch**, **sch**, **tsch**.
i kot v slovenščini; **ie** beremo kot dolgi **i**.
j kot v slovenščini; v tujkah iz modernih tujih jezikov v skladu z izgovorjavo v teh jezikih.
k kot v slovenščini; **ck** stoji za dvojni **k**.
l kot v slovenščini.
m kot v slovenščini.
n kot v slovenščini; **ng**, **nk** se izgovarja kot nosnik, še izraziteje kot v slovenskih besedah angel, Anka.
o kot v slovenščini, **ö** kot v vzhodnoslovenskih narečjih (npr. Sömen).
p kot v slovenščini, vendar aspiriran. **pf** beremo **pf**, **ph** kot **f**.
qu beremo kot **kv**.
r izgovarjamo bolj zabrisano kot v slovenščini, posebno na koncu besede.
s izgovarjamo večinoma kot **z**, **ss** kot **s**, **sch** kot **š**, **sp**, **st** razen v sredi besede kot **šp**, **št**. Glej tudi **tsch**.
ß ostri s, izgovarjamo kot **s**.
t kot v slovenščini, aspiriran; **th** se izgovarja enako kot **t**, piše se v tujkah; **tsch** izgovarjamo kot **č**, **tz** kot **c**.
u kot v slovenščini, **ü** kot v nekaterih slovenskih narečjih (süha roba); v dvoglasnikih **äu**, **eu** beremo **oj**.
v beremo kot **f**, edino v tujkah kot v (*Villa*).
w beremo kot slovenski **v**, v osebnih in krajevnih imenih s končnico **ow** onemi (*Treptow*).
z beremo kot **c**.

Vsi dvojni soglasniki označujejo kračino samoglasnika pred njimi.

Nekaj najosnovnejših slovničnih pravil

Sklanjatev

Nemščina pozna štiri sklone: imenovalnik (N), rodilnik (G), dajalnik (D) in tožilnik (A) (v sklanjatvah so navedeni po tem vrstnem redu) ter dve števili: ednino in množino.

Člen

Nemški samostalniki se praviloma vežejo s členom, z **določnim** *der* (za moški spol), *die* (za ženski spol) in *das* (za srednji spol) ter **nedoločnim** *ein* (za moški in srednji spol) in *eine* (za ženski spol). Določni in nedoločni člen se sklanjata takole:

	ednina		množina		ednina	
der	*die*	*das*	*die*	*ein*	*eine*	*ein*
des	*der*	*des*	*der*	*eines*	*einer*	*eines*
dem	*der*	*dem*	*den*	*einem*	*einer*	*einem*
den	*die*	*das*	*die*	*einen*	*eine*	*ein*

Nedoločni člen nima množine, pred snovnimi imeni v množini ga včasih nadomešča *welcher.*
V nikalnih stavkih uporabljamo nedoločni člen v zvezi z *nicht* (torej *nicht ein*) le, če želimo poseben poudarek, običajno stoji namesto *nicht ein* **kein**.

Sklanjatev samostalnika

Nemški samostalnik ima tri sklanjatve: krepko, mešano in šibko. Po krepki sklanjamo vse samostalnike, ki ne tvorijo množine z obrazilom **-n** ali **-en**.

Krepka sklanjatev

V ednini ima posebno obrazilo le rodilnik samostalnikov moškega in srednjega spola in to **-s** ali **-es**. Množino tvorimo z množinskim obrazilom, le v dajalniku ima samostalnik še dodatno obrazilo **-n**.

der Tag	*die Tage*	*die Mutter*	*die Mütter*
*des Tag*__*es*__	*der Tage*	*der Mutter*	*der Mütter*
dem Tag	*den Tag*__*en*__	*der Mutter*	*den Mütter*__*n*__
den Tag	*die Tage*	*die Mutter*	*die Mütter*

Šibka sklanjatev

Po tej sklanjatvi sklanjamo samo samostalnike moškega spola. V vseh sklonih razen imenovalnika ednine imajo obrazilo **-en**. Na primer:

der Mensch	*die Menschen*
des Menschen	*der Menschen*
dem Menschen	*den Menschen*
den Menschen	*die Menschen*

Mešana sklanjatev

Po tej sklanjatvi sklanjamo vse samostalnike, ki imajo v ednini krepke končnice (gl. krepko sklanjatev) ter v množini množinsko obrazilo **-n** ali **-en**. Sem spada večina samostalnikov ženskega spola, nekaj samostalnikov moškega (Muskel, Nerv, Doktor, Autor itd.) in srednjega spola (Auge, Ohr, Herz, Bett, Hemd, Leid, Weh, Ende).

die Schüssel	*die Schüsseln*	*der Dorn*	*die Dornen*
der Schüssel	*der Schüsseln*	*des Dorns*	*der Dornen*
der Schüssel	*den Schüsseln*	*dem Dorn*	*den Dornen*
die Schüssel	*die Schüsseln*	*den Dorn*	*die Dornen*

V to sklanjatev spadajo tudi vsi samostalniki moškega spola, ki imajo v imenovalniku ednine dve obliki:

der Gedanke / Gedanken	*die Gedanken*
des Gedankens	*der Gedanken*
dem Gedanken	*den Gedanken*
den Gedanken	*die Gedanken*

V samostalniških zloženkah sklanjamo samo zadnji samostalnik. Samostalniško rabljene pridevnike sklanjamo pridevniško, torej *der Reisende, ein Reisender.* Samostalniško rabljeni prislovi se ne sklanjajo: *das Jenseits, des Jenseits; das Warum* ipd.

Sklanjatev pridevnika

Rabljen atributivno se pridevnik v spolu, sklonu in številu ujema s samostalnikom. Kot povedkovo določilo nima končnice spola in ga tudi ne sklanjamo (razen če stoji pred njim določni ali nedoločni člen): *Er ist krank; Sie ist krank; Die Kinder sind krank.* Tudi nemški pridevnik ima tri sklanjatve: krepko, mešano in šibko, vendar lahko vsak pridevnik sklanjamo po vseh treh sklanjatvah. Odločilna je beseda, ki stoji pred njim. Če več pridevnikov določuje isti samostalnik, sklanjamo vse enako. Množina je za vse spole enaka.

Krepka sklanjatev

Pridevnik ima končnico določnega člena razen v rodilniku, ki se končuje na **-en**. Pridevnik sklanjamo po krepki sklanjatvi, če pred njim ne stoji kak zaimek ali člen, ali če stoji pred njim zaimek, ki ga ne sklanjamo.

*rot***er** *Wein*	*blau***e** *Tinte*	*heiß***es** *Wasser*
*rot***en** *Weines*	*blau***er** *Tinte*	*heiß***en** *Wassers*
*rot***em** *Wein*	*blau***er** *Tinte*	*heiß***em** *Wasser*
*rot***en** *Wein*	*blau***e** *Tinte*	*heiß***es** *Wasser*
	*rot***e** *Weine*	
	*rot***er** *Weine*	
	*rot***en** *Weinen*	
	*rot***e** *Weine*	

Šibka sklanjatev

Šibko sklanjamo pridevnik, če stoji pred njim določni člen ali kak zaimek s končnico določnega člena (jeder, jener, dieser, mancher, welcher itd.). Vsi skloni dobijo končnico **-en**, razen imenovalnika ednine in tožilnika ednine pri ženskem in srednjem spolu.

*der alt***e** *Mann*	*die alt***e** *Frau*	*das alt***e** *Haus*
*des alt***en** *Mannes*	*der alt***en** *Frau*	*des alt***en** *Hauses*
*dem alt***en** *Mann*	*der alt***en** *Frau*	*dem alt***en** *Haus*
*den alt***en** *Mann*	*die alt***e** *Frau*	*das alt***e** *Haus*
	*die alt***en** *Häuser*	
	*der alt***en** *Häuser*	
	*den alt***en** *Häusern*	
	*die alt***en** *Häuser*	

Mešana sklanjatev

Končnice vseh sklonov razen imenovalnika ednine in tožilnika ednine pri ženskem in srednjem spolu so šibke (**-en**). Imenovalnik ima krepke končnice (*alter, alte, altes*), enako tudi tožilnik pri ženskem in srednjem spolu.

*ein alte***r** *Mann*	*eine alte Frau*	*ein alte***s** *Haus*
eines alten Mannes	*einer alten Frau*	*eines alten Hauses*
einem alten Mann	*einer alten Frau*	*einem alten Haus*
einen alten Mann	*eine alte Frau*	*ein altes Haus*
	unsere alten Häuser	
	unserer alten Häuser	
	unseren alten Häusern	
	unsere alten Häuser	

Po tej sklanjatvi sklanjamo pridevnik, če stoji pred njim nedoločni člen (*ein, eine, ein*), *kein* ali svojilni zaimki (*mein, dein, sein, ihr, unser, euer, ihr*).
To so osnovna pravila, vendar je pri rabi za posameznimi zaimki zelo veliko posebnosti, npr. *dieser gute Freund*, toda *dieser mein guter Freund*. Podrobnosti glej: »Der Große Duden. Die Grammatik der deutschen Gegenwartssprache« in »Duden. Hauptschwierigkeiten der deutschen Sprache«.

Stopnjevanje pridevnika

Primernik tvorimo z obrazilom **-er**, osnovni samoglasnik je pogosto preglašen (klug – klüger, alt – älter, toda passend – passender, dankbar – dankbarer). Preglasa nimajo izpeljani pridevniki in deležniki. Tudi pri zloženih pridevnikih preglasa pogosto ni (altklug – altkluger). Pri pridevnikih na **-el** odpade **e** v tem zlogu (dunkel – dunkler).
Presežnik tvorimo z obrazilom **-est** in **-st** (pri pridevnikih na **-el**, **-er**, **-en** ter pri tistih večzložnih pridevnikih, ki nimajo naglasa na zadnjem zlogu). Tudi v presežniku je preglašen osnovni samostalnik enako, kot v primerniku: *(der) klügste, (der) älteste, (der) passendste, (der) dankbarste, (der) dunkelste, (der) altklugste.*

Nepravilno stopnjevanje

gut	*besser*	*(der) beste*
viel	*mehr*	*(der) meiste*
wenig	*minder / weniger*	*(der) mindeste / wenigste*
gern	*lieber*	*(der) liebste*
nah	*näher*	*(der) nächste*
hoch	*höher*	*(der) höchste*

Zaimki

Osebne zaimke sklanjamo takole:

ich	*du*	*er*	*sie*	*es*
meiner	*deiner*	*seiner*	*ihrer*	*seiner*
mir	*dir*	*ihm*	*ihr*	*ihm*
mich	*dich*	*ihn*	*sie*	*es*

wir	*ihr*	*sie*
unser	*euer*	*ihrer*
uns	*euch*	*ihnen*
uns	*euch*	*sie*

Za vikanje uporabljamo tretjo osebo množine, osebni zaimek v tem primeru pišemo z veliko začetnico (*Sie*). Druga oseba množine ustreza slovenskemu tikanju v dvojini in množini (*ihr, euch* vidva/vedve/vi, vaju/vas).

Povratni osebni zaimek *sich* uporabljamo samo za tretjo osebo ednine in množine, za ostale osebe ga nadomestimo s tožilnikom oz. dajalnikom ustreznega osebnega zaimka (*er wäscht sich, ich wasche mich*).

Kadar stoji v slovenščini povratni zaimek *se* v pomenu eden drugega, drug drugega, rabimo v nemščini **recipročni zaimek** *einander* (tolažijo se – namreč sebe *sie trösten sich*, – drug drugega *sie trösten einander*).

Svojilne zaimke sklanjamo tako kot *ein*. **Kazalne zaimke, oziralne zaimke in vprašalne zaimke** pa tako kot *der*. Če so rabljeni samostalniško, dobijo v rodilniku daljše oblike, npr. *der: dessen, deren, dessen,* v množini *derer* ali *deren*, *wer* ima rodilnik *wessen*. Kazalna zaimka *derjenige* in *derselbe* sklanjamo po vzorcu: *derjenige, desjenigen, demjenigen, denjenigen* itd.

Glagol

Osebne oblike glagola rabimo vedno z osebnim zaimkom, tega ne smemo izpuščati tako kot v slovenščini.

Pregled konjugacije

lieben (šibek glagol), *tragen* (krepek glagol). Kjer niso navedene oblike konjunktiva, so enake indikativu.

Sedanjik

indikativ	konjunktiv	indikativ	konjunktiv
*ich lieb***e**		*ich trag***e**	
*du lieb***st**		*du träg***st**	*du trag***est**
*er lieb***t**	*er lieb***e**	*er träg***t**	*er trag***e**
*wir lieb***en**		*wir trag***en**	
*ihr lieb***t**		*ihr trag***t**	
*sie lieb***en**		*sie trag***en**	

Pri ločljivo sestavljenih glagolih (naglašen je prvi zlog) stoji glagolski dodatek na koncu stavka: *auftragen – sie trägt mir immer etwas auf.*

Glagoli, katerih osnova se končuje na **-d**, **-t** ali težko izgovorljivo skupino soglasnikov (npr. **-chn**), imajo daljše obrazilo tudi v 2. in 3. osebi ednine in 2. osebi množine: *du redest, er antwortet, ihr rechnet.*

Preterit

indikativ	konjunktiv	indikativ	konjunktiv
*ich lieb***te**		*ich trug*	*ich trüg***e**
*du lieb***test**		*du trug***st**	*du trüg***est**
*er lieb***te**		*er trug*	*er trüg***e**
*wir liebt***en**		*wir trug***en**	*wir trüg***en**
*ihr lieb***tet**		*ihr trug***t**	*ihr trüg***et**
*sie lieb***ten**		*sie trug***en**	*sie trüg***en**

Perfekt

Perfekt tvorimo s sedanjikom pomožnega glagola *haben* oz. *sein* in deležnikom preteklega časa. Ta je tvorjen z **ge-** in obrazilom **-t** pri šibkih glagolih ter **ge-** in obrazilom **-en** ter prevojem pri krepkih: *lieben – geliebt, reden – geredet, antworten – geantwortet, gehen – gegangen.* Pri ločljivo sestavljenih glagolih vrinemo **ge-** med dodatek in glagol (*wegtragen – weggetragen, absetzen – abgesetzt*), pri neločljivo sestavljenih glagolih (naglas je na glagolski osnovi) ter pri tujkah na **-ieren** pa **ge-** odpade (*telefonieren – telefoniert, bestellen – bestellt*).

indikativ	konjunktiv
ich habe geliebt	
du hast geliebt	*du habest geliebt*
er hat geliebt	*er habe geliebt*
wir haben geliebt	
ihr habt geliebt	*ihr habet geliebt*
sie haben geliebt	
ich habe getragen	
du hast getragen	*du habest getragen*
er hat getragen	*er habe getragen*
wir haben getragen	
ihr habt getragen	*ihr habet getragen*
sie haben getragen	

S pomožnim glagolom *sein* tvorijo prefekt glagoli premikanja, spremembe stanja, nekateri neprehodni glagoli s predmetom v dativu. Pri glagolih *sitzen, liegen, stehen* tvorijo na severu Nemčije perfekt z *haben*, na jugu s *sein*.

Predpretekli čas

tvorimo s preteritom pomožnih glagolov *haben* in *sein* ter deležnikom preteklega časa:
ich hatte geliebt, ich hatte getragen itd.

Prihodnji čas

Nemščina ima dva futura. Prvega, ki ga običajno rabimo, tvorimo z glagolom *werden* in nedoločnikom sedanjega časa:

ich werde lieben		*ich werde tragen*
du wirst lieben	*du werdest lieben*	itd.
er wird lieben	*er werde lieben*	
wir werden lieben		
ihr werdet lieben		
sie werden lieben		

Drugi prihodnji čas (futur 2) večinoma izraža le domnevo za preteklost. Njegove oblike so:

ich werde geliebt haben
du wirst geliebt haben itd.

za glagole, ki tvorijo s pomožnim glagolom *sein* pa:

ich werde gegangen sein
du wirst gegangen sein itd.

Pomožni glagoli: sein, haben, werden

Sedanjik

indikativ	konjunktiv	indikativ	konjunktiv
ich bin	*ich sei*	*ich habe*	
du bist	*du seist*	*du hast*	*du habest*
er ist	*er sei*	*er hat*	*er habe*
wir sind	*wir seien*	*wir haben*	
ihr seid	*ihr seid*	*ihr habt*	*ihr habet*
sie sind	*sie seien*	*sie haben*	
ich werde			
du wirst	*du werdest*		
er wird	*er werde*		
wir werden			
ihr werdet			
sie werden			

Preterit

ich war	*ich wäre*	*ich hatte*	*ich hätte*
du warst	*du wärest*	*du hattest*	*du hättest*
er war	*er wäre*	*er hatte*	*er hätte*
wir waren	*wir wären*	*wir hatten*	*wir hätten*
ihr wart	*ihr wäret*	*ihr hattet*	*ihr hättet*
sie waren	*sie wären*	*sie hatten*	*sie hätten*

ich wurde	*ich würde*
du wurdest	*du würdest*
er wurde	*er würde*
wir wurden	*wir würden*
ihr wurdet	*ihr würdet*
sie wurden	*sie würden*

Perfekt

ich bin gewesen *ich sei gewesen* *ich habe gehabt*
du bist gewesen itd.

sein: *ich bin gewesen, du bist gewesen* itd., konjunktiv: *ich sei gewesen* itd.
haben: *ich habe gehabt, du hast gehabt* itd., konjunktiv: *ich habe gehabt, du habest gehabt* itd.
werden: *ich bin geworden* itd., konjunktiv: *ich sei geworden* itd.

Predpretekli čas

sein: *ich war gewesen* itd., konjunktiv: *ich wäre gewesen* itd.
haben: *ich hatte gehabt* itd., konjunktiv: *ich hätte gehabt* itd.

Futur

Futur 1: *ich werde sein, ich werde haben, ich werde werden*
Futur 2: *ich werde gewesen sein, ich werde gehabt haben, ich werde geworden sein*

Pasiv

Pasiv tvorimo s pomožnim glagolom *werden* in deležnikom preteklega časa: *sehen – gesehen werden, tragen – getragen werden:*

sedanjik: *ich werde gesehen, du wirst gesehen* itd.
preterit: *ich wurde gesehen* itd., konjunktiv: *ich würde gesehen*
perfekt: *ich bin gesehen worden* itd., konjunktiv: *ich sei gesehen worden*
pred-preteklik: *ich war gesehen worden* itd., konjunktiv: *ich wäre gesehen worden*
futur 1: *ich werde gesehen werden*
futur 2: *ich werde gesehen worden sein*

Kondicional

Nemščina ima dva pogojnika. Prvega tvorimo z *würde* in nedoločnikom sedanjega časa, drugega z *würde* in nedoločnikom preteklega časa:

ich würde gehen
ich würde gegangen sein

Nedoločniki

Nemški glagoli imajo dva nedoločnika: nedoločnik sedanjega in nedoločnik preteklega časa:

sehen – gesehen haben; gehen – gegangen sein;
tragen – getragen haben; setzen – gesetzt haben.

Glagoli, ki imajo pasiv, tvorijo tudi še dva pasivna nedoločnika:

geliebt werden – geliebt worden sein;
gesehen werden – gesehen worden sein.

Besedni red

V glavnem stavku stoji praviloma na prvem mestu osebek, na drugem povedek. Osebek stoji za povedkom v :

vprašalnih stavkih *(Gehst du mit?, Wohin gehst du?)*, če stoji kak drug stavčni člen na prvem mestu v stavku *(Heute kommen wir nicht)*, ali če stoji pred glavnim stavkom odvisnik.

Če je sestavljen povedek iz več glagolov, stoji na tem mestu v stavku samo osebna glagolska oblika, vsi drugi glagoli ali deli glagola stojijo na koncu stavka.

V odvisnikih stoji glagol na koncu stavka, pri ločljivo sestavljenih glagolih oblike niso razdeljene *(daß er zurückkommt)*, če je glagolov več, stoji osebna oblika na koncu.

Nikalni stavki

Nikalni stavki v nemščini vsebujejo eno samo nikalnico:

Ni tukaj. – *Er ist nicht hier.*

Nikogar ni tukaj. – *Es ist niemand hier.* (Glagol ni zanikan!)

Nikoli ni nikogar tu. – *Es ist nie jemand hier.*

Edina izjema je možna, če sta dve nikalnici povezani z *und: nie und nirgends.*

NEUREGELUNG DER DEUTSCHEN RECHTSCHREIBUNG IM ÜBERBLICK

1 Laut-Buchstaben-Zuordnungen

Die Neuerungen in diesem Bereich haben im Wesentlichen das Ziel, die Wirksamkeit des sogenannten Stammprinzips zu erhöhen: Wortstämme werden auch in unterschiedlichen lautlichen Umgebungen immer gleich geschrieben.

1.1 Die s-Schreibung
Die auffälligste Neuregelung betrifft den bisherigen Wechsel von ß und ss. **Nach kurzem Vokal ist generell ss zu schreiben**, also z. B. **Fluss** / Flüsse, essen / **isst** / gegessen, müssen / **muss** / **musste**. In der Folge wird die Konjunktion jetzt **dass** geschrieben.
Nach langem Vokal steht weiterhin ß, also z. B. Fuß / Füße, Maß / Maße; ich aß.

1.2 Zusammentreffen dreier Konsonanten
Künftig gilt, dass stets drei Konsonantenbuchstaben geschrieben werden, also **Schifffahrt, Stilllegung, Flusssenke, Nassschnee.**

1.3 Verdoppelung der Konsonanten nach kurzem Vokal
In Angleichung an Flexionsformen desselben Wortes oder an andere Wörter derselben Wortfamilie wird verdoppelt:
Ass (des Asses, die Asse), **Karamell** (Karamelle), **Messner** (Messe), **Mopp** (moppen), **nummerieren** (Nummer), **Tipp** (tippen), **Tollpatsch** (toll). Entsprechendes gilt bei einigen Wörtern mit tz und ck, z. B. **platzieren** (Platz), **Stuckatur** und **Stuckateur** (Stuck).

1.4 Umlautschreibung

Einige Schreibungen wurden einem schon heute verbreiteten Schreibgebrauch angeglichen: **Bändel, behände, Gämse, Quäntchen, schnäuzen, Stängel, überschwänglich, verbläuen** (entsprechend den Schreibungen von Band, Hand, Gams, Quantum, Schnauze, Stange, Überschwang, blau). Zwei Schreibungen existieren in folgendem Fall: **aufwendig** (zu aufwenden) oder **aufwändig** (zu Aufwand).

1.5 Weitere Fälle erhöhter Stammschreibung

Nach dem Muster von grau, blau, schlau ist die Ausnahmeschreibung von rauh aufgehoben und **rau** zu schreiben, künftig ist **Rohheit** und **Zähheit** zu schreiben, während Hoheit unangetastet bleibt. Künftig ist der »Heißlufttrockner« mit einem h zu schreiben, also **Föhn**.
Dem Stammprinzip entsprechend kann neben der weiterhin gültigen Schreibung **selbständig** auch **selbstständig** geschrieben werden.

1.6 Sonstige Einzelfälle

Das **Känguru** verliert sein h und wird anderen Tierbezeichnungen (Gnu, Kakadu) in der Schreibung angeglichen. Neben **Alptraum** und **Alpdrücken** gelten auch **Albtraum** und **Albdrücken**.

1.7 Fremdwortschreibung

Mit der Neuregelung werden einige neue integrierte Schreibungen angeboten (meistens als mögliche Nebenformen).

Die Vorzugsvariante wird an erster Stelle angeführt:

ai/ä: Frigidaire / Frigidär, Necessaire / Nessessär;
é/ee: Bouclé / Buklee, Exposee / Exposé, Kommuniqué / Kommunikee, Varietee / Varieté;
ée/ee: Chicorée / Schikoree;
-ies/-ys: Pluralformen aus dem Englischen auf -y werden in deutschen Texten ausnahmslos nach deutschem Muster geschrieben, z. B. Baby / Babys, Hobby / Hobbys;
ou/u: Bravour / Bravur, Bouclé / Buklee;
ch/sch: Chicorée / Schikoree;
gh/g: Ghetto / Getto, Joghurt / Jogurt, Spaghetti / Spagetti;
ph/f: Delphin / Delfin (wie darüberhinaus alle Wörter mit den Stämmen phon, phot, graph wahlweise auch fon, fot, graf geschrieben werden können);
qu/k: Kommuniqué / Kommunikee;

rh/r: Katarrh / Katarr, Myrrhe / Myrre, Hämorrhoiden / Hämorriden;
y/j: Yacht / Jacht, Yoga / Joga
t/z: Wenn Substantive auf -anz oder -enz enden, werden die entsprechenden Adjektive bevorzugt mit -zi oder daneben auch mit -ti geschrieben, z. B. Differenz – differenziell / differentiell, Essenz – essenziell / essentiell, Potenz – potenziell / potentiell, Substanz – substanziell / substantiell usw.;
th/t: Panther / Panter, Thunfisch / Tunfisch;

Fachliche Schreibungen sind von der allein für die Standardsprache geltenden Neuregelung ausgenommen.

2 Getrennt- und Zusammenschreibung

Da die Getrenntschreibung zweier im Text aufeinander folgender Wörter der Normalfall ist, soll der Sonderfall Zusammenschreibung mit Hilfe von formalen Kriterien erkannt und geregelt werden.

2.1 Wenigstens einer der aufeinander folgenden Bestandteile kommt in dieser Form nicht selbständig vor: wettrennen, blauäugig, schnellstmöglich, schwerstbehindert;
in Fällen, in denen der erste Bestandteil zwar nicht selbständig vorkommt, aber bereits eine Zusammensetzung darstellt, wurde der Getrenntschreibung der Vorzug gegeben, z. B. fürlieb nehmen, überhand nehmen;

2.2 Der erste Bestandteil stellt eine verkürzte Wortgruppe dar, wie z. B.
schlafwandeln (im Schlaf wandeln),
sonnenbaden (in der Sonne baden),
freudestrahlend (vor Freude strahlend),
stromabwärts (den Strom abwärts),
infolge (in der Folge),
umständehalber (der Umstände halber);

2.3 Zusammengeschrieben wird des Weiteren, wenn die Getrenntschreibung (über die zuvor genannten Fälle hinaus) eine grammatisch unkorrekte Form ergäbe, wie z. B.
man maßregelte ihn (unkorrekt: man Maß regelte ihn),
sie wollten heimkehren (unkorrekt: sie wollten Heim kehren),
sie war todtraurig (unkorrekt: sie war Tod traurig),

er sprang kopfüber in den Fluß (unkorrekt: er sprang Kopf über in den Fluß),
sie können jederzeit kommen (unkorrekt: sie können jeder Zeit kommen),
wir sollten zufrieden sein (unkorrekt: wir sollten zu Frieden sein);

2.4 Der adjektivische Bestandteil ist weder erweiterbar noch steigerbar (die Negation nicht gilt nicht als Erweiterung), wie z. B.
bereitstellen, fernsehen, freisprechen (im Sinne von: für nicht schuldig erklären), schwarzarbeiten, totschlagen, wahrsagen (im Sinne von prophezeien);

2.5 Zusätzliche Einzelfälle:
irgend- wird mit dem nachfolgenden Bestandteil stets zusammengeschrieben: irgendein, irgendetwas, irgendjemand, irgendwann usw.;

2.6 Grundsätzlich getrennt geschrieben werden:
zwei aufeinanderfolgende Wörter des Typs Angst einflößend, hell strahlend, Not leidend, reich geschmückt, Stahl erzeugend usw., weil deren infinitivische Formen getrennt geschrieben werden;

2.7 zwei aufeinanderfolgende Verben, womit die bisher maßgebliche Unterscheidung von konkreter und übertragener Bedeutung aufgegeben wurde:
sitzen bleiben, liegen lassen, baden gehen, lieben lernen, spazieren gehen usw.;

2.8 alle Fügungen aus Partikel + sein: da sein, dabei sein, zurück sein usw.;

2.9 alle Fügungen aus Partizip + Verb: bekannt geben, gefangen halten, getrennt schreiben, verloren gehen usw.;

2.10 alle Fügungen aus -einander + Verb: aneinander / aufeinander / nebeneinander usw. legen / stellen usw.;
und -wärts + Verb: abwärts / seitwärts / vorwärts usw. gehen / fahren usw.;

2.11 alle Fügungen aus abgeleitetem Adjektiv auf -ig, -isch, -lich + Verb, wie z. B. müßig gehen, neidisch blicken, freundlich grüßen;

2.12 alle Fügungen aus so / wie / zu + folgendem Adjektiv, Adverb oder Pronomen, also: so / wie / zu hohe Häuser, so / wie / zu viel Geld, so / wie / zu viele Leute, so / wie / zu viel / wenig Geld;

2.13 Rad fahren / fährt Rad / ist Rad gefahren – entsprechen den analogen Fällen Auto / Bus / Schlitten fahren.
In bestimmten, klar abgegrenzten Fällen bleibt es den Schreibenden überlassen, getrennt oder zusammenzuschreiben, und zwar in Fällen wie:
nicht öffentlich / nichtöffentlich;
außer Stand / außerstand (sein / setzen), außer Stande / außerstande (sein / setzen), im Stande / imstande (sein), in Frage / infrage (stellen), in Stand / instand (setzen), zu Grunde / zugrunde (gehen / richten), zu Leide / zuleide (tun), zu Mute / zumute (sein), zu Rande / zurande (kommen), zu Schanden / zuschanden (machen / werden), zu Schulden / zuschulden (kommen lassen), zu Stande / zustande (bringen), zu Tage / zutage (fördern / treten), zu Wege / zuwege (bringen);
so dass / sodass;
an Stelle / anstelle, auf Grund / aufgrund, mit Hilfe / mithilfe, zu Gunsten / zugunsten, zu Lasten / zulasten, zu Ungunsten / zuungunsten.

3 Schreibung mit Bindestrich

Zwei Arten sind zu unterscheiden. Zum einen dient der Bindestrich dazu, graphisch ungleiche Bestandteile miteinander zu verbinden, wie z. B. beim Zusammentreffen von Einzelbuchstaben, Abkürzungen und Ziffern mit einem Wort (x-beliebig, T-Träger, Lungen-Tbc, 37-jährig, 3-fach).
Zum anderen dient der Bindestrich als Erläuterungsbindestrich, um dem Lesenden das Textverständnis zu erleichtern, wie z. B. Arbeiter-Unfallversicherungsgesetz.
Die Neuregelung erlaubt dem Schreibenden in Zweifelsfällen einen größeren Spielraum.

4 Groß- und Kleinschreibung

4.1 Nach dem Doppelpunkt muss künftig nicht mehr zwischen angekündigten und folgernden Sätzen unterschieden werden, d. h. es wird stets großgeschrieben, wie z. B.: Beachten Sie den folgenden Hinweis: Die Bänke sind frisch gestrichen!

4.2 Anredepronomen in Briefen

Die Großschreibung des Anredepronomens Sie ist weiterhin obligatorisch, im singularischen Gebrauch (du) wird künftig kleingeschrieben.

4.3 Großschreibung der Eigennamen

Einfache Eigennamen, wie z. B. Vornamen oder Nachnamen, sind Substantive bzw. Nomen. Sie werden entsprechend der Regel, die für Substantive gilt, mit großem Anfangsbuchstaben geschrieben. Mehrteilige Eigennamen können auch Wörter anderer Wortarten enthalten, vor allem Adjektive, für die in gleicher Weise die Großschreibung gilt, wie z. B. der Schiefe Turm (von Pisa), der Nahe Osten.

In den bisher unterschiedlich geregelten Fällen fester Fügungen wird der adjektivische Bestandteil demnächst durchgehend kleingeschrieben, also z. B. schwarzes Brett, italienischer Salat, blauer Brief.

Großschreibung soll noch in folgenden Fällen gelten:

Titel (z. B. Erster Vorsitzender, Regierender Bürgermeister);

Tier- und Pflanzenarten in der Biologie (z. B. Roter Milan, Schwarzer Hollunder);

besondere Kalendertage (z. B. Heiliger Abend, Weißer Sonntag);

historische Ereignisse (z. B. Westfälischer Friede, Erster Weltkrieg).

4.4 Ableitungen von Personennamen

Die Sonderregelung, dass Ableitungen von Personennamen unter besonderen Bedingungen groß-, ansonsten kleinzuschreiben sind, wurde aufgegeben; künftig ist bei adjektivischem Gebrauch stets kleinzuschreiben, also das ohmsche Gesetz, platonische Schriften; bei Setzen eines Apostrophs zur Betonung des Namens ist der Namenteil aber großzuschreiben: das Ohm'sche Gesetz, die Grimm'schen Märchen.

4.5 Besonders in diesem Bereich möchte die Neuregelung (mit der Folge vermehrter Großschreibung) zu mehr Klarheit führen. Die ansonsten zur Identifizierung eines substantivischen Gebrauchs maßgeblichen Kriterien (vorhandener Artikel und Flexionsmerkmale) gelten nunmehr auch für weitere Fallgruppen:

4.5.1 Tageszeitangaben nach den Adverbien vorgestern, gestern heute, morgen, übermorgen werden zukünftig groß geschrieben, z. B. heute Morgen, gestern Abend.

4.5.2 Substantivierte Adjektive in festen Wendungen werden in Zukunft nur noch großgeschrieben, wie z. B. das Weite suchen, zum Guten wenden, zum Besten geben, auf dem Trockenen sitzen, im Dunklen tappen, nicht das Geringste.

4.5.3 Generelle Großschreibung gilt auch für adverbiale Wendungen des folgenden Typs: von Weitem, vor Kurzem, ohne Weiteres, im Allgemeinen, im Folgenden, im Verborgenen, um ein Beträchtliches, des Langen und Breiten, des Öfteren, des Näheren.

4.5.4 Paarformeln mit nicht deklinierten Adjektiven zur Bezeichnung von Personen werden neu einheitlich großgeschrieben, wie z. B. Arm und Reich, Jung und Alt, Gleich und Gleich (gesellt sich gern).

4.5.5 Substantive werden auch in festen Fügungen großgeschrieben, also z. B. außer Acht lassen, in Acht nehmen, mit Bezug (auf) in Bezug (auf), Rad fahren, Recht sprechen, Recht haben.

5 Kommasetzung

5.1 Komma vor und, oder und verwandten Konjunktionen

Künftig können die Schreibenden entscheiden, ob sie bei der Aufeinanderfolge von vollständigen Hauptsätzen ein Komma setzen oder nicht, z. B.:
Die Musik wird leiser(,) und der Vorhang hebt sich.
Seid ihr mit meinem Vorschlag einverstanden(,) oder habt ihr Einwände vorzubringen?

5.2 Komma zur Abgrenzung von Partizipial- und Infinitivgruppen

Künftig ist die Kommasetzung freigestellt, z. B.:
Sie hatten geplant(,) ins Kino zu gehen. Durch eine Tasse Kaffee gestärkt(,) setzten sie die Arbeit fort. Sie bot uns(,) ohne einen Augenblick zu zögern(,) ihre Hilfe an.
Die Kommasetzung wird empfohlen, wenn Missverständnisse entstehen können, wie z. B.:
Ich plante(,) gestern zu euch zu kommen.
Ich plante gestern(,) zu euch zu kommen.
Künftig wird in diesem Bereich verpflichtend nur noch dann ein Komma zu setzen sein, wenn eine Aussage durch einen

Hinweis formal angekündigt oder wenn sie wieder aufgenommen wird:
Daran, den Job länger zu behalten, dachte sie nicht.
Eine Familie zu gründen, das war sein Wunsch.
Ein Komma ist auch dann zu setzen, wenn die Infinitiv- bzw. Partizipialgruppe in die Gesamtkonstruktion eingefügt wird (in welchen Fällen man anstelle der Kommas ansonsten auch Klammern oder Gedankenstriche setzen kann):
Er, statt den Bedrängten zu Hilfe zu kommen, sah tatenlos zu.

5.3 Komma bei wörtlicher Rede
Die Neuregelung sieht vor, dass künftig nach Frage- und Ausrufezeichen ein Komma zu setzen ist:
»Kommst du morgen?«, fragte sie.
»Komm bitte morgen!«, bat sie.
Geht der Satz nach der wörtlichen Rede weiter, so ist ebenfalls ein Komma zu setzen:
Er sagte: »Ich komme morgen«, und verabschiedete sich.

6 Worttrennung am Zeilenende

6.1 Einzelne Buchstaben am Wortbeginn können künftig abgetrennt werden, wie z. B. A-bend, o-ben.

6.2 Getrennt werden darf künftig auch st, z. B. Fens-ter, ges-tern.

6.3 Während bisher ck als k-k zu trennen war, gilt künftig, dass das ck in dieser Schreibung erhalten bleibt und insgesamt auf die nächste Zeile rückt, z. B. Zu-cker, ba-cken.

6.4 Wörter wie herum, darum, hinauf soll man auf zweierlei Weise trennen können. Wie bisher dar-um, her-um, hin-auf, wor-an oder neu auch da-rum, he-rum, hi-nauf, wo-ran.

6.5 Fremdwörter können, aber müssen nicht nach den für die Herkunftssprache geltenden Regeln getrennt werden, also z. B. Pä-da-go-gik, aber auch noch Päd-ago-gik, Mag-net, aber auch noch Ma-gnet, Zyk-lus, aber auch noch Zy-klus.

JOŽE TOPORIŠIČ

HAUPTMERKMALE DER SLOWENISCHEN SPRACHE

Buchstaben

Die slowenische Schriftsprache kennt 25 Buchstaben:

Aa	Bb	Cc	Čč	Dd	Ee	Ff	Gg	Hh	Ii	Jj
Kk	Ll	Mm	Nn	Oo	Pp	Rr	Ss	Šš	Tt	Uu
Vv	Zz	Žž								

Laute

Diese 25 Buchstaben bezeichnen 29 Laute (und deren Varianten), die Bedeutungsunterscheidungswert haben – davon sind 8 Vokale und 21 Konsonanten.

Die Vokale werden einfach **a**, **e**, **i**, **o**, **u** geschrieben; Länge bzw. Kürze, Betonung bzw. Unbetontheit, Offenheit bzw. Geschlossenheit (letzteres gilt nur für **e** und **o**) werden nicht gekennzeichnet.

Aussprache

Die slowenischen **Vokale** werden ähnlich wie die deutschen gesprochen.

Im Slowenischen werden das kurze **o** und **e** immer offen gesprochen, auch wenn sie unbetont sind.

Konsonanten werden im Slowenischen fast auf derselben Stelle artikuliert wie im Deutschen; anders als im Deutschen werden die stimmlosen nicht aspiriert, die stimmhaften sind stark stimmhaft.

	Slowenisch		Deutsch
j	*maj, Janez*	**i**	z. B. Mai
c	*stric*	**z**	Ziel
č	*oče*	**tsch**	deutsch
dž	*Madžar*	**j**	Jeep
š	*šola*	**sch**	Schule
ž	*žena*	**j**	in Lehnwörtern aus dem Französischen: Journalist
z	*miza*	**s**	Segen
s	*sam*	**s**	Gas, Buße
k	*kaj*	**k**	Kahn
g	*grém*	**g**	gehen
v	*vém*	**w**	wenig
	siv, pavza, vsak	**u**	Haus
l	*luč, general*	**l**	Leben, General
	stal	**u**	Haus
h	*hiša*	**ch**	machen
lj	*Ljubljana*	**llj**	volljährig
	polj, poljski	**l**	soll, sollte
nj	*sanje*	**gn**	Cognac
	konj, konjski	**n**	Sinn, sinnlich

Über die Aussprache von Konsonanten wäre noch anzumerken:

1. **b**, **d**, **g**, **z**, **ž**, und **dž** werden im Auslaut stimmlos gesprochen; nur wenn das folgende Wort mit einem stimmhaften Konsonanten (Nichtsonanten beginnt, werden sie auch im Auslaut stimmhaft (also **b**, **d**, **g**, **z**, **ž**, und **dž**) gesprochen.
2. Wenn eine Präposition bzw. Vorsilbe auf ein **b**, **d**, **z** auslautet, werden diese Laute nur vor einer Pause und vor einem auf ein **p**, **t**, **k**, **s**, **š**, **č**, **f**, **c**, **h** anlautenden Wort stimmlos gesprochen (also **p**, **t**, oder **s**).
3. Stimmhafte Konsonanten (**b**, **d**, **g**, **z**, **ž**, **dž**) werden vor stimmlosen (**p**, **t**, **k**, **s**, **š**, **č**, **c**, **f**, **h**) stimmlos gesprochen und umgekehrt, stimmlose werden vor stimmhaften stimmhaft gesprochen.
4. Zwei aufeinanderfolgende gleiche Konsonanten werden wie ein langer Konsonant gesprochen: *oddati, sam misli, izzvati.*

Betonung

Im Slowenischen kann jede beliebige Silbe den Ton tragen: *máti, govoríti, zakáj*. In verschiedenen Formen desselben Wortes kommt es oft zu Verlagerungen der Betonung: *nosíti, nósim; móž, možá; člôvek, človéka*. Manche Wörter bleiben unbetont (z. B. *na, me* usw.).

Geschlecht

Die slowenische Sprache kennt, so wie die deutsche, drei Geschlechter: das männliche, das weibliche und das sächliche.

männlich	weiblich	sächlich
brat – Bruder	*sestra* – Schwester	*dete* – Kind
oče – Vater	*mati* – Mutter	*tele* – Kalb
Prešeren (Personenname)	*Slovenija* (Ortsname)	*Visoko* (Ortsname)
stol – Stuhl	*lipa* – Linde	*okno* – Fenster

Männlich sind Personen männlichen Geschlechts, weiblich sind Bezeichnungen für Frauen. Sächlich sind vielfach die Namen für junge Lebewesen (Suffix **-e**). Bei anderen Sachen und Gegenständen gibt es keinerlei Regeln, das Geschlecht muß gelernt werden, man kann sich jedoch einigermaßen mit der Nominativendung der Einzahl helfen:

1. Auf ein **-a** auslautende Wörter sind meist weiblichen Geschlechts.
2. Auf ein **-o** oder ein **-e** auslautende Wörter sind meist sächlichen Geschlechts (*okno, polje*).
3. Auf ein **-i** oder **-u** auslautende Wörter sind meist männlichen Geschlechts (*taksi, emu*).
4. Auf einen Konsonanten auslautende Wörter sind nie sächlichen Geschlechts.

So wie im Deutschen gibt es auch im Slowenischen verschiedene Endungen für alle drei Geschlechter auch bei Adjektiven, Partizipien und bei den meisten Pronomina (sogar bei den Personalpronomina):

männlich	weiblich	sächlich	
lep	*lepa*	*lepo*	schön
slovenski	*slovenska*	*slovensko*	slowenisch
božji	*božja*	*božje*	Gottes-
zaželen	*zaželena*	*zaželeno*	erwünscht
sedeč	*sedeča*	*sedeče*	sitzend
nàš	*naša*	*naše*	unser
ves	*vsa*	*vse*	ganz
on	*ona*	*ono*	er, sie, es
mi	*me*		wir

Numerus

Außer Einzahl (Singular) und Mehrzahl (Plural) kennt die slowenische Sprache auch die Zweizahl (Dual): *miza, mize – mizi*. Einzahl und Mehrzahl werden wie im Deutschen verwendet, nur wenn es sich um zwei Personen bzw. Gegenstände handelt, wird der Dual verwendet:

ena miza	*dve mizi*	*tri mize*
en stol	*dva stola*	*trije stoli*
eno mesto	*dve mesti*	*tri mesta*

Die zweiteiligen bzw. doppelt vorhandenen Körperteile und ähnliches stehen jedoch in der Mehrzahl: *noge, roke, oči, obrvi, nosnice*, aber auch *čevlji* (Schuhe), *pljuča* (Lunge), *usta* (Mund) usw.

Singular, Dual und Plural haben:

1. Substantive	Singular	Dual	Plural
	miza	*mizi*	*mize*
	perut	*peruti*	*peruti*
	stol	*stola*	*stoli*
	mesto	*mesti*	*mesta*
2. Adjektive	*lep*	*lepa*	*lepi*
	lepa	*lepi*	*lepe*
	lepo	*lepi*	*lepa*
3. Pronomina	*on*	*onadva*	*oni*
	tak	*taka*	*taki*
4. Verben	*delam*	*delava*	*delamo*

Deklination

Ähnlich wie im Deutschen wird auch im Slowenischen mit der Endung nicht nur die Zahl, sondern auch das Verhältnis einzelner Wörter im Satz zueinander ausgedrückt. Im Slowenischen gibt es 6 solche Möglichkeiten – Fälle (Nominativ, Genitiv, Dativ, Akkusativ, Lokativ und Instrumental). Die ersten vier entsprechen den deutschen Fällen.

Substantive werden meist nach folgenden vier Beispielen dekliniert:

Singular

1. *miz*-**a**	**-e**	**-i**	**-o**	**-i**	**-o**
2. *nit*	**-i**	**-i**	–	**-i**	**-jo**
3. *korak*	**-a**	**-u**	–	**-u**	**-om**
4. *mest*-**o**	**-a**	**-u**	**-o**	**-u**	**-om**

Dual

1. *miz*-**i**	–	**-ama**	**-i**	**-ah**	**-ama**
2. *nit*-**i**	**-i**	**-(i)ma**	**-i**	**-ih**	**-(i)ma**
3. *korak*-**a**	**-ov**	**-oma**	**-a**	**-ih**	**-oma**
4. *mest*-**i**	–	**-oma**	**-i**	**-ih**	**-oma**

Plural

1. *miz*-**e**	–	**-am**	**-e**	**-ah**	**-ami**
2. *nit*-**i**	**-i**	**-im**	**-i**	**-ih**	**-mi**
3. *korak*-**i**	**-ov**	**-om**	**-e**	**-ih**	**-i**
4. *mest*-**a**	–	**-om**	**-a**	**-ih**	**-i**

Gewisse Kategorien von Substantiven werden nicht dekliniert.

Adjektive und die meisten adjektivischen Pronomina werden wie folgt dekliniert:

Singular

männlich	*lep*	**-ega**	**-emu**	**–/ega**	**-em**	**-im**
weiblich	*lep*-**a**	**-e**	**-i**	**-o**	**-i**	**-o**
sächlich	*lep*-**o**	**-ega**	**-emu**	**-o**	**-em**	**-im**

Dual

männlich	**-a**	**-ih**	**-ima**	**-a**	**-ih**	**-ima**
weiblich	**-i**			**-i**		
sächlich	**-i**			**-i**		

Plural

männlich	*lep*-**i**	**-ih**	**im**	**-e**	**-ih**	**-imi**
weiblich	*lep*-**e**			**-e**		
sächlich	*lep*-**a**			**-a**		

Es gibt auch Adjektive, die nicht dekliniert werden.

Personalpronomina werden wie folgt dekliniert:

Singular

1. Person	*jàz*	*mêne / me*	*mêni / mi*	*mêne / me*	*mêni*	*menój / máno*
2. Person	*tí*	*têbe / te*	*têbi / ti*	*têbe / te*	*têbi*	*tebój, tábo*
Reflexiv		*sêbe / se*	*sêbi / se*	*sêbe / se*	*sêbi*	*sebój, sábo*
3. Person						
männlich	*òn*	*njêga / ga*	*njêmu / mu*	*njêga / ga*	*njêm*	*njím*
weiblich	*ôna*	*njé / je*	*njéj, njì / ji*	*njó / jo*	*njéj / njì*	*njó*
sächlich	*ôno*	*njêga / ga*	*njêmu / mu*	*njêga / ga*	*njêm*	*njím*

Dual

1. Person						
männlich	*mídva*	*náju / naju*	*náma / nama*	*náju / naju*	*náju*	*náma*
weiblich	*médve*					
2. Person						
männlich	*vídva*	*váju / vaju*	*váma / vama*	*váju / vaju*	*váju*	*váma*
weiblich	*védve*					
3. Person						
männlich	*ônadva*	*njíju / ju*	*njíma / jima*	*njíju / ju*	*njíju*	*njíma*
weiblich	*ônidve*					
sächlich	*ônadva*					

Plural

1. Person						
männlich	*mí*	*nàs / nas*	*nàm / nam*	*nàs / nas*	*nàs*	*námi*
weiblich	*mé*					
2. Person						
männlich	*ví*	*vàs / vas*	*vàm / vam*	*vàs / vas*	*vàs*	*vámi*
weiblich	*vé*					
3. Person						
männlich	*ôni*	*njìh / jih*	*njìm / jim*	*njìh / jih*	*njìh*	*njími*
weiblich	*ône*					
sächlich	*ôna*					

Die Formen hinter dem Schrägstrich sind Enklitika.

Fragepronomina *kdo* und *kaj* werden wie folgt dekliniert:

kdó	*kóga*	*kómu*	*kóga*	*kóm*	*kóm*
káj	*čésa*	*čému*	*káj*	*čém*	*čím*

Wie *kdo* werden noch *nekdó, kdór* (z.B. *kogar*), *marsikdó, nihčè (z.B. nikógar)* usw. dekliniert. Nach dem Vorbild *kaj* werden auch *nékaj, kar (Genitiv česar), marsikaj* und *nič* (Genitiv *ničesar) dekliniert.*

Andere Pronomina werden wie Adjektive dekliniert, nur *ta* und *ves* sind Ausnahmen: Instr. Sg. **tem**, **vsem**, in der Mehrzahl bekommen sie folgende Endungen:

tí / *té* / *tá*	*téh*	*tém*	*té* / *té* / *tá*	*téh*	*témi*

Dativ Singularis für **ta**, **vsa** (weiblich): *tej / ti, vsej / vsi*. So auch Lokativ.

Numeralia werden wie Adjektive dekliniert; die **Kardinalia** wie folgt:

männlich	*dvá*	*dvéh*	*dvéma*	*dvá*	*dvéh*	*dvéma*
weiblich / sächlich	*dvé*			*dvé*		
männlich	*tríje*	*tréh*	*trém*	*trí*	*tréh*	*trémi*
weiblich	*trí*					
sächlich						
männlich	*štírje*	*štírih*	*štírim*	*štíri*	*štírih*	
weiblich / sächlich	*štíri*					*štírimi*
	pét	*pêtih*	*pêtim*	*pét*	*pêtih*	*pêtimi*

Kardinalia kommen auch undekliniert vor.

Komparation

Im Slowenischen können der Komparativ und der Superlativ auf zwei Weisen ausgedrückt werden:

1. Der Komparativ wird mit **bolj** gebildet, der Superlativ mit **najbolj**:

   bel — *bolj bel* — *najbolj bel*

2. Der Komparativ wird mit Suffixen gebildet und zwar mit **-ejši**, **-ši**, **-ji**. Der Superlativ wird aus dem Komparativ mit der Vorsilbe **naj-** gebildet. Mehrsilbige Eigenschaftswörter bilden den Komparativ mit **-ejši** (*ljubezniv – ljubeznivejši*). Zu merken sind folgende Formen:

-ejši		**-ši**		**-ji**	
bogàt	*bogatéjši*	*dólg*	*dáljši*	*drág*	*drážji*
dêbel	*debeléjši*	*dóber*	*bóljši*	*globòk*	*glóblji*
krêpek	*krepkéjši*	*lép*	*lépši*	*láhek*	*lážji*
nòv	*novéjši*	*májhen*	*mánjši*	*nízek*	*nížji*

pocéni	*cenéjši*	*mlád*	*mlájši*	*ózek*	*óžji*
réven	*révnejši*	*slàb*	*slábši*	*vêlik*	*véčji*
stàr	*staréjši*	*širòk*	*šírši*	*visòk*	*víšji*

Beim Adverb sollte man sich folgende Komparative merken:

blízu	*blížje oder blíže*	*dôbro*	*bólje*
dáleč	*dálje*	*zeló*	*bòlj*
dólgo	*dàlj*	*velíko*	*vèč*
málo	*mànj*	*ràd*	*ráje* oder *rájši*

Zum Vergleich einige typische Verbindungen:
Ana je lepa kot njena mama.
Ana je lepša kot njena mama (od njene mame).
Anstelle von *kot* kann hier auch *kakor* bzw. *ko* stehen.
Ana je najlepša od vseh (med vsemi, izmed vseh).

Zahlwörter (Numeralia)

Im Slowenischen gibt es Kardinalia, Ordinalia, Gattungszahlwörter und Multiplikationszahlwörter.

Die Kardinalia sind:

1 = *èn,êna,êno*	11 = *enájst*	10 = *desét*	100 = *stó*
2 = *dvá, dvé*	12 = *dvanájst*	20 = *dvájset*	200 = *dvésto*
3 = *tríje, trí*	*13* = *trinájst*	30 = *trídeset*	300 = *trísto*
4 = *štírje, štíri*	14 = *štirinájst*	40 = *štírideset*	400 = *štíristo*
5 = *pét*	15 = *petnájst*	50 = *pétdeset*	500 = *pétsto*
6 = *šést*	16 = *šestnájst*	60 = *šéstdeset*	600 = *šéststo*
7 = *sédem*	17 = *sedemnájst*	70 = *sédemdeset*	700 = *sédemsto*
8 = *ósem*	18 = *osemnájst*	80 = *ósemdeset*	800 = *ósemsto*
9 = *devét*	19 = *devetnájst*	90 = *devétdeset*	900 = *devétsto*
10 = *desét*	20 = *dvájset*		

	1.000 = *tísoč*
21 = *ênaindvájset*	2.000 = *dvá tísoč*
45 = *pétinštírideset*	3.000 = *trí tísoč*
92 = *dváindevétdeset*	4.000 = *štíri tísoč*
73 = *tríinsédemdeset*	5.000 = *pét tísoč*
104 = *stó štíri*	100.000 = *stó tísoč*
117 = *stó sédemnajst*	1,000.000 = *milijón*
151 = *stó ênainpétdeset*	2,000.000 = *dvá milijóna*
1.003 = *tísoč trí*	3,000.000 = *tríje milijóni*
1.800 = *tísoč ósemsto / osemnájststo*	1,000.000.000 = *milijárda*
	2,000.000.000 = *dvé milijárdi*

Die Ordinalia von 1 bis 4 sind *prvi, drúgi, trétji, četrti.* Ab 5 werden sie aus den Hauptzahlwörtern mit der Endung **-i** abgeleitet: *pét – pêti, enájst – enájsti, tisoč – tísoči,* aber *stó – stôti;* 101. ist selbstverständlich *stó pŕvi.*
Gattungszahlwörter werden von Kardinalia mit der Endung **-er** abgeleitet: *peter, sedmer* usw. Besonderheiten sind *četvér, dvój* und *enój* für die Werte 4, 3, 2, und 1.
Multiplikationszahlwörter werden aus den Kardinalia mit der Endung **-krat** abgeleitet: *enkrat, dvakrat* usw. und aus den Ordinalia mit der Endung **-ič**: *pŕvič, drúgič, stôtič* usw.

Verbum

Die wichtigsten Verbformen sind der Infinitiv (mit der Endung **-ti** oder **-či**) und das Präsens (mit der Endung **-m**). Aus diesen beiden Formen werden alle übrigen gebildet:

1. Infinitiv	*delati*	*sedeti*	*krožiti*	*piti*	*peči*
2. Supinum	*delat*	*sedet*	*krožit*	*pit*	*peč*
3. Partizip auf **-l**	*delal*	*sedel*	*krožil*	*pil*	*pekel*
4. Partizip auf **-n/-t**	*delan*		*krožen*	*pit*	*pečen*
5. Verbalsubstantiv	*delanje*	*sedenje*	*kroženje*	*pitje*	*pečenje*
6. Präsens	*delam*	*sedim*	*krožim*	*pijem*	*pečem*
7. Imperativ	*delaj*	*sedi*	*kroži*	*pij*	*peci*
8. Partizip auf **-č**	*delajóč*	*sedèč*	*krožèč*	*pijóč*	*pekóč*

Die Formen 1–5 werden nach den folgenden 4 Reihen gebildet:

I.	*dela*-**ti**	**-t**	**-l**	**-n**	**-nje**
	sed / e-**ti**	**-t**	**-l**	**-n**	**-nje**
II.	*krož / i*-**ti**	**-t**	**-l**	**/en**	**/enje**
III.	*nes /* **ti**	**/t**	**/el**	**/en**	**/enje**
IV.	*pi /* **ti**	**/t**	**/l**	**/t**	**/tje**

Bei den Verben der zweiten Gruppe tritt ein Konsonantenwechsel nach folgendem Muster ein:

nositi – nošen	*zvoniti – zvonjenje*	*topiti – topljen*
voziti – vožen	*voliti – voljen*	*obljubiti – obljubljen*
usmrtiti – usmrčen	*umoriti – umorjen*	*uloviti – ulovljen*
roditi – rojen		
pustiti – puščen		

Die Formen 6–8 werden nach folgenden 4 Reihen gebildet:

I. *del*-**am**	**-aj**	**-ajóč**
II. *krož*-**im**	**-i**	**-èč**
III. *nes*-**em**	**-i**	**-óč**
IV. *pi*-**jem**	**-j**	**-jóč**

Die Formen der Verben aus der III. und IV. Gruppe sind meist unregelmäßig, sie müssen gelernt werden.

a) Verben auf **-sti**

bôsti	*bôdel*	*bodèn*
gósti	*gódel*	*gódenje*
grísti	*grízel*	*grízenje*
krásti	*krádel*	*krádenje*
lésti	*lézel*	*lézenje*
nêsti	*nésel*	*nesèn*
pásti	*pádel*	*napáden*
pásti	*pásel*	*pásenje*
plêsti	*plêtel*	*pletênje*

b) Verben auf **-či**

léči	*légel*	*léženje*	*lézi*	
môči	*mógel*	*premožênje*	*môzi*	*mórem*
pêči	*pékel*	*pečèn*	*pêci*	
rêči	*rékel*	*rečèn*	*rêci*	
séči	*ségel*	*séžen*	*sézi*	
stréči	*strégel*	*stréžen*	*strézi*	
têči	*tékel*	*tečèn*	*têci*	
tólči	*tólkel*	*tólčen*	*tólci*	
vréči	*vȑgel*	*vȑžen*	*vȑzi*	

c) Verben auf **-reti**

dréti	*dȓl*	*predȓt*
odpréti	*odpȓl*	*odpȓt*
tréti	*tȓl*	*stȓt*
umréti	*umȓl*	*umȓl*
zapréti	*zapȓl*	*zapȓt*

d) Verben auf **-eti, -nem (-mem)**

napéti	*napnèm*	
kléti	*kólnem*	
déti	*dénem*	
prijéti	*prímem*	
ujéti	*ujámem*	*ujêmi*

verjéti	*verjámem*	*verjêmi*	
vzéti	*vzámem*	*vzêmi*	

e) Andere unregelmäßige Verben

hotéti	*hóčem*	*hôti*	*hotèč*
iméti	*imám*	*iméj*	*imajóč*
íti	*grém*	*pójdi*	*gredóč*
kláti	*kóljem*		
mléti	*méljem*		
bíti	*sèm*	*bódi*	*bíl*
státi	*stojim*	*stój*	*stál* (so auch *báti se)*

Konjugation

Singular		
1. Person	*(jaz)*	*déla*-**m**
2. Person	*(ti)*	-**š**
3. Person	*(on, ona, ono)*	-**a**
Dual		
1. Person	*(midva / medve)*	*dela*-**va**
2. Person	*(vidva / vedve)*	-**ta**
3. Person	*(ônadva / ônidve)*	-**ta**
Plural		
1. Person	*(mi, me)*	*dela*-**mo**
2. Person	*(vi, ve)*	-**te**
3. Person	*(ôni, -e, -a)*	-**jo**

Die unregelmäßigen Verben **jém**, **grém**, **dám** und **vém** bekommen im Plural und im Dual folgende Endungen:

jé-**mo**	*jé*-**va**
-**ste**	-**sta**
-**dó**	-**sta**

So wie *jem* wird auch *bóm* konjugiert, die dritte Person Plural lautet hier *bódo*.
Das Hilfsverb **sein** wird im Präsens wie folgt konjugiert:

sèmsvàsmò
sìstàstè
jèstàsò

Der Imperativ drückt im Singular die Personen nicht aus; im Dual bekommt er für die 1. und 2. Person dieselben Endungen wie das Präsens.

Zeiten

Im Slowenischen gibt es vier Zeitformen. Außer dem Präsens (und dem Futur vom Hilfsverb **biti sem**) werden alle mit dem Partizip auf **-l** (bzw. **-n** bzw. **-t**) und einem Hilfsverb gebildet.

Präsens	*delam*	*krožim*	*nesem*	*pijem*	*sem*
Perfekt	*delal sem*	*krožil sem*	*nesel sem*	*pil sem*	*bil sem*
Futur	*delal bom*	*krožil bom*	*nesel bom*	*pil bom*	*bom*
Plusquam-perfekt	*delal sem bil*	*krožil sem bil*	*nesel sem bil*	*pil sem bil*	

Modus

Das Slowenische kennt drei Modi:

1. Indikativ	*delam*	*delal sem*	*delal bom*	*delal sem bil*
2. Imperativ	delaj			
3. Konditional	*delal bi*	*delal bi bil*		

Genus

Im Slowenischen gibt es zwei Genera:

1. **Aktiv:** seine Formen sind die unter dem Indikativ angeführten Formen von *delati*, dazu kommt noch *delajoč, delal, skrivši.*

2. **Passiv**

Indikativ:	*tepen sem / tiska se*	*tepen sem bil / tiskal se je*
	tepen bom / tiskal se bo	*/ tiskal se je bil*
Imperativ:	*bódi tepen / tiskaj se*	
Konditional:	*tepen bi bil / tiskal bi se*	*tepen bi bil / tiskal bi se bil*
Infinitiv:	*biti tepen / biti tiskan*	
Partizip:	*tepen / tiskajoč se*	

Das Partizip auf **-n** bzw. **-t** bezeichnet den Sachverhalt nach beendeter Handlung: *ubit, delan;* so auch das Partizip auf **-l**: *uvel*. Das Wort **se** in Verbindung mit dem Verb hat häufig keine eigene Bedeutung (*smejati se*) oder drückt Intransivität des Verbs aus *(ubiti se, zlomiti se)*.

Aspekt

Die meisten slowenischen Verben haben zwei Formen, die eine bedeutet, daß die Verbhandlung als begrenzt aufgefaßt wird (perfektive Verben), die andere, daß die Handlung unbegrenzt ist (imperfektive Verben). Der Unterschied wird meist mit einem Suffix zum Ausdruck gebracht, er kann aber auch mit einem Präfix oder einem anderen Stamm ausgedrückt werden.

dvígniti – dvígati	*oženíti se – ženíti se*	*povédati – práviti*
obdélati – obdelováti	*povabíti – vabíti*	
prenêsti – prenášati		
séči – ségati		

Präpositionen

Die Präpositionen bestimmen die Form des Substantivs, Pronomens und Adjektivs, vor dem sie stehen. Nachstehend eine Übersicht der Rektion:

Genitiv:	*brez* (ohne)	*izmed*
	do (bis)	*iznad*
	iz (aus)	*izpod*
	od (von)	*izpred*
	z / s (von)	*izza*
	za (z.B. za časa bivše Jugoslavije)	
Dativ:	*k / h* (zu)	*proti, kljub* (gegen, trotz)
Lokativ:	*o* (von)	*na* (an, auf)*
	pri (bei)	*ob* (neben, entlang)*
		po (an, auf)*
		v (in)*
Instrumental:	*z / s* (mit)	*med* (zwischen, unter)*
		nad (über)*
		za (hinter)*
Akkusativ:	*čez* (über)	*na, med* (an, auf – zwischen)**
	raz (von)	*ob, nad* (neben, über)**
	skoz(i) (durch)	*po, pod* (–, unter)**
	zoper (gegen)	*v, pred* (in, vor)**
	za (für)	*za* (hinter)**

* Auf die Frage *wann* und wenn sie nicht eine Richtung bzw. ein Ziel ausdrücken. In diesem Fall stehen sie mit dem Akkusativ.

** Wenn sie eine Richtung oder ein Ziel ausdrücken.

Konjunktion

Das Slowenische kennt nebenordnende und unterordnende Konjunktionen. Die **nebenordnenden** drücken aus:

1. Anreihung: *in, pa, ter* (und)
2. Gegensatz: *pa, toda, vendar, a, ali* (aber, doch...)
3. Wahl zwischen zwei Möglichkeiten: *ali – ali, ali* (entweder – oder)
4. Steigerung: *ne samo (le) – ampak (temveč) tudi,*
(nicht nur – sondern auch)
ne – ne, niti – niti (weder – noch)
5. Grund: *kajti, zakaj, saj, sicer, namreč* (denn, nämlich...)
6. Folge: *zato, torej, pa* (deshalb)

Die **unterordnenden** Konjunktionen drücken aus:

1. *da* (daß): fast alle Arten von untergeordneten Verhältnissen
2. *če, ako, ko*: (wenn) eine Bedingung, *če* auch eine Frage (*ko* mit dem Konditional)
3. *ker*: (weil) einen Grund
4. *ko, kadar*: (wenn, als) die Zeit
5. *čeprav, dasi*: (obwohl) eine Einräumung
6. *ko, kakor, kot*: (wie, als) einen Vergleich (ausnahmsweise auch Anreihung)
7. *ki, kateri, kdor, kar, čigar*: leiten Relativsätze ein

Verschiedenes

Wochentage	**Monate**	**Bruchzahlen**
ponedéljek	*jánuar*	$^1/_2$ *polovíca, pól*
tôrek	*fébruar*	$^1/_4$ *četrtína, četŕt*
sréda	*márec*	$^3/_4$ *tri četrtíne, tričetŕt*
četŕtek	*apríl*	$^1/_3$ *tretjína*
pétek	*máj*	$^1/_5$ *petína*
sobóta	*júnij*	$^1/_6$ *šestína*
nedélja	*júlij*	
	avgúst	
	septémber	

DEUTSCH
—
SLOWENISCH

NEMŠKO
—
SLOVENSKO

A

Aal *m*, **~s, ~e,** jegulja *f*
Aas *n*, **~es, ~e** mrhovina *f*; **£er** *fig.* mrha *f*
ab *prp.* od; *adv.* dol, proč, stran, od ... dalje; *ab und zu* včasih
Abart *f* zvrst *f*, različica *f*
abartig perverzen
abbauen izkoriščati, kopati; reducirati; demontirati, razformirati
abbeißen* odgrizniti
abbekommen* odstraniti; dobiti, *fig.* skupiti jo
abberufen* odpoklicati
abbestellen odpovedati
abbiegen* zapogniti, zaviti
abbilden upodobiti
Abbildung *f*, **~, ~en,** upodobitev *f*
abblasen* odpihniti, *fig.* odpovedati
abblättern *v/t* odluščiti, *v/i* odpadati
abblenden zaseničiti, zasloniti (luči)
abbrechen* odlomiti; (po)rušiti; prekiniti; utrgati (cvet)
abbringen* *(jn von)* odvrniti (od)
Abbruch *m*, **~s, £e,** rušenje *n*, *fig.* prekinitev *f*; *~ tun* škoditi
abbrühen popariti
abbüßen izplačati, odsedeti
Abc *n* abeceda *f*
abdanken odstopiti, odpovedati se (prestolu)
abdecken odkriti; pokriti; *(Tisch)* pospraviti
abdichten zamazati, tesniti
abdrehen spremeniti smer; ugasniti, odklopiti
Abdruck *m*, **~s, £e,** odtis *m*
abdrucken odtisniti
abdrücken pritisniti na petelina
abebben uplahniti, upasti
Abend *m*, **~s, ~e,** večer *m*; *am ~* zvečer; *zu ~ essen* večerjati; *es wird ~* večeri, noči se; *guten ~!* dober večer!
Abendbrot *n*, **Abendessen** *n* večerja *f*
Abendland *n* zahodni svet *m*
abendlich večeren, *adv.* vsak večer
Abendmahl *n* obhajilo *n*, večerja *f*
Abendrot *n*, **Abendröte** *f* večerna zarja *f*
abends zvečer, ob večerih
Abendzeitung *f* večernik *m*
Abenteuer *n*, **~s, ~,** pustolovščina *f*
abenteuerlich pustolovski, čuden
aber ampak, toda, pa
Aberglaube *m* praznoverje *n*
abergläubisch praznoveren
aberkennen* odrekati, odvzeti
abermalig ponoven
abermals še enkrat, ponovno
abfahren* *v/t* odvažati, prevoziti, zvoziti; *v/i* odpeljati se

Abfahrt *f* odhod *m*, spust *m*
Abfall *m*, **~s, £e,** odpadanje *n*, odpad *m*, odpadki *pl*
abfallen* odpadati, odpasti; padati, upadati; *fig.* kaniti (-em); ~ *von* odpasti, dezertirati
abfallend padajoč, spuščajoč se
abfällig zaničljiv
abfangen* prestreči
abfassen sestaviti, formulirati
abfertigen odposlati, odpraviti; postreči
abfinden* izplačati, plačati odškodnino; *sich ~ mit* sprijazniti se z, vdati se v
Abfindung *f*, **~, ~en,** odškodnina *f*
abfliegen* odleteti, preletavati
Abflug *m*, **~s, £e,** odlet *m*, odhod *m* (letala)
Abfluß *m*, **~(ss)es, £(ss)e** odtok *m*, odtekanje *n*
abfragen izpraševati, izprašati
abfrieren zmrzniti, zamrzniti
Abfuhr *f*, **~, ~en,** odvoz, *fig.* zavrnitev
abführen odvesti, odpeljati, odvajati
Abführmittel *n* odvajalo *n*
abfüllen polniti (v)
Abgabe *f* oddaja *f*, dajatev *f*
Abgang *m* odhod *m*, prodaja *f*, primanjkljaj *m*
Abgangs- *v sest.* zaključni
Abgas *n* izpušni plin *m*
abgeben (od)dati, odstopiti, *fig. (einen guten Arzt itd.)* ~ biti *(N)*, *sich ~ mit* ukvarjati, ubadati se z
abgebrannt pogorel, suh (brez denarja)
abgebrüht poparjen, *fig.* okorel
abgedroschen *fig.* zlajnan, obrabljen
abgegriffen obrabljen, zlizan
abgehärtet utrjen
abgehen oditi; obhoditi; manjkati; iti v promet; ~ *von* odstopiti od
abgekartet vnaprej domenjen
abgelegen odročen, oddaljen; uležan
abgemacht! velja!
abgeneigt nenaklonjen
abgenutzt obrabljen
Abgeordnete *m*, *f*, **~n, ~n** poslan/ec *m*, -ka *f*, delegat *m*
Abgeordnetenhaus *n* poslanska zbornica *f*
abgerissen raztrgan, odtrgan, nepovezan; porušen
Abgesandte *m*, *f* odposlan/ec *m*, -ka *f*
abgeschmackt neokusen, neslan
abgesehen razen; *es ~ haben auf* meriti na, imeti na muhi
abgespannt utrujen
abgestanden postan
abgestorben otrpel, odmrl
abgestumpft otopel
abgewinnen* dobiti od, najti
abgewirtschaftet skrahiran, *pred.* na psu
abgießen* odliti, vliti
Abglanz *m* odsev; *fig.* senca *f*
Abgott *m* malik *m*
Abgrenzung *f* razmejitev *f*

Abgrund *m* brezno *n*, prepad *m*
abgründig prepaden, *fig.* globok
Abguß *m* odlitek *m*; izliv *m*
abhalten* zadrževati, ovirati; odvračati (od); prirediti; imeti
abhandeln obravnavati; pribarantati; *vom Preis* zbijati ceno
abhanden *kommen* zgubiti se, izginiti
Abhandlung *f* razprava *f*, obravnava *f*
Abhang *m*, **~s, £e,** pobočje *n*
abhängen *v/t* sneti; *telef.* obesiti (slušalko); pustiti uležati; *v/i** biti odvisen od
abhängig odvisen
Abhängigkeit *f*, **~, ~en,** odvisnost *f*
abhärten *(sich)* utrjevati (se)
abhauen *v/t* odsekati; *v/i* izginiti, *F* odnesti pete
abheben* privzdigniti; dvigniti (se); *sich ~* izstopati
abhelfen* odpomoči
abhold nenaklonjen
abholen iti po, iti iskat, čakat; *~ lassen* poslati po
abholzen posekati
abhorchen prisluškovati; poslušati
abhören prisluškovati; izprašati
abirren *(von)* zaiti (s, z)
Abitur *n*, **~s, ~e,** matura *f*, *v sest.* maturitetni
abkanzeln brati levite
Abkehr *f*, *~*, *–*, odvrnitev (od), odpor
abkehren *(sich)* odvrniti (se) od, pomesti z
Abklatsch *m* krtačni odtis *m*, slab posnetek *m*, *fig.* samo senca
abknallen *jn F* počiti (koga)
abknöpfen odpeti; *F* izmolsti
abkochen prekuhati
abkommen* *(von)* oddaljiti se (od), zaiti; opustiti *(A)*; izvirati od; *fig.* odrezati se
Abkommen *n*, **~s, ~,** sporazum *m*, pogodba *f*
abkömmlich prost
Abkömmling *m*, **~s, ~e,** potomec *m*
abkratzen spraskati; *v/i V* krepniti
abkühlen ohladiti (se)
Abkunft *f*, **~, £e,** poreklo *n*
abkürzen skrajšati
Abkürzung *f*, **~en,** kratica *f*, krajšanje *n*; *(Weg)* bližnjica *f*
abladen* odložiti, raztovoriti
Abladeplatz *m* odlagališče *n*
Ablagerung *f* sklad *m*, nanos *m*
Ablaß *m*, **~(ss)es £(ss)e,** odpustek; *v sest.* odtočni
ablassen* puščati, izpustiti; izprazniti; odstopiti; *~ von* opustiti, izpustiti, odpovedati se; *vom Preis ~* dati popust
Ablauf *m* odtok *m*; pretek *m*, potek *m*, izid *m*
ablaufen* odtekati, odteči; potekati, poteči; izteči se, *~ lassen* izpustiti
ableben preminiti
ablegen odložiti; opustiti; dati; *(Gelübde)* zaobljubiti se; *(Prüfung)* opraviti; *(Eid)* zapriseči; *(Zeugnis)* pričati

Ableger *m*, **~s, ~,** živica *f*, poganjek *m*

ablehnen odkloniti, zavračati

ableiten odvesti; izpeljevati (od)

ablenken odvračati, zamotiti

ablesen* odčitati; brati iz (oči itd.); obirati

abliefern dostavljati, dostaviti; oddati

abliegen* biti oddaljen; uležati se

ablöschen popivnati

ablösen *(sich)* (od)luščiti se, odstopati; zamenjati (se), slediti *D*

Abluft *f* izpuh *m*, izrabljeni zrak

abmachen odstraniti; opraviti; dogovoriti se, določiti

Abmachung *f*, **~, ~en** sporazum *m*, dogovor *m*

abmelden *(sich)* odjaviti (se); naznaniti odhod

abmessen* izmeriti; pretehtati

Abmessung *f*, **~, ~en,** mera *f*, izmera *f*

abnähen obšiti; narediti všitke

Abnahme *f*, **~, ~en,** snemanje *n*; odvzem *m*; odjem *m*; prevzem *m*; zmanjšanje *n*, pojemanje *n*

abnehmen* sne(ma)ti; odvzeti; prevzeti; pregledati; kupiti; *Prüfung* izpraševati; *Hörer* dvigniti; *jm etw.* ~ verjeti; *v/i* zmanjševati se, krajšati se, upadati, hujšati

Abnehmer *m*, **~s, ~,** odjemalec *m*, ~ *finden* iti v promet

Abneigung *f*, ~, **~en,** odpor *m*

abnorm nenormalen

abnutzen, abnützen obrabiti

Abnützung *f*, **~, ~en,** obraba *f*

Abordnung *f* **~, ~en,** delegacija *f*, deputacija *f*, odposlanstvo *n*

Abort *m*, **~s, ~e,** stranišče *n*

abprallen odbiti se, prileteti ob

abraten* odsvetovati

abrechnen *v/t* odračunati, obračunati z; *fig. v/i* poračunati

Abrede *f* dogovor *m*; zanikanje *n*; *in ~ stellen* zanikati

abreiben* (z)drgniti, otreti

Abreibung *f* **~, ~en,** drgnjenje *n*, otiranje *n*, *fig.* branje levitov

Abreise *f* **~, ~n,** odhod (na potovanje) *m*

abreisen odpotovati

abreißen* odtrgati, pretrgati, raztrgati; porušiti; *v/i* pretrgati itd. se

abrichten *(Tiere)* dresirati

abriegeln zapahniti; obkoliti, zapreti

Abriß *m*, **~(ss)es, ~(ss)e,** očrt *m*; rušenje *n*

abrollen odvijati (se); dogajati se; odpeljati; *Zeit* poteči

abrücken odmakniti (se); *fig.* oddaljiti se

Abruf *m*, **~s, ~e,** odpoklic *m*; poziv *m*

abrunden zaokrožiti, zaobliti, *Zahl* zaokrožiti (navzdol)

abrüsten razorožiti
abrutschen zdrsniti, spodrsavati
Absage *f*, **~, ~n,** odklonitev *f*, odpoved *f*
absagen odpovedati
absägen odžagati
Absatz *m*, **~es, £e,** *(Schuh)* peta *f*; odstavek *m*; *(Ware)* prodaja *f*
abschaffen ukiniti; odpraviti
Abschaffung *f*, **~, ~en,** odprava *f*, ukinitev *f*
abschalten odklopiti; izklopiti
abschätzen oceniti
abschätzig podcenjevalen, zaničljiv
Abschaum *m* pena *f*; izmeček *m*
Abscheu, *m*, **~s,** –, *f* ~, –, odpor *m*, gnus *m*; *~ einflößen* navdajati z odporom; *~ haben vor* čutiti odpor do
abscheulich gnusen
abschieben* odriniti; prevaliti; izgnati
Abschied *m* **~es, ~e,** slovo; odhod, odstop; *~ nehmen* posloviti se; *seinen ~ nehmen* odstopiti, dati odpoved
abschießen* izstreliti; sestreliti; odstreliti *(tudi fig.)*
abschlagen* odbiti; odsekati; odstraniti; *Früchte* klatiti; *Wasser* iti na vodo
abschlägig negativen, odklonilen
Abschleppdienst *m* vlečna služba *f*
abschleppen odvleči; *sich ~ mit* težko nositi *(A)*
abschließen* zakleniti; zaključiti, skleniti; zapirati, zapreti
Abschluß *m*, **~(ss)es, £(ss)e,** zaključek *m*; sklenitev *f*; zaključni račun *m*; *zum ~ bringen* zaključiti, skleniti; *v sest.* zaključni
abschreckend zastraševalen
abschreiben* prepisovati, prepisati; odšteti, odpisati; odpovedati
Abschrift *f*, **~, ~en,** prepis *m*; *für gleichlautende ~* za točnost prepisa
Abschürfung *f*, **~, ~en,** odrgnina *f*
Abschuß *m*, **~(ss)es, £ss(e),** strel (iz) *m*; izstrelitev *f*; odstrel *m*; prepad *m*
abschütteln otresti (se), stresti z
abschwächen omiliti
abschweifen oddaljiti se (od)
abschwören* odvrniti se od
absehbar predvidljiv; *(Zeit)* dogleden
absehen* videti; prebrati iz; *von jm ~* opustiti, ne upoštevati; *es auf etw. abgesehen haben* imeti na muhi, meriti na
abseits ob strani, oddaljen
absenden* odposlati
Absender *m*, **~s,** ~, odpošiljatelj *m*
absetzen odložiti; odstaviti; umakniti, odmakniti se; prodajati; odšteti; *sich ~* odstopati; *F* izginiti, pobrati jo; *v/i* narediti pavzo, prekiniti
Absicht *f*, ~, **~en,** namen *m*, namera *f*; *mit ~* namerno

absichtlich hoten, nameren; *adv.* namenoma
absitzen* razjahati; odsedeti
absondern izločati, izločiti
abspannen *fig.* izpreči, sprostiti se
Abspannung *f* utrujenost *f*
abspeisen nahraniti, *fig.* odpraviti
abspenstig *machen* speljati; prevzeti; odvrniti od
absperren zakleniti, zapreti; blokirati; izolirati
Absperrung *f*, **~**, **~en,** zapora *f*; blokada *f*; **~s ...** *v sest.* zaporni
abspielen (od)igrati, zaigrati; obrabiti (z igranjem); *sich ~* dogoditi, odigrati se
Absprache *f*, ~, **~n,** dogovor *m*, zanikanje *n*
absprechen* dogovoriti se (za), domeniti se; zanikati; spodbijati, odrekati
abspringen* skočiti z (iz); odskočiti; odbiti se; seskočiti; odpadati; *fig.* umakniti se
abstammen izvirati
Abstammung *f*, **~**, **~en,** izvor *m*, rod *m*
Abstand *m*, **~s, £e,** razdalja *f*; razmik *m*; odškodnina *f*; *~ nehmen von* opustiti; *mit ~ der Beste* daleč najboljši
abstatten opraviti, plačati; *Besuch ~* obiskati; *Dank ~* zahvaliti se
abstauben obristi prah
abstechen* zaklati; odrezati; *v / i (gegen)* izstopati (od)
Abstecher *m*, **~s, ~,** kratek izlet (med potovanjem)
abstecken označiti; zakoličiti
abstehend oddaljen; *(Ohren)* štrleč
absteigen* spuščati se, sestopati; nastaniti se v
abstellen odklopiti, ustaviti; zapreti; odložiti, postaviti; *Auto* parkirati
abstempeln žigosati; *fig.* ožigosati
absterben* odmirati, odmreti; ohrometi
Abstieg *m*, **~s, ~e,** padec *m*, upad *m*; propad *m*; sestop *m*
abstimmen usklajevati, uskladiti; naravnati; glasovati (*über* o)
Abstimmung *f*, **~**, **~en,** glasovanje *f*, *glej* **abstimmen**
abstoßen*odriniti; odbijati, odbiti; *vom Ufer* odpluti; *Ware* razprodati; *fig.* odbijati
abstoßend gnusen
abstreifen potegniti z, dol; odložiti; *Füße* obrisati
abstreiten* zanikati; tajiti
Abstrich *m* odbitek; bris *m*; *~e machen* popuščati, zmanjševati zahteve
abstufen stopnjevati, razdeliti na stopnje; niansirati
Abstufung *f*, **~**, **~en,** gradacija *f*, odtenek *m*
abstumpfen otopiti; otopeti
Absturz *m*, padec *m*; prepad *m*
abstürzen pasti, strmoglaviti
Abt *m*, **~s £e,** opat *m*, prior *m*
Abtei *f*, ~, **~en,** opatija *f*
Abteil *n*, **~s, ~e,** oddelek *m*, kupe *m*

Abteilung *f*, **~, ~en,** odsek *m*, oddelek *m*; oddelitev *f*

Abtönung *f* ~, **~en,** odtenek *m*, usklajevanje *n*

abtöten uničiti; potlačiti; udušiti

abtragen* odstraniti, podreti; poravnati; pospraviti (posodo z mize)

abträglich škodljiv

abtreiben* odgnati; odpraviti (tudi plod); (u)mešati; *v/i Schiff* ladjo odnese

Abtreibung *f*, **~, ~en,** splav *m*

abtreten* odstopiti; prepustiti; umakniti se; *Schuhe* pošvedrati, obrisati; *sich die Füße* ~ obrusiti si pete

Abtreter *m*, **~s, ~,** predpražnik *m*

Abtritt *m*, **~s, ~e,** odstop *m*, odhod *m*; stranišče *n*

abtrocknen *v/i* (p)osušiti; *v/i* posušiti se

abtrünnig odpadel; (~e) odpadnik *m*

abtun* odložiti; odpraviti

abwägen (pre)tehtati; razmišljati o

abwälzen odvaliti; *fig.* prevaliti

abwandeln modificirati, spremeniti; sklanjati, spregati

abwarten (po)čakati na

abwärts navzdol

abwaschen* pomi(va)ti, zmiti

Abwasser *n*, **~s, £,** odplaka *f*

abwechseln *(mit)* izmenjavati se (z)

abwechselnd izmenično

Abwechslung *f*, **~, ~en,** sprememba *f*, izmenjavanje *n*

Abweg *m* stranpot *(tudi fig.)*; *auf ~e geraten* zaiti na kriva pota

abwegig čuden; zmoten; napačen

Abwehr *f*, ~, –, obramba pred, *v sest.* obrambni

abwehren (u)braniti se *(G)*; odbiti; *Unglück* preprečiti

abweichen* oddaljiti se; odstopati; odkloniti se; razlikovati se; *etw.* ~ odmočiti

abweichend drugačen

Abweichung *f*, **~, ~en,** odklon *m*; odstopanje *n*

abweisen* zavrniti; odbiti

abwenden odvrniti (se); preprečiti; odbiti

abwerfen* odvreči; otresti se *G*; prinašati

abwerten razvrednotiti

Abwertung *f*, **~, ~en,** razvrednotenje *n*

abwesend *fig.* odsoten, raztresen

Abwesenheit *f*, ~, odsotnost *f*

abwickeln odvijati; opravljati

abwischen obrisati

abzahlen odplačevati, odplačati

abzählen preštevati; odšteti

Abzahlung *f*, **~, ~en,** odplačilo *n*; *auf* ~ na obroke

abzapfen (iz)točiti; navrtati

Abzeichen *n*, **~s, ~,** značka *f*; odlikovanje *n*

abzeichnen preris(ov)ati; parafirati; *sich* ~ naznanjati se, *(gegen)* odbijati se od

abziehen* potegniti dol; odšteti; odračunati; odtegniti; *Fell* odreti; *Bild* narediti kopijo; odtisniti; *v/i* oditi, odstranjevati se

Abzug *m*, **~s, £e,** odhod *m*, umik *m*; odbitek *m*; kopija *f*, odtis *m*; popust *m*; petelin *m* (na puški)

abzüglich z odbitkom

Abzugs ... *v sest.* odvodni; odbitni

abzweigen odcepiti; dati na stran

Abzweigung *f*, **~, ~en,** odcep *m*

ach oh; o; *~ was!* kaj bi to! *~ wo!* kje neki! *Mit Ach und Krach* komaj komaj

Achse *f*, **~, ~n,** os *f*; *auf der ~ sein* biti na poti, potovanju

Achsel *f*, **~, ~n,** rama *f*, pazduha *f*; *die ~ zucken* skomigniti

Achselhöhle *f* pazduha *f*

Achselzucken *n* skomigovanje *n*

acht osem; **Acht** *f* osmica; *um acht Uhr* ob osmih

Acht *f*, ~, –, izobčenje *n*; preklic *m*

acht (Acht) *sich in ~ nehmen* paziti se *G*; *außer ~ lassen* ne upoštevati

achtbar spoštovanja vreden, pošten

achte osmi; *am, den 8.* osmega

Achteck *n*, **~s, ~e** osmerokotnik *m*

achteckig osmerokoten

Achtel *n*, **~s, ~,** osminka *f*

achten ceniti; spoštovati; *auf* paziti na

ächten izobčiti

achtens osmič

Achter *m* **~s, ~,** osmica *f*, osmerec *m*

achterlei osmeri, osmero

achtfach osemkrat(en), osmer

achtfältig osmeren

achtgeben* paziti se, *auf* paziti na

achthundert osemsto

achtjährig osemleten

achtjährlich na vsakih osem let

achtlos nepazljiv

achtmal osemkrat

Achtstundentag *m* osemurni delavnik *m*

Achtung *f*, ~, –, spoštovanje *n*; pazljivost *f*; *~!* Pozor!

Ächtung *f*, **~, ~en,** izobčenje *n*

achtungsvoll s spoštovanjem (v pismih); spoštljiv

achtzehn osemnajst

achtzig osemdeset

ächzen stokati

Acker *m*, **~s, £,** njiva *f*

Ackerbau *m* poljedelstvo *n*

Ackerland *n* obdelovalna zemlja *f*

ackern orati

Adel *m*, **~s,** –, plemstvo *n*

ad(e)lig plemenit

Adelige *m*, *f* plemič *m*, plemkinja *f*

Ader *f*, **~, ~n,** žila *f*; *fig.* žilica; *zur ~ lassen* puščati kri

Adler *m*, **~s, ~,** orel *m*, *v sest.* orlovski

adoptieren adoptirati, prevzeti

Adresse *f*, **~, ~n,** naslov *m*, poslanica *f*; (poslansko) vprašanje

Affe *m*, **~n, ~n,** opica *f*; *einen ~ gefressen haben an* biti

nor na; *einen ~n haben* biti v rožicah
Affen ... *v sest.* opičji
äffen oponašati; imeti za norca
affig afektiran
After *m*, **~s, ~,** danka *f*; *v sest.* zadnji, nepravi
ahnden grajati; kaznovati; maščevati
Ahne *m*, **~n, ~n,** prednik *m*
ähneln biti podoben; spominjati na
ahnen slutiti
ähnlich podoben, spominjajoč na; *~ sehen* biti podoben
Ähnlichkeit *f*, **~, ~en,** podobnost *f*
Ahnung *f*, **~, ~en,** slutnja *f*, *fig.* pojem *m*
ahnungslos nič hudega sluteč
ahnungsvoll poln zlih slutenj
Ahorn *m*, **~s, ~e,** javor *m*
Ähre *f*, **~, ~n,** klas *m*
Akkordeon *n*, **~s, ~s,** harmonika *f*
Akt *m*, **~s, ~e,** akt *m*; dejanje *n*
Akte *f*, **~, ~n,** spis *m*, akt *m*, *zu den ~n legen* dati ad acta
Aktendeckel *m* mapa *f*
Aktenstück *n* akt *m*
Aktentasche *f* aktovka *f*
Aktie *f*, **~, ~n,** delnica *f*, ~n ... delniški
Alarm *m* **~s, ~e,** alarm *m*, preplah *m*; *~ schlagen* dati znak za preplah
Alaun *m* galun *m*
albern neumen, aboten
albern govoriti / početi neumnosti
alkoholfrei brezalkoholen
alkoholisch alkoholičen
all vsak, vse, ves; *alle* vsi; *alle beide* oba; *alle 3 Tage* vsak 3. dan; *aller* vsak; *v sest.* vse, *v sest. adv. časa* vsak
All *n*, **~s,** –, vesolje *n*
Allee *f*, **~, ~n,** drevored *m*
allein sam, samo, zgolj le *cj.* samo, toda
allein ... *v sest.* edino, izključno
Alleinherrscher *m* samodržec *m*
alleinig edini
alleinstehend neporočen, brez sorodnikov; *~e Mutter* samohranilka
allemal vselej
allenfalls vsekakor, za silo
aller *v sest.* naj ...
allerdings vsekakor; pa
allererst prvi; najprej
allerhand najrazličnejši; *fig.* dosti, vse mogoče; od sile
Allerheiligen *n* vsi Sveti
allerlei vse mogoče; najrazličnejši
allerletzt zadnji; *zu ~* konec koncev
Allerseelen *n* verne duše *pl*
allerseits vsepovsod, *fig.* vsi
Allerwelts ... banalen, vsakdanji
Allerwerteste *m* prečastita *f*, zadnjica *f*
alles vse; *~ in allem* eno k drugemo
allgegenwärtig vsepovsod pričujoč
allgemein splošen, obči
Allgemeinheit *f*, ~, –, skupnost *f*; splošnost *f*; občestvo *n*

allmächtig vsemogočen
allmählich polagoma, postopoma
allseitig vsestranski
Alltag *m* delavnik *m*, vsakdanjik *m*
alltäglich vsakdanji, trivialen
alltags vsakdanji; *adv.* ob delavnikih
allzu ... preveč, pre ...
Almosen *m* miloščina *f*
Alp *m*, **~s, ~e, Alpdrücken** *n*, **~s,** ~, mora *f*
Alpen ... planinski, alpski
Alpenverein *m* planinsko društvo *n*
Alphabet *n*, **~s, ~e,** abeceda *f*
als kot (tudi za komparativom); ko (časovno); *(gelten als)* za
also *adv.* tako; *cj.* torej; *na ~!* vidiš!
alt star; *10 Jahre ~* 10 let star; *wie alt ist er?* koliko je star? *für ~ kaufen* iz druge roke; *fig. das ~e Lied* vedno ista pesem
Altar *m*, **~s, ~e,** oltar; *v sest.* oltarni
Alte *m*, *f* starec *m*, starka *f*
Alteisen *n* staro železo *n*
Alter *n*, **~s, ~,** starost *f*, doba *f*; *von ~s her* od nekdaj
älter starejši
altern (po)starati se
Alters... *v sest.* starostni
Altersheim *n* dom *m* počitka
altersschwach betežen
Altertum *n* **~s,** stari vek; *Altertümer* starožitnosti
altertümlich starinski
älteste najstarejši
althergebracht tradicionalen
altklug neotroški, prezgodaj razvit; modriha
ältlich postaren
altmodisch staromoden
am ~ an dem; *am schönsten* najbolj
Amboß *m*, **~(ss)es, ~(ss)e,** nakovalo, *anat.* nakovalce
Ameise *f*, **~, ~n,** mravlja *f*
Ameisen... *v sest.* mravljinčji
Ameisenhaufen *m*, mravljišče *n*
Amme *f*, **~, ~n,** dojilja *f*
Ammenmärchen *pl* prazne marnje *pl*
Ampel *f*, **~, ~n** viseča svetilka ali posoda; semafor *m*
Amsel *f*, **~, ~n,** kos *m*
Amt *n*, **~s, ⸗er,** služba *f* položaj *m*, funkcija *f*; pisarna *f*; maša *f*
amtierend sedanji
amtlich uraden
Amts... *v sest.* uradni, službeni
Amtsblatt *n* uradni list
Amtsdauer *f* trajanje mandata *m*
Amtsenthebung *f* odstavitev *f*
Amtsgericht *n* prvostopenjsko sodišče *n*
Amtsschimmel *m* birokracija *f*
Amtsstunden *f/pl* uradne ure *pl*
an *prp.* na, ob, k *(A, L)*, pri; *bis an* do; *am Montag* v ponedeljek; *am Morgen (Abend)* zjutraj, zvečer; *an einem Tag* nekega dne; *am ersten* prvega; *(auf Fahrplänen) an* prihod; *an 500* približno 500; *adv. von ...*

an od ... naprej, *von nun an* odslej
An... *v samost. sestavljenkah večinoma ne spremeni pomena osnovne besede (Anreiz, Reiz)*
anbahnen utirati pot, napeljevati
Anbau *m* pridelovanje *n*; prizidek *m*
anbauen pridelovati, saditi; prizidati
Anbaufläche *f* pridelovalna površina *f*
anbehalten* obdržati (na sebi)
anbeißen* *v/t* vgrizniti v, načeti; *v/i* prijeti (za vabo)
anbelangen *(A)* tikati se *(G)*
anberaumen določiti (datum, uro)
anbeten oboževati; častiti
Anbetracht *in ~* v poštev; *in ~ daß* spričo tega, da
Anbetung *f*, **~**, **~en**, čaščenje *n*, oboževanje *n*
anbieten* ponujati, ponuditi
anbinden* vezati; *(an)* privezati (k)
Anblick *m* pogled *m*
anblicken (po)gledati
anbrechen* *v/t* načeti; *v/i* napočiti; *Tag* dani se; *Nacht* noči se
anbrennen* osmoditi; prižgati; *v/i* prismoditi se
anbringen* pritrditi, namestiti; vložiti; spraviti v promet
Anbruch *m*, **~s**, začetek *m*
anbrüllen (na)hruliti
Andacht *f*, **~**, **~en**, pobožnost *f*
andächtig pobožen
andauern trajati
andauernd nenehen, trajen; *adv.* nenehno
Andenken *n*, **~s**, **~**, spomin *m*, spominek *m*
ander(e) drug, drugi; ostalo; *etwas, nichts anderes* nekaj, nič drugega; *unter anderem* med drugim; *ein anderes Mal* drugič
ander(er)seits po drugi plati
ändern spremeniti; *eine Meinung* premisliti si
anders drugačen, drugače; *sich anders besinnen* premisliti si; *jemand anders* nekdo drug
andersartig drugačen
anderswo drugje
anderthalb poldrug
Änderung *f*, **~**, **~en**, spreminjanje *n*, sprememba *f*
andeuten nakazati, namigniti
Andeutung *f*, **~**, **~en**, nakazovanje *n*, namig *m*
Andrang *m*, **~s**, –, naval *m*
andrehen priklopiti, odpreti; *fig. jm etw.* obesiti (komu kaj)
aneignen *sich* prisvojiti si, prevzeti
aneinander drug na drugega, drugem itd.
aneinanderfügen sestaviti; *sich ~* ujemati se
aneinandergeraten* priti si v lase
aneinanderrücken skupaj se pomakniti
anekeln navdajati z gnusom
anerkannt priznan
anerkanntermaßen kot je znano
anerkennen* *(als)* priznati, pripozna(va)ti (za)

Anerkennung *f*, ~, **~en,** priznanje *n*, pripoznavanje *n*
anerziehen* privzgojiti
anfachen zanetiti; podpihovati
anfahren* *v/t* speljati; zadeti, zbiti (z vozilom); *fig.* nahruliti; *v/i* pripeljati se
Anfahrt *f*, ~, **~en,** dovoz *m*; dovažanje *n*; *(Zug)* prihod *m*
Anfall *m*, **~s, £e,** napad *m*
anfallen* napasti; pripasti; *anfallend* ki ga je treba opraviti, plačati
anfällig neodporen (do)
Anfang *m*, **~s, £e,** začetek *m*
anfangen* začeti; početi
Anfänger *m*, **~s,** ~, začetnik *m*
anfänglich, anfangs spočetka
Anfangs ... *v sest.* začetni
Anfangsbuchstabe *m* začetnica *f*
anfassen prijeti; lotiti se (česa)
anfechtbar sporen, oporečen
anfechten* izpodbijati; vznemirjati; speljati v skušnjavo
Anfechtung *f*, ~, **~en,** izpodbijanje *n*; skušnjava *f*
anfeinden napadati; zoprovati; črniti
anfertigen izdelovati, izdelati
Anfertigung *f*, ~, **~en,** izdelovanje *n*, izdelava *f*
anfeuchten navlažiti
anfeuern *fig.* podžigati
Anflug *m* prihod *m* (letala); *fig.* kanček *m*, nadih *m*
anfordern naročiti; zahtevati
Anfrage *f* vprašanje *n*; zahteva *f*
anfressen* načeti
anfreunden *(sich)* spoprijateljiti se, sprijazniti se z
anfügen dodati
anfühlen potipati; čutiti; *sich hart* ~ biti trd na otip
anführen voditi; navajati; imeti za norca
Anführer *m* vodja *m*, kolovodja *m*
Anführungszeichen *n* narekovaj *m*
anfüllen napolniti
Angabe *f* navedba *f*; podatek *m*; bahanje *n*; *nähere ~n* podrobnosti
angeben* imenovati; navajati; nakazati; *Ton* dajati; *v/i* bahati se
Angeber *m* ovaduh *m*; nastopač *m*
angeblich dozdeven; namišljen; *adv.* kot pravijo, baje
angeboren prirojen
Angebot *n* ponudba *f*
angebracht *adj.* primeren
angebrannt prismojen
angebunden *kurz* ~ redkobeseden
angedeihen *lassen* nuditi; posvečati
angegriffen *adj.* utrujen
angeheitert v rožcah
angehen* začenjati (se); iti, *es geht an* kar gre; *jn* ~ prositi za; nagovoriti; tikati se *(G)*
angehend bodoči
angehören biti last, član; pripadati
Angehörige *m*, *f*, **~n, ~n,** svojec *m*, pripadnik *m*; *(Staats-)* državljan *m*, -ka *f*

Angeklagte *m, f,* **~n, ~n,** obtoženec *m*, -ka *f*
Angel *f* ~, **~n,** tečaj *m*; trnek *m*
Angelegenheit *f,* ~, **~en,** zadeva *f*
angeln ribariti
angemessen primeren
angenehm prijeten
angenommen privzet; posvojen (otrok); ~ *daß* denimo, da
angesehen *adj.* ugleden
angesichts spričo
Angestellte *m, f,* uslužbenec *m*, -ka *f*; nameščenec *m*, -ka *f*
angetrunken okajen
angewandt apliciran; uporaben
angewiesen *auf* odvisen od
angewöhnen *jm etw.* privaditi koga *(G)*; navaditi se *(G)*
Angler *m* (športni) ribič *m*
angliedern priključiti, pripojiti
angreifen* prijeti; napadati, napasti; načeti; škodovati; prizadeti
angreifend *fig.* utrudljiv
Angreifer *m,* **~s,** ~, napadalec *m*
angrenzen *(an)* mejiti (na)
angrenzend sosednji
Angriff *m,* **~s, ~e,** napad *m*, naskok *m*; *in ~ nehmen* lotiti se (česa)
angst *mir ist angst* bojim se
Angst *f,* ~, **£e,** bojazen *f*, strah *m*, tesnoba *f*; ~ *um* skrb za; ~ *vor* strah pred; ~ *haben* bati se *(G)*; ~ *bekommen, in ~ geraten* ustrašiti, zbati se; ~ *machen* (pre) plašiti (koga)
Angsthase *m* strahopetec *m*, zajec *m*
ängstigen plašiti, strašiti; *sich (um)* bati se (za)
ängstlich plah, boječ; zaskrbljen; malenkosten; prenatančen
anhaben* imeti na sebi; *jm etw. ~ wollen* kaj zlega hoteti; *man kann ihm nichts ~* ne more se mu do živega
anhaften držati se *(G)*
anhalten* *v/t* ustaviti; (za) držati; ~ *zu* vzpodbujati k; *v/i* ustaviti se; trajati; ~ *um* prositi za; *sich ~* držati se za
anhaltend nenehen, *adv.* zdržema
Anhalter *m* **~s,** ~, avtostopar *m per ~* z avtostopom
Anhaltspunkt *m* opora *f*
Anhang *m* dodatek *m*; privrženci *pl*; sorodstvo *n*
anhängen obesiti; dodati; *fig. jm etw. ~* podtakniti
Anhänger *m* privrženec *m*; prikolica *f*; obesek *m*
anhänglich navezan, vdan
anhäufen (na)kopičiti
anheimfallen* zapasti (v); pripasti
anherrschen osorno nagovoriti
Anhieb *m auf ~* brez pomišljanja
Anhöhe *f* vzpetina *f*
anhören poslušati; *das hört sich gut an* to lepo zveni
Anis *m,* **~es, ~e,** janež *m*
ankaufen (na)kup/ovati /iti
Anker *m* **~s,** ~, sidro *n*; ~

werfen, vor ~ gehen zasidrati se; *den ~ lichten* dvigniti sidro
anketten prikleniti
Anklage *f* obtožba *f*
anklagen obtoževati, obtožiti; dolžiti
Ankläger *m* tožilec *m*
Anklageschrift *f* obtožnica *f*
anklammern pripeti; *sich ~ an* oklepati se *(G)*
Anklang *m* odzven *m*, odmev *m*
ankleben prilepiti; *v/i* biti prilepljen; držati se
ankleiden *(sich)* obleči (se)
anknüpfen privezati; navezati; pritrditi; *F jn* obesiti
ankommen* priti, prispeti; biti sprejet; *~ auf* biti odvisen od, biti odločilen; *es kommt darauf an, daß* bistveno je, da; *es darauf ~ lassen* tvegati
ankreiden pripis(ov)ati; šteti v zlo
ankündigen napovedati, naznaniti
Ankündigung *f*, ~, **~en,** napoved *f*, naznanilo *n*
Ankunft *f*, ~, **~künfte,** prihod *m*
Ankunfts... *v sest.* ... prihoda
ankurbeln zagnati (motor); *fig.* podžigati, pospeševati
Anlage *f*, ~, **~n,** naprava *f*, priprava *f*, nasad *m*; tovarna *f*, obrat *m*; zasnova *f*; naložba *f*; priloga *f*; namestitev *f*; *pl* vrtovi, nasadi, zgradbe
Anlaß *m*, **~(ss)es, Anlässe,** povod *m*; priložnost *f*
anlassen pustiti vklopljeno itd.; obdržati na; *Motor* zaganjati
Anlasser *m*, **~s,** ~, zaganjač *m*
anläßlich o, pri priliki
Anlauf *m*, **~s, ~läufe,** zalet *m*
anlaufen* steči, vzeti zalet; *~ gegen* teči, boriti se proti; oteči; znesti; *rot, blau* pordeti, pomodreti; *Scheibe* orositi se; *Hafen* pristati v; *angelaufen kommen* priteči
anlegen naložiti; namestiti; narediti, urediti; *Kleider* obleči, *Gewehr* naperiti; *v/i* pristati
anlehnen nasloniti, prisloniti
Anleihe *f* posojilo *n*
anleiten voditi
Anleitung *f* navodilo *n*
anlernen priučiti
Anliegen *n* prošnja *f*, želja *f*; hotenje *n*; potreba *f*
anliegend sosednji, priložen; oprijet
anmachen *(Licht)* prižgati; narediti; podelati se
anmaßen *sich* lastiti si
anmaßend aroganten
anmelden najaviti, (pri)javiti; *Forderungen usw.* postaviti
Anmeldung *f* prijava *f*
anmerken pripomniti; *jm etw.* opaziti (kaj) na; označiti
Anmerkung *f*, ~, **~en,** opomba *f*, pripomba *f*
Anmut *f*, ~, –, ljubkost *f*, milina *f*
anmutig graciozen, mil
annähern *(sich)* bližati, približevati (se)

annähernd približno
Annäherung *f* približevanje *n*; zbližanje *n*
Annahme *f* (s)prejem *m*, prevzem *m*; predpostavka *f*, domneva *f*, *(Kind)* posvojitev *f*
Annahmestelle *f* sprejemališče *n*
annehmbar sprejemljiv; verjeten
annehmen* spreje(ma)ti; prevzeti; privzeti, zadobiti; *Rat* ravnati se po; *Kind* posvojiti; predpostavljati; domnevati
anöden dolgočasiti
anordnen razporediti, aranžirati; odrediti, zaukazati
Anordnung *f*, ~, **~en,** razporeditev *f*; ukaz *m*, odredba *f*
anpacken zagrabiti, (po)prijeti za
anpassen uskladiti z; pomerjati; *sich* prilagoditi se
Anpassung *f*, ~, –, prilagoditev *f*
anpassungsfähig prilagodljiv
Anprall *m* udarec (ob) *m*; nalet (v) *m*
anprallen udariti (ob); prileteti
anprangern dolžiti; ožigosati
anpreisen* priporočati
Anprobe *f* pomerjanje *n*
Anrainer *m* sosed; *nur für ~* samo za lokalni dovoz
Anraten *n*, **~s,** –, nasvet *m*
anrechnen (v/za)računati; *fig.* ceniti; *hoch ~* šteti v dobro
Anrecht *n* pravica *f* do
Anrede *f* nagovor *m*; govor *m*
anreden (na/o)govoriti; imeti govor *m*
anregen dati pobudo; spodbujati (k), spodbuditi; poživljati
anregend stimulativen
anreihen postaviti v vrsto; nanizati
Anreise *f* prihod *m*
anrichten napraviti; pripraviti; narediti; *fig.* skuhati
anrüchig zloglasen
anrücken *v/t* poriniti k; *v/i* približ(ev)ati se; bližati se
Anruf *m*, **~s, ~e,** poziv *m*
anrufen* klicati; poklicati *(telef.)*
anrühren dotakniti se *(G)*; umešati
Ansage *f*, ~, **~n,** napoved *f*; narek *m*
ansagen napovedati; oznaniti
Ansager *m*, (**-in** *f*), **~s,** ~, napovedoval/ec *m*, -ka *f*
ansammeln zbrati; nabrati; nakopičiti
Ansammlung *f*, ~, **~en,** gruča *f*; skupina
ansässig stalno bivajoč; *sich ~ machen* stalno se naseliti
Ansatz *m*, **~es, ≈e** nastavek *m*; začetek *m*; zasnova *f*; *mat.* nastavitev *f*; *im ~* v kali
anschaffen priskrbeti, nabaviti
Anschaffung *f*, ~, **~en,** nakup *m*
anschauen (po)gledati; ogledovati
anschaulich nazoren
Anschauung *f*, ~, **~en,** gledanje *n*; nazor *m*; zor *m*; predstava *f*

Anschein *m*, **~s,** –, videz *m*; vtis *m*; *sich den ~ geben* delati se kot da; *dem ~ nach* na videz
anscheinend navidezen; očiten
anschicken *sich (zu)* pripravljati se (na / da)
Anschlag *m*, **~s, £e,** atentat, napad (na); cenitev *f*, predračun *m*; razglas *m*; nasnutek *m*
anschlagen* pritrditi, pribiti (na); udar/jati, /iti; zadeti, poškodovati; zazveneti; (o)ceniti; nasnuti; začeti, *Lied* zapeti; *Arznei* učinkovati
anschließen* priključiti; prikleniti; dodati; *sich* pridružiti se, slediti
anschließend (takoj) nato
Anschluß *m*, **~(ss)es, £(ss)e** priključek *m*, priključitev *f*; zveza *f*; kontakt *m*
anschmieg/end, ~sam mil, nežen; voljan, mehko padajoč
anschnallen pripeti, namestiti; *sich* namestiti varnostni pas (v avtu, letalu)
anschneiden (na)rezati, načeti *(tudi fig.)*
anschreiben* napisati, zapisati; pisati (komu); *~ lassen* vzeti na kredit
Anschrift *f*, ~, **~en,** naslov *m*
anschuldigen obtožiti
anschwellen* oteči, naraščati
anschwemmen naplav/ljati, /iti
Anschwemmung *f*, ~, **~en,** naplavina *f*
ansehen* (po)gledati; *sich* ogledati si; *man sieht ihm an* pozna se mu; *~ für, als* imeti za; *etw. mit ansehen* biti navzoč pri
Ansehen *n*, **~s,** –, gledanje *n*, ogledovanje *n*, pogled *m*; ugled *m*; videz *m*
ansehnlich postaven, precejšen
ansetzen nastaviti, namestiti na; pristaviti (tudi na ogenj); podaljšati; določiti (dan in uro); *v / i* pripraviti se za, začeti; *Fett* frediti se; *Glas* nesti k ustom
Ansicht *f*, ~, **~en,** gledanje *n*, pogled *m*; ogled *m*; mnenje *n*; nazor *m*
Ansichtskarte *f* razglednica *f*
ansiedeln naseliti, posel/jevati, /iti
Ansiedlung *f*, ~, **~en,** naselitev *f*, poselitev *f*; naselbina *f*
anspannen zapreči; nape(nja)ti
anspielen (začeti) igrati; *auf etw.* namigovati na
Anspielung *f*, ~, **~en,** namigovanje *n*
anspinnen* razpredati, začeti; *sich* začenjati se, nastajati
Ansporn *m*, **~s, ~e,** vzpodbuda *f*
anspornen vzpodbujati, spodbosti; *fig.* podžigati
Ansprache *f* ~, **~n,** (na)govor *m*
ansprechen* nagovoriti, ogovoriti; *um* prositi za; biti všeč; *~ auf* reagirati na

ansprechend privlačen, prijeten
anspringen* *v/t* skočiti na, napasti; *v/i* vžgati se (motor)
Anspruch *m*, **~s, £e,** pravica *f*; zahteva *f*; ~ *haben auf* imeti pravico do; *in ~ nehmen* okupirati, terjati
anspruchslos skromen, nezahteven
anspruchsvoll zahteven, težaven
anstacheln spodbadati (k)
Anstalt *f*, ~, **~en,** ustanova *f*, zavod *m*; *~en machen* pripravljati se (k)
Anstand *m*, **~s,** –, spodobnost *f*; poštenje *n*; pomislek *m*; **£e,** *(Jagd)* preža *f*
anständig pošten, spodoben
Anstandsbesuch *m*, vljudnostni obisk *m*
anstandslos brez nadaljnjega
anstarren zijati, strmeti v
anstatt namesto *(G)*
anstecken okužiti; *Lampe* prižgati
ansteckend nalezljiv, kužen
Ansteckung *f* okužba *f*
anstehen* stati v vrsti; spodobiti se; prilegati se
ansteigen* dvigati; naraščati
anstellen nastaviti (kot); *sich ~* postaviti se v vrsto, delati se kot da; *Betrachtungen ~* preudarjati; *etw.* početi, ušpičiti *F*
anstiften provocirati, zavesti k
Anstifter *m*, **~s,** ~, pobudnik *m*
Anstiftung *f*, ~, **~en,** navajanje (k); zavajanje
anstimmen začeti; *Lied* zapeti
Anstoß *m*, **~es, £e,** udarec *m*, impulz *m*; spotika *f*, zgražanje *n*; ~ *erregen* zbujati zgražanje, ~ *nehmen an* zgražati se nad
anstoßen* zadeti se ob, udariti (se) ob; trčiti; mejiti na; *bei jm* zbuditi zgražanje; *mit der Zunge* tleskniti
anstoßend meječ, sosednji
anstößig spotikljiv, nespodoben
anstreichen* namazati; popleskati: zaznamovati
Anstreicher *m*, **~s,** ~, pleskar *m*
anstrengen utrujati; *sich* napenjati se, utruditi se; *Prozeß* sprožiti
Anstrengung *f*, ~, **~en,** napor *m*
Anstrich *m*, **~s, ~e,** oplesk *m*; videz *m*
Ansturm *m*, **~s, £e,** naskok *m*; naval *m*
Ansuchen *n*, **~s,** ~, prošnja *f*, zahteva *f*
Anteil *m*, **~s, ~e,** delež *m*; zanimanje *n*; *an etw. ~ nehmen* zanimati se za; čutiti z
Anteilnahme *f*, ~, –, zanimanje *n*, sočustvovanje *n*; sožalje *n*
Antenne *f* antena *f*; *zoo.* tipalka *f*
Antlitz *n* obličje n
Antrag *m* prošnja *f*; predlog *m*; ponudba *f* (tudi ženitna); zahteva *f*; *e-n ~ stellen* prositi za
antragen* ponuditi
Antragsteller *m* prosilec *m*

antreffen* najti, dobiti (koga); naleteti na; *ist anzutreffen* je najti
antreiben* gnati; priganjati, poganjati; podžigati
antreten* nastopiti; postrojiti se; *Beweis* dokazati; priti
Antrieb *m*, **~s, ~e,** pogon *m*; vzgib *m*; pobuda *f*; *aus eigenem ~* na lastno pobudo; *aus freiem ~* spontano
Antriebs ... *v sest.* pogonski
Antritt *m*, **~s, ~e,** nastop *m*; začetek *m*
antun* storiti, narediti; prizadejati; *Ehre* izkazovati; *sich Zwang ~* obvladovati se; *sich etw. ~* raniti se, narediti samomor; *etw. ~* obleči; *es jm angetan haben* očarati
Antwort *f*, ~, **~en,** odgovor *m* (*an D; auf* na)
antworten odgovoriti (*auf* na)
anvertrauen zaupati (komu kaj)
anwachsen prirasti se; *fig.* naraščati
Anwalt *m*, **~s, £e,** odvetnik *m*; *~s-* odvetniški
anwandeln obhajati, obiti (koga)
Anwärter *m*, **~s,** ~, prosilec *m*, kandidat *m*, pretendent *m*
anweisen* dajati navodila; nakazati; dodeliti
Anweisung *f*, ~, **~en,** navodilo *n*; nakazilo *n*; nakaznica *f*; dodelitev *f*
anwenden uporabiti; aplicirati
Anwendung *f*, ~, uporaba *f*, aplikacija *f*
anwerben* pridobivati; novačiti
Anwesen *n*, **~s,** ~, posestvo *n*
anwesend prisoten, navzoč
Anwesenheit *f*, ~, navzočnost *f*
anwidern *jn* navdajati z odporom
Anwohner *m*, **~s,** ~, sosed *m*, stanovalec ob (cesti ipd.)
Anzahl *f*, ~, –, število *n*
Anzahlung *f*, ~, **~en,** predplačilo *n*, polog *m*
anzapfen navrtati
Anzeichen *n*, **~s,** ~, znamenje *n*; znak *m*
Anzeige *f*, ~, **~n,** prijava *f*, ovadba *f*; objava *f*, obvestilo *n*; naznanilo *n*; oglas *m*
anzeigen kazati; naznaniti, obvestiti o; prijaviti, ovaditi; nakazati
Anzeiten ... *v sest.* oglasni
Anzeigepflicht *f* dolžnost prijave *f* (zločina itd.)
anzetteln zanetiti
anziehen* potegniti, napeti; priviti; *Kleid* obleči, *Schuhe* obuti; privlačiti
anziehend privlačen
Anziehungskraft *f* privlačna sila; *fig.* šarm
Anzug *m*, **~s, £e,** obleka *f* (moška); bližanje *n*
anzüglich dvoumen; namigujoč na (nekaj neprijetnega)
anzünden prižgati; zažgati
anzweifeln dvomiti o
apart poseben, neobičajen; privlačen, mikaven
Apotheke *f* ~, **~n,** lekarna *f*
Apfel *m*, **~s,** £, jabolko; *v sest.* jabolčni

Apfelbaum *m* jablana *f*
Apfelsine *f*, ~, **~n,** pomaranča *f*
Appetit *m*, **~s, ~e,** tek *m*; *~ machen* zbujati tek
appetitlich okusen, mikaven
Appetitlosigkeit *f* neješčnost *f*
Aprikose *f*, ~, **~n,** marelica *f*
April *m*, **~s, ~e,** april *m*; *~!* Prvi april!
Aprilscherz *m* prvoaprilska šala
Arbeit *f*, ~, **~en,** delo *n*, opravilo *n*; naloga *f*; *an die ~ gehen* lotiti se dela; *die ~ einstellen* prenehati delati, prekiniti delo
arbeiten delati, delovati; *auf etw. (hinaus) ~* delati za (da bi)
Arbeiter *m*, **-in** *f*, **~s,** ~, delavec *m* -ka *f*
Arbeiter ... *v sest.* delavski, ... delavec
Arbeiterschaft *f* delavci *pl*
Arbeitgeber *m* delodajalec *m*
Arbeitnehmer *m* delojemalec *m*
arbeitsam deloven, marljiv
Arbeits ... *v sest.* delovni
Arbeitsamt *n* zavod za zaposlovanje
Arbeitsaufnahme *f* vstop v delovno razmerje
Arbeitseinstellung *f* prekinitev *f* dela; prenehanje z delom
arbeitsfähig delazmožen
Arbeitskraft *f* delovna sila; delavec *m*
Arbeitslose *m*, *f* brezposelni *m*, -a *f*
Arbeitsnachweis *m* dokazilo o zaposlitvi
Arbeitsniederlegung *f* prekinitev *f* dela; ukinitev obratovanja
arbeitsscheu delomrzen
Arbeitstag *m* delavnik *m*
Arbeitsteilung *f* delitev dela *f*
arbeitsunfähig nezmožen za delo
Arbeitsunfall *m* nesreča pri delu
Arbeitsverhältnis *n* delovno razmerje
Arbeitsvermittlung *f* posredovalnica za delo
Arche *f*, ~, **~n,** barka *f*
arg slab; hud; hudo; *zu ~* preveč, prehudo
Ärger *m*, **~s,** –, jeza *f*; slaba volja *f*; neprilike *pl*
ärgerlich jezen, zlovoljen; *fig.* preneumno
ärgern jeziti (*sich* se)
Ärgernis *n*, **~ses, ~se,** kamen spotike; škandal *m*; *~ nehmen an* zgražati se nad
Arglist *f* zvijača *f*; zahrbtnost *f*
arglos nič hudega sluteč, nedolžen
argwöhnisch nezaupljiv
arm ubog, reven *(an G)*; *~ machen* osiromašiti; *~ werden* osiromašeti; *der Arme* revež *m*
Arm *m*, **~s, ~e,** roka *f*; krak *m*; *Fluß* rokav *m*; *zoo.* lovka *f*; *am ~* pod roko; *jm unter die Arme greifen* priskočiti na pomoč; *in seine Arme schließen* objeti, *fig.* vzljubiti
Armband *n* zapestnica *f*
Armbanduhr *f* zapestna ura *f*

Armee *f*, ~, **~n,** armada *f*, vojska *f*; *v sest.* armadni
Ärmel *m* rokav *m*
Ärmelaufschlag *m* zavihek *m*
Ärmelkanal *m* Rokavski preliv *m*
Armenanstalt *f* ubožnica *f*
Armlehne *f* naslonjalo *n* za roke
ärmlich ubožen, reven; klavrn; usmiljenja vreden; *adv.* slabo
Armreifen *m* zapestnica *f*
armselig beden
Armut *f*, ~, –, revščina *f*
Arrest *m* **~s, ~e,** zapor *m*
Arrestant *m*, **~en, ~en,** zapornik *m*
Arsch *m*, **~es, ¨e,** *V* rit *f V*
Arschloch *n V fig.* rit *f*, svinja *V*
Art *f*, ~, **~en,** način *m*, narava *f*; vrsta *f*; *aus der ~ schlagen* biti drugačen; *~ und Weise* način
Arterienverkalkung *f* poapnenje *n* žil
artfremd drugačen, *nacist.* nearijski
artig priden, ljubek
...artig *v sest.* tak kot, podoben
Artikel *m* člen *m*; članek *m*; artikel *m*
Arznei *f*, ~, **~en,** zdravilo *n*; *v sest.* zdravilni, ... zdravil
Arzt *m*, **~es, ¨e,** zdravnik *m*; *v sest.* zdravniški
Ärztin *f*, ~, **~nen,** zdravnica *f*
ärztlich zdravniški
As *n*, **~ses, ~se,** as *m*
Asche *f*, ~, **~n,** pepel *m*
Asche(n)becher *m* pepelnik *m*
Aschen /brödel, /puttel *n* Pepelka *f*
aß, äße *gl.* **essen**
Ast *m*, **~es, ¨e,** veja *f*
Astwerk *n* vejevje *n*
Asyl *n*, **~s, ~e,** azil *m*, zavetišče *n*
Atem *m*, **~s,** ~, dih *m*, sapa *f*; *~ holen* vdihniti; *außer ~ kommen* priti ob sapo; *nach ~ ringen* loviti sapo
Atem ... *v sest.* dihalni
Atembeschwerde *f* težave pri dihanju
atemlos ob sapo; *fig.* napet; naglo
Atemzug *m* dih *m*, navdih *m*; *in einem ~* v eni sapi
atmen dihati; *es atmet* ... od tega veje ...
Atmung *f* dihanje *n*
Atmungs ... *v sest.* dihalni
ätzen razdejati; jedkati; izžgati
ätzend jedek
auch tudi, še; *v zanikanem stavku* niti; *oder auch* ali pa; *wenn auch* četudi; *so ... er ~ ist* naj bo še tako ...; *wer immer ~* kdor koli že; *wie dem ~ sei* kakor koli že
Aue *f*, ~, **~n** livada *f*
Auerhahn *m* divji petelin *m*
Auerochs *m* tur *m*; *fig.* bik *m*
auf *prp.* na *(L, A)*; proti *(~ mich zu)*; po *(auf deutsch)*; do *(~ die Minute pünktlich)*; za *(auf immer)*; do, razen *(bis auf)*; od *(von ... auf)*; *~ einmal* nenadoma; *adv.* gor, navzgor; odprt; *~ und ab* gor in dol; *interj.* ~! Gremo!

aufatmen zadihati; oddahniti se
aufbahren dati na pare
Aufbau *m* gradnja *f*; obnova *f*; zgradba *f*; postavitev *f*; nadzidava *f*, nastavek *m*
aufbauen (z)graditi; postaviti; obnoviti
aufbäumen *sich* vzpenjati, upirati se
aufbegehren *(gegen)* puntati se (proti)
aufbessern izboljšati, zvišati
aufbewahren (s)hraniti, čuvati
aufbieten* pozivati, oklicati; uporabiti, *(Kraft)* napeti sile
aufbinden* privezati na; razvezati; *jm etw. (einen Bären)* natvesti kaj
aufblasen* napih/ovati, /niti
aufbleiben* ostati odprt, pokonci
aufblicken (po)gledati navzgor; gledati s spoštovanjem
aufblühen vzcveteti
aufbrausen vzkipeti
aufbrechen* odpreti (s silo), vdreti; *v/i* odpirati, odpreti se; oditi, odpraviti se
aufbringen* skup spraviti, zbrati; prinesti; *Kind* vzrediti; razjeziti; uvesti
Aufbruch *m* odhod *m*; *geol.* izdanek *m*
aufbürden naprtiti
aufdecken odkriti, razkriti; pokriti, pregrniti
aufdrängen vsiljevati, vsiliti
aufdrehen odviti; *Hahn* odpreti
aufdringlich vsiljiv
aufeinander (eden) drug na drugem, za drugim, v drugega itd.
aufeinanderfolgen slediti se
Aufenthalt *m* bivanje *n*; zadrževanje *n*; bivališče *n*
Aufenthaltserlaubnis *f* dovoljenje *n* za bivanje
Aufenthaltsort *m* bivališče *n*
auferlegen naložiti
Auferstehung *f* vstajenje *n*
aufessen* pojesti; *fig.* porabiti
auffädeln nabrati, nanizati; razvozlati
auffahren* pripeljati pred, navzgor; *v/i* peljati se pred, navzgor; naleteti na (avto); planiti, vzkipeti
auffahrend vzkipljiv
Auffahrt *f* privoz *m*, dovoz *m*; vožnja navzgor, navkreber
Auffahrunfall *m* nalet *m*
auffallen* zbujati pozornost
auffallend pozornost zbujajoč
auffangen* prestreči
auffassen pojmovati
Auffassung *f* pojmovanje *n*, stališče *n*; nazor *m*
auffinden* najti; razkriti
auffliegen* zleteti v zrak, vzleteti; dvigniti se; sunkovito se odpreti; biti razkrit in uničen
auffordern pozvati, povabiti (k)
aufforsten pogozd/ovati, /iti
auffressen* požreti; *fig.* uničiti
auffrischen osvežiti, obnoviti; poživiti
aufführen predvajati; (z)gra-

diti; navajati; *sich* vesti, obnašati se
Aufführung *f* predstava *f*
auffüllen doliti, spet napolniti
Aufgabe *f* naloga *f*; odpoved *(D)*; ukinitev *f*
aufgabeln *F* pobrati, sneti *F*
Aufgang *m* stopnišče *n*, pot *f* navzgor; vzhajanje *n*
aufgeben* oddati; opustiti *(A)*; odpovedati se *(D)*; *Kranke* dvigniti roke od; *jm etw.* naložiti; *den Geist* izdihniti
aufgeblasen napihnjen, samovšečen
Aufgebot *n* poziv *m*; oklic *m*; uporaba *f*
aufgedunsen zabuhel
aufgehen* odpirati, odpreti se; kaliti, vzkliti; dvigati se; vzhajati; *mat.* iziti se; zliti se z; ~ *in* živeti samo za; *in Flammen* ~ zgoreti
aufgehoben spravljen; *gut* ~ na varnem
aufgeklärt razsvetljen; brez predsodkov; poučen (spolno)
aufgelegt *gut (schlecht)* dobre (slabe) volje
aufgeräumt pospravljen; dobre volje
aufgeschlossen odprt, dostopen, dojemljiv
aufgeweckt bister
aufgießen* naliti, priliti; *Tee* narediti
aufhaben* imeti na sebi, za nalogo; imeti nekaj odprto
aufhalsen nakopati, naprtiti
aufhalten* držati odprto; zadrževati, ovirati
aufhängen obesiti
Aufhänger *m* obešalnik *m*
aufheben* pobrati, dvigniti; spraviti, shraniti; ukiniti, odpraviti; razveljaviti; končati
Aufhebens *viel, wenig* ~*s machen* delati mnogo, malo hrupa (zaradi)
Aufhebung *f* odprava *f*; ukinitev *f*; razveljavitev *f*
aufheitern razvedriti; zvedriti se
aufhellen razjasniti (*sich* se); posvetliti
aufholen dohiteti, nadoknaditi
aufhorchen prisluhniti
aufhören (pre)nehati
aufkaufen pokupiti
aufklappen odpreti; zavihati
aufklären razčistiti; podučiti (predvsem o spolnosti); *Wetter* zjasniti se; preiskovati
Aufklärer *m* razsvetljenec *m*; izvidnik *m*
Aufklärung *f* poduk *m*, spolna vzgoja *f*; razsvetljenstvo *n*
aufkochen prevreti, zavreti
aufkommen* okrevati; nastati; ~ *für* poravnati; *nicht* ~ *gegen* ne biti kos *D*
Aufkommen *n* nastanek *m*, geneza *f*
aufkrempeln zavihati
aufkündigen odpovedati
aufladen* naložiti; napolniti
Auflage *f*, ~, **~n**, *Buch* naklada *f*, natis *m*, izdaja *f*; naloga *f*, zahteva *f*, pogoj *m*
auflassen* pustiti odprto / na glavi, opustiti

Auflauf *m* gneča *f*, gruča *f*; narastek *m*
aufleben oživeti; razživeti se
auflecken polizati
auflegen položiti na; nalagati, naložiti; odložiti (slušalko); izdati, založiti
auflehnen *sich gegen* upirati se zoper
Auflehnung *f* upiranje *n*, upor *m*
auflesen* pobrati
aufliegen* ležati na, biti razpostavljen
auflockern zrahljati (*sich* se)
auflösen raztopiti; razpustiti; *(Rätsel)* rešiti; *sich* razpadati, razpasti; *sich in nichts ~* razbliniti se; *(Knoten, Ehe)* razvezati
aufmachen odpreti; razvozlati; aranžirati; *sich* odpraviti se, odriniti
Aufmachung *f* oprava *f*, oprema *f*
aufmerken prisluhniti, postati pozoren
aufmerksam pazljiv, pozoren; *~ machen auf* opozoriti na
Aufmerksamkeit *f* pozornost *f*
aufmuntern *fig.* spodbujati
aufnähen *auf* našiti na
Aufnahme *f*, ~, **~n**, *gl.* **aufnehmen**, sprejem *m*; posnetek *m*; snemanje *n*; *v sest.* sprejemni, snemalni
aufnahmefähig sprejemljiv, dovzeten
aufnehmen* spreje(ma)ti, vzeti; pob(i)rati; začeti; snemati, posneti; navezati; držati; *fig.* dojemati, razumeti; sposoditi si; zapisati; *es mit jm ~* (po)meriti se z
aufnötigen vsiliti
aufopfern žrtvovati
aufopfernd požrtvovalen
aufpassen paziti, prežati
Aufpasser *m*, **~s**, ~, paznik *m*, nadzornik *m*
aufpeitschen razbičati
aufpflanzen posaditi; postaviti
aufpolstern na novo tapecirati
Aufprall *m* udarec *m* ob; padec *m*
aufprallen zadeti (ob); zaleteti se (v); pasti (s silo)
aufputschen poživiti; huj- skati
Aufputschmittel *n* poživilo *n*
aufraffen nabrati; pobrati dvigniti; *sich ~ (zu)* zbrati sile (za)
aufräumen pospraviti; odstraniti; *mit etw. fig.* pomesti z
aufrecht pokončen, zravnan; pošten, neustrašen; pokonci
aufrechterhalten* ohranjati; vztrajati pri
aufregen *(sich)* razburiti, jeziti (se)
aufregend razburljiv; mikaven
Aufregung *f* razburjenje *n*, *in ~ geraten* razburiti se
aufreiben* zdrgniti; zmleti; *(Haut usw.)* odrgniti
aufreihen nanizati; postaviti v vrsto; razvrstiti
aufreißen* odpreti (s silo, na hitro, na široko); razkopati, raztrgati (*sich* se); raniti

aufrichten vzravnati (se); postaviti pokonci; vzpostaviti
aufrichtig pošten, odkrit
Aufriß *m* **~(ss)es, ~(ss)e** očrt *m*
aufrollen odmotati, odviti; zviti; *Ärmel* zavihati; *Frage* načeti
aufrücken pomakniti se (skupaj, naprej); napredovati
Aufruf *m* poziv *m*, razglas *m*
aufrufen poz(i)vati; razglasiti
Aufruhr *f* upor *m*; razburkanost *f*
aufrühren (pre)mešati; razburkati; znova začeti
Aufrührer *m* upornik *m*, hujskač *m*
aufrüsten oboroževati (tudi ponovno)
aufrütteln stresti, pretresti; zbuditi, dvigniti iz
aufsagen povedati na pamet; odpovedati
aufsässig uporen, neubogljiv
Aufsatz *m* nastavek *m*; podnos *m*; sestavek *m*; spis *m*
aufscheuchen splašiti; iztrgati iz
aufschieben* odpreti, odriniti; *temp.* odgoditi, odložiti
Aufschlag *m* padec *m*, udarec ob *m*; zavihek *m*, manšeta *f*; pribitek *m*
aufschlagen* udariti ob, pasti na; odpreti (tudi s silo); (s)treti; postaviti; pribiti; *Ärmel* zavihati; *Preis* zvišati; *sich* raniti si
aufschließen* odpreti, odkleniti; narediti dostopno
aufschlitzen razparati
Aufschluß *m*, **~(ss)es, £(ss)e** razlaga *f*, pojasnilo *n*
aufschlußreich zgovoren (tudi *fig.*)
aufschnallen pripeti, pritrditi; odpeti
aufschnappen hlastniti, *fig.* ujeti
aufschneiden* prerezati, razrezati; odpreti; *Braten* narezati; *v / i fig.* bahati se
Aufschneider *m fig.* bahač, nastopač *m*
Aufschnitt *m* narezek *m*
aufschrecken *v / t* splašiti; *v / i* zdrzniti se
Aufschrei *m* krik *m*
aufschreiben* zapisati (si)
aufschreien* krikniti, zakričati
Aufschrift *f* napis *m*
Aufschub *m* odlog *m*, odgoditev *f*
aufschütten nasuti, zasuti
aufschwingen* *sich* zavihteti se; ~ *zu* povzpeti se k
Aufschwung *m* polet *m*; razcvet *m*
Aufsehen *n* pozornost *f*, senzacija *f*
Aufseher *m* (**-in** *f*) paznik *m*, (-ca *f*) čuvaj *m*, nadzornik *m*
aufsein* biti pokonci, odprt
aufsetzen dati, postaviti na; pristaviti; *Hut* dati na glavo; našiti; zapisati, sestaviti; natakniti si; *v / i* pristati; *sich* usesti se (iz ležanja)
Aufsicht *f* nadzor *m*, inšpekcija *f*
Aufsichts ... *v sest.* nadzorni
aufsperren odkleniti; na široko odpreti

aufspielen (za)igrati; *sich* delati se važnega; *sich als* nastopati kot
aufspießen nabosti, natakniti
aufsprengen odpreti (s silo); razstreliti
aufspringen* (po)skočiti, skočiti na; *Haut* razpokati; *Tür* odpreti se; nenadoma nastati
aufspüren izslediti; razkriti
aufstacheln spodbosti; *fig.* razpihovati
Aufstand *m* vstaja *f*, upor *m*
aufständisch uporen
aufstechen* prebosti
aufstecken pripeti; speti si (lase); nadeti (si)
aufstehen* vstati; biti odprt
aufsteigen* dvigati se; vzpenjati se; porajati se
aufstellen postaviti (tudi pokonci); sestaviti, napraviti; razporediti; postaviti za kandidata
Aufstellung *f* postavitev *f*; postava *f*; sestava *f*; izračun *m*
Aufstieg *m*, **~s, ~e,** vzpon *m*, dvig *m*
aufstöbern najti; stakniti
aufstocken zvečati; *Haus* dvigniti
aufstoßen* odpreti (sunkovito); rigniti; *v/i* izpahovati se; naleteti na
Aufstrich *m* namaz *m*
aufsuchen poiskati, obiskati, *Arzt* iti k
Auftakt *m fig.* uvod *m*
auftauchen priti na površje, *fig.* pojaviti, prikazati se
auftauen *v/t* odtajati; *v/i* ~ se
aufteilen razdeliti
auftischen postreči z
Auftrag *m*, **~s, ⸚e,** naročilo *n*; nalog *m*, naloga *f*
auftragen* nanašati, nanesti; prinesti na mizo; *Kleider* ponositi; *stark* pretiravati; *jm* naročiti
Auftraggeber *m* naročnik *m*
auftreiben* splašiti; dvigniti; napihniti; najti; priskrbeti
auftreten* stopati; stopiti na; nastopati, nastopiti; pojaviti se, prikazati se
Auftreten *n* nastopanje *n*, nastop *m*
Auftrieb *m* vzgon *m*; polet *m*
Auftritt *m* nastop *m*; prizor *m*
auftun* *(sich)* odpreti se
aufwachen prebuditi se
Aufwand *m* stroški *pl*; vloženi trud *m*; potrošek *m*, potrata *f*
aufwärmen pogre(va)ti
Aufwartefrau *f* postrežnica *f*
aufwarten *(mit)* postreči (z)
aufwärts navzgor
aufwecken zbuditi; *Tote* obuditi
aufweichen *v/t* namočiti; *v/i* razmočiti se
aufweisen* (po)kazati; imeti
aufwenden uporabiti; *Kraft* zastaviti
aufwerfen* dvigati, nasipati; prekopati; *Frage* načeti
aufwerten revalvirati; dvigniti vrednost
aufwickeln naviti, namotati; odviti, odmotati; *Kind* odviti (iz plenic)
aufwiegeln spuntati *(A)*
aufwiegen* odtehtati

aufwirbeln dvigniti; *v/i* dvigati in vrtinčiti se
aufwühlen razriti; *fig.* razburiti
aufzählen našte(va)ti; odšteti
aufzehren pojesti; potrošiti
aufzeichnen narisati; zapisati
Aufzeichnung *f* zapis *m*
aufziehen* potegniti navzgor (narazen); odpreti, napeti; *Uhr* naviti; vzrediti, gojiti; nanizati; *F* organizirati; *jn* dražiti; *v/i* prikorakati; bližati se
Aufzucht *f* vzreja *f*, gojenje *n*
Aufzug *m* dvigalo *n*; mimohod *m*; procesija *f*; dejanje *n*; *pej.* oprava *f*
aufzwängen vsiliti
Augapfel *m* zrklo *n*; *fig.* punčica *f*
Auge *n*, **~s, ~n** oko *n*; točka (na kocki); cink (na juhi); *mit bloßem ~* s prostim očesom; *aus den ~n lassen* izgubiti izpred oči; *mit blauem ~ davonkommen* poceni jo odnesti; *jm. ~n machen* spogledovati se z; *unter die ~n treten* priti pred oči; *ein ~ haben auf* paziti na; *an den ~n absehen* prebrati z oči; *vor ~n führen* predočiti
Augen ... *v sest.* očesni, ... oči
Augenblick *m* trenutek *m*; *im ~* trenutno; *alle ~e* kar naprej; *jeden ~* takoj
augenblicklich trenuten, sedanji; *adv.* takoj, trenutno
Augenbraue *f* obrv *f*
augenfällig očiten
Augenflimmern *n* migljanje pred očmi
Augenlicht *n* vid *m*
Augenlid *n* veka *f*
Augenmaß *n fig.* (mera na) oko *n*; *nach ~* po občutku
Augenschein *m* videz *m*; ogled *m*; *in ~ nehmen* ogledati si
Augenweide *f* paša za oči
Augenzeuge *m* očividec *m*
August *m* avgust *m*
aus *prp. (D)* iz *(G)*; skozi *(aus dem Fenster)*; od *(~ Furcht itd.)*; *~ allen Kräften* na vso moč
aus *adv.* pri koncu, končan; *auf etw. aus sein* hoteti nekaj, gnati se za; *von ... aus* od; *von sich aus* sam od sebe; *von Haus aus* pravzaprav
ausarbeiten izdelati, dodelati
ausarten izroditi se
ausatmen izdihniti
ausbaden *fig.* plačati ceho
Ausbau *m* demontaža *f*; razširitev *f*; preureditev *f*; *fig.* razvoj *m*
ausbauen demontirati; dograjevati, utrjevati; širiti; preurejati; *fig.* razvijati
ausbedingen *sich* izgovoriti si
ausbessern poprav/ljati, /iti; *Wäsche* krpati
Ausbeute *f* rezultat *m*, dobit *f*
ausbeuten izkoriščati
Ausbeuter *m*, **~s, ~,** izkoriščevalec *m*
Ausbeutung *f* izkoriščanje *n*
ausbiegen* zaviti; poravnati; *vor jm* izogniti se *(D)*
ausbilden (iz)učiti, šolati; izobraziti; razvijati

Ausbildung *f* uk *m*, šolanje *n*; oblikovanje *n*; izobrazba *f*, izobraževanje *n*
ausbitten* *(sich)* izprositi (si)
ausblasen* upihniti
ausbleiben* (z)manjkati; odpasti; izostati
Ausblick *m* razgled *m*, pogled na *m*
ausbrechen* izlomiti, odlomiti; prebiti; izbruhati; *v/i* (s silo) prodreti skoz, pobegniti iz; izbruhniti; *~ in* planiti v
ausbreiten (raz)širiti; razgrniti
Ausbreitung *f* širjenje *n*; razširjenost *f*; razgrnitev *f*
ausbrennen* izžgati; *v/i* zgoreti, dogoreti
Ausbruch *m* izbruh *m*, izpad *m*; pobeg *m*
ausbrüten zvaliti
ausbürgern *A* odvzeti državljanstvo *D*
Ausdauer *f* vztrajnost *f*
ausdauernd vztrajen; *Pflanzen* trajnice
ausdehnen raztegniti; *sich* širiti se, raztezati se
Ausdehnung *f* razširjenost *f*; raztezanje *n*
Ausdruck *m* izraz *m*; *zum ~ bringen* izraziti; *~ finden* priti do izraza
ausdrücken izraziti, izražati; iztisniti
ausdrücklich izrecen, izrecno
ausdruckslos brezizraren
ausdrucksvoll izrazit
Ausdünstung *f* izparina *f*, izhlapevanje *n*
auseinander narazen; *v sest.* raz..., vsaksebi
auseinanderfallen* razpasti
auseinanderfalten razgrniti
auseinandergehen* iti narazen; razhajati se *(a. fig.)*
auseinanderhalten* *fig.* razlikovati
auseinanderlaufen* *fig.* divergirati
auseinandersetzen razkladati; *sich* spoprijeti se
Auseinandersetzung *f* razlaga *f*, prikaz *m*; diskusija *f*; spoprijem *m*, spor *m*, boj *m*
auserkoren, auserlesen, izbran
ausersehen izbran, določen
Auserwählte *m*, *f* izbranec *m*, -ka *f*; izvoljenec *m*, -ka *f*
Ausfall *m* izpadanje *n*, izpad *m*; izid *m*
ausfallen* izpadati, izpasti; odpasti; *gut ~* uspeti
ausfällen oboriti
ausfallend, ausfällig napadalen, žaljiv
Ausfertigung *f in dreifacher ~* v 3 izvodih
ausfindig *machen* najti, stakniti
Ausflucht *f* izgovor *m*
Ausflug *m* izlet *m*
Ausfluß *m* **~(ss)es, £(ss)e** odtok *m*; iztok *m*, tok *m*, *v sest.* odtočni
ausfragen izpraševati, izprašati
ausfressen* *fig. F* ušpičiti
Ausfuhr *f* izvoz, *v sest.* izvozni
ausführbar izvedljiv
ausführen izvajati, izvesti;

izvažati, izvoziti; izvršiti; peljati ven
Ausführung *f* izvedba *f*, izvršitev *f*; *pl* izvajanja *pl*
ausführlich izčrpen
ausfüllen izpoln/jevati, /iti; zapolniti
Ausgabe *f* izdatek *m*, izdajanje *n*; izdaja *f*; okence (mesto) za izdajanje
Ausgang *m* izhod *m*; izid *m*; izhodišče *n*; *v sest.* izhodiščni
ausgeben deliti; izdati; izročiti; *(sich) ~ für* izdajati (se) za
Ausgeburt *f* izrodek *m*; plod *m*
ausgedehnt raztegnjen, obširen
ausgedient odslužen, upokojen
ausgefallen bizaren
ausgeglichen uravnovešen
ausgehen* iti ven; pojemati, zmanjkati; *Haar* izpadati; *Farbe* puščati barvo, *Feuer, Licht* ugasniti; *~ von* izhajati od; *~ auf* stremeti k; *leer ~* ostati praznih rok; *(straffrei)* ostati brez
ausgehungert sestradan
ausgekocht okorel, zakrknjen
ausgelassen razposajen, vesel
ausgelastet polno zaposlen
ausgeleiert zguljen, obrabljen; razvlečen
ausgemacht domenjen; *~!* drži!
ausgemergelt izčrpan; *fig.* zgaran
ausgenommen razen, izvzemši
ausgeprägt *fig.* izrazit
ausgerechnet ravno, prav
ausgeschlossen! izključeno, nemogoče!
ausgesprochen izrecen, prav poseben
ausgesucht izbran
ausgewachsen dorasel, odrasel; *fig.* čist, popoln
ausgezeichnet odličen
ausgiebig izdaten
Ausgleich *m* poravnava *f*; izravnava *f*
ausgleichen izenačiti, poravnati
Ausgleichsgymnastik korektivna telovadba *f*
ausgraben* izkopati
Ausguß *m*, **~(ss)es, £(ss)e** izliv *m*
aushacken izkopati, izkljuvati
aushalten* zdržati; vzdrževati; prenašati
aushandeln pribarantati; pogoditi se o
aushändigen izročiti, vročiti
aushängen izobesiti
ausharren vztrajati
ausheben* dvigniti iz; izkopati; *Räuber itd.* poloviti
Aushilfe *f* pomoč *f*, podpora *f*
Aushilfs ... pomožni, priložnostni
aushöhlen izvotliti; spodkopati
ausholen vzeti zamah; *fig. weit ~* poseči daleč (nazaj)
ausholzen posekati, izsekati
aushorchen zasliševati; sprașevati
auskehren pometati, pomesti
auskennen* *sich in* spoznati se na

ausklagen iztožiti
auskleiden *(sich)* sleči (se); *mit* obložiti z, preobleči
ausklingen* izzveneti
ausklopfen iztrkati, iztepsti
ausklügeln iztuhtati
auskochen prekuhati
auskommen* *(mit)* shajati (z)
Auskommen *n* (za življenje) potrebno; *mit ihm ist kein* ~ z njim ni mogoče shajati
Auskunft *f*, **~, ¨e,** informacija *f*
Auslage *f* izložba *f*; izdatek *m*
Ausland *n* tujina *f*, inozemstvo *n*
Ausländer *m* **(-in** *f*), **~s, ~,** inozem/ec *m*, /ka *f*
ausländisch inozemski
Auslandshandel *m* zunanja trgovina *f*
Auslandsreise *f* potovanje *n* (v tujino)
auslangen zamahniti; zadoščati
auslassen* izpustiti; *Fett* raztopiti, scvreti; *Ärger* znesti (se) nad; *sich über* razkladati o
auslaufen* odteči; iztekati, izteči (se); razliti se
Ausläufer *m* (zadnji) rob *m*; živica *f*
auslaugen izlužiti
ausleeren izprazniti
auslegen polagati, položiti; *mit* obložiti z; razpostaviti; razlagati
Auslegung *f* razlaga *f*, tolmačenje *n*
ausleihen* izposo/jati, /diti (*sich* si)
Auslese *f* izbor *m*
Auslieferung *f* izročitev *f*, ekstradicija *f*
auslösen izluščiti, izzvati
ausmachen znašati, znesti; biti, tvoriti; izslediti, najti; dogovoriti se; *Licht itd.* ugasniti; odklopiti; *es macht nichts aus* nič ne de
ausmalen poslikati, preslikati; naslikati
Ausmaß *n*, **~es, ~e** mera *f*; obseg *m*
ausmerzen iztrebiti, izčrtati
ausmessen* zmeriti, meriti
Ausnahme *f*, **~, ~n,** izjema *f*; *mit ~ von* z izjemo *(G)*; *v sest.* izjemni, izredni
ausnahmslos brez izjeme
ausnahmsweise izjemoma
ausnehmen* odstraniti drobovino; izprazniti; izvzeti; *sich* delovati; *F jn* obrati
ausnutzen izrabljati
auspacken razmotati, razpakirati; *fig.* vse povedati, izdati
auspflanzen posaditi (na prosto)
ausplaudern izklepetati
auspressen iztisniti, ožeti; *fig.* izže(ma)ti
ausprobieren preizkusiti, izkusiti
Auspuff *m*, **~s, ~e,** izpuh *m*
ausradieren zradirati, zbrisati
ausräuchern pregnati (z dimom)
ausrechnen izračunati, preračunati
Ausrede *f* izgovor *m*
ausreden do konca povedati; *jm etw.* ~ odvrniti od; *sich ~ auf* izgovarjati se na

ausreichen zadoščati
Ausreise *f* odhod *m* (čez mejo); *v sest.* izstopni
ausreißen* izpuliti, iztrgati; *v / i* raztrgati se; pobegniti
ausrenken izpahniti si
ausrichten naravnati, poravnati; opraviti, doseči; *Gruß* sporočiti
Ausrichtung *f* usmeritev *f*
ausrollen razprostreti; razvaljati
ausrotten iztrebiti
Ausrottung *f* iztrebljenje *n*
ausrücken *fig.* pobegniti
Ausruf *m* vzklik *m*; izklic *m*
ausrufen* vzklikniti; izklicati; ~ *als* oklicati za
Ausrufezeichen *n* klicaj *m*
ausruhen *(sich)* spočiti se
ausrüsten opremiti z
Aussaat *f* setev *f*; posevek *m*
Aussage *f* izjava *f*, izpoved *f*; poved *f*
aussagen povedati, izpovedati
aussaugen izsesati; *fig.* izžemati
ausschalten izklopiti; izločiti, *fig.* sprostiti se
ausschauen ogledovati se za; *er schaut ... aus* videti je ...
ausscheiden* *v / t* izločiti; *v / i* ~ *aus* zapustiti; odpasti
Ausscheidung *f* izloček *m*, izločanje *n*
Ausscheidungs... *v sest.* izločilni
ausschiffen *sich* izkrcati se
ausschlafen* prespati; naspati se
Ausschlag *m* izpuščaj *m*; odklon *m*, *den ~ geben* biti odločilen
ausschlagen* izbiti; obiti; odbiti; odkloniti; *v / i* udarjati; premakniti se; ~ *zu* obrniti se v
ausschlaggebend odločilen
ausschließen* izključiti, izločiti
ausschließlich izključno
Ausschluß *m* **~(ss)es, £(ss)e** izključitev *f*; *unter ~ der Öffentlichkeit* za zaprtimi vrati
ausschneiden* izrezovati, izrezati
Ausschnitt *m* izrez *m*; izrezek *m*
ausschreiben* izpisati; prepisati iz; razpisati; izstaviti
Ausschreiben *n* razpis *m*
Ausschreitung *f* eksces *m*, nasilje *n*
Ausschuß *m* odbor *m*, komisija *f*
ausschütten izsuti, izliti; politi; zasuti; iztresti *(a. fig.)*; izplačati (dividende)
ausschweifend razuzdan
aussehen* *glej* **ausschauen**
Aussehen *n* videz *m*; podoba *f*
aussein* biti končan
außen zunaj; *nach ~* navzven; *v sest.* zunanji
Außenseiter *m* obstranec *m*; posebnež *m*
Außenstände *pl* terjatve *pl*
Außenstehende *m, f* nepriazadeti *m*, -a *f*
außer *(za zanikanjem)* razen; poleg; iz, zunaj, izven; *cj.* razen; *v sest.* ne ..., izven
außerdem razen, poleg tega
Äußere *n* zunanjost *f*
außerehelich nezakonski

außergewöhnlich nenavaden
außerhalb *prp.* izven; *adv.* zunaj
äußerlich zunanji
äußern izražati, kazati; *sich* reči, izreči se
außerordentlich izreden
außerstande *sein* ne moči
äußerst skrajni; skrajno
Äußerung *f* izraz *m*; izrek *m*, opazka *f*
aussetzen postaviti v (ven), izpostaviti; določiti; razpisati (Preis); *an jm* grajati; *v / i* ustaviti se, prenehati
Aussicht *f* razgled *m*; *fig.* obet *m*, *in ~ stellen* obetati
Aussichts... razgledni
aussichtslos brezizgleden
aussichtsvoll obetaven
aussöhnen *(sich)* pobotati (se)
Aussöhnung *f* sprava *f*
aussondern izloč/evati, /iti
ausspannen izpreči; sprostiti se; *jn ~* prevzeti
ausspielen izigrati, ven igrati; biti na vrsti, *fig.* izgubiti, opraviti
Aussprache *f* izgovarjava *f*; pogovor *m*
aussprechen izgovoriti, izreči, doreči, izraziti; *sich ~ über* pogovoriti se o
Ausspruch *m* izrek *m*; sodba *f*
ausspülen oplakniti
Ausstand *m* stavka *f*
ausstatten opremiti
Ausstattung *f* oprema *f*, bala *f*
ausstechen* izkopati; *fig. jn.* zasenčiti, izpodriniti
ausstehen* trpeti, prestа(ja)ti; manjkati; *das steht noch aus* na to še čakamo
aussteigen* izstopiti
ausstellen razstav/ljati, /iti; nastaviti; *Paß* izdati
Ausstellung *f* razstava *f*
Ausstellungs... razstavni
aussterben* izumreti
Aussteuer *f* bala *f*
ausstopfen nagačiti
ausstoßen* iztisniti; proizvajati, dajati; metati, vreči iz; *Schrei* krikniti; izstreliti
ausstrahlen izžarevati; oddajati, vplivati na
ausstrecken iztegniti
ausstreuen trositi
ausströmen iztekati, uhajati; *fig.* oddajati
aussuchen izbrati
Austausch *m* izmenjava *f*
austauschen izmenjati, zamenjati
Auster *f* ostriga *f*
austilgen iztrebiti, izbrisati
austragen* raznašati; širiti; donositi; *Kampf* izbojevati
austreiben* pregnati, izgnati; izganjati
austreten* izstopiti; pohoditi, obrabiti; *Schuhe* razhoditi; iti na stran
Austritt *m* izstop *m*
austrocknen *v / t* izsušiti; *v / i* izsušiti se, presahniti
ausüben izvajati, izvrševati; *Einfluß itd.* imeti
Ausverkauf *m* razprodaja *f*
ausverkauft razprodan
auswachsen* prerasti
Auswahl *f* izbor *m*, izbira *f*
Auswanderer *m* **(-in** *f*) izseljenec *m* (-ka *f*)
auswandern izseliti se

auswärtig zunanji; *das ~e Amt* zunanje ministrstvo
auswärts zunaj
auswaschen* izpirati, izprati
auswechselbar zamenljiv
auswechseln zamenjati, izmenjati
Ausweg *m* izgovor *m*, izhod *m*
ausweglos brezupen
ausweichen* izogibati, izogniti se; *fig.* izmikati se
ausweichend izmikajoč
Ausweichstelle *f* izogibališče *n*
Ausweis *m*, **~es, ~e,** izkaznica *f*
ausweisen izgnati; *sich* izkazati, legitimirati se
Ausweisung *f*, **~, ~en,** izgon *m*
auswendig na pamet
auswerten uporab/ljati, /iti
auswirken *(sich)* učinkovati, vplivati na
Auswirkung *f* učinek *m*, posledica *f*
auswringen* ožeti
Auswuchs *m* izrastek *m*; *fig.* zloraba *f*
auszahlen izplačati
auszeichnen odlikovati (*sich* se)
Auszeichnung *f* odlikovanje *n*; *mit ~* z odliko
ausziehen* puliti, izvleči; raztegniti; *(Kleid)* sleči (*sich* se); *Schuhe* sezuti; *v / i* odpraviti se, izseliti se
Auszug *m* izvleček *m*; izselitev *f*
auszugsweise v izvlečkih
Autobahn *f* avtocesta *f*
Autobahngebühr *f* cestnina *f*
Autohilfsdienst *m* služba za pomoč in informacije
Autoreparaturwerkstatt *f* avtomehanična delavnica *f*
Autoschlange *f* kolona *f*
Axt *f*, **~, £e,** sekira *f*

B

Bach *m*, **~es, £e,** potok *m*, *v sest.* potočni
Backe *f*, **~, ~n,** lice *n*
backen, buk, gebacken peči, cvreti
Backenzahn *m* kočnik *m*
Bäcker *m*, **~s, ~,** pek *m*
Bäckerei *f*, **~, ~en,** pekarna *f*; pecivo n
Backfisch *m* najstnica *f*
Backhähnchen *n* piška *f* (ocvrta)
Backofen *m* pečica *f*
Backpulver *n* pecilni prašek *m*
Backwerk *n* pecivo *n*
Bad *n*, **~(e)s, £er,** kopel *f*; kopalnica *f*; kopališče *n*; toplice *pl*
Bade... kopalni, kopališki
Badeanstalt *f* kopališče *n*
Badeanzug *m*, **Badehose** *f* kopalke *pl*
baden *v/t* kopati; *v/i* ~ se
Badezimmer *n* kopalnica *f*
Bahn *f*, **~, ~en,** proga *f*; železnica *f*; pot *f*; krožnica *f*; *Stoff* kos *m*; *v sest.* železniški
bahnbrechend epohalen
bahnen utirati, delati pot
Bahnhof *m* železniška postaja *f*
Bahnsteig *m* **~s, ~e,** peron *m*
Bahre *f*, **~, ~n,** nosila *pl*; pare *pl*
bald kmalu; skoraj
Balg *m*, **~(e)s, £e,** koža *f*; meh *m*; paglavec *m (Bälger)*
balgen *sich* ruvati, ravsati se
Balken *m*, **~s, ~,** tram *m*
Balkon *m*, **~s, ~e,** balkon *m*
Ball *m*, **~(e)s, £e,** žoga *f*; ples *m*; *~ spielen* žogati se
Ballen *m*, **~s, ~,** bala *f*; blazinica *f*
ballen (na)kopičiti; *Faust* stisniti
Ballspiel *n* igra z žogo
Ballungsgebiet *n* območje *n* koncentracije
band *gl.* **binden**
Band *n*, **~es,** *(Bänder)* trak *m*; vez *f*; *(Bande)* spone *pl*
Band *m*, **~es,** *Bände* zvezek *m*, knjiga *f*
Bande *f*, **~, ~n,** tolpa *f*
bandförmig trakast
bändigen (u)krotiti
Bandwurm *m* trakulja *f*
bange tesnoben; *mir ist ~* tesno mi je pri srcu
bangen *um* trepetati za
Bank *f*, **~, £e,** klop *f*; pult *m*; kup *m*, nakopičenje *n* (nečesa); **~en** banka *f*; *auf die lange ~ schieben* odlagati; *durch die ~* vsi brez razlike; *v sest.* bančni
Banknote *f* bankovec *m*
Bann *m*, **~(e)s, ~e,** čar *m*; izobčenje *n*, preklic *m*
bannen začarati, uročiti; odgnati; izobčiti

Banner *n*, **~s, ~,** bandero *n*; *fig.* zastava *f*
bar gol; brez; čist; v gotovini *f*
Bar *f*, **~, ~s,** bar *m*
Bär *m*, **~en, ~en,** medved *m*; *jm einen Bären aufbinden* potegniti koga za nos
Baracke *f*, **~, ~n,** baraka *f*
barfuß bos
barg *gl.* **bergen**
Bargeld *n* gotovina *f*
barhaupt *(barhäuptig)* razoglav
barmherzig usmiljen
Barre *f*, **~, ~n** greda; *f*; zemeljska kosa *f*
Barren *m*, **~s, ~,** palica *f*; bradlja *f* *Gold~* zlato v palicah
barsch osoren
Barschaft *f*, **~, ~en,** gotovina *f*
barst *gl.* **bersten**
Bart *m*, **~es, ¨e,** brada *f*; *jm um den ~ gehen* prilizovati se (komu)
bärtig bradat
Base *f*, **~, ~n,** sestrična *f*; *kem.* baza *f*
basieren *(auf)* temeljiti (na)
Basis *f*, **~,** *Basen* osnova *f*
Bast *m*, **~(e)s, ~e,** rafija *f*
basta! amen! konec!
Bastard *m*, **~(e)s, ~e,** križanec *m*
basteln za zabavo lepiti, plesti, izrezovati, sestavljati itd.
bat *gl.* **bitten**
Batterie *f*, **~, ~i/en,** baterija *f*; akumulator *m*; *~ aufladen* napolniti akumulator
Bau *m*, **~(e)s, ~ten,** gradnja *f*; zgradba *f*; gradbišče *n*; **~e** brlog *m*; *vom ~ sein* biti od stroke
Bau... *v sest.* gradbeni
Bauart *f* način gradnje *m*; stil *m*
Bauch *m*, **~(e)s, ¨e,** trebuh *m*; *v sest.* trebušni
Bauchfell *n* trebušna mrena *f*
Bauchkrampf *m* kolika
bauen (z)graditi, (se)zidati; delati, narediti; pridelovati; *~ auf* zanašati se na
Bauer *m*, **~n, ~n** kmet *m*
Bauer *n*, **~s, ~,** kletka *f*
Bäuerin *f*, **~, ~nen,** kmetica *f*
Bauerlaubnis *n* gradbeno dovoljenje *n*
Bauern... *v sest.* kmečki
Bauernhof *m* kmetija *f*
baufällig podirajoč se
Bauherr *m* investitor *m*
Baukasten *m* zlaganka
Baum *m*, **~(e)s, ¨e,** drevo *n*; zapornica *f*
baumartig drevesast
baumeln bingljati
bäumen *sich* vzpenjati, upirati se
Baumschule *f* drevesnica *f*
Baumwolle *f* bombaž *m*
Bauordnung *f* gradbeni predpisi *pl*
Bauplatz *m* gradbišče *n*
Baupolizei *f* gradbena inšpekcija *f*
bausparen stanovanjsko varčevati
Bausparkasse *f* banka *f* za stanovanjsko varčevanje
Baustein *m* zidak *m*; *fig.* gradbeni kamen *m*
Baustelle *f* gradbišče *n*
Bauvorhaben *n* projekt *m* (investicijski)
Bauwerk *n* zgradba *f*

Bayer *m*, **~n, ~n,** Bavarec *m*
beabsichtigen nameravati
beachten opažati, opaziti; ozirati se na, ravnati se po
beachtlich dokajšen, priličen
Beamte *m* uradnik *m (Beamtin)* -ca *f*
beanspruchen zahtevati, potrebovati
beanstanden ugotavljati napake, grajati, očitati
beantragen prositi za; zahtevati, predlagati
beantworten odgovoriti na
bearbeiten obdelovati, obdelati, prirediti (tekst)
Bearbeitung *f*, **~, ~en,** obdelava *f*; priredba *f*
beaufsichtigen nadzorovati
Beaufsichtigung *f*, **~, ~en,** nadzor nad; nadzorovanje *n*
beauftragen poveriti; pooblastiti
bebauen zazidati; obdelovati
Bebauung *f*, **~, ~en,** obdelovanje *n*; zazidava *f*
beben tresti se; majati se
Becher *m*, **~s, ~,** čaša *f*, kupa *f*
Becken *n*, **~s, ~,** korito *n*, kotanja *f*; bazen *m*; *(Wasch~)* umivalnik *m*; kotlina *f*; *anat.* medenica *f*
bedacht *sein auf* paziti, misliti na
bedächtig premišljeno, počasi
bedanken *sich bei* zahvaliti se *(D)*
Bedarf *m* **~s,** –, potreba *f*; *nach ~* po potrebi
Bedarfshaltestelle *f* pomožno postajališče *n*
bedauerlich obžalovanja vreden
bedauern obžalovati
bedauernswert obžalovanja vreden
bedecken pokri(va)ti, prekriti
bedenken* premišljevati, premisliti; *jn. mit* obdariti; *sich anders (eines Besseren) ~* premisliti si
Bedenken *n*, **~s, ~,** pomislek *m*
bedenklich dvomljiv; zaskrbljujoč; zaskrbljen
bedeuten pomeniti; *jm etw. ~* pomeniti, namigniti
bedeutend pomemben; pomenljiv
Bedeutung *f*, **~, ~en,** pomen *m*
bedeutungslos brez pomena, nepomemben
bedeutungsvoll pomemben; pomenljiv
bedienen streči; upravljati; *sich ~* posluž/evati, /iti se
Bedienung *f*, **~, ~en,** (po)strežba *f*
Bedienungsvorschrift *f* navodilo *n* za uporabo
bedingen pogojevati
bedingt pogojen *(durch* z)
Bedingung *f*, **~, ~en,** pogoj *m* (*unter* pod, s)
bedingungslos brezpogojen
bedrängen spravljati v stisko; ogrožati; pritiskati na, težiti
Bedrängnis *f*, **~, ~se,** stiska *f*
bedrohen ogrožati, ogroziti
bedrücken težiti, tlačiti

bedürfen* potrebovati, biti potreben
Bedürfnis *n*, **~ses, ~se,** potreba *f*
Bedürfnisanstalt *f* (javno) stranišče *n*
bedürftig ubožen; potreben
beeilen *sich* podvizati se
beeindrucken narediti vtis; prevzeti (koga)
beeinflussen vplivati na
beeinträchtigen ovirati; škodovati, *(D)*; zmanjš(ev)ati
beendigen, beenden končati; zaključiti
beengen utesnjevati
beerben (po)dedovati po
beerdigen pokopati
Beerdigung *f*, **~, ~en,** pogreb *m*; **~s...** pogrebni
Beere *f*, **~, ~n,** jagoda *f*
Beet *n* **~(e)s, ~e,** greda *f*
befähigen usposabljati; omogočati
befahl *gl.* **befehlen**
befahrbar vozen; ploven
befallen* napasti (bolezen); polastiti se
befangen v zadregi; ujet v; pristranski
befassen *sich* ukvarjati se
Befehl *m*, **~s, ~e,** ukaz *m*; poveljstvo *n*
befehlen, befahl, befohlen ukaz(ov)ati; poveljevati
Befehlshaber *m* poveljnik *m*
befestigen pritrditi (na); utrditi
Befestigung *f*, **~, ~en,** pritrditev *f*; utrdba *f*; utrjevanje *n*
befeuchten navlažiti
befinden* *v/t* spoznati za; *sich* ~ počutiti se; nahajati se, biti; ~ *über etw.* razsojati o
Befinden *n* **~s,** –, počutje *n*
beflissen vnet; namerno
befohlen *gl.* **befehlen**
befolgen *(A)* držati se *(G)*; izpolnjevati *(A)*
befördern transportirati; povišati; *befördert werden* napredovati, *zu* postati
Beförderung *f*, **~, ~en,** napredovanje *n*; transport *m*
Beförderungsmittel *n* transportno sredstvo *n*
befragen *(über, nach)* spraševati (o, po)
befreien osvoboditi
Befreiung *f*, **~, ~en,** osvoboditev *f*
befremden čuditi (se *D*)
befreundet *sein* biti prijatelj z
befriedigen zadovolj/evati, /iti
Befriedigung *f*, **~, ~en,** zadovoljitev *f*; zadovoljstvo *n*
Befruchtung *f*, **~, ~en,** oploditev *f*
Befund *m*, **~(e)s, ~e,** izvid *m*; ugotovitev *f*
befürchten bati se (da)
Befürchtung *f*, **~, ~en,** bojazen *f*, strah *m*
befürworten zagovarjati, priporočati
begabt nadarjen
Begabung *f*, **~, ~en,** nadarjenost *f*, talent *m*
begann *gl.* **beginnen**
begatten *(sich)* pariti (se)
begeben* *sich* odpraviti se; dogotiti se; *einer Sache* opustiti, odpovedati se *(D)*
Begebenheit *f*, **~, ~en,** dogodek *m*
begegnen srečati (*jm* koga); obravnavati; dogoditi se

Begegnung *f*, **~, ~en,** srečanje *n*
begehen* *Weg* hoditi po; *Verbrechen* zagrešiti, *Tag* obhajati, slaviti
begehren (po)želeti; zahtevati
begehrenswert zaželen; *gl.* **begehren**
begeistern navdušiti; *sich* navduševati se
Begeisterung *f*, **~, ~en,** navdušenje *n*
Begierde *f*, **~, ~n,** želja *f*; poželenje *n*
begierig željan *(G)*; poželjiv
begießen* zalivati, zaliti
Beginn *m*, **~(e)s, ~e,** začetek *m*
beginnen, begann, begonnen, začeti; *v / i* zače(nja)ti se
beglaubigen overoviti, potrditi
Beglaubigung ~, ~en, overitev *f*
begleichen* poravnati
Begleit... *v sest.* spremljevalni, spremni
begleiten spremiti, spremljati
Begleiter *m* (-in *f*), **~s,** ~, spremljevalec *m*, -ka *f*
Begleitung *f*, **~, ~en,** spremstvo *n*, spremljava *f*
beglücken osrečiti; osrečevati
beglückwünschen čestitati (*zu* k, za)
begnadigen pomilostiti
begnügen *sich* zadovoljiti se
begraben* pokopati
Begräbnis *n*, **~ses, ~se,** pogreb *m*
begreifen* dojeti, razumeti; zapopasti
begreiflich razumljiv
Begrenzung *f*, **~, ~en,** omejitev *f*; meja *f*
Begriff *m* **~s, ~e,** pojem *m*; *schwer von ~* počasne pameti; *im ~ sein zu* biti na tem, da
begriffen *in etw.* biti v, v sredi
begrifflich pojmoven
begriffsstutzig počasne pameti
begründen ustanoviti; utemelj/evati, /iti
Begründer *m*, **~s, ~,** ustanovitelj *m*; utemeljitelj *m*
Begründung *f*, **~, ~en,** utemeljitev *f*; ustanovitev *f*
begrüßen pozdraviti
begünstigen dajati podporo, prednost; biti ugoden za
begutachten dati strokovno mnenje; oceniti; *F* ogledati si
begütert premožen
behaart poraščen, dlakav
behaftet *sein mit* imeti
Behagen *n*, **~s,** –, ugodje *n*
behaglich udoben; prijeten
behalten* obdržati
Behälter *m*, **~s, ~,** posoda *f*
behandeln obravnavati; *einen Kranken* zdraviti
Behandlung *f*, **~, ~en,** ravnanje *n z*; *med.* zdravljenje *n*
beharrlich vztrajen
behaupten trditi; držati; *sich ~* uveljaviti se
Behauptung *f*, **~, ~en,** trditev *f*; obramba *f*
beheben* odpraviti

behelfsmäßig zasilen, začasen
behelligen nadlegovati
beherrschen obvlad(ov)ati
beherzt srčen
behilflich *sein* pomagati
behindern ovirati
Behinderte *m, f,* invalid *m*
Behörde *f,* **~, ~n,** urad *m*; organ *m*
behüten varovati
behutsam skrbno; previdno
bei pri *(In)*, ob *(In)*, za (*bei Tage* za dneva), z, za (*bei Namen* z imenom; *bei der Hand* za roko); spričo (*bei alledem* spričo vsega tega)
beibehalten* obdržati; ohraniti
beibringen* *jm etw.* naučiti; vbiti v glavo; predložiti; prizadejati, povzročiti; povedati
Beichte *f,* **~, ~n,** spoved *f*
beichten spovedati se; *fig.* zaupati komu kaj
beide oba; dva; *alle ~* obadva; prevedemo tudi samo z dvojino samostalnika
beiderlei obeh vrst
beiderseitig obojestranski
beides oboje
beieinander drug pri drugem, skupaj
Beifahrer *m,* **~s, ~,** sovoznik *m*
Beifall *m,* **~s,** –, ploskanje *n*, odobravanje *n*; *~ finden* imeti uspeh
beifügen dodati
beigeben* dodati; *klein ~* popuščati
Beigeschmack *m* priokus *m*
Beihilfe *f* pomoč *f*; subvencija *f*
beikommen* priti do živega
Beil *n,* **~s, ~e,** sekira
Beilage *f,* **~, ~n,** priloga *f*
beiläufig mimogrede; *avstrijsko* približno
beilegen priložiti; *Streit* poravnati; pripisovati; *sich Namen* vzdeti si
Beileid *n,* **~s,** –, sožalje *n*
beiliegend priložen
beimessen* pripisovati
beimischen primešati
Bein *n,* **~(e)s, ~e,** noga *f*; kost *f*; *ein ~ stellen* podstaviti nogo, spotakniti
beinahe skoraj
beinern koščen
Beinhaus *n* kostnica *f*
beipflichten strinjati se z
beirren odvrniti; zmesti
beisammen skupaj
Beischlaf *m,* **~(e)s,** –, spolno občevanje *n*
Beisein *n,* **~s,** –, navzočnost *f*
beiseite na stran (strani), ob stran
beiseitelegen dati na stran
beiseitestehen* stati ob strani
Beisetzung *f,* **~, ~en,** pokop *m*
Beisitzer *m,* **~s, ~,** prisednik *m*
Beispiel *n,* **~s, ~e,** primer *m*, zgled *m*; *zum ~* na primer
beispielhaft zgleden
beispiellos brez primere; nezaslišan
beispielsweise na primer
beispringen* priskočiti na pomoč
beißen, biß, gebissen, gristi, ugrizniti; *Insekt* pičiti; *Rauch usw.* peči

beißend pekoč; oster
beistehen* stati ob strani
beisteuern prispevati
Beistrich *m*, **~(e)s, ~e,** vejica *f*
Beitrag *m*, **~s, ⁓e,** prispevek *m*
beitragen* prispevati
beitreten* pristopiti
Beiwagen *m*, priklopnik *m*, prikolica *f*
beizen kvasiti; namakati v solni, barvni itd. raztopini
bejahen odgovoriti z da; pritrditi; imeti pozitiven odnos do
bejahend pritrdilen
bejahrt v letih
Bejahung *f*, **~, ~en,** potrditev *f*; pritrdilni odgovor *m*
bekämpfen pobijati; bojevati se proti
Bekämpfung *f*, **~,** –, boj *m* proti, pobijanje *n*
bekannt znan, poznan; *mit jm ~ sein* poznati se z
Bekannte *m*, *f*, **~n, ~n,** znanec *m*, -ka *f*
Bekanntmachung *f*, **~, ~en,** razglas *m*
Bekanntschaft *f*, **~, ~en,** poznanstvo *n*
bekehren spreobrniti
Bekehrung *f*, **~, ~en,** spreobrnitev *f*, spreobrnjenje *n*
bekennen* priznati; pripoznavati, izpovedovati; *sich zu* izreči se za; *Farbe ~* priti z barvo na dan
Bekenntnis *n*, **~ses, ~se,** priznanje *n*; vera
Bekenntnisschule *f* verska šola *f*
beklagen obtož/evati, /iti; objokovati; *sich über* pritoževati se nad
bekleben oblepiti
bekleiden obleči, oblačiti; prekriti; *Amt* biti (na mestu); *mit e-m Amt* postaviti za
Bekleidungsindustrie *f* oblačilna industrija *f*
beklommen težkega srca
bekommen* prejeti, dobiti; *jm* prijati, koristiti, prilegati se; *heraus, in ipd. ~* spraviti iz, v
bekömmlich koristen za; *Speise* lahko prebavljiv
bekräftigen podpirati, potrjevati
bekreuzigen *(sich)* pokrižati (se)
bekümmern težiti
Belag *m*, **~(e)s, ⁓e,** obloga *f*
belagern oblegati
Belagerung *f*, **~, ~en,** obleganje *n*
Belang *m*, **~(e)s, ~e,** pomen *m*; zadeva *f*; interesi *pl*; *von ~* pomemben; *ohne ~* brezpomemben
belanglos nepomemben
belasten obremenjevati, težiti
belästigen nadlegovati
Belastung *f*, **~, ~en,** obremenitev *f*; obremenjevanje *n*; obremenjenost *f*
beleben oživiti, poživiti
belebt živahen
Beleg *m* **~(e)s, ~e,** dokazilo *n*
belegen obložiti; *mit* naložiti (nekaj); *Vorlesung itd.* hoditi na; *Platz* rezervirati; izpričati, dokazati
Belegschaft *f*, **~, ~en,** osebje *n*, kolektiv *m*

belegt *Brot, Zunge* obložen; *Stimme* zamolkel; rezerviran, zaseden
belehren poučiti, podučiti; *sich ~ lassen* dati si dopovedati
beleibt obilen
beleidigen (u)žaliti
Beleidigung *f*, **~, ~en,** žalitev *f*
belesen načitan
beleuchten osvetliti, razsvetliti
Beleuchtung *f*, **~, ~en,** osvetlitev *f*; razsvetljava *f*; luči *pl*
belichten osvetliti
Belichtungsmesser *m* svetlomer *m*
belieben ljubiti se komu; želeti; *wie Sie ~* kot želite
Belieben *n nach ~* po mili volji; po želji
beliebig poljuben
beliebt priljubljen; *sich ~ machen bei* prikupiti se komu
bellen lajati
belohnen nagraditi, poplačati
Belohnung *f*, **~, ~en,** nagrada *f*, plačilo *n*
bemächtigen *sich (G)* polastiti se *(G)*
bemängeln kritizirati, grajati
bemänteln prikrivati, olepševati
bemerkbar opazen; *sich ~ machen* pojavljati se
bemerken opaziti; pripomniti
Bemerkung *f*, **~, ~en,** opazka *f*; opomba *f*
bemitleiden pomilovati
bemittelt premožen
bemühen *jn* nadlegovati prositi za; *sich* truditi se
Bemühung *f*, **~, ~en,** prizadevanje *n*, trud *m*
benachbart sosednji
benachrichtigen obvestiti
benachteiligen zapostavljati; postaviti v slabši položaj
benehmen* *sich* obnašati, vesti se
Benehmen *n*, **~s,** –, vedenje *n*, obnašanje *n*
beneiden zavidati (*um etw.* kaj)
beneidenswert zavidljiv
benennen* (po)imenovati; navesti
benommen omotičen
benötigen potrebovati
benutzen rabiti, uporabljati
Benützung *f* uporaba *f*
beobachten opazovati, opaziti; nadzorovati
Beobachter, *m*, **~s, ~,** opazovalec *m*
Beobachtung *f* **~, ~en,** zapažanje *n*, nadziranje *n*, opazovanje *n*, upoštevanje *n*
bepflanzen posaditi z
bequem udoben, lagoden; leneben; *machen Sie es sich ~* počutite se kot doma
Bequemlichkeit *f*, **~, ~en,** udobje *n*; lagodnost *f*
beraten* *jn* svetovati *D*; *etw.* posvetovati se o; *sich* posvetovati se; dogovoriti se
beratschlagen posvetovati se
Beratung *f*, **~, ~en,** posvet *m*, *Arzt* konzultacija *f*
berauben oropati

berechnen (pre)računati, izračunati
Berechnung *f*, **~**, **~en**, izračun *m*; preračunljivost *f*
berechtigen upravičiti
berechtigt upravičen
beredsam, beredt zgovoren
Bereich *m*, **~(e)s**, **~e**, območje *n*, področje *n*
bereichern *sich* obogatiti, okoriščati se
Bereifung *f*, **~**, **~en**, (avtomobilske) gume *pl*
bereinigen razčistiti
bereit pripravljen
bereiten priprav/ljati, /iti; *Kummer, Freude* narediti, povzročiti
bereits že
Bereitschaft *f*, **~**, **~en**, pripravljenost *f*
bereitstehen* biti na razpolago, biti pripravljen
bereitstellen pripraviti; dati na razpolago
bereitwillig voljan; rade volje
bereuen *etw.* obžalovati
Berg *m* **~(e)s**, **~e**, gora *f*, hrib *m*; *v sest.* gorski; *hinter dem ~ halten* imeti za bregom; *über alle ~e sein* izginiti, uiti čez hribe in doline; *wir sind über den ~* smo iz najhujšega; *goldene ~e versprechen* obljubljati zvezde z nebes
bergab (po hribu) navzdol
bergan, bergauf navzgor, navkreber
Bergarbeiter *m* rudar *m*
Bergbau *m* rudarstvo *n*
bergen, *er* **birgt, barg, geborgen** reševati, rešiti; *in sich* skrivati, vsebovati
Bergmann *m*, **~s, Bergleute,** rudar *m*
Bergrutsch *m*, **~es**, **~e**, zemeljski plaz *m*; *fig.* plaz
Bergsteiger *m*, **~s**, **~**, planinec *m*
Bergung *f*, **~**, **~en**, reševanje *n*
Bergwerk *n*, **~s**, **~e**, rudnik *m*
Bericht *m* **~s**, **~e**, poročilo *n*; *~ erstatten* poročati
berichten poročati
Berichterstatter *m*, **~s**, **~**, poročevalec *m*, dopisnik *m*
berichtigen popraviti, korigirati
Berichtigung *f*, **~**, **~en**, popravek *m*, korektura *f*; dementi *m*
Bernstein *m* **~s**, –, jantar *m*
bersten *er* **birst, barst, geborsten** počiti, razpočiti se
berüchtigt zloglasen
berücksichtigen ozirati se na, upoštevati
Beruf *m*, **~s**, **~e**, poklic *m*; *freier ~* svoboden poklic
berufen* pozvati; (v)poklicati; *sich ~ auf* sklicevati se na; *gegen ein Urteil ~* vložiti priziv
beruflich poklicen
Berufs... *v sest.* poklicen, ... za poklic
Berufsberatung *f*, **~**, **~en**, poklicna posvetovalnica *f*
berufstätig zaposlen
Berufung *f*, **~**, **~en**, priziv *m*; *~ einlegen* vložiti priziv; *gl. še* **berufen**
beruhen *auf* temeljiti na; *auf sich ~ lassen* pustiti pri miru

beruhigen pomiriti
Beruhigungsmittel *n*, **~s, ~,** pomirjevalo *n*
berühmt slaven
Berühmtheit *f*, **~,** –, sloves *m*; (**~en**) znamenitost *f*; slaven človek *m*
berühren dotakniti se; omeniti; *traurig ~* razžalostiti; *unangenehm ~* šokirati
Berührung *f*, **~, ~en,** dotik *m*; *fig.* stik *m*
Besatzung *f*, **~, ~en,** zasedba *f*; moštvo *n*;
Besatzungs... zasedbeni
beschädigen poškodovati
beschaffen priskrbeti
beschaffen *sein* biti ... kakovosti; *wie ~* kakšen, kako; *so ~* takšen, tako, *gut, schlecht ~* dober, slab
beschäftigen zaposlovati; *sich ~ mit* zaposliti, ukvarjati se z
Beschäftigung *f*, **~, ~en,** zaposlitev *f*
beschatten (za)senčiti; *fig.* zasledovati
Bescheid *m* **~(e)s, ~e,** odgovor *m*, sporočilo *n*; odločitev *f*; sodba *f*; *jm ~ geben* sporočiti; *~ wissen* spoznati se na; *jm gehörig ~ sagen* povedati svoje mnenje
bescheiden skromen
bescheiden* *sich* zadovoljiti se, biti skromen; *mit* zadovoljiti se z
bescheinigen potrditi (pismeno)
beschenken obdarovati; *mit etw. beschenkt werden* dobiti v dar
Bescherung *f* **~, ~en,** obdaritev *f*, *eine schöne ~* lepa reč!
beschlagen* obiti z; *Pferd* podkovati; *gut ~ sein fig.* biti dobro podkovan; *v/i Scheiben* orositi se
beschlagnahmen zapleniti, zaseči
Beschleunigung *f*, **~, ~en,** pospešek *m*
beschließen* skleniti, zaključiti
Beschluß *m*, **(ss)es, £(ss)e,** sklep *m*; zaključek *m*; *einen ~ fassen* skleniti
beschlußfähig sklepčen
beschneiden* (ob)rezati; *Haare, Nägel* striči; *fig.* kratiti
beschränken omejevati, omejiti
beschränkt omejen
beschreiben* opis/ati, /ovati
Beschreibung *f*, **~, ~en,** opis *m*
Beschriftung *f*, **~, ~en,** napis (na) *m*
beschuldigen (ob)dolžiti
Beschuldigte *m*, *f*, obdolženec *m*, -ka *f*
Beschuldigung *f*, ~, **~en,** obdolžitev *f*
beschützen varovati, podpirati
Beschwerde *f* **~, ~en,** pritožba *f*; *pl* tegobe *pl*; *~ einlegen, führen* pritožiti se
beschweren (ob)težiti; *sich ~ über* pritoževati se nad
beschwerlich težaven; *~ fallen* povzročati težave
beschwichtigen pomirjevati
beschwipst *F* v rožcah
beschwören* priseči; *jn* rotiti, zaklinjati

beseitigen odstraniti
Besen *m*, **~s, ~,** metla *f*
besessen obseden
besetzen zasesti, zasedati; obrobiti
besetzt zaseden
Besetzung *f*, **~, ~en,** zasedba *f*; moštvo *n*; obroba *f*
besichtigen ogledati si; pregledati
Besichtigung *f*, **~, ~en,** ogled *m*
besiegeln zapečatiti
besiegen premagati
besinnen* razmišljati; *sich eines Besseren ~* premisliti si; *sich ~ auf* spomniti se, ovedeti se
Besinnung *f*, **~,** –, zavest *f*; razmišljanje *n*; *die ~ verlieren* onesvestiti se; *zur ~ kommen* zavedeti se, *fig.* ovedeti se; *jn zur ~ bringen* spametovati *(fig.)*
besinnungslos nezavesten
Besitz *m*, **~es,** –, posest *f*; last *f*
besitzen* posedovati; imeti
Besitzer *m* (**-in** *f*), **~s, ~,** posestnik *m*, -ca *f*; lastnik *m*, -ca *f*
besoffen pijan
besonderer poseben, posebej
Besonderheit *f*, **~, ~en,** posebnost *f*
besonders posebno; *nicht ~* ne preveč
besonnen premišljen; pameten, preudaren
besorgen skrbeti za; urediti; priskrbeti
besorgniserregend zaskrbljujoč
besorgt zaskrbljen
Besorgung *f*, **~, ~en,** nakup *m*; opravljanje *n*; *~en machen* nakupovati
besprechen* pogovarjati se o, dogovoriti se; *Buch* oceniti; *Platte* posneti
besser boljši; *adv.* bolje; *~ werden* izboljševati se; *ihm ist ~* gre mu (na) bolje
bessern *(sich)* (iz)boljšati (se); popravljati, popraviti; poboljšati se
Besserung *f*, **~, ~en,** izboljšanje *n*, okrevanje *n*; poboljšanje *n*
Bestand *m*, **~(e)s, ~e,** obstoj *m*; trajnost *f*; zaloga *f*; stanje *n*; sestoj *m*; *~ haben, von ~ sein* biti trajen
beständig trajen; stalen; odporen
Bestandsaufnahme *f*, inventura *f*
Bestandteil *m* del *m*; element *m*; sestavni del *m*; sestavina *f*
bestärken okrepiti; podkrepiti
Bestätigung *f*, **~, ~en,** potrdilo *n*; potrditev *f*
Bestattung *f* **~, ~en,** pokop *m*, pogreb *m*
bestäuben oprašiti
beste najboljši (-a, -e); *der erste ~* kdorkoli; *sein Bestes tun* napeti vse moči; *zum Besten* v korist; *zum Besten haben, halten* norčevati se iz; *bestens, zum besten* najbolje
bestechen* pridobiti; podkupiti
bestechlich podkupljiv

Besteck *n*, **~(e)s, ~e,** pribor *m*
bestehen* *v/t* (uspešno) prestati, napraviti; *v/i* obstajati; ~ *auf* vztrajati pri; ~ *aus* sestajati iz
bestehend obstoječ
besteigen* (po)vzpeti se na
bestellen naročiti, sporočiti; *Briefe* dostaviti; *Feld* obdelovati; *Auftrag* izvršiti; *sein Haus* urediti svoje zadeve; *jn zum* postaviti za; *es ist schlecht damit bestellt* slabo stoji (je)
Bestellschein *m*, **~s, ~e,** naročilnica *f*
Bestellung *f*, **~, ~en,** naročilo *n*; dostava *f*; obdelovanje *n*; imenovanje *n*
bestenfalls kvečjemu
bestens najbolje; *danke* ~ najlepša hvala
besteuern obdavčiti
bestimmen določiti (*zu* za); ~ *über* odločati o
bestimmt določen, jasen; odločno
Bestimmung *f* **~, ~en,** oznaka *f*, označitev *f*; določba *f*, določilo *n*; predpis *m*; usoda *f*; cilj *m*
bestrafen kaznovati
bestrahlen sijati na; *mit* obsevati
Bestrahlung *f*, **~, ~en,** obsevanje *n*
Bestreben *n*, **~s,** –, prizadevanje *n*, stremljenje *n*
bestreiten* zanikati, tajiti; *Kosten* poravnati
bestürzt zaprepaden, osupel
Besuch *m*, **~s, ~e,** obisk *m*; *den* ~ *erwidern* vrniti obisk; *e-n* ~ *abstatten* obiskati
besuchen obisk(ov)ati; iti k; udeležiti se *(G)*
Besucher *m*, **~s, ~,** obiskovalec *m*, gledalec *m*
betagt prileten
betätigen upravljati z; poganjati, pognati; *sich* udejstvovati se; *sich als* delati kot
betäuben omamiti; *fig.* udušiti
Betäubung *f*, **~, ~en,** anestezija *f*
beteiligen udeležiti (*sich an* se česa)
beten moliti
beteuern zatrjevati, zagotavljati
betonen poudariti; poudarjeno kazati
Betonung *f*, **~, ~en,** naglas *m*; poudarjanje *n*
Betracht *m* ozir *m*; *etw in* ~ *ziehen* razmišljati o, upoštevati; *in* ~ *kommen* priti v poštev
betrachten gledati, opazovati; razmišljati o; *sich als* imeti se za
beträchtlich znaten
Betrag *m*, **~s, ⁓e,** vsota *f*, znesek *m*; ~ *erhalten* potrjujem prejem
betragen* znašati; *sich* vesti se, obnašati se
Betragen *n*, **~s,** –, vedenje *n*, obnašanje *n*
betreffen* zadevati, tikati se; prizade(va)ti
betreffend zadevni; *adv.* v zvezi z
betreffs zaradi, v zadevi

betreten* (v)stopiti v, na *Weg* ubrati pot
betreten poparjen, mučen (molk itd.); zmeden;
betreuen oskrbovati, skrbeti
Betrieb *m*, **~s, ~e,** podjetje *n*, obrat *m*; delovanje *n*; *es herrscht ~* vse je živo (živahno); *(außer) in ~ sein* (ne) obratovati; *in ~ setzen* pognati; **Betriebs...** obratni
betriebsam prizadeven
Betriebsanlage *f* obrat *m*
Betriebsleiter *m* obratovodja *m*
Betriebsstörung *f* motnja *f* v obratovanju
betrinken* *sich* opiti se
betroffen prizadet, zmeden, poparjen; *gl.* še **betreffen**
betrogen ogoljufan; *gl.* **betrügen**
betrüben žalostiti
Betrug *m*, **~s,** –, goljufija *f*
betrügen* (o)goljufati (*um* za)
Betrüger *m*, **~s, ~,** goljuf *m*
betrunken pijan; *~ machen* upijaniti
Bett *n*, **~(e)s, ~en,** postelja *f*; korito *n* (reke); pernica *f*; *zu ~ gehen* iti spat; *zu ~ bringen* spraviti v posteljo; *das ~ hüten* ležati (bolan)
Bettel... *v sest.* beraški
betteln beračiti
bettlägerig priklenjen na posteljo
Bettler *m* (**-in** *f*), **~s, ~,** berač *m*, (-ica *f*)
Bettwäsche *f*, **Bettzeug** *n* posteljnina *f*
beugen upogniti; *Recht* prikrajati; sklanjati, spregati; *sich* skloniti se, ukloniti se *(fig.)*
Beule *f*, **~, ~n,** bula *f*, buška *f*; udrtina *f*, izboklina *f*
beunruhigen vznemirjati
beurlauben dati dopust; suspendirati
beurteilen presojati; ocenjevati
Beute *f*, **~, ~n,** plen *m*; žrtev *f*
Beutel *m*, **~s, ~,** mošnja *f*; mošnjiček *m*; *zool.* vreča *f*; *Papier~* vrečka *f*
bevölkern naseljevati; napolnjevati, obljuditi
Bevölkerung *f*, **~, ~en,** prebivalstvo *n*
bevollmächtigen pooblastiti
Bevollmächtigte *m f* pooblaščenec *m*, -nka *f*
bevor pred, preden; prej
bevorstehen* bližati se, čakati (koga); *das steht dir bevor* to te čaka
bevorstehend bližnji
bevorzugen dajati prednost, imeti rajši
bewachen stražiti, nadzirati
bewachsen poraščen, porasel
bewaffnen oborožiti
bewahren (o)hraniti; ščititi; *~ vor* rešiti pred; *sich vor* paziti se pred, varovati se (česa); *Gott bewahre!* Bog ne daj!
bewähren *sich* obnesti se
bewahrheiten potruditi se; uresničiti se
bewährt preizkušen
Bewährung *f*, **~, ~en,** preizkušnja *f*; *auf ~* pogojno
bewältigen obvladovati, obvladati; biti kos, zmoči; predelati; *Arbeit* narediti

bewandert *fig.* podkovan
bewässern namakati
bewegen I. **bewegte, bewegt** premikati; *sich* gibati se; *fig.* zaposlovati
bewegen II. **bewog, bewogen** *jn zu* pripraviti do
Beweggrund *m* nagib *m*
beweglich gibljiv, gibčen; *~e Güter* premičnine
bewegt ganjen; razburkan; živahen
Bewegung *f*, **~, ~en,** gibanje *n*, ganjenost *f*; gib *m*; *sich in ~ setzen* premakniti se
bewegungslos negiben, nepremičen
Beweis *m*, **~es, ~e,** dokaz *m*, dokazilo *n*
beweisbar dokazljiv
beweisen* dokazati; izkazovati; *Mut usw.* izpričati
bewerben* *sich um* potegovati se za, prositi za
Bewerber *m*, **~s, ~,** prosilec *m*, kandidat *m*
Bewerbung *f*, **~, ~en,** prošnja za *f*
bewerten ocenjevati, oceniti; vrednotiti
Bewertung *f*, **~, ~en,** ocena *f*; vrednotenje *n*; točkovanje *n*
bewilligen odobriti
bewirken doseči, storiti; povzročiti
bewirten pogostiti; postreči z
bewog, bewogen *gl.* **bewegen** II.
bewohnen stanovati v
Bewohner *m*, **~s, ~,** stanovalec *m*
bewölken *sich* pooblačiti se, *fig.* stemniti, zmračiti se
bewölkt oblačen; *fig.* mračen
Bewunderer *m*, **~s, ~,** občudovalec *m*
bewundern občudovati
Bewunderung *f*, **~, ~en,** občudovanje *n*
bewußt zavesten; nameren; tisti; *adv.* zavestno; *sich einer Sache ~ sein* zavedati se (česa); *sich ~ werden* zavedeti se česa
bewußtlos nezavesten; *~ werden* onesvestiti se
Bewußtlosigkeit *f*, **~, ~en,** nezavest *f*
Bewußtsein *n*, **~s.** –, zavest *f*
bezahlen plač(ev)ati, povrniti; *sich bezahlt machen* izplačati se
Bezahlung *f*, **~, ~en,** plačilo *n*
bezaubernd očarljiv
bezeichnen označevati, označiti
bezeichnend značilen
Bezeichnung *f*, **~, ~en,** oznaka *f*
bezeugen kazati, izkazovati; dokazati; izpričati
bezichtigen dolžiti
beziehen* preobleči (z), prekriti; *Haus* vseliti se; *Schule* iti na; *Waren* nabavljati; *Zeitung* biti naročen na; *sich auf* sklicevati se na, nanašati se na
Bezieher *m*, **~s, ~,** naročnik *m*
Beziehung *f*, **~, ~en,** odnos *m*, zveza *f*; *pl* zveze *pl*; *in gewisser ~* v nekem smislu
beziehungsweise oziroma
Bezirk *m*, **~s, ~e,** okraj *m*, okrožje *n*; *v sest.* okrajni

Bezug *m*, **~s, ⁼e,** preobleka *f*; prejemanje *n*; zveza z; odnos do; *~ nehmen auf* sklicevati se na; *mit ~ auf* z ozirom na; *Bezüge pl* prejemki *pl*
bezüglich *prep. (G)* z ozirom na; *adj.* relativen, oziralen
Bezugspreis *m* naročnina *f*
bezwecken nameravati
bezwingen* obvladati, premagati
Bibel *f*, **~, ~n,** sveto pismo *n*
Biber *m*, **~s, ~,** bober *m*
bieder vrl, pošten
biegen, bog, gebogen upogibati, upogniti; zaviti; sklanjati, spregati
biegsam upogljiv, gibčen
Biegung *f*, **~, ~en,** ovinek *m*; sklanjatev *f*
Biene *f*, **~, ~n,** čebela *f*; *F* punca *f*
Bienen... *v sest.* čebelji
Bienenhaus *f* čebelnjak *m*
Bienenkorb *m* panj *m*
Bienenzucht *f* čebelarstvo *n*
Bier *n*, **~(e)s, ~e,** pivo *n*; *~ ... v sest.* pivski
Bierbrauerei *f*, **~, ~en,** pivovarna *f*
Biest *n*, **~(e)s, ~er,** zver *f*; *fig. F* beštija
bieten, bot, geboten nuditi; *fig.* dajati, dati; *sich ~ lassen* dovoliti si
Bild *n*, **~es, ~er,** slika *f*, podoba *f*; *im ~e sein* biti informiran; *sich ein ~ machen von* imeti predstavo o
bilden (iz)oblikovati; tvoriti, biti; izobraževati, poučevati; ustvariti
bildend izobražujoč; *Kunst* upodabljajoč
Bilderbuch *n* slikanica *f*
Bildfläche *f fig. wieder auf der ~ erscheinen* spet se pojaviti; *von der ~ verschwinden* izginiti
Bildhauer *m* kipar *m*
bildlich figurativen; *im ~en Sinn* v prenesenem pomenu, smislu
Bildnis *n*, **~ses, ~se,** podoba *f*, upodobitev
Bildschirm *m* ekran *m*
bildschön zelo lep
Bildung *f*, **~, ~en,** omika *f*, izobrazba *f*; tvorjenje *n*, tvorba *f*; oblikovanje *n*
Bildungsgrad *m* stopnja *f* izobrazbe
billig poceni; pravičen
billigen odobravati
Billigung *f*, **~, ~en,** odobravanje *n*
Bimsstein *m* plovec *m*
Binde *f*, **~, ~n,** vez *f*, povoj *m*; *Damen~* higienski vložek
Binde... *v sest.* vezni
Bindehaut *f* veznica *f*
binden, band, gebunden povezovati, (po)vezati; (z)vezati; *~ an* (pri)vezati
bindend *fig.* obvezujoč
Bindfaden *m* vrvica *f*
binnen v; preden poteče; *~ kurzem* v kratkem
Binnen... *v sest.* notranji, celinski
Binnenland *n* notranjost *f*
Binsenwahrheit *f* pogrošna resnica *f*
Birke *f*, **~, ~n,** breza *f*
Birne *f* hruška *f*; (elektr.) žarnica *f*
bis *prp.* do *(G)*; razen *(bis auf)*; *~ an* približno; *Bis*

nachher! Na svidenje! *cj.* dokler (ne)
Bischof *m*, **~s, £e,** škof *m*
bischöflich škofovski
Bischofs... *v sest.* škofovski
bisher doslej
bisherig dosedanji
bislang doslej
Biß *m* **~(ss)es, ~(ss)e,** ugriz *m*; *(von Schlangen, Insekten)* pik *m*
biß *gl.* **beißen**
bißchen *ein ~* malce
Bissen *m*, **~s, ~,** grižljaj *m*; košček *m*
bissig popadljiv; *fig.* zajedljiv
Bistum *n*, **~s, £er,** škofija *f*
Bitte *f*, **~, ~n,** prošnja
bitte! prosim!
bitten, bat, gebeten prositi (*um* za); *zu Tisch ~* povabiti k mizi
bitter grenak; *Kälte itd.* oster, strupen; *Feind* zagrizen; *Ernst* bridek; *es ist mein ~er Ernst* mislim krvavo resno; *adv.* zelo
blähen napih/ovati, /niti; nape(nja)ti; *sich ~* napihovati se
blähend napenjajoč
blank svetal, gol
Blase *f*, **~, ~n,** mehur *m*; *(Haut-)* mehurček *m*; *~ ziehen* mehuriti se
blasen, *er* **bläst, blies, geblasen** pihati; *(Instrument)* igrati na
Blasenentzündung *f* vnetje *n* mehurja
Blasinstrument *n* pihalo *n*
blaß bled; medel *(a. fig.) ~ werden* prebledeti
Blässe *f*, **~,** –, bledica
Blatt *n*, **~es, £er,** list *m*; *(Messer usw.)* rezilo *n*; karte *pl*; *vom ~* na prvi pogled; *das ~ hat sich gewendet* drug veter je zapihal; *das steht auf einem anderen ~* to je pa druga reč
Blattern *pl* koze (črne) *pl*
blättern *(in)* listati (po)
Blätterteig *m* listnato testo *n*
blattförmig listast
blau moder, plav; *F (betrunken)* nasekan; *~er Fleck* modrica *f*; *mit einem ~en Auge davonkommen* še dobro jo odnesti; *sein ~es Wunder erleben* doživeti čuda
Blau(e) *n* modrina; *ins ~ hinein* tjavdan; *das ~ vom Himmel versprechen* obljubljati zvezde z neba
Blau... *v sest.* moder
bläulich modrikast
Blausäure *f* cianovodik *m*
Blech *n*, **~(e)s, ~e,** pločevina *f*; pekač *m*; *fig.* neumnost *f*
blechen *F* dati denar
Blechmusik *f* godba na pihala
Blei *n* svinec; *~ v sest.* svinčen
bleiben, blieb, geblieben ostati; *~ bei* vztrajati pri; *~ lassen* opustiti, ne storiti
bleibend trajen, nepopravljiv
bleich bled; *~ werden* prebledeti
bleichen *v/t* beliti; *v/i tudi* **blich, geblichen** obledeti, zbledeti
Bleichmittel *n* belilo *n*

bleiern svinčen
Bleistift *m* svinčnik *m*
Bleivergiftung *f* zastrupljenje *n* s svincem
Blende *f*, **~, ~n,** zaslonka *f*
blenden (o)slepiti, zaslepiti
blendend slepeč; *fig.* sijajen
Blick *m*, **~(e)s, ~e**, pogled *m*; *fig.* oko *n*
blicken gledati; ~ *auf* pogledati; *sich ~ lassen* pokazati se, priti
blieb *gl.* **bleiben**
blies *gl.* **blasen**
blind slep; *(Spiegel usw.)* moten; ~ *machen, werden* oslepiti, oslepeti
Blind... *v sest.* slepi
blindlings na slepo
Blinddarm *m* slepič *m*
Blinde *m*, *f* slepec, slepi *m*
Blindekuh *f* slepe miši *pl*
Blindschleiche *f*, **~, ~n,** slepec *m (zoo.)*
blinken lesketati se; *Stern* svetiti; *Auto* dajati znak (z utripajočo lučjo)
Blinker *m*, **~s, ~,** smerokaz *m*
blinzeln treniti; mežikati; pomežikniti
Blitz *m*, **~es, ~e,** blisk *m*; strela *f*; *der ~ schlägt ein* strela trešči, udari
Blitzableiter *m* strelovod *m*
blitzartig bliskovit
blitzen bliskati se
Block *m*, **~(e)s, £e,** blok *m*; tnalo *n*
Blockschrift *f* tiskane črke *pl*
blöd(e) neumen, bedast
Blödsinn *m*, **~s,** –, neumnost *f*; bedarija *f*
blöken blejati
bloß *adj.* gol, *(Fuß)* bos; *adv.* samo; *prp.* brez *(G)*
Blöße *f*, **~, ~n,** golota *f*; *fig.* šibka točka *f*
bloßstellen razgaliti; *fig.* razkrinkati
blühen cveteti; *fig.* uspevati; *F es blüht dir* ... čaka te
blühend *fig.* bujen
Blume *f*, **~, ~n,** cvet *m*; cvetlica *f*
Blumen... *v sest. večinoma* cvetni
Blumengeschäft *n* cvetličarna *f*
Blumenkohl *m* cvetača
Blumenständer *m* stojalo *n* za rože
Bluse *f*, **~, ~n,** bluza *f*
Blut *n*, **~es,** –, kri *f*; *v sest.* krvni
blutarm slabokrven; *fig.* reven kot cerkvena miš
Blutbuche *f* rdeča bukev *f*
blutdürstig krvoločen
Blüte *f*, **~, ~n,** cvet *m*; *fig.* razcvet *m*
bluten krvaveti
Blüten... *v sest.* cvetni
Blütezeit *f* cvetenje *n*, razcvet *m*; *fig.* višek
Blutgefäß *n* krvna žila *f*
Blutgericht *n* krvava rihta *f*
blutgierig krvoločen
Blutgruppe *f* krvna skupina *f*
blutig krvav; *(Anfänger)* zelen, popoln
blutjung zelo mlad; rosno mlad
Blutspender *m* krvodajalec *m*
blutstillend ki zaustavlja kri

Blutsturz *m* močna krvavitev *f*
Blutübertragung *f* transfuzija *f*
Blutung *f*, **~**, **~en** krvavitev *f*
blutunterlaufen krvav
Blutvergiftung *f* zastrupljenje *n* krvi
Blutwurst *f* krvavica *f*
Bock *m* **~(e)s**, **£e**, kozel *(a. fig.)*; samec *m*; oven; *gym.* koza *f*
bockig trmast, ritast
Boden *m*, **~s**, ~ ali **£**, tla *f*, zemlja *f*; *(Gefäß)* dno *n*; *fig.* podlaga *f*; *(Dach~)* podstrešje *n*; *aus dem ~ stampfen* pričarati iz niča; *zu ~ fallen* pasti na tla; *dem ~ gleichmachen* zravnati z zemljo; *die Augen zu ~ schlagen* povesiti oči
Bodenbesitz *m* zemljiška posest *f*
Bodenkammer *f* podstrešnica *f*
bodenlos *fig.* brez podlage; *(Unsinn)* neskončen, brezdanji
Bodenschätze *pl* rudno bogastvo *n*
bodenständig domač, avtohton
bog *gl.* **biegen**
Bogen *m*, **~s**, **£**, lok *m*; obok *m*; ovinek *m*; *(Papier)* pola *f*
böhmisch češki; *~e Dörfer* španska vas
Bohne *f*, **~**, **~n**, fižol *m*; *grüne ~n* stročji fižol; *(Kaffee)* zrno *n*; *blaue ~n* krogle, šibre; *keine ~* sploh nič
Bohnenkaffee *m*, prava kava; kava v zrnu
Bohner *m*, **~s**, **~**, loščilnik *m*
bohnern loščiti
Bohr... *v sest.* vrtalni
bohren vrtati; prevrtati; izvrtati
Bohrer *m*, **~s**, **~**, sveder *m*; vrtalni stroj *m*
Böller *m*, **~s**, **~**, možnar *m*
Bomben... *v sest.* večinoma bombni; *(Bombenerfolg)* ogromen (uspeh); *(bombensicher)* popolnoma gotov
Bomber *m*, **~s**, **~**, bombnik *m*
Boot *n*, **~es**, **~e**, čoln *m*
Bootshaus *n* čolnarna
Bord *m*, **~(e)s**, **~e**, krov; *an ~ gehen* iti na krov, ladjo
Bord *n*, **~(e)s**, **~e** polica *f*
borgen *jm* posoditi; *~ von* izposoditi si (od)
Börse *f*, denarnica *f*, mošnja *f*; borza *f*
Borste *f*, **~**, **~n**, ščetina *f*
bösartig zloben; maligen
Böschung *f*, **~**, **~en**, pobočje *n*
böse *adj.* zloben, zel; hud; *(Zahn)* bolan; *adv.* zlo; *~ machen* razjeziti; *~ werden* razjeziti se; *jm ~ sein* biti jezen na
Böse *m* hudič *m*
Bösewicht *m*, **~s**, **~e**, lopov *m*
boshaft zloben
Bosheit *f*, **~**, **~en**, zloba *f*; zlobna beseda
böswillig zlohoten; zlonameren
bot *gl.* **bieten**
Bote *m*, **~n**, **~n**, sel *m*; kurir *m*
Botschaft *f*, **~**, **~en** sporočilo *n*; *pol.* poslaništvo *n*

Botschafter *m*, **~s, ~,** poslanik *m*
boxen boksati
brach *gl.* **brechen**
brach *adj.* neobdelan; ~ *liegen* biti neobdelan
Brache *f*, **~, ~n,** ledina *f*, prelog *m*
brachte *gl.* **bringen**
Brand *m*, **~es, ⁼e,** požar *m*; *med.* prisad *m*; *in ~ stecken* zažgati
Brandbombe *f* zažigalna bomba *f*
Brandherd *m* žarišče *n*
brandmarken žigosati; *fig.* ožigosati
brandschatzen pož(i)gati
Brandstifter *m* požigalec *m*
Brandung *f*, **~, ~en,** butanje *n* valov
brannte *gl.* **brennen**
Branntwein *m* žganje *n*
Brat... *v sest. večinoma* pečen
braten *er* **brät, briet, gebraten** peči; cvreti; *v / i* peči se
Braten *m* **~s, ~,** pečenka *f*; *den ~ riechen* zavohati, kam pes taco moli
Bratwurst *f* pečenica *f*
Brauch *m*, **~(e)s, ⁼e,** šega *f*, navada *f*
brauchbar uporaben
brauchen potrebovati; rabiti, uporabljati
Braue *f*, **~, ~n,** obrv
brauen variti
Brauerei *f*, **~, ~en,** pivovarna *f*
braun rjav; zagorel; ~ *werden* porjaveti; ~ *braten* zapeči
bräunen porjaviti
bräunlich rjavkast
Brause *f*, **~, ~n,** prha *f*; peneča pijača *f*
brausen šumeti, *sich ~* oprhati se
Braut *f*, **~, ⁼e,** nevesta
Bräutigam *m*, **~s, ~e,** ženin *m*
Brautkleid *n* poročna obleka *f*
brav priden
brechen *er* **bricht, brach, gebrochen,** (po)lomiti; zlomiti; *Obst* obirati; *Blume* utrgati; *fig. Frieden usw.* prelomiti, prekršiti; *Ehe* zagrešiti zakonolom *v / i* (z)lomiti se; prelomiti se; prodreti; *(erbrechen)* bruhati; *gebrochen ... sprechen* govoriti polomnjeno ...
Brei *m*, **~s, ~e,** kaša *f*; pire *m*
breiig kašast
breit širok
Breite *f*, **~, ~n,** širina *f*
breitmachen *sich* prevladovati; širiti se; *pej.* šopiriti se
breitspurig širokotiren; *fig.* bahaški
Bremse *f*, **~, ~n,** zavora *f*; ~ *anziehen* pritegniti; ~ *lösen* spustiti; *(Pferde-)* brencelj *m*
Brems... zavorni
bremsen zavirati
brennbar gorljiv
brennen, brannte, gebrannt *v / t* žgati; pražiti; *Schnaps* kuhati; *v / i* goreti; peči
Brenner *m*, **~s, ~,** gorilec *m*
Brennholz *n* drva *pl*
Brennpunkt *m* žarišče *n*
Brennstoff *m* gorivo *n*
Brett *n*, **~es, ~er,** deska *f*; tabla *f*; igralna deska *f*

Bretter... *večinoma* ... iz desk
Brezel *f*, **~, ~n,** presta *f*
Brief *m*, **~(e)s, ~e,** pismo *n*; *(Marken)* pola *f*; *v sest. večinoma* pisemski
Briefkasten *m* pisemski nabiralnik *m*
Briefmarke *f* znamka *f*
Brieftasche *f* listnica *f*; denarnica
Briefträger *m* pismonoša *m*
Briefwechsel *m* korespondenca *f*; *in ~ stehen mit jm* dopisovati si z
briet *gl.* **braten**
Brille *f*, **~, ~n,** očala *pl*; *Klosett~* deska *f*
bringen, brachte, gebracht prinašati, prinesti; pripeljati; spraviti; *(weg)* odnesti, odpeljati; *an sich ~* prisvojiti si, vzeti; *jn um etw. ~* oropati *(G)*; *es weit, zu etw. ~* daleč priti, uspeti; *jn wieder zu sich ~* spraviti k zavesti; *an den Mann ~* spraviti v promet, oddati; *F um die Ecke ~* ubiti
Brise *f*, **~, ~n,** sapica *f*
bröckeln drobiti se
Brocken *m*, **~s, ~,** kos *m*; drobec *m*; *fig.* zalogaj *m*
Brombeere *f* robidnica
Brosche *f*, **~, ~n,** zaponka *f*; broška *f*
Broschüre *f*, **~, ~n,** brošura *f*
Brot *n* **~(e)s, ~e,** kruh *m*
Brötchen *n*, **~s, ~,** žemljica *f*, *belegtes ~* obložen kruhek *m*, sendvič *m*
brotlos *fig.* brez sredstev; *(Kunst)* nedonosen
Bruch *m*, **~(e)s, £e,** (pre)lom *m*; *(Knochen)* zlom *m*; *(Darm)* kila *f*; pregib *m*; *mat.* ulomek *m*; *in die Brüche gehen* razbiti se *(a. fig.)*
brüchig krhek; *Haut* suh
Bruchschaden *m* lom *m*
Bruchstück *n* odlomek *m*; fragment *m*
bruchstückweise fragmentarno
Bruchteil *n* delček *m*
Bruchzahl *f* ulomek *m*
Brücke *f* **~, ~n,** most *m*; majhna preproga *f*; *eine ~ schlagen über* premostiti; *alle Brücken hinter sich abbrechen* požgati vse mostove za seboj
Brücken... mostni ...; ... mostov
Brückenbau *m* gradnja mostov
Brückengeld *n* mostnina *f*
Brückenkopf *m* mostišče *n*
Bruder *m*, **~s, £,** brat *m*; *pej.* bratec *m*
brüderlich bratski
Bruderschaft *f*, **~, ~en,** bratovščina *f*
Brühe *f*, **~, ~n,** juha (mesna) *f*; krop *m*
brüllen rjoveti; *Rind* mukati
brummen godrnjati, brundati; *Insekt* brenčati; *(Strafe)* sedeti
Brummer *m F* težek tovornjak
Brunft *f*, **Brunst** *f* prsk *m*
Brunnen *m*, **~s, ~,** vodnjak *m*; *(Mineralwasser)* slatina *f*
brünstig goneč se
brüsk odrezan, osoren
Brust *f*, **~, £e,** prsi *pl*; *anat.* dojka *f*; *die ~ geben* dojiti
Brust... *v sest.* prsni

brüsten *sich* prsiti se
Brustfell *n* rebrna mrena *f*
brustkrank bolan na pljučih
Brüstung *f* zidec *m*, balustrada *f*
Brut *f*, **~, ~en** leglo *n*; zalega *f* (*a. fig.*)
Brutapparat *m* valilnik *m*
brüten valiti; *fig.* tuhtati (*über* o)
Brutstätte *f fig.* leglo *n*
brutto bruto
Bub *m*, **~en, ~en,** deček *m*, fant *m*; vajenec *m*
Bube *m* fant (v kartah)
Buch *n*, **~es, £er,** knjiga *f*
Buchbinder *m* knjigovez *m*
Buchdeckel *m* platnica
Buche *f*, **~, ~n,** bukev
buchen knjižiti; *Karten usw.* rezervirati
Bücherabschluß *m* zaključek *m*, bilanca *f*
Bücherei *f*, **~, ~en,** knjižnica *f*
Bücherkunde *f* bibliotekarstvo *n*
Buch/führung, /haltung *f* knjigovodstvo *n*
Buchhalter *m*, **~s, ~,** knjigovodja *m*
Buchhandel *m*, **~s, –,** knjigotrštvo *n*; knjigarne *pl*
Buchhandlung *f*, **~, ~en,** knjigarna *f*
Buchsbaum *m* pušpan *m*
Büchse *f*, **~, ~n,** doza *f*, konzerva *f*, puška *f*
Büchsen... *v sest.* konzerviran
Büchsenmacher *m* puškar *m*
Buchstabe *m*, **~n, ~n,** črka *f*
buchstabieren črkovati
buchstäblich dobesedno
Bucht *f*, ~, ~en zaliv *m*
Buchung *f*, **~, ~en,** knjiženje *n*, vknjižba
Buchweizen *m* ajda *f*
Buckel *m*, **~s, ~,** grba *f*; *fig.* grba, pleča *pl*
bücken *sich* skloniti se
bucklig grbast
Bude *f*, **~, ~n,** stojnica *f*; baraka *f*; *F* soba *f*
Büffel *m*, **~s, ~,** bivol *m*
büffeln piflati se, guliti se
Büffett *n*, **~(e)s, ~e,** bife *m*; kredenca *f*
Bug *m*, **~(e)s, £e,** kljun *m*, krm *m*
Bügel *m*, **~s, ~,** obešalnik
Bügel... *v sest.* likalni
bügeln likati
Bühne *f*, **~, ~n,** oder *m*; *auf die ~ bringen* uprizoriti; *über die ~ gehen* biti uprizorjen, *fig.* odvijati se
Bühnen... odrski
Bühnenbild *n* scena *f*
Bühnenbildner *m* scenograf *m*
buk *gl.* **backen**
Bulle *m*, **~n, ~n,** bik *m*; samec *m*; *F pej.* policaj *m*
Bummel *m*, **~s, ~,** *F* potep *m*; *auf den ~ gehen* iti na potep
bummeln lenariti; pohajkovati; zelo počasi delati, voziti itd.
Bund *m*, **~(e)s, £e,** zveza *f*
Bund *n*, **~(e)s, ~e,** šop *m*, snop *m*; otep *m*
Bündel *n*, **~s, ~,** svežen j *m*
bündeln (po)vezati v svežnje
Bundes... večinoma zvezni
Bundesgenosse *m* zaveznik *m*

Bundestag *m* zvezni parlament (v ZRN)
Bundeswehr zvezna armada (več. ZRN)
bündig jedrnato
Bündnis *n*, **~ses, ~se,** zveza *f*; pakt *m*
bunt pisan; *fig. zu ~* preveč, od sile
Bunt... *v sest.* večinoma barvni
Buntstift *m* barvnik *m*
Bürde *f*, **~, ~n,** breme *n*
Burg *f*, **~, ~en,** grad *m*; *fig.* zavetje *n*
bürgen jamčiti, biti porok za
Bürgerkrieg *m* državljanska vojna
bürgerlich meščanski; civilen
Bürgermeister *m* župan *m*
Bürgerrecht *n* državljanska pravica *f*
Bürgersteig *m* pločnik *m*
Bürgertum *n*, **~s,** –, meščanstvo *n*
Bürgschaft *f*, **~, ~en,** jamstvo *n*; *~ leisten* jamčiti
Büro *n*, **~s, ~s,** pisarna
Büro... pisarniški
Bürostunden *pl* delovni čas *m*
Bursche *m*, **~n, ~n,** fant *m*; burš *m (pol.)*
Bürste *f*, **~, ~n,** kratača *f*
bürsten krtačiti
Bürstenabzug *m* krtačni odtis *m*
Bus *m*, **~ses, ~se,** avtobus *m*
Busch *m*, **~(e)s, £e,** grm *m*; grmičevje *n*, hosta *f*; pragozd *m*
Büschel *n*, **~s, ~,** šop *m*
buschig košat
Buschwerk *n* grmovje *n*
Busen *m*, **~s, ~,** *(Meer)* zaliv *m*; prsi *pl*; *fig.* srce *n*
Busenfreund *m* intimen prijatelj *m*
Buße *f*, ~, ~n, pokora *f*; kazen *f*; globa *f*, *~tun* pokoriti se
büßen pokoriti se; plačati za; *etw. mit ... ~* plačati z; *das soll er mir büßen* to mi bo plačal
Bußgeld *n*, ~**(e)s, ~er,** globa *f*
Büste *f*, **~, ~n,** oprsje *n*; poprsje *n*
Büstenhalter *m* nedrček *m*
Butter *f*, **~,** –, surovo maslo *n*; *alles in Butter* vse v najlepšem redu
Butterbrot *n* kruh z maslom; *für ein ~ verkaufen* prodati daleč pod ceno
Buttermilch *f* sirotka *f*

C

Café *n*, **~s, ~s,** kavarna *f*
Campingplatz *m* prostor za taborjenje, kamp *m*
Cello *n*, **~s, ~s,** čelo *m*
Champagner *m*, **~s, ~,** šampanjec *m*
Chaos *n*, **~,** –, kaos *m*
Charakter *m*, **~s, ~e,** značaj *m*
charakterfest značajen
charakterlos neznačajen; *fig.* podel
chartern najeti
Chauffeur *m*, **~s, ~e,** šofer *m*
Chaussee *f*, **~, ~n,** (avto)cesta *f*
Chefarzt *m* primarij *m*
Chefredakteur *m* glavni urednik *m*
Chemie *f* kemija *f*
Chemikalien *pl* kemikalije *pl*
chemisch kemičen
Chiffre *f*, **~, ~n,** šifra *f*
China *n*, **~s,** –, Kitajska *f*
Chirurg *m* kirurg *m*
Chlor *m* klor *m*
Chor *m*, **~(e)s, £e,** zbor *m*, kor *m*
Chorherr *m* kanonik *m*
Christ *m*, **~en, ~en,** kristjan *m*
Christen... *v sestavi* krščanski
Christenheit *f*, **~,** –, kristjanstvo *n*
Christentum *n*, **~s,** –, krščanstvo *n*
Christfest *n* božič *m*
Chrom *n* krom *m*; *v sest.* kromov
Chronik *f*, **~, ~en,** kronika *f*
chronisch kroničen
Couch *f*, **~, ~es,** kavč *m*
Cousin *m*, **~s, ~s,** bratranec *m*
Cousine *f*, **~, ~n,** sestrična *f*
Creme *f*, **~, ~n,** krema *f*

D

da *adv.* tu, tukaj; tam, tja; *wer da?* kdo tam, kdo je? *von da* odtod; *da hast du* na, tu imaš; *zeitl.* tedaj; *von da an* odtlej; *cj.* ker, ko pa, saj; *da... so...* ker ... (zato); *stoji tudi namesto dabei, damit, daran itd.*

da *v sest. z glagolom prevajamo s* tu, tam, na mestu

dabei ~ *bei ihm, ihr*; poleg tega; *lokal.* zraven; pri tem; ~ *sein, bleiben* ... biti, ostati pri tem, na tem

Dach *n*, **~(e)s, £er,** streha *f*; *unter ~ und Fach bringen* dokončati, skleniti; *v sest.* strešni

Dachboden *m* podstrešje *n*

Dachorganisation krovna organizacija

Dachs *m*, **~es, ~e,** jazbec *m*; *fig. Frechdachs* ~ predrznež *m*

Dachshund *m* jazbečar *m*

dachte *gl.* **denken**

dadurch = *durch es, sie, ihn*; s tem, tako

dafür / **dafür** = *für es, sie, ihn*; zato; *cj.* saj

dagegen ~ *gegen es, sie, ihn;* proti (temu); *cj.* nasprotno

daheim doma

daher sem; odtod; od tega; *cj.* zato, zatorej

dahin tja, do tega; tako *(erklären)*; ~ *sein itd.* proč, mimo

dahingehen* minevati; *Mensch* preminiti

dahingestellt *sein (lassen)* biti (pustiti) odprto, neodločeno

dahinleben životariti; živeti tjavdan

dahinsiechen hirati

dahinten zadaj

dahinter = *hinter es, sie, ihn;* za tem

dahinterkommen* spregledati, ugotoviti

dalli, dalli! hitro!

damit = *mit ihm, ihr;* s tem, z njim; *cj.* da (bi)

dämlich bedast

Damm *m*, **~(e)s, £e,** jez *m*; nasip *m*; *med.* presredek *m*; *auf dem ~ sein* biti v formi, zdrav

dämmen izolirati

dämmerig mračen; *fig.* nerazločen

dämmern dremati; *es dämmert (am Morgen)* dani se, svita se *(a. fig.)*; *(abends)* mrači se

Dämmerung *f*, **~, ~en,** *(morgens)* svit *m*; *(abends)* mrak *m*, somrak *m*

Dämmung *f* izolacija *f*

Dampf *m*, **~(e)s, £e,** para *f*, sopara *f*; *unter ~ stehen F fig.* biti nasekan

Dampf... *v sest.* parni

dampfen oddajati paro, kaditi se

dämpfen pariti (tudi pri likanju); *Töne* utišati; *Schlag* omiliti
Dampfer *m*, **~s, ~,** parnik *m*
danach *nach ihm, ihr;* po tem, potem; za tem, zatem; nato; ~ *aussehen* izgledati temu primerno
daneben = *neben ihm, ihr;* zraven; poleg tega
Dank *m*, **~(e)s,** –, zahvala *f*; hvala *f*; *vielen* ~ hvala lepa! *zum* ~ v zahvalo
dank zaradi *(G)*
dankbar hvaležen
Dankbarkeit *f*, **~,** –, hvaležnost *f (für* za)
danken *jm für* zahvaliti se za; povrniti; odzdraviti; *danke schön / bestens,* hvala lepa
dankend *erhalten* hvaležno potrjujemo prejem
dann potem, tedaj; ~ *und wann* sem ter tja
dannen *von* ~ *gehen* preminiti
daran, *F* dran = *an ihm, ihr;* na tem v tem; *mir liegt nichts* ~ nič mi ni do tega; *gut (übel)* ~ *sein* biti na dobrem (slabem); *es ist etw.* ~ nekaj je na tem; *daran sein* biti na vrsti
daranmachen *sich* lotiti se *(G)*
darauf, *F* drauf *auf es, sie, ihn;* na to, do tega itd.; *temp.* nato, potem
daraufhin na to
daraus, *F* drauf *aus ihm itd.*; iz tega
darein, *F* drein v, v to
dareinreden vmešavati se, *fig.* soliti pamet
darin, *F* drin *in ihm, ihr;* v tem
darlegen razložiti, pojasniti
Darlehen *n*, **~s, ~,** posojilo *n*
Darm *m*, **~es, ⸗e,** črevo *n*, *v sest.* črevesni
darnach = danach
darstellen prikazovati, prikazati; upodabljati, upodobiti; predstavljati; biti
darstellend upodabljajoč
Darsteller *m*, **~s, ~,** interpret *m*, igralec *m* vloge
Darstellung *f*, **~, ~en,** interpretacija *f*, prikaz *m*
darüber, *F* drüber *über ihn, sie, es,* o tem; *lok.* nad, čez; ~ *hinaus* vrhu tega; *10 Jahre und* ~ 10 let in čez
darum, *F* drum *um es, sie, ihn;* za to; *adv.* okoli; *cj.* zato, zatorej, zaradi tega
darunter, *F* drunter *unter ihm, ihr; (10 und ~)* manj; *(aus einer Menge)* med, izmed; ~ *und drüber* vsevprek
das *gl.* **der**
dasein* biti tu, bivati, obstajati
Dasein *n*, **~s,** –, navzočnost *f*; bivanje *n*; obstoj *m*, obstanek *m*; življenje *n*
dasjenige *gl.* **derjenige**
daß *cj.* da
dasselbe *gl.* **derselbe**
Daten *pl* podatki *pl*
Dattel *f*, **~, ~n,** datelj *m*
Dauer *f*, **~,** –, trajanje *n*; *auf die* ~ za stalno
Dauerbrandofen *m* trajno žarna peč *f*
dauerhaft trajen
Dauerlauf *m* vztrajnostni tek *m*

dauern *v/i* trajati; *v/t* smiliti se (komu)
Dauerwelle *f* trajna *f*
Daumen *m*, **~s, ~,** palec *m*; *~ drehen* presti čas
Däumling *m*, **~s, ~e,** palček *m*
Daunenbett *n* pernica *f*
davon *von ihm, ihr;* od tega; *adv.* stran, proč
davoneilen odhiteti
davonfliegen* odleteti
davonkommen* rešiti se
davonlaufen* pobegniti, uiti
davonmachen *sich* odpraviti se, *F* podurhati jo
davontragen* odnesti; *Sieg* izbojevati
davor *vor ihm, ihr;* pred tem *itd.; lok.* pred; od tega
dazu *zu ihm, ihr;* za to; *lok.* k temu, zraven; nadalje, vrhu vsega
dazugeben* dodati
dazugehören spadati zraven
dazukommen* priti zraven
dazumal nekoč, nekdaj
dazwischen vmes, med
dazwischenkommen* priti vmes
dazwischenreden vmešavati se
dazwischentreten* stopiti, poseči vmes
Deck *n*, **~es, ~e,** krov *m*
Decke *f*, **~, ~n,** odeja *f*; strop *m*; prt *m*
Deckel *m*, **~s, ~,** pokrov *m*; *Buch* platnica *f*
Decken... *večinoma* stropni
decken pokri(va)ti, kriti (*sich* se); prekriti; *Tisch* pogrniti; *Tiere* zaskočiti, pariti
Deckname *m* psevdonim *m*, ilegalno ime *n*
Deckung *f*, **~, ~en,** kritje *n*
Degen *m*, **~s, ~,** meč *m*
dehnbar raztegljiv
Dehnbarkeit *f*, **~,** –, raztegljivost *f*
dehnen raztegniti, *phys. sich* raztezati se
Dehnung *f* raztezanje *n*, širjenje *n*
Deich *m*, **~es, ~e,** jez *m*
dein tvoj, tvoje, **deine** tvoja
deiner, deine, deines tvoj(i), tvoja, tvoje
deiner *G* k *du*
deinerseits *du ~* ti pa
deinesgleichen tvoji vrstniki, tebi enaki
deinige *gl.* **dein**
demnächst kmalu
demütig ponižen
demütigen poniževati
Denkart *f* miselnost *f*
denkbar predstavljiv, *adv.* kolikor mogoče
denken, dachte, gedacht, misliti (*sich* si) (*an* na, *über* o)
Denken *m*, **~s,** –, mišljenje *n*
Denker *m*, **~s, ~,** mislec *m*
Denkfreiheit *f* svoboda *f* misli
Denkmal *n*, **~s, £er,** spomenik *m*
Denkschrift *f* spomenica *f*
denkwürdig znamenit, ki si ga je vredno zapomniti
Denkzettel *m jm einen ~ geben / verpassen* dati lekcijo
denn *cj.* kajti; *adv. v vpraš. stavkih* neki, pa; *v trdil.* torej; *schöner ~* lepši kot; *~ nicht* potem pa ne; *wenn schon ~ schon* če že, potem temeljito; *es sei denn ...* razen če

dennoch vendarle
der *m*, **die** *f*, **das** *n art.* ta; *kazalni zaimek = dieser, jener; relativ. zaimek* ki, kateri, katera, katero
derart tak, take vrste; ~ *daß* tako da; *derartig* takšen
derb grob, robat
dergestalt *daß* tako da
derjenige *m*, **diejenige** *f*, **dasjenige** *n* tisti, tista, tisto
derselbe *m*, **dieselbe** *f*, **dasselbe** *n* isti, ista, isto
derzeitig sedanji
desgleichen prav tako; *und* ~ in podobno
deshalb zato, zaradi tega
desto toliko, tem; *je ... desto* ... čim ... tem ...
deswegen = deshalb
Detektivroman *m* kriminalka *f*
deuchte *gl.* **dünken**
deuten razlagati, tolmačiti; ~ *auf* kazati na, nakazovati
deutlich razločen
deutsch nemški; *auf* ~ po nemško
Deutung *f*, **~, ~en,** interpretacija *f*
Devise *f*, **~, ~n,** deviza *f*
Devisen... devizni
Dezember *m* december *m*
dezimal decimalen, *v sest.* decimalni
Dia *(Diapositiv) m*, **~s, ~s,** diapozitiv *m*
Diät *f* **~, ~en,** dieta *f*; *Diäten pl* dnevnice *pl*, sejnina *f*
dich tebe, te; se
dicht *Netz itd.* gost; tesen; neprepusten (za vodo); *dicht bei* tik ob
Dichte *f*, ~, –, gostota *f*, neprepustnost *f*
dichten tesniti; pesniti; izmisliti si, spesniti
Dichter *m*, **~s, ~,** pesnik *m*
dichterisch pesniški
dichthalten *F fig.* molčati (o)
Dichtung *f*, **~, ~en,** poezija *f*, pesnitev *f*; *inst.* tesnilo *n*
dick debel; gost, gosto tekoč; ~ *werden* zrediti se; ~ *auftragen* pretiravati; *~er Kopf* trma; *ein dickes Fell haben* imeti debelo kožo; *~e Freunde* dobri prijatelji; *~e Luft* kritična situacija
Dickdarm *m* debelo črevo *n*
dickfellig debelokožen, neobčutljiv
dickflüssig gosto tekoč
Dickicht *n*, **~s, ~e** goščava *f*, grmičevje *n*
dickköpfig trmast
die *gl.* **der**
Dieb *m* **~es, ~e,** tat *m*
diebisch tatinski; *sich* ~ *freuen* na vso moč
Diebstahl *m*, **~s, £e,** tatvina *f*
diejenige *gl.* **derjenige**
Diele *f*, **~, ~n,** deska *f*; *(Raum)* predsoba *f*
Dielenboden *m* ladijski pod *m*
dienen služiti (*als* kot), rabiti za; *Womit kann ich dienen?* S čim lahko postrežem, pomagam?
Diener *m*, **~s, ~,** (**-in** *f*) služabnik *m*, -ca *f*; *(e-n ~ machen)* priklon *m*
dienlich koristen
Dienst *m* **~es, ~e,** služba *f*; usluga *f*; *außer Dienst (a. D.)* v pokoju, bivši; *einen ~ erweisen* napraviti uslugo

Dienst... *v sest. večinoma* službeni
Dienstag *m* torek *m*; *am ~* v torek
dienstags ob torkih
Dienstalter *n* službena leta *pl*
Dienstbote *m* posel *m*, služabnik *m*
Dienstleistung *f* storitev *f*
dienstlich služben
Dienstmädchen *n* služkinja *f*
Dienstmann *m* postreščček *m*; *fevd.* vazal *m*
Dienstpflicht *f* službena dolžnost *f*; *allgemeine ~* vojaška obveznost *f*
Dienststelle *f* urad *m*
dies *gl.* **dieser**
diesbezüglich (to) zadeven
dieselbe *gl.* **derselbe**
dieser *m*, **diese** *f*, **dieses** *n*, **diese** *pl* ta *m*, *f*, to *n* (tukaj); ta-le
diesmal tokrat
diesseits tostran
Ding *n*, **~es, ~e,** reč *f*, stvar *f*; *guter ~e* dobre volje; *vor allen ~en* predvsem; *ein ~ der Unmöglichkeit* nemogoče
dingen, dang / dingte, gedungen najeti
dingfest *machen* aretirati, zašiti
Dings *n* onè *n*; tistole
Diplom *n* diploma *f*; spričevalo *n*
Diplomingenieur *itd.* diplomirani inženir *itd.*
dir tebi, ti
Dirne *f*, **~, ~n,** vlačuga *f*
Distel *f*, **~, ~n,** osat *m*
Disziplinar... disciplinski

doch ampak, toda, pa; vendarle, vendar; saj *(ging er doch ...)*; *za zanikanim vprašanjem* pač
Docht *m* **~s, ~e,** stenj *m*
Dock *n*, **~s, ~e/~s,** dok *m*
Dockarbeiter *m* pristaniški delavec *m*
Doktor *m*, **~s,** *Doktoren,* doktor *m*; *den ~ machen* doktorirati
Doktor... doktorski
Dolch *m*, **~es, ~e,** bodalo *n*
Dolde *f*, **~, ~n** kobul *m*
dolmetschen tolmačiti
Dolmetscher *m* tolmač *m*
Dom *m*, **~s, ~e,** katedrala *f*; stolnica *f*
Dominostein *m* domina *f*
Donner *m* grom *m*
donnern grmeti
Donnerschlag *m* strela *f*
Donnerstag *m* četrtek *m*
donnerstags ob četrtkih
Doppelgänger *m* dvojnik *m*
Doppelkinn *n* podbradek *m*
doppeln podvojiti
Doppelpunkt *m* dvopičje *n*
doppelseitig obojestranski
doppelsinnig dvoumen
Doppelspiel *n* igra *f* parov; *fig.* dvoličnost
doppelt dvojen; *~ soviel* še enkrat toliko
doppelzüngig *fig.* dvoličen
Dorf *n*, **~s, £er,** vas; *fig.* podeželje *n*; *v sest.* vaški
Dorfbewohner *m* vaščan; deželan *m*
Dorn *m*, **~es, ~e/en,** trn *m*; *in Schnallen* jeziček; *ein ~ im Auge* trn v peti; *v sest.* trnov
dornig trnov, trnast
Dornröschen *n* Trnuljčica *f*

Dörr... *v sest.* suh, sušen
dörren sušiti
dort tam; *Wer ~?* Kdo je?
dorther od tod (tam)
dorthin tja, tjakaj
dortig tamkajšnji
Dose *f* vtičnica *f*; doza *f*; konzerva *f*
dösen dremati
Dosenöffner *m* odpirač *m* za konzerve
Dotter *m, n,* **~s, ~,** rumenjak *m*
Dotterblume *f* kalužnica *f*
Dozent *m* docent *m*; vodja *m* kurza
Drache *m,* **~n, ~n,** zmaj *m*; *~ steigen lassen* spuščati zmaje
Drachenbrut *f* zmajevo seme *n*
Draht *m,* **~s, £e,** žica *f*; *per ~* telegrafsko; *v sest. več.* žični ali telegrafski
drahten telegrafirati
Drahthaar... resasti
drahtlos brezžičen
Drahtseilbahn *f* žičnica *f*
drall okrogel, poln
Drang *m,* **~s, –,** želja *f*; stremljenje *n*
drang *gl.* **dringen**
drängeln prerivati se
drängen pritiskati; siliti (*zu* k); priganjati (*auf* k); *es drängt* mudi se; *es drängt mich* vleče me
Draufgänger *m* nastopač *m*, pustolovec *m*
draufgehen* propasti, umreti
draußen zunaj
Dreck *m,* **~s, –,** blato *n*; umazanija *f*; *V* drek *m*
dreckig umazan, svinjski
Dreh *m,* **~s, ~e,** vrtenje *n*; trik *m v sest.* vrtljivi
drehbar vrtljiv
Drehbuch *n* scenarij *m*
drehen *(sich)* vrteti, sukati, obrniti (se); *Pillen* izdelovati; *Film* posneti
Drehorgel *f* lajna *f*
Drehscheibe *f* lončarski kolovrat *m*
Drehstrom *m* trofazni tok *m*
Drehung *f* obrat *m*
drei tri; *die Drei* trojka *f*
Dreieck *n* **~s, ~e,** trikotnik *m*
dreieckig trikoten
Dreieinigkeit *f (Dreifaltigkeit f)* sv. Trojica *f*
dreierlei trovrsten, treh vrst
dreifach trojen
dreifältig treh vrst
dreihundert tristo
dreijährig trileten
Dreikäsehoch *m* malček *m*
dreimal trikrat
dreimonatig trimesečen
dreimonatlich vsake 3 mesece, na tri mesece
Dreirad *n,* **~s, £er,** tricikel *m*
dreißig trideset
Dreißiger *m,* **~s, ~,** tridesetak *m*; tridesetletnik *m*; *in den ~ Jahren* (v starosti med 30 do 40 let) *die dreißiger Jahre* trideseta leta
dreißigjährig tridesetleten
dreißigste trideseti
Dreißigstel *n,* **~s, ~,** tridesetinka *f*
dreist predrzen
dreizehn trinajst
dreizehnte trinajsti
Dreizehntel *n,* **~s, ~,** trinajstin(k)a *f*
dreschen, drosch, gedroschen mlatiti
Dresch... *v sest.* mlatilni

Drillinge *pl* trojčki *pl*
drin *gl.* **darin**
dringen, drang, gedrungen prodirati, prodreti; ~ *auf* siliti k
dringend nujen
drinnen notri, znotraj
dritte tretji
Drittel *n*, **~s, ~,** tretjina *f*
drittens tretjič
Drohbrief *m* grozilno pismo *n*
drohen groziti
Drohne *f*, **~, ~n,** trot *m*
dröhnen bobneti
Drohung *f*, **~, ~en,** grožnja *f*
drollig ljubek
Droschke *f*, **~, ~n,** fijakar *m*
Drossel *f*, **~, ~n,** drozg *m*
drosseln pridušiti, udušiti; *Zufuhr* zmanjšati
drüben onkraj
Druck *m*, **~s, ~e,** pritisk *m*; *typ.* tisk *m*; **~e** grafika *f*, tisk *m*; *in ~ befindlich* v tisku
drucken tiskati
drücken pritiskati, pritisniti; *Schuhe itd.* tiščati; *Preise* znižati; *v/i* tiščati, težiti; *sich ~* izmikati se; *sich ~ vor* izogibati se (čemu)
Drucker *m*, **~s, ~,** tiskar *m*; tiskalnik *m*
Druckerei *f*, **~, ~en,** tiskarna *f*
Druckfahne *f* krtačni odtis *m*
Druckfehler *m* tiskovna napaka *f*
druckfertig pripravljen za tisk
Druckfestigkeit *f*, **~, ~en,** odpornost *f* na pritisk
Druckknopf *m* gumb *m*, tipka *f*
Druckluft *f* komprimiran zrak *m*
Drucksache *f* tiskovina *f*
Druckschrift *f* tiskane črke *pl*
drum = darum
drunten spodaj
Drüse *f*, **~, ~n,** žleza *f*
du ti
Dübel *m*, **~s, ~,** zatič *m*
ducken *sich* potegniti glavo med rame; *fig.* narediti se majhnega
Duft *m*, **~s, ⁼e,** vonj *m*
duften vonjati, dišati (*nach* po)
dulden prenašati; dopuščati
duldsam toleranten
dumm neumen, trapast; *~es Zeug* neumnosti; *sich ~ stellen* delati se neumnega
Dumme *m*, neumnež *m*; *der ~ sein* ostati z dolgim nosom
Dummheit *f* neumnost *f*
Dummkopf *m* tepec *m*
dumpf zamolkel; *Luft* zatohel
Dung *m* **~s, –,** gnoj *m*
düngen gnojiti
Dünger *m* gnojilo *n*
Düngung *f* gnojenje *n*
dunkel temen, temačen; nejasen; dvomljiv; *es ist ~* tema je; *es wird ~* mrači se; *~ machen* zatemniti
Dunkelheit *f* tema *f*, mrak *m*
Dunkelkammer *f* temnica *f*
dunkeln *v/t* temniti; *v/i* temneti; *es dunkelt* mrači se
dünken, dünkte / deuchte, gedünkt zdeti se
dünn tenak, suh, ozek; *Luft* redek; *sich ~ machen F* podurhati jo

Dünndarm *m* tanko črevo *n*
Dunst *m* para *f*, sopara *f*
dünsten kuhati v sopari, dušiti
dunstig soparen
durch *prp.* skozi; po *(grüßen ~)*; z *(~ Lesen)*; zaradi *(durch vieles Arbeiten)*; *adv.* skozi, gotov; ven
durchatmen vdihniti in izdihniti
durchaus vsekakor; *~ nicht* nikakor ne
durchbeißen* pregrizniti; *fig. sich ~* prebiti se
Durchblick *m* pogled *m* skozi
durchblicken *fig.* spregledati; *~ lassen* namigniti
Durchblutung *f*, **~**, –, prekrvavitev *f*
durchbohren prevrtati; prodreti skozi; *~der Blick* predirljiv
durchbrechen* *v/t* predreti, prelomiti; *v/i* prodreti
durchbrechen* prodreti skozi, vdreti
durchbringen* spraviti skozi; *Kranken* rešiti; *Geld* pognati; *sich* preživljati se
Durchbruch *m* prodor *m*; *zum ~ kommen* uveljaviti se, izbruhniti
durchdringen* prodreti;
durchdringen* *fig.* prežeti
durchdrücken vdreti (skozi); *Knie* iztegniti
durcheinander vsevprek; *das Durcheinander n* zmeda *f*
durcheinanderbringen* zmešati
durchfahren* peljati skozi; peljati se brez prekinitve
Durchfahrt *f*, **~**, **~en** potovanje *n*, vožnja skozi; tranzit *m*
Durchfall *m*, **~s, £e,** driska *f*; *fig.* neuspeh *m*
durchfallen* pasti skozi; *Prüfung* pasti pri; biti neuspešen; *jn ~ lassen* vreči
durchfechten* izbojevati
durchforschen preiskati; raziskati
durchfressen* prežreti; razžreti
durchführen *fig.* izpeljati
Durchführung *f*, **~**, –, izvedba *f*, izvajanje *n*
Durchgang *m*, **~s, £e,** prehod *m*, *v sest.* **~s...** tranzitni
durchgehen* iti skozi; *Vorschlag* biti sprejet; pobegniti; *jm etw. ~ lassen* pogledati skozi prste
durchgehend *fig.* vseskozi; *Zug* direkten
durchgreifen* *fig.* posredovati; poseči energično vmes
durchhalten* vzdržati
durchkommen* priti skozi, *fig.* prebiti se
durchlassen* spustiti skozi
durchlässig prepusten
Durchlaucht *f* visokost *f*
durchleuchten pre/osvetliti
durchleuchten *v/i* svetlikati se skozi
durchmachen prestati
Durchmesser *m* premer *m*
durchqueren prečkati; *Pläne* prekrižati
durchregnen teči skozi (streho)
Durchreise *f* potovanje *n* skozi
durchringen* *sich zu* dokopati se do

durchrütteln premešati
Durchsage *f* sporočilo (po radiu, zvočniku)
durchscheinend prosojen
durchschlafen* spati brez prekinitve
Durchschlag *m* cedilo *n*; preboj *m*; *Akte* kopija *f*
durchschlagen* *v/i fig.* biti uspešen, *v/t* prebiti; *sich* prebijati se
Durchschlagskraft *f* prebojna moč *f*
durchschlüpfen izmuzniti se
Durchschnitt *m* povprečje *n*; prerez *m*
durchschnittlich povprečen
Durchschnitts... povprečni
Durchschrift *f* kopija *f*
Durchschuß *m* prestrel *m*
durchschütteln dobro pretresti
durchsehen* pregledati
durchsetzen uveljaviti (*sich* se)
durchsetzen prepresti (*mit* z)
Durchsicht *f* pregled *m*
durchsichtig prozoren, prosojen
durchsickern pronicati; *fig.* razvedeti se
durchsprechen* prediskutirati
durchstoßen* prebiti; prebosti
durchstreichen* prečrtati
durchsuchen preiskati
Durchsuchung *f*, **~**, **~en**, preiskava *f*
durchtrieben prevejan, zvit
durchwachsen *(Fleisch)* preraščen z mastjo
durchweg(s) vseskozi; vsekakor
durchwirken preplesti; prešiti z
Durchzug *m*, **~s**, **£e**, prepih *m*
dürfen, *ich* **darf, durfte, gedurft** smeti; *darf ich?* ali smem? *das dürfte falsch sein* to bi utegnilo biti napačno; *das darfst du glauben* lahko verjameš
dürftig boren
dürr suh; posušen; neploden
Dürre *f*, **~**, **~n**, suša *f*
Durst *m*, **~s**, –, žeja *f*; *~ haben / bekommen* biti / postati žejen
dursten *(nach)* biti žejen, *fig.* hlepeti po
durstig žejen
Dusche *f*, **~**, **~n**, prha *f*
duschen oprhati (se)
Düse *f*, **~**, **~n**, šoba *f*
Düsenantrieb *m* reaktivni pogon *m*
düster mračen
Dutzend *n*, **~s**, **~e**, ducat *m*; *v sest. fig.* povprečni
duzen tikati
D-Zug *m* brzec *m*

E

Ebbe *f*, **~, ~n,** oseka *f*
eben *adj.* raven, gladek; *zu ~er Erde* v pritličju; *adv.* komaj, ravno; *temp.* pravkar
eben... *v sest. zaimkih, prislovih* prav (*ebenda* prav tu, tam itd.)
Ebenbild *n* slika *f*, podoba *f*
ebenbürtig enak, enakopraven
Ebene *f*, **~, ~n,** ravnina *f*, raven *f*
ebenfalls tudi, prav tako
Eber *m*, **~s, ~,** merjasec *m*
ebnen (iz)ravnati; *Wege* utirati
Echo *n*, **~s, ~s,** odmev *m*
echt pristen, pravi
Eck... *v sest.* vogalni, kotni
Ecke *f*, **~, ~n,** kot *m*, vogal *m*, *eine ~ (Käse itd.)* kos *m*; *an allen ~n und Enden* na vseh koncih in krajih
eckig oglat; *Bewegung* neroden
edel plemenit, žlahten
Edelmann *m* plemič *m*
edelmütig plemenit
Edelstein *m* drag kamen *m*
Edelweiß *n* planika *f*
Efeu *m*, **~s,** –, bršljan *m*
Effekten *pl* vrednostni papirji *pl*
egal vseeno
Egel *m*, **~s, ~,** pijavka *f*
Egge *f*, **~, ~n,** brana *f*
ehe *(daß)* prej kot, preden
Ehe *f*, **~, ~n,** zakon *m*; *v sest.* zakonski
Ehebruch *m* zakonolom *m*
Ehefrau *f* žena *f*; poročena žena
Eheleute *pl* zakonca
ehelich zakonski
ehelichen *(A)* poročiti (se z)
ehemalig nekdanji, bivši
Ehemann *m* zakonski mož *m*
eher prej; bolj, rajši
ehern železen
Eheschließung *f* poroka *f*
ehestens ne prej kot; najprej
Ehre *f*, **~, ~n,** čast *f*; *auf ~!* častna beseda! *zu js ~n* komu na čast, *sich etw. zu ~n anrechnen* šteti si v čast
Ehren... *v sest.* častni
ehren (po)častiti; izkazati čast
ehrenhaft časten
Ehrenrechte *pl bürgerliche ~* državljanske pravice *pl*
Ehrfurcht *f* spoštovanje *n*
ehrgeizig ambiciozen, častihlepen
ehrlich pošten; *es ~ meinen mit* imeti poštene namene; *~e Haut* poštenjak *m*
Ehrlichkeit *f*, **~,** –, poštenje *n*
ehrlos podel
Ehrung *f* počastitev *f*
ehrwürdig častit, častivreden
Ei *n*, **~s, ~er,** jajce *n*; *fig. pl* denar *m*; *~er legen* nesti jajca

Eiche *f*, **~**, **~n**, hrast *m*
Eichel *f*, **~**, **~n**, želod *m*
eichen kontrolirati mere itd.; umeriti
Eichhörnchen *n*, Eichkätzchen *n* veverica *f*
Eid *m*, **~es**, **~e**, prisega *f*; *jm einen ~ abnehmen* zapriseči koga; *einen ~ leisten* priseči; *den ~ brechen* prelomiti prisego
eidbrüchig *werden* prelomiti prisego
Eidechse *f*, **~**, **~n**, kuščar *m*
eidgenössisch švicarski
eidlich s prisego
Eierkuchen *m* omleta *f*
Eierspeise *f* cvrtnjak *m*
Eierstock *m* jajčnik *m*
Eifer *m*, **~s**, –, vnema *f*
Eifersucht *f*, **~**, –, ljubosumje *n*
eifersüchtig ljubosumen
eiförmig jajčast, ovalen
eifrig vnet
Eigelb *n* (jajčni) rumenjak *m*
eigen lasten, poseben; *~ sein* čuden, pedanten; *zu ~en Händen* v roke, *in ~er Person* osebno, *zu eigen gehören* biti last; *sich etw. zu ~ machen* prisvojiti si, *fig.* prevzeti
Eigenart *f*, **~**, **~en** posebnost *f*
eigenartig čuden; nenavaden
Eigenbrötler *m* posebnež *m*
eigenhändig lastnoročen
Eigenheit *f* čudna, posebna navada *f*; čudaštvo *n*
eigenmächtig samovoljen, na lastno pest
Eigenname *m* lastno ime *n*
Eigennutz *m* sebičnost *f*
eigens posebej
Eigenschaft *f*, **~**, **~en**, lastnost *f*, značilnost *f*, posebnost *f*
Eigensinn *m* trma *f*, svojeglavost *f*
eigensinnig trmast, svojeglav
eigentlich pravi; *adv.* pravzaprav
Eigentum *n*, **~s**, –, lastnina *f*
Eigentümer *m* lastnik *m*, posestnik *m*
eigentümlich čuden
eigenwillig samovoljen
eignen *sich (zu* za) biti primeren, kvalificiran
Eignungsprüfung *f* kvalifikacijski / sprejemni izpit *m*
Eiland *n*, **~s**, **~e**, otok *m*
Eilbrief *m* nujno pismo *n*
Eile *f*, **~**, –, naglica *f*; *in aller ~* na hitro, v naglici
eilen hiteti; *es eilt* mudi se
eilig nagel; *Sache* nujen; *Mensch* ki se mu mudi; *es ~ haben* muditi se (komu)
Eilzug *m* pospešeni vlak *m*
Eimer *m*, **~s**, **~**, vedro *n*; *fig. im ~ sein* iti rakom žvižgat
ein *art.* en, nek; *num.* en, eden; *~ für allemal* enkrat za vselej; *in einem fort* kar naprej; *ihr ~ und alles* njeno vse; *um ~ Uhr* ob enih; *eins werden* združiti se
Einakter *m* enodejanka *f*
einander eden (drug) drugega, drugemu itd.
einarbeiten vdelati; *sich ~* vpeljati se
einäschern upepeliti
einatmen vdih/avati, /niti
Einbahnstraße *f* enosmerna cesta *f*

einbauen vzidati; montirati
einbegriffen vključno
einberufen* vpoklicati; sklicati
einbeziehen* vključiti
einbiegen* zaviti (*in* v)
einbilden *sich* domišljati si; *auf* biti domišljav zaradi
Einbildung *f* domišljija *f*; utvara *f*
Einblick *m* vpogled *m*
einbrechen* vdreti; vlomiti (*in* v); vdreti se; *Nacht* padati
Einbrecher *m* vlomilec *m*
einbringen* prinašati, donašati; *Antrag* predložiti; *Ernte* pospraviti, spravljati
Einbruch *m* vdor *m*; vlom *m*
einbürgern naturalizirati; dati državljanstvo (*sich ~* dobiti državljanstvo) *fig.* udomačiti se
einbüßen izgubiti
eindämmen zajeziti
eindeutig jasen, enoznačen
eindringen* prodirati, vdreti v; *auf jn* siliti v koga
eindringlich predirljiv, roteč
Eindringling *m*, **~s, ~e,** vsiljivec *m*
Eindruck *m* vtis *m*
eindrücken vtisniti; *Scheibe* utreti, razbiti
eine *gl.* **ein**
einebnen zravnati; *Weg* utreti
einengen utesnjevati
einerlei *das ist ~* je vseeno
Einerlei *n* monotonija *f*
einerseits, einesteils po eni strani
einfach enostaven, preprost; enkrat
einfädeln vdeti; *Plan* naklepati
einfahren* *Zug* peljati na kolodvor; *Auto* uvoziti; iti v jamo
Einfahrt *f*, **~, ~en,** uvoz *m*; spust *m* v jamo
Einfall *m*, **~s, £e,** vpad *m*; padec *m* v; *fig.* domislica *f*, ideja *f*
einfallen* *Haus* sesuti se; *in* vdreti v, padati v; *es fällt mir ein* domislil, spomnil sem se
einfältig naiven, neumen
Einfaltspinsel *F m* trapa *f*, bizgec *F m*
einfarbig *(färbig)* enobarven
Einfassung *f* obroba *f*, rob *m*; *Brille* okvir *m*; *Tür* podboj *m*
einfinden* *sich* priti, pojaviti se
einflechten* vpletati, vplesti
einflößen da(ja)ti (v usta); *fig.* navdajti z
Einfluß *m*, **~(ss)es, £(ss)e,** vpliv *m*
einflußreich vpliven
einförmig enoličen, monoton
einfrieren* zamrzniti
einfühlen *sich in* vživeti se v
Einfuhr *f*, **~, ~en,** uvoz *m*; *v sest.* uvozni
einführen *jn* uvajati, uvesti; *etw.* vtakniti v; *Waren* uvažati
Einführung *f*, **~, ~en,** uvod *m*
einfüllen polniti v
Eingang *m*, **~s, £e,** vhod *m*; prispela roba, pošta itd.
eingangs na začetku
Eingeborene *m f* domačin *m*, -ka *f*, domorodec *m*

Eingebung *f*, **~**, **~en**, navdih *m*
eingefallen upadel
eingefleischt zakrknjen; globoko zakoreninjen
eingefroren zamrznjen
eingehen* priti, prispeti; *in* postati del; *Tier* poginiti; *Pflanze* posušiti se; *Stoff* skrčiti se; *v/t Vertrag* skleniti; *Verpflichtung* prevzeti; *auf etw.* privoliti v, ukvarjati se z, spuščati se v
eingehend temeljito, nadrobno
eingenommen zavzet, ogret; zaverovan (*von* v)
eingeschrieben *Brief* priporočen
eingesessen domač
Eingeständnis *n*, **~ses**, **~se**, priznanje *n*
eingestehen* prizna(va)ti
eingetragen registriran, zaščiten
Eingeweide *n* drobovje *n*
eingewöhnen navaditi, *sich* vživeti se
eingliedern vključiti v, priključiti
eingraben* zakopati, zagrebsti; *fig.* vtisniti (*sich* se); *sich* vkopati se
eingreifen* poseči v /vmes
Eingriff *m*, **~s**, **~e**, poseg *m*
einhalten* *v/t* zaustaviti, zadržati; *Bedingung itd.* držati se *(G)*; *Versprechen* držati; *Stoff* nabrati
einhändigen vročiti
einheimisch domač
Einheit *f*, **~**, **~en**, enota *f*; enotnost *f*
einheitlich enoten
einheizen zakuriti; *fig.* podkuriti
einhellig enoten, enoglasen
einholen dohiteti; doseči; nadoknaditi; *Ernte* spravljati, pospraviti; *Erlaubnis* priskrbeti si
einig enoten; *(sich) ~ werden* zediniti se, doseči sporazum / soglasje (*über* o)
einige nekateri
einigen *(sich)* zediniti (se), doseči soglasje
einigermaßen kolikor toliko; do določene meje; precej
einiges marsikaj
Einigkeit *f*, **~**, –, enotnost *f*
einjagen *fig.* navdajati z; *Furcht* vlivati strah v kosti
einjährig enoleten
Einkauf *m*, **~s**, **£e**, nakup *m*
einkaufen nakupovati, nakupiti
einkerkern vreči v ječo
einkesseln obkoliti
einklagen iztožiti
Einklang *m* soglasje *n*; *in ~ bringen* uskladiti
einkochen *v/i* povreti; *v/t Obst* vkuha(va)ti
Einkommen *n*, **~s**, **~**, dohodek *m*
einkreisen obkrožiti, obkoliti
Einkünfte *pl* dohodki *pl*
einladen* povabiti; natovarjati
einladend vabljiv, vabeč
Einladung *f*, **~**, **~en**, (po)vabilo *n*
Einlage *f*, **~**, **~n**, priloga *f*, *Bank* vloga *f*; vložek *m*
Einlaß *m* vstop; *kein ~* ni vstopa
einlassen* spustiti noter;

Flüssigkeit natočiti; *sich ~ auf* spustiti se v; *sich ~ mit jm* začeti razmerje z
Einlauf *m* klistir *m*
einlaufen* (pri)teči v; *Zug* pripeljati na postajo; *Schiff* pripluti; *Stoff* krčiti se
einleben *sich* vživeti se
einlegen vložiti, vlagati; *Berufung* pritožiti se; *ein gutes Wort* zastaviti, reči
einleiten uvesti; napeljati; *Verhandlungen* začeti
Einleitung *f*, **~**, **~en**, uvod *m*, predgovor *m*
einlenken začeti popuščati
einleuchten *das leuchtet mir ein* to bi verjel / razumel
einleuchtend prepričljiv
einliefern pripeljati v
einlösen vnovčiti; *Versprechen* izpolniti
einmachen vlagati, vložiti
einmal enkrat; *adv.* nekoč; *auf ~* nenadoma; *nicht ~* niti (ne); *nun ~* pač; *erst ~* najprej
Einmaleins *n* poštevanka *f*
einmalig enkraten
einmischen vmešati; *sich* vmešavati se
Einmischung *f*, **~**, **~en**, vmešavanje *n*
einmünden *(in)* izlivati se (v); *fig.* prehajati v
einmütig enodušen
Einnahme *f* dohodek *m*
einnässen močiti, pomočiti se
einnehmend prikupen
einpacken *v/t* zaviti (*in* v), zapakirati; *v/i* pobrati šila in kopita
einprägen vtisniti (*sich* se); *fig.* vtisniti (se) v spomin
einräumen (po)spraviti v; *fig.* priznavati, dopuščati
einreden *jm etw.* prepričevati o, prepričati; *auf jn* dopovedovati *D*
einreiben* vtreti
einreichen vložiti; prositi za
einreihen uvrstiti, uvrščati (*sich* se)
Einreise vstop *m*; *v sest.* vstopni
einreißen* zatrgati; *Haus* porušiti; *fig.* postati navada
einrennen* zaletavati se v; *sich den Schädel ~* zaletavati se z glavo ob zid
einrichten opremiti; ustanoviti; urediti, da; *sich auf* pripraviti se na
Einrichtung *f* oprema, *gl.* **einrichten**
einrücken iti v vojsko
Eins *f*, **~**, **~en**, ena, enojka, enica *f*; *ocena: v Nemčiji* odlično
einsam samoten, osamljen
einsammeln pobirati, pobrati
Einsatz *m* uporaba *f*; angažiranje *n*; *Kleidung* vložek *m*
einsaugen vsesati, posesati
einschalten vklopiti; *Licht* prižgati; *fig. sich* poseči vmes
einschlafen* zaspati
einschläfern uspavati
einschlagen* *Nagel* zabiti; *Tür* vdreti; *in Papier* zaviti v; *Weg* ubrati; *v/i* treščiti, zadeti; udarjati, udariti; *es hat eingeschlagen* treščilo je, *fig.* uspelo

einschleichen* *sich* vtihotapiti se
einschließen* *v / i* vsebovati; *v / t* zakleniti, zapreti (v, noter); priložiti
einschließlich vključno
einschmelzen staliti, stopiti
einschmuggeln vtihotapiti (*sich* se)
einschnappen zapreti se; *fig.* biti užaljen
einschneiden* zarezati, vrezati
einschneidend odločilen, radikalen
einschränken omej/evati, /iti (*sich* se)
Einschränkung *f*, **~**, **~en**, omejitev *f*
einschreiben* vpisati (*sich* se); *~!* priporočeno
einschreiten* poseči vmes
einschüchtern zastrašiti; nagnati strah v kosti
einschulen vpisati v šolo (novinca)
einsehen* uvideti, sprevideti; imeti vpogled v
einseitig enostranski
Einsender *m*, **~s**, **~**, pošiljatelj *m*
einsetzen vstaviti; *Leben* zastaviti; *Pflanzen* vsaditi; *in ein Amt* postaviti za; *Kraft* uporabiti; *v / i* začeti se; *sich ~ für* zavzemati se za
Einsicht *f*, **~**, **~en**, vpogled *m*, razumevanje *n*; *zur ~ kommen* spametovati se
einsichtig uvideven
Einsiedler *m* puščavnik *m*
einspannen vpreči
einsperren zapreti
einspielen vigrati, priigrati; prinesti
einspringen* vskočiti
einspritzen vbrizgati; dati injekcijo
Einspruch *m*, ugovor *m*; pritožba *f*; *~ erheben* protestirati; pritožiti se
einst nekoč, nekdaj
einstecken vtakniti (v, noter); dati v žep; *F* dobiti jih, požreti
einsteigen* vstopiti
einstellen postaviti v, noter; *Auto* dati v garažo; *Leute* nastaviti; *Arbeit* prekiniti, prenehati z; *sich ~* pojaviti se; *auf* prilagoditi se *(D)*
Einstellung *f*, **~**, **~en**, *gl.* **einstellen;** prekinitev *f*; *fig.* odnos do
einstig nekdanji; bodoči
einstimmig soglasen, enoglasen
einstreichen* *Geld* pobrati
einstürzen zrušiti se; *auf* vreči se na
einstweilen zaenkrat
einstweilig prehoden, začasen
eintägig enodneven
Eintagsfliege *f* (muha) enodnevnica *f*
eintauchen potopiti v; pomočiti
eintauschen zamenjati
einteilen razdeliti; razporediti
Einteilung *f* razdelitev *f*; razporeditev *f*
eintönig enoličen
Eintopfgericht *n* enolončnica *f*
Eintracht *f*, **~**, –, sloga *f*

einträchtig enoten, složen
eintragen* vpisati; vnesti v spisek; donašati, prinašati
einträglich donosen
Eintragung *f*, **~**, **~en**, vpis *m*, zapis *m*
eintreffen* prispeti; *fig.* uresničiti se
eintreiben* *Nagel* zabiti; *Vieh* gnati domov; *Geld* (iz) terjati
eintreten* vstopiti v; *für* zavzemati se za; dogoditi se; *Schuhe* shoditi, pošvedrati
Eintritt *m*, **~s**, **~e**, vstop *m*
Eintrittskarte *f* vstopnica *f*
eintrocknen posušiti se; *Quelle* usahniti
eintröpfeln vkapati v; dati po kapljicah
einverleiben vključiti (*in* v)
Einvernehmen *n*, **~s**, –, soglasje *n*; dogovor *m*; razumevanje *n*; *im guten ~ stehen* dobro se razumeti; *in ~ mit* po dogovoru z
einverstanden *(sein)* strinjati se
Einwand *m*, **~s**, **£e**, ugovor *m*
Einwanderer *m*, **~s**, **~**, priseljenec *m*
einwandern priseliti se
einwandfrei neoporečen
einwecken vložiti (v kozarce)
einweichen namočiti, namakati
einweihen posvetiti (*in* v)
einweisen* poslati v; *in Arbeit* uvajati, uvesti v delo
einwenden ugovarjati
einwerfen* vreči v, noter; *Brief* oddati; *fig.* navreči
einwickeln zaviti; *Kind* poviti; *fig. jn* oviti okoli prsta
einwilligen *in* privoliti v
einwirken *in Stoff* vtkati; *~ auf* delovati, vplivati na
Einwirkung *f*, **~**, **~en**, vpliv *m*
Einwohner *m*, **~s**, **~**, prebivalec *m*
Einwohnerschaft *f* prebivalstvo *n*
Einwurf *m*, **~s**, **£e**, medklic *m*; ugovor *m*; reža, odprtina *f*
einzahlen vplačati
Einzelgänger *m* samotar *m*
Einzelhandel *m* trgovina na drobno
Einzelheit *f*, **~**, **~en** posameznost *f*
einzeln *adj.* posamezen; *adv.* posamezno
einzelne der, die, das, **~n**, **~n**, posameznik *m*, posameznost *f*; podrobnost *f*
Einzelzimmer *n* enoposteljna soba *f*
einziehen* potegniti noter v; *Krallen* skriti; *Münzen* vzeti iz obtoka *Steuern* izterjati; *Soldaten* vpoklicati; *v* / *i* vseliti se
einzig edini, ~a, ~o; *~ und allein* edinole
einzigartig edinstven
Einzug *m* vstop *m*, prihod *m*; vselitev *f*
Eis *n*, **~es**, **~e**, led *m*; sladoled *m*
Eisbahn *f* drsališče *n*
Eisbär *m* beli / severni medved *m*
Eisen *n*, **~s**, **~**, železo *n*; *v sest.* železni
Eisenbahn *f* železnica *f*; *v sest.* železniški
Eisenbahner *m*, **~s**, **~**, železničar *m*

Eisenhütte *f* železarna *f*
Eisenwaren *pl* železnina *f*
eisern železen; *fig.* jeklen
eisig, eiskalt leden
eislaufen* drsati se
Eiszeit *f*, **~, ~en,** ledena doba *f*
eitel domišljav, nečimrn; zgolj, golo
Eiter *m*, **~s,** –, gnoj *m*
eitern gnojiti se
Eiterung *f* gnojenje *n*
Eiweiß *n* beljakovina *f*; *(Ei)* beljak *m*
Ekel *m* gnus *m*; odpor *m* do; *das Ekel* zoprnež *m*
ekelhaft gnusen; odvraten
ekeln *es ekelt mir vor* gnusi se mi *(A)*
Elefant *m*, **~en, ~en,** slon *m*
Elektrische *(Eisenbahn) f* tramvaj *m*
Elementarschule *f* osnovna šola *f*
Elend *n* revščina *f*; nesreča *f*
elend reven, ubožen; zelo slab
elf enajst; *die Elf* enajstica *f*; nogometno moštvo *m*
Elfe *f*, **~, ~n,** vila *f*
Elfenbein *n* slonova kost *f*
elfte enajsti
elftens enajstič
Ell(en)bogen *m* komolec *m*
Elle *f* laket *m*; podlahtnica *f*
ellenlang *fig.* strašansko dolg
Elster *f*, **~, ~n,** sraka *f*
Eltern *pl* starši *pl*
empfahl *gl.* **empfehlen**
Empfang *m*, **~s, £e,** (s)prejem *m*
empfangen* (s)prejeti, sprejemati; *(Frau)* zanositi
Empfänger *m*, **~s, ~,** sprejemnik *m*; *(Mensch)* prejemnik *m*
empfänglich dostopen, dovzeten
Empfängnis *f*, **~, ~se,** spočetje *n*
empfehlen, *er* **empfiehlt, empfahl, empfohlen** priporoč/ati, /iti; *sich ~* posloviti se; *es empfiehlt sich* priporočljivo je
empfehlenswert priporočljiv
Empfehlung *f*, **~, ~en,** priporočilo *n*
empfinden* čutiti; čustvovati
empfindlich občutljiv *(für* za*)*; *gegen* dovzeten za; *Verlust itd.* občuten, hud
empfindsam sentimentalen
Empfindung *f* občutek *m*; čustvo *n*
empfindungslos brezčuten; brezsrčen
empfohlen *gl.* **empfehlen**
empfunden *gl.* **empfinden**
empor navzgor; kvišku
empört ogorčen
Emporkömmling *m* parveni *m*; *pl* jara gospoda *pl*
emsig marljiv, priden
End... *v sest.* končni
Ende *n*, **~s, ~n,** konec *m*; *~ April* konec aprila; *zu ~ bringen* (do)končati; *dem ~ zugehen* iti h koncu
enden končati; *v/i* končati se, prenehati; *nicht ~ wollend* brez konca in kraja
endgültig dokončen
endigen = enden
Endkampf *m* finale *m*
endlich končen; *adv.* končno

endlos brezkončen; brezbrežen
energisch energičen; ~ *werden* zaropotati
eng ozek; tesen; *Kamm, Sieb* fin, gost
Enge *f*, **~, en,** ozkost *f*; ožina *f*, *in die ~ treiben* spraviti v zagato
Engel *m*, **~s, ~,** angel *m*
engherzig ozkosrčen
Engpaß *m* ožina *f*; *fig.* ozko grlo *n*
engstirnig ozkosrčen
Enkel *m*, **~s, ~,** (**-in** *f*) vnuk *m* (inja *f*)
entarten izroditi se
entbehren pogrešati; shajati brez
entbehrlich pogrešljiv
entbinden* *v/i* roditi; *v/t* pomagati pri porodu
Entbindung *f*, **~, ~en,** porod *m*
entblößen razgaliti, razkriti
entblößt razgaljen, razkrit
entbrennen* *fig.* zagoreti; vzplameneti
entdecken odkriti, razkriti
Entdeckung *f* odkritje *n*
Ente *f*, **~, ~en,** raca *f*
entehren onečastiti; osramotiti
enteignen razlastiti
Enteignung *f*, **~, ~en,** razlastitev *f*
enterben razdediniti
Enterich *m*, **~s, ~e,** racak *m*
entfachen razžariti; *fig.* podpihovati; zanetiti
entfallen* odpasti; *fig.* uiti iz spomina; ne priti v poštev; *auf jn* pripasti (kot delež)
entfalten razgrniti; *sich* razvi(ja)ti se, razcveteti se
Entfaltung *f*, **~, ~en,** razvoj *m*
entfärben *sich* obledeti, razbarvati se
entfernen odstraniti; *sich* oddaljiti se; *weit entfernt (daß)* še dolgo (daleč) ne
Entfernung *f*, **~, ~en,** razdalja *f*; daljava *f*
entfesseln *fig.* sprostiti; izzvati; raznetiti
entfliehen* bežati; pobegniti
entfremden *(sich)* odtujiti (se)
Entfremdung *f*, **~, ~en,** odtujitev *f*
entführen ugrabiti, odpeljati
Entführung *f*, **~, ~en,** ugrabitev *f*
entgegen proti; nasproti
entgegenarbeiten delovati proti, nasprotno kot
entgegengehen* iti naproti, v; bližati se
entgegengesetzt nasprotni
entgegenkommen* priti naproti
entgegenkommend ustrežljiv
entgegennehmen* prevzeti
entgegensehen *(D)* pričakovati *(A)*; *fig.* iti naproti *(D)*
entgegensetzen *sich einer Sache* postaviti se po robu
entgegentreten zoperstaviti se
entgegnen odvrniti, odgovoriti
entgehen uiti; *sich (eine Gelegenheit) ~ lassen* zamuditi priliko
entgeistert osupel; zaprepaden
Entgelt *n* plačilo *n*; odškodnina *f*

Entgleisung *f*, **~**, **~en** iztirjenje *n*; *fig.* spodrsljaj *m*
enthaaren depilirati; odstraniti dlake
enthalten* vsebovati, obsegati; *sich* ~ vzdržati se
enthaltsam vzdržen
enthärten mehčati
enthaupten obglaviti
Enthauptung *f*, **~**, **~en**, obglavljenje *n*
enthüllen razkriti
Enthüllung *f*, **~**, **~en**, razkritje *n*
entkleiden sleči (*sich* se); *fig.* razkriti
entkommen* uiti; izmuzniti se
entkräften oslabiti; odvreči
entladen* raztovarjati; *sich fig.* vsuti se
entlang vzdolž
entlarven razkrinkati
entlassen* odpustiti
entlasten razbremeniti
entledigen osvoboditi; *sich* znebiti se *(einer Sache* česa); *Pflicht* izpolniti
entlegen odročen
entlehnen *v / t* izposoditi; *v / i* izposoditi si
entlocken izvabiti
entlüften prezračevati
entmachten vzeti moč, oblast
entmannen skopiti
entmutigen vzeti pogum
entnehmen* vzeti iz, ven; *fig.* (raz)videti
entpuppen *sich als fig.* izkazati se kot / za, izcimiti se
entrechtet brezpraven
entreißen* iztrgati *(D)*; rešiti pred
entrichten plačati, dati
entrinnen* *(D)* rešiti se pred
entrollen *v / i* odkotaliti se; *v / t Fahne* razviti
entrüsten *sich* biti ogorčen, razkačen (*über* zaradi)
entsagen *(D)* odpovedati se *(D)*
entschädigen odškodovati; dati odškodnino
Entschädigung *f* odškodnina *f*
entscheiden* odločiti (*sich* se)
entscheidend odločilen
Entscheidung *f* odločitev *f*; razsodba *f*
entschieden odločen; *adv.* izrecno
entschlafen* preminiti
entschließen* *sich* odločiti se
entschlossen odločen; *adv.* odločno
Entschluß *m*, **~(ss) es**, **£(ss)e**, odločitev *f*
entschlüsseln razvozljati
entschuldigen oprostiti; opravičiti; *sich* se; ~! Oprostite!
Entschuldigung *f*, **~**, **~en**, opravičilo *n*; *um ~ bitten* opravičiti se
entsenden* (od)poslati
Entsetzen *n*, **~s**, –, groza *f*
entsetzlich grozen, strašen
entsinnen* *sich (G)* spomniti se *(G)*; domisliti se
entspannen sprostiti, popustiti; *sich* sprostiti se
Entspannung *f* sprostitev *f*; popuščanje *n* napetosti
entspinnen* *sich* nastajati, razvijati se

entsprechen* ustrezati; zadoščati
entsprechend ustrezen, primeren; prikladen
entspringen* *(D)* pobegniti iz; *fig.* izvirati
entstehen* nasta(ja)ti; izvirati iz, zrasti iz
entstellen kaziti; (po)pačiti
enttäuschen razočarati
Enttäuschung *f*, ~, **en,** razočaranje *n*
entwachsen* prerasti, odrasti; *fig.* izvirati iz
entwaffnen razorožiti
entwässern izsuševati; odvajati (odpadne) vode
entweder... oder ... ali ... ali ...; bodisi ... bodisi ...
entweichen uhajati
entwenden izmakniti; ukrasti
entwerfen* narediti osnutek, načrt
entwerten razvrednotiti
Entwertung *f*, **~, ~en** razvrednotenje *n*
entwickeln razvi(ja)ti (*sich* se); *Mut, itd.* kazati
Entwicklung *f*, **~,** razvoj *m*; *Entwicklungen pl* tokovi, tendence *pl*
Entwicklungsland *n* dežela v razvoju
entwirren razvozljati
entwischen izmakniti se; *Rauch* uhajati
entwöhnen odvaditi; *Kind* odstaviti
Entwurf *m*, **~s, £e,** design *m*; zasnutek *m*; osnutek *m*; načrt *m*
entwurzeln izkoreniniti
entziehen* odvzeti; prenehati dajati; *sich einer Pflicht* izogibati se
Entziehungskur *f* zdravljenje *n* (narkomanov, alkoholikov)
entziffern razvozljati, razbirati; dešifrirati
Entzücken *n fig.* veliko veselje *n*
entzückend očarljiv
entzündbar vnetljiv
entzünden *sich* zagoreti, vneti se
Entzündung *f* vžig *m*; *med.* vnetje *n*
entzwei razdvoje; ~ *sein* biti razbit
entzweien razdvojiti; *sich* spreti se
entzweigehen razbiti se
er on
erachten *für* imeti za; meniti, da
Erb... *v sest. več.* dedni
erbarmen *sich js* usmiliti se (koga)
Erbarmen *n* usmiljenje *n*
erbärmlich beden, klavrn
erbarmungslos brez usmiljenja
erbauen zgraditi, postaviti; *sich* veseliti se *(G)*; *nicht erbaut sein von* ne biti vesel (česa)
erbaulich podučen, spodbuden
Erbe *m*, **~n, ~n,** dedič *m*
Erbe *n*, **~s,** –, dediščina *f*
erbeben vzdrhteti
erben (po)dedovati
erbetteln priberačiti
erbeuten upleniti
Erbin *f*, **~, ~nen,** dedinja *f*
erbitten* izprositi si; *sich ~ lassen* dati se preprositi

erbittert zagrizen
erblassen prebledeti
Erblasser *m*, **~s ~,** zapustnik *m*
erblich deden
erblicken zagledati
erblinden oslepeti
erbost razsrjen
erbrechen* na silo odpreti; *(sich)* bruhati
Erbschaft *f*, **~, ~en,** dediščina *f*
Erbse *f*, **~, ~en,** grah *m*
Erbsünde *f* izvirni greh *m*
Erbteil *n* dediščina *f*; dedni delež *m*
Erdarbeiten *pl* zameljska dela *pl*
Erdbeben *n* potres *m*
Erdbeere *f*, **~, ~en,** (rdeča) jagoda *f*
Erde *f*, **~, ~n,** zemlja *f*; tla *n*
erden ozemljiti
Erdgeschoß *n* pritličje *n*
erdichtet izmišljen, fiktiven
Erdkunde *f* zemljepis *m*
Erdnuß *f*, kikiriki *m*
Erdöl *n*, **~s ~e,** nafta *f*
Erdreich *n* zemlja, humus *m*
erdreisten *sich* drzniti si
erdrosseln zadaviti
erdrücken zadušiti, udušiti; *~de Mehrheit* ogromna večina
Erdrutsch *m* zemeljski plaz *m*
Erdteil *m* celina *f*
erdulden pretrpeti; vzdržati
ereifern *sich* razvneti se
ereignen *sich* dogoditi se
Ereignis *n*, **~es, ~se,** dogodek *m*
ereilen doleteti
erfahren* zvedeti; doživeti
erfahren izkušen; spreten
Erfahrung *f*, **~, ~en,** izkušnja *f*; izkustvo *n*; praksa *f*; *in ~ bringen* ugotoviti, zvedeti
erfahrungsgemäß kot nas uče izkušnje
erfassen zagrabiti, prijeti; zaobsegati; *geistig* dojeti, doumeti
erfinden* iznajti; izmisliti si
Erfinder *m*, **~s, ~,** (**-in** *f*) iznajditelj *m*, izumitelj *m*, ica *f*
erfinderisch iznajdljiv
Erfindung *f* iznajdba *f*, izmišljotina *f*
Erfolg *m*, **~s, ~e,** uspeh *m*; rezultat *m*; *~ haben* biti uspešen, uspeti
erfolgen slediti, *es erfolgt ...* pride do
erfolglos brezuspešen
erfolgreich uspešen
erforderlich potreben, nujen
erfordern terjati
erforschen razisk/ovati, /ati
erfreuen razveseljevati; *sich ~ an* veseliti se *(G)*; *sich (G) ~* uživati, biti deležen
erfreulich razveseljiv
erfreulicherweise na srečo
erfrieren* zmrzniti
Erfrischung *f*, **~, ~en,** osvežilo *n*; okrepčilo *n*
erfüllen izpolnjevati, izpolniti (*sich* se)
ergänzen dopolnjevati, dopolniti
Ergänzung *f*, **~, ~en,** dopolnilo *n*
ergattern stakniti; dobiti
ergeben* dati, dajati; *das ergibt* iz tega sledi; *sich ~* predati se

ergeben *adj.* vdan; *adv.* vdano
Ergebnis *n* rezultat *m*
ergebnislos brezuspešno
ergehen* *(Verordnung)* biti izdan, poslan; *jm gut (schlecht)* ~ dobro (slabo) se goditi (komu); *über sich ~ lassen* prenašati
ergiebig izdaten
ergießen* *sich* vliti se (*über* na)
ergrauen osiveti
ergreifen* prijeti, zagrabiti; *Beruf* izbrati si; *Macht, Gemüt* prevzeti; *die Flucht* spustiti se v beg; *Partei* potegniti se za
ergriffen prevzet, ganjen
ergründen doumeti
erhaben vzvišen
erhalten* prejeti; ohraniti; *jn* preživljati
erhalten *adj.* ohranjen
erhältlich dosegljiv; ki ga je mogoče dobiti, kupiti
erhängen obesiti (*sich* se)
erhärten *Verdacht* potrditi
erheben* dvig/ati, /niti; *Steuern* pobirati; ugotoviti; *Klage* itd. uveljavljati
erheblich znaten
erhellen osvetliti
erhitzen (o)greti; *sich* ogrevati se, razvneti se
erhöhen dvigniti, zvišati; povečati
Erhöhung *f*, **~, ~en,** vzpetina *f*; dvig *m*, zvišanje *n*
erholen *sich* okrevati; okrepiti se
Erholung *f* okrevanje *n*; počitek *m*
erhören uslišati
erinnern *an* spominjati, spomniti na /G *(sich se)*
Erinnerung *f*, **~, ~en,** spomin *m*; *zur ~ an* v spomin na; *in ~ en schwelgen* obujati ~e
erkalten shladiti se
erkälten *sich* prehladiti se
Erkältung *f*, **~, ~en,** prehlad *m*
erkennbar spoznaven, spoznaten
erkennen* spoznati, prepoznati; *(auf)* razsoditi (da je ...)
erkenntlich hvaležen
Erkenntnis *f* spoznanje *n*
Erkennungswort *n* geslo *n*
erklären razložiti, pojasniti; izjaviti; *~ zu* razglasiti za
erklärt *adj.* izrecen, odkrit
Erklärung *f*, **~, ~en,** izjava *f*; razlaga *f*
erkoren izbran, izvoljen
erkranken zboleti
Erkrankung *f*, **~, ~en,** obolelost *f*, bolezen
erkunden pregledati (kot izvidnik), raziskovati; sondirati
erkundigen *sich* poizved /ovati, /eti (*nach* po)
Erlagschein *m* položnica *f*
erlahmen *fig.* popustiti
erlangen doseči; dobiti; *das Bewußtsein itd.* priti k
erlassen* objaviti; *Schuld itd.* odpustiti, spregledati
erlauben dovoliti
Erlaubnis *f*, **~, ~se,** dovoljenje *n*
erläutern razlagati, tolmačiti
erleben doživeti; *der kann was ~* ta bo že še videl!

Erlebnis *n*, **~ses, ~se,** doživljaj *m*
erledigen opraviti *(jn z)*
erleichtern (o)lajšati
Erleichterung *f*, **~, ~en,** olajšanje *n*
erleiden* pretrpeti; utrpeti
erlesen izbran
erliegen* podleči
erlogen zlagan
Erlös *m*, **~es, ~e,** izkupiček *m*
erlosch, erloschen *gl.* **erlöschen**
erloschen ugasel
erlöschen, *er* **erlischt, erlosch, erloschen** ugasniti *(v/i)*; prenehati
erlösen (od)rešiti
Erlöser *m*, **~s, ~,** rešitelj *m*; Odrešenik *m*
ermächtigen pooblastiti
ermäßigen znižati
Ermäßigung *f*, **~, ~en,** znižanje *n* (cene)
Ermessen *n* presoja *f*, mnenje *n*
ermitteln dognati; ugotoviti (z anketo itd.)
Ermittlung *f*, **~, ~en,** preiskava *f*; poizvedovanje *n*
ermöglichen omogočiti
ermorden umoriti
ermüden *v/t* utrujati, utruditi; *v/i* utruditi se
Ermüdung *f*, **~, ~en,** utrujenost *f*
ermuntern vzpodbujati
ermutigen hrabriti
ernähren hraniti; preživljati
Ernährung *f* prehrana *f*
ernennen* imenovati (*zu* za)
Ernennung *f*, **~, ~en,** imenovanje *n*
erneuern obnoviti, prenoviti
erneut znova, vnovič
erniedrigen *fig.* poniž/evati, /ati
Ernst *m*, **~s** –, resnost *f*; ~ *machen mit* resno se lotiti; *es ist mein* ~ mislim resno
ernst, ernsthaft, ernstlich resen
Ernte *f*, **~, ~n,** letina *f*; žetev
ernten žeti; *Obst* (p)obirati
ernüchtern strezniti
erobern zavojevati, zavzeti, osvojiti
eröffnen odpreti, otvoriti, razkriti
erörtern razpravljati o
erpicht *auf* željan *(G)*
erpressen izsiljevati
Erpressung *f*, **~, ~en,** izsiljevanje *n*
erregbar razburljiv
erregen razburiti; *fig.* povzročiti
Erreger *m*, **~s, ~,** povzročitelj *m*
Erregung *f*, **~, ~en,** razburjenje *n*
erreichbar dosegljiv
erreichen doseči; *Zug* ujeti
errichten postaviti; zgraditi
erröten zardeti
Errungenschaft *f*, **~, ~en,** pridobitev *f*; dosežek *m*
Ersatz *m*, **~es,** –, nadomestek *m*, nadomestilo *n*
Ersatzteil *m* nadomestni del *m*
ersaufen* utopiti se
ersäufen utopiti
erscheinen* prikazati se; *fig.* zdeti se; *Buch* iziti
Erscheinung *f*, **~, ~en,** prikazen *f*; pojav *m*; *Krank-*

heit znak *m*; *in ~ treten* pojaviti se
erschießen* ustreliti
erschlagen* ubiti
erschließen* odpreti; narediti dostopno, uporabno
erschöpfen izčrpa(va)ti
erschöpfend *fig.* izčrpen
Erschöpfung *f*, **~**, –, izčrpanost *f*
erschrak *gl.* **erschrecken**
erschrecken 1) *v/t* prestrašiti; 2) **erschrak,** erschrokken prestrašiti se
erschrocken prestrašen
erschüttern *fig.* pretresti; omajati
Erschütterung *f*, **~**, **~en,** pretres *m*; *fig.* pretresenost *f*
erschwinglich dosegljiv (finančno)
ersetzen nadomestiti; dati odškodnino za
ersichtlich viden
Ersparnis *f*, **~**, **~se,** prihranek *m*
erst najprej, šele, samo; *fürs ~e* zaenkrat; *erst recht* zdaj šele
erst(e) prvi; *zum ~n Mal* prvič
erstarren strditi se; *vor Schreck* okameneti; *Blut in den Adern* zledeneti
erstatten nadomestiti, povrniti; dati; *Anzeige ~* naznaniti; *Bericht ~* poročati
Erstaufführung *f* krstna predstava *f*
erstaunen osupniti; presenetiti
erstaunlich presenetljiv
erstbeste, *der, die,* kdorkoli; *das ~* karkoli
erstechen* zabosti
erstehen* nastati, izvirati iz; *v/t* nabaviti
erstere prvi, prvo imenovani
ersticken zadušiti; *v/i ~* se
Erstling *m*, **~s, ~e,** prvenec *m*
erstrebenswert zaželen
erstrecken *sich* razprostirati se; *sich auf / über* zaobsegati; *temp.* trajati *(A)*
Ersuchen *n* prošnja *f*
ertappen zalotiti
erteilen podeliti; *Rat itd.* dati
Ertrag *m*, **~**, **≈e,** donos *m*; izkupiček *m*
ertragen* prenašati, pretrpeti
erträglich znosen
ertränken *v/t* utopiti *(A)*
ertrinken* utoniti
erübrigen *sich* biti odveč
erwachen prebuditi se
erwachsen* *aus* izvirati, slediti iz
erwachsen *adj.* odrasel
erwägen *(A)* premišljati o
erwähnen omeniti
erwärmen ogrevati, ogreti; *sich für fig.* ogrevati se za
erwarten pričakovati
Erwartung *f*, **~**, **~en,** pričakovanje *n*
erwartungsvoll pričakujoče
erwecken zbuditi; zbujati *(a. fig.)*
erwehren *sich (G)* ubraniti se *(G)*
erweichen omehčati
erweisen* izkazovati, izkazati
erweitern razširiti
Erwerb *m* nabava *f*, nakup *m*; zaslužek *m*

erwerben* nabaviti, kupiti
erwerbstätig zaposlen
erwerbsunfähig nesposoben za delo, invalid
erwidern vračati; *(antworten)* odgovoriti
Erwiderung *f*, **~, ~en,** odgovor *m*; vračanje *n*
erwiesen dokazan
erwirken doseči, izposlovati
erwischen zasačiti, ujeti
erwünscht zaželen
erwürgen zadaviti
Erz *n* **~es, ~e,** ruda *f*
erzählen pripovedovati
Erzähler *m*, **~s, ~,** pripovedujoči *m*; pripovednik *m*
Erzählung *f*, **~, ~en,** pripoved *f*, povest *f*
Erzbischof *m*, **~s, £e,** nadškof *m*
erzblöd skrajno neumen
Erzengel *m* nadangel *m*
Erzfeind *m* zaklet sovražnik *m*
erzeugen proizvajati, izdelovati; *fig.* poroditi; zaploditi
Erzeugnis *n*, **~ses, ~se,** proizvod *m*
erziehen* vzgajati
Erzieher *m*, **~s, ~,** vzgojitelj *m*
erzieherisch vzgojen
Erziehung *f*, vzgoja *f*, vzgajanje *n*
Erziehungswesen *n* izobraževalni sistem *m*
erzielen doseči, dobiti
erzürnt jezen
erzwingen* izsiliti
es ono, ga; *als Ergänzung des Prädikats im Slowenischen ausgelassen; es ist so* tako je; *sie sind es* oni so
Esche *f*, **~, ~n,** jesen *m*
Esel *m*, **~s, ~,** osel *m*
Eselei *f*, **~, ~en,** neumnost *f*
Espe *f*, **~, ~n,** trepetlika *f*
eßbar užiten
Eßbesteck *n* jedilni pribor *m*
Esse *f*, **~, ~n** dimnik *m*
essen, *er* **ißt, aß, gegessen,** jesti; uživati (hrano); *zu Mittag* ~ obedovati; *zu Abend* ~ večerjati; *auswärts* ~ jesti v gostilni itd.
Essen *n*, **~s, ~,** hrana *f*, jed *f*; obed *m*
Esser *m* jedec *m*; *er ist ein starker (schwacher)* ~ veliko (malo) je
Essig *m*, **~s, ~e,** kis *m*; *damit ist es* ~ s tem ne bo nič
Eßlöffel *m* jedilna žlica *f*
etliche nekateri; precej *(G)*
etwa približno; morda
etwas *pron.* nekaj, kaj; *adv.* malce, malo
euch *A* vas, *D* vam; *mit* ~ z vami; *bei* ~ pri vas; se, si
euer vas
euer, eure vaš, vaša
Eule *f*, **~, ~n,** sova *f*
euret /halben, /wegen, /willen zaradi vas
eurig vaš
Euter *n*, **~s, ~,** vime *n*
ewig večen, nenehen; *auf* ~ za vedno, večno

F

Fabel *f*, **~, ~n,** basen *f*, fabula *f*; *fig*. pravljica *f*
fabelhaft čudovit
Fach *n*, **~s, £er,** predal *m*; področje *n*, stroka *f*, predmet *m*
Facharzt *m* specialist *m*
Fachausdruck *m* strokovni izraz *m*
Fächer *m*, **~s, ~,** pahljača *f*
Fachgebiet *n* področje *n*, stroka *f*
Fachmann *m* strokovnjak *m*
fachsimpeln govoriti o stroki, v strokovnem žargonu
Fackel *f*, **~, ~n,** baklja *f*
fad(e) plehek, omleden, dolgočasen
Faden *m*, **~s, £,** nit *f*; vlakno *n*
fadenscheinig zguljen; *fig*. prozoren
fähig sposoben
Fähigkeit *f*, **~, ~en,** sposobnost *f*
fahnden *nach* poizvedovati po, iskati
Fahndung *f* iskanje *n*, zasledovanje *n* (zločinca); tiralica *f*
Fahne *f*, **~, ~n** zastava *f*; (košat) rep *m*; krtačni odtis; *fig*. zadah, izpuh *m*
Fahnenflucht *f* dezertiranje
Fahrbahn *f* vozišče *n*
Fähre *f*, **~, ~n,** brod *m*; trajekt *m*
fahren, *er* **fährt, fuhr, gefahren** *v/i* peljati se, iti; *(aus der Haut, aus dem Bett)* planiti, skočiti iz; *(~ in)* šiniti; zasekati se v; *mit der Hand über etw.* pogladiti *(A)*; *auf Grund ~* nasesti; *~ lassen* (s)pustiti; *(schlecht) gut ~ bei / mit* dobro shajati ob / z; *v/t* peljati, voziti, krmariti
Fahrer *m*, **~s, ~,** voznik *m*
Fahrerflucht *f* pobeg *m* po nesreči
Fahrgast *m* potnik *m* (v vozilu)
fahrig živčen
Fahrkarte *f* vozovnica *f*
Fahrplan *m* vozni red *m*
Fahrrad *n* (dvo)kolo *n*
Fahrstuhl *m* dvigalo *n*
Fahrt *f*, **~, ~en,** vožnja *f*, potovanje *n*; *in voller ~* s polno brzino; *in ~ kommen fig*. zagreti se
Fährte *f*, **~, ~n,** sled *f*
Fahrtenschreiber *m* tahograf *m*
Fahrzeug *n* vozilo *n*
Falke *m* sokol *m*; *fig*. jastreb *m*
Fall *m*, **~es, £e,** padec *m*; primer *m*; sklon *m*; *auf alle Fälle / jeden Fall* na vsak način; *auf keinen ~* nikakor (ne); *im Falle* če bo/ ob/ v; *zu ~ bringen* spodnesti
Falle *f*, **~, ~n,** past *f*
fallen *er* **fällt, fiel, gefallen** pasti; *~ lassen* spustiti; *jn*

~ *lassen* prenehati se družiti z; *es fällt mir schwer (zu)* težko mi je; *in die Rede* ~ skočiti v besedo; *jm zur Last* ~ biti v breme; ~ *auf* priti na; ~ *in* spadati v

fällen podreti, posekati; *kem.* oboriti; *Urteil* razsoditi

fällig zapadel; ~ *sein* zapasti; *fig.* na vrsti; čas je za

falls če; v primeru da

Fallschirm *m* padalo *n*

Fallschirmspringer *m* padalec *m*

falsch *adj.* napačen; nepristen, neiskren; ponarejen; *adv.* narobe; ~ *liegen* ne imeti prav

fälschen ponare/jati, /diti

Fälscher *m* ponarejevalec *m*

Falschgeld *n* ponarejen denar *m*

fälschlich pomotoma

Falschspieler *m* goljuf *m* (pri igri)

Fälschung *f*, **~**, **~en**, falsifikat *m*

Falte *f*, **~**, **~n**, guba *f*; pregib *m*

falten (na)gubati; *(Papier)* preganiti; zložiti; *(Hände)* skleniti

Falter *m*, **~s**, **~**, metulj *m*; vešča *f*

faltig gubast, naguban

Falz *m*, **~es**, **~e**, utor *m*

Familie *f*, **~**, **~n**, družina *f*

Familienname *m* priimek *m*

fand *gl.* **finden**

Fang *m*, **~s**, **£e**, (u)lov *m*; čekan *m*; *(Vogel)* krempelj *m*

Fangarm *m* lovka *f*

fangen, *er* **fängt**, **fing**, **gefangen** ujeti; *sich fig.* ujeti ravnotežje; *Feuer* ~ vneti se

Farb... *v sest.* barvni

Farbe *f*, **~**, **~n**, barva *f*

farbecht ki ne pušča barve, ne obledi

... farben ... barve

färben (o)barvati

farbenblind barvno slep

farbenfreudig, **farbenfroh** pisan, živobarven

farbig barven, obarvan; *fig.* barvit

farblos brezbarven

Farbstift *m* barvnik *m*

Farbstoff *m* barvilo *n*

Färbung *f* barva *f*, ton *m*

Farn *m*, **Farnkraut** *n* praprot *f*

Fasching *m*, **~s**, **~e**, pust *m*

faseln čenčati

Faser *f*, **~**, **~n**, vlakno *n*

Faß *n*, **~(ss)es**, **£(ss)er**, sod *m*

fassen prijeti, zgrabiti; *(Krug)* držati; *(Stein)* vdelati; *(in Worte)* izraziti, povedati; razumeti, doje(ma)ti; *sich* ~ obvladati se; *Mißtrauen* ~ zasumiti; *Wurzel* ~ zakoreniniti se; *Entschluß* ~ odločiti se; *ins Auge* ~ imeti oko na

Fassung *f*, **~**, **~en**, okvir *m*; verzija *f*; obvladanost *f*, mir *m*

fassungslos ves iz sebe, iz tira

fast skoraj; domala

fasten postiti se

Fastnacht *f* pust *m*

fauchen pihati (kot mačka)

faul gnil; len; slab

faulen gniti, trohneti
faulenzen lenariti
Fäulnis *f*, **~**, **~se,** gniloba *f*, trohnoba *f*; *in ~ übergehen* (z)gniti, (s)trohneti
Faulpelz *m* lenuh *m*
Faust *f*, **~**, **£e,** pest *f*
Faustrecht *n* pravica *f* močnejšega
Februar *m* februar *m*
fechten, *er* **ficht, focht, gefochten** boriti se, mečevati se; beračiti
Feder *f*, **~**, **~n,** pero *n*; vzmet *f*
Federkrieg *m* papirna vojna *f*
federnd elastičen
Federung *f* vzmetenje *n*
Federvieh *n* perutnina *f*
Federzeichnung *f* perorisba *f*
Fee *f*, **~**, **~n,** vila *f*
Fegefeuer *n* vice *pl*
fegen pomesti, pometati
Fehde *f*, **~**, **~n,** spor *m*, spopad *m*
Fehl, fehl *ohne ~* brez napake; *fehl am Platze* ne na mestu
Fehl... *v sest.* napačen ali izjalovljen
Fehlbetrag *m* primanjkljaj *m*
fehlen manjkati (*an G*); zmotiti se, pregrešiti se; *weit gefehlt!* kje neki!
Fehler *m*, **~s**, **~**, napaka *f*, zmota *f*
fehlerfrei brez napake
fehlerhaft pomanjkljiv, z napako
Fehlgeburt *f* splav *m*
Fehlschlag *m* neuspeh *m*
fehlschlagen* izjaloviti se, spodleteti
Fehltritt *m* spodrsljaj *m*
Feier *f*, **~**, **~n,** praznovanje *n*; slavnost *f*
Feierabend *m* delopust *m*
feierlich slavnosten
feiern slaviti, proslavljati; počivati
Feiertag *m* praznik *m*
feig strahopeten
Feige *f*, **~**, **~n,** figa *f*
Feigling *m*, **~s**, **~e,** strahopetec *m*
feilbieten* prodajati, ponujati
Feile *f*, **~**, **~n,** pila *f*
feilschen barantati
fein fin; *(Nase, Ohr)* oster; *(Schmerz)* rahel; *(schreiben itd.)* lepo; *~ heraus sein* biti na dobrem
Feind *m*, **~(e)s**, **~e,** sovražnik *m*
feindlich sovražen
Feindlichkeit *f* sovražnost *f*
Feindschaft *f* sovraštvo *n*
feindselig sovražen
feinfühlend tankočuten
Feinkost *f* delikatese *pl*
feist tolst, zavaljen
Feld *n* polje *n*; (športno) igrišče; področje *n*; bojišče *n*
Feld... *v sest.* poljedelski / vojni
Feldbau *m* poljedelstvo *n*
Feldherr *m* vojskovodja *m*
Feldwebel *m* narednik *m*
Feldzug *m* vojni pohod *m*, kampanja *f*
Felge *f*, **~**, **~n,** platišče *n*
Fell *n*, **~s**, **~e,** koža *f*; kožuh *m*; *ein dickes ~* debela koža; *jm das Fell über die Ohren ziehen* odreti, ogoljufati
Fels(en) *m*, **Felsens**, **~en,** skala *f*

felsenfest neomajen
felsig skalnat
Feme... *v sest.* zarotniški, tajni
Fenster *n*, **~s, ~,** okno *n*; *v sest.* okenski
Fensterladen *m* naoknica *f*
Ferien *pl* počitnice *pl*; dopust *m*; *in die ~ gehen* iti na dopust
Ferkel *n*, **~s, ~,** pujsek *m*; *fig.* pujs *m*
ferkeln *(Sau)* oprasiti se; *fig.* kvantati
fern daleč, oddaljen; daljni
fernbleiben* *(D)* izostati (od); ne udeležiti se *(G)*; držati se stran od
Ferne *f*, **~, ~n,** daljava *f*
ferner dalje, nadalje
Fernglas *n* daljnogled *m*
Fernheizung *f* toplovod *m*
fernhin nadalje, v prihodnje
fernmündlich telefonsko
Fernruf *m* medkrajevni pogovor *m*; telefonska številka *f*
Fernschreiber *m* teleprinter *m*
Fernsehen *n* televizija *f*
Fernseher *m* televizor *m*
Fernsehgerät *m* televizor *m*
Fernsprechapparat *m* telefon *m*
Fernsprechbuch *n* telefonski imenik *m*
Fernsprechteilnehmer *m* telefonski naročnik *m*
Fernverkehr *m* tranzitni, daljinski promet *m*
Ferse *f*, **~, ~n,** peta *f*
fertig gotov, skončan; spreten; zdelan; *~ werden mit* biti kos *(D)*; *~ machen* zgotoviti; *fig.* dotolči; *Ich bin ~ damit fig.* opravil sem z
Fertiggericht *n* predpripravljena jed *f*
Fertighaus *n* montažna hiša *f*
Fertigkeit *f*, **~, ~en,** spretnost *f*
Fertigung *f* produkcija *f*, izdelava *f*
fesch brhek; prikupen
Fessel *f*, **~, ~n,** spona *f*, vez *f*; *anat.* gleženj *m*
fesseln zvezati, vkleniti; *fig.* pritegniti, prevzeti
fesselnd napet, privlačen
fest trden, trd, utrjen; *Preis* stalen, fiksen
Fest *n*, **~es, ~e,** praznovanje *n*, praznik *m*
festbinden* privezati
Festessen *n* pojedina *f*, banket *m*
festfahren* *sich* obtičati
festhalten* držati; zadržati; zagrabiti, prijeti; *fig.* zabeležiti; *~ an* držati se *(G)*
festigen utrditi
Festigkeit *f* trdnost *f*
Festigung *f* utrjevanje *n*
Festland *n* celina *f*, kopno *n*
festlegen določiti, predpisati; *sich* obvezati se, opredeliti se
festlich slovesen
Festlichkeit *f* slovesnost *f*
festmachen pritrditi; skleniti; *Boot* zasidrati (*v / i* se)
Festnahme *f*, **~, ~en,** aretacija *f*
festsetzen določiti
Festspiele *pl* festival *m*
feststehen* (trdno) stati; *es steht fest* drži, dejstvo je

feststellen ugotoviti, dognati
Feststellung *f* ugotovitev *f*, trditev *f*; ugotavljanje *n*
Festung *f*, **~**, **~en**, trdnjava *f*, utrdba *f*
Fett *n*, **~es**, **~e**, mast *f*, maščoba *f*
fett masten, debel; *typ.* krepek; *fig.* donosen
fettig masten, zamaščen
Fettsucht *f*, **~**, –, debelost *f*
Fetzen *m*, **~s**, **~**, cunja *f*, *fig.* koščitek *m*, drobec *m*
feucht vlažen
Feuer *n*, **~s**, **~**, ogenj *m*; požar *m*; *fig.* vnema *f*
Feuerbestattung *f* sežig *m*
feuerfest ognja varen, nepregoren
Feuerlinie *f* strelska črta *f*
Feuerlöscher *m* gasilski aparat *m*; gasilec *m*
feuern streljati, ustreliti; zadegati; vreči iz službe
Feuerwehr *f* gasilci *pl*
Feuerwehrmann *m* gasilec *m*
Feuerwerk *n* ognjemet *m*
Feuerzeug *n* vžigalnik *m*
Fichte *f*, **~**, **~n**, smreka *f*
Fieber *n*, **~s**, **~**, vročina *f*, mrzlica *f*; *das ~ messen* meriti temperaturo
fiebrig vročičen
Fiedel *f*, **~**, **~n**, gosli *pl*
fiel *gl.* **fallen**
Figur *f*, **~**, **~en**, figura *f*, postava *f*; *eine gute ~ machen,* dobro se odrezati
filmen snemati
Filterzigarette *f* cigareta s filtrom
Filz *m*, **~es**, **~e**, klobučevina *f*
filzig klobučevinast; *(Wolle)* sprijet; *fig.* umazan, skop
Finanzamt *n* davčna/finančna uprava *f*
finden, fand, gefunden najti; zdeti se *(wie findest du ...* kako se ti zdi); *sich ~ in* vdati se v, sprijazniti se z; *ein gefundenes Fressen F* kot nalašč
Finder *m*, **~s**, **~**, najditelj *m*
findig prebrisan, spreten, iznajdljiv
Findling *m*, **~s**, **~e**, najdenec *m*
fing *gl.* **fangen**
Finger *m*, **~s**, **~**, prst *m*, *die ~ lassen von* pustiti *(A)* pri miru
Fingerabdruck *m* prstni odtis *m*
Fingerhut *m* naprstnik *m*
fingern otipavati
Fingerspitzengefühl *n* izostren čut *m*, občutek
Fingerzeig *m* namig *m*, napotilo *n*
Fink *m*, **~en**, **~en**, ščinkavec *m*
finster temen, mračen; nejasen; *~ ansehen* grdo pogledati
Finsternis *f*, **~**, **~se**, tema *f*, mrak *m*; *(Sonnen...)* mrk *m*
Firnis *m* firnež *m*
Fisch *m*, **~es**, **~e**, riba *f*; *weder ~ noch Fleisch* ne krop ne voda
fischen ribariti, loviti (ribe), *fig.* iskati
Fischer *m*, **~s**, **~**, ribič *m*
Fischerei *f*, **~**, **~en**, ribolov *m*; ribištvo *n*
Fischotter *m* vidra *f*
Fistelstimme *f* falzet *m*; zelo visok glas

Fittich *m*, **~s, ~e,** krilo *n*, okrilje *n*
fix fiksen; hiter; ~ *und fertig* gotov
fixen jemati mamila
Fixstern *m* zvezda *f* stalnica
flach ploščat, raven; *Teller* nizek
Fläche *f*, **~, ~n,** površina *f*, ravnina *f*
Flachs *m*, **~es,** –, lan *m*
flackern plapolati
Flagge *f*, **~, ~n,** zastava *f*
flaggen izobesiti, dvigniti zastavo
Flakartillerie *f* protiletalska artilerija
Flamme *f*, **~, ~n,** plamen *m*, ogenj *m*; *fig.* ljubezen *f*
Flanke *f*, **~, ~n,** bok *m*
Flasche *f*, **~, ~n,** steklenica *f*
Flaschenzug *m* škripec *m*
flattern frfotati; *Fahne* plapolati; *Hände* drgetati
flau *Gefühl* neugoden; *Wind* šibek; *Stimmung* medel
Flaum *m*, **~(e)s, ~e,** puh *m*
flaumig puhast
Flaute *f*, **~, ~n,** brezvetrje *n*; *fig.* zastoj *m*
Flechte *f*, **~, ~n,** kita *f*; *bot.* lišaj *m*
flechten, *er* **flicht, flocht, geflochten** plesti, prepletati
Fleck *m*, **~s, ~e,** lisa *f*; zaplata *f*; madež *m*; mesto *n*; *auf dem* ~ na mestu
Flecken *m*, **~s, ~,** trg *m*; *gl.* **Fleck**
Fleckenreiniger *m* sredstvo za odstranjevanje madežev
fleckig zamazan; pegast, pikast
Fledermaus *f* netopir *m*
Flegel *m*, **~s, ~,** cepec *m (a. fig.)*
flegelhaft neotesan
flehen rotiti, prositi (*um* za)
Fleisch *n*, **~s,** –, meso *n*
Fleischer *m*, **~s, ~,** mesar *m*
fleischfressend mesojed
Fleischhauer *m* mesar *m*
fleischig mesnat
fleischlich mesen
Fleischwerdung *f* utelešenje *n*
Fleischwolf *m* mlin *m* za meso
Fleiß *m*, **~es,** –, pridnost *f*, marljivost *f*, vztrajnost *f*
fleißig priden, marljiv
fletschen *Zähne* pokazati zobe
Flicken *m*, **~s, ~,** krpa *f*, zaplata *f*
flicken krpati, zakrpati
Flieder *m*, **~s, ~,** (španski) bezeg *m*
Fliege *f*, **~, ~n,** muha *f*; *(Krawatte)* metuljček *m*
fliegen, flog, geflogen, *v/i* leteti; *Fahne* plapolati, *v/t* pilotirati
Fliegenpilz *m* mušnica *f*
Flieger *m*, **~s, ~,** letalec *m*
Fliegeralarm *m* letalski alarm *m*
Fliegerhorst *m* vojaško letališče *n*
fliehen, floh, geflohen, *v/i* bežati; *v/t* izogibati se *(D)*
Fliese *f*, **~, ~n,** ploščica *f*
Fließband *n* tekoči trak *m*
fließen, floß, geflossen, teči; *Haar* mehko padati
fließend tekoč, *Kleid* mehko padajoč; *Grenze* zabrisan
flimmern migljati
flink uren

Flinte *f*, **~, ~n,** puška *f*; *die ~ ins Korn werfen* vreči puško v koruzo
Flitter *m*, **~s, ~,** bleščica *f*
Flitterwochen *pl* medeni tedni *pl*
flocht *gl.* **flechten**
Flocke *f*, **~, ~n,** kosmič *m*; *(Schnee)* snežinka *f*
flockig kosmičast, rahel
flog *gl.* **fliegen**
Floh *m*, **~s, £e,** bolha *f*
floh *gl.* **fliehen**
Flor *m* cvet *m*; *fig.* cvetenje *n*; gaza *f*, krep *m*; flor *m*
Floß *n*, **~es, £e,** splav *m*
floß *gl.* **fließen**
Flosse *f*, **~, ~n,** plavut *f*
Flöte *f*, **~, ~n,** flavta *f*
flöten igrati na flavto; *fig.* sladko govoriti; *~ gehen* iti rakom žvižgat
flott vesel, živahen; *Kleid* moden; *(Boot) ~ machen* odvezati, spraviti v vodo
Flotte *f*, **~, ~n,** mornarica *f*
Fluch *m*, **~s, £e,** kletev *f*; prekletstvo *n*
fluchen kleti, preklinjati
Flucht *f*, **~, ~en,** beg, pobeg *m*; vrsta (npr. sob); *in die ~ schlagen* pognati v beg
flüchten bežati, pobegniti, zateči se
flüchtig ubežen; bežen; površen; *kem.* hlapljiv; *~ durchsehen* preleteti
Flüchtling *m* **~, ~e,** ubežnik *m*, begunec *m*
Flug *m*, **~s, £e,** let *m*, polet *m*
Flugblatt *n* letak *m*
Flügel *m*, **~s, ~,** perut *f*, krilo *n (a. für Gebäude)*; klavir *m*
Flügeltür *f* krilna vrata *pl*
Fluggast *m* letalski potnik *m*
flügge goden za letenje
Flughafen *m*, **Flugplatz** *m* letališče *n*
Flugpost *f* letalska pošta *f*
Flugschrift *f* letak *m*
Flugverkehr *m* letalski promet *m*
Flugzeug *n* letalo *n*
Flur *f*, ~, ~en, polje *n*, livada *f*, ledina *f*
Flur *m*, **~s, ~e,** veža *f*, hodnik *m*
Flurschaden *m* škoda *f* na pridelkih
Fluß *m*, **~(ss)es, £(ss)e,** reka *f*, tok *m*; *in ~ bringen fig.* premakniti
flußabwärts/aufwärts po reki navzdol / navzgor
Flußbett *n* rečno korito *n*
flüssig tekoč; *Geld* gotovina; *Geld ~ machen* priskrbeti gotovino
Flüssigkeit *f* tekočina *f*
Flußpferd *n* nilski konj *m*
flüstern šepetati, šepniti
Flut *f*, **~, ~en,** plima *f*; poplava *f*; *pl* valovi *pl*
focht *gl.* **fechten**
Fohlen *n*, **~s, ~,** žrebe *n*
Föhre *f*, **~, ~n,** bor *m*, borovec *m*
Folge *f*, **~, ~n,** posledica *f*, nasledek *m*; nadaljevanje *n*; vrsta *f*, zaporedje *n*, serija *f*; *~ leisten* ubogati, *einer Bitte itd. gl.* **folgen**
folgen slediti; naslediti; slediti iz; ubogati; *einer Einladung* sprejeti; *einer Bitte* ugoditi
folgend sledeči, naslednji
folgenschwer usoden

folgern sklepati (*aus* iz)
Folgerung *f*, **~**, **~en**, sklep *m*, sklepanje *n*
folglich torej
folgsam ubogljiv
Folter *f*, **~**, **~n**, mučenje *n*, muka *f*; *auf die ~ spannen* mučiti; *fig.* puščati v negotovosti
Folterkammer *f* mučilnica *f*
foltern mučiti
Fön *m*, **~s**, **~e**, sušilnik *m* za lase
Fond *m*, **~s**, **~s**, osnova *f*, ozadje *n*; zadnji sedež v avtu
Fonds *m*, ~, –, sklad *m*
foppen dražiti; imeti za norca
Förderband *n* transporter *m*
förderlich koristen, ugoden
fordern zahtevati, terjati
fördern podpirati (v razvoju), pospeševati; *Erz* pridobivati; *tehn.* transportirati
Forderung *f*, **~**, **~en**, zahteva *f*, terjatev *f*
Förderung *f*, **~**, **~en**, podpiranje *n*; transport *m*
Forelle *f*, **~**, **~n**, postrv *f*
Form *f*, **~**, **~en**, oblika *f*; model *m*; kalup *m*; forma *f*; *die ~ wahren* paziti na videz
Formel *f*, **~**, **~n**, formula *f*
formen (iz)oblikovati; modelirati
förmlich formalen, pravi
formlos brezobličen
forsch energičen, drzen; nagel
forschen raziskovati; *nach* iskati *(A)*
Forscher *m*, **~s**, **~**, raziskovalec *m*
Forschung *f*, **~**, **~en**, raziskovanje *n*
Forschungsarbeit *f* raziskava *f*
Forst *m*, **~es**, **~e**, gozd *m*
Förster *m*, **~s**, **~**, gozdar *m*
Forstwesen *n* gozdarstvo *n*
fort stran, proč; naprej; *in einem ~* neprekinjeno; *und so ~* in tako dalje; *sie sind ~* odšli so, ni jih več; *ich muß ~* iti moram
fort... *v sest. več.* stran / naprej
fortan odslej, poslej
fortbestehen* (še naprej) obstajati
fortbilden izobraževati (*sich* se)
fortfahren* nadaljevati; odpeljati (*v* / *i* se)
fortfallen* odpasti
fortführen odpeljati, nadaljevati
fortgehen* oditi; nadaljevati se
fortgeschritten na višji stopnji; *Krankheit* v razvitem štadiju
fortlaufend neprekinjen
fortpflanzen *sich* razmnoževati se
Fortpflanzung *f* razmnoževanje *n*
fortschaffen odstraniti, spraviti stran
Fortschritt *m*, **~s**, **~e**, napredek *m*; *~e machen* napredovati
fortschrittlich napreden
fortsetzen nadaljevati
Fortsetzung *f*, **~**, **~en**, nadaljevanje *n*
fortwährend kar naprej, stalno

fortziehen* *v/t* potegniti stran; *v/i* izseliti se
Fracht *f*, **~**, **~en,** tovor *m*; *v sest.* tovorni
Frachter *m*, **~s, ~,** tovorna ladja *f*
Frage *f*, **~**, **~n,** vprašanje *n*; *außer ~ stehen* biti izven dvoma, ne priti v poštev; *~in ~ kommen* priti v poštev; *in ~ stellen* dvomiti o; *ohne ~* brez dvoma, nedvomno
Fragebogen *m* vprašalnik *m*
fragen vprašati, spraševati; *es fragt sich, ob* vprašanje je, ali
Fragezeichen *n* vprašaj *m*
fraglich vprašljiv, dvomljiv, negotov; *Zeit itd.* tisti (dotični)
fraglos nedvomno
fragwürdig neprimeren, dvomljiv
Fraktur *f* gotica *f*
frank odkrit, prost; *~ und frei* odkrito, jasno
fraß *gl.* **fressen**
Fraß *m*, **~es,** –, krma *f*, žrtje *n*; škoda zaradi obžiranja
Fratze *f*, **~**, **~n,** spaka *f*; *~n schneiden* pačiti se
fratzenhaft grotesken
Frau *f*, **~**, **~en,** ženska *f*, žena *f*; gospa *f*
Frauenarzt *m*, ginekolog
Frauenzimmer *n* ženska *f*, ženščina *f*
Fräulein *n*, **~**, **~**, gospodična *f*
fraulich ženski
frech predrzen, izzivalen; nesramen
Frechheit *f*, **~**, **~en,** predrznost *f*, nesramnost *f*
frei prost; odkrit; neodvisen; *Beruf itd.* svoboden; *~ (Haus)* brezplačna dostava; *~ heraus* odkrito; *im Freien* na prostem
Freibad *n* kopališče *n* na prostem
freiberuflich v svobodnem poklicu
freien snubiti
Freier *m*, **~s, ~,** snubec
freigeben* izpustiti, dati prosto; ukiniti kontrolo nad
freigebig odprtih rok
Freigeist *m* svobodomislec *m*
freihalten* *jn* povabiti koga
Freiheit *f*, **~**, **~en,** svoboda *f*, prostost *f*; *in ~ setzen* izpustiti; *sich die ~ nehmen* dovoliti si
Freiheitskrieg *m* osvobodilna vojna *f*
Freiheitsstrafe *f* zaporna kazen *f*
Freiherr *m* baron *m*
Freikörperkultur *f* nudizem *m*
freilassen* izpustiti, osvoboditi
Freilauf *m* prosti tek *m*
freilegen razkriti, odkopati
freilich seveda
freimachen narediti / odpreti pot; *sich* vzeti prosto, odpovedati obveznosti
freimütig odkrit, odkritosrčen
freischaffend svoboden *(Beruf)*
Freispruch *m* oprostitev *m* (sodba)
freistehend prosto stoječ
Freitag *m* petek *m*

Freitod *m* samomor *m*
Freiwild *n fig.* brez zaščite, zunaj zakona
freiwillig prostovoljen
Freiwillige *m*, **~n, ~n** prostovoljec *m*
Freizeit *f* prosti čas *m*
freizügig velikopotezen
fremd tuj *(a. fig.); ich bin hier* ~ tu sem tujec; ~ *gehen* biti nezvest
fremdartig tuj, nenavaden
Fremde *f*, **~, –, tujina** *f*
Fremde *m, f*, **~n, ~n,** tujec *m*, tujka *f*
Fremdenführer *m* turistični vodič *m*
Fremdenverkehr *m* tujski promet *m*
Fremdenzimmer *n* tujska soba *f*
Fremdkörper *m* tujek *m*
Fremdsprache *f* tuj jezik *m*
Fremdwort *n* tujka *f*
Fresse *f vulg.* gobec *m*
fressen, *er* **frißt, fraß, gefressen** (po)žreti; razjedati; *zu ~ geben* krmiti z
Freude *f*, **~, ~n,** veselje *n*
Freuden... *več.* vesel, od veselja
Freudenhaus *n* bordel *m*
Freudenmädchen *n* prostitutka *f*
freudestrahlend žareč od veselja
freudig vesel, srečen
freudlos nevesel, mračen
freuen veseliti (*sich* se); *es freut mich* veseli me; *sich ~ auf* veseliti se nečesa (v prihodnosti); *sich über ~* česa
Freund *m*, **~es, ~e,** prijatelj *m*
freundlich prijazen
Freundschaft, ~, ~en, prijateljstvo *n*
freundschaftlich prijateljski
Frevel *m*, **~s, ~,** škoda *f*; zločin *m*
frevelhaft hudodelski, zločinski
Friede(n) *m*, **~ns, –,** mir *m*; laß mich in ~ daj mi mir
Friedensvertrag *m* mirovna pogodba *f*
friedfertig miroljuben
Friedhof *m* pokopališče *n*
friedlich miren, miroljuben
friedlos brez miru / obstanka
frieren, fror, gefroren, zmrzovati; *ich friere / mich friert* zebe me
frisch svež, nov; ~ *zu!* le naprej! *jn auf ~er Tat ertappen* zalotiti pri dejanju
Frist *f*, **~, ~en,** rok *m*
fristen *sein Leben* borno živeti
fristlos brez odpovednega roka, takoj
froh vesel, srečen
fröhlich vesel, dobre volje
frohlocken (glasno) se veseliti
fromm pobožen
Fron *f* tlaka *f*
frönen *(D)* predajati se *(D)*
Fronleichnam(sfest) sv. Rešnje telo
fror *gl.* **frieren**
Frosch *m*, **~es, ⸚e,** žaba *f*, žabica *f*
Frost *m*, **~s, ⸚e,** slana *f*, mraz *m*; mrzlica *f*; *fig.* hlad *m*
Frostbeule *f* ozeblina *f*
frösteln *es fröstelt mich* mrazi me; *er fröstelt* trepeče od mraza

frostig leden
frottieren otirati, otreti
Frucht *f*, **~, ¨e,** sad *m*, sadež *m*; plod *m (a. fig.)*; *Früchtchen pej.* huncvet *m*
fruchtbar ploden
Fruchtbarkeit *f* plodnost *f*
Fruchtsaft *m* sadni sok *m*
frugal *Kost* obilen
früh zgodaj; zjutraj; *von ~ bis spät* od jutra do večera; *früher* prej, nekoč; *früher oder später* prej ali slej
Frühe *f* jutro *n*; *in aller ~* navsezgodaj
Frühgeburt *f* nedonošenček *m*; prezgodnji porod *m*
Frühjahr *n*, **Frühling** *m* pomlad *f*
Frühstück *n* zajtrk *m*
frühstücken zajtrkovati
Frühzug *m* jutranji vlak *m*
Fuchs *m*, **~es, ¨e,** lisica *f*, lisjak *m (a. fig.)*; rdečerjav konj; *univ.* bruc *m*
fuchsteufelswild besen (kot hudič)
fuchteln kriliti, mahati
Fuge *f*, **~, ~n,** stik *m*; fuga *f*
fügen dati, zložiti; odrediti, urediti; *sich* podrediti se; prilagoditi se; *es fügt sich* nanese (tako / da)
fügsam poslušen
fühlbar občuten, otipljiv
fühlen čutiti, tipati; *sich (glücklich) ~* biti (srečen)
Fühler *m* **~s, ~,** tipalka *f*
Fühlung *f* stik *m*, kontakt *m*
fuhr *gl.* **fahren**
führen voditi; nositi; imeti pri sebi, imeti na zalogi; *Waffen* sukati; *sich gut ~* dobro se vesti; *Aufsicht* nadzorovati; *Klage ~* pritoževati se; *Krieg* vojskovati se; *Leben* živeti; *hinter das Licht* zavajati; *v / i* voditi, *Weg* peljati
führend vodilen
Führer *m*, **~s, ~,** vodič *m*, vodnik *m*; voditelj *m*; voznik *m*
Führerschein *m* vozniško dovoljenje *n*
Führung *f* vodstvo *n*, vodenje *n*; obnašanje *n*; *eines Titels* raba *f*; *in ~ liegen* voditi
Führungszeugnis *n* spričevalo o vedenju, karakteristika *f*
Fülle *f*, **~, ~n,** obilje *n*, obilica *f*; nadev *m*; *(des Leibes)* debelost *f*
füllen (na)polniti; nadeti; *Zahn* plombirati; *in Flaschen* ustekleničiti; *gefüllte Blume* polnjen, vrstnat cvet
Füllen *n*, **~s, ~,** žrebe *n*
Füller *m*, **Füllfederhalter** *m* nalivno pero *n*
Füllung *f* polnjenje *n*; polnilo *n*; panel *m*; nadev *m*; plomba *f*
Fund *m*, **~es, ~e,** najdba *f*; odkritje *n*
Fundgrube *f fig.* najdišče *n*, zlata jama *f*
fünf pet; *~ gerade sein lassen* iti preko (nečesa)
Fünf *f* petica *f*; *ocena; v Nemčiji* nezadostno
Fünfeck *n* peterokotnik *m*
fünfeckig peterokoten
fünferlei peter
fünffach peteren
Fünflinge *pl* peterčki *pl*

fünfmal petkrat
fünfhundert petsto
fünfjährig petleten
fünfjährlich na pet let
fünfte peti; *zum ~n Mal* petič
Fünftel *n*, **~s, ~,** petina *f*
fünftens petič
fünfzehn petnajst
fünfzig petdeset
Fünfziger *m* petdesetak *m*; petdesetletnik *m*
fünfzigste petdeseti
Funk *m*, **~s,** –, radio *m*; radiotelegrafija *f*
Fünkchen *n fig.* troha *f*
Funke(n) *m*, **~ns, ~n,** iskra *f*
funkeln iskriti, lesketati se
funkelnagelneu popolnoma nov
Funker *m*, **~s, ~,** radiotelegrafist *m*
Funkturm *m* televizijski stolp *m*
für za; po (*bekannt ~* poznan po); *Jahr ~ Jahr* leto za letom; *ich für meine Person* kar se mene tiče; *für sich* za sebe, pri sebi; *an und ~ sich* pravzaprav; *was für ein* kakšen
Fürbitte *f* priprošnja *f*
Furche *f*, **~, ~n,** brazda *f*
Furcht *f*, **~,** –, strah, bojazen *f*; *in ~ setzen* prestrašiti
furchtbar strašen, grozen
fürchten *(A)* bati se *(G)*, *sich ~* bati se
fürchterlich grozoten
furchterregend grozo zbujajoč
furchtlos neustrašen
furchtsam plah
Fürsorge *f* skrb *f*; skrbstvo *n*
Fürsorgeamt *n* socialno skrbstvo *n*
Fürsprache *f* priprošnja *f*
Fürst *m*, **~en, ~en,** knez *m*, vladar *m*
Fürstengeschlecht *n* dinastija *f*
Fürstentum *n* kneževina *f*
Fürstin *f* kneginja *f*, vladarica *f*
Furt *f*, **~, ~en,** brod *m*
Fürwort *n* zaimek *m*
Fuß *m* **~es, £e,** noga *f*; *Maß* čevelj *m*; festen ~ fassen ustaliti se; *auf freien ~ setzen* izpustiti; *zu ~* peš
Fußabtreter *m* predpražnik *m*
Fußball *m* nogomet *m*
Fußbekleidung *f* obutev *f*
Fußboden *m* pod *m*, tla *pl*
Fußbremse *f* nožna zavora *f*
fußen temeljiti (na)
Fußgänger *m* pešec *m*
Fußnote *f* opomba *f*
Fußschemel *m* pručka *f*
Fußsohle *f* podplat *m*
Futstapfe *f* stopinja *f*
Fußtritt *m* brca *f*
Futter *n* hrana *f*, krma *f*; podloga *f*
füttern krmiti; hraniti; *Kleid* podložiti

G

gab *gl.* **geben**

Gabe *f*, **~, ~n,** dar *m*; *gl. tudi* **geben**

Gabel *f*, **~, ~n,** vilice *pl*

gabeln razcepiti, razdeliti

gackern kokodakati

gähnen zehati

Galgen *m*, **~s, ~,** vislice *pl*

Galgenfrist *f* zadnji odlog *m*

Galgenhumor *m* obešenjaški humor *m*

Galle *f*, **~, ~n,** *žolč m*; *bot.* šiška *f*

gallertartig zdrizast

gallig žolčen

galt *gl.* **gelten**

Gang *m*; **~s, £e,** hoja *f*; *fig.* gibanje *n*, premikanje *n*; *Maschine* tek *m*; potek *m*; hodnik *m*; *Box* runda *f*; *Auto* prestava *f*; *in ~ setzen / bringen* sprožiti; *im ~e sein* gibati se, *fig.* teči; *gang und gäbe* običajen

gangbar *Weg* pohoden; *Geld* v obtoku; običajen, možen

gängeln imeti pod copato

Gans *f*, **~, £e,** gos *f*

Gänseblümchen *n* marjetica *f*

Gänsehaut *f* kurja polt *f*

Gänsemarsch *m* gosji red *m*

Gänserich *m*, **~s, ~e,** gosak *m*

ganz ves, cel; popoln; *von ~em Herzen* od (vsega) srca; *adv.* čisto, povsem; kar; *er ist ~ Ohr* sama ušesa so ga; *ganz und gar* popolnoma; *ganz und gar nicht* nikakor ne

Ganze *n*, **~n,** –, celota *f*; vse

gänzlich popoln; popolnoma, sploh

Ganztagsbeschäftigung *f* celodnevna zaposlitev *f*

gar gotov (kuhan, pečen)

gar *adv.* zelo, celo, sploh; kaj šele, pa; *doch nicht ~ tot* pa venar ne mrtev; *gar zu* kar najbolj; pa *(warum nicht gar ...)*

Garage *f*, **~, ~n,** garaža *f*

Gardine *f*, **~, ~n,** zavesa *f*; *hinter schwedischen ~n* za zapahi

Gardinenpredigt *f* leviti *pl*

gären, gärte / gor, gegärt / gegoren, vreti

Garn *n*, **~s, ~e,** nit *f*, sukanec *m*, preja *f*; *ins ~ gehen* iti na limance

garstig grd

Garten *m*, **~s, £,** vrt *m*

Gartenbau *m* vrtnarstvo, *v sest.* vrtnarski

Gärtner *m*, **~s, ~,** vrtnar *m*

Gärtnerei *f*, **~, ~en,** vrtnarija *f*

Gärung *f* vrenje *n*

Gas *n*, **~es, ~e,** plin *m*; *v sest.* plinski

Gasanstalt *f* plinarna *f*

gasartig plinast

Gasse *f*, **~, ~n,** ulica *f*

Gast *m*, **~s, £e,** gost *m*, obiskovalec *m*

Gastarbeiter *m* zdomec *m*
gastfreundlich gostoljuben
Gastgeber *m* gostitelj *m*
Gasthaus *n*, **Gasthof** *m*, gostilna *f*
gastieren gostovati
gastlich gostoljuben
Gastspiel *n* gostovanje *n*
Gaststätte *f*, gostišče *n*
Gastwirt *m* gostilničar *m*
Gatte *m*, **~n, ~n,** soprog *m*
Gattin *f*, **~, ~nen,** soproga *f*
Gattung *f*, **~, ~en,** vrsta *f*, *bio.* rod *m*
Gau *m*, **~s, ~e,** okrožje *n*
Gaukler *m*, **~s, ~,** rokohitrc *m*, žongler *m*
Gaul *m*, **~s, £e,** konj *m*, kljuse *n*
Gaumen *m*, **~s, ~,** nebo *n*; *fig.* okus *m*
Gauner *m*, **~s, ~,** slepar *m*
Geächtete *m*, **~n, ~n,** izobčenec *m*
geartet *anders ~ sein* biti čisto drugačen
Gebäck *n*, **~s, ~e,** pecivo *n*
gebacken *gl.* **backen**
gebar *gl.* **gebären**
Gebärde *f*, **~, ~n,** gesta *f*, kretnja *f*
gebärden *sich* nositi se, obnašati se
gebären, *sie* **gebiert, gebar, geboren** roditi, porajati
Gebärmutter *f* maternica *f*
Gebäude *n*, **~s, ~,** zgradba *f*
Gebein *n*, **~s, ~e,** kosti *pl*; okostje *n*
Gebell *n*, **~s, –,** lajež *m*
geben *er* **gibt, gab, gegeben,** dati, dajati; *er wird (einen guten Arzt) geben* bo ...; prirediti, uprizoriti; *sich ~* (pre)dati se, obnašati se; popustiti, unesti se; *Gelegenheit* pokazati se; *es gibt* je, so; *morgen gibt es* jutri bo
Geber *m*, **~s, ~,** dajalec *m*
Gebet *n*, **~s, ~e,** molitev *f*
gebeten *gl.* **bitten**
Gebiet *n*, **~s, ~e,** področje *n*
gebieten* ukazovati, zaukazati; *Achtung usw.* terjati
Gebieter *m*, **~s, ~,** zapovednik *m*
gebieterisch ukazovalen
Gebilde *n* tvorba *f*
gebildet izobražen, omikan
Gebirge *n*, **~s, ~,** pogorje *n*, gorovje *n*
gebirgig gorat, hribovit
Gebiß *n*, **(ss)es, (ss)e,** zobovje *n*; umetno zobovje
gebissen *gl.* **beißen**
geblasen *gl.* **blasen**
geblieben *gl.* **bleiben**
geblümt rožast
Geblüt *n*, **~s, –,** kri *f*, *(fig.)* rod *m*
geboren *gl.* **gebären**
geboren *adj.* rojen, po rodu
geborgen *gl.* **bergen;** *adj.* varen
geborsten *gl.* **bersten**
Gebot *n*, **~s, ~e,** zapoved *f*; načelo *n*; ponudba *f* (pri dražbi); *jm zu ~e stehen* biti na razpolago
geboten *gl.* **bieten**
gebracht *gl.* **bringen**
gebrannt *gl.* **brennen**
gebraten *gl.* **braten**
Gebräu *n*, **~s, ~e,** zvarek *m*
Gebrauch *m*, **~s, £e,** raba *f*; uporabljanje *n*
gebrauchen rabiti, uporabljati; *äußerlich zu ~* zunanje

gebrauchs... *več.* uporabni
Gebrauchsanweisung *f* navodilo *n* za uporabo
gebrauchsfertig gotov, pripravljen
Gebrauchtwagen *m* rabljen avto *m*
Gebrechen *n*, **~s, ~,** tegoba *f*
gebrechlich krhek
gebrochen *gl.* **brechen**
Gebrüder *pl* bratje
Gebrüll *n*, **~s,** –, rjovenje *n*
Gebühr *f*, **~, ~en,** pristojbina, taksa *f*; *nach ~* po zasluženju
gebühren pripadati, iti (komu); *sich ~* spodobiti se
gebührend primeren, zaslužen
gebührenfrei prosto pristojbin
gebunden *gl.* **binden;** *adj.* (z)vezan
Geburt *f*, **~, ~en,** rojstvo *n*, porod *m*
Geburtenregelung *f* kontrola *f* rojstev
gebürtig *aus* po rodu iz
Geburtenhelfer *m* porodničar *m*
Geburts... rojstni ali porodni
Geburtstag *m* rojstni dan *m*
Gebüsch *n*, **~es, ~e,** grmovje *n*
Geck *m*, **~en, ~en,** gizdalin *m*
gedacht *gl.* **denken;** *adj.* mišljen, imaginaren
Gedächtnis *n* spomin *m*; pomnjenje *n*
Gedanke *m*, **~n, ~n,** misel *f*, ideja *f*; *in ~n* zamišljen; *um einen Gedanken zu (groß itd.)* za spoznanje pre ...; *sich ~n machen über* delati si skrbi zaradi; *sich mit dem ~n tragen* nameravati
Gedanken... *v sest.* miselni
gedankenlos nepremišljen
Gedankenstrich *m* pomišljaj *m*
Gedärm *n* drobovje *n*
Gedeck *n*, **~s, ~e,** pogrinjek *m*
gedeihen, gedieh, gediehen, uspevati; posrečiti se
gedenken* spomniti se, spominjati se; *~ zu tun* nameravati
Gedenkfeier *f* komemoracija *f*
Gedenktafel *f* spominska plošča *f*
gedeucht *gl.* **dünken**
Gedicht *n*, **~s, ~e,** pesem *f*; *v sest.* pesniški, ... pesmi
gedieh *gl.* **gedeihen**
Gedränge *n*, **~s, ~,** gneča *f*
gedrängt zgoščen
gedroschen *gl.* **dreschen**
gedrückt *fig.* potrt
gedrungen *gl.* **dringen;** *adj.* čokat; zgoščen
Geduld *f*, **~,** –, potrpljenje *n*
gedulden *sich* potrpeti
geduldig potrpežljiv
gedungen *adj.* najet, plačan
gedunsen zabuhel
gedurft *gl.* **dürfen**
geeignet primeren
Gefahr *f*, **~, ~en,** nevarnost *f* *auf eigene ~* na lastno odgovornost
gefährden ogroziti, ogrožati
gefahren *gl.* **fahren**
gefährlich nevaren
Gefährte *m*, **Gefährtin** *f*, tovariš *m*, tovarišica *f*, sodrug *m*

Gefälle *n*, **~s, ~,** padec *m*; razpon *m*; *pl* dajatve
Gefallen *m*, **~s, ~,** usluga *f*; *~ finden (ich finde ~ an* všeč mi je *N)*
gefallen *gl.* **fallen, gefallen**
gefallen* biti všeč; *sich ~ lassen* pustiti si, dovoliti si
gefällig ustrežljiv; prijeten, privlačen
Gefälligkeit *f* prijaznost *f*, usluga *f*
gefangen *gl.* **fangen,** *adj.* ujet; *~ halten* imeti v zaporu; *~ nehmen* ujeti, *fig.* osvojiti
Gefangene *m*, *f*, **~n, ~n,** (u)jetnik *m*, -ca *f*
Gefangenschaft *f* ujetništvo *n*
Gefängnis *n*, **~ses, ~se,** ječa *f*, zapor *m*
Gefäß *n*, **~es, ~e,** posoda *f*
gefaßt miren; *~ auf* pripravljen na
Gefecht *n*, **~s, ~e,** bitka *f*; *außer ~ setzen* onesposobiti
gefeit *gegen* varen pred
Gefieder *n*, **~s, ~,** *perje n*
gefleckt lisast, pikast
geflochten *gl.* **flechten**
geflogen *gl.* **fliegen**
geflohen *gl.* **fliehen**
geflossen *g.* **fließen**
Geflügel *n*, **~s,** –, perutnina *f*
Geflüster *n*, **~s,** –, šepet *m*
gefochten *gl.* **fechten**
Gefolge *n*, **~s, ~,** spremstvo *n*; *fig.* privrženci *pl*
gefräßig požrešen
gefressen *gl.* **fressen**
gefrieren* zamrzniti
gefroren *gl.* **frieren**
Gefrorene(s) *n*, **~n, ~n** sladoled *m*
gefügig voljan, poslušen
Gefühl *n*, **~s, ~e,** občutek *m*, čustvo *n*
gefühllos brezčuten, brezsrčen
gefunden *gl.* **finden**
gegangen *gl.* **gehen**
gegeben *gl.* **geben**
gegen proti; *(schlagen itd.)* ob, po; *(freundlich ~)* do, nasproti; *(~ Geld)* za; *(~ die Vernunft)* v nasprotju z; *~ 15* približno 15
Gegen... proti ..., nasprotni
Gegend *f*, **~, ~en,** pokrajina *f*; okoliš *m*; smer *f* neba; *in der Gegend des Magens* pri želodcu
gegeneinander drug proti drugemu, eden drugega itd.
Gegenliebe *f* vračanje ljubezni
Gegenpartei *f* nasprotna stranka *f*
Gegensatz *m* nasprotje *n*; *im ~ zu* v nasprotju z
gegensätzlich nasproten; nasprotujoč si
gegenseitig vzajemen, obojestranski
Gegenstand *m*, **~s, £e,** predmet *m*
gegenstandslos brezpredmeten
Gegenteil *n* nasprotje *n*
gegenüber nasproti
gegenüberstehen* *(feindlich itd.)* biti (sovražen itd.) do
gegenüberstellen postaviti nasproti; soočiti z
Gegenwart *f* sedanjost *f*; navzočnost *f*
gegenwärtig navzoč; seda-

nji; *adv.* sedaj; ~ *haben* imeti v spominu
gegenzeichnen sopodpisati
gegessen *gl.* **essen**
geglichen *gl.* **gleichen**
gegliedert razčlenjen
geglitten *gl.* **gleiten**
geglommen *gl.* **glimmen**
Gegner *m*, **~s, ~,** nasprotnik *m*
gegnerisch nasproten; nasprotnikov
Gegnerschaft *f* nasprotniki *pl*; nasprotovanje *n*
gegolten *gl.* **gelten**
gegoren *gl.* **gären**
gegossen *gl.* **gießen**
gegraben *gl.* **graben**
gegriffen *gl.* **greifen**
Gehalt *m*, **~s, ~e,** vsebina *f*, vsebnost *f*
Gehalt *n*, **~s, ⁓er,** plača *f*
gehalten *gl.* **halten;** ~ *sein zu* biti obvezan
gehaltlos prazen
gehangen *gl.* **hängen** *(v / i)*
geharnischt *fig.* oster
gehässig zlohoten, zloben
gehauen *gl.* **hauen**
Gehäuse *n* ohišje *n*; *(Schnecke)* hiša *f*; *(Obst)* pečišče *n*
Gehege *n* ograda *f*; *ins ~ kommen* hoditi v zelje
geheim tajen; ~ *halten* držati v tajnosti; *v sest.* tajni
Geheimdienst *m* tajna služba
Geheimnis *n* skrivnost *f*
geheimnisvoll skrivnosten
geheißen *gl.* **heißen**
gehen, ging, gegangen, iti, hoditi; *Teig* vzhajati; *Tür* odpirati se; ~ *an (A)* lotiti se *(G)*; ~ *bis an / zu* segati do; *vor sich ~* goditi, dogajati se; *gehen gegen (A)* biti proti *(D)*; *die Fenster ~ auf die Straße* so obrnjena; *wenn es nach mir ginge* če bi bilo po mojem; *geh doch!* beži no! *es geht nichts über* ni ga čez
gehenlassen* pustiti oditi; pustiti pri miru; *sich ~* zanemariti se, ne obvladati se
geheuer *nicht ~* grozljiv; sumljiv; neprijeten
Gehilfe *m*, **~n, ~n,** pomočnik *m*
Gehirn *n*, **~s, ~e,** možgani *pl*
Gehirnerschütterung pretres *m* možganov
gehoben *gl.* **heben**; *adj.* privzdignjen, visok; višji
geholfen *gl.* **helfen**
Gehölz *n*, **~es, ~e,** hosta *f*; drevo *n*, grm *m*
Gehör (po)sluh *m*; *fig.* uho; *jm ~ schenken* poslušati koga
gehorchen ubogati
gehören pripadati, biti last; ~ *zu* spadati k; biti potreben; *sich ~* spodobiti se
gehörig *gl.* **gehören;** primeren; *adv. fig.* pošteno
gehorsam pokoren
Gehorsam *m*, **~s,** –, pokorščina *f*
Gehsteig *m* pločnik *m*
Geier *m*, **~s, ~,** jastreb *m*
Geige *f*, **~, ~n,** violina *f*
geil pohoten; masten; *Pflanze* bohoten, podivjan
Geisel *f*, **~, ~n,** talec *m*
Geißel *f*, **~, ~n,** bič *m*
geißeln bičati
Geist *m*, **~s, ~er,** duh *m*; **~e**

alkohol *m*, žganje *n*; *den ~ aufgeben* izdihniti
geistesabwesend raztresen, odsoten
Geistesgegenwart *f* prisebnost *f*
geisteskrank duševno bolan
Geisteskrankheit *f* duševna bolezen *f*
geistesschwach omejen, podpovprečen
Geisteswissenschaften *pl* duhoslovne vede *pl*
geistig duhoven; duševen; *Getränk* alkoholičen
geistlich duhoven, duhovniški
Geistliche *m*, **~n, ~n,** duhovnik *m*
geistlos neumen, dolgočasen; omejen
geistreich duhovit
Geiz *m*, **~es,** –, skopost *f*
geizen *mit* skopariti (z)
Geizhals *m* skopuh *m*
geizig skop, skopuški
Geizkragen *m* skopuh *m*
gekannt *gl.* **kennen**
geklommen *gl.* **klimmen**
geklungen *gl.* **klingen**
gekniffen *gl.* **kneifen**
gekommen *gl.* **kommen**
gekonnt *gl.* **können;** *adj.* mojstrski
Gekritzel *n*, **~s,** –, čačke *pl*
gekrochen *gl.* **kriechen**
Gelächter *n*, **~s, ~,** smeh *m*, krohot *m*
geladen *gl.* **laden**
Gelage *n*, **~s, ~e,** pojedina, *pej.* požrtija *f*
Gelände *n*, **~s, ~,** teren *m*, zemljišče *n*
Geländer *n*, **~s, ~,** ograja *f*
gelang *gl.* **gelingen**
gelangen prispeti, priti do
gelassen *gl.* **lassen;** *adj.* miren, hladnokrven
gelaufen *gl.* **laufen**
geläufig običajen; *jm ~* znan
gelaunt *gut / übel* dobre / slabe volje
gelb rumen
Gelb(e) *n* rumeno, rumenjak *m*
gelblich rumenkast
Gelbsucht *f*, **~,** –, zlatenica *f*
Geld *n*, **~(e)s, ~er,** denar *m*; *v sest.* denarni; *zu ~ machen* prodati
Geldgeber *m* financer *m*
Geldschein *m* bankovec *m*
Geldschrank *m* železna blagajna *f*; trezor *m*; sef *m*
Geldstück *n* kovanec *m*
Geldtasche *f* denarnica *f*
Gelee *n*, **~s, ~s,** žele *m*
gelegen *gl.* **liegen;** *adj.* primeren, pravi, ugoden; *~ kommen* priti ravno prav
Gelegenheit *f*, **~, ~en,** prilika *f*, priložnost *f*; *Koch..., Bade...* možnost kuhanja itd.
Gelegenheits... priložnostni
gelegentlich priložnosten, slučajen; *adv.* ob priliki; *prp.* ko, ob
gelehrig dobre glave; poslušen
gelehrt učen
Gelehrte *m*, **~n, ~n,** učenjak *m*, znanstvenik *m*
Geleise *n*, **~s, ~,** tir *m*, tračnice *pl*
Geleit *n*, **~s, ~e,** spremstvo *n*; *das ~ geben* (po)spremiti
geleiten popeljati, spremljati
Gelenk *n* sklep *m*; člen *(Kette) m*

gelenkig gibčen, okreten
gelernt kvalificiran
gelesen *gl.* **lesen**
Geliebte *m*, *f*, **~n, ~n,** ljubček *m*, ljubica *f*
geliehen *gl.* **leihen**
gelieren želirati, strditi se (v žele, žolico)
gelingen, gelang, gelungen uspeti, posrečiti se
gelitten *gl.* **leiden**
gellend predirljiv
geloben obljubiti, priseči; *das gelobte Land* obljubljena dežela
gelogen *gl.* **lügen**
gelt? kaj ne?
gelten, *er* **gilt, galt, gegolten,** veljati *(als / für* za); biti vreden; *es gilt ...* gre za, treba je; *~d machen* uveljaviti, uveljavljati (*sich* se)
Geltung *f*, **~, ~en,** veljava *f*; *zur ~ bringen* uveljaviti, izraziti; *zur ~ kommen* uveljaviti se, priti do veljave
Gelübde *n*, **~s, ~,** zaobljuba *f*
gelungen *gl.* **gelingen;** *adj.* posrečen
gemächlich zložen
Gemahl *m* (**-in** *f*) soprog *m*, (**-a** *f*)
Gemälde *n*, **~, ~,** slika *f*
gemäß *adj.* ustrezen, primeren; *prp.* v skladu z, po
gemäßigt zmeren
gemein navaden; prostaški; nizkoten; *~er Soldat* prostak; *v sest.* skupni
Gemeinde *f*, **~, ~n,** občina *f*, verniki *pl*; *v sest.* občinski
Gemeinheit *f*, **~, ~en,** nizkotnost *f*
gemeinhin nasploh, običajno
gemeinnützig splošno koristen
Gemeinplatz *m* banalnost *f*, puhlica *f*
gemeinsam skupen
Gemeinschaft *f*, **~, ~en,** skupnost *f*
gemeinschaftlich skupen, obojestranski
Gemeinschaftserziehung *f* koedukacija *f*
Gemeinschaftsverpflegung *f* družbena prehrana *f*
gemeinverständlich splošno razumljiv
Gemenge *n*, **~s, ~,** prerivanje *n*; *kem.* zmes *f*
gemessen umirjen, dostojanstven; primeren
Gemetzel *n*, **~s, ~,** klanje *n*
gemieden *gl.* **meiden**
Gemisch *n*, **~es, ~e,** mešanica *f*, zmes *f*
gemocht *gl.* **mögen**
gemolken *gl.* **melken**
Gemüse *n*, **~s, ~,** zelenjava *f*
gemußt *gl.* **müssen**
gemustert vzorčast
Gemüt *n*, **~s, ~er,** narava *f*, duša *f*; *pl* duhovi *pl*; *sich etw. zu ~e führen* pojesti, popiti, *fig.* vzeti k srcu
gemütlich udoben; *Mensch* dobrodušen
gemütskrank melanholičen
gemütsvoll čustven
genannt *gl.* **nennen**
genas *gl.* **genesen**
genau natančen, točen; *~ genommen* pravzaprav; *es ~ nehmen* biti natančen
Genaueres *n* podrobnosti *pl*
Genauigkeit *f* natančnost *f*, točnost *f*

Gendarm *m* žandar *m*
genehm prijeten, prikladen; pogodu
genehmigen dovoliti; privoliti v
Genehmigung *f* dovoljenje *n*
geneigt nagnjen k, naklonjen
General... generalni, splošni, general...
Generalprobe *f* generalka *f*
Generalstreik *m* splošna stavka *f*
generell splošno, nasploh
genesen, genas, genesen, okrevati, ozdraveti
Genesung *f*, **~, ~en** okrevanje *n*
Genick *n*, **~s, ~e,** tilnik *m*
genießbar užiten
genießen, genoß, genossen, uživati, užiti
genommen *gl.* **nehmen**
genoß *gl.* **genießen**
Genosse *m*, **~n, ~n,** tovariš *m*
Genossin *f*, **~, ~nen,** tovarišica *f*
genossen *gl.* **genießen**
Genossenschaft *f* zadruga *f*
genug dovolj, zadosti; *widerwillig ~* (do)kaj (nerad); *nicht ~ daß* ne le
genügen zadoščati; zadostiti; *sich etw. ~ lassen* zadovoljiti se z
genügend dovolj, zadosti; zadostno
genügsam skromen
Genugtuung *f* zadoščenje *n*
Genuß *m*, **~(ss)es, £(ss)e,** užitek *m*, uživanje *n*
Gepäck *n*, **~s, ~e,** prtljaga *f*
Gepäckannahme *f* sprejem *m* prtljage
Gepäckausgabestelle *f* izdajanje *n* prtljage
Gepäckträger *m*, **~s, ~,** postrešček *m*; *(Auto)* prtljažnik *m* (na strehi)
gepfiffen *gl.* **pfeifen**
gepflegt negovan; eleganten
gepflogen *gl.* **pflegen**
Gepräge *n*, **~s, ~,** kov *m*; *fig.* pečat *m*
gepriesen *gl.* **preisen**
gequollen *gl.* **quellen**
gerade *adj.* raven, odkrit, pošten; pokončen; *Zahl* sodo število; *adv.* ravno, prav, pravkar
Gerade *f*, **~n, ~n,** premica *f*, ravna črta
geradeaus naravnost (naprej)
geradeheraus naravnost, odkrito
geradestehen* stati zravnano; *fig. für* biti porok za
geradezu naravnost
gerannt *gl.* **rennen**
Gerät *n*, **~s, ~e,** orodje *n*, naprava *f*, aparat *m*
geraten, *er* **gerät, geriet, geraten** priti v, znajti se v; pasti v; posrečiti se, uspevati; *nach jm ~* vreči se po; *aneinander ~* spopasti se
geraten *gl.* **raten, geraten,** *adj.* uspešen, dobro vzgojen
Geratewohl *aufs ~* na slepo srečo
geräumig prostoren, velik; *Zeit* dolg
Geräusch *n*, **~es, ~e,** šum *m*; hrup *m*
gerben strojiti
gerecht pravičen; *~ werden*

ustrezati; *(sein)* biti pravičen do
Gerede *n*, **~s,** –, govorjenje *n*, govoričenje *n*; opravljanje *n*; *ins ~ kommen* priti v zobe
gereizt razdražen
Gericht *n*, **~s, ~e,** jed *f*; *jur.* sojenje *n*, sodišče *n*; *zu ~ sitzen* razsojati
gerichtlich sodni
Gerichts... sodni
Gerichtshof *m* sodišče *n*
Gerichtsvollzieher *m* rubežnik *m*
gerieben *gl.* **reiben;** *adj. fig.* pretkan, prekanjen
gering majhen; slabši; *~ denken von* slabo misliti o
geringachten ne spoštovati, podcenjevati
geringfügig neznaten
Geringschätzung *f* zaničevanje *n*
gerinnen* sesiriti se; *Blut* strditi se
Gerinnsel *n*, **~s, ~,** strdek *m*, trombus *m*
Gerinnung *f* koagulacija *f*
Gerippe *n*, **~s, ~,** okostje *n*; okostnjak *m*; ogrodje *n*
gerissen *gl.* **reißen;** *adj. fig.* pretkan, zvit
geritten *gl.* **reiten**
gern rad; *~ haben* imeti rad; *~ geschehen!* malenkost!
gerochen *gl.* **riechen**
geronnen *gl.* **rinnen, gerinnen**
Gerste *f*, **~,** –, ječmen *m*
Geruch *m*, **~s, ⁓e,** duh *m*, smrad *m*; *(Sinn)* voh *m*; *im ~ stehen* biti na glasu
geruchlos brez duha, nedišeč
Gerücht *n*, **~s, ~e,** govorica *f*
gerufen *gl.* **rufen;** *wie ~* kot nalašč
geruhen blagovoliti
Gerümpel *n*, **~s,** –, ropotija *f*
gerungen *gl.* **ringen**
Gerüst *n*, **~s, ~e,** ogrodje *n*, oder *m*
gesamt celoten, ves, celokupen
Gesamtausgabe *f* zbrana dela *pl*
Gesamtheit *f* celokupnost *f*; skupnost *f*
gesandt *gl.* **senden**
Gesandte *m*, **~n, ~n,** poslanik *m*
Gesandtschaft *f* poslaništvo *n*
Gesang *m*, **~s, ⁓e,** petje
Gesangbuch *n* pesmarica *f*
Gesäß *n*, **~es, ~e,** sedalo *n*, zadnjica *f*
geschaffen *gl.* **schaffen**
Geschäft *n*, **~s, ~e,** trgovina *f*; posel *m*; potreba *f*
geschäftig aktiven, prizadeven, neutruden
geschäftlich posloven, trgovski
Geschäfts... posloven, trgovski
Geschäftsmann *(pl. ...leute)* *m* trgovec *m*
Geschäftsordnung *f* dnevni red *m*
geschah *gl.* **geschehen**
geschehen *es* **geschieht, geschah, geschehen;** zgoditi se, dogoditi se; *~ lassen* dopustiti; *es ist um mich ~* konec je z menoj; *es geschieht ihm recht* prav mu je
gescheit pameten

Geschenk *n*, **~s, ~e,** dar *m*, darilo *n zum ~ machen* podariti
Geschichte *f*, **~, ~n,** zgodba *f*, pripoved *f*; zgodovina *f*; *fig.* reč *f*; *eine schöne ~!* lepa reč!
geschichtlich zgodovinski
Geschick *n*, **~s, ~e,** usoda *f*; spretnost *f*
geschickt spreten, sposoben
geschieden, *gl.* **scheiden;** *adj.* ločen
geschienen *gl.* **scheinen**
Geschirr *n*, **~s, ~e,** posoda *f*; (konjska) oprava *f*
geschissen *gl.* **scheißen**
geschlafen *gl.* **schlafen**
geschlagen *gl.* **schlagen;** *adj.* premagan; *Stunde* poln
Geschlecht *n*, **~s, ~er,** spol *m*; rod *m*; generacija *f*
Geschlechts... spolni
geschlechtlich spolni
Geschlechtsverkehr *m* spolno občevanje *n*
Geschlechtswort *n* spolnik *m*
geschlichen *gl.* **schleichen;** *~ kommen* priplaziti se
geschliffen *gl.* **schleifen;** *adj.* brušen
geschlossen *gl.* **schließen;** *adj. Ort* strnjen; sklenjen; zaprt; *Gesellschaft* zaključen; *sie kommen ~* pridejo vsi, polnoštevilno
geschlungen *gl.* **schlingen**
Geschmack *m*, **~s, ⸗e,** okus *m*; *ich finde ~ an (D)* všeč mi je *(A)*
geschmacklos brez okusa; *fig.* neokusen
geschmackvoll okusen
geschmeidig gibčen, prožen; voljen
geschmissen *gl.* **schmeißen**
geschmolzen *gl.* **schmelzen**
Geschnatter *n* gaganje *n*; *fig.* regljanje *n*
geschnitten *gl.* **schneiden**
geschnoben *gl.* **schnauben**
geschoben *gl.* **schieben**
gescholten *gl.* **schelten**
Geschöpf *n*, **~s, ~e,** bitje *n*, stvor *m*
geschoren *gl.* **scheren**
Geschoß *n*, **~(ss)es, ~(ss)e,** izstrelek *m*, krogla *f*; *(Haus)* nadstropje *n*, etaža *f*
geschossen *gl.* **schießen**
Geschrei *n*, **~s,** –, kričanje *n*; *fig.* krik *m*, vik *m*
geschrieben *gl.* **schreiben**
geschritten *gl.* **schreiten**
geschunden *gl.* **schinden**
Geschütz *n*, **~es, ~e,** top *m*; težko strelno orožje *n*
Geschwader *n*, **~s, ~,** flota *f*, flotilja *f*
Geschwätz *n* čvekanje *n*
geschwätzig klepetav
geschweige *(denn)* kaj šele
geschwiegen *gl.* **schweigen**
geschwind urno, hitro
Geschwindigkeit *f* hitrost *f*
Geschwindigkeitsbegrenzung *f* omejitev hitrosti
Geschwister *pl* bratje in sestre
geschwisterlich bratski
geschwollen *gl.* **schwellen;** *adj.* otekel; *fig.* patetičen
geschwommen *gl.* **schwimmen**
geschworen *gl.* **schwören**
Geschworene *m*, *f*, **~n, ~n,** porotnik *m*, ~ca *f*

Geschwulst *f*, **~, ::e,** oteklina *f*, bula *f*
geschwunden *gl.* **schwinden**
geschwungen *gl.* **schwingen**
Geschwür *n*, **~s, ~e,** bula *f*, tvor *m*; *(Magen...)* čir *m*; *fig.* rana *f*
gesehen *gl.* **sehen**
Gesell(e) *m*, **~en, ~en,** tovariš *m*; *(Handwerks...)* pomočnik *m*
gesellen pridružiti (*sich* se)
gesellig družaben
Gesellschaft *f*, **~, ~en,** družba *f*
gesellschaftlich družben
Gesellschaftsordnung *f* družbeni red *m*
gesessen *gl.* **sitzen**
Gesetz *n*, **~es, ~e,** zakon *m*
Gesetzbuch *n* zakonik *m*
gesetzgebend zakonodajni
gesetzlich zakonit, zakonski; *adv.* (*~ geschützt)* z zakonom
gesetzlos brez zakona, anarhičen
gesetzmäßig zakonit, statutaren; po predpisih
gesetzt umirjen; *~ den Fall* v primeru da
gesetzwidrig protizakonit
Gesicht *n*, **~s, ~er,** obraz *m*, izraz *m*; *(Sinn)* vid *m*; privid *m*, prikazen *f*; *~er ziehen / schneiden* spakovati se; *fig. sein ~ wahren* čuvati ugled; *wie aus dem ~ geschnitten* podoben kot jajce jajcu
Gesichtspunkt *m* stališče *n*, gledišče *n*
Gesindel *n*, **~s, ~,** sodrga *f*
Gesinnung *f*, **~, ~en,** mišljenje *n*; prepričanje *n*
gesoffen *gl.* **saufen**
gesogen *gl.* **saugen**
gesonnen *gl.* **sinnen;** *gut ~* prijateljsko razpoložen do; *~ sein* imeti namen
gesotten *gl.* **sieden**
Gespann *n*, **~, ~e,** vprega *f*; *fig.* par *m*
gespannt napet *(a. fig.)*; *~ sein auf* napeto pričakovati
Gespenst *n*, **~s, ~er,** duh *m*, prikazen *f*
gespensterhaft, gespenstisch kot prikazen, grozljiv
gespien *gl.* **speien**
gesponnen *gl.* **spinnen**
Gespräch *n*, **~s, ~e,** pogovor *m*
gesprächig zgovoren
gespreizt *fig.* afektiran
gesprochen *gl.* **sprechen**
gesprossen *gl.* **sprießen**
gesprungen *gl.* **springen;** počen
Gestalt *f*, **~, ~en,** postava *f*, lik *m*; podoba *f*; oblika *f*
gestalten oblikovati; *sich* izoblikovati se; biti
Gestaltung *f* oblikovanje *n*; oblika *f*, podoba *f*
gestanden *gl.* **stehen, gestehen**
geständig *sein* priznati (zločin)
Geständnis *n*, **~ses, ~se,** priznanje *n*
Gestank *m*, **~s,** –, smrad
gestatten dovoliti
Geste *f*, **~, ~en,** gesta *f*, kretnja *f*
gestehen* priznati

Gestein *n*, **~s, ~e,** kamnina *f*, skala *f*
Gestell *n*, **~s, ~e,** ogrodje *n*, stojalo *n*
gestern včeraj
gestiegen *gl.* **steigen**
Gestirn *n*, **~s, ~e,** ozvezdje *n*, zvezda *f*
gestoben *gl.* **stieben**
Gestöber *n*, **~s, ~,** metež *m*
gestochen *gl.* **stechen**
gestohlen *gl.* **stehlen**
gestorben *gl.* **sterben**
gestoßen *gl.* **stoßen**
gestreift črtast
gestrichen *gl.* **streichen;** ~ *voll* do roba poln
gestrig včerajšnji
gestritten *gl.***streiten**
gestunken *gl.* **stinken**
Gesuch *n*, **~s, ~e,** prošnja *f* (pismena)
gesucht iskan
gesund zdrav
Gesundheit *f*, **~,** –, zdravje *n*
gesundheitsschädlich škodljiv za zdravje *n*
Gesundheitswesen *n* zdravstvo *n*
gesungen *gl.* **singen**
gesunken *gl.* **sinken**
getan *gl.* **tun**
getragen *gl.* **tragen**
Getränk *n*, **~s, ~e,** pijača *f*
getrauen *sich* upati se, si
Getreide *n*, **~s, ~e,** žito *n*; *v sest.* žitni
getreten *gl.* **treten**
getreu zvest, privržen; *Abschrift* točen
getrieben *gl.* **treiben**
getroffen *gl.* **treffen**
getrogen *gl.* **trügen**
getrost mirno
getrunken *gl.* **trinken**
Gewächs *n*, **~es, ~e,** rastlina *f*; *med.* tvor *m*
Gewächshaus *n* rastlinjak *m*
gewachsen *gl.* **wachsen**; *adj.* naraven, samoroden; ~ *sein (D)* biti kos
gewagt drzen
gewählt izbran
gewähren *jm. etw.* odobriti, priznati; *Trost usw.* dati; *Wunsch* izpolniti; ~ *lassen* ne ovirati pri
gewährleisten zagotavljati, jamčiti za
Gewährleistungsfrist *f* garancijski rok
Gewalt *f*, **~, ~en,** moč, sila *f*; nasilje *n*; oblast *f*; ~ *anwenden* uporabiti silo; *mit* ~ s silo; *mit aller* ~ na vse pretege; ~ *antun* storiti silo; *sich in der* ~ *haben* imeti se v oblasti
gewaltig mogočen
gewaltsam nasilen
gewalttätig nasilen, napadalen
Gewand *n*, **es, £er,** obleka *f*, oblačilo *n*
gewandt, *gl.* **wenden;** *adj.* spreten, okreten
gewann *gl.* **gewinnen**
gewaschen *gl.* **waschen**
Gewebe *n*, **~s, ~,** tkanina *f*, blago *n*; *(Körper...)* tkivo *n*
Gewehr *n* puška *f*
Gewerbe *n*, **~s, ~,** obrt *m*, poklic *m*
Gewerbetreibende *m*, *f*, obrtnik *m*, -ca *f*
Gewerkschaft *f*, **~, ~en,** sindikat *m*
gewesen *gl.* **sein;** *adj.* bivši, nekdanji

gewichen *gl.* **weichen**
Gewicht *n*, **~s, ~e,** teža *f*; utež *f*; ~ *legen auf* poudarjati; *ins* ~ *fallen* biti pomemben
gewiesen *gl.* **weisen**
gewillt voljan
Gewimmel *n*, **~s, ~,** mrgolenje *n*, vrvež *m*
Gewinde *n*, **~s, ~e,** navoj *m*
Gewinn *m*, **~s, ~e,** dobiček *m*; *Lotterie* zadetek; *fig.* prid *m*
gewinnen, gewann, gewonnen dobiti; *Erz* (pri)dobivati; doseči; *jn für* pridobiti za
Gewinner *m*, **~s, ~,** zmagovalec *m*, dobitnik *m*; tisti, ki ima dobiček
gewiß gotovo, seveda
Gewissen *n*, **~s, –,** *vest f*
gewissenhaft vesten
gewissermaßen takorekoč, v določeni meri, po svoje
Gewißheit *f*, **~, ~en,** gotovost *f*
Gewitter *n*, **~s, ~,** nevihta *f*, neurje *n*; *v sest.* nevihtni
gewoben *gl.* **weben**
gewogen *gl.* **wägen;** *adj.* naklonjen
gewöhnen navaditi, *sich* privaditi se
Gewohnheit *f*, **~, ~en,** navada *f*; *zur* ~ *werden* priti v navado
gewohnheitsmäßig iz navade
gewöhnlich navaden, običajen; vulgaren
gewohnt običajen
gewöhnt navajen
gewölbt obokan
gewonnen *gl.* **gewinnen**
geworben *gl.* **werben**
geworden *gl.* **werden**
geworfen *gl.* **werfen**
gewrungen *gl.* **wringen**
gewunden *gl.* **winden** *adj.* zavit
Gewürz *n*, **~es, ~e,** začimba *f*
Gewürznelke *f* nageljnova žbica, klinček
gewußt *gl.* **wissen**; ~ *wie* treba je vedeti kako
Gezeiten *pl* bibavica *f*
Gezeter *n*, **~s, –,** vik in krik
geziehn *gl.* **zeihen**
geziert afektiran
gezogen *gl.* **ziehen**
Gezwitscher *n* čivkanje *n*, žgolenje *n*
gezwungen *gl.* **zwingen;** *adj.* prisiljen, nepristen
Gicht *f*, **~, –,** protin *m*, putika *f*
Gier *f*, **~, –,** pohlep *m*, sla *f*
gierig pohlepen, pogolten
gießen, goß, gegossen liti; *v / t* vlivati; *Garten* zalivati; *Metall* ulivati
Gießerei *f*, **~, ~en,** livarna *f*
Gießkanne *f* škropilnica *f*
Gift *n*, **~s, ~e,** strup *m*, strupenost *f*; *v sest.* strupen
giftig strupen; *fig.* zajedljiv
Giftzahn *m* strupnik *m*
Gilde *f*, **~, ~n,** ceh *m*
ging *gl.* **gehen**
Gipfel *m*, **~s, ~,** vrh *m*, vrhunec *m*; *fig.* višek *m*; *v sest.* vrhunski
gipfeln doseči vrhunec
Gips *m*, **~es, ~e,** mavec *m*
Gitarre *f*, **~, ~n,** kitara *f*
Gitter *n*, **~s, ~,** mreža *f*, rešetka *f*; (železna) ograja; omrežje *n*

Glanz *m*, **~es, –,** sijaj *m*, blišč *m*; *v sest.* bleščeč
glänzen sijati; bleščati se
glänzend bleščeč
Glanzpunkt *m* višek *m*, vrhunec *m*
Glas *n*, **~es, ⸗er,** steklo *n*; leča *f*; kozarec *m*; daljnogled *m*; *pl.* naočniki *pl*; *v sest.* steklen
gläsern, glasig steklen
glatt *adj.* gladek; raven; *Lüge* očiten; *Absage* nedvoumen; *adv.* gladko; mirno, brez nadaljnjega; *~ (heraussagen)* naravnost
Glatteis *n* poledica *f*; *aufs ~ führen* speljati na led
glätten (iz)gladiti; poravnati
Glatze *f*, **~, ~n,** pleša *f*
glatzköpfig, glatzig plešast
Glaube(n) *m*, **~ns, ~n,** vera *f*, veroizpoved *f*; prepričanje *n*; *~ schenken (D)* verjeti
glauben verjeti; verovati *(an* v); misliti, domnevati *(ich glaube, daß ...)*; *~ machen wollen* prepričevati o
glaubhaft verjeten
gläubig veren
Gläubige *m*, *f*, **~n, ~n,** vernik *m*, -ca *f*
Gläubiger *m*, **~s, ~,** upnik *m*
glaubwürdig verodostojen
Glaubwürdigkeit *f* verodostojnost *f*
gleich *adj.* enak; isti *(in ~er Weise)*; *es ist mir gleich* vseeno mi je; *adv.* enako; *temp.* takoj; *~ dem* kot ...; *~ 3* kar 3
gleichbedeutend istega pomena; *~ sein mit* pomeniti toliko kot
gleichen, glich, geglichen biti enak, podoben *(D)*
Gleichgewicht *n* ravnotežje *n*; *das ~ halten* obdržati
gleichgültig ravnodušen; *es ist mir ~* vseeno mi je, ni mi do tega
Gleichheit *f* enakost *f*
gleichkommen* biti enak
gleichmäßig enakomeren
Gleichnis *n*, **~ses, ~se,** podoba *f*; *bibl.* prilika *f*
gleichsam takorekoč
gleichschalten izravnati
gleichsetzen enačiti z
Gleichstrom *m* istosmerni tok *m*
gleichtun *es jm.* posnemati koga; dosegati koga
Gleichung *f*, **~, ~en,** enačba *f*
gleichzeitig istočasen
Gleis *n*, **~es, ~se,** tir *m*
gleiten, glitt, geglitten, drseti
Gletscher *m*, **~s, ~,** ledenik *m*; *v sest.* ledeniški
glich *gl.* **gleichen**
Glied *n*, **~es, ~er,** ud *m*, člen *m*; *(Verein)* član *m*; *(Reih und ~)* vrsta *f*; *(Verwandtschaft)* koleno *n*
gliedern razčleniti
Gliederung *f* razčlenitev *f*
Gliedmaßen *pl* udi *pl*
glimmen tleti
glimpflich *(behandeln)* prizanesljivo; *~ davonkommen* poceni jo odnesti
glitt *gl.* **gleiten**
glitzern lesketati se
Glocke *f*, **~, ~n,** zvon *m*; *(Wohnung)* zvonec *m*
glomm *gl.* **glimmen**
glotzen bolščati

Glück *n*, **~s, –**, sreča *f*; *auf gut ~* na slepo srečo; *~ wünschen* voščiti, čestitati; *zum ~* na srečo; *vor ~* od sreče
Glucke *f*, **~, ~n**, koklja *f*
glücken posrečiti se
glücklich srečen; ugoden; *(es ist ~ 10 Uhr geworden)* končno
glücklicherweise na srečo
Glückspilz *m* srečnež *m*
Glücksspiel *n* igra *f* na srečo
Glückwunsch *m* čestitka *f*
Glühbirne *f* žarnica *f*
glühen žareti
glühend *fig.* vnet, vroč
Glühwurm *m* kresnička *f*
Glut *f*, **~, ~en**, vročina *f*, žerjavica *f*; *fig.* vnema *f*
Gnade *f*, **~, ~n** milost *f*
Gnadengesuch *n* prošnja za pomilostitev
gnädig milosten; *~e Frau* milostljiva
Gold *n*, **~es, –**, zlato *n*; *v sest.* zlat
golden, goldig zlat
Goldschmied *m* zlatar *m*
Goldstück *n* zlatnik *m*
Golf *m*, **~s, ~e**, zaliv *m*; *v sest.* zalivski
gönnen privoščiti *(sich* si)
Gönner *m*, **~s, ~**, zaščitnik *m*, podpornik *m*; mecen *m*
gönnerhaft pokroviteljsko
gor *gl.* **gären**
Gör *n*, **Göre** *f* frklja *f*
goß *gl.* **gießen**
Gott *m*, **~es, £er**, bog/Bog *m*
Gottesdienst *m* služba božja *f*
Gotteslästerung *f* bogokletje *n*
Göttin *f*, **~, ~nen**, boginja *f*
göttlich božanski, božji
gottlob! hvala bogu!
gottlos brezbožen
Götze *m*, **~n, ~n**, malik *m*
Grab *n*, **~es, £er**, grob *m*; *v sest.* grobni, nagrobni
graben, *er* **gräbt, grub, gegraben**, (iz)kopati; *~ in* zakopati (v), *~ nach* kopati, iskati; *fig.* urezati, vsekati v
Graben *m*, **~s, £**, jarek *m*
Grabstein *m*, nagrobnik *m*
Grad *m*, **es, ~e**, stopnja *f*; *(Wärme)* stopinja *f*
Graf *m*, **~en, ~en**, grof *m*
Gräfin *f*, **~, ~nen** grofica *f*
Gram *m*, **~s, –**, žalost *f*
grämen *(sich)* žalostiti (se), gristi se
Graphik *f*, **~, ~en** grafika *f*
Gras *n*, **~es, £er** trava *f*; *ins ~ beißen F* pete stegniti
grasen pasti se
grasfressend rastlinojed
Grashüpfer *m* kobilica *f*
grassieren razsajati
gräßlich strašen, obupen
Grat *m*, **~es, ~e** greben *m*
Gräte *f*, **~, ~n** ribja koščica, srt *f*
gratulieren *(zum Erfolg)* čestitati; *(Geburtstag usw.)* voščiti
grau siv *(a. fig.)*
grauen *der Tag graut* dani se; *mir graut vor (D)* groza me je *(G)*
Grauen *n*, **~s, –**, groza *f*; *(des Tages)* zora *f*
grauenhaft, grauenvoll grozen, grozovit
grauhaarig sivolas
grausam krut, okruten
greifbar dosegljiv, oprijemljiv

greifen, griff, gegriffen, prijemati, prijeti; zagrabiti, *zu / nach* poseči po; *Note* udariti; *um sich ~* tipati, *fig.* širiti se, *an das Herz ~* iti do srca; *ineinander ~* prepletati se, *zu den Waffen* zagrabiti za orožje; *nach dem Strohhalm* loviti se za; *aus der Luft gegriffen* iz trte zvit

Greis *m*, **~es, ~e,** starec *m*

greisenhaft starčevski

grell *(Farbe)* kričeč; *(Licht, Stimme)* oster

Grenz... obmejni, mejni

Grenze *f*, **~, ~en,** meja *f*; *eine ~ ziehen* začrtati, potegniti mejo

grenzen mejiti na

grenzenlos brezmejen

Grenzübertrittstelle *f* mejni prehod *m*

Greuel *n* grozota *f*, strahota *f*; *(Mensch)* neznosnež *m*

Grieß *m*, **~es, –,** zdrob *m*; *med.* pesek *m*

Griff *m*, **~s, ~e,** prijem *m*; roč *m*, ročaj *m*; *(Stoff)* otip *m*; *ein guter ~* uspeh *m*; *etw. im ~ haben* imeti v rokah

griff *gl.* **greifen**

Grille *f*, **~, ~n,** muren *m*; *fig.* muha *f*

Grimasse *f* zmrda *f*; *~n schneiden* spakovati se

grimmig srdit; *Kälte* silen

grinsen režati se

grob grób, *(Mensch)* robat; *aus dem Gröbsten heraus* iz najhujšega

Groll *m*, **~s,** –, jeza *f*, zamera *f*

grollen grmeti; *jm.* biti hud na; kuhati zamero

Groschen *m*, **~s, ~,** groš *m*; *jm fällt der ~* posveti se (komu)

groß velik; *adv.* (na) veliko; *fig.* dobro, zelo; *die Großen* odrasli; *im Großen* na veliko; *das ~e Los* glavni dobitek; *ich bin kein ~er ...* nisem posebno dober ...; *~ schreiben* pisati z veliko začetnico

großartig sijajen

Größe *f*, **~, ~n,** velikost *f*; *fig.* veličina *f*

Großeltern *pl* stari starši *pl*

Großenkel *m*, **~in** *f* pravnuk *m*, -inja *f*

Großherzog *m* nadvojvoda *m*

großjährig polnoleten

Großmacht *f* velesila *f*

Großmaul *n* bahač *m*

Großmut *m* velikodušnost *f*

Großmutter *f* babica *f*

größtenteils večinoma

Großtuer *m* bahač *m*

großziehen* vzgojiti, vzrediti

großzügig velikodušen, velikopotezen

Grotte *f*, **~, ~n,** jama *f*

grübeln tuhtati

Gruft *f*, **~, £e,** grobnica *f*

grün zelen; *~ Minna* marica; *jm nicht ~ sein* ne biti naklonjen; *jn ~ und blau schlagen* pretepsti

Grün *n*, **~s,** –, zeleno; zelenilo *n*; zelenje *n*

Grund *m*, **~es, £e,** tla *pl*; *(Besitz)* zemlja *f*, zemljišče *n*; *(See)* dno *n*; *(Bau)* temelj, *(Kaffee)* usedlina *f*; *fig.* osnova; vzrok *m*, razlog *m*; *auf ~ von* na osnovi ...; *aus diesem ~e* zato ker; *im ~e*

pravzaprav; *keinen ~ haben fig.* izgubiti tla pod nogami; *von ~ aus* temeljito; *einer Sache auf den ~ gehen* (pr)iti stvari do dna
Grundbedeutung *f* osnovni pomen *m*
Grundbesitz *m* zemljiška posest *f*
Grundbuch *n* zemljiška knjiga *f*
gründen ustanoviti; *fig.* utemeljiti
Gründer *m*, **~s, ~,** ustanovitelj *m*
grundfalsch popolnoma napačen
Grundgesetz *n* temeljni zakon *m*; ustava *f*
Grundlage *f* osnova *f*
grundlegend temeljni
gründlich temeljit
grundlos brez dna; *fig.* neosnovan; brez razloga
Grundriß *m* tloris *m*; *(Buch)* očrt *m*
Grundsatz *m* princip *m*
grundsätzlich fundamentalen; *adv.* načelno
Grundschule *f* osnovna šola *f*
Grundstück *n* zemljišče *n*
Gründung *f*, **~, ~en,** ustanovitev *f*, ustanova
grundverschieden popolnoma različen
Grundwasser *n* talna voda *f*
Grundzahl *f* glavni števnik *m*
grünen zeleneti; *fig.* uspevati
Grünkohl *m* ohrovt *m*
grünlich zelenkast
grunzen kruliti; godrnjati
gruppenweise v skupinah
gruseln *mir gruselt* groza me je, *(vor G)* zona me obliva
Gruß *m*, **~es, £e,** pozdrav *m*
grüßen pozdraviti; *~ Sie ihn von mir* sporočite mu moje pozdrave
Grütze *f*, **~, ~n,** kaša *f*, sok *m*; *fig.* pamet *f*
gucken gledati
gültig veljaven
Gültigkeit *f* veljavnost *f*
Gummi *m*, *n*, **~s, ~s,** guma *f*
Gummiband *n* elastika *f*
Gunst *f*, **~,** –, naklonjenost *f*; *zu ~en* v korist, prid
günstig ugoden; *im ~sten Fall* v najboljšem primeru
gurgeln grgrati
Gurke *f*, **~, ~n,** kumara *f*
Gurt *m*, **~s, ~e,** pas *m*; oprtnica *f*
Gürtel *m*, **~s, ~,** pas *m*
Guß *m*, **~(ss)es, Güsse,** litina *f*; vlivanje *n*; *(Regen)* naliv *m*; *(Torten...)* preliv *m*; *aus einem ~* enoten
Gußeisen *n* listo železo *n*
gut dober, *adv.* dobro; *sehr gut* prav dobro; *~es Wetter* lepo vreme; *es gut haben* biti na dobrem; *jm ~ sein* biti naklonjen *(D)*, ljubiti *(A)*; *so ~ wie* skoraj, takorekoč; *kurz und ~* kratko malo; *~e Nacht* lahko noč; *~en Tag* dober dan, *(beim Abschied)* srečno; *du hast ~ lachen* lahko / blagor tebi
Gut *n*, **~es, £er,** posestvo *n*, dobrina *f*; *pl* blago *n*
Gutachten *n* ekspertiza, mnenje *n*

Gutachter *m* izvedenec *m*
gutartig dobrodušen; *med.* benigen
Gute *n*, **~n,** dobro *n*; *m*, *f* dobri; *des ~n zuviel tun* pretiravati
Güte *f*, **~**, –, dobrota *f*; kvaliteta *f*; *haben Sie die ~* bodite tako prijazni ...; *meine ~!* Moj bog!
Güter... tovorni, blagovni
gutgelaunt dobre volje, razpoložen
gutgläubig v dobri veri
Guthaben *n* dobroimetje *n*
gutheißen* odobravati
gütig dober, prijazen
gutmachen *wieder* povrniti, popraviti škodo
gutmütig dobrodušen
gutschreiben* šteti / knjižiti v dobro

H

Haar *n*, **~s, ~e,** las *m*, lasje *pl*; *(Tier...)* dlaka *f*; *fig. aufs ~* na las, za las; *sich in den ~en liegen* biti si v laseh;
Haarausfall *m* izpadanje *n* las
Haarbürste *f* krtača za lase
haaren izgubljati lase, dlako
Haarentferner *m* depilator *m*
haargenau zelo natančno
haarig kosmat
...haarig ...las
Haarnadel *f* lasnica *f*
Haarschnitt *m* pričeska *f*, striženje *n*
Haarsieb *n* žimnato sito *n*
Haarspalterei *f* dlakocepstvo *n*
haarsträubend grozljiv
Habe *f*, **~,** –, imetje *n*, imetek *m*
haben, *er* **hat, hatte, gehabt,** imeti; *~ zu* morati; *sich ~* braniti se, afektirano se vesti; *zu ~* na voljo, na razpolago
Haben *n* dobro, imetje *n*
habgierig grabežljiv, lakomen
habhaft *werden* zagrabiti, dobiti v roke
Habicht *m*, **~s, ~e,** kragulj *m*
Hackfleisch *n* mleto meso *n*
hadern prepirati se
Hafen *m*, **~s, ̈,** pristanišče *n*; lonec *m*
Hafen... pristaniški
Hafer *m*, **~s,** –, oves *m*
Haferflocken *pl* ovseni kosmiči *pl*
Haft *f*, **~,** –, zapor *m*, ječa *f*
haften *(an)* držati se (česa); *für* biti odgovoren / porok za
Häftling *m*, **~s, ~e,** zapornik *m*
Haftpflichtversicherung *f* obvezno (avtomobilsko) zavarovanje *n*
Hagel *m*, **~s,** –, toča *f*
Hagelschlag *m* škoda zaradi toče
hager suh, koščen
Hahn *m*, **~s, ̈e,** petelin *m*; *(Wasser...)* pipa *f*
Hähnchen *n* piška *f*
Hai *m*, **~s, ~e; Haifisch** *m* morski pes *m*
häkeln kvačkati
Häkelnadel *f* kvačka *f*
Haken *m*, **~s, ~,** kavelj *m*, kljuka *f*; *(Schlag)* udarec *m* s pestjo
halb pol, polovičen; *~ drei* pol treh; *~ so schlimm* ni tako hudo; *v sest.* pol, napol
Halbblut *n* mešanec *m*
Halbdunkel *n* somrak *m*, mrak *m*
halber zaradi
halbieren razpoloviti, razdeliti
Halbinsel *f* polotok *m*
halbjährig polleten
Halbkreis *m* polkrog *m*
Halbpart *machen* razdeliti na pol
Halbschuh *m* nizek čevelj *m*
Halbtagsbeschäftigung *f* polovična zaposlitev *f*
halbwegs za silo, kolikor toliko

half *gl.* **helfen**
Hälfte *f*, **~, ~n,** polovica *f*
Halle *f*, **~, ~n,** veža *f*; dvorana *f*; *(Markt...)* tržnica *f*
hallen doneti, razlegati se
Hallenschwimmbad *n* pokrito kopališče *n*
Halm *m*, **~s, ~e,** bilka *f*
Hals *m*, **~es, £e,** vrat *m*; grlo *n*; *entzündeter ~* vneto grlo; *~ über Kopf* na vrat na nos; *auf dem ~e haben* imeti na grbi; *sich etw. vom ~e schaffen* otresti, znebiti se česa; *aus vollem ~e* na vse grlo; *bis über den ~* do ušes; *es hängt mir zum ~e heraus* do grla sem sit
Hals... vratni; ...grla
Halsband *n* ogrlica *f*; *(von Tieren)* ovratnica *f*
halsbrecherisch vratolomen
halsstarrig trdovraten
Halt *m*, **~s, ~e,** opora *f*; držalo *n*; *(innerer) ~* trdnost *f*
halt! stoj!
halt pač
haltbar trpežen, trajen; *Behauptung* vzdržen
halten, *er* **hält, hielt, gehalten** držati (*sich an* se česa); zadrževati; obdržati; ohranjati; *Behauptung* vzdržati; *Rede, Sitzung* imeti; *Tiere* rediti; *für* imeti za; *auf* paziti na; *von* misliti o; *an sich ~* obvlad(ov)ati se; *v/i* ustaviti se; (z)držati; *gehalten sein zu* biti dolžan; *in weiß gehalten* v belem
Haltestelle *f* postajališče *n*
...haltig vsebujoč ...
Halter *m*, **~s, ~,** držalo *n*; ležišče *n*; *von Fahrzeugen* lastnik *m*
haltlos neutemeljen, nezmeren
haltmachen ustaviti se
Haltung *f*, **~, ~en,** drža *f*; obnašanje *n*; odnos *m*; obvladanost *f*
Halunke *m*, **~n, ~n,** falot *m*
hämisch škodoželjen, zloben
Hammel *m*, **~s, ~,** koštrun *m*
Hammer *m*, **~s, £,** kladivo *n*; *unter den ~ kommen* priti na boben
hämmern razbijati, tolči (po)
Hampelmann *m* cepetavček *m*; *fig.* marioneta *f*
Hamster *m*, **~s, ~,** hrček *m*
Hand *f*, **~, £e,** roka *f*; *private ~* privatnik, privatna last; *öffentliche ~* skupnost; *~ in ~* z roko v roki; *unter der ~* pod roko; *jm. die ~ geben, drücken* dati, stisniti roko; *jm freie ~ lassen* pustiti proste roke; *sich die Hände reichen* podati si roke; *~ ans Werk legen* začeti; *von der ~ weisen* zavrniti; *zu Händen* v roke; *~ und Fuß haben* imeti rep in glavo; *seine ~ im Spiel haben* imeti prste vmes
Hand... ročni
Handarbeit *f* ročno / fizično delo *n*
Handball *m* rokomet *m*
Handbibliothek *f* priročna knjižnica *f*
handbreit za dlan (širok)
Handel *m*, **~s,** –, trgovanje *n*, trgovina *f*; kupčija *f*; *im ~* na tržišču
Händel *pl* prepir *m*, pretep *m*

handeln ukrepati; *(mit)* trgovati; barantati; *von / über* obravnavati *A*; *es handelt sich um* gre za
Handels... trgovski
handelseinig *werden* domeniti se za; skleniti kupčijo
Handelswert *m* tržna vrednost *f*
Handfertigkeit *f* ročna spretnost *f*
handfest *fig.* oprijemljiv
Handgriff *m* prijem *m*; gib *m*; ročaj *m*; *keinen ~ tun* ne migniti niti s prstom
handhaben* ravnati, rokovati z; *fig.* v roko vzeti
...händig ...ročno
Handlanger *m* pomožni delavec; *pej.* pomagač *m*
Händler *m*, **~s, ~,** trgovec *m*
handlich ročen, priročen
Handlung *f*, **~, ~en,** trgovina *f*; dejanje *n*, dogajanje *n*, zgodba *f*
Handschlag *m* rokovanje *n*
Handschrift *f* pisava *f*; rokopis
Handschuh *m* rokavica *f*
Handtasche *f* torbica *f*
Handtuch *n* brisača *f*
Handumdrehen *im ~* kot bi mignil
Handvoll *f* prgišče *n*
Handwerk *n* obrt *f*; *das ~ legen* narediti konec početju
handwerksmäßig obrtni, obrtniški
Hanf *m*, **~s,** –, konoplja *f*
Hang *m*, **~s, £e,** pobočje *n*; *fig. ~ zu* nagnjenje k
Hänge... viseč, povešen
hängen, hängte *v/t* obesiti
hängen, hing, gehangen *v/i* viseti; *~ an* biti odvisen od, imeti rad
hängenbleiben* obviseti
hänseln dražiti
hantieren ravnati *(mit* z); poče(nja)ti
hapern *es hapert mit / an etwas* nekaj šepa
Happen *m*, **~s, ~,** grižljaj *m*
Harke *f*, **~, ~n,** grablje *pl*
harmlos neškodljiv; nedolžen
Harn *m*, **~s,** –, seč *m*, ... sečni
Harnisch *m*, **~s, ~e,** oklep *m*; *fig. in ~ geraten* razhuditi se
harren *(G/auf)* čakati *(A/na)*; pričakovati *(A)*
harsch trd; *Stimme* rezek
hart *adj.* trd; *fig.* oster, *Worte* hud, *Leben* težek; *adv. ~ an* tik ob
Hart... trd, trden
Härte *f*, **~, ~n,** trdota *f*; *fig.* strogost *f*; *~ des Schicksals* težka usoda; *große ~ bringen* močno prizadeti
hartgesotten *fig.* brezobziren, neobčutljiv
hartnäckig trdovraten
Harz *n*, **~es, ~e,** smola *f*
haschen loviti, ujeti; *(nach A)*
Häscher *m*, **~s, ~,** birič *m*
Hase *m*, **~n, ~n,** zajec *m*; *da liegt der ~ im Pfeffer* v tem grmu tiči zajec; *wie der ~ läuft* kam pes taco moli
Haselnuß *f* lešnik *m*
Hasenscharte *f* zajčja ustnica *f*
Haß *m*, **~(ss)es,** –, sovraštvo *n*
hassen sovražiti
häßlich grd
Hast *f*, **~,** –, naglica *f*
hastig (na) naglo, v naglici

hatte *gl.* **haben**
Haube *f*, **~, ~n,** čepica *f*, kapa *f*; avba *f*; *unter die ~ bringen* omožiti
Hauch *m*, **~s, ~e,** dih *m*, sapa *f*; *fig.* nadih *m*
hauchdünn tenek kot las
hauchen dihniti; dahniti
hauen, haute, gehauen, udariti, tolči, mlatiti; *Wald* sekati; *in Stein* vklesati; *~ auf* razbijati po; treščiti, zagnati na
Haufen *m*, **~s, ~,** kup *m*; *Menschen...* gruča *f*, množica *f*; *fig. über den ~ werfen* opustiti, pokopati; *über den ~ rennen* podreti
haufenweise na kupe
häufig pogost
Haupt *n*, **~es, ≗er,** glava *f*; poglavar *m*, *v sest.* glavni
Hauptfach *n* glavni predmet *m*
Häuptling *m*, **~s, ~e,** poglavar *m*
Hauptmann *m* kapetan *m*, stotnik *m*
Hauptstadt *f* glavno mesto *n*
Haus *n*, **~es, ≗er,** hiša *f*; dom *m*; *~ und Hof* vse premoženje; *zu ~* doma; *nach ~* domov
Haus... hišni, domači
Hausarbeit *f* gospodinjsko delo *n*
hausbacken *fig.* preprost, banalen
Häuschen *n* hišica *f*; *F* stranišče *n*; *fig. aus dem ~ sein* biti čisto iz sebe
hausen živeti, bivati; *arg ~ in* delati kot svinja z mehom
Hausfrau *f* gospodinja *f*
Haushalt *m* gospodinjstvo *n*; *(Staat)* proračun *m*
haushalten gospodinjiti; *~ mit* gospodarno ravnati z
Haushalts... gospodinjski, proračunski
Hausherr *m* gospodar *m*; gostitelj *m*
haushoch *fig.* zelo visoko
hausieren krošnjariti
häuslich domač; *Mensch* soliden, zelo za dom
Hausmeister *m* hišnik *m*
Hausrat *m* oprema *f* (pohištvo, posoda)
Hausschuh *m* copata *f*
Hauswirt *m* gospodar *m*
Haut *f*, **~, ≗e,** koža *f*; kožica *f*; prevleka *f*; *fig. ehrliche ~* poštenjak *m*; *faule ~* lenuh *m*; *aus der ~ fahren* skočiti iz kože
Haut... kožni, ... kože
häuten odreti; *sich* leviti se
hauteng prilegajoč se
Hebamme *f* babica *f*
Hebel *m*, **~s, ~,** vzvod *m*
heben, hob, gehoben dvigati, dvigniti; vzdigniti; *(Farben)* povzdigniti; *einen ~* zvrniti kozarček
Hecht *m*, **~s, ~e,** ščuka *f*
Heck *n*, **~s, ~e,** *(Schiff)* krma *f*; *(Flugzeug)* rep *m*; *(Auto)* zadek, zadnji del
Hecke *n*, **~, ~n,** živa meja *f*
Heer *n*, **~es, ~e,** armada *f*, vojska *f*
Hefe *f*, **~, ~n,** kvas *m*; *v sest.* kvašen
Heft *n*, **~s, ~e** zvezek *m*; roč *m*, ročaj *m*; *Papier* lega (10 pol)
heften speti; *sich ~ an* prile-

piti se na; *die Augen ~ an* zapičiti oči v
heftig silen, močan, silovit
hegen gojiti, negovati; *Zweifel usw.* imeti
Hehl *n, kein ~ daraus machen* ne prikrivati
Hehler *m*, **~s, ~,** skrivač *m*
Heide *m*, **~n, ~n,** pogan *m*, ajd *m*
Heide *f*, **~, ~n,** resje *n*; *(Lüneburger ~)* resovina *f*
Heidelbeere *f rote* brusnica *f*; *schwarze* borovnica *f*
Heiden... *(~spaß, ~lärm)* strašanski, gromozanski
heidnisch poganski
heikel izbirčen; *Sache* kočljiv
heil cel, zdrav
Heil *n*, **~s,** –, blagor *m*, odrešenje *n*; *Jahr des ~s* leto gospodovo; *sein ~ versuchen* poskusiti srečo
Heil... zdravilni
Heiland *m*, **~s,** –, odrešenik *m*
Heilanstalt *f* sanatorij *m*
Heilbad *n* zdravilišče *n*
heilbar ozdravljiv
heilen (o)zdraviti; *Wunde* celiti se
heilig svet; *hoch und ~* slovesno; *F Respekt, Not* neznanski, *adv.* prav zares
Heilige *m, f*, **~n, ~n,** svetnik *m*, -ca *f*
Heiligen... svetniški
heiligsprechen* razglasiti za svetnika
Heiligtum *n* svetišče *n*; svetinja *f*
Heilkraut *n* zdravilno zelišče *n*
heillos *fig. F* strahoten
Heilung *f*, **~, ~en,** (o)zdravljenje *n*
heim *adv.* domov
Heim *n*, **~s, ~e,** dom *m*; *v sest.* domač, ... doma
Heimat *f*, **~, ~en,** domovina *f*
heimatlich domač; domačijski
heimisch domač, kot doma
Heimkehr *f* vrnitev *f*
Heimkehrer *m* povratnik
heimleuchten *jm* posvetiti komu
heimlich skriven, tajen; domač; *adv.* (na) skrivaj
Heimlichkeit *f* tajnost *f*, skrivnost *f*; *in aller ~* na skrivaj
Heimreise *f* povratek *m*
heimsuchen skušati; prizadeti, doleteti
heimtückisch zahrbten
heimwärts proti domu
Heimweg *m* povratek *m*
Heimweh *n* domotožje *n*
heimzahlen povrniti, poplačati
Heinzelmännchen *n* škratelj *m*
Heirat *f*, **~, ~en,** poroka *f*
heiraten poročiti; *v/i* se
Heirats... poročni, ženitni
heiser hripav
heiß vroč *(a. fig.)*; *es ist mir ~* vroče mi je
heißen, hieß, geheißen *jn etw.* ukazati, naročiti; imenovati; *willkommen ~* pozdraviti; *v/i* imenovati se; pomeniti; *das heißt* se pravi; *es heißt ...* treba je
heiter veder; *Himmel* jasen
heizen kuriti, ogrevati
Heizkissen *n* grelna blazina *f*
Heizmaterial *n* kurivo *n*

Heizung *f*, **~**, **~en**, kurjava *f*; gretje *n*
Held *m*, **~en**, **~en**, junak *m*
Helden... junaški ... junakov
heldenhaft junaški
helfen, *er* **hilft**, **half**, **geholfen** pomagati; *sich zu ~ wissen* znati si pomagati
Helfer *m*, **~s**, **~**, pomočnik *m*, *pej.* pomagač *m*
hell svetel; *Kopf* bister *m*; *Freude* velik; *Zorn* hud
hellhörig ostrega sluha; *Wohnung* slabo zvočno izoliran; *~ werden* prisluhniti, postati pozoren (na)
Hellseher *m* jasnovidec *m*
Helm *m*, **~s**, **~e**, čelada *f*; šlem *m*
Hemd *n*, **~es**, **~en**, srajca *f*
hemdsärmelig brez suknjiča; *fig.* robat
hemmen zadrževati; ovirati, zavirati
Hemmschuh *m* cokla *(a. fig.)*
Hemmung *f*, **~**, **~en**, zaviranje *n*; *psih.* zavora *f*; ovira *f*
hemmungslos brezobziren; brez zadrževanja
Hengst *m*, **~es**, **~e**, žrebec *m*; *(Kamel...)* samec *m*
Henkel *m*, **~s**, **~**, ročaj *m*
Henker *m*, **~s**, **~**, rabelj *m*; *zum ~* k vragu!
Henne *f*, **~**, **~n**, kura *f*
her sem; *es ist 1 Jahr her* že leto je; *von weit ~* od daleč; *hinter / neben / vor ... her* za, poleg, pred; *hinter~ (D) sein* biti na lovu za
her *v sest. (herab, herauf itd.)* pomeni smer proti govorečemu
herab dol, nazvdol; *von oben ~ fig.* zviška
herabsetzen znižati; *fig.* v nič devati
herabwürdigen poniževati
heran sem; do
heranbilden izobraževati; izučiti
heranmachen *sich an* približati se *D*, lotiti se *G*
heranschleichen* *(sich)* priplaziti se (*an* do)
heranwachsen* doraščati, odrasti
herauf navzgor; (sem) gor
heraufkommen* priti gor; *Gewitter* bližati se
heraufziehen* potegniti gor; *fig.* dvigniti; bližati se
heraus ven (iz); *~ damit!* daj sem!, povej! *er hat es heraus* zapopadel je
herausbekommen* dobiti, spraviti ven; *fig.* ugotoviti, izvabiti; *Geld* dobiti vrnjen (drobiž)
herausbringen* prinesti ven; *fig.* dati na trg; ugotoviti; *Worte* iztisniti iz sebe
herausfinden* odkriti
herausfordern izzivati, izzvati
herausgeben* izročiti; *Buch* izda(ja)ti; *Geld* vrniti (drobiž)
Herausgeber *m*, **~s**, **~**, izdajatelj *m*
herauskommen* priti ven; *Buch* iziti; *fig.* priti na dan; *es kommt auf eins heraus* konec koncev je vseeno; *es kommt nichts Gutes heraus* nič dobrega ne bo iz tega
herausnehmen* vzeti iz, na-

razen; *sich* ~ izgledati; *sich (Freiheiten)* ~ dovoliti si
herausschlagen* *fig.* izvleči iz; imeti dobiček
herausstellen postaviti ven; *fig.* poudarjati; *sich* ~ *izkazati se; postati očiten, jasen*
herausstreichen* *Falten* (iz)gladiti; *fig.*poudarjati
heraustreten* stopiti ven; štrleti; *Augen, Adern* izstopati
herb trpek, jedek; *Enttäuschung* grenak
herbei sem, semkaj; *v sest.* pri...
Herberge *f*, **~, ~n,** prenočišče *n*, dom *m*
Herbst *m*, **~es, ~e,** jesen *f*; *v sest.* jesenski, ... jeseni
herbstlich jesenski
Herbstzeitlose *f* jesenski podlesek *m*
Herd *m*, **~s, ~e,** ognjišče *n*; štedilnik *m*
Herde *m*, **~, ~n,** čreda *f*
herein noter; *~!* naprej!
hereinbrechen* *fig.* napočiti; *über* doleteti *(A)*
hereinbringen* prinesti, pripeljati noter; *Ernte* pospravljati; *Verlust* nadomestiti
hereinfallen* pasti v; *fig.* nasesti
hereinlasen* spustiti (noter)
hereinlegen *fig. jn* ogoljufati koga
hereinplatzen, hereinschneien nepričakovano priti
herfallen* napasti *(über A)*
Hergang *m* potek *m*
hergeben* dati, prepustiti; *was die Beine* ~ kar nesejo noge
hergelaufen *adj.* pritepen
herhalten* *müssen* služiti kot; *als* biti za (izgovor, žrtev ...)
Hering *m*, **~s, ~e,** slanik *m*; *wie ~e* kot sardine
herkömmlich običajen, tradicionalen
Herkunft *f* **~, £e,** izvor *m*, poreklo *n*
herleiten *von* izvajati iz
hermachen *sich über* lotiti se *(G)*
hernach poslej, zatem
hernehmen* utrujati, utruditi; izčrpati; *fig. jn* oštetі
Herr *m*, **~n, ~en,** gospod *m*; moški *m*; gospodar *m*; *einer Sache* ~ *werden* obvladati *(A)*, biti kos *(D)*
Herren... moški
herrenlos brez gospodarja
herrichten pripraviti; urediti (*sich* se)
Herrin *f*, **~, ~nen,** gospodarica *f*
herrisch gospodovalen
herrje! o joj!
herrlich čudovit; veličasten
Herrschaft *f*, **~, ~en,** gospostvo *n*, oblast *f*; gospoda *f*; *meine ~en* gospe in gospodje
herrschen vladati; prevladovati; *fig.* obstajati, biti
Herrscher *m*, **~s, ~,** vladar *m*
herrühren *von* izvirati iz
herstellen proizvajati, izdelovati; *Verbindung* vzpostaviti
Hersteller *m*, **~s, ~,** proizvajalec *m*
herüber sem (čez)

herum okoli, naokrog
herumführen peljati naokrog
herumkommen* priti naokoli; *um* obiti *(A)*; *weit ~* videti dosti sveta
herumkriegen *jn* prepričati, obrniti; *um die Zeit herumzukriegen* da bi čas hitreje minil
herumreden *um etw.* izogibati se *(G / D)*; govoričiti o
herumreißen* sunkovito obrniti
herumschlagen *sich mit* ubadati se z
herumsprechen* *sich* razvedeti se
herumtreiben* *sich* potikati, potepati se
herunter dol, navzdol
herunterhauen *jm eine* prisoliti klofuto
herunterkommen* priti dol; *fig.* propasti, *F* priti na psa
hervor naprej, na dan
hervorbringen* potegniti na dan; proizvesti; *Worte* izdaviti
hervorgehen* izhajati
hervorheben* podčrtati; poudariti; *sich* izstopati
hervorholen spraviti / potegniti na dan
hervorragend štrleč; *fig.* odličen
hervorrufen* priklicati; *fig.* izzvati
hervorstehen* moleti iz /ven; *~de Augen* izbuljene oči
hervortun* *sich* izkazati se; zbuditi pozornost
Herz *n*, **~ens, ~en,** srce *n*; *leichten ~ens* z lahkim srcem; *sich ein ~ fassen* okorajžiti se; *seinem ~en Luft machen* dati si duška
Herz... srčni
herzen objemati, ljubkovati
herzens... srčno
Herzenslust *nach ~* po mili volji
herzergreifend v srce segajoč
herzförmig srčast
herzhaft srčen; *Kost* krepka domača hrana
herziehen* *über jn* skopati se nad
herzig srčkan
Herzleiden *n* bolezen *f* srca
herzlich prisrčen, od srca
herzlos brezsrčen
Herzog *m*, **~s, £e,** vojvoda *m*, **-in** *f*, -inja
Herzogtum *n*, **~s, £er,** vojvodina *f*
herzu = *heran, herbei*
Hetze *f*, **~, ~n,** naglica *f*; *fig.* hujskanje *n*, gonja *f*
hetzen goniti, priganjati, preganjati; *v / i* ščuvati, hujskati; hiteti, drveti
Hetzer *m*, **~s, ~,** hujskač *m*
Hetzjagd *f* pogon *m*; *fig.* gonja *f*
Heu *n*, **~s,** –, seno *n*
Heuboden *m* senik *m*
Heuchelei *f* hinavščina *f*
heucheln *v / t* hliniti; *v / i* pretvarjati se
Heuchler *m* hinavec *m*
heuer letos
heuern najeti; *(sich ~ lassen* udinjati se, *als* za)
heulen tuliti, zavijati
heurig letošnji
Heuschnupfen *m* seneni nahod *m*

Heuschrecke *f* kobilica *f*
heute danes; ~ *über 3 Tage* čez 3 dni
heutig današnji
heutzutage dandanašnji
Hexe *f*, **~, ~n,** čarovnica *f*, coprnica *f*
Hexenkessel *m fig.* pekel *m*
hie *und da* tu pa tam, zdaj pa zdaj
Hieb *m*, **~es, ~e,** sunek *m*, udarec *m*; *pl* batine *pl*
hieb *gl.* **hauen**
hielt *gl.* **halten**
hier tu, tukaj; *zeitl. von ~ an / ab* od zdaj
hierauf na to, po tem
hieraus iz tega
hierfür za to
hierher sem, semkaj
hierherum tod okoli
hierin v tem
hiermit s tem
hierzulande tod, pri nas
hiesig tukajšnji
hieß *gl.* **heißen**
Hilfe *f*, **~, en,** pomoč *f*; *zu ~ kommen* priti / priskočiti na pomoč; ~ *leisten* pomagati
Hilfeleistung *f* pomoč *f*
Hilferuf *m* klic na pomoč *f*
hilflos nemočen
Hilfsarbeiter *m* pomožni delavec
hilfsbereit pripravljen pomagati
Hilfsschule *f* pomožna šola
Himbeere *f* malina *f*
Himbeersaft *m* malinovec *m*
Himmel *m*, **~s, ~,** nebo *n*, *fig.* nebesa *pl*; *(Bett...)* baldahin *m*; *in den ~ heben* povzdigovati v nebesa; *unter freiem ~* na prostem, *aus heiterem ~* z jasnega
himmelblau nebesno moder
Himmelfahrt *f* vnebovzetje *n*
himmelhoch zelo visoko
Himmels... nebesni, ... neba
Himmelsgegend *f* stran *f* neba
himmelweit zelo, neizmerno
himmlisch nebeški
hin tja; proč; ~ *und her* sem ter tja; ~ *und wieder* tu in tam; *hin sein* biti proč / uničen; *Bruder hin oder her* brat gor ali dol; *an / durch / nach / über ~ poudarja pomen predloga, se ne prevaja; auf etw. hin* po, zaradi, na; *auf etw. hin untersuchen* glede na
hinab (tja) dol
hinauf navzgor; (tja) gor
hinaufsetzen *(Preis)* zvišati
hinaus ven; *auf Jahre ~* za leta naprej; *über etw. ~* preko, vrhu; *über etw. ~ sein* biti preko
hinausgehen* iti ven; ~ *über fig.* presegati; ~ *auf* gledati na; *fig.* stremeti za
hinausschieben* odlagati
hinauswollen* *auf* meriti na
Hinblick *im ~ auf* glede na, z ozirom na
hinderlich zaviralen, motilen; ~ *sein* biti ovira
hindern ovirati; preprečevati
Hindernis *n*, **~ses, ~se,** ovira *f*, zadržek *m*
hindeuten *auf* kazati na
hindurch skozi
hinein v, noter
hineinleben *in den Tag* živeti tjavdan

Hinfahrt *f* vožnja nekam, od doma
hinfallen* pasti
hinfällig bolehen, slaboten; neveljaven; ~ *machen* razveljaviti
hing *gl.* **hängen**
Hingabe *f* vzdanost *f*; vnema *f*; zavzetost *f*
hingeben* dati, oddati; prepustiti, žrtvovati; *sich* vdati se; *(D)* zapasti, posvetiti se
hingegen nasprotno, pa
hingehen* iti tja, miniti; ~ *lassen* spregledati
hinhalten* pomoliti, (po)držati k; *fig.* odlagati, držati v negotovosti, pregovoriti (k čakanju)
hinken šepati
hinlegen položiti; *sich* uleči se
hinnehmen* vzeti; prenašati
hinreißen* potegniti; *fig.* prevzeti, očarati; *sich ~ lassen zu* spozabiti se
hinrichten usmrtiti
hinscheiden* preminiti
hinsetzen posaditi; *sich* sesti
Hinsicht *f* pogled *m*, ozir *m*; *in ~ auf* glede na, z ozirom na; *in jeder ~* v vsakem pogledu
hinsichtlich glede na
hinstellen postaviti (dol); ~ *als fig.* prikazovati kot
hinten zadaj
hintenherum *fig.* potihem
hinter za, zadaj za
Hinter... zadnji
Hinterbliebene(n) *pl* žalujoči ostali, svojci (umrlega) *pl*
hintereinander drug za drugim, itd.
Hintergedanke *m* skrita misel *f*
hintergehen* prevariti
Hintergrund *m* ozadje *n*
Hinterhalt *m* zaseda *f*
hinterhältig potuhnjen
hinterher za, zadaj za; *zeitl.* pozneje
Hinterland *n* zaledje *n*
hinterlassen* zapustiti
hinterlegen deponirati
Hinterlist *f* zvijača *f*, nakana *f*; zahrbtnost *f*
Hintern *F m* zadnjica *f*
hinterrücks zahrbtno, nenadoma, iz zasede
hinüber preko *(G)*, tja, čez
hinunter dol, navzdol
hinweg preko *(G)*, stran, proč
hinweggehen* *über* iti preko *(G)*
hinwegkommen* *über* preboleti *(A)*
hinwegsehen* *über* ne meniti se za, spregledati
hinwegsetzen *sich über* iti preko
Hinweis *m*, **~es, ~e,** namig *m*, opozorilo *n*
hinweisen* *auf* kazati na, opozarjati na; sklicevati se na
hinwerfen* vreči (*jm* pred noge); spustiti iz rok; *(schriftl.)* skicirati
hinzu k temu; poleg, zraven
hinzufügen dodati
hinzuziehen* pritegniti, poklicati
Hirn *n*, **~s, ~e,** možgani *pl*; *fig.* pamet *f*
Hirnhautentzündung *f* vnetje *n* možganske mrene

hirnlos neumen; *fig.* brez možganov
hirnverbrannt nor; skrajno neumen
Hirsch *m*, **~es, ~e,** jelen *m*
Hirse *f*, **~,** –, proso *n*
Hirt *m*, **~en, ~en,** pastir *m*
hissen dvigniti, *(Fahne)* izobesiti
Hitze *f*, **~,** –, vročina *f*; *fig.* ogenj *m*
hitzig vnet, zagret; jezen; ~ *werden* razvneti se
hob *gl.* **heben**
hobeln oblati
hoch visok; *(Ehre)* velik; *hohe See* odprto morje; *adv.* zelo; *3 Mann ~* v troje; *Hoch!* živel! *das kommt ihn ~ zu stehen* to bo drago plačal; *Kopf ~!* glavo gor! *Hände ~!* roke kvišku!
hoch... visok; zelo
Hoch *n* zdravica *f*; območje *n* visokega zračnega pritiska
Hochachtung *f* spoštovanje *n*
hochachtungsvoll s spoštovanjem
Hochaltar *m* veliki oltar *m*
Hochburg *f fig.* trdnjava *f*
Hochdruck *m* visok pritisk *m*; *mit ~ s* polno paro
Hochflut *f* visoka plima *f*; povodenj *f*
Hochhaus *n* stolpnica *f*
Hochmut *m* ošabnost *f*
Hochofen *m* plavž *m*
hochrappeln *sich* pobrati se; spraviti se na noge
Hochschule *f* visoka šola *f*; univerza *f*
Hochsee *f* odprto morje *n*
Hochsommer *m* poletje *n*; *im ~* sredi poletja
Hochsprache *f* knjižni jezik *m*
höchst najvišji, skrajni; največ, skrajno, zelo
Höchst... najvišji, maksimalni
höchstens kvečjemu
Hochstapler *m* nastopač *m*, slepar *m*
hochtrabend visokoleteč; *Rede* nabuhel, pompozen
Hochverrat *m* veleizdaja *f*
Hochwasser *n* visoka voda *f*; povodenj *f*
hochwertig zelo kakovosten
Hochwürden *(Euer)* prečastiti
Hochzeit *f*, **~, ~en,** svatba *f*; višek *m*; *v sest.* poročni
hocken čepeti, ždeti
Höcker *m*, **~s, ~,** nizek grič *m*; grba *f*
Hoden *m*, **~s, ~,** modo *n*
Hof *m*, **~s, ⁼e,** dvorišče *n*; *(Bauern)* kmetija *f*; dvor *m*; *(Mond)* kolobar *m*; *gostišče n*; *den ~ machen* dvoriti
hoffen upati (*auf* na), obetati si *(A)*
hoffentlich upam, da
Hoffnung *f*, **~, ~en,** upanje *n*; *guter ~* v veselem pričakovanju
hoffnungslos brez upanja, brezupen
hoffnungsvoll upa poln, obetaven
höfisch dvorni
höflich vljuden
Höhe *f*, **~, ~n,** višina *f*; hrib *m*, vrh *m*; *in die ~ steigen* dvigati, vzpenjati se; *aus der ~* z višine, zviška; *das ist die ~* to je pa višek
Hoheit *f* visokost *f*; *pol.* suverenost *f*

Höhen... višinski
Höhenzug *m* hribovje *n*
Höhepunkt *m* višek *m* vrhunec *m*
höher višji
hohl votel; *Phrase* prazen; *die ~e Hand* prgišče; *~e Nuß* piškav oreh
Höhle *f*, **~, ~n,** votlina *f*, jama *f*; *(Tier)* brlog *m*
Hohn *m*, **~s, –,** posmeh *m*, porog *m*
höhnen posmehovati se, rogati se *(D)*
höhnisch porogljiv, posmehljiv
hökern prekupčevati; prodajati
hold mil, ljubek, lep; *Umstände usw.* ugoden, naklonjen; *iron.* dičen
holen iti iskat; prinesti, pripeljati; *(weg)* odnesti, odpeljati; vzeti; *Atem* zajeti sapo; *~ lassen* poslati po; *sich etw. ~* nakopati si; *(Sieg itd.)* priboriti si; *sich Rat ~* vprašati za svet; *hols der Teufel!* K vragu!
Hölle *f*, **~, ~n,** pekel *m*; *jm die ~ heiß machen* podkuriti komu
Höllen... peklenski
höllisch peklenski, strašen
holp(e)rig *(Straße)* kotanjast; *Rede* zatikajoč; *Vers* šepav; *Deutsch* polomljena nemščina
Holunder *m* bezeg *m*
Holz *n*, **~es, ≈er,** les *m*; *v sest.* lesni
holzartig lesnat, podoben lesu
holzen sekati; napravljati les
hölzern lesen *(a. fig.)*
Holzfäller *m* drvar *m*
holzfrei brezlesen
Holzschuh *m* cokla *f*
Holzweg *m auf dem ~* na krivi / napačni poti
Honig *m*, **~s, ~e,** med *m*
Honigkuchen *m* meden kolač *m*; medenjak *m*
Hopfen *m*, **~s,** hmelj *m*
hopsen poskakovati
hörbar slišen
horchen prisluškovati; poslušati
hören slišati, poslušati; *~ auf* ubogati, poslušati *(A)*; *schlecht ~* slabo slišati; *von sich ~ lassen* oglasiti se, pisati; *das läßt sich ~* to se dobro sliši
Hörensagen *vom ~* iz pripovedovanja
Hörer *m*, **~s, ~,** poslušalec *m*; *(univ.)* slušatelj *m*; *(tel.)* slušalka *f*
Hörgerät *n* slušni aparat *m*
hörig ~ biti zasvojen (*D* od)
Horn *m*, **~s, ≈er,** rog *m*; *(Material)* roževina *f*; *(Berg)* vrh *m*, špik *m*; *sich die Hörner ablaufen* izdivjati se; *die Hörner bieten* pokazati roge
Hörnchen *n* rogljič *m*
Hornhaut *f* roženica *f*; trda koža *f*
Hornisse *f*, **~, ~n,** sršen *m*
Hörsaal *m* predavalnica *f*
Hörspiel *n* radijska igra *f*
Horst *m*, **~es, ~e,** gnezdo (ptic roparic) *n*; vojaško letališče *n*
Hort *m*, **~s, ~e,** zaklad *m*; pribežališče n; *(Kinder~)* jasli *pl*, vrtec *m*

horten kopičiti
Hörweite *f* dosluh *m*; *in* ~ v bližini
Hose *f*, **~**, **~n**, hlače *pl*
Hosenträger *m* naramnica *f*
hüben tod, tostran
Hubraum *m* kubatura *f*
hübsch ljubek, čeden, prijeten
Hubschrauber *m* helikopter *m*
huckepack štuporamo
hudeln hiteti; površno delati
Huf *n*, **~s**, **~e**, kopito *n*
Hufeisen *n* podkev *f*
Hufschlag *m* peket *m*
Huftier *n* kopitar *m*
Hüfte *f*, **~**, **~n**, kolk *m*; *fig.* bok *m*
Hügel *m*, **~s**, **~**, grič *m*; gomila *f*
hügelig gričevnat
Hügelland *n* gričevje *n*
Huhn *n*, **~s**, **£er**, kura *f*
Hühnchen *n* piška *f*; *ein ~ zu rupfen haben mit* imeti neporavnane račune z
Hühner... kurji
huldigen *(D) fig.* streči, predajati se
huld/reich, /voll milosten
Hülle *f* ovitek *m*, ovoj *m*; ovojnica *f*; *in ~ und Fülle* na pretek
hüllen zagrinjati, prekrivati; *v / t* ogrniti; *sich in Schweigen* zaviti se v molk
Hülse *f*, **~**, **~n**, tulec *m*, strok *m*
Hülsenfrucht *f* stročnica *f*
Humbug *m* neumnost *f*; prevara *f*
Hummel *f*, **~**, **~n**, čmrlj *m*
Hummer *m*, **~s**, **~**, jastog *m*
humpeln šepati; s težavo hoditi
Humpen *m*, **~s**, **~**, vrček *m*; bokal *m*
Hund *m*, **~es**, **~e**, pes *m*; *als Schimpfwort* podlež, svinja; *ein armer ~* revež; *da liegt der Hund begraben* v tem grmu tiči zajec; *auf den ~ kommen* priti na psa; *kein ~* nihče
Hund... pasji
hundert sto
Hunderter *m* stotak *m*
hunderterlei stoter
hundertfach stokraten
Hundertjahresfeier *f* stoletnica *f*
hundertjährig stoleten
Hundertsatz *m* procent *m*
hundertste stoti
Hundertstel *n* stotinka *f*
Hündin *f*, **~**, **~nen**, psica *f*
hündisch pasji
hunds... *v sest. pridevnikih* skrajno
Hundstage *pl* pasji dnevi *pl*
Hüne *m*, **~n**, **~n**, hrust *m*
hünenhaft velikanski, orjaški
Hunger *m*, **~s**, –, lakota *f*; *~ bekommen / haben* postati / biti lačen
Hunger... gladovni; ... od lakote
Hungerlohn *m* skrajno nizko plačilo *n*
hungern stradati
Hungersnot *f* lakota *f*
hungrig lačen
hüpfen poskakovati, skakljati
Hürde *f*, **~**, **~en**, ovira *f*, zapreka *f*; *eine ~ nehmen* preskočiti
Hürdenlauf *m* tek *m* čez zapreke
Hure *f*, **~**, **~n**, cipa *f*

hurtig jadrno; hitro in spretno

huschen smukniti, huškniti

hüsteln pokašljevati

husten kašljati

Husten *m*, **~s, –**, kašelj *m*

Hut *m*, **~s, ∸e,** klobuk *m*; *den ~ abnehmen* odkriti se; *seinen ~ nehmen* odstopiti; *ein alter ~* nič novega; *an den ~ stecken* dati za klobuk; *eins auf den ~ geben / kriegen* dati / dobiti po nosu

Hut *f*, **~, –**, varstvo *n*; *auf der ~ sein* biti pazljiv, na preži

hüten varovati, paziti; *Vieh* pasti; *Bett* ležati v; *Hüte dich zu ...* Nikar ne ...

Hüter *m*, **~s, ~**, paznik *m*, čuvaj *m*

Hütte *f*, **~, ~n**, koča *f*, bajta *f*; metalurški obrat *m*

Hüttenkunde *f* metalurgija *f*

I

ich jaz; *das Ich* jaz (jaza)
ideal idealen
ideell idejen
Igel *m*, **~s, ~,** jež *m*
ihm njemu (mu)
ihn njega, ga
ihnen njim, jim; *Ihnen* Vam
ihr njej, ji; vi *(množina k* ti)
ihr njen, njihov; *Ihr* Vaš
ihrerseits ona pa; oni pa, Vi pa
ihresgleichen taki kot ona, oni, vi
ihrethalben (willen, wegen) zaradi nje, njih, vas
ihrig njen, njihov; *Ihrig* Vaš
im = *in dem*
Imbiß *m* prigrizek *m*
Imker *m*, **~s, ~,** čebelar *m*
immens ogromen
immer vedno; *auf / für ~* za zmeraj; *~ wieder* vedno znova; *was ~* karkoli že; *~ langsam!* le počasi!
immerfort kar naprej
I(i)mmergrün *n* zimzelen
immerhin vendar, vendarle; kljub vsemu; še tako; sicer
immerzu kar naprej
impfen cepiti
Impfschein *m* potrdilo *n* o cepljenju
Impfstoff *m* cepivo *n*
Impfung *f* cepljenje *n*
imstande *sein* biti sposoben, da; moči; *er ist ~ daß* čisto podobno bi mu bilo, da bi
in *(D, A)* v, na *(L, A)*
Inbegriff *m* zapopadek *m*; *fig.* utelešenje *n*
inbegriffen vključen, zaobsežen
Inbrunst *f* vnema *f*, gorečnost *f*
inbrünstig goreč
indem tako da; s tem, da; vtem ko; medtem ko; *adv.* medtem
indessen medtem; *cj.* toda, nasprotno
ineinander drug v drugega, drug na drugega itd.
infolge zaradi
infolgedessen zategadelj
Ingenieur *m*, **~s, ~e,** inženir *m*
ingrimmig jezno, zagrizeno
Inhaber *m*, **~s, ~,** imetnik *m*, lastnik *m*
Inhalt *m*, **~s, ~e,** vsebina *f*; *mat.* prostornina *f*
inhaltslos prazen, brezvsebinski
Inhaltsverzeichnis *n* kazalo *n*
Inkrafttreten *n* uveljavitev *f*; začetek veljavnosti
Inland *n* tuzemstvo *n*
inländisch tuzemski; domač
inmitten *(G)* (na) sredi *(G)*
innehalten* *v/i* ustaviti se, narediti premor; *v/t* držati se *(G)*
innen znotraj, notri; *nach ~* navznoter; *von ~* od znotraj
Innen... notranji, sobni

Innenstadt *f* mestno središče *n*
innere notranji
Innere *n*, **~n**, –, notranjost *f*; *fig.* srce *n*; *Ministerium des ~n* ministrstvo za notranje zadeve
Innereien *pl* drobovina *f*
innerhalb znotraj; med, pred potekom
innerlich notranji
innewerden* *(G)* zapaziti *(A)*, zavedati se *(G)*
innewohnend imanenten
innig prisrčen, iskren; globoko občuten
Innung *f*, **~**, **~en**, ceh *m*
ins = *in das*
Insasse *m* prebivalec *m*, stanovalec *m*; *(Auto)* potnik *m*; *(Arrest)* zapornik *m*
insbesondere posebej, posebno
Inschrift *f*, **~**, **~en**, napis *m* (na)
Insel *f*, **~**, **~n**, otok *m*
insgeheim skrivaj, skrivoma
insgemein splošno
insgesamt skupno, vse skupaj
insofern kolikor; toliko, tolikanj; *~ als* toliko, ker
instand *halten* vzdrževati; *~ setzen* usposobiti, popraviti
Instandhaltung *f* vzdrževanje *n*
inständig *n* na vso moč
Interesse *n* zanimanje *n*, interes *m*
inwärts navznoter
inwendig notranji
inwiefern kolikor, koliko
inwieweit koliko; v kolikšni meri
Inzucht *f* sokrvje *n*; endogamija *f*
inzwischen medtem
irden lončen
irdisch (po)zemeljski
irgend *v sest. pron.* koli, nek; *vprašalno* kakšen, sploh kakšen; *so rasch wie ~ möglich* kolikor mogoče hitro
irgendein, **~e**, **~es**, kakšen; nek
irgendeiner kdorkoli, nekdo; vsak
irgendwer, **irgendjemand** kdorkoli, nekdo
irgendwie nekako; *schon ~* že kako
irre zmeden, negotov; *med.* blazen, nor; *~ werden* zmesti se; *~ werden an* izgubiti zaupanje v
Irre *m*, *f*, **~n**, **~n**, duševni bolnik *m*, -ca *f*
Irre *f* *in der ~* na krivi poti, v zmoti
irrefahren*, **irregehen*** zgubiti se; *fig.* zabloditi
irreführen speljati na krivo pot; *fig.* zavajati (v zmoto)
irremachen zbegati, zmesti
irren *(sich)* motiti, zmotiti se; *(herum)* begati, bloditi
Irrenhaus *n* norišnica *f*
Irren(heil)anstalt *f* bolnica za duševne bolezni
Irrfahrt *f* blodenje *n*
Irrgarten *m* blodnjak *m*, labirint *m*
irrig napačen, zmoten
Irrlehre *f* zmotni nauk *m*
irrsinnig blazen; *fig.* absurden
Irrtum *n*, **~s**, **£er**, napaka *f*, zmota *f*; *im ~ sein* motiti se
irrtümlich po pomoti
Irrweg *m* napačna, zmotna pot *f*

J

ja da; saj, celo; *(~ frech)* naravnost; *ja sogar* še celo; *ja nicht* nikakor ne; *ja sagen zu* pristajati na, potrjevati *A*
Jacke *f*, **~, ~n,** jopič *m*, jopa *f*; *es ist ~ wie Hose* vseeno je
Jagd *f*, **~, ~en,** lov *m*, pogon *m*
Jagd... lovski
jagen loviti, hoditi na lov; zelo hitro teči, voziti itd.; *v/t* loviti, preganjati; *(weg)* pognati, napoditi; priganjati; *in (Messer usw.)* zabosti v
Jäger *m*, **~s, ~,** lovec *m*
jäh nenaden; *Abhang* strm
Jahr *n*, **~(e)s, ~e,** leto *n*; *ein halbes ~* pol leta; *einmal im ~* enkrat na leto; *im ~e 1900* leta 1900; *letztes ~* lansko leto; *bei ~en* v letih; *das ganze ~ über* vse leto
jahraus, jahrein leto za letom
jahrelang leta in leta
jähren *zum 5. Mal jährt sich* je 5. obletnica
Jahres... letni
Jahresabschluß *m* letna bilanca *f*
Jahrestag *m* obletnica *f*
Jahreszahl *f* letnica *f*
Jahreszeit *f* letni čas *m*
Jahrgang *m*, **~s, ⸗e,** letnik *m*
Jahrhundert *n*, **~s, ~e,** stoletje *n*
...jährig ...leten
...jährlich vsakih ... let
jährlich vsako leto; *3 Mal ~* 3 krat na leto
Jahrmarkt *m* sejem *m*
Jahrtausend *n* tisočletje *n*
Jahrzehnt *n*, **~s, ~e,** desetletje *n*
Jähzorn *m* togota *f*; nagla jeza *f*
jähzornig jeznorit, nagle jeze
Jammer *m* stok *m*, tarnanje *n*; *es ist ein ~* škoda je
jämmerlich klavrn
jammern stokati, tarnati; *er jammert mich* smili se mi
jammerschade hudo škoda
Jammertal *n* solzna dolina *f*
Jänner, Januar *m* januar *m*
jäten pleti
Jauche *f*, **~, ~n,** gnojnica *f*
jauchzen vriskati
Jause *f*, **~, ~n,** malica *f*
jawohl da
Jawort *m* da; pozitiven odgovor *m*
je sploh (kdaj); *(seit) ~* (od) nekdaj; *je ... je / desto / umso* čim ... tem, bolj ko ... bolj; *~ nach* glede na; *~ nachdem* kot nanese; *~ 2, für ~ 8* po dva, za vsakih 8
je *o ~!* joj!
jeder, jede, jedes, vsak, vsaka, vsako
jedenfalls na vsak način
jedermann vsak; slehernik
jederzeit kadarkoli, vselej, vedno

jedesmal vsakokrat
jedoch toda, pa, vendarle
jedweder, jeglicher *gl.* **jeder**
jeher *von* ~ od nekdaj
jemals kadarkoli, sploh kdaj
jemand nekdo; kdo; *im neg. Satz* nihče
jene, jener, jenes ona, oni (tam), ono; tisti tam; prvi omenjeni
jenseitig onstranski
jenseits onstran, na drugi strani *(G)*
Jenseits *n* onstranstvo *n im* ~ na drugem svetu
jetzig sedanji, zdajšnji
jetzt sedaj, zdaj; neki *(wo habe ich das jetzt gelassen)*
jeweilig vsakokratni
jeweils občasno, vsakokrat
Joch *n*, **~s, ~e,** jarem *m*; sedlo *n*
Johannisbeere *f* ribez *m*
Journalist *m*, **~en, ~en,** novinar *m*
Jubel *m*, **~s,** –, radost *m*; vzkliki veselja *pl*
jubeln vriskati, glasno se veseliti
jucken srbeti
jüdisch židovski
Jugend *f*, **~,** –, mladost *f*; mladina *f*
Jugend... mladostni, mladinski
Jugendgericht *n* mladinsko sodišče *n*
jugendlich mladosten
Jugendzeit *f* mladost *f*
Juli *m*, **~s,** –, julij *m*
jung mlad
Junge *m*, **~n, ~n,** deček *m*, fant *m*
Junge *n*, **~n, ~n,** mladič *m*
jünger mlajši
Jünger *m*, **~s, ~,** učenec *m*
Jungfer *f*, **~, ~n,** *alte* stara devica; *zast.* hišna *f*
Jungfernrede *f* govorniški krst *m*
Jungfrau *f*, **~, ~en,** devica *f*, *zast.* deklica *f*
jungfräulich deviški; *fig.* nedotaknjen
Junggeselle *m*, **~n, ~n,** samec *m*
Jüngling *m*, **~s, ~e,** mladenič *m*
jüngst *adj.* najmlajši, poslednji; *adv.* v zadnjem času
Juni *m* junij *m*
Junker *m*, **~s, ~,** junker *m*
Jury *f*, **~, ~s,** žirija *f*
just pravkar, ravno
Justizwesen *n* sodstvo *n*
Juwel *n*, **~s, ~en,** dragulj *m*; dragotina *f*
Jux *F m*, **~es, ~e,** šala *f*; *F* hec *m*

K

Kabale *f*, **~, ~n,** spletka *f*
Kabeljau *m*, **~s, ~e,** polenovka *f*
kabeln telegrafirati
Kachel *f*, **~, ~n,** *(lončena) ploščica f*
Kachelofen *m* lončena peč *f*
Kadaver *m*, **~s, ~,** truplo *n*, mrhovina *f*
Käfer *m*, **~s, ~,** hrošč *m*
Kaffee *m*, **~s, ~s,** kava *f*; *v sest.* kavni
Kaffeehaus *n* kavarna *f*
Käfig *m*, **~s, ~e,** kletka *f*
kahl plešast; gol
kahlgeschoren ostrižen do golega
kahlköpfig plešast
Kahn *m*, **~s, £e,** čoln *m*
Kai *m*, **~s, ~e,** nabrežje *n*
Kaiser *m*, **~s, ~,** cesar *m* (**-in** *f*, -ica *f*)
Kaiser... cesarski
kaiserlich cesarski
Kaiserreich *n* cesarstvo *n*
Kakao *m*, **~s,** –, kakao *m*
Kalb *n*, **~s, £er,** tele *n*; *v sest.* telečji
kalben (o)teliti se
kalbern, kälbern telečji
Kaldaunen *pl* vampi *pl*
Kalender *m*, **~s, ~,** koledar *m*; *v sest.* koledarski
Kalk *m*, **~s,** –, apno *n*; *ungelöschter* živo; *gelöschter* gašeno
kalken apniti; beliti z apnom
kalkig apnen
Kalkstein *m* apnenec *m*
kalt mrzel, *fig.* hladen; *mir ist ~* zebe me
kaltblütig hladnokrven
Kälte *f*, **~,** –, mraz *m*; *fig.* hladnost *f*
kältebeständig obstojen v mrazu
kaltherzig brezdušen
kaltschnäuzig predrzen; hladnokrven
kaltstellen dati / postaviti na hladno
Kaltwelle *f* hladna trajna
kam *gl.* **kommen**
Kamerad *m*, **~en, ~en,** tovariš *m*, vojni tovariš
kameradschaftlich tovariški
Kamille *f*, **~, ~n,** kamelica *f*
Kamin *m*, **~s, ~e,** dimnik *m*; kamin *m*
Kaminfeger *m* dimnikar *m*
Kamm *m*, **~s, £e,** glavnik *m*; greben *m*; *zoo.* greben *m*, roža *f*
kämmen česati (*sich* se)
Kammer *f*, **~, ~n,** kamrica *f*, soba *f*; komora *f*; *pol.* zbornica *f*, dom *m*; parlament *m*; *(Herz)* prekat *m*; *(Gewehr)* magazin *m*
Kammerdiener *m* komorni strežaj *m*
Kämmerer *m*, **~s, ~,** zakladnik *m*
Kammermusik *f* komorna glasba *f*

Kampf *m*, **~es, ⸗e,** boj *m*; *sport* tekma *f*
Kampf... bojni
Kampfansage *f* bojna napoved *f*
kampfbereit pripravljen za boj; bojevit
kämpfen boriti se, bojevati se
Kampfer *m*, **~s,** –, kafra *f*
Kämpfer *m*, **~s, ~,** borec *m*, bojevnik *m*
Kampfhahn *m fig.* pretepač *m*; prepirljivec *m*
Kampfhandlungen *pl* boji *pl*, operacije *pl*
kampflustig bojevit
Kanal *m*, **~s, ⸗e,** prekop *m*; kanal *m*
Kaninchen *n*, **~s, ~,** kunec *m*
Kanne *f*, **~, ~n,** vrč *m*, ročka *f*; kangla *f*
kannte *gl.* **kennen**
Kanone *f*, **~, ~n,** top *m*; *fig.* as *m*
Kante *f*, **~, ~n,** rob *m*; tkan rob *m*
kantig oglat
Kanzel *f*, **~, ~n,** prižnica *f*; *Flugzeug* pilotska kabina *f*
Kanzlei *f*, **~, ~en,** pisarna *f*
Kanzler *m*, **~s, ~,** predsednik vlade
Kapaun *m*, **~s, ~e,** kopun *m*
Kapelle *f*, **~, ~n,** kapela *f*; godba *f*
Kapellmeister *m* kapelnik *m*
Kaper *f*, **~, ~n,** kapra *f*
Kapital *n*, **~, ~e,** kapital *m*; *~ schlagen aus* kovati dobiček iz
Kapitän *m*, **~s, ~e** kapitan *m*
Kapitel *n*, **~s, ~,** poglavje *n*
Kappe *f*, **~, ~n,** kapa *f*, čepica *f*; *(Schuh)* kapica *f*
kappen prirezati, skrajšati; *Dieb* ujeti
kaputt pokvarjen, razbit; *fig.* uničen
Kapuze *f*, **~, ~n,** kapuca *f*
...karätig ...karaten
Karfreitag *m* veliki petek *m*
karg skop, pičel; boren; *Boden* nerodoviten
Karnickel *n* kunec *m*; *fig.* krivec *m*
Karo *n* karo *m*
Karotte *f*, **~, ~n,** korenje *n*, korenček *m*
Karpfen *m*, **~s, ~,** krap *m*
Karre *f*, **~, ~n,** ciza *f*; gare *pl*
karren cijaziti; voziti
Karte *f*, **~, ~n,** karta *f*, *(Land)* zemljevid *m*; *(Kino)* vstopnica *f*; *(Fahr...)* vozovnica *f*; *~n legen* vedeževati iz kart
Kartei *f*, **~, ~en,** kartoteka *f*
Kartenspiel *n* igra s kartami; komplet kart
Kartoffel *f*, **~, ~n,** krompir *m*
Karton *m*, **~s, ~s,** karton *m*; škatla *f*
Karussell *n*, **~s, ~e,** vrtiljak *m*
Karwoche *f* veliki teden *m*
Karzer *m*, **~s, ~,** zapor *m* (šolski, univerzitetni)
Käse *m*, **~s, ~,** sir *m*
käsig sirast
Kasperle *n* kljukec *m*; lutka *f*
Kasse *f*, **~, ~n,** blagajna *f*; hranilnica *f*; socialno zavarovanje *n*; *bei ~ sein* imeti denar
Kassenarzt *m* zdravnik socialnega zavarovanja
Kassenbestand *m* gotovina na razpolago

Kassenpatient *m* pacient, za katerega plača soc. zavarovanje
Kassenzettel *m* račun *m*; potrdilo *n*
kassieren kasirati; ovreči
Kassierer *m* blagajnik *m*
Kastanie *f*, **~**, **~n**, kostanj *m*
Kästchen *n* skrinjica *f*, škatla *f*
kasteien trpinčiti (*sich* se)
Kasten *m*, **~s**, **£**, skrinja *f*; omara *f*; *ein ~ Bier* zaboj *m*; *pej.* kišta *f*
Kater *m*, **~s**, **~**, maček *m* (*a. fig.*)
Kätzchen *n* mačica *f* (*a. bot.*)
Katze *f*, **~**, **~n**, mačka *f*; *das ist für die ~* to ni za nič
Katzen... mačji
Katzenjammer *m fig.* maček *m*
Kauderwelsch *n* latovščina *f*; nerazumljivo govorjenje *n*
kauen žvečiti; gristi
kauern čepeti; ždeti
Kauf *m*, **~s**, **£e**, nakup *m*, kup *m*; *in ~ nehmen* vzeti v račun
kaufen kupiti
Käufer *m*, **~s**, **~**, kupec *m*
Kaufhaus *n* trgovska hiša *f*; blagovnica *f*
Kaufkraft *f* kupna moč *f*
käuflich kupljiv; *fig.* podkupljiv
Kaufmann *m* trgovec *m*; poslovni človek
Kaugummi *m* žvečilni gumi *m*
Kaulquappe *f* paglavec *m*
kaum komaj; komajda
Kauz *m*, **~es**, **£e**, čuk *m*; *fig.* čudak *m*; *ein komischer ~* čuden tič *m*
keck objesten; drzen; predrzen
Kegel *m*, **~s**, **~**, kegelj *m*; stožec *m*; *~ schieben* kegljati
Kegelbahn *f* kegljišče *n*
kegeln kegljati
Kehle *f*, **~**, **~n**, grlo *n*; *fig.* vrat *m*
Kehlkopf *m* grlo *m*
Kehre *f*, **~**, **~n**, ovinek *m*, zavoj *m*; obrat *m*
kehren (*aus...*) pometati; (*um*) obrniti (se); *das Oberste zu unterst ~* postaviti vse na glavo; *sich ~ an fig.* ozirati se na; *jm den Rükken ~* obrniti hrbet
Kehricht *m*, *n* smeti *pl*
Kehrreim *m* refren *m*
Kehrseite *f* druga, obratna stran
kehrtmachen obrniti se
keifen (*mit*) vreščati (nad), usajati se (nad)
Keil *m*, **~s**, **~e**, zagozda *f*, klin *m*
Keile *f* batine *pl*; tepež *m*
Keiler *m*, **~s**, **~**, divji prašič *m*
Keilerei *f* pretep *m*
Keilschrift *f* klinopis *m*
Keim *m*, **~s**, **~e**, kal *f*; klica *f*
Keimdrüse *f* spolna žleza *f*
keimen kaliti, kliti (*a. fig.*); rasti
keimfrei sterilen
kein noben; *keiner* nihče; *... ist kein (Problem) ...* ni (problem) ...; *keine 3 Wochen* niti 3 tedne; *kein Wort!* niti besede!
keinerlei nikakršen, noben

keines/falls, /wegs nikakor ne, na noben način
keinmal nobenkrat
Kelch *m*, **~es, ~e,** kelih *m*, kupa *f*; čaša *f (a. bot.)*
Keller *m*, **~s, ~,** klet *f*
Kellner *m*, **~s, ~,** natakar *m*
kennbar spoznaten, spoznaven
kennen, kannte, gekannt poznati
kennenlernen spoznati, seznaniti se z
Kenner *m*, **~s, ~,** poznavalec *m*
Kennkarte *f* izkaznica *f*; osebna izkaznica; *Ware* oznaka *f*
kenntlich spoznaven; *~ machen* označiti
Kenntnis *f*, **~, ~se,** znanje *n*, vedenje *n*; vednost *f*; *~ nehmen von* opaziti; *jn in ~ setzen über* sporočiti komu kaj
Kennwort *n* geslo *n*
Kennzeichen *n* znak *m*, značka *f*; značilnost *f* (registrska) tablica *f*
kennzeichnen označiti, označevati; biti značilen za
kentern nasesti
Kerbe *f*, **~, ~n,** zareza *f*
Kerbholz *n* rovaš *m*; *auf dem ~ haben* imeti na vesti
Kerker *m*, **~s, ~,** ječa *f*
Kerl *m*, **~s, ~e,** možak *m*; dečko *m*; *F* dedec *m*
Kern *m*, **~s, ~e,** jedro *n*; *Obst* pečka *f*
Kernenergie *f* jedrska energija *f*
Kernfach *m* osnovna stroka *f*
Kerngehäuse *n* peščišče
kerngesund skoz in skoz zdrav
Kernfrage *f* osrednje vprašanje *n*
Kernphysik *f* jedrska fizika *f*
Kerze *f*, **~, ~n,** sveča *f*; *Auto* svečka *f*
Kerzen/halter, /ständer *m* svečnik *m*
kerzengerade raven kot sveča
keß drzen, šik
Kessel *m*, **~s, ~,** kotel *m*; *(Tal)* kotlina *f*
Kesselstein *m* kotlovec *m*
Kesseltreiben *n* hajka *f*, gonja *f*
Kette *f*, **~, ~n,** veriga *f*, verižica *f*; *(Gebirgs...)* pogorje *n*; *(Panzer)* gosenica *f*
ketten prikleniti
Ketzer *m*, **~s, ~,** krivoverec *m*
keuchen težko loviti sapo; *(Worte)* izdaviti
Keuchhusten *m* oslovski kašelj *m*
Keule *f*, **~, ~n,** kij *m (a. Sport.)*; bet *m*; *(Tier...)* stegno *n*
keusch čist, čednosten
kichern hihitati se
Kiefer *m*, **~s, ~,** čeljust *f*
Kiefer *f*, **~, ~n,** bor *m*, borovec *m*
Kieme *f*, **~, ~n,** škrga *f*
Kies *m*, **~es, –,** prod *m*
Kiesel *m*, **~s, ~,** prodnik *m*
Kilogramm *n* kila *f*
Kind *n*, **~es, ~er,** otrok *m*, otroček *m*; *mit ~ und Kegel* z vsem; *das ~ beim rechten Namen nennen* imenovati stvar s pravim imenom; *Wes Geistes ~ ist er?* Kakšne vrste človek je? *Kinder!* Ljudje (božji)!

Kindbett *n* poporodna doba *f*
Kinder... otroški, ... za otroke
Kinderei *f*, **~**, **~en**, otročarija *f*
Kindergeld *n* otroški dodatek *m*
Kinderhort *m* vrtec, jasli *pl*
kinderreich z mnogimi otroki
Kinderspiel *n fig.* malenkost *f*
Kinderstube *eine gute ~ haben* biti dobro vzgojen
Kinderzulage *f* otroški dodatek *m*
Kindheit *f*, **~**, **~en**, otroštvo *n*
kindisch otročji
kindlich otroški
Kinn *n*, **~s**, **~e**, brada *f*; *anat.* obradek *m*
Kino *n*, **~s**, **~s** kino *m*
Kipfel *n*, **Kipferl** *n*, **~s**, **~(n)**, rogljič *m*
Kippe *f*, **~**, **~n**, *(Zigarette)* ogorek *m*, čik *m*; *(Müll)* odlagališče *n*
kippen prevrniti; vsuti na
Kipper *m*, **~s**, **~**, prekucnik *m*
Kirche *f*, **~**, **~n**, cerkev *f*
Kirchen... cerkveni, ... cerkve
Kirchhof *m* pokopališče *n*
Kirsch *m* češnjevec *m*
Kirsche *f*, **~**, **~n**, češnja *f*; *mit ihm ist nicht gut ~n essen* z njim ni dobro češenj zobati
Kissen *n*, **~s**, **~**, blazina *f*
Kiste *f*, **~**, **~n**, zaboj *m*; *(Latten)* gajba *f*; *fig. F* kišta *f*
Kitt *m*, **~s**, **~e**, kit *m*
Kittchen *n fig.* luknja *f*
Kittel *m*, **~s**, **~**, halja *f*
kitzlig žgečkljiv; *fig.* občutljiv
klaffen zijati
kläffen bevskati
Klage *f*, **~**, **~n**, tožba *f*; pritožba *f*
Klagelied *n* tožba *f*, žalostinka *f*
klagen *v/t* (po)tožiti; *v/i über* pritoževati se (nad / zaradi); tožiti; *um* objokovati *A*
Kläger *m*, **~s**, **~**, tožnik *m*
kläglich klavrn; *Stimme* tožeč
klamm premrl
Klammer *f*, **~**, **~n**, sponka *f*, *(Wäsche)* klinček *m*; oklepaj *m*
klammern spenjati; *sich an* oklepati se *(G)*
Klang *m*, **~s**, **£e**, zvok *m*, zven *m*
klang *gl.* **klingen**
klangvoll zveneč
Klappe *f*, **~**, **~n**, loputa *f*; pokrov *m*; *F* gobec *m*
klappen sklopiti, razklopiti; *F das klappt* je v redu, gre
Klapper *f*, **~**, **~n**, raglja *f*, klopotec *m*
klapperig netrden, majav; bolehen
Klappmesser *n* žepni nož *m*, pipec *m*
Klappstuhl *m* zložljiv stol *m*
Klaps *m*, **~es**, **~e**, rahel udarec *m*; tlesk *m*; *einen ~ haben* biti trčen
klar jasen, očiten; *Wasser* čist; *Schiff, Flugzeug* pripravljen za odhod / akcijo; *jm etw. ~ machen* dopovedati
Klar *n*, **~s**, **~**, (Ei) beljak *m*
klären čistiti; *fig.* razčistiti
klarstellen razjasniti; *fig.* pribiti

Klasse *f*, **~**, **~n**, razred *m*
Klassenarbeit *f* delo v šoli; šolska naloga *f*
Klassenbuch *n* razrednica *f*
Klassenkampf *m* razredni boj *m*
Klassenlehrer *m* razrednik *m*
...klassig z ... razredi; ...razreden
Klatsch *m*, **~es**, **~e**, udarec *m*; opravljanje *n*
Klatschbase *f* opravljivka *f*
klatschen ploskati; opravljati; *gegen* udariti ob
klatschhaft opravljiv, klepetav
klauben pobirati, obirati
Klaue *f*, **~**, **~n**, taca *f*; *fig.* kremplji *pl*; grda pisava *f*
klauen *F* suniti, pljuniti
Klebemittel *n* lepilo *n*
kleben *v/t* lepiti, prilepiti; *F jm eine* pripeljati eno; *v/i* držati se (*an* G), obviseti na
klebrig lepljiv
Klecks *m*, **~es**, **~e**, packa *f*, madež *m*; pika *f*
Klee *m*, **~s**, –, detelja *f*
Kleeblatt *n fig.* trojica *f*
Kleid *n*, **~es**, **~er**, obleka *f*
kleiden oblačiti; *gut* pristajati; *sich ~* oblačiti se; *in Worte ~* izraziti z besedami
Kleider... ... za obleko
Kleiderbügel *m* obešalnik *m*
Kleiderhaken *m* obešalnik *m*, kljuka *f*
kleidsam *das ist ~* lepo pristoji
Kleidung *f*, **~**, **~en**, obleka *f*, oblačilo *n*
Kleie *f*, **~**, –, otrobi *pl*
klein majhen; *ein ~ wenig* čisto malo; *groß und ~* stari in mladi; *von ~ auf* od mladih nog; *~ schreiben* pisati z malo, *fig.* ne imeti za pomembno; *~ beigeben* popuščati
Kleingeld *n* drobiž *m*
Kleinheit *f* majhnost *f*
Kleinigkeit *f* malenkost
Kleinkind *n* otroček *m*
kleinlaut potlačen, pobit
Kleinmut *m* malodušje *n*
Kleinod *n* dragulj *m*
Kleister *m*, **~s**, **~**, lepilo *n*
Klemme *f*, *in der ~ sein* biti v škripcih
klemmen težko se odpirati, zatikati se; *v/t* vtakniti; *sich ~* pripreti se (si kaj)
Klempner *m* klepar *m*
Klette *f* laške uši *pl*
klettern plezati
Kletterpflanze *f* plezalka *f*
klimmen, klomm, geklommen plezati, dvigati se
klimpern žvenkljati; tolči (po glasbilu)
Klinge *f*, **~**, **~n**, rezilo *n*
Klingel *f*, **~**, **~n**, zvonec *m*
klingeln (po)zvoniti; žvenkljati
klingen, klang, geklungen zveneti; *~de Münze* gotovina
Klinke *f*, **~**, **~n**, kljuka *f*
Klippe *f*, **~**, **~n**, čer *f*
klirren žvenketati
klomm *gl.* **klimmen**
klopfen trkati; *Steine* tolči; *Teppiche* iztepati; *es klopft* nekdo trka
Klöppel... klekljan
klöppeln klekljati

Klops *m*, **~es, ~e,** (mesni) cmok *m*
Klosett *n* stranišče *n*
Kloß *m*, **~es, ⁓e,** kepa *f*, cmok *m*
Kloster *n*, **~s, ⁓,** samostan *m*
klösterlich samostanski
Klotz *m*, **~es, ⁓e,** klada *f*
Kluft *f*, **~, ⁓e,** prepad *m*, *(a. fig.)*; razpoka *f*; *F* **~en,** obleka *f*
klug pameten, moder, inteligenten; *ich werde nicht ~ daraus* ne morem ugotoviti, za kaj gre
Klumpen *m*, **~s, ~,** kepa *f*, gruda *f*
Klüngel *m*, **~s, ~,** klika *f*
knabbern *(an)* glodati, grizljati *(A)*
Knabe *m*, **~n, ~n,** deček *m*, fant *m*
knabenhaft deški
knacken *v/i* počiti; *v/t* streti; *Safe* vlomiti v
Knall *m*, **~s, ~e,** pok *m*; *~ und Fall* nenadoma
knallen pokati, počiti; *F* streljati
knall *(rot usw.)* živo ...
knapp tesen, pičel; *Worte* zgoščen; *mit ~er Not* komajda; *~ an* na tesnem z, tik ob; *~ werden* zmanjkovati; *~ 10 Minuten* malo manj kot 10 minut
Knappheit *f* pomanjkanje *n*
knattern pokati, ropotati
Knäuel *n*, **~s, ~,** klopka *f*, klobčič *m*
knauserig skopuški, stiskaški
knausern *mit* skopariti z
knebeln zamašiti usta
Knecht *m*, **~s, ~e,** hlapec *m*
knechten podjarmiti
kneifen, kniff, gekniffen, uščipniti; *v/i fig.* pobrisati jo
Kneipe *f*, **~, ~n,** krčma *f*
kneten gnesti
knicken zlomiti; *Papier* preganiti; *geknickt fig.* skrušen
knickerig stiskaški
Knicks *m*, **~es, ~e,** priklonček *m*
Knie *n*, **~s, ~e,** koleno *n*; *übers ~ brechen* prenagliti se z
Kniebeuge *f* počep *m*
knien klečati
Kniescheibe *f* pogačica *f*
Kniestrumpf *m* dokolenka *f*
Kniff *m*, **~s, ~e,** guba *f*, pregib *m*; *fig.* trik *m*
kniff *gl.* **kneifen**
knipsen *v/t (Karten) preščipniti; F (Foto)* pritisniti
Knirps *m*, **~es, ~e,** pritlikavec, *m*, malček
knirschen škripati; *Zähne* škrtati
knistern *Feuer* prasketati; *Kleid* šelesteti; pokljati
knitterfrei nemečkljiv
knittern mečkati se
knobeln kockati; tuhtati
Knoblauch *m* česen *m*
Knöchel *m*, **~s, ~,** členek *m*, gleženj *m*
Knochen *m*, **~s, ~,** kost *f*
knöchern, knochig koščen
Knödel *m*, **~s, ~,** cmok *m*
Knolle *f*, **~, ~n,** gomolj *m*; kepa *f*
Knopf *m*, **~es, ⁓e,** gumb *m*; *(Nadel)* glavica *f*
knöpfen *(zu)* zapeti; *(auf)* odpeti

Knopfloch *n* gumbnica *f*
Knorpel *m*, **~s, ~,** hrustanec *m*
Knospe *f*, **~, ~n,** popek *m*
Knoten *m*, **~s, ~,** vozel *m*; odebelina *f*, grča *f*; *Frisur* figa *f*
Knotenpunkt *m* vozlišče *n*, križišče *n*
Knüller *m* uspešnica *f*
knüpfen vozlati; vezati; ~ *an* navezati na
Knüppel *m*, **~s, ~,** palica *f*, krepelo *n*; krmilo *n*; ~ *zwischen die Beine werfen* metati polena pod noge
knurren renčati; *Magen* kruliti; *fig.* godrnjati
knusperig hrustav, krhek
Kobold *m* škrat *m*, duh *m*
Koch *m*, **~s, £e,** kuhar *m*; *(Speise)* narastek *m*
Kochbuch *n* kuharska knjiga *f*
kochecht ki prenese kuhanje
kochen *v/i* kuhati se, vreti; *v/t* kuhati, zavreti
Kocher *m*, **~s, ~,** kuhalnik *m*
Kochherd *m* štedilnik *m*
Köchin *f*, **~, ~nen,** kuharica *f*
Kochlöffel *m* kuhalnica *f*
Köder *m*, **~s, ~,** vaba *f*
ködern ujeti na vabo; zvabiti
Koffer *m*, **~s, ~,** kovček *m*
Kofferradio *n* prenosni radijski sprejemnik *m*
Kofferraum *m* prtljažnik *m*
Kohl *m*, **~s, –,** zelje *n*, ohrovt *m*; *fig.* čvek *m*
Kohle *f*, **~, ~n,** oglje *n*; premog *m*; ogljik *m*; *pl F* denar *m*; *wie auf glühenden ~ sitzen* kot na žerjavici
Kohlen... ogljikov, premogov
Kohlenbergwerk *n* premogovnik *m*
Kohlenoxid *n* ogljikov monoksid *m*
Kohlenstoff *m* ogljik *m*
Kohlepapier *n* karbonpapir *m*
Köhler *m*, **~s, ~,** ogljar *m*
kohlrabenschwarz vranje črn
Kohlrübe *f* (rumena) koleraba *f*
Kokos... kokosov
Koks *m*, **~es, –,** koks *m*
Kolben *m*, **~s, ~,** bat *m*; *bot.* betič *m*; *Gewehr* kopito *n*
Kollekte *f* nabiralna akcija *f*
kollern kotaliti se
Kolli *n pl* zavitki, kosi prtljage
Kölnischwasser *n* kolonjska voda *f*
Kolonne *f*, **~, ~n,** stolpec *m*; vrsta pri tekočem traku; kolona *f*
kolportieren prodajati na ulici; *fig.* razširjati
komisch komičen; *fig.* nenavaden, čuden
Komma *n*, **~s, ~s,** vejica *f*
Kommandoturm *m* letališki nadzorni stolp
kommen, kam, gekommen, prihajati, priti; ~ *lassen* poslati po; ~ *sehen fig.* predvidevati; *gefahren, geflogen usw. kommen* pripeljati se, prileteti; *es kam ...* zgodilo se je; *er kommt in Zorn, Eifer ...* obide ga jeza, itd.; *in Gang, ins Rutschen usw.* ~ začeti (se); *auf etw.* ~ naleteti na, odkriti, *fig.* domisliti se *(G)*; *hinter etw.* ~

spregledati, ugotoviti; *um etw.* ~ priti ob, izgubiti; *wie kommt es, daß* kako to, da; *zu Fall* ~ pasti; *zum Ausbruch* ~ izbruhniti; *das kommt 5 Mark* stane; *das kommt billiger* je cenejše
kommend prihodnji
Kommis *m* komi *m*
Kommiß *m fig.* vojska *f*
Kommode *f*, **~**, **~n**, predalnik *m*
Kompott *n*, **~s**, **~e**, kompot *m*
Kondens... kondenziran
Konditorei *f* slaščičarna *f*
Konfekt *n*, **~s**, **~e**, sladkarije *pl*, bonbon *m*
Konfitüre *f*, **~**, **~n**, marmelada *f*, sladko *n*
König *m*, **~s**, **~e**, kralj *m* (**-in** *f* -ica *f*)
königlich kraljevski
Königreich *n*, **~s**, **~e**, kraljestvo *n*
konkurrieren konkurirati; potegovati se za
können *ich* **kann, konnte, gekonnt** moči, znati; *du kannst gehen* lahko greš; *es kann wahr sein* lahko da je / utegne biti res; *man kann nie wissen* nikoli se ne ve
Können *n* znanje *n*, sposobnost *f*
konnte *gl.* **können**
Kontakt *n*, **~s**, **~e**, stik *m*; ~ *aufnehmen mit* stopiti v stik z
kontra kontra, proti
Kontroll... kontrolni
Konzentrationslager *n* koncentracijsko taborišče *n*
Kopf *m*, **~es**, **£e**, glava *f*; *fig.* vrh *m*; *ein heller* ~ bistra glava; ~ *haben* imeti glavico; ~ *doch!* glavo kvišku! *auf den* ~ *stellen* postaviti na glavo; *mit bloßem* ~ razoglav; *von* ~ *bis Fuß* od nog do glave; *vor den* ~ *stoßen* užaliti; *sich an den* ~ *greifen* prijeti se za glavo; *sich aus dem* ~ *schlagen* izbiti si iz glave; *sich den* ~ *zerbrechen* beliti si glavo; *mit dem* ~ *gegen die Wand rennen* zaletavati se z glavo v zid
Kopfarbeit *f* umsko delo *n*
Kopfbahnhof *m* čelna postaja *f*
köpfen obglaviti
Kopfende *n* zglavje *n*
Kopfgeld *n* nagrada (na glavo)
Kopfkissen *n* zglavnik, blazina *f*
kopflos brezglav
Kopfrechnen *n* računanje *n* na pamet
Kopfsalat *m* glavnata solata *f*
Kopfschmerz *m* glavobol *m*
Kopfstand *m* stoja *f*
Kopftuch *n* (naglavna) ruta *f*
kopfüber na glavo; *sich* ~ *in die Arbeit stürzen* brez obotavljanja
Koppel *n*, **~s**, **~**, pas *m* (pri uniformi)
Koppel *f*, **~**, **~n**, ograda *f*
Korb *m*, **~es**, **£e**, košara *f*; *fig.* košarica *f*; *Sport.* koš *m*
Korbsessel *m* pleten stol *m*
Kordel *f*, **~**, **~n**, (okrogla) vrvica *f*
Korinthe *f*, **~**, **~n**, rozina *f*

Kork *m*, **~s, –**, pluta *f*
Korken *m*, **~s, ~**, zamašek *m*
Korkenzieher *m* odpirač *m*
Korn *n*, **~s**, žito *n*; **£er**, zrno *n*; **~e**, muha *f*; *aufs ~ nehmen* vzeti na muho / piko
Korn *m*, **~s, ~e**, (žitno) žganje *n*
Korn... žitni
Kornblume *f* plavica *f*
körnig zrnat
Körper *m*, **~s, ~**, telo *n*
Körperbau *m* postava *f*
körperbehindert invaliden
Körperchen *n*, **~s, ~**, telesce *n*; delček *m*
körperlich telesni
Körperschaft *f*, **~, ~en**, korporacija *f*
korrosionsfest odporen za korozijo
kosen ljubkovati (se)
Kosename *m* ljubkovalnica *f*
Kost *f*, **~, –**, hrana *f*; prehrana *f*; *schmale* pičla; *freie* brezplačna; *in ~ bei* na hrani pri
kostbar dragocen
Kostbarkeit *f* dragotina *f*; dragocenost *f*
Kosten *pl* stroški *pl*; *fig.* račun *m*; *auf ~* na račun
kosten stati; *v/t* pokušati, pokusiti; okusiti
Kostenanschlag *m* predračun *m*
kostenlos zastonj; brezplačen
Kostenpunkt *m* izdatek *m*, strošek *m*
köstlich čudovit *(a. fig.)*
Kostprobe *f*, pokušina *f*; vzorec *m*
kostspielig drag
Kostüm *n*, **~s, ~e**, kostum *m*
Kot *m*, **~s, –**, umazanija *f*; blato *n* (tudi človeško)
Kotflügel *m* blatnik *m*
Köter *m*, **~s, ~**, ščene *n*
kotig blaten
kotzen *V* kozlati
Krabbe *f*, **~, ~n**, rakovica *f*; *fig.* otročiček *m*
krabbeln plaziti se, kobacati se; gomazeti
Krach *m*, **~s, ~e/~s**, hrup *m*, ropot *m*; razgrajanje *n*; prepir *m*, (gospodarska) kriza *f*
krachen pokati; ropotati; treščiti
krächzen krakati; hripavo govoriti; hreščati
Kraft *f*, **~, £e**, moč *f*; sila *(fig.; phys.)*; *in ~ treten* stopiti v veljavo; *außer ~ setzen* razveljaviti; *aus eigener ~* z lastnimi silami
kraft zaradi, po
Kraftfahrer *m* voznik *m*
Kraftfahrzeug *n* motorno vozilo *n*
Kraftfutter *n* močno krmilo *n*
kräftig krepek
kräftigen (o)krepiti
kraftlos brezmočen, nemočen
Kraftprobe *f* merjenje *n* sil
Kraftstoff *m* gorivo *n*
Kraftwagen *m* avtomobil *m*
Kraftwerk *n* elektrarna *f*, plinarna *f*
Kragen *m*, **~s, ~**, ovratnik *m*; *beim ~ packen* zgrabiti za vrat
Krähe *f*, **~, ~n**, vrana *f*
krähen krakati, kikirikati
Kralle *f*, **~, ~n**, krempelj *m*

Kram *m*, **~s, –**, roba *f*, krama *f*, šara *f*
kramen *(in)* brskati (po)
Krampf *m*, **~es, ⁼e**, krč *m*
Krampfader *f* krčna žila *f*
krampfhaft krčevit
Kran *m*, **~s, ⁼e**, žerjav *m*
Kranich *m*, **~s, ~e**, žerjav *m*
krank bolan; *~ werden* zboleti; *~ schreiben* dati v bolniško
Kranke *m, f*, **~n, ~n**, bolnik *m*, -ica *f*
kränkeln bolehati
kränken *jn* žaliti, razžaliti; *sich* žalostiti se
Kranken... bolniški
Krankengeld *n* nadomestilo *n* za osebni dohodek
Krankenhaus *n* bolnica *f*; bolnišnica *f*
Krankenkost *f* dieta *f*
Krankenschein *m* zdravniško potrdilo *n*
krankhaft bolezenski, bolesten
Krankheit *f*, **~, ~en**, bolezen *f*
Krankheits... bolezenski
kränklich bolehen
Kränkung *f*, **~, ~en**, žalitev *f*
Kranz *m*, **~es, ⁼e**, venec *m*
Krapfen *m*, **~s, ~**, krof *m*
kraß oster, močan, hud
Krätze *f*, **~, ~n**, garje *pl*
kratzen praskati
kraulen *jn* čohati; plavati kravl
kraus *Haar* skodran; *Stirn* naguban; *Gedanken* zmeden
Krause *f*, **~, ~n**, naborek *m*; trajna *f*
kräuseln nabrati, nakodrati; *sich* kodrati se; *(Rauch)* vrtinčiti se
Kraut *n*, **~s**, zelje *n*; *pl Kräuter* zel *f*; zelenje *n*; *ins ~ schießen* nekontrolirano rasti; *dagegen ist kein ~ gewachsen* za to ni zdravila; *wie ~ und Rüben* križem kražem, vsevprek
Krebs *m*, **~es, ~e**, rak *m*
krebsartig rakast
kredenzen *(A)* postreči z
Kreide *f*, **~, ~n**, kreda *f*
kreidig kredast; bel kot kreda
Kreis *m*, **~es, ~e**, krog *m*; okrožje *n*
Kreisbahn *f* orbita *f*
kreischen vreščati; *Bremsen* cviliti; *Säge* škripati
kreisen krožiti, vrteti se
Kreislauf *m* krogotok *m*; krvni obtok *m*
Kreissäge *f* cirkularka *f*
Krempe *f*, **~, ~n**, rob *m*
krepieren crkniti
Krepp *m*, **~s, ~e**, krep *m*; žalni trak *m*
Kresse *f*, **~, ~n**, kreša *f*
Kreuz *n*, **~es, ~e**, križ *m*; *kreuz und quer* vsepovprek; *zu ~e kriechen* pokesati se
Kreuz... križni
kreuzen (pre)križati
Kreuzfahrer *m* križar *m*
kreuzigen križati
Kreuzotter *f*, **~, ~n**, gad *m*
Kreuzspinne *f* križevec *m*
Kreuzung *f* križišče *n*; križanec *m*
Kreuzverhör *n* navzkrižno zasliševanje *n*
Kreuzweg *m* razpotje *n*; križev pot
Kreuzworträtsel *n* križanka *f*

Kreuzzug *m* križarska vojna; *fig.* kampanja *f*

kribbelig živčen, nemiren; *Haut* gomazeč; *fig.* razdražljiv

kribbeln mrgoleti, gomazeti; *Haut* srbeti

kriechen, kroch, gekrochen lesti, plaziti se

Kriechtier *n* plazilec *m*

Kriechspur *f* pas *m* za počasna vozila

Krieg *m*, **~es, ~e,** vojna *f*

kriegen dobiti; ~ *in, aus, hinein ipd.* spraviti v, iz itd.; *geschenkt* ~ dobiti v dar; *zu fassen* ~ dobiti v pest; *satt* ~ nasititi (se); *frei* ~ osvoboditi; *etw. nicht über sich* ~ ne moči; *sich in die Haare* ~ priti / skočiti si v lase

Krieger *m* vojščak *m*, bojevnik *m*; *ein kalter* ~ privrženec hladne vojne

kriegerisch bojevit; vojni

Kriegs... vojni

kriegsbeschädigt vojni invalid

Kriegsfuß *auf dem* ~ *stehen / sein mit* biti sprt z

Kriegsversehrte *m, f* vojni invalid *m*, -ka *f*

kriminal kriminalen

Kriminalroman *m* kriminalka *f*

kriminell kriminalen, zločinski

Krimskrams *m* drobnjarije *pl*; navlaka *f*

Krippe *f*, **~, ~n,** jasli *pl*

Kritik *f*, kritika *f*; *unter aller* ~ pod vsako kritiko

Kritzelei *f*, **~, ~n,** čečkarija *f*, čačke *pl*

kroch *gl.* **kriechen**

Krone *f*, **~, ~n,** krona *f*; *Baum...* krošnja *f*; *fig.* glava *f*

Kronleuchter *m* lestenec *m*

Kronprinz *m* prestolonaslednik *m*

Krönung *f*, **~, ~en,** kronanje *n*

Kronzeuge *m* glavna priča *f*

Kropf *m*, **~es, £e,** golša *f*; krof *m*

Kröte *f*, **~, ~n,** krastača *f*; *fig.* krota *f*; *Kröten F* fičniki *pl*

Krücke *f*, **~, ~n,** bergla *f*

Krug *m*, **~es, £e,** vrč *m*, vrček *m*

Krume *f*, **~, ~n,** drobtina *f*; sredica *f*; gornja plast zemlje

Krümel *n* drobtina *f*

krumm kriv, zavit; *Fläche* zakrivljen; *keinen Finger* ~ *machen* ne migniti niti s prstom; *etw. geht* ~ gre narobe; *eine ~e Sache* nepoštena, sumljiva reč; *etw.* ~ *nehmen* zameriti

krümmen (za)kriviti; upogniti; *sich vor* zvijati se od

Krümmung *f*, **~, ~en,** zavoj *m*, ovinek *m*

Krüppel *m* pohabljenec, invalid *m*; *zum* ~ *schlagen* pohabiti

Kruste *f*, **~, ~n,** skorja *f*; *zoo.* oklep *m*

Kübel *m*, **~s, ~,** vedro *n*, čeber *m*

Kübelpflanze *f* posodovka *f*

Küche *f*, **~, ~n,** kuhinja *f*

Kuchen *m*, **~s, ~,** kolač *m*

Küchlein, Kü(c)ken *n* piška *f*; piščanec *m*

Kuckuck *m*, kukavica *f*; *fig.* vrag *m*; *zum ~* k vragu! *den ~ draufkleben* zarubiti
Kufe *f*, **~**, **~n**, sanica *f*; *(Helikopter)* smučka
Kugel *f*, **~**, **~n**, krogla *f*
kugelfest neprebojen
Kugellager *n* kroglični ležaj *m*
kugeln kotaliti; *sich vor Lachen* valjati se od smeha
Kugelschreiber *m* kuli *m*; kemični svinčnik *m*
Kuh *f*, **~**, **£e**, krava *f*; *v sest.* kravji
Kuhfladen *m* kravjek *m*
kühl hladen, svež
Kühlanlage *f* hladilnica *f*
kühlen (o)hladiti
Kühler *m*, **~s**, **~**, hladilnik *m*
Kühlhaus *n* hladilnica *f*
Kühlschrank *m* hladilnik *m*
Küken *n*, **~s**, **~**, pišče *n*
kühn drzen
Kulturland *n* obdelovalna zemlja *f*
Kulturschaffende *m*, *f*, kulturnik *m*, -ca *f*
Kultusminister *m* minister za kulturo
Kümmel *m*, **~s**, **~**, kumina *f*; kuminov liker *m*
Kummer *m*, **~s**, žalost *f*; *~ haben* imeti skrbi, težave
kümmerlich slab, beden, ubog, nesrečen
kümmern žalostiti, skrbeti; tikati se *(G)*; *sich ~ um* brigati se za; skrbeti za
Kumpan *m*, **~s**, **~e**, tovariš *m*
kündbar odpovedljiv
Kunde *m*, **~n**, **~n**, stranka *f*, odjemalec *m*
Kunde *f*, **~**, **~n**, novica *f*, vest *f*; vedenje *n*, znanost *f*
...kunde ...znanstvo
kundgeben* oznaniti, razglasiti
Kundgebung *f* oznanilo *n*; manifestacija *f*
kundig izveden, strokovnjak za
kündigen odpovedati
Kündigung *f*, **~**, **~en**, odpoved *f*
Kündigungsfrist *f* odpovedni rok *m*
kundmachen oznaniti, sporočiti
Kundschaft *f* stranka *f*, odjemalec *m (a. pl)*
kundtun* *gl.* **kundgeben**
kundwerden* razvedeti se; priti na dan
künftig bodoč; *(Jahr usw.)* prihodnji; *adv.* poslej
Kunst *f*, **~**, **£e**, umetnost *f*; spretnost *f*
Kunst... umetnostni, umetni
Kunstdünger *m* umetno gnojilo *n*
Kunsteisbahn *f* umetno drsališče *n*
Künstelei afektacija *f*
Kunstfaser *f* umetno vlakno *n*
kunstfertig spreten, vešč
kunstgerecht pravilen; po vseh pravilih umetnosti
Kunstgeschichte *f* zgodovina umetnosti
Künstler *m*, **~s**, **~**, (**-in** *f*) umetnik *m*, -ca *f*
künstlerisch umetniški
künstlich umeten
Kunststoff *m* plastika *f*, umetna masa *f*
Kunststück *n* umetnija *f*, trik *m*; *kein ~* nič posebnega

Kunstwerk *n* umetnina *f*

Kupfer *n*, **~s,** –, baker *m*; *v sest.* bakren

Kupferstich *m* bakrorez *m*

Kuppe *f*, **~, ~n,** vrh *m*, konica *f*

Kuppel *f*, **~, ~n,** kupola *f*

Kuppelei *f* zvodništvo *n*

Kupplung *f*, **~, ~en,** sklop *m*; *Auto* sklopka *f*

Kur *f*, **~, ~en,** zdravljenje (tudi v zdravilišču)

Kurbel *f*, **~, ~n,** ročica *f*, kljuka *f*; *Auto* zaganjač *m*

kurbeln vrteti; *Motor* zaganjati

Kürbis *m*, **~ses, ~se,** buča *f*

Kurfürst *m* volilni knez *m*

Kurgast *m* zdraviliški gost *m*

Kürlauf *m* prosto drsanje *n*

Kurort *m* zdravilišče *n*

Kurpfuscher *m* mazač *m*

Kurs *m*, **~es, ~e,** tečaj *m*, vrednost *f*, cena *f*; obtok *m*; smer *f*; *außer ~ setzen* vzeti iz obtoka

Kursbuch *n* vozni red *m*

Kürschner *m* krznar *m*

kursieren krožiti

Kurtaxe *f* zdraviliška / turistična taksa

Kurve *f*, **~, ~n,** zavoj *m*, ovinek *m*

kurz kratek; *adv.* na kratko, skratka; malo; *vor ~em* pred kratkim; *~ und bündig* kratko in jedrnato; *~ und gut* skratka; *zu ~ kommen* biti prikrajšan; *den Kürzeren ziehen* potegniti kratko; *~ angebunden* redkobeseden

Kurzarbeit *f* skrajšani delovni čas

Kürze *f* kratkost *f*; *in ~* kmalu

kurzerhand enostavno, kar; skratka

Kurzgeschichte *f* črtica *f*

kurzlebig minljiv, kratkotrajen

kürzlich pred kratkim

Kurzschrift *f* stenografija *f*

kurzsichtig kratkoviden

kurzum enostavno, na kratko

Kürzung *f*, **~, ~en,** skrajšava *f*, kratica *f*; *(Weg)* bližnjica *f*

Kurzwaren *pl* šivalni pribor *m*

kurzweilig kratkočasen

Kuß *m*, **~(ss)es, £(ss)e,** poljub *m*

küssen poljubljati, poljubiti

Küste *f*, **~, ~n,** obala *f*, obalno področje

Küsten... obalni

Küstenland *n* primorje, obmorski kraji

Küster *m*, **~s, ~,** mežnar *m*

Kutsche *f*, **~, ~n,** kočija *f*

Kutte *f*, **~, ~n,** kuta *f*

Kutteln *pl* **Kuttelflecke** *pl* vampi *pl*

L

laben (po)tešiti lakoto, žejo; osvežiti, okrepčati (*sich* se); *sich ~ an* naslajati se ob
Labor *n*, **~s, ~s,** laboratorij *m*
laborieren *an* otepati se z
Lache *f*, **~, ~n,** luža *f*; smeh *m*
lächeln smehljati se
Lächeln *n* smehljaj *m*, nasmeh *m*
lachen smejati se; *du hast gut ~* lahko tebi; *daß ich nicht lache!* smešno!
Lachen *n* smeh *m*
lächerlich smešen; *(sich) ~ machen* osmešiti (se)
Lack *m*, **~s, ~e,** lak *m*
Lade *f*, **~, ~n,** predal *m*
laden, *er* **lädt, lud, geladen,** nalagati, naložiti; natovarjati, nakladati; *Gast* povabiti; *Zeugen* pozvati; *Gewehr* nabiti; *Batterie* napolniti
Laden *m*, **~s, £,** naoknica *f*, trgovina *f*; *fig.* posel
Ladenhüter *m* nekurantno blago *n*
Ladung *f*, **~, ~en,** naboj *m*, tovor *m*
lag *gl.* **liegen**
Lage *f*, **~, ~n,** lega *f*, položaj *m*; *~ der Dinge* položaj; plast *f*; *(Bier)* runda; *in der ~ sein* moči
Lager *n*, **~s, ~,** ležišče *n*; tabor *m*, taborišče *n*; skladišče *n*, zaloga *f*; ležaj *m*; *auf ~* na zalogi
lagern *v/i* ležati, počivati; biti na zalogi; biti utaborjen; *ähnlich, anders usw. gelagert* podoben, drugačen itd.; *v/t jn ~* položiti koga; uskladiščiti; *sich ~* uleči se
Lagerraum *m* skladišče *n*
Lagerung *f* uskladiščenje *n*; ležišče *n*
lahm hrom; *Hände* trd; *Ausreden* šepav; *Protest, Diskussion* mlačen, nezanimiv
lähmen (o)hromiti
lahmlegen *fig.* ohromiti
Lähmung *f* paraliza *f*, ohromelost *f*
Laib *m*, **~s, ~e,** hleb(ec) *m*
laichen drstiti se
Laie *m* laik *m*
Laken *n*, **~s, ~,** rjuha *f*
lallen bebljati
Lamm *n*, **~es, £er,** jagnje *n*, ovca *f*
Lampe *f*, **~, ~n,** svetilka *f*, žarnica *f*
Land *n*, **~es, £er** dežela *f*; kopno *n*; zemlja *f*; podeželje *n*; *außer ~es* v inozemstvu; *auf dem ~e* na podeželju
Landarbeiter *m* kmetijski delavec *m*
Lande... pristajalni
landeinwärts (od obale) v notranjost
landen pristati; *v/t fig.* narediti

Landeplatz *m* pristajališče *n*
Ländereien *pl* zemljiška posest *f*
Länderspiel *n* mednarodna tekma
Landesregierung *f* deželna vlada *f*
landesüblich običajen
Landesverrat *m* veleizdaja *f*
Landkarte *f* zemljevid *m*
landläufig običajen, razširjen; *pej.* razpasen
ländlich podeželski, kmečki
Landmann *m* kmet *m*; deželan *m*
Landplage *f* pokora *f*, nadloga *f*
Landregen *m* počasno deževje *n*
Landschaft *f*, **~**, **~en**, pokrajina *f*
landschaftlich pokrajinski
Landsknecht *m* najemnik *m*
Landsmann *m* rojak *m*; *was für ein ~ ist er* odkod je
Landstraße *f* cesta izven naselij; podeželska cesta
Landstreicher *m* potepuh *m*
Landstreitkräfte *pl* (kopenska) vojska *f*
Landstrich *m* področje *n*, pokrajina *f*
Landtag *m* deželni zbor *m*
Landung *f*, **~**, **~en**, pristanek *m*
Landwirt *m* kmetovalec *m*
Landwirtschaft *f* kmetijstvo *n*
lang dolg; *Mensch* velik; *Suppe* redek; *eine Woche ~en* teden; *~ und breit* na dolgo in široko; *ein ~es Gesicht machen* imeti dolg nos; *eine ~e Nase machen* pokazati osle
langatmig dolgovezen
lange *adv.* dolgo, daleč; *~ her* že dolgo; *noch ~ nicht* še daleč ne
Länge *f*, **~**, **~n**, dolžina *f*; *in die ~ ziehen* razvleči; *der ~ nach* po dolgem
langen zadoščati; *~ nach* seči po; *F jm eine ~* prisoliti jo
Längen... dolžinski
Lang(e)weile *f* dolgčas *m*
langfristig dolgoročen
langjährig dolgoleten
langlebig trdoživ
länglich podolgovat
längs *G* vzdolž *G*, ob *D*
Längs... vzdolžni
langsam počasen
Langspielplatte *f* LP plošča *f*
längst zdavnaj; že davno
Langstreckenläufer *m* dolgoprogaš *m*
langweilen *(sich)* dolgočasiti (se)
langweilig dolgočasen
langwierig dolgotrajen
Lanze *f*, **~**, **~n**, sulica *f*
Lappen *m*, **~s**, **~**, krpa *f*; *(Ohr)* mečica *f*
läppisch aboten, bedast
Lärche *f*, **~**, **~n**, macesen *m*
Lärm *m*, **~s**, –, hrup *m*, trušč *m*; *~ machen* rogoviliti, ropotati; *~ schlagen* zagnati vik in krik
lärmen rogoviliti; ropotati, kričati; razgrajati; biti glasen
Larve *f*, **~**, **~n**, maska *f*, krinka *f*; *zoo* ličinka *f*
las *gl.* **lesen**
lassen, *er* **läßt**, **ließ**, **gelassen**, pustiti, dati; *(machen ~)* dati; *Wasser, Wein* točiti;

jn kommen ~ poklicati; *etw. ~* nehati (z); *von etw. ~* izpustiti, opustiti, odpovedati se *(D)*; *sein Leben ~* izgubiti življenje; *von sich hören ~* javiti se; *es läßt sich* da se, mogoče je; *das läßt sich hören* to se dobro sliši

lässig neprisiljen, lagoden; nemaren

Last *f*, **~, ~en,** tovor *m*, *(~ der Beweise)* teža *f*; breme *n (a. fig.)*; *zu ~en* v breme; *zur ~ fallen* biti v breme; *zur ~ legen A* dolžiti *G*

Lastauto *n* tovornjak *m*

lasten težiti, pritiskati; bremeniti

Laster *m* tovornjak *m*

Laster *n*, **~s, ~,** greh *m*, pregreha *f*

lasterhaft sprijen, pregrešen

lästern obrekovati, žaliti; bogokletno govoriti

lästig nadležen, tečen

Lastkraftwagen *m* tovornjak *m*

Lastwagen *m* tovornjak *m*; tovorni vagon *m*

Lastzug *m* tovornjak s prikolico; tovorna vleka

Latein *n* latinščina *f*; *mit seinem ~ am Ende* na koncu s svojo modrostjo

Latte *f*, **~, ~n,** lata *f*

Lattenkiste *f* gajba *f*

lau mlačen

Laub *n*, **~es,** –, listje *n*

Laube *f*, **~, ~n,** uta *f*

Lauch *m*, **~s,** –, luk *m*, por *m*

lauern prežati

Lauf *m*, **~s, ₤e,** tek *m*; potek *m*; *(Fluß)* tok *m*; *Gewehr* cev *f*; *Tier* noga *f*; *im ~e (G)* med, v, s

Laufbahn *f* kariera *f*

Laufbursche *m* kurir *m*

laufen, *er* **läuft, lief, gelaufen,** teči; iti peš, hoditi; puščati; *Vertrag* veljati; *die Nase läuft* iz nosa se cedi; *jn ~ lassen* pustiti na svobodi / na svobodo

laufend tekoč; *adv.* kar naprej, neprestano; *auf dem laufenden sein* biti na tekočem

Läufer *m* tekač *m*; *Schach* lovec *m*

läufig *sein* pojati, goniti se

Laufmasche *f* spuščena zanka (na nogavici)

Laufpaß *m den ~ geben* pognati, napoditi *A*

Lauge *f*, **~, ~n,** lug *m*

Laune *f*, **~, ~n,** muha *f*, razpoloženje *n*; *guter ~* dobre volje; *nicht bei ~* nerazpoložen

launenhaft muhast

launisch slabe volje, muhast

Laus *f*, **~, ₤e,** uš *f*

lauschen poslušati *A*, prisluhniti *D*

lausig ušiv

laut glasen; *~ werden fig.* razvedeti se, pojaviti se

laut *prp.* po

Laut *m*, **~es, ~e,** glas *m*

lauten zveneti; glasiti se

läuten zvoniti

lauter čist, gol, odkrit; *(~ Unsinn)* samo, zgolj; *aus ~ Neid* iz gole nevoščljivosti

läutern (o)čistiti

lautlos brezšumen, nem; *~e Stille* popolna tišina

Lautsprecher *m*, **~s, ~,** zvočnik *m*
lauwarm mlačen
Lawine *f*, **~, ~n,** plaz *m*
lax ohlapen
leben živeti; *jn hoch ~ lassen* nazdraviti (komu)
Leben *n*, **~s, ~,** življenje; *am ~* živ; *sein ~ lang* vse življenje
lebendig živ, živahen; uren
Lebens... življenjski; ... življenja
lebensfähig sposoben za življenje; *fig.* uspešen
lebensgefährlich *(Krankheit)* življenjsko nevaren; *(Kurve)* smrtno nevaren
lebenslänglich dosmrten
Lebenslauf *m* življenjepis *m*
Lebensmittel *n* živilo *n*
lebensmüde naveličan življenja
lebensnotwendig življenjskega pomena
Lebenswandel *m* (moralni) način *m* življenja
Lebensweise *f* način *m* življenja
lebenswichtig življenjskega pomena
Lebenszeit *f auf ~* doživljenjski, do smrti
Leber *f*, **~, ~n,** jetra *pl*; *v sest.* jetrni
Leberfleck *m* znamenje *n*
Lebertran *m* ribje olje *n*
Lebewesen *n* živo bitje *n*
lebhaft živahen
Lebkuchen *m* medenjak *m*
lechzen *(nach)* hlepeti (po)
lecken *v/t* lizati; *v/i* puščati
lecker slasten
Leckerbissen *m* poslastica *f*
Leder *n*, **~s, ~,** usnje *n*
ledig *adj.* neporočen, samski; prost, neobremenjen; *G ~* brez; *e-r Sache ~ werden* znebiti se *G*
lediglich zgolj
leer prazen; *Sitz* prost; *ins Leere* v prazno; *mit ~en Händen* praznih rok
Leere *f*, **~, –,** praznina *f*
leeren (iz)prazniti
leerstehend prazen, izpraznjen
legen položiti, postaviti; dati; *Eier* nesti / leči jajca; *sich ~* legati, leči, *(Wind, Gewitter)* poleči se; *sich ~ auf* zagnati se v
Lehen *n* fevd *m*
Lehm *m*, **~s, –,** ilovica *f*; *v sest.* ilovnat
Lehne *f*, **~, ~n,** naslonjalo *n*
lehnen *(sich)* sloneti; nasloniti (se)
Lehnsessel *m* naslanjač *m*
Lehnwort *n* izposojenka *f*
Lehr... učni, poučni
Lehrbuch *n* učbenik *m*
Lehre *f*, **~, ~n,** nauk *m*; pravilo *n*; *(Lehrling)* uk *m*
lehren učiti
Lehrer *m*, **~s, ~,** učitelj *m*; srednješolski profesor *m*
Lehrerkollegium *n* učiteljski zbor *m*
Lehrfach *n* predmet *m*, stroka *f*
Lehrgang *m* tečaj *m*; kurz *m*
Lehrgeld *n* učnina *f*
Lehrling *m*, **~s, ~e,** vajenec *m*
lehrreich poučen
Lehrsatz *m* teorem *m*, dogma *f*

Leib *m*, **~es, ~e,** telo *n*, trup *m*; *bei lebendigem ~e* pri živem telesu; *gut bei ~e* močne postave; *mit ~ und Seele* z dušo in telesom
Leibarzt *m* hišni / stalni zdravnik *m*
Leibeigene *m*, *f*, **~n, ~n,** tlačan *m*, -ka *f*
Leibgericht *n* najljubša jed *f*
leibhaft živ, živo
leiblich telesni, rodni
Leibwache *f* telesna straža *f*
Leiche *f*, **~, ~n,** truplo *n*, mrlič *m*
Leichen... mrliški
leichenblaß mrtvaško bled
Leichnam *m* truplo *n*
leicht lahek, lahen; *adv.* lahko, zlahka; *(streicheln, klopfen)* lahno
leichtfertig lahkomiseln
leichtgläubig lahkoveren
leichthin kar tako, zlahka; površno
leichtsinnig lahkomiseln
leid *es tut mir leid* žal mi je; *er tut mir leid* smili se mi; *einer Sache ~ werden* naveličati se česa
Leid *n*, **~s, ~en,** žalost *f*, nesreča *f*; trpljenje *n*
leiden, litt, gelitten, trpeti; *etw. ~ (können)* trpeti, marati, *fig.* prenašati, dovoljevati; *~ an* bolehati zaradi / na
Leiden *n*, **~s, ~,** trpljenje *n*; bolezen *f*
leidend trpeč; bolan (*an* na); *gram.* trpen
Leidenschaft *f* strast *f*
leider žal, na žalost
leidig neprijeten, nadležen
leidlich sprejemljiv, znosen
Leidtragende *m*, *f* trpeča stran *f*
Leier *f*, **~, ~n,** lajna *f*; *die alte ~* stara pesem
leihen, lieh, geliehen, posoditi; *(sich)* sposoditi si; *Hilfe, Beistand usw.* dajati, nuditi
leihweise na posodo
Leim *m*, **~s, ~e,** klej *m*; lepilo *n*; *aus dem ~ gehen* iti narazen; *auf den ~ gehen* iti na limanice
leimen lepiti
Lein... lanen
Leine *f*, **~, ~n,** vrv *f*, *(Hunde...)* vrvica *f*; jermen *m*
Leinen *n* platno *n*
Leinwand *f* platno *n*; filmsko platno
leise tih; *Berührung, Vorwurf* rahel
leisten napraviti, dati; opraviti; zmoči; *Zahlungen* plačati
Leistenbruch *m* kila *f*
Leistung *f*, **~, ~en,** dosežek *m*, storitev *f*; zmogljivost *f*; (iz)plačilo *n*
Leitartikel *m* uvodnik *m*
leiten voditi; prevajati
Leiter *m*, **~s, ~,** vodja *m*; *el.* prevodnik *m*
Leiter *f*, **~, ~n,** lestev *f*; *fig.* lestvica *f*
Leitsatz *m* teza *f*
Leitspruch *m* moto *m*
Leitung *f*, **~, ~en,** vodstvo *n*; *tehn.* napeljava *f*, vod *m*; *tel.* linija *f*
Leitungswasser *n* vodovodna voda *f*
lenken voditi, usmerjati, iti;

Auto voziti; ~ *auf, ab* speljati (na, od)
Lenker *m*, **~s, ~,** voznik *m*
Lenkrad *n* krmilo *n*
Lenz *m* vigred *f*
Lerche *f*, **~, ~n,** škrjanec *m*
lernen učiti se, študirati
lesbar čitljiv, berljiv
Lese *f*, **~, ~n,** trgatev *f*; izbira *f*
Lesebuch *n* berilo *n*
lesen, *er* **liest, las, gelesen,** brati; prebrati; *Obst* obirati
Leser *m*, **~s, ~,** bralec *m*
leserlich čitljiv
Leserzuschrift f pismo n bralca
Lesung *f*, **~, ~en,** verzija *f*, *(Parlament)* obravnavanje; *(Dichter)* literarni večer; berilo
letzte zadnji, *fig.* skrajni; *zu guter Letzt* konec koncev
letztens v zadnjem času; zadnjič
Leuchte *f*, **~, ~n,** svetilo *n*, svetilka *f*; *fig.* luč *f*
leuchten svetiti; žareti *(a. fig.)*
leuchtend *(Vorbild)* svetel
Leuchter *m*, **~s, ~,** svečnik *m*
Leuchtturm *m* svetilnik *m*
leugnen zanikati, tajiti
Leute *pl* ljudje *pl*
Libelle *f* kačji pastir *m*
licht svetel; *Wald* redek
Licht *n*, **~s, ~er,** luč *f*; svetloba *f*; *bei ~e besehen* natanko pogledano; ~ *machen* prižgati luč; *hinters ~ führen* varati, zavajati
Licht... svetlobni, svetli
Lichtblick *m* preblisk *m*
lichtecht obstojen (na svetlobi)
lichten redčiti
Lichtspiel *n* film *m*
Lichtung *f*, **~, ~en,** jasa *f*
Lid *n*, **~s, ~er,** veka *f*
lieb ljub; *Mädchen, Blick* mil; *Kind* priden; prijazen; *es ist mir ~* ljubo mi je; *~ haben* imeti rad
liebäugeln *mit* spogledovati se z, koketirati z
Liebe *f*, **~, ~n,** ljubezen *f*
Liebelei *f*, **~, ~en,** flirt *m*
lieben ljubiti, imeti rad
liebenswürdig ljubezniv, prijazen
lieber rajši
Liebes... ljubezenski
Liebesdienst *m* prijaznost *f*
liebevoll ljubeč
liebhaben* imeti rad
Liebhaber *m*, **~s, ~,** ljubimec *m*; *(der Kunst)* ljubitelj *m*
Liebhaberei *f* ljubiteljstvo *n*; konjiček *m*
liebkosen ljubkovati
lieblich ljubek
Liebling *m* ljubljenec *m*, -ka *f*; *~s...* najljubši
lieblos neprijazen, *Behandlung* hladen, ravnodušen
Liebreiz *m* šarm *m*
Liebschaft *f*, **~, ~en,** razmerje *n*
Lied *n*, **~es, ~er,** pesem *f*
liederlich nemaren; nemoralen
lief *gl.* **laufen**
lieferbar dobavljiv
liefern dobav/ljati, /iti; dostaviti; *fig.* dajati
Lieferung *f*, **~, ~en,** dobava *f*, dostava *f*; *Buch* snopič *m*
Lieferwagen *m* dostavni avto *m*

Liege *f*, **~, ~n,** ležalnik *m*; ležišče *n*
Liegegeld *n* ležarina *f*
liegen, lag, gelegen, ležati; biti; biti obrnjen *(Fenster nach der Straße); ~ lassen* pustiti, pozabiti; *es liegt mir nichts / viel daran* nič mi ni / dosti mi je do tega; *es liegt daran, daß* vzrok je v tem, da; *es liegt an ihm, daß* na njem je, da ...; *liegende Güter* nepremičnine
liegenbleiben* obležati; še naprej ležati
liegenlassen* pozabiti; *links ~* ne zmeniti se za
Liegenschaften *pl* nepremičnine *pl*
Liegestuhl *m* ležalnik *m*
lieh *gl.* **leihen**
ließ *gl.* **lassen**
Linde *f*, **~, ~n,** lipa *f*
lindern lajšati; omiliti
Lindwurm *m* zmaj *m*
Linie *f*, **~, ~n,** linija *f*, črta *f*, vrsta *f*; *auf der ganzen ~* na vsej črti; *in erster ~* v prvi vrsti
Linienpapier *n* črtast papir *m*
linke lev, levi; *(Stoffseite)* nepravi
Linke *f*, **~n, ~n,** levica *f*
linkisch neroden
links levo, na levi
Linkshänder *m*, **~s, ~,** levičar *m*
Linse *f*, **~, ~n,** leča *f*
Lippe *f*, **~, ~n,** ustnica *f*
Lippenstift *m* rdečilo *n* za ustnice
lispeln šepetati; *(Sprachfehler)* sesljati
List *f*, **~, ~en,** zvijača *f*, ukana *f*; zvijačnost *f*
Liste *f*, **~, ~n,** seznam *m*
listig zvijačen, premeten
litt *gl.* **leiden**
Lob *n*, **~es,** –, (po)hvala *f*
loben (po)hvaliti
Loch *n*, **~, £er,** luknja *f* (tudi kot zapor)
lochen luknjati, perforirati
löcherig luknjast, poln lukenj
Locke *f*, **~, ~n,** koder *m*
locken vabiti, privlač/evati, /iti; zvabiti; *sich* kodrati se
locker rahel; *Zahn* majav; ohlapen; *fig.* lahek; *~ machen (Geld)* priskrbeti
lockern (z)rahljati, popustiti *(A)*; razgibati
Lockvogel *m* vaba *f*
lodern plameneti
Löffel *m*, **~s, ~,** žlica *f*; zajemalka *f*; *(Hase)* uho *n*
löffeln jesti z žlico, zajemati
log *gl.* **lügen**
Lohn *m*, **~es, £e,** plačilo *n (a. fig.)*; *(Arbeiter)* mezda *f*
lohnen plačevati, nagrajevati; *(sich)* izplačati se
Lohnliste *f* plačilni seznam *m*
Lokführer *m (Lokomotivführer)* strojevodja *m*
Lorbeer *m* lovor *m*; *fig.* lovorika *f*
Los *n*, **~es, ~e,** *Lotterie* srečka *f*; *(durch Los)* žreb *m*; usoda *f*
los *atrb. gl.* lose; *hier ist was ~* tu se nekaj dogaja, je zabavno, živahno; *da ist nichts los* ni nič posebnega; *Was ist mit ihm los?* Kaj

mu je? Kaj je z njim?; ~ *sein (Hund)* spuščen, odtrgan; *etw.* ~ *werden, sein* znebiti se *(G)*, ostati brez *G*, izgubiti *A*

Los! Gremo! Dajmo!

...los brez *(G)*

lösbar rešljiv; *kem.* topljiv

losbinden* odvezati

losbrechen* *v/t* odlomiti; *v/i* izbruhniti

Löschblatt *n* pivnik *m*

löschen (po)gasiti; *Schrift* (po)pivnati; *Schuld* izplačati, brisati; *Fracht* raztovarjati

lose ohlapen; rahle; *Blätter* nevezen; *Worte* nepovezan; *Haar* razpuščen; razvezan; *Waren* nepakiran, *fig.* nemoralen, lahek

Lösegeld *n* odkupnina *f*

losen (iz)žrebati

lösen *(Knoten)* razvezati, (ra)zrahljati; *(von)* ločiti (od); *Fahrkarte* kupiti; *Aufgabe* rešiti; *Verlobung, Vertrag* razdreti; *kem.* raztopiti; *(Schuß) sich* ~ sprožiti se

losgehen* razvezati se, *(Knopf)* odleteti; *Schuß* sprožiti se; začeti se; odpraviti se; *auf jn* ~ lotiti se koga, zakaditi se v

loskaufen odkupiti

loskommen* iz/odtrgati se; *fig. von* otresti se *(G)*

loslassen* spustiti

loslegen *gegen* napasti *(A)*

löslich topljiv

losreißen* *(sich)* odtrgati (se)

lossagen *sich von* odreči se *(D)*

lossprechen* *fig.* odvezati *(G)*

Losung *f*, **~**, **~en**, geslo *n*

Lösung *f*, **~**, **~en**, raztopina *f*, (raz)rešitev *f*

loswerden* *fig.* znebiti se *(G)*

losziehen* oditi, odpraviti se na pot; ~ *gegen (über)* napasti *(A)*

löten spajkati

lotrecht navpičen

Lotse *m*, **~n**, **~n**, pilot *m*, vodič *m*

lotterig nemaren; razuzdan

Löwe *m*, **~n**, **~n**, lev *m*; *v sest.* levji

Löwenzahn *m* regrat *m*

Löwin *f*, **~**, **~nen**, levinja *f*

Luchs *m*, **~es**, **~e**, ris *m*

Lücke *f*, **~**, **~en**, luknja *f*, vrzel *f (a. fig.)*

Lückenbüßer *m* mašilo n

lückenhaft pomanjkljiv

Luder *n*, **~s**, **~**, mrha *f*

Luft *f*, **~**, **£e**, zrak *m*; sapica *f*; *fig.* veter *m*; *sich* ~ *machen* dati si duška; *aus der* ~ *gegriffen* iz trte zvit; *an die* ~ *setzen* postaviti pod vrata

Luft... zračni, letalski

Lüftchen *n* sapica *f*, vetrič *m*

luftdurchlässig ki prepušča zrak

lüften zračiti; dvigniti; *fig. Geheimnis* razkriti

luftgekühlt z zračnim hlajenjem

luftig zračen; *Vorwand* neresen; *Mensch* lahkomiseln

luftleer brezzračen

Luftreifen *m* zračnica *f*

Luftröhre *f* sapnik *m*

Luftschacht *m* zračnik *m*

Luftschlösser *pl* gradovi v oblakih
Luftschutz... protiletalski
Luftstützpunkt *m* letalska baza *f*
lufttüchtig sposoben za letenje
Lüftung *f*, **~**, **~en**, zračenje *n*
Luftzug *m* sapa *f*, prepih *m*
Lüge *f*, **~**, **~n**, laž *f*; *jn ~ strafen* postaviti na laž
lügen, **log**, **gelogen**, lagati, zlagati se
Lügner *m*, **~s**, **~**, lažnivec *m*
lügnerisch lažniv, zlagan
Lümmel *m*, **~s**, **~**, teslo *n*, mulec *m*
lümmeln postaviti, polegati, zvirati se
Lump *m*, **~en**, **~en**, lump *m*
Lumpen *m*, **~s**, **~**, cunja *f*
lumpig razcapan, raztrgan; *fig.* ušiv
Lunge *f*, **~**, **~n**, pljuča *pl*
Lungen... pljučni
Lungenentzündung *f* pljučnica *f*
lungenkrank bolan na pljučih
lungern postopati; prekladati se
Lunte *f* lunta *f*; *~ riechen fig.* zavohati, da je nekaj narobe
Lupe *f*, **~**, **~n**, lupa *f*
Lust *f*, **~**, **£e**, veselje *n*, radost *f*; *~ bekommen auf* želeti si A
lüstern željan, poželjiv; pohoten
lustig vesel; *sich ~ machen über* norčevati se iz
Lustmord *m* seksualni umor *m*
Lustspiel *n* veseloigra *f*
lutschen sesati; *Bonbon* lizati
Lutscher *m*, **~s**, **~**, dudka *f*; lizika *f*

M

machen delati, narediti, *(Rechnung)* znesti, znašati; *den Wirt, Sprecher ~* biti, predstavljati; *(Haare, Küche usw.)* urediti; *jn zu* narediti za; *~ in* trgovati z, ukvarjati se z; *sich ~* dobro izgledati, iti na bolje; *sich machen an* lotiti se *(G)*; *F sich ~ (in, zu)* spraviti se (v, k); *das macht nichts* nič ne de

Machenschaften *pl* spletke, nečisti posli *pl*

Macht *f*, **~, £e,** oblast *f*; moč *f*; sila *f (fig.)*

Machthaber *m* oblastnik *m*

mächtig mogočen, silen; *(einer Sache) ~ sein* obvladati nekaj

machtlos nemočen

machtvoll mogočen, silen

Machwerk *n* zmazek *m*, zmašilo *n*

Mädchen *n*, **~s, ~,** deklica *f*, dekle *n*; služkinja *f*; *v sest.* dekliški

mädchenhaft dekliški

Mädchenname *m* dekliški priimek *m*

Made *f*, **~, ~n,** žerka *f*; črv *m (fig.)*

Mädel *n*, **~s, ~,** dekle *n*; *F* punca *f*

madig črviv; *~ machen fig.* črniti

Magd *f*, **~, £e,** dekla *f*

Magen *m*, **~s, £n,** želodec *m*; *v sest.* želodčni

mager suh; *Fleisch* pust; *Boden* slab, neploden

Magnettongerät *n* magnetofon *m*

mähen *(Gras)* kositi; žeti

Mahl *n*, **~s, ~e,** obed *m*, obrok *m*; pojedina *f*

mahlen, mahlte, gemahlen mleti

Mahlzeit *f* obed *m*, obrok *m*; *(Gute) ~!* dober tek!

Mähne *f*, **~, ~n,** griva *f*

mahnen opominjati, svariti; *(Schuld)* terjati

Mahnung *f*, **~, ~en,** opomin *m*, svarilo *n*; terjatev *f*

Mähre *f*, **~, ~n,** kobila *f*; kljuse *n*

Mai *m* maj *m*

Maiglöckchen *n* šmarnica *f*

Mais *m*, **~es,** –, koruza *f*

Makel *m*, **~s, ~,** madež *m*, hiba *f*

mäkelig nergaški; *(beim Essen)* izbirčen

mäkeln nergati, biti izbirčen

Makler *m*, **~s, ~,** posrednik (na borzi, za nepremičnine)

Mal *n*, **~s, £er /~e,** znamenje *n*; spomenik *m*

Mal *n* krat; *zum ersten ~* prvič; *mit einem ~, auf einmal* nenadoma

malen slikati

Maler *m*, **~s, ~,** pleskar *m*, *(Künstler)* slikar *m*

Malerei *f* slikarstvo *n*; slikarija *f*

malerisch slikovit
Malz *n* slad *m*
man (v *D* in *A einem, einen) man sagt* govori se, pravijo; *man kann nie wissen* nikoli ne veš, človek nikoli ne ve
manch, *(~ ein)* marsikateri
mancherlei vsakovrsten
manchmal včasih
Mandel *f*, **~, ~n,** mandelj *m (a. anat.)*
Mangel *m*, **~s, £,** pomanjkanje *(an G) n*; napaka *f*, pomanjkljivost *f*
Mangel... deficitaren, ... zaradi pomanjkanja
mangelhaft pomanjkljiv, nezadosten
mangeln manjkati, *an* primanjkovati *G*
mangels zaradi pomanjkanja *G*; ker ni ...
Mangelware *f* blago, ki ga primanjkuje
manierlich olikan
Manko *n* deficit *m*, pomanjkljivost *f*
Mann *m*, **~es, £er,** mož *m*, moški *m*; *(pl. Leute)* človek *m*; *seinen ~ stehen, stellen* izkazati / pokazati se; *an den ~ bringen* spraviti v promet
Männchen *n*, **~s, ~,** možiček *m*; *zoo.* samec *m*, samček *m*
Männer... moški
mannig/fach, /faltig raznolik, raznovrsten
männlich moški, možat
Mannsbild *n* moški *m*; *F* dedec *m*
Mannschaft *f*, **~, ~en,** moštvo *n*; *pl* vrste *pl*
Mantel *m*, **~s, £,** plašč *m*; *(Ofen, Kabel)* ovoj; kalup *m*; *den ~ nach dem Wind hängen* obračati plašč po vetru
Mappe *f*, **~, ~n,** mapa *f*
Märchen *n*, **~s, ~,** pravljica *f*
märchenhaft pravljičen
Marder *m*, **~s, ~,** kuna *f*
Marienkäfer *m* pikapolonica *f*
Marine *f* mornarica *f*; *v sest.* mornariški
Marionette *f*, **~, ~n,** marioneta *f*; *fig.* lutka *f*
Mark *n* mozeg *m*; stržen *m*, sredica *f*; *fig.* jedro *n*; *durch ~ und Bein gehen* iti do mozga
Mark *f*, **~, ~,** marka *f*
Marke *f*, **~, ~n,** znamka *f*; značka *f*; oznaka *f*
Markenname *m* zaščiteno ime *n*
Markgraf *m* mejni grof *m*
markieren označiti, markirati; delati se, kot da
markig *fig.* odločen, trde roke
Markstein *m* mejnik *m*
Markt *m*, **~es, £e,** trg *m*, tržišče *n*, *v sest.* tržni
Marktflecken *m* trg *m* (kraj)
Markthalle *f* tržnica *f*
Marmelade *f* marmelada *f*
Marmor..., marmorn, marmornat; *fig.* leden
Marotte *f*, **~, ~n,** kaprica *f*, muha *f*
Marsch *f*, **~, ~en,** (naplavna) nižina *f*
Marsch *m*, **~s, £e,** marš *m*, pohod *m*; koračnica *f*; *in ~ setzen* premakniti; *jm den ~ blasen* povedati svoje mnenje

martern mučiti
Märtyrer *m*, **~s, ~,** mučenik *m*; *v sest.* mučeniški
März *m* marec *m*
Masche *f*, **~, ~n,** zanka *f*, pentlja *f*; *fig.* trik *m*
Maschendraht *m* žična mreža *f*
Maschine *f*, **~, ~n,** stroj *m*, motor *m*; *(Eisenb.)* lokomotiva *f*; letalo *n*
Maschinen... strojni
Maschinenbau *m* strojništvo *n*
Maschinengewehr *n* strojnica *f*
Masern *pl* ošpice *pl*
Maserung *f* vzorec *m* (v lesu)
Maske *f*, **~, ~n,** maska *f*, krinka *f*; preobleka *f*
Maskenball *m* maškarada *f*
Maskenbildner *m* masker *m*
Maß *n*, **~es, ~e,** mera *f*; *nach ~* po meri; *über alle Maßen* nadvse; *in Maßen* zmerno
Maß... po meri
Maß *n f* (Bier) *m* 1 l–2 l piva
maß *gl.* **messen**
Masse *f*, **~, ~n,** gmota *f*, masa *f*; *(Menschen~)* množica *f*
Maßeinheit *f* merska enota *f*
Massen... masovni, množični
massenhaft, massenweise masovno, množično; v velikih količinah
maßgebend odločilen, pomemben
maßhalten* biti zmeren; gospodarno ravnati z
massig velik, obsežen
mäßig zmeren; povprečen, slab
mäßigen krotiti, brzdati
Maßkrug *m* vrček *m* (liter)
maßlos nezmeren, pretiran; *fig.* brezmejen
Maßnahme *f* ukrep *m*; *~n ergreifen* ukrepati
maßregeln kaznovati (disciplinsko)
Maßstab *m* merilo *n*, standard *m*; *im großen ~* na veliko
maßvoll zmeren
Mast *m*, **~es/en, ~e/en,** jambor *m*, drog *m*
Mast *f*, **~, ~en,** pitanje *n*
mästen pitati
materiell materialen
Matratze *f*, **~, ~en,** žimnica *f*
Matrikel *f*, **~, ~n,** matica *f*; matična knjiga *f*
Matrose *m*, **~n, ~n,** mornar *m*
Matrosen... mornarski
Matsch *m*, **~es, ~e,** pulpa *f*, kaša *f*; *(Schnee)* plundra *f*; blato *n*
matt moten; *Stimme, Licht* šibek; *Farbe* medel; *Glas* mlečno, motno steklo; brez leska
Matte *f*, **~, ~n,** rogoznica *f*, pletenjača *f*
Mattigkeit *f* utrujenost *f*
Mattscheibe *f* ekran *m*
Mauer *f*, **~, ~n,** zid *m*
mauern zidati; graditi
Maul *n*, **~s, £er,** gobec *m*
Maulbeere *f* murva *f*
maulen mulo kuhati
Maulesel *m* mula *f*
Maulheld *m* širokoustnež *m*
Maulkorb *m* nagobčnik *m*
Maultier *n* mula *f*
Maul - und Klauenseuche *f* slinavka in parkljevka

Maulwerk *n F fig.* gobec *m*
Maulwurf *m* krt *m*
Maurer *m*, **~s, ~,** zidar *m*, *v sest.* zidarski
Maus *f*, **~, £e,** miš *f*
mäuschenstill tih ko miška
mausen loviti miši; *fig.* krasti
mausern *sich* mavsati se; *fig.* narediti se
Maut *f*, **~, ~en,** mitnina *f*
Mautamt *n* mitnica *f*
meckern meketati; *fig.* nergati
Medizin *f*, **~, ~en,** medicina *f*, zdravilo; *v sest.* medicinski
Meer *n*, **~(e)s, ~e,** morje *n*; *v sest.* morski
Meereshöhe *f* nadmorska višina *f*
Meerrettich *m* hren *m*
Mehl *n*, **~s, ~e,** moka *f*
mehlig mokast
Mehlspeise *f* sladica, močnata *f*
Mehltau *m* peronospora *f*
mehr več; *nicht ~* ne/nič več; *einmal ~* še enkrat; *um so ~* tem bolj
Mehrbetrag *m* presežek *m*
mehren (po)množiti, večati
mehrere več *G*
mehrfach raznolik; večkrat
Mehrheit *f*, **~, ~en,** večina *f*
mehrsprachig v več jezikih; govoreč več jezikov
Mehrwert *m* presežna vrednost *f*
Mehrzahl *f* večina *f*; *gram.* množina *f*
Mehrzweck... večnamenski
meiden, mied, gemieden, izogibati se *G*
Meile *f*, **~, ~n,** milja *f*
Meilenstein *m fig.* mejnik *m*
meilenweit *fig.* zelo daleč
mein 1. mene; 2. moj; *die Meinen* svojci, moja družina
Meineid *m* kriva prisega *f*
meineidig krivoprisežen
meinen meniti, misliti; pomeniti
meiner 1. mene; 2. moj
meinerseits kar mene tiče (zadeva), *ich ~* jaz pa
meinetwegen zaradi mene, kar mene tiče (zadeva)
meinige moji
Meinung *f*, **~, ~en,** mnenje *n*; *öffentliche ~* javno mnenje; *meiner ~ nach* po mojem mnenju; *jm die ~ sagen* povedati svoje; *mit jm einer ~ sein* biti istega mnenja z
Meinungsaustausch *m* izmenjava *f* mnenj
Meinungsforschung *f* raziskovanje *n* javnega mnenja
Meise *f*, **~, ~n,** sinica *f*
Meißel *m*, **~s, ~,** dleto *n*
meißeln *n* klesati; *in* vklesati
meist največ; večinoma; najbolj
Meister *m*, **~s, ~,** mojster *m*; *Sport* prvak *m*
meisterhaft mojstrsko
meistern mojstriti; biti kos *D*
Meisterschaft *f* mojstrstvo *n*; *Sport* prvenstvo *n*
Meisterwerk *n* mojstrovina *f*
Melde... prijavni
Meldeamt *n* prijavni urad *m*
melden javiti, sporočiti; prijaviti (*sich* se); *sich F* oglasiti se
Meldepflicht *f* obvezna prijava *f*

Meldung *f*, **~**, **~en**, prijava *f*, sporočilo *n*, poročilo *n*
melken molsti
Memme *f*, **~**, **~n**, mevža *f*
Menge *f*, **~**, **~n**, količina *f*; velika količina, *fig.* *(eine ~ Geld)* kup; *(von Leuten)* množica *f*
mengenmäßig količinsko
Mensch *m*, **~en**, **~en**, človek *m*, *pl Leute* ljudje; *kein ~* nihče; *~!* človek božji!
Menschenaffe *m* človeku podobna opica *f*
Menschenalter *n* generacija *f*
menschenfeindlich ljudomrzen
Menschenfreund *m* filantrop *m*
Menschengedenken *seit ~* kar ljudje pomnijo
menschenleer zapuščen, brez žive duše
menschenscheu odljuden; plah
menschenunwürdig človeka nevreden
Menschenverstand *m gesunder* zdrava pamet *f*
Menschheit *f*, **~**, **–**, človeštvo *n*
menschlich človeški
Menschlichkeit *f* človečnost *f*
merkbar opazen, občuten
merken opaziti; *sich ~* zapomniti si; *merke!* pomni!
Merkmal *n* znak *m*, značilnost *f*
merkwürdig nenavaden, čuden
merkwürdigerweise za čuda
meßbar merljiv
Messe *f*, **~**, **~n**, sejem *m*; *eccl.* maša *f*; menza *f*
messen, **maß**, **gemessen** meriti; *sich ~ mit* (po)meriti se z
Messer *n*, **~s**, **~**, nož *m*; *fig. bis aufs ~* na nož
Messer *m*, **~s**, **~**, merilec *m*, merilo *n*
messerscharf oster kot nož
Messing *n*, **~s**, **~e**, medenina *f*; *v sest.* medeninast
Meßinstrument *n* merilna naprava *f*
Messung *f*, **~**, **~en**, merjenje *n*, meritev *f*
Met m medica *f*
Metall *n*, **~s**, **~e** kovina, *v sest.* kovinski
Metermaß *n* meter *m*
Meterware *f* metrsko blago *n*
metzeln klati, poklati
Metzger *m* mesar *m*, klavec *m*
Meuchelmord *m* zahrbtni umor *m*
Meute *f*, **~**, **~n**, psi goniči *pl*; tolpa *f*
Meuterei *f*, **~**, **~en**, upor *m*
meutern upreti se
miauen mijavkati
mich mene
mied *gl.* **meiden**
Mieder *n*, **~s**, **~**, steznik *m*
Miene *f*, **~**, **~n**, obraz *m*, izraz obraza; *~ machen zu* imeti namen, da bi
Mienenspiel *n* mimika *f*
mies slab; *~ machen* črniti
Miete *f*, **~**, **~n**, najemnina *f*, najem *m*; *zur ~ geben / in ~ nehmen* dati /vzeti v najem
mieten najeti, vzeti v najem
Mieter *m*, **~s**, **~**, najemnik *m*
Mieze *f*, **~**, **~n**, mucka *f*
Milbe *f*, **~**, **~n**, pršica *f*

Milch *f*, **~**, –, mleko *n*; *v sest.* mlečni, mlekarski
Milchfrau *f* mlekarica *f*
Milchglas *n* mlečno steklo *n*
milchig mlečen
Milchstraße *f* rimska cesta *f*
mild mil, blag; *Wein* lahek; *Tat* človekoljuben; *Gabe* milodar
mildern (o)lajšati; *~d* olajševalen
Milderung *f* oljašava *f*, omilitev *f*
mildtätig dobrodelen
Militär *n*, **~s**, –, vojska *f*, armada *f*; *v sest.* vojaški
Milz *f*, **~**, –, vranica *f*
Milzbrand *m* vranični prisad *m*
mimen igrati
minder *adj.* manjši, nižji; *adv.* manj
Minderheit *f*, **~**, **~en**, manjšina *f*
minderjährig mladoleten
Minderjährige *m*, *f*, mladoletnik *m*, -ca *f*
mindern (z)manjšati
minderwertig manjvreden
mindest *adj.* najmanjši, najnižji; *adv.* najmanj; *zum ~en, mindestens* vsaj, najmanj
Mine *f*, **~**, **~n**, rudnik *m*
Mineralwasser *n* mineralna voda *f*
Minister *m*, **~s**, **~**, minister *m*; *v sest.* ministrski
Ministerpräsident *m* predsednik *m* vlade
Minna *f die grüne ~* marica *f*
Minne *f poet.* ljubezen *f*
Minze *f*, **~**, **~n**, meta *f*
mir meni, si; *mit ~* z menoj; *von ~* od mene
Misch... mešani
mischen mešati; *sich ~ in* vmešavati se v
Mischling *m*, **~s**, **~e**, mešanec *m*; *zool.* križanec *m*
Mischung *f*, **~**, **~en**, mešanica *f*
Misere *f* mizerija *f*, beda *f*
mißachten *A* prezirati, ne meniti se za
Mißbehagen *n* neugodje *n*
Mißbildung *f*, **~**, **~en**, deformacija *f*
mißbilligen ne odobravati
Mißbrauch *m* zloraba *f*; nepravilna raba *f*
mißdeuten napačno tolmačiti
missen pogrešati
Mißerfolg *m*, **~s**, **~e**, neuspeh *m*
Mißernte *f* slaba letina *f*
mißfallen* ne ugajati
Mißgeburt *f* splav *m*; spaka *f*
mißgelaunt slabe volje; zlovoljen
Mißgeschick *n* nesreča *f*
mißgestaltet zaraščen, pokvečen
mißglücken ponesrečiti se
mißgönnen ne privoščiti
Mißgriff *m* napaka *f*
mißhandeln grdo ravnati z
mißlang *gl.* **mißlingen**
mißlingen, mißlang, mißlungen ponesrečiti se, spodleteti
mißmutig zlovoljen
mißraten = mißlingen; *adj.* nevzgojen
Mißstände *pl* zlo *n*; nepravilnosti *pl*
mißtrauen ne zaupati
Mißtrauen *n* nezaupanje *n*

Mißtrauensvotum *n* nezaupnica *f*
mißtrauisch nezaupljiv
Mißverhältnis *n* nesorazmerje *n*
Mißverständnis *n* nesporazum *m*
mißverstehen narobe razumeti
Mist *m*, **~es**, –, smeti *pl*, umazanija *f*; gnoj *m*; *fig.* neumnost *f*
Misthaufen *m* gnojišče *n*
mit *prp. (D) z; temp.* ob, z; *adv.* tudi, zraven
Mitangeklagte *m*, *f*, soobtoženi *m*, -ka *f*
Mitarbeit *f* sodelovanje *n*
mitarbeiten sodelovati (*mit* z; *an* pri)
mitbekommen* dobiti; *fig.* ujeti, razumeti
mitbenutzen souporabljati
Mitbesitzer *m* solastnik *m*
Mitbestimmung *f* soodločba *f*
Mitbewerber *m*, konkurent *m*, tekmec *m*
mitbringen* prinesti s seboj; *fig.* prinašati
miteinander skupaj; drug z drugim
mitempfinden sočustvovati
Mitesser *m* komedon *m*
mitfahren* peljati se z
mitfühlend sočuten
mitführen imeti pri sebi
Mitgefühl *n* sočutje *n*
mitgehen* iti z; ~ *lassen F* suniti
mitgenommen zdelan
Mitgift *f*, **~**, **~en**, dota *f*
Mitglied *n* član *m*
Mitgliedsbeitrag *m* članarina *f*
mithören poslušati (skupaj z); prisluškovati *D*
mitkommen* iti zraven / z; *fig.* dohajati, razumeti
Mitleid *n* sočutje *n*
Mitleidenschaft *in ~ ziehen* prizadeti
mitleidig sočuten
mitmachen udeleževati se *(A / bei G), eine Mode* slediti; *(viel)* prestati, pretrpeti
Mitmensch *m* sočlovek *m*, bližnji *m*
mitnehmen* vzeti s seboj, odnesti; *einen Ort* obiskati; *eine Stunde* udeležiti se; *arg ~* močno prizadeti, utruditi
mitreden pridružiti se pogovoru; imeti besedo
mitschuldig sokriv
Mitschüler *m* sošolec *m*
Mittag *m*, **~s**, **~e**, poldan *m*; *zu ~* opoldne
Mittagessen *n* kosilo *n*
Mitte *f*, **~**, **~n**, sreda *f*, sredina *f*; *aus unserer ~* iz naše srede
mitteilen sporočiti, posredovati *fig.* širiti
Mitteilung *f*, **~**, **~en**, sporočilo *n*, sporočanje *n*
Mittel *n*, **~s**, **~**, sredstvo *n*, povprečje *n*
mittel *adj* srednji
Mittel... srednji
Mittelalter *n* srednji vek *m*
mittelbar posredno
Mittelding *n* nekaj srednjega
Mittelfinger *m* sredinec *m*
mittellos brez denarja
mittelmäßig povprečen; bolj slab
Mittelpunkt *m* središče *n*

Mittelschule *f* srednja šola *f*
Mittelsmann *m* posrednik *m*
mitten *in* na sredi *G*; ~ *entzwei* po sredi
mittendrin prav v sredini; sredi
Mitternacht *f* polnoč; *um* ~ opolnoči
mitternächtlich polnočni
Mittler *m*, **~s, ~,** posrednik *m*
mittlere srednji; povprečni
mittlerweile vmes; medtem
mitunter od časa do časa
Mitunterzeichner *m* sopodpisnik *m*
mitverantwortlich soodgovoren
Mitwelt *f* sodobniki *pl*
mitwirken sodelovati; biti udeležen pri
Mittwoch *m* sreda *f*
Möbel *n*, **~s, ~,** kos pohištva; *pl* pohištvo *n*
Möbelhändler *m* trgovec s pohištvom
Möbelstoff *m* pohištveno blago *n*
Mobilmachung *f* mobilizacija *f*
möblieren opremiti
mochte *gl.* **mögen**
Mode *f*, **~, ~n,** moda *f*; *in* ~ moderno; *aus der* ~ nemoderno; *v sest.* modni
Modell *n*, **~s, ~e,** model *m*; vzorec *m*
modeln oblikovati
Moden... modni
modern trohneti
modern, modisch moderen
mogeln goljufati
mögen marati; imeti rad; morda, utegne *(er mag krank sein)*; naj *(mag sie kommen; der Teufel mag ...)*, *ich möchte* rad bi; *ich möchte nicht* ne bi hotel; *was er auch tun mag* karkoli stori; neki *(wer mag das sein* kdo neki je, *wo mag er stecken* kje neki tiči)
möglich mogoč, možen; *alle ~en* vsi mogoči; *nicht* ~ nemogoče; *möglichst* po možnosti; *sein Mögliches tun* storiti vse, kar je mogoče
möglicherweise morda, mogoče
Möglichkeit *f* možnost *f*
Mohn *m*, **~s,** –, mak *m*
Mohr *m*, **~en, ~en,** zamorec *m*
Möhre *f* korenček *m*, korenje *n*
Mohrrübe *f* korenje *n*
Mokka *m* črna kava *f*
Molch *m*, **~s, ~e,** močerad *m*
molk *gl.* **melken**
mollig *Decke* prijetno topel, mehek; *Mensch* okrogel, debelušen
Monat *m*, **~s, ~e,** mesec *m*
monatelang (cele) mesece
...monatig mesečen
monatlich vsak mesec; *3 x* ~ 3 x na mesec; ... ~ mesečno
Monatsschrift *f* mesečnik *m*
Mönch *m*, **~s, ~e,** menih *m*
Mond *m*, **~es, ~e,** luna *f*, mesec *m*
Mondsucht *f* mesečnost *f*
Moneten *pl* penezi *pl*
monieren kritizirati
Montag *m* ponedeljek *m*
montags ob ponedeljkih
Montanindustrie *f* rudarsko-železarska industrija *f*
Moor *n*, **~(e)s, ~e,** močvirje *n*; *v sest.* močvirni

Moos *n*, **~es, ~e,** mah *m*; *fig. F* denar *m*
moosig mahovit; poraščen z mahom
Moped *n*, **~s, ~s,** moped *m*
Morast *m* močvirje *n*; barje *n*; *fig.* blato *n*
Mord *m*, **~es, ~e,** umor *m*
morden umoriti, moriti
Mörder *m* morilec *m*
mörderisch morilski
mords... čudovit; grozanski
Morgen *m*, **~s, ~,** jutro *n*; *guten ~* dobro jutro; *v sest.* jutranji
morgen jutri
Morgenblatt *n* jutranjik *m*
Morgenland *n* Jutrovo *n* (Orient)
morgig jutrišnji
morsch trhel
Mörser *m*, **~s, ~,** možnar *m*
Mörtel *m*, **~s, –,** malta *f*
Most *m*, **~s, –,** mošt *m*
Motor *m*, **~s, ~en,** motor *m*; *v sest.* motorni, ... motorja
Motorrad *n* motorno kolo *n*; *F* motor *m*
Motorschaden *m* okvara *f* motorja
Motte *f*, **~, ~n,** molj *m*
mottenfest odporen proti moljem
Mottenschutzmittel *n* sredstvo proti moljem
Möwe *f*, **~, ~n,** galeb *m*
Mücke *f*, **~, ~n,** komar *m*; *fig.* muha *f*; kaprica *f*
müde truden, utrujen
Müdigkeit *f* utrujenost *f*
Muff *m*, **~s, ~e,** muf *m*
Muff *m* zatohlost *f*, postan zrak *m*
muffig zatohel
Mühe *f*, **~, ~n,** trud *m*; *sich ~ geben* potruditi se
mühelos brez truda, z lahkoto
muhen mukati
mühen *sich* truditi se
mühevoll težaven
Mühle *f*, **~, ~n,** mlin *m*
Mühlen... mlinski
mühsam težaven
Mulde *f*, **~, ~n,** kotanja *f*
Mull *m*, **~s, –,** gaza *f*
Müll *m*, **~s, –,** smeti *pl*; odpadki *pl*
Müllabfuhr *f* odvažanje smeti
Mülleimer *m*, **Mülltonne** *f* smetnjak *m*
Müller *m*, **~s, ~,** mlinar *m*
Mumm *m*, **~s, –,** korajža *f*
Mund *m*, **~es, £er,** usta *n*; odprtina *f*, ustje *n*; *fig.* jezik *m*; *den ~ halten* držati jezik za zobmi; *den ~ vollnehmen* bahati, postavljati se; *~ und Nase aufsperren* zijati z odprtimi usti
Mundart *f* narečje *n*
Mündel *n* varovanec *m*, -ka *f*
munden tekniti
münden izlivati se, iztekati se
Mundharmonika *f* orglice *pl*
mündig polnoleten
mündlich usten
Mundraub *m* malenkostna tatvina *f*
Mundstück *n* ustnik *m*
mundtot *machen* utišati, zavezati jezik (komu)
Mündung *f*, **~, ~en** ustje *n*; *(Gewehr)* cev *f*; odprtina *f*
Mundvoll *m* grižljaj *m*
Mundwerk *n fig.* jezik *m*, goflja *f F*

munkeln šušljati
Münster *n*, **~s, ~,** katedrala *f*
munter živahen, vesel; buden
Münze *f*, **~, ~n,** kovanec *m*, novec *m*; *jm mit gleicher ~ heimzahlen* plačati milo za drago
münzen kovati; *gemünzt auf* mišljeno za
mürbe krhek, mehek, prhek; *fig. jn ~ machen* streti
Murmel *f*, **~, ~n,** frnikola *f*
Murmeltier *n* svizec *m*; *schlafen wie ein ~* spati kot polh
murren godrnjati
mürrisch zlovoljen
Mus *n*, **~es, ~e,** (sadna) kaša *f*
Muschel *f*, **~, ~n,** školjka *f*; *tel.* slušalka *f*
Musik *f* ~, –, glasba *f*; *in ~ setzen* uglasbiti
Musik... glasbeni
Musiker *m*, **~s, ~,** glasbenik *m*
Muskateller *m* muškat *m*
Muskel *f*, **~, ~n,** mišica *f*; *v sest.* mišični, ... mišic
Muskelzerrung *f* nategnjena mišica *f*
muskulös mišičast
Muß *n* nujnost *f*, nuja *f*
Muße *f*, **~,** –, prosti čas *m*; *mit ~* lagodno
müssen, *ich* **muß, mußte, gemußt** morati; *er muß krank sein* gotovo je bolan; *du mußt nicht* ni ti treba; nikar ne
müßig nedelaven; odvečen, nekoristen
Müßiggang *m* brezdelje *n*
mußte *gl.* **müssen**
Muster *n*, **~s, ~,** vzorec *m*; model *m*; tip *m*
Muster... vzorni; vzorčni
Musterbild *n* zgled *m*
musterhaft zgleden
mustern pregledati, pozorno pogledati; *(Armee)* novačiti
Musterung *f*, **~, ~en,** nabor *m*
Mut *m*, **~es,** –, pogum *m*; razpoloženje *n*
mutig pogumen
mutlos brez poguma; obupan
mutmaßen domnevati
Mutmaßung *f* domneva *f*, podmena *f*
Mutter *f*, **~, £,** mati *f*; *(Schrauben)* matica *f*
Mütterberatungsstelle *f* posvetovalnica za matere
mütterlich materinski; matronast
mütterlicherseits po materini strani
Muttermal *n* materino znamenje *n*
Mutterschaft *f* materinstvo *n*
Mutterschutz *m* zaščita matere; porodni dopust *m*
mutterseelenallein *F* sam in zapuščen
Muttersöhnchen *n* mamin miljenček *m*
Muttersprache *f* materinščina *f*
Mutti *f* mamica *f*
mutwillig z namenom, namenoma
Mütze *f*, **~, ~n,** čepica

N

na! no!
Nabel *m*, **~s, ~,** popek
Nabelschnur *f* popkovnica *f*
nach *prp. lok.* v, na, proti; *temp.* po; *5 ~ 10* 5 čez 10; v skladu, po *(~ dem Gesetz)*; za *(einer nach dem anderen)*
nach *adv.* za; *mir ~* za menoj; *~ und ~* postopoma; *~ wie vor* slej ko prej
nachahmen posnemati
Nachahmung *f*, **~, ~en,** posnemanje *n*, imitacija *f*
nacharten *jm* biti podoben komu
Nachbar *m*, **~s, ~n,** sosed *m*
Nachbarschaft *f*, **~, ~en,** soseščina *f*, soseka *f*
Nachbehandlung *f* zdravljenje po operaciji itd.
nachbeten mehanično ponavljati za
Nachbildung *f*, **~, ~en,** kopija *f*, imitacija *f*
nachblicken *(D)* (po)gledati za
nachdem potem ko, po
nachdenken* premišljati, razmišljati
nachdenklich zamišljen, razmišljujoč; *~ stimmen* dati misliti
Nachdruck *m* poudarek *m*; *~ legen auf* dajati poudarek *D*; ponatis
nachdrücklich s poudarkom, izrecno
nacheinander eden za drugim
nacherzählen povedati s svojimi besedami, obnoviti
Nacherzählung *f* obnova *f*
Nachfahren *pl* potomci *pl*
Nachfolge *f*, **~, ~n,** nasledstvo *n*; posnemanje *n*
Nachfolger *m*, **~s, ~,** naslednik *m*
Nachfrage *f* povpraševanje *n*
nachfüllen doliti; dopolniti
nachgeben* popustiti
Nachgeburt *f*, **~, ~en,** posteljica *f*
nachgehen* *jm* iti/hoditi za, slediti *D*; *Sache* raziskovati; *Geschäften* ukvarjati se z; *v/i Uhr* zaostajati; *das geht ihm nach* ne gre mu iz misli, teži ga
nachgemacht ponarejen, umeten
nachgenannt spodaj imenovani
Nachgeschmack *m* okus, ki ostane v ustih
nachgiebig *Boden* ki se vdaja; *Mensch* popustljiv
nachhaltig trajen, stalen
nachhelfen* pomagati; malo pomagati
nachher potem, pozneje; *bis ~!* na svidenje!
Nachhilfeunterricht *m* instrukcija *f*
nachholen dohiteti (nadoknaditi)

Nachhut *f* zadnja straža *f*
Nachklang *m* izzven *m*; *fig.* odmev *m*
Nachkomme *m*, **~n, ~n,** potomec *m*
nachkommen* priti za / pozneje; dohajati; *e-r Verpflichtung, e-m Befehl Wunsch* izpolnjevati *A*
Nachkriegs... povojni
Nachlaß *m*, **~(ss)es, ~(ss)e,** zapuščina *f*; *Preis* popust *m*; *e-r Strafe* znižanje *n*
nachlassen* zapustiti; popustiti, popuščati
nachlässig neskrben, nemaren; neprisiljen
nachlaufen* *D* teči za; *fig.* letati za
nachmachen posnemati; ponarediti; naknadno narediti
Nachmittag *m* popoldan; *am ~* popoldne
Nachnahme *f* povzetje *n*
Nachname *m* priimek *m*
Nachprüfung *f* popravni izpit *m*
Nachrede *f üble* obrekovanje *n*
Nachricht *f*, **~, ~en,** novica *f*, poročilo *n*
Nachruf *m* nekrolog *m*
nachsagen ponavljati; *D* govoriti o
nachschlagen* poiskati
Nachschlüssel *m* kljukec *m*, vitrih *m*
Nachschub *m* nova pošiljka, blago
nachsehen* *jm* pogledati za; *jm etw. fig.* skozi prste pogledati, spregledati (komu)
Nachsehen *n das ~ haben* ostati z dolgim nosom
nachsetzen slediti, zasledovati
Nachsicht *f* popustljivost *f*
nachsichtig popustljiv
Nachspiel *n* epilog *m*
nachsprechen* *jm etw.* ponavljati za
nächst *adj.* naslednji, *(Entfernung)* najbližji; *(~e Woche)* prihodnji; *prp. G* pri, za
nächstbeste kar prvi
Nächste *m* naslednji; bližnji *m*
nachstehen* zaostajati (*jm* za, *in* pri, v); biti za
nachstellen postaviti za; *Uhr* dati nazaj; *jm* zasledovati koga
Nächstenliebe *f* ljubezen do bližnjega
nachsuchen (po)iskati; *um* zaprositi za
Nacht *f*, **~, ⸗e,** noč *f*; tema *f*; *bei ~, des ~s* ponoči; *gute ~!* lahko noč! *bei ~ und Nebel* skrivaj; *mit einbrechender ~* z mrakom
Nacht... nočni
Nachteil *m* slaba stran *f*; *im ~* na slabšem
nachteilig neugoden, škodljiv
nächtelang cele noči
Nachtfalter *m* vešča *f*
Nachtigall *f* slavček *m*
nächtigen prenočevati, prenočiti
Nachtisch *m* sladica *f*
nächtlich nočen
Nachtmahl *n* večerja *f*
Nachtrag *m* dodatek *m*
nachtragen* dodati; nositi za; *fig. jm etw.* zameriti komu *A*

nachträglich naknadno
nachts ponoči
Nachtwandler *m* mesečnik *m*
Nachuntersuchung *f* kontrolni pregled *m*
nachwachsen* znova zrasti
Nachwehen *pl fig.* boleče posledice *pl*
Nachweis *m*, **~es, ~e,** dokaz *m*; potrditev *f*; *den ~ erbringen* dokazati
nachweis /bar, /lich dokazljiv
nachweisen* dokazati
Nachwelt *f* zanamci *pl*
Nachwirkung *f* učinkovanje *n*; nasledki *pl*
Nachwort *n* sklepna beseda *f* epilog *m*
Nachwuchs *m fig.* naraščaj *m*
nachzählen še enkrat prešteti
nachziehen* *(še enkrat) potegniti; Schraube* priviti; *Fuß* vleči za seboj
Nachzügler *m* zapoznelec *m*
Nacken *m*, **~s, ~,** tilnik *m*
nackend, nackt gol
Nacktkultur *f* nudizem *m*
Nadel *f*, **~, ~n,** igla *f*, iglica *f*; *(Steck~) bucika f*
Nadelbaum *m* iglavec *m*
Nagel *m*, **~s, £,** žebelj *m*; *(Hand) noht m*; *an den ~ hängen* obesiti na klin; *sich etw. unter den ~ reißen* suniti (ukrasti)
Nagellack *m* lak *m* za nohte
nageln pribiti, zabiti
nagelneu čisto nov
nagen glodati
Nager *m*, **Nagetier** *n* glodalec *m*

nah, nahe blizu; bližnji, bližajoč se; *jm zu ~ treten* užaliti; *von ~ und fern* od blizu in daleč
Nahaufnahme *f* posnetek *m* od blizu
Nähe *f* bližina *f*; *in der ~* blizu, v bližini
nahegehen* iti do živega
nahekommen* priti blizu; približati se
nahelegen priporočiti, na srce položiti
naheliegen* biti očiten; vsiljevati se
naheliegend bližnji; *fig.* očiten
nahen *(sich)* bližati se
Näh... šivalni
nähen šivati; zašiti
näher bližji; *Weg* krajši
Näherin *f*, **~, ~nen,** šivilja *f*
nähern *(sich)* bližati se, približevati se
nahestehend bližnji
nahezu malodane
nahm *gl.* **nehmen**
Nährboden *m* hranivo *n*, substrat *m*; tla *pl*
nähren hraniti, prehranjevati; *sich von* živeti od
nahrhaft hranljiv
Nahrung *f* hrana *f*
Nahrungsmittel *n* živilo *n*
Naht *f*, **~, £e,** šiv *m*
nahtlos brezšiven
Nahverkehr *m* lokalni promet *m*
naiv naiven
Name *m* **~ns, ~n,** ime *n*
namenlos brezimen; *fig.* neizrečen
namens po imenu
Namenstag *m* god *m*

Namenszug *m* podpis *m*
namentlich poimensko; *adv.* posebno
namhaft pomemben, sloveč; *jn ~ machen* ugotoviti ime
nämlich namreč; *adj.* isti
nannte *gl.* **nennen**
Napf *m*, **~s, ¨e,** lonček *m*, skledica *f*
Narbe *f*, **~, ~n,** brazgotina *f*; *bot.* brazda *f*
Narr *m*, **~en, ~en,** norec *m*, tepec *m*; *zum ~en halten / haben* imeti za norca; *einen ~en gefressen haben an* biti zagledan, v / nor na
Närrin *f*, **~, ~nen,** norica *f*
naschen sladkati se; jesti po malem in skrivaj
Nase *f*, **~, ~n,** nos *m*; *immer der ~ nach* kar za nosom; *jm eine lange ~ machen* pokazati osle; *jm etw. unter die ~ reiben* očitati; *die Nase voll haben (von)* biti do grla sit *(G)*; *auf der ~ herumtanzen* skakati po glavi
näseln nosljati
Nasenbluten *n* krvavitev *f* iz nosu
nasführen voditi za nos
Nashorn *n* nosorog *m*
naß moker, vlažen
nässen močiti; *es näßt* prši
National... nacionalni
Natter *f*, **~, ~n,** kača *f*, gad *m*
Natur *f* narava, natura *f*; *v sest.* naravni
Naturell *n* narava *f*, temperament *m*
Naturgeschichte *f* naravoslovje *n*
naturgetreu točno po naravi, realističen
Naturkunde *f* prirodopis *m*
natürlich naraven, neizumetničen, *adv.* seveda
Naturvolk *n* primitivno ljudstvo *n*
Naturwissenschaft *f* naravoslovje *n*
Nebel *m*, **~s, ~,** megla *f*
Nebelbank *f* pramen *m* megle
nebelhaft meglen
neben poleg; razen
Neben... stranski, sosednji
nebenan poleg; pri sosedu
nebenbei poleg, zraven; mimogrede
Nebenbuhler *m* tekmec *m*
nebeneinander drug poleg drugega
Nebenfach *n* stranski predmet *m*
Nebenfluß *m* pritok *m*
Nebengeräusch *n* prizvok *m*, zvok *m*
Nebenniere *f* nadledvična žleza *f*
Nebentisch *m* sosednja miza *f*
Nebenumstand *m* dodatna okoliščina *f*
Nebenzimmer *n* sosednja soba *f*
neblig meglen
nebst poleg; z ... vred
necken dražiti
neckisch nagajiv
Neffe *m*, **~n, ~n,** nečak *m*
Neger *m*, **~s, ~,** črnec *m*
nehmen, *er* **nimmt, nahm, genommen** vzeti, jemati; prevzeti; *bei* prijeti / zagrabiti za; *Lauf, Gang* iti po, teči; *Hindernis, Kurve* premagati, prevoziti, obvlada-

ti itd.; *Anfang, Ende* začeti se, končati se; *Platz* sesti; *Reißaus F* pocvirnati jo
Neid *m*, **~es,** –, zavist *f* (*blasser* zelena)
neidisch zavisten
neigen nagniti (*sich* se); *zu* nagibati k
Neigung *f*, **~, ~en,** nagnjenje *n*; poševnina *f*
nein ne
Nelke *f*, **~, ~n,** nagelj *m*
nennen, nannte, genannt, imenovati (*sich* se); označiti; *(Kandidaten)* postaviti za
nennenswert omembe vreden
Nenner *m*, **~s, ~,** imenovalec *m*
Nennwert *m* nominalna vrednost
Nerv *m*, **~s, ~en,** živec *m*; *auf die ~en gehen / fallen* iti na živce
Nerven... živčni, ... za živce
Nervenzusammenbruch *m* živčni zlom *m*
Nessel *f*, **~, ~n,** kopriva *f*
Nesselfieber *n* koprivnica *f*
Nest *n*, **~s, ~er,** gnezdo *n*
Nesthäkchen *n* benjaminček *m*
nett prijeten, prijazen; prikupen, čeden; *iron.* lep
netto neto
Netz *n*, **~es, ~e,** mreža *f*; *el.* omrežje *n*; *anat.* pečica *f*
Netzanschluß *m* priključek *m* na omrežje
Netzhaut *f* mrežnica *f*
neu nov; *von ~em, aufs ~e* znova
Neuausgabe *f* ponatis *m*
Neubau *m* novogradnja *f*
Neue *m*, *f*, **~n, ~n,** novinec *m*, novinka *f*
neuerdings v zadnjem času
Neuerung *f*, **~, ~en,** inovacija *f*
neugeboren novorojen; *fig.* *(wie)* prerojen
Neugestaltung *f* preoblikovanje *n*; preureditev *f*; predelava *f*
Neugier(de) *f* radovednost *f*
neugierig radoveden
Neuheit *f*, **~, ~en,** novica *f*; novost *f*
Neuigkeit *f*, **~, ~en,** novica *f*
Neujahr *n* novo leto *n*
Neuland *n* ledina *f*
neulich pred kratkim, zadnjič
Neuling *m*, **~s, ~e,** novinec *m*
Neumond *m* mlaj *m*
neun devet
Neuneck *n* deveterokotnik *m*
neunerlei, neunfach deveter
neunhundert devetsto
neunjährig devetleten
neunmal devetkrat
neunte deveti
Neuntel *n* devetina *f*
neunzehn devetnajst
neunzehnte devetnajsti
neunzig devetdeset
neunzigste devetdeseti
Neustadt *f* novo mesto *n*
neuvermählt novoporočen
Neuzeit *f* novi vek *m*
neuzeitlich novodoben, novoveški; moderen
nicht ne, *ist nicht* ni; *nicht die Bohne usw.* niti, niti najmanj; *Ist das nicht ...?* Kaj/ali ni ...?; *Nicht wahr.* Kajneda.

nicht... ne...
Nichte *f*, **~**, **~n**, nečakinja *f*
nichtig ničen, neveljaven; *für ~ erklären* anulirati
Nichtigkeit *f* ničnost *f*, neveljavnost *f*; ničevost *f*
Nichtigkeitserklärung *f* anuliranje *n*
nichts nič, *G* ničesar; *~ ist* nič/ničesar ni; *er weiß ~* nič/ničesar ne ve; *~ als* nič drugega, samo; *~ wie* samo; *dagegen ist ~ zu sagen* ni kaj reči; *~ für ungut* brez zamere
Nichts *n* nič *m*, malenkost *f*; *vor dem ~ stehen* biti pred propadom
nichtsahnend nič hudega sluteč
nichtsdestoweniger vendar, kljub temu
nichtsnutzig nekoristen; *fig.* malopriden
nichtssagend nepomemben
nichtswürdig ničvreden
Nichtzutreffendes neustrezno
nicken (po)kimati; dremati
Nickel *n* nikelj *m*
Nickel *m*, **~s**, **~**, novčič *m*
nie nikoli, nikdar
nieder *adj.* nizek; *adv.* dol, doli; *nieder mit* dol z; *~ denken von* slabo misliti o
nieder... dol, navzdol; po...; nizki
niederbrennen* *v/t* požgati; *v/i* pogoreti
Niedergang *m* propad *m*
niedergeschlagen pobit
Niederkunft *f* porod *m*
Niederlage *f*, **~**, **~n**, poraz *m*; *(Geschäft)* podružnica *f*
niederlassen* *(sich)* spustiti (se); *sich* naseliti se, sesti; *als Arzt, Schneider* odpreti v kraju ordinacijo, delavnico; *sich häuslich ~* vgnezditi se
niederlegen odložiti, položiti; *Amt* odstopiti; *die Arbeit* stavkati; *sich* leči; *schriftlich* zapisati
niederreißen porušiti
Niederschlag *m*, **~s**, **£e**, usedlina *f*, oborina *f*; *(Regen usw.)* padavina *f*; *~ finden in* izraziti se v, priti do izraza v
niederschlagen* podreti na tla; potolči; *fig.* pobiti, zatreti; *Fieber* zbiti; *Prozeß* ustaviti; *Augen* povesiti; *kem.* oboriti; *Dampf* usedati se; *sich* izraziti se
niederschmetternd uničujoč
Niederschrift *f* zapis *m*
niedersetzen postaviti dol, na tla; posaditi; *sich* sesti
niederstrecken podreti
niederträchtig nizkoten
niedertreten* pohoditi; *Schuhe* obrabiti pete
niederwerfen* vreči dol, na tla; *fig.* zadušiti; podjarmiti; *schriftlich* zapisati (na hitro)
Niederwild *n* mala divjačina *f*
niedlich srčkan
niedrig nizek, skromen; navaden; nizkoten
niemand nihče, *G* nikogar; *~ ist* nikogar ni; *~ ist (betroffen)* nihče ni (prizadet)
Niemandsland *n* nikogaršnja dežela

Niere *f*, **~**, **~n**, ledvica *f*; *bis auf die ~n* do obisti; *an die ~n gehen* iti na jetra
Nieren... ledvični
Nierenleiden *n* bolezen ledvic
nieseln pršeti
niesen kihniti
Niete *f*, **~**, **~n**, prazna srečka *f*; *fig*. neuspeh *m*; *(Mensch)* nula *f F*
Nietenhose *f* kavbojke *pl*
nimmer nikdar, nikoli
nimmersatt nenasiten
nirgends nikjer
nisten gnezditi
noch še; *~ immer* še vedno; *noch einmal so groß* še enkrat tolikšen; že (*wie war das noch* kaj si že rekel, kaj je že bilo); *weder ... noch* niti ... niti
Nonne *f*, **~**, **~n**, nuna *f*
Nord... severni
Norden *m* sever *m*
nordisch nordijski
nördlich severni
Nordosten *m* severovzhod *m*
nörgeln nergati; *an / über* zabavljati nad / čez
Nörgler *m* nergač *m*
Norm *f*, **~**, **~en**, norma *f*
Normal... normalen
Normalzeit *f* standardni čas *m*
normen, normieren normirati
Not *f*, **~**, **£e**, nuja *f*; sila *f*; stiska *f*; težava *f*; *mit knapper ~* komaj; *ohne ~* brez potrebe; *zur ~* za silo; *es tut ~, daß* treba je; *~ bricht Eisen* sila kola lomi
Not... *več*. zasilni, ... v sili
Notdurft *f* potreba *f*; *die ~ verrichten* iti na stran / potrebo
notdürftig zasilen; za silo
Note *f*, **~**, **~n**, nota *f*; *(Schule)* ocena *f*; bankovec *m*
Notenaustausch *m* izmenjava not
Notfall *m* sila *f*; *im ~* če bo treba
notgedrungen po sili razmer
Nothelfer *m* pomočnik v sili
notieren zapisati
nötig potreben; *(Achtung)* dolžni; *das Nötige* nujno *n*, potrebno *n*; *er hat es nicht ~* ni mu treba
nötigen siliti, prisiliti
nötigenfalls če bo treba
Notlage *f*, stiska *f*, sila *f*
Notlandung *f* zasilni pristanek *m*
notleidend trpeč pomanjkanje
Notpfennig *m* prihranek za slabe čase
Notruf *m* (telefonski) klic policiji, gasilcem; tel. številka za nujni poziv
Notstand *m* izjemno stanje *n*
Notwehr *f* silobran *m*
notwendig potreben; nujen
Notwendigkeit *f* nujnost *f*
Notzucht *f* posilstvo *n*
Novelle *f*, **~**, **~n**, novela *f*; amandma *m*
November *m* november *m*
Nu *im ~* v trenutku, bliskovito
nüchtern trezen; *(ohne Essen)* tešč; *Speise, Raum* pust; *Mensch pej*. puščoben
Nudel *f*, **~**, **~n**, testenina *f*; rezanec *m*; *F fig*. človek, flenča *f F*

null nič; ničen; *für ~ und nichtig erklären* anulirati

Null *f*, **~, ~en,** ničla *f*; *fig.* nula *f*

Nummer *f*, **~, ~n,** številka *f*; velikost *f*; *(Programm)* točka *f*; *Mensch* numera *f*; *auf ~ sicher* na gotovo; pod ključem

nun zdaj, sedaj; *fortsetzend* no; *von ~ an* poslej; *~ also* torej; *nun (ein)mal* pač

nunmehr poslej; *(bereits)* doslej

nur samo, le; *wer / was ~* kdo /kaj neki; *cj. (wenn) ~* samo da; *~ zu gut* še predobro; *daß es nur so (krachte)* da je kar ...

Nuß *f*, **~, £sse,** oreh *m*; *fig.* betica *f*

Nußbaum *m* oreh *m*

Nußknacker *m* hrestač *m*

Nüstern *pl* nozdrvi *pl*

Nutte *f*, **~, ~n,** cipa *f*

nutz, nütze koristen, dober za

Nutzanwendung *f* praktična aplikacija

Nutz... koristni, uporabni

nutzbar koristen; *sich ~ machen* uporabiti, izkoristiti, *v/i* biti koristen

nutzbringend koristen, donosen

Nutzen *m*, **~s, ~,** korist *f*, raba *f*; dobiček *m*; *von ~ sein* biti koristen

nutzen, nützen *v/i* biti koristen, koristiti; *v/i* uporabljati

nützlich koristen

nutzlos nekoristen; nesmiseln

Nutznießer *m* kdor ima korist od

O

ob ali *(wissen Sie, ob ...); als ob* kot da (bi); *na ob!* jasno! še vprašaš!; *ob ... oder / ob* naj ... ali pa; *und ob* in še kako
Obdachlose *m*, *f* brezdomec *m*, -ka *f*
oben zgoraj, na vrhu; *nach ~* gor, navzgor; *von ~* od zgoraj; *von ~ herab* zviška
obenauf na vrhu, povrhu; na gornji površini
obendrein vrhu vsega, povrhu
obenhin mimogrede, lahkotno
ober gornji, višji
Ober *m*, **~s, ~,** plačilni (natakar) *m*
Ober... zgornji, višji, vrhnji; nad...
Oberfläche *f* površina *f*
oberflächlich površinski; površen
oberhalb nad
Oberhaupt *n* poglavar *m*
Oberin *f*, **~, ~nen,** prednica *f*
oberirdisch površinski
Obers *m*, smetana *f*
oberst vrhnji, najvišji; *das Oberste zu unterst kehren* postaviti vse na glavo
Oberst *m* polkovnik *m*
Oberteil *m* vrhnji, gornji del *m*
obgleich četudi; dasi
Obhut *f* oskrba, varstvo *n*
obig gornji; prej omenjeni
Obrigkeit *f* gosposka *f*
obschon dasiravno
Obst *n*, **~es,** –, sadje *n*
Obstbau *m* sadjarstvo *n*
Obstgarten *m* sadovnjak *m*
Obstzüchter *m* sadjar *m*
obszön obscen
Obus *m* trolejbus *m*
obwohl čeravno
Ochse *m*, **~n, ~n,** vol *m*
Ochsen... volovski
öde pust, puščoben; *die Öde* pušča *f*
oder ali; *(hör auf) oder!* če ne!; *du kommst mit, oder?* ali ne?
Ödland *n* ledina *f*
Ofen *m*, **~s, £,** peč *f*; *(Back-)* pečica *f*
Ofen... pečni, ... za peč, ... peči
Ofensetzer *m* pečar *m*
offen odprt; *(Kragen, Knopf)* odpet; *Haar* razpuščeni lasje; *Mensch, Karten* odkrit; *Geheimnis, Protest* javen; *Arme* razprostrt; *eine ~e Hand haben* biti odprtih rok
offenbar očitno
offenbaren razodeti
Offenheit *f* odkritost
offensichtlich očiten
öffentlich javen
Öffentlichkeit *f* javnost *f*
Offizier(s)... oficirski
öffnen odpreti; *Jacke, Knopf* odpreti; *Haar* razpustiti;

Arme razprostreti; *Karten* odkriti; *sich* odpreti se, *fig.* razodeti se
Öffner *m*, **~s, ~,** odpirač *m*
Öffnung *f*, **~, ~en,** odprtina *f*
oft, öfter, öfters često, pogosto, večkrat, dostikrat
Oheim *m*, **Ohm** *m* ujec *m*
ohne *A* brez *G*; *nicht ~* ne kar tako; *~ zu / daß* ne da bi
ohnedies, ohnehin tako in tako
ohnegleichen brez primere
Ohnmacht *f* nemoč *f*; omedlevica *f*; *in ~ fallen* omedleti
ohnmächtig nemočen; nezavesten; *~ werden* omedleti
Ohr *n*, **~, ~en,** uho *n*; *~ für* posluh za; *(ganz) ~ sein* pozorno poslušati; *bis über die ~en* do ušes; *ins ~ sagen* povedati na uho; *bei den ~en nehmen* prijeti za ušesa; *übers ~ hauen* ogoljufati; *jm mit etw. in den ~en liegen* nadlegovati z; *Haben dir nicht die ~en geklungen?* Ali ti ni zvonilo v ušesih?
Öhr *n* uho *n* (šivanke itd.)
ohrenbetäubend oglušujoč
Ohrensausen *n* šumenje *n* v ušesih
Ohrfeige *f*, **~, ~n,** klofuta *f*, zaušnica *f*
ohrfeigen oklofutati
Ohrläppchen *n* mečica *f*
Ohrmuschel *f* uhelj *m*
Ohrring *m* uhan *m*
Öl *n*, **~s, ~e,** olje *n*; nafta *f*
Öl... oljni, naftni
Ölbaum *m* oljka *f*
ölen naoljiti; *eccl.* maziliti; *wie der geölte Blitz* kot blisk
ölig oljnat
Ölung *f letzte ~* poslednje olje
Ölzweig *m* oljčna vejica
Omnibus *m* avtobus *m*
Onkel *m*, **~s, ~,** stric *m*; *über den ~ gehen* hoditi navznoter
Onkelehe *f in ~ leben* živeti na koruzi
onkelhaft pokroviteljski
Oma *f* babica *f*
Opa *m* dedek *m*
Oper *f*, **~, ~n,** opera *f*
Opfer *n*, **~s, ~,** žrtev *f*; *ein ~ bringen* žrtvovati; (se); *zum ~ fallen* postati žrtev *G*
opfern žrtvovati
Opferstätte *f* žrtvenik *m*
Optik *f* optika *f*; videz (izgled) *m*
Orange *f*, **~, ~n,** pomaranča *f*
Orden *m*, **~s, ~,** red *m*; odlikovanje *n*
Ordens... redovni; ... odlikovanja
ordentlich reden *(Mensch, Professor)*; *Zimmer* urejen; *Schreck* pošten; *sagen, machen* pošteno; *~e Leute* v redu ljudje
ordern naročiti
ordinär navaden, prostaški
ordnen urejati, urediti; *sich ~* biti urejen; *für* pripraviti se za
Ordner *m*, **~s, ~,** reditelj *m*; registrator *m*
Ordnung *f*, **~, ~en,** red *m*; *in ~* v redu; *in ~ bringen* urediti

ordnungswidrig v nasprotju s predpisi
Organ *n*, **~s, ~e,** organ *m*; *einer Partei* glasilo *n*; *fig.* posluh *m*
organisch organski
Orgel *f*, **~, ~n,** orgle *pl*
Orgel... orgelski
orientieren orientirati (*sich* se); *jn über* informirati o
orientiert *nach* / *zu* obrnjen proti
Original *m* izvirnik *m*; original *m*
Original... originalni
originell izviren
Ort *m*, **~s,** *Orte* kraj *m*, mesto *n* (*a. fig.*); *Örter mat.* mesto *n*; *an ~ und Stelle* na mestu samem; *der stille, gewisse usw. Ort* stranišče *n*
örtlich krajeven; *med.* lokalen
Örtlichkeit *f* kraj *m*, okoliš *m*
Orts... krajevni
Ortsangabe *f* navedba *f* kraja
ortsansässig stalno bivajoč
Ortschaft *f*, **~, ~en,** naselje *n*, kraj *m*
ortsfremd tuj v kraju
Ortsname *m* krajevno ime *n*
Ortssinn *m* smisel *m* za orientacijo
ortsüblich običajen v nekem kraju
Ortsverkehr *m* krajevni promet *m*
Öse *f*, **~, ~n,** ušesce *n*
Ost... vzhodni
Osten *m* vzhod; (*im* na)
Oster... velikonočni
Ostern *pl* velika noč *f*; (*zu* za)
östlich vzhoden
Ostsee *f* Baltik *m*
ostwärts na vzhod, proti vzhodu
Otter *m*, **~, ~,** vidra *f*
Otter *f*, **~, ~n,** gad *m*
Otternbrut *f* gadja zalega *f*
Ozean *m*, **~s, ~e,** ocean *m*; *v sest.* prekooceanski

P

Paar *n*, **~es, ~e,** par *m*
paar *ein* ~ par *G*, nekaj *G*
Paarhufer *m* parkljar *m*
Paarung *f* parjenje *n*
paarweise v parih
Pacht *f*, najem; zakup *m*; *in ~ geben / nehmen* dati / vzeti v najem / zakup
Pächter *m* najemnik *m*; zakupnik *m*
Pack *n* sodrga *f*
Päckchen *n* paket *m*, zavitek *m*
packen prijeti, *bei* zagrabiti za; zlagati, pakirati; *ins Bett usw.* položiti, spraviti v
Packesel *m fig.* tovorno živinče *n*
Packpapier *n* ovojni papir *m*
Packung *f* zavoj *m*, paket *m*; oprema, škatla *f*
paddeln veslati
paffen puhati, pihati
Paketpost *f* paketna pošta *f*
Palast *m*, **~es, £e,** palača *f*
Pampelmuse *f* grenivka *f*, grapefruit *m*
Panne *f*, **~, ~n,** defekt *m*; *fig.* nesreča *f*
Pantoffel *m*, **~s, ~,** copata *f*
Pantoffelheld *m* copatar *m*
pantschen čofotati; *v/t* zgodljati; *Wein* krstiti
Panzer *m*, **~s, ~,** oklep *m*; oklepnik *m*, tank *m*
Panzer... tankovski, protitankovski
Panzerhemd *n* železna srajca *f*
Panzerschrank *m* železna blagajna *f*
Papier *n*, **~s,** –, papir *m*; *Papiere pl* papirji, dokumenti *pl*; *v sest.* papirnat
Papierfabrik *f* papirnica *f*
Papierkorb *m* koš *m* (za papir)
Papierwarengeschäft *n* papirnica *f*
Pappe *f*, **~, ~n,** lepenka *f*; *nicht von ~* ni od muh
Pappel *f*, **~, ~n,** topol *m*
päppeln pitati
Pappendeckel *m* lepenka *f*
Pappenstiel *m* malenkost; *fig. für einen ~* napol zastonj
Papst *m*, **~es, £e,** papež *m*
Parade *f* parada *f*; *v sest.* paradni
Paradies *n*, **~es, ~e,** raj *m*; paradiž *m*
Paradiesvogel *m* rajčica *f*
parat pripravljen
Park... parkirni, parkovni
Park *m*, **~s, ~s/ ~anlagen** park *m*
parken parkirati; *~ verboten* parkiranje prepovedano
Parkplatz *m* parkirišče *n*
parlamentarisch parlamentarni
Partei *f*, **~, ~en,** stranka *f*; *fig.* stran *f*; *js ~ ergreifen / nehmen* postaviti se na

stran koga; ~ *sein* biti pristranski
Partei... strankarski, partijski, ... stranke
Parteigänger *m* privrženec *m*
parteiisch pristranski
parteilos nevtralen, nepristranski
Parteitag *m* kongres stranke
Paß *m*, **~(ss)es, £(ss)e,** sedlo *n*; prelaz *m*; *(Reise~)* potni list *m*
Passagier *m*, **~s, ~e,** potnik *m*; *v sest.* potniški
Passagiergut *n* prtljaga *f*
passen ujemati se, biti primeren; pristati, podati se; *beim Spiel* vdati se; *sich ~* spodobiti se
passend primeren, prikladen; ujemajoč se; *haben Sie es nicht ~ ?* Ali nimate točno/drobiža?
passieren iti mimo/čez; dogoditi se, pripetiti se; *das kann ~* že še gre; *v/t* pretlačiti, pasirati
Passierschein *m* dovolilnica *f*
Passion *f* strast *f*; pasijon *m*
Paßkontrolle *f* kontrola potnih listov
Pastor *m*, **~s, ~en,** pastor *m*
Pate *m*, **~n, ~n,** boter *m*; *~ stehen* biti za botra, botrovati *D*
Patent *n* patent *m*
Patentamt *n* patentna pisarna *f*
Patient *m*, **~en, ~en,** pacient *m*
Patsche *f*, **~, ~n,** ročica *f*; (cestno) blato *n*; *in der ~ sitzen* biti v zosu *F*
patschnaß moker kot cucek
patzig tečen, oster
Pauke *f*, **~, ~n,** pavka *f*; *fig.* boben *m*; *mit ~n und Trompeten* z rompom in pompom; *eine ~ halten* brati levite
pauken bobnati, razbijati po; *(Schule)* guliti se, piflati se
Pauker *m* prfoks *m F*
pausbäckig okrogloličen
Pause *f*, **~, ~n,** pavza *f*, prekinitev *f*
Pech *n*, **~s, ~e,** smola *f*
pechschwarz črn kot oglje
Pechsträhne *f fig.* smola
Pechvogel *m* nesrečnež *m*; kogar se drži smola
Pegel *m* merilec za vodostaj; *fig.* vodostaj *m*; višina tekočine
Pegelstand *m* vodostaj *m*
peilen (z instrumenti) loviti točko, določati; *über den Daumen ~* na oko, približno določiti
Pein *f*, **~,** –, muka *f*, mučenje *n*
peinigen mučiti
peinlich mučen; *Mensch* natančen, prepedanten
Peitsche *f*, **~, ~n,** bič *m*
Pelle *ff*, **~, ~n,** koža *f*; lupina *f*, olupek *m*
pellen lupiti
Pelz *m*, **~es, ~e,** koža *f*, krzno *n*; *(Bekleidung)* kožuh *m*
Pelz... krznen
Pendel *n*, **~s, ~,** nihalo *n*
pendeln nihati
Pendler *m* vozač *m* (ki se vsak dan vozi na delo)
Pension *f*, **~, ~en,** penzija *f*; penzion *m*

Pensionär *m* upokojenec *m*
Pensionspreis *m* cena penziona
Perle *f*, **~, ~n,** biser *m*
perlen kipeti
Perlmutter *f* biserna matica *f*
Person *f*, **~, ~en,** oseba *f*
Personal *n*, **~s, –,** osebje *n*
Personenstand *m* družinski stan *m*
Personenwagen *m* osebni avto *m*
Personenzug *m* potniški vlak *m*
persönlich osebno
Persönlichkeit *f* osebnost *f*
Perücke *f*, **~, ~n,** lasulja *f*
Pest *f*, **~,** –, kuga *f*; *fig.* nadloga *f*
Petersilie *f* peteršilj *m*
Petschaft *n* pečat *m*
petto *in ~ haben* imeti za bregom
Petze *f F* špeckahla *f F*
petzen (za)tožiti, *F* špecati
Pfad *m*, **~es, ~e,** pot *f*
Pfadfinder *m* skavt *m*, tabornik *m*
Pfaffe *m* far *m*
Pfahl *m*, **~es, ̈e,** kol *m*
Pfahlbau *m* kolišče *n*, mostišče *n*
Pfand *n* zastavilo; *(Flaschen~)* kavcija *f*; *zum ~ geben* zastaviti
pfändbar kar je mogoče zarubiti
pfänden (za)rubiti
Pfandhaus *n* zastavljalnica *f*
Pfändung *f* rubež *m*
Pfanne *f*, **~, ~n,** ponev *f*; *med.* ponvica *f*; *in die ~ hauen* uničiti
Pfarre *f*, **~, ~n,** župnija *f*
Pfarrer *m*, **~s, ~,** župnik *m*
Pfarrhaus *n* župnišče *n*
Pfau *m*, **~s, ~en,** pav *m*
Pfeffer *m* poper *m*; *jm ~ geben* dati popra; *bleib/geh hin, wo der ~ wächst* da te ne vidim več
pfeffern popoprati; *gepfeffert* močno popran; *fig.* zasoljen
Pfeife *f*, **~, ~n,** pipa *f*; piščal *f*, piščalka *f*, *nach js ~ tanzen* plesati, kot kdo žvižga
pfeifen, pfiff, gepfiffen piskati, žvižgati; *~ auf* požvižgati se na
Pfeil *m*, **~s, ~e,** puščica *f*
Pfeiler *m*, **~s, ~,** slop *m*
Pfeilschütze *m* lokostrelec *m*
Pfennig *m* pfenig *m*; *fig.* belič *m*
Pferd *n*, **~es, ~e,** konj *m*; *zu ~e* na konju
Pferde... konjski
Pferdestärke *f* konjska sila *f*
Pfiff *m* pisk *m*, žvižg *m*; *fig.* trik *m*
pfiff *gl.* **pfeifen**
Pfifferling *m* lisička *f*; *keinen ~ wert* (ne)vreden niti počenega groša
pfiffig nabrit
Pfingst... binkoštni
Pfingsten *pl* binkošti *pl*
Pfirsich *m*, **~s, ~e,** breskev *f*
Pflanze *f*, **~, ~n,** rastlina *f*; sadika *f*
pflanzen saditi; *fig.* namestiti
Pflanzen... rastlinski
pflanzenfressend rastlinojed
Pflanzenschutz *m* zaščita rastlin *f*
Pflanzung *f* zasaditev *f*; nasad *m*

Pflaster *n*, **~s, ~,** tlak *m*; *med.* obliž *m*; *das ~ wurde ihm zu heiß* tla so mu postala prevroča
pflastern tlakovati; dati obliž; *eine ~* primazati eno
Pflaume *f*, **~, ~n,** sliva *f*
Pflege *f*, **~, –,** nega *f*, negovanje *n*; vzdrževanje *n*; *in ~ geben (Kind)* dati v rejo
Pflegeeltern *pl* rejniki *pl*
Pflegeheim *n* dom za nego ...
Pflegekind *n* rejenec *m*
pflegen negovati, oskrbovati; *Kunst* gojiti; *der Ruhe* počivati; *v/i ~ zu* imeti navado (da)
Pfleger *m*, **~s, ~,** bolničar *m*, strežnik *m*; *von Tieren* čuvaj *m*
Pflegerin *f*, **~, ~nen,** negovalka *f*
Pflegling *m* gojenec *m*, varovanec *m*
Pflicht *f*, **~, ~en,** dolžnost *f*; *Sport* obvezne vaje, liki itd.
Pflichtfach *n* obvezni predmet *m*
Pflichtteil *n* nujni delež *m*
pflog = pflegte
pflücken (u)trgati; nabirati
Pflug *m*, **~s, £e,** plug *m*
pflügen orati
Pforte *f*, **~, ~n,** vrata *pl*, porta *f*
Pförtner *m* vratar *m*
Pfosten *m*, **~s, ~,** podboj *m*; kol *m*
Pfote *f*, **~, ~n,** taca *f*, šapa *f*
pfropfen zamašiti; *Baum* cepiti
Pfund *n*, **~s, ~e,** funt *m*
pfundig *F* prima
...pfündig ... funtov težak
pfuschen šušmariti; slabo delati; *v/t* skaziti *A*; *sich nicht ins Handwerk ~ lassen* ne dovoliti vmešavanja
Pfuscher *m*, **~s, ~,** šušmar *m*, mojster *m* skaza
Pfütze *f*, **~, ~n,** mlaka *f*, luža *f*
Pickel *m*, **~s, ~,** mozolj *m*; *(Eis~)* cepin *m*
picken kljuvati, zobati
piekfein *F* nadvse fin
piepen čivkati; *Maus* cviliti
piesacken *F* sekirati, pestiti
pikiert prizadet, užaljen
Pilger *m*, **~s, ~,** romar *m*
pilgern romati
Pille *f*, **~, ~n,** pilula *f*, tableta *f*
Pilz *m*, **~es, ~e,** gliva *f*, goba *f*
pinkeln lulati
Pinsel *m*, **~s, ~,** čopič *m*
pinseln pisati, risati, pleskati
Pirsch *f* lov *m*; preža *f*
pissen *V* scati *V*
Piste *f*, **~, ~n,** *(športna)* steza; *(Flug)* vzletna steza *f*; *(Ski)* smučišče *n*
Pistole *f*, **~, ~n,** pištola *f*
Plackerei *f* garanje *n*, muka *f*
Plage *f*, **~, ~n,** nadloga *f*; muka *f*
Plagegeist *m* mora *f*, nadloga *f*
plagen mučiti (*sich* se); nadlegovati
Plan *m*, **~s, £e,** načrt *m*; plan *m*
plan *adj.* raven
Plane *f*, **~, ~n,** ponjava
planen planirati, načrtovati; imeti v načrtu
planieren izravnati, planirati (teren)

Planke *f*, **~**, **~n**, deska *f*, plot *m*; *(Leit~)* varnostna ograja
Plänkelei *f* prepirček *m*, manjši spopad *m*
planlos nenačrtno, na slepo srečo
planmäßig načrtno; *Stelle* reden; *adv.* po načrtu
planschen čofotati
Planung *f* načrtovanje *n*
Planwirtschaft *f* plansko gospodarstvo *n*
plappern bebljati; klepetati tjavdan
plärren dreti se, tuliti
plätschern *Bach* žuboreti *(a. fig.)*; pljuskati; *Kind* čofotati
platt ploščat, *Fuß* plosk; *Witz usw.* trivialen, čisto navaden; *~ sein (vor Staunen)* preč *F*
Platte *f*, **~**, **~n**, plošča *f*
plätten likati
Plattenspieler *m* gramofon *m*
Plattfuß *m* ploska noga *f*
Plattheit *f* trivialnost *f*
Platz *m*, **~es**, **£e**, prostor *m*, mesto *n*; *(Markt~ usw.)* trg *m*; *(Sport)* igrišče *n*; *fig. nicht / fehl am ~e* ne na mestu
Platzanweiser *m* biljeter *m*
Plätzchen *n*, **~s**, **~**, pastila *f*; okrogel piškot *m*
platzen počiti; razpokati; *Verabredung* razdreti se; *fig.* planiti
Platzkarte *f* sedežna karta *f*
Platzpatrone *f* slepi naboj *m*
Platzregen *m* naliv *m*
Platzwunde *f* površinska rana *f*
plaudern kramljati; *fig. (aus der Schule)* izklepetati, zagovoriti se
Pleite *f*, **~**, **~n**, bankrot *m*; *fig.* neuspeh *m*; *~ sein* biti brez denarja
plötzlich nenaden; *adv.* nenadoma
plump neroden, štorast; grob
plumps! štrbunk!
Plunder *m*, **~s**, –, navlaka *f*, šara *f*
plündern pleniti, ropati
Plüsch *m* pliš *m*
Pneu *m* (avtomobilska) guma *f*
Pöbel *m*, **~s**, –, sodrga *f*, drhal *f*
pöbelhaft prostaški, vulgaren
pochen trkati; *Herz* biti, razbijati; *fig. ~ auf* sklicevati se na, bahati se z
Pocken *pl* koze *pl*
pockennarbig kozav
Pökel... prekajen
pökeln prekajevati, prekaditi
Pol *m*, **~s**, **~e**, pol *m*
Polar... polarni
Polente *F f* policija *f*, policaji *pl*
Police / Polizze *f*, **~**, **~n**, polica *f*
Polizei *f* policija *f*; *v sest.* policijski
polizeilich policijski
Polizeirevier *n* policijska postaja *f*
Polizeistreife *f* leteča milica *f*; patrola *f*
Polizist *m* policaj *m*, miličnik *m*
Polster *n*, **~s**, **~**, blazina *f*
Polstermöbel *pl* blazinjeno pohištvo *n*

polstern (o)blaziniti; podložiti
Polterabend *m* fantovščina *f*, dekliščina *f*
poltern ropotati, lomastiti; *(Rede)* glasno govoriti, zmerjati
Polyp *m* polip *m*; *F* policaj *m*
Popanz *m* bavbav *m*
Popo *F m* ritka *f*
Pore *f*, **~, ~n,** pora *f*
Porree *m* por *m*
Posaune *f*, **~, ~n,** pozavna *f*; *fig.* tromba *f*
Posse *f*, **~, ~n,** burka *f*, norčija *f*; *~n treiben / reißen* norce briti
Possenreißer *m* burkež *m*
possierlich ljubek, posrečen
Post *f*, pošta *f*; *v sest.* poštni; *mit umgehender ~* z obratno pošto
Postamt *n* pošta *f*, poštni urad *m*
Postbote *m* poštar *m*
Posten *m*, **~s, ~,** mesto *n*; položaj *m*; služba *f*; *(Militär)* straža; *(Handel)* postavka *f*, partija *f*; *auf dem ~ sein* paziti
Postfach *n* poštni predal *m*
Postgebühr *f* poštnina *f*
Postkarte *f* dopisnica *f*
postlagernd poštnoležeče
Postleitzahl *f* poštna številka
postwendend z obratno pošto
Pott *m* lonec *m*; Porurje *n*
Pottasche *f* pepelika *f*
potztausend tristo zelenih
Pracht *f* sijaj *m*, razkošje *n*
Pracht... čudovit, luksuzni
prächtig čudovit, krasen
Prachtstück *n* čudovit primerek; *das ist ein ~* je sijajno
prägen (s)kovati; *(auf)* dati pečat; oblikovati
Prägung *f* kov *m*; tvorba *f*
prahlen ustiti se
prall nabito poln; napet; *Sonne* žgoč
prallen *(an / gegen)* udariti, prileteti (ob); *Sonne* žgati
Prämie *f* premija *f*, nagrada *f*
prämiieren nagraditi
prangen postavljati se (*mit* z); blesteti, bohotiti se
Pranger *m*, **~s, ~,** sramotilni steber *m*
Pranke *f*, **~, ~n** šapa *f*; *fig.* kremplji *pl*
Präsident *m*, **~en, ~en,** predsednik *m*
prasseln prasketati; *Regen* biti
Praxis *f* praksa *f*; *Arzt* ordinacija *f*
predigen pridigati
Predigt *f*, **~, ~en,** pridiga *f*
Preis *m*, **~es, ~e,** cena *f*; *(Lob)* hvala *f*; nagrada *f*; *um keinen ~* za nobeno ceno, *im ~ erhöhen, herabsetzen* zvišati, znižati ceno
Preisangabe *f* navedba cene
Preisausschreiben *n* nagradni razpis *m*
Preiselbeere *f* brusnica
preisen, pries, gepriesen hvaliti, priporočati; slaviti
Preiserhöhung *f* zvišanje cene *n*
preisgeben* prepustiti; zapustiti; dvigniti roke od
preisgekrönt nagrajen
Preisschießen *n* strelsko tekmovanje *n*

Preissenkung *f* znižanje cene *n*
Preisträger *m* nagrajenec *m*
preiswert cenen, poceni
prellen prileteti, zaleteti se ob; *um fig.* ogoljufati, opehariti za
Prellung *f*, **~, ~en,** kontuzija *f*
Presse *f*, **~, ~n,** stiskalnica *f*; tisk *m*, časopisi *pl*
Pressekonferenz *f* tiskovna konferenca *f*
pressen stiskati, stisniti; oblikovati
Preßglas *n* lito steklo *n*
Preßluft *f* stisnjen zrak *m*
Preuße *m* Prus *m*
prickeln *Wein* peniti se; *Haut* ščemeti; gomazeti; *Regen* pršeti; *es prickelt mich* ima me, da bi
pries *gl.* **preisen**
Priester *m* svečenik *m*; duhovnik *m*
Primaner *m* dijak zadnjega razreda gimnazije
Primel *f*, **~, ~n,** primula *f*
Prinz *m*, **~en, ~en,** princ *m*
Prise *f*, **~, ~n,** ščepec *m*
Pritsche *f*, **~, ~n,** pograd *m*; ležišče *n*
Privat... privatni
probat preizkušen, dober
Probe *f*, **~, ~n,** poskus *m*; preizkušnja *f*, pokušina *f*; *Theater* vaja *f*; *Blut, Waren* vzorec *m*; *auf ~* na preizkušnjo
Probe... poskusni
probieren poskusiti; *Speise* pokusiti
Produktions... produkcijski
Programm *n* program *m*, načrt *m*
Proletarier *m* proletarec *m*
Promotion *f* promocija *f*; napredovanje *n*
prompt točno, takoj
pros(i)t na zdravje
Prostituierte *f* prostitutka *f*
Protokoll *n* zapisnik *m*, protokol *m*; *zu ~ nehmen* narediti zapisnik *G*
Protokollführer *m* zapisnikar *m*
protzen *(mit)* bahati se, postavljati se z
protzig bahaški
Prozent *n*, **Prozentsatz** *m* procent *m*
Prozeß *m*, **~(ss)es, ~(ss)e,** proces *m*; *kurzen ~ machen mit* na kratko opraviti z
prüde (pretirano) kreposten
prüfen preizku/šati, /siti; *Antrag* tehtati; pregledati; kontrolirati (*auf* glede na); *Studenten* izpraševati
Prüfer *m* izpraševalec *m*, kontrolor *m*
Prüfung *f*, **~, ~en,** preizkus *m*, preizkušnja *f*; kontrola *f*, pregled *m*; izpit *m*; *e-e ~ bestehen* narediti izpit
Prügel *m* palica *f*, gorjača *f*; *pl* batine *pl*
Prügelei *f* pretep *m*
Prügelknabe *m* grešni kozel *m*
prügeln tepsti, pretepati (*sich* se)
Prunk *m* pomp *m*, blišč *m*, sijaj *m*; razkošje *n*
prunkvoll razkošen, bleščeč
Publikum *n* publika *f*, občinstvo *n*, javnost *f*
pudelnaß moker kot cucek
Puderzucker *m* mleti sladkor *m*

Puff *m*, **~s, £e,** sunek *m*, udarec *m*; svitek *m*; javna hiša *f*
Puffer *m* odbijač *m*; *kem.* pufer *m*
Puls *m* utrip *m*, pulz *m*
pulsieren utripati, biti
Pulsschlag *m* utrip *m*, bitje *n*
Pulver *n*, **~s, ~,** prah *m*; prašek *m*; smodnik *m*
Pulverfaß *n* sod smodnika *m*
Pulverschnee *m* pršič *m*
pumpen črpati; *Geld F* sposoditi si
Punkt *m*, **~s, ~e,** točka *f*, pika *f*; *der springende* ~ jedro *n*
...punkt ...išče (*Schwerpunkt* težišče)
punkt ~ *10* točno ob 10h
pünktlich točen, natančen
Puppe *f*, **~, ~n,** punčka *f*, lutka *f*; *zoo.* buba *f*
Puppenspiel *n* lutkovna igra *f*
pur čisti
Purpur *m* škrlat *m*
Purzelbaum *m* kozolec *m*; *Sport* premet *m*; *einen ~ schlagen* narediti kozolec
purzeln prekopicniti se; skotaliti se
Puste *V f* dih *m*, sapa *f*
Pustel *f*, **~, ~n,** mozolj *m*, prišč *m*
pusten pihati; sopihati
Pute *f*, **~, ~n,** pura *f*; *fig.* kura *f*
Puter *m* puran *m*
Putz *m*, **~es,** –, omet *m*; okrasje *n*, lišp *m*
putzen čistiti, trebiti; polirati; *sich die Nase* vsekniti se
Putzfrau *f* čistilka *f*, snažilka *f*

Q

quabbelig žolčast, galertast
Quacksalber *m* mazač *m*
Quadrat *n* kvadrat *m*; *v sest.* kvadratni
quaken kvakati; *Ente* gagati; *fig.* hreščati
quäken cviliti
Qual *f*, **~**, **~en**, muka *f*
quälen mučiti (*sich* se); trpinčiti; *fig.* nadlegovati; *gequält (Lächeln)* prisiljen
quälend boleč
Quälgeist *m* nadloga *f*
Qualitätsware *f* blago *n* z zajamčeno kvaliteto
Qualle *f*, **~**, **~n**, morski klobuk *m*
Qualm *m*, **~s**, **~e**, dim *m*
qualvoll mučen, težaven
Quappe *f*, **~**, **~n**, (žabji) paglavec *m*
Quark *m*, **~s**, –, skuta *f*, sirček *m*; *fig.* traparija *f*
Quartier *n*, **~s**, **~e**, bivališče *n*, *~ machen* iskati prenočišča
Quarz *m*, **~es**, –, kremen *m*
quasseln česnati, kvasiti
Quaste *f*, **~**, **~n**, cof *m*, čop *m*
Quatsch *m*, **~s**, –, čvek *m*, bedarija *f*
quatschen čvekati, kvasiti neumnost
Quecksilber *n* živo srebro *n*
quecksilbrig *fig.* živ kot živo srebro
Quelle *f*, **~**, **~n**, izvir *m*, vir *m* (*a. fig.*)
quellen *v / i*, **quillt, quoll, gequollen**, teči, kipeti; nabrek/ati, /niti, *Menge, Rauch* valiti se; *Augen, Adern* izstop/ati, /iti; *v / t*
Quellwasser *n* studenčnica *f*
quengeln sitnariti
Quentchen *n* kanček *m*
quer prečni; *adv.* poprek, navzkriž, počez; *v sest.* prečni, *fig.* izkrivljen
Quere *f jm in die ~ kommen* po naključju srečati *A*; *fig.* prekrižati načrte komu
Querkopf *m* svojeglavec *m*
Querschnitt *m* prerez *m*
Querstraße *f* prečna ulica *f*
Quertreiberei *f* intrigiranje, izpodkopavanje *n*
quetschen stiskati, stisniti, (z)mečkati; *(in)* stlačiti (v)
Quetschung *f*, **~**, **~n**, zmečkanina *f*
quieken cviliti
quietschen cviliti; *Bett, Schuhe* škripati
quietsch... *večinoma* skrajno
Quirl *m*, **~s**, **~e**, žvrklja *f*; *Mensch* vrtavka *f*
quirlen žvrkljati; *Rauch* vrtinčiti se; *Menschen* vrveti
quitt bot
Quitte *f*, **~**, **~n**, kutina *f*
Quittung *f* potrdilo *n*
quoll *gl.* **quellen**

R

Rabatte *f* obrodek *m*
Rabe *m*, **~n, ~n,** vran *m*, krokar *m*; *weißer* bela vrana
Rabeneltern *pl* brezsrčni starši *pl*
rabenschwarz vranje črn
Rache *f*, ~, **~en,** maščevanje *n*; *~ nehmen* maščevati se (*an* komu)
Rachen *m*, **~s,** ~, žrelo *n*, gobec *m*; *v sest.* žrelni
rächen maščevati (*sich* se)
rachsüchtig maščevalen
Rad *n*, **~es, £er,** kolo *n*
Radar *n* radar *m*; *v sest.* radarski
Radau *F m F* kraval *m*; *~ machen* rogoviliti
radebrechen lomiti; *deutsch usw.* govoriti polomljeno nemščino
radeln peljati se (s kolesom)
Rädelsführer *m* kolovodja *m*
radfahren* kolesariti
Radfahrer *m* kolesar *m*
radieren (z)radirati; jedkati
Radiergummi *m* radirka *f*
Radierung *f*, ~, **~en,** jedkanica *f*
Radieschen *n* redkvica
raffen nabirati; grabiti; *Text* krajšati; *Segel* zviti
ragen štrleti; *(bis)* segati (do)
Rahm *m*, **~s,** –, smetana *f*
Rahmen *m*, **~s,** ~ okvir *m*; *aus dem ~ fallen* pasti iz okvirov; *v sest.* okvirni
Rahmengesetz *n* okvirni zakon *m*
rammen zabiti, zabijati; zaleteti se v
Ramsch *m* šara *f*
ran = heran
Rand *m*, **~es, £er,** rob *m*; *(unter den Augen)* kolobar *m*; *außer ~ und Band* iz sebe, iz kontrole; *am ~e sein* biti na koncu; *zu ~e kommen mit* priti na konec čemu
rang *gl.* **ringen**
Rang *m*, **~s, £e,** rang *m*, čin *m*; *ersten ~es* prve vrste, reda; *teatr.* balkon *m*
Rangälteste *m* najvišji po položaju, činu
rangehen* *(an)* lotiti se *(G)*
rangieren *v/i* biti na ... mestu; *v/t* premikati
Ranke *f*, ~, **~n,** poganjek *m*, vitica *f*
Ränke *pl* intrige *pl*
ranken popenjati se
rann *gl.* **rinnen**
rannte *gl.* **rennen**
Ranzen *m*, **~s,** ~, oprtnik *m*; šolska torba (nahrbtna)
ranzig žaltav
Rappe *m*, **~n, ~n,** vranec *m*
Rapunzel *m* motovilec *m*
rar redek
rasch hiter, uren
rascheln šumeti; šelesteti
rasen besneti, divjati
rasend besen; *(schnell)* divji;

jn rasend machen razbesniti
Rasen *m*, **~s**, ~, trata *f*
Rasier ... brivski
rasieren (o)briti (*sich* se); *fig.* *(von)* zbrisati (z)
raspeln strgati; *Süßholz ~* sipati komplimente
Rasse *f*, ~, **~n**, rasa *f*, *(Tiere)* pasma *f*
rasseln žvenkljati, žvenketati; *(durchs Examen)* pogrniti pri
rassig polnokrven, ognjevit
Rast *f*, ~, **~en**, počitek *m*
rasten počivati
rastlos nemiren, neutruden
Rastplatz *m* počivališče *n*
Rat *m*, **~s**, **~schläge**, (na)svet *m*
Rat *m*, **~s**, **£e**, svet *m*, kolegij *m*; svetnik *m*; sovjet *m*; *~ halten* posvetovati se; *zu ~e ziehen* konzultirati *A*
Rate *f*, ~, **~n**, obrok *m*; stopnja *f*
raten, rät, riet, geraten svetovati; ugibati, uganiti; *es ist ge~ zu* primerno/umestno je
Ratenzahlung *f* obročno odplačilo *n*
Ratgeber *m* svetovalec *m*
Rathaus *n* mestna hiša *f*
Ration *f*, ~, **en**, porcija *f*
ratlos zbegan
ratsam priporočljiv; *es ist ~* kaže *(inf.)*
Ratschlag *m* nasvet *m*
Rätsel *n*, **~s**, ~, uganka
rätselhaft nerazložljiv, nerazumljiv
Ratte *f*, ~, **~n**, podgana *f*
rattern drdrati
Raub *m*, rop *m*; plen *m*; *v sest.* roparski
Raubbau *m*, pretirano izkoriščanje, uničevanje *n*
rauben ugrabiti, (o)ropati koga česa; iztrgati komu kaj
Räuber *m*, **~s**, ~, ropar *m*, razbojnik *m*
Raubtier *n* roparica *f*
Raubzug *m* roparski pohod *m*
Rauch *m*, **~es**, –, dim *m*; in ~ *aufgehen* razbliniti se; *in den ~ schreiben* zapisati v veter
Raucher *m*, **~s**, ~, kadilec *m*
räuchern prekaditi; (za)dimniti
Rauchfang *m* dimnik *m*
Rauchfleisch *n* prekajeno meso *n*
Rauchwaren *pl* kožuhovina *f* tobačni izdelki
räudig garjav
Raufbold *m* pretepač *m*
raufen pretepati se
Rauferei *f* pretep *m*; tepež *m*
rauh hrapav; *Stimme* hripav; *Mensch grob; See* razburkan; *Wind* oster; *in ~en Mengen* na kupe *G*
rauhhaarig resast
Rauhreif *m* srež *m*; ivje *n*
Raum *m*, **~s**, **£e**, prostor *m*; področje *n*, vesolje *n*
räumen zapustiti, izprazniti; (po)spraviti; *Truppen* umakniti (se) iz
räumlich prostorski
Raummaß *n* prostorninska mera *f*
Raumpflegerin *f* snažilka *f*
Raumschiff *n*, vesoljska ladja *f*

Räumung *f*, ~, **~en,** izpraznitev *f*
raunen šepetati, šepniti; šušljati
Raupe *f*, ~, **~n,** gosenica *f*
raus = hinaus, heraus
Rausch *m*, pijanost *f*, omama *f*
rauschen šumeti
Rauschgift *n* mamilo *n*
Rauschgiftsüchtige *m*, *f*, narkoman *m*, -ka *f*
räuspern *sich* odkašljati se
Rebe *f*, ~, **~n,** trta *f*
Rebhuhn *n* jerebica *f*
Rechen *m*, **~s,** ~, grablje *pl*
Rechenschaft *f ~ ablegen* poročati, dati račun o; *zur ~ ziehen* klicati na odgovornost
rechnen računati; (*auf* z); *zu* šteti, prištevati k
Rechner *m*, **~s,** ~, računalnik *m*
Rechnung *f*, ~, **~en,** račun *m*, računanje *n*; *auf ~* na račun; *G ~ tragen* upoštevati *A*; *in ~ stellen* zaračunati; einen Strich durch die ~ machen prekrižati račune
recht desni; pravi *adv.* prav; *~ und schlecht* za silo; *erst ~ !* še celo; *auf dem ~en Fleck* na pravem mestu
Recht *n*, **~s, ~e,** pravo *n*, zakon *m*; pravica *f*; *pl* pravo *n*
Rechte *f*, **~n, ~n,** desnica *f*
Rechteck *n* pravokotnik *m*
rechten *um* prepirati se za
rechtfertigen opravičevati
rechthaberisch samopravičarski
rechtlich zakonit; pošten
rechtlos brezpraven
rechtmäßig zakonit; v skladu z zakoni
rechts desno, na desni
Rechtsanspruch *m* zakonita pravica *f*
Rechtsanwalt *m* odvetnik *m*
rechtschaffen pošten
Rechtschreibung *f* pravopis *m*
rechtsgültig pravnoveljaven
Rechtshänder *m* desničar *m*
rechtskräftig pravnomočen
Rechtsprechung *f* sodna oblast *f*
Rechtsstreit *m* sodni spor *m*
Rechtsverfahren *n* pravni/sodni postopek *m*
Rechtsweg *m* sodna pot *f*
rechtswidrig nezakonit; v nasprotju z zakonom
rechtswinklig pravokoten
rechtzeitig pravočasen
Reck *n*, **~s, ~e,** drog *m*
recken *sich* iztegovati se, pretegovati se
Redaktion *f* uredništvo *n*, redakcija *f*
Rede *f*, ~, **~n,** govor *m*; *es geht die ~* govori se; *~ stehen* odgovarjati (za); *zur ~ stellen* poklicati na zagovor; *nicht der ~ wert* ni vredno besed
redegewandt zgovoren; spreten
reden govoriti; *von ... gar nicht zu ~* da ne govorimo o; *ins Gewissen ~* narediti pridigo
Redensart *f* rečenica *f*
redlich pošten
Redner *m*, **~s,** ~, govornik *m*
rednerisch govorniški

redselig zgovoren, klepetav
Reeder *m*, **~s,** ~, ladjar *m*
reell realen, stvaren
Reflex *m* refleks *m*; *v sest.* refleksni
Regal *n*, **~s, ~e,** regal *m*, polica *f*
rege živahen, dejaven
Regel *f*, ~, **~n,** pravilo *n*; *med.* menstruacija *f*; *in der ~* praviloma
regelmäßig reden
regeln urejati; *Verkehr* usmerjati
regelrecht pravi, pravšen
regen *(sich)* premikati, premakniti se
Regen *m*, **~s,** ~, dež *m*; *vom ~ in die Traufe* z dežja pod kap
Regenbogen *m* mavrica *f*
Regenbogenhaut *f* šarenica *f*
regendicht nepremočljiv
Regenschirm *m* dežnik *m*
Regenwasser *n* deževnica *f*
Regenwurm *m* deževnik *m*
Regie *f* režija *f*; državni monopol *m*
regieren *A* vladati *D*; obvladovati *A*; ukazovati *D*
Regierung *f*, ~, **~en,** vlada *f*
Regisseur *m* režiser *m*
Register *n* register *m*; kazalo *n*
Regler *m*, **~s,** ~, regulator *m*
reglos nepremičen, negiben
regnen *es regnet* dežuje; *(in Strömen)* lije
regnerisch deževen
regsam živahen
Regung *f*, ~, **~en,** vzgib *m*
Reh *n*, **~es, ~e,** srna *f*
Reibe *f*, **Reibeisen** *n* strgalo *n*
reiben, rieb, gerieben, (po)drgniti, strgati, zmleti; *sich die Hände* meti si roke; *sich ~ an* obregati se ob
Reiberei *f fig.* trenje *n*
Reibung *f* trenje *n*
reibungslos brez težav, gladko
reich bogat; obilen
Reich *n*, **~s, ~e,** kraljestvo *n*, država *f*
Reiche *m*, f **~n, ~n,** bogataš *m*, -inja *f*
reichen segati; raztezati se; *Hand* podati; zadoščati; *das reicht* dovolj je; *jm nicht das Wasser ~ können* ne segati do kolen
reichlich obilen; *vor Subst.* zadosti, dovolj *G*; *adv.* obilno, precej; *nach einem ~en Jahr* čez dobro leto
Reichtum *m* bogastvo *n*; obilje *n*
Reichweite *f* doseg *m*; domet *m*
reif zrel
Reif *m*, **~s,** –, slana *f*
Reife *f*, ~,–, zrelost *f*; *die mittlere ~* mala matura
reifen (do)zoreti
Reifen *m*, **~s,** ~, obroč *m*; guma *f*
Reifenwechsel *m* menjava gume *f*
Reifeprüfung *f* zrelostni izpit *m*
Reigen *m*, **~s,** ~, kolo *n*, raj *m*
Reihe *f*, ~, **~n,** vrsta *f*; črta *f*, serija *f*; *der ~ nach* po vrsti; *an der ~* na vrsti; *aus der ~ tanzen* biti drugačen, izstopati

reihen nizati, nabirati; vrstiti se
Reihen ... vrstni
Reihenhaus *n* vrstna hiša *f*
Reim *m*, **~s, ~e** rima *f*
reimen *(sich)* rimati (se); *fig.* ujemati se z
rein čist; *fig. vom ~sten Wasser* najčistejši; *ins Reine schreiben* napraviti čistopis
Rein ... *več.* čisti
Reinfall *m* razočaranje *n*, neuspeh *m*
reinigen (o)čistiti
Reinigung *f* čiščenje *n*, čistilnica *f*
reinlich čist, snažen
reinrassig čistokrven
Reis *m*, **~es,** --, riž *m*
Reis *n*, **~es, ~er,** poganjek *m*
Reise *f*, ~, **~n,** potovanje *n*; *v sest.* potovalni, s potovanja
Reisebeschreibung *f* potopis *m*
Reisebüro *n* potovalna agencija *f*
reisefertig pripravljen za odhod
Reisegesellschaft *f* skupinski izlet *m*
reisen potovati; (*nach* v, na) (*über* preko); *~ in* biti trgovski potnik za
Reisende *m*, *f* (po)potnik *m*, -ica *f*
Reisepaß *m* potni list *m*
Reiseschreibmaschine *f* prenosni pisalni stroj *m*
Reisigbesen *m* brezova metla *f*
Reißaus *nehmen* pobegniti
Reißbrett *n* risalna deska *f*
reißen, riß, gerissen, *v/t* (od)trgati, strgati *(Maske)*; *Raubtier* raztrgati; *(Pflanze)* (iz)puliti; potegniti; *(Possen)* uganjati; *v/i* strgati se; *sich* opraskati se; *sich ~ um* puliti se za; *an sich ~* polastiti se *G*
Reißen *n* trganje *n*
reißend *Fluß* deroč; *Absatz* nagel; *~es Tier* divja zver *f*
Reißnagel *m* risalni žebljiček *m*
Reißverschluß *m* zadrga *f*
Reißzeug *n* risalni pribor *m*
Reit ... jahalni
reiten, ritt, geritten, jahati
Reiter *m*, **~s,** ~, jahač *m*, jezdec *m*
Reiz *m* dražljaj *m*; mik *m*, čar *m*
reizbar razdražljiv
reizen dražiti, jeziti; mikati
reizend mikaven, krasen
reizlos neprivlačen
rekeln *sich* pretegovati se; poležavati
Reklame ... reklamni
Rekord *m* rekord *m*; *v sest.* rekordni
Religion *f* vera *f*; **~s** verski, ... vere
Religionsunterricht *m* verouk *m*
Renn ... dirkalni
rennen, rannte, gerannt, *v/i* teči, dirjati; *v/t* zadreti v; *gegen/an* zaleteti se v
Rennen *n* dirka *f*, tekma *f*; *das ~ machen* zmagati
Rennplatz *m* dirkališče *n*
Ren *n*, **Rentier** *n* severni jelen *m*
Rente *f* renta *f*, pokojnina *f*
Reparaturwerkstatt *f* servis-

na delavnica *f*, popravljalnica *f*
Republik *f* republika *f*; *v sest.* republiški
resch hrustav
respektlos nespoštljiv
respektvoll spoštljiv
Rest *m*, **~es, ~e,** (pre)ostanek *m*; *jm den ~ geben* uničiti, dotolči *A*
Rest... preostali
restlich preostali
restlos do konca; popolnoma
retten rešiti
Retter *m*, **~s,** ~, (od)rešitelj *m*
Rettich *m* redkev *f*
Rettung *f* rešitev *f*; reševalna služba *f*
Rettungs... reševalni, rešilni
Rettungsdienst *m* reševalna služba *f*
rettungslos brezupno, brez upa
Reue *f*, ~, –, kes *m*
reuen *es reut mich* žal mi je, da
reuevoll skesan, obžalujoč
Revers *m*, **~es, ~e,** potrdilo *n*, reverz *m*; *n*, ~, ~, *(Anzug)* rever *m*
richten (na)ravnati, naperiti; usmeriti; popraviti; *Hochzeit* pripraviti; *sich gegen* meriti na; *sich nach* ravnati se po, biti odvisen od; *sich in die Höhe ~* zravnati se; *Frage, Brief ~ an* nasloviti na
richten obsoditi; *fig.* izreči obsodbo; usmrtiti
Richter *m*, **~s,** ~, sodnik *m*
richterlich sodniški
richtig pravilen, primeren; pravi; *das Richtige* pravo; *5 Richtige* pet zadetkov; *adv.* zares, čisto
richtigstellen popraviti; pojasniti (nesporazum, pomoto)
Richtlinie *f* smernica *f*
Richtplatz *m* krvavi oder *m*
Richtpreis *m* (od proizvajalca) določena cena
Richtung *f*, ~, **~en,** smer *f*
rieb *gl.* **reiben**
riechen, roch, gerochen, *v/t* duhati, (za)vohati; *v/i (gut)* dišati; *(schlecht)* smrdeti; zaudarjati; *jn nicht ~ können* ne marati *A*; *Lunte/den Braten ~* zavohati, da je nekaj narobe
Riecher *m (prej.; fig.)* nos *m*
rief *gl.* **rufen**
Riege *f* telovadna vrsta *f*; *fig.* družba *f*
Riegel *m*, **~s, ~,** zapah *m*; *fig.* zapora *f*; *(Schokolade)* rebro *n*
Riemen *m*, **~s,** ~, jermen *m*, pas *m*
Riese *m*, **~n, ~n,** velikan *m*
rieseln pršeti; *Sand* vsipati se; *Wasser* curljati
riesengroß ogromen, velikanski
riesig velikanski, grozanski
riet *gl.* **raten**
Riff *n*, **~s, ~e,** greben *m*
Rille *f*, ~, **~n,** žlebič *m*, zareza *f*; brazda *f*
Rind *n* govedo *n*
Rinde *f*, ~, **~n,** skorja *f*
Rindfleisch *n* govedina *f*
Rindvieh *n* govedo *n*; *fig.* vol *m*, teslo *m*
Ring *m*, **~es, ~e,** obroč *m*,

krog *m*; *(Schmuk)* prstan *m*; *Box~* ring *m*; krožna cesta *f*
ringeln *sich* kodrati se; viti se; zvijati se
Ringelnatter *f* belouška *f*
Ringelreihn *m* ringaraja
ringen, rang, gerungen, boriti se (*um* za); ruvati se; *v/t Hände* viti; *nach Atem* loviti sapo; *nach Fassung* poskušati se pomiriti; *nach Worten usw.* krčevito iskati
Ringer *m*, **~s**, ~, rokoborec *m*
Ringfinger *m* prstanec *m*
Ringkampf *m* rokoborba *f*
rings *(um)* naokrog, okrog *G*; *herum* okrog in okrog
Rinne *f*, ~, **~n,** žleb *m*
rinnen, rann, geronnen, teči, curljati; *Dach* puščati
Rippe *f*, ~, **~n,** rebro *n*; *Blatt* žila *f*
Rippenfellentzündung *f* vnetje *n* rebrne mrene
Riß *m*, **~(ss)es, ~(ss)e,** razpoka *f*; pretrgano mesto; *einen ~ haben* biti pretrgan, raztrgan
riß *gl.* **reißen**
rissig razpokan; *Stoff* preprezan
Rist *m*, **~s, ~e**, nart *m*, zapestje *n*
Ritt *m*, **~s, ~e,** ježa *f*
ritt *gl.* **reiten**
Ritter *m*, **~s**, ~, vitez *m*; *zum ~ schlagen* povzdigniti v viteški stan
ritterlich viteški
Rittersporn *m* ostrožnik *m*
rittlings okobal
Ritze *f*, ~, **~n,** razpoka *f*, praska *f*, raza *f*
Robbe *f*, ~, **~n,** tjulenj *m*
robben plaziti se
Robe *f*, ~, **~n,** večerna obleka *f*; toga *f*, talar *m*
roch *gl.* **riechen**
röcheln hropsti
Rock *m*, **~s, £e,** suknjič *m*; *(Damen~)* krilo *n*
Rodel *m*, **~s**, ~, sanke *pl*
Rodelbahn *f* sankališče *n*
rodeln sankati se
roden (iz)krčiti, posekati
Roggen *m*, **~s**, --, rž *f*
roh surov, neobdelan
Rohheit *f fig.* surovost *f*
Rohr *n*, **~s, ~e,** cev *f*; *(Bambus)* palica *f*; trs *m*
Röhre *f*, ~, **~n,** cev *f*
Rohseide *f* surova svila *f*
Rohstoff *m* surovina *f*
Rolladen *(Roll-laden) m* rolo *m*
Rolle *f*, ~, **~n,** svitek *m*, valj *m*; kotač *m*; *gymn.* premet *m*; *teatr.* vloga *f*
rollen *v/i* valiti se, kotaliti se; *Geld* krožiti; *Donner* bobneti; *Wagen* teči, peljati se; *v/t* valjati, valiti, kotaliti; *auf* navijati, zvijati (*sich* se); *Augen* zavijati; *ins Rollen kommen* premakniti se z mesta
Rollenbesetzung *f* zasedba vlog *f*
Roller *m* skiro *m*; *(Harzer)* kanarček *m*
Rollschuh *m* kotalka *f*; *~ laufen* kotalkati se
Rollstuhl *m* invalidski voziček *m*
Rolltreppe *f* tekoče stopnice *pl*
röntgen rentgenzirati; *fig.* natanko opazovati

Rose *f*, ~, **~n,** vrtnica *f*; številčnica *f*; *med.* šen *m*
Rosen... rožni
Rosenkohl *m* brstični ohrovt *m*
Rosenkranz *m* rožni venec *m*
rosig rožnat *(a. fig.)*
Rosine *f*, ~, **~n,** rozina *f*
Roß *n*, **~(ss)es, ~(ss)e,** konj *m (a. fig.) auf dem Hohen ~* vzvišen
Roßhaar *n* žima *f*
Roßkastanie *f* divji kostanj *m*
Roßkur *f* konjska kura *f*
Rost *m*, **~s, ~e,** rja *f*; rešetka *f*; *am ~* na žaru
rosten rjaveti
rösten pražiti
rostfrei nerjaveč
rostig rjast
Rostschutzmittel *n* sredstvo proti rjavenju
rot rdeč; *~ werden* zardeti; keinen ~en Heller niti beliča
Rot *n*, **~s,** --, rdečica *f*; *(Lippen)* rdečilo *n*
rotbraun rdeče-rjav
Rotbuche *f* rdeča bukev *f*
Röte *f*, ~, **~n,** rdečica *f*; *(Morgen)* zarja *f*
Röteln *pl* rdečke *pl*
rothaarig rdečelas
Rotkehlchen *n* taščica *f*
Rotkohl *m* rdeče zelje *n*
rötlich rdečkast
Rotte *f*, ~, **~n,** par(ladij, letal); *fig.* tolpa *f*, krdelo *n*
Rotwein *m* rdeče/črno vino *n*
Rotwelsch *n* latovščina *f*
Rotwild *n* jelenjad *f*, srnjad *f*
Rotzbengel *m* smrkavec *m*
Rübe *f*, ~, **~n,** *weiße* repa *f*; *rote* rdeča pesa *f*; *gelbe* rumena koleraba *f*; *bot.* koren *m*; *fig.* buča *f*, betica *f*; kumara *f* (nos)
ruchbar *werden* razvedeti se
ruchlos brezvesten, nizkoten
Ruck *m*, **~s, ~e,** sunek *m*; *sich einen ~ geben* vzeti se skup
Rück... povraten, nazaj, od zadaj
Rückanzeige *f* pogled od zadnje strani
Rückblick *m* pogled nazaj (auf na); *einen ~ werfen* ozreti se
rückdatieren antedatirati
rücken pomakniti, potisniti, premakniti; *v/i* se, *näher* približevati se, bližati se; *ins Feld ~* iti na fronto; *fig.* navesti
Rücken *m*, **~s,** ~, hrbet *m*; hrbtna stran *f*; *in den ~ fallen* skočiti v hrbet; *D den ~ stärken* podpirati *A*
Rücken... hrbtni
Rückendeckung *f* kritje *n*
Rückenmark *n* hrbtenjača *f*
Rückerstattung *f* vračilo *n*, povrnitev *f*
Rückfall *m* recidiv *m*; povratek *m* (*in* k)
Rückführung *f* repatriacija *f*
Rückgang *m* upad *m*, nazadovanje *n*
rückgängig *machen* odpovedati, preklicati
Rückgrat *n* hrbtenica *f*
Rückgriff *m auf* vračanje k
Rückhalt *m* opora *f*, podpora *f*
rückhaltlos brez pomislekov

Rückkehr *f* povratek *m*, vrnitev *f*
Rücklage *f* prihranki *pl*
Rücklicht *n* zadnja luč *f*
rücklings ritensko; iz zasede
Rucksack *m* nahrbtnik *m*
Rückschlag *m fig.* udarec *m*; nazadovanje *n*; korak nazaj
Rücksicht *f* obzirnost *f*; ozir na; *~ nehmen (auf)* ozirati se na, biti obziren do; *mit / ohne ~ auf* z ozirom/brez ozira na
Rücksichtnahme *f* obzirnost *f*
rücksichtslos brezobziren
rücksichtsvoll obziren
Rücksitz *m* zadnji sedež *m*
Rückspiegel *m* vzvratno ogledalo *n*
Rücksprache *f* posvet *m*
Rückstand *m* ostanek *m*; zaostanek *m*
rückständig zaostal; *~e Miete* neplačana najemnina
Rücktritt *m* odstop *m*; *von* odpoved *D*
rückvergüten povrniti
rückwärts nazaj, ritensko
Rückweg *m* povratek *m*
ruckweise sunkoma, sunkovito
rückwirkend z veljavnostjo za nazaj
Rückzug *m* umik *m*
Rüde *m*, **~n, ~n,** pes *m*, samec *m*
rüde surov, grob
Rudel *n*, **~s,** ~, krdelo *n*
Ruder *n*, **~s,** ~, veslo *n*; krmilo *n (a. fig.)*
rudern vesljati; *mit den Händen* kriliti
Ruf *m*, **~s, ~e,** klic *m*; poziv *m*; *fig.* glas *m*, ime *n*; *im ~e stehen* biti na glasu; *in den ~ kommen* priti na glas
rufen, rief, gerufen, (po)klicati (*nach jm* koga); etw. zaklicati; kričati; *(zur Ordnung)* pozivati, pozvati; *~ lassen* poslati po
Rufnummer *f* telefonska številka *f*
Rufweite *f in ~* v dosluhu
Rufzeichen *n* pozivni znak *m*
Rüge *f*, ~, **~n,** graja *f*
rügen grajati
Ruhe *f*, ~,--, mir *m*; *(angenehme)* počitek *m*; *(ewige)* pokoj *m*; *in ~ (i. R.)* v pokoju; *in ~ lassen* pustiti na miru; *keine ~ lassen* ne dati miru
Ruhegehalt *n* pokojnina *f*
ruhelos nemiren, brez miru
ruhen mirovati; počivati; *an, auf* sloneti na; *es ruht* je, visi nad; *~ lassen* pustiti (zaenkrat)
Ruhestand *m* pokoj *m*; *in den ~ treten / versetzen* iti v pokoj/upokojiti
Ruhestätte *f* počivališče *n*; *fig.* grob *m*
Ruhestellung *f in ~* v mirovanju
Ruhetag *m* prosti dan *m*
ruhig miren
Ruhm *m* slava *f*
rühmen slaviti, hvaliti; *sich G* se z
Ruhr *f* driska *f*
Rührei *n* umešano jajce *n*
rühren etw. premakniti, migniti z; mešati; *Trommel*

bobnati; *jn* ganiti; *sich* zganiti se; *an etw.* ~ dotikati se G; *daher* ~ priti od; *der Schlag, Donner* zadeti
rührend ganljiv
rührig prizadeven, uren, podjeten
rührselig ganljiv
Rührung *f* ginjenost *f*
Ruin *m*, **~s,** propad *m*, stečaj *m*
Ruine *f*, ~, **~n,** razvalina *f*
ruinieren uničiti; pokvariti
rülpsen rigniti
Rummel *m*, **~s,** ~, hrup *m*, trušč *m*; direndaj *m*; krama *f*
Rummelplatz *m* zabavišče *n*
rumoren rogoviliti
Rumpel *m*, **~s,** ~, krama *f*, ropotija *f*
rumpeln ropotati
Rumpf *m*, **~es, ⁼e,** trup *m*
rümpfen *die Nase* vihati nos
rund okrogel; *Absage* jasen; *adv.* okoli, približno
Runde *f*, ~, **~n,** krog *m*, obhod *m*; omizje *n*; *Box, Trinken* runda *f*
Rundfahrt *f* ogled znamenitosti
Rundfrage *f* anketa *f*
Rundfunk *m* radio *m*; *v sest.* radijski
Rundgang *m* obhod *m*
rundheraus naravnost
rundherum naokrog
rundlich okrogel, zaobljen
Rundschau *f* pregled *m*
Rundschreiben *n* okrožnica *f*
Rundung *f* okroglina *f*, oblina *f*
rundweg naravnost
Runzel *f*, ~, **~n,** guba *f* (na koži)
runzeln nagubati
rupfen skubsti; *ein Hühnchen* ~ *mit* poravnati račune z
ruppig *fig.* grob, surov
Rüsche *f*, ~, **~n,** naborek *m*
Ruß *m*, **~es, –,** saje *pl*
Rüssel *m*, **~s,** ~, rilec *m*; *(Elefant)* trobec *m*
rüsten oboroževati (se); *(sich)* pripravljati se (*für* / *zu* na/k)
rüstig čil, krepek
Rüstung *f*, ~, **~en,** oboroževanje *n*; oklep *m*
Rute *f*, ~, **~n,** šiba *f*, palica *f*; rep *m*; (živalski) ud *m*
Rutsch *m* usad *m*; plaz *m*; *fig.* premik *m*, drsenje *n*
rutschen drseti; zdrsniti
rutschig spolzek
rütteln (po)tresti, pretresti; *an* spodkopavati; *daran ist nicht zu* ~ to se ne da omajati; *gerüttelt voll* zvrhan

S

Saal *m*, **~es, £e,** dvorana *f*
Saat *f*, ~, **~en,** setev *f*
Säbel *m*, **~s,** ~, sablja *f*
Sachbearbeiter *m* referent (za) *m*
Sache *f*, ~, **~n,** stvar *f*, zadeva *f*; *seine ~ verstehen* razumeti se na svoj posel; *das tut nichts zur ~* nič ne pomeni/de; *die ~ ist die, daß* stvar je v tem, da
sachgemäß ustrezen, strokoven
Sachkenntnis *f* poznavanje stvari, strokovnost *f*
Sachlage *f* položaj *m*
sachlich stvaren
sächlich *gram.* srednjega spola
Sachlichkeit *f* stvarnost *f*, objektivnost *f*
Sachregister *m* stvarno kazalo *n*
Sachschaden *m* materialna škoda *f*
sacht(e) lahen; miren; *adv.* zlagoma, počasi
Sachverhalt *m* stvarno stanje *n*
Sachverständige *m* izvedenec *m*
Sack *m*, **~s, £e,** vreča *f*, žakelj *m (a. fig.)*; *(am Kleid)* žep *m*; *mit ~ und Pack* z vso svojo robo
sacken *v/t* polniti v vreče; *v/i* sesesti se, pogrezniti se; *Wolken* kopičiti se
Sackgasse *f* slepa ulica *f*
säen sejati
Saft *m*, **~s, £e,** sok *m*
saftig sočen
Sage *f*, ~, **~n,** mit *m*, bajka *f*; *es geht die ~* govori se
Säge *f*, ~, **~n,** žaga *f*
Sägemehl *n* žaganje *n*
sagen reči, praviti, povedati; *~ lassen* sporočiti; *sich ~ lassen* dati si (do)povedati; *nichts zu ~ haben* nič ne pomeniti, ne imeti besede; *(gute Nacht) ~* voščiti, želeti
sägen žagati
sagenhaft legendaren; *F* strašansko
Sägespäne *pl* žaganje *n*
sah *gl.* **sehen**
Sahne *f*, ~, –, smetana *f*
Saison... sezonski
Saite *f*, ~, **~n,** struna *f*
Salat *m*, **~s, ~e,** solata *f*; *F* da hast du den ~ zdaj pa imaš!
Salbe *f*, ~, **~n,** mazilo *n*; *fig.* maža *f*
Salbei *m* žajbelj *m*
salben (na)mazati; *eccl.* maziliti
Saline *f*, ~, **~n,** solina *f*
salonfähig spodoben
salopp ležeren
Salpeter *m* soliter *m*
Salz *n*, **~es, ~e,** sol *f*
Salz... slani, solni
salzen soliti
Salzfaß *n* solnica *f*
salzig slan

Same(n) *m*, ~**ns, ~n,** seme *n*
Sämling *m*, ~**s, ~e,** sejanec *m*
Sammel... zbirni, zbiralni
Sammelbecken *n* zbiralnik *m*; *fig.* zbirališče *n*
sammeln *(sich)* zbirati, zbrati (se)
Sammler *m*, ~**s,** ~, zbiralec *m*
Sammlung *f*, ~, ~**en,** zbirka *f*; bira *f*; *fig.* zbranost *f*
Samstag *m*, ~**s,** ~**e,** sobota *f*
samt z, skupaj z
Samt *m*, ~**s,** ~**e,** žamet *m*
samtig žametast, žameten
sämtlich celokupen; ~**e** vsi
Sand *m*, ~**es,** ~**e,** pesek *m*; *Sand in die Augen streuen* metati pesek v oči; *v sest.* peščen
sandig peščen
sandte *gl.* **senden**
sanft blag, mil; lahen; *ruhe* ~ počivaj v miru
Sänfte *f*, ~, ~**n,** nosilnica *f*
sang *gl.* **singen**
Sang *m*, *ohne* ~ *und Klang* na tihem
Sänger *m*, ~**s,** ~, pevec *m*
sanitär sanitaren; ~**e** Einrichtungen sanitarije *pl*
sank *gl.* **sinken**
sann *gl.* **sinnen**
Sarg *m*, ~**s,** £**e,** krsta *f*
saß *gl.* **sitzen**
satt sit *(a. fig.)*; *Farbe* zasičen; *sich* ~ *essen* do sitega se najesti; *sich satt (sehen, reden)* dosita; *es* ~ *haben* biti sit *G*
Sattel *m*, ~**s,** £, sedlo *n*
sattelfest *fig.* dobro podkovan
sättigen nasititi *(sich* se) *(an, mit, von* z)
Satz *m*, ~**es,** £**e,** stavek *m*; teza *f*; norma *f*; *Sport* igra *f*; *von Tellern usw.* komplet *m*; *(Kaffee)* usedlina *f*; skok *m* *(einen* ~ *machen* skočiti); *in einem* ~ na dušek
Satzung *f* statut *m*
Sau *f*, ~, £**e,** svinja *f* *(a. fig. V)*
sauber čist; ednosten; eden *(a. iron.)*
säubern čistiti
Säuberung *f*, ~, ~**en,** čiščenje *n*; čistka *f*
Saubohne *f*, bob *m*
sauer kisel, *fig.* grenek; ~ *werden* skisati se; ~ *machen (das Leben)* greniti; *jm* ~ *sein* biti gorak *D*
Sauerbrunn *m* slatina *f*
Sauerkraut *n* kislo zelje *n*
säuerlich kiselkast; *Gesicht* kisel
säuern kisati; *v/i* skisati se
Sauerstoff *m* kisik *m*
saufen *F* žlampati
Säufer *m*, ~**s,** ~, pijanec *m*
saugen, sog/saugte, gesogen/gesaugt, *v/i* sesati; *v/t* hraniti
Sauger *m*, ~**s,** ~, sesalnik *m*; *(kinder)* dudka *f*
Säuger *m*, **Säugetier** *n* sesalec *m*
Säugling *m*, ~**s,** ~**e,** dojenček *m*
Säule *f*, ~, ~**n,** steber *m*
Saum *m*, ~**s,** £**e,** rob *m*; obšiv *m*
säumen *v/t* (za)robiti; obrobljati; stati ob, *v/i* kasniti
Säure *f*, ~, ~**n,** kislina *f*
Saus *in* ~ *und Braus* razkošno
säuseln gostoleti; *Wind* šumljati

sausen (z)drveti, švigniti; *Wind* žvižgati
Saustall *m* svinjak *m*
S-Bahn *f* mestna železnica *f*
schaben strgati
schäbig ubožen; oguljen; slab; malenkosten
Schach *m*, **~s**, –, šah *m*
schachern barantati
Schacht *m*, **~s**, **£e**, jašek *m*
Schachtel *f*, ~, **~n**, škatla *f*; *fig.* babura *f*
Schachzug *m* poteza *f*
schade škoda; *es ist ~* škoda je; *er ist zu ~ dafür* predober je za
Schädel *m*, **~s**, ~, lobanja *f*; *fig.* glava *f*, butica *f*
schaden škoditi, škodovati (*sich* si); *das schadet nichts* nič ne de
Schaden *m*, **~s**, škoda *f*; (*pl Schäden)* napaka *f*; okvara *f*, poškodba *f*; izguba *f*; *zu meinem ~* meni v škodo; *zu ~ kommen* poškodovati se, priti v nesrečo; *jm zum ~ gereichen* biti v škodo *D*
Schadenersatz *m* nadomestilo *n* škode
Schadenfreude *f* škodoželjnost *f*
schadenfroh škodoželjen
schadhaft poškodovan, defekten
schädigen oškodovati
schädlich škodljiv
Schädling *m*, **~s**, **~e**, škodljivec *m*
Schädlingsbekämpfung *f* zatiranje *n* škodljivcev
Schaf *n*, **~s**, **~e**, ovca *f*; *fig.* tutka *f*
Schäfchen *n* ovčica *f*; *sein ~ scheren* poskrbeti za sebe; *sein ~ ins Trockene bringen* poskrbeti za svoj dobiček
Schäferhund *m* ovčar *m*
Schäferstündchen *n* ljubkovanje *n*
schaffen, schuf, geschaffen, ustvarjati, ustvariti; *Probleme usw.* povzročati; *wie geschaffen* kot ustvarjen za, kot nalašč
schaffen, schaffte, geschafft delati, narediti; *etw.* biti kos *D*; *(aus dem Weg / der Welt, hin, her)* spraviti; *zu ~ haben* imeti opraviti; *zu ~ machen* delati preglavice; *~ können* zmoči
Schaffleisch *n* bravina *f*
Schaffner *m* sprevodnik *m*
Schafgarbe *f* rman *m*
Schafskopf *m fig.* butec *m*
Schaft *m*, **~s**, **£e**, roč *m*, držaj *m*
Schafwolle *f* ovčja volna *f*
schal plehek *(a. fig.)*
Schal *m*, **~s**, **~e**, šal *m*
Schale *f*, ~, **~n**, skodelica *f*, skleda *f*; *Eier~* lupina *f*; *v. Tieren* oklep *m*
schälen lupiti
schalkhaft navihan, nabrit; hudomušen
Schall *m*, **~s**, **~e**, zvok *m*
schallen zveneti, doneti
schallend *(Gelächter)* glasen, doneč
Schallplatte *f* (gramofonska) plošča *f*
schalt *gl.* **schelten**
Schaltbrett *n* stikalna plošča *f*
schalten *v/i in* gospodariti z; *Auto* prestaviti; *v/i, v/t*

preklapljati, preklopiti; priklopiti; povezati
Schalter *m*, **~s,** ~, okence *n*; *el.* stikalo *n*
Schalthebel *m* ročica
Schaltjahr *n* prestopno leto *n*
Scham *f*, ~, –, *Gefühl* sram *m* (sramu); *anat.* sram *m* (srama)
schämen *sich G* sramovati se *G*
schamhaft sramežljiv
schamlos brez sramu; nesramen
Schamotte *f* šamot *m*
Schande *f*, ~, –, sramota *f*
schänden oskruniti; *Frau* posiliti
schändlich sramoten; gnusen
Schank *m*, **~s,** £ točilnica *f*; točilna miza *f*
Schankzimmer *n* točilnica *f*
Schanze *f*, ~, **~n,** okop *m*; *(Ski~)* skakalnica *f*
Schar *f*, ~, **~en,** truma *f*; odred *m*; *(Vögel)* jata *f*
scharen zbirati, zbrati (*sich* se); nakopičiti
scharf oster; *Brille* močen; ~ *machen* naostriti; ~ *sein auf* imeti zelo rad, imeti piko na; močno si želeti *G*; *adv.* ostro; *gebacken* močno
Scharfblick *m* bistrovidnost *f*
Schärfe *f*, ~, **~n,** ostrost *f*, ostrina *f*
scharfmachen ščuvati, hujskati
Scharfrichter *m* rabelj *m*, krvnik *m*
Scharfschütze *m* ostrostrelec *m*
scharfsinnig prodoren, ostroumen
Scharlach *m* škrlat *m*; *(Fieber)* škrlatinka *f*
scharren kopati, riti; *Huhn* brskati
Schatten *m*, **~s,** ~, senca *f*; *in den ~ stellen* zasenčiti; *man kann nicht über seinen ~ springen* nihče ne more iz svoje kože
schattenhaft senčen; mračen *(a. fig.)*; *Umrisse* zabrisan
Schattenseite *f* senčna stran/plat *f*
Schattierung *f* odtenek *m*
schattig senčen
Schatz *m*, **~es, £e,** zaklad *m*; *als Kosewort* ljubica *f*, ljubček *m*
schätzen ceniti, ocenjevati; *sich glücklich ~ zu* biti srečen, da
schätzenlernen začeti ceniti
Schatzkammer *f* zakladnica *f*
Schätzung *f* cenitev *f*; spoštovanje *n*
Schau *f*, ~, **~en,** razkazovanje *n*; razstava *f*; *(Vorstellung)* revija *f*; *zur ~ stellen* postaviti na ogled, *fig.* kazati; *jm die ~ stehlen* postaviti v senco *A*; zur ~ tragen kazati, delati se kot da
Schauder *m*, **~s,** ~, zona *f*, groza *f*
schauderhaft grozen
schaudern zgroziti se, stresti se; *mich schaudert vor* groza me je *G*
schauen gledati (*nach* za)
Schauer *m*, **~s,** ~, *(Zu~)* gledalec *m*; zona *f*; *(Regen)* ploha *f*

schauerlich grozljiv, grozoten
schauern *gl.* **schaudern;** *es schauert* lije (s točo)
Schaufel *f*, ~, **~n,** lopata *f*
schaufeln (z lopato) delati, nakladati, kopati; *Schnee* kidati; *Essen* metati vase
Schaufenster *n* izložba *f*
Schauhaus *n* mrtvašnica *f*
Schaukel *f* gugalnica *f*
schaukeln zibati se, gugati se; *wir werden es ~* bomo že kako
Schaukelpferd *n* gugalni konj *m*
Schaukelstuhl *m* gugalnik *m*
Schaum *m*, **~s, £e,** pena *f*; *(Ab~)* izmeček *m*; *zu ~ schlagen* stepsti
Schaum... penast, peneč
schäumen *v/i* peniti se; *v/t* posnemati peno
schaumig penast, peneč
Schauplatz *m* prizorišče *n*
Schauspiel *n* igra *f*; prizor *m*
Schauspieler *m*, **~s,** ~, igralec *m*
Scheck *m*, **~s, ~s,** ček *m*
scheckig lisast
scheel poševen; *adv.* postrani
scheffeln kopičiti; *fig.* grabiti
Scheibe *f*, ~, **~n,** plošča *f*, krog *m*; *(Brot)* rezina *f*, kos *m*; *(Glas)* šipa *f*; *(Schieß~)* tarča *f*
Scheibenwischer *m* brisalec *m* za šipo
Scheide *f*, ~, **~n,** meja *f*, razvodnica *f*; nožnica *(a. anat.)*
Scheidelinie *f* ločnica *f*
scheiden, schied, geschieden, *v/t* (iz)ločiti; razdeliti; *Ehe* ločiti; *sich ~ / sich ~ lassen* ločiti se; *v/i* oditi
Scheidung *f*, ~, **~en,** ločitev *f*
Schein *m*, **~s, ~e,** soj *m*, blesk *m*; videz *m*; *Geld* bankovec *m*; potrdilo *n*; *nach dem ~ urteilen* soditi po videzu
Schein... navidezni
scheinbar navidezni; *adv.* navidez
scheinen, schien, geschienen, *Sonne* sijati; *es scheint zu* zdi se, da, videti je, da
scheinheilig hinavski, licemeren
Scheinwerfer *m*, **~s,** ~, žaromet *m*
Scheiße *f V* drek *m V*
scheißen, schiß, geschissen, *V* srati *V*
Scheit *n*, **~s, ~e,** poleno *n*
Scheitel *m*, **~s,** ~, preča *f*, teme *n*; *vom ~ bis zur Sohle* od glave do peta
Scheiterhaufen *m* grmada *f*
scheitern izjaloviti se, doživeti neuspeh; *zum ~ bringen* spodnesti, upropastiti
Schelm *m*, **~s, ~e,** pavliha *m*
schelten grajati, zmerjati
Schemel *m*, **~s,** ~, pručka *f*; stolček *m*
Schenke *f*, ~, **~n,** točilnica *f*
Schenkel *m*, **~s,** ~, stegno *n*; bedro *n*; krak *m*
schenken podariti, dati; *Getränke* točiti; *Aufmerksamkeit* posvečati; *Vertrauen* zaupati v; *(Arbeit, Strafe)* odpustiti

Schenkung *f*, ~, **~en,** dar *m*
Scherbe *f*, ~, **~n,** črepinja *f*; *in ~n schlagen* razbiti; *in ~ gehen* razbiti se
Schere *f*, ~, **~n,** škarje *pl*; *zoo.* klešče *pl*
scheren, schor, geschoren striči; *Bart* obriti
scheren, scherte, geschert *sich ~ um* brigati se za; *sich (weg~)* pobrati se
Scherereien *pl* preglavice *pl*
Scherz *m*, **~es, ~e,** šala *f*
scherzen šaliti se
Scheu *f*, ~, –, bojazen *f*, strah *m*
scheu plah; *~ machen* preplašiti
Scheuche *f*, ~, **~n,** strašilo *n*
scheuchen splašiti
scheuen *A* bati se *G*; izogibati se *G/D*
scheuern (o)drgniti; *Boden* ribati
Scheuklappe *f* plašnica *f*
Scheune *f*, ~, **~n,** skedenj *m*
scheußlich ogaben
Schi *m* **~s, ~er** smučka *f*; *~ laufen* smučati se
Schicht *f*; ~, **~en,** plast *f*; sloj *m*; izmena *f*
Schichtarbeit *f* delo v izmenah
schichten skladati
Schichtwechsel *m* zamena izmene
schichtweise v plasteh/izmenah
schick eleganten, šik
schicken poslati (*nach* po); *sich* spodobiti se; *sich ~ in* vdati se v / sprijazniti se z; *sich ~ zu* pripravljati se na/da bi, biti primeren za
schicklich spodoben
Schicksal *n*, **~s, ~e,** usoda *f*
Schiebe... premični, smučni
schieben, schob, geschoben, porivati, potiskati; riniti se); *F fig.* delati mahinacije; *Kegel* kegljati; *Schuld auf* (pre)valiti krivdo na
Schiebetür *f* smučna vrata *pl*
schied *gl.* **scheiden**
Schiedsrichter *m* razsodnik *m*; *Sport* sodnik *m*
schief poševen; *Urteil* napačen, kriv; *Gesicht* kisel; *auf die ~e Ebene geraten* zaiti na kriva pota; *adv.* postrani; *etw. geht ~* je narobe; *etw. ~ nehmen* zameriti; *~ treten* pošvedrati
Schiefer *m* škrilj *m*
schielen škiliti
schien *gl.* **scheinen**
Schienbein *n* golen *f*
Schiene *f*, ~, **~n,** tračnica *f*; opornica *f*
schienen dati v opornice
schier čist, gol; *adv.* skoro, malodane
Schieß... za streljanje, strelski
schießen, schoß, geschossen I. streljati; *sich ~ durch* prebiti se (z ognjem); *schieß los* začni; 2. *v/i* poganjati se, pognati; šiniti, planiti; *Wasser, Blut* brizgati (*aus* iz); *in die Höhe* hitro rasti; *~ lassen* spustiti
Schießerei *f* streljanje *n*
Schießplatz *m* strelišče *n*
Schiff *n*, **~es, ~e,** ladja *f*; *fig.* čolnič *m*

Schiffahrt *f* plovba *f*
schiffbar ploven
Schiffbau *m* ladjedelništvo *n*
Schiffbruch *m* brodolom *m*; *~ erleiden* doživeti brodolom/neuspeh
Schiffchen *n* ladjica *f*; *(Web~)* čolniček *m*
Schiffs... ladijski
Schikane *f*, ~, **~n,** šikana *f*; *fig.* trik *m*
Schiläufer *m* smučar *m*
Schild *m*, **~es, ~e,** ščit *m*, grb *m*; *im ~e führen fig.* imeti za bregom
Schild *n*, **~es, ~er,** plošča *f*, izvesek *m*
Schilddrüse *f* ščitnica *f*
schildern (na)slikati, opisovati
Schilderung *f* opis *m*; prikaz *m*
Schildkröte *f*, ~, **~n,** želva *f*
Schildmütze *f* kapa *f* s ščitkom
Schildpatt *n* želvovina *f*
Schildwache *f* straža *f*
Schilf *n* trs *m*, trsje *pl*
Schilift *m* vlečnica *f*
schillern lesketati se; mavrično se prelivati
Schimmel *m*, **~s,** ~, plesen *f*; *(Pferd)* belec *m*
schimmelig plesniv
schimmeln plesniti
Schimmer *m*, **~s,** ~, soj *m*, sij *m*; *(Hoffnung)* žarek *m*; *keinen ~ haben von* ne imeti pojma o
schimmern svetlikati se, lesketati se
schimpfen zmerjati
schimpflich sramoten
Schimpfname *m* psovka *f*
schinden dreti, odirati *(a. fig.)*; *sich* garati
Schinderei *f fig.* garanje *f*; izkoriščanje *n*
Schindluder *treiben mit* delati s čim kot svinja z mehom
Schinken *m*, **~s,** ~, šunka *f*
Schirm *m*, **~s, ~e,** zaslon *m*, senčnik *m*; *(Regen~)* dežnik *m*; *(Sonnen~)* sončnik *m*; *fig.* zaščita *f*
schirmen ščititi; zaklanjati pred
Schirmherr *m* zaščitnik *m*
schiß *gl.* **scheißen;** *Schiß haben* imeti polne hlače
Schlacht *f*, ~, **~en,** bitka *f*; *jm eine ~ liefern* spustiti se v bitko z
schlachten zaklati
Schlachtfeld *n* bojišče *n*
Schlachthaus *n*, **Schlachthof** *m* klavnica *f*
Schlacke *f*, ~, **~n,** žlindra *f*; *pl fig.* razpadni produkt presnove
Schlaf *m*, **~s,** –, spanje *n*, spanec *m*; *in ~ fallen* zaspati; *leiser ~* rahlo spanje; *nicht im ~e* niti v sanjah
Schlafanzug *m* pižama *f*
Schläfe *f*, ~, **~n,** sence *n*; *pl* senca
schlafen, *er* **schläft, schlief, geschlafen** spati
schlaff mlahav; ohlapen *(a. fig.)*
Schlaflosigkeit *f* nespečnost *f*
Schlafmittel *n* uspavalo *n*
Schlafmütze *f fig.* zaspane *m*
schläfrig zaspan
Schlafrock *m* jutranja halja *f*
schlaftrunken zaspan

Schlafwagen *m* spalnik *m*
Schlafzimmer *n* spalnica *f*
Schlag *m*, **~s, £e,** udarec *m* *(a. fig.)*, mah *m*; kap *f*; *(Puls)* utrip *m*; *Kutsche* vrata *pl*; *(Art)* vrsta *f*, sorta; *gl.* tudi **schlagen;** *~ ins Wasser* udarec v prazno
schlag ~ 6 točno ob šestih
Schlag *m* smetana *f*
Schlagader *f* arterija *f*, utripalnica *f*
Schlaganfall *m* kap *f*
schlagartig nenadoma
Schlagbaum *m* zapornica *f*
schlagen, *er* **schlägt, schlug, geschlagen** *v/i Uhr* biti; *Vogel* peti; *Pferd* brcati; tolči; *~ gegen* udariti ob; *~ in* spadati v; *v/t* udariti, biti, tolči; ~ in zabiti v, prebiti; *aus* izbiti; potolči, poraziti; *Tuch* ogrniti; *Baum* (po)sekati; *Kapital ~ aus* kovati dobiček iz; *in den Wind ~* požvižgati se na; *sich ~* bojevati se; *sich durchs Leben ~* prebijati se; *sich zu jm ~* pridružiti se *D*; *sich geschlagen geben* vdati se
schlagend prepričljiv
Schlager *m*, **~s,** ~, popevka *f*
Schläger *m*, **~s,** ~, pretepač *m*; *Sport* lopar *m*
Schlägerei *f* pretep *m*
schlagfertig odrezav
Schlaginstrument *n* tolkalo *n*
Schlagloch *n* luknja (na cesti)
Schlag/obers *m*, **/sahne** *f* tolčena smetana *f*
Schlagzeile *f* (velik) naslov (v časopisu); *~n machen* zbujati pozornost

Schlamm *m* blato *n*, mulj *m*
schlampig nemaren, površen
schlang *gl.* **schlingen**
Schlange *f*, ~, **~n,** kača *f*; vrsta *f*; *~ stehen* stati v vrsti
schlängeln *sich* viti se, zvijati se
schlank vitek
schlankweg naravnost
schlapp *gl.* **schlaff;** truden
Schlappe *f*, ~, **~n,** poraz *m*, udarec *m*; izguba *f*
Schlappschwanz *m F* šlapa *f*; reva *f*
Schlaraffenland *n* Indija Koromandija *f*
schlau zvit, lokav
Schlauberger *m* lisjak *m*
Schlauch *m*, **~s, £e,** cev *m*, obroč *m*; zračnica *f*, guma *f*
Schlaufe *f*, ~, **~n,** pentlja *f*
schlecht slab; zloben; *~e Laune* slaba volja; *mir ist ~* slabo mi je; *~ werden* pokvariti se; *~ zu sprechen sein auf* slabo govoriti/misliti o; *adv.* slabo, zanič; *nicht ~ (staunen usw.)* ne malo
schlechterdings brezpogojno; popolnoma
schlecht/hin, /weg nasploh, naravnost
schlechtmachen črniti
schlecken *gl.* **lecken**
Schlegel *m*, **~s,** ~, macola *f*; *(Kuh)* stegno *n*
schleichen, schlich, geschlichen, (s)plaziti se, vleči se; *fig.* vtihotapiti se (*in* v)
schleichend počasen
Schleier *m*, **~s,** ~, pajčolan *m*, tančica *f*

schleierhaft *fig.* nejasen; uganka
Schleife *f*, ~, **~n**, pentlja *f*; metuljček *m*; *(Straße)* rida *f*
schleifen, schliff, geschliffen brusiti
schleifen, schleifte, *v/t* vleči, vlačiti (*v/i* se); *Fuß* vleči za sabo; *Mauer* razrušiti
Schleim *m*, **~s, ~e,** sluz *f*
Schleimhaut *f* sluznica *f*
schleißen, schliß, geschlissen trgati
schlemmen razkošno živeti/ jesti
schlendern pohajkovati
schlenkern mahati z rokami
schleppen vleči; težko nositi *(an A)*
schleppend *Gesang* zategel; *Gang* težek
Schleuder *f*, ~, **~n,** frača *f*; centrifuga *f*
schleudern zagnati, zadegati (*v/t* se), vreči (*sich* se); centrifugirati; *Ware* prodajati pod ceno; *geschleudert werden* odbiti *A*
schleunig uren, hiter; *adv.* naglo
Schleuse *f*, ~, **~n**, zapornica *f*
Schlich *m*, **~s, ~e,** trik *m*; *auf die ~e kommen D* spregledati *A*
schlich *gl.* **schleichen**
schlicht preprost; enostaven
schlichten ravnati, poravnati
Schlick *m*, **~s,** –, blato *n*, mulj *m*
schlief *gl.* **schlafen**
Schließe *f*, ~, **~n,** zaponka *f*, zapornica *f*
schließen, schloß, geschlossen, zapreti; *(ab~)* zakleniti; *Friede, Ehe* skleniti; *logisch* sklepati; *(Sitzung usw.)* zaključiti, končati; *in die Arme* objeti; *ins Herz* vzljubiti; *v/i* zapreti se; sklepati; končati se; *sich ~ an* navezovati se na
Schließfach *n* predal *m*, safe *m*
schließlich *adv.* končno
Schliff *m*, **~s, ~e,** *~ haben* biti brušen, *fig.* uglajen
schliff *gl.* **schleifen**
schlimm hud; slab; *Kind* poreden; *Finger* bolan
schlimmstenfalls v najslabšem primeru
Schlinge *f*, ~, **~n,** zanka *f*
schlingen, schlang, geschlungen, ovijati, oviti; *Knoten* vezati; *Essen* goltati; *sich* ovijati se; *Straße* vijugati, viti se
Schlips *m*, **~es, ~e,** kravata *f*
schliß *gl.* **schleißen**
Schlitten *m*, **~s,** ~, sani *pl*; sanke *pl*; voz *m*; *~ fahren* sankati se
schlittern drsati, spodrsavati
Schlittschuh *m* drsalka *f*; *~ laufen* drsati se
Schlitz *m*, **~es, ~e,** razporek *m*, reža *f*
Schloß *n*, **~(ss)es, £(ss)er** grad *m*; ključavnica *f*; zaponka *f*; *hinter ~ und Riegel* pod ključem; ins ~ fallen zaloputniti se; *Luftschlösser* gradovi v oblakih
schloß *gl.* **schließen**
Schlosser *m*, **~s,** ~, ključavničar *m*, *(Auto~)* klepar *m*
Schlot *m*, **~s, ~e,** dimnik *m* (tovarniški)

Schlucht *f*, ~, **~en**, soteska *f*
schluchzen ihteti
Schluck *m*, **~s**, **~e**, požirek *m*
Schluckauf *m* kolcanje *n*
schlucken pogoltniti, požreti
Schlucker *m armer ~* uboga para
schlug *gl.* **schlagen**
schlummern spati, dremati
Schlund *m*, **~s**, **£e**, žrelo *n*; prepad *m*
schlüpfen smukniti; *durch die Finger* izmuzniti se; *Küken* zvaliti se
Schlüpfer *m*, **~s**, ~, spodnje hlačke *pl*
schlüpfrig spolzek
Schlupfwinkel *m* skrivališče *n*; zatočišče *n*
schlürfen srebati, piti
Schluß *m*, **~(ss)es**, **£(ss)e**, konec *m*, zaključek *m*; sklep *m*; *~ machen mit* končati *A*; *v sest.* zaključni
Schlüssel *m*, **~s**, ~, ključ *m*
Schlüsselbein *n* ključnica *f*
Schlüsselblume *f* trobentica *f*
Schlüsselloch *f* ključavnica *f*
Schlüsselstellung *f* ključni položaj *m*
Schlußfolgerung *f* sklep *m*, sklepanje *n*
schlüssig *Beweis* prepričljiv; *sich ~ werden* odločiti se
Schlußlicht *n* zadnja luč *f*; *fig.* zadnji
Schmach *f*, ~, –, sramota *f*
schmachten koprneti, giniti (*nach* po)
schmächtig suhljat, šibek
schmackhaft okusen
schmähen sramotiti, psovati
schmal ozek; *fig.* reven; *Kost* boren; *v sest.* ozko
schmälern zmanjševati
Schmalz *n*, **~es**, **~e**, mast *f*
schmalzig masten; *fig.* sladkoben, sentimentalen
Schmarotzer *m*, **~s**, ~, *zajedavec m*, parazit *m*
schmatzen cmokniti, cmokati
Schmaus *m*, **~es**, **£e**, pojedina *f*
schmecken *v/t* pokusiti, pokušati; *v/i* tekniti, dišati; *nach* imeti okus po
schmeicheln laskati *D*; *Kleid* lepo pristajati
schmeichlerisch laskav
schmeißen, schmiß, geschmissen zadegati, vreči; treščiti; *Tür* zaloputniti; *die Sache* imeti v rokah; *mit* metati *A*
Schmelz *m* glazura *f*; *Zahn* sklenina *f*; *Stimme* zven *m*
schmelzen, *er* **schmilzt, schmolz, geschmolzen** topiti, taliti; *v/i* tajati se, topiti se
Schmelzkäse *m* topljeni sir *m*
Schmerz *m*, **~es**, **~en**, bolečina *f*, bol *f*
schmerzen boleti
Schmerzensgeld *n* odškodnina za bolečine
schmerz/haft/lich boleč
schmerzlos brez bolečin
schmerzstillend ki blaži bolečine
schmerzvoll boleč
Schmetterling *m*, **~s**, **~e**, metulj *m*
schmettern (za)trobiti; zapeti, zaigrati na ves glas

Schmied *m*, **~s, ~e,** kovač *m*
Schmiede *f*, ~, **~n,** kovačnica *f*, kovnica *f*, *v sest.* kovaški, kovan
schmieden kovati; *in Ketten* vkovati, okovati
schmiegen *sich* pritisniti se (*an* k); *Kleid* oprijeti se
schmieren mazati; packati; *jn* podkupiti
Schmierfink *m* packa *f*, packon *m*
Schmiergeld *n* podkupnina *f*
schmierig umazan *(a. fig.)*
Schmieröl *n* strojno olje *n*
schminken *sich* šminkati se
Schmirgelpapier *n* smirkov papir *m*
schmiß *gl.* **schmeißen**
Schmöker *m Buch* debela knjiga *f*, *F m*
schmollen kujati se
schmolz *gl.* **schmelzen**
schmoren dušiti; *el.* tleti; *fig.* cvreti se
Schmuck *m*, **~s,** –, nakit *m*, okras *m*
schmuck ličen, čeden
schmücken krasiti; *sich* kititi se
Schmuckstück *n* kos nakita; *fig.* okras *m*
schmuggeln tihotapiti
Schmuggler *m* tihotapec *m*
schmuzeln muzati se
schmusen stiskati se
Schmutz *m*, **~es,** –, umazanija *f*
Schmutzfink *m* packa *f*
schmutzig umazan; ~ *machen* umazati
Schnabel *m*, **~s,** £, kljun *m*
Schnalle *f*, ~, **~n,** zaponka *f*
schnalzen tlesk/ati, /niti
schnappen zagrabiti; *nach* hlastniti za; *nach Luft* loviti sapo
Schnappschuß *m* fotografija *f*
Schnaps *m*, **~es, £e,** žganje *n*
schnarchen smrčati
schnattern gagati; *fig.* regljati
schnauben, schnaubte, schnob, geschnaubt prhati; sopihati; *vor Wut* pihati
Schnauze *f*, ~, **~n,** gobec *m*, smrček *m*; *F die ~ voll haben von / G* biti sit *G*
Schnecke *f*, ~, **~n,** polž *m*
Schneckentempo *im* ~ po polževo
Schnee *m*, **~s,** –, sneg *m*; *v sest.* snežni
Schneefall *m* sneženje *n*
Schneeflocke *f* snežinka
Schneetreiben *n* metež *m*
Schneewittchen *n* Sneguljčica *f*
Schneid *m*, **~s,** –, korajža *f*; *fig.* živost *f*, življenje *n*
Schneide *f*, ~, **~n,** rezilo *n*; ostrina *f*
schneiden, schnitt, geschnitten rezati; *Haare, Nägel* striči; ~ *in* vrezati v; *sich* vrezati se; *jn* ignorirati koga
Schneider *m*, **~s,** ~, krojač *m*; *v sest.* krojaški
Schneiderin *f*, ~, **~nen,** šivilja *f*
schneidern (u)krojiti, šivati
Schneidezahn *m* sekalec *m*
schneien snežiti; *ins Haus ~ fig.* slučajno priti, pridreti
schnell hiter, uren; *adv.* kmalu, brž, hitro

Schnell... brzo..., hitri
Schnellverfahren *n* hitri postopek *m* (*im* po)
Schnellzug *m* brzec *m*
schneuzen *sich* usekniti se
Schnippchen *jm ein ~ schlagen* prekrižati račune; zagosti jo
schnippisch zajedljiv, odrezav; izzivalen
Schnipsel *m, n,* **~s, ~,** odrezek *m*, košček *m*
Schnitt *m,* **~s, ~e,** rez *m*, vrez *m*; rezanje *n*; presek *m*; kroj *m*; *im ~* v povprečju; *Film* montaža *f*; *Buch* obreza *f*
schnitt *gl.* **schneiden**
Schnitte *f,* **~, ~n,** rezina *f*
Schnittlauch *m* drobnjak *m*
Schnittmuster *n* kroj *m*
Schnitzel *n,* **~s, ~,** zrezek *m*; *Papier* odrezek *m*, košček *m*
Schnitzer *m,* **~s, ~,** rezbar *m*; *fig.* spodrsljaj *m*, napaka *f*
Schnitzwerk *n* rezbarija *f*
schnob *gl.* **schnauben**
schnöde prezirljiv; žaljiv; *Undank* črna nehvaležnost; *Profit, Egoismus* oduren, gnusen; *~er Mammon* prekleti denar
Schnörkel *m,* **~s, ~,** (nepotrebna) okrasna vijuga *f*, zavoj *m*
schnorren *F* žicati *F*
schnüffeln vohljati
Schnuller *m,* **~s, ~,** dudka *f*
Schnulze *f,* **~, ~n,** *iron.* limonada *f*
Schnupfen *m,* **~s, ~,** nahod *m*
Schnupftabak *m* njuhanec *m*
schnuppern vohljati, vohati (*a. fig.*)
Schnur *f,* **~, ⁓e,** vrvica *f*, vrv *f*; *el.* kabel *m*; *nach der ~* po maslu; *am Schnürchen* na vrvici
schnüren (z)vezati, zadrgniti; *sich die Schuhe* zavezati; *sich* nositi steznik
schnurgerade naravnost
Schnurrbart *m* brki *pl*
schnurren drdrati; *Katze* presti
schnurstracks naravnost
schob *gl.* **schieben**
Schock *m,* **~s, ~e,** šok *m*; (*Warenmenge*) šestdeset
Schokolade *f,* **~, ~n,** čokolada *f*
scholl *gl.* **schallen**
Scholle *f* gruda *f*; *Eis~* ledena plošča *f*; *zoo.* morski list *m*
schon že; *~ immer* od nekdaj; *wenn ~* pa potem; *wenn ~ denn ~* če že, potem pošteno; *auch so ~* tako in tako; *allein ~ (der Gedanke)* že sam(o); *~ einmal* že kdaj, že nekoč
schön lep
Schöne *m, f* lepotec, -ica
Schöne *n* lepota *f*
schonen varovati, paziti; prizanašati *D*; *sich* paziti se
schonend milo, obzirno
Schönheit *f,* **~, ~en,** lepota *f*
Schönheits... lepotni
schöntun* prilizovati se
Schonung *f,* **~, ~en,** jasa *f*; mladje *pl*, prizanašanje *n*
schonungslos brez prizanašanja
Schopf *m,* **~es, ⁓e,** šop *m*; *fig.* griva *f*; *beim ~ fassen / packen* zagrabiti

schöpfen zaje(ma)ti, črpati; *Mut* dobiti novega poguma; *Verdacht* zasumiti; *Hoffnung* začeti upati
Schöpfer *m*, **~s, ~**, stvarnik, stvaritelj *m*; *(Löffel)* zajemalka *f*
schöpferisch ustvarjalen
Schöpfung *f*, **~, ~en,** stvarjenje *n*, stvaritev *f*; stvarstvo *n*
schor *gl.* **scheren**
Schorf *m*, **~es, ~e,** krasta *f*
Schornstein *m* dimnik *m*
Schornsteinfeger *m* dimnikar *m*
schoß *gl.* **schießen**
Schoß *m*, **~es, ⁼e,** naročje *n*, krilo *n*; *Frack* škric *m*; *die Hände in den ~ legen* prekrižati roke
Schoß *m*, **~(ss)es, ~(ss)e,** poganjek *m*
Schote *f*, **~, ~n,** strok *m*; plod paprike *m*
Schotter *m*, **~s, –,** gramoz *m*
schräg poševen; postrani
Schräge *f*, **~, ~n,** poševnina *f*
schrak *gl.* **schrecken**
Schramme *f*, **~, ~n,** praska *f*
Schrank *m*, **~s, ⁼e,** omara *f*
Schranke *f*, **~, ~n,** zapornica *f*; *fig.* meja
schrankenlos brezmejen; *Bahnübergang* nezavarovan
Schraube *f*, **~, ~n,** vijak *m*; *~ anziehen* priviti; *in den ~en haben, in die ~en nehmen* imeti v precepu / vzeti v precep
schrauben privijati, odvijati
Schraubenzieher *m* izvijač *m*
Schrebergärtner *m* vrtičkar *m*
Schreck(en) *m*; **~ens, ~en,** strah *m*; *in ~en setzen* prestrašiti; *einen ~en bekommen* prestrašiti se; *vor ~en* od strahu; *mit einem ~en davonkommen* poceni jo odnesti
Schreckensherrschaft *f* teror *m*
schrecklich strašen
Schrei *m*, **~s, ~e,** krik *m*
Schreib... pisalni
schreiben, schrieb, geschrieben pisati (*an* komu, *über* o); napisati; *jn krank ~* dati v bolniško; *jn gesund ~* poslati na delo
Schreiben *n*, **~s, ~,** dopis *m*, pismo *n*
Schreiber *m* pisar *m*, pisec *m*
Schreibmaschine *f* pisalni stroj *m*
Schreibwarenhandlung *f* papirnica *f*
schreien, schrie, geschrien kričati, vpiti
schreiend kričeč; *Unrecht* v nebo vpijoč
Schreihals *m* kričač *m*
Schreiner *m*, **~s, ~,** mizar *m*
schreiten, schritt, geschritten korakati, hoditi; *~ zu* prehajati k, začenjati z
schrie *gl.* **schreien**
schrieb *gl.* **schreiben**
Schrift *f*, **~, ~en,** pisava *f*, spis *m*; *Heilige* sveto pismo *n*; *typ.* črke *pl*; *lateinische ~* latinica *f*; *russische ~* cirilica *f*
Schriftführer *m* zapisnikar *m*; tajnik *m* društva
schriftlich pismen; *~ niederlegen* zapisati
Schriftsprache *f* knjižni jezik *m*

Schriftsteller *m*, **~s**, ~, pisatelj *m*
Schriftstück *n* dokument *m*, akt *m*, listina *f*
Schrifttum *n* pismenstvo *n*; literatura *f* (o čem)
schrill rezek
Schritt *m*, **~es**, **~e**, korak *m*; *~ halten mit* iti v korak z; *auf ~ und Tritt folgen* biti neprestano za petami; *im ~ (fahren)* korakoma
schritt *gl.* **schreiten**
schrittweise korakoma
schroff odsekan, strm; *fig.* oster, nenaden
schröpfen skubsti; *fig.* obrati
Schrot *m*, **~s**, **~e**, šibre *pl*; *(Korn)* zdrobljeno zrnje *n*; *von altem ~ und Korn* starega kova
Schrott *m* staro železo *n*
schrubben (o)drgniti; (z)ribati
Schrulle *f*, ~, **~n**, muha *f*, kaprica *f*
schrumpfen (s)krčiti se; (za)krneti; sušiti se; *fig.* *(zusammen)* skopneti
Schub/fach *n*, **/lade** *f* predal *m*
Schubkarren *m* samokolnica *f*
schubsen suniti, dregniti
schüchtern plah
schuf *gl.* **schaffen**
Schuft *m*, **~s**, **~e**, baraba *f*
Schuh *m*, **~s**, **~e**, čevelj *m*; *der ~ drückt* čevelj žuli; *jm in die ~e schieben* podtakniti komu kaj
Schuhband *n* vezalka *f*
Schuhbürste *f* krtača *f* za čevlje
Schuhgeschäft *n* trgovina s čevlji
Schul... šolski
Schulbildung *f* šolska izobrazba *f*
Schuld *f*, ~, –, krivda *f*; ~, **~en**, dolg *m*; *jm die ~ geben für* dolžiti, kriviti česa/za
schuld kriv
schuldbewußt s slabo vestjo
Schuldbrief *m* zadolžnica *f*
schulden dolgovati
schuldfrei nekriv; nezadolžen
schuldig kriv; dolžan *(~ bleiben)*; *jn ~ sprechen* spoznati za krivega; *sich ~ bekennen* priznati krivdo; *sich einer Sache ~ machen* zakriviti *A*
Schuldige *m*, *f* krivec *m*, krivka *f*
Schuldigkeit *f* dolžnost *f*
Schuldner *m*, **~s**, ~, dolžnik *m*
Schule *f*, ~, **~n**, šola *f*; *zur ~ gehen* obiskovati šolo; *aus der ~ plaudern* izklepetati, izdati; *~ machen* zbuditi posnemanje
schulen šolati
Schüler *m*, **~s**, ~, šolar *m*; učenec *m*
schulfrei prost
Schulfunk *m* radijska šola *f*
Schulgeld *n* šolnina *f*
schulpflichtig šoloobvezen
Schulter *f*, ~, **~n**, rama *f*; *fig.* pleča *pl*; *~ an ~* z ramo ob rami; *auf die leichte ~ nehmen* vzeti zlahka; *jm die kalte ~ zeigen* obrniti *D* hrbet, ignorirati *A*
Schulterblatt *n* lopatica *f*
schultern zadeti na ramo
Schulweg *m* pot *f* v šolo

Schulzimmer *n* učilnica *f*
Schulzwang *m* šolska obveznost
schummeln goljufati; *F* plonkati
schund *gl.* **schinden**
Schund *m*, **~s, –**, plaža
Schuppe *f*, **~, ~n,** luska *f*; *(im Haar)* prhljaj *m*
Schuppen *m*, **~s, ~**, lopa *f*
schuppig luskast; poln prhljaja
Schur *f*, **~, ~en,** striženje *n*
schüren (raz)grebsti; *fig.* podžigati
schürfen kopati *nach A*
Schurke *m*, **~n, ~n,** baraba *F*, podlež *m*
Schürze *f*, **~, ~n,** predpasnik *m*
Schürzenjäger *m* babjek *m*
Schuß *m*, **~(ss)es, £(ss)e,** strel *m*; *(ein ~ Rum)* kanček; *etw. gut in ~ halten* dobro vzdrževati
Schüssel *f*, **~, ~n,** skleda *f*
schußfest neprebojen
Schußwaffe *f* strelno orožje *n*
Schuster *m*, **~s, ~**, čevljar *m*
Schutt *m*, **~s, –**, ruševine *pl*, gradbeni odpadni material *m*
Schüttelfrost *m* mrzlica *f*
schütteln (o/pre) tresti
schütten sipati, vlivati; *es schüttet* lije
schütter redek
Schutz *m*, **~es, –,** zaščita *f*, obramba *f*; *v sest.* zaščitni
Schütze *m*, **~n, ~n,** strelec *m*
schützen ščititi, varovati; *sich vor* varovati se česa
Schutzengel *m* angel varuh *m*
Schützengraben *m* strelski jarek *m*
Schützling *m*, **~s, ~e,** varovanec *m*
Schutzmann *m* stražnik *m*
Schutzmarke *f* zaščitni znak *m*
schwach šibek
Schwäche *f*, **~, ~n,** slabost *f*; šibkost *f*; *e-e ~ haben für* imeti *A* zelo rad
schwächen (o)slabiti
Schwachkopf *m* bedak *m*
Schwächling *m* slabič *m*
schwachsichtig slaboviden
schwachsinnig slaboumen
Schwachstrom *m* šibki tok *m*
Schwager *m*, **~s, £,** svak *m*
Schwägerin *f*, **~, ~nen,** svakinja *f*
Schwalbe *f*, **~, ~n,** lastovka *f*
Schwall *m*, **~s, ~e,** poplava *f*
schwamm *gl.* **schwimmen**
Schwamm *m*, **~(e)s, £e,** goba *f*; spužva *f*
schwammig gobast
Schwan *m*, **~es, £e,** labod *m*
schwand *gl.* **schwinden**
schwanen *mir schwant* slutim
Schwanengesang *m* labodji spev *m*
schwang *gl.* **schwingen**
schwanger noseča
Schwangerschaft *f* nosečnost *f*
Schwangerschaftsverhütung *f* kontracepcija *f*
Schwank m, **~s, £e,** šala *f*; *teatr.* skeč *m*
schwanken nihati; opotekati se
schwankend neenakomeren

Schwankung *f* nihanje *n*
Schwanz *m* rep *m*; v sest. repni; *V* klinec *V*
schwänzen potepati se, špricati
Schwarm *m* roj *m*; jata *f*; *fig.* ljubezen *f*
schwärmen rojiti; *aus* usuti se iz; *fig.* ~ *für* vnemati se za; ~ *von* sanjariti o
Schwärmerei *f* sanjarjenje *n*
schwärmerisch zanesen, sanjaški
schwarz črn; temen, mračen, nedovoljen; *~er Markt* črna borza *f*; ~ *werden* počrneti, *fig.* stemniti se; *~es Brett* oglasna deska; *adv.* na črno
schwärzen (o)črniti
schwatzen kelepetati; čvekati
Schwätzer *m* klepetulja *f*
schwatzhaft klepetav
Schwebe ~ in der ~ negotov; sich in der ~ halten viseti
schweben viseti; lebdeti; *Prozeß* biti neodločen; *in Gefahr* biti v nevarnosti
Schwefel m žveplo *n*; *v sest.* žveplen
schwefelig žveplen
Schweif *m*, **~s, ~e,** rep *m*
schweifen *Blick* bloditi; *Mensch* pohajkovati
schweigen, schwieg, geschwiegen molčati; *ganz zu ~ von* da ne govorimo o
Schweigen *n*, **~s,** –, molk *m*; ~ *bewahren über* molčati o
schweigsam molčeč
Schwein *n*, **~s, ~e,** svinja *f*, prašič *m*; ~ *haben* imeti krompir
Schweine... svinjski
Schweinefleisch *n* svinina *f*
Schweinehund *m* prasica *f*
Schweinestall *m* svinjak
schweinigeln kvantati
Schweiß *m*, **~es, ~e,** pot *m*, znoj *m*
schweißen variti
schwelen tleti
Schwelle *f*, ~, **~n,** prag *m*
schwellen, *es* **schwillt, schwoll, geschwollen** naraščati, otekati
Schweller *m* (železniški) prag *m*
Schwellung *f*, ~, **~en,** oteklina *f*
Schwemme *f*, ~, **~n,** *fig.* poplava *f*
schwemmen *(auf, an)* naplavljati, naplaviti
schwenken vihteti; *in* oplahniti v; *nach links usw.* zaviti na
schwer težak; *Krankheit, Gewitter* hud; *See* razburkan; *~er Junge* zločinec *m*; *es fällt mir ~ zu* težko, s težavo; *v sest.* težki
Schwerarbeit *f* težaško delo *n*
Schwere *f*, ~, **~n,** teža *f (a. fig.)*; težnost *f*; *(der Krankheit)* resnost *f*
schwerfällig neokreten
schwerhörig naglušen
Schwerkraft *f* težnost *f*
schwerlich komajda
Schwermut *m* melanholija *f*
Schwerpunkt *m* težišče *n*
Schwert *n*, **~es, ~er,** meč *m*
Schwertlilie *f* perunika
schwerwiegend tehten; *Folge* težek; pomemben

Schwester *f*, ~, **~n,** sestra *f*
schwieg *gl.* **schweigen**
Schwiegermutter *f* tašča *f*
Schwiegersohn *m* zet *m*
Schwiegertochter *f* snaha *f*
Schwiegervater *m* tast *m*
Schwiele *f*, ~, **~n,** žulj *m*
schwielig žuljav
schwierig težaven
Schwierigkeit *f* težavnost *f*; **~en** težave *pl*
Schwimmbad *n* kopališče *n*, bazen *m*
schwimmen, schwamm, geschwommen plavati; *es schwimmt mir vor den Augen* megli se mi
Schwimmer *m*, **~s,** ~, plavalec *m*; *(Sache)* plavač *m*
Schwimmhose *f* kopalke *pl*
Schwindel *m*, **~s,** ~, vrtoglavica *f*; *fig.* goljufija *f*
schwindelerregend vrtoglav
schwind(e)lig vrtoglav; *mir ist* ~ vrti se mi
schwindeln goljufati; *mir schwindelt* vrti se mi
schwinden, schwand, geschwunden kopneti; *Ton, Farbe* izginjati; *beim Trocknen* usušiti se
Schwindler *m*, **~s,** ~, goljuf *m*
Schwindsucht *f* sušica *f*
schwingen, schwang, geschwungen *v/t* vihteti; *v/t* nihati; *Ton* zveneti; *Turner* kolebati; *sich auf* zavihteti se na, *(Brücke)* peti se
Schwips *m F einen ~ haben* biti v rožicah
schwirren brenčati; *(im Kopf)* brneti

schwitzen potiti se
schwoll *gl.* **schwellen**
schwor *gl.* **schwören**
schwören, schwor, geschworen priseči, prisegati (*auf* na); zaklinjati se
schwul *P* homoseksualen
schwül soparen
schwülstig preobložen, pompozen
Schwund *m*, **~s,** –, izginevanje *n*, kopnenje *n*; izguba teže; *med.* atrofija; *Radio* fading
Schwung *m*, **~s, £e,** zagon *m*; polet *m*; *in ~ bringen* pognati; *in ~ kommen* dobiti zagon/polet
schwung/haft, /voll živahen
Schwur *m*, **~s, £e,** (za)prisega *f*
Schwurgericht *n* porota *f*
sechs šest
Sechs *f* šestica *f*
Sechseck *n* šesterokotnik *m*
sechsfach šesteren
sechsjährig šestleten
sechsmal šestkrat
sechste šesti
Sechstel *n* šestina *f*
sechstens šestič
sechzehn šestnajst
Sechzehntel *n* šestnajstinka *f*
sechzig šestdeset
Sechziger *m* šestdesetak *m*; šestdesetletnik *m*
See *m*, **~s, ~n,** jezero *n*
See *f*, ~, **~n,** morje *n*; *zur ~ fahren* biti pomorščak
See... morski, jezerski
Seebär *m* star mornar *m*
Seefahrt *f* pomorstvo *n*
Seehund *m* tjulenj *m*

seeklar pripravljen za plovbo
Seemann *m* mornar *m*
Seekrankheit *f* morska bolezen *f*
Seele *f*, ~, **~n,** duša *f*; *fig.* srce *n*
Seelen... dušni, duševni
seelenlos brezdušen
seelenruhig čisto miren
Seelenwanderung *f* preseljevanje *n* duš
seelisch duševen
Seelsorger *m* dušni pastir *m*
Seemacht *f* pomorska sila *f*
Seeräuber *m* gusar *m*
seetüchtig ploven
seewärts proti morju, na morje
Segel *n*, **~s,** ~, jadro *n*; *hissen* razpeti; *streichen* spustiti
Segelfliegen jadranje *n*
segeln jadrati
Segelschiff *n* jadrnica *f*
Segen *m*, **~s,** ~, blagoslov *m*
segensreich blagodejen
Segler *m*, jadralec *m*; jadrnica *f*
segnen blagosloviti
Seh... vidni
sehen, er sieht, sah, gesehen videti; gledati, pogledati; ~ *nach* iskati, pogledati; *vom Sehen kennen* na videz poznati; *sich ~ lassen* pokazati se
Sehenswürdigkeit *f* znamenitost *f*
Seher *m*, **~s,** ~, videc *m*
Sehne *f*, ~, **~n,** kita *f*; *mat.* tetiva *f*
sehnen *sich* hrepeneti (*nach* po)
sehnig kitast, mišičast; *Fleisch* kožast
sehnlich goreče
Sehnsucht *f* hrepenenje *n* (*nach* po)
sehnsüchtig hrepeneč, koprneč
sehr zelo
Sehstörung *f* motnja *f* vida
Sehweite *f* dogled *m*
seicht plitev
Seide *f*, ~, **~n,** svila *f*
seiden svilen
Seiden... svilen, svile
seidenweich, seidig svilnat
Seife *f*, ~, **~n,** milo *n*
Seifen... milni
seifen (na)militi
seihen cediti; sejati
Seil *n*, **~s, ~e,** vrv *f*; žica *f*
Seilbahn *f* žičnica *f*
Seilschaft *f* naveza *f*
Seiltänzer *m* vrvohodec *m*
sein, ich bin, er ist, war, gewesen biti; *ist zu* treba je; *es ist ihm nach* je mu do; *es sei denn* razen če; *etw. ~ lassen* opustiti, ne narediti
Sein *n*, **~s, –,** bit *f*
sein njegov; svoj
seinerseits on pa, on zase
seinerzeit nekoč
seinet/halben, /willen, /wegen zaradi njega
seinige njegovo; *das Seinige tun* narediti svoje/svojo dolžnost; *die Seinigen* njegova družina
seit že *(~ 3 Tagen)*; od *(seit 1. 1. 1973)*; *cj.* odkar
seitdem odkar; *adv.* odtlej
Seite *f*, ~, **~n,** stran *f*; plat *f*; bok *m*; *mat.* stranica *f*; *~ an ~* z ramo ob rami; *von der ~*

ansehen po strani gledati; *auf die ~ legen* dati na stran; *jm zur ~ stehen* stati ob strani
Seiten... stranski, bočni
Seitenhieb m piker namig *m*
Seitensprung *m fig.* skok *m* čez plot; greh *m*
seither odtlej
seitlich stranski
Sekt *m*, **~s, ~e,** peneče se vino *n*
Sekunde *f*, ~, **~n,** sekunda *f*; *auf die ~* do sekunde
selber sam (osebno)
selbst sam (osebno); *von ~* sam od sebe; *adv.* celo
Selbst... samo ..., avtomatični
selbständig samostojen, *sich ~ machen* osamosvojiti se
Selbständigkeit *f* samostojnost
Selbstbedienungsladen *m* samopostrežna trgovina *f*
Selbstbestimmung *f* samoodločba *f*
selbstbewußt samozavesten
selbstgefällig samovšečen
selbstgemacht doma narejen
selbstisch sebičen
Selbstkostenpreis *m* lastna cena *f*
selbstlos nesebičen
Selbstmord *m* samomor *m*
selbstredend samo ob sebi umevno
selbstsüchtig sebičen
selbsttätig avtomatičen
selbstverständlich samoumeven; *adv.* seveda
Selbstvertrauen *n* samozavest *f*
Selbstverwaltung *f* samoupravljanje *n*
selchen prekaditi
selig blažen; *(Tote)* rajni
Sellerie *f*, ~, –, zelena *f*
selten redek; *adv.* redko, poredkoma
Seltenheit *f* redkost *f*
Selterswasser *f* sodavica *f*
seltsam nenavaden; čuden
Semmel *f*, ~, **~n,** žemlja *f*; *wie warme ~n weggehen* iti v promet kot tople žemlje
senden, sandte/sendete, gesandt/gesendet poslati, odposlati
senden sendete, gesendet *(Radio)* oddajati; *wird gesendet* je na programu
Sender *m*, **~s,** ~, oddajnik *m*; radijska postaja *f*
Sendung *f*, ~, **~en,** oddaja *f*; *(Waren~)* pošiljka *f*; *fig.* poslanstvo *n*
Senf *m*, **~s,** –, gorčica *f*
sengen *v/i* žgati; *v/t* (po)smoditi
senken *Blick, Kopf* povesiti; *Preise* znižati, spustiti; *in* spustiti v/dol; *Schiff* potopiti; *Stimme* utišati; *sich* pogrezati se
senkrecht navpičen
Senkung *f*, ~, **~en,** pogrezanje *n*; spuščanje *n*; zniževanje *n*; kotanja *f*
Sennerei *f* stan *m*, planšarija *f*
Sense *f*, ~, **~n,** kosa *f*
Serie *f*, ~, **~n,** serija *f*, vrsta *f*
Serien... serijski
Service *n* servis *m*
Sessel *m*, **~s,** ~, stol *m*; naslanjač *m*; sedež *m*

Sessellift *m* sedežnica *f*
seßhaft stalno naseljen
Setzei *n* jajce na oko
setzen *sich* sesti, usesti se; *v/t* posaditi; *Ofen, Denkmal* postaviti; *typ.* staviti; *Pflanze* (po)saditi; *v/i* skočiti (*über* čez); ~ *auf* staviti na; *in Freiheit, auf freien Fuß* izpustiti; *in Brand* zažgati; *aufs Spiel* postaviti na kocko; *sich etw. in den Kopf* vtepsti si v glavo; *sich zur Wehr* braniti se
Setzer *m*, **~s,** ~, stavec *m*
Seuche *f*, ~, **~n,** kužna bolezen *f*; epidemija *f*
seufzen vzdihniti
Seufzer *m*, **~s,** ~, vzdih *m*
sexuell spolni
sich se, si
Sichel *f*, ~, **~n,** srp *m*; *Mond* krajec *m*
sicher gotov, varen; zanesljiv; *adv.* gotovo
Sicherheit *f* varnost *f*; gotovost *f*; *in ~ bringen/sein* spraviti na varno/biti na varnem; *sich in ~ wiegen* čutiti se varnega
Sicherheits... varnostni
Sicherheitsgurt *m* varnostni pas *m*
Sicherheitsnadel *f* varnostna zaponka *f*
sicherlich (prav) gotovo
sichern (za)varovati; zagotoviti, zagotavljati; *Waffe* zavarovati
sicherstellen zagotoviti; zavarovati; *Gestohlenes* zapleniti
Sicherung *f*, ~, **~en,** varovalka *f*; varovalna naprava *f*; *von Waffen* zapora *f*
Sicht *f*, ~, **~en,** pogled *m*, razgled *m*; *(aus seiner ~)* gledališče *n*; *auf lange/kurze ~* dolgoročno, kratkoročno; *in ~ kommen* pokazati se; *es ist gute ~* dobro se vidi
sichtbar viden
sichten opaziti, zapaziti; *Akten* pregledati
sichtlich očiten, viden
Sichtvermerk *m* vizum *m*
Sickergrube *f* ponikalnica *f*
sickern pronicati, ponikati, prenikati
sie ona, *A* (n)jo; *pl* oni, *A* (n)jih; *Sie* Vi, Vas
Sieb *n*, **~(e)s, ~e,** sito *n*, rešeto *n*; cedilo *n*
sieben (pre)sejati; *fig.* prerešetati
sieben sedem
Sieben *f* sedmica *f*
siebenjährig sedemleten
siebenmal sedemkrat
Siebensachen *pl seine ~* imetek *m*; ropotija *f*
siebentägig sedemdneven
siebentens sedmič
siebzehn sedemnajst
siebzig sedemdeset
siebzigste sedemdeseti
siech bolehen
siedeln seliti se, naseliti se, biti naseljen
sieden, sott/siedete, gesotten/gesiedet *v/i* vreti; *v/t* kuhati
siedend vrel
Siedepunkt *m* vrelišče *n*
Sieder *m* grelnik *m*
Siedler *m*, **~s,** ~, naseljenec *m*
Siedlung *f* naselbina *f*; *Stadtteil* naselje *n*

Sieg *m*, **~es, ~e,** zmaga *f*; *den ~ davontragen, erringen* zmagati
Siegel *n*, **~s,** ~, pečat *m*
Siegellack *m* pečatni vosek *m*
siegen zmagati; *über* premagati *A*
Sieger *m*, **~s,** ~, zmagovalec *m*
siegesgewiß gotov zmage; zmagoslaven
siegreich zmagovit
Siel *n* kanal *m*, odtok *m*
siezen vikati
Signal... signalni
Silbe *f*, ~, **~n,** zlog *m*; *keine ~ (sagen)* niti besedice; *~ für ~ buchstabieren* zlogovati
Silber *n*, n **s,** –, srebro *n*; *v sest.* srebrni
silbern srebrn
Silo *m* silos *m*
Sinfonie *f* simfonija *f*
singen, sang, gesungen peti; *fig.* izdati
Singvogel *m*, ptica pevka *f*
sinken, sank, gesunken spuščati se; pogrezati se; *Schiff* potoniti; *Preise, Temperatur* padati; *Wasser, Ruhm* upadati; *~ lassen* povesiti, *Stimme* utišati
Sinn *m*, **~es,** *ohne pl pomen m*, smisel *m*; *pl Sinne* čut; *~ für* občutek / smisel za; *im ~e haben* imeti v mislih/v načrtu; *in j-s ~* po okusu koga; *der ~ steht mir nach* je mi do; *in den ~ kommen* priti na misel; *anderen ~es werden* premisliti si; *nicht bei ~en* ne pri pravi; *seine fünf ~e beisammen haben* biti v redu, pri pravi; *sich etw. aus dem ~ schlagen* izbiti si iz glave
sinnbildlich simboličen
sinnen, sann, gesonnen premišljevati, razmišljati; *~ auf* naklepati *A*
Sinnesorgan *n* čutilo *n*
sinngemäß po smislu
sinnlich čuten
sinnlos nesmiseln; *(betrunken)* do onemoglosti
sinnvoll smiseln
sinnwidrig absurden
Sintflut *f* vesoljni potop *m*
Sippe *f*, ~, **~n,** rodbina *f*, klan *m*; *iron.* svojat *f*
Sitte *f*, ~, **~n,** običaj *m*, navada *f*; *pl* nravi *pl*; (lepo) vedenje *n*
sittelos nemoralen
sittenstreng strogo moralen
Sittich *m* skobčevka *f*
sittlich nraven, moralen
Sittlichkeitsverbrechen *n* spolni zločin *m*
Sitz *m*, **~es, ~e,** sedež *m*; *guten / schlechten ~ haben (Anzug)* dobro/slabo stati
sitzen, saß, gesessen sedeti; *Kleid* stati; *der Hieb sitzt* udarec je zadel v črno; *etw. auf sich ~ lassen* požreti
sitzenbleiben* obsedeti; *(in der Schule)* ponavljati razred; *fig.* ostati brez partnerja
sitzenlassen* *fig.* (za)pustiti
Sitzfleisch *n fig.* vztrajnost *f*
Sitzung *f*, ~, **~en,** seja *f*, zasedanje *n*
Ski *gl.* Schi
Sklave *m*, **~en, ~en,** suženj *m*

Sklavenhandel *m* trgovina s sužnji
Sklaverei *f* suženjstvo *n*
sklavisch suženjski
skrupellos neskrupulozen
Slawe *m*, **~en, ~en,** Slovan *m*
Sliwowitz *m* slivovka *f*
so tako; *so ein* tak, takšen; *so (et)was* kaj takega; *so schnell wie / als* kolikor mogoče hitro; *so gut wie* tako rekoč; *cj.* torej; *so doch* no!, naj je še tako *(so klug er auch ist)*
sobald brž ko
Socke *f*, ~, **~n,** kratka nogavica *f*; *sich auf die ~en machen* odpraviti se
Sockel *m*, **~s,** ~, podstavek *m*; podzidek *m*; podnožje *n*
Sodbrennen *n* zgaga *f*
soeben pravkar
sofern kolikor, če
soff *gl.* **saufen**
sofort takoj; v sest. takojšnji
sofortig takojšnji
Sog *m*, **~s,** vrtinec *m*; vsesavanje *n*
sog *gl.* **saugen**
sogar celo
sogenannt tako imenovani
sogleich takoj
Sohle *f*, ~, **~n,** podplat *m*; *(Tal)* dno *n*
Sohn *m*, **~es, £e,** sin *m*
solange dokler
solch tak
Sold *m*, *in js ~ stehen* biti v službi / plačanec koga
Soldat *m*, **~en, ~en,** vojak *m*
Söldner *m* najemnik *m*, plačanec *m*
Soll *n* dolg *m*; norma *f*
sollen, *er* **soll** morati; naj; *Du sollst nicht töten!* Ne ubijaj!; *was soll das* čemu to; *ich sollte (nicht)* moral bi/ne bi smel; *er soll krank sein* baje je bolan; *ich sollte nicht* ... ni mi bilo dano, da bi; *wenn* ... *sollte / Sollte* ... ko bi, če bi morda
somit potemtakem
Sommer *m*, **~s,** ~, poletje *n*; *v sest.* poletni
Sommerfrische *f* počitnice *pl*, letoviščarski kraj *m*
sommerlich poletni
Sommersprossen *pl* pege *pl*
sonder brez; v *sest.* posebni
sonderbar nenavaden, čuden
Sonderdruck *m* separat *m*
sondergleichen brez primere
sonderlich poseben, čuden
Sonderling *m* čudak *m*, posebnež *m*
sondern temveč
sondern ločiti, ločevati
Sonderrecht *n* privilegij *m*
Sonnabend *m* sobota *f*
Sonne *f*, ~, **~n,** sonce *n*; *(in* na)
sonnen *(sich)* sončiti, *v / i* se
Sonnen... sončni
Sonnenbad *n* sončenje *n*
Sonnenblume *f* sončnica *f*
Sonnenbrand *m* sončna opeklina *f*
Sonnenschein *m* sončni sij *m*; *fig.* sonček *m*
Sonnenschirm *m* sončnik *m*
sonnig sončen
Sonntag *m* nedelja *f*
sonntags ob nedeljah
Sonntags... nedeljski
sonst sicer, drugače; poleg

tega; ~ *was?* še kaj?; ~ *wer* kdo drug; ~ *was* kaj drugega; ~ *wo* kje drugje; ~ *wohin* kam drugam
sonstig siceršnji
sooft kadarkoli, kolikorkrat
Sorge *f*, ~, **~n,** skrb *f*; ~ *tragen für* (po)skrbeti za; *sich ~n machen* delati si skrbi (*um* za)
sorgen *(für) skrbeti (za); ~ dafür, daß* poskrbeti, da; *sich ~ um* biti v skrbeh za; *ich sorge mich um* skrbi me za
sorgenlos brezskrben
Sorgfalt *f* skrbnost *f*
sorgfältig skrben
sorglos brezskrben; površen
sosehr kolikor; čeprav
Soße *f*, ~, **~en,** omaka *f*
sott *gl.* **sieden**
soviel, soweit toliko, *cj.* kolikor
sowenig čeprav ... ne; ~ ... ~ kot ne ... tako ne
sowie tako in tako
sowohl ... *als/wie* tako ... kot (tudi)
Sozial... socialni
Sozialismus *m* socializem *m*
Sozialversicherung *f* socialno zavarovanje *n*
Sozialwissenschaften *pl* družboslovje *n*
Sozius *m* družabnik *m*; *F* sedež *m* za sopotnika
sozusagen tako rekoč
Spachtel *f* lopatica *f*
spähen oprezati (*nach* za)
Spalier *n*, **~s, ~e;** špalir
Spalt *m*, **~s, ~e; Spalte** *f*, **~, ~n,** reža *f*; *~e typ.* stolpec
spalten, spaltete, gespalten/gespaltet cepiti, razklati, *v/i* se; *sich* razcepiti se
Spaltung *f* cepitev *f*; razcep *m*; *fig.* razdor *m*
Span *m*, **~s, ⸗e,** trska *f*
Spanferkel *n* odojek *m*
Spange *f*, ~, **~n,** sponka *f*, zaponka *f*
spann *gl.* **spinnen**
Spanne *f*, ~, **~n,** ped *f*; razmik *m*; razpon *m*; *(Zeit~)* določen krajši čas; *(Gewinn)* stopnja *f*
spannen nape(nja)ti; *Pferd* zapreči *(a. fig.); auf die Folter* mučiti; *v/i Kleid* vezati; *sich* napenjati se; *Brücke* peti se
spannend napet; zanimiv
Spannung *f* napetost *f*
Sparbuch *n* hranilna knjižica *f*
Sparbüchse *f* hranilnik *m*
sparen varčevati (*mit* z); ~ *sich* prihraniti si
Sparer *m*, **~s,** ~, varčevalec *m*
Spargel *m*, beluš *m*
Sparherd *m* štedilnik *m*
Sparkasse *f* hranilnica *f*
spärlich boren, pičel; ~e redki
sparsam varčen
Spaß *m*, **~es, ⸗e,** šala *f*; *(viel ~)* zabava *f*; veselje; *aus ~* za zabavo; ~ *machen* šaliti se; ~ *machen aus* norčevati se iz; ~ *beiseite* brez šale
spaßig zabaven, smešen
Spaßvogel *m* šaljivec *m*
spät pozen, *adv.* pozno; *zu ~* prepozno; *Wie ~ ist es?* Koliko je ura?; *bis in die ~e Nacht* dolgo v noč; ~ *am*

Tage proti večeru; ~ *im Jahr* proti koncu leta
Spät... pozni
Spaten *m*, ~**s**, ~, lopata *f*
später pozneje, kasneje; *(3 Tage)* ~ čez (3 dni)
spätestens najpozneje
Spatz *m*, ~**n**, ~**n**, vrabec *m*; *fig.* pišek *m*; *die ~en pfeifen es von den Dächern* že vrabci čivkajo
spazierengehen* iti na sprehod
Spaziergang *m* sprehod *m*
Specht *m*, ~**s**, ~**e**, žolna *f*
Speck *m*, ~**s**, ~**e**, slanina *f*
speckig masten, zamaščen
Speer *n*, ~**s**, ~**e**, kopje *n*
Speiche *f*, ~, ~**n**, špica *f*
Speichel *m*, ~**s**, –, slina *f*
Speicher *m* skladišče *n*; podstrešje *n*
speichern (u)skladiščiti; *Wasser* zbirati; *Informationen* kopičiti
speien, spie, gespien pljuvati, pljuniti; bruhati; *Gift und Galle* ~ bruhati ogenj in žveplo
Speise *f*, ~, ~**n**, jed *f*; hrana *f*
Speise... jedilni
Speisekammer *f* shramba *f*
speisen jesti; *Netz* napajati; *mit* dovajati *A*; *See* polniti; *jn* (na)hraniti
Speiseröhre *f* požiralnik *m*
Speisesaal *m* jedilnica *f*
Speisewagen *m* jedilni voz *m*
Speisezimmer *n* jedilnica *f*
Spende *f*, ~, ~**n**, dar *m*, prispevek *m*
spenden dati; *Blut, Trost, Wärme* dajati; darovati; prispevati
Spender *m*, ~**s**, ~, darovalec *m*, dajalec *m*
Sperling *m*, ~**s**, ~**e**, vrabec *m*
sperrangelweit na stežaj
Sperre *f*, ~, ~**n**, zapora *f*; pregrada *f*
sperren zapreti; *Konto* blokirati; *Strom, Telefon* odklopiti; *sich gegen* upirati se *D*; *v/i Tür* ne zapirati se
Sperrgebiet *n* zaprto področje *n*
Sperrgut *n* kosovno blago *n*
Sperr(holz)platte *f* vezana plošča *f*
Sperrmüll *m* kosovni odmet *m*
Sperrung *f* zaprtje *n*, blokada *f*
Spesen *pl* stroški *pl*; *auf ~ essen* za denar podjetja ipd.
spicken pretakniti s slanino; *fig.* prepresti
spie *gl.* **speien**
Spiegel *m*, ~**s**, ~, zrcalo *n*; *Wasser* gladina *f*; raven *f*
Spiegelei *n* jajce na oko *n*
Spiegelfechterei *f* navidezen boj *m*
spiegeln *(sich)* zrcaliti (se); *v/i* bleščati se kot zrcalo
Spiegelung *f* zrcaljenje *n*; odsev *m*
Spiel *n*, ~**s**, ~**e**, igra *f*, igranje *n*; *Sport* tekma *f*; *ein ~ Karten* komplet *m*; *leichtes ~ haben mit* imeti lahek posel z; *aufs ~ setzen* postaviti na kocko; *auf dem ~ stehen* biti na kocki; *das ~ verloren geben* vdati se; *aus dem ~ lassen* ne vmešavati *G*; *seine Hände im ~ haben* imeti prste zraven

Spielart *f* različica *f*; varianta *f*
Spielball *m* žoga *f*; *fig.* igrača *f*
Spielbank *f* igralnica *f*
Spieldose *f* glasbena skrinjica *f*
spielen igrati (*gegen* proti, *um* za); *Kind* igrati se; *Wind, Wellen* poigravati se; *was gespielt wird* za kaj gre; *die Oper spielt in ...* opera se dogaja v ...; *in Farben* prelivati se; *jm etw. in die Hände spielen* spraviti v roke; *jm einen Streich ~* zagosti jo
spielend igraje; z lahkoto
Spieler *m*, **~s, ~,** igralec *m*
Spielerei *f*, **~, ~en,** *fig.* malenkost *f*
spielerisch igriv, v igri
Spielplan *m* spored *m*
Spielplatz *m* igrišče *n*
Spielraum *m fig.* možnosti *pl*, (*freien ~ haben*) svoboda delovanja
Spielzeug *n* igrača *f*, igrače *pl*
Spieß *m*, **~es, ~e,** kopje *n*, sulica *f*; *den ~ umdrehen* dati milo za drago; *er schreit wie am ~* kriči kot bi mu kožo drli
Spießbürger *m*, **Spießer** *m*, malomeščan *m*, filister *m*
spießen nabosti
Spinat *m*, **~s, ~e,** špinača *f*
spindeldürr suh kot trlica
Spinne *f*, **~, ~n,** pajek *m*
spinnefeind skrajno sovražen
spinnen, spann, gesponnen presti, razpredati; *du spinnst* blede/meša se ti
Spinner *m* zanesenjak *m*
Spinnerin *f*, **~, ~nen,** predica *f*
Spinnrad *n* kolovrat *m*
Spinnwebe *f* pajčevina *f*
Spionageabwehr *f* kontrašpijonaža *f*
Spirituosen *pl* alkoholne pijače *pl*
Spital *n*, **~s, ¨er,** bolnica *f*, bolnišnica *f*
Spitz *m*, **~es, ~e,** špic *m*
spitz koničast; *fig.* oster; *mit ~en Fingern* s končki prstov
Spitzbube *m fig.* navihanec *m*, slepar *m*
spitzbübisch navihan, hudomušen
Spitze *f*, **~, ~n,** konica *f*, ost *f*; *Baum, Berg* vrh *m*; (*Gewerbe*) čipka *f*; *fig.* ost *f*, želo *n*; *die ~ bieten* upreti se *D*; *an der ~ liegen* voditi; *auf die ~ treiben* zaostriti; *~ fahren* z najvišjo hitrostjo
Spitzel *m*, **~s, ~,** ovaduh *m*
spitzen (na)ostriti; *Bleistift* (o)šiliti; *den Mund* nabrati, našobiti; *die Ohren* napeti; *~ (sich) auf* prežati na, imeti skomine po
Spitzen... zelo visok
Spitzeneinsatz *m* vložek iz čipk
Spitzenleistung *f* vrhunski dosežek *m*
spitzfindig iznajdljiv; pretkan, prebrisan; dlakocepski
Spitzhacke *f* kramp *m*
Spitzkehre *f* rida *f*
Spitzname *m* vzdevek *m*
Splitter *m*, **~s, ~,** drobec *m*; *Holz* iver *f*

splittern (z)drobiti se
splitternackt gol, golcat
Sporen *pl* ostroge *pl*; *die ~ geben* spodbosti; *sich die ~ verdienen* izkazati se (prvič)
Sporn *m*, **~s, Sporen,** *(v sest. ~e)* ostroga *f*; *fig.* spodbuda *f*
Sport *m*, **~s, ~e,** šport *m*; *~ treiben* ukvarjati se s športom; *aus ~* za šport
Sportler *m*, **~s, ~,** športnik *m*
sportlich športen
Sportplatz *m* igrišče *n*, telovadišče *n*
Spott *m*, **~es,** –, posmeh *m*; *seinen ~ treiben mit* norčevati se iz
spottbillig smešno poceni
spötteln *(über)* norčevati se (iz); *das spottet jeder Beschreibung* tega ni mogoče opisati
spöttisch posmehljiv
sprach *gl.* **sprechen**
Sprach... jezikovni, govorni
Sprache *f*, **~, ~n,** jezik *m*; govor *m*, govorica *f*; *die ~ verschlagen* vzeti sapo; *heraus mit der ~* na dan z besedo; *etw. zur ~ bringen* načeti; *etw. kommt zur ~* govori se o
Sprachfehler *m* govorna napaka *f*
Sprachlehre *f* slovnica *f*
Sprachlehrer *m* učitelj jezikov *m*
sprachlich jezikovni
sprachlos brez besed; ob sapo
Sprachrohr *n* trobilo *n*
Sprachwissenschaft *f* jezikoslovje *n*
sprang *gl.* **springen**

sprechen, *er* **spricht, sprach, gesprochen,** govoriti *(mit* z, *über / von* o); *(ein Wort)* reči; *heilig, schuldig* razglasiti (za); *jn ~* govoriti s kom; *nicht zu ~ sein* ne sprejeti; *um nicht zu ~ von* da ne govorimo o; *anfangen zu ~* spregovoriti, začeti govoriti; *mit sich ~ lassen* biti dostopen (za argumente); *gut / schlecht zu ~ sein auf* imeti dobro/slabo mnenje o
Sprecher *m*, **~s, ~,** govoreči *m*; *(guter, schlechter)* govornik *m*; zastopnik *m*, besednik *m*; *der Regierung* predstavnik *m* za tisk
Sprechstunde *f Arzt* ordinacija *f*; *Anwalt* uradne ure *pl*
Sprechstundenhilfe *f* sestra *f* v ordinaciji
Sprechzimmer *n* ordinacija *f*
spreizen razpreti; *Beine* razkrečiti; *Flügel* razpeti; *Gefieder* našopiriti se; *sich* šopiriti se, dati se prositi; *sich ~ gegen* otepati se *G*
sprengen *Felsen* razstrel/jevati, /iti; *Tür, Versammlung* razbiti; *Rahmen* prebiti; *Ketten* zdrobiti; *mit Flüssigkeit* (po)škropiti; *Garten* zalivati; *v / i (Pferd)* galopirati
Sprengkapsel *f* detonator *m*
Sprengkörper *m* eksplozivno telo
Sprengstoff *m* razstrelivo *n*
Sprengung *f* razstrelitev *f*; škropljenje *n*; *gl.* **sprengen**
sprenkeln (o)škropiti (z barvo); *gesprenkelt* pikast, lisast

Spreu *f*, **~**, –, pleve *pl*; *die ~ vom Weizen trennen* ločiti zrno od plev
Sprichwort *n* pregovor *m*
sprichwörtlich pregovoren, prislovičen
sprießen, sproß, gesprossen poganjati, brsteti
Springbrunnen *m* vodomet *m*
springen, sprang, gesprungen skakati, skočiti, pognati se; *Blut* brizgati; *Funken* pršeti; *(zer~)* počiti; *in die Augen* bosti v oči; *Geld, Bier ~ lassen F* špendirati; *der ~de Punkt* bistvena točka
Springseil *n* skakalna vrv *f*
Sprit *m F* bencin *m*, alkohol *m*
Spritze *f*, **~**, **~n**, brizgalna *f*, brizgalka *f*; *med.* injekcija *f*
spritzen *v/t* (po)škropiti; *med.* injicirati; *v/i* brizgati, brizgniti; (po)škropiti; *F* jemati mamila
spröde krhek; *Haut* pust; *fig.* nedostopen
Sproß *m*, **~(ss)es, ~(ss)e,** brst *m*, poganjek *m*; *fig.* potomec *m*
sproß *gl.* **sprießen**
Sprosse *f*, **~**, **~n**, *Leiter* klin *m*; *(Sommer~) pega f*
Sprößling *m* poganjek *m*; potomec *m*
Sprossenkohl *m* brstični ohrovt *m*
Spruch *m*, **~s, £e,** izrek *m*, rek *m*; *iur.* sklep *m*
Spruchband *n* transparent *m*
spruchreif zrel za sklepanje
Sprudel *m*, **~s, ~,** sodavica *f*, slatina *f ipd.*; *(Wasser~)* vrtinec *m*
sprudeln *v/t* (z)žvrkljati; *v/i* peniti se; vreti, klokotati
sprühen *Regen, Funken* pršeti; *vor Freude* žareti od veselja
Sprung *m*, **~s, £e,** skok *m*, preskok *m*; *(Riß)* razpoka *f*; *jm auf die £e kommen* spregledati koga; *jm auf die £e helfen* pomagati na noge; *ich kann keine großen £e machen* ne morem si dosti privoščiti
Sprungbrett *n* odskočna deska *f*
Sprungfeder *f* vzmet *f*
sprunghaft skokovit; skokoma
Sprungschanze *f* skakalnica *f*
sprungweise skokoma
spucken pljuvati, pljuniti; *fig.* bljuvati
Spucknapf *m* pljuvalnik *m*
Spuk *m*, **~s**, –, strah *m*, duh *m*
spuken strašiti
Spule *f*, **~**, **~n**, vretence *n*, tuljava *f*; kolut *m*
Spüle *f*, **~**, **~n**, pomivalno korito *n*
spulen navijati
spülen splakovati; *Geschirr* pomivati; *auf* naplaviti
Spur *f*, **~**, **~en**, sled *f*; *Straße* vozni pas *m*; *Eisenbahn* tir *m*; *eine ~ Salz* za spoznanje *G*; *es fehlt jede ~ von* ni sledu o; *keine ~!* še malo ne!
spürbar občuten
spuren *F* ubogati
spüren čutiti, občutiti

Spürhund *m* policijski pes *m*; *fig.* zasledovalec *m*
spurlos brez sledu
sputen *sich* podzivati se
Staat *m*, **~es, ~en,** država *f*; sijaj *m*, oprava *f*, blišč *m*; *~ machen mit* postavljati se z; *großen ~ machen* razkošno živeti
staatenlos brez državljanstva
staatlich državen
Staatsangehörigkeit *f* državljanstvo *n*
Staats... državni, državniški, ... na državne stroške
Staatsanwalt *m* tožilec *m*
Staatsbürger *m* državljan *m*
staatseigen državen
Staatsmann *m* državnik *m*
Staatsstreich *m* državni udar *m*
Stab *m* palica *f*; *Armee* štab *m*; *den ~ brechen über* obsojati *A*
Stabbatterie *f* okrogla baterija *f*
Stabs... štabni
stach *gl.* **stechen**
Stachel *m*, **~s, ~n,** bodica *f*; *Insekt* želo *n*; trn *m*; *einer Sache den ~ nehmen* vzeti ost (čemu)
Stachelbeere *f* kosmulja *f*
Stacheldraht *m* bodeča žica *f*
Stachelschwein *n* ježevec *m*
stachlig bodeč, bodičast; trnast
Stadt *f*, **~, £e,** mesto *n*; *~ und Land* mesto in vas; *v sest.* mestni
Städtebau *m* urbanizem *m*
Städter *m*, **~s, ~,** meščan *m*
städtisch mesten
Stadtplan *m* načrt mesta *m*
Stadtteil *m* (mestna) četrt *f*
Staffel *f*, **~, ~n,** eskadra *f*; *Sport* štafeta *f*
Staffelei *f*, **~, ~en,** slikarsko stojalo *n*
staffeln razdeliti na stopnje
stahl *gl.* **stehlen**
Stahl *m*, **~s,** –, jeklo *n*; *v sest.* jeklen
Stahlbeton *m* železobeton *m*
stählen jekleniti *(a. fig.)*
stählern jeklen
stak *gl.* **stecken**
Stall *m*, **~s, £e,** hlev *m*; *(Hühner~)* kurnik *m*; *(Sau)* svinjak *m*
Stall... hlevski
Stallung *f* hlev *m*
Stamm *m*, **~es, £e,** *(Baum)* deblo *n*; *Blume* steblo; pleme *n*; *zoo.* rod *m*; *(der männliche)* veja *f*; *(Bestand)* jedro *n*, osnova *f*
Stamm... *(Gast, Kunde)* stalni
Stammbaum *m* rodovnik *m*
stammeln jecljati
stammen *von* izvirati od
Stammhalter *m*, **~s, ~,** naslednik *m*, sin *m*
stämmig zastaven, čokat
Stammkapital *n* osnovni kapital *m*
Stammtafel *f* rodovnik *m*
Stammtisch *m* stalno omizje *n*
stampfen teptati; *Maschine* butati; *mit dem Fuß* topotati; *~ in* zatolči v; *etw.* zmečkati
stand *gl.* **stehen**
Stand *m*, **~es, £e,** stoja *f (a Sport.)*; stanje *n*; stojnica *f*;

fig. položaj *m*, stališče *n*; stan *m* (stanovi); *Sprung aus dem ~e* skok z mesta; *einen schweren ~ haben* imeti težko stališče; *einen guten ~ haben* trdno stati; *auf den neuesten ~ bringen* spraviti na tekoče
Standard... standardni
Standbild *n* kip *m*
Ständchen *n* podoknica *f*; *ein ~ bringen* zapeti, zaigrati podoknico
Ständer *m*, **~s, ~,** stojalo *n*; (stoječ) obešalnik *m*
Standesamt *n* matični urad *m*
standfest trden
Standgericht *n* naglo sodišče *n*
standhaft stanoviten
standhalten* *D* vzdržati *A*
ständig stalno
Standlicht *n* parkirna luč *f*
Standort *m* mesto *n*; *bot.* rastišče *n*
Standpauke *f* pridigra; *eine ~ halten* brati levite
Standpunkt *m* stališče *n*
Stange *f*, **~, ~n,** drog *m*, palica *f*; prekla *f (a. fig.); von der ~* konfekcijski; *jm die ~ halten* dajati podporo/potuho *D*; *jn bei der ~ halten* držati v ojnicah; *eine ~ Geld* gora denarja
stank *gl.* **stinken**
stänkern *fig.* zabavljati
Stapel *m*, **~s, ~,** skladovnica *f*; *vom ~ laufen* biti splovljen; *vom ~ lassen (Schiff)* sploviti, *(Rede)* spustiti
Stapellauf *m* splovitev *f*
stapeln *fig.* kopičiti *(sich* se); skladati, zlagati
Star *m*, **~s, ~e,** *zoo.* škorec *m*; *med.* mrena *f*; *den ~ stechen* operirati mreno
starb *gl.* **sterben**
stark močan; *adv.* precej, močno; *Esser* velik; *Meile* dobra; *Seite fig.* dobra stran, odlika; *das ist zu ~* to je preveč; *der ~e Mann* močna roka; *20 Mann ~* dvajset mož; *300 Seiten ~* ki šteje 300 strani
Stärke *f*, **~, ~n,** moč *f*, sila *f*; *(e-r Partei)* velikost *f*; *(e-r Mauer)* debelina *f*; *(Stoff)* trdnost *f*; *js ~* odlika *f*, močna stran *f*; *(Wäsche~)* škrob *m*
stärken (o)krepiti; *sich* okrepčati se
Starkstrom *m* jaki tok *m*
Stärkung *f*, **~, ~en,** krepitev *f*; *(Essen)* okrepčilo *n*
starr *Haltung usw.* tog; *Finger, vor Angst* trd, odrevenel; *Blick* srep
starren strmeti, bolščati; *vor (Schmutz)* biti trd od
starr/köpfig, /sinnig trdoglav, trmast
Starrkrampf *m* tetanus *m*
Start *m* štart *m*; *v sest.* štartni, vzletni
startbereit pripravljen za štart
Station *f*, **~, ~en,** *fig.* postaja *f*; *Krankenhaus* oddelek *m*; *~ machen* ustaviti se
statt *G* namesto *G*; *~ zu* namesto da bi
Statt *an Kindes ~* za svojega; *an (Eides) ~* namesto
Stätte *f*, **~, ~n,** mesto *n*, kraj *m*
stattfinden* biti, dogajati se

stattgeben* privoliti v; *einer Bitte* uslišati
statthaft dopusten
Statthalter *m*, namestnik *m* (kraljev)
stattlich *Mensch* postaven; *Summe* znaten, čeden; *Gebäude* obsežen, sijajen, mogočen
Statur *f*, **~**, **~en**, postava *f*
Stau *m* zastoj *m*
Staub *m*, **~es**, –, prah *m*; *sich aus dem ~e machen F* pobrisati jo; *viel ~ aufwirbeln* dvigniti dosti prahu
stauben prašiti se; *v/t* pomokati
stäuben naprašiti; *Flüssigkeit* razpršiti
staubfrei brez prahu
Staublunge *f* silikoza *f*
Staubsauger *m* sesalnik *m*
Staudamm *m* jez *m*
Staude *f*, **~**, **~n**, trajnica (zelika) *f*
staunen čuditi se *(über D)*
Stausee *m* umetno jezero *n*
Stauung *f*, **~**, **~en**, zastoj *m*
stechen, *er* **sticht, stach, gestochen** (z)bosti (zbodem); prebosti, zabosti; *Insekt* pikati, pičiti; *Sonne* žgati; *Karten* (pre)vzeti; *in die Augen* bosti v oči; *ins Wespennest* dregniti v osje gnezdo; *v/t* rezati; *in (Kupfer)* vrezati
stechend oster
Steckbrief *m* tiralica *f*
Steckdose *f* vtičnica *f*
stecken *v/t* stikati, vtakniti; *an* zatakniti za, natakniti na; *Pflanze* potakniti; *Ziel* zastaviti si; *in Brand* zažgati; *v/i* **steckte/stak, gesteckt** tičati
steckenbleiben* obtičati
steckenlassen* pustiti v/noter
Steckenpferd *n* konjiček *m*
Stecker *m*, **~s**, **~**, vtič *m*
Steckling *m*, **~s**, **~e**, potaknjenec *m*
Stecknadel *f* bucika *f*
Steg *m*, **~es**, **~e**, brv *f*; mostiček *m*
Stegreif *aus dem ~* brez priprave, improvizirano
Stehaufmännchen *n* možicelj vstajač
stehen, stand, gestanden stati; *Kopf, Wache ~* stati na glavi, straži; *Schlange ~* stati v vrsti; *Kleid* pristajati; biti (*in* v, *außer* zunaj, *vor* pred); *Pate usw.* biti za; biti zapisan, predpisan, razpisan; *(Barometer) auf* kazati; *es steht bei ihm* od njega je odvisno;
~ für biti porok za; *~ zu jm* držati s kom; *~ zu etw.* ne zatajiti; *seinen Mann* izkazati se; *(teuer) zu ~ kommen* še (drago) stati; *(sich) gut stehen mit* biti v dobrih odnosih z; *das Spiel steht* rezultat je sedaj
Stehen *im ~* stoje, *fig.* mimogrede; *zum ~ bringen* zaustaviti
stehenbleiben* ostati; obstati
stehend stoje, stoječ; *Heer, Einrichtung* stalen; *~en Fußes* takoj
stehenlassen* (za)pustiti; pozabiti; pustiti na miru
stehlen *er* **stiehlt, stahl, ge-**

stohlen krasti; *sich ~ in* prikrasti se v; *sich ~ aus* odplaziti se; *es kann mir gestohlen bleiben* to lahko utrpim
Stehplatz *m* stojišče *n*
steif trd; *Verbeugung, fig.* tog
steigen, stieg, gestiegen vzpenjati se; *Flugzeug* dvigati se; *Ruhm, Fluß, Temperatur* naraščati; *~ in (Zug)* vstopiti na; *aus* izstopiti iz; *hinunter* spuščati se; *durchs Fenster, auf den Baum* zlesti skozi/na; *in den Kopf* iti v glavo; *im Preis* podražiti se
steigern stopnjevati (*sich* se); okrepiti
Steigerung *f* stopnjevanje *n*; višanje *n*
Steigerung *f* vzpon *m*
steil strm
Stein *m*, **~s, ~e,** kamen *m*; *Obst* koščica *f*; *Spiel* figura *f*, domina *itd.*; *mir ist ein ~ vom Herzen gefallen* kamen se mi je odvalil od srca; *den ~ ins Rollen bringen* sprožiti zadevo; *dir fällt kein ~ aus der Krone* ne bo ti padla krona z glave; *aus ~* kamnit
steinalt prastar
Steinbock *m* kozorog *m*
Steinbruch *m* kamnolom *m*
steinern kamnit
Steinmetz *m* kamnosek *m*
Steinobst *n* koščičasto sadje *n*
Steinpilz *m* jurček *m*
steinreich kamnit; *fig.* zelo bogat
Steinschlag *m ~!* kamenje pada!
Steinzeit *f* kamena doba *f*
Steiß *m* trtica *f*; zadnjica *f*
Stelldichein *n* zmenek *m*
Stelle *f*, **~, ~n,** mesto *n*; prostor *m*; služba *f*, službeno mesto *n*; urad *m*; *an ~ von / des* namesto; *auf der ~* takoj; *zur ~ sein* biti na mestu/tu/tam
stellen postaviti; *Fallen* nastaviti; *Aufgabe* zastaviti; *Uhr, Weiche* naravnati; *(Antrag, zur Verfügung)* dati; *Zeugen* privesti; *Verbrecher* ujeti; *sich ~* postaviti se, *der Polizei* predati se; sich *krank, dumm ~* delati se bolnega itd. *sich ~ zu / mit* biti v ... odnosu do, imeti ... odnos do
Stellenangebot *n* prosto delovno mesto *n*
stellenlos nezaposlen
Stellenvermittlungsbüro *n* posredovalnica za delo
stellenweise mestoma
Stellung *f*, **~, ~en,** položaj *m*; drža *f*; *~ nehmen zu* zavzeti stališče do
stellvertretend *~er Vorsitzender* podpredsednik *m*; *~er Minister* namestnik ministra
Stellvertreter *m* namestnik *m*
Stelze *f* hodulja *f*
Stemmeisen *n* dleto *n*; izbijač *m*
stemmen opreti, podpreti; *Gewicht* dvigniti, dvigati; *aus der Mauer* izbiti; *sich ~ gegen* upirati se *D*, z vso silo pritisniti na
Stempel *m*, **~s, ~,** štampiljka *f*, žig *m*; *fig.* pečat *m*

stempeln žigosati; *zu* ožigosati kot/za; ~ *gehen* biti brezposeln
Stengel *m*, **~s, ~,** steblo *n*
Steppdecke *f*, prešita odeja *f*
sterben, *er* **stirbt, starb, gestorben** umreti; *im Sterben liegen* umirati
sterbensmüde na smrt truden
sterblich umrljiv; na smrt
Sterblichkeit *f* smrtnost *f*
Stern *m*, **~s, ~e,** zvezda *f*; *typ.* zvezdica *f*
Sternbild *n* ozvezdje *n*
sternförmig zvezdast
Sternschnuppe *f* utrinek *m*
Sternwarte *f* zvezdarna *f*
stet trden, neomajen, stalen
stetig stalen
stets vedno
Steuer *n*, **~s, ~,** krmilo *n*
Steuern *pl* davki *pl*, pristojbine *pl*
Steueramt *n* davčni urad *m*
Steuererklärung davčna prijava *f*
steuerfrei oproščen davkov
Steuerhinterziehung utaja davkov *f*
Steuermann *m* krmar *m*
steuern krmariti; *Flugzeug* pilotirati, voditi; *Auto* voziti; *fig.* usmerjati
Steuerzahler *m* davkoplačevalec *m*
stibitzen suniti, zmakniti
Stich *m*, **~s, ~e,** vbod *m*, zbodljaj *m*; *(Insekt)* pik *m*; grafika *f*; *einen ~ haben* cikati, biti kisel; *ein ~ ins Rote* rdeč nadih; *~ halten* držati korak; *im ~ lassen* pustiti na cedilu
Stichelei *f fig.* zbadanje *n*
stichhaltig trden
Stichprobe *f* preizkus (na slepo)
Stichwort *n* iztočnica *f*; *Lex.* geslo *n*
Stick... za vezenje, vezen
Stickerei *f* vezenje *n*; vezenina *f*
stickig zatohel
Stickstoff *m* dušik *m*
stickstoffhaltig vsebujoč dušik
Stiefbruder *m* sin mačehe ali očima; *F* polbrat *m*
Stiefel *m*, **~s, ~,** visok čevelj *m*; škorenj *m*
Stiefmutter *f* mačeha *f*
Stiefmütterchen *n* mačeha *f bot.*
Stiefschwester *f* hči mačehe ali očima; *F* polsestra
Stiefsohn *m* pastorek *m*
Stieftochter *f* pastorka *f*
Stiefvater *m* očim *m*
stieg *gl.* **steigen**
Stiege *f*, **~, ~n,** stopnice *pl*
Stiel *m*, **~s, ~e,** roč *m*, ročaj *m*; *bot.* steblo *n*
Stier *m*, **~es, ~e,** bik *m*
Stierkampf *m* bikoborba *f*
stieß *gl.* **stoßen**
stieren buljiti, bolščati
Stift *m*, **~s, ~e,** zatič *m*; risalni žebljiček *m*; svinčnik *m*, barvnik *m*
Stift *n*, **~s, ~e,** samostan *m*
stiften ustanoviti; dati, podariti; *(Schlechtes)* povzročati; *(Gutes)* narediti; *Frieden ~* miriti
Stifter *m*, **~s, ~,** darovalec *m*; ustanovitelj *m*; povzročitelj *m*

Stiftung *f*, **~, ~en,** ustanova *f*, sklad *m*
Stil *m*, **~s, ~e,** slog *m*
still tih, miren; *~!* mir! *im ~en* skrivaj, na tihem
Stille *f*, **~, –,** tišina *f*, mir *m*; *in aller ~* na tihem
Stilleben *n* tihožitje *n*
stillegen *(still-legen) Betrieb* zapreti; *Verkehr* ohromiti, ustaviti
stillen *Kind* dojiti; *Schmerz* lajšati, ublažiti; *Hunger, Verlangen* potešiti; *Blut* ustaviti
stillhalten* mirovati
Stillschweigen *n* molk *m* (o); *mit ~* molče
Stillstand *m*, zastoj *m*; *zum ~ bringen / kommen* (za)ustaviti/se
stillstehen* (mirno) stati; *Herz, Verstand* obstati
Stilmöbel *pl* stilno pohištvo *n*
Stimmabgabe *f* glasovanje *n*
Stimmband *n* glasilka *f*
stimmberechtigt ki ima pravico glasovati, voliti
Stimme *f*, **~, ~n,** glas *m*; *gut bei ~ sein* imeti močan glas
stimmen glasovati; biti pravilen, v redu; *das stimmt* drži; *Klavier* uglaševati, uglasiti; *traurig usw.* spraviti v ... razpoloženje
Stimmeinheit *mit ~* soglasno
Stimmenthaltung *f* vzdržan glas
Stimmrecht *n* glasovalna pravica *f*
Stimmung *f*, **~, ~en,** *fig.* razpoloženje *n*; *in guter ~ dobro razpoložen*
Stimmungsmensch *m* razpoloženjsko labilen človek
stimmungsvoll s prijetnim vzdušjem; čustven
Stimmwechsel *m* mutiranje *n*
stinken, stank, gestunken smrdeti
Stirn *f*, **~, ~en,** čelo *n*; *fig.* predrznost *f*; *jm die ~ bieten* zoperstaviti se *D*
Stirn... čelni
stöbern brkljati, brskati
stochern *in* bezati, brskati po
Stock *m*, **~es, ⸚e,** palica *f*; *bot.* (lesna) trajnica; *(Bienen)* panj *m*; *Granit~* gmota *f*; *(Grundstock)* glavnina *f*; *(~werk)* nadstropje *n*; *über ~ und Stein* čez drn in strn
stock *(blind / dunkel / besoffen)* čisto
Stöckel *m*, **~s, ~,** visoka peta *f*
stocken zastajati; zastati, ustaviti se; *Flüssigkeit* zgostiti se; *ins Stocken geraten* zastajati, zastati
stockfinster tema kot v rogu
Stockfisch *m* polenovka *f*
...stöckig ... nadstropen
Stockung *f*, **~, ~en,** zastoj *m*; zastajanje *n*; stagnacija *f*
Stockwerk *n* nadstropje *n*
Stoff *m*, **~es, ~e,** blago *n*; snov *f*; tvarina *f*
stofflich snoven
Stoffwechsel *m* presnova *f*
stöhnen stokati, ječati
Stollen *m*, **~s, ~,** rov *m*, tunel *m*; (podolgovat) kolač *m*
stolpern spotakniti se (*über* ob)

stolz ponosen
Stolz *m*, **~es, –**, ponos *m*
stopfen (na)basati; napolniti; *Strümpfe* krpati; *Tiere* pitati; *den Mund usw.* zapreti; *v/i* povzročati zaprtje
Stopfgarn *n* krpanec *m*
Stoppel *f Bart* kosmatina *f*; dlaka *f*
Stoppelfeld *n* strnišče *n*
stoppen ustaviti, *v/i* se
Stopplicht *n* zavorna luč *f*
Stöpsel *m* zamašek *m*
Storch *m*, **~s, ⸗e**, štorklja *f*
stören motiti; *Frieden, Ruhe* kaliti
störrisch trmast
Störung *f*, **~, ~en**, motenje *n*; motnja *f*
Stoß *m*, **~es, ⸗e**, sunek *m*, udarec *m*; *(Holz~)* kup *m*, skladovnica *f*
Stoßdämpfer *m* amortizer *m*
stoßen, *er* **stößt, stieß, gestoßen** suniti, poriniti; zariniti; *von sich* odriniti; *auf etw.* naleteti na; *mit etw. gegen* zaleteti se z ob; *sich ~ an* zadeti se ob; *fig.* spotikati se nad; *sich am Knie* udariti se na; *an etw.* mejiti na; *zu jm* pridružiti se *D*
Stoßgebet *n* pobožen vzdih *m*
Stoßstange *f* odbijač *m*
Stoßtherapie *f* šokovno zdravljenje *n*
Stoßverkehr *m* prometna konica *f*
stottern jecljati; *F* odplačevati na obroke
stracks naravnost
Straf... kazenski
Strafanstalt *f* kaznilnica *f*
Strafanzeige *f ~ erstatten* ovaditi, prijaviti (*gegen A*)
strafbar kazniv; *sich ~ machen* narediti prekršek
Strafe *f*, **~, ~n**, kazen *f*; *(Geld~)* globa *f*; *bei ~ von* s kaznijo *G*
strafen kaznovati; *gl.* Lüge
Straferlaß *m* znižanje *n* kazni
straff napet; *Stil* zgoščen; *fig.* točen, natančen
straffällig *werden* zagrešiti kaznivo dejanje
Strafgeld *n* globa *f*
Strafgesetz *n* kazenski zakon *m*
Sträfling *m* kaznjenec *m*
straflos nekaznovan, brez kazni
Strafmaß *n* kazen *f*
strafmildernd olajševalen
Strafstoß *m* kazenski strel *m*
Strahl *m*, **~s, ~en**, žarek *m*; *(Blitz~)* blisk *m*; *(Wasser~)* curek *m*
Strahlantrieb *m* reaktivni pogon *m*
strahlen žareti, izžarevati; žarčiti
Strahlenbehandlung *f* obsevanje *n*
Strahlenkrone *f* svetniški sij *m*
Strahlung *f* žarčenje *n*
Strähne *f*, **~, ~n**, pramen *m*; *Garn* štrenica *f*
strähnig *(Haar)* repast
stramm *Junge* krepek, *Hose* napet; *Haltung* strumen; *arbeiten* krepko
strampeln brcati

Strand *m*, **~es, £e,** plaža *f*; obala *f*
stranden nasesti
Strandgut *n* naplavina *f*
Strang *m*, **~es, £e,** vrv *f*; *Gleis* tir *m*, *Leitung* linija *f*; *Wolle* štrena *f*; *Tod durch den ~* smrt z obešenjem; *wenn alle £e reißen* če vse odpove; *über die £e schlagen* ponoreti
Straße *f*, **~, ~n,** cesta *f*; *auf, in* na, po
Straßen... cestni
Straßenbahn *f* tramvaj *m*
Straßendirne *f* pocestnica *f*
Straßenkehrer *m* cestni pometač *m*
sträuben (na)ježiti (*sich* se); *sich gegen fig.* upirati se *D*
Strauch *m*, **~s, £er,** grm *m*
straucheln spotakniti se; *fig.* zaiti na kriva pota
Strauchwerk *n* grmovje *n*
Strauß *m*, **~es, £e,** *zoo.* noj *m*; *(Blumen~)* šopek *m*; grm *m*
Strebe *f*, **~, ~n,** prečka *f*
streben stremeti (*nach* k); prizadevati se za
Streben *n*, **~s,** –, stremljenje *n*; prizadevanje *n*
Streber *m*, **~s, ~,** stremuh *m*
strebsam prizadeven
Strecke *f*, **~, ~n,** proga *f*; razdalja *f*; del poti; *zur ~ bringen fig.* ujeti, upleniti, onesposobiti; *auf der ~ bleiben* obležati, biti žrtvovan
strecken raztegniti; *die Waffen* položiti; *sich* iztegniti se, pretegniti se; *Schatten* podaljševati se
streckenweise mestoma
Streich *m*, **~s, ~e,** udarec *m*; *(Staats~)* udar *m*; *fig.* norčija *f*, šala *f*; *jm einen ~ spielen* zagosti jo komu
Streich... *več.* godalni
streicheln božati
streichen, strich, gestrichen potegniti po, čez; *Butter* (na)mazati; črtati; *mit Farbe* beliti, barvati; *Segel, Flagge* spustiti; *v/i (umher)* pohajkovati; *Vogel* letati
Streicher *pl* godala *pl*
Streichholz *n* vžigalica *f*
Streichkäse *m* sir za mazanje *m*
Streife *f*, **~, ~n,** (policijska) patrola *f*
Streifen *m*, **~s, ~,** proga *f*
streifen narediti proge; *etw.* dotakniti se *G*; podrsati se ob; *~ von* potegniti z/dol; *~ über* potegniti čez, obleči; *v/i* potepati se, pohajkovati
Streifenwagen *m* patrolno vozilo *n*
streifig progast
Streifschuß *m* obstrelnina *f*
Streifzug *m* pohod *m*
Streik *m*, **~s, ~e,** stavka *f*; *in den ~ treten* začeti stavkati
streiken stavkati
Streit *m*, **~s, ~e,** spor *m*, prepir *m*; *einen ~ vom Zaun brechen* začeti prepir
Streitaxt *f* bojna sekira *f*
streitbar prepirljiv
streiten, stritt, gestritten prepirati se (*um* za); boriti se
Streitfrage *f* sporno vprašanje *n*
streitig sporen; *jm etw. ~ machen* spodbijati (pravico do)

Streitigkeiten *pl* spor *m*
Streitkräfte *pl* oborožene sile *pl*
streng strog; *Geschmack, Kälte* oster; *~ geheim* strogo zaupno
Strenge *f*, **~**, –, strogost *f*
streuen (po)sipati, trositi; nasuti, razsuti
streunen potepati se
strich *gl.* **streichen**
Strich *m*, **~s, ~e,** črta *f*, proga *f*; *(Land~)* predel *m*; *der Vögel* selitev *f*; *auf den ~ gehen* prostituirati se; *jm gegen den ~ gehen* iti/biti zoper dlako; *e-n ~ durch die Rechnung machen* prekrižati račune; *e-n ~ unter etw. machen* potegniti črto pod
strichweise mestoma
Strichmädchen *n* pocestnica *f*
Strick *m*, **~s, ~e,** vrv *f*; *jm einen ~ drehen aus* izrabiti kaj proti komu
stricken plesti
Strick... pletilni, pleten
Stricknadel *f* pletilka *f*
Strickwaren *pl* pletenine *pl*
Strieme *f*, **~, ~n,** proga *f*, maroga *f*
stritt *gl.* **streiten**
strittig sporen
Stroh *n*, **~s,** –, slama *f*; *v sest.* slamnat
Strohblumen *pl* suhe rože *pl*
Strohhalm *m* slamica *f*; *nach e-m ~ greifen* loviti se za slamico
Strohhut *m* slamnik *m*
Strolch *m*, **~s, ~e,** potepuh *m*; nepridiprav *m*
Strom *m*, **~(e)s,** tok *m*; *(£e pl)* veletok *m*
stromabwärts po reki navzdol
Strombett *n* struga *f*
strömen teči, valiti se; *Regen, Tränen* liti
Stromer *m* klatež *m*
Stromkreis *m* tokokrog
Stromleiter *m* prevodnik
Stromlinienform *f* aerodinamična oblika *f*
Stromschnelle *f* brzica *f*
Stromstoß *m* udarec električnega toka
Strömung *f*, **~, ~en,** tok *m*; *fig.* smer *f*, struja *f*
Stromzwischenzähler *m*, odštevalni števec
strotzen *vor* biti poln *G*
Strudel *m*, **~s, ~,** vrtinec *m*; *(Apfel~)* zavitek *m*; *(mit Hefe)* potica *f*
Strumpf *m*, **~(e)s, £e,** nogavica *f*
Strumpfhose *f* hlačne nogavice *pl*; žabe *pl*
Strunk *m*, **~s, £e,** štor *m*
struppig sršeč
Stube *f*, **~, ~n,** izba *f*, soba *f*
Stubenhocker *m* zapečkar *m*
Stubenmädchen *n* sobarica *f*
stubenrein čist (ki se ne ponečedi); *Witz* za nežna ušesa
Stück *n*, **~s, ~e,** kos *m*, del *m*; *(Vieh)* glava *f*; *(Theater)* igra *f*; *(Musik)* skladba *f*; *~ für ~* kos za kosom; *aus einem ~* scela; *aus freien ~en* prostovoljno; *in ~e gehen* razbiti se; *ein schönes ~ Geld* precej denarja
Stückgüter *pl* kosovno blago *n*
Stücklohn *m* plačilo *n* po kosu

stückweise po kosih/koščkih
Student *m*, **~en, ~en,** študent *m*, **~in** *f* ~ka
Studienfahrt *f* študijsko potovanje *n*
Studienrat *m* (srednješolski) profesor *m*
studieren študirati
Stufe *f*, **~, ~n,** stopnja *f*; stopnica *f*
stufenweise postopoma
Stuhl *m*, **~(e)s, £e,** stol *m*; *med.* stolica *f*; *(hl. ~)* sedež *m*; *jm den ~ vor die Tür setzen* postaviti koga pred vrata
Stuhlgang *haben* opraviti veliko potrebo
Stulle *f*, **~, ~n,** kruhek *m*, sendvič *m*
stülpen povezniti; *(um)* zavihati
stumm nem; *fig.* tih
Stummel *m*, **~s, ~,** *Baum* štor *m*; *Fuß* krcelj *m*
Stummfilm *m* nemi film *m*
Stümper *m*, **~s, ~,** mojster skaza *m*
stumpf top
Stumpf *m* krcelj *m*; *(Baum~)* štor *m*
stumpfsinnig topoumen; apatičen
Stunde *f*, **~, ~n,** ura *f*; *zu jeder ~* kadarkoli; *bis zur ~* do sedaj; *von Stund an* poslej; *zur ~* zdaj; *zu allen ~n* ob vsaki uri
Stundenglas *n* peščena ura *f*
Stundenkilometer *m* kilometer na uro
Stundenplan *m* urnik *m*
stündlich vsako uro
Stundung *f* odlog *m*
Stupsnase *f* zavihan nos *m*
stur trmast
Sturm *m*, **~s, £e,** vihar *m*; *Sport* napad *m*; juriš *m*; *~ laufen gegen* napadati *A*
stürmen *v/t* zavzeti (na juriš); *v/i* zapoditi se, napadati; *es stürmt* viharno je
stürmisch viharen; *fig.* neučakan
Sturz *m*, **~es, £e,** padec *m*; propad *m*; *(eines Regimes)* zrušenje *n*
Sturzbach *m* hudournik *m*
stürzen pasti, zgrmeti; *an, aus, in* planiti k, iz, v; *v/t* vreči *(sich* se); *nicht ~!* ne prevračajte! *ins Elend* pognati v bedo
Stute *f*, **~, ~n,** kobila
Stütze *f*, **~, ~n,** opora *f*
stutzen *v/t* pristriči, obstriči; skrajšati; *v/i* ustaviti se, začuditi se
stützen podpirati, opirati; biti opora; *sich ~ auf* naslanjati se na
Stutzer *m* gizdalin *m*
stutzig *werden* zasumiti; *~ machen* zbuditi sum
Stützpunkt *m* oporišče *n*; *fig.* opora *f*
Suche *f*, **~, ~n,** iskanje *n*; *auf der ~ sein nach* iskati *A*
suchen iskati; *das Weite* pobrisati jo; *gesucht fig.* za lase privlečen
Sucher *m* iskalec *m*
Sucht *f*, **~, £e,** sla *f*, bolezen *f*, zasvojenost *f*
süchtig zasvojen
Sud *m*, **~s, ~e,** juha *f*; prevretek *m*
Süd... južni

Süden *m*, **~s**, –, jug *m*; (*im* na)
Südländer *m* južnjak *m*
südlich južen; ~ *von* južno od
Suff *m fig.* pijača
Sühne *f*, **~**, –, pokora *f*; povračilo *n*
sühnen plačati za, povrniti
Sülze *f*, **~**, **~n**, žolca *f*
Summe *f*, **~**, **~n**, vsota *f*
summen brenčati; *Ohr* zvoniti v ušesih
Summer *m*, **~**, **~**, brenčač *m*
Sumpf *m*, **~es**, **£e**, močvirje *n*
Sumpf... močvirni
sumpfig močvirnat, močviren
Sünde *f*, **~**, **~n**, greh *m*
Sündenbock *m* grešni kozel *m*
Sünder *m* grešnik *m*
sündhaft grešen; *fig.* pregrešen
sündig grešen
sündigen grešiti
Suppe *f*, **~**, **~n**, juha *f*; *die ~ auslöffeln* pojesti kašo; *eine ~ einbrocken* zakuhati jo; *jm die ~ versalzen* pokvariti veselje; *ein Haar in der ~ finden* najti napako v čem
Suppen... jušni
surren brenčati, brneti
süß sladek
Süße *f*, **~**, –, sladkost *f*, sladkor *f*; *fig. F* srček
süßen sladiti, sladkati
Süßholz *raspeln* gostoleti, dobrikati se *D*
Süßigkeiten *pl* sladkarije *pl*
Süßspeise *f* sladica *f*
Süßstoff *m* sladilo *n*
Süßwarengeschäft *n* bonboniera *f*
Szene *f*, **~**, **~n**, scena *f*; *in ~ setzen* uprizoriti; *sich in ~ setzen* razkazovati se

T

Tabak *m* tobak *m*
Tabakwaren *pl* tobačni izdelki *pl*
Tablett *n*, **~s, ~s,** pladenj *m*
Tablette *f*, **~, ~n,** tableta *f*
Tachometer *n* brzinometer *m*
Tadel *m*, **~s, ~,** graja *f*; napaka *f*
tadellos brezhiben
tadeln grajati
Tafel *f*, **~, ~n,** miza *f*; *(Schul-)* tabla *f*; *(Schokolade)* tablica *f*; *(im Buch)* slika *f*, tabela *f*; *(Stein-)* plošča *f*; *v sest.* namizni
tafeln (slavnostno) obedovati, jesti
täfeln obložiti (*mit* z)
Tag *m*, **~(e)s, ~e,** dan *m* (dnevi); *bei / am ~e* podnevi; *am 3. ~e* tretji dan *(A)*; *am ~e nach* dan za; *alle ~e* vsak dan; *dieser ~e* te dni; *heute in 10 ~en* čez 10 dni; *unter ~e* v jami, rudniku; *Guten ~!* dober dan! *(beim Abschied)* Zdravo! Zbogom! *es wird ~* dani se; *an den ~ bringen / legen* razkriti/izpričati; *in den ~ hinein* tjavdan
...tag *(Landtag)* zbor *m*, skupščina, kongres itd.
tagaus, tagein iz dneva v dan
Tagebuch *n* dnevnik *m*
tagelang dneve in dneve
Tagelöhner *m* dninar *m*
tagen daniti se; *Versammlung* zasedati
Tagesgespräch *n* novica dneva *f*
Tageslicht *n* dnevna svetloba *f*; *fig.* luč sveta
Tagesordnung *f* dnevni red *m*
taghell *es ist ~* je dan, svetlo kot podnevi
...tägig trajajoč/star ... dni
täglich vsak dan
...täglich vsak ... dan
tags *(zuvor)* dan (predtem)
Tagundnachtgleiche *f* enakonočje *n*
Tagung *f*, **~, ~en,** zasedanje *n*
Taille *f*, **~, ~n,** pas *f*
taktlos netakten
taktvoll takten
Tal *n*, **~s, ⁓er,** dolina *f*
Talg *m*, **~es, –,** loj *m*
Talgdrüse *f* lojnica *f*
Talk *m* smukec *m*, talkum *m*
Talkessel *m* kotlina *f*
Talsperre *f* jez *m*; dolinska pregrada *f*
Tamtam *n fig.* hrušč *m*, hrup *m*
Tand *m* ništrc *m*
tändeln igračkati se, flirtati
Tang *m*, **~s, ~e,** haloga *f*
Tank *m*, **~s, ~s,** tank *m*
tanken tankati
Tankstelle *f* (bencinska) črpalka *f*

Tankwart *m* črpalkar *m*
Tanne *f*, **~**, **~n**, jelka *f*
Tante *f*, **~**, **~n**, teta *f*
Tanz *m*, **~es**, **£e**, ples *m*; *einen ~ haben mit fig.* zaropotati; *v sest.* plesni
Tanzboden *m* plesišče *n*
tänzeln poplesovati
tanzen plesati
Tänzer *m*, **~s**, **~**, plesalec *m*
Tapet *n aufs ~ bringen* spraviti na dan; *Frage* sprožiti
Tapete *f*, **~**, **~n**, tapeta *f*
Tapezierer *m* tapetnik *m*
tapfer hraber, srčen
Tapferkeit *f* hrabrost *f*; pogum *m*
tappen tipati; tipaje hoditi; *im Dunklen fig.* bloditi v temi
tarnen prikriti, maskirati
Tarnung *f* kamuflaža *f*
Tasche *f*, **~**, **~n**, *(im Anzug, Kleid)* žep *m*; *(Hand~)* torbica *f*; *(Schul~)* torba *f*
Taschenbuch *n* žepna knjiga *f*
Taschendieb *m* žepar *m*
Taschengeld *n* žepnina *f*
Taschenlampe *f* ročna baterija *f*
Taschentuch *n* robec *m*
Tasse *f*, **~**, **~n**, skodelica *f*; *er hat nicht alle ~n im Schrank* manjka mu eno kolesce
Taste *f*, **~**, **~n**, tipka *f*
tasten tipati; *sich ~* tipaje iskati po
Tastsinn *m* tip *m*
Tat *f*, **~**, **~en**, dejanje *n*; *in der ~* zares, resnično
Tatbestand *m* dejansko stanje *n*, dejanstvo *n*
Tateinheit *f in ~ mit* skupaj z
Tatendrang *m* želja po udejstvovanju
tatenlos nedejaven; nemočen
Täter *m*, **~s**, **~**, storilec *m*, **~in** *f* ~lka *f*
Täterschaft *f* krivda *f*
tätig dejaven; *bei einer Firma* zaposlen pri
tätigen napraviti; *Kauf* kupiti; *Abschluß* končati; *Erfolg* imeti, roditi
Tätigkeit *f* dejavnost *f*
tatkräftig energičen
tätlich *werden* fizično se lotiti *(gegen G)*
Tätlichkeiten *pl* fizično obračunavanje *n*
Tatort *m* mesto zločina *n*
Tatsache *f* dejstvo *n*
tätscheln (po)trepljati
Tatze *f*, **~**, **~n**, taca *f*, šapa *f*
Tau *m*, **~s**, –, rosa *f*
Tau *n*, **~s**, **~e**, vrv *f* (ladijska)
taub gluh; *Nuß* piškav; *Stein* mrtev; *Finger* odrevenel; *Blüte* jalov
Taube *f*, **~**, **~n**, golob *m*
Taubenschlag *m* golobnjak *m*
Taubheit *f* gluhost *f*
taubstumm gluhonem
tauchen potapljati, potopiti; *v/i* se
Taucher *m*, **~s**, **~**, potapljač *m*; *v sest.* potapljaški
Tauchsieder *m* potopni grelnik *m*
tauen tajati se
Taufe *f*, **~**, **~n**, krst *m*
taufen krstiti (za); dati ime
Taufname *m* krstno ime *n*
taugen biti dober, uporaben

(*für* za), *nichts* ~ ne biti za nič
Taugenichts *m* pridanič *m*
tauglich sposoben (za vojaško službo)
taumeln opotekati se; biti omotičen
Tausch *m*, **~s, ~e,** menjava *f*
tauschen menjati, zamenjati
täuschen varati, prevarati; zavajati; *sich* ~ *in* (z)motiti se o; *(in Erwartungen) getäuscht werden* doživeti razočaranje
Tauschwert *m* menjalna vrednost *f*
tausend tisoč; *zu ~en* na tisoče
Tausendfüßler *m* stonoga *f*
tausendjährig tisočleten
tausendmal tisočkrat
Tausendstel *n* tisočinka *f*
Tautropfen *m* rosa *f*
Tauziehen *n* prerekanje *n*
Taxe *f*, **~, ~n, Taxi** *n*, **~s, ~s,** taksi *m*
Techniker *m* tehnik *m*, inženir *m*
technisch tehničen, tehniški
Tee *m*, **~s, ~s,** čaj *m*; *v sest.* čajni
Teekanne *f*, **Teekessel** *m* čajnik *m*
Teer *m*, **~s, ~e,** katran *m*
Teich *m*, **~s, ~e,** ribnik *m*; *fig. der große* ~ velika luža *f*
Teig *m*, **~s, ~e,** testo *n*
Teigwaren *pl* testenine *pl*
Teil *m*, *n*, **~s, ~e,** del *m*; *beide* ~ obe strani; *der größte* ~ večina; *zum* ~ delno, deloma; *ich für mein* ~ kar mene zadeva
teilbar deljiv
teilen deliti; *Ansichten* biti istih misli, nazorov; *sich* ~ *(Straße)* razcepiti se
Teilhaber *m* družabnik *m*
...teilig ... delen
Teilnahme *f* udeležba *f*; *fig.* sočustvovanje *n*
teilnahmslos apatičen
teilnehmen* udeleževati se *(an G);* udeležiti se, biti pri; *an js. Freude, Leid usw.* skupaj s kom se veseliti, žalostiti
Teilnehmer *m* udeleženec *m*; *tel.* naročnik *m*
teils delno, deloma
Teilung *f*, **~, ~en,** delitev *f*; deljenje *n*
teilweise deloma
Teilzahlung *f* odplačevanje *n*
Telefon *n* telefon *m*; *v sest.* telefonski
Telefonbuch *n* telefonski imenik *m*
Telegramm *n* brzojavka *f*
telegrafieren brzojaviti
Teller *m*, **~s, ~,** krožnik *m*
Tempel *m*, **~s, ~,** svetišče *n*
Temperatur *f*, **~, ~en,** temperatura *f*; *med.* vročina; *die ~ messen* meriti vročino
Tennis *n* tenis *m*; *v sest.* teniški
Teppich *m* preproga *f*; *v sest.* za preproge; *unter den ~ kehren* zanemariti
termingemäß v roku
testen testirati
testieren zapustiti z oporoko
teuer drag *(a. fig.)*; ~ *zu stehen kommen* drago stati; *wie ~ ist das* koliko stane
Teuerung *f* draginja *f*

Teufel *m*, **~s, ~,** hudič *m*, vrag *m*; *scher dich zum ~* pojdi k vragu; *der ~ ist los* vsi križi so dol; *armer ~* uboga para; *zum ~ wünschen* poslati k hudiču
teuflisch satanski
Textilien *pl* tekstil *m*
Theater *n*, **~s, ~,** gledališče *n*; *~ machen fig.* zganjati cirkus; *~ spielen fig.* pretvarjati se
Theater... gledališki
Theke *f*, **~, ~n,** pult *m*; točilna miza *f*
Thermalbad *n* toplice *pl*
Thron *m*, **~s, ~e,** prestol *m*
thronen *fig.* kraljevati
Thronfolger *m* prestolonaslednik *m*
Thunfisch *m* tun *m*
Tic *m*, **Tick** *m*, **~s, ~e/~s,** tik *m*; *einen ~ haben fig.* biti čez les
ticken tiktakati
tief globok; *Geheimnis* velik; *Winter* hud; *Nacht* pozen; *Farbe* temen; *adv.* globoko; *fliegen, singen* nizko
tief... (+ *Adj.*) globoko, močno
Tief *n*, **~s, ~s,** področje *n* nizkega zračnega pritiska
Tiefe *f*, **~, ~n,** globina *f*
tiefgekühlt globoko zmrznjen
tiefgreifend radikalen
Tiefland *n* nižava *f*
Tiefschlag *m fig.* nizki udarec *m*
tiefschürfend *fig.* globok
tiefsinnig globokoumen
Tiefstand *m einen ~ erreicht haben* biti na nizkem nivoju, točki
Tiegel *m*, **~s, ~,** lonček *m*
Tier *n*, **~s, ~e,** žival *f*; *fig. (hohes)* (velika) živina *f*
Tier... živalski
Tierarzt *m* živinozdravnik *m*
Tiergarten *m* živalski vrt *m*
tierisch živalski; *fig.* živinski
Tierkreis *m* zodiak *m*
Tierschutzverein *m* društvo *n* za varstvo živali
tilgen (iz)brisati; *Schuld* odplačati
Tinte *f*, **~, ~n,** črnilo *n*; *F in der ~ sitzen* biti v kaši
Tintenfisch *m* sipa *f*
Tip *m*, **~s, ~s,** namig *m*; opozorilo *n*
tippen *auf* dotakniti se *G*; *F* tipkati na; *ich tippe darauf, daß* stavil bi, da
Tisch *m*, **~es, ~e,** miza *f*; *zu ~* pri obedu; *reinen ~ machen mit* razčistiti z; *unter den ~ fallen / fallen lassen* pasti v vodo/zanemariti; *auf den ~ schlagen* udariti po mizi, zaropotati
Tischdecke *f* prt *m*
Tischler *m*, **~s, ~,** mizar *m*
Tischtennis *n* namizni tenis *m*
Titel *m*, **~s, ~,** naslov *m*; *v sest.* naslovni
toben *vor Zorn* besneti; *Kinder, Sturm, Kampf* divjati
Tobsucht *f* besnilo *n*
Tochter *f*, **~, ~̈,** hči *f*
Tod *m*, **~es, ~e,** smrt *f*; *zu ~e* na smrt
Todesanzeige *f* osmrtnica *f*
Todesfall *m* smrt *f*, smrtni primer *m*; *im ~* v primeru smrti
Todesgefahr *f* življenjska nevarnost *f*

Todesstrafe *f* smrtna kazen *f*
Todestag *m* obletnica smrti *f*
Todfeind *m* smrtni sovražnik *m*
todkrank na smrt bolan
tödlich smrten; življenjsko nevaren; *Ernst* mrtvaški
todmüde na smrt truden
todsicher popolnoma gotov
Todsünde *f* smrtni greh *m*
Toilette *f*, **~**, **~n**, toaleta *f*; *WC* stranišče *n*
Toilettenpapier *n* toaletni papir *m*
toll blazen; *Kind* divji; *~ auf* nor na; *F* kolosalen, odličen
Tollwut *f* steklina *f*
Tölpel *m* cepec *m*
Tomate *f*, **~**, **~n**, paradižnik *m*
Tomatenmark *n* paradižnikova mezga *f*
Ton *m*, **~s**, **£e**, glina *f*; ton *m*; *guter ~* bonton; *den ~ angeben fig.* dajati ton; *F große £e reden* širokoustiti se
tonangebend vodilni
Tonbandgerät *n* magnetofon *m*
tönen *v/i* zveneti; *v/i* barvati, dati drug odtenek *D*
tönern glinast, lončen; *auf ~en Füßen* na krhkih nogah
Tonfilm *m* zvočni film *m*
Tongeschirr *n* glinasta posoda *f*
Tonne *f*, **~**, **~n**, sod *m*, kad *f*; boja *f*; *Gewicht:* tona *f*
Tonwaren *pl* lončenina *f*
Topf *m*, **~es**, **£e**, lonec *m*; *fig. in einen ~ werfen* metati v isti koš
Töpfer *m*, **~s**, **~**, lončar *m*
Töpferscheibe *f* lončarski kolovrat *m*
Topfpflanze *f* lončnica
Tor *m*, **~en**, **~en**, norec *m*, bedak *m*
Tor *n*, **~s**, **~e**, vrata *pl*; *Sport* gol *(schießen* dati); *Ski* vratca *pl*
Torf *m* šota *f*
Torheit *f*, **~**, **~en**, neumnost *f*; bedarija *f*
töricht nespameten
Torlauf *m* slalom *m*
Torte *f*, **~**, **~n**, torta *f*
Torwart *m* golman *m*
tosen bučati, hrumeti
tot mrtev
Tote *m*, **~en**, **~en**, mrlič *m*; pokojnik *m*, *die Tote* pokojnica *f*
töten ubiti; *Nerv* zamoriti
Toten... mrtvaški, mrliški
Totengräber *m* grobar *m*
Totenschein *m* mrliški list *m*
totenstill čisto miren, tih
totfahren* do smrti povoziti
totgeboren mrtvorojen
totlachen *sich* nasmejati se do onemoglosti
Totschlag *m* uboj *m*
totschlagen* ubiti, ubijati; *F die Zeit* zabiti
totschweigen* zamolč(ev)ati
totstellen *sich* delati se mrtvega
Tour *f*, **~**, **~en**, izlet *m*, tura *f*; *(auf die weiche ~)* način *m*; *~en* obrati *pl*; *auf ~en bringen* turirati; *auf ~en kommen fig.* zagreti se
Tournee *f*, **~**, **~n**, turneja *f*
Trab *m*, **~s**, –, kas *m*; *fig.* rutina *f*, tek *m*

traben teči
Tracht *f*, **~**, **~en**, noša *f*; *eine ~ Prügel* porcija *f*
trachten *nach* stremeti po; *nach dem Leben* streči po življenju; *~ daß* potruditi se, da
trächtig breja
traf *gl.* **treffen**
Tragbahre *f* nosila *pl*
tragbar prenosen; *fig.* znosen
träge lenoben
tragen, *er* **trägt**, **trug**, **getragen** nositi, nesti; *Zinsen* prinašati; *Früchte* roditi; *Stimme* daleč nesti; *einer Sache Rechnung ~* računati z; *zur Schau ~* razkazovati; *sich (schwarz) ~* nositi (črnino); *sich mit etw. ~* ukvarjati se z mislijo
Träger *m*, **~s**, **~**, nosač *m*; *Kleidung* naramnica *f*; *Projekt* nosilec *m*
tragfähig nosilen
Tragfläche *f* krilo *n*
Trägheit *f* lenoba *f*; *phys.* inercija *f*
Tragweite *f* doseg *m*, domet *m*; *fig.* daljnosežnost *f*
Trainer *m* trener *m*
trällern popevati
trampeln teptati, cokljati
Trampeltier *n fig.* neroda *f*
Tran *m*, **~s**, **~e**, ribje olje *n*
Träne *f*, **~**, **~n**, solza *f*; *unter ~n* v solzah; *den ~n nahe* ki mu gre na jok; *sie bricht in ~n aus* polijejo jo solze
trank *gl.* **trinken**
Tränke *f*, **~**, **~n**, napajališče *n*
tränken *Vieh, Boden* napojiti; *(durch)* prepojiti
trat *gl.* **treten**
Tratsch *m* opravljanje *n*
Traube *f*, **~**, **~n**, grozd *m*; *~n* grozdje *n*
Trauben... grozdni
trauen poročiti; *sich ~ lassen* poročiti se; *jm ~* zaupati, verjeti; *sich etw. ~* upati si; *ich traue meinen Ohren nicht* ne morem verjeti svojim ušesom
Trauer *f*, **~**, –, žalost *f*; žalovanje *n*; *~ tragen* nositi črnino
Trauer... žalni
trauern žalovati (*um* za)
Trauerspiel *n* žaloigra *f*
Trauerweide *f* vrba žalujka *f*
Traufe *f* kap *f*
träufeln curljati, kapljati; *v/t in* vkapati v
Traum *m*, **~s**, **£e**, sanje *pl*
träumen sanjati (*von* o)
Träumer *m* sanjač *m*
Träumerei *f* sanjarjenje *n*
träumerisch sanjav, zasanjan
traurig žalosten
Traurigkeit *f* žalost *f*
Trauring *m* poročni prstan *m*
Trauschein *m* poročni list *m*
traut *~es Heim* ljubo doma
Trauung *f* poroka *f*
Trauzeuge *m* poročna priča *f*
Trecker *m*, **~s**, **~**, traktor *m*
treffen, *er* **trifft**, **traf**, **getroffen** zadeti, prizadeti; srečati, naleteti na; *sich* srečati se, primeriti se; *das trifft sich gut* to je kot nalašč; *F es gut ~* dobro naleteti; *gut getroffen* dobro zadet; *v/i* zadeti, naleteti na; *das trifft* to drži; *Vorbereitun-*

gen, Verabredungen usw. ~ opraviti, narediti, domeniti se za itd.

Treffen *n*, **~s, ~,** srečanje *n*; *ins ~ führen* navajati

treffend zadet, točen

Treffer *m*, **~s, ~,** zadetek *m*

trefflich odličen, izbran

Treffpunkt *m* shajališče *n*; dogovorjeno mesto srečanja

treffsicher točen; ki zadene

Treibeis *n* plavajoča ledena plošča *f*

treiben, trieb, getrieben *v/t* gnati; *Vieh* goniti; *(in den Tod)* pognati; *Motor* poganjati; *Sport* ukvarjati se z; *Metall* tanjšati, tolči; *Pflanze* siliti; *Preise* gnati v višino; *v/i* plavati; *sich ~ lassen* prepustiti se toku; *Pflanze* poganjati; *er hat es zu arg/bunt getrieben* šel je predaleč

Treiben *n*, **~s,** –, početje *n*; *(Schnee~)* metež *m*

Treibhaus *n* rastlinjak *m*

Treibholz *n* naplavljen les *m*

Treibjagd *f* pogon *m*

Treibkraft *f* gonilna sila *f*

Treibstoff *m* gorivo *n*

trennbar deljiv, ločljiv

trennen ločiti, ločevati; *Wort* deliti; *Naht* (raz)parati; *sich von* ločiti se (od)

Trennung *f* ločitev *f*, ločevanje *n*

Trennungslinie *f* ločnica *f*

Trennungswand *f* predelna stena *f*

treppab, treppauf po stopnicah dol/gor

Treppe *f*, **~, ~n,** stopnice *pl*; *2 ~n hoch* v 2. nadstropju

Treppenhaus *n* stopnišče *n*

treten, *er* **tritt, trat, getreten** stopati (*A* po), stopiti; *Rad* poganjati; *in* vstopiti; *mit Füßen* hoditi po; *von einem Fuß auf den anderen* prestopati se; *über* prestopiti; *in Erscheinung, zu Tage* pojaviti se; *sich etw. in den Fuß ~* zabosti si; *(einen Tritt geben)* brcniti

treu zvest

Treue *f*, **~,** –, zvestoba *f*; *jm die ~ brechen* biti nezvest *D*, izdati *A*

treuherzig prostodušen

treulos nezvest, izdajalski

Trichter *m*, **~s, ~,** lijak *m*

Trickfilm *m*, risani film *m*

trieb *gl.* **treiben**

Trieb *m*, **~es, ~e,** nagon *m*, gon *m*; *bot.* poganjek *m*; gonilna sila *f*

Triebfeder *f fig.* motiv *m*

triebhaft nagonski

triefen teči (iz); cediti se

triftig prepričljiv; upoštevanja vreden

trinkbar piten

trinken, trank, getrunken piti; *auf* piti na zdravje *G*; *leer ~* izpiti

Trinker *m* pijanec *m*

Trinkerheilanstalt *f* zavod za zdravljenje alkoholikov

trinkfest ki prenese alkohol

Trinkgeld *n* napitnina *f*

Trinkspruch *m* zdravica *f*

Trinkwasser *n* pitna voda *f*

trippeln drobincljati; drobiti

Tripper *m*, **~s, ~,** kapavica *f*

Tritt *m*, **~s, ~e,** korak *m*; *(Fuß~)* brca *f*; stopnička *f*; *~ halten* iti v korak

trocken suh, *fig.* suhoparen; *im Trockenen fig.* na varnem; *auf dem Trockenen sitzen fig.* biti suh (brez denarja)

Trocken... suhi, za sušenje

Trockenheit *f* suša *f*; *fig.* suhoparnost *f*

trockenlegen izsušiti, osušiti; *Säugling* previti

Trockenmilch *f* mleko *n* v prahu

trocknen sušiti, *v/i* se

Trödel *m* krama *f*

trödeln *fig.* mečkati

troff *gl.* **triefen**

Trog *m*, **~s, £e,** korito *n*

trog *gl.* **trügen**

Trommel *f*, **~, ~n,** bobnič *m*

trommeln bobnati

Trompete *f*, **~, ~n,** trobenta *f*

Tropen... tropski

tröpfeln kapljati; *in* vkapati

tropfen kapljati; *Arznei* nakapati; *die Nase tropft mir* iz nosu mi kaplja

Tropfen *m*, **~s, ~,** kaplja *f*; *pl med.* kapljice *pl*; *fig. ein ~ auf den heißen Stein* kaplja v morje

tropfenweise po kapljicah

Tropfstein *m* kapnik *m*

tropisch tropičen

Trost *m*, **~es,** –, tolažba *f*; *nicht ganz bei ~* ne čisto pri pravi

trösten tolažiti; *sich* (po)tolažiti se

tröstlich tolažilen

Trott *m* vedno isto, uhojeno početje; *im alten ~* po starem tiru

Trottel *m*, **~s, ~,** bedak *m*

trotz *G* kljub *D*

Trotz *m*, **~es,** –, trma *f*; *zum ~* navkljub, zanalašč; *jm den ~ bieten* zoperstaviti se *D*

trotzdem kljub temu; *cj.* vendarle; čeprav

trotzen kljubovati

trotzig trmast

trüb(e) moten, kalen; *Wetter* oblačno; *Erfahrung, Feuer* žalosten; *im ~en fischen* ribariti v kalnem

trüben (s)kaliti; *Blick* zamegliti; *das Wetter hat sich getrübt* pooblačilo se je

trübselig turoben

Trübsinn *m* turobnost *f*

Trüffel *m*, **~s, ~,** gomoljika *f*

trug *gl.* **tragen**

trügen varati

trügerisch varljiv

Trugschluß *m* napačen sklep *m*, zmota *f*

Truhe *f*, **~, ~n,** skrinja *f*

Trümmer *pl* razvaline *pl*, *Auto* razbitine; *in ~ legen* porušiti, razrušiti

Trumpf *m*, **~es, £e,** adut *m*; *~ sein fig.* biti v modi

Trunkenbold *m* pijanec *m*

Trunkenheit *f* pijanost *f*

trunksüchtig *sein* biti pijanec

Trupp *m*, **~s, ~s,** četa *f*, skupina *f*

Truppe *f*, **~, ~n,** četa *f*, enota *f*; skupina *f*

Truthahn *m* puran *m*

Tuch *n*, **~s,** sukno *n*; *pl* **£er** ruta *f*; ogrinjalo *n*

Tuchfühlung *f fig.* stik *m*, dotik *m*; *~ haben mit* biti v stiku z

tüchtig sposoben; *fig.* temeljit

Tücke *f*, **~**, **~n**, zahrbtnost *f*; *~n haben* imeti svoje muhe
tückisch zahrbten
tüfteln mozgati
Tugend *f*, **~**, **~en**, krepost *f*
tugendhaft kreposten
Tüll *m* til *m*
tummeln *sich* poditi se, noreti; *fig.* pohiteti
Tummelplatz *m* igrišče *n*; torišče *n*
Tümpel *m*, **~s**, **~**, mlaka *f*
Tumult *m* direndaj *m*
tun, tat, getan, delati; početi; *(an~)* storiti; deti; *~ als ob* delati se kot; *Es tut nichts!* Nič ne de!, *Es tut sich etwas.* Nekaj se dogaja; *Das tut gut.* Dobro de; *nichts zu tun haben mit* ne imeti opravka z; *(beiseite) ~* spraviti; *(in etw. usw.)* dati; *Dienst ~* dežurati; *Einhalt* zaustaviti; *Schaden* škodovati; *freundlich ~* delati se prijaznega
Tun *n* početje *n*
Tünche *f*, **~**, **~n**, belež *m*; *fig.* zunanji lesk *m*
Tunichtgut *m* nepridiprav *m*
Tunke *f* omaka *f*
Tüpfel *n*, *m* pika *f*
Tupfer *m*, **~s**, **~**, tampon *m*
Tür *f*, **~**, **~en**, vrata *pl*; *in der ~* med vrati; *~ an ~* takoj zraven
Turm *m*, **~s**, **£e**, stolp *m*; *Schach* trdnjava *f*
türmen kopičiti (*sich* se); *v/i F* pobegniti
turmhoch zelo visok
Turn... telovadni
turnen telovaditi
Turnen *n* telovadba *f*
Turnsaal *m* telovadnica *f*
Turteltaube *f* grlica *f*
Tusche *f*, **~**, **~n**, tuš *m*
tuscheln šušljati
Tuschzeichnung *f* risba s tušem
Tüte *f*, **~**, **~n**, (papirnata) vrečka *f*; *in die ~ blasen* pihati (za kontrolo alkohola)
typisch tipičen

U

U-Bahn *f* podzemska železnica *f*
übel slab; *mir ist ~* slabo mi je
Übel *n*, **~s, ~,** zlo *n*; *einem ~ abhelfen* odpraviti zlo
Übelkeit *f* slabost *f*
übelnehmen* zameriti
Übelstand *m* zlo *n*; *£e* nepravilnosti, pomanjkljivosti
Übeltat *f* zločin *m*, prestopek *m*
üben vaditi; *Geduld, Nachsicht* biti potrpežljiv, popustljiv; *Rache* maščevati se
über *D, A* nad; *(den Fluß)* prek; *(bis über)* čez; *(denken, sprechen)* o; *Fehler ~ Fehler* napaka za napako; *~s Jahr* čez leto; *(~ 100)* prek, več kot; *~ kurz oder lang* prej ko slej; *~ der Arbeit (vergessen)* zaradi
über *adv.* čez; *jm in etw. ~ sein* prekašati koga pri/v; *ich habe es ~* sit sem *G*
Über... prekomeren, preveč, več kot; *v sest. glagolih* pre...
überall povsod
überaltert zastaran, prestaran
überantworten *jm etw.* izročiti
überarbeiten predelati; *sich* pregarati se
überaus nadvse
überbieten* *Norm* preseči; *sich* prekositi samega sebe
Überbleibsel *n* (pre)ostanek *m*
Überblick *m*, pregled *m*
überblicken gledati na; *fig.* imeti pregled nad
überbringen* izročiti, prinesti
Überbringer *m* prinosilec *m*; prinašalec *m*
überbrücken premostiti
überdauern trajati dalj kot; *fig.* preživeti
überdenken* (na novo) premisliti
überdies razen tega, vrhu vsega
Überdruck *m* previsok pritisk *m*; *typ.* pretisk *m*
überdrüssig naveličan *G*, sit *G*
übereignen izročiti; prepustiti (v last)
übereilt prenagljen
übereinander drug nad drugim, drugega na drugega *itd.*
übereinanderschlagen* *Beine* prekrižati
übereinkommen* *über* sporazumeti se o
übereinstimmen soglašati, ujemati se
überempfindlich pretirano občutljiv
überessen* *sich* preobjesti se
überfahren* peljati se prek
überfahren* povoziti; *rotes Licht* peljati skozi
Überfahrt *f* vožnja prek *f*

Überfall *m*, **~s, ~ £e,** napad *m*; roparski napad *m*
überfallen* napasti, naskočiti; *Krankheit* lotiti se
überfällig zakasnel; že zdavnaj potreben, na vrsti itd.
Überfallkommando *n* leteča milica *f*
überfliegen* preleteti
überfließen* teči čez
überflügeln *fig.* prekašati
Überfluß *m* izobilje *n*
überflüssig odvečen
überführen *jn* dokazati zločin *D*
Überführung *f* nadvoz *m*; dokaz krivde *m*
überfüllen prenapolniti
Übergabe *f Stadt* predaja *f*; izročitev *f*; *Brief* vročitev *f*
Übergang *m* prehod *m*; *zum Feind* prebeg *m*
Übergangs... prehodni
übergeben* izročiti, vročiti; *sich* bruhati
übergehen* preiti
übergehen* iti prek; preskočiti
übergeordnet nadrejen
Übergewicht *n* prevelika teža *f*
übergießen* politi (*mit* z)
überglücklich presrečen
übergreifen* prehajati; *fig. in* segati v
überhandnehmen* prevladovati, naraščati
überhäufen *mit* zasuti z
überhaupt sploh
überheben* *sich* pretegniti se
überheblich nadut
überhöht previsok
überholen prehite(va)ti; *Maschine* pregledati in popraviti
überholt zastaran, zastarel
überhören preslišati
überirdisch nadnaraven
überkochen prekipeti
überkommen* obiti; *etw. ist ~* je tradicionalno
überladen* preobložiti; *adj.* preobložen
überlagern prekrivati
Überland... daljinski
überlassen* *jm. etw.* prepustiti; *sich* prepuščati se; *jn sich selbst ~ fig.* pustiti na cedilu
überlaufen* teči prek; *v/i* biti prepoln
überlaufen* *sein* biti prenapolnjen; *es überläuft mich kalt* zona me obliva
Überläufer *m* prebežnik *m*
überleben preživeti; *es ist überlebt* preživelo se je
Überlebende *m, f* preživeli *m*, -a *f*
überlebensgroß v nadnaravni velikosti
überlegen *etw.* premišljati o; *sich (anders)* premisliti si
überlegen močnejši, boljši; *D ~ sein* prekašati *A*; *~e Miene* vzvišen
Überlegung *f*, **~, ~en,** preudarek *m*
überliefert tradicionalen
Überlieferung *f fig.* izročilo *n*
überlisten prelisičiti
Übermacht *f* nadmoč *f*
übermalen prebarvati, preslikati
Übermaß *n* preobilica *f*; *ein ~ an* preveč *G*
Übermensch *m* nadčlovek *m*

übermitteln posredovati
übermorgen pojutrišnjem
Übermüdung *f* preutrujenost *f*
übermütig objesten
übernächste prvi za naslednjim
übernachten prenočevati
übernächtig neprespan
Übernachtung *f* prenočevanje *n*
Übernahme *f* prevzem *m*
übernatürlich nadnaraven
übernehmen* prevzeti; vzeti nase; *sich* preveč si naložiti; *im Essen* preobjesti se
überprüfen pregledati
Überprüfung *f* kontrola *f*, pregled *m*
überqueren prečkati
überragen dvigati se nad
überraschen presenetiti
Überraschung *f* presenečenje *n*
überreden pregovoriti; *zu ~ versuchen* pregovarjati
überreich nadvse bogat
überreif prezrel
überrennen* pregaziti; *Geschäft* navaliti na, prenapolniti
überrumpeln presenetiti; *bei* zasačiti pri
übersät *mit* posejan z
Überschall... nadzvočni
überschatten zasenčiti
überschäumen *(Topf, vor Freude)* prekipevati; *(vor Zorn)* peniti se
überschlafen* prespati
überschlagen* (o)ceniti; *sich* prevrniti se; *Stimme* lomiti se
überschnappen *er schnappte über* zmešalo se mu je; *übergeschnappt* zmešan, nor
überschneiden* *sich* kolidirati, prekrivati se
überschreiten* prekoračiti
Überschrift *f* naslov *m*, napis *m*
Überschuß *m* presežek *m*
überschüssig presežen, odvečen
überschütten politi; *fig.* obsuti
überschwemmen poplaviti; *fig.* preplaviti
Überschwemmung *f* poplava *f*
überschwenglich brez mere, čezmeren
Übersee *f* prekmorske dežele *pl*
Übersee... prekmorski, prekooceanski
übersehen* imeti pregled nad; spregledati, ne opaziti
übersenden poslati; *Geld* nakazati
übersetzbar prevedljiv
übersetzen iti prek; *v/t* spraviti prek
übersetzen prevesti, prevajati, prestaviti
Übersetzer *m*, **~s**, **~**, prevajalec *m*
Übersetzung *f*, **~**, **~en**, prevod *m*
Übersicht *f* pregled *m* (nad)
übersichtig daljnoviden
übersichtlich pregleden
Übersichts... pregledni
übersiedeln preseliti se
übersinnlich nadčuten
überspannt prenapet
Überspielen *Platte* vrteti;

fig. prikriti, iti preko; *auf Tonband* presneti
überspitzen pretira(va)ti; pretirano zaostriti
überspringen* preskočiti
überstehen* štrleti, moleti ven
überstehen* prestati
übersteigen* prestopiti
übersteigen* presegati
Überstunde *f* nadura *f*
überstürzen prenagljeno (storiti); *sich* prenagliti se; *die Ereignisse ~ sich* si izredno naglo sledijo
überstürzt prenagljen
übertölpeln presenetiti; opehariti
übertönen preglasiti
übertragbar prenosen; *med.* nalezljiv
übertragen* prenašati, prenesti; *jm etw.* poveriti *A* z; *sprachlich* prevesti
Übertragung *f* prenos *m*; prevod *m*
übertreffen* prekašati, prekositi
übertreiben* pretiravati
übertreten* prestopiti; *fig.* prekršiti se (proti)
übertrieben pretiran
Übertritt *m* prestop *m*
übertrumpfen prekositi
Übervölkerung *f* prenaseljenost *f*
übervorteilen opeharite
überwachen bedeti nad; nadzirati
Überwachung *f* nadzor *m*
überwältigen obvladati; premagati
überweisen* nakazati; *zum Facharzt* napotiti k
überwerfen* *sich mit* spreti se z
überwiegend pretežen
überwinden* premagati; preseči; *Krankheit* preboleti; *sich* premagati se
Überwindung *f* premagovanje *n*
überwintern prezimiti
Überwurf *m* pregrinjalo, ogrinjalo *n*
überzählig nadštevilen
überzeugen prepričati
überziehen* prekriti; *Bett* preobleči; *Konto* preobremeniti
überzuckern posuti s sladkorjem
üblich običajen
U-Boot *n* podmornica *f*
übrig preostal; *die ~n* ostali; *im ~en* sicer (pa); *~ haben* imeti; *etw. für jn ~ haben* marati, imeti rad *A*; *nichts zu wünschen ~ lassen* biti brez napake, v redu
übrigbleiben* (pre)ostati
übrigens sicer pa; drugače pa
Übung *f*, **~**, **~en**, vaja *f*
Übungsplatz *m* vežbališče *n*
Ufer *n*, **~s**, **~**, breg *m*, obala *f*
uferlos brezbrežen; *ins Uferlose* v neskončnost
Uhr *f*, **~**, **~en**, ura *f*; *Wieviel ~ ist es?* Koliko je ura? *Es ist 3 ~.* Ura je 3. *Um 4 ~* ob štirih.
Uhrmacher *m* urar *m*
Uhrwerk *n* mehanizem *m* ure
Uhrzeit *f* čas *m*
Uhu *m*, **~s**, **~s**, sova *f*
ulkig komičen
Ulme *f*, **~**, **~n**, brest *m*

Ultimo *m* zadnji v mesecu
Ultraschall *m* ultra zvok *m*
um *prp.* okoli *G (Ostern, das Haus)*; ob *L (um 5 Uhr)*; za *A (kürzen ~, Sorgen ~)*; na *A (~ Hilfe)*; *~ ...willen* za ... voljo; *um so besser/weniger* tem bolje/manj; *je ... um so* čim ... tem; za *I (einer ~ den anderen)*
um *cj. ~ zu* da bi; *adv.* okoli *(~ und ~)*; mimo, minul *(~ sein)*; *rechts ~!* na desno
umändern predelati
umarbeiten predelati
umarmen objeti
Umbau *m* prezidava *f*
umbauen prezida(va)ti
umbehalten* obdržati na sebi
umbiegen* zapogniti
umbinden* privezati (si)
umblättern obrniti stran
umbringen* ubiti
umdenken* navaditi se drugače misliti
umdrehen obrniti; *den Hals* zaviti
Umdrehung *f* obrat *m*
Umerziehung *f* prevzgoja *f*
umfahren* *A* izogniti se *D*; peljati okoli *G*
umfallen* prevrniti se, pasti; *fig.* popustiti; *zum ~ (müde)* na smrt
Umfang *m* obseg *m*
umfangreich obsežen
umfassen objemati; *fig.* (za)obsegati, zajemati
umfassend (za)obsežen
Umfrage *f* anketa *f*
umfüllen preliti; predeti
Umgang *m* obhod *m*, krog *m*; ravnanje *n*; občevanje *n*; *~ haben mit* družiti se z, imeti posla z
umgänglich družaben
Umgangssprache *f* pogovorni jezik *m*; občevalni jezik
umgarnen omrežiti
umgeben* obdajati
Umgebung *f* okolica *f*
umgehen* krožiti; *Geist* strašiti; *Grippe* širiti se; *mit etw.* ravnati z; *mit dem Gedanken* ukvarati se z; *mit jm* ravnati z, družiti se z
umgehen* obiti *A*; izogniti se *D*
umgehend takoj
umgekehrt obratno
umgestalten preoblikovati; predelati
Umhang *m* ogrinjalo *n*
umher okoli, naokoli
umherstreichen* potepati se, potikati se
umhin *ich kann nicht ~* ne morem si kaj, da ne bi
umkehren obrniti, postaviti na glavo; *v/i* obrniti se, vrniti se
umkippen prevrniti, *v/i* se
umkleiden preobleči (*sich* se)
Umkleideraum *m* slačilnica *f*; garderoba *f*
umkommen* umreti; *im Krieg* pasti; *in den Bergen* ponesrečiti se
Umkreis *m im ~ von 5 km* 5 km naokrog
umkreisen obkrož/ati, /iti
umkrempeln zavihati; *fig.* postaviti na glavo
Umlauf *m* obtok *m*
umlegen *Mantel* ogrniti; *Kette* nadeti si; obrniti; položiti, preložiti; *F* ubiti, *F* pihniti

umleiten preusmeriti
Umleitung *f* obvoz *m*
umlernen preučiti se; *fig.* začeti drugače misliti, delati itd.
umnachtet *fig.* omračen
umranden obrobiti
umrechnen preračunati
Umrechnungskurs *m* obračunski tečaj *m*
Umriß *m*, obris *m*; skica *f*
umrühren premešati
Umsatz *m* promet *m*
Umsatzsteuer *f* prometni davek *m*
Umschau *f* ~ *halten nach* iskati *A*
umschauen *sich* ozirati se; razgledovati se
umschichtig v izmenah
umschiffen *A* pluti okoli
Umschlag *m* sprememba *f*; *Brief* ovojnica *f*; *Buch* ovitek *m*; *Ärmel* manšeta *f*; *Hose* zavihek *m*; *med.* obkladek *m*; *von Waren* pretovarjanje *n*
umschlagen* spremeniti se, sprevreči se; *v/t* prevrniti; *Seite* obrniti; *Ärmel* zavihati; *Waren* pretovarjati
umschlingen* *A* objemati *A*; oklepati se *G*
umschnallen pripeti si
umschreiben* prepisati
umschreiben* opisati
Umschweife *pl ohne* ~ brez okolišenja
Umschwung *m* preobrat *m*
umsehen* *sich* ozreti se; *sich nach* razgledovati se, iskati *A*
umseitig na drugi strani
umsetzen presaditi, prestaviti; *zu* spremeniti v
Umsichgreifen *n* širjenje *n*
Umsicht *f* preudarnost *f*; razsodnost *f*
umsonst zastonj, zaman
umspringen* *mit* ravnati z
Umstand *m* okoliščina *f* (*unter* v) *unter allen / keinen Umständen* vsekakor/nikakor ne; *ohne ~, £e* brez okolišev; *unter £en* morda; *in anderen £en* v drugem stanju
umständlich *Vorbereitungen* zamuden; *Erklärung* dolgovezen; *Mensch* počasen (vse komplicira)
Umstandskleid *n* obleka *f* za nosečnice
umsteigen* prestopiti
umstellen prestaviti; *sich* prenavaditi se, preusmeriti se
umstellen obkoliti
umstimmen *fig.* pregovoriti
umstoßen* prevrniti; *fig.* postaviti na glavo
umstritten sporen
Umsturz *m* preobrat *m*, prevrat *m*
umtauschen zamenjati
Umtriebe *pl* rovarjenje *n*
umwälzend revolucionaren
umwandeln spremeniti
Umweg *m* ovinek *m*
Umwelt *f* okolje *n*
umwerfen* prekucniti, prevrniti; *sich etw.* (na hitro) ogrniti
umzäunen ograditi
umziehen* *v/i* preseliti se; *sich* preobleči se
Umzug *m* sprevod *m*, povorka *f*; (pre)selitev *f*
un... *v sest.* ne

unabkömmlich *sein* ne imeti časa
unablässig neprestan, trajen
unabsehbar nedogleden
unabwendbar neizogiben
unangebracht neprimeren; *das ist* ~ ni na mestu
unangemeldet nenajavljen, neprijavljen
unansehnlich grd
Unart *f* razvada *f*
unartig nevzgojen; poreden
unauffindbar ki ga ni mogoče najti; izgubljen
unaufgefordert nepovabljen; *adv.* sam od sebe
unaufhaltsam nazadržen
unaufhörlich neprestan
unausstehlich neznosen
unausweichlich neogiben
unbändig neukrotljiv
unbedenklich *adv.* brez pomislekov
unbedingt brezpogojen
unbefangen naraven, sproščen
unbefugt *~en Eintritt untersagt* nazaposlenim vstop prepovedan
unbegründet neutemeljen
Unbehagen *n* neugodje *n*
unbeholfen nebogljen
unbeirrt neomajen
unbelehrbar nepoboljšljiv
unbemerkt neopažen
unbenannt neimenovan
unbeobachtet neopažen; *adv.* neopazno
unberührt nedotaknjen
unbescholten neoporečen
unbesehen brez pomisleka
unbesiegbar nepremagljiv
unbesonnen nepremišljen
unbesorgt brezskrben; *adv.* brez skrbi
unbestellbar *Brief* neuročljiv
unbeugsam neukrotljiv
unbewohnbar kjer ni mogoče stanovati/ živeti
unbewußt nezaveden
unbezahlt neplačan
unbezähmbar neukrotljiv
Unbill *f* krivica *f*, nesreča *f*
und in
Undank *m* nehvaležnost *f*
undankbar nehvaležen
undenkbar ki si ga ni mogoče predstavljati
Unding *n* absurd *m*
undurchdringlich nepredirljiv
undurchführbar neizvedljiv
undurchlässig neprepusten; *(für Wasser)* nepremočljiv
undurchsichtig neprozoren; *fig.* temen, nejasen
unehelich nezakonski
uneinig neenoten; ~ *sein* ne strinjati se
uneinnehmbar nezavzeten
unentbehrlich nepogrešljiv
unentgeltlich brezplačen
unentschieden neodločen
unentschlossen neodločen (ki se ne more odločiti)
unentwegt neomajen
unerbittlich neizprosen
unergiebig neploden
unerhört nezaslišan
unerkannt nespoznan
unerklärlich nerazumljiv
unerläßlich neobhodno potreben
unermeßlich brezmejen
unermüdlich neutruden
unerreichbar nedosgljiv; neprekosljiv

unerreicht nedosežen, edinstven
unersättlich nenasiten
unerschrocken neustrašen
unerschütterlich neomajen
unerschwinglich nedosegljiv, predrag
unerwartet nepričakovan, nenaden
unerwünscht nezaželjen
unerzogen nevzgojen
unfähig nesposoben; nezmožen; ~ *sein zu* ne biti sposoben, zmožen, (da bi)
unfahrplanmäßig izreden
Unfall *m* nezgoda *f*, nesreča *f*
Unfall... nezgodni, ... nezgod
unfaßbar nepojmljiv
unfehlbar nezmotljiv
unförmig brezobličen
Unfug *m*, **~s**, –, neumnost *f*
ungastlich negostoljuben, neprijazen
ungeachtet *G prp.* ne glede na
ungeahnt nesluten
ungebeten nepovabljen
ungebraucht nerabljen
Ungeduld *f* nestrpnost *f*
ungeduldig nestrpen
ungefähr približno; *von* ~ slučajno
ungefragt ne da bi bil vprašan
ungehalten nejevoljen (*über* zaradi)
ungehemmt sproščen
ungeheuer neznanski
Ungeheuer *n* pošast *f*
ungehörig neprimeren; nespodoben
Ungehorsam *m* nepokorščina *f*
ungeklärt nepojasnjen
ungeladen *Gast* nepovabljen; *Waffe* nenabit
ungelegen nedobrodošel; *adv.* narobe
ungemein izredno, nenavadno
ungemischt *fig.* neskaljen, čist
ungenannt neimenovan; neznan
ungeniert brez zadrege
ungenützt neizrabljen
ungerade neraven; *Zahl* lih, neparen
Ungerechtigkeit *f* nepravičnost *f*; krivica *f*
ungereimt *fig.* absurden
ungeschehen *machen* zbrisati
Ungeschicklichkeit *f* nerodnost *f*
ungeschmälert nezmanjšan
ungeschminkt *fig.* gol
ungeschoren *fig.* brez težav, kazni
ungestraft nekaznovan; brez kazni
ungetrübt neskaljen
ungewiß negotov
ungewohnt nenavajen, neobičajen
Ungeziefer *n* mrčes *m*
ungezogen nevzgojen, poreden
ungezügelt nebrzdan
ungezwungen neprisiljen
ungläubig neveren; *fig.* nejeveren
unglaublich neverjeten
ungleich neenak; *Zahl* lih; ~ *(größer, besser, älter usw.)* neprimerno
Unglück *n* nesreča *f*
unglücklich nesrečen

unglückselig nesrečen
Unglücksrabe *m* nesrečnež *m*
ungültig neveljaven; ~ *machen* razveljaviti
ungut *nichts für* ~ brez zamere
unhaltbar nevzdržen
Unheil *n* nesreča *f*, katastrofa *f*
unheilbar neozdravljiv
unheilvoll usoden
unheimlich srhljiv, grozljiv
Unhold *m*, **~s, ~e,** pošast *f*
Universal... univerzalen
Universität *f*, **~, ~en,** univerza *f*, *v sest.* univerzitetni
unken *fig.* krakati
unkindlich neotroški; *gegen Eltern* nespoštljiv
Unkosten *pl* stroški *pl*
Unkraut *n* plevel *m*; ~ *vergeht nicht* kopriva ne pozebe
unkündbar ki ga ni mogoče odpovedati
unlängst zadnjič, pred kratkim
unliebsam neprijeten
unlös/bar, /lich neločljiv; *Rätsel* nerešljiv; *kem.* netopljiv
Unlust *f* odpor *m* do, nerazpoloženje *n*
unmäßig nezmeren
Unmenge *f* ogromna količina *f*
unmenschlich nečloveški
unmißverständlich jasen, nedvoumen
unmöglich nemogoč; *adv.* nikakor ne
unmündig mladoleten
Unmut *m* nejevolja *f*
unnahbar nedostopen
unnennbar neizrečen
unnütz nekoristen, nepotreben
unpassend neprimeren
unpäßlich bolan, nerazpoložen
Unrat *m* nesnaga *f*
Unrecht *n* krivica *f*; *im* ~ *sein* ne imeti prav
unrechtmäßig nazakonit; neupravičen
unrettbar nerešljiv, nepopravljiv
Unruhe *f* nemir *m*
uns nas, *D* nam; *refl.* se, si; *unter* ~ med nami; *mit* ~ z nami
unschädlich neškodljiv
unscheinbar neprivlačen; neopazen
unschlüssig neodločen
Unschuld *f* nedolžnost *f*
unschuldig nedolžen
unschwer z lahkoto, lahko
unselig nesrečen
unser nas; naš
unsert/halben, /willen zaradi nas
unsicher negotov
Unsinn *m* neumnost *f*; ~ *treiben* počenjati neumnosti
Unsitte *f* razvada *f*
unsrige *der* ~ naš
Unstern *m fig.* zla sreča *f*
unstet nestalen, nestanoviten
unstillbar nepotešljiv
Unstimmigkeit *f* neujemanje *n*; **~en** *pl* nesoglasja *pl*
unstreitig nesporen
Unsumme *f* neznanska vsota *f*
Untat *f* pregreha *f*; grozodejstvo *n*

untätig nedejaven
untauglich neprimeren; nesposoben (za vojaško službo)
unten spodaj
unter *prp.* pod *I, A*; ~ *20* manj kot; med *(Menschen, uns, anderem)*; ~ *der Bedingung* s pogojem; *unter Tränen* v solzah; *leiden* ~ zaradi
unter *adj.* spodnji, dolnji
Unter... spodnji, pod...
Unterarm *m* podlaht *f*
unterbewerten premalo/prenizko ceniti
Unterbewußtsein *n* podzavest *f*
unterbinden* *fig.* ustaviti, preprečiti
unterbleiben* izostati, nehati se
unterbrechen* prekiniti
unterbreiten predložiti; razgrniti
unterbringen* spraviti pod streho, uvrstiti
unterdes(sen) medtem
Unterdruck *m* podpritisk *m*
unterdrücken (po)tlačiti; zatirati, zatreti
unterernährt podhranjen
Unterführung *f* podvoz *m*
Untergang *m* zaton *m*, zahod *m*; *fig.* propad *m*
untergeben podrejen
untergehen *Sonne* zahajati, zaiti; *Schiff* potoniti; *fig.* propasti
untergraben* spodkopa(va)ti
Untergrund *m fig.* podzemlje *n*, ilegala *f*
unterhalb *prp.* pod; *adv.* spodaj
Unterhalt *m* vzdrževanje *n*; vzdrževalnina *f*
unterhalten* vzdrževati, imeti; zabavati (*sich* se); *(sprechen)* pogovarjati se
unterhaltend zabaven
Unterhaltspflicht *f* dolžnost preživljati koga
Unterhaltung *f* zabava *f*; pogovor *m*
Unterhaltungsprogramm *n* zabavni program *m*
Unterhändler *m* pogajalec *m*, odposlanec *m*
Unterhemd *n* majica *f*
unterhöhlen izpodkopavati
Unterholz *n* podrast *f*
Unterhose *f* spodnjice *pl*
unterirdisch podzemeljski
unterjochen podjarmiti
unterkellert podkleten
unterkriegen premagati; ugnati; *er läßt sich nicht* ~ ne da se
Unterkunft *f* prenočišče *n*; zatočišče *n*
Unterlage *f* podlaga *f*; *pl* dokumenti *pl*; poraz *m*
Unterlaß *m ohne* ~ neprestano, brez prestanka
unterlassen* opustiti *A*; pozabiti *A*; ne delati, storiti
unterlaufen* *Fehler* vtihotapiti se; *adj. mit Blut* ~ podplut, *Augen* krvav
unterlegen *D* šibkejši/slabši od
Unterleib *m* trebuh *m*
unterliegen* podleči; *einem Gesetz* spadati pod; *der Steuer* zapasti
untermauern *fig.* podkrepiti
Untermieter *m* podnajemnik *m*

unternehmen* narediti, storiti; *Reise, Spaziergang* iti na
Unternehmen *n* podjetje *n*
unternehmungslustig *F* podjeten
unterordnen podrejati, podrediti (*sich* se, *sich etw.* si)
Unterricht *m* pouk *m*
unterrichten poučevati; *fig.* informirati (*über* o)
untersagen prepovedati
Untersatz *m* podstavek *m*
unterschätzen podcenjevati
unterscheiden* razločevati; ločiti; *sich* ločiti se, razlikovati se
unterschieben* podtakniti; *fig.* podtikati
Unterschied *m* razlika *f*; *im ~ zu* v nasprotju z; *zum ~ von* drugače kot
unterschiedlich različen; *fig.* spremenljiv
unterschlagen* *Geld* poneveriti; *Brief* zatajiti
Unterschlagung *f* poneverba *f*
Unterschlupf *m*, **~s, £e,** zavetje *n*
unterschreiben* podpisati
Unterschrift *f* podpis *m*
Unterseeboot *n* podmornica *f*
untersetzt čokat
Unterstaatssekretär *m* pomočnik *m* državnega sekretarja
unterstellen postaviti pod streho
unterstellen podrediti; domnevati; *jm etw.* pripisovati, podtikati
unterstreichen* podčrtati
Unterstufe *f* nižja/prva stopnja
unterstützen podpirati
Unterstützung *f* podpora *f*
untersuchen preisk/ovati, /ati; raziskati
Untersuchung *f* preiskava *f*; *med.* pregled *m*
Untersuchungshaft *f* preiskovalni zapor *m*
Untertage v jami, rudniku; *v sest.* jamski
Untertan *m*, podložnik *m*
untertan podložen
Untertasse *f* krožniček *m*
untertauchen potopiti se; *fig.* izginiti
unterteilen predeliti
Unterton *m* prizvok *m*
untertreiben* podtiravati
unterwandern infiltrirati
Unterwäsche *f* spodnje perilo *n*
Unterwasser... podvodni
unterwegs spotoma, med potjo
unterweisen* dati napotke; inštruirati
Unterwelt *f* spodnji svet *m*; podzemlje *n*
unterwerfen* podvreči, podjarmiti; *sich* pokoriti se, podvreči se
unterworfen *Schwankungen ~* nihajoč, nestalen
unterwürfig klečeplazen
unterziehen* podvreči
untief plitev
untilgbar neizbrisen
Untreue *f* nezvestoba *f*
untröstlich neutolažljiv
Untugend *f* razvada *f*, pregreha *f*
unübersehbar očiten; neizmeren

unübersichtlich nepregleden
unübertrefflich neprekosljiv
unüberwindlich nepremagljiv; *Schwierigkeit* nepremostljiv
unumgänglich neobhoden
unumschränkt neomejen
unumstößlich nepreklicen, neovržen
unumwunden brez ovinkov
ununterbrochen nepretrgan
unveräußerlich neodtujljiv
unverbesserlich nepoboljšljiv
unverbindlich neobvezen; neljubezniv; brez obveznosti
unverblümt brez olepšav
unverbürgt brez jamstva; *Nachricht* neportjen
unverdient nezaslužen
unverfälscht nepopačen
unverfänglich neškodljiv
unverfroren drzno, nesramno
unvergleichlich enkraten; *adv.* neprimerno
unverhofft nenadejan
unverhohlen neprikrit
unverkennbar očiten
unvermeidlich neizbežen
unvermindert nezmanjšan
unvermittelt nenaden
Unvermögen *n* nezmožnost *f*
unvermögend nepremožen
unvermutet nepričakovan
unverrichteterdinge ne da bi kaj opravil
unverschämt nesramen
Unverschämtheit *f* nesramnost *f*
unverschuldet brez lastne krivde; nezadolžen
unversehens iznenada
unversucht *nichts ~ lassen* poskusiti vse
unverwüstlich neuničljiv
unverwandt *Blick* srep; *~ ansehen* srepeti v
unverzüglich takoj
unwegsam neprehoden
unweigerlich nujno
unweit *(von)* nedaleč (od)
Unwesen *n sein ~ treiben* razsajati
Unwetter *n* nevihta *f*
unwiderruflich nepreklicen
unwiderstehlich ki se mu ni mogoče upirati
unwillig nejevoljen *(über* zaradi)
unwillkürlich nehoten; *adv.* nehote
unwirsch osoren
unwirtlich negostoljuben
unwissend neveden
unwissentlich nevede
unwohl *ich bin, mir ist ~* slabo mi je; *~ sein (Frau)* imeti menstruacijo
unzählig brez števila *G*, nešteto *G*
Unzeit *f zur ~* ob nepravem času
unzertrennlich neločljiv
Unzucht *f* nečistovanje *n*
unzüchtig nemoralen
Unzulänglichkeit *f* nezadostnost *f*
unzurechnungsfähig nepri števen
unzureichend nezadosten
unzweifelhaft nedvomen
üppig obilen, bujen
Ur... pra..., prvotni; skrajno
uralt prastar
Uraufführung *f* praizvedba *f*, krst *m*
urbar machen izkrčiti, obdelati
Urenkel *m* pravnuk *m*

Urgroßmutter *f* prababica *f*
Urgroßvater *m* praded *m*
Urheber *m* avtor *m*
Urheberrecht *n* avtorska pravica *f*
Urkunde *f* listina *f*
Urlaub *m* dopust *m*
Urlaubsanspruch *m* pravica *f* do dopusta
Urne *f*, **~**, **~n**, žara *f*; *(Wahl~)* skrinjica *f*
Ursache *f* vzrok *m*; *keine ~* ni za kaj
Ursprung *m* izvor *m*; *seinen ~ haben in* izvirati iz
ursprünglich prvoten
Ursprungsland *n* dežela, iz katere blago prihaja
Urteil *n*, **~s**, **~e** sodba *f*, presoja *f*; *sich ein ~ bilden über* ustvariti si mnenje o
urteilen soditi; *jur.* razsoditi; *nach ... zu ~* sodeč po
Urteilskraft *f* razsodnost *f*; moč *f* presoje
Urteilsvollstreckung *f* izvršba *f* sodbe
Urwald *m* pragozd *m*
urwüchsig prvobiten, samonikel; *Kerl* neotesan

V

vage nedoločen
Vase *f*, **~, ~n,** vaza *f*
Vater *m*, **~s, £,** oče *m*
Vaterland *n* domovina *f*
väterlich očetovski; očetni
väterlicherseits po očetovi strani
Vaterschaft *f* očetovstvo *n*
Vaterunser *n* očenaš *m*
Vati *F m* očka *m*
Veilchen *n*, **~s, ~,** vijolica *f*
verabreden *etw.* dogovoriti se za; *sich* zmeniti se
Verabredung *f* zmenek *m*
verabreichen dati
verabscheuen prezirati; čutiti gnus do
verabschieden odposlati; (slovesno) odpustiti; *Gesetz* sprejeti; *sich* posloviti se
verachten zaničevati; *nicht zu ~* ni kar tako
verächtlich zaničljiv
Verachtung *f* zaničevanje *n*
veraltet zastarel
veränderlich spremenljiv
verändern spremeniti
Veränderung *f*, **~, ~en,** sprememba *f*
verängstigt preplašen
verankern zasidrati
veranlagt nagnjen k *(Krankheit)*; nadarjen za
Veranlagung *f* predispozicija *f*; nadarjenost *f*
veranlassen *etw.* ukreniti, naročiti; *jn zu* nagovoriti k, narekovati *A*; *ich sah mich veranlaßt* moral sem
Veranlassung *f* vzrok *m*, povod *m*; pobuda *f*
veranschaulichen ponazoriti
veranschlagen kalkulirati; *fig.* ocenjevati
veranstalten prirediti
Veranstalter *m*, **~s, ~,** prireditelj *m*
Veranstaltung *f*, **~, ~en,** prireditev *f*
verantworten zagovarjati, braniti; prevzeti odgovornost za
verantwortlich odgovoren
Verantwortung *f* odgovornost *f*
verarbeiten predelovati; *fig.* prebaviti; *~d* predelovalni
verargen *jm etw.* zameriti komu kaj
verärgern zjeziti, spraviti v slabo voljo
verausgaben izdati, porabiti; *sich* razdajati se
veräußern odtujiti
verballhornen skrotovičiti
Verband *m*, **~s, £e,** zveza *f*, združenje *n*; *med.* obveza *f*, preveza *f*; *mil. pl* enote *pl*
Verbandzeug *n* obveze *pl*, povoji *pl*
verbannen pregnati
Verbannung *f*, **~, ~en,** pregnanstvo *n*

verbauen napačno, slabo zgraditi; *jm etw.* zagraditi
verbeißen* *sich in* zagristi se v; *sich ein Lächeln* zadržati
verbergen* skri(va)ti
verbessern popraviti, izboljšati; *sich* priti na boljše
verbeugen *sich* prikloniti se
verbieten* prepovedati; *sich etw.* odklanjati
verbinden* vezati; povezovati; združevati; *Augen* zavezati; *med.* obvezati; *kem. sich* spajati se; *tel.* zvezati; *falsch verbunden* napačna zveza; *verbunden sein* biti hvaležen
verbindlich vljuden, ljubezniv; *Absprache* obvezujoč
Verbindung *f*, **~, ~en,** zveza *f*; združenje *f*; *kem.* spojina *f*; *in ~ sein* biti v stiku
verbissen zagrizen
verbitten *sich* prepovedati si
verbittert zagrenjen; *Feind* zagrizen
Verbleib *m über den ~ ist nichts bekannt* ne ve se, kje je/kaj se je zgodilo z
Verblendung *f* zaslepljenost *f*
verblichen obledel; umrl
verblüffen osupiti
Verblüffung *f* osuplost *f*
verblühen odcveteti
verbluten izkrvaveti
verbohrt *adj.* zadrt
verborgen skrit, prikrit; tajen; *adv.* skrivaj
Verbot *n*, **~s, ~e,** prepoved *f*
verbrämen *fig.* okrasiti
Verbrauch *m* poraba *f*; obraba *f*
verbrauchen porabiti; obrabiti
Verbraucher *m*, **~s, ~,** potrošnik *m*
Verbrauchsgüter *pl* potrošno blago *n*
verbrechen* *etw.* zagrešiti kaj
Verbrechen *n*, **~s, ~,** zločin *m*
Verbrecher *m*, **~s, ~,** zločinec *m*
verbreiten širiti, razširjati; *sich über* na široko govoriti, pisati o
Verbreitung *f* razširjenost *f*; širjenje *n*
verbrennen* *v/i* zgoreti; *v/t* sežgati; *Speise* zažgati; požgati; *Leichen* upepeliti; *sich (die Finger)* opeči si
Verbrennung *f* zgorevanje *n*; *med.* opeklina *f*; *(von Leichen)* upepelitev *f*
verbringen* preživeti
verbrüdern *sich* pobratiti se
verbrühen popariti (*sich* se); *sich die Finger* opeči si
Verbündete *m*, *f* zaveznik *m*, -ca *f*
verbürgen *sich für* biti porok za, jamčiti za
verbürgt preverjen
verbüßen *Strafe* odsedeti
Verdacht *m*, **~s, –, sum** *m*; *in ~ haben* sumiti; *in ~ stehen* biti osumljen *G*
verdächtig sumljiv
verdächtigen sumiti; sumničiti
Verdächtigung *f* sum *m*; sumničenje *n*
verdammen obsojati; prekleti
verdammt preklet
verdampfen izparevati
verdanken *jm. etw.* dolgovati komu hvalo/hvaležnost za

verdarb *gl.* **verderben**
verdauen prebaviti, prebavljati
verdaulich prebavljiv
Verdauung *f*, **~**, –, prebava *f*
Verdauungs... prebavni
verdenken* zameriti
verderben, verdarb, verdorben, *v/t* pokvariti; pogubiti; *v/i* pokvariti se
Verderben *n* poguba *f*
verderbt (moralno) pokvarjen
verdeutlichen pojasniti
verdichten zgostiti (*sich* se)
verdienen zaslužiti
Verdienst *m*, **~s, ~e,** zaslužek *m*; zasluga *f*
verdienstvoll zaslužen
verdient zaslužen; *sich ~ machen um* pridobiti si zaslug za
verdingen *sich* udinjati se
verdoppeln podvojiti
verdorben *gl.* **verderben;** *adj.* pokvarjen
verdorren posušiti se; izsušiti se
verdrängen izpodriniti, spodriniti; *Gedanken* potlačiti
verdrehen obračati; *Recht* izkrivljati; *Augen* zavijati; *Hand* zviti; *jm den Kopf* zmešati, zavrteti *A*
verdreht napačen, zavit; *fig.* nor
verdreschen* premlatiti
verdrießen, verdroß, verdrossen spraviti v slabo voljo; vznejevoljiti; *sich etw. nicht ~ lassen* ne dati si pokvariti
verdrießlich zlovoljen
verdroß, verdrossen *gl.* **verdrießen**
verdrossen *adj.* nejevoljen
Verdruß *m* jeza *f*; *mit ~* navelično, z nejevoljo; *~ haben mit* imeti jezo/sitnosti z
verduften izhlapeti; *F* izginiti
verdunkeln zatemniti; *fig.* zamegliti; zabrisati sledove
verdünnen razredčiti
verdunsten izhlapeti
verdutzt zaprepaden, osupel
verebben uplahniti
veredeln oplemenititi; požlahtniti; *Obst* cepiti
verehren častiti; občudovati; *jm etw.* pokloniti
Verehrer *m*, **~s, ~,** oboževalec *m*
verehrt spoštovani
vereidigt zaprisežen
Verein *m*, **~s, ~e,** društvo *n*; *in ~ mit* skupaj z
vereinbar združljiv (*mit* z)
vereinbaren dogovoriti se (*A* za); *zu ~ sein* biti združljiv z
Vereinbarung *f*, **~, ~en,** dogovor *m*
vereinen *sich ~ lassen* biti v skladu z
vereinfachen poenostaviti
vereinheitlichen poenotiti
vereinigen združevati, združiti
vereinigt združen
Vereinigung *f*, **~, ~en,** združenje *n*
vereinsamt osamel
vereinzelt posamičen
vereist poledenel
vereiteln *etw.* preprečiti kaj
vereitern zagnojiti se
verenden poginiti
verengen zožiti

vererben zapustiti; *X hat Y etw. vererbt* Y je podedoval od/po X; *sich* biti deden
vererbt dedni
verewigen ovekovečiti
verfahren* zavoziti; *mit* ravnati z; *sich* zaiti; *~ sein* biti zavožen
Verfahren *n*, **~s, ~,** postopek *m*; *einleiten* začeti; *einstellen* ustaviti
Verfall *m*, **~s, –,** propad *m*, razpad *m*; *Frist* zapadlost *f*
verfallen* propadati, propasti; *Karte* zapasti; *Frist* izteči se; *~ auf* zapičiti se v, priti na; *(dem Rauschgift ~)* zasvojen od
verfallen propadel; zapadel; *Gesicht* upadel
verfälschen ponarediti, izkrivljati
verfangen* *sich* zaplesti se (*in* v); *das verfängt bei mir nicht* s tem me ne boš ujel
verfärben *sich* spremeniti/puščati barvo
verfassen spisati
Verfasser *m*, **~s, ~,** pisec *m*; avtor *m*
Verfassung *f*, **~, ~en,** stanje *n*; *Staat* ustava *f*
verfassungsmäßig ustaven
verfassungswidrig protiustaven
verfaulen zgniti
verfechten* braniti, zastopati
verfehlen zgrešiti
Verfehlung *f*, **~, ~en,** prestopek *m*
verfertigen izdelati, izdelovati
verfilmen filmati, posneti
verfilzen sprijeti se; *fig.* tesno se prepletati, biti povezan
verflechten* (s)prepletati se; *(sich)* in zaplesti (se) v
verfliegen* razpršiti se; *Zeit* bežati; *sich (Vogel)* zaiti
verflossen pretekli; nekdanji
verfluchen preklinjati, prekleti
verflüchtigen *sich* izpuhteti; *fig.* razpršiti se
verflüssigen vtekočiniti
verfolgen *A* slediti *D*; zasledovati *A*
Verfolger *m*, **~s, ~,** zasledovalec *m*
Verfolgung *f*, **~, ~en,** zasledovanje *n*
Verfolgungswahn *m* preganjavica *f*
Verformung *f*, **~, ~en,** deformacija *f*
verfrachten naložiti, natovoriti
verfrüht prezgodnji; *adv.* prezgodaj
verfügen *v/t* odrediti; *~ über* razpolagati z, imeti na voljo
Verfügung *f*, **~, ~en,** odredba *f*; *zur ~ stehen/haben* biti na razpolago/imeti na voljo
verführen zapeljati (*zu* k, v)
verführerisch zapeljiv
vergällen zagreniti
vergalloppieren *sich fig.* zaleteti se
vergangen pretekli
Vergangenheit *f* preteklost *f*
vergänglich minljiv
Vergaser *m*, **~s, ~,** uplinjač *m*
vergaß *gl.* **vergessen**
vergeben* odpustiti; dati; *Zimmer* oddati, oddajati;

Karten deliti; *Stipendium* podeliti; *ich bin* ~ nisem prost
vergebens zaman
vergeblich neuspešen, neploden; *adv.* zaman
Vergebung *f*, **~**, –, odpuščanje *n*
vergegenwärtigen predočiti (*sich* si)
vergehen* minevati, miniti; *jm vergeht etw.* mine ga kaj; *vor `Angst, Ungeduld usw.* ~ giniti(em) od; *sich* ~ *gegen* pregrešiti se proti; *sich* ~ *an* spozabiti se nad
Vergehen *n*, **~s**, **~**, prekršek *m*, prestopek *m*
vergeistigt poduhovljen
vergelten* poplačati, maščevati
Vergeltung *f*, **~**, –, maščevanje *n*; ~ *üben* maščevati se
vergessen, *er* **vergißt, vergaß, vergessen** pozabiti; *sich* spozabiti se
Vergessenheit *f*, **~**, –, pozabljenje *f*
vergeßlich pozabljiv
vergeuden zapravljati
vergewaltigen posiliti
vergewissern *sich* zagotoviti se; *(sich etw.* si kaj)
vergießen* razliti, politi; *Tränen* točiti; *Blut* prelivati
vergiften zastrupiti
Vergiftung *f* zastrupljenje *n*
vergilbt orumenel
verglasen zastekliti
Vergleich *m*, **~s**, **~e**, primerjava *f*; poravnava *f*; *im* ~ *zu* v primeri z
vergleichen* primerjati; *sich mit* se z
vergnügen *(sich)* zabavati (se)
Vergnügen *n*, **~s**, –, zabava *f*; zadovoljstvo *n*; veselje *n*; *viel* ~ dosti zabave; ~ *finden an* veseliti se *G*
vergraben* zakopati (*sich* se)
vergreifen* *sich in* zmotiti se pri; *sich an* spozabiti se nad
vergriffen razprodan
vergrößern povečati
Vergrößerung *f* povečava *f*
Vergrößerungsglas *n* povečevalno steklo *n*
Vergünstigung *f* olajšava *f*; popust *m*
vergüten plačati za, povrniti; dati odškodnino
Vergütung *f* odškodnina *f*
verhaften aretirati; zapreti
Verhaftung *f*, **~**, **~en**, aretacija *f*
verhalten* zadrževati; *sich obnašati se, ravnati, biti v ... odnosu do; sich (ruhig, anders)* ~ biti (miren, drugačen); *adj.* zadržan
Verhalten *n*, **~s**, –, obnašanje *n*, ravnanje *n*
Verhältnis *n*, **~ses**, **~se** razmerje *n*; odnos *m*; *pl* razmere *pl*; *über seine ~se leben* živeti prek (finančnih) možnosti
verhältnismäßig *adv.* razmeroma
verhandeln pogajati se; *iur.* sodno obravnavati
Verhandlung *f*, **~**, **~en**, pogajanje *n*; *iur.* obravnava *f*
verhängen *Fenster* zastreti; *Strafe über* naložiti *A*; *Sperre* blokirati (*über A*)
Verhängnis *n* (zla) usoda *f*; poguba *f*

verhängnisvoll usoden
verhaßt osovražen
verhauen premlatiti
verheerend uničujoč; strašen
Verheerung *f*, **~**, **~en**, uničenje *n*; opustošenje *n*
verhehlen* prikrivati
verheilen zaceliti se
verheimlichen prikrivati
verheiraten *(sich)* poročiti (se)
verheißungsvoll obetaven
verhelfen* *zu* pomagati, primoči do
verhindern preprečiti
verhindert nesojen
verhöhnen *A* zasmehovati *A*; rogati se *D*
Verhör *n*, **~s**, **~e**, zaslišanje, zasliševanje *n*; *e-m ~ unterziehen* zasliševati
verhören zasliš(ev)ati; *sich ~* napačno slišati
verhüllen zagrniti, zastreti; *fig.* prikriti
verhungern stradati; umreti od lakote
verhüten preprečevati
Verhütung *f*, **~**, preprečevanje *n*
verirren *sich* zaiti, zgubiti se
Verirrung *f*, **~**, **~en**, zmota *f*
verjagen pregnati, prepoditi
verjähren zastarati
verjährt zastaran
verjubeln *F* pognati
verjüngen pomladiti, pomlajevati (*sich* se); *sich* ožiti, tanjšati se
verkappt *fig.* zakrinkan
Verkauf *m*, **~s**, **£e**, prodaja *f*
verkaufen proda(ja)ti
Verkäufer *m* prodajalec *m*
verkäuflich naprodaj
Verkaufs... prodajni
Verkehr *m*, **~s**, –, promet *m*; občevanje *n*; *im ~ sein mit* imeti stike z
verkehren *Zug* voziti; *~ mit* biti v stikih z, družiti se z; *~ in* hoditi redno v; *v/t* obrniti; *sich ~ zu* sprevreči se v
Verkehrs... prometni (*~mittel* prometno sredstvo)
Verkehrsampel *f* semafor *m*
verkehrsreich prometen
Verkehrsschild *n* prometni znak *m*
Verkehrsunfall *m* prometna nesreča *f*
verkehrt obrnjen; *fig.* napačen; *(anziehen usw.)* narobe
verkennen* narobe presoditi; *etw. jm ~* ne priznati
Verkettung *f* splet *m*
verklagen tožiti
verkleben zlepiti; *mit* prelepiti
verkleiden preobleči, maskirati (*sich* se); *Wand* obložiti
Verkleidung *f*, **~**, **~en**, maska *f*, preobleka *f*; *(Wand)* obloga *f*
verkleinern zmanjš(ev)ati
verklingen* izzveneti
verkneifen* *sich* odpovedati se *D*; *Antwort* vgrizniti se v jezik
verknüpfen povezati; *fig. sich* povezovati se
verkohlen zogleneti
verkommen* propadati, propasti
verkommen *adj.* propadel; na psu
verkörpern utelešati
verkrachen *sich mit* skregati se

verkracht propadel
verkraften prenesti
verkrampft krčevit
verkrüppelt pohabljen
verkühlen *sich* prehladiti se
verkümmern (za)krneti; *Pflanze* hirati
verkünden razglasiti
verkündigen oznanj(ev)ati
verkürzen skrajšati
verladen* natovarjati
Verlag *m*, **~s, ~e,** založba *f*
verlagern prenesti, prestaviti
Verlags... založniški
verlangen zahtevati (*nach A*); želeti si (*nach G*); *es verlangt viel Mühe* terja dosti truda; *es verlangt mich nach* hlepim po
Verlangen *n*, **~s, –,** zahteva *f*; poželenje *n*; hrepenenje *n*
verlängern podaljšati
Verlängerung *f*, **~, ~en,** podaljšanje *n*; *(Schnur)* podaljšalo *n*
Verlaß *m es ist kein ~ auf* ni se mogoče zanesti na
verlassen* zapustiti; *sich auf* zanesti se na
verlassen *adj.* zapuščen
verläßlich zanesljiv
Verlauf *m* potek *m*, *(nach ~)* pretek *m*; *im ~ (der Woche)* met (tednom), v času/teku *G*
verlaufen* potekati, poteči; *Straße* teči; *sich* zaiti; *Menge* razkropiti se; *Weg* zgubiti se
verlaust ušiv, poln uši
verlautbaren razglasiti
verlegen premestiti; preložiti; založiti; *Kabel* polagati, *Weg* zapreti; *sich ~ auf* vreči se na, poprijeti se *G*
verlegen v zadregi
Verlegenheit *f* zadrega *f*
Verleger *m*, **~s, ~,** založnik *m*
verleiden *jm etw.* pokvariti veselje do
verleihen* *(aus~)* posojati; *Recht* dajati; *Titel* podeliti
verleiten zapeljati; speljati na/k
verlernen pozabiti
verlesen* prebrati; *sich* napačno prebrati
verletzen raniti; *Gefühl* prizadeti; *Eid, Recht* prekršiti, pregrešiti se proti; *verletzlich* ranljiv
Verletzung *f*, **~, ~en,** poškodba *f*; *gl.* verletzen
verleugnen zatajiti
verleumden obrekovati
Verleumdung *f* obrekovanje *n*
verlieben *sich* zaljubiti se
verliebt zaljubljen
verlieren, verlor, verloren izgubiti, izgubljati *(an A)* (*sich* se); *Schmerz* popuščati
verloben *sich* zaročiti se
Verlobte *m*, *f*, zaročenec *m*, ~nka *f*
Verlobung *f* zaroka *f*
verlocken vabiti
verlockend vabljiv
verlogen zlagan; *Mensch* lažniv
verlor, verloren *gl.* **verlieren**
verloren *adj.* zgubljen
verlorengehen izgubiti se
Verlust *m*, **~s, ~e** izguba *f*
verlustig *einer Sache ~ gehen* izgubiti *A*
vermachen zapustiti (v oporoki)
Vermächtnis *n*, **~ses, ~se,**

oporoka *f*; volilo *n*; *fig.* zadnja želja *f*
vermählen *sich* poročiti se
vermehren množiti, večati (*sich* se); *sich* razmnoževati se
Vermehrung *f* razmnoževanje *n*
vermeiden* *A* izogniti se *D*
vermeintlich domneven, dozdeven
vermengen pomešati, zmešati
Vermerk *m* pripomba *f*, opomba *f*
vermessen* meriti; *sich* napačno izmeriti; *fig. sich zu* drzniti se
vermessen (pre)drzen, vratolomen
vermieten dati v najem; ... *zu ~* oddajamo ...
Vermieter *m* najemodajalec *m*
vermindern zmanjševati
vermischen zmešati
vermissen pogrešati
Vermißte *m*, *f* pogrešanec *m*, -nka *f*
vermitteln posredovati; *Wohnung usw.* priskrbeti
vermittels s pomočjo *G*
Vermittlung *f*, **~**, **~en**, posredovanje *n*; posredovalnica *f*; *tel.* centrala *f*
vermögen* (z)moči, zamoči
Vermögen *n* premoženje *n*; sposobnost *f*
vermögend premožen
Vermögenssteuer *f* davek *m* na premoženje
vermuten domnevati
vermutlich domnevno
Vermutung *f*, **~**, **~en**, domneva *f*
vernachlässigen zanemarjati
vernarben zarasti se, zabrazgotiniti se
vernarrt *in* zateleban v
vernehmbar slišen
vernehmen* slišati; zasliševati
vernehmlich slišen; jasen
Vernehmung *f*, **~**, **~en**, zasliševanje *n*
Verneigung *f* priklon *m*
verneinen zanikati; reči ne
verneinend nikalen
vernichten uničiti
Vernichtung *f*, **~**, **~en**, uničenje *n*
Vernunft *f*, **~**, –, um *m*; *die gesunde ~* zdrava pamet *f*; *~ annehmen* spametovati se; *jn zur ~ bringen* spraviti k pameti
vernünftig razumen, pameten
vernunftmäßig racionalen
veröden *v/i* opusteti; *v/t Krampfadern* zapreti
veröffentlichen objaviti
Veröffentlichung *f*, **~**, **~en**, objava *f*; publikacija *f*
verordnen odrediti; *med.* zapisati
verpachten dati v najem
verpacken pakirati; embalirati
Verpackung *f*, **~**, **~en**, embalaža *f*
verpassen zamuditi; *F* dati; *jm eine* prisoliti jo
verpetzen zatožiti
verpflanzen presaditi
Verpflegung *f* oskrba *f*
verpflichten obvez(ov)ati; zadolžiti; vezati; *zu etw. verpflichtet sein* biti dolžan

Verpflichtung *f*, **~**, **~en**, dolžnost *f*, obveza *f*
verplappern *sich* zagovoriti se
verplempern *F* zafrečkati *F*
verpönt prepovedan
verprassen zapraviti
verprügeln pretepsti
Verputz *m* omet *m*
verputzen ometati; *F fig.* pojesti
verrammeln *Tür* zastaviti
verramschen prodati pod ceno
Verrat *m* izdaja *f*, izdajstvo *n*
verraten* izdati (*sich* se)
Verräter *m*, **~s**, **~**, izdajalec *m*
verräterisch izdajalski
verrauchen razkaditi se; *Geld* zakaditi
verrechnen zaračunati, obračunati; *sich* zmotiti se pri računanju, *fig.* ušteti se
Verrechnungs... obračunski
verrecken crkniti
verreisen odpotovati
verrenken *sich* izpahniti si, zviti si; *Hals* zvijati, stegovati
Verrenkung *f* izpah *m*, zvin *m*; *fig.* zvijanje *n*
verrichten opraviti
verriegeln zapahniti
verringern zmanjšati
verroht surov
verrückt nor; *~ machen* spravljati ob živce
Verrücktheit *f* norost *f*
Verruf *m in ~ bringen / kommen* spraviti/priti na slab glas
verrufen razvpit, zloglasen
verrutschen zdrsniti, postaviti se postrani
Vers *m*, **~es**, **~e**, verz *m*; *sich keinen ~ auf etw. machen können* ne razumeti *G*
versagen *v / i* odpovedati, zatajiti; *jm etw.* odreči; *sich A* odpovedati se *D*
Versagen *n* neuspeh *m*
Versager *m* nesposobnež *m*
versalzen presoliti
versammeln zbrati, zbirati (*sich* se)
Versammlung *f*, **~**, **~en** zbor *m*, zborovanje *n*; skupščina *f*
Versand *m* razpošiljanje *n*; ekspedit *m*
versäumen zamuditi; *Pflicht* ne opravljati
verschaffen priskrbeti (*sich* si)
Verschalung *f* opaž *m*
verschandeln (s)kaziti
verschanzen utrditi; *sich* ukopati se, zabarikadirati se
verschärfen poostriti; poslabšati
verscheiden* umreti
verschenken podariti; razdajati; *Getränke* točiti
verscherzen *sich A* zapraviti si *A*
verscheuchen preplašiti; prepoditi
verschieben* premikati, premakniti (*sich* se); *Reise* preložiti
verschieden različen; *~e* razni
verschiedenartig raznovrsten
Verschiedenes *n* razno *n*
Verschiedenheit *f* različnost *f*
verschiedentlich ponovno, večkrat

verschiffen vkrcati (*sich* se); *Waren* natovarjati
verschlafen* zaspati; *Zeit* prespati
verschlafen *adj.* zaspan
Verschlag *m*, **~s, £e,** lopa *f*
verschlagen* zabiti; *jm die Sprache* zapreti sapo; *er wurde hin ~* zaneslo ga je tja
verschlagen prekanjen
verschlechtern poslabšati (*sich* se)
Verschlechterung *f* poslabšanje *n*
Verschleiß *m* obraba *f*, izraba *f*
verschleppen s silo odpeljati; zavlačevati; *Krankheit* zanemariti; *in, nach* zanesti
verschleudern razsipati, prodajati pod ceno
verschließen* zapreti; zakleniti; *sich einer Sache* zapirati se pred; *Worten* biti gluh za
verschlingen* pogoltniti, požreti
verschlossen zaprt; *für* nedostopen
verschlucken pogoltniti; *er hat sich verschluckt* zaletelo se mu je
Verschluß *m*, **~(ss)es, £(ss)e,** zapiralo *n*; *unter ~* pod ključem
verschlüsseln šifrirati
verschmähen zavračati, zaničevati
verschmelzen* zliti; *fig.* povezovati (*sich* se)
verschmerzen preboleti
verschmieren razmazati
verschmitzt hudomušen
Verschmutzung *f* onesnaženje *n*
verschneiden* *Wein* mešati; *Tier* skopiti; *sich* napačno (za)rezati
verschneit zasnežen
Verschnitt *m* mešanica *f*
verschnupft *fig.* užaljen
verschollen pogrešan; *(Schlüssel) ist ~* je izginil
verschonen *A* prizanesti *D*; *von Steuern ~* dati olajšavo
verschönern olepšati
verschossen zbledel; *F fig.* zatrapan *F*
verschränken prekrižati
verschreiben* *sich* zapisati se; zmotiti se
verschrien zloglasen
verschroben čudaški
verschrotten dati v staro železo
verschulden zakriviti
Verschulden *n* krivda *f*
verschuldet zadolžen
verschütten razliti; *Graben* zasuti
verschwägert v svaštvu
verschweigen* zamolčati
verschwenden zaprav/ljati, /iti
verschwenderisch zapravljiv; obilno
Verschwendung *f* zapravljanje *n*; razsipavanje *n*
verschwiegen molčeč
verschwinden* izginiti; *~ lassen* odstraniti, *fig.* suniti; *~d (klein)* skrajno (majhen)
Verschwinden *n* izginotje *n*
verschwommen nejasen, zabrisan
verschwören* *sich* zarotiti se (*gegen* proti); kovati zaroto

Verschwörer *m* zarotnik *m*
Verschwörung *f*, **~**, **~en**, zarota *f*
versehen* *Dienst* opravljati; *mit* oskrbovati z; *~ sein mit* biti preskrbljen z; *Auto* opremljen z; *ehe man sich's versieht* preden se človek zave
Versehen *n* pomota *f*; *aus* pomotoma
versehentlich pomotoma, ponevedoma
versenden* odposlati
versengen (p)osmoditi
versenken *(in Wasser)* potopiti; pogrezniti; zakopati; *sich in etw.* zatopiti se v
Versenkung *f* pogrezanje *n*; zatopljenost *f*; *in der ~ verschwinden* priti v pozabo
versessen *auf* nor na
versetzen prestaviti; zastaviti; *Baum* presaditi; *mit Wasser* razredčiti; *F jn* ne priti na zmenek; *Schlag* udariti, *Stoß* suniti; *in Angst, Bewegung* spraviti v; *sich ~ in* vživeti se v; *v / i* odvrniti
versetzt *(Schüler) ~ werden* napredovati v višji razred; *nicht ~ werden* ponavljati razred
verseucht okužen
versichern zagotavljati; *Eigentum usw.* zavarovati
Versicherung *f*, **~**, **~en**, zagotavljanje *n*; zavarovanje *n*, zavarovalnica *f*
Versicherungs... zavarovalni
versiegen usahniti
versilbern *fig.* pretopiti v denar
versinken* potoniti
versinnbildlichen ponazoriti
versippt v sorodu z
versoffen *F* zapit
versohlen *fig.* pretepsti, nažgati
versöhnen *(sich)* spraviti, pomiriti (se); *fig. sich mit* sprijazniti se z
versöhnlich spravljiv
Versöhnung *f*, **~**, **~en**, sprava *f*
versonnen zasanjan
versorgen oskrbovati; skrbeti za
Versorgung *f* oskrba *f*, preskrba *f*
verspäten *sich* zakasniti se, zamuditi
verspätet pozen, zakasnel
Verspätung *f*, **~**, **~en**, zamuda *f*
versperren zapirati
verspielen zaigrati; *fig.* zapraviti (si)
verspielt igriv
verspotten *A* norčevati se iz
versprechen* obljubljati, obljubiti; *sich* zagovoriti se; *sich etw.* obetati si
Versprechen *n*, **~s**, **~**, obljuba *f*
verspüren (ob)čutiti
verstaatlichen podržaviti
Verstand *m*, **~s**, –, razum *m*, pamet *f*
verstandesmäßig razumski
verständig razumen
verständigen obvestiti o, sporočiti *A*; *sich* sporazume(va)ti se
verständlich razumljiv
Verständnis *n* razumevanje *n*
verständnisvoll razumevajoč
verstärken okrepiti; stopnjevati

Verstärker *m*, **~s, ~,** ojačevalnik *m*
verstauchen *(sich)* zviti si
Verstauchung *f* zvin *m*
Versteck *n*, **~s, ~e,** skrivališče *n*
verstecken skri(va)ti; ~ *spielen* skrivati se
versteckt skriven; skrivaj
verstehen* razumeti; *sich auf* se na; *sich mit* se z; ~ *zu* znati; *zu ~ geben* dati razumeti, vedeti; *er versteht viel / nichts davon* dosti ve/nima pojma o tem
versteigern prodajati na dražbi
Versteigerung *f* dražba *f*
Versteinerung *f* okamnina *f*
verstellbar prestavljiv
verstellen *Weg* zastaviti, zastavljati; *(um)* prestaviti; *Stimme* govoriti s spremenjenim glasom; *sich* pretvarjati se, hliniti
Verstellung *f* pretvarjanje *n*
versteuern plačati davek na/za
verstiegen *adj.* prenapet
verstimmen *fig.* spraviti v slabo voljo
verstimmt *Klavier* razglašen; *Mensch* zlovoljen, slabe volje
Verstimmung *f*, **~, ~en,** slaba volja *f*; spor *m*; *(Magen~)* pokvarjen želodec *m*
verstockt zakrnjen, okorel
verstohlen skriven; *adv.* skrivaj
Verstopfung *f med.* zaprtje *n*
verstorben preminul, umrl
verstört zmeden
Verstoß *m*, **~es, ≗e,** prekršek *m*
verstoßen* nagnati, zavreči; *v / i gegen* prekršiti (*A*), pregrešiti se zoper
verstreichen* *Frist* miniti; *v / t* mazati, namazati
verstricken *in* zaplesti v
verstümmeln pohabiti; *Text* oklestiti
verstummen utihniti
Versuch *m*, **~s, ~e,** poskus *m*; *e-n ~ machen mit* poskusiti z
versuchen poskušati, poskusiti; *(kosten)* pokusiti
Versucher *m* skušnjavec *m*
Versuchs... poskusni
versuchsweise za poskus
versucht *sein* biti v skušnjavi, (*zu* da bi)
Versuchung *f*, **~, ~en,** skušnjava *f*; *in ~ bringen* spraviti v skušnjavo
versumpft zamočvirjen
versündigen *sich* pregrešiti se (*an* nad)
versunken *fig.* zatopljen
vertagen odložiti, odgoditi
vertauschen zamenjati
verteidigen braniti
Verteidiger *m*, **~, ~,** branilec *m*
Verteidigung *f*, **~, ~en,** obramba *f*
Verteidigungs... obrambni
verteilen deliti; razdeliti
Verteiler *m*, **~s, ~,** razdelilec *m*
verteufelt vražji, hudičev; za hudiča!
vertiefen poglobiti (*sich* se, *in* v), *in Gedanken* zatopiti se
Vertiefung *f*, **~, ~en,** vdolbina *f*
vertilgen iztrebiti; *Essen* pospraviti

vertonen uglasbiti
Vertrag *m*, **~s, ⸚e,** pogodba *f*
vertragen* zdržati, prenašati; *sich ~ (mit)* razumeti se (z); *er verträgt viel (Wein usw.)* veliko ga nese
vertraglich pogodben
verträglich *Speise* lahek; *Mensch* miroljuben
vertragsmäßig pogodben; s pogodbo
vertrauen zaupati; *auf* zanesti se na
Vertrauen *n*, **~s,** –, zaupanje *n*; *im ~* zaupno; *~ haben zu, jm ~ schenken* zaupati *D*; *jn ins ~ ziehen* zaupati (kaj tajnega)
vertrauenerweckend zaupanje zbujajoč
Vertrauens... zaupen
Vertrauensmann *m* zaupnik *m*
Vertrauensvotum *n* zaupnica *f*
vertrauenswürdig vreden zaupanja
vertraulich zaupen
vertraut znan, poznan; domač; *Kreis* prijateljski; *sich ~ machen mit* seznaniti se z; *auf ~em Fuße leben mit* biti v prijateljskih odnosih
vertreiben* pregnati; *Zeit* preganjati; *Ware* prodajati na veliko
vertretbar opravičljiv
vertreten* zastopati; nadomeščati; *den Weg ~* zastaviti pot; *sich den Fuß ~* zviti si; *sich die Beine ~* razgibati se; *~ sein* biti zastopan, navzoč
Vertreter *m*, **~s, ~,** zastopnik *m*; trgovski potnik *m* (*in* za)
Vertretung *f*, **~, ~en,** zastopstvo *n*; *(Person)* namestnik *m*
Vertrieb *m* razpečevanje *n*
vertrinken* zapiti
vertrocknen posušiti se; *Quelle* usahniti
vertrösten z obljubami odlagati
vertun* zapraviti
vertuschen potlačiti
verübeln zameriti
verüben zagrešiti
verulken *F* zafrkavati
verunglücken ponesrečiti se
verunreinigen onesnažiti
verunstalten kaziti
veruntreuen poneveriti
verursachen povzročiti
verurteilen obsoditi, obsojati
vervielfältigen razmnoževati
vervollkommnen izpopolniti
vervollständigen dopolniti
verwachsen* *Wunde* zarasti se
verwachsen *adj.* zarasel, zaraščen; pohabljen
verwackelt *Foto* premaknjen
verwahren hraniti; *fig. sich ~ gegen* ne dovoljevati si *G*
verwahrlosen *v/i* postajati/biti zanemarjen
Verwahrung *f*, **~, ~en,** protest *m*, ugovor *m*; *in ~ halten / nehmen* hraniti/vzeti v hrambo, shraniti
verwaist osirotel; *fig.* zapuščen
verwalten upravljati
Verwalter *m*, **~s, ~,** upravnik *m*
Verwaltung *f*, **~, ~en,** uprava *f*, upravljanje *n*
Verwaltungs... upravni

verwandeln spremeniti; preobraziti (*sich* se)
Verwandlung *f*, **~**, **~en,** preobrazba *f*
verwandt soroden; ~ *mit* v sorodu z
Verwandte *m*, *f* sorodnik *m*, -ca *f*
Verwandtschaft *f*, **~**, **~en,** sorodstvo *n*; sorodnost *f*
verwarnen opomniti
verwechseln zamenjati
Verwechslung *f* zamenjava *f*; pomota *f*
verwegen drzen
verwehren preprečiti
verweichlicht pomehkužen
verweigern odreči; *Aussage* odkloniti
verweilen *fig.* zadržati se
verweint objokan
Verweis *m*, **~es, ~e,** graja *f*; *(im Buch)* kazalka *f*
verweisen* *(aus)* pregnati, izgnati; grajati; ~ *auf* napotiti na, (*an jn* h komu)
verwelken oveneti
verwendbar uporabljiv
verwenden uporabljati; *(viel Zeit, Mühe)* ~ *auf* porabiti (dosti časa, truda za); *sich bei jm* ~ *für* zavzeti se za
Verwendung *f*, **~**, **~en,** raba *f*, uporaba *f*; *ich habe keine* ~ *dafür* s tem nimam kaj početi
verwerfen* zavreči, zavračati; *Berufung* zavrniti; *sich* ~ *(Tür)* zvreči se
verwerflich zavržen; zaničevanja vreden
verwerten uporab/ljati, /iti; obrniti v prid
verwesen razkrajati se
Verwesung *f*, **~**, –, razkroj *m*
verwickeln zaplesti (*sich* se)
verwickelt zapleten
Verwicklung *f*, **~**, **~en,** zaplet *m*
verwildern podivjati
verwinden preboleti
verwirken zapraviti si
verwirklichen udejaniti; uresničiti (*sich* se)
verwirren zmesti, zmeštrati
Verwirrung *f*, **~**, **~en,** zmeda *f*
verwischen zabrisati
verwitwet ovdovel
verwöhnen razvajati
verworren zmeden, zmešan
verwunden raniti; poškodovati
verwundert začuden
Verwunderung *f*, **~**, –, začudenje *n*
Verwundete *m*, *f* ranjenec *m*, -ka *f*, poškodovanec *m*, -ka *f*
Verwundung *f*, **~**, **~en,** poškodba *f*, rana *f*
verwünschen *v / t* preklinjati
verwünscht preklet, hudičev; *wie* ~ kot zakleto
verwüsten opustošiti
verzagen obupati
verzaubern začarati; očarati
verzehren pojesti, popiti, potrošiti; *mit den Augen* požirati; *fig.* izčrpa(va)ti; *sich* ~ *nach* koprneti po; *er verzehrt sich vor* razjeda ga *N*
verzeichnen *sich etw.* zapisati si; *zu* ~ *haben* imeti
Verzeichnis *n* seznam *m*; kazalo *n*
verzeihen* odpustiti, oprostiti
Verzeihung *f*, **~**, **~en,** odpuščanje *n*; ~*!* oprostite!

verzerren izkriv/ljati, /iti
Verzicht *m*, **~s,** odpoved *f* (*auf D*)
verzichten odpovedati se (*auf D*)
verziehen* razvleči, izkriviti; *Kind* slabo vzgojiti, razvajati; *sich* razvleči se, skriviti se; *Wolken* razgubiti se, *Mensch* zgubiti se
Verzierung *f* okras(ek) *m*
verzinsen obrestovati
verzogen razvajen, slabo vzgojen; *ist ~* se je odselil
verzögern zakasniti (*sich* se)
verzollen ocariniti, plačati carino za
Verzückung *f* zamaknjenje *n*, ekstaza *f*
Verzug *m in ~* v zaostanku; *ohne ~* brez obotavljanja; *es ist Gefahr im ~* grozi nevarnost
verzweifeln obupa(va)ti
verzweifelt obupan; obupen
Verzweiflung *f* obup *m*
Vetter *m*, **~s, ~,** bratranec *m*
Vieh *n*, **~s,** –, živina *f*; *F (pl Viecher)* žival *f*
Vieh... živinski, ... živine
viehisch živinski
Viehzucht *f* živinoreja *f*
Viehzüchter *m* živinorejec *m*
viel mnogo *G*, dosti *G*, veliko *G*; *viele* mnogi; *wieviel* koliko; *so ~* toliko; *zu ~* preveč; *in ~em* v marsičem
vielbeschäftigt zelo zaposlen
vieldeutig mnogopomenski; pomenljiv
Vieleck *n* mnogokotnik *m*
vielerlei raznolik; vsakovrsten
vielfach večkraten; *auf ~en Wunsch* na željo mnogih
Vielgötterei *f* mnogoboštvo *n*
Vielheit *f* množtvo *n*
vieljährig dolgoleten
vielleicht morda
vielmals mnogokrat; *(danken usw.)* (prav) lepo
vielmehr nasprotno, marveč
vielsagend pomenljiv, zgovoren
vielseitig mnogostranski
vielversprechend obetaven
vier štiri; *unter ~ Augen* med štirimi očmi; *auf allen Vieren* po vseh štirih; *in alle ~ Winde* na vse vetrove
vierbeinig četveronožen
Viereck *n* četverokotnik *m*; pravokotnik *m*
viereckig četverokoten, pravokoten
Vierer *m* četverec *m*; štirica *f*
viererlei četveren
vierfach štirikraten
Vierfüßler *m* štirinožec *m*
vierhundert štiristo
vierjährig štirileten
Vierlinge *pl* četverčki *pl*
viermal štirikrat
vierschrötig štorast, okoren
vierseitig četverostran
Viersitzer *m* štirisedežnik *m*
vierte četrti
vierteilen razčetveriti
Viertel *n*, **~s, ~,** četrtina *f*; *(Stadt~)* četrt *f*; *ein ~ nach 5* četrt na 6; *ein ~ vor 5 / dreiviertel 5* tričetrt na 5
Vierteljahr *n* četrtletje *n*
vierteljährlich četrtletno
Viertelstunde *f* četrt *f* ure
viertens četrtič
vierzehn štirinajst
vierzehnte štirinajsti
vierzig štirideset

Vierziger *m* štiridesetak *m*; štiridesetletnik *m*
vierzigste štirideseti
Villa *f*, **~**, **~en**, vila *f*
Viper *f*, **~**, **~n**, gad *m*; *fig.* kača *f*
Visage *f F* fris *m F*
vitaminarm vsebujoč malo vitaminov
Vitaminmangel *m* pomanjkanje vitaminov
Vlies *n*, **~es**, **~e**, runo *n*
Vogel *m*, **~s**, **£**, ptič *m*, *fig.* tič *m*; *einen ~ haben* biti usekan; *einen ~ zeigen jm* potrkati se po čelu
Vogel... ptičji
vogelfrei izobčen, preklican
Vogelfutter *n* hrana za ptice *f*
Vogelscheuche *f* (ptičje) strašilo *n*
Volk *n*, **~s**, **£er**, ljudstvo *n*, narod *m*; *Bienen~* čebele *pl*
Völkerbund društvo narodov *n*
Völkerrecht *n* mednarodno pravo *n*
Völkerwanderung *f* preseljevanje *n* narodov
Volksabstimmung *f* plebiscit *m*
Volkshochschule *f* ljudska univerza *f*
Volkslied *n* ljudska/narodna pesem *f*
Volkspartei *f* ljudska stranka *f*
Volksschule *f* ljudska/osnovna šola
Volksstamm *m* pleme *n*
Volkstracht *f* narodna noša *f*
Volksvertretung *f* parlament *m*
voll poln *G*; cel, ves; *Gesicht, betrunken* okrogel
voll poln *(Beschäftigung, Sinn)*; *~ von* poln *G*; cel *(Jahr)*; ves *(mit vollem Recht* z vso pravico), *aus ~er Brust* na ves glas, *aus ~em Herzen* iz vsega srca
voller poln *G*
vollauf več kot preveč
Vollbad *n* kopel (ležeča)
Vollbart *m* brada *f*
vollberechtigt polnopraven; *~ sein* z vso pravico, imeti vso pravico
vollbesetzt polno zaseden
Vollbesitz *m* izključna posest *f*; *im ~ (der Sinne)* popolnoma pri sebi
vollbringen* opraviti, narediti
vollenden dovršiti
vollendet *adj.* dovršen, popoln
vollends popolnoma
Vollendung *f* popolnost *f*
vollführen izvajati
Vollgas *mit ~* s polno brzino
völlig popolnoma, čisto
volljährig polnoleten
vollkommen popoln; *adv.* popolnoma
Vollmacht *f*, **~**, polnomočje *n*; *~en* pooblastila *pl*
Vollmond *m* polna luna *f*, ščip *m*
vollschlank polne/močnejše postave
vollständig popoln, kompleten
vollstopfen nabasati; *mit* napolniti z
vollstrecken izvršiti
Vollstreckung *f* izvršba *f*
Volltreffer *m* direktni zadetek *m*

Vollversammlung *f* (generalna) skupščina *f*; plenum *m*
vollzählig polnoštevilen
vollziehen izvršiti; *sich* vršiti se
Vollzug *m* izvršba *f*, izvajanje *n*
Vollzugs... izvršni
vom = *von dem*
von od; iz *(Stoff, Berlin); es ist von ihm, vom Vater* je njegov, očetov; *von Goethe* Goethejev; *V pasivnih stavkih: Die Stadt wurde von einem Erdbeben zerstört.* Potres je porušil mesto
vonnöten *sein* biti potreben
vonstatten *gehen* dogajati se
vor pred; od *(Kälte, Angst); ~ allen Dingen* predvsem; *vor sich gehen* goditi se
Vorabend *m* večer pred
Vorahnung *f* slutnja *f*
voran spredaj; naprej
vorangehen* *temp.* biti pred; *lok.* hoditi pred, spredaj; *fig.* prednjačiti
vorankommen* *fig.* napredovati; *wir kommen nicht voran* ne pridemo nikamor
Voranschlag *m* predračun *m*
Vorarbeit *f* pripravljalna dela *pl*
Vorarbeiter *m* preddelavec *m*
voraus naprej, pred; *im ~* vnaprej
vorausgehen* iti naprej; dogoditi se pred
vorausgesetzt *daß* vzemimo, da
voraushaben *jm etw.* imeti prednost pred kom v
Voraussage *f* napoved *f*; prerokba *f*
voraussagen napovedati
voraussehen* predvidevati
voraussetzen predpostavljati
Voraussetzung *f* predpostavka *f*
voraussichtlich predvidoma
vorauszahlen plačati vnaprej
vorbauen *D* / *für fig.* preprečevati *A*
Vorbedacht *m mit ~* naklepno; *ohne* neneklepno
Vorbedingung *f* pogoj *m*
Vorbehalt *m* pridržek *m*; *unter ~* s pridržkom
vorbehalten* *(sich)* pridržati si; *das bleibt ihm ~* je njemu namenjeno, pridržano
vorbehaltlos brez pridržkov
vorbei mimo
vorbeigehen* iti mimo; *Zeit* minevati
vorbeikommen* priti mimo; *F* priti na obisk
vorbeireden *aneinander ~* govoriti drug mimo drugega, vsak svoje
Vorbemerkung *f* uvodna pripomba *f*
vorbenannt prej omenjen
vorbereiten pripravljati; *~d* pripravljalen
Vorbereitung *f*, **~**, **~en**, priprava *f*
vorbestellen rezervirati, naročiti
vorbestraft (že prej) kaznovan
vorbeugen *D* preprečevati *A*
Vorbeugung *f*, **~**, **~en**, preprečevanje *n*
Vorbild *n* zgled *m*
vorbildlich zgleden

Vorbildung *f* predizobrazba *f*
Vorbote *m* znanilec *m*
vorbringen* izraziti; *Worte* izreči
vordem poprej
vorder(e) prednji, sprednji
Vordergrund *m* ospredje *n*
vordergründig *fig.* površinski
vorderhand zaenkrat
vorderlastig preobtežen (spredaj)
vordrängen *(sich)* siliti (se) v ospredje
vordringen* prodirati
vordringlich nujen
vorehelich predzakonski
voreilig prenagljen
voreingenommen pristranski; ~ *sein* imeti predsodek, predsodke
vorenthalten kratiti
vorerst najprej; zaenkrat
Vorfahren *pl* predniki *pl*
vorfahren* pripeljati se pred
Vorfahrt *f* prednost; *Straße mit* ~ prednostna cesta
Vorfall *m* pripetljaj *m*; *med.* izpad *m*
vorfallen* dogoditi se, pripetiti se; *med.* izpasti
vorfinden* najti; naleteti na
vorführen *zu jm* pripeljati pred, k; *etw.* predvajati, demonstrirati (delovanje)
Vorfreude *f* veselo pričakovanje *n*
Vorgang *m* dogajanje *n*, proces *m*; spis *m*
Vorgänger *m* predhodnik *m*
Vorgarten *m* vrt pred hišo *m*
vorgaukeln hliniti; ustvarjati utvaro
vorgeben* hliniti; delati se, kot da ...; *(sagen)* trditi (lažno); *Sport* dati prednost
vorgeblich baje; *adj.* domneven
vorgefaßt vnaprejšnji, apriori
vorgefertigt predpripravljen; že izdelan
Vorgefühl *n* slutnja *f*
vorgehen* iti naprej; imeti prednost; goditi se *(was geht hier vor?)*; *mil.* napredovati; ravnati; *Uhr* prehitevati; *gegen* ukrepati proti; *zum Angriff* preiti v napad
vorgerückt pozen
Vorgeschichte *f* predzgodovina *f*
Vorgeschmack *m* pokušina *f*, slutnja *f*
Vorgesetzte *m*, **~en, ~en,** predstojnik *m*
vorgestern predvčerajšnjim
vorgreifen* prehite(va)ti, vzeti besedo iz ust
vorhaben* nameravati
Vorhaben *n*, **~s, ~,** namera *f*, načrt *m*; *(Bau~)* projekt *m*
vorhalten* *(die Hand)* držati roko pred; *jm etw.* očitati komu kaj; *v/i* trajati
Vorhaltungen *machen* očitati, oštevati
Vorhand *f* prednost *f*; prvi (udarec ipd.)
vorhanden razpoložljiv; ~ *sein* obstajati, biti
Vorhandensein *n* obstajanje *n*; prisotnost *f*
Vorhang *m*, **~s, ⸚e,** zavesa *f*, zastor *m*; *teatr.* *(viele)* aplavz *m*

Vorhängeschloß *n* obešanka *f*, žabica *f*
vorher prej; *v sest.* vnaprej
vorherig prejšnji, poprejšnji
Vorherrschaft *f* prevladovanje *n*; vodilna vloga *f*; nadvlada *f*
vorherrschen prevladovati
vorhersagen napovedati
vorhersehen predvidevati
vorhin pred kratkim, pravkar
vorhinein *im* vnaprej
Vorhut *f* prednja straža *f*
vorig prejšnji; *~es Jahr* lani, lansko leto
Vorjahr *n* prejšnje leto *n*
Vorkämpfer *m* prvoborec *m*, borec *m*
Vorkehrung *f ~en treffen* ukreniti vse potrebno
Vorkenntnisse *pl* poprejšnje znanje *n*
vorkommen* dogoditi se, dogajati se; *Erz* nahajati se; biti; *jm / sich* zdeti se komu/si; *es kamen neue Wörter vor* bilo je ...; *Pflanzen kommen vor* je najti
Vorkommnis *n* **~ses, ~se,** pripetljaj *m*
Vorkriegs... predvojni
vorladen* pozvati
Vorladung *f*, **~, ~en,** poziv *m* (*zu* na)
Vorlage *f*, **~, ~n,** predloga *f*; predložitev *f*
Vorläufer *m* predhodnik *m*
vorläufig začasen; *adv.* zaenkrat
vorlaut jezikav, predrzen
Vorleben *n* prejšnje/dosedanje življenje *n*; življenjepis *m*
vorlegen predložiti; *bei Tisch* servirati; *Schloß* obesiti; *Riegel* zapreti (zapahniti); *Tempo ~* voziti hitro
Vorlegeschloß *n* obešenka *f*
vorlesen* brati, prebrati (komu)
Vorlesung *f*, **~, ~en,** predavanje *n*; *eine ~ halten* imeti predavanje
Vorlesungsverzeichnis *n* seznam predavanj
vorletzt predzadnji
Vorliebe *f* posebna ljubezen *f*, priljubljenost *f*; *mit ~* posebno rad
vorliebnehmen* *mit* zadovoljiti se z
vorliegen* *jm* biti predložen; *es liegt ein Verschulden des Fahrers vor* gre za krivdo ..., voznik je zakrivil; *es liegen Gründe vor* obstoje/so; *was liegt gegen ihn vor?* kaj se mu očita?
vorliegend pričujoč; obravnavani
vormachen *Übung* pokazati; *fig jm etw.* vleči koga za nos
vormalig prejšnji
Vormittag *m* dopoldan; *am ~* dopoldne
vormittags dopoldne; ob dopoldnevih
Vormund *m* varuh *m*, skrbnik *m*
Vormundschaft *f* varuštvo *n*, skrbništvo *m*
vorn(e) spredaj; *nach ~* naprej, v ospredje; *nach ~, ~ heraus* na cestno stran; *von ~* od spredaj; *von ~ anfangen* začeti od začetka; *von ~ bis hinten* od začetka do konca

Vorname *m* ime *n*
vornehm odličen, fin
vornehmen* *Änderung,* narediti; *Untersuchung* opraviti; *sich jn* okarati *A*; *sich etw.* nameniti se (da), lotiti se *G*
vornehmlich predvsem
vornherein *von ~* že od vsega začetka
Vorort *m* predmestje *n*; *v sest.* predmestni
Vorposten *m* prednja straža *f*
Vorrang prednost *f*
Vorrat *m*, **~s, ⸚e** zaloga *(an G)*
vorrätig na zalogi
Vorraum *m* predprostor *m*, predsoba *f*
vorrechnen izračunati, naračunati
Vorrecht *n* predpravica *f*
Vorrede *f* predgovor *m*
Vorrichtung *f* naprava *f*
vorrücken pomakniti naprej (*v*/*i* se); postaviti pred
Vorsatz *m* namen *m*, sklep *m*; *einen ~ fassen* skleniti
vorsätzlich nameren, hoten
Vorschein *m zum ~ kommen* priti na dan/spregled
vorschieben* poriniti pred; porabiti za pretvezo; *Riegel* zapahniti; *einer Sache einen Riegel ~* preprečiti *A*
vorschießen* dati predujem
Vorschlag *m* predlog *m*
vorschlagen* predlagati
vorschnell prenagljeno
vorschreiben* predpis(ov)ati
vorschreiten* napredovati, iti naprej; *gegen fig.* ukrepati proti
Vorschrift *f*, **~, ~en** predpis *m*
vorschriftsmäßig v skladu s predpisi
Vorschub *m jm ~ leisten* dajati potuho; *einer Sache* podpirati *A*
Vorschule *f* mala šola *f*
Vorschuß *m* predujem *m*
vorschützen hliniti
vorsehen* predvide(va)ti; *sich* paziti se *(vor G)*
vorsetzen *(Speisen, Getränke)* servirati
Vorsicht *f* previdnost *f*; *~!* pozor!
vorsichtig previden
vorsichtshalber iz previdnosti
Vorsitz *m* predsedstvo *n*; *den ~ haben* predsedovati
Vorsitzende *m*, *f*, **~en, ~en,** predsednik *m*, -ca *f*; predsedujoči
vorsorglich iz previdnosti
Vorspann *m* glava *f*
Vorspeise *f* predjed *f*
Vorspiegelung *f* pretveza *f*; *~ falscher Tatsachen* ustvarjanje napačnega vtisa
Vorspiel *n* predigra *f*
vorsprechen* *jm etw.* počasi in razločno govoriti (da lahko kdo ponavlja); *bei jm* stopiti do
Vorsprung *m*, **~s,** –, naskok *m*; *Mauer~* napušč *m*
Vorstadt *f* predmestje *n*
Vorstand *m* predsedstvo *n*, predsednik *m*; predstojnik *m*
vorstehen* moleti (ven) iz; *Zähne* štrleti; *einem Amt usw.* biti na čelu *G*, voditi *A*

Vorsteher *m* načelnik *m*

vorstellen postaviti pred, poriniti naprej; *Person* predstaviti; *v/i* pomeniti, predstavljati; *sich etw.* predstavljati si

Vorstellung *f*, **~, ~en,** predstava *f*

Vorstoß *m* prodor *m*

Vorstrafe *f* poprejšnja kazen *f*

vorstrecken iztegniti, pomoliti; *Geld* dati predujem

vortäuschen hliniti

Vorteil *m*, **~s, ~e,** prednost *f*; *im ~ sein* biti na boljšem (*gegenüber* kot); *es ist ein ~, daß* ugodno je, da; *zu js ~* komu v prid

vorteilhaft ugoden

Vortrag *m* podajanje *n*, izvajanje *n*; predavanje *n*; *einen ~ halten über* predavati o

vortragen* *Lied* zapeti, zaigrati; *Wunsch* prikazati

Vortragende *m*, *f*, predavatelj *m*, -ica *f*

vortrefflich odličen

Vortritt *m* prednost *f*

vorüber mimo

vorübergehen iti mimo; *Zeit* minevati

vorübergehend začasen; *adv.* nekaj časa, za določen čas

Voruntersuchung *f* predhodna preiskava *f*

Vorurteil *n* predsodek *m*

vorurteilslos brez predsodkov

Vorverkauf *m* predprodaja *f*

vorverlegen prestaviti na zgodnejši čas

Vorwählnummer *f* številka omrežne skupine

Vorwand *m* pretveza *f*

vorwärts naprej; *v glagolskih sest.* ... naprej

vorweg vnaprej

vorwegnehmen* anticipirati

vorweisen* (po)kazati

vorwerfen* *D* vreči *D*; *fig.* očitati

vorwiegend prevladujoč; pretežno

Vorwissen *n* poprejšnje znanje *n*

Vorwitz *m* predrznost *f*

Vorwort *n* predgovor *m*

Vorwurf *m*, **~s, ~̈e,** očitek *m*; *einen ~ machen*/*~̈e machen* očitati

vorwurfsvoll očitajoč

Vorzeichen *n* znak *m*; *mat.* predznak *m*; *fig.* znamenje *n*

vorzeigen (po)kazati

Vorzeit *f* davnina *f*

vorzeitig predčasen

vorziehen* *Gardine* zagrniti; *~ zu* rajši; *(etw. einer Sache) ~* imeti rajši kot; dajati *D* prednost pred

Vorzug *m* odlika *f*

vorzüglich odličen

Vorzugs... prednostni

Vorzugsschüler *m* odličnjak *m*

W

Waage *f*, **~**, **~n**, tehtnica *f*; *fig.* ravnotežje *n*
waag(e)recht vodoraven
Waagschale *f in die ~ werfen* zastaviti; *(schwer) in die ~ fallen* tehtati, močno šteti, biti zelo tehten
Wabe *f*, **~**, **~n**, sat *m*
wach buden, *fig.* bister
Wache *f*, **~**, **~n**, straža *f*; policijska postaja *f*; *~ halten/stehen* stati na straži
wachen bedeti; *über* paziti na
Wachhund *m* pes čuvaj *m*
Wacholder *m*, **~s**, **~**, brin *m*
Wacholder, (~branntwein) *m* brinjevec *m*
wachrufen* prebuditi, zbuditi
Wachs *n*, **~es**, **~e**, vosek *m*; *v sest.* voščen
wachsam buden
wachsen, *er* **wächst, wuchs, gewachsen,** rasti; *fig.* naraščati; *D gewachsen sein* biti kos *D*
wächsern voščen
Wachstum *n*, **~s**, –, rast *f*; *fig.* naraščanje *n*
Wächter *m*, **~s**, **~**, čuvaj *m*
Wachtraum *m* sanjarjenje *n*
wackeln *v/i* majati se; *~ mit* migati/majati z
wacker vrl
wacklig majav
Wade *f*, **~**, **~n**, meča *pl*
Waffe *f*, **~**, **~n**, orožje *n*
waffenfähig sposoben za vojaško službo
Waffengattung *f* rod *m* vojske
Waffenruhe *f* premirje *n*
Waffenstillstand *m* premirje *n*
Waffenschein *m* orožni list *m*
Waffenübung *f* orožne vaje *pl*
wagemutig smel
wagen upati si, drzniti si; tvegati
Wagen *m*, **~s**, **~**, voz *m*; vagon *m*; *F* avto *n*
wägen tehtati
Wagenheber *m* (avtomobilsko) dvigalo *n*
Wagenpark *m* vozni park *m*
Waggon *m*, **~s**, **~s**, vagon *m*
waghalsig vratolomen
Wagnis *n* tveganje *n*
Wahl *f*, **~**, **~en**, izbira *f*, izbor *m*; *pol.* volitev *f*, *pl* volitve; *keine ~ haben* ne imeti izbire; *erste ~* prva kvaliteta
wahlberechtigt volilno upravičen
wählen izbirati, izbrati; *pol.* voliti; *tel.* zavrteti številko
Wähler *m*, **~s**, **~**, volivec *m*
wählerisch izbirčen
Wahlfach *n* neobvezni, izbirni predmet *m*
Wahlheimat *f* druga domovina *f*
Wahlkampf *m* predvolilni boj *m*

wahllos brez izbiranja; zmešano
Wahlrecht *n* volilna pravica *f*
Wahn *m*, **~s,** –, blodnja *f*; utvara *f*
wähnen *(sich)* domišljati si, da
Wahnsinn *m* blaznost *f*
wahnsinnig blazen
Wahnwitz *m* blaznost *f*
wahr resničen; pravi; *(es ist ~)* res; *~ werden* uresničiti se
wahren ohranjati, ohraniti; ščititi, gledati na
währen trajati
während *prp.* med; *cj.* medtem ko
wahrhaben *nicht ~ wollen* ne priznati (si)
wahrhaft resničen, pravi; *adv.* resnično
Wahrheit *f*, **~, ~en,** resnica *f*
wahrheitsgetreu v skladu z resnico
Wahrheitsliebe *f* resnicoljubnost *f*
wahrlich resnično
wahrnehmbar zaznaven
wahrnehmen* zazna(va)ti; *Gelegenheit* izrabiti; *Interesse* skrbeti za
Wahrnehmung *f* zaznava *f*; *~ von* skrb za
wahrsagen prerokovati
wahrscheinlich verjeten; *adv.* najbrž
Wahrscheinlichkeit *f* verjetnost *f*
Wahrung *f* čuvanje *n*
Währung *f*, **~, ~en,** valuta *f*, denar *m*
Wahrzeichen *n* znak *m*, simbol *m*
Waise *f*, **~, ~n,** sirota *f*
Waisenhaus *n* sirotišnica *f*
Waisenknabe *m fig.* revček *m*; angelček *m*
Wal *m*, **~s, ~e,** kit *m*
Wald *m*, **~(e)s, ⸗er,** gozd *m*; *v sest.* gozdni
waldig gozdnat
Wall *m*, **~s, ⸗e,** jez *m*, nasip *m*
wallen valoviti; *Wasser, Blut* kipeti
Wallfahrer *m* romar *m*
Wallfahrt *f* romanje *n*
Wallfahrtsort *m* božja pot *f*
Wallung *f*, **~, ~en,** kipenje *n*
Walnuß *f* oreh *m*
Walroß *n* mrož *m*
walten vladati; *des Amtes* opravljati posle
Walze *f*, **~, ~n,** valj *m*; valjar *m*
walzen valjati
wälzen valiti, valjati; *sich* premetavati se, valjati se *(sich vor Lachen)*; *fig. von sich ~* odvaliti; *(Schuld) auf* prevaliti na
Walzer *m*, **~s, ~,** valček *m*
Walzwerk *n* valjarna *f*
Wand *f*, **~, ⸗e,** stena *f*, *fig.* zid *m*; *v sest.* stenski
wand *gl.* **winden**
Wandel *m* spreminjanje *n*; *(Lebens~)* način *m* življenja
wandeln *v/t* spremeniti (*sich* se); *v/i* sprehajati se
Wander... potujoči
Wanderer *m*, **~s, ~,** popotnik *m*
wandern (peš) potovati, (pre)hoditi; *fig.* iti; *Vögel* seliti se
Wanderpreis *m* prehodni pokal *m*

Wandervögel *pl* ptice selivke *pl*
Wandlung *f*, **~**, **~en,** preobrazba *f*
Wandschrank *m* vzidana omara *f*
wandte *gl.* **wenden**
Wange *f*, **~**, **~n,** lice *n*
wankelmütig nestanoviten
wanken opotekati se, majati se; *fig.* omahovati
Wanken *n ins ~ bringen / geraten* omajati/zamajati se
wann kdaj; *dann und ~* kdaj pa kdaj; *seit ~* odklej, od kdaj
Wanne *f*, **~**, **~n,** kad *f*; korito *n*
Wanze *f*, **~**, **~n,** stenica *f*; prisluškovalni aparat *m*
Wappen *n*, **~s**, **~**, grb *m*
wappnen *sich* pripraviti se (*für* na)
war *gl.* **sein**
warb *gl.* **werben**
Ware *f*, **~**, **~n,** blago *n*, roba *f*
wäre bi, bi bilo; *gl.* **sein**
Waren... blagovni
Warenaufzug *m* tovorno dvigalo *n*
Warenhaus *n* blagovnica *f*
warf *gl.* **werfen**
warm topel; *mir ist ~* toplo mi je; *~ werden mit* ogreti se za
Warmbad *n* toplice *pl*
warmblütig toplokrven
Wärme *f*, **~**, –, toplota *f*; *fig.* toplina *f*; *v sest. več* toplotni
wärmebeständig odporen za toploto
Wärmemesser *m* toplomer *m*
wärmen greti
Wärmflasche *f* termofor *m*
warnen *(vor)* (po)svariti (pred); *ich warnte ihn, das zu tun* svaril sem ga, naj ne stori tega
Warnung *f* svarilo *n*
warten *v / i* (po)čakati (*auf* na/*A*); *v / t* oskrbovati, vzdrževati
Wärter *m*, **~s**, **~**, strežnik *m*, paznik *m*
Warte/saal *m* **/zimmer** *n* čakalnica *f*
Wartung *f* vzdrževanje *n*, servis *m*
warum zakaj
Warze *f*, **~**, **~n,** bradavica *f*
was *inter.* kaj; *relat.* kar, in to; *~ auch immer* karkoli že; *~ für ein* kakšen; *~ für* kakšen, kakšni; *F ~ nun* kaj pa zdaj
was *F gl.* **etwas**
Waschanstalt *f* pralnica *f*
waschbar pralen
Waschbecken *n* umivalnik *m*
Wäsche *f*, **~**, **~n,** perilo *n*; pranje *n*; *in die ~ geben* dati v pranje
waschecht pralen; *fig.* pravi
waschen, *er* **wäscht, wusch, gewaschen** (o)prati; *sich* umivati se; *sich etw.* umi(va)ti si; *(Haar)* umiti
Wäscherei *f*, **~**, **~en,** pralnica *f*
Wäscheschrank *m* omara za perilo
Waschgelegenheit *f* možnost umivanja/pranja *f*
Waschlappen *m* krpa za umivanje *f*; *fig.* cunja *f*
Waschmaschine *f* pralni stroj *m*
Waschpulver *n* pralni prašek *m*
Waschraum *m* umivalnica *f*

Wasser *n*, **~s, ~,** voda *f*; *~ lassen / abschlagen* urinirati; *mir läuft das ~ im Munde zusammen* sline se mi cedijo; *jm nicht das ~ reichen können* ne segati do kolen; *mit allen ~n gewaschen* z vsemi žavbami namazan *F; (Liberaler) vom reinsten ~* pravi pristni
Wasser... vodni
wasserdicht vododržen; *Mantel* nepremočljiv
Wasserfall *m*, slap *m*
Wasserfarbe *f* vodena barva *f*
wässerig voden; *jm den Mund ~ machen* zbuditi skomine
Wasserkanne *f* vrč *m* za vodo
Wasserklosett *n* stranišče na vodno izpiranje
Wasserkraftwerk *n* hidrocentrala *f*
Wasserkühlung *f* vodno hlajenje *n*
Wasserleitung *f* vodovod *m*
Wassermann *m* vodnar *m*
Wassermelone *f* lubenica *f*
wässern razredčiti z vodo; zalivati, namakati v vodi
Wasserstand *m* višina vode
Wasserstoff *m* vodik *m*; *v sest.* vodikov
Wasserstrahl *m* curek *m* vode
Wassersucht *f* vodenica *f*
Wasserversorgung *f* preskrba z vodo
Wasserweg *m auf dem* po vodi
Wasserwellen *pl* vodna ondulacija *f*
waten bresti (bredem)
watscheln racati
Watt *n*, **~s, ~e,** plitvina *f*
Watte *f*, **~,** –, vata *f*
weben, wob, gewoben tkati
Weber *m*, **~s, ~,** tkalec *m*
Webstuhl *m* statve *pl*
Wechsel *m*, **~s, ~,** sprememba *f*, preobrat *m*; *(Geld~)* menjava *f*; *(~ der Jahre)* mena *f*; menica *f*
Wechselbad *n* izmenična kopel *f*
Wechselbeziehungen *pl* vzajemni odnosi *pl*
wechselhaft spremenljiv
Wechseljahre *pl* mena *f*
wechseln (za)menjati; spreminjati se; *über* iti preko
wechselnd spremenljiv, spreminjajoč se; različen
wechselseitig obojestranski
Wechselstrom *m* izmenični tok *m*
Wechselstube *f* menjalnica *f*
wechselweise izmenično
Wechselwirkung *f* vzvratno učinkovanje *n*
wecken zbuditi, prebuditi
Wecker *m*, **~s, ~,** budilka *f*
wedeln *mit* mahati z; vijugati
weder ... *noch* niti ... niti
Weg *m*, **~s, ~e,** pot *f*; *am ~e* ob poti; *im ~e sein / stehen* biti na poti; *eigene ~e gehen* hoditi po svojih poteh; *D aus dem ~e gehen* izogibati se *D; aus dem ~e räumen* odstraniti, spraviti s poti; *in die ~e leiten* dati pobudo za, začeti; *nicht über den ~ trauen* ne zaupati
weg proč; *(ganz ~ sein)* preč; *Hände ~* roke stran!
wegbekommen* odstraniti;

fig. razumeti; *F Krankheit F* fasati
wegblicken pogledati stran
wegen *G* zaradi *G*; *von Amts* ~ po službeni dolžnosti
Wegerich *m* trpotec *m*
wegfahren* odpeljati se
wegfallen* odpasti; prenehati
wegführen odpeljati
weggehen* oditi, iti stran; *Ware* iti v promet
wegjagen pregnati, odgnati
wegmachen odstraniti; *sich* pobrati se
wegnehmen* vzeti, odvzeti
wegreißen* odtrgati
wegschaffen odstraniti, spraviti stran
wegscheren *sich* pobrati se
wegschnappen pobrati izpred nosa
wegsehen* pogledati stran
Wegweiser *m* kažipot *m*; vodnik *m*
wegwerfen* odvreči, vreči stran
wegwerfend zaničljiv
wegziehen* odseliti se
weh joj; *wehe mir* gorje meni; ~ *tun* boleti; *sich / jm* ~ *tun* raniti (se), udariti (se)
Wehen *pl* popadki *pl*
wehen veti (vejem); *Fahnen* plapolati
Wehklage *f* tožba *f*
wehleidig ki se samemu sebi smili; *Blick* trpeč
wehmütig otožen
Wehr *f*, bran *m*; bramba *f*; *sich zur* ~ *setzen* postaviti se v bran
Wehr... obrambni, vojaški
Wehrdienst *m* vojaška obveznost *f*
wehren braniti (*sich* se); *dem Feuer* gasiti
wehrfähig sposoben za vojaško službo
wehrlos brezbramben; nemočen
Wehrpflicht *f* vojaška obveznost *f*
Weib *n*, **~s, ~er** ženska *f*
Weibchen *n zoo.* samica *f*
Weiber... ženski, žensk
Weibervolk *n* ženske *pl*
weibisch poženščen
weiblich ženski
Weibsbild *n P* baba *f*
weich mehek; šibek; ~ *werden* omehčati se; *fig.* popustiti
Weiche *f*, **~, ~n**, kretnica *f*; *fig.* smernica *f*
weichen, wich, gewichen *D* umakniti se *D*/pred; *nicht* ~ *von* ne ganiti se od
weichen namakati
Weichheit *f* mehkoba *f*
weichlich mehkužen
Weichsel(kirsche) *f* višnja *f*
Weichtier *n* mehkužec *m*
Weide *f*, **~, ~n**, pašnik *m*; *(Baum)* vrba *f*
Weiden... *več.* vrbov
weiden pasti, *v / i* se; *sich* ~ *an* pasti oči na, uživati nad
weidlich izdatno
Weidmann *m* lovec *m*
weigern *sich* ne hoteti (nočem)
Weihe *f*, **~, ~n**, posvetitev *f*
weihen posvetiti; *geweiht (dem Tode)* zapisan
Weiher *m*, **~s, ~**, ribnik *m*
Weihnachten *pl* božič *m*
Weihnachts... božični
Weihrauch *m* kadilo *n*

Weihwasser *n* blagoslovljena voda *f*
weil ker
weiland nekdanji; *Person* pokojni
Weile *f*, **~**, –, čas *m*; *mit ~* počasi; *eine gute ~* lep čas
weilen muditi se
Wein *m*, **~s**, **~e**, vino *n*; *(wilder usw.)* trta *f*; *v sest.* vinski
Weinbau *m* vinogradništvo
Weinberg *m* vinograd *m*
Weinbrand *m* vinjak *m*
weinen jokati
weinerlich jokav, cmerav
Weingarten *m* vinograd
Weinkrampf *m* krčevit jok *m*
weise moder
Weise *m*, **~n**, **~n**, modrec *m*
Weise *f*, **~**, **~n**, način *m*; *(Sing~)* napev *m*, pesem *f*
weisen, wies, gewiesen (po)kazati; *von sich* zavrniti, zavračati; *aus dem Lande* izgnati; *aus dem Haus* nagnati; *~ auf* kazati na
Weisheit *f* modrost *f*
Weisheitszahn *m* modrostni zob *m*
weismachen dopovedovati; natvesti
weiß bel; *v sest.* belo, bel
Weißbrot *n* bel kruh *m*
weissagen prerokovati
Weissagung *f* prerokba *f*
Weiße *m*, *f*, belec *m*, belka *f*
Weiß *n* belo, belina *f*
weißglühend razbeljen
Weißkohl *m* zelje *n*
Weisung *f*, **~**, **~en**, navodilo *n*
weit *adj.* dolg *(Weg)*; širen *(Ebene)*, širok *(Rock)*; *adv.* daleč; *~ und breit* daleč naokrog; *bei ~em* zdaleč; *nicht ~ her sein* nič posebnega
weitaus daleč
Weite *f*, **~**, **~n**, širina *f*; širnost *f*; daljava *f*
weiten *sich* (raz)širiti se
weiter *adj.* nadaljnji; *adv.* dalje, naprej; *nichts ~* nič več/drugega; *und so ~* in tako dalje; *bis auf ~es / ohne ~es* do/brez nadaljnjega; *v glagolskih sest.* naprej
weiterbestehen* obstajati naprej
weiterbilden razvijati
weitergehen* iti naprej; nadaljevati se
weiterhin naprej, v prihodnje; nadalje
weitermachen nadaljevati
weitgehend zalo obsežen; *adv.* v veliki meri, v glavnem
weither od daleč
weithin v veliki meri; na daleč
weitsichtig daljnoviden
weittragend daljnosežen
Weizen *m*, **~s**, **~**, pšenica *f*
welch, welcher, *interr.* kateri, *rel.* ki, kateri, *indef.* kakšen; *~ ein* kakšen; nekaj, malo *(Haben Sie Eier? Ja, ich habe welche.)*
welk uvel
welken veneti
Welle *f*, **~**, **~n**, val *m*; *Haar* koder *m*
Wellenlänge *f* valovna dolžina *f*
Wellensittich *m* skobčevka *f*
wellig valovit; *Haar* skodran
Welt *f*, **~**, **~en**, svet *m (in / auf*

na); *was in aller ~* kaj za boga; *um alles in der ~* za vse na svetu; *zur Welt bringen / kommen* roditi/se; *aus der ~ schaffen* spraviti s sveta
Weltall *n* vesolje *n*
Weltanschauung *f* svetovni nazor *m*
Weltausstellung *f* svetovna razstava *f*
weltberühmt svetovno znan
weltfremd neživljenjski
Weltkarte *f* zemljevid *m* sveta
Weltkörper *m* nebesno telo *n*
Weltkrieg *m* svetovna vojna *f*
weltlich posvetni
Weltmacht *f* velesila *f*
Weltmann *m* svetovljan *m*
Weltmeister *m* svetovni prvak *m*
Weltmeisterschaft *f* svetovno prvenstvo *n*
Weltraum *m* vesolje *n*
Weltraumfahrt *f*, **/flug** *m* vesoljski polet *m*
Weltschmerz *m* svetobolje *n*
Weltsicherheitsrat *m* varnostni svet *m*
Weltteil *m* celina *f*
Weltuntergang *m* konec sveta *f*
weltweit po vsem svetu
wem komu; *von / mit ~* o/s kom
wen koga
Wende *f*, **~, ~n,** preobrat *m*; *~ des Jahrhunderts* prelom *m*
Wendekreis *m* povratnik *m*
Wendeltreppe *f* polžaste stopnice *pl*
wenden, wandte, gewandt obrniti (se) (*gegen* proti, *an* na)
wenden, wendete, gewendet obrniti (se) *(Heu, Wagen, Braten)*
Wendepunkt *m* prelomnica *f*
wendig okreten; *fig.* iznajdljiv
Wendung *f*, **~, ~en,** obrat *m*; fraza *f*
wenig malo *G*, nekaj *G*; *~er* manj
wenigstens vsaj
Wenigkeit *f* malenkost *f*
wenn *temp.* ko, kadar; *kond.* če, ko *(irr.)*; *wenn auch* in če, pa če; *wenn auch noch so* pa če še tako
wenngleich, wennschon dasi
wer *inter.* kdo; *rel.* kdor
wer *F*= **jemand**
Werbe... reklamni
Werbekosten stroški za reklamo
werben, er wirbt, warb, geworben, *Mitglieder* pridobivati; *für* delati reklamo, propagando za; *jn für* pridobiti za; *um ein Mädchen* dvoriti *D*
Werbung *f*, **~, ~en,** reklama *f*
Werden *n* nastajanje *n*
werden, er wird, wurde, geworden postati, postajati; *označuje spremembo stanja, začetek (krank ~* zboleti, *sauer ~* skisati se, *schwach ~* oslabeti, *zornig ~* razjeziti se *itd.)*; *es wird kalt* hladno postaja; *er wird Arzt* bo zdravnik; *was wird daraus?* Kaj bo iz tega
werdend *~e Mutter* bodoča mati
werfen *er* **wirft, warf, gewor-**

fen vreči; *(Schatten, Licht)* metati; *Tier* povreči; *(Holz) sich* zvreči se
Werft *f*, **~, ~en,** ladjedelnica *f*
Werk *n*, **~s, ~e,** delo *n*, dejanje *m*; *(Uhr)* mehanizem *m*; *(Fabrik)* tovarna *f*, obrat *m*; *am ~(e) sein* biti na delu; *zu ~e gehen* lotiti se *G*, začeti *A*
Werkstatt *f* delavnica *f*
Werkstoff *m* material *m*
Werkstudent *m* študent, ki se sam preživlja
Werktag *m* delavnik *m*
Werkwohnung *f* službeno stanovanje *n*
Werkzeug *n* orodje *n*
Wermut *m bot.* pelin *m*
wert vreden; *~er* dragi; *(Ihr ~es Schreiben)* cenjen
Wert *m*, **~es, ~e,** vrednost *f*; vrednota *f*; *großen ~ legen auf* močno gledati na; *X sinkt / steigt im ~* vrednost Xu pada/raste
werten vrednotiti; ocenjevati; *(hoch)* ceniti
Wertgegenstand *m* dragocenost *f*
wertvoll dragocen
Wesen *n*, **~s, ~,** bitje *n*; *(das Wesentliche)* bistvo *n*; *(eines Menschen)* narava *f*; *v sest.* ... *~* sistem, ...stvo *(Forstwesen* gozdarstvo)
Wesensart *f* narava *f*
Wesenszug *m* značilnost *f*
wesentlich bistven
weshalb zakaj, čemu
Wespe *f*, **~, ~n,** osa *f*
Wespennest *n* osir *m*
wessen *inter.* čigav; *rel.* čigar
West... zahodni
Weste *f*, **~, ~n,** telovnik *m*; *eine weiße / reine ~ haben* imeti čisto preteklost
Westen *m* zahod *m*
westlich zahodni
weswegen zavoljo česa, zakaj
Wettbewerb *m* tekmovanje *n*; razpis *m*, konkurz *m*
Wette *f*, **~, ~n,** stava *f*; *um die ~* za stavo; *eine ~ eingehen* staviti
wetteifern *mit* tekmovati z
wetten staviti *(um* za, *auf* na)
Wetter *n*, **~s,** –, vreme *n*; *v sest.* vremenski
Wetterbericht *m* vremensko poročilo *n*
Wetterleuchten *n* bliskavica *f*
wettern rohneti (*über / gegen* zaradi, proti)
Wettervorhersage *f* vremenska napoved *f*
wetterwendisch muhast
Wett- *(fahrt / fliegen / gesang / lauf)* tekmovanje *n* v
Wettkampf *m* tekmovanje *n*, tekma *f*
wettmachen izravnati; *Verlust* nadomestiti
wetzen *Messer* brusiti
wich *gl.* **weichen**
wichsen čistiti, polirati; *fig.* natepsti; onanirati
Wicht *m*, **~s, ~e,** palček *m*; *(armer)* reva *f*, para *f*
wichtig važen, pomemben; *~ tun* delati se važnega
Wichtigtuer *m* važič *m*
Wickel *m*, **~s, ~,** obkladek *m*; *beim ~ packen, kriegen / haben* prijeti/držati za vrat
Wickelkind *n* dojenček *m*
wickeln navi(ja)ti; *um* ovi-

(ja)ti; *Kind* previti; *Haar* naviti; *in* zaviti *(sich* se); *um den kleinen Finger* oviti okrog prsta
Widder *m*, **~s, ~,** oven *m*
wider *A* proti *D*, v nasprotju z
widerfahren* dogoditi se, pripetiti se
Widerhall *m* odmev *m*
widerlegen ovreči
widerlich zoprn; odvraten
widerrechtlich protizakonit
Widerrede *f* ugovarjanje *n*
Widerruf *m* preklic *m*; (*bis auf* do)
widerrufen* preklicati
Widersacher *m*, **~s, ~,** zoprnik *m*, nasprotnik *m*
Widerschein *m* odsev *m*
widersetzen *sich D* upirati se *D*
widerspenstig uporen
widerspiegeln zrcaliti
widersprechen* ugovarjati; nasprotovati; biti v nasprotju z
widersprechend protisloven
Widerspruch *m* protislovje *n*; *(gegen)* ugovor *m*; *auf ~ stoßen* naleteti na, izzvati ugovore
widerspruchslos brez ugovora
Widerstand *m* odpor *m*; *~ leisten* upirati se *(gegen D)*
Widerstandsbewegung *f* odporniško gibanje *n*
widerstandsfähig odporen (*gegen* za)
Widerstandskraft *f* odpornost *f*
widerstehen* *D* upirati se *D*
widerstreben upirati se (komu)
Widerstreit *m* konflikt *m*
widerwärtig odvraten
widerwillig z odporom, nerad
widmen posvetiti, posvečati (*sich* se)
Widmung *f*, **~, ~en,** posvetilo *n*
widrig nasproten, neugoden
wie kako; *(so groß ~)* kot; ... *wie* kot na primer; *~ dem auch sei* kakorkoli že; *~ oft* kolikokrat
wieder spet; *v sest.* nazaj
Wiederaufbau *m* obnova *f*
Wiederaufleben *n* oživljanje *n*
Wiederaufnahme *f (e-s Verfahrens)* obnovitev *f*
Wiederaufrüstung *f* ponovno oboroževanje *n*
wiederbekommen* dobiti nazaj
wiedereinsetzen ponovno/spet/nazaj postaviti (za)
wiedererlangen dobiti; *Bewußtsein* osvestiti se
wiedererstatten *Kosten* povrniti
Wiedergabe *f (Musik usw.)* predvajanje *n*; *Bild* reprodukcija *f*
wiedergewinnen* dobiti nazaj; *Mut, Gesundheit* spet priti do/k
wiedergutmachen dati odškodnino za
wiederholen ponoviti, ponavljati
wiederholt ponovno
Wiederholung *f* ponovitev *f*; ponavljanje *n*
Wiederkäuer *m* prežvekovalec *m*
Wiederkehr *f* povratek *m*; vračanje *n*; *eines Geschehens* ponovitev *f*

Wiedersehen *n* svidenje *n*; *auf* ~ Na svidenje!
wiederwählen ponovno izvoliti
Wiege *f*, **~**, **~en**, zibelka *f*; *(stehen* teči)
wiegen, wog, gewogen tehtati
wiegen zibati, *v / i* se; gugati, *v / i* se; *sich in* zazibati se v; *v / t (Kräuter usw. fein)* ~ sesekljati
Wiegenlied *n* uspavanka *f*
wiehern rezgetati
wies *gl.* **weisen**
Wiese *f*, **~**, **~n**, pašnik *m*
Wiesel *n*, **~s**, **~**, podlasica *f*
wieso kako to
wieviel koliko *G*
wievielte kateri; *den* ~ *haben wir* katerega smo
wild divji; *See, Wetter* viharen; ~ *sein (Kinder)* divjati; ~ *werden* podivjati; *ganz* ~ *auf* nor na
Wild *n* divjačina *f*, divjad *f*
Wildbach *m* hudournik *m*
Wildbret *n* divjačina *f*
Wilddieb *m* divji lovec *m*
Wilde *m*, **~n**, **~n**, divjak *m*
wildfremd popolnoma tuj
Wildheit *f* divjost *f*; divjaštvo *n*
Wildnis *f*, **~**, **~se**, divjina *f*
Wildwechsel *m* prehod *m* divjadi
Wille(n) *m*, **~ns**, –, volja *f*; *aus freiem ~n* prostovoljno; *wider ~n* proti (svoji) volji; *jm zu ~n sein* biti na voljo, biti pokoren
willen *um (des Kindes)* ~ zaradi; *um Gottes* ~ za božjo voljo
willenlos brezvoljen
willens *sein* biti pri volji
willensschwach šibke volje
willfahren ustreči
willfährig ustrežljiv, voljan
willig voljan, pripravljen
willkommen dobrodošel; ~ *heißen* izreči dobrodošlico, *fig.* pozdraviti
Willkür *f* samovolja *f*; sila *f*
willkürlich samovoljen; arbitraren
wimmeln mrgoleti *(von G)*; *Die Straße wimmelt von Kindern.* Na ulici mrgoli otrok.
Wimper *f*, **~**, **~n**, trepalnica *f*; *ohne mit der* ~ *zu zucken* ne da bi trenil
Wind *m*, **~es**, **~e**, veter *m*; *er bekam* ~ *von* mu je prišlo na ušesa; *in den* ~ *schlagen* ne meniti se za; *das ist* ~ *in seine Segel* to je voda na njegov mlin; *viel* ~ *wegen* mnogo hrupa zaradi
Winde *f*, **~**, **~n**, vitel *m*; *bot.* slak *m*
Windel *f*, **~**, **~n**, plenica *f*
winden, wand, gewunden, zavi(ja)ti; ovi(ja)ti, zvi(ja)ti; *Kranz* viti; *aus den Händen* izviti; *sich* viti se; *sich (Pflanze)* ovijati se; *sich vor Schmerzen* zvijati se od
Windeseile *mit* ~ kot strela
Windhose *f* zračni vrtinec *m*
windig vetroven; *Mensch* vetrnjaški; *Ausrede* prazen
Windjacke *f* vetrovka *f*
Windmühle *f* mlin na veter *m*
Wind(schutz)scheibe *f* vetrobran(sko steklo)
Windspiel *n* hrt *m*
Windstille *f* zavetrje *n*
Windung *f*, **~**, **~en**, zavoj *m*

Wink *m*, **~s, ~e,** namig *m*; *e-n ~ geben* namigniti
Winkel *m*, **~s, ~,** kot *m*; *v sest.* kotni, *pej.* zakotni
wink(e)lig oglat, vogalast, zvijugan
Winkelzüge *pl ~ machen* ovinkariti
winken mahati; *jn zu sich ~* priklicati z mahanjem; *fig. eine Belohnung winkt* obeta se
winseln cviliti
Winter *m*, **~s, ~,** zima *f*; *v sest.* zimski
winterfest odporen za mraz
Wintergrün *n* zimzelen *m*
winterlich zimski
Winterschlaf *m* zimsko spanje *n*; *(halten* spati)
Winzer *m*, **~s, ~,** viničar *m*
winzig majčken, drobcen
wippen gugati se, zibati se; enakomerno mahati, udarjati z
wir mi
Wirbel *m*, **~s, ~,** vrtinec *m*; *anat.* vretence *n*; *(Trommel~)* tuš *m*; *fig.* vihar *m*, razburjenje *n*
Wirbellose *pl* nevretenčarji *pl*
wirbeln *Rauch, Laub* vrtinčiti (se); iti, obrniti *itd.* se kot blisk
Wirbelsäule *f*, hrbtenica
Wirbelsturm *m* tornado *m*
Wirbeltier *n* vretenčar *m*
wirken *v/t* delati, plesti, tkati; *v/i* delovati, učinkovati; *Wunder ~* delati čudeže
wirklich dejanski, resničen
wirksam učinkovit
Wirkung *f*, **~, ~en,** učinek *m*, učinkovanje *n*; delovanje *n*
wirr zmeden; *Zwirn* zmeštran; *Haar* skuštran
Wirren *pl* homatije *pl*; kaos *m*
Wirrwarr *m* zmeda *f*, zmešnjava *f*
Wirt *m*, **~s, ~e,** gostitelj *m*; *(Gast~)* gostilničar *m*; *(Haus~)* gospodar *m*
wirtlich gostoljuben
Wirtschaft *f*, **~, ~en,** gospodarstvo *n*; gospodarjenje *n*; *(Gasthaus)* gostilna *f*; *schöne ~!* lep red!
wirtschaften gospodariti; gospodinjiti
Wirtschafterin *f* gospodinja *f*
wirtschaftlich gospodarski
Wirtschaftskrise *f* gospodarska kriza *f*
Wirtshaus *n* gostilna *f*
Wisch *m*, **~s, ~e,** *F* cegeljc *m*
wischen brisati
wispern šepetati, šepniti
wißbegierig vedoželjen
wissen, er weiß, wußte, gewußt vedeti; *~ zu* znati; *jn etw. ~ lassen* dati vedeti, sporočiti; *ich will das (gemacht usw.) ~* hočem, da bo narejeno; *jn glücklich, in Gefahr usw. wissen* vedeti, da je kdo ...
Wissen *n*, **~s, ~,** vedenje *n*, vednost *f*; *meines ~s* kolikor vem; *ohne mein ~* brez moje vednosti; *wider sein besseres ~ tun* storiti, kljub temu, da človek ve, da ne bi smel
Wissenschaft *f*, **~, ~en,** znanost *f*
Wissenschaftler *m*, **~s, ~,** znanstvenik *m*
wissenschaftlich znanstven

wissentlich vede, zavestno
wittern vohati, *fig.* slutiti
Witterung *f* vonj *m*; vreme *n*
Witwe *f*, **~**, **~n**, vdova *f*
Witwer *m*, **~s**, **~**, vdovec *m*
Witz *m*, **~es**, **~e**, šala *f*; bistrc *m*; ostroumnost *f*; *(der Sache)* smisel *m*
Witzbold *m* šaljivec *m*
witzeln zbijati šale (*über* o)
witzlos *Person* brez duha; *Sache* bres smisla
wo kje, *rel.* kjer; *von ~* od kod, *rel.* koder; *wo immer* kjerkoli, koderkoli; *ah ~!* kje neki! *cj.* če
wob *gl.* **weben**
wobei = bei was
Woche *f*, **~**, **~n**, teden *m*; *in einer ~* čez en teden; *in den ~en* na porodu, po porodu
Wochenbett *n* poporodna doba *f*
Wochenende *n* konec tedna *m*
wochenlang (cele) tedne
Wochenschau *f* obzornik
Wochentag *m* delavnik *m*
wochentags ob delavnikih
wöchentlich tedensko; *einmal ~* enkrat na teden
Wöchnerin *f* otročnica *f*
wodurch = durch was
wofür = für was; za kar
wog *gl.* **wägen, wiegen**
Woge *f*, **~**, **~n**, val *m*
wogegen = gegen was; *cj.* medtem ko
wogen valoviti
woher odkod; *rel.* odkoder; *ach ~!* kje neki!
wohin kam, *rel.* kamor; *~ auch immer* kamorkoli
wohl dobro; *ihm ist nicht ~* ne počuti se dobro, slabo mu je; *sich ~ fühlen* dobro se počutiti; *ihm ist dabei nicht ~ zumute* kaj mu ne diši; *~ ihm* blagor mu; *leben Sie ~* Zbogom! *~ oder übel* hočeš nočeš
wohl pač, najbrž *(das ist ~ das beste)*; mogoče *(könnten Sie ~)*;
wohl... prijetno, blago
Wohl *n*, **~s**, –, blagor *m*; *auf Ihr ~* na Vaše zdravje
wohlauf zdrav, v redu
Wohlbefinden *n* dobro počutje *n*
Wohlbehaben *n* ugodje *n*
wohlbekannt dobro znan
Wohlfahrt *f* socialno skrbstvo *n*; podpora *f*
Wohlfahrtsstaat *m* država blaginje *f*
wohlfeil poceni, cenen
Wohlgefallen *n* dopadenje *n*; *sein ~ haben an* imeti veselje z; *sich in ~ auflösen* srečno se končati
wohlgemeint dobro mišljen
wohlgemerkt pozor
Wohlgeruch *m* dišava *f*
wohlhabend premožen
wohlig prijeten; *adv.* z užitkom
wohlschmeckend okusen
Wohlstand *m* blaginja *f*
Wohltäter *m* dobrotnik *m*
wohltun* dobro deti
wohltuend blagodejen
wohlüberlegt dobro premišljen
wohlverdient zaslužen
Wohlwollen *n* naklonjenost *f*
Wohn... stanovanjski
wohnen stanovati

wohnhaft stanujoč
Wohnküche *f* bivalna kuhinja *f*
wohnlich udoben, prijeten
Wohnort *m* bivališče *n*
Wohnung *f*, **~**, **~en**, stanovanje *n*
Wohnwagen *m* stanovanjska prikolica *f*
Wohnzimmer *n* dnevna soba *f*
wölben *sich* bočiti se
Wölbung *f*, **~**, **~en**, obok *m*
Wolf *m*, **~s**, **£e**, volk *m*; *(Fleisch~)* stroj za mletje *G*
Wölfin *f* volkulja *f*
Wolfshund *m* volčjak *m*
Wolfsmilch *f* mleček *m*
Wolke *f*, **~**, **~n**, oblak *m*; *aus allen ~n fallen* pasti iz oblakov
Wolkenbruch *m* naliv *m*
Wolkenkratzer *m* nebotičnik *m*
wolkenlos brez oblačka
wolkig oblačen
Woll... volnen
Wolle *f*, **~**, **~n**, volna *f*; *aus ~* volnen; *sich in die ~ geraten* priti si v lase
wollen *adj.* volnen
wollen, *er* **will**, **wollte**, **gewollt** hoteti, želeti; *ich will* hočem, *ich will nicht* nočem; *ich wollte* hotel sem/bi; *ich wollte ich hätte ...* ko bi bil; *ich will lieber* raje bom/bi; *wir wollen sehen* bomo videli; *Wollen wir gehen?* Ali gremo? *Willst du?* Ali boš? *er will krank gewesen sein* trdi, da je bil bolan; *das will (überlegt sein)* treba je (premisliti)
Wollen *n*, **~s**, –, hotenje *n*
Wollust *f* naslada *f*
womit = mit was
womöglich če le mogoče
wonach = nach was; *cj.* nakar
Wonne *f*, **~**, –, blaženost *f*
woran = an was
worauf = auf was; *cj.* nakar
woraus = aus was
worin = in was
Wort *n*, **~es**, **~e**, *gram.* **£er**, beseda *f*; *in ~en* z besedo; *geflügeltes ~* krilatica *f*; *jm ins ~ fallen* skočiti v besedo; *jn beim ~ nehmen* prijeti za besedo; *ein gutes ~ einlegen* reči dobro besedo za; *ohne ein ~ zu sagen* brez besede; *ein Mann von ~* mož beseda
Wort... besedni
wortbrüchig *werden* prelomiti besedo
Wörterbuch *n* slovar *m*
Wortführer *m* besednik *m*
wortkarg redkobeseden
Wortklauberei *f* dlakocepstvo *n*
Wortlaut *m im ~* dobesedno
wörtlich dobesedno
wortlos brez besed
Wortschatz *m* besedni zaklad *m*
Wortwechsel *m* prerekanje *n*
worüber = über was
worum = um was
wovon = von was
wovor = vor was
wozu = zu was; *cj.* čemu
Wrack *n*, **~s**, **~e**, razbitina *f*, *fig.* razvalina *f*
wrang *gl.* **wringen**
wringen, **wrang**, **gewrungen** ovijati, ožemati

Wucher *m*, **~s, –**, oderuštvo *n*
Wucherer *m*, **~s, ~**, oderuh *m*
wuchern razbohotiti se, divje rasti; odirati
Wucherung *f*, **~, ~en,** zaraslina *f*, divje tkivo *n*
Wuchs *m*, **~es, –**, rast *f*, postava *f*
wuchs *gl.* **wachsen**
Wucht *f*, **~, –**, sila *(a. fig.)*; *mit voller ~* z vso močjo
wühlen riti *(in* po)
wulstig nabrekel; *Lippen* debel
wund ranjen, odprt; *Stelle, Punkt* boleča točka; *sich ~ laufen* ožuliti si noge; *sich die Füße ~ laufen fig.* obrusiti si pete; *sich etw. ~ reiben* odrgniti si
Wunde *f*, **~, ~n,** rana *f*; *sich eine ~ zuziehen* raniti se
Wunder *n*, **~s, ~**, čudež *m*; *~ tun / wirken* delati čudeže; *du wirst dein blaues ~ erleben* boš že videl
wunderbar čudovit
Wunderkind *n* čudežni otrok *m*
wunderlich čuden, čudaški
wundern *sich ~ über* čuditi se *D*/nad; *es wundert mich* čudim se, čudno se mi zdi
wunderschön čudovito lep
wundertätig čudodelen
wundervoll čudovit
wundliegen* *sich* dobiti preležanine
Wundmal *n* brazgotina *f*
Wundstarrkrampf *m* tetanus *m*
Wunsch *m*, **~es, £e,** želja *f*; *auf ~* po želji
Wünschelrute *f* bajalica *f*
wünschen želeti *(sich* si); *ganz wie Sie ~* kakor želite; *viel / nichts zu ~ übrig lassen* biti nezadovoljiv, zadovoljiv
wünschenswert zaželen
wunschgemäß po želji
Wunschtraum *m* tiha želja *f*; *das ist sein ~* o tem sanja
wurde *gl.* **werden**
Würde *f*, **~, ~n,** dostojanstvo *n*; *(akademische)* čast *f*; *unter der ~* pod častjo
Würdenträger *m* dostojanstvenik *m*
würdevoll dostojanstven
würdig častivreden
würdigen ceniti; *Verdienste* dati priznanje *D*; *keines Wortes, Blickes* ne privoščiti niti
Würdigung *f bei aller ~* čeprav priznavamo
Wurf *m*, **~s, £e,** met *m*; *(Erde)* lopata *f*; *v. Tieren* leglo *n*
Würfel *m*, **~s, ~**, kocka *f*
würfelförmig kockast
würfeln kockati
Würfelzucker *m* sladkor v kockah
würgen daviti, *v / i* se
Wurm *m*, **~s, £er,** črv *m*; glista *f*; *(Kind)* črviček *m*
wurmen črvičiti, *fig.* gristi
wurmstichig črviv, črvojeden
Wurst *f*, **~, £e,** klobasa *f*; *F es ist mir ~* vseeno mi je
wursteln mečkati, brkljati
Würze *f*, **~, ~n,** začimba *f*; *(mit, ohne)* aroma *f*, okus *m*; *fig.* čar *m*
Wurzel *f*, **~, ~n,** korenina *f*; ~

fassen zakoreniniti se, *fig.* zasidrati se; *~n schlagen* pognati korenine
wurzeln koreniniti; *fig. in* biti zakoreninjen v, imeti korenine v
Wurzelstock *m* korenika *f*
würzen začiniti
würzig začinjen, aromatičen
wusch *gl.* **waschen**
wüst pust; *Kerl* divji, surov
Wüste *f*, **~**, **~n,** puščava *f*
wußte *gl.* **wissen**
Wut *f*, **~**, –, jeza *f*, bes *m*; *in ~ bringen/geraten* razjeziti/se
wüten divjati, pustošiti
wütend besen, jezen

Z

Zacke *f*, **~, ~en; Zacken** *m*, **~s, ~,** konica *f*; *(Rechen, Krone)* zob *m*
zackig nazobčan; *(grüßen) fig.* odsekano
zaghaft neodločen, plah
zäh(e) žilav, trdoživ; *Leder* trden; *Fleisch* trd, *Flüssigkeit* židek
zähflüssig židek
Zahl *f*, **~, ~en,** število *n*; številka *f*
zahlbar plačljiv
zahlen plačati, plačevati
zählen šteti, preštevati; *zu etw.* prištevati k; *nicht bis 5 ~ können* ne znati šteti do 3
zahlenmäßig številčen; po številu
Zahler *m*, **~s, ~,** plačnik *m*
Zähler *m*, **~s, ~,** števec *m*
zahllos brez števila *G*, nešteto *G*
zahlreich številen
Zahlung *f*, **~, ~en,** plačilo *n*
Zählung *f*, **~, ~en,** štetje *n*
Zahlungs... plačilni
zahlungsfähig likviden
zahlungsunfähig nelikviden
Zahlwort *n* števnik *m*
zahm krotek
zähmen (u)krotiti; *(sich)* brzdati (se)
Zahn *m*, **~s, £e,** zob *m*; *(Marke)* zobec *m*; *v sest.* zobni, zobati; *bis an die £e* do zob; *die £e zusammenbeißen* stisniti zobe; *sich an etw. die £e ausbeißen* polomiti si zobe na; *zwischen den £en* skozi zobe; *jn durch die £e ziehen* vlačiti po zobeh
Zahnarzt *m* zobni zdravnik *m*, zobozdravnik *m*
zahnärztlich pri zobnem zdravniku
Zahnbürste *f* zobna ščetka *f*
Zähneknirschen *n* škripanje z zobmi
zahnen dobivati zobe
Zahnfleisch *n* dlesen *f*
Zahnfüllung *f* plomba *f*
zahnlos brezzob
Zahnpasta *f* pasta za zobe *f*
Zahnrad *n* zobato kolo *n*
Zahnschmerzen *pl* zobobol *m*; *ich habe ~* zob (zobje) me boli(jo)
Zahnstocher *m* zobotrebec *m*
Zange *f*, **~, ~n,** klešče *pl*
Zank *m*, **~s,** – prepir *m*, zmerjanje *n*
Zankapfel *m* jabolko *n* spora
zanken zmerjati; *sich mit* pričkati se
Zäpfchen *n* svečka *f*
Zapfen *m*, **~s, ~,** čep *m*, zatič *m*; *(Tannen~)* storž *m*
zappelig nestrpen
zappeln cepetati; *Fisch* premetavati se; *jn ~ lassen* pustiti v negotovosti
Zar *m*, **~en, ~en,** car *m*
zart nežen, rahel; *Fleisch, Gemüse* mehek, mlad
zärtlich nežen

Zaster *m*, **~s, –**, penki penki *F*, denar *m*
Zauber *m*, **~s, ~**, čar *m*; *v sest.* čarodejni, čarobni
Zauberei *f* čarovnija *f*
Zauberer *m* čarodej *m*, čarovnik *m*
zauberhaft čaroben
zaubern čarati; *her / weg*, pri/ odčarati
Zauderer *m* omahljivec *m*
zaudern omahovati
Zaum *m im ~ halten* brzdati *A*
Zaun *m*, **~s, ⸗e**, ograja *f*, plot *m*
Zebrastreifen *m* zebra *f*
Zeche *f*, **~, ~n**, premogovnik *m*, jama *f*; *im Gasthaus* ceha *f*, zapitek *m*
zechen popivati
Zecher *m*, **~s, ~**, pivec *m*
Zechgelage *n* popivanje *n*
Zecke *f*, **~, ~n**, klop *m*
Zeh *m*, **~s; Zehe** *f*, **~, ~n**, prst *m* (na nogi); *(Knoblauch)* strok *m*; *jm auf die ~en treten fig.* stopiti na kurje oko
Zehenspitzen *pl auf ~* po prstih
zehn deset
Zehn *f* desetica *f*
Zehner *m*, **~s, ~**, desetica *f*, desetak *m*
zehnmal desetkrat
zehnte deseti
Zehntel *n*, **~s, ~**, desetinka *f*
zehren *an etw.* razjedati *A*; *von* živeti od
Zeichen *n*, **~s, ~**, znak *m*, znamenje *n*; *zum ~* v znak; *seines ~s* po poklicu; *in / unter einem ~ stehen* biti v znamenju
Zeichen... risalni; ... znakov
Zeichenerklärung *f* legenda *f*
zeichnen risati; *(be~, kenn~)* označiti, označevati; *Brief* podpisati
Zeichner *m*, **~s, ~**, risar *m*
Zeichnung *f*, **~, ~en**, risba *f*
zeichnungsberechtigt upravičen podpisovati
Zeigefinger *m*, **~s, ~**, kazalec *m*
zeigen kazati, pokazati *(sich* se), prikazati
Zeiger *m*, **~s, ~**, kazalec *m*
zeihen, zieh, geziehen, dolžiti, obdolževati *G*
Zeile *f*, **~, ~n**, vrsta *f*, vrstica *f*
Zeit *f*, **~, ~en**, čas *m*; *(Zeitraum)* doba *f*; *auf ~* za določen čas; *mit der ~* sčasoma; *zur ~* sedaj; *zur ~ des* v času *G*; *die höchste ~* skrajni čas; *es ist an der ~* čas je; *das hat ~* ne mudi se; *alles zu seiner ~* vse ob svojem času
zeit *~ meines Lebens* vse življenje
Zeitabschnitt *m* obdobje *n*
Zeitalter *n* doba *f*, vek *m*
Zeitansage *f* napoved časa *f*
zeitgemäß sodoben; času primeren
Zeitgenosse *m*, **~n, ~n**, sodobnik *m*
Zeitgewinn *m* prihranek *m* na času
zeitig *adj.* zgodnji; *adv.* zgodaj
Zeitlang *f eine ~* nekaj časa
zeitlich časoven, časen; *das ~e segnen* preminiti

Zeitpunkt *m* trenutek *m*; (določen) čas *m*
zeitraubend ki jemlje čas
Zeitraum *m* razdobje *n*
Zeitrechnung *f*, štetje *n*; *unserer ~ (u. Z.)* našega štetja (n. š.)
Zeitschrift *f*, **~, ~en,** revija *f*, časopis *m*
Zeitspanne *f* razdobje *n*; določen čas
Zeitung *f*, **~, ~en,** časopis *m*, časnik *m*; *~s...* časopisni
Zeitverlust *m* izguba *f* časa
Zeitvertreib *m* zabava *f*; kratkočasje *n*
zeitweilig začasen
zeitweise začasno; od časa do časa
Zelle *f*, **~, ~n,** celica *f*
Zellstoff *m* celuloza *f*
Zelt *n*, **~s, ~e,** šotor *m*
Zeltlager *n* tabor *m*
zensieren oceniti; cenzurirati
Zensur *f* cenzura *f*; *(Schule)* ocena *f*
Zentrum *n*, **~s, Zentren** središče *n*; centrum *m*; *ins ~ treffen* zadeti v črno
Zepter *n*, **~s, ~,** žezlo *n*
zerbeißen* pregrizniti, razgristi
zerbombt zbombardiran
zerbrechen* razbiti *v/i* se; *sich den Kopf ~ über* beliti si glavo zaradi
zerbrechlich krhek
zerbröckeln krhati se; razpadati
zerdrücken zmečkati; *Kleid* pomečkati
zerfahren razvožen; *Person* nervozen, raztresen
Zerfall *m*, razpad *m*; razpadanje *n*
zerfallen* razpadati, razpasti; *~ sein mit jm* biti sprt z
zerfetzen razcefrati, raztrgati
zerfleischen razmesariti
zerfressen* požreti; *Rost* razžreti; *adj.* razžrt
zergehen* raztopiti se; *~ lassen* raztopiti
zerkleinern sesekljati; *Holz* nasekati
zerknirscht skrušen
zerknüllen zmečkati
zerlassen* raztopiti; *Fett* scvreti
zerlegen razrezati; razdeliti; *Uhr usw.* dati narazen
zerlumpt razcapan
zermalmen zmleti
Zerrbild *n fig.* karikatura *f*
zerreiben* zmleti, zdrobiti
zerreißen* raztrgati, *v/i* se
zerren vleči, vlačiti (*an* za), potegniti; *an den Nerven* žreti živce
zerrinnen* *fig.* razbliniti se
zerrüttet spodkopan; *Nerven* razrvan, *Ehe* razbit
zerschellen *v/i* raztreščiti se (*an* ob)
zerschlagen* razbiti;
zerschneiden* razrezati
zersetzen *sich* razkrajati se
zersplittern razbiti, *v/i* se; *Truppen* razkropiti; *Knochen* zdrobiti
zerstören uničiti; razdejati
Zerstörung *f*, **~, ~en,** uničenje *n*; razdejanje *n*
zerstreuen raztresiti; *Bedenken* razpršiti;
zerstreut razpršen; *Mensch* raztresen

Zerstreuung *f* razvedrilo *n*
zerstückeln razkosati
zerteilen razdeliti
zertreten* pohoditi
zertrümmern razbiti
Zerwürfnis *n* razdor *m*
zerzaust skuštran
zetern usajati se
Zettel *m*, **~s, ~,** listek *m*
Zeug *n*, **~s, ~e,** reč *f*, reči *pl*; *(Tuch)* sukno *n*; *dummes ~* neumnosti *pl*; *das ~ haben zum* biti primeren za; *was das ~ hält* na vse kriplje/pretege
Zeuge *m*, **~n, ~n,** priča *f*
zeugen pričati (*von* o, *für* za)
zeugen *v/t* spočeti, zaploditi; *fig.* povzročiti
Zeugenverhör *n* zaslišanje *n* prič
Zeughaus *n* orožarna *f*
Zeugin *f*, **~, ~nen,** priča *f*
Zeugnis *n*, **~ses, ~se,** pričanje *n*; *(Schul~)* spričevalo *n*; *~ ablegen* pričati
zeugungsfähig ploden
zeugungsunfähig neploden
Ziege *f*, **~, ~n,** koza *f*
Ziegel *m*, **~s, ~,** opeka *f*; *v sest.* opečnat
Ziegelwerk *n* opekarna *f*
Ziegenpeter *m* mumps *m*
zieh *gl.* **zeihen**
ziehen, zog, gezogen *v/t* vleči, potegniti (*an* za); *Tiere* rediti; *Pflanzen* gojiti; *den Hut* odkriti se; *Zahn* izdreti zob; *auf Faden, Draht* nabrati, nanizati; *Blasen* delati; *nach sich* imeti za posledico; *v/i* vleči; *Truppen* korakati; *in eine Wohnung* vseliti se, *aus einer Wohnung* izseliti se; *Vögel* seliti se; *es zieht* vleče; *das zieht nicht* ne vleče
Ziehharmonika *f* harmonika *f*
Ziehkind *n* rejenec *m*
Ziel *n*, **~s, ~e,** cilj *m*; (*sich ein ~ setzen/stecken* postaviti za cilj)
zielbewußt odločno
zielen ciljati; *fig.* meriti (*auf* na)
ziellos brezciljen
Zielscheibe *f* tarča *f*
ziemen *(sich)* spodobiti se
ziemlich precej, precej, prilično
Zier... okrasni
Zierde *f*, **~, ~n,** okras *m*; okrasek *m*
zieren krasiti; *sich* braniti se, sprenevedati se
zierlich ljubek
Ziffer *f*, **~, ~n,** številka *f*
Zifferblatt *n* številčnica *f*
Zigarette *f*, **~, ~n,** cigareta *f*
Zigarre *f*, **~, ~n,** cigara *f*
Zigeuner *m*, **~s, ~,** cigan *m*
Zimmer *n*, **~s, ~,** soba *f*; *v sest.* sobni
Zimmermädchen *n* sobarica *f*
Zimmermann *m* tesar *m*
zimmern (s)tesati; *fig.* cimprati *F*
zimperlich spakljiv; preveč občutljiv
Zimt *m*, **~s, –,** cimet *m*
zinnern cinast
Zins *m*, **~es, ~e,** dajatev *f*, najemnina *f*, *(Miet~)* najemnina *f*; *~en* obresti (*zu* po)
Zipfel *m*, **~s, ~,** konec *m*, konček *m*; vogal *m*
Zirkel *m*, **~s, ~,** krog *m*; krožek *m*; *(Gerät)* šestilo *n*

Zirkus *m*, **~, ~se,** cirkus *m*
zirpen cvrčati
zischen sikati, sikniti; šumeti; *Fett* cvrčati
zitieren citirati; *zu* pozvati k
Zitrone *f*, **~, ~n,** limona *f*
zitt(e)rig trepetajoč, drhteč
zittern trepetati (*vor* od); drhteti
Zitterpappel *f* trepetlika *f*
Zitze *f*, **~, ~n,** sesek *m*
Zofe *f*, **~, ~n,** spletična *f*
zog *gl.* **ziehen**
zögern obotavljati se; *mit* odlašati z
Zögling *m*, **~s, ~e,** gojenec *m*
Zoll *m (Maß)* palec *m*, cola *f*
Zoll *m*, **~s, £e,** carina *f*
Zollamt *n* carinarnica *f*
Zollbeamte *m* carinik *m*
zollen *fig.* izkazovati
Zollerklärung *f* carinska izjava *f*
zollfrei carine prost; *(Zone)* brezcarinski
zollpflichtig carini zavezan
Zone *f*, **~, ~n,** cona *f*
Zoo *m*, **~s, ~s,** živalski vrt *m*
Zopf *m*, **~es, £e,** kita *f*; *ein alter ~* preživela reč
Zorn *m*, **~s,** –, jeza *f*; *in ~ geraten* razjeziti se; *einen ~ haben auf* biti jezen na
zornig jezen, *~ werden* razjeziti se
Zote *f*, **~, ~n,** kvanta *f*
zottig kuštrav, zmršen; kosmat
zu *prp.* k *(zum Vater, zum Kuchen)*; v *(Berlin, zur Schule, zu Brei, zur Freude)*; na *(zur Post, zu meiner Überraschung, zum Schluß)*; za *(zum Preise von, zu Weihnachten)*; po *(zu 2)*; o, ob *(zur rechten Zeit)*; *zu zweit* v dvoje; *3 zu 2* 3 proti 2
zu *adv.* proti, v smeri *(nach / auf etw. zu)*; zaprt *(die Tür ist zu)*; kar (schrei nur zu)
zu... *(+ adj. / adv.)* pre, preveč
zualler/erst, /letzt najprej, nazadnje
Zubehör *n* pribor *m*; dodatki *pl*
Zubereitung *f* pripravljanje *n*
zubilligen priznavati, odobriti
zubringen preživeti
Zubringerbus *m* avtobus do (letališča, postaje itd.)
Zubringerstraße *f* dovoznica *f*
Zucht *f*, **~,** –, (vz)reja *f*; gojenje *n*; disciplina *f*
Zucht... plemenski
züchten gojiti, rediti
Zuchthaus *n* kaznilnica *f*
züchtig spodoben, kreposten
züchtigen (telesno) kaznovati
Zuchtperle *f* gojen biser *m*
Züchtung *f*, **~, ~en,** *eine neue ~* nova sorta, pasma itd.
zucken trzati; treniti; *(zusammen)* zdrzniti se; *Blitz* švigniti
zücken potegniti
Zucker *m*, **~s,** –, sladkor *m*; *v sest.* sladkorni
Zuckerbäcker *m* slaščičar *m*
zuckern sladkati; (o)sladiti
Zuckung *f*, **~, ~en,** trzaj *m*, trzljaj *m*
zudecken pokriti
zudem poleg/razen tega; vrhu tega

zudenken* *jm. etw.* nameniti *D, A*
Zudrang *m*, **~s**, –, naval *m*
zudrehen *(Hahn)* zapreti
zudringlich vsiljiv
zudrücken *(Augen)* zatisniti
zueignen posvetiti
zueilen *auf* (po)hiteti k
zueinander drug do drugega
zuerkennen* prizna(va)ti
zuerst najprej; *wer ~ kommt* kdor prvi pride
zufahren* *auf* peljati se proti/k
Zufahrt *f* dovoz *m*
Zufall *m*, **~s, £e,** naključje *n*; slučaj *m*; *durch ~* slučajno
zufallen* pripasti; *(Augen, Tür)* zapirati/zapreti se
zufällig slučajen; po naključju
Zufalls... slučajen
zufassen zagrabiti; (po)prijeti (za)
Zuflucht *f* pribežališče *n*; *~ nehmen zu* zateči se k
Zufluß *m* pritok *m*; *(Geld)* dotok *m*
zuflüstern prišepniti
zufolge *(G, D)* zaradi, zavoljo
zufrieden zadovoljen; *jn ~ lassen* dati komu mir; *sich mit etw. ~ geben* zadovoljiti se z
Zufriedenheit *f* zadovoljstvo *n*
zufriedenstellen zadovoljiti; *~d* zadovoljiv
zufrieren* zamrzniti
zufügen prizadejati
Zufuhr *f* dovod *m*; dovajanje *n*
Zug *m*, **~s, £e,** poteg *m*; *(Feder, Schach, Gesicht)* poteza *f*; *(Eisenbahn)* vlak *m*; *(Um~)* povorka *f*; pohod *m*; *(beim Trinken)* požirek *m*; *in einem Zug* na dušek; *(Ofen) hat ~* vleče; *in den letzten £en* v zadnjih vzdihljajih; *zum ~e kommen* priti na potezo
Zugabe *f* dodatek *m*; *als ~* povrh
Zugang *m*, dostop *m*; prirastek *m*, novinec *m*
zugänglich dostopen
zugeben* navreči, dodati; priznati, privoliti
zugegen navzoč
zugehen* *(Tür usw.)* zapirati se; *Brief* biti poslan; dogajati, goditi se; *es geht hoch zu* živahno je; *~ auf* iti proti
zugehörig pripadajoč
Zugehörigkeit *f* pripadnost *f*
Zügel *m*, **~s, ~,** vajeti *pl*; *(schießen lassen* popustiti)
zügellos nebrzdan; *fig.* razbrzdan
zügeln brzdati; držati na vajetih
zugesellen *(sich)* pridružiti se *D*
Zugeständnis *n* koncesija *f*
zugetan naklonjen
zügig hitro; odločno
zugleich obenem
Zugluft *f* prepih *m*
zugreifen* zagrabiti, poseči po; *Polizei* posredovati
Zugriff *m* doseg *m*, prijem *m*
zugrunde *~ gehen* propasti; *~ richten* uničiti; *~ legen* utemeljiti na; *~ liegen* biti za osnovo
zugunsten v korist *G*
zugute *jm ~ kommen* biti v prid/korist; kdo ima korist od; *~ halten* šteti v dobro

Zugvogel *m* ptica selivka *f*
zuhalten* *(Tür)* tiščati
Zuhälter *m*, **~s, ~,** zvodnik *m*
zuhängen zagrniti
Zuhause *n* dom *m*
zuheilen zaceliti se
zuhören *D* poslušati *A*
Zuhörer *m* poslušalec *m*
Zuhörerschaft *f* poslušalci *pl*
zujubeln *D* slaviti *A*, vzklikati *D*
zuklappen zapreti
zukleben zalepiti
zuknallen zatreščiti
zuknöpfen zapeti; *zugeknöpft* zapet
zukommen* *auf jn* bližati se *D*; *das kommt ihm zu* gre mu, je upravičen do; *~ lassen* poslati, posredovati
Zukunft *f*, **~**, –, prihodnost *f*; *in ~* v prihodnje
zukünftig prihodnji, *(Frau)* bodoči; *adv.* v bodoče
zulächeln nasmehniti se
Zuladung *f* obremenitev
Zulage *f*, **~, ~n,** dodatek *m*
zulande *hier, bei uns ~* tod, pri nas; *dort ~* tam
zulangen zadoščati; *(fest)* jemati
zulänglich zadosten
zulassen* *(Tür)* pustiti zaprto; *fig.* dopustiti; *Fahrzeug usw.* registrirati
zulässig dopusten
Zulassung *f* dovoljenje *n* (za); *Auto* registracija *f*
Zulauf *m großen ~ haben* biti dobro obiskan; *(Arzt)* imeti veliko pacientov
zulaufen* teči/priti k; dotekati; pridružiti se; zgrinjati se v/k; *spitz ~* ožiti se
zulegen dodati, priložiti; *sich etw.* nadeti si, privzeti
zuleide *etw. ~ tun* storiti kaj žalega
Zuleitung *f* dovod *m*
zuletzt nazadnje; *bis ~* do konca
zuliebe *jm* na ljubo komu
zum = zu dem
zumachen zapreti; *(Kleider)* zapeti; *mach zu!* pohiti!
zumal zlasti (ker)
zumeist večinoma
zumindest najmanj, vsaj
zumute *mir ist ... ~* počutim se ...; *mir ist/ist nicht ~ nach* je/ni mi do
zumuten *jm etw.* pripis(ov)ati; pričakovati od; *sich (zuviel) ~* pretiravati
Zumutung *f* neupravičena zahteva *f*
zunächst najprej, zaenkrat
Zunahme *f*, **~, ~n,** porast *f*; povečanje *n*
Zuname *m* priimek *m*
zünden vžgati; vžigati *(a. fig.)*
Zündhölzchen *n* vžigalica *f*
Zündkerze *f* svečka *f*
Zündung *f* vžig *m*
zunehmen* večati se, naraščati; *Mensch* (z)rediti se
Zuneigung *f* naklonjenost *f* (*für* do/za); *~ fassen zu* vzljubiti *A*
Zunft *f*, **~, £e,** ceh *m*
zünftig pravšen; ustrezen skupini
Zunge *f*, **~, ~n,** jezik *m*; *fig. (eine feine)* okus *m*; *es liegt mir auf der ~* na jeziku imam
zunichte *machen* podreti; *~ werden* propasti

zunicken *jm* pokimati komu
zunutze *sich etw. ~ machen* izkoristiti
zuoberst navrh, na vrhu
zupfen puliti; *~ an* (rahlo) potegniti za
zur = **zu der**
zuraten* nasvetovati; *auf j-s Zuraten* na nasvet koga
zurechnungsfähig prišteven
zurechtfinden* *sich* znajti se
zurechtkommen* priti o pravem času; *~ mit* znati ravnati z, znajti se pri
zurechtlegen *sich* pripraviti si; razlagati si
zurechtmachen *sich* urediti se
zurechtweisen* ošteti; zavrniti
zureden prigovarjati
Zureden *n* prigovarjanje *n*
zureichen zadoščati
zurichten pripraviti; *übel ~* zdelati
zürnen *jm* biti jezen na
zurück nazaj; *v sest. več.* nazaj
zurückbehalten* obdržati
zurückbekommen* dobiti nazaj
zurückbleiben* *(hinter)* zaosta(ja)ti; *(als Rest)* (pre)ostati
zurückblicken ozreti se
zurückbringen* vrniti, pripeljati nazaj
zurückerstatten povrniti, poravnati
zurückgeben* vrniti
zurückgehen* iti nazaj, vrniti se; (u)padati; *~ auf* izvirati od/iz
zurückgezogen sam zase
zurückgreifen* *auf* poseči po
zurückhalten* zadrževati
zurückhaltend zadržan
zurückkommen* vrniti se (*auf* k); *mit der Arbeit* zaostati
zurücklegen *(Geld)* dati na stran
zurückliegen* *das liegt weit zurück* že dolgo je tega
zurücknehmen* vzeti nazaj; *fig.* preklicati, umakniti
zurückrufen* poklicati nazaj; *fig.* priklicati
zurückschrecken* *vor* ustaviti se pred
zurücksein* biti nazaj; *(geistig)* zaostal
zurücksetzen zapostavljati, zanemariti; pripisovati manjši pomen *D*
zurückstehen* zaostajati (*hinter* za)
zurückstellen postaviti nazaj; *Waren* dati na stran; *hinter etw.* pripisovati *D* manjši pomen kot; *Pläne* odložiti
zurückstoßen* *fig.* odbijati
zurücktreten* stopiti nazaj; *(vom Amt)* odstopiti
zurückversetzen prestaviti nazaj
zurückweichen* umakniti se (*vor* pred)
zurückweisen* zavrniti, zavračati
zurückzahlen vrniti
zurückziehen* umakniti (*sich* se)
Zuruf *m* klic *m*; vzklik *m*
Zusage *f*; privolitev *f*; obljuba *f*
zusagen obljubiti, sprejeti

povabilo; *jm* odgovarjati, prilegati se; biti ugoden za
zusammen skupaj; skupno
Zusammenarbeit *f* sodelovanje *n*
zusammenbrauen *sich* zbirati se, pripravljati se
zusammenbrechen* pasti skupaj; podreti se
Zusammenbruch *m* zlom *m*
zusammenfahren* *fig.* zdrzniti se
zusammenfalten zložiti
zusammenfassen združevati; *(Worte)* povzeti
Zusammenfassung *f* povzetek *m*
zusammenfließen* stekati se
zusammengehen* *Stoff* skrčiti se; *Milch* sesiriti se
zusammengesetzt sestavljen, zložen
zusammenhalten* držati skupaj, *v/i* se
Zusammenhang *m* zveza *f*, soodvisnost *f*, sovisnost *f*; *im ~* v kontekstu; *im ~ mit* v zvezi z
zusammenhängend koherenten
zusammenhang(s)los nepovezan, nekoherenten
zusammenheften speti
zusammenkaufen pokupiti, nakupiti
zusammenklappen *v/t* zložiti; *v/i* pasti skupaj
Zusammenkunft *f* srečanje *n*
zusammenlaufen* stikati se; *Milch* sesiriti se
zusammenlegen zložiti; *Betriebe* združiti
zusammennehmen* *Kleid* zožiti; *Gedanken, Kräfte* zbrati (*sich* se)
zusammenpassen ujemati se
zusammenpferchen *in* nabasati v
zusammenprallen trčiti (drug v drugega)
zusammenrollen zviti
zusammenschießen* ustreliti
zusammenschlagen* udariti skupaj; *etw.* razbiti; *jn* pretepsti
zusammenschrumpfen skrčiti se; *Geld* skopneti
zusammensetzen sestaviti, zložiti; *sich* sestajati (*aus* iz)
Zusammensetzung *f* sestavljenka *f*; zloženka *f*
zusammenstellen sestaviti
Zusammenstoß *m* trčenje *n*
zusammenstoßen* trčiti; *Linien* stikati se, sekati se
zusammenstreichen* skrajšati, reducirati
zusammenstürzen porušiti se
zusammentragen* zbrati, znositi (na kup)
zusammentreffen* srečati se; *temp.* sovpasti
Zusammentreffen *n* srečanje *n*, sovpadanje *n*
zusammentun* dati skupaj; *sich* združiti sile
zusammenwachsen* zrasti se
zusammenziehen* potegniti/vleči skupaj; *sich* zbirati se
Zusatz *m* dodatek *m*; dostavek *m*; *v sest.* dodatni
zusätzlich dodatni
zuschanden *~ machen* uničiti; *~ hauen* razbiti; *~ werden* propasti

zuschauen *D* gledati *A*; *jm koga* pri
Zuschauer *m*, **~s, ~,** gledalec *m*
Zuschauerraum *m* avditorij *m*
zuschicken poslati
zuschieben* poriniti; *Schuld* valiti; *Tür* zapreti
zuschießen* prispevati; *v / i auf* planiti k, hitro se bližati *D*
Zuschlag *m* pribitek *m*
zuschlagen* udariti; *auf* udariti *A*, tolči po; *Tür* zatreščiti (*v / i* se)
zuschließen* zakleniti
zuschnappen zapreti se
zuschneiden* ukrojiti; *auf fig.* prikrojiti *D*
zuschnüren zavezati; *Hals* stiskati, stisniti
zuschreiben* pripisovati
zuschreien* *jm etw.* zakričati komu kaj
Zuschrift *f* pismo *n*, dopis *m*
zuschulden *sich etw. ~ kommen lassen* zagrešiti
Zuschuß *m* dodatek *m*; podpora *f*
zuschütten zasuti
zusehen* gledati *A*; *~ daß* poskrbeti za
zusehends vidno
zusetzen dodajati, dodati; *jm* pestiti *A*
zusichern zagotoviti; *jm. etw.* obljubiti
zuspitzen *sich fig.* zaostriti se
zusprechen* *(Trost, Mut)* dajati; *(dem Essen)* pošteno jesti; dosoditi
Zustand *m* stanje *n*
zustande *~ bringen* napraviti, zmoči; *~ kommen* biti narejen, priti do (*X kommt ~* pride do X); *nicht ~ kommen* spodleteti, razdreti se
zuständig pristojen
zustatten *~ kommen* priti ravno prav, biti ugoden
zustecken dati (skrivaj)
zustehen* pripadati, iti; *es steht ihm zu* gre mu, pravico ima do
zustellen dostav/ljati, /iti
zustimmen strinjati se z
zustoßen* pripetiti se, zgoditi se
zutage na dan *(fördern / bringen)* spraviti; *~ treten* pojaviti se, priti na dan); *offen ~ treten* biti na dlani
Zutaten *pl* dodatki *pl*
zuteil *X wird Y ~* pripada Yu, Y je deležen Xa
zuteilen dodeliti
zutiefst do dna duše
zutragen* prinesti na ušesa; *sich* pripetiti se
zuträglich *Klima* ugoden; *Nahrung* zdrav, lahek
zutrauen pripisovati; *jm (nicht) viel ~* (ne) pričakovati dosti od
Zutrauen *n* zaupanje *n*
zutraulich zaupljiv
zutreffen* držati; *es trifft zu* res je, drži
zutreffend resničen, pravilen
zutrinken* *jm* nazdraviti komu
Zutritt *m* dostop *m*, vstop *m*
Zutun *m ohne sein ~* ne da bi sam kaj storil
zuungunsten v škodo *G*

zuunterst na dnu
zuverlässig zanesljiv
Zuversicht *f* zaupanje *n*; vera v
zuversichtlich miren; *adv.* z zaupanjem
zuviel preveč
Zuviel *n*, **~s, –,** preobilica *f*
zuvor prej
zuvorkommen* *D* prehiteti *A*
zuvorkommend ustrežljiv
Zuwachs *m* prirastek *m*; naraščanje *n*
zuwachsen* zarasti se
zuwandern doseliti se
zuwege *bringen / kommen mit* zmoči *A*
zuweilen od časa do časa
zuweisen* dodeliti
Zuwendung *f* pozornost *f*, ljubezen *f*; finančna pomoč *f*
zuwenig premalo
zuwerfen* *Loch* zasuti; *Tür* zatreščiti; *Blick* vreči
zuwider zoprn; *einer Sache ~* v nasprotju z
zuwinken *jm* mahati komu
zuziehen* *Knoten* zategniti; *Vorhang* zagrniti; *Arzt* pritegniti, poklicati; *sich etw. ~* nakopati si *A*
zuzüglich *G* plus *A*
Zwang *m*, **~s, ⸚e,** prisila *f*; sila *f*, pritisk *m*; *unter ~ stehen* morati; *ohne ~* neprisiljeno
zwang *gl.* **zwingen**
zwängen tlačiti; *in* stisniti, stlačiti v; *sich durch* preriniti se skozi
zwanglos neprisiljen; *Folge* nevezan
Zwangs... prisilni
zwangsläufig *fig.* nujen
zwanzig dvajset
Zwanziger *m* dvajsetak *m*; dvajsetletnik *m*
zwanzigste dvajseti
Zwanzigstel *n* dvajsetinka *f*
zwar sicer; res da je
Zweck *m*, **~s, ~e,** namen *m*, smoter *m*; *keinen ~ haben* ne imeti smisla; *zu dem ~* z namenom da; *seinen ~ verfehlen* zgrešiti cilj
Zwecke *f*, **~, ~n,** žebljiček *m*
zwecklos nesmiseln
zweckmäßig smotrn
zwecks *G* zaradi; *~ Untersuchung* zaradi preiskave, da bi lahko preiskali
zwei dva, dve
Zweibettzimmer *n* dvoposteljna soba *f*
zweideutig dvoumen
zweierlei dvojen, dveh vrst
Zweifel *m*, **~s, ~,** dvom *m*; *im ~ sein (über), in ~ ziehen* podvomiti o
zweifelhaft dvomljiv
zweifellos nedvomno
zweifeln dvomiti (*an* v)
Zweig *m*, **~s, ~e,** veja *f*
Zweigstelle *f* podružnica *f*
zweijährig dveleten
zweijährlich vsaki dve leti
Zweikampf *m* dvoboj *m*
zweimal dvakrat
zweischneidig *fig.* dvorezen
zweit(e) drugi; *zu ~* v dvoje; *zweit (jüngst, größt usw.)* drugi najmlajši, največji itd.
zweitklassig drugorazreden
Zweitschrift *f* kopija *f*
Zwerchfell *n* prepona *f*
Zwerg *m*, **~s, ~e,** škrat *m*; *v sest.* pritlikav

Zwetsch(k)e *f* sliva *f*
Zwickel *m*, **~s, ~,** všitek *m*
zwicken ščipati, uščipniti
Zwickmühle *f fig.* precep *m*
Zwieback *m* prepečenec *m*
Zwiebel *f*, **~, ~n,** čebula *f*; *bot.* čebulica *f*
zwiefach dvojen
Zwiegespräch *n* dvogovor *m*
Zwielicht *n* somrak *m*
zwielichtig mračen; *fig.* dvomljiv
Zwiespalt *m* razklanost *f*; dilema *f*
Zwietracht *f* nesloga *f*
Zwilling *m* dvojček *m*
Zwillingsbruder *m* dvojček *m*
Zwillingsschwester *f* dvojčica *f*
zwingen, zwang, gezwungen (pri)siliti
zwingend *Grund* prepričljiv
Zwinger *m*, **~s, ~,** kletka *f*; ograda *f*; zverinjak *m*
zwinkern mežikati; pomežikniti
Zwirn *m*, **~s, ~e,** sukanec *m*
zwischen med
Zwischen... vmesni
Zwischending *n* nekaj vmesnega
zwischendurch vmes, med; po sredi; *temp.* občasno
Zwischenfall *m* pripetljaj *m*
Zwischenhändler *m* preprodajalec *m*
Zwischenlandung *f* vmesni pristanek *m*
Zwischenruf *m* medklic *m*
Zwischenspiel *n* medigra *f*
Zwischenzeit *f in der ~* medtem
Zwist *m*, **~es, ~e,** razdor *m*
zwitschern žgoleti
Zwitter *m*, **~s, ~,** dvospolnik *m*
zwölf dvanajst
zwölffach dvanajsteren
Zwölffingerdarm *m* dvanajstnik *m*
zwölfjährig dvanajstleten
zwölfmal dvanajstkrat
zwölfte dvanajsti
Zyklus *m* cikel *m*

SLOWENISCH
—
DEUTSCH

SLOVENSKO
—
NEMŠKO

A

a 1. *A!* Ah! 2. cj. doch, dagegen; *á 5 (vsakemu 5)* je 5, *(po 5)* zu 5

abeceda *f* Alphabet *n*, Abc *n* [abece]

aboten albern, läppisch

absolvirati absolvieren

abstinent *m* Abstinent *m*, *pej.* Abstinenzler *m*

absurden absurd, sinnwidrig

adoptirati adoptieren; (an Kindes statt) annehmen

adresar *m* Adreßbuch *n*

adut, ~a *m* Trumpf *m*

afektiran *(vedenje)* affig, affektiert; *(stil)* gespreizt, geziert

agencija *f potovalna* Reisebüro *n*

agonija *f* Agonie *f*, Todeskampf *m*; *je v ~i* er liegt in den letzten Zügen

agraren agrarisch, Agrar-; *~a reforma* Bodenreform

agronom *m* Landwirt *m*, Agronom *m*

agronomija *f* Agronomie *f*

ajda *f* Buchweizen *m*

akademija *f* Akademie *f*

akademik *m* Akademiemitglied *n*; *(diplomiranec)* Akademiker *m*

akcija *f* Aktion *f*; *(delnica)* Aktie *f*; *nabiralna* Sammlung *f*

ako wenn, falls, *gl.* če

akt *m (slika)* Akt *m*; *(spis)* Akte *f*, *teatr.* Aufzug *m*

aktiven aktiv

aktovka *f* Aktentasche *f*

aktualen aktuell

akumulator *m* Akkumulator *m*, Akku *m*; *(v avtu)* Batterie *f* (*napolniti* aufladen)

akustičen akustisch

akuten akut

akvarij Aquarium *n*

alarm *m* Alarm *m*; *letalski* Fliegeralarm *m*, Luftwarnung *f*; *konec letalskega ~a* Entwarnung *f*

alarmirati alarmieren, warnen

album *m* Album *n* (~s, Alben)

aleja *f* Allee *f*

alga *f* Alge *f*

ali 1. oder (ich oder du); *ali ... ali* entweder ... oder; 2. *v vprašalnih stavkih ne prevajamo: Ali greš?* Kommst du? Gehst du? 3. *cj.* ob *(ne vem, ali* ich weiß nicht ob) 4. *cj. (ali vendar)* doch, jedoch

alimenti pl Unterhaltszahlung *f*, *mora plačevati ~e* ist unterhaltspflichtig

alkohol *m* Alkohol *m*; Weingeist *m*, Geist *m*; *brez ~a* alkoholfrei

alkoholen Alkohol-, alkoholisch; *alkoholne pijače* Spirituosen *pl*

alkoholik *m* Alkoholiker *m*, Trinker *m*; *zavod za zdravljenje ~ov* Entziehungsheim *n*
alt *m* Alt *m*
aluminij *m* Aluminium *n*
amandma *m* Novelle *f*
amaterski Amateur-; *(gledališče)* Liebhabertheater *n*
ambasada *f* Gesandtschaft *f*, *(poslaništvo)* Botschaft *f*
ambiciozen ehrgeizig
ambulanta *f* Ambulanz *f*, Ambulatorium *n*
amnestija *f* Amnestie *f*
amnestirati *f* amnestieren
amortizer *m* Stoßdämpfer *m*
amortizirati *(vrednosti)* abschreiben, *(dolg)* tilgen
ampak doch, jedoch (sie ist jedoch); *(ne le)* ~ sondern; *Ampak Marija! Aber Marie!*
amputirati amputieren
analiza *f* Analyse *f*
analogen analog
anarhija *f* Anarchie *f*
anestetik *m* Anästhetikum *n*, Betäubungsmittel *n*
anestezija *f* Anästhesie *f*; Betäubung
angažirati engagieren; *(pevca, zdravnika)* verpflichten; *se za* sich einsetzen für
angel *m* Engel *m*; *nad~* Erzengel; *~ varuh* Schutzengel
angina *f* Mandelentzündung *f*
anketa *f* Umfrage *f*, Rundfrage *f*
anonimen anonym
antena *f* Antenne *f*
anticipirati vorwegnehmen
antipatičen antipathisch
anuiteta *f* Annuität *f*, Tilgungsrate *f*
anuliranje *G* Ungültigkeitserklärung *f G*
anulirati annullieren, für nichtig erklären
aparat *m* Apparat *m*; Gerät *n*; *fotografski* Fotoapparat *m*; *slušni* Hörgerät *n*; *gasilni* Feuerlöscher *m*; *prisluškovalni* Abhörgerät, *F* Wanze *f*
apatičen apathisch, teilnahmslos
apetit *m* Appetit *m*
aplavz *m* Beifall *m*; *teatr. imeti dosti ~a* viele Vorhänge haben
aplicirati anwenden *(na* auf)
aplikacija *f* Anwendung *f*
apnen kalkig; *apneni* Kalk-
apnenec *m* Kalkstein *m*
apno *n* Kalk *m*; *živo / gašeno* ungelöschter / gelöschter Kalk
apostol *m* Apostel *m*, Jünger *m* (Jesu)
april *m* April *m*; *prvi ~!* April! April!, Aprilscherz *m*
apriorno *(mnenje)* vorgefaßt
ara *f* Anzahlung *f*
aranžirati anordnen *(rože)*; *(srečanje)* arrangieren, in die Wege leiten
aretacija *f* Festnahme *f*, Verhaftung *f*
arhitekt *m* Architekt *m*; *fig.* Baumeister *m*
arhitektura *f* Architektur *f*
arhiv *m* Archiv *n*
arija *f* Arie *f*
aristokracija *f* Aristokratie *f*
armada *f* Armee *f*, Heer *n*
armadni Armee *(general* Ar-

meegeneral), Heeres-(*skupina* Heeresgruppe)
aroganten arrogant, anmaßend
aroma *f* Aroma *n*
aromatičen würzig, aromatisch
arterija *f* Schlagader *f*; *(prometna)* Arterie *f*
artilerija *f* Artillerie *f*
as *m* As *n*, *F* Kanone *f*
asimilirati assimilieren
asistent *m* Assistent *m*
astma *f* Asthma *n*
atentat *m* Anschlag *m*
atlas *m* Atlas *m* (die Atlanten)
atletika *f* Athletik *f*
atmosfera *f* Athmosphäre *f*; *s prijetno atmosfero* stimmungsvoll
atom *m* Atom *n*
atomski *atrib.* Atom-, Nuklear-, (*~a energija* Atomenergie)
atrofija *f* Atrophie *f*, Schwund *m*, *mišična* Muskelschwund
avantura *f* Abenteuer *n*
avba *f* Haube *f*
avdienca *f* Audienz *f*
avditorij *m* Auditorium *n*; Zuhörerschaft *f*
avenija *f* Avenue *f*
avgust *m* August *m*
avla *f* Aula *f*
avto *m* Auto *n*, Kraftwagen *m*; *(uradno)* Kraftfahrzeug *n*; *F* Wagen *m*; *osebni* Personenkraftwagen, Pkw [pekave]; *tovorni* Lastkraftwagen, Lkw [elkave], *tovorni s prikolico* Lastzug *m*; *dostavni* Lieferwagen; *patrolni* Streifenwagen, *voziti se z avtom* Auto fahren
avtobiografija *f* Autobiographie *f*
avtobus *m* Omnibus *m*, Bus *m*; *~ do letališča, postaje ipd.* Zubringerbus *m*
avtohton autochthon, bodenständig
avtomat *m* Automat *m*
avtomatičen, avtomatski automatisch; selbsttätig; *(~čno se premakniti)* unwillkürlich
avtomobilski *atrib.* Auto-; *~ cesta* Autostraße *f*, *hitra* Autobahn *f*; *pomoč* Autohilfsdienst *m*
avtor *m* Verfasser *m*, Urheber *m*
avtoriteta *f* Autorität *f*
avtorski *~o pravo* Urheberrecht *n*
avtostop *voziti s na ~* per Anhalter fahren
avtostopar *m* Anhalter *m*
azil *m* Asyl *n*

B

baba *f* Weibsbild *n*
babica *f* Großmutter *f*, Oma *f*; *med.* Hebamme *f*
babjak *m* Schürzenjäger *m*
babjeveren abergläubisch
babnica *f* Weibsbild *n*, *F* Schachtel *f*
bacil *m* Bazillus *m*, Krankheitserreger *m*
bager *m* Bagger *m*
bahač *m* Aufschneider *m*, Großmaul *n*, Großtuer *m*
bahanje *n* Angabe *f*, Angeberei *f*, Prahlerei *f*
bahaški breitspurig, prahlerisch, *(oprema ipd.)* protzig
bahati *se* prahlen, protzen *(z* mit), angeben, aufschneiden *(pri govorjenju)*
baje angeblich; *običajno izražamo z glagolom* sollen: *baje je bolan* er soll krank sein, *baje je bil bolan* er soll krank gewesen sein
bajen sagenhaft
bajka *f* Sage *f*
bajta *f* Hütte *f*, Kate *f*; *fig.* Haus *n*
baker *m* Kupfer *n*
bakla *f* Fackel *f*
bakren Kupfer- (*~ kotliček* Kupferkessel); *je ~* es ist aus Kupfer
bakrorez *m* Kupferstich *m*
bala *f* Aussteuer *f*, Ausstattung *f*; *(blaga ipd.)* Ballen *m*
balin *ostrižen na ~* kahlgeschoren
balkon *m* Balkon *m*, *teatr.* Rang *m*
balon *m* Ballon *m*
banalen banal
banalnost *f (izrečena)* Gemeinplatz *m*
bandero *n* Banner *n*, *(cerkveno)* Fahne *f*
banka *f* Bank *f*; *~ za stanovanjsko varčevanje in posojila* Bausparkasse *f*
bankovec *m* Banknote *f*, Geldschein *m*, Note *f*, Schein *m*
bankrot *m* Pleite *f*
bankrotirati bankrottieren, Pleite machen *(posebno fig.)*
bar *m* Bar *f*
baraba *f* Schuft *m*, Schurke *m*
baraka *f* Baracke *f*, Bude *f*
barantati feilschen, handeln *(z* mit)
barikada *f* Barrikade *f*
barje *n* Morast *m*, Moor *n*
barka *f (Noetova)* Arche *f*; *F* Kahn *m*
baron *m* Freiherr *m*; *~ica f* Freifrau *f*
barva *f* Farbe *f*, Färbung *f*, *vodena* Wasserfarbe *f*; *ki ne pušča barve* farbecht; *slep za barve* farbenblind; *spremeniti ~o* sich verfärben, *priti z barvo na dan* Farbe bekennen
barvast farbig, bunt

barvati färben, einfärben, *(lase)* tönen
barvilo *n* Farbstoff *m*
barvni Farb- (*~ televizor* Farbfernseher)
barvnik *m* Buntstift *m*, Farbstift *m*
basati stopfen, zwängen (*se* sich)
basen *f* Fabel *f*
bat *m* Kolben *m*
baterija *f* Batterie *f*; *žepna* Taschenlampe *f*, *okrogla* Stabbatterie *f*
bati *se* sich fürchten (*česa, koga* vor); Angst haben vor; *(bojim se, da)* befürchten; *se za* sich ängstigen um, bangen um; *~ vode, luči ipd.* scheuen
batine *pl* Prügel *pl*, eine Tracht Prügel
bavbav *m* Popanz *m*
baviti *se z* sich mit etw. befassen; *(kot poklic)* etw. *(A)* betreiben
baza *f* Basis *f*
bazen *m* Becken *n*; *plavalni* Schwimmbecken *n*
bebljati lallen, *(otrok)* plappern
beda *f* Elend *n*, Misere *f*; (*pognati v* ins Elend stürzen)
bedak *m* Trottel *m*, Dummkopf *m*, Schwachkopf *m*
bedarija *f* Blödsinn *m*, Quatsch *m*
bedast blöd, albern, dämlich
beden elend (*človek*), (*tekst*) erbärmlich, (*rastlina*) kümmerlich
bedeti (*ostati pokonci*) aufbleiben, wachen; *nad A* überwachen, *fig.* wachen
bedro *n* Schenkel *m*
beg *m* Flucht *f*; *pognati se v ~* fliehen; *pognati A* v beg in die Flucht schlagen
begati herumirren, irren; *v/t* irremachen, beirren
begunec *m* Flüchtling *m*; (*begavec*) Ausreißer *m*
bel weiß; *~ kot sneg* schneeweiß; *~ kot kreda* kreidebleich; *(soba je) v belem* in weiß gehalten
belec *m (človek)* Weiße(r) *m*; *(konj)* Schimmel *m*
belež *m* Tünche *f*
beležiti aufzeichnen, aufschreiben; *(uspeh)* verzeichnen (zu ~ haben)
beležka *f* Notiz *f*
beležnica *f* Notizblock *m*
belič *m* Heller *m*, Pfennig *m*; *niti ~a* keinen roten Heller
belilo *n* Bleichmittel *n*
beliti (aus)weißen, tünchen; (perilo) bleichen; *~ si glavo zaradi* sich den Kopf zerbrechen über
beljak *m* Eiweiß *n*, Eiklar *n*
beljakovina *f* Eiweiß *n*
belouška *f* Ringelnatter *f*
beluš *m* Spargel *m*
bencin *m* Benzin *n*, Treibstoff *m*; *F* Sprit *m*
benigen gutartig
berač *m* Bettler *m*
beračica *f* Bettlerin *f*
beračiti betteln (za um)
beraški Bettel- (*~a palica* Bettelstab); Bettler- (*~o življenje* Bettlerleben)
bergla *f* Krücke *f*
berilo *n* Lesebuch *n*; *(tekst)* Lesestück *n*
berljiv lesbar

bes *m* Wut *f*
beseda *f* Wort *n*, Worte, *(posamezne kot v slovarju)* Wörter; Rede *f* (*vezana* gebundene Rede, *ni vredno besed* nicht der Rede wert); *lepa (prijazna)* ein gutes Wort; *častna* Ehrenwort/ Auf Ehre!; *z besedo* in Worten; *brez ~e* ohne ein Wort zu sagen/ wortlos; *brez ~e (od presenečenja)* sprachlos; *prijeti za ~o* beim Wort nehmen; *skočiti v ~o* ins Wort fallen; *snesti / prelomiti besedo* wortbrüchig werden; *reči dobro ~o za* ein gutes Wort einlegen für; *imeti ~o pri* mitreden (können); *ne imeti ~e pri* nichts zu sagen haben (bei); *je mož beseda* er hält, was er verspricht
besedičenje *n* (leeres) Gerede *n*; Geschwafel *n* *F* Quatsch *m*
besedilo n Text *m*; *(zakona)* Wortlaut *m*
besedišče *n* Wortschatz *m*
besedni Wort- (*~a vrsta* Wortart)
besednik *m* Wortführer *m*
besen rasend, wütend *F* fuchsteufelswild
besneti *(od jeze)* rasen, toben; *(vihar)* wüten
besnost *f*, besnilo *n* Tobsucht *f*
beštija *f* *F* Biest *n (za človeka F)*
betežen altersschwach
betica *f* Schädel *m*; *F* Rübe *f*, Nuß *f*
beton *m* Beton *m*, Zement *m*; *(železo~)* Stahlbeton *m*
bevskati kläffen
bezati stochern; *~ po* herumstochern in; *~ v (človeka)* jm keine Ruhe lassen
bezeg *m* Flieder *m*, Holunder *m*
bezgavka *f* Lymphdrüse
beznica *f* Kneipe *f*
bežati fliehen (*pred* vor), flüchten; *beži no* geh doch, *čas beži gl.* čas
bežen flüchtig
bi *(prevajamo s konjunktivom preterita in (bi bil) pluskvamperfekta ali kondicionalom I) rad bi / hotel bi* ich möchte, *kupil bi* ich möchte kaufen; *ali bi bili tako dobri* wären Sie so gut; *ali bi mogli* könnten Sie; *šel bi* ich würde gehen, *(želja)* ich möchte gehen; *ne da bi* ohne zu (inf)
bibavica *f* Gezeiten *pl*
biblija *f* Bibel *f*, Heilige Schrift *f*
bicikel *m* Rad *n*, Fahrrad *n*
biciklist *m* Radfahrer *m*
bič *m* Peitsche f; *fig.* Geißel *f*
bičati auspeitschen, *fig.* geißeln
bife *m* Imbißstube
bik *m* Stier *m*, Bulle *m*
bikoborba *f* Stierkampf *m*
bilanca *f* Bücherabschluß *m*; *letna* Jahresabschluß *m*
biljeter *m* Platzanweiser *m*, *~ka f* Platzanweiserin
bilka *f* Halm *m*
bingljati baumeln; (*z nogami*) schlenkern (mit)
binkošti *pl* Pfingsten *n*
binkoštni Pfingst- (*~a nedelja* Pfingstsonntag)

birič *m* Häscher *m*
birokracija *f* Bürokratie *f*; Amtsschimmel *m*
biser *m* Perle *f*; *gojen* Zuchtperle *f*
biserovina *f* Perlmutter *f*
biskvit *m* Biskuit *m*, *n*
bister aufgeweckt, *F (glava)* hell; *(voda)* klar
bistven wesentlich; *~o je, da* es kommt darauf an; *~a točka* der springende Punkt
bistvo *n* Wesen *n*; *(stvari)* Kern *m*; *v ~u* im wesentlichen/ *(pravzaprav)* eigentlich
bit *f* Sein *n*
biti, sem sein; *(znašati)* ausmachen; *tu je* es gibt (hier gibt es viele Stühle/viel Erz); *(obstajati)* bestehen (es besteht die Möglichkeit, seine Arbeit bestand darin, daß; *~ upravičen* zu Recht bestehen); vorhanden sein (*posebno zanikano* es sind Gründe dafür vorhanden, die Bestätigung ist nicht mehr vorhanden); vorkommen (Unfälle dieser Art kommen hier nicht vor; Erz kommt vor); stattfinden (*prireditev, predstava, seja ipd.*); liegen (die Sache liegt anders, *so si v laseh* sie liegen sich in den Haaren, die Wahrheit liegt in der Mitte); stehen (in einem Alter, vor einer Entscheidung, im Wege, vor dem Ruin; *tudi v pomenu segati:* das Wasser steht mir bis an den Hals); *(tvoriti)* bilden (der Fluß bildet ein Hindernis, die Grenze); abgeben (*~ dober igralec, zdravnik* einen guten Schauspieler, Arzt abgeben); *~ last, član, odvisen glej pod last itd.*; *~ dober/slab (po okusu)* gut/schlecht schmecken; machen (*~ besednik ipd.* den Sprecher machen); *~ ob A* etwas verloren haben; *~ mimo, končan* um sein; *~ proti* gegen A/dagegen sein; *~ proti (presoji ipd.)* gehen gegen *A*; *~ preko G* über etw. hinaus sein; *~ pri/navzoč* teilnehmen an/anwesend sein; *~ tu* dasein; *~ zunaj, izven* außen stehen; *~ (prijazen) do D* (freundlich) gegenüberstehen; *~ na tem, da* im Begriff sein zu; *na njem je (da nekaj ukrene)* es liegt an ihm; *je/ni mi do tega* es liegt mir viel/wenig daran, es ist mir viel/wenig daran gelegen
biti, bijem schlagen; *(srce)* schlagen, *(močno)* klopfen, pochen; *(žila)* pulsieren; *(dež na šipe)* prasseln; *~ po* einschlagen auf; *ura bije 5* es schlägt 5; *~ v oči* ins Auge springen
bitje *n* 1. Wesen *n*, Geschöpf *n*; *živo* Lebewesen *n*; 2. *(žile itd.)* Schlagen *n*, Pulsieren *n*
bitka *f* Schlacht *f*, Gefecht *n*; *spustiti se v ~o z D* eine Schlacht liefern
bivališče *n* (kraj) Wohnort

m; Aufenthaltsort *m*; *(stanovanje itd.)* Unterkunft *f*
bivanje *n* Dasein *n*; *(v kraju, otrok v vrtcu)* Aufenthalt *m*
bivati dasein; *(v hiši)* hausen; *(v kraju, šoli)* sich aufhalten in
bivol *m* Büffel *m*
bivši ehemalig; *(vojak)* ausgedient; *(minister, general)* (Minister) a. D. (außer Dienst)
bizaren bizarr, ausgefallen
blag *(zima, epidemija, podnebje, soditi)* mild; *(dotik, človek, glas, vzpetina)* sanft; *blago- (blagozveneč)* wohl- (wohlklingend)
blagajna *f* Kasse *f*; *železna* Panzerschrank *m*
blagajnik *m* Kassierer *m*
blaginja *f (narodna itd.)* Wohl *n*; Wohlstand *m*;
blago *n* 1. Ware *f*, Güter *pl*; ~ *ki ga primanjkuje* Mangelware *f*, ~ *z zajamčeno kvaliteto* Qualitätsware *f*; *nekurantno* Ladenhüter *m*; *kosovno* Stückgut *n*; *veliko* Sperrgut *n*; *metrsko* Meterware *f*; 2. *(tekstil)* Stoff *m*, *pohištveno* Möbelstoff m
blagodejen wohltuend
blagohoten wohlwollend
blagor *m* Wohl *n*, Heil *n*; ~ *mu* wohl ihm
blagoslov *m* Segen *m*
blagosloviti segnen, *A* einsegnen
blagovni Waren- (*~a menjava* Warenaustausch)
blagovnica *f* Warenhaus *n*, Kaufhaus *n*
blagovoliti geruhen (zu)
blaten kotig, *(pot)* verschlammt
blatiti *fig.* schmähen, lästern
blatnik *m* Kotflügel *m*
blato *n (iztrebki)* Kot *m*, *V* Dreck *m*; *(cestno)* Kot *m*, Schlamm *m*, Schlick *m*
blazen wahnsinnig, *F* verrückt; *fig.* toll, irrsinnig, irre
blazina *f* Polster *n*, Kissen *n*; *(zglavnik)* Kopfkissen *n*, *grelna* Heizkissen *n*
blaznost *f* Wahnsinn *m*; *fig.* Wahnwitz *m*
blažen selig
blaženost *f* Seligkeit *f*, Wonne *f*
blažiti *(udarce)* dämpfen; *(bolečine)* lindern, stillen; *ki blaži bolečine* schmerzstillend
bled blaß, bleich; *mrtvaško ~* leichenblaß
bledeti *(blago)* ausbleichen, verblassen; *(prebledeti)* blaß werden
bledica *f* Blässe *f*
blejati blöken
blekniti etw. hervorsprudeln, losplatzen mit; *(izdati) A* ausplaudern
blesk *m* Glanz *m*, Glitzern *n*, Schein *m*; *gl. tudi* **sijaj**
blesteti glänzen *(z* mit)
blesti spinnen; *blede se ti* du spinnst
bleščati *se* glänzen; schimmern, ~ *se skozi* durch etw. hindurchschimmern
bleščeč glänzend, *razkošen* prunkvoll, *(biser)* schimmernd
blisk *m* Blitz *m*

bliskati *se* blitzen; *bliska se* es blitzt; ~ *se izpod* unter etw. hervorblitzen

bliskovit blitzartig; ~*o* mit einem Schlag, schlagartig, im Nu

blišč *m* Glanz *m*, (*razkošje*) Prunk *m*, Staat *m*

blizu unweit *G*; *(smrti, uspehu)* dem (Tod/Erfolg) nahe; *od ~ in daleč* von nah und fern *gl. tudi* **bližina**

bližati se *(kraju)* sich *D* nähern; (*prihajati*) anrücken; (*nevihta*) nahen, heraufziehen; (*bližamo se katastrofi*) entgegengehen (wir gehen ...), bevorstehen (eine Katastrophe steht bevor), im Anzug sein (eine K. ist im Anzug)

bližina *f (G)* Nähe *f (G)*; *biti/ostati v bližini* in der Nähe/in Rufweite/in Hörweite/in Sehweite sein/ bleiben

bližji näher

bližnji nah, (*dogodek*) bevorstehend; *(sorodnik, prijatelj)* nahestehend

bližnjica *f* Abkürzung *f*

bljuvati *gl.* **bruhati**

blodenje *n* Irrfahrt *f*

bloditi irren, herumirren; (*pogled, misel*) schweifen; *fig. v temi* im Dunklen tappen; (*od vročine*) wirr reden/sein

blodnja *f psih.* Wahn *m*; Wahnvorstellung *f*

blodnjak *m*, Labyrinth *n*, Irrgarten *m*

blok *m* Block *m* (Schreibblock, Notizblock, Zeichenblock)

blokada *f* Sperre *f*; (*mesta*) Absperrung *f*, (*ceste*) Sperrung *f*

blokirati absperren; (*cesto, račun*) sperren

bluza *f* Bluse *f*

bob *m* Saubohne *f*; *reči bobu bob* das Kind beim Namen nennen

boben *m* Trommel *f*, Pauke *f*, *priti na boben (stvar)* unter den Hammer kommen, *(človek)* Pleite machen

bober *m* Biber *m*

bobnati trommeln

bobneti *v/i* dröhnen; (*grom*) rollen

bobnič *m anat.* Trommelfell *n*

bočiti se v/i sich wölben, (*most)* sich schwingen, (*nebo*) prangen; *v/t (hrbet)* krümmen; wölben

bodalo *n* Dolch *m*

bodeč stachlig, Stachel-; ~*a žica* Stacheldraht *m*

bodica *f* Stachel *f*

bodisi ~ ... ~ entweder ... oder (er ist entweder krank, oder)

bodoč künftig, zukünftig; *mati* werdende Mutter; *(učitelj ipd.)* angehend; *v ~e* künftig, zukünftig

bodočnost *f* Zukunft *f*

bodriti ermuntern (A); *(misel bodri)* ermutigen

bog *m* Gott *m*; ~ *vojne* Kriegsgott, *ljubezni* Liebesgott, *sonca* Sonnengott; *Moj bog!* Herrgott! Meine Güte!; ~ *ne daj!* Gott bewahre!; *Kaj za boga?* Was in aller Welt?

bogastvo *n* Reichtum *m* (an); *(rudno)*Bodenschätze *pl*
bogat reich (an), *zelo* ~ steinreich
bogataš *m* Reiche(r) *m*
bogateti reich/reicher werden
bogatiti *v/i se* sich bereichern (mit); *v/i* reich machen, *(besedni zaklad ipd.)* erweitern, anreichern
boginja *f* Göttin *f*
bogokletje *n* Gotteslästerung *f*
bohoten *n* üppig; *(pretirano rastoč)* wuchernd
bohotiti *se* prangen; *(rastline)* wuchern
boj *m* Kampf *m* (*za* um) (*za svobodo* Freiheitskampf, *predvolilni* Wahlkampf, *razredni* Klassenkampf); (*na fronti*) Gefecht *n*; ~ *proti (alkoholu itd.) Bekämpfung f G*, *~i (na bojišču)* Kampfhandlungen *pl*
boja *f* Boje *f*; Tonne *f*
bojazen *f* Furcht *f (brez bojazni, v bojazni, da)*; Befürchtung *f*; *(pred vodo ipd.)* Scheu *f*
bojazljiv ängstlich, feig; *je* ~ er ist ein Hasenfuß
boječ ängstlich, furchtsam; *(plah)* scheu
bojevati *se* kämpfen (*za* um, *proti* gegen); (*proti raku, alkoholu) A* bekämpfen; *pogumno se* ~ sich tapfer schlagen
bojevit kampflustig, kriegerisch
bojevnik *m* Kämpfer *m*, Krieger *m*
bojišče *n* Schlachtfeld *n*, Feld *n*; *iti na* ~ ins Feld rücken
bojler *m* Warmwasserspeicher *m*, *pretočni* Durchlauferhitzer *m*
bojni Kampf- (*~a uniforma* Kampfanzug)
bok *m* Seite *f*, Flanke *f*; *anat.* Hüfte *f*
boksati boxen
bol *f* Schmerz *m*, Leid *n*
bolan krank; *(kronično)* leidend (an); (*priklenjen na posteljo)* bettlägerig; ~ *zob* ein böser Zahn; *biti bolan (slabo se počutiti)* unpäßlich sein; *ležati* ~ das Bett hüten; ~ *na pljučih* brustkrank/lungenkrank; ~ *na ledvicah* nierenleidend, nierenkrank; ~ *na smrt* todkrank
boleč schmerzhaft, schmerzlich; *fig.* quälend; *boleča točka* wunder Punkt; *~e posledice* Nachwehen
bolečina *f* Schmerz *m*, Schmerzen *pl*; *brez bolečin* schmerzlos; *(lajšati* lindern, stillen)
bolehati kränkeln, *(posebno fig.)* leiden (an)
bolehen kränklich, hinfällig; *F* klapperig
bolesten krankhaft
boleti schmerzen (*boli me* es schmerzt mich); weh tun (es tut mir weh)
bolezen *f* Krankheit *f*, Erkrankung *f*, Leiden *n*, (~ *srca* Herzleiden, ~ *ledvic* Nierenleiden); *kužna* ~ Seuche *f*; *morska* ~ See-

krankheit *f*, *imeti ~ G* leiden an; *(~ v razvitem stadiju* fortgeschritten)
bolezenski krankhaft; *~ dopust* Krankenstand *m*
bolha *f* Floh *m*
bolj mehr; *bolj ko (govoriš)* je mehr; *bolj (velik) kot majhen* eher groß
boljšati *se* besser werden; sich machen
boljši besser; *(sloj, služba)* gehoben; *to je boljše od ...* es ist besser als/*D* überlegen; *biti na boljšem* im Vorteil sein; *priti na ~e* sich verbessern
bolnica *f* Kranke *f*
bolničar *m* Pfleger *m*, Krankenpfleger *m*
bolnik *m* Kranke(r) *m*
bolniški *atrib.* Kranken-, *~ dopust; dati A* v bolniško jn krank schreiben; *iti v bolniško* sich krank schreiben lassen
bolnišnica *f* Krankenhaus *n*, Spital *n*; *(za duševne bolezni ipd.)* Heilanstalt *f*; *(za alkoholike, narkomane)* Entziehungsheim *n*
bolščati stieren, glotzen, *~ v A* anglotzen, anstarren
bom, bomo *gl.* **biti**; *fut.* ich werde; *bomo videli* wir wollen sehen
bomba *f* Bombe *f*; *zažigalna* Brandbombe *f*
bombardirati bombardieren *(tudi fig.)*
bombaž *m* Baumwolle *f*
bombnik *m* Bomber *m*
bonbon *m* Bonbon *n*, Konfekt *n*
bor *m* Kiefer *f*, Föhre *f*
bordel *m* Freudenhaus *n*, *F* Puff *m*
borec *m* Kämpfer *m*; *(bil je ~* er ist ein) Widerstandskämpfer
boren *(lasje, rast)* spärlich, *(sredstva)* dürftig, *(življenje)* armselig; *~no živeti* sein Leben fristen
boriti *se* kämpfen; *~ se za fig.* ringen um; *~* se proti (zlorabam, alkoholu) bekämpfen *A*; *~ proti* ankämpfen gegen
borovec *m* Kiefer *f*
borovnica *f* Schwarzbeere *f*, (blaue, schwarze) Heidelbeere *f*
borza *f* Börse *f*; *črna ~* schwarzer Markt *m*
bos barfuß; *z ~imi nogami* mit bloßen Füßen
bosti stechen; *v oči* in die Augen springen
bot quitt
boter *m* Pate *m*; *biti za ~a D* Pate stehen; **botra** Patin *f*
botrovati Pate stehen, *(tudi fig.)* aus der Taufe heben; *(zanimanje, razmere)* bedingen, verursachen, auslösen
božanski göttlich
božanstvo *n* Gottheit *f*
božati streicheln *(po roki* die Hand); *(blago)* streichen über
božič *m* Weihnachten *pl*
božični Weihnachts- *(~ večer* Weihnachtsabend)
božjast *f* Epilepsie
božji göttlich, Gottes-; *služba ~ja* Gottesdienst *m*; *~ja*

pot Wallfahrtsort *m*, Wallfahrt *f*; *F božje* Epilepsie *f*
brada *f* Bart *m (a. fig.)*; Vollbart *m*
bradat bärtig
bradavica *f* Warze *f*
bradlja *f* Barren *m*
bralec *m* Leser *m*
bran *postaviti se v ~* sich zur Wehr setzen
brana *f* Egge *f*
branilec *m* Verteidiger *m*
braniti *v/t A* verteidigen (*se* sich), (*odločitev)* verantworten, *(mnenje, idejo)* verfechten; ~ *se* sich wehren (gegen), (*naloge, položaja ipd.)* abwehren; *(kot kmečka nevesta)* sich zieren
branje *n* Lesen *n* (*z branjem* durch Lesen); (*čtivo)* Lektüre *f*
branjevec *m* Greißler *m*
brat *m* Bruder *m*, *pl* Brüder, (*v naslovih tvrdk* Gebrüder); *~je in sestre* Geschwister *pl*
brati lesen; ~ *komu* jm vorlesen; ~ *iz (oči ipd.)* ablesen an; ~ *levite* eine Standpauke halten/jn abkanzeln
bratiti *(združevati)* vereinigen; *se z (družiti se)* Umgang haben mit
bratovščina *f* Brüderschaft *f*; *~o piti* Brüderschaft schließen, trinken
bratranec *m* Vetter *m*
bratski brüderlich, geschwisterlich
bravina *f* Schaffleisch *n*, Hammelfleisch *n*, Schöps *n*
brazda *f (na njivi)* Furche *f*; *bot.* Narbe *f*; *(za čolnom, ladjo)* Kielwasser, Fahrwasser *n*
brazgotina *f* Narbe *f*, Wundmal *n*
brbljati plappern
brca *f* Fußtritt *m*, Tritt *m*
brcati treten, Fußtritte geben; *v/i (otrok)* strampeln, *(konj)* ausschlagen
brcniti *koga* jm einen Fußtritt geben; *koga kam* jm in ... treten
brdo *n* Hügel *m*; *(večinoma v imenih)* Höhe *f*
breg *m* Ufer *n*; *(strmina)*
breja trächtig
breme *n* Last *f (a. fig.)*, *(težko)* Bürde *f*; *(knjigovodsko)* Soll; *v ~ (tekočega računa)* zu Lasten; *biti v ~ komu* jm zur Last fallen
bremeniti *(obresti)* zu Lasten fallen; *(jur.) v/t* jm etw. zur Last legen
brencelj *m* Bremse *f*
brenčač *m* Summer *m*
brenčati *(muha, osa)* summen, brummen; *(stroj)* summen, surren
brenkati *na* klimpern auf
breskev *f* Pfirsich *m*; *(drevo)* Pfirsichbaum *m*
brezobvezen unverbindlich
brezobziren rücksichtslos, hemmungslos, (*samo človek)* hartgesotten
brezplačen kostenfrei, unentgeltlich; *(vozovnica, vstopnica)* frei
brezpogojen *(predaja)*; bedingungslos, *adv.* unbedingt; schlechterdings
brezpomemben bedeutungslos, *(nevažen)* belanglos

brezposeln arbeitslos; *F biti ~* stempeln gehen
brezposelnost *f* Arbeitslosigkeit *f*
brezpraven rechtlos, entrechtet
brezpredmeten gegenstandslos
brezprimeren beispiellos
brezrazreden klassenlos
brezskrben *(odnos)* sorglos, unbekümmert; *(človek)* sorgenlos; *adv.* unbesorgt
brezsrčen herzlos, empfindungslos, gefühllos
brezštevilen zahllos, unzählig
brezšumen lautlos
brezupen hoffnungslos; *(položaj)* ausweglos; *(~o izgubljen)* rettungslos
brezuspešen erfolglos, ergebnislos
brezvesten gewissenlos, ruchlos
brezvetrje *n* Windstille *f*, Flaute *f (a. fig.)*
brezvladje *n* Anarchie *f*
brezvoljen willenlos
brezvsebinski inhaltslos
brezzob zahnlos
brezzračen luftleer
brezzvezen zusammenhanglos
brezžičen drahtlos
brhek fesch
bridek bitter; *(ura)* schwere Stunde; *(jokati)* bitterlich
brigati angehen *(kaj te briga* was geht dich das an); *~ se za* sich kümmern um; *ne ~ se za* sich nicht scheren um
brinje *n* Wacholder *m*
brinjevec *m* Wacholder(branntwein) *m*
bris *m* Abstrich *m*
brisača *f* Handtuch *n*
brisalec *m* Scheibenwischer *m*
brisati wischen, abwischen; *(zapis na traku)* löschen; *(dolg)* tilgen; *(posodo, roke itd.)* abtrocknen *(se* sich)
britev *f* Rasiermesser *n*
briti rasieren *(se* sich); *veter brije* ein schneidender Wind; *norce ~ gl.* **norec**
brivec *m* Barbier *m*, Friseur *m*
brivski Rasier- *(~ pribor* Rasierzeug)
brizgati *v/t* spritzen; *v/i* schießen (aus)
brk *v ~ lagati* unverblümt; *~ se smejati* unverhohlen
brki *pl* Schnurrbart *m*, Schnauzbart *m*
brkljati v/po stöbern in; *fig. po (knjigah, ipd.)* stecken in; *(vedno brklja)* wursteln, herumwursteln, kramen
brleti glimmen, trüb brennen
brljav *(luč)* schwach; *(slaboviden) sehschwach; stark kurzsichtig*
brlog *m (lisičji)* Bau *m*; Höhle *f*; *(F soba)* Bude *f*
brneti schwirren, *(žice)* summen
brod *m* Fähre *f*; *(v imenih)* Furt *f*
brodar *m* Reeder *m*
broditi *po vodi: (hoditi)* waten, *(z rokami)* plantschen; *po laseh* wühlen in
brodolom *m* Schiffbruch *m (doživeti* erleiden)
bron *m* Bronze *f*
broška *f* Brosche *f*
brošura *f* Broschüre *f*

brozga *f* Schlamm *m*; *(snežna)* Matsch *m*; *(slaba pijača)* Gesöff *n*
brskati *(kura)* scharren; *(po papirjih, omari)* kramen/wühlen in
brst *m* Sproß *m*; *(popek)* Knospe *f*, Auge *n*
brsteti sprießen
bršljan *m* Efeu *m*
bruc *m* Fuchs *m*
bruhati *v/i* sich übergeben, erbrechen; *v/t* erbrechen, *fig.* *(ogenj in žveplo* Gift und Galle) speien
brundati brummen, *(pesem)* summen
brusiti schleifen; *fig.* *(nož)* wetzen
brusnica *f* Preiselbeere *f*, (rote) Heidelbeere *f*
brušen geschliffen
brušenje *n* Schliff *m*, Schleifen *n*
bruto brutto
brv *f* Steg *m*
brz schnell, Schnell-
brzdati zügeln; im Zaum halten, beherrschen; ~ *se* sich beherrschen, an sich halten; *ne* ~ *se* sich gehen lassen
brzec *gl.* **brzovlak**
brzica *f* Stromschnelle *f*
brzina *f* Geschwindigkeit *f*, *voziti s polno brzino* Spitze fahren; *s polno brzino (se je zaletel)* in voller Fahrt
brzinometer *m* Tachometer *n*
brzojaviti telegraphieren
brzojavka *f* Telegramm *n*
brzovlak *m* D-Zug *m*, Schnellzug *m*, Express *m*
brž *adv.* schnell, bald; *cj.* ~ *ko* sobald, (sowie)
bržkone wahrscheinlich, vermutlich; ~ *je bolan* er wird krank sein
buba *f* Puppe *f*
bucika *f* Stecknadel *f*
buča *f* Kürbis *m*; *(glava F)* *F* Rübe *f*
bučati brausen, tosen; *(morje)* branden; *(čebele)* summen
bučen tosend, *(otroci)* lärmend
buden wach, munter; *fig.* wachsam
budilka *f* Wecker *m*
buditi wecken, aufwecken
bujen üppig; *(pretirano rastoč)* wuchernd
bukev *f* Buche *f*; *rdeča* Rotbuche *f*
bula *f* Beule *f*; *(tumor)* Geschwulst *f*
buldozer *m* Planierraupe *f*, Bulldozzer *m*
buljiti stieren, glotzen; ~ *v* etw. anstieren
bunka *f (na palici)* Knauf *m*; *(buška)* Beule *f*; *(za dekle)* *F* Pummel *m*, Pummelchen *n*
bunker *m* Bunker *m*
buren stürmisch, *(aplavz)* tosend
burja *f* Bora *f* (kalter Nordwind)
burka *f* Posse *f*, Schwank *m*
burkež *m* Possenreißer *m*
buška *f* Beule *f*
butati *(stroj)* stampfen; ~ *z ... ob* mit etw. schlagen gegen/einschlagen auf
butec *m* Dummkopf *m*, Schafskopf *m*
buteljka *f* *vino v ~ah* Flaschenwein, Markenwein *m*

C

capin *m* Lump *m*
capljati trippeln, *za kom* hinter jm hertrotten
car *m* Zar *m*
carina *f* Zoll *m*; *~e* prost zollfrei; *plačati ~o za* etw. verzollen
carinarnica *f* Zollamt *n*
carinik *m* Zollbeamte(r) *m*
cariniti etw. verzollen
cedilo *n* Durchschlag *m*, Sieb *n*; *pustiti na ~u* im Stich lassen
cediti seihen; *~ se (iz oči)* triefen; *iz nosu se (komu) cedi* die Nase läuft jm; *~ sline po fig.* spitzen auf
cefrati *papir, blago* zrfetzen; *v / i se* ausfransen
ceh *m* Zunft *f*, Gilde *f*, Innung *f*
cekin *m* Goldstück *n*, Dukaten *m*
cel ganz, *(nepoškodovan)* heil; *(ura, leto, mesec)* voll; *(popolnoma)* gänzlich
celica *f* Zelle *f*; *fig. (jedro)* Kernzelle *f*
celina *f* Kontinent *m*, Erdteil *m*; *(kopno)* Festland *n*
celinski Kontinental- (*~a zapora* Kontinentalsperre) *~o jezero* Binnensee
celiti *v / i se in v / t* heilen (das heilt Wunden, die Wunde heilt)
celo sogar; selbst; ja ... (sogar); *~ še* ja sogar; *(nasprotno)* vielmehr; *sedaj še celo!* Nun erst recht!
celokupen gesamt, sämtlich; *adv.* insgesamt
celokupnost *f* Gesamtheit *f*
celota *f* Ganze(s) *n*
celoten gesamt, Gesamt- (*~ni vtis* Gesamteindruck)
celuloza *f* Zellstoff *m*
cement *m* Zement *m*, *n*
cena *f* Preis *m*; *(delnic, valute)* Kurs *m*; *~ penziona* Pensionspreis, *navedba ~e* Preisangabe, *od proizvajalca določena ~* Richtpreis; *lastna ~* Selbstkostenpreis; *daleč pod ~o* für ein Butterbrot (verkaufen); *navijati ~e* (in die Höhe) treiben; *za vsako / nobeno ceno* um jeden/keinen Preis
ceneje, cenejši billiger; *je ~* es kommt billiger
cenen billig, preiswert
cenik *m* Preisliste *f*
ceniti schätzen; *(po presoji)* überschlagen; *prenizko ~* unterbewerten; *fig. ~ (zasluge ipd.)* würdigen; *predmet, koga* achten
cenjen *vaše ~o pismo* Ihr wertes Schreiben
center *m* Zentrum *n*; *~ mesta* Innenstadt *f*
centrala *f* Zentrale *f*; *telefonska* Vermittlung *f*
centralni *atrib.* Zentral- (*~ komite* Zentralkomitee)

centrifuga *f* Schleuder *f*, *za perilo* Wäscheschleuder; *za sadje* Entsafter *m*
centrifugirati schleudern; *sadje* entsaften
cenzura *f* Zensur *f*; *prostovoljna* Selbstkontrolle *f*
cenzurirati behördlich prüfen, zensieren
cepec *m* Flegel *m (a. fig.)*; *fig.* Tölpel *m*, Dummkopf *m*
cepetati zappeln; *(od trme, jeze)* mit dem Fuß / den Füßen stampfen
cepetavček *m* Hampelmann *m*
cepič *m* Pfröpfling *m*
cepin *m* Eispickel *m*, Pickel *m*
cepitev *f* Spaltung *f*
cepiti spalten; *med.* impfen; *(sadje)* pfropfen, veredeln
cepivo *n* Impfstoff *m*
cepljenje *n* Impfung *f*; *(drevja)* Veredelung *f*
cerkev *f* Kirche *f*
cerkovnik *m* Küster *m*, Mesner *m*
cerkven Kirchen- *(~i zvonik)* Kirchturm); kirchlich
cesar *m* Kaiser *m*
cesarica *f* Kaiserin *f*
cesarski Kaiser- (~ *prestol* Kaiserthron), kaiserlich
cesarstvo *n* Kaiserreich *n*
cesta *f* Straße *f*; *glavna* Hauptstraße, *stranska* Nebenstraße, *enosmerna* Einbahn(straße); *prečna* Querstraße, *krožna* Ringstraße, Ring *m*; *prednostna* Straße mit Vorfahrt; *podeželska* Landstraße, *avtomobilska (hitra)* Autobahn *f*; *rimska* ~ Milchstraße
cestišče *n* Fahrdamm *m*
cestni Straßen- (~ *pometač* Straßenfeger)
cestnina *f* Autobahngebühr *f*
cev *f* Rohr *n*, Röhre *f*; *gumijasta* Schlauch *m*; *pri puški* Lauf *m*, Mündung *f*
cevovod *m* Rohrfernleitung *f*
cigan *m* Zigeuner *m*
cigara *f* Zigarre *f*
cigareta *f* Zigarette *f*; *s filtrom* Filterzigarette *f*
cijaziti karren; ~ *se* schaukeln (*po* über)
cikati *v / t* ~ *na* anspielen auf; *v / t* einen Stich haben
cikcak Zickzack (im ~ laufen)
cikel *m* Zyklus *m*
ciklama *f* Alpenveilchen *n*
cikorija *f* Kaffee-Ersatz *m*, Malzkaffee *m*
cilj *m* Ziel *n*; Bestimmung *f*, *(kraj)* Bestimmungsort *m*; *zastaviti si za* ~ sich ein Ziel setzen / stecken; *zgrešiti* ~ *fig.* seinen Zweck verfehlen
ciljati zielen *(na* auf); *fig. (na položaj, darilo itd.)* spitzen auf
cimet *m* Zimt *m*
cinast zinnern; *je* ~ ist aus Zinn
cincati zaudern; Umstände machen (mach doch keine Umstände)
cingljati *(zvonček)* bimmeln; *(s ključi, denarjem)* klimpern (mit)
ciničen zynisch

cipa *f* Dirne *f*, Hure *f*, Nutte *f*
cipresa *f* Zypresse *f*
cirilica *f* kyrillische/russische Schrift
cirkularka *f* Kreissäge *f*
cirkus *m* Zirkus *m*; *fig.* Theater *n (zganjati* machen)
cisterna *f* Tank *m*; *(za vodo)* Zisterne *f*; Behälter *m*; *(avto-)* Tankwagen *m*
citirati zitieren
citre *pl* Zither *f*
citrona *f* Zitrone *f*
civilen bürgerlich, Zivil- *(~no prebivalstvo* Zivilbevölkerung)
civilizacija *f* Zivilisation *f*
ciza *f* Karre *f*, Karren *m*
cmerav weinerlich; *otrok* greinend
cmeriti *se* greinen
cmok *m* Kloß *m*, Knödel *m*; *mesni* Klops *m*
cmokati schmatzen
cof *m* Quaste *f*
cokla *f* Holzschuh *m*, Pantine *f*; *na vozu in fig.* Hemmschuh *m*
cokljati stiefeln
cola *f* Zoll *m*
cona *f* Zone *f*
copata *f* Pantoffel *m*, Hausschuh *m*; *biti pod ~o* unter dem Pantoffel stehen; *imeti pod ~o* gängeln
copatar *m* Pantoffelheld *m*
coprnica *f* Hexe *f*
crkniti verrecken *(tudi avto);* krepieren; *(luč)* wegbleiben
cucek *m* Köter *m*; *moker kot ~* pudelnaß
cula *f* Bündel *n*
cunja *f* Fetzen *m*; *(~ za brisanje prahu itd.)* Tuch *n*; *v ~h* in Lumpen, abgerissen; *fig.* Waschlappen *m*
curek *m* Strahl *m*, Wasserstrahl *m*; *tenek* Rinnsal *n*
curljati (dünn) rinnen, tröpfeln
cvenk *F m* Moos *n*, Moneten *pl*, Pinke *f*
cvet *m (cvetlica)* Blume *f*; *bot.* Blüte *f (vrstnat* gefüllt); *(cvetenje)* Flor *m*
cvetača *f* Blumenkohl *m*
cveteti blühen
cvetica, cvetlica *f* Blume *f*
cvetličarna *f* Blumenhandlung *f*
cvetlični Blumen- *(~a greda* Blumenbeet); *~ med.* Blütenhonig
cvetni *atrib.* Blüten- *(~ prah* Blütenstaub)
cviliti *(človek, zavore)* kreischen, *(pes)* winseln; *(miš)* piepen, *(otrok)* quietschen
cvrčati *(črički)* zirpen; *(mast)* zischen
cvreti *(v masti)* (aus)backen; *(mast)* auslassen; *fig. ~ se (na soncu)* schmoren; *~ jo (teči)* jagen, spritzen
cvrtje *n* Eierspeise *f*

Č

čačke *pl* Gekritzel *n*, Kritzelei *f*
čaj *m* Tee *m (narediti ~* kochen, aufgießen)
čajni Tee- (*~o pecivo* Teegebäck)
čajnik *m* Teekessel *m*; Teekanne *f*
čakalnica *f* Wartezimmer *n*; Warteraum *m*; *(na železnici)* Wartesaal *m*
čakati warten (*na* auf); (*na pravi čas itd.*) abwarten *A*; *v vrsti* anstehen; *fig.* *(ne veš kaj te čaka)* bevorstehen (was dir bevorsteht), *F* blühen (was dir blüht); *na (kritiko) še čakamo* ... steht noch aus
čar *m* Reiz *m*; Zauber *m*; Würze *f*
čarati zaubern
čaroben zauberhaft, wunderschön; *~i* Zauber- (*~a piščal* Zauberflöte)
čarodej *m* Zauberer *m*
čarovnica *f* Zauberin *f*; Hexe *f*
čarovnija *f* Zauberei *f*
čas *m* Zeit *f*; *(ob določenem času)* Zeitpunkt *m*; *(določeno časovno obdobje)* Zeitspanne *f*; *(po uri)* Uhrzeit *f*; *nekaj časa* eine Zeitlang, *(občasno)* eine Weile; *prosti ~* Freizeit, Muße *f*; *standardni ~* Normalzeit, *delovni ~* Arbeitszeit, Arbeitsstunden *pl*; *letni ~* Jahreszeit, *napoved ~a* Zeitansage *f*, *v času (česa)* im Verlauf *G*; *v zadnjem ~u* neuerdings; *priti ob pravem ~u* zurechtkommen; *ob nepravem ~u* zur Unzeit; *izguba ~a* Zeitverlust *m*; *ki jemlje dosti ~a* zeitraubend; *nimam časa* ich habe keine Zeit
časnik *m* Zeitung *f*
časnikar *m* Journalist *m*
časopis *m* Zeitung *f*; *~i (pišejo o)* die Presse
časopisni Zeitungs- (*~ papir* Zeitungspapier)
čast *f* Ehre *f*; Würde *f*; *nekomu na ~* jm zu Ehren; *šteti si v ~* sich etw. zu Ehren anrechnen; *pod ~jo* unter der Würde
časten Ehren- (*~i občan* Ehrenbürger); ehrenhaft; *častna beseda* Ehrenwort / Auf Ehre!
častihlepen ehrgeizig
častilec *m* Verehrer *m*
častiti ehren, verehren
častitljiv, častit ehrwürdig
častivreden würdig, ehrwürdig
častnik *m* Offizier *m*
čaša *f* Becher *m*, Kelch *m*
čaščenje *n* Anbetung *f*
če wenn; *(če slučajno)* falls, im Falle daß; *(v kolikor)* sofern; *če ravno* obwohl; *(ne-*

haj), če ne! oder, andernfalls; *in če (kaj potem)* wenn auch; *pa če (je še tako dober)* wenn (er) noch so ...
čebela *f* Biene *f*; *pl* Bienen, Bienenvolk *n*
čebelar *m* Imker *m*
čebelarstvo *n* Bienenzucht *f*
čebelji Bienen- (~ *vosek* Bienenwachs)
čebelnjak *m* Bienenstock *m*, Bienenhaus *n*
čeber *m* Kübel *m*, Bottich *m*
čebljati plappern; *(ptice)* zwitschern
čebula *f* Zwiebel *f*
čebulica *f bot.* Zwiebel *f*, ~ *tulpe* Tulpenzwiebel
čebulnica *f* Zwiebelpflanze *f*
čečkati kritzeln; *(grdo pisati)* schmieren
čeden hübsch, nett, schmuck, *(pisava)* sauber
čednosten tugendlich; keusch
ček *m* Scheck *m*
čekan *(prašičev)* Hauer *m*; *fig.* Zahn *m*
čelada *f* Helm *m*
čeljust *f* Kiefer *m*; *spodnja* Unterkiefer, *zgornja* Oberkiefer
čelo *n* Stirn *f*; *(mize, sprevoda)* Spitze *f*; *(hišno)* Giebel *m*, *na ~u* an der Spitze; *biti na ~u (urada) D* vorstehen
čelo *m* Cello *n [čelo]*, (Violoncello) *n*
čemeren verdrießlich, mißmutig
čemu wozu, wofür *(čemu ti bo knjiga?)*; *(zakaj)* warum, weshalb; *Čemu to?* Was soll das?
čenčati faseln
čep *m* Pfropfen *m*, *(na sodu)* Zapfen *m*
čepeti hocken, kauern
čepica *f* Mütze *f*, Kappe *f*
čeprav obwohl, obgleich; trotzdem; daß; *čeprav ..., ne* sosehr (ich ihn schätze, kann ich doch nicht ...); *čeprav ne, ... vendar* sowenig (ich ihn schätze, muß ich) doch ...
čer *f* Klippe *f*
čeravno *gl.* čeprav
česati kämmen (*se* sich)
česen *m* Knoblauch *m*
česnati quasseln
čestitati gratulieren; *(k uspehu)* beglückwünschen
čestitka *f* Glückwunsch *m*
često oft, öfter, öfters, häufig
češ 1. mit der Begründung, daß *(odšel je, češ da se mu mudi)*; 2. als wollte er sagen *(držal se je samozavestno, češ)*; 3. *lahko izrazimo s konjunktivom preterita (naj sedem, češ saj se ti ne mudi* ich hätte ja Zeit)
češnja *f* Kirsche *f*; *(drevo)* Kirschbaum *m*; *z njim ni dobro češenj zobati* mit ihm ist nicht gut Kirschen essen
češnjevec *m* Kirsch *m*
češplja *f* Pflaume *f*, Zwetsch(k)e *f*; *(drevo)* Pflaumenbaum *m*
četa *f* Kompanie *f*; *čete* Truppen, Einheiten, *fig.* Truppe *f*
četrt *f* Viertel *n*; *(mestna)* Viertel *n*, Stadtteil *m*; ~ *vina* ein Viertel Wein; ~ *ure*

eine Viertelstunde *f*; *je ~ na 5* es ist viertel fünf / ein Viertel nach 4; *je tričetrt na 5* es ist ein Viertel vor fünf / dreiviertel 5
četrtek *m* Donnerstag *m*; *ob četrtkih* donnerstags
četrti (der) vierte
četrtič (že ~) zum vierten Mal; (4.) viertens
četrtina, četrtinka *f* Viertel *n*
četrtleten vierteljährig *(trajajoč / star četrt leta)*; *(enkrat na četrt leta)* vierteljährlich
četrtletje *n* Vierteljahr *n*
četudi *gl.* **čeprav**
četverčki *pl* Vierlinge *pl*
četverec *m* Vierer *m*
četveren Vierer-; *(štirikraten)* vierfach
četvero *~ konj* vier Pferde; *~ vin* viererlei Wein
četvero- *(= štiri)* Vier- *(četverokotnik* Viereck *n*, *četverokoten* viereckig, *četveronožec* Vierfüßler; *gl. tudi* **štiri**)
čevelj *m* 1. Schuh *m*, *nizek ~* Halbschuh *m*; *visok* Stiefel *m*; (*žuliti* drücken); 2. *(mera)* Fuß *m*
čevljar *m* Schuster *m*, Schuhmacher *m*
čez 1. *lok.* *(preko)* über (über den Fluß, Kopf), darüber, *~ kaj / kar* worüber; *tja / sem čez* hinüber / herüber; 2. *temp.* in (*čez eno leto, en teden* in einem Jahr, einer Woche; *~ nekaj časa* in einer Weile); *v preteklosti:* später (eine Woche später); *~ dan / noč* tagsüber, nachts (in der Nacht), *čez noč* über Nacht; 3. *~ 1.000 (več kot)* über; *ni ga ~* es geht nichts über
čezmeren übermäßig, unmäßig; *(veselje ipd.)* überschwenglich
čigar *rel.* dessen
čigar wessen? *~ je* wem gehört ... (Wem gehört dieser Bleistift?)
čik *m* Kippe *f*, Stummel *m*
čil rüstig; *~ in zdrav* wohlauf
čim *pron. gl.* **kaj**
čim *cj.* *~ ... tem* je ... desto / um so *adv.* *~ več / hitreje* möglichst viel / schnell
čin *m* Dienstgrad *m*; *fig.* Rang *m*; *najvišji po ~u* Dienstälteste, Rangälteste *m*
čipka *f* Spitze *f*
čir *m* Geschwür *n*
čislati *A* in Ehren halten
čist *(neumazan)* sauber, reinlich; *(žival, ki se ne ponečedi)* stubenrein; *(brez primesi)* rein, pur; *(voda)* klar; *(~a devica)* keusch; *(značaj)* lauter; *(neumnost)* schier; *(veselje)* ungetrübt
čistilec *m (naprava)* Reiniger *m*; *~ oken* Fensterputzer *m*; *~ čevljev* Schuhputzer *m*
čistilka *f* Putzfrau *f*, Raumpflegerin *f*
čistilnica *f* Reinigung *f*, Reinigungsanstalt *f*
čistilo *n* Reinigungsmittel *n*; *v sest.* ...reiniger *m*
čistiti reinigen; *čevlje* putzen, *vodo* klären; *prostore* saubermachen

čistka *f* Säuberung *f*
čisto ganz, völlig, *F* richtig; *~ prvi / zadnji* der allererste, allerletzte
čistokrven reinrassig, *(pes itd.)* Rassen-; *(idealist, liberalec ipd.)* von reinstem Wasser
čistopis *m* Reinschrift *f*; *narediti ~* ins Reine schreiben
čistost *f* Reinheit *f gl. tudi* **snaga**
čiščenje *m* Reinigung *f*, Säuberung *f*
čitati *gl.* **brati**
čitalnica *f (ustanova)* Lesehalle *f*; *(v knjižnicah)* Lesesaal *m*
čitanka *f* Lesebuch *n*
čitljiv *(knjiga)* lesbar; *(pisava)* leserlich
čivkati *(piščanci)* piep(s)en; *(vrabci)* (t)schilpen
član *m* Mitglied *n*; *družinski* Familienmitglied, biti *~ G D* angehören
članarina *f* Mitgliedsbeitrag *m*
članek *m* Artikel *m*, Aufsatz *m*
članstvo *n* Mitgliedschaft *f*; *(člani)* Mitglieder *pl*, *navadno ~* Fußvolk *n*
člen *m* Artikel *m*; *(v verigi)* Glied *n*
členek *m* Gelenk *n*; *(gleženj)* Knöchel *m*; *(v verigi)* Glied *n*
človečnost *f* Menschlichkeit *f*
človek *m* Mensch *m*; Mann *m (mali ~, dobri ~*, kleiner / guter Mann); *nedoločeno*: man (*človek nikoli ne ve* man weiß nie, man kann nie wissen; *ljudje govorijo* man sagt); *neki človek* einer, jemand
človeški menschlich
človeštvo *n* Menschheit *f*
čmrlj *m* Hummel *f*
čof! plumps!
čofniti plumpsen
čofotati planschen, pantschen
čohati kraulen
čokat untersetzt, stämmig; *(postava)* gedrungen
čokolada *f* Schokolade *f*
čoln *m* Boot *n*, *reševalni* Rettungsboot, *motorni* Motorboot, *gumijast* Schlauchboot
čolnarna *f* Bootshaus *n*
čolniček *m tkalski* Schiffchen *n*
čop *m* Quaste *f*; *(las)* Locke *f*; *(frizura)* Pferdeschwanz *m*
čopič *m* Pinsel *m*
čreda *f* Herde *f*; *(volkov itd.)* Rudel *n*
črepinja *f* Scherbe *f*; *(glava) F* Rübe *f*
črevesje *n* Eingeweide *pl*, Gedärm *n*
črevesni Darm- (*~e bolezni* Darmkrankheiten)
črevo *n* Darm *m*; *debelo* Dickdarm *m*, *tenko* Dünndarm *m*
črhniti *ne da bi črhnil* wortlos, ohne ein Wort zu sagen; *da mi ne črhneš!* kein Wort! / keinen Laut!
črka *f* Buchstabe *m*; *~e* Schrift *f* (*tiskane* Druckschrift, Blockschrift)

črkovati buchstabieren
črn schwarz; *(nameni, naklepi) fig.* dunkel; *vranje ~* kohlrabenschwarz, rabenschwarz; *na ~o (delati)* schwarz (arbeiten); *hoditi v ~nem* Schwarz tragen
črnec *m* Neger *m*, Schwarzer
črneti schwarz werden
črnilo *n* Tinte *f*
črniti *fig.* anfeinden, madig machen, miesmachen, anschwärzen
črnka *f* Negerin *f*, Schwarze
črno- schwarz- (*~las* schwarzhaarig)
črnogled pessimistisch
črpalka *f* Pumpe *f*; *bencinska* Tankstelle *f*
črpalkar *m* Tankwart *m*
črpati *(tekočine)* pumpen, schöpfen *(a. fig.); kredit* in Anspruch nehmen
črta *f* Linie *f (zračna* Luftlinie, *strelska* Feuerlinie, *na vsej ~i* auf der ganzen Linie); Strich *m (potegniti / narediti ~o pod* einen Strich unter etw. ziehen); *(poteza)* Zug *m*; *ravna ~* Gerade *f*
črtalo *n* Stift *m*; *~ za obrvi* Augenbrauenstift *m*
črtast gestreift
črtati streichen; tilgen *(besede iz konteksta itd.)*
črtica *f* Kurzgeschichte *f*
črtiti hassen *(črtim kaj* etw. ist mir verhaßt)
črv *m* Wurm *m*; *(ličinka)* Made *f*
črviv madig; *(les)* wurmstichig
črvojeden wurmstichig
čudak *m* Sonderling *m*
čudaški eigen, *F* verschroben
čuden eigenartig, eigentümlich, merkwürdig, sonderbar, sonderlich; *~no je, da* merkwürdigerweise; *~no se zdi, da* es ist befremdend, daß
čudež *m* Wunder *n*; *(delati* wirken / tun)
čudežen Wunder- (*~i otrok* Wunderkind); wundertätig
čuditi *se* sich wundern, staunen (über); *čudim se* es wundert mich
čudo *n* Wunder *n*; *za ~o* merkwürdigerweise; *doživeti ~a* sein blaues Wunder erleben
čudodelen wundertätig
čudovit wunderbar, wundervoll, prächtig, herrlich, fabelhaft, köstlich; *primerek* Prachtstück
čuječ wachsam
čuk *m* Käuzchen *n*
čustven *(vezi)* emotionell; gemütvoll, empfindsam, sentimental
čustvo *n* Emotion *f*; *(materinsko, sovražno)* Gefühl *n*
čustvovati empfinden, fühlen
čut *m (vid, sluh itd.)* Sinn *m*; *~ za (smisel za)* Gefühl *n*, Sinn *m*; *prefinjen ~ za* Fingerspitzengefühl *n*
čuten sinnlich
čuti *(slišati)* hören; *(biti buden)* wachen, auf sein / bleiben
čutilo *n* Sinnesorgan *n*
čutiti fühlen, empfinden;

spüren, verspüren, ~ *s kom* empfinden mit, sich einfühlen in

čuvaj *m* Wächter *m*; nočni Nachtwächter *m*; *(lovski, gozdni)* Hüter *m*; *(v kaznilnici)* Aufseher *m*; *(pes)* Wachhund *m*

čuvati *(stražiti)* bewachen *A;* *(gledati na)* schonen *A*, schauen auf; *(imeti shranjeno)* (auf)bewahren; ~ *ugled* sein Gesicht wahren

čvekanje *n* Geschwätz *n*; *F* Quatsch *m*

čvekati quatschen, schwatzen

čvrst fest; *(starec)* rüstig

D

da ja, jawohl
da cj. daß *(rekel je, da)*; *(namen)* damit *(dala mu je igračo, da ne bi jokal)*; um ... zu *(šel je ven, da bi oddal pismo)*; *kot ~* als ob
dajalec *m* Geber *m*; *(krvi)* Spender *m*
dajatev *f* Abgabe *f*; *(davčna)* Leistung *f*
dajati geben, spenden *(skupaj, narazen)* zusammentun / stellen / legen; *gl. tudi* **dati**; *prenehati ~* A entziehen
daleč weit, fern *(knjižno, fig.)* *~ od* weit weg (von); *(oddaljen)* weitab; *od ~* weither, von weit her; *~ naokrog* weit und breit; *~ najboljši itd.* weitaus (der Beste), mit Abstand (der Beste); *še ~ ne* noch lange nicht
dalj *lok.* weiter; *temp.* länger; *že ~ časa* schon eine Weile, schon eine Zeitlang
daljava *f* Ferne *f*
dalje weiter, ferner
daljinski Fern- (*~o usmerjanje* Fernlenkung)
daljni fern
daljnogled *m* Fernrohr *n*, *(ročni)* Feldstecher *m*
daljnosežnost *f* Tragweite *f*
daljnoviden weitsichtig
daljnovod *m* Fernleitung
damski Damen- (*~ frizer* Damenfriseur)
dan *m* Tag *m*; *(1x) na dan* (einmal) täglich; *vsak ~* jeden Tag, täglich *trajajoč 3 dni* dreitägig; *čez ~* tagsüber; *dan pred / za* am Tag vor / nach; *lepi / hudi dnevi* eine schöne / schwere Zeit; *rojstni ~* Geburtstag *m*; tržni Markttag *m*; pasji dnevi Hundstage *pl*
današnji heutig
dandanes heutzutage
danes heute
danica *f* Morgenstern *m*
daniti *dani se* es wird Tag; es dämmert
danka *f* Mastdarm *m*
dar *m* Geschenk *n*; *(denarni, več. ustanovi)* Spende, Schenkung *f*; *(talent)* Gabe *f*; *dobiti f ~* mit etw. beschenkt werden / geschenkt bekommen
darežljiv freigiebig
darilo *n* Geschenk *n*
darovalec *m* Spender *m*
darovati schenken; *(kri, denar)* spenden; *(velike vsote za gradnje ipd.)* stiften
dasi, dasiravno obgleich, obschon, wenngleich, wennschon
datelj *m* Dattel *f*
dati 1. *komu kaj* geben; *kaj kam* tun, legen, stellen (Salz in die Suppe tun, *dati narazen* zerlegen, *denar na stran* zurücklegen); spen-

den *(kri, denar)*; *(~ denar – država, ustanove)* bereitstellen; *(nov pomen, obliko)* verleihen; *~ potuho* Vorschub leisten; 2. *~ popraviti, narediti* lassen (reparieren lassen); *~ se operirati / pregledati* sich (einer Operation, einer Untersuchung) unterziehen; *~ se prepričati* sich überzeugen lassen; *ne dati miru D* keine Ruhe lassen

davčni Steuer-; *~a prijava* Steuererklärung *f*; ~i urad Steueramt *n*

davek *m* Steuer *f*; *~ na dohodek* Einkommenssteuer, *prometni* Umsatzsteuer, *~ na premoženje* Vermögenssteuer, *na promet z nepremičniminami* Grunderwerbssteuer; *davka prost* steuerfrei; *plačati ~ za kaj* etw. versteuern

davi heute früh

davica *f* Diphtherie *f*

daviti *(se)* würgen

davkarija *f* Steueramt *n*

davkoplačevalec *m* Steuerzahler *m*

davnina *f* Vorzeit *f*

davno *že ~* schon längst

debel dick, *(človek)* füllig, *(ustnice)* wulstig; *fig. ~a ura* eine geschlagene Stunde; *imeti ~o kožo* ein dickes Fell haben; *~o gledati* nicht schlecht staunen

debelina *f (stene, knjige)* Stärke *f*

debelost *f (človeka)* Fettsucht *f*

debelušen mollig, pummelig

deblo *n* Stamm *m*

december *m* Dezember *m*

decimalen dezimal

deček *m* Junge *m*, Knabe *m*

dečko *m* Kerl *m*

ded *m* Großvater *m*, *(dedek) F* Opa *m*

dedec *m F* Kerl *m*, Mannsbild *n*

deden erblich, Erb- *(~a bolezen* Erbkrankheit); *biti ~* sich vererben

dedič *m* Erbe *m*, *jur.* Erbnehmer *m*

dedinja *f* Erbin *f*

dediščina *f* Erbschaft *f*, Erbe *n (a. fig.)*

dedovati erben; *~ po* jn beerben; *~ se* sich vererben

defekt *m* Defekt *m*; (avto) Panne *f*

defekten defekt; *(blago)* schadhaft

deformacija *f* Mißbildung *f*; *fig.* Abweichung *f*

dejanje *n* Tat *f*; *(dogajanje)* Handlung *f*; *teatr.* Aufzug *m*; *kaznivo* Straftat *f*; *zagrešiti kaznivo ~* straffällig werden; *(storiti dobro ~* vollbringen, *slabo ~* begehen)

dejanski wirklich; *adv. ~o* in der Tat

dejanstvo *n* Tatbestand *m*

dejaven *(duh, telesno, duševno)* rege; *(človek, življenje)* tätig; aktiv

dejavnost *f* Tätigkeit *f*

dejstvo *n* Tatsache *f*; *~ je, da* es steht fest ...

dekla *f* Magd *f*

deklamirati aufsagen; *(umetniško)* rezitieren; vortragen

dekle *n*, **deklica** *f*, **~tce** *n* Mädchen *n*

dekliški Mädchen- (*~ priimek* Mädchenname *m*); mädchenhaft

del *m* Teil *m*; *(kos)* Stück *n*, *(vmesni)* Zwischenstück *n*; *(teksta)* Abschnitt *m*; *(poti)* Strecke *f*, Teilstrecke; *sestavni* Bestandteil *m*; *gornji, vrhnji* Oberteil *m*; *postati del česa* in etw. eingehen

delati arbeiten; *(v poklicu, politično)* tätig sein; *kaj* machen *(tudi fig. ~ si skrbi* sich Gedanken machen, *~ preglavice* zu schaffen machen); *(izdelovati)* herstellen, fertigen; *(stroj)* arbeiten, laufen, *ne ~* ausfallen; *~ se* tun *(prijaznega* freundlich tun, *važnega* wichtig tun); *~ se* sich stellen *(bolnega* sich krank ~, *neumnega* sich dumm ~, *mrtvega* sich totstellen); *slabo ~* pfuschen; *površno ~* hudeln

delavec *m* Arbeiter *m*; *kvalificiran* Facharbeiter, *pomožni* Hilfsarbeiter, *kmetijski* Landarbeiter, *priučen* angelernter ~; *delavci pl* Arbeiterschaft *f*

delaven arbeitsam; *(aktiven)* rege, aktiv

delavka *f* Arbeiterin *f*

delavnica *f* Werkstatt (-stätte) *f* Reparaturwerkstatt *f*, *odpreti delavnico* sich als (Automechaniker, Klempner) niederlassen

delavnik *m* Werktag *m*; *osemurni* Achtstundentag *m*; *ob ~ih* alltags, wochentags

delavski Arbeiter- (*~i svet* Arbeiterrat)

delazmožen arbeitsfähig

delček *m* Bruchteil *m*

delegat *m* Delegierte(r) *m*

delen Teil- (*~a rešitev* Teillösung)

... delen ... teilig (zweiteilig, dreiteilig *itd.*)

delež *m* Anteil *m*; *nujni ~* Pflichtteil *n*

deležen *on je ~ česa* ihm wird etw. zuteil, er erfreut sich *G (pozornosti itd.)*

deležnik *m* Partizip *n*

delikatesa *f* Delikatesse *f*; *(trgovina)* Feinkostgeschäft *n*; *fig.* Leckerbissen *m*

delitev *f* Teilung *f*; *~ dela* Arbeitsteilung *f*

deliti teilen *(tudi mat.)*; *(besede)* (Silben) trennen; *(razdeljevati)* verteilen, ausgeben; *~ (sobo itd.) s kom* sich etw. teilen mit

deljenje *f* Teilung *f*

deljiv teilbar, trennbar

delnica *f* Aktie *f*

delničar *m* Aktionär *m*

delniški Aktien- (*~a družba* Aktiengesellschaft)

delno, deloma teilweise, zum Teil; *deloma (bel), ~(črn)* teils ... teils

delo *n* Arbeit *f (phys., fizično* physische ~, *duševno* geistige ~, *priložnostno* Gelegenheitsarbeit, *gospodinjsko* Hausarbeit, *v izmenah* Schichtarbeit, *težaško*

Schwerarbeit, *ročno* Handarbeit; *zemeljska ~a* Erdarbeiten, *pripravljalna* Vorarbeiten) Werk *n (umetnina, literarno ~), zbrana ~a* gesammelte Werke; Tätigkeit *f (politično itd. delovanje)*

delodajalec *m* Arbeitgeber *m*

delojemalec *m* Arbeitnehmer *m*

deloma *gl.* **delno**

delomrzen arbeitsscheu

delopust *m* Feierabend *m*

delovanje *n* Wirkung *f*; *stroja ipd.* Betrieb *m*

delovati *(človek) pri, v* tätig sein, *proti D* entgegenarbeiten *D*; *(stroj)* in Betrieb sein, arbeiten, *ne ~* ausgefallen sein; *(učinkovati)* wirken, *~ na* einwirken auf; *lepo ~* sich gut ausnehmen

delovni Arbeits-; *~a sila* Arbeitskraft *f*; *~o mesto* Arbeitsstelle *f*; *~ čas* Arbeitszeit *f*; *skrajšan* Kurzarbeit / Teilarbeit *f*

dementi *m* Berichtigung *f*

demonstrirati demonstrieren; *(delovanje)* vorführen

demontaža *f* Abbau *m*; *(stroja)* Ausbau *m*

demontirati abmontieren, ausbauen

denar *m* Geld *n*; *ponarejen* Falschgeld *n*; *F* Eier *pl*, Moos *n*; *veliko ~ja* eine Menge Geld; *brez ~ja* ohne Geld, mittellos; *dati ~ za (ustanove)* bereitstellen; *(ne) imeti ~ F* (nicht) bei Kasse sein; *(dvigniti* abheben, *vložiti* erlegen)

denarni Geld- (*~o plemstvo* Geldadel)

denarnica *f* Geldbeutel *m*, Geldtasche *f*, Börse *f*

depilator *m* Haarentferner *m*

depilirati enthaaren

deponirati hinterlegen

deputacija *f* Abordnung *f*

dereze *pl* Steigeisen *n*

deroč reißend

deset zehn

desetak *m* Zehner *m*

deseti (der) zehnte

desetero zehnerlei; *~ mož* zehn

desetič zum zehnten Mal; (10.) zehntens

desetinka *f* Zehntel *n*

desetkrat(en) zehnmal(ig)

desetletje *n* Jahrzehnt *n*

deska *f* Brett *n*; Diele *f*, Planke *f*; *risalna* Reißbrett, *igralna* Spielbrett, *odskočna* Sprungbrett, *straniščna* Klosettbrille *f*; ... *iz desk* Bretter-

desni (der) rechte; *desno* rechts; *na ~o* nach rechts / rechts

desnica *f* Rechte *f*

desničar *m* Rechtshänder *m*

dešifrirati entschlüsseln *(pisavo)* entziffern

deški Knaben- (*~i internat* Knabeninternat); knabenhaft

dete Kind *n*, Kleinkind *n*

detelja *f* Klee *m*

deti 1. *lit.* sagen; 2. tun (*v* in, *iz* aus); *to dobro de* das tut gut; *nič ne de* es macht nichts (aus)

detinstvo *n* Kindheit *f*
detomor *m* Kindesmord *m*
detonator *m* Sprengkapsel *f*
devalvacija *f* Entwertung *f*
devet neun
devetdeset neunzig
devetdeseti (der) neunzigste
deveter neunerlei; (9x) neunfach
deveterokotnik *m*, Neuneck *n*
deveti (der) neunte
devetina *f* Neuntel *n*
devetkrat(en) neunmal(ig)
devetnajst neunzehn
devetnajsti (der) neunzehnte
devetsto neunhundert
devica *f* Jungfrau *f*; *stara* alte Jungfer *f*
deviški jungfräulich, *fig.* unberührt
devizni Devisen-, Währungs- (*~a reforma* Währungsreform)
dezertirati fahnenflüchtig werden; (zum Feind) überlaufen
dež *m* Regen *m*; *(deževje)* Landregen; *~ gre* es regnet; *iz dežja pod kap* vom Regen in die Traufe
dežela *f* Land *n*; *na ~li* auf dem Lande; *~ iz katere prihaja blago* Ursprungsland; *prekmorske dežele* Übersee *f*; *obljubljena ~* das gelobte Land
deželan *m* Landmann *m*
deževati, *dežuje* es regnet; *fig. (udarci, kamni)* niederprasseln auf
deževen regnerisch; *~na doba* Regenzeit *f*
deževje *n* Landregen *m*; *(v tropih)* Regenzeit *f*
deževnica f dežnica *f* Regenwasser *n*
deževnik *m* Regenwurm *m*
dežni *plašč* Regenmantel
dežnik *m* Regenschirm *m*, Schirm *m*
dežuren diensttuend; *zdravnik* Bereitschaftsarzt *m*, *(ki ga kličemo na dom)* Notarzt *m*
dialektičen dialektisch
diapozitiv *m* Diapositiv *n*, Dia *n*
dieta *f* Diät *f*; *držati ~o* Diät halten / leben
dih *m* Atem *m*; *(vdihljaj)* Atemzug *m*; *(tanek kot ~, ~ vetra) Hauch m*
dihalni Atem- (*~e težave* Atembeschwerden)
dihanje *n* Atmen *n*; Atmung *f*; *umetno* Beatmung *f*; *težave pri ~ju* Atemnot *f*
dihati atmen; *globoko* durchatmen; *~ v (šipo, očala ipd.)* hauchen (in), etw. anhauchen
dihur *m* Iltis *m*
dijak *m* Schüler *m*
dijakinja *f* Schülerin *f*
diktatura *f* Diktatur *f*
diktirati diktieren
diletant *m* Dilettant *m*, Laie *m*
dim *m* Rauch *m*; *(močan) Qualm m*; *pregnati z ~om* jn ausräuchern
dimnik *m* Rauchfang *m*, Kamin *m*, Schornstein *m*; *tovarniški* Schlot *m*
dimnikar *m* Schornsteinfeger *m*, Rauchfangkehrer *m*

dinamičen dynamisch
dinamo *m* Dynamo *m*, Dynamomaschine *f*
dinastija *f* Geschlecht *n*
diploma *f* Diplom *n*; Staatsexamen *n*
diplomacija *f* Diplomatie *f*
diplomirati das Diplom / das Staatsexamen machen, seinen Doktor machen; *diplomiran* Diplom- (*~ inženir* Diplomingenieur)
dir *m* Trab *m*
direkten direkt, *(vlak)* durchgehend
direndaj *m* Rummel *m*, Tumult *m*
dirjati rennen, spritzen, jagen; *~ za* jm nachrennen, nachlaufen
dirka *f* Rennen *n*
dirkališče *n* Rennplatz *m*; Rennstrecke *f*
dirkalni Renn- (*~ avto* Rennwagen)
dirkati Rennen fahren; *(na cesti)* jagen, rasen
disciplina *f* Disziplin *f*, Zucht *f*
disciplinski Disziplinar- (*~a kazen* Disziplinarstrafe)
dispanzer *m otroški* Mütterberatungsstelle *f*
dispozicija *f* Anlage *f*, Veranlagung *f*
dišati duften, riechen *(več. neprijetno)*; *fig.* schmecken
dišava *f* Wohlgeruch *m*; *(začimba)* Gewürz *n*
dišeč duftend
divergirati *(mnenja)* auseinanderlaufen
divjačina *f* Wild *n*; *mala* Niederwild, *srnjad, jelenjad* Rotwild; *(meso)* Wildbret *n*; *prehod ~e* Wildwechsel *m (tudi kot opozorilo)*
divjak *m* Wilde(r) *m*, Rohling *m*
divjaški unmenschlich, wild
divjati *(od jeze, vročine)* toben; *(bolezen, vihar)* wüten; *(otroci)* wild sein, lärmen
divji wild, rasend; *(zgodbe)* wüst; *(zver)* reißend; *biti ~ na* einen Zorn haben auf
divjina *f* Wildnis *f*
dlaka *f* Haar *n*; *fig. iti zoper ~o* gegen den Strich gehen
dlakav behaart
dlakocepstvo *n* Wortklauberei *f*; Haarspalterei *f*
dlan *f* Handfläche *f*, offene Hand *f*; *(položiti na ~* in die Hand); *za ~ (odpreti)* handbreit; *biti na dlani* auf der Hand liegen
dlesen *f* Zahnfleisch *n*
dleto *n* Meißel *m*, Stemmeisen *n*
dlje *lok.* weiter; *temp.* länger
dnevni Tages-; *~ red* Tagesordnung *(biti na* stehen auf); *~na soba* Wohnzimmer *n*; *adv. dnevno* täglich
dnevnica *f* Diäten *pl*, Tagegelder *pl*
dnevnik *m* Tagebuch *n*; *(časopis)* Tageszeitung *f*
dninar *m* Tagelöhner *m*
dno *n (v posodi)* Boden *m*; *(jezera)* Grund *m*; *(doline)* Sohle *f*; *na dnu* zuunterst; *iti čemu do dna D* auf den Grund gehen; *brez dna* grundlos / bodenlos
do bis *(do Maribora* bis Ma-

ribor); bis an, bis zu (*do stene* bis an die Wand, *do zob* bis an die Zähne); *do ušes* bis über die Ohren; *do nadaljnjega* bis auf Weiteres; *prišlo je do ...* es kam zu ...

doba *f* Zeit *f* (*čakalna* Wartezeit, *deževna* Regenzeit); Zeitalter (*civilizacije ipd.*); *(krajša)* Zeitabschnitt *m*; *ledena* Eiszeit *f*; *kamena* Steinzeit *f*; *delovna* Dienstalter *n*; *življenjska* Lebensdauer *f*

dobava *f* Lieferung *f*; *(blaga)* Zulieferung *f*

dobavitelj *m* Lieferant *m*, Zulieferer *m*

dobaviti, dobavljati liefern; *komu kaj* jn beliefern mit

dobavljiv lieferbar; *(~ do)* zu liefern bis

dobavnica *f* Lieferschein *m*

dober gut (besser, der beste) (*~a stran* gute Seite, *~a milja* gute Meile, *vino, nasvet, vidljivost*); *(po srcu)* herzensgut; *(v redu; pritisk, naloga)* in Ordnung; *je / ni ~ jedec, športnik itd.* ist ein / kein großer Esser usw., *biti ~ (primeren) za* taugen für, *ni za nič* taugt für nichts; *ti si ~ (na dobrem)* du bist gut daran; *biti ~ proti* helfen gegen; *dobro deti* gut tun *(počitek itd.); dober dan / večer* Guten Tag / Abend; *~ tek* Mahlzeit! *dobro znan* wohlbekannt; *šteti v dobro* hoch anrechnen, *(denar)* gutschreiben; *biti v dobro* zugute kommen

dobesedno (wort)wörtlich, buchstäblich

dobiček *m* Gewinn *m*, *fig.* Nutzen *m*; *imeti ~ od* Gewinn haben von, *fig.* Nutzen ziehen aus

dobičkar *vojni ~* Kriegsgewinnler *m*

dobičkonosen einträglich

dobit *f (agr., rudarsko)* Ausbeute *f*

dobitek *m* Gewinn *m*; *glavni* das große Los *(a. fig.)*

dobiti bekommen, *F* kriegen; *(paket, popust, odgovor) erhalten; (batine)* einstecken; *~ se z* sich treffen mit; *~ koga (doma) jn antreffen; dobiti nazaj* zurückbekommen, wiederbekommen; *~ nazaj (drobiž)* herausbekommen; *(dober okus, visoko ceno itd.) werden; (bolezen, opekline)* sich zuziehen

dobitnik *m* Gewinner *m*

dobrikati *se D* jm schmeicheln, jm schöntun

dobrina *f* Gut *n*, Güter *pl*

dobrodejen wohltuend

dobrodelen mildtätig, *(dar)* mild

dobrodošel willkommen

dobrodošlica *f izreči komu ~o* jn willkommen heißen, empfangen, begrüßen

dobrodušen gutmütig, gemütlich

dobrohoten wohlwollend

dobrosrčen herzensgut, gütig

dobrota *f* Güte *f*; *pl (posladek)* Leckerbissen *m / pl*

dobrotnik *m* Wohltäter *m*

dobršen beträchtlich, nicht unbedeutend, ziemlich groß
dočakati *(starost)* erleben; erreichen
dodatek *m v knjigi* Anhang *m*, Nachtrag *m*; *(~i pri pripravi hrane)* Zutaten *pl*; *(otroški)* Zulage *f*; *(finančni) Zuschuß m*; *(povrhu)* Zugabe *f*
dodaten Zusatz-, zusätzlich; *~o (pozneje)* nachträglich
dodati dazugeben, *(dati kot dodatek)* zugeben; *(primešati)* zusetzen; *(priložiti)* beilegen, beifügen, beigeben; *(denar)* zulegen
dodelati ausarbeiten
dodelitev *f* Zuweisung *f*, Zuteilung *f*
dodeliti zuteilen, zuweisen
doga *f* Dogge *f*
dogajanje *n* Vorgang *m*; *(v romanu) Handlung f*
dogajati *se* vor sich gehen, *(manj pomembne stvari)* sich abspielen; *(igra)* spielen; vorkommen *(dogaja se, da* es kommt vor ...; *napake itd.)*
dogleden absehbar
dogma *f* Lehrsatz *m*
dogajanje *n* Feststellung *f*
dognati feststellen; *(resnico, želje itd.)* ergründen; *(krivdo, identiteto)* ermitteln
dogodek *m* Ereignis *n*; *(presenetljiv)* Vorfall *m*, *(mučen)* Zwischenfall *m*
dogoditi *se* geschehen, sich ereignen
dogodivščina *f* Abenteuer *n*
dogoreti *(ogenj)* abbrennen, *(sveča)* ausbrennen
dogovarjanje *n* Absprache *f*; Vereinbarung *f*; *(posvetovanje)* Besprechung *f*
dogovor *m* Abmachung *f*, Absprache *f*; Vereinbarung *f*; *v ~u z* im Einvernehmen mit; *~ za sestanek* Verabredung *f*
dogovoriti *se* abmachen *A*, ausmachen *A*, besprechen; *(ustanove)* vereinbaren *A*
dohajati mitkommen, Schritt halten mit
dohiteti *(koga)* einholen; *(zamujeno)* nachholen; *(z avtom)* aufholen
dohod *m* Zugang *m*
dohodek *m* Einkommen *n*; Einkünfte *pl*; *(podjetja)* Einnahme *f*
dojemati begreifen, *(s čuti)* erfassen
dojenček *m* Säugling *m*
dojenje *n* Stillen *n*
dojilja *f* Amme *f*
dojiti stillen, die Brust geben
dojka *f* Brust *f*
dok *m* Dock *n*
dokaj ziemlich; genug *(dokaj nerad* widerwillig genug)
dokajšen beachtlich, beträchtlich
dokaz *m* Beweis *m*, *(česa)* Nachweis *G krivde* Überführung *f*
dokazan erwiesen; *kot je ~o* erwiesenermaßen
dokazati beweisen, *fig.* bezeugen; *(kaj)* nachweisen, *komu (zločin)* jn überführen
dokazilo *f* Nachweis *m*, Beleg *m*
dokazovati folgern, zu beweisen suchen / versuchen;

Belege vorlegen, Beweise erbringen für
doklada *f* Zulage *f*; *otroška* Kindergeld *n*
doklej bis wann, wie lange
dokler solange; *cj.* ~ *ne* bis *nezanikano:* ~ *ne pride* bis er kommt)
dokolenka *f* Kniestrumpf *m*
dokončati zu Ende führen, vollenden, beenden
dokončen endgültig
dokopati *se fig.* sich durchringen zu
doktor *m* Doktor *m*; *(zdravnik)* Arzt *m*
doktorirati doktorieren, seinen Doktor machen
dokument *m* Urkunde *f*; *(v kaki zadevi)* Unterlagen *pl*; *(osebni) Papiere pl*
dol 1. hinunter, herunter; 2. ~ *z!* nieder mit ...! *spustiti* ~ niederlassen, *potisniti* ~ niederdrücken; 3. ab; *gor in* ~ auf und ab, *vzeti* ~ abnehmen; *gl.* **navzdol**
doleteti *(smrt)* ereilen; erleiden *(doletela ga je izguba, nesreča* er erlitt ...)
dolg *m* Schuld *f*
dolg lang, *(zelo)* ellenlang; *na ~o in široko* lang und breit; *~o v noč* bis in die späte Nacht; *po ~em* der Länge nach; *~o je že* es ist schon lange her
dolgčas *m* Langweile *f*
dolgočasen langweilig, *(knjiga)* geistlos
dolgočasiti *v/t koga* jn anöden; ~ *se* sich langweilen
dolgočasnež *m* Langweiler *m*
dolgoleten langjährig
dolgoprogaš *m* Langstrekkenläufer
dolgoročen langfristig; *~o* auf lange Sicht
dolgost *f* Länge *f*
dolgotrajen langwierig
dolgovati schulden; *(hvaležnost za)* jm etw. verdanken
dolgovezen langatmig, umständlich
dolina *f* Tal *n*; *solzna* Jammertal *n*
doliti nachfüllen; *(v steklenico)* auffüllen
dolnji (der) untere
določba *f* Bestimmung *f*
določen bestimmt; *(s predpisi itd.)* festgelegt
določitev *f* Bestimmung *f*
določiti bestimmen; *(predpisati)* festlegen; *(vrednost)* festsetzen, Wert ansetzen; ~ *(razpravo) za dan* anberaumen
dolžan *(zadolžen)* verschuldet; *(ostati)* schuldig; *(~o spoštovanje)* geziemend; *biti ~ (kaj storiti)* verpflichtet sein zu
dolžina *f* Länge *f*, *valovna* Wellenlänge *f*
dolžinski Längen- (*~a mera* Längenmaß)
dolžiti jm etw. zur Last legen; *(za nesrečo)* jm die Schuld geben für; *(zločina)* bezichtigen
dolžnik *m* Schuldner *m*
dolžnost *f* Pflicht *f*; *(prevzeta)* Verpflichtung *f*; ~ *prijave zločina itd.* Anzeigepflicht; ~ *preživljanja* Un-

terhaltspflicht; *po službeni ~i* von Amts wegen; *narediti svojo ~* das Seinige tun, *ne narediti ~i* seine Pflicht versäumen

dolžnostni Pflicht- (*~i izvod* Pflichtexemplar)

dom *m* Heim *n*; *(parlamenta)* Haus *n*; *~ počitka* Altersheim *n*; *~ za nego ...* Pflegeheim *n*

doma zuhause; *(v kraju)* ansässig; *biti ~ iz kraja, družine* kommen aus; *~ v snovi* bewandert in

domač *(nega, razmere, praznik)* Familien-, in der Familie; *(vino, piškoti)* selbstgemacht; *~a hrana* Hausmannskost; *(za ~e potrebe, ~a vzreja)* eigen, Eigen- (Eigenbedarf); *(obrt)* Heim- ; *(živali, zabava* Haus- (Haustiere); *~i kraj* Geburtsort, *~a hiša* Geburtshaus *n*, Heim *n*; *postati ~* heimisch werden; *(prebivalstvo)* einheimisch, eingesessen; *~i* Familienangehörigen *pl*, Angehörigen

domačin *m* Eingeborene(r) *m*, *~i* Hiesigen, Einwohner *pl*; *tu je ~* er ist von hier, hier zuhause

domala nahezu

domenek *m* Verabredung *f*

domeniti *se kaj* etw. absprechen, ausmachen, besprechen, vereinbaren; *v/t* einig werden

domenjen ausgemacht, *pej* abgekartet; einig

domet *m* Reichweite *f*, Tragweite *f*

domislek *m* Einfall *m*; Eingebung *f*

domisliti *se* sich entsinnen, auf etw. kommen; *domislim se česa* etw. fällt mir ein

domišljati *si A A* einbilden; *~, da* wähnen

domišljav eingebildet, eitel

domišljija *f* Einbildung *f*

domneva *f* Vermutung *f*, Annahme *f*

domnevati *~, da* vermuten; *~ kaj* annehmen *A*

domneven vermutlich, vermeintlich

domorodec *m* Eingeborene(r) *m*

domotožje *n* Heimweh *n*

domov nach Hause, *(proti domu)* heimwärts

domovina *f* Heimat *f*, Vaterland *n*; *druga* Wahlheimat *f*

donašati einbringen; *(komu kaj)* zutragen

doneti hallen, schallen;

donos *m* Ertrag *m*

donosen einträglich

dopis *m* Schreiben *n*, Zuschrift *f*

dopisnica *f* Postkarte *f*

dopisnik *m* Berichterstatter *m*

dopisovati *si s kom* mit jm im Briefwechsel stehen

doplačilo *n* Aufgeld *n*

dopoldan *m* Vormittag *m*

dopoldne *danes ~* heute vormittag; *(običajno ~)* vormittags

dopolnilni *atrib.* Ergänzungs-; *~ pouk* Förderunterricht *m*

dopolnilo *n*, **dopolnitev** *f* Ergänzung *f*
dopolniti ergänzen; vervollständigen
dopovedati, dopovedovati *komu kaj* einreden; *(razložiti)* klarmachen: *dati si* ~ sich belehren lassen, sich etw. sagen lassen
doprinesti beitragen
doprsje *n* Büste *f*
dopust *m* Urlaub *m*; *dati* ~ *komu* jn beurlauben; *iti na* ~ in den Urlaub / die Ferien fahren
dopusten zulässig, statthaft
dopustiti etw. geschehen lassen; zulassen, *(prenašati)* dulden
dopustnik *m* Urlauber *m*
dorasel *(otroci)* erwachsen; *čemu* gewachsen *D*
doseči *(kaj z roko)* erreichen; *fig. (cilj, naslov)* erlangen; *(pri oblasti)* erwirken; *(opraviti)* ausrichten, erreichen
dosedanji bisherig
doseg *m* Reichweite *f*; *(strelov)* Tragweite *f*
dosegati *gl.* **doseči**
dosegljiv erreichbar, *(finančno)* erschwinglich; *(ki ga je mogoče dobiti)* erhältlich
doseliti *se* zuwandern; *(v deželo)* einwandern
doseljenec *m* Einwanderer *m*, Zuwanderer *m*
dosežek *m* Leistung *f*; Errungenschaft *f*, *vrhunski* Spitzenleistung *f*
dosleden konsequent
doslej bisher, bislang
dosmrten lebenslänglich
dospel *(pošta)* eingegangen
dospeti kommen; *(pošta)* eintreffen; eingehen; ~ *do* etw. erreichen
dostava *f* Zustellung *f*, *(pisma)* Bestellung *f*
dostaviti, dostavljati zustellen; liefern
dostavnica *f* Zustellschein *m*, Lieferschein *m*
dosti *G* genug *A*; viel, viele, *fig. (preveč)* allerhand; *imam* ~ es langt mir, *F* ich habe die Nase voll
dostikrat oft, öfters, öfter
dostojanstven würdevoll; *(korak) gemessen*
dostojanstvenik *m* Würdenträger *m*
dostojanstvo *n* Würde *f*
dostojen anständig; *biti* ~ sich anständig benehmen
dostop *m* Zugang *m*, Zutritt *m*; *imeti* ~ *do* Zugang haben zu
dostopen zugänglich; *(za argumente)* aufgeschlossen; *(zemljišče, urbanistično)* erschlossen
dosuti auffüllen *A*
dota *f* Mitgift *f*
dotacija *f* Zuwendung *f*
dotakniti *se česa* etw. berühren, anrühren; tippen an; *(oplaziti)* streifen
dotik *m* Berührung *f*
dotlej bis damals, solange
dotok *m* Zufluß *m*
dotolči fertigmachen *A*
doumeti begreifen, erfassen, *(več. zanikano)* ergründen
dovajati zuführen *A*
dovažanje *n* Anfahrt *f*; Zufuhr *f*; Zustellung *f*

dovod *m* Zuleitung *f*
dovolilnica *f (obmejna)* Passierschein *m*; *(lovska)* Jagdschein *m*
dovoliti erlauben, *(uradno)* genehmigen; *~ si (nesramnosti ipd. od koga)* sich gefallen lassen, sich bieten lassen, *(od koga)* sich herausnehmen; *ne dovoliti si G* sich verwahren gegen
dovolj *G* genug *A*; *(premešati)* genügend; reichlich; *~ je* es reicht
dovoljenje *n* Erlaubnis *f*; *za bivanje* Aufenthaltsgenehmigung *f*; *vozniško* Führerschein *m*, *prometno* Zulassung *f*
dovoz *m* Zufahrt *f*, Auffahrt *f*; *(blaga)* Anfahrt *f*
dovršen vollendet *(tudi dokončan)*; tadellos, meisterhaft
dovršiti vollenden; *(šolo)* beenden; *(nalogo)* ausführen
dovtip *m* Witz *m*
dovzeten *(duševno)* aufnahmefähig, empfänglich; *(za bolezni, mraz)* empfindlich
doza *f* Büchse *f*; *(zdravila itd.)* Dosis *f*
dozdevati *se* scheinen *(dozdeva se, da je bolan* er scheint krank zu sein)
dozdeven vermeintlich
dozorel reif, ausgereift
dozoreti reif werden, reifen; *je dozorel* ist reif
doživeti erleben, *(neuspeh, polom)* erleiden; *(umetnino, pesem)* nachempfinden; *~ čuda* sein blaues Wunder erleben; *~ dobro oceno, dosti izdaj ipd. izrazimo s pasivom*
doživetje *n*, **doživljaj** *m* Erlebnis *n*
dračje *n* Reisig *n*
drag teuer, kostspielig, *F* gepfeffert; *dragi* lieber, werter; *~o stati* teuer zu stehen kommen; *~ kamen* Edelstein *m*
draginja *f* Teuerung *f*
dragocen kostbar; *(nasvet)* wertvoll
dragocenost *f* Kostbarkeit *f*; *(predmet)* Kleinod *n*, Juwel *n*
drama *f* Schauspiel *n*; *(gledališče)* Theater *n*; Schauspielhaus *n*
dramatičen dramatisch
dramiti wecken, *se* aufwachen
dražba *f* Versteigerung *f*
dražilo *n* Reizmittel *n*; Aufputschmittel *n*
dražiti reizen; aufziehen, hänseln, necken
dražiti die Preise in die Höhe treiben
dražljaj *m* Anreiz *m*, Reiz *m*
drčati rutschen; *(hitro se premikati)* jagen
drdrati rattern; *(tiše)* surren
dregniti *koga* schubsen; *(v osir itd.* ins Wespennest) stechen
drek *m V* Dreck *m*, Scheiße *f*
dremati dösen, schlummern
dresirati *(živali)* abrichten
dreti *se* schreien, plärren; *(kožo)* abziehen
drevesnica *f* Baumschule *f*
drevi heute abend
drevje *n* Bäume *pl*

drevo *n* Baum *m*; *sadno* Obstbaum *m*
drevored *m* Allee *f*
drgetati zittern (*od* vor); *(srce)* flattern
drgniti reiben; *(zelo močno)* scheuern, schrubben
drhal *f* Pöbel *m*; *(skupina)* Bande *f*
drhteč zittrig, zitternd
drhteti beben, zittern (*od / zaradi* vor)
driska *f* Durchfall *m*
drn *čez ~ in strn* über Stock und Stein
drob *m* Gedärm *n*, Eingeweide *pl*
drobec *m* Teil *m*; Bruchstück *n*, Splitter *m*
droben klein, winzig; *(postava)* zierlich; *(knjiga)* dünn; *(pesek)* fein
drobiti *(pri hoji)* trippeln; *(se)* bröckeln *(v ostre kose)* splittern
drobiž *m* Kleingeld *n*
drobnica *f* Kleinvieh *n*
drobnjak *m* Schnittlauch *m*
drobnarija *f* Kleinigkeit *f*; Krimskrams *m*
drobovina *f* Innereien *pl*; *odstraniti ~o* ausnehmen (das Tier)
drobovje *n* Eingeweide *pl*, Gedärm *n*
drobtina *f* Krümel *m*; *~e* Brösel *pl*, Paniermehl *n*
drog *m* Mast *m*; Stange *f*; *(telovadni)* Reck *n*
droga *f* Heilkraut *n*; *(mamilo)* Rauschgift *n*
drogerija *f* Drogerie *f*
drozg *m* Drossel *f*
drsalec *m* Eisläufer *m*
drsališče *n* Eisbahn *f*; *umetno* Kunsteisbahn *f*
drsalka *f* Schlittschuh *m*; *(ženska)* Eisläuferin *f*
drsanje *n* Schlittschuhlaufen *n*; Eislaufen *n*
drsati *se* eislaufen; rutschen
drsenje *n* Gleiten *n*, Rutschen *n*
drseti gleiten, rutschen; *(avto)* schlittern, schleudern
drstiti *se* laichen
drug *m* Kamerad *m*
drug *pron.* ein anderer, der andere; *kaj ~ega* etwas anderes; *drug drugega* einander (*~ z ~im* miteinander, *~ o ~em* voneinander, *~ pri ~em* beieinander, *~ proti ~emu* gegeneinander, *~ za ~im* hintereinander, aufeinander)
drugače *(sicer)* sonst; *(delati, misliti)* anders
drugačen anders (*je* ist / liegt); andersartig, *(mnenje)* abweichend; *biti čisto ~* anders geartet sein, aus der Reihe tanzen
drugam woanders hin
drugi der zweite, *~ sin, hči* der zweitälteste; *~a stran* die Kehrseite *f*; *~o leto* nächstes Jahr
drugič zum zweiten Mal; *(enkrat ~)* ein anderes Mal
drugje anderswo, woanders
drugorazreden zweitklassig
druščina *f* Gesellschaft *f*
društvo *n* Verein *m* (*za varstvo živali* Tierschutzverein); Verband *m (politologov itd.)*; *~ narodov* Völkerbund *m*

družaben gesellig
družabnik *m* Teilhaber *m*
družba *f* Gesellschaft *f*; *(posameznika)* Umgang *m* (*delati* Gesellschaft leisten)
družbeni gesellschaftlich; Gesellschafts- (~ *red* Gesellschaftsordnung)
družboslovje *n* Sozialwissenschaft *f*
družina *f* Familie *f*; *(gledališka* ~ Truppe *f*; *ožja* ~ Kernfamilie *f*
družinski *atrib.* Familien- (~ *člani* Familienmitglieder); ~ *stan* Personenstand *m*
družiti verbinden; ~ *se z* verkehren mit, Umgang haben mit
drva *pl* Brennholz *n*
drvar *m* Holzfäller *m*
drvarnica *f* Holzlege *f*, Kohlenkeller *m*
drveti jagen, sausen; ~ *za* hinter *D* herjagen; *proti* auf etw. zuschießen
drzen kühn; waghalsig; wagemutig; *(odgovarjati, lagati)* unverfroren; *(drža, vedenje)* keck, keß
drzniti *se A* wagen; *(posebno v prepovedih)* sich unterstehen
drznost *f* Kühnheit *f*
drža *f* Haltung *f*
držaj *m* Schaft *m*, Griff *m*
držalo *n* Halter *m*, Griff *m*
držati halten; *(posoda)* fassen; *(zadrževati v)* festhalten; *(biti točen)* zutreffen; ~ *se za (roč, mizo itd.)* sich anhalten (an); ~ *se (biti prilepljen na)* haften (an); ~ *se (predpisov, smeri) A* einhalten, *(navodil, ukazov)* befolgen; ~ *s kom* stehen zu; ~ *roko pred usta* die Hand vorhalten; ~ *skupaj* zusammenhalten; *F* ~ *se* den Beleidigten spielen
država *f* Staat *m*
državen staatlich, Staats- (~ *udar* Staatsstreich); *(tovarne itd.)* staatseigen
državljan *m* Staatsbürger *m*
državljanski bürgerlich, Bürger- (~*a vojna* Bürgerkrieg *m*); ~*e pravice* bürgerliche Rechte
državljanstvo *n* Staatsangehörigkeit *f*; *brez* ~*a* staatenlos; *dati* / *vzeti D A* ~ einbürgern / ausbürgern
državnik *m* Staatsmann *m*
ducat *m* Dutzend *n*; *na* ~*e* dutzendweise
dudka *f* Schnuller *m*, Sauger *m*
duh *m (vonj)* Geruch *m*, *(prijeten)* Duft *m*; *brez* ~*a* geruchlos
duh *m*, 1. Geist *m*; *duhovi (so se pomirili ipd.)* Gemüter *pl*; *brez* ~*a* witzlos, platt; 2. Geist *m*, Gespenst *n*, Spuk *m*
duhati riechen *A*; *(vohati)* schnuppern (*A* an); *(žival)* wittern
duhoven geistig; geistlich
duhovit geistreich
duhovnik *m* Geistliche(r) *m*, Priester *m*
duhovniški geistlich
duša *f* Seele *f*, *(kramarska ipd.)* Gemüt *n*, *do dna* ~*e* zutiefst; *z* ~*o in s telesom*

mit Leib und Seele; *pihati na ~o* ins Gewissen reden; *nobene žive ~e* keine Seele

dušeč drückend, *(zrak)* stickig

dušek *na ~* in einem Zug; *dati si ~a* sich / seinem Herzen Luft machen

duševen geistig, geistes- *(~o bolan* geisteskrank); seelisch

dušik *m* Stickstoff *m*; *vsebujoč ~* stickstoffhaltig

dušiti *(hrano)* dünsten, schmoren; *duši ga* er ringt nach Atem, er bekommt keinen Atem

dva zwei; *oba ~* beide, alle beide; *~ sva* wir sind zu zweit; *dveh vrst* zweierlei; *ob dveh* um zwei Uhr

dvajset zwanzig

dvajsetak *m* Zwanziger *m*

dvajsetinka *f* Zwanzigstel *n*

dvakrat zweimal

dvakraten zweifach

dvanajst zwölf

dvanajsteren zwölffach

dvanajsti (der) zwölfte

dvanajstkrat zwölfmal

dvanajstleten zwölfjährig

dvanajstnik *m* Zwölffingerdarm *m*

dvigalo *n* Aufzug *m*, Fahrstuhl *m*; *tovorno* Warenaufzug *m*; *avtomobilsko* Wagenheber

dvigati *gl.* **dvigniti**; *~ se nad* etw. überragen

dvigniti heben, *(s tal)* aufheben; *(slušalko)* abheben; *(prah)* aufwirbeln, *(sidro)* den Anker lichten; *(zastavo)* hissen; *(uteži itd.)* stemmen; *(zvišati)* erhöhen; *~ se* sich erheben; *(letalo, zmaj, dim)* steigen, *(zemljišče)* ansteigen

dvoboj *m* Zweikampf *m*

dvoglasnik *m* Diphthong *m*

dvogovor *m* Zwiegespräch *n*

dvojček *m* Zwilling *m*, *(brat)* Zwillingsbruder *m*

dvoje *(ljudi)* zwei; *v ~* zu zweit

dvojen doppelt; zweifach; *(dveh vrst)* zweierlei

dvojezičen zweisprachig

dvojnik *m* Doppelgänger *m*; *(spisa)* Duplikat *n*, Durchschlag *m*

dvokolnica *f* Karre *f*

dvoleten zweijährig

dvoličen doppelzüngig

dvom *m* Zweifel *m*; *(biti) izven ~a* außer Frage (stehen); *brez ~a* zweifellos, selbstverständlich

dvomiti zweifeln, im Zweifel sein über; *~ o* etw. in Frage stellen, etw. anzweifeln, bezweifeln

dvomljiv zweifelhaft; fragwürdig, fraglich; bedenklich

dvopičje *n* Doppelpunkt *m*

dvoposteljni *~a soba* Zweibettzimmer *n*

dvor *m* Hof *m*

dvorana *f* Saal *m*; *(tovarniška)* Halle *f*

dvorec *m* Schloß *n*

dvorezen zweischneidig

dvorišče *n* Hof *m*

dvoriti den Hof machen, werben um

dvorni höfisch, Hof- *(~i norec* Hofnarr)

dvosedežen ~*i avto* Zweisitzer *m*
dvospolnik *m* Zwitter *m*
dvostranski zweiseitig, beiderseitig
dvotiren zweispurig
dvoumen zweideutig, doppelsinnig; *(pripomba)* anzüglich
dvozložen zweisilbig
dvoženstvo *n* Bigamie *f*
dvoživka *f* Amphibie *f*

E

eden einer; ~ *drugega gl.* **drug**
edin einzig
edinec *m* Einzelkind *n*; einziger Sohn *m*
edino nur; allein
edinstven einzigartig, einmalig
ednina *f* Einzahl *f*
ekonomičen sparsam im Gebrauch
ekonomija *f* Ökonomie *f*
ekonomist *m* Volkswirt *m*; Diplomkaufmann *m*; Wirtschaftswissenschaftler *m*
ekonomski ökonomisch
ekran *m* Bildschirm *m*
ekskurzija *f* Studienreise *f*
eksotičen exotisch
ekspedit *m* Versand *m*
eksperimentirati experimentieren
ekspert *m* Fachmann *m*; Sachverständige(r) *m*
ekspertiza *f* Expertise *f*, Gutachten *n*
eksplodirati explodieren
eksplozija *f* Explosion *f*
eksploziv *m* Sprengstoff *m*
eksport *m* Ausfuhr *f*
elastičen elastisch *(hoja itd.)* federnd
elastika *f* Gummiband *n*
eleganten elegant, schick
elektrarna *f* Kraftwerk *n*
električen elektrisch; Elektro- (~ *štedilnik*) Elektroherd)
elektrika *f* Strom *m*; Elektrizität *f*
Element *m* Element *n*
elementaren elementar
emajl *m* Emaille *f*, *(zobni)* Schmelz *m*
embalaža *f* Verpackung *f*
embalirati verpacken
en, ena, en *atr.* ein, eine, ein, *samostalniško* einer, eine, eines
ena eins, *ura je* ~ es ist ein Uhr
enačba *f* Gleichung *f*
enačiti *z* gleichsetzen *D*, gleichstellen *D*
enajst elf
enajsti (der) elfte
enajstica *f* Elf *f*
enajstič zum elften Mal, *(v naštevanju)* elftens
enak gleich; ebenbürtig; *biti D* ~ gleichen *D*, gleichkommen *D*
enako gleich
enakokrak gleichschenkelig
enakomeren gleichmäßig
enakonočje *n* Tagundnachtgleiche *f*
enakopraven gleichberechtigt, *(enak)* ebenbürtig
enakopravnost *f* Gleichberechtigung *f*
enakost *f* Gleichheit *f*
enakovreden gleichwertig, entsprechend
endivija *f* Endivie *f*

energičen energisch, tatkräftig; *(postopanje)* forsch
energija *f* Energie *f*
enkrat einmal; ~ *na teden* / *dan* einmal wöchentlich, täglich; *še* ~ noch einmal, nochmals, abermals; *še* ~ *tolikšen* noch einmal so (groß); *še* ~ *večji* doppelt so (groß); ~ *za vselej* ein für allemal
enkraten einmalig
enobarven einfarbig, uni
enodejanka *f* Einakter *m*
enodneven eintägig
enodušen einmütig
enoglasen einstimmig
enojen einfach
enojka *f* Eins *f*; *(ocena)* Fünf *f*
enleten einjährig
enoličen eintönig, einförmig
enolončnica *f* Eintopfgericht *n*, Eintopf *m*
enonadstropen einstöckig
enook einäugig
enoposteljni *~a soba* Einzelzimmer *n*
enosmeren *~a ulica* Einbahn *f*, *tok* Gleichstrom *m*
enosoben *~o stanovanje* Einzimmerwohnung *f*
enostaven einfach, schlicht; *~o* einfach, kurzerhand
enostranski einseitig
enota *f* Einheit *f*; *merska* Maßeinheit *f*; *vojaške ~e* Verbände *pl*
enotedenski achttägig
enoten einheitlich; einig
enotnost *f* Einheit *f*, Einheitlichkeit *f*
enoznačen eindeutig
epidemija *f* Epidemie *f*, Seuche *f*
epilog *m* Nachspiel *n*, Nachwort *n*
epohalen *(odkritje)* bahnbrechend
era *f* Zeitalter *n*
erozija *f* Erosion *f*
estetika *f* Ästhetik *f*
etika *f* Ethik *f*
etiketa *f* Etikette *f*; *(nalepka)* Etikett *n*
etimologija *f* Etymologie *f*
etnologija *f* Ethnologie *f*, Völkerkunde *f*
etui *m* Etui *n*
evangelij *m* Evangelium *n*
eventualno eventuell
evidenca *f* Evidenz *f*
evolucija *f* Evolution *f*
evropski europäisch

F

fakulteta *f* Fakultät *f*
falot *m* Halunke *m*
falsifikat *m* Fälschung *f*
fanatičen fanatisch
fant Junge *m*, Kerl *m*, *F* Bengel *m*; *(dekletov)* Freund *m*
fantazija *f* Phantasie *f*
fantovščina *f* Polterabend *m*
fara *f* Pfarre *f*
farmacija *f* Pharmazie *f*
fasada *f* Fassade *f*, Front *f*
fašist *m* Faschist *m*
fašizem *m* Faschismus *m*
favna *f* Fauna *f*
faza *f* Phase *f*
februar *m* Februar *m*
federacija *f* Föderation *f*, Bund *m*
federativen föderativ
fenomen *m* Phänomen *n*
festival *m* Festspiele *pl*
fevd *m* Lehen *n*
fevdalizem *m* Feudalismus *m*
figa *f* Feige *f*, *(pričeska)* Dutt *m*, Knoten *m*; *konjska* Pferdeapfel *m*; *držati ~e* die Daumen halten; *fig. za vsako figo* wegen jeder Kleinigkeit
figura *f* Figur *f*; *(šahovska itd.)* Stein *m*
fiktiven fiktiv, erdichtet
filatelija *f* Philatelie *f*
filharmonija *f* Philharmonie *f*
filiala *f* Zweigstelle *f*
filister *m* Spießer *m*, Spießbürger *m*
film *m* Film *m*; *zvočni* Tonfilm *m*; *nemi* Stummfilm *m*; *risani* Trickfilm *m*
filmati *A* verfilmen *A*
filmski Film-; *~ pregled* Wochenschau *f*; *~o platno* Leinwand *f*
filolog *m* Philologe *m*
filologija *f* Philologie *f*
filozof *m* Philosoph *m*
filozofija *f* Philosophie *f*
filter *m* Filter *m*
fin fein, *(človek)* vornehm
finale *n* Finale *n*, *(šport) Endkampf m*
financirati finanzieren
firnež *m* Firnis *m*
fizičen physisch
fizik *m* Physiker *m*
fizika *f* Physik *f*; *jedrska* Kernphysik *f*
fiziologija *f* Physiologie *f*
fizkultura *f* Leibesübungen *pl*, körperliche Ertüchtigung *f*; Sport *m*
fižol *m* Bohne *f*; *stročji* grüne Bohnen, Bohnenschoten *pl*
flavta *f* Flöte *f*
flegmatičen phlegmatisch
flirt *m* Liebelei *f*
flirtati tändeln, *(z mislijo)* liebäugeln mit
fond *m* Fonds *m*
fonetika *f* Phonetik *f*
forma *f* Form *f*; *F biti v ~i* auf dem Damm sein
formalen formell, förmlich
formula *f* Formel *f*

formulirati abfassen, verfassen, formulieren
fotografija *f* Fotografie *f*; *(slika)* Schnappschuß *m*
fotografirati fotografieren, *F* knipsen
frača *f* Schleuder *f*
fragment *n* Bruchstück *n*
frak *m* Frack *m*
fraza *f* Phrase *f*
frčati fliegen
freska *f* Wandbild *n*, Fresko *n*
frfotati flattern
frfrav flatterhaft
frizer *m* Friseur *m*
frizura *f* Frisur *f*, Haarschnitt *m*
frklja *f* Gör *n*, Göre *f*
frkolin *m* Bengel *m*
frnikola *f* Murmel *f*
fronta *f* Front *f*; *iti na ~o* ins Feld rücken
frotir *m* Frottee *n*, Frottierstoff *m*
fuga *f* Fuge *f*
funkcija *f* Funktion *f*, *(družbena, politična) Amt n*
funkcionar *m* Funktionär *m*
funt *m* Pfund *n*
furnir *m* Furnier *n*

G

gabiti *se komu* jn anwidern, jn anekeln
gad *m* Viper *f*, Natter *f*
gaganje *n* Geschnatter *n*
gagati *(gosi)* schnattern, *(race)* quaken
gajba *f* Lattenkiste *f* Steige *f*
galeb *m* Möwe *f*
galerija *f* Galerie *f*
galopirati galoppieren, sprengen
galoša *f* Überschuh *m*
galun *m* Alaun *m*
ganiti rühren (*se* sich); *ne ~ se od* nicht weichen von; *ganjen* bewegt
ganjenost *f* Bewegung *f*
ganljiv rührend, *pej.* rührselig
garancija *f* Garantie *f*
garanje *n* Plackerei *f*, Schinderei *f*
garati schuften, sich schinden mit, sich abschinden mit, sich abrackern
garaža *f* Garage *f*; *dati v ~o* einstellen
garderoba *f* Garderobe *f*; *(prostor)* Umkleideraum *m*
garjav räudig
garje *pl* Krätze *f*, Grind *m*
garnitura *f* Garnitur *f*; *(posod, ipd.)* Satz *m*
garsonjera *f* Kleinstwohnung *f*, Junggesellenwohnung *f*
gasilec *m* Feuerwehrmann *m*; *~i pl* Feuerwehr *f*
gasiti löschen; *(žejo)* stillen
gaza *f* Gaze *f*, Mull *m*
gaziti *po snegu* durch den Schnee stampfen
generacija *f* Generation *f*, Geschlecht *n*
generacijski generationsmäßig; Generations-
general *m* General *m*
generalka *f* Generalprobe *f*
generalni General- *(~ konzul* Generalkonsul)
genij *m* Genie *n [ženi]*
geodet *m* Landvermesser *m*
geodezija *f* Geodäsie *f*
geograf *m* Geograph *m*
geografija *f* Geographie *f*
geolog *m* Geologe *m*
geologija *f* Geologie *f*
geometrija *f* Geometrie *f*
geslo *n* Kennwort *n*; Losung *f*; *(v slovarju) Stichwort n*
gesta *f* Geste *f*; Gebärde *f*
gib *m* Bewegung *f*; *z enim ~om* mit einem Handgriff
gibanje *n* Bewegung *f*; *odporniško* Widerstandsbewegung *f*
gibati *se* sich bewegen; *(premikati se)* sich fortbewegen; *(v družbi)* verkehren
gibčen beweglich; gelenkig, geschmeidig
gibljiv beweglich
gimnazija *f* Gymnasium *n*
ginekolog *m* Frauenarzt *m*
ginjen gerührt
ginjenost *f* Rührung *f*

ginljiv rührend, *pej.* rührselig
gizdalin *m* Geck *m*, Stutzer *m*
glad *gl.* **lakota**
gladek glatt, *(enostaven)* einfach; *~o (brati, govoriti)* fließend, *(potekati)* reibungslos
gladina *f* Wasserspiegel *m*; Wasseroberfläche *f*; Oberfläche *f*
gladiti glätten; *(gube)* Falten herausstreichen
gladovati hungern
gladovni Hunger- (*~a stavka* Hungerstreik)
glagol *m* Zeitwort *n*
glas *m* 1. Laut *m* (*niti ~u* keinen Laut); 2. *(človekov)* Stimme *f*; *imeti močan ~* gut bei Stimme sein, *na ves glas* aus vollem Halse; 3. *(dober, slab)* Ruf *m*; *priti / spraviti na glas / slab glas* in den Ruf / in Verruf kommen / bringen; *biti na ~u* im Ruf stehen
glasba *f* Musik *f*; *komorna* Kammermusik *f*
glasbeni *atrib.* Musik-; *~a skrinjica* Spieldose *f*
glasbenik *m* Musiker *m*
glasbilo *n* Instrument *n*, Musikinstrument *n*
glasen laut; *(smeh)* schallend; *biti ~* lärmen
glasilka *f* Stimmband *n*
glasilo *n (stranke)* Organ *n*
glasiti *se* lauten
glasovanje *n* Abstimmung *f* (*o* über)
glasovati abstimmen (*o* über); *ki ima pravico ~* stimmberechtigt
glasovnica *f* Stimmzettel *m*
glava *f* Kopf *m*; *(živine)* Stück *n*; *(filma)* Vorspann *n*; *(pasti) na ~o* kopfüber (fallen); *postaviti na ~o* auf den Kopf stellen, umkehren, umstoßen, *(pri iskanju)* das Oberste zu Unterst kehren; *izbiti si / komu iz glave* sich etw. aus dem Kopf schlagen, jm. etw. austreiben; *beliti si ~o zaradi* sich den Kopf zerbrechen über; *zaletavati se z ~o ob zid* mit dem Kopf gegen die Wand rennen; *gre za ~o* es geht um Kopf und Kragen; *bistra ~* ein heller Kopf; *dobre ~e* gelehrig
glavica *f (bucike ipd.)* Knopf *m*, Kopf *m*
glavnat *~a solata* Kopfsalat *m*
glavni Haupt- (*~o mesto* Hauptstadt *f*, *~i predmet* Hauptfach *n*); *~o* das Wichtigste, hauptsächlich
glavnica *f* Kapital *n*, Grundstock *m*
glavnik *m* Kamm *m*
glavnina *f* Großteil *m*, Mehrheit *f*
glavobol *m* Kopfschmerzen *pl*
gledalec *m* Zuschauer *m*
gledališče *n* Theater *n*, Bühne *f*
gledališki Theater- (*~a predstava* Theatervorstellung)
gledati schauen, blicken *F* gucken; *v/t* anschauen, anblicken, ansehen; *(koga pri delu ipd.)* jm. zuschau-

en, zusehen; ~ *za* jm nachblicken, nachsehen, nachschauen; ~ *na (pravilnost, obliko)* achten auf, großen Wert legen auf; ~ *na (cesto, reko)* A überblicken, *(okna na cesto)* gehen auf (die Fenster gehen auf die Straße); ~ *spoštljivo* aufblicken zu

glede hinsichtlich *G*, in Hinsicht auf; *ne* ~ *na to* ungeachtet dessen

gleženj *m* Knöchel *m*, Fessel *f*

glina *f* Ton *m*, Lehm *m*

glinast tönern, Ton- (*~a posoda* Tongeschirr)

glista *f* Wurm *m*

gliva *f* Pilz *m*

globa *f* Strafgeld *n*, Buße *f*

globina *f* Tiefe *f*

globok tief, *(ideje)* tiefschürfend; abgründig; *globoko* tief- (*~o zmrznjen* tiefgekühlt)

globokoumen tiefsinnig

glodalec *m* Nagetier *n*, Nager *m*

glodati *A* nagen *A*

gluh taub; *popolnoma* ~ stocktaub

gluhonem taubstumm

gluhost *f* Taubheit *f*

glušiti *(hrup)* dämmen, dämpfen

glušnik *m* Schalldämpfer *m*

gmota *f* Masse *f*

gmoten finanziell

gnati treiben, *(živino domov)* eintreiben; ~ *se za* auf etw. aus sein; ~ *si k srcu* etw. schwer nehmen

gneča *f* Gedränge *n*

gnesti kneten

gnezditi nisten

gnezdo *n* Nest *n*; *(ujed)* Horst *m*

gnil faul

gniloba *f* Fäulnis *f*, (~ *lesa, zob itd.)* Fäule *f*

gniti faulen, verfaulen

gnjat *f* Schinken *m*

gnoj *m* Dung *m*, Mist *m*, *hlevski* Stallmist; *med.* Eiter *m*

gnojen *med.* eitrig, eiternd

gnojenje *n* Düngen *n*, Düngung *f*, *med.* Eiterung *f*

gnojilo *n* Dünger *m*; *umetno* Kunstdünger *m*

gnojišče *n* Misthaufen *m*, Dunghaufen *m*

gnojiti düngen; *med. se* eitern

gnojnica *f* Jauche *f*

gnus *m* Abscheu *m*, Ekel *m*; *čutiti* ~ *do* etw. verabscheuen

gnusen abscheulich, abstoßend, ekelhaft

gnusiti *se komu* jn anekeln *(gnusi se mi* es ekelt mich an)

goba *f* Schwamm *m*, Pilz *m*; *vse je šlo po gobe* alles ist zum Teufel

gobar *m* Pizlsammler *m*

gobast schwammig; *(po obliki)* pilzförmig

gobav aussätzig

gobavec *m* Aussätzige(r) *m*

gobavost *f* Aussatz *m*

gobec *m* Maul *n*; Schnauze *f*; Rachen *m*; *fig.* Klappe *f*, Fresse *f*

god *m* Namenstag *m*

godalo *n* Streichinstrument *n* *~a* Streicher *pl*

godalni Streich- (~ *kvartet* Streichquartett)
godba *f* Musik *f*; *(vojaška ipd.)* Kapelle *f*
godbenik *m* Musiker *m*
goden reif; *(mladič)* flügge; ~ *za šolo* schulreif; ~ *za poroko* heiratsfähig
goditi *se* vor sich gehen, zugehen, geschehen; ~ *se (komu)* jm ergehen
godrnjati brummen, knurren, murren
gojenec *m* Zögling *m*
gojenje *n* Zucht *f*, Aufzucht *f*
gojiti *(živino)* züchten, *(rastline)* ziehen, *(umetnost)* pflegen, *(željo)* hegen
gol *m* Tor *n* (*dati* schießen)
gol *adj.* nackt, (~ *golcat)* splitternackt; *(roke, noge)* bloß; *(resnica)* ungeschminkt, *(teren)* kahl, *(hudobija)* schier
golaž *m* Gulasch *n*
goljuf *m* Betrüger *m*, Schwindler *m*; *pri kartah* Falschspieler *m*
goljufati schwindeln, betrügen, *(pri igri)* schummeln
goljufija *f* Betrug *m*, Schwindel *m*
goljufiv trügerisch; betrügerisch
golob *m* Taube *f*
golobnjak *m* Taubenschlag *m*
gologlav barhäuptig
golota *f* Blöße *f*
golša *f* Kropf *m*
goltanec *m* Kehle *f*, Gurgel *f*; Rachen *m*
goltati *(jed)* schlingen, hinunterschlingen
gomazenje Wimmeln *n*; *(v nogah)* Kribbeln *n*
gomazeti kribbeln; wimmeln
gomolj *m* Knolle *f*
gomoljika *f* Trüffel *f*
gon *m* Trieb *m*
gonilni *m* Antriebs- (~*a sila* Antriebskraft); *fig.* Treibkraft
goniti antreiben, treiben; ~ *se* läufig sein
gonja *f* Hetze *f*, Hetzjagd *f*
gonjač *m* Treiber *m*
gor nach oben, hinauf, herauf; ~ *in dol* auf und ab
gora *f* Berg *m*; ~ *denarja* eine Stange Geld
gorak ~ *biti komu* jm sauer sein
gorat gebirgig
gorčica *f* Senf *m*
goreč brennend; *(zagovornik)* eifrig; *(želeti)* sehnlich, inbrünstig
gorek warm
goreti brennen
gorilnik *m* Brenner *m*
gorivo *n* Brennstoff *m*; *(pogonsko)* Treibstoff *m*
gorjača *f* Prügel *m*, Knüppel *m*
gorje *(meni)* wehe (mir)
gorje *n* Leid *n*
gorkota *f* Wärme *f*
gorljiv brennbar
gornji der, die, das obere; *(zgoraj omenjeni)* obige; *atrib.* Ober- (~*i del* Oberteil)
gorovje *n* Gebirge *n*
gorski Berg- (~ *vodnik* Bergführer), Gebirgs- (~*a cesta* Gebirgsstraße)
gos *f* Gans *f*

gosak *m* Gänserich *m*
gosenica *f* Raupe *f*; *(pri tanku)* Panzerkette *f*
gosji Gänse- (~ *red* Gänsemarsch)
gosli *pl* Geige *f*
gospa *f* Frau *f*; *~e in gospodje* meine Herrschaften
gospod *m* Herr *m*
gospoda *f* Herrschaft *f*
gospodar *m* Herr *m*, Hausherr *m*; Wirt *m*, *(lastnik hiše)* Hauswirt *m*; *brez ~ja* herrenlos
gospodaren *~o ravnati z* haushalten mit
gospodarica *f* Herrin *f*
gospodariti wirtschaften, haushalten; *(fig.)* schalten und walten
gospodarjenje *n* Wirtschaft *f*
gospodarski wirtschaftlich, Wirtschafts- (*~a kriza* Wirtschaftskrise)
gospodarstvo *n* Wirtschaft *f*; *(plansko ~)* Planwirtschaft *f*
gospodična *f* Fräulein *n*
gospodinja *f* Hausfrau *f*; *(uslužbenka)* Wirtschafterin *f*
gospodinjiti den Haushalt führen; wirtschaften
gospodinjski Haushalts-; *~a pomočnica* Hausgehilfin *f*
gospodinjstvo *n* Haushalt *m*
gospodovalen herrisch
gospodovati herrschen über
gosposka *f* Obrigkeit *f*
gospostvo *n* Herrschaft *f*
gost *m* Gast *m*; *stalni ~* Stammgast; *zdraviliški* Kurgast; *soba za goste* Fremdenzimmer *n*
gost *adj.* dicht, *(tekočina)* dick, dickflüssig, *(mreža)* eng
gosti spielen, *(godrnjati)* brummen
gostija *f* Festessen *n*, *F* Schmaus *m*
gostilna *f* Gasthaus *n*, Gasthof *m*; Wirtshaus *n*
gostilničar Gastwirt *m*, Wirt *m*
gostilničarka *f* Wirtin *f*
gostišče *n* Gaststätte *f*
gostitelj *m* Gastgeber *m*, Hausherr *m*, *zoo.* Wirt *m*
gostiti *A* bewirten; ~ *se (slavnostno)* tafeln; *F* schmausen
gostoleti trillern, *(ptice)* schlagen; *F (človek) pej.* säuseln
gostoljuben gastlich, gastfreundlich
gostota *f* Dichte *f*
gostovanje *n* Gastspiel *n*
gostovati gastieren
goščava *f* Dickicht *n*
gotica *f* Fraktur *f*, gotische Schrift *f*
gotov 1. fertig, *(za uporabo)* gebrauchsfertig, *(hiša, stanovanje)* schlüsselfertig, *(jed)* gar, fertig; 2. *(nedvoumen, brez dvoma)* sicher, *(popolnoma)* todsicher; ~ *zmage* siegesgewiß; *~o* sicher, gewiß, sicherlich
gotovina *f* Bargeld *n*, Barschaft *f*
gotovost *f* Gewißheit *f*, Sicherheit *f*
govedina *f* Rindfleisch *n*

govedo *n* Rind *n*, Rindvieh *n* *(a. fig.)*
govno *n* Mist *m*
govor *m* Rede *f* (*imeti* halten); *prvi javni ~* Jungfernrede *f*; *ni ~a o* davon kann keine Rede sein
govorica *f* Gerücht *n*; *(jezik)* Sprache *f*
govoričiti quasseln, schwatzen
govorilnica *f* Sprechzimmer *n*, *tel.* Fernsprechzelle *f*
govoriti sprechen (*s kom* jn, mit jm), reden (*z* mit); *hripavo* krächzen; *zelo glasno* poltern; *~ polomljeno nemščino* Deutsch radebrechen; *~ v strokovnem žargonu / o stroki* fachsimpeln; *~ na široko o* sich verbreiten über; *~ s spremenjenim glasom* die Stimme verstellen; *slabo ~ o čem* schlecht zu sprechen sein auf; *govoreči* Sprecher *m*; *govoreč več jezikov* mehrsprachig
govorni Sprech- (*~a napaka* Sprachfehler)
govornik *m* Redner *m*
govorniški rednerisch, Redner- (*~ oder* Rednerpult), Rede- (*~a umetnost* Redekunst)
gozd *m* Wald *m*, Forst *m*
gozdar *m* Förster *m*
gozdarstvo *n* Forstwesen *n*, Forstwirtschaft *f*
gozdnat bewaldet, Wald- (*~ predel* Waldviertel, *~i ptič* Waldvogel)
gozdni Wald-, *(gozdarski)* Forst-
grabež *m* schwere Unterschlagung *f*, Veruntreuung *f*
grabežljiv habgierig
grabiti *po, za* greifen nach; *(denar)* raffen, scheffeln; *(listje)* rechen, *na kup* zusammenrechen
grablje *pl* Rechen *m*
grad *m* Schloß *n*, *(utrjen)* Burg *f*, *~ovi v oblakih* Luftschlösser *pl*
gradbeni Bau-; *~ predpisi* Bauordnung *f*; *~a inšpekcija* Baupolizei *f*
gradbenik *m* Baumeister *m*
gradbišče *n* Baustelle *f*, Bauplatz *m*
graditi bauen, *(samo tr.)* errichten
gradivo *n* Material *n*; *(za sejo itd.)* Unterlagen *pl*
gradnja *f* Bau *m*; *način ~e* Bauart *f*; *~ stanovanj* Wohnungsbau *m*
grafika *f* Graphik *f*
grah *m* Erbse *f*
graja *f* Tadel *m*, Verweis *m*
grajati tadeln, *koga* jn verweisen; rügen, *kaj* etw. bemängeln, auszusetzen haben
gramofon *m* Plattenspieler *m*
gramoz *m* Schotter *m*, Kies *m*
gramoznica *f* Kiesgrube
graničar *m* Grenzer *m*
granit *m* Granit *m*
graščina *f* Schloß *n*
grb *m* Wappen *n*, Schild *n*
grba *f* Buckel *m*, *(tudi kamelja)* Höcker *m*; *imeti kaj na grbi* auf dem Halse haben

grbančiti *(čelo)* runzeln
grbast bucklig
grča *f* Auge *n*; Ast *m*, Aststück *n*; *fig.* ein rüstiger Alter
grd häßlich, *(nelep)* unansehnlich; *~o ravnati z* mißhandeln
greben *m* Kamm *m*, Grat *m*, *(koralni)* Riff *n*; *~ visokega zračnega pritiska* Hoch *n*
grebsti scharren; *(žerjavico)* schüren; *fig.* wühlen
gred *f* Balken *m*; *(motorna)* Welle *f*
greda *f* Beet *n*
greh *m* Sünde *f*; *smrtni* Todsünde; *izvirni* Erbsünde *f*
grelec *m* Wärmequelle *f*, Heizkörper *m*
grelnik *m potopni* Tauchsieder *m*; *pretočni* Durchlauferhitzer *m*; Warmwasserspeicher *m*
grenek bitter; *(~o zaslužen ipd.)* sauer
greniti bitter sein; *fig.* *(življenje)* sauer machen
grenivka *f* Pampelmuse *f*
grenkoba *f* Bitterkeit *f*
grešen sündhaft, sündig
grešiti sündigen
grešnik *m* Sünder *m*
greti wärmen (*se* sich); erhitzen
greznica *f* Sickergrube *f*
grgrati gurgeln
grič *m* Hügel *m*
gričevje *n* Hügelland *n*
gričevnat hügelig
gripa *f* Grippe *f*
gristi beißen, *(žvečiti)* kauen; *~ se* sich grämen (*zaradi* über), *grize se zaradi* etw. wurmt ihn
griva *f* Mähne *f*, *fig.* Schopf *m*
grizljati knabbern (*A an*)
griža *f* Ruhr *f*
grižljaj *m* Bissen *m*, Happen *m*; *en ~* ein Mundvoll
grlica *f* Turteltaube *f*
grlo *n* Kehle *f*, Hals *m*; *ozko ~* Engpaß *m*; *biti česa sit do ~a* die Nase voll haben von
grm *m* Strauch *m*, Busch *m*; *v tem ~u tiči zajec* da liegt der Hund begraben
grmada *f* Scheiterhaufen *m*
grmenje *n* Donnern *n*, Donner *m*
grmeti donnern; *grmi* es donnert
grmovje *n* Gebüsch *n*; Strauchwerk *n*
grob *m* Grab *n*, letzte Ruhestätte *f*
grob *adj.* grob, *(v vedenju)* rüde, *(ton)* barsch
grobar *m* Totengräber *m*
grobišče *n* Grabstätte *f*
grobni *~ napis* Grabesinschrift *f*; *~ molk* Todesstille *f*, Grabesstille *f*
grobnica *f* Gruft *f*
grof *m* Graf *m*, *mejni* Markgraf *m*
grofica *f* Gräfin *f*
grom *m* Donner *m*
gromozanski *F* Heiden- (*~ hrup* Heidenkrach)
groš *m* Groschen *m*; *ni vreden počenega ~a* ist keinen Schuß Pulver wert, keinen roten Heller, keinen Pfifferling
grotesken grotesk, fratzenhaft
groza *f* Entsetzen *n*; Grauen

n; ~ *me je G* mir graut vor; ~ *me je* mir gruselt
grozanski mords- (~*a lakota* Mordshunger)
grozd *m* Traube *f*, **grozdje** *n* Trauben *pl*
grozdni Trauben- (~ *sladkor* Traubenzucker)
grozen furchtbar, fürchterlich; entsetzlich, grauenhaft, schauderhaft; *(posledice)* verheerend
grozilni Droh- (~*o pismo* Drohbrief)
groziti drohen; *komu s čim* jm. etzw. androhen; *(nevarnost)* in Verzug sein
grozljiv gespenstisch, unheimlich
grozodejstvo *n* Untat *f*
grozota *f* Greuel *m*
grozoten haarsträubend, schauerlich; *gl. tudi* **grozen**
grožnja *f* Drohung *f*
gruča *f* Haufen *m*; *(ljudi na cesti)* Auflauf *m*
gruda *f (zemlje)* Klumpen *m*; *(rodna itd.) fig.* Scholle *f*
guba *f* Falte *f*, *(na koži)* Falte, Runzel *f*; *(v papirju)* Kniff *m*
gubast faltig, *(koža)* runzlig
gubati falten, in Falten legen; ~ *se* Falten werfen; ~ *čelo ipd.* runzeln
gugalni Schaukel- (~ *konj* Schaukelpferd)
gugalnica *f* Schaukel *f*
gugalnik *m* Schaukelstuhl *m*
gugati *(se)* schaukeln
guliti *se* büffeln, pauken
guma *f* Gummi *m*, *tesnilna* Gummidichtung *f*; *avtomobilska* Reifen *m* Pneumatik *f*, Pneu *m*; ~*e pl* Bereifung *f*; *žvečilna* ~ Kaugummi
gumb *m* Knopf *m*; *na strojih* Bedienungsknopf *m*, Taste *f*
gumbnica *f* Knopfloch *n*
gusar *m* Seeräuber *m*

H

hahljati *se* schmunzeln
hajka *f* Hetzjagd *f*, Kesseltreiben *n*
hala *f* Halle *f*
halja *f* Kittel *m*; *jutranja* Schlafrock *m*, Morgenrock *m*
harmoničen harmonisch
harmonika *f* Akkordeon *n*, Ziehharmonika *f*
harpuna *f* Harpune *f*
hči *f* Tochter *f*
hehetati *se* glucksen, feixen
helikopter *m* Hubschrauber *m*
hemoroidi *pl* Hämorrhoiden *pl*
heroj *m* Held *m*
herojski heldenhaft; Helden- (*~o dejanje* Heldentat)
hiba *f* Makel *m*; Mangel *m*; Fehler *m*
hidrocentrala *f* Wasserkraftwerk *n*
hidrogliser *m* Tragflächenboot *n*
hierarhija *f* Hierarchie *f*
higiena *f* Hygiene *f*
hihitati *se* kichern
hijacinta *f* Hyazinthe *f*
hijena *f* Hyäne *f*
himna *f* Hymne *f*
hinavec *m* Heuchler *m*
hinavski falsch, heuchlerisch; *(~ se držati)* scheinheilig
hinavščina *f* Heuchelei *f*
hip *m* Augenblick *m*; *v ~u* im Nu, im Handumdrehen
hipen kurz, flüchtig
hipnoza *f* Hypnose *f*
hipoteza *f* Hypothese *f*
hirati *(človek)* dahinsiechen, *(rastline)* verkümmern
histeričen hysterisch
histerija *f* Hysterie *f*
hiša *f* Haus *n*, *vrstna* Reihenhaus; *montažna* Fertighaus; *trgovska* Kaufhaus; *(prazna* leerstehend)
hišica *f* Häuschen *n*; *polžja* Gehäuse *n*
hišni Haus- (*~i zdravnik* Hausarzt)
hišnik *m* Hausmeister *m*, Hauswart *m*
hiter schnell, rasch; *čim hitreje* schleunigst; *hitro se obrniti* herumwirbeln; *hitro iti skozi* durch ... wirbeln
hiteti eilen; *k, do* zueilen auf; *(čas, dnevi)* schnell vergehen
hitro schnell, rasch, geschwind; *F* fix, dalli
hitrost *f* Geschwindigkeit *f*; *najvišja ~* Höchstgeschwindigkeit *f*, *F* Spitze *f*
hkraten gleichzeitig
hkrati zugleich, gleichzeitig
hlače *pl* Hose *f*; *spodnje* Unterhose *f*, Slip *m*
hlačke *pl spodnje (ženske)* Schlüpfer *m*
hlad *m* Kühle *f*; *fig.* Kälte *f*, Frost *m*

hladen kühl; *(jed, trajna, vojna)* kalt; *(ravnanje z)* lieblos; *dati na hladno* kaltstellen *(tudi fig.)*
hladetina *f* Aspik *m*
hladilnica *f* Kühlanlage *f*, Kühlhaus *n*
hladilnik *m* Kühlschrank *m*; *(avtomob.)* Kühler *m*
hladiti kühlen
hladnokrven kaltblütig, gelassen; *F* kaltschnäuzig
hlajenje *n* Kühlung *f*; *vodno* Wasserkühlung; *zračno* Luftkühlung; *z zračnim ~m* luftgekühlt
hlap *m* Dunst *m*, Ausdünstung *f*
hlapec *m* Knecht *m*
hlapeti verdunsten; sich verflüchtigen
hlapljiv flüchtig
hlastati *po* schnappen nach, *fig. (slavi ipd.)* haschen nach
hlasten hastig
hleb *m*, **hlebec** *m* Laib *m*
hlepeti *po* lechzen nach, *pej.* gieren nach
hlev *m* Stall *m*; *~i (veliki)* Stallungen *pl*
hlevski Stall- (*~ gnoj* Stallmist)
hliniti *(pretvarjati se)* sich verstellen; heucheln; *v/t* heucheln, vortäuschen, vorschützen
hlipati schluchzen
hlod *m* Rundholz *n*
hmelj *m* Hopfen *m*
hobotnica *f* Polyp *m*
hoditi gehen, *(peš)* zu Fuß gehen, laufen; *s težavo* humpeln; *~ po* etw. begehen; *~ po svojih poteh* eigene Wege gehen; *F hodita* sie sind befreundet
hodnik *m* Gang *m*, Flur *m*
hodulja *f* Stelze *f*
hoja *f* Gang *m*; *(~ za itd.)* Gehen *n*
homatije *pl* Wirren *pl*
homoseksualen homosexuell, *F* schwul
honorarno Honorar-; nebenberuflich
hosta *f* Gehölz *n*, Gebüsch *n*
hote vorsätzlich
hotenje *n* Wollen *n*; Anliegen *n*
hoteti wollen; *ne ~* nicht wollen, sich weigern (zu); *komu kaj zlega ~* jm etw. anhaben wollen; *hočeš nočeš* wohl oder übel
hraber tapfer
hrabriti ermutigen
hrabrost *f* Tapferkeit *f*
hrana *f* Kost *f*, Nahrung *f*, Essen *n*; *(~ za ptice)* Futter *n* (Vogelfutter); *krepka domača ~* herzhafte Kost; *pičla ~* schmale Kost; *biti na ~i* in Kost sein
hranilnica *f* Sparkasse *f*
hranilnik *m* Sparbüchse *f*
hraniti 1. ernähren, *(ptice)* füttern; 2. aufbewahren; in Verwahrung halten; *fig.* bewahren
hranivo *n* Nährstoff *m*; *(npr. agar)* Nährboden *m*
hranljiv nahrhaft
hrapav rauh
hrapavost Rauheit *f*
hrast *m* Eiche *f*
hrbet *m* Rücken *m*; *obrniti D ~ D* den Rücken kehren,

(samo fig.) jm. die kalte Schulter zeigen; *skočiti v ~* in den Rücken fallen
hrbtenica *f* Wirbelsäule *f*, Rückgrat *n (a. fig.)*
hrbtenjača *f* Rückenmark *n*
hrbtni Rücken-; *~a stran* Rückseite
hrček *m* Hamster *m*
hren *m* Meerrettich *m*, Kren *m*
hrenovka *f* Frankfurter *pl*, Wiener *pl*, Krenwürstel *n*, Saite *f*
hrepeneč sehnsüchtig
hrepenenje *n* Sehnsucht *f (po* nach)
hrepeneti *po* sich sehnen nach, etw. ersehnen
hreščati knarren, knacken; *(glas)* krächzen; *radio hrešči* im Radioapparat kracht es
hrib *m* Berg *m*; Anhöhe *f*; *v ~* bergauf; *čez ~e in doline* über Berg und Tal, *(biti čez ...) über alle Berge*
hribovec *m* Gebirgsbewohner *m*, Gebirgler *m*; *fig.* Hinterwäldler *m*
hribovit gebirgig
hribovje *n* Bergland *n*
hripav heiser; *(po naravi ~ glas)* rauh
hrom lahm
hromiti lähmen
hropsti röcheln; *(od napora)* keuchen
hrošč *m* Käfer *m*
hrt *m* Windhund *m*, Windspiel *n*
hruliti brüllen; *A* anfahren
hrumeti tosen
hrup *m* Lärm *m*, *F* Krach *m*; *(delati ~* lärmen)
hrupen lärmend, laut; *(aplavz ipd.)* tosend
hrust *m* Hühne *m*
hrustanec *m* Knorpel *m*
hrustati *v/i* knusprig sein
hrustav knusprig, resch; *je ~* es knuspert
hruška *f* Birne *f*; *(drevo)* Birnbaum *m*
hud *(strog)* streng; *(zloben, popadljiv)* böse; *(jezen) biti ~ na* jm böse sein; *(novica)* schlimm; *(konec, časi, bolnik)* schwer; *(revščina, mraz)* groß; arg *(hujši* ärger, *je še hujši* er treibt es noch ärger); *ni tako hudo* es ist halb so schlimm; *nič hudega sluteč* ahnungslos
hudič *m* Teufel *m*, Böse *m*; *poslati A k hudiču A* zum Teufel wünschen
hudičev verwünscht, verteufelt
hudoben böse, boshaft, bösartig
hudobija *f* Bosheit *f*
hudodelec *m* Übeltäter *m*, Straftäter *m*
hudodelski verbrecherisch, *fig.* frevelhaft
hudomušen schalkhaft, schelmisch; *(nasmeh)* verschmitzt
hudournik *m* Wildbach *m*, Sturzbach *m*
hudovati *se nad* sich ärgern über
hujskač *m* Hetzer *m*, Aufrührer *m*
hujskanje *n* Hetze *f*, Hetzerei *f*
hujskati hetzen *(proti* gegen); *(množico)* aufwiegeln

hujšati abnehmen
humanističen *~e vede* Geisteswissenschaften
humor *m* Humor *m*; *obešenjaški ~* Galgenhumor *m*
humorističen humoristisch
hupati hupen
huškniti huschen
hvala *f* Lob *n*, Preis *m*; *~ lepa* vielen Dank, danke schön; *~ bogu* gottlob
hvaležen dankbar; *zelo sem ~* ich bin Ihnen sehr verbunden
hvaležnost *f* Dankbarkeit *f*
hvalisati über den grünen Klee loben
hvaliti loben, preisen, *~ se z* sich *G* rühmen; *~ kaj* rühmen, *(uspeh, dosežek)* würdigen
hvalnica *f* Lob *n*, Lobgesang *m*

I

ideal *m* Ideal *n*
ideja *f* Idee *f*; *bogastvo idej* Ideenreichtum
ideologija *f* Ideologie *f*
igla *f* Nadel *f*
iglavec *m* Nadelbaum *m*
ignorirati nicht beachten, *(ne pozdravljati)* schneiden
igra *f* Spiel *n*; *(gledališka)* Theaterstück *n*, Schauspiel *n*; ~ *na srečo* Glücksspiel, *s kartami* Kartenspiel, *z žogo* Ballspiel; *radijska* Hörspiel, *lutkovna* Puppenspiel; ~ *parov* Doppel *n*, Doppelspiel
igrača *n* Spielzeug *n*; *fig. (usode)* Spielball *m*
igračkati *se z* spielen mit; *(s prsti)* *A* fingern; tändeln
igraje spielend
igralec *m* Schauspieler *m*; *(vloge)* Darsteller *m*
igrati spielen; *na rog, flavto* blasen; ~ *na klavir* Klavier spielen; *pasjanso* Karten legen; ~ *za ples* zum Tanz aufspielen
igrišče *n (otroško)* Spielplatz *m*; *(športno)* Sportplatz *m*
igriv verspielt, spielerisch
ihteti schluchzen
ikra *f* Rogen *m*; ~*e* Laich *m*
ilegala *f* Untergrund *m*
ilegalen ~*o ime* Deckname
ilovica *f* Lehm *m*, Tonerde *f*
ilovnat Lehm- (~*a tla* Lehmboden)
ilustriran illustriert, bebildert
ime *n* Name *m* (*lastno* Eigenname, *krajevno* Ortsname, *krstno* Taufname, Vorname, *zaščiteno* Markenname); *(dobro)* Ruf; *dati* ~ taufen, benennen; *po* ~*u (poklicati)* beim Namen; *kako vam je ime?* Wie heißen Sie?
imenik *m telefonski* Fernsprechbuch *n*
imeniten vornehm, *F* fein, *F* nobel; *(dober)* ausgezeichnet
imenovalec *m* Nenner *m*
imenovanje *n* Ernennung *f* (*za* zu; *sodnika ipd.)* Bestellung *f*
imenovati nennen, *(navesti)* angeben, benennen; ~ *za* ernennen; ~ *z imenom* namhaft machen; ~ *se* heißen
imeti haben; *(v lasti)* besitzen; *(govor, sejo)* halten, *(sejo)* abhalten; *(dolgove, hipoteke)* behaftet sein mit; *uspeh* Erfolg haben / zu verzeichnen haben; *bolezen* leiden an; *(stike)* unterhalten; ~ *za (neumnega ipd.)* halten für, ansehen als, betrachten als, *(nepotrebno)* erachten als (unnötig); ~ *pri sebi (dokumente)* führen; ~ *rajši, na zalogi,*

muhi itd. glej pod **rajši, zaloga** *itd.*
imetek *m* Habe *f*; *z vsem ~om* mit Sack und Pack
imetje *n* Habe *f*, Besitz *m*
imetnik *(gostilne, licence)* Inhaber *m*
imitacija *f* Nachahmung *f*, Nachbildung *f*
impulz *m* Impuls *m*, Anstoß *m*
imun immun *(proti* gegen)
in und; *~ tako dalje* und so weiter (usw.), und so fort; *in to* was; *in če* wennauch
inačica *f* Variante *f*
Indija-Koromandija Schlaraffenland *n*
industrija *f* Industrie *f* (*oblačilna* Bekleidungsindustrie)
industrijski Industrie- (*~o blago* Industrieerzeugnisse)
infekcija *f* Infektion *f*, Ansteckung *f*
inficirati infizieren, anstekken
infiltrirati unterwandern
informacija *f* Auskunft *f*; *(kongresne ipd.) ~e* Mitteilungen *pl*
informiran *biti ~* im Bilde sein
informirati informieren (*o* über); jn orientieren (über), unterrichten (von); *~ se* sich erkundigen (*o* über, *po* nach)
injekcija *f* Spritze *f*; *dati ~o* spritzen (*~o česa* etw. spritzen); einspritzen
injicirati spritzen
inklinirati *k* neigen zu
inovacija *f* Neuerung *f*
inozemec *m* Ausländer *m*
inozemski ausländisch
inozemstvo *n* Ausland *n*; *v ~u* im Ausland, außer Landes; *(potovanje) v inozemstvo* Auslands(reise)
instalacija *f* Installation *f*
instalater *m* Installateur *m*, Monteur *m*
instalirati anlegen; *(centralno ipd.)* einbauen
inšpekcija *f* Aufsicht *f*; *gradbena ~* Baupolizei *f*
inštruirati unterweisen; *(dijaka)* Nachhilfestunden geben
inštrukcija *f* Nachhilfeunterricht
intelektualec *m* Intellektueller *m*
inteligenca *f* Intelligenz *f*
inteligenten klug, intelligent
interes *m* Interesse *n* (*za* für); *~i (javni)* Belange *pl*
interesanten interessant, von Interesse
internacionala *f* Internationale *f*
interpret *m* Interpret *m*; *(vloge)* Darsteller *m*
interpretirati *(tekst)* deuten; *(vlogo)* darstellen, interpretieren
intervenirati *(policija)* einschreiten; *za koga pri* sich bei jm verwenden für
invalid *m težek* Schwerbehinderte(r) *m*, *vojni* Kriegsversehrte(r) *m*, Schwerkriegsbeschädigte(r) *m*
invaliden körperbehindert, erwerbsunfähig

invalidnost Behinderung *f*, Arbeitsunfähigkeit *f*
inventura *f* Inventur *f*, Bestandsaufnahme *f*
investitor *m* Geldgeber *m*; *(gradnje)* Bauherr *m*
inženir *m* Ingenieur *m*; *diplomirani* Diplomingenieur *m*
ishias *m* Ischialgie *f*, Ischias *f*
iskalec *m* Sucher *m*
iskan gesucht
iskanje *n G* Suche *f* (nach)
iskati suchen (nach), auf der Suche sein; Umschau halten (nach); *(zločinca)* fahnden (nach); *iti iskat* holen
isker rassig, feurig
iskra *f* Funke *m*, Funken *m*
iskren aufrichtig, *(ljubezen)* innig
iskriti *se* funkeln
isti derselbe (dieselbe, dasselbe); der gleiche; *biti ~ega mnenja* einer Meinung sein mit, Ansichten teilen; *to je ~o* es läuft auf dasselbe hinaus
istočasen gleichzeitig
istočasnost *f* Gleichzeitigkeit *f*
istosmerni *~ tok* Gleichstrom *m*
istoveten identisch
iti gehen; *(oditi)* weggehen, fortgehen; *za kom D* nachgehen, *mimo* vorübergehen *(tudi časovno)*, vorbeigehen (an), *A* passieren; *preko G fig.* etw. überspielen; *~ ven* ausgehen, hinausgehen; *h (komu)* jn aufsuchen; *proti* zugehen auf; *nazaj* zurückgehen; *naprej* weitergehen, *(pred kom)* vorausgehen; *~ v (prostorninsko)* passen in; *~ komu (zahvala, čast itd.)* zustehen; *~ za (gre za)* sich handeln um; *gre (živi se)* es geht an
iver *n* Span *m*, Splitter *m*
iverica *f* Spanplatte *f*
ivje *n* Rauhreif *m*
iz aus *D* (aus einem Glas trinken, aus Berlin, aus England, *iz tega* daraus, *iz česar* woraus); von (vom Hörensagen, von Berlin); außer *(iz sebe* außer Rand und Band); *izdelki iz lesa, papirja itd.* Holz-, Papier- *itd.*
izba *f* Stube *f*
izbijač *m* Stemmeisen *n*
izbira *f (možnost)* Wahl *f*; *(blaga itd.)* Auswahl *f*; *brez ~e* wahllos
izbirati wählen
izbirčen mäkelig, wählerisch, heikel
izbiti ausschlagen, *iz (roke itd.)* schlagen aus; *(iz zidu)* ausstemmen, stemmen; *si iz glave* sich etw. aus dem Sinn / Kopf schlagen, *komu iz glave* jm etw. austreiben
izbljuvati erbrechen
izbočen vorgewölbt, vorgezogen, ausgebaucht
izbojevati *(pravice)* erkämpfen, *(boj)* austragen, *(zmago)* davontragen
izboklina *f* Ausbuchtung *f*, Wölbung *f*, *(na pločevini)* Beule *f*
izboljšanje *n* Besserung *f*

izboljšati bessern, *(plačo)* aufbessern, *(oskrbo)* verbessern; ~ *se* besser werden, sich bessern
izbor *m* Auswahl *f*, Auslese *f*
izbran *(jezik)* gewählt, *(za predstavnika itd.)* auserkoren, ausgesucht; *(najboljše kakovosti) erlesen*
izbranec Auserwählte(r) *m*
izbrati *(blago)* aussuchen; wählen; *(koga za)* auserwählen; ~ *si (poklic)* ergreifen
izbrisati *(dolg)* tilgen
izbruh *m* Ausbruch *m*
izbruhniti ausbrechen, zum Ausbruch kommen; *(človek)* losbrechen
izbuljiti *oči* Glotzaugen machen; *izbuljil je oči* die Augen traten ihm aus den Höhlen
izcimiti *se iz* führen zu, enden in
izčrpanost *f* Erschöpfung *f*
izčrpati erschöpfen; *(telesno in duševno)* hernehmen, mitnehmen
izčrpen ausführlich, erschöpfend
izčrtati ausmerzen
izdaja *f* Ausgabe *f*; *(prtljage, potnih listov ipd.)* Ausgabe *f*, Ausgabestelle *f*; *(izdajstvo)* Verrat *m*
izdajalec *m* Verräter *m*
izdajalski verräterisch *(človek)* treulos
izdajatelj *m* Herausgeber *m*
izdajati *gl.* **izdati**; ~*se za* sich ausgeben für
izdan *gl.* **izdati**; *biti* ~ *(predpis)* ergehen
izdaten ausgiebig; ergiebig
izdatek *m* Ausgabe *f*, Auslage *f*; *(velik, pomemben ipd.)* Kostenpunkt *m*
izdati *(denar, prtljago)* ausgeben; *(knjige)* herausgeben; *(menice, potrdila, potne liste ipd.)* ausstellen; *(tajnosti)* verraten *(se* sich); *v/i* aus der Schule plaudern, *F* singen *(vse je izdal* er hat gesungen)
izdelati anfertigen, fertigen, *(po naročilu)* arbeiten; *(površno, lepo)* ausarbeiten; *vnaprej* ~ vorfertigen; ~ *razred* versetzt werden
izdelava *f* Ausarbeitung *f*; *(izdelovanje)* Anfertigung *f*, Fertigung *f*
izdelek *m* Erzeugnis *n*, Produkt *n*; *(šolski)* Arbeit *f*; ~*i* Waren (Tabakwaren *itd.*)
izdelovanje *n* Anfertigung *f*
izdelovati anfertigen, herstellen, fertigen; *za zabavo* basteln
izdih *m* Ausatmen *n*; *(izdihnjen zrak)* Ausatmung *f*
izdihniti ausatmen; *(umreti)* ableben, den Geist aufgeben *(tudi fig.)*
izdivjati *se* sich austoben; *(mlad človek)* sich die Hörner ablaufen
izdolbsti aushöhlen
izdreti herausziehen, *iz* ziehen aus; *(zob)* ziehen
izenačiti ausgleichen; *(pogoje ipd.)* gleiche (Bedingungen) schaffen
izginiti verschwinden; *(pobegniti)* sich absetzen, *F* verduften, von der Bildfläche

verschwinden; *(skriti se)* untertauchen; *izginul (vojak)* verschollen

izgladiti glätten, *(gube)* herausstreichen; *(nasprotja)* ausgleichen

izgledati aussehen *(dobro* gut, *slabo* schlecht, elend); scheinen *(izgleda, da je bolan* er scheint krank zu sein)

izgnanec *m* Vertriebene(r) *m*

izgnanstvo *n* Verbannung *f*, Exil *n*

izgnati ausweisen, aus dem Lande weisen; *(policijsko)* abschieben

izgon *m* Ausweisung *f*

izgotoviti fertigen, ausarbeiten; *gl.* **izdelati**

izgovarjati aussprechen; ~ *se* sich ausreden, Ausflüchte machen, ~ *se na* etw. vorschieben

izgovarjava *f* Aussprache *f*

izgovor *m* Aussprache *f*; Ausrede *f (prazen* windig); *biti za* ~ herhalten müssen

izgovoriti *(besedo)* aussprechen; *se* sich ausreden, *se na* etw. vorschieben; ~ *si* sich etw. ausbedingen

izgrebsti ausscharren

izgred *m* ~*i* Ausschreitungen *pl*; *(fizično obračunavanje)* Tätlichkeiten *pl*

izguba *f* Verlust *m*; Schaden *m*; *(ugleda, zaslužka)* Einbuße *f* (an)

izgubiti verlieren; *(ugled, del dohodkov)* einbüßen; *(življenje)* sein Leben lassen; ~ *se (stvar)* verlorengehen; ~ *se (zaiti)* sich verirren, verlaufen; *izgubi se!* verschwinde!

izgubljati *gl.* **izgubiti**; ~ *dlako* haaren

izgubljen verloren, unauffindbar

izhajati *(časopis, knjige)* erscheinen; *(nesreča izhaja iz zmote ...)* ist zurückzuführen auf; *(s kom, z denarjem)* auskommen mit

izhlapeti verdunsten, ausdunsten

izhlapevanje *n* Verdunsten *n*, Ausdünstung *f*

izhod *m* Ausgang *m*, *v sili* Notausgang *m*, *fig.* Ausweg *m*

izhodišče *n* Ausgangspunkt *m*

izid *m (preiskave, volitev)* Ergebnis *n*; *(knjige)* Erscheinen *n*; *(bolezni)* Ausgang, Verlauf *m*

izigrati *(karto)* ausspielen; *fig. (akcijo ipd.)* hintertreiben, *(koga)* austricksen, hereinlegen

iziti *(knjiga)* erscheinen; ~ *se (račun)* aufgehen; enden, zu einem ... Ergebnis kommen

izjaloviti *se* fehlschlagen, *(načrt)* scheitern

izjava *f* Erklärung *f (carinska* Zollerklärung); Aussage *f*

izjaviti erklären

izjema *f* Ausnahme *f*; *z* ~*o* mit ~ von; *z redkimi* ~*mi* bis auf wenige ~n; *brez* ~*e* ausnahmslos

izjemen Ausnahme- (~*i primer* Ausnahmefall); ~*o stanje* Notstand *m*

izjemoma ausnahmsweise
izkašljati aushusten, ausspucken; *fig. se* sich das Herz erleichtern
izkaz *m* Bestätigung *f*, *(šolski)* Zeugnis *n*
izkazati *(čast)* erweisen, *(prijateljstvo)* beweisen; ~ *se (z dokumenti)* sich ausweisen; *fig. za / kot (dober ipd.)* sich entpuppen; sich herausstellen *(izkazalo se je, da ...); (pravica)* an den Tag kommen; *fig.* ~ *se (posebej se je izkazal)* sich hervortun, seinen Mann stehen / stellen, *(na začetku kariere)* sich die Sporen verdienen
izkaznica *f* Ausweis *m*, *(osebna)* Kennkarte *f*
izkazovati zollen
izklepetati ausplaudern, *v/i* aus der Schule plaudern
izklesati meißeln in, hauen in
izklicati ausrufen
izključen ausgeschlossen *(iz šole)* relegiert; *~o* ausgeschlossen, unmöglich
izključitev *f* Ausschluß *m*
izključiti ausschließen, *(iz šole)* relegieren
izključni ausschließlich, allein; *~a posest* Alleinbesitz, Vollbesitz
izkljuvati aushacken
izklopiti abschalten, ausschalten
izkop *m* Förderung *f*; *za hišo* Baugrube *f*
izkopanina *f* Ausgrabung *f*, Fund *m*
izkopati *(jarek, grob)* ausheben, graben, *(z lopato)* schaufeln; *(krompir)* ausgraben; *(oči)* aushacken; ~ *se (iz dolgov, skrbi)* heraussein aus *(nismo se še izkopali* wir sind noch nicht aus ... heraus)
izkoreninjen entwurzelt
izkoristiti nutzen *(tudi priliko)*; sich etw. zunutze / nutzbar machen
izkoriščanje *n (sredstev, rud)* Nutzung *f*; *(pretirano)* Raubbau *m*; *(ljudi)* Ausbeutung *f*
izkoriščati nutzen, *(rude)* abbauen, *(ljudi)* ausbeuten
izkoriščevalec *m* Ausbeuter *m*
izkrcati ausschiffen (*se* sich) ~ *se (človek)* an Land gehen
izkrčiti *(zemljišče)* urbar machen
izkriviti *(sliko)* verzerren; *(resnico)* verdrehen
izkrvaveti verbluten
izkupiček *m* Erlös *m*; *(trgovine)* Ertrag *m*
izkušen erfahren
izkušnja *f* Erfahrung *f* (*pridobiti si* machen)
izleči *se* schlüpfen
izlet *m* Ausflug *m (iti na* einen ~ machen); *(kratek ~ med potovanjem)* Abstecher *m*; *skupinski* ~ Reisegesellschaft *f*
izliti ausschütten, schütten aus
izliv *m* Ausguß *m*; *(reke) Mündung f*; *(česa)* Erguß *m (tudi fig.)*
izlivati *se (reka)* münden, einmünden (*v* in); sich ergießen (über)

izločanje *n*, **izloček** *m* Ausscheidung *f*
izločati absondern, ausscheiden
izločilni Ausscheidungs- (*~a tekma* Ausscheidungskampf)
izločiti aussondern, ausschließen; *(stare stroje, letala)* ausmustern; *(vplive)* ausschalten; *biti izločen (šport)* ausscheiden
izložba *f* Auslage *f*, Schaufenster *n*
izluščiti auslösen, lösen aus; *fig.* ergründen
izlužiti auslaugen
izmakniti entwenden; *se* entwischen
izmaličiti *(resnico)* verdrehen, *(obraz)* entstellen; *(sliko)* verzerren; *(pokvariti)* verderben
izmamiti *iz* aus ... herauslokken; *(odgovor)* entlocken *(D / iz D)*
izmazati *se (glimpflich)* davonkommen
izmeček *m med.* Auswurf *m*; *fig. (družbe)* Abschaum *m*
izmed von, unter; aus; *~ (hiš)* aus (der Häusergruppe) heraus
izmena *f* Schicht *f*; *delo v ~ah* Schichtarbeit; *v ~ah* umschichtig
izmenično abwechselnd, wechselweise
izmenjati auswechseln, *(note, mnenja)* austauschen; *gl.* **zamenjati**
izmenjava *f* Austausch *m*; *~ not* Notenaustausch
izmenoma abwechselnd, wechselweise
izmeriti abmessen, messen; *napačno* sich vermessen
izmerljiv meßbar
izmikati *se* ausweichen; *(točnemu odgovoru)* Ausflüchte machen; *(dolžnosti itd.)* *F* sich drücken (vor)
izmisliti *si* erfinden, *(zgodbo)* erdichten
izmišljen erfunden, *(zgodba)* erdichtet
izmišljotina *f* Erfindung *f*
izmozgan ausgemergelt
izmučiti mitnehmen, hernehmen (*zelo* arg)
izmuzniti *se (iz rok)* entgleiten *A*, *skozi* schlüpfen durch; *(izginiti)* sich (unbemerkt) davonmachen; entkommen
iznad *hiše* über das Haus her, hinter dem Haus hervor
iznajdba *f* Erfindung *f*
iznajditelj *m* Erfinder *m*
iznajdljiv erfinderisch, wendig; spitzfindig
iznajti erfinden; eine Erfindung machen
iznenada unversehens
iznenaditi *gl.* **presenetiti**
izneveriti *komu kaj* abtrünnig machen; *~ se (dolžnosti)* nicht nachkommen, *(človeku)* jn im Stich lassen, jm die Treue brechen; *(prisegi)* wortbrüchig werden, eidbrüchig werden
izobčenec *m* Geächtete(r) *m*
izobčenje *n (iz cerkve)* Exkommunikation *f*; Ächtung *f*, Bann *m*
izobčiti *(iz cerkve)* exkom-

munizieren; *(iz družbe)* ächten
izobesiti *(razglas)* anschlagen, *(zastavo)* hissen, flaggen
izoblikovati bilden; *(predmet)* formen (*se* sich); *fig.* ~ *se* aufkommen, sich ergeben
izobrazba *f* Bildung *f*; *šolska* Schulbildung *f*
izobraževalni ~ *sistem* Erziehungswesen
izobražen gebildet
izobraževanje *n* Bildung *f*, Ausbildung *f*, Fortbildung *f*
izobraževati bilden; ausbilden, heranbilden; *(po zaključeni šoli)* fortbilden
izogibališče *n* Ausweichstelle *f*
izogibati *se gl.* **izogniti**; ~ *se (delu)* (die Arbeit) scheuen; ~ *se komu* jm aus dem Wege gehen, *čemu* sich drükken vor, *(jasnemu odgovoru ipd.)* um etw. herumreden
izogniti *se* ausweichen, *fig.* meiden *A*, vermeiden *A*, *(rešiti se pred)* entgehen; *(mestu, naselju)* umgehen, umfahren
izolacija *f toplotna* Wärmedämmung *f*, *zvočna* Schalldämmung *f*; *s slabo zvočno izolacijo* hellhörig
izolirati isolieren; *(glas, toploto)* dämmen
izostajanje *n* Ausbleiben *n*
izostati ausbleiben (von), fernbleiben ()
izpad *m* Ausfall *m (las, iz trdnjave)*, *med.* Vorfall *m*; *(športno)* Ausscheidung *f* (aus)
izpadanje *n* Ausfall *m*; ~ *las* Haarausfall
izpadati ausfallen; *(lasje, dlaka)* ausgehen
izpah *m* Verrenkung *f*
izpahniti *si A* verrenken, (ein Glied)ausrenken
izpahovati *se* aufstoßen
izparevanje *n*, **izparina** *f* Ausdünstung *f*
izparevati verdampfen
izpasti ausfallen; entfallen
izpeljanka *f* Ableitung *f*
izpeljati ausführen, etw. durchführen; *(besedo)* ableiten
izpirati, izprati *(usta, med.)* spülen; *(perilo)* schwemmen; *(madež)* auswaschen
izpisati ausschreiben
izpit *m* Prüfung *f*; *popravni* Nachprüfung, *zrelostni* Reifeprüfung, *sprejemni* Eignungsprüfung; (*opraviti* bestehen)
izpiti austrinken, *(kozarec)* leertrinken
izplačati auszahlen, *(dolg)* löschen; *(dediščina)* abfinden; *(dobiček)* ausschütten; ~ *se* sich bezahlt machen, lohnen (es lohnt zu)
izplačilo *n* Auszahlung *f*, *(dobička)* Ausschüttung *f*
izplakniti ausspülen, spülen
izpljuniti ausspucken
izpluti auslaufen *(ladja)*
izpod unter *(D)* hervor
izpodkopavanje *n* Quertreiberei *f*
izpodkopavati unterhöhlen
izpodriniti verdrängen, *fig. koga* ausstechen

izpolniti *(formular)* ausfüllen; *(ukaz, željo)* dem ... nachkommen; erfüllen (*se* sich)
izpopolnitev *f* Vervollständigung *f*
izpopolniti vervollkommnen; *(dopolniti)* vervollständigen, ergänzen
izposlovati erwirken
izposoditi leihen, ausleihen (*si* sich); borgen; *si fig.* sich entlehnen
izposojenka *f* Lehnwort *n*
izpostaviti, izpostavljati aussetzen (*se* sich)
izpoved *f* Aussage *f*, Erklärung *f*; *~i* Bekenntnisse *pl*
izpovedati aussagen, *(samo tr.)* bekennen
izpraskati auskratzen
izprašati ausfragen; prüfen
izpraševalec *m* Prüfer *m*
izpraševati *gl.* **izprašati**
izpraznitev *f* Entleerung *f*, Leerung *f*; *(stanovanja)* Räumung *f*; *tožba za ~* Räumungsklage *f*
izprazniti leeren, ausleeren; *(stanovanje)* räumen; *izpraznjen (stanovanje)* leerstehend
izpreči ausspannen *(tudi fig.)*
izpred *(hiše)* vor (dem Haus) weg, vor
izpričati bezeugen; beweisen
izpričevati an den Tag legen
izprositi ausbitten, erbitten
izpuh *m* Auspuff *m*; *(zrak)* Abluft *f*
izpuhteti verdampfen; *fig.* sich verflüchtigen
izpuliti ausreißen
izpustiti auslassen, *(iz hiše)* hinauslassen, *(vodo)* ablassen, ablaufen lassen; *koga* laufen lassen, *(iz zapora)* freilassen, auf freien Fuß setzen
izpuščaj *m* Ausschlag *m*
izpušni *~ plin* Abgas *n*
izrabljati, izrabiti ausnutzen, nutzen; *(ljudi)* ausbeuten; *(priliko)* wahrnehmen
izračun *m* Aufstellung *f*, Berechnung *f (G)*
izračunati berechnen, ausrechnen; *(naračunati) komu kaj* vorrechnen
izrastek *m* Auswuchs *m*
izravnati ebnen; planieren; *fig.* wettmachen
izravnava *f* Ausgleich *m*
izraz Ausdruck *m*, *strokovni* Fachausdruck; *obraza* Miene *f*, Gesicht *n*; *priti do ~a* Ausdruck finden (in)
izrazit ausgeprägt
izraziti ausdrücken, zum Ausdruck bringen; *z besedami* aussprechen; *~ se v* Niederschlag finden (in)
izražanje *n* Ausdrucksweise *f*
izrecen entschieden, erklärt; *~o* ausdrücklich, ausgesprochen
izreči aussprechen; *se za* sich bekennen zu, sich erklären für; *sodbo* das Urteil sprechen / fällen
izreden *m* außerordentlich; *(vlak)* unfahrplanmäßig; *~o* ungemein
izrek *m* Äußerung *f*, Ausspruch *m*
izrez *m*, **izrezek** *m* Ausschnitt *m*

izrezati ausschneiden
izriniti *(iz prostora)* hinausdrängen; verdrängen
izročilo *n* Überlieferung
izročitev *f (zločinca ipd.)* Auslieferung *f*
izročiti aushändigen, *(v roke)* übergeben, überreichen; *(v last)* übereignen; *(zločinca)* ausliefern
izrodek *m* Ausgeburt *f*
izroditi *se* ausarten, entarten
izruvati ausreißen
izsek *m* Ausschnitt *m*
izsekati ausholzen
izselitev *f* Auszug *m*; Auswanderung *f*
izseliti aussiedeln, umsiedeln; ~ *se (iz stanovanja)* ausziehen, fortziehen; *(iz dežele)* auswandern
izseljenec *m* Auswanderer *m*, Umsiedler *m*
izsesati aussaugen
izsiliti erzwingen
izsiljevalec *m* Erpresser *m*
izsiljevanje *n* Erpressung *f*
izsiljevati erpressen; erzwingen
izslediti finden; ausmachen, aufspüren
izstaviti *(račun)* ausstellen
izstopati *gl.* **izstopiti**; abstechen, sich abheben (von), sich hervorheben
izstopiti aussteigen, *(iz stranke ipd.)* austreten; ~ *iz* steigen aus
izstopni *~i vizum* Ausreisesichtvermerk *m*
izstradati aushungern
izstrelek *m* Geschoß *n*; *neeksplodiran* Blindgänger *m*
izstreliti abschießen; *(torpedo)* ausstoßen
izsušiti trockenlegen, entwässern; ~ *se* austrocknen
iztakniti ausstechen; *(najti)* aufstöbern
izteči *se (ura)* ablaufen, *(rok)* verfallen
iztegniti ausstrecken; *(kolena)* durchdrücken; *(vrat)* recken; ~ *se* sich strecken, *F* krepieren; ~ *ven* vorstrecken
iztekati *se* auslaufen, ausströmen, *(reka)* münden in; *fig.* zu Ende gehen
iztepati klopfen, ausklopfen
izterjati eintreiben
izterjava *f* Eintreibung *f*
iztiriti entgleisen; *fig.* aus der Bahn geworfen werden
iztirjenje *n* Entgleisung *f*
iztisniti auspressen, *A* ausdrücken; *iz* drücken aus, pressen aus; ~ *iz sebe (besede)* herausbringen, ausstoßen
iztočiti *(vodo)* auslassen (aus), ablassen; *(iz soda)* abzapfen
iztočnica *f* Stichwort *n*
iztok *m* Abfluß *m*, Ausfluß *m*, *med.* Fluß *m*
iztovoriti abladen, ausladen; *(tovor)* die Fracht löschen
iztožiti einklagen; ausklagen
iztrebek *m* Exkrement *n*
iztrebiti *(napake)* ausmerzen; *(mrčes)* ausrotten
iztrebljenje *n* Ausrottung *f*
iztresti ausschütten
iztrezniti ernüchtern; ~ *se* nüchtern werden
iztreznjenje *n* Ernüchterung *f*

iztrgati *iz* reißen aus, jm. etw. entreißen; *fig.* rauben, ~ *(iz spanja)* aufscheuchen; ~*se D fig.* loskommen von
iztržiti, *iztržili so ...* der Erlös betrug ...
izučen gelernt
izučiti ausbilden, heranbilden; *se za A* lernen (Tischler lernen)
izum *m* Erfindung *f*
izumetničen gekünstelt
izumitelj *m* Erfinder *m*
izumiti erfinden
izumreti aussterben
izurjenost *f* Übung *f*; Fertigkeit *f*, Gewandtheit *f*
izustiti sagen, Worte hervorbringen
izvabiti locken aus, entlokken; herausbekommen aus
izvajanje *n* Ausführung *f*, Durchführung *f*; *(skladbe)* Vortrag *m*, *gl.* **izvajati**
izvajati ausführen, *(sklep)* durchführen; *(skladbo)* vortragen; *iz* herleiten von, *(besedo)* ableiten; ~ *iz* zurückführen auf
izvažati ausführen
izvedba *f (igre)* Aufführung *f*; *(skladbe)* Vortrag *m*, Wiedergabe *f*
izvedenec *m* Gutachter *m*, Sachverständige(r) *m*
izvedeti erfahren
izvedljiv durchführbar
izven außerhalb von; *gl.* **zunaj**; *predstava za* ~ Freiverkauf
izven- außer-
izvesek *m* Schild *n*, Aushängeschild *n*
izvesti *gl.* **izpeljati**, durchführen, in die Tat umsetzen
izvid *m* Befund *m*
izvidnik *m* Aufklärer *m*
izvijač *m* Schraubenzieher *m*
izvir *m* Quelle *f*
izvirati *(reka)* entspringen; *(človek)* abstammen, stammen von; *(težave)* wurzeln in, erstehen aus, erwachsen aus, herrühren von; zurückgehen auf; *(ideja, besede) D* entstammen; ist zurückzuführen auf; ~ *iz* seinen Ursprung haben in
izviren originell; *(prvoten)* ursprünglich, Ausgangs- (~*o besedilo* Ausgangstext)
izvirnik *m* Original *n*
izviti *(vijak, zamašek)* ziehen; *iz rok* aus den Händen winden
izvleček *m* Auszug *m*, Extrakt *m*
izvleči herausziehen, ziehen aus; bringen / kriegen (*v* in, *iz* aus, heraus)
izvod *m* Exemplar *n*, Stück *n*; *v 3 ~ih* in dreifacher Ausfertigung
izvolitev *f* Wahl (*za* zu)
izvoliti wählen (*za* zu); *ponovno* wiederwählen
izvoljenec *m* Auserwählte(r) *m*
izvor *m (blaga)* Herkunft *f*; *(poreklo)* Abstammung *f*
izvošček *m* Fiaker *m*
izvotliti aushöhlen
izvoz *m (iz dvorišča ipd.)* Ausfahrt *f*; *(eksport)* Ausfuhr *f*; *(iz mesta)* Ausfallstraße *f*

izvoziti ausführen
izvrsten ausgezeichnet
izvršba *f* Vollstreckung *f*; *sodbe* Urteilsvollstreckung; Vollzug *m*
izvrševati, izvršiti ausführen; *(oblast)* ausüben, *(sodbo)* vollstrecken, vollziehen
izvršitev *f* Vollstreckung *f*, Vollzug *m*
izvršni ~ *odbor* Vollzugsausschuß *m*
izvrtati bohren, ausbohren
izvzemši ausgenommen
izvzeti ausnehmen
izza hinter *D* hervor
izzivalen frech, herausfordernd
izzivanje *n* Herausforderung *f*
izzivati herausfordern
izzvati herausfordern; *(prepir ipd.)* auslösen, *(bes ipd.)* entfesseln
izzven *m* Nachklang *m*, Ausklang
izzveneti ausklingen, verklingen
izžarevanje *n* Ausstrahlung *f*
izžarevati ausstrahlen, strahlen
izžemati *(limono)* auspressen; *(vodo iz ...)* auswringen; *fig.* *(človeka)* schinden
izžgati *A* ätzen *A*, ausbrennen
izživljati *se v (govorjenju ipd.)* sich ergehen in, *(umetnosti, delu ipd.)* aufgehen in
izžrebati losen, auslosen
izžvižgati auspfeifen

J

jablana *f* Apfelbaum *m*
jabolčni Apfel- (~ *sok* Apfelsaft)
jabolko *n* Apfel *m*; ~ *spora* Zankapfel *m*
jadralec *m* Segler *m*; Segelflieger *m*
jadralni Segel- (~*o letalo* Segelflugzeug)
jadrati segeln; ~ *okoli G* umsegeln *A*
jadrnica *f* Segelboot *n*, Segelschiff *n*
jadrno geschwind
jadro *n* Segel *n* (*sneti* streichen)
jagnje *n* Lamm *n*
jagnjetina *f* Lammfleisch *n*
jagoda *f* Beere *f*; *(rdeča, vrtna)* Erdbeere *f*
jahač *m* Reiter *m*
jahalni Reit (~ *konj* Reitpferd)
jahanje *n* Reiten *n*, Ritt *m*
jahati reiten
jahta *f* Jacht *f*
jajce *n* Ei *n*; *umešano* Rührei, *na oko* Setzei, Spiegelei, Ochsenauge; *nesti ~a* Eier legen; *(podoben) kot ~ ~u* (ähnlich) wie ein Ei dem anderen
jajčast eiförmig
jajčevec *m* Eierfrucht *f*
jajčnik *m* Eierstock *m*
jak *gl.* **močan**; *~i tok* Starkstrom
jakost *f* Stärke *f*
jalov unfruchtbar, *(cvet)* taub; *(človek)* zeugungsunfähig; *fig.* *(prizadevanja ipd.)* unnütz, eitel
jama *f* Grube *f*, *(podzemeljska)* Grotte *f*, Höhle *f*; *(rudnik)* Grube, Zeche *f* (*iti v* einfahren); *zlata ~* Fundgrube; *v jami* unter Tage, untertags
jamar *m* Speläologe *m*
jambor *m* Mast *m*
jamčiti bürgen (für), haften (für), *(garantirati)* sich verbürgen (für), einstehen, Bürgschaft leisten; *fig.* *(razvoj ipd.)* gewährleisten *A*
jamica *f* Grübchen *n*
jamski Höhlen- (~ *človek* Höhlenmensch); *(rudniški)* Untertage- (Untertagegeld)
jamstvo *n* Bürgschaft *f*, Sicherheit *f*; *brez ~a* unverbürgt
janež *m* Anis *m*
jantar *m* Bernstein *m*
januar *m* Januar *m*, Jänner *m*
jarek *m* Graben *m*; *strelski* Schützengraben
jarem *m* Joch *n*
jasa *f* Lichtung *f*
jasen *(nebo)* klar, heiter; *(glas)* klar; *(odgovor)* unmißverständlich, eindeutig; bestimmt; *na ~em* im

klaren; *z ~ega* aus heiterem Himmel; *adv. jasno* eindeutig, frank und frei (sagen); *~!* und ob!

jasli *pl* Krippe *f*; *(otroške)* Kinderhort *m*, Tagesstätte *f*

jasniti *se (nebo)* aufheitern

jasnost *f* Klarheit *f*, Deutlichkeit *f*

jasnovidec *m* Hellseher *m*

jastog *m* Hummer *m*

jastreb *m* Geier *m*; *fig. (politično)* Falke *m*

jašek *m* Schacht *m*

jata *f* Schwarm *m*

javen öffentlich; *čisto ~o* in aller Öffentlichkeit

javiti melden, anmelden; *~ se (pisati)* von sich hören lassen

javkati jammern

javnost *f* Öffentlichkeit

javor *m* Ahorn *m*

jaz ich

jazbec *m* Dachs *m*

jazbečar *m* Dachshund *m*, Dackel *m*

jecljati stottern, stammeln

ječa *f* Kerker *m*, Gefängnis *n*; *vreči v ječo* einkerkern

ječar *m* Kerkermeister *m*

ječati stöhnen

ječmen *m* Gerste *f*

jed *f* Essen *n*; Speise *f*; Gericht *n*; *predpripravljena* Fertiggericht *n*; *najljubša ~* Leibgericht *n*

jedec *m* Esser *m*, *(velik* stark)

jedek *(snov)* ätzend, *(pripomba)* bissig, *(ironija)* bitter

jeder kernig, *(meso)* fest

jedilni Speise- (*~ voz* Speisewagen)

jedilnica *f* Speisezimmer *n*, Speisesaal *m*

jedilnik *m* Speisezettel *m*; *(v restavraciji)* Speisekarte *f*

jedkanica *f* Radierung *f*

jedkati ätzen; radieren

jedrce *n* Kern *m*; *orehovo* Nußkern

jedrnat kernig, *(odgovor)* bündig (kurz und bündig)

jedro *n* Kern *m*, *(lesa)* Mark *n*; *fig. (zadeve ipd.)* der springende Punkt

jedrski Kern-, Atom- (*~a energija* Kernenergie)

jegulja *f* Aal *m*

jeklarna *f* Stahlwerk *n*, Hütte *f*

jeklen Stahl- (*~ plašč* Stahlmantel); *je ~* ist aus Stahl; *~o (se držati ipd.)* eisern

jekleniti stählen

jeklenka *f (za plin)* Gasflasche *f*

jeklo *n* Stahl *m*

jelen *m* Hirsch *m*; *severni ~* Ren, Rentier *n*

jelenjad *f* Rotwild *n*

jelka *f* Tanne *f*

jemati nehmen; *~ komu* jm wegnehmen; *~ iz* entnehmen *A*; *~ mamila* spritzen; *gl.* **vzeti**

jenjati aufhören (zu); *(popustiti)* nachlassen

jerebica *f* Rebhuhn *n*

jermen *m* Riemen *m*

jesen *m* Esche *f*

jesen *f* Herbst *m*

jeseni im Herbst

jesenski herbstlich, Herbst- (*~ podlesek* Herbstzeitlose)

jesih *m* Essig *m*
jesti essen; *z žlico* löffeln; *sladkarije, po malem* naschen; *zelo obilno* schlemmen; *slavnostno* tafeln, speisen; *v lokalu* auswärts essen; *je malo / veliko* er ist ein schwacher / starker Esser
jestvine *pl* Eßwaren *pl*
ješprenj *m* Gerste *f*
jetičen schwindsüchtig
jetika *f* Tuberkulose *f*; Schwindsucht *f*
jetnik *m* Gefangene(r) *m*
jetnišnica *f* Haftanstalt *f*
jetništvo *n* Gefangenschaft *f*
jetra *pl* Leber *f*, *iti na ~* an die Nieren gehen
jetrni Leber- (*~a pasteta* Leberpastete)
jez *m* Damm *m*; Deich *m*; *(akumulacijskega jezera)* Staudamm *m*, Talsperre *f*
jeza *f* Zorn *m*, Wut *f*; Ärger *m*, *imeti jezo z* Verdruß / Ärger haben mit; *znesti ~o nad* seinen Ärger / seine Wut auslassen an
jezdec *m* Reiter *m*
jezditi reiten
jezen zornig, wütend; *(nejevoljen)* ärgerlich; *fig.* *(diskusija)* hitzig; *~o (zagrizeno)* ingrimmig; *biti ~ na* jm böse sein, eine Wut haben auf, jm grollen
jezero *n* See *m*; *umetno* Stausee
jeziček *m* Zünglein *n*; *(v sponki)* Dorn *m*
jezik *m* Zunge *f*; *fig.* Mundwerk *n*; Sprache *f* (*knjižni* Schriftsprache, Hochsprache; *pogovorni* Umgangssprache, *materni* Muttersprache, *tuji* Fremdsprache, *v več jezikih* mehrsprachig); *držati ~ za zobmi* den Mund / das Maul halten; *okretnega ~a* redegewandt
jezikav vorlaut
jezikoslovje *n* Sprachwissenschaft *f*
jezikovni sprachlich, Sprach- (*~i zakoni* Sprachgesetzmäßigkeiten)
jeziti ärgern (*se* sich) (*zaradi* über); *~ koga* jn reizen / ärgern; *to me jezi* es geht mir gegen den Strich
jeznorit jähzornig
jež *m* Igel *m*
ježa *f* Reiten *n*, Ritt *m*
ježevec *m* Stachelschwein *n*
ježiti *se (lasje)* zu Berge stehen
jogurt *m* Joghurt *m*
joj weh, o weh!
jok *m* Weinen *n*; *krčevit* Weinkrampf *m*; *gre ji na ~* sie ist den Tränen nahe
jokati weinen *(bridko)* bitterlich; *za čim* einer Sache nachweinen
jokav weinerlich
jopa *f* Jacke *f*
jopič *m* Jacke *f*
jubilej *m* Jubiläum *n*
jug *m* Süden *m*, Süd *m* (*na* im); *(veter)* Südwind *m*
jugoslovanski jugoslawisch
juha *f* Suppe *f* (*goveja* Rindsuppe, *zelenjavna* Gemüsesuppe); *mesna* Brühe *f*
junak *m* Held *m*
junaški heldenhaft, Helden- (*~o dejanje* Heldentat)

junij *m* Juni *m*
julij *m* Juli *m*
jurček *m* Steinpilz *m*
juriš *m* Sturm *m*
jurišati Sturm laufen, stürmen *A*
jušni Suppen- (*~a zelenjava* Suppengrün)
juta *f* Jute *f*
jutranji Morgen- (*~a halja* Morgenrock)
jutranjik *m* Morgenblatt *n*
jutri morgen; *~ zjutraj* morgen früh
jutrišnji morgig
jutro *n* Morgen *m*; *dobro ~!* guten ~!
Jutrovo *n* Morgenland *n*
južen Süd- (*~i veter* Südwind); *južno* südlich (*od* von)
južina *f* Mittagessen *n*, Essen *n*
južnjak *m* Südländer *m*

K

k zu (zu dem = zum, zu der = zur, *k temu* dazu, *pride k temu* hinzu); an (*k steni* an die Wand *ipd.*)

kabel *m* Kabel *n*, Schnur *f*

kabina *f* Kabine *f*; *pilotska* Kanzel *f*

kača *f* Schlange *f*; *jara ~* eine Schraube ohne Ende

kačji Schlangen- (*~e usnje* Schlangenhaut), *~ pastir* Libelle *f*

kad *f* Bottich *m*, Tonne *f*; *kopalna* Wanne *f*, Badewanne *f*

kadar *cj.* wenn

kadarkoli *cj.* sooft, immer wenn; *adv.* jederzeit, immer

kadilec *m* Raucher *m*

kadilo *n* Weihrauch *m*

kaditi rauchen; *~ se* dampfen, qualmen

kafra *f* Kampfer *m*

kahla *f* Nachttopf *m*, Töpfchen *n*

kaj *(nedoločno)* etwas, was; irgendwas; *(vprašalno)* was, *za ~* wofür, *na ~* worauf, woran, *s čim* womit *itd.*; *kaj ne?* gelt?; *kaj (nerad, pogosto)* (widerwillig, oft) genug; *ni za ~* keine Ursache; *ne morem si ~* ich kann nicht umhin; *F ali je za ~* taugt es was?

kajenje *n* Rauchen *n*

kajne, kajneda gelt?, nicht wahr?

kajti denn, nämlich

kak *(nedoločno)* ein; *~o uro* ungefähr eine Stunde

kakao *m* Kakao *m*

kako wie; *kako to* wieso; *(nekako)* irgendwie; *če le ~ (mogoče)* wenn irgend (möglich)

kakor wie; *(kot: večji ~)* als; *~ da je, ~ da bi bil* als wäre er ..., als ob; *~ koli* irgendwie; *~ koli že* wie dem auch sei; *~ hitro (prideš)* sobald

kakovost *f* Qualität *f*

kakršen wie (*~ oče tak sin* wie der Vater so der Sohn)

kakšen *(vprašalno)* was für ein, *pl* was für; wie (*~ je* wie ist er); *(en) (kakšen tolar itd.) ein; (kakšna neumnost! itd.)* welcher, welch ein; *(sploh ~)* irgend, irgendein; *~ dan, ~ o uro* etwa einen Tag, eine Stunde

kal *f* Keim *m*; *v ~i zatreti* im Keime ersticken

kalen trüb(e); *ribariti v ~em* im Trüben fischen

kaliti keimen, *(setev)* aufgehen; *(vodo)* trüben, *(motiti)* stören (den Frieden, die Eintracht ~)

kalkulirati kalkulieren, *(stroške)* veranschlagen

kalorija *f* Kalorie *f*

kalup *m* Form *f*, Model *n*, Mantel *m*

kam wohin: *~ drugam* woanders hin

kamela *f* Kamel *n*
kamen *m* Stein *m*, *dragi ~* Edelstein *m*; *~ spotike* Ärgernis *n*; *~enje pada* Steinschlag *m*; *~ se mi je odvalil od srca* mir ist ein Stein vom Herzen gefallen
kamenjati steinigen
kamilica *f* Kamille *f*
kamin *m* Kamin *m*
kamion *m* Lastwagen *m*, *(uradno)* Lastkraftwagen *m*, Lkw (elkave) *m*; *(s prikolico)* Lastzug *m*
kamnit *(zemljišče)* steinreich, *(iz kamna)* steinern, Stein- (*~a miza* Steintisch); *je ~* ist aus Stein
kamnolom *m* Steinbruch *m*
kamnosek *m* Steinmetz *m*
kamor wohin, *~ koli* wohin ... auch, irgendwohin
kampanja *f* Feldzug *m*, *fig.* Kreuzzug *m*
kamra *f* Kammer *f*
kamuflaža *f* Tarnung *f*
kanal *m* Kanal *m*, Siel *n*
kanarček *m* Kanarienvogel *m*, Roller *m*
kancler *m* Kanzler *m* *zvezni* Bundeskanzler *m*
kanček *m* *(pameti)* Quentchen *n*; *(ironije)* Anflug *m* (von); *(ruma)* Schuß *m*
kandidat *m* Kandidat *m*, *(prosilec)* Bewerber *m*; *(za službo, položaj)* Anwärter *m*
kandidirati kandidieren; *~ koga za* jn als Kandidaten aufstellen
kangla *f* Kanne *f*
kaniti tropfen; *fig.* abfallen (für)
kaos *m* Chaos *n*, Wirren *pl*
kap *f* Schlag *m*, Schlaganfall *m*
kap *m* Traufe *f*
kapa *f* Kappe *f*, Mütze *f*; *~ s ščitkom* Schildmütze *f*
kapavica *f* Tripper *m*
kapela *f* Kapelle *f*
kapelnik *m* Kapellmeister *m*
kapital *m* Kapital *n*; *osnovni ~* Stammkapital *n*
kapitalističen kapitalistisch
kapitalizem *m* Kapitalismus *m*
kapitan *m* Kapitän *m*
kaplja *f* Tropfen *m*; *~ v morje* ein Tropfen auf den heißen Stein
kapljati tropfen, tröpfeln; *kaplja mi iz nosu* meine Nase tropft
kapljica *f ~e med.* Tropfen *pl*; *po ~h* tropfenweise; *dati po ~ah* einträpfeln
kapnica *f* Regenwasser *n*; Zisterne *f*
kapnik *m* Tropfstein *m*
kapra *f* Kaper *f*
kaprica *f* Marotte *f*, Mücke *f*
kapuca *f* Kapuze *f*
kar *rel.* *(za ~* wofür, *o čemer* worüber, *gl. tudi kaj)*; *(enostavno)* kurzerhand, einfach; *~ naprej* in einem fort, laufend, fortwährend; *~ prvi* der nächstbeste; *(prav)* ganz; nur
karkoli irgendwas, etwas; *~ naredim* was ich auch tun mag
karakter *m* Charakter *m*
karakterističen charakteristisch
karambol *m* Zusammenstoß *m*, *F* Karambolage

karantena *f* Quarantäne *f*
karati schelten; *koga* mit jm schelten, jn ausschelten
kardinal *m* Kardinal *m*
kariera *f* Laufbahn *f*
karikatura *f* Karikatur *f*, *fig.* *(resnice itd.)* Zerrbild *n*
karirast kariert
karoserija *f* Karosserie *f*
karta *f* Karte *f*, *sedežna* Platzkarte, *(dopisnica)* Postkarte, *(zemljevid)* Karte *f*, Landkarte; *(dobre ~e)* Blatt *n*; *prerokovati iz ~* Karten legen
karton *m* Pappe *f*
kartoteka *f* Kartei *f*
kas *m* Trab *m*
kasen *gl.* **pozen**
kasniti Verspätung haben; *(razvoj itd.)* verzögert sein; *(z dobavo)* in Verzug sein mit
kastrirati kastrieren, schneiden
kaša *f* Brei *m*, *prosena* Hirsebrei; *(sadna)* Mus *n*; *ribana* Reibgerstel; *fig. biti v ~i* in der Tinte / Patsche sitzen; *pojesti ~o fig.* die Suppe auslöffeln
kašast breiig
kašelj *m* Husten *m*; *oslovski* Keuchhusten *m*
kašljati husten
katalog *m* Katalog *m*
katar *m* Katarrh *m*
katedrala *f* Dom *m*; Münster *n*
kateri welcher; *~ koli* irgendeiner, jeder; *katerega smo danes* den wievielten haben wir
katran *m* Teer *m*
kava *f* Kaffee *m*; *v zrnu* Bohnenkaffee; *črna* Mokka *m*
kavarna *f* Cafe *n*, Kaffeehaus *n*
kavbojke *pl* Jeans *pl*, Nietenhose *f*
kavcija *f* Kaution *f*; Pfand *n*, *(za steklenico)* Flaschenpfand
kavč *m* Couch *f*, Liege *f*
kavelj *m* Haken *m*
kavka *f* Dohle *f*
kavni Kaffee-; *~a žlička* Teelöffel
kazalec *m* Zeiger *m*, *(prst)* Zeigefinger *m*
kazalka *f* Verweis *m*, Hinweis *m* (auf)
kazalo *n* Register *n*, Verzeichnis *n*; Inhaltsverzeichnis *n*; *stvarno* Sachregister *n*
kazati zeigen, *(znamenja ipd.)* aufweisen; *(pot)* weisen; vorweisen; *(poudarjeno)* betonen, zur Schau stellen; *~ na* (hin)deuten auf, (hin)weisen auf; *v/i (barometer)* stehen auf; *~ se (posledice ipd.)* sich bemerkbar machen; scheinen: *kaže, da je bolan* er scheint krank zu sein; kaže (+inf.) ratsam sein
kazen *f* Strafe *f*; Strafmaß *n*; *zaporna* Freiheitsstrafe, *smrtna* Todesstrafe, *poprejšnja* Vorstrafe; *znižanje ~i* Straferlaß *m*; *brez ~i* ungestraft, straflos, *(ostati)* ungeschoren (davonkommen)
kazenski Straf- (*~ zakon* Strafgesetz)

kaziti entstellen, verunstalten; *(igro, veselje, prihodnost)* verderben
kaznilnica *f* Strafanstalt *f*, Zuchthaus *n*
kazniv strafbar; *~o dejanje* Straftat *f*; *zagrešiti ~o dejanje* straffällig werden
kaznjenec *m* Sträfling *m*
kaznovan *že ~* vorbestraft
kaznovati strafen, bestrafen; *telesno* züchtigen, *(disciplinsko)* maßregeln
kažipot *m* Wegweiser *m*
kdaj wann; *od ~* seit wann; *že ~* schon einmal; *sploh ~* je
kdo wer (*kdo je* wer dort), *~ drug* sonst wer; *(nekdo)* wer, jemand
kdor wer; *kdor koli* jemand, irgendeiner, *~ že* der erste beste
kegelj *m* Kegel *m*
kegljati kegeln, Kegel schieben
kegljišče *n* Kegelbahn *f*
kelih *m* Kelch *m*
kemičen chemisch, Chemie- (*~ni koncern* Chemiekonzern)
kemija *f* Chemie *f*
kemik *m* Chemiker *m*
kenguru *m* Känguruh *n*
kepa *f* Klumpen *m*, Ballen *m*; *snežna* Schneeball *m*
kepati *se* sich eine Schneeballschlacht liefern
ker weil; da; *ker ni* mangels *G*; *toliko (bolj), ker* um so (mehr) als
keramika *f* Keramik *f*
kes *m*, **kesanje** *n* Reue *f*
kesati *se za* etw. bereuen (*se že kesa* er bereut es schon)
ki der, die, das; welcher, welche, welches
kič *m* Kitsch *m*
kidati schaufeln, schippen; *(hlev)* ausmisten; *F ~ ga* Mist / Quatsch machen
kihniti niesen
kij *m* Keule *f*
kikirikati krähen
kila *f* Bruch *m* (*popkovna* Nabelbruch, *dimeljska* Leistenbruch)
kila *f*, **kilogram** *m* Kilo *n*
kilometer *m* Kilometer *m*; *~ na uro* Stundenkilometer
kimati nicken; *~ komu* jm zunicken
kino *m* Kino *n*
kip *m* Statue *f*, Standbild *n*
kipar *m* Bildhauer *m*
kiparstvo *n* Bildhauerei *f*
kipeti wallen; *(testo)* aufgehen; *(kis, mošt)* gären; *(gore, zvonik)* aufstreben
kirurg *m* Chirurg *m*
kirurgija *f* Chirurgie *f*
kis *m* Essig *m*
kisati säuern; *~ se* sauer werden; *(vreme)* schlecht werden; *(človek)* das Gesicht zu einer säuerlichen Miene verziehen; *vedno se kisa* sie hat nah am Wasser gebaut
kisel sauer; *(obraz)* schiefer Ausdruck
kiselkast säuerlich
kisik *m* Sauerstoff *m*
kislina *f* Säure *f*
kit *m* Kitt *m*
kit *m* Wal *m*, Walfisch *m*
kita *f* Zopf *m*; Flechte *f*; *med.* Sehne *f*
kitast sehnig

kitara *f* Gitarre *f*
kititi *se* sich schmücken
kje wo; ~ *neki* ah wo; ~ *drugje* anderswo, sonst wo; *(nekje)* irgendwo; *kje bi si mislil* ich hätte nie gedacht
kjer wo
kjerkoli überall, wo immer
klada *f* Klotz *m*
kladivo *n* Hammer *m*
klan *m* Sippe *f*
klanec *m* Steigung *f*
klanjati *se* sich verbeugen (vor); *klanjam se* Küß' die Hand
klanje *n* Gemetzel *n*
klas *m* Ähre *f*
klatež *m* Landstreicher *m*
klati *(živino)* schlachten; *fig.* metzeln, niedermachen
klatiti *(sadje)* herunterschlagen; ~ *se* streunen, herumstreichen
klavec *m* Schlächter *m*, Metzger *m*
klavir *m* Flügel *m*
klavnica *f* Schlachthaus *n*, Schlachthof *m*
klavrn jämmerlich, kläglich; *(rasti)* kümmerlich
klečati knien; auf den Knien liegen
klečeplazec *m* Kriecher *m*
klečeplazen unterwürfig
klečeplaziti kriechen (vor)
klej *m* Leim *m*
klekljan Klöppel- (*~a čipka* Klöppelspitze), geklöppelt
klekljati klöppeln
klepar *m* Klempner *m*, Spengler *m*
klepetati plaudern, sich unterhalten mit; *(otrok)* plappern
klepetav geschwätzig, redselig
klepetulja *f* Plaudertasche *f*
klesati *(sadje)* herunterschlagen
klešče *pl* Zange *f*; *(rakove)* Schere *f*; *imeti v ~ah* in der Zange haben, *vzeti v ~e* in die Zange nehmen
klet *f* Keller *m*; *spraviti v ~* einkellern
kleti *v/i* fluchen, *v/t* verfluchen *A*
kletka *f* Käfig *m*, *(ptičja)* Bauer *n*
kletvica *f* Fluch *m*, Verwünschung *f*
klevetati *gl.* **obrekovati**
klic *m* Ruf *m*, *(gledalca)* Zuruf *m*; *na pomoč* Hilferuf *m*; *telefonski ~ na pomoč* Notruf *m*
klica *f* Keim *m*
klicaj *m* Ausrufezeichen *n*
klicati rufen; *(po telefonu)* anrufen; *(na boj ipd.)* aufrufen (zu); *na zagovor* zur Rechenschaft ziehen; ~ *se* heißen
klika *f* Klüngel *m*, Clique *f*
klima *f* Klima *n*
klin *m* Keil *m*, *(na lestvi)* Sprosse *f*; *obesti na ~* an den Nagel hängen
klinček *m (za perilo)* Wäscheklammer *f*; Klammer *f*; *(nagelj)* Nelke *f*; *(žbica)* Gewürznelke *f*
klinika *f* Klinik *f*
klinopis *m* Keilschrift *f*
klistir *m* Einlauf *m*
kliti keimen
kljub trotz *G*; ~ *temu, da* trotzdem, obwohl; ~ *vsemu* immerhin

kljubovalen trotzig
kljubovati trotzen, *(nevarnosti, težavam)* die Stirn bieten
ključ *m* Schlüssel *m*; *pod ~em* hinter Schloß und Riegel, unter Verschluß (*imeti* halten)
ključavnica *f* Schloß *n*; *(gledati skozi ~o)* Schlüsselloch *n*
ključavničar *m* Schlosser *m*
ključni Schlüssel- (*~ položaj* Schlüsselstellung)
ključnica *f* Schlüsselbein *n*
kljuka *f* Klinke *f*; *(na steni)* Haken *m*;
kljukast Haken- (*~i križ* Hakenkreuz)
kljukec *m* Kasperle *n*; *(ključ)* Nachschlüssel *m*; *lažnivi* Lügenbaron *m*, Münchhausen
kljun *m* Schnabel *m*, *(ladje)* Bug *m*
kljuse *n* Schindmähre *f*, Mähre *f*
kljuvati hacken, picken; *(zob, gnojni prst)* pochen
klobasa *f* Wurst *f*
klobčič *m* Knäuel *n*
klobučevina *f* Filz *m*
klobuk *m* Hut *m*; *morski* Qualle *f*; *zatakniti za ~* an den Hut stecken
klofuta *f* Ohrfeige *f*; *prisoliti ~o F* eine herunterhauen, eine pflastern
klokotati gurgeln
klop *m* Zecke *f*; *držati se G kot ~* wie eine Klette hängen / haften an
klop *f* Bank *f*; *sedeti v šolskih ~eh* die Bänke drücken; *zatožna ~* Anklagebank *f*
klopotača *f* Klapperschlange *f*
klopotec *m* Klapper *f*; *(jajce)* taubes Ei
klor *m* Chlor *m*
kmalu bald, in Kürze, demnächst; *(skoraj)* fast, nahezu
kmečki bäuerlich, Bauern- (*upori* Bauernaufstände), *fig.* ländlich; *~a bunka* Landpomeranze *f*
kmet *m* Bauer *m*, Landwirt *m*; *na ~ih* auf dem Lande
kmetica *f* Bäuerin *f*
kmetija *f* Bauernhof *m*, Hof *m*
kmetijski landwirtschaftlich, Landwirtschafts-; *~ delavec* Landarbeiter *m*
kmetijstvo *n* Landwirtschaft *f*
kneginja *f* Fürstin *f*
knez *m* Fürst *m*, *volilni* Kurfürst
kneževina *f* Fürstentum *n*
knjiga *f* Buch *n*; *(del)* Band *m*; *žepna* Taschenbuch *n*, *matična* Matrikel *f*; *bela ~* Weißbuch
knjigarna *f* Buchhandlung *f*; *v ~ah* im Buchhandel
knjigovez *m* Buchbinder *m*
knjigovodja *m* Buchhalter *m*
knjigovodstvo *n* Buchhaltung *f*, Buchführung *f*
knjiženje *n* Buchung *f*
književnik *m* Schriftsteller *m*
knjižica *f hranilna ~* Sparbuch *n*
knjižiti buchen; *v dobro* gutschreiben
knjižni *~a polica* Bücherbord

n, Bücherregal *n*, ~ *jezik* Schriftsprache *f*

knjižnica *f (javna)* Bücherei *f*, Leihbücherei *f*; Bibliothek *f*, *priročna* Handbibliothek *f*

ko als; *(kadar, če)* wenn; *brž ko* sobald; *ko pa* da; *(dalj) ko* je (länger); *gl. tudi* **kot**

kobacati *se* krabbeln

kobila *f* Stute *f*

kobilarna *f* Gestüt *n*

kobilica *f* Heuschrecke *f*

kocina *f* Haar *n*; *(na bradi)* Bartstoppel *f*

kocka *f* Würfel *m*; *biti na ~i* auf dem Spiel stehen; *postaviti na ~o* aufs Spiel setzen

kockast würfelförmig; *(vzorec)* kariert

kockati würfeln, knobeln

koča *f* Hütte *f*, Kate *f*

kočija *f* Kutsche *f*, Karosse *f*; *voziti kočijo (pav, puran)* ein Rad schlagen

kočljiv heikel

kočnik *m* Backenzahn *m*

kod wo; **koder** wo, überall wo; *koder koli* wo immer

koder *m* Locke *f*; Welle *f*

kodrast lockig, gelockt; wellig; *(drobno ~)* kraus, kraushaarig

kodrati *se* sich ringeln, *(drobno)* sich kräuseln

koherenten zusammenhängend

koketirati *s kom* jm schöne Augen machen; *fig.* liebäugeln (mit)

koklja *f* Glucke *f*

kokodakati gackern

kokosov Kokos- (~ *oreh* Kokosnuß)

kokoš *f* Henne *f*, Huhn *n (tudi fig.)*; ~ *za juho* Suppenhuhn

kokošnjak *m* Hühnerstall *m*

koks *m* Koks *m*

kol *m* Pfahl *m*; Pfosten *m*; *namig s ~om* ein Wink mit dem Zaunpfahl

kolač *m* Kuchen *m*; *podolgovat* Stollen; *meden* Lebkuchen, Honigkuchen

kolajna *f* Medaille *f*

kolcanje *n* Schluckauf *m*

kolcati *se kolca se mu* er hat den Schluckauf / den Schlucken

kolebati *(telovadba)* schwingen; *fig.* schwanken

koledar *m* Kalender *m*

kolega *m* Kollege *m*

kolek *m* Kostenmarke *f*, Gebührenmarke *f*; *sodni* Gerichtsgebührenmarke, Stempelmarke

kolektiv *m* Kollektiv *n*; Belegschaft *f*

koleno *n* Knie *n*; *(sorodstva)* Glied *n*; *fig. ne segati do kolen D* nicht das Wasser reichen können

koleraba *f* Kohlrabi *m*; *rumena* ~ Kohlrübe *f*, Wruke *f*

kolesar *m* Radfahrer *m*

kolesariti radfahren, *F* radeln

kolesce *n* Rädchen *n*; *(pohištveno)* Rolle; *na ~ih* auf Rollen

kolesje *n* Getriebe *n*, Werk *n* (~ *ure* Uhrwerk); *fig.* Räderwerk *n*

koliba *f* Hütte *f*, Bude *f*

količina *f* Menge *f*, *ogromna*

Unmenge; *v velikih ~ah* massenweise

količinsko mengenmäßig

kolidirati sich überschneiden

koliko *(~ + Genitiv Sing.)* wieviel A, (*~ moke* wieviel Mehl), *(~ + Genitiv Plur.)* wie viele A, (*~ obiskovalcev* wieviele Besucher); wie (*~ je star* wie alt ist er); *~ je ura* wie spät ist es, wieviel Uhr ist es; *(ne vem, ~)* inwiefern, inwieweit

kolikokrat wie oft; so oft

kolikor soviel, soweit (*~ bom mogel, ~ vem*); sosehr *(~ si to želim, pa ...)*; *~ mogoče (hitro ipd.)* so (schnell) wie / als möglich; *~ toliko* einigermaßen; halbwegs; insofern, inwiefern *(pomagal bom, ~ bo ...)*; *~ vem* meines Wissens

kolikšen wie groß; *v ~i meri* inwieweit

koline *pl* Schlachtfleisch *n*, Schlachtfest *n*

kolišče *n* Pfahlbau *m*

kolk *m* Hüfte *f*

kolkovati Gebühren zahlen, (mit Kostenmarken versehen)

kolo *n* Rad *n*; *(dvokolo)* Fahrrad *n*; *peljati se s kolesom* radfahren, radeln

kolo *n* Reigen *m*

kolobar *m* Ring *m*

kolobarjenje *n* Fruchtwechsel *m*

kolodvor *m* Bahnhof *m*

kolona *f (avtomobilska)* Autoschlange *f*

kolovodja *m* Anführer *m*, Rädelsführer *m*

kolovoz *m* Fahrweg *m*, *(globok)* Hohlweg *m*

kolovrat *m* Spinnrad *n*; Drehscheibe *f*; *lončarski* Töpferscheibe *f*

kolut *m* Rolle *f*; *(magnetofonski)* Spule *f*

komaj kaum *(uiti itd.)* mit knapper Not

komanda *f* Kommando *n*

komandant *m* Befehlshaber; *vrhovni* Oberbefehlshaber *m*

komar *m* Gelse *f*, Mücke *f*

kombineža *f* Unterkleid *n*

komedija *f* Komödie *f*

komemoracija *f* Gedenkfeier *f*

komentirati kommentieren

komet *m* Komet *m*

komičen komisch, ulkig

komik *m* Komiker *m*

komisar *m* Kommissar *m*

komisija *f (izpitna)* Kommission *f*; *(polit.)* Ausschuß *m*

komite *m* Komitee *n*

komolec *m* Ellbogen *m*

komorni Kammer- (*~a glasba* Kammermusik)

kompetenca *f* Kompetenz *f*

komplet *m (posod, krožnikov ipd.)* Satz *m*; *kart* Kartenspiel *n*

kompleten vollständig

kompot *m* Kompott *n*

komunalen kommunal; Kommunal- (*~a politika* Kommunalpolitik)

komunist *m* Kommunist *m*

komunističen kommunistisch

komunizem *m* Kommunismus *m*

koncentracija *f* Konzentra-

tion *f*; *sposobnost ~e* Konzentrationsfähigkeit *f*
koncentracijski Konzentrations- (*~o taborišče* Konzentrationslager)
koncert *m* Konzert *n*
koncesija *f (D)* Zugeständnis *n* (an), Konzession *f*
končan aus, zu Ende
končati beenden, beendigen, etw. zu Ende bringen; *(sejo, obleganje)* aufheben; *~ se* enden, ein (gutes, schlechtes usw.) Ende nehmen; *srečno se ~* sich in Wohlgefallen auflösen
končen *mat.* endlich; *(rezultat)* endgültig
končno endlich, schließlich
končnica *f (besedna)* Endung *f*; *(posteljna ipd.)* Ende *n* (Bettende); *šahovska* Endspiel *n*
kondenziran kondensiert, Kondens- (*~o mleko* Kondensmilch)
konec *m* Ende *n* (*~ tedna* Wochenende); *(zaključek)* Schluß *m*; *na ~u* am Ende, letzten Endes, letztlich; *~ ~ev je isto* es kommt auf dasselbe heraus; *do ~a* bis zuletzt, *(pojesti ipd.)* restlos; *na vseh ~ih in krajih* an allen Ecken und Enden; *~ je z (menoj, s tem)* es ist um (mich, das) geschehen; *biti na ~u (pameti)* mit seiner (Klugheit) am Ende sein; *potegniti krajši ~* den kürzeren ziehen
konfekcija *f* Konfektion *f*
konfekcijski Konfektions-; *~a obleka* Konfektionsanzug, ein Anzug von der Stange
konferenca *f* Konferenz *f*; *tiskovna* Pressekonferenz
konflikt *m* Konflikt *m*, Auseinandersetzung *f*; Streit *m*
kongres *m* Kongreß *m*; *~ stranke* Parteitag *m*
konica *f* Spitze *f*; *(v kroni ipd.)* Zacke *f*, Zacken *m*; *(prsta)* Kuppe *f*; *prometna* Stoßverkehr *m*
koničast spitz
konj *m* Pferd *n*; Roß *n*; *rdečerjav* Fuchs *m*; *bel* Schimmel *m*; *črn* Rappe *m*; *na konju* zu Pferd; *fig. zdaj smo na konju* wir sind über den Berg
konjederec *m* Abdecker *m*, Schinder *m*
konjenica *f* Kavallerie *f*
konjiček *m* Steckenpferd *n*, Liebhaberei *f*
konjski Pferde- (*~a sila* Pferdestärke)
konkurenca *f* Wettbewerb *m* (*nepoštena* unlauterer), Konkurrenz *f*
konkurent *m* Konkurrent *m*; *(pri natečajih itd.)* Mitbewerber *m*
konkurirati konkurrieren (*za* um)
konkurz *m (natečaj)* Konkurs *m*, Wettbewerb *m*; *(stečaj)* Konkurs *m*, Pleite *f*
konopec *m* Leine *f*, Strick *m*
konoplja *f* Hanf *m*
kontakt *m* Kontakt *m*; Fühlung *f (stopiti v ~* aufnehmen); Anschluß *m* (*najti* finden)

kontekst *m* Zusammenhang *m*

kontracepcija *f* Schwangerschaftsverhütung *f*

kontrašpijonaža *f* Spionageabwehr *f*

kontrola *f* Kontrolle *f*; *potnih listov* Paßkontrolle; *(tehnična)* Überprüfung *f*; *rojstev* Geburtenregelung *f*; *ukiniti ~o nad* etw. freigeben

kontrolirati kontrollieren, prüfen; *(tehnično)* überprüfen, überwachen

kontrolor *m* Prüfer *m*

konverzacija *f* Konversation *f*, Unterhaltung

konzerva *f* Büchse *f*

konzerviran Büchsen- (*~o mleko* Büchsenmilch *f*)

konzervirati einmachen

konzul *m* Konsul *m*

konzulat *m* Konsulat *n*

kopališče *n* Bad *n*; Schwimmbad *n*; *na prostem* Freibad, *zaprto* Hallenschwimmbad

kopališki *~ gost* Badegast *m*

kopalke *pl* Badeanzug *m*; Badehose *f*, Schwimmhose *f*

kopalnica *f* Bad *n*, Badezimmer *n*

kopanje *n* Baden *n*

kopati *se* baden; ein Bad nehmen

kopati graben (*zlato* nach Gold); *z lopato* schaufeln; *(jarek, grob)* ausheben; *v / i (pes, kure)* scharren, (*po* in)

kopel *f* Bad *n*, *(v kadi)* Vollbad *n*; *izmenična* Wechselbad

kopenski *~a vojska* Landstreitkräfte *pl*

kopica *f* Haufen *m*; *sena* Heuhaufen *m*

kopičiti *(denar, zaloge)* horten; *se (delo, oblaki)* sich türmen, sich häufen

kopija *f* Kopie *f*, Nachbildung *f*; *(tipkana)* Durchschlag *m*, Durchschrift *f*; Abzug *m*

kopirati kopieren

kopitar *m* Huftier *n*; *sodoprsti* Paarhufer *m*

kopito *n* Huf *n*; *puškino* Kolben *m*; *čevljarsko* Leisten *m*

kopje *n* Speer *m*, Spieß *m*

kopneti *(sneg)* schmelzen; zusammenschrumpfen; *fig.* schwinden

kopno *n* Land *n*, Festland *n*

kopriva *f* Brennessel *f*, Nessel *f*; *~ ne pozebe* Unkraut vergeht / verdirbt nicht

koprivnica *f* Nesselfieber *n*, Nesselausschlag *m*

koprneti schmachten; sich verzehren nach

kopun *m* Kapaun *m*

kor *m* Chor *m*

koračnica *f* Marsch *m*

korajža *F f* Mumm *m*, Schneid *m*

korak *m* Schritt *m*, *(način hoje)* Tritt *m*; *fig. ~ nazaj* Rückschlag *m*; *iti v ~ z* Schritt / Stich halten mit; *(zasledovati) pri vsakem ~u* auf Schritt und Tritt (folgen)

korakati schreiten, *(vojska)* marschieren

korakoma schrittweise, im Schritt (fahren)

koren *m* Rübe *f*
korenika *f* Wurzelstock *m*
korenina *f* Wurzel *f*; *(pognati* schlagen); *imeti ~e v (fig., neuspeh ipd.)* erwachsen aus, ist auf ... zurückzuführen
korenit radikal, tiefgreifend
korenje *n* Karotte *f*, Möhre *f*, Mohrrübe *f*
korespondenca *f* Briefwechsel *m*
korigirati *(naloge)* korrigieren, durchsehen; *(izjavo, poročilo)* berichtigen
korist *f* Nutzen *m (imeti od* ziehen aus); *v ~ A* zugunsten *G*, zu (seinen, ihren) Gunsten, *biti komu v ~* jm zugute kommen, er zieht einen Vorteil aus
koristen nützlich, *splošno* gemeinnützig; *~a površina* Nutzfläche *f*; nutzbringend; *~ je, bi bilo* es ist / wäre ratsam; *biti ~* nutzbar sein, von Nutzen sein, nutzen, nützen, sich nutzbar machen
koristiti nutzen, nützen, von Nutzen sein; *gl. tudi* **koristen**
korito *n* Trog *m*, Becken *n*; *pomivalno* Spüle *f*, Spülbecken; *rečno* Flußbett *n*
korporacija *f* Körperschaft *f*
korupcija *f* Korruption *f*
koruza *f* Mais *m*
kos *m* Amsel *f*
kos *m* Stück *n* (*~ za ~om* Stück für Stück, *po kosih* stückweise, *~ nakita* Schmuckstück); *(kruha)* Scheibe *f*, *(sira)* Ecke *f*; Brocken *m (skale ipd.)*
kos *biti ~ D* meistern *A*; *(delu, zmoči kaj)* schaffen *A*, bewältigen *A*; *(nasprotniku ipd.)* gewachsen sein *D*; *(otrokom ipd.)* fertigwerden mit; *ne biti ~ D (pritisku ipd.)* nicht aufkommen können gegen
kosa *f* Sense *f*
kosilnica *f* Mähmaschine *f*
kosilo *n* Mittagessen *n*; *jesti ~* zu Mittag essen
kositer *m* Zinn *n*
kositi zu Mittag essen
kositi mähen
kosmat haarig, zottig; *(šala)* nicht salonfähig
kosmič *m* Flocke *f*; *ovseni ~i* Haferflocken *pl*
kosmičast flockig
kosmulja *f* Stachelbeere *f*
kosovni *~o blago* Stückgut *n*; *(veliko)* Sperrgut; *~i odmet* Sperrmüll *m*
kost *f* Knochen *m*, *~i (okostje)* Gebein *n*; *(kot material)* Bein *n*, *slonova* Elfenbein; *iti do / skozi ~i* durch Mark und Bein gehen
kostanj *m* Kastanie *f*; *pravi* Edelkastanie, *divji* Roßkastanie
kostim *m* Kostüm *n*
kostnica *f* Beinhaus *n*
koš *m* Korb *m*; *metati v isti ~* in einen Topf werfen
košara *f* Korb *m*, *~ za papir* Papierkorb; *dati komu košarico* jm einen Korb geben
košarka *f* Korbball *m*
košat buschig
košatiti *se (drevo ipd.)* pran-

gen; *se z* prangen mit, protzen mit
košček *m* Stück *n*; *(papirja)* Schnipsel *m*, *(blaga)* Fetzen *m*, *(jedi)* Bissen *m*
koščen *(iz kosti)* beinern; *(po rasti)* knochig; *je ~* ist aus Bein
koščica *f (v češnji ipd.)* Stein *m*; *odstraniti ~e iz* etw. entsteinen
košnja *f* Heuernte *f*
koštrun *m* Hammel *m*
kot als *(večji kot itd.)*, *~ da bi* als ob; wie *(enako velik ~)*, *~ tudi* so wie ...; *kot ne (vem ...)* sowenig ...; *kot da je ...* er scheint zu
kot *m* Winkel *m*, Ecke *f*
kotaliti *(se)* rollen
kotalka *f* Rollschuh *m*
kotanja *f* Mulde *f*, Senkung *f*; Becken *n*
kotel *m* Kessel *m*
kotlina *f* Talkessel *m*, Bekken *n*
kotlovec *m* Kesselstein *m*
kotni Winkel- (*~o železo* Winkeleisen)
kov *m* Prägung *f*, Gepräge *n*; *(starega kova)* Art *f*, Stil *m*; *fig. starega kova* von altem Schrott und Korn
kovač *m* Schmied *m*
kovačnica *f* Schmiede *f*
kovanec *m* Münze *f*, Geldstück *n*
kovaški Schmiede- (*~ izdelki* Schmiedeeisen)
kovati schmieden *(tudi načrte)*; *(denar)* prägen; *dobiček* Kapital schlagen aus; *~ zaroto* sich verschwören gegen
kovček *m* Koffer *m*
kovina *f* Metall *n*, *odpadne ~e* Schrott *m*
kovinski Metall- (*~ nosilec* Metallträger)
koza *f* Ziege *f*; *(telov. orodje)* Bock *m*; *~e pl med.* Blattern, Pocken *pl*
kozarec *m* Glas *n* (*nesti ~ k ustom* das ~ ansetzen)
kozav pockennarbig
kozel *m* Bock *m*; *grešni* Sündenbock, Prügelknabe *m*; *ustreliti ~a* einen Bock schießen
kozliček *m* Kitz *n*, Zicklein *n*
kozmetika *f* Kosmetik *f*
kozmičen kosmisch
kozolec *m* Harfe *f*; Purzelbaum *m* (*narediti ~* einen Purzelbaum schlagen)
kozorog *m* Steinbock *m*
koža *f* Haut *f* (*trda ~* Hornhaut, *bolezni kože* Hautkrankheiten); *(meh)* Balg *m*; *fig.* Fell *n*, Pelz *m*; *ima debelo ~o* er hat ein dickes Fell; *skočiti iz ~e* aus der Haut fahren
kožuh *m* Fell *n*; *(plašč ipd.)* Pelz *m*
kožuhovina *n* Rauchwaren *pl*
kragulj *m* Habicht *m*, Hühnerhabicht
kraguljček *m* Schelle *f*
kraj *m* Ort *m*; Ortschaft *f* (*tuj v ~u* ortsfremd); *(spodnji, gornji ~, za krajem)* Ende *n*, *do ~a* zu Ende; *v tuje ~e* in die Fremde
kraja *f* Diebstahl *m*; *majhna ~ hrane* Mundraub *m*
krajec *m (na klobuku)* Krempe *f*; *prvi, zadnji ~* der

Mond steht im ersten / letzten Viertel

krajeven *(anestezija)* örtlich; Orts- (*~o ime* Ortsname)

krajina *f* Landschaft *f*; *(slika)* Landschaftsbild *n*

krajšanje *n* Abkürzung *f*

krajšati kürzen, verkürzen; *(program, tekst)* zusammenstreichen; *(čas)* vertreiben *(si* sich); *~ se (dan)* abnehmen, kürzer werden

krajšava *f* Abkürzung *f*

krajši kürzer, *(pot)* näher

krak *m* Schenkel *m*, *(svečnika)* Arm *m*

krakati krähen, *fig.* unken

kralj *m* König *m*

kraljestvo *n* Königreich *n*, Königtum *n*; *fig.* Reich

kraljevski königlich, Königs- (*~a krona* Königskrone)

kraljica *f* Königin *f*

kraljiček *m* Goldhähnchen

krama *f* Kram *m*, Rumpel *m*, Trödel *m*

kramar *m* Krämer *m*

kramljati plaudern

kramp *m* Spitzhacke *f*

krap *m* Karpfen *m*

kras *m* Karst *m*

krasen wundervoll, prächtig

krasiti schmücken; *(biti v okras)* zieren *A*

krasota *f* Pracht *f*

krasta *f* Schorf *m*

krastača *f* Kröte *f*

krasti stehlen; entwenden; *F* klauen, mitgehen lassen, mopsen, stibitzen

-krat -mal: *enkrat* einmal, *dvakrat* zweimal *itd.*; *prvikrat* zum ersten Mal

kratek kurz; *za ~ čas* zum Zeitvertreib; *pred ~im* kürzlich, vor kurzem; *v ~em* bald; *na ~o opraviti z* kurzen Prozeß machen mit

kratica *f* Abkürzung *f*, Kürzung *f*

kratiti *(ne dati)* vorenthalten; *(čast)* beschneiden

kratkočasen kurzweilig

kratkočasiti *se z* sich die Zeit vertreiben mit; *koga* unterhalten

kratko malo kurz und gut

kratkoročen kurzfristig; auf kurze Sicht

kratkotrajen kurz, vorübergehend, kurzlebig

kratkoviden kurzsichtig

krava *f* Kuh *f*; *temu bi se še ~e smejale* da lachen ja die Hühner

kravar *m* Kuhhirt *m*

kravata *f* Schlips *m*

kravjak *m* Kuhfladen *m*

kravji Kuh-; *~e mleko* Kuhmilch

kravl *m* Kraul *n*; *plavati ~* kraulen

krcelj *m* Stummel *m*; Stumpf *m*

krč *m* Krampf *m*

krčevit verkrampft, krampfhaft

krčiti *(gozd)* roden, kahlschlagen, *se* schrumpfen, *(blago)* eingehen

krčma *f* Kneipe *f*

krčmar *m* Wirt *m*

krdelo *n* Rudel *n*, Rotte *f*

kreda *f* Kreide *f*; *vzeti na ~o* anschreiben lassen

kredast kreidig

kregati *koga* (aus)schelten,

schimpfen mit; ~ *se* streiten (mit)
krema *f* Creme *f*
krematorij *m* Feuerhalle *f*; *(v taboriščih)* Krematorium *n*
kremen *m* Quarz *m*
krempelj *m* Kralle *f*; *~i* Klauen *pl*, *fig.* Fänge *pl*
kremžiti *se* das Gesicht verziehen
kreniti sich auf den Weg machen; ~ *na levo gl.* **zaviti, iti**
krep *m* Krepp *m*
krepčati stärken (*se* sich)
krepek *(močan)* kräftig, *(starejši človek)* rüstig, *(otrok)* stramm; *(~e postave)* füllig; *(tisk)* fett; *(glas)* stark
krepelce *n* Knüppel *m*
krepilen stärkend; *~a hrana* Kraftnahrung
krepost *f* Tugend *f*
kreposten tugendhaft, züchtig; *pretirano* ~ prüde
kres *m* Sonnenwende *f*, Sommersonnenwende; *(ogenj)* Sonnwendfeuer *n*
kresilen *~i kamen* Feuerstein *m*
kresnica *f* Glühwurm *m*
kreša *f* Kresse *f*
kretnica *f* Weiche *f* (*nastaviti* stellen)
kretnja *f* Gebärde *f*, Geste *f*
krhati *se* bröckeln, abbröckeln, zerbröckeln
krhek zerbrechlich, *(les)* brüchig; *(pecivo, testo)* mürbe, *(hrustav)* knusprig; *(smeh)* spröde; *na ~ih nogah* auf tönernen Füßen
kri *f* Blut *n*, *(rod)* Geblüt *n*; *zastrupljenje krvi* Blutvergiftung; *ki zaustavlja* ~ blutstillend
kričač *m* Schreihals *m*
kričanje *n* Geschrei *n*
kričati schreien; lärmen; *kriči, kot bi mu kožo drli* er schreit wie am Spieß
kričeč schreiend, *(barva)* grell
krik *m* Schrei *m*, Aufschrei *m*; *vik in* ~ Gezeter *n*
krikniti aufschreien, einen Schrei ausstoßen
krilatica *f* geflügeltes Wort
kriliti fuchteln
krilo *n* Flügel *m*; *(letala)* Tragfläche *f*; *(damsko)* Rock *m*; *(naročje)* Schoß *m*
kriminalen kriminell, Kriminal- (~ *pravo* Kriminalrecht)
kriminalka *f* Kriminalroman *m*, Detektivroman *m*
krinka *f* Maske *f*, Larve *f*
kriplje *na vse* ~ *(kričati)* aus Leibeskräften; *(hiteti ipd.)* was das Zeug hält
kristal *m* Kristall *m*; *(steklo)* Kristallglas *n*
kristjan *m* Christ *m*
kristjanstvo *n* Christenheit *f*
kriti decken
kritičen kritisch
kritik *m* Kritiker *m*
kritika *f* Kritik *f* (an) (*pod vsako ~o* unter aller Kritik); *(knjige ipd.)* Besprechung *f*
kritizirati kritisieren; bemängeln, monieren
kritje *n* Deckung *f*; *hrbta* Rückendeckung *f*; *finančno* Finanzdeckung
kriv *(neraven)* krumm; *(vera,*

pot) Irr- (Irrglaube, Irrweg); *~a prisega* Meineid; schuld (*za* an), schuldig; *spoznati za ~ega* jn schuldig sprechen; *za to je ~a (izdelava ipd.)* das liegt an der (Ausarbeitung); *zaiti na ~a pota* auf Abwege geraten

krivda *f* Schuld *f*; Verschulden *n*; *brez lastne ~e* unverschuldet; *oproščen ~e* freigesprochen; *priznati krivdo* sich schuldig bekennen

krivec *m* Schuldige(r) *m*

krivica *f* Unrecht *n*

krivičen ungerecht

krivina *f* Biegung *f*

kriviti *(stvar)* biegen; *(hrbet)* krümmen; *koga za kaj* jm die Schuld geben für

krivoprisežen meineidig

krivoverec *m* Ketzer *m*

krivoverstvo *n* Ketzerei

krivulja *f* Kurve *f*

kriza *f* Krise *f*

krizantema *f* Chrysantheme *f*

križ *m* Kreuz *n*; *kljukasti ~* Hakenkreuz; *na ~* kreuzweise; *~ je z (njim)* es ist ein Kreuz mit (ihm); *imeti ~e (in težave) z* seine liebe Not / sein Kreuz haben mit; *narediti ~ čez* etw. in den Schornstein schreiben

križanec *m* Kreuzung *f*, Mischling *m*, Bastard *m*

križanje *n* Kreuzigung *f*; *(poti)* Kreuzung *f*

križanka *f* Kreuzworträtsel *n*

križar *m* Kreuzfahrer *m*

križati kreuzen; kreuzigen; *pre~ se* sich bekreuzigen

križem *(gledati)* scheel, schief (anschauen); *držati roke ~* die Hände in den Schoß legen; *~ kražem* kreuz und quer

križevec *m* Kreuzspinne *f*

križišče *n* Kreuzung *f*

krma *f* Futter *n*; *(ladje)* Heck *n*

krmar *m* Steuermann *m*

krmariti steuern; lenken

krmežljav *(oči)* verklebt; *(otrok)* kränklich, schwächlich

krmilo *n (krma)* Kraftfutter *n*; *(avto)* Lenkrad *n*, Steuer *n (tudi na ladji)*, *fig.* Ruder *n (biti na ~u* am Ruder sein); *(v letalu)* Knüppel *m*

krmiti füttern

krof *m* Krapfen *m*, Berliner Pfannkuchen *m*

krog *m* Kreis *m*; *(pri igri, na vodi, ~ dima)* Ring *m*; *(prijateljev)* Runde *f*; *(okrogla plošča) Scheibe f*

krog *na desno / levo ~* rechts / links um; *~ in ~* rundum

krogla *f* Kugel *f*; *(izstrelek)* Geschoß *n*; *~e F* blaue Bohnen *pl*

krohot *m* Gelächter *n*

krohotati *se* aus vollem Hals lachen

kroj *m* Schnitt *m*; *(~na pola)* Schnittmuster *n*

krojač *m* Schneider *m*

krojaški Schneider- (*~ izdelek* Schneiderarbeit)

krojiti schneidern *A*; *(urezati)* zuschneiden; *usodo* bestimmen

krokar *m* Rabe *m*

krokati zechen; sich die

Nacht um die Ohren schlagen

krokodil *m* Krokodil *n*

krom *m* Chrom *n*

krompir *m* Kartoffel *f*; Erdapfel *m*; *F imeti ~ F* Schwein haben

krona *f* Krone *f*; *F stvarstva* Herren der Schöpfung *pl*; *ne bo ti padla ~ z glave* es fällt dir kein Stein aus der Krone

kronanje *n* Krönung *f*

kronati krönen

kroničen chronisch, *biti ~ pijanec* trunksüchtig sein

kronika *f* Chronik *f*

krop *m* siedendes Wasser *n*; *ne ~ ne voda* weder Fisch noch Fleisch

kropiti besprengen

krošnja *f* Baumkrone *f*, Krone *f*

krošnjariti hausieren

krotek zahm

krotiti zähmen, *(jezo)* bändigen, *(tek)* mäßigen

krov *m* Bord *n*, *(prvi, drugi)* Deck *n*; *iti na ~)* an Bord gehen

krovec *m* Dachdecker *m*

krožek *m* Zirkel *m*

krožiti kreisen; *(denar)* rollen, kursieren, *(govorica)* umgehen

krožnica *f (planeta)* Bahn *f*

krožnik *m* Teller *m*; *(pod skodelico)* Untertasse *f*

krpa *f* Lappen *m*, *(za krpanje)* Flicken *m*; *za umivanje* Waschlappen

krpanec *m* Stopfgarn *n*

krpati ausbessern, *(s krpo)* flicken; *(nogavice ipd.)* stopfen

krst *m* Taufe *f*; *govorniški ~* Jungfernrede *f*; *živ ~* keine Seele

krsta *f* Sarg *m*

krstiti taufen; *(vino)* pantschen

krstni Tauf- (*~i boter* Taufpate); *~o ime* Taufname *m*, Vorname *m*; *~a predstava* Uraufführung *f*

krščanski christlich, Christen-

krščanstvo *n* Christentum *n*

kršitev *f* Vergehen *n* (*G* gegen), Verletzung *f* (von)

kršiti sich vergehen gegen, *(pravila)* verletzen

krt *m* Maulwurf *m*

krtača *f* Bürste *f*; *za lase* Haarbürste, *za čevlje* Schuhbürste

krtačiti bürsten, ausbürsten

kruh *m* Brot *n*, *fig.* Broterwerb *m*; *bel ~* Weißbrot, *črn ~* Schwarzbrot; *enoten* Mischbrot; *~ z maslom* Butterbrot

kruhek *m* Stulle *f*; *obložen* belegtes Brötchen; Happen *m*

kruliti *(prašič)* grunzen; (*želodec* im Magen) knurren

kruljav krumm

krušiti *se* abbröckeln, zerbröckeln

krušni *~ oče* Pflegevater *m*

krut grausam

krutost *f* Grausamkeit *f*

krvav blutig, *(obleka)* blutbeschmutzt, blutbeschmiert; *(oči)* blutunterlaufen, *~a rihta* Blutgericht *n*; *(mislim) ~o resno* (es ist mein) bitterer / voller Ernst

krvaveti bluten
krvavica *f* Blutwurst *f*
krvavitev *f* Blutung *f*; *(močna, nenadna)* Blutsturz *m*; *~ iz nosu* Nasenbluten *n*
krvni *~a žila* Blutgefäß *n*; *~a skupina* Blutgruppe *f*; *~i obtok* Kreislauf *m*
krvnik *m* Scharfrichter *m*, Henker *m (tudi fig.)*
krvodajalec *m* Blutspender *m*
krvoločen blutrünstig, blutgierig
krvoskrunstvo *n* Inzest *m*, Blutschande *f*
krznar *m* Kürschner *m*
krznen Pelz- (*~ plašč* Pelzmantel)
krzno *n* Pelz *m*; *~a* Rauchwaren *pl*
kubični Kubik- (*~i meter* Kubikmeter)
kučma *f* Pelzmütze *f*
kuga *f* Pest *f*
kuhalnica *f* Kochlöffel *m*
kuhalnik *m* Kochplatte *f*
kuhar *m* Koch *m*; **kuharica** *f* Köchin *f*
kuharski *~a knjiga* Kochbuch *n*
kuhati kochen, *(v sopari)* dünsten; *(žganje)* brennen; *(milo)* sieden; *fig. ~ mulo* maulen; *~ jezo na* grollen
kuhinja *f* Küche *f*; *bivalna ~* Wohnküche *f*
kujati *se* schmollen
kukavica *f* Kuckuck *m*
kulisa *f* Kulisse *f*
kult *m* Kult *m*
kultura *f* Kultur *f*
kulturnik *m* Kulturschaffende(r) *m*
kulturnozgodovinski *spomenik* Denkmal *n*, *(stavba)* Baudenkmal *n*
kumara *f* Gurke *f*; *kisla* Essiggurke
kumina *f* Kümmel *m*
kuna *f* Marder *m*
kunec *m* Kaninchen *n*, Karnickel *n*
kup *m* Kauf *m*; *vzeti v ~* in Kauf nehmen
kup *m* Haufen *m*; *(zložen)* Stapel *m*; *(papirja)* Stoß *m*; *na ~e česa* haufenweise, in rauhen Mengen
kupa *f* Becher *m*, Kelch *m*
kupčevati handeln
kupčija *f* Geschäft *n*; Handel *m*; *(kup)* Kauf *m*; skleniti ~o handelseinig werden, einen Kauf tätigen
kupec *m* Käufer *m*
kupiti kaufen; erwerben; *(vozovnico, vstopnico)* lösen
kupljiv käuflich
kupni Kauf- (*~a moč* Kaufkraft *f*)
kupola *f* Kuppel *f*
kupovati *(na veliko)* ankaufen; *(opravljati nakupe)* einkaufen; *gl. tudi* **kupiti**
kura *f* Henne *f*, Huhn *n*; *F fig.* dumme Henne
kura *f* Kur *f*; *konjska* Roßkur
kurir *m* Bote *m*, Laufbursche *m*
kuriti heizen
kurivo *n* Heizmaterial *n*
kurjač *m* Heizer *m*
kurjava *f* Heizung *f*; *centralna* Zentralheizung *f*
kurji Hühner-; *~e oko* Hühnerauge *n*; *~a polt* Gänsehaut *f*; *stopiti na ~e oko* auf die Zehe treten

kurnik *m* Hühnerstall *m*; *fig. F* Stall *m*, Hütte *f*; *(zelo majhna stavba)* Hühnerstall *m*
kurz *m* Kurs *m*, Lehrgang *m*
kuščar *m* Eidechse *f*
kuštrati *(lase)* zerzausen
kuštrav *(lasje)* zerzaust; zottig
kuta *f* Kutte *f*
kutina *f* Quitte *f*
kuverta *f* Umschlag *m*
kužek *m* Hündchen *n*
kužen ansteckend, *~a bolezen* Seuche *f*
kvačka *f* Häkelnadel *f*
kvačkati häkeln
kvadrat *m* Quadrat *n*
kvadratni Quadrat- (*~ koren* Quadratwurzel)
kvakati quaken
kvalificiran gelernt; *~ delavec* Facharbeiter; *biti ~ za (primeren) fig.* sich eignen zu
kvaliteta *f* Güte *f*; *prva, druga ~* erste, zweite Wahl *f*; *znak ~e* Gütezeichen *n*
kvaliteten hochwertig
kvanta *f* Zote *f*
kvantati Sauglocken läuten lassen, sich bei Thema eins aufhalten; schweinigeln
kvaren schädlich; *(za ugled ipd.)* abträglich
kvariti schaden, *(rezultat)* entstellen
kvart *m* Maß *n*
kvas *m* Hefe *f*, Germ *m*
kvasiti *(dati v kvašo)* beizen; *(neumnosti)* quasseln, quatschen
kvašen Hefe- (*~o testo* Hefeteig)
kvečjemu höchstens, bestenfalls, allenfalls
kvišku hinauf, empor
kvota *f* Quote *f*

L

labirint *m* Irrgarten *m*, Labyrinth *n*
labod *m* Schwan *m*
laboratorij *m* Labor *n*, Laboratorium *n*
lačen hungrig; *biti / postati* ~ Hunger haben / bekommen
ladijski Schiffs- (~ *zdravnik* Schiffsarzt); ~ *pod* Dielenboden *m*
ladja *f* Schiff *n*; *tovorna* Frachter *m*; *vesoljska* Raumschiff *n*
ladjar *m* Reeder *m*
ladjedelnica *f* Werft *f*
ladjedelništvo *n* Schiffsbau *m*
ladjevje *n* Flotte *f*
lagati lügen
lagoden bequem, lässig
lahek leicht, *(dotik)* sanft; *(jed)* verträglich, zuträglich, *(vino)* leicht, mild; *(prijem)* locker; *zlahka* spielend
lahek leicht, sanft; ~*o* sacht
lahko 1. leicht; ~ *tebi* du hast gut lachen; *jemati na* ~ auf die leichte Schulter nehmen; 2. können: ~ *greš* du kannst gehen; 3. dürfen: du darfst gehen; *To lahko verjamete.* Das dürfen Sie glauben
lahkomiseln leichtfertig, leichtsinnig; *biti* ~ über die Stränge schlagen
lahkotno obenhin, oberflächlich
lahkoveren leichtgläubig
lahkoživka *f* Lebedame *f*
laik *m* Laie *m*
lajati bellen
lajež *m* Gebell *n*
lajna *f* Leier *f*; *(večja)* Drehorgel *f*
lajšati erleichtern, *(bolečine)* lindern
lak *m* Lack *m*; ~ *za nohte* Nagellack *m*
lakomen habgierig
lakota *f* Hunger *m*; *(pomanjkanje hrane)* Hungersnot *f*; *od ~e* vor Hunger; *smrt od ~e* Hungertod *m*; *(potešiti* stillen)
lan *m* Flachs *m*
lanen ~*o olje* Leinsamenöl *n*
lani voriges Jahr, letztes Jahr
las *m* Haar *n*; *lasje pl* Haar *n*, Haare *pl*; (*mastni* fettend, fettig; *pusti* spröde, trocken; *lasje so mastni* das Haar fettet); *na las, za las* aufs Haar; *za lase (privlečen)* bei / an den Haaren; *biti si v laseh* sich in den Haaren liegen mit; *skočiti si v lase* sich in die Haare kriegen, sich in die Wolle geraten, aneinandergeraten; *visi na lasu* es steht auf des Messers Schneide
lasišče *n* Haarboden *m*

laskati schmeicheln
laskav schmeichlerisch
lasni Haar- (*~a korenina* Haarwurzel *f*)
lasnica *f* Haarnadel *f*; *(žila)* Haargefäß
last *f* Besitz *m*; *v lasti države* staatseigen; *v privatni ~i* in privater Hand; *biti last koga* jm angehören, gehören (es gehört ihm)
lasten eigen; Eigen- (*~e potrebe* Eigenbedarf)
lastiti *si A* in Anspruch nehmen, beanspruchen (für sich); *(pravico)* sich anmaßen
lastnik *m* Eigentümer *m*, *(posesti)* Besitzer *m*; *(gostilne, dovoljenja)* Inhaber *m*; *(avta, živali)* Halter *m*
lastnina *f* Eigentum *n*
lastnoročen eigenhändig
lastnost *f* Eigenschaft *f*
lastovka *f* Schwalbe *f*
lasulja *f* Perücke *f*; Zweitfrisur *f*; *delna* Haarteil *n*
lata *f* Latte *f*
latinica *f* lateinische Schrift *f*
latinščina *f* Latein *n*
latovščina *f* Gaunersprache *f*, Rotwelsch *n*
laziti kriechen; *~ za* nachsteigen; *~ na* steigen auf
laž *f* Lüge *f* (*debela* faustdikke, glatte); *postaviti A na ~* Lügen strafen
lažen falsch, unecht, Pseudo- (*~a znanost* Pseudowissenschaft)
lažniv verlogen
le *(samo)* nur, *ne ~* nicht nur; *ne le da* nicht genug, daß; *(nasprotno)* vielmehr
lebdeti schweben
lect Honigkuchen *m*, Lebkuchen *m*
leča *f (hrana)* Linsen *pl*; Linse *f*, *kontaktna* Kontaktlinse *f*
leči, ležem sich hinlegen, sich niederlegen; *~ jajca* Eier legen
led *m* Eis *n*; *speljati na ~* aufs Glatteis führen
leden eiskalt; eisig *(tudi fig.)*; *fig.* frostig; *~a plošča* Eisscholle *f*, Treibeis *n*
ledenik *m* Gletscher *m*
ledina *f (neobdelana zemlja)* Brache *f*; Neuland *n (tudi fig.)* Ödland *n*; *je ~* es liegt brach
ledišče *n* Gefrierpunkt *m*
ledolomilec *m* Eisbrecher *m*
ledvica *f* Niere *f*
ledvični Nieren- (*~ kamen* Nierenstein)
lega *f* Lage *f*
legar *m* Typhus *m*
legenda *f* Legende *f*; *(na zemljevidu)* Zeichenerklärung *f*
legendaren sagenhaft
legitimirati legitimieren; *~ se (pokazati dokumente)* sich ausweisen
leglo *n (prostor)* Brutstätte *f*; *(psov itd.)* Wurf *m*; *fig.* Brut *f*
lekarna *f* Apotheke *f*
lekcija *f* Lektion *f*, Übung *f*; *komu dati ~o* jm einen Denkzettel geben
len faul, *(samo človek)* bequem; *(nedelaven)* arbeitsscheu; *(reka ~o teče)* träge; *ne bodi ~ (kaj storiti)* ohne zu zögern

lenariti faulenzen
lenoba *f* Trägheit *f*; *(lenuh)* *F* Faulpelz *m*
lenoben träge
lenuh *m* Faulpelz *m*, faule Haut *f*
lep schön (*zelo* bildschön, wunderschön); *(namen, prilika, ravnati, skrbeti)* gut; *(število, vsota)* stattlich; *(ironično)* nett, schön; *lepo* schön, fein; *lepi denarci* eine Stange Geld; *delati se ~ega* heucheln, Komödie spielen; *zaradi ~šega* um den Schein zu wahren; *na (vsem) lepem* plötzlich, unvermutet; *Ta je pa lepa!* Na so was; Das ist ja heiter!
lepak *m* Plakat *m*
lepenka *f* Pappe *f*; *strešna* Dachpappe
lepilo *n* Klebemittel *n*; Kleber *m* (*~ za plastiko* Plastikkleber, *za kovine* Metallkleber); *(za tapete)* Kleister *m*
lepiti kleben; verkleben
lepljiv klebrig
leposlovje *n* Literatur *f*
lepota *f* Schönheit *f*
lepotica *f* Schöne *f*; Schönheit *f*
lepotilo *n* Schönheitsmittel *n*, Pflegemittel *n*
lepšati verschönern; schmükken
les *m* Holz *n*; *podoben ~u* holzartig; *bogat z ~om* holzreich; *naplavljen ~* Treibholz *n*; *biti čez ~* einen Tick haben
lesen aus Holz; Holz- (*~o predelovalna industrija* Holzverarbeitungsindustrie)
lesk *m* Glanz *m*, *fig. zunanji ~* Tünche *f*; *brez ~a* glanzlos, *(lasje)* stumpf, matt
leska *f* Haselnußstrauch *m*, Haselnuß *f*
lesketati *se* glitzern, *(dragi kamni)* funkeln; *(v mavričnih barvah)* schillern; *(medlo)* schimmern
lesnika *f* Holzapfel *m*
lesonit *m* Hartfaserplatte *f*
lesorez *m* Holzschnitt *m*
lestenec *m* Lüster *m*, Kronleuchter *m*
lestev *f* Leiter *f*
lesti kriechen; *(skupaj, v dve gubi)* in sich zusammensinken, zusammenfallen
lestvica *f* Leiter *f*
lešnik *m* Haselnuß *f*
let *m* Flug *m*; *sposoben za ~* flugtüchtig
letak *m* Flugblatt *n*, Flugschrift *f*
letalec *m* Flieger *m*
letališče *n* Flughafen *m*; Flugplatz *m*
letalo *n* Flugzeug *n*
letalski Flug- (*~ potnik* Fluggast, *~a pošta* Flugpost); Flieger- (*~ alarm* Fliegeralarm); *Luft-* (*~a baza* Luftstützpunkt, *~i promet* Luftverkehr)
letati fliegen; *(teči)* laufen *~ za* nachlaufen, *~ okoli* herumlaufen
-leten -jährig (*petleten* fünfjährig, *večleten* mehrjährig)
leteti fliegen; *fig. ~ na koga (kritika ipd.)* sich richten gegen, zielen auf, jm gelten
letina *f* Ernte *f*; *slaba* Mißernte *f*

letni Jahres- (~ *čas* Jahreszeit, ~ *obračun* Jahresabschluß)
letnica *f* Jahreszahl *f*; *(drevesna)* Jahresring *m*
letnik *m* Jahrgang *m*
leto *n* Jahr *n*; *prestopno* Schaltjahr, *novo* ~ Neujahr; *leta 1900* im Jahre 1900; ~ *gospodovo* Jahr des Herrn; ~ *za ~m* Jahr für Jahr; *leta in leta* jahrelang; *za leta* auf Jahre hinaus; *ob letu* in einem Jahr, heute in einem Jahr; *vsakih (5 itd.) let* fünfjährlich; *v dvajsetih, tridesetih ~ih* in den zwanziger, dreißiger Jahren; *(človek) pri petdesetih* in den Fünfzigern; *v letih* betagt, hochbetagt; *istih let* gleichaltrig, gleich alt
letopis *m* Jahrbuch *n*; Jahresschrift *f*
letos dieses Jahr, heuer
letošnji heurig, diesjährig
letovišče *n* Ferienort *m*, Urlaubsort *m*
lev *m* Löwe *m*
lev *m (kačji itd.)* abgestreifte tierische Körperhülle, Exuvie *f*
levi linke; *na levi, levo* links; *na levo* nach links
levica *f* Linke *f*
levičar *m* Linkshänder *m*; *(polit.)* Linke(r) *m*
levinja *f* Löwin *f*
leviti *pl brati D levite fig.* jn abkanzeln, jm eine Gardinenpredigt / eine Standpauke halten
leviti *se* sich häuten
levji Löwen- (~ delež Löwenanteil)
ležaj *m* Lager *n*; kroglični Kugellager
ležalnik *m* Liege *f*, *(stol)* Liegestuhl *m*
ležarina *f* Liegegeld *n*
ležati liegen, ~ *na* aufliegen auf; *še naprej* ~ liegen bleiben; *(na zalogi)* lagern; *ležeč* liegend; *poštno ~e* postlagernd; ~ *mi je na* mir ist gelegen an
ležeren salopp
ležišče *n* Lager *n*; *(geol.)* Lagerung *f*
lice *n* Wange *f*, Backe *f*; *(obraz, izraz)* Miene *f*, Gesicht *n*; *(blaga)* rechte Seite
licemeren scheinheilig
licenca *f* Lizenz *f*
licitacija *f* Auktion *f*
ličen schmuck, hübsch
ličinka *f* Larve *f*
ličiti schminken (*se* sich)
lih ungerade
lijak *m* Trichter *m*; *(izliv)* Ausguß *m*
lik *m* Gestalt *f*
likalni Bügel- (*~a deska* Bügelbrett)
likalnik *m* Bügeleisen *n*
likati bügeln, plätten
liker *m* Likör *m*
likviden zahlungsfähig
limanice *iti na* ~ auf den Leim / ins Garn gehen
limona *f* Zitrone *f*
limonada *f* Limonade *f*; *fig. (pesem)* Schnulze *f*
lina *f (strešna)* Luke *f*, *(strelna)* Schießscharte *f*; *poet.* Fenster *n*

linija *f* Linie *f*, *telef.* Leitung *f*
linolej *m* Linoleum *n*
lipa *f* Linde *f*
lirika *f* Lyrik *f*
lisa *f* Fleck *m*; *(pri konju)* Blesse *f*
lisast gefleckt, gesprenkelt, scheckig
lisec *m fig.* Schlaumeier *m*
lisica *f* Fuchs *m*
lisička *f* Pfifferling *m*
lisjak *m* Fuchs *m*; *fig.* Schlauberger *m*
list *m* Blatt *n* (*tudi* časopis); *rojstni, smrtni itd.* Schein *m* (Geburtsschein); *potni ~* Reisepaß *m*, Paß *m*; *(riba)* Scholle *f*
listast blattförmig
listati blättern (*po* in)
listek *m* Zettel *m*; *vozni ~* Fahrkarte *f*; *(košček papirja)* Schnipsel *m*, *pej.* Wisch *m*
listina *f* Urkunde *f*
listje *n* Laub *n*
listnat Laub- (*~o drevje* Laubbäume)
listnica *f* Brieftasche *f*
lišaj *m* Flechte *f*
lišp *m* Putz *m*, Zierat *m*
liter *m* Liter *m*
literaren literarisch
literatura *f* Literatur *f*; Schrifttum *n (tudi strokovna)*
liti gießen; *lije* es gießt, es regnet in Strömen
litina *f* Guß *m*
livarna *f* Gießerei *f*
lizati lecken; schlecken; *(bonbon)* lutschen
lizika *f* Lutscher *m*, Lutschbonbon *m*
ljub lieb, *~i* lieber; *~o mi je* es ist mir lieb, *komu na ~o* jm zuliebe
ljubček *m* Geliebte(r) *m*, *F* Schatz *m*
ljubeč liebevoll
ljubek lieblich, *(~ in majhen)* zierlich; *(otrok, živalca)* artig; hübsch
ljubezen *f* Liebe *f*; *(otrok potrebuje ~)* Zuwendung *f*; *fig.* *(njegova velika ~)* Schwarm *m*, Liebe *f*; Flamme *f*
ljubezenski Liebes- (*~a zgodba* Liebesgeschichte *f*)
ljubezniv liebenswürdig; *(odgovor ipd.)* verbindlich
ljubeznivost *f* Liebenswürdigkeit *f*
ljubica *f* Geliebte *f*; *(nagovor)* Liebes, Liebling *m*, Schatz *m*
ljubimec *m* Liebhaber *m*
ljubitelj *m ~ umetnosti* Kunstliebhaber *m*
ljubiteljstvo *n* Liebhaberei *f*
ljubiti lieben; *se (komu)* belieben, Lust haben (*ne ljubi se mi* es beliebt mir nicht, ich habe keine Lust zu)
ljubkost *f* Anmut *f*
ljubkovalnica *f* Kosename *m*
ljubkovati liebkosen, *(otroka, živalico)* herzen
ljubljenec *m* **ljubljenka** *f* Liebling *m*
ljubosumen eifersüchtig
ljubosumje *n*, **ljubosumnost** *f* Eifersucht *f*
ljudje *pl* Leute *pl*; Menschen *pl*; *~ (božji)!* Kinder!
ljudomrzen menschenfeindlich

ljudožerec *m* Menschenfresser *m*
ljudski Volks- (*~a stranka* Volkspartei)
ljudstvo *n* Volk *n*
lobanja *f* Schädel *m*
ločen *(prostor)* getrennt; *(razvezan)* geschieden
ločevati *gl.* **ločiti**; unterscheiden *(med A)*; trennen
ločilo *n* Satzzeichen *n*
ločitev *f* Scheidung *f*; Trennung *f*
ločiti lösen; *(razlikovati med* unterscheiden *A (se* sich); trennen (*zrno od pleve* die Spreu vom Weizen trennen); *se (razvezati se)* sich scheiden lassen
ločljivč trennbar
ločnica *f* Trennungslinie *f*; Grenze *f*
log *m* Hain *m*, Forst *m*
logar *m* Förster *m*
logičen logisch
loj *m* Talg *m*
lojnica *f* Talgdrüse *f*
lok *m* Bogen *m*
loka *f* Auge *f*
lokalni örtlich; Lokal-; *~ promet* Nahverkehr
lokav schlau, durchtrieben; *(zahrbten)* tückisch
lokomotiva *f* Lokomotive *f*, Maschine *f*
lokostrelec *m* Bogenschütze *m*
lokvanj *m* Seerose *f*
lom *m* Bruchschaden *m*, Bruch *m*
lomastiti poltern, *(medved)* durchs Unterholz brechen
lomiti brechen; *jezik* radebrechen (Deutsch radebrechen); *se (glas)* sich überschlagen
lončar *m* Töpfer *m*
lončarstvo *n* Töpferei *f*
lonček *m* Töpfchen *n*; *(za kreme)* Tiegel *m*
lončen irden, tönern; *~a peč* Kachelofen *m*
lončenina *f* Tonwaren *pl*
lončnica *f* Topfpflanze *f*
lonec *m* Topf *m*; Kochtopf *m*
lopa *f* Schuppen *m*, Verschlag *m*
lopar *m* Schläger *m*
lopata *f* Schaufel *f*, Spaten *m*; *kopati / metati z ~o* schaufeln
lopatica *f* Spachtel *m*; *anat.* Schulterblatt *n*
lopov *m* Bösewicht *m*
loputa *f* Klappe *f*
loputati *z* zuschlagen *A*
los *m* Elch *m*
loščilnik *m* Bohner *m*
loščiti *(tla)* bohnern
lotiti *se G* sich machen an / daran; etw. in Angriff nehmen; *~ se dela* an die Arbeit gehen, *(jedi ipd.)* sich hermachen über; *F* rangehen; *(kako se bomo lotili tega)* zu Werke gehen, *(zla, napak) D* zu Leibe rücken; *~ se koga* auf jn losgehen, *F* jm auf den Pelz rücken, *(fizično)* tätlich werden
lov *m* Jagd *f*, *(ulov)* Fang *m*; *biti na ~u za* hinter etw. her sein
lovec *m* Jäger *m*; *(šahovski)* Läufer *m*; *divji ~* Wilddieb *m*
loviti *gl.* **ujeti**; fangen, jagen; *(z roko in fig.)* greifen nach; *~ se (igra)* fangen, haschen

(spielen); ~ *miši* mausen, ~ *ribe* fischen; ~ *sapo* keuchen, nach Atem ringen

lovka *f* Arm *m*, Fangarm *m*

lovor *m* Lorbeer *m*

lovski Jagd- (*~a trofeja* Jagdtrophäe)

loža *f* Loge *f*

lubenica *f* Wassermelone *f*

lubje *n* Rinde *f*, Borke *f*

luč *f* Licht *n*; *(svetilka)* Leuchte *f*; *~i* Beleuchtung *f*; *zadnja* ~ Rücklicht *n*, *dolga* Fernlicht, *parkirna* Standlicht, *zavorna* Stopplicht; *ni nobena* ~ er ist keine Leuchte; *(prižgati* ~ das Licht anmachen)

lučaj *m* Wurfweite *f*

lučati schleudern, werfen

lug *m* Lauge *f*

luknja *f* Loch *n*; *(na cesti)* Schlagloch; *(vrzel)* Lücke *f*; *(zapor) fig.* Kittchen *n*; *poln lukenj* löcherig

luknjast löcherig

luknjati lochen

lulati *F* pinkeln *F*

lump *m* Lump *m*

lumparija *f* Unfug *m*

luna *f* Mond *m*; *polna* ~ Vollmond *m*

lunin Mond- (~ *mrk* Mondfinsternis *f*)

lupa *f* Lupe *f*; *(pogledati kaj pod ~o* unter die ~ nehmen)

lupina *f* Schale *f (orehova, jajčna)*; *(olupek)* Pelle *f*

lupiti schälen, pellen

luska *f* Schuppe *f*

luskast schuppig

luščina *f* Schote *f*

luščiti schälen, (die Schoten) ablösen

lutka *f* Puppe *f*; Marionette *f*

lutkar *m* Puppenspieler *m*

luža *f* Pfütze *f*; Lache *f*; *fig. velika* ~ der große Teich

lužiti beizen

M

macesen *m* Lärche *f*
mačeha *f* Stiefmutter *f*; *bot.* Stiefmütterchen *n*
maček *m* Kater *m (tudi fig.)*, *fig.* Katzenjammer *m*; *režati se kot pražen ~* wie ein Primeltopf grinsen
mačica *f* Kätzchen *n*
mačji Katzen- (*~e oči* Katzenaugen)
mačka *f* Katze *f*
madež *m* Fleck *m*; *(barve)* Klecks *m*; *fig. (na časti ipd.) Makel m*
magičen magisch
magistrat *m (stavba)* Rathaus *n*; *(poroka na)* (auf dem) Standesamt *n*
magnet *m* Magnet *m*
magnetičen magnetisch
magnetofon *m* Tonbandgerät *n*; *~ski trak* Tonband *n*
mah *m* Moos *n*; *poraščen z ~om* moosig
mahati winken, *komu* jm zuwinken; *(z rokami pri hoji)* schlenkern, *(kriliti)* fuchteln; *~ z repom* wedeln
mahedrati *(hlače)* schlottern
mahniti *gl.* **udariti**; *mahniti jo* gehen; *(oditi)* losziehen, losgehen
maj *m* Mai *m*
majati *se (miza ipd.)* wackeln; wanken; *zemlja* beben
majav wacklig
majcen, majčken winzig
majhen klein (*zelo ~* verschwindend); *(zanimanje itd.)* gering; *(prekršek)* geringfügig; *zelo majhne skupine, stranke* Splittergruppen, Splitterparteien
majica *f* Unterhemd *n*
majoneza *f* Mayonnaise *f*
major *m* Major *m*
mak *m* Mohn *m*
makadam *m* Makadam *m*
maksimalen Höchst- (*~a temperatura* Höchsttemperatur)
malce ein bißchen, ein klein wenig
malček *m* Knirps *m*, Dreikäsehoch *m*
malenkost *f* Kleinigkeit *f*; *(~ je bila narediti ipd.)* Kinderspiel *n*, Spielerei *f*; *(vrednost)* Pappenstiel *m*; *(moja ~* meine) Wenigkeit *f*; *(Hvala!) Malenkost!* Gern getan / geschehen
malenkosten kleinlich, *(nepomemben)* gering, geringfügig
mali der Kleine; *atrib.* klein, Klein- (*~ avto* Kleinwagen)
malica *f* Imbiß *m*, Jause *f*, (zweites) Frühstück *n*
malicati einen Imbiß essen; frühstücken
maligen bösartig
malik *m* Götze *m*
malikovati vergöttern, anbeten

malina *f* Himbeere *f*
malinov Himbeer- (~ *sok* Himbeersaft)
malo wenig; etwas, *čisto ~* ein klein wenig; *malo manj kot (10 m)* knapp (10 Meter); *v malem* in geringem Ausmaß; *ne ~ (se smejati)* nicht schlecht; *še ~ ne* keine Spur; *niti ~ F* nicht die Bohne
malo- klein- (*~kalibrski* Kleinkalibergewehr); minder- (*~leten* minderjährig)
malodane nahezu
malodušen kleinmütig
malokdaj selten
malomaren nachlässig
malomeščan *m* Spießbürger *m*, Spießer *m*
malopriden nichtsnutzig
malta *f* Mörtel *m*
mama *f* Mutter *f*, Mutti *f*
mamica *f* Mutti *f*
mamilo *n* Rauschgift *n*
mamiti locken; verlocken (zu)
mandelj *m* Mandel *f*
maneken *m* Mannequin *n*
manifestacija *f (zborovanje)* Kundgebung *f*
manija *f* Manie *f*
manikirati maniküren
manj weniger; minder (*~ nadarjen ipd.* minderbegabt)
manjkati abgehen *A*, fehlen (an); *pri (izostati)* ausbleiben (von), fernbleiben *D*; *(primanjkovati)* mangeln (an); *(pogrešati)* abgehen (es geht mir ab); *manjka mu eno kolesce* er hat nicht alle Tassen im Schrank; *za las je manjkalo* um ein Haar (wäre) ...
manjšati verkleinern; mindern; *se (promet)* zurückgehen
manjši kleiner, minder
manjšina *f* Minderheit *f*
manjvreden minderwertig
manjvrednost *f* Minderwertigkeit *f*
manšeta *f* Aufschlag *m*, Ärmelaufschlag
mapa *f* Mappe *f*; *(pisarniška)* Aktendeckel *m*
mar *vprašalno gl.* **ali**, etwa, denn; *adv. mar bi bil šel domov, mar bi prišel* wäre ich (doch) nach Hause gegangen, wäre ich (doch) gekommen; *kaj ti to mar* was geht dich das an; *mar mi je to!* was geht mich das an! das geht mich nichts an ...; *ni mi mar* es ist mir nichts an ... gelegen
marati mögen; ~ / *ne* ~ etwas / nichts übrig haben für; *(ne maram za ves svet, nič ne maraj)* sich kümmern um; *(nočem)* ich will nicht
marec *m* März *m*
marelica *f* Aprikose *f*, Marille *f*
marica *(policijsko vozilo)* die grüne Minna
marioneta Marionette *f*; *fig.* Hampelmann *m*
marjetica *f* Gänseblümchen *n*
marka *f* Mark *f*
markacija *f* Markierung *f*
marksist *m* Marxist *m*
marksističen marxistisch
marksizem *m* Marxismus *m*
marljiv fleißig, *(~o delati)* emsig

marljivost *f* Fleiß *m*
marmelada *f* Konfitüre *f*, Marmelade *f*
marmor *m* Marmor *m*
marmornat marmorn, *je ~* ist aus Marmor; Marmor- (*~a klop* Marmorbank)
marnje *pl* Ammenmärchen *pl*
maroga *f* Strieme *f*; blauer Fleck *m*
marsikaj einiges, vieles (*~* spricht dafür, daß ...)
marsikateri, marsikak manch (ein); so mancher
marsikdaj oft
marš *m* Marsch *m*
maršal *m* Marschall *m*
martinček *m* Zauneidechse *f*
marveč vielmehr
masa *f* Masse *f*
masaža *f* Massage *f*
masirati massieren
masiven massiv
maska *f* Maske *f*; *(preobleka)* Verkleidung *f*
masker *m* Maskenbildner *m*
maskirati maskieren; *(kamuflirati)* tarnen
maslo *n* Schmalz *n*; *surovo ~* Butter *f*; *kot po ~u* wie am Schnürchen, wie geschmiert
masovni Massen- (*~o gibanje* Massenbewegung *f*)
mast *f* Fett *n*; Schmalz *n*
masten fett; *(lasje, roke)* fettig; *(lasje)* fettend; (*~o plačati, ~a zaušnica, beseda)* kräftig, deftig
mastiti *se (lasje)* fetten; *~ se z* mit Genuß essen
maša *f* Messe *f*
maščevalen rachsüchtig
maščevanje *n* Rache *f*; Vergeltung *f*
maščevati rächen (*se* sich) (*komu* an); Rache nehmen
maščoba *f* Fett *n*; Fettstoff *m*
mašilo *n* Lückenbüßer *m*
mašiti stopfen; *~ se z* etw. in sich stopfen
maškara *f* Maske *f*
maškarada *f* Maskenball *m*
mat matt, schachmatt
matematičen mathematisch; *(~a naloga)* Mathematik- (Mathematikaufgabe)
matematik *m* Mathematiker *m*
matematika *f* Mathematik *f*, *F* Mathe *f*
material *m* Material *n*; Werkstoff *m*; *gradbeni odpadni* Schutt *m*
materialen materiell; *~a škoda* Sachschaden *m*
materialističen materialistisch
materin Mutter- (*~o znamenje* Muttermal); *je ~* gehört der Mutter; *po ~i strani* mütterlicherseits
materinski mütterlich
materinstvo *n* Mutterschaft *f*
materinščina *f* Muttersprache *f*
maternica *f* Gebärmutter *f*
mati *f* Mutter *f*; *bodoča ~* werdende Mutter, *~ samohranilka* alleinstehende Mutter; *stara ~* Großmutter *f*
matica *f (čebelja)* Königin *f*, Bienenkönigin, Weisel; *(vijaka)* Schraubenmutter *f*;

biserna Perlmutter; *(dokument)* Matrikel *f*
matičar *m* Standesbeamte(r) *m*
matični ~ *urad* Standesamt *n*; ~ *knjiga* Personenstandbuch *n*, ~ *dežela* Mutterland; ~*i mleček* Weiselsaft *m*
matirati schachmatt setzen
matura *f* Reifeprüfung *f*, Abitur *n*
maturirati das Abitur machen, die Reifeprüfung ablegen
mavec *m* Gips *m*
mavrah *m* Morchel *f*
mavrica *f* Regenbogen *m*
mavričen ~*e barve* Regenbogenfarben; *biti* ~ schillern
mazač *m* Kurpfuscher *m*, Quacksalber *m*
mazati schmieren *(tudi fig.)*, schmutzen; streichen, *(z mazilom)* salben
mazilo *n* Salbe *f*
mazivo *n* Schmiermittel *n*
maža *f* Salbe *f*
mecen *m* Mäzen *m*, Gönner *m*
meč *m* Degen *m*, Schwert *n*
meča *pl* Wade *f*
mečevati *se* fechten
mečica *f* Ohrläppchen *n*
mečkati quetschen, zerdrükken; *fig. (biti počasen)* trödeln, *(neodločno)* zaudern; ~ *se (blago)* knittern
med *(~ kolesa, ljudi, med nama)* unter, ~ *tem* darunter; *med drugim* unter anderem; *(dvema ognjema, kolesi, dvema vrstama)* zwischen; *med ... vmes* zwischendurch; *(časovno)* während
med *m* Honig *m*
med *f* Messing *m*
meden Honig- (~ *kolač* Honigkuchen); ~*i tedni* Flitterwochen
medel *(neizrazit)* blaß; *(soj)* matt; *(diskusija, vino)* flau
medenica *f* Becken *n*
medenina *f* Messing *m*
medeninast Messing- (~ *ročaj* Messinggriff); *je* ~ ist aus Messing
medenjak *m* Honigkuchen *m*; Lebkuchen *m*
medicina *f* Medizin *f*
medicinec *m* Medizinstudent *m*
medicinski Medizin- (~*a žoga* Medizinball *m*)
medigra *f* Zwischenspiel *n*
medklic *m* Zwischenruf *m*
medkrajeven *pogovor* Ferngespräch; ~*i promet* Überlandverkehr
medmet *m* Interjektion *f*
mednaroden international; ~*o pravo* Völkerrecht *n*
medsebojen gegenseitig
medtem inzwischen, in der Zwischenzeit, mittlerweile; ~ *ko* während, indem; ~ *pa* wogegen
medved *m* Bär *m*; *beli* ~ Eisbär
medvladje *n* Interregnum *n*
megla *f* Nebel *m*; *(pramen)* Nebelbank *f*
meglen neblig, *fig.* nebelhaft
meglenica *f* Nebel *m*
meglica *f* Nebelschleier *m*
megliti *se megli se mi* mir schwimmt es vor den Augen

meh *m* Blasebalg *m*
mehaničen mechanisch; *~o ponavljati kaj za kom* jm etw. nachbeten; *~o (se premakniti ipd.)* unwillkürlich
mehanik *m* Mechaniker *m*
mehanizem *m* Mechanismus *m*; Triebwerk *n*; *~ ure* Uhrwerk *n*
mehčati weich machen, *(vodo)* enthärten
mehek weich, *(meso)* zart; *~o padajoč* fließend
mehkoba *f* Weichheit *f*
mehkužec *m* Weichtier *n*
mehkužen verweichlicht, weichlich; wehleidig
mehur *m* Blase *f*; *sečni* Harnblase *f*; *delati ~je (pri kuhanju ipd.)* Blasen ziehen
mehurček *m* Blase *f*; *milni* Seifenblase *f*
meja *f* Grenze *f* *(potegniti* ziehen); *(razmejitev)* Begrenzung *f*; *fig.* Schranke *f*; *živa ~* Hecke *f*; *do določene ~e* einigermaßen
mejiti grenzen (*na* an) *(tudi fig.)*; *~ na* angrenzen an
mejni Grenz- (*~ prehod* Grenzübertrittstelle)
mejnik *m* Markstein *m*, Grenzstein *m*; *fig.* Meilenstein *m*
meketati meckern
melanholičen schwermütig, gemütskrank
melanholija *f* Schwermut *f*
meliorirati entwässern, trokkenlegen
melodija *f* Melodie *f*
mena *f* Wechseljahre *pl*; *lunine ~e* Mondwechsel *m*
menažka *f* Blechnapf *m*
mencati wetzen; *(perilo)* durchwaschen; *(neodločno) fig.* zaudern
menda angeblich, *gl.* **baje**; doch nicht, doch nicht vielleicht
menica *f* Wechsel *m*
menih *m* Mönch *m*
meniti meinen; *(domnevati)* annehmen; *(imeti za)* erachten (für); *ne ~ se za* mißachten *A*, *(napake, spodrsljaje)* hinwegsehen über, *ne ~ se za (človeka)* links liegen lassen, *(svarila)* in den Wind schlagen
menjaje wechselweise
menjalnica *f* Wechselstube *f*
menjalnik *m* Wechselgetriebe *n*
menjati tauschen, wechseln; *(del stroja ipd.)* auswechseln; *(stražo, delegata)* ablösen
menjava *f* Tausch *m*, Wechsel *m*; *(straže, delegata)* Ablösung *f*
menstruacija *f* Regel *f*; *imeti ~o* unwohl sein
menza *f (študentska)* Mensa *f*; *(v obratu)* Kantine *f*
mera *f* Maß *n (po ~i* nach Maß, *prostorninska ~* Raummaß); *(dimenzija)* Ausmaß *n*; *(dolžina itd.)* Abmessung *f*; *obrestna mera* Zinssatz *m*; *v veliki ~i* weitgehend, *v določeni ~i* einigermaßen, gewissermaßen; *v kolikšni ~i* inwieweit; *čez mero (piti, kaditi ipd.)* unmäßig, zuviel

merilec *m* Messer *m*
merilo *n* Maßstab *m*; Maß *n* *(uporabljati različna ~a* zweierlei Maß); *(naprava)* Messer *m*
meritev *f* Messung *f*
meriti messen; abmessen; *(zemljišče, traso)* vermessen; *~ se z* sich messen mit; *(namigovati) na* hinauswollen auf, *(kritika ipd.)* sich richten gegen, zielen auf
merjasec *m* Eber *m*
merjenje *gl.* **meriti**; *~ sil* Kraftprobe *f*
merljiv meßbar
mesar *m* Fleischer *m*, Metzger *m*, Fleischhauer *m*
mesarija *f* Metzgerei *f*, Fleischerei *f*
mesec *m* Monat *m*; *(luna)* Mond *m*; *vsak ~* monatlich; *cele ~e* monatelang; *enkrat na ~, na 10 mesecev* monatlich, zehnmonatlich; *star / trajajoč 5, 10 mesecev* fünfmonatig, zehnmonatig
mesečen mondsüchtig; *(noč)* mondhell
mesečina *f* Mondschein *m*
mesečnik *m* *(publikacija)* Monatsschrift *f*; *(človek)* Schlafwandler *m*
mesečnost *f* Mondsucht *f*
mesen fleischlich
mesiti kneten
mesnat fleischig
mesnica *f* Fleischhandlung *f*
meso *n* Fleisch *n*; *mleto* Hackfleisch; *prekajeno* Rauchfleisch
mesojed fleischfressend
mestni städtisch; Stadt- (*~ promet* Stadtverkehr); *~o središče* Innenstadt *f*
mesto *n* 1. Stadt *f* *(malo ~* Kleinstadt, *veliko* Großstadt, *velemesto* Weltstadt, *glavno* Hauptstadt, *novo* Neustadt; *~ in vas* Stadt und Land); 2. Stelle *f* *(določena točka, službeno ~)*; 3. Ort *m* (*mesto zločina* Tatort *m*); *(~ delovanja)* Stätte *f*; *(prostor)* Platz *m*; *~ srečanja* Treffpunkt *m*; *raztrgano ~* Riß *m*; *na ~u* an Ort und Stelle, auf der Stelle, auf dem Fleck, *koga* an js Stelle; *(že) na ~u* zur Stelle; *na pravem ~u* auf dem rechten Fleck *(tudi fig.)*; *biti na 1., 2. itd. mestu* an erster, zweiter Stelle rangieren; *skok z ~a* Sprung aus dem Stand
mestoma stellenweise, streckenweise; gelegentlich
mešalec *m* Mischer *m*, Mixer *m*
mešan gemischt; Misch- (*~ zakon* Mischehe); Gemischt- (*~o blago* Gemischtwaren)
mešanec *m* Mischling *m*; *(človek)* Halbblut *n*; *(pes)* Promenadenmischung *f*
mešanica *f* Mischung *f*, Gemisch *n*
mešati mischen; *(jajca, jed)* rühren, *(penasto)* abtreiben; *koga fig.* jm den Kopf verdrehen; *meša se mu F* er spinnt
meščan *m* Städter *m*; *(občan)* Bürger *m*

meščanski bürgerlich
meščanstvo *n* Bürgertum *n*
mešetar *m* Vermittler *m*; Pferdehändler *m*, Viehhändler *m*; *(na borzi)* Makler *m*
met *m* Wurf *m*
meta *f* Minze *f*
metalec *m* Werfer *m*; ~ *kopja* Speerwerfer
metalurgija *f* Hüttenwesen *n*; Metallurgie *f*
metati werfen; schmeißen (*A* mit); *vase (hrano)* Essen schaufeln; ~ *pesek v oči* Sand in die Augen streuen; ~ *polena pod noge* Knüppel zwischen die Beine werfen; *gl. tudi* **vreči**
meter *m* Meter *m*, *(merilo)* Metermaß *n*
metež *m* Schneetreiben *n*, Gestöber *n*
meti, manem *si roke* sich die Hände reiben
metla *f* Besen *m*; *brezova* Reisigbesen *m*
metoda *f* Methode *f*
metulj *m* Schmetterling *m*; Falter *m*
metuljček *m* Fliege *f*, Schleife *f*
mevža *f* Memme *f*
mezda *f* Lohn *m*
mezga *f* Mark *n* (*paradižnikova* ~ Tomatenmark)
mezinec *m* der kleine Finger
mežikati blinzeln, zwinkern
mežnar *m* Mesner *m*, Küster *m*
mi 1. wir; 2. *Dativ k jaz* mir
mičen reizend
midva wir (zwei), wir (beide)
mig *m* Wink *m*
migati *gl.* **migniti**: wackeln mit, *komu* jm winken, jm zuwinken
migljaj *m* Wink *m*
migljanje *n* Flimmern *n*; ~ *pred očmi* Augenflimmern
migljati flimmern
migniti *z* bewegen *A*; wackeln mit; *ne migniti niti s prstom* keinen Finger rühren / krumm machen; *kot bi mignil* im Nu, im Handumdrehen
migrena *f* Migräne *f*
mijavkati miauen
mik *m* Reiz *m*
mikati *(naloga ipd.)* reizen; *mika me, da bi* ich würde gern ... / ich hätte Lust zu
mikaven reizend, aufregend, apart
mil lieb, *(pogled)* sanft, *(zima, sodba)* mild; *~o (jokati)* bitterlich, *prositi* flehen, anflehen *A*; *(obravnavati)* schonend; *dati milo za drago* den Spieß umdrehen / mit gleicher Münze heimzahlen
milica *f (teritor. čete)* Miliz *f*; Polizei *f*; *prometna* Verkehrspolizei, *postaja ~e* Polizeirevier *n*; *(patrolno vozilo)* Einsatzwagen *m*
miličnik *m* Polizist *m*
milijon *m* Million *f*
milijonar *m* Millionär *m*
milina *f* Anmut *f*
milja *f* Meile *f*
miljenček *m* Liebling *m*; *mamin* ~ Muttersöhnchen *n*
milni Seifen- (~ *mehurčki* Seifenblasen)
milnica *f* Lauge *f*, Seifenlauge *f*

milo *n* Seife *f*
milost *f* Gnade *f*
milosten gnädig
miloščina *f* Almosen *n*
mimika *f* Mienenspiel *n*
mimo *(lok.)* an ... vorbei; *iti ~* vorbeigehen; *(temp.)* dahin, vorüber, um; *biti ~* vorüber sein, um sein
mimogrede im Vorbeigehen, nebenbei; *reči* beiläufig, *zlahka* spielend
mimohod *m (čet ipd.)* Aufzug *m*
mimoidoči *m* Passant *m*
mina *f* Mine *f*
mineral *m* Mineral *n*
minevati vergehen, vorbeigehen, vorübergehen; *(čas)* verstreichen; *koga mine kaj* jm vergeht etw., *(potrpljenje ipd.)* jd ist mit seiner (Geduld) am Ende
minimalen minimal; Minimal-
minirati sprengen *(tudi fig.)*
minister *m* Minister *m*; *za notranje zadeve* des Inneren, *F* Innenminister; *prosvetni* Kultusminister (BRD), Unterrichtsminister (A)
ministrstvo *n* Ministerium *n* (*notranje* Innenministerium)
miniti *gl.* **minevati**
minljiv vergänglich, kurzlebig
minuli vergangen; *(teden)* letzte (Woche)
minuta *f* Minute *f*
mir *m* Ruhe *f* (*je ~* es herrscht ~); *(tišina)* Stille *f*; *(v nasprotju z vojno)* Frieden *m* (*skleniti* schließen); *brez ~u* ruhelos, friedlos; *biti na / pri ~u* ruhig (sein); *ne dati ~u D* keine Ruhe lassen; *pustiti na / pri ~u* in Ruhe lassen, *fig.* gehenlassen, *(zadevo)* auf sich beruhen lassen
miren ruhig, seelenruhig; *(ob udarcih usode ipd.)* gefaßt, gelassen; *(brez strahu za prihodnost)* zuversichtlich; friedlich, still, totenstill; *biti ~ (na miru)* sich ruhig verhalten; *mirno stati* stillstehen; *~o lahko (čakaš ipd.)* getrost, zuversichtlich; *Mirno!* Habtacht!
miriti beruhigen; zu versöhnen suchen; Frieden stiften (zwischen)
miroljuben friedlich, friedfertig; *(človek)* verträglich
mirovati ruhen, stillstehen
mirovni *(pogoji)* Friedensbedingungen
misel *f* Gedanke *m*, *skrita* Hintergedanke; *imeti v ~ih* im Sinne haben, denken an; *biti istih ~i* einer Meinung sein; *ukvarjati se z ~ijo* denken an; *priti na ~* einfallen; *kako ti je to prišlo na ~* wie bist du darauf verfallen / darauf gekommen; *še na ~ mi ne pride* es fällt mir nicht im Traum ein
miselnost *f* Denkart *f*, Mentalität *f*
mislec *m* Denker *m*
misliti denken (*si* sich, *na* an, *o* über / von); *(meniti)* meinen; *~ o* halten von; *slabo ~*

o eine schlechte Meinung haben von; *(predstavljati)* *~ si A* sich *A* vorstellen; *~ resno: mislim resno* es ist mein voller Ernst; *dati ~* nachdenklich stimmen; *(kar) si ni mogoče misliti* undenkbar

miš *f* Maus *f*; *slepe ~i* Blindekuh *f*; *reven kot cerkvena ~* blutarm, arm wie eine Kirchenmaus; *tiho kot ~* mäuschenstill

mišica *f* Muskel *m*

mišičast muskulös

mišljen gedacht; *dobro ~* wohlgemeint; *~ za* gemünzt auf

mišljenje *n* Denken *n*; *(način ~a) Gesinnung f*

miting *m* Kundgebung *f*

mitnica *f* Maut *f*, Mautamt *n*

miza *f* Tisch *m*, *(slavnostna, večja)* Tafel *f*; *sosednja* Nebentisch; *točilna* Schank *m*, Theke *f* *(pogrniti* dekken, *pospraviti ~o po obedu* abtragen)

mizar *m* Schreiner *m*, Tischler *m*

mizerija *f* Misere *f*

miznica *f* Schublade *f* (im Tisch)

mižati (sich) die Augen zuhalten, die Augen zudrükken

mlačen lau, lauwarm

mlad jung, *zelo* blutjung; *(meso)* zart

mladenič *m* Jüngling *m*

mladič *m* Junge(s) *n*

mladina *f* Jugend *f*

mladinski Jugend- (*~ dom* Jugendheim)

mladoleten minderjährig; unmündig

mladoletnik *m* Minderjährige(r)

mladoletnost *f* Minderjährigkeit *f*

mladost *f* Jugend *f*

mladosten jugendlich; *~i greh* Jugendsünde *f*

mlahav schlaff

mlaka *f* Pfütze *f*, Tümpel *m*

mlaskati schmatzen

mlatilnica *f* Dreschmaschine *f*

mlatiti dreschen *(tudi fig.) po* eindreschen auf

mleček *m* Wolfsmilch *f*, Wolfsmilchgewächs *n*

mlečen milchig, *(steklo)* matt; Milch- (*~i izdelki* Milcherzeugnisse, *~o steklo* Milchglas)

mlekarna *f* Molkerei *f*; *(trgovina)* Milchhandlung *f*

mleko *n* Milch *f*; *v prahu* Trockenmilch

mleti mahlen; *(meso)* durch den Wolf drehen; *mlet* gemahlen; *mleto meso* Hackfleisch

mlin *m* Mühle *f*; *~ na veter* Windmühle *f*

mlinar *m* Müller *m*

mlinski *~ kamen* Mühlstein *m*

mnenje *n* Meinung *f* (*o* von), *javno* öffentliche Meinung); *(gledanje, nazor)* Ansicht *f*; *strokovno* Gutachten *n*; *dati strokovno ~o* etw. begutachten; *imeti dobro / slabo ~ o* eine gute / schlechte Meinung haben von, gut / schlecht zu spre-

chen sein auf; *povedati svoje ~* jm seine Meinung sagen, *(odločno)* *F* jm den Marsch blasen, *biti istega ~a z* einer Meinung sein mit, Ansichten teilen
mnogi viele; *na željo ~ih* auf vielfachen Wunsch
mnogo viele; eine Vielzahl von
mnogokotnik *m* Vieleck *n*
mnogokrat oft, wiederholt
mnogonamenski Mehrzweck-
mnogopomenski vieldeutig
mnogostranski vielseitig
mnoštvo *n* Vielheit *f*, Vielzahl *f*
množenje *n* Multiplikation *f*
množica *f* Menge *f*; *~e (široke)* Massen *pl*
množičen Massen- (*~o gibanje* Massenbewegung)
množina *f* Mehrzahl *f*
množiti mehren, vermehren; *mat.* multiplizieren
mobilizacija *f* Mobilmachung *f*
moč *(telesna, veljava, sonce ima ~)* Kraft *f*; *(vpliv, oblast)* Macht *f*; *(~ zla, čustev ipd.)* Gewalt *f*; *moč presoje* Urteilskraft; *delovna ~* Arbeitskraft; *na ~* sehr; *na vso ~ (kričati)* aus Leibeskräften, *na ~ prositi* flehen
močan stark, kräftig, *(dež, izbruh)* heftig; *(močne postave)* füllig; *močna roka* der starke Mann; *močna stran* Stärke *f*; *biti močnejši* überlegen sein; *močno (pod vtisom ipd.)* tief (beeindruckt)
močerad *m* Molch *m*
moči, morem können, vermögen *(knjižno)*; imstande sein, in der Lage sein, *ne ~* außerstande sein; *nič se mu ne more* man kann ihm nichts anhaben
močiti *(čelo ipd.)* befeuchten, benetzen; *(posteljo)* das Bett nässen, einnässen
močnat mehlig *~a jed* Brei
močviren sumpfig, Sumpf- (*~i ptič* Sumpfvogel), Moor- (*~a tla* Moorboden)
močvirje *n* Sumpf *m*; Moor *n*, Morast m
moda *f* Mode *f*; *iz ~e* aus der Mode; *biti v ~i* modern sein, *F* Trumpf sein
model *m* Modell *n*
model *m* Form *f*
modelirati formen, modellieren
moder blau, *nebesno ~* himmelblau; *(pameten)* weise, klug
moderen modern, *(obleka)* modisch; flott; neuzeitlich
modificirati abwandeln
modistka *f* Modistin *f*, Putzmacherin *f*
modni Mode- (*~ izraz* Modeausdruck)
modo *m* Hoden *m*
modras *m* Kreuzotter *f*
modrec *m* Weise(r) *m*
modrica *f* Strieme *f*, blauer Fleck *m*
modrikast bläulich
modrook blauäugig
modrost *f* Weisheit *f*; *biti na koncu s svojo modrostjo* mit seinem Latein am Ende sein
mogoč möglich; *vsi ~i* alle

möglichen; *~e* möglicherweise, vielleicht; *je ~e (primerjati)* es läßt sich (vergleichen); *~e je (težko dobiti ipd.)* es mag (schwer zu bekommen sein); *kolikor mogoče (daleč)* möglichst (weit)

mogočen gewaltig, mächtig

mogotec *m* Machthaber *m*, Mächtige(r) *m*

moj mein, *(substantivno)* meiner, der Meine; *je ~e* es gehört mir; *~i (svojci)* die Meinigen

mojster *m* Meister *m*; *~ skaza* Pfuscher *m*

mojstriti *A* meistern *A*

mojstrovina *f* Meisterwerk *n*; *fig. (prava ~)* Meisterstück *n*

mojstrsko meisterhaft, gekonnt

mojstrstvo *n* Meisterschaft *f*

moka *f* Mehl *n*; *(gladka* glatt, *ostra* griffig)

mokast mehlig

moker naß; *~ kot cucek* patschnaß, pudelnaß

mokrota *f* Nässe *f*

molčati schweigen; *~ o* Schweigen bewahren (über); *F* dichthalten

molčeč schweigsam; *(ki ne izda)* verschwiegen

molčečnost *f* Schweigsamkeit *f*

moledovati betteln (*za* um)

molek *m* Rosenkranz *m*

moleti *iz* ragen aus, *ven, prek* vorstehen, hervorstehen; überstehen

molitev *f* Gebet *n*

moliti, molim beten

moliti, molim halten (*pod nos* unter die Nase halten); hinhalten

molj *m* Motte *f*

molk *m* Schweigen *n*; *(o skrivnosti)* Stillschweigen *n*

molsti melken

momljati brummen

montaža *f* Montage *f*; Einbau *m*; *(filma)* Schnitt *m*

montirati montieren; *(motor)* einbauen

moped *m* Moped *n*

mora *f* Alpdrücken *n*; *(človek)* Plagegeist *m*

morala *f* Moral *f*

moralen sittlich, sittenstreng

morati müssen; sollen; haben zu; *(biti prisiljen)* genötigt sein zu, sich veranlaßt sehen zu

morda vielleicht; möglicherweise; *~ vidi* er mag ... sehen

morebiten eventuell, etwaig

morfij *m* Morphium *n*

morilec *m* Mörder *m*; *fig.* Plagegeist *m*, Langweiler *m*

morilski mörderisch

morišče *n* Richtplatz *m*

moriti morden; plagen, quälen, langweilen

morje *n* Meer *n*, See *f*; *F fig.* Unmenge *f*, Unzahl *f*; *odprto ~* hohe See; *proti ~u* seewärts

mornar *m* Matrose *m*, Seemann *m*

mornarica *f* Marine *f*, Flotte *f*

mornariški Marine- (~ *oficir* Marineoffizier)
mornarski Matrosen- (*~a obleka* Matrosenanzug)
morski Meeres- (*~a alga* Meeresalge); See- (*~o pristanišče* Seehafen)
most *m* Brücke *f*; *požgati vse ~ove za seboj* alle Brücken hinter sich abbrechen
mostišče *n* Pfahlbau *m*; *(milit.)* Brückenkopf *m*
moški *m* Mann *m*; Herr *m*
moški männlich; Männer-; Herren- (*~a oblačila* Herrenkleidung)
moškost *f* Männlichkeit *f*
mošnja *f* Beutel *m*, Geldsack *m*; *anat.* Hodensack *m*
mošt *m* Most *m*
moštvo *n* Mannschaft *f*; Besatzung *f*; *(nogometno)* Elf *f*
motati wickeln, winden; *~ se (okoli hiše)* sich zu schaffen machen; *(po glavi)* durch den Kopf gehen; *(pod nogami)* im Wege sein
moten trüb, matt, *(ogledalo)* blind
motika *f* Hacke *f*
motilen hinderlich, störend, Stör- (*~a akcija* Störaktion)
motiti stören, *(hrup, smrad)* belästigen; *~ se* irren, *~ se o* sich täuschen in; *moteč hrup* Lärmbelästigung
motiv *m* Motiv *n*; Beweggrund *m*; Triebfeder *f*; *vodilni ~* Leitmotiv
motnja *f* Störung *f*; *~ vida* Sehstörung *f*; *~ obratovanja* Betriebsstörung
moto *m* Motto *n*, Leitspruch *m*
motor *m* Motor *m*, *(vozilo)* Motorrad *n*
motorni Motor- (*~o olje* Motoröl); ~a vozila Kraftfahrzeuge
motovilec *m* Feldsalat *m*, Rapunzel *m*
mozeg *m* Mark *n*; (*kostni* Knochenmark); *do ~a* bis aufs Mark
mozgati tüfteln
mozolj *m* Pickel *m*, Pustel *f*
mozoljast *čisto ~* voller Pickel; *~a koža* Akne, Aknehaut
mož *m* Mann *m*, *(zakonski)* Ehemann *m*; *ledeni ~je* Eisheiligen *pl*; *je ~ beseda* er hält sein Wort
možak *m* Kerl *m*
možat männlich, *~o* mannhaft
možen möglich; denkbar
možgani *pl* Hirn *n*, Gehirn *n*
možganski Hirn- (*~a kap* Hirnschlag)
možiček *m* Männchen, Männlein *n*; *~ vstajač* Stehaufmännchen
možiti *v/t* verheiraten, *se* heiraten
možnar *m* Böller *m*, Mörser *m*
možnost *f* Möglichkeit *f*; *~ pranja, umivanja, kuhanja ipd.* Waschgelegenheit, Kochgelegenheit *f*; *po ~i* möglichst, womöglich
mračen düster, finster; schwarz; dämmerig; *(pojava)* zwielichtig
mračiti *mrači se* es dämmert, es wird dunkel

mrak *m* Dämmerung *f*; *(tema)* Dunkelheit *f*, Finsternis *f*; *(slaba svetloba)* Halbdunkel *n*, Zwielicht *n*; *z ~om* mit einbrechender Nacht

mravlja *f* Ameise *f*

mravljišče *n* Ameisenhaufen *m*

mraz *m* Kälte *f*; Frost *m*; (*hud* große, strenge Kälte); *~ je* es ist kalt; *~ mi je* ich friere / es fröstelt mich

mrcina *f* Biest *n*

mrčes *m* Ungeziefer *n*

mrena *f* Haut *f*; Fell *n* (*rebrna* Rippenfell); *očesna* Star *m*

mreža *f* Netz *n*; *(železna)* Gitter *n*, Gatter *n*; *žična* Maschendraht *m*

mrežnica *f* Netzhaut *f*

mrgolenje *n* Gewimmel *n*

mrgoleti wimmeln (*na cestah mrgoli ljudi* Die Straßen wimmeln von Menschen)

mrha *f* Luder *n*; *lena ~* faules Aas

mrhovina *f* Aas *n*, Kadaver *m*

mrk *m* Finsternis *f*; *sončni ~* Sonnenfinsternis

mrlič *m* Tote(r) *m*; Leiche *f*

mrliški Toten- (*~i list* Totenschein *m*); *~o bled* leichenblaß

mrmrati murmeln

mrož *m* Walroß *n*

mršav mager, hager *(človek)*

mršiti *(lase)* zerzausen

mrtev tot; *(roka, noga, prsti)* taub; *(zemlja)* roh; *~ na kaj* versessen auf

mrtvaški Toten-, Leichen- (*~ voz* Leichenwagen)

mrtvašnica *f* Leichenhalle *f*; Schauhaus *n*

mrtvilo *n* Stillstand *m*, Flaute *f*

mrtvorojen totgeboren

mrtvoud *m* Lähmung *f*

mrva *f* Heu *n*; Krume *f*

mrzek *gl.* **zoprn**

mrzel kalt, *fig.* frostig

mrziti hassen; *mrzim kaj* etw. ist mir ein Greuel / ist mir verhaßt

mrzlica *f* Fieber *n* (*močvirska* Sumpffieber); *(trese me ~)* (ich habe) Schüttelfrost *m*

mrzličen fieberhaft, hastig

mržnja *f* Haß *m*

mucka *f* Mieze *f (tudi fig.)*

mučen peinlich, *(bolezen)* qualvoll

mučenik *m*, **mučenec** *m* Märtyrer *m*

mučeniški Märtyrer- (*~a smrt* Märtyrertod)

mučenje *n* Folter *f*, Foltern *n*; *(živali)* Quälerei *f*

mučiti foltern; *(živali)* quälen; *fig.* peinigen, plagen; *~ se z* sich plagen / abplagen mit

muditi *se (kje)* weilen; *mudi se* es eilt, es drängt; *mudi se mi* ich habe es eilig, ich habe Eile

muf *m* Muff *m*

muha *f* Fliege *f*; *(na puški)* Korn *n*, *(vzeti na ~o* aufs Korn nehmen); *fig.* Laune *f*, Marotte *f*, Schrulle *f*; *~ enodnevnica* Eintagsfliege *f (tudi fig.)*; *imeti kaj na*

muhi es auf etw. abgesehen haben; *ni od muh* es / er ist nicht von Pappe / nicht ohne
muhast launenhaft, launisch; wetterwendisch
muka *f* Qual *f*, Plage *f*; Plakkerei *f*
mukati muhen; brüllen
mukoma mit Mühe, mühsam, mühevoll; ~ *je (razbral)* er hatte Mühe (zu)
mula *f* Maulesel *m*, Maultier *n*; *mulo kuhati* maulen
mulj *m* Schlamm *m*, Schlick *m*
mumps *m* Ziegenpeter *m*
muren *m* Grille *f*
murva *f* Maulbeerbaum *m*
mušica *f* Mücke *f*
muškat *m* Muskat *m*, (*~ni oreh* Muskatnuß); *(vino)* Muskateller *m*
mušnica *f* Fliegenpilz *m*
mutast stumm
mutiranje *n* Stimmwechsel *m*
mutirati sich im Stimmwechsel befinden, mutieren
muzati *se* schmunzeln
muzej *m* Museum *n* (Museen *pl*)
muzika *f* Musik *f*
muzikalen musikalisch

N

na auf *(na mizi, omari, tleh, svetu)*; an *(na zidu, stropu, koncu)* (an dem = am); in (*na hitro* in aller Eile, *na slabšem* im Nachteil, *na tihem* im Stillen, *na prostem* im Freien, in dem = im); *na videz* dem Anschein nach; *na primer* zum Beispiel (z. B.)
nabasati *(kaj)* vollstopfen; ~ *v* stopfen in, *(ljudi)* pferchen in, zusammenpferchen
nabava *f* Anschaffung *f*, Erwerb *m*
nabaviti anschaffen, erwerben
nabiralnik *m pisemski* Briefkasten *m*
nabirati *gl.* **nabrati** ~ *se* sich ansammeln, häufen; *(zastajati)* sich stauen
naboj *m* Ladung *f*; *slepi* ~ Platzpatrone *f*
nabor *m* Musterung *f*, Stellung *f*
naborek *m* Rüsche *f*
nabosti spießen, aufspießen
nabrati sammeln, ansammeln; *(cvetlice)* pflücken; *(blago)* raffen; *(na nit)* auffädeln, auf Faden / Draht ziehen; ~ *usta* den Mund spitzen
nabrekel geschwollen; *(ustnice)* wulstig
nabrekniti anschwellen
nabrežje *n* Kai *m*
nabrusiti schleifen
nacist *m* Nationalsozialist *m*, Nazi *m*
nacizem Nationalsozialismus *m*
načečkati kritzeln
načelen grundsätzlich, prinzipiell
načelnik *m (oddelka)* Leiter *m*, Vorsteher *m*, Vorstand *m*
načelo *n* Grundsatz *m*; *v ~u* grundsätzlich
načeti *(steklenico, paket)* anbrechen, *(kruh, klobaso, temo)* anschneiden; *(vprašanje)* aufwerfen, anschneiden; etw. zur Sprache bringen; *(rja je načela ...)* angreifen
način *m* Art *f* (~ *gradnje* Bauart); Weise *f* (~ *življenja* Lebensweise, *na ta* ~ auf diese Weise); *na vsak* ~ auf jeden Fall, jedenfalls; *na noben* ~ auf keinen Fall, keineswegs; *na isti način* in gleicher Weise
načitan belesen
načrt *m* Plan *m*; Entwurf *m*; Programm *n*; *(projekt)* Vorhaben *n*; ~ *mesta* Stadtplan; *po ~u* planmäßig; *imeti v ~u* planen *A*, vorhaben
načrtovati planen
načrtno planmäßig, Plan- (~ *gospodarstvo* Planwirtschaft)

načrtovanje Planung *f*, *~ družine* Familienplanung
nad über *(nad eno uro, nad hišo)*, darüber; ober, oberhalb *(G)*; *ni ga nad* es geht nichts über
nadalje weiter, ferner; fernhin
nadaljevanje *f* Folge *f*, Fortsetzung *f*
nadaljevati *v/t* fortsetzen, (wieder) aufnehmen, *v/i* fortfahren, weitermachen; *~ se* weitergehen
nadaljnji weiter; *do ~ega* bis auf weiteres; *brez ~ega* ohne weiteres, ohne Umstände
nadangel *m* Erzengel *m*
nadarjen begabt, *zelo ~* hochbegabt; *~ za (tehniko)* veranlagt
nadarjenost *f* Begabung *f*, Veranlagung *f*
nadčlovek *m* Übermensch *m*
nadčuten übersinnlich
nadejati *se G* sich Hoffnungen machen auf, sich versprechen *A*
nadeti *(klobase ipd.)* füllen; *si (klobuk)* aufsetzen; *~ si (ime ipd.)* sich zulegen
nadev *m* Fülle *f*
nadih *m* Hauch *m*; *rdeč ~* ein Stich ins Rote; *fig*. Anflug *m*
nadlaket *m* Oberarm *m*
nadledvična *žleza* Nebenniere *f*
nadlega *f biti v ~o* zur Last fallen
nadlegovati *(ne bi želel ~)* belästigen, behelligen; *(otroci neprestano nadlegujejo)* plagen, quälen
nadležen lästig; leidig
nadloga *f* Landplage *f*, Pest *f*; *(človek)* Plagegeist *m*
nadmoč *f* Übermacht *f*
nadnaraven überirdisch, übernatürlich; *(velikost)* überlebensgroß
nadoknaditi aufholen, einholen
nadomesten Ersatz- (*~i del* Ersatzteil)
nadomestek *m* Ersatz *m*
nadomestilo *n* Ersatz *m*, *~ škode* Schadenersatz *m*; *~ za osebni dohodek* Krankengeld *n*
nadomeščati, nadomestiti ersetzen; *(koga)* vertreten; *(izgubljeno)* wettmachen, *(zamujeno)* aufholen
nadrejen übergeordnet
-nadstropen -stöckig (*dvonadstropen* zweistöckig)
nadstropje *n* Stock *m*, Stockwerk *n*; Geschoß *n*; *v prvem ~u* im ersten Stock
nadškof *m* Erzbischof *m*
nadštevilen überzählig
naduha *f* Asthma *n*
nadura *f* Überstunde *f*
nadut eingebildet, überheblich
nadvlada *f* Oberherrschaft *f*
nadvojvoda *f* Erzherzog *m*; Großherzog *m*
nadvoz *m* Überführung *f*
nadvse überaus, über- (*~ bogat* überreich); über alle Maßen
nadzidati *(hišo)* aufstocken
nadzirati beaufsichtigen; überwachen
nadzor *m* Aufsicht *f*, Beaufsichtigung *f*; Überwachung *f*

nadzorni Aufsichts- (*odbor* Aufsichtsrat)
nadzornik *m* Inspektor *m*; Aufseher *m*
nadzvočni Überschall- (*~a hitrost* Überschallgeschwindigkeit)
naenkrat (*nenadoma*) auf einmal, (*ob istem času*) gleichzeitig, zugleich, zu gleicher Zeit
nafta *f* Erdöl *n*, Öl *n*
naftni Öl- (*~i vrelec* Ölquelle)
nag nackt, *gl.* **gol**
nagačiti ausstopfen
nagajati (*otroci*) unartig sein; (*motor ipd.*) zu schaffen machen
naganjati (*v, na*) treiben; antreiben
nagel schnell, hastig, *gl.* hiter; *~o sodišče* Standgericht *n*
nagelj *m* Nelke *f*
nageljnova žbica *f* Gewürznelke *f*
nagib *m* Neigung *f*; (*motiv*) Beweggrund *m*
nagibati *se k* neigen zu
naglas *m* Betonung *f*
naglasiti betonen
nagledati *se G* sich sattsehen an
naglica *f* Eile *f*; Hetze *f*; *v ~i* eilig, hastig, in aller Eile
naglušen schwerhörig
nagnati vertreiben *iz hiše* aus dem Hause weisen; *strah v kosti* jn einschüchtern; *k delu* antreiben
nagniti neigen (*se* sich)
nagnjen geneigt, schief; *k čemu* veranlagt
nagnjenje *n* Neigung *f*; *fig.* Hang *m*
nagobčnik *m* Maulkorb *m*
nagon *m* Trieb *m*
nagonski triebhaft, triebmäßig
nagota *f* Blöße *f*
nagovor *m* Anrede *f*, (*govor*) Ansprache *f*
nagovoriti ansprechen, anreden; *k čemu* zureden (zu)
nagrabiti raffen, zusammenraffen
nagrada *f* Preis *m*; Belohnung *f*; Prämie *f*; *na glavo* Kopfgeld *n*; (*podeliti ~o* einen Preis verleihen)
nagraditi belohnen; prämieren
nagradni Preis- (*~ razpis* Preisausschreiben)
nagrajen preisgekrönt
nagrajenec *m* Preisträger *m*
nagrajevanje *n* Entlohnung *f*
nagrmaditi anhäufen
nagrobnik *m* Grabstein *m*
naguban faltig; Falten- (*~o krilo* Faltenrock)
nagubati (*krilo*) in Falten legen; (*čelo*) runzeln
nahajališče *n* Fundort *m*; (*rastline*) Standort *m*
nahajati vorkommen (*nahajamo kaj* etw. kommt vor); *se* sich befinden
nahod *m* Schnupfen *m*; *seneni* Heuschnupfen *m*
nahraniti sättigen, speisen; sparen
nahrbtnik *m* Rucksack *m*
nahruliti anfahren, anherrschen
nahujskati hetzen, aufhetzen
naiven naiv, einfältig

naj sollen (*naj pride* er soll kommen); *naj je še tako lepo* so schön es auch ist
najbližji (der) nächste
najbolj meist; *Superlativ*
najboljše am besten
najboljši (der) beste
najbrž wahrscheinlich; wohl
najdba *f* Fund *m*; *~e pl* Fundgut *n*
najdenček *m* Findling *m*, Findelkind *n*
najdišče *n* Fundort *m*; *fig.* Fundgrube *f*
najditelj *m* Finder *m*
najem *m* Miete *f*, *(zemlje)* Pacht *f*; *dati v ~* vermieten, verpachten, in Pacht geben; *vzeti v ~* mieten, in Pacht nehmen, pachten
najemnik *m* Mieter *m*, *(zemlje)* Pächter *m*; *(vojak)* Söldner *m*
najemnina *f* Miete *f*, Zins *m*; (*neplačana* rückständig)
najemodajalec *m* Vermieter *m*
najesti *se* sich anessen, sich sattessen
najeti *(stanovanje, avto)* mieten, *(letalo)* chartern; *(posojilo)* aufnehmen; *najet (morilec)* gedungen
najhujše *gl.* **hudo**; *biti iz ~ega* aus dem Gröbsten heraus sein, über den Berg sein
najhujši *(sovražnik ipd.)* der ärgste
najin *(Dual)* unser
najkasneje spätestens
najmanj zumindestens, wenigstens
najnovejši der neueste, *(sklep)* der jüngste
najpozneje spätestens
najprej zuerst; erst einmal; *(za zdaj)* zunächst, vorerst; *(ne prej kot)* ehestens
najsi obwohl, obgleich; so ... auch (so groß es auch war)
najstnica *f* Backfisch *m*, Teenager *m*
najti finden, ausfindig machen *(posebno zanikano)*; *(stakniti)* auftreiben; vorfinden, *(koga doma ipd.)* antreffen; *je najti (rastline)* (Pflanzen) kommen vor
največ höchst, meist; höchstens
nakapati eintropfen (lassen); *(zdravilo)* einträpfeln
nakazati andeuten, durchblicken lassen; *(denar)* überweisen
nakazilo *n* Anweisung *f*, Überweisung *f*
nakaznica *f* Anweisung *f*; *(karta)* Karte *f*
nakit *m* Schmuck *m*; *(kos ~a)* Schmuckstück *n*
naklada *f* Auflage *f*
nakladati laden, aufladen, *(z lopato)* schaufeln
naklep *m* Vorhaben *n*, (böse) Absicht *f*
naklepati *(maščevanje)* sinnen auf
naklepen gewollt, mit Vorbedacht; *(umor)* vorsätzlich
naključje *n* Zufall *m*; *po ~* zufällig
naklon *m* Neigung *f*; *(slovnični)* Aussageweise *f*
naklonjen zugetan *D*; geneigt, gewogen; jm gut sein
naklonjenost *f* Gunst *f*; Zuneigung *f*; Wohlwollen *n*

naknadno nachträglich
nakodrati kräuseln
nakopati *si (bolezen)* sich holen, sich zuziehen; *(na vrat)* sich aufhalsen
nakopičiti ansammeln; anhäufen
nakovalo *n* Amboß *m*
nakup *m* Kauf *m*, Anschaffung *f* (*česa* von); Erwerb *m* (von); Besorgung *f*; *priložnostni* ~ Gelegenheitskauf *m*
nakupiti kaufen; einkaufen; anschaffen
nakupovalec *m* Einkäufer *m*
nakupovati einkaufen, Besorgungen machen
nalagati *gl.* **naložiti**
nalagati, nalažem belügen
nalepiti ankleben, aufkleben
nalet *m (z avtom)* Auffahrunfall *m*
naleteti treffen, stoßen (*na ugovore* auf Widerspruch); *na koga* jn antreffen; vorfinden; *na pravega* ~ an den rechten kommen
nalezljiv ansteckend
naliti *v* gießen in, schütten in
naliv *m* Guß *m*, Platzregen *m*
nalog *m* Auftrag *m*
naloga *f* Aufgabe *f*; Arbeit *f* (*šolska* Schularbeit); *imeti za (domačo) nalogo* aufhaben; *znanstvena* Arbeitsvorhaben; *fig.* Auflage *f*; *postaviti za ~o* eine Aufgabe stellen
naložba *f* Anlage *f*
naložiti *(natovarjati)* laden, aufladen; *(na ogenj)* auflegen; *(pogoje, breme, davke)* auferlegen; *kot nalogo* aufgeben; *(kazen)* verhängen *A* über jn; *(denar)* anlegen
nam uns
namakati *(perilo)* weichen (lassen), einweichen; wässern; *(polja)* bewässern; *(v soli, barvi ipd.)* beizen
namaz *m* Aufstrich *m*, *(barve)* Anstrich *m*
namazati streichen (*na* auf)
namen *m* Absicht *f*; Vorsatz *m*; *(za ta, drug ~)* Zweck *m*; *imeti dobre / poštene ~e z* es gut / ehrlich meinen mit; *z namenom, da bi* zu dem Zweck, daß, um zu; *imeti namen* vorhaben
nameniti *komu kaj* zudenken (ich habe es dir zugedacht); *(imeti namen)* sich etw. vornehmen, vorhaben; *ni mu bilo namenjeno, (da bi ...)* er sollte nicht ...
namenoma absichtlich, *(uničiti ipd.)* mutwillig
namera *f* Absicht *f*
nameravati vorhaben, beabsichtigen; gedenken zu (tun); *(kaj nameravaš s tem?) bezwecken*
nameren absichtlich, vorsätzlich, bewußt, gewollt
nameriti abmessen; *(puško)* anlegen
namestiti anbringen, *(obvezno)* anlegen; *varnostni pas* sich anschnallen; *(vzeti v službo)* anstellen
namestnik *m* Stellvertreter *m*; ~ *(sekretarja)* stellvertretender (Sekretär); *(kraljev)* Statthalter *m*
namesto anstatt *G*, statt *G*;

~ *da bi* statt zu; ~ *prisege* an Eides statt; ~ *koga* an Stelle von
nameščenec *m* Angestellte(r) *m*
namig *m* Wink *m*, Tip *m*; Fingerzeig *m*; Hinweis *m* (auf), *piker* ~ Seitenhieb *m*
namigniti einen Wink geben; andeuten *A*, anspielen auf; etw. durchblicken lassen
namigovanje *n* Andeutung *f*, Anspielung *f* (auf)
namišljen eingebildet
namizni Tafel- (~*o sadje* Tafelobst); Tisch- (~*i tenis* Tischtennis)
namočiti einweichen, wässern; quellen lassen
namreč nämlich
nanašanje *n* Bezug *m* (auf)
nanašati *(barvo)* auftragen, *(pesek)* ablagern; ~ *se na* sich beziehen auf; *naneslo je tako* es traf sich
nanizati aufreihen, aufzählen; *(na nit)* auffädeln
nanos *m* Ablagerung *f*
naočniki *pl* Brille *f*
naoknica *f* Laden *m*, Fensterladen *m*
naokoli umher, herum
naokrog herum, rundherum; *5 km* ~ im Umkreis von ...; *peljati* ~ herumführen
naoljiti ölen, einölen
napačen falsch; *(mnenje ipd.)* irrig; verkehrt, verdreht; Fehl- (~ *razvoj* Fehlentwicklung); ~*no graditi* verbauen, ~*no slišati* sich verhören, ~*no prešteti* sich verzählen
napad *m* Angriff *m*, *(roparski)* Überfall *m*; *(bolezni)* Anfall *m*
napadalec *m* Angreifer *m*
napadalen angriffslustig; ausfällig, ausfallend
napadati *gl.* **napasti**
napajališče *n* Tränke *f*
napajati tränken; *(omrežje ipd.)* speisen
napaka *f* Fehler *m*; *(zmota)* Irrtum *m*; *(pomanjkljivost)* Mangel *m*; *(napačna poteza)* Mißgriff *m*, Schnitzer *m*; *(okvara)* Schaden *m*; *tiskovna* ~ Druckfehler, *govorna* ~ Sprachfehler; *z napako* fehlerhaft; *brez* ~*e* fehlerfrei; *to je brez* ~*e* es läßt nichts zu wünschen übrig; *ugotavljati* ~*e pri / na* beanstanden *A*
napasti angreifen; überfallen; Sturm laufen gegen, losziehen gegen; *(bolezen)* befallen
napeljati leiten, *(pripraviti)* anbahnen; anfahren
napeljava *f* Leitung *f*
napenjati *gl.* **napeti** *(hrana)* blähen
naperiti richten (*na* auf, gegen); *(orožje)* anlegen
napet gespannt; straff, stramm; *(zgodba)* spannend; ~*o (čakati)* gespannt; mit Spannung
napeti spannen, abspannen; *(sile)* aufbieten; *(ušesa)* spitzen
napetost *f* Spannung *f*; *držati v* ~*i* in Atem halten
napev *m* Weise *f*
napihniti, napihovati aufblasen, bauschen *(se* sich),

blähen; *fig.* *(pripetljaj)* aufbauschen

napis *m* Inschrift *f*; Beschriftung *f*

napisati schreiben, aufschreiben

napiti *na* trinken auf, *komu jm* zutrinken; ~ *se* sich betrinken

napitnina *f* Trinkgeld *n*

naplačilo *n* Anzahlung *f*

naplavina *f* Anschwemmung *f*

naplaviti anschwemmen; anspülen; *naplavljene reči* Treibgut *n*, Strandgut *n*

napočiti anbrechen, hereinbrechen

napoditi *koga* jm den Laufpaß geben; ~ *iz* jagen aus

napoj *m* Trunk *m*, Trank *m*

napol halb- (~ *mrtev* halbtot)

napolniti füllen, anfüllen; *(akumulator)* laden, aufladen

napor *m* Anstrengung *f*

naporen anstrengend

napotek *m* Hinweis *m*; Anweisung *f*; *dajati ~e* unterweisen (in)

napoti *biti* ~ im Wege sein / stehen

napotiti *na, k* verweisen auf; *(bolnika v bolnišnico)* einweisen; *se k* gehen zu

napoved *f* Ansage *f*, Voransage *f*; Ankündigung *f*; ~ *časa* Zeitansage, *vremenska* ~ Wettervorhersage *f*

napovedati ansagen; *(vnaprej)* vorhersagen, voraussagen; ankündigen

napovedovalec *m* Ansager *m*

naprava *f* Gerät *n*, Vorrichtung *f*; Anlage *f*; *(merilna)* Meßinstrument *n*; *varovalna* Sicherung *f*

napraviti machen; *(zagostijo)* anrichten, anstellen; *izpit* Prüfung bestehen; *uslugo* einen Dienst erweisen; *uspeti* ~ zuwege bringen, zustande bringen

napredek *m* Fortschritt *m*

napreden fortschrittlich

napredovanje *n* Aufstieg *m*, Promotion *f*; *(v službi)* Beförderung *f*

napredovati Fortschritte machen; voranschreiten, *(bolezen)* fortschreiten; vorankommen; *(v službi)* befördert werden

naprej voran, vorwärts; weiter; *(pred drugimi)* voraus *(iti naprej* vorausgehen); *(v ospredje)* nach vorn; vornüber (*pasti* ~ vornüberfallen); *od (10) naprej* ab (10); *kar* ~ immerzu, laufend, in einem fort

naprodaj *je* ist zu verkaufen

naprositi ersuchen; sich wenden an

naproti entgegen; *iti* ~ *(komu)* (jm) entgegengehen, *(proti komu)* auf jn zugehen; *(bodočnosti ipd.)* entgegensehen

naprstnik *m* Fingerhut *m*

naprtiti aufbürden, aufhalsen

napuh *m* Hochmut *m*

napušč *m* Sims *m*, Mauervorsprung *m*

naramnica *f* Träger *m*, Hosenträger *m*

narastek *m* Auflauf *m*

narasti ansteigen; *fig.* zunehmen

naraščaj *m* Nachwuchs *m*
naraščanje *n* Anwachsen *n*; Zunehmen *n*, Anstieg *m*
naraščati zunehmen, *(voda)*, steigen, anwachsen, ansteigen *(motorizacija ipd.)* voranschreiten
narava *f* Natur *f*; *(človeka)* Wesen *n*, Gemüt *n*; *točno po ~i* naturgetreu
naraven natürlich, *(sproščen)* unbefangen; Natur- (*~i pojav* Naturerscheinung)
naravnati einstellen, *(uro, kretnico)* stellen; *(usmeriti)* ausrichten
naravnost *(naprej)* geradeaus, schnurstracks; *(povedati)* unverblümt, rundheraus; *(tako rekoč)* geradezu, ja
naravoslovje *n* Naturwissenschaft *f*
narazen auseinander, *iti ~* auseinandergehen, *vzeti ~* auseinandernehmen, zerlegen
narcisa *f* Narzisse *f*
narečje *n* Mundart *f*
narediti machen; tun; *(tega ne morem ~, to lahko naredim)* schaffen; *(luč)* anmachen; *narediti všitke* abnähen, *~ osnutek* entwerfen; *~ ožje, širše* enger, breiter erscheinen lassen; *ne ~ česa* etw. unterlassen
narek *m* Diktat *n*
narekovaj *m* Anführungszeichen *n*
narekovati diktieren; *fig.* fordern; veranlassen (zu)
narezati aufschneiden, *(načeti)* anschneiden
narezek *m* Aufschnitt *m*
narisati zeichnen, aufzeichnen
narkoman *m* Rauschgiftsüchtige(r)
narobe falsch, *(čisto ~)* grundfalsch; *(obleči ipd.)* verkehrt; miß- (*~* razumeti mißverstehen, mißdeuten); *~ prebirati* sich verlesen, *napisati* sich verschreiben, *~ prešteti* sich verzählen
naročen bestellt; *biti ~ na (časopis)* beziehen *A*
naročilnica *f* Bestellschein *m*
naročilo *n* Auftrag *m*; Bestellung *f*
naročiti bestellen; *(prospekte ipd.)* anfordern; *komu kaj* auftragen; *~, naj kdo kaj naredi, naj pride ipd.* jn etw. machen lassen, jn kommen lassen
naročje *n* Schoß *m*
naročnik *m* Auftraggeber *m*; *(časopisa)* Bezieher *m*; *telefonski* Fernsprechteilnehmer *m*
naročnina *f* Bezugspreis *m*
narod *m* Volk *n*
naroden Volks- (*~a noša* Volkstracht)
narodnost *f* Nationalität *f*, Volkszugehörigkeit *f*; *(manjšina)* Volksgruppe *f*
nart *m* Rist *m*
nas uns; *pri ~* hierzulande
nasad *m* Pflanzung *f*, Anlage *f*
nasaditi setzen; pflanzen
nasekan *F* blau, betrunken, unter Dampf
nasekljati zerkleinern

naselbina *f* Siedlung *f*, Ansiedlung *f*
naselitev *f* Ansiedlung *f*
naseliti *se* sich niederlassen, sich ansiedeln, *(za stalno)* ansässig werden; *biti naseljen* siedeln
naselje *n* Siedlung *f*, Ortschaft *f*
nasesti *(ladja)* kentern, stranden; *fig. komu, čemu* hereinfallen auf
nasičen gesättigt
nasilen gewaltsam; *(človek)* gewalttätig
nasilje *n* Gewalt *f*
nasip *m* Damm *m*, Wall *m*
nasititi sättigen, satt kriegen
naskok *m* Ansturm *m*
naslada *f* Wollust *f*
naslanjač *m* Lehnstuhl *m*, Sessel *m*
naslanjati *gl.* **nasloniti**
nasledek *m* Folge *f*, Nachwirkung *f*
naslednji der nächste, folgende; ~ *dan* am nächsten Tag
naslednik *m* Nachfolger *m*
nasledstvo *n* Nachfolge *f*
naslikati malen; ausmalen
nasloniti lehnen (*na* an, *se* sich), anlehnen (an), *fig.* (sich) stützen auf
naslonjalo *n* Lehne *f*; ~ *za roke* Armlehne *f*
naslov *m* Adresse *f*, Anschrift *f*; *(članka, knjige)* Titel *m*; *(velik časopisni)* Schlagzeile *f*
nasloviti adressieren (*na* an), *(vprašanje, pismo)* richten an
nasmeh *m* Lächeln *n*
nasmehniti *se* lächeln, *(komu)* jm zulächeln
nasproten *(stran)* entgegengesetzt, Gegen- (*~a stranka* Gegenpartei); *(nasprotujoč)* gegnerisch; *(nasprotujoč si)* gegensätzlich
nasproti *(proti)* gegen; wider; *(biti, sedeti)* ~ gegenüber (gegenübersitzen)
nasprotje *n* Gegensatz *m*; Gegenteil *n* (*v ~u* im ~); *v ~u z* wider *A*, -widrig (*v ~u z zakonom* rechtswidrig, *s predpisi* ordnungswidrig); *v ~u z (za razliko od)* im Unterschied zu
nasprotnik *m* Gegner *m*, Widersacher *m*; *~ov (napad ipd.)* gegnerisch
nasprotno *adj.* entgegengesetzt; *cj.* dagegen, hingegen, indessen, vielmehr
nasprotovanje *n* Gegnerschaft *f*; Widerstand *m* (gegen)
nasprotovati *D* sich *D* entgegensetzen; *(ustno)* widersprechen; *nasprotujoč si* gegensätzlich
nastajati entstehen; werden; aufkommen; *(porajati se)* sich entspinnen
nastanek *m* Aufkommen *n*
nastaniti unterbringen; *se (v hotelu ipd.)* absteigen
nastati *gl.* **nastajati**
nastavek *m* Ansatz *m*
nastaviti *(pasti, nogo)* stellen, *(na pot)* legen; *(naravnati)* einstellen; anstellen *(tudi v službo)*
nastlati *v/t* streuen *A*, *(tla)* bestreuen (mit)

nastop *m* Auftritt *m*, *(službe)* Antritt *m*
nastopač *m* Angeber *m*, Hochstapler *m*
nastopiti auftreten *(službo)* antreten; ~ *proti D D* entgegentreten
nastrgati reiben
nasuti aufschütten
nasvet Rat *m* (*pl* Ratschläge); Anraten *n*, Zuraten *n* (*po ~u* auf *G* Anraten); *vprašati A za nasvet* sich Rat holen bei
nasvetovati raten, anraten, zuraten
naš unser; *je ~* er gehört uns
naščuvati (auf)hetzen gegen
našeškati eins / ein Paar hinten drauf geben
našiti aufnähen, *(žepe ipd.)* aufsetzen
našobiti *usta* den Mund spitzen
našopiriti *(perje)* das Gefieder spreizen, *se* sich aufplustern
našteti aufzählen
naštevanje *n* Aufzählung *f*
natakar *m* Kellner *m*
natakniti *si* stecken (*na* auf) *(na nos, glavo)* aufsetzen
nataknjen gereizt
natančen genau, *zelo ~o* haargenau; pünktlich; *biti ~* es genau nehmen; *~o (pregledati ipd.)* eingehend
natečaj *m* Ausschreiben *n*, Wettbewerb *m*
nategniti dehnen, *(mišico)* zerren
natepsti *F* versohlen
natihem im Stillen, ohne Sang und Klang *(odstraniti ipd.)*
natlačiti stopfen; *(torbo ipd.)* vollstopfen
nato darauf; daraufhin; *(takoj ~)* anschließend
natočiti einschenken, *(vodo v posodo)* einlassen, einlaufen lassen; *(posodo)* vollaufen lassen
natovoriti verladen, laden; *(na ladjo)* verschiffen
natrositi streuen
naturalizirati einbürgern
natvesti weismachen *A*, jm etw. aufbinden, jm einen Bären aufbinden
naučiti *koga kaj* jm etw. beibringen; ~ *se* lernen
nauk *m* Lehre *f*, *zmotni* Irrlehre *f*; *razvojni ~* Entwicklungslehre
navada *f* Gewohnheit *f*; *posebna, čudna* Eigenheit *f*; *iz ~e* gewohnheitsmäßig; *priti v ~o* zur Gewohnheit werden, *F* einreißen
navaden gewöhnlich, alltäglich
navaditi gewöhnen (*na* an, *se* sich); sich angewöhnen; *~ se drugače misliti (delati ipd.)* umdenken, umlernen
navadno gewöhnlich
navajati anführen, angeben; *(argumente)* ins Treffen führen; *k (delu)* anhalten zu, *(k zločinu)* anstiften zu
naval *m* Andrang *m*, Ansturm *m*; *krvi* Wallung *f*
navček *m* Totenglocke *f*
navdajati *s (pogumom)* einflößen; *(strahom)* einjagen *A*; *z odporom* jn anwidern
navdih *m* Eingebung *f*
navdihniti inspirieren

navdušen begeistert
navdušenje *n* Begeisterung *f*
navdušiti begeistern (*se* sich, *za* für)
navedba *f* Angabe *f*; *(dobavitelja)* Hinweis (auf) *m*; ~ *cene* Preisangabe
naveličan überdrüssig *G*, ~ *življenja* lebensmüde
naveličati *se G* überdrüssig werden *G*, müde werden *G*, leid werden *G*
navesti *gl.* **navajati**
naveza *f* Seilschaft *f*
navezan *(čustveno)* anhänglich, *je zelo* ~ *na* er hängt sehr an; *(sam nase ipd.)* angewiesen auf
navezanost *f* Bindung *f*
navezati *(stike)* aufnehmen, anknüpfen
navidezen scheinbar, Schein- (*~i boj* Scheinkampf)
navihan neckisch, schalkhaft, schelmisch
navijač *m* Fan *m*
naviti wickeln, winden, aufwickeln; *(lase)* legen, einlegen; *(uro)* aufziehen; *(ušesa)* bei den Ohren ziehen; *ceno* den Preis in die Höhe treiben
navkreber bergan, bergauf; *vožnja* ~ Auffahrt
navlaka *f* Gerümpel *n*, Plunder *m*
navlažiti befeuchten, anfeuchten
navodilo *n* Anleitung *f*, Anweisung *f*; ~ *za uporabo* Gebrauchsanweisung; *dajati ~a D* jn anweisen
navoj *m* Gewinde *n*
navojnica *f* Schnapprollo *n*
navpičen senkrecht
navrh zuoberst; *gl.* **povrh**
navrtati bohren; *(sod)* anzapfen
navsezadnje zu guter Letzt
navzdol hinunter, herunter; abwärts; -ab (*po reki* ~ flußab, *po stopnicah* ~ treppab, *po hribu* ~ bergab); *vožnja* ~ Abfahrt *f*
navzeti *se G (vonja)* annehmen *A*
navzgor hinauf, herauf; empor; auf, -auf (*po stopnicah* ~ treppauf); aufwärts
navzkriž kreuzweise; *biti si* ~ *z* zerworfen sein mit; *priti si* ~ *z* in Konflikt geraten mit
navzlic trotz *G*
navznoter inwärts, nach innen
navzoč anwesend, zugegen; vertreten
navzočnost *f* Anwesenheit *f*, Beisein *n*; Gegenwart *f*
navzven nach außen hin
nazadnje zuletzt, zu allerletzt; *(~ še celo)* zu guter Letzt
nazadovanje *n* Rückgang *m*, *fig.* Rückschlag *m*
nazadovati zurückgehen
nazaj zurück; rück- (*pogled* ~ Rückblick); *prestaviti nazaj* zurückgeben, *(uro)* nachstellen; *iti, vzeti* ~ zurückgehen, zurücknehmen
nazdraviti trinken auf; jm zutrinken
naziv *m* Titel *m*
naznačiti andeuten
naznanilo *n* Anzeige *f*, Ankündigung *f*

naznaniti melden; anzeigen, *(pri policiji)* Anzeige erstatten
naznanjati *se fig.* sich abzeichnen
nazobčan gezahnt, zackig
nazor *m* Anschauung *f*; Auffassung *f*, Ansicht *f*; *svetovni* ~ Weltanschauung
nazoren anschaulich
nažgati *(koga)* *F* jn versohlen
ne nein, *(kot zanikanje stavka)* nicht; nicht ein = kein; *ne (da bi)* ohne (zu); *(v nekaterih glagolih)* miß- *(ne upoštevati* mißachten, *ne ugajati* mißfallen, *ne privoščiti* mißgönnen, *ne zaupati* mißtrauen *itd.*)
nebesa *pl* Himmel *m*
nebesen Himmels- (*~o telo* Himmelskörper)
nebeški himmlisch
nebistven unwesentlich
nebo *n* Himmel *m*; *anat.* Gaumen *m*; ... *neba* Himmels- (*strani ~a* Himmelsrichtungen); *v nebo vpijoč* himmelschreiend
nebogljen hilflos; unbeholfen
nebotičnik *m* Hochhaus *n*
nebrzdan ungezügelt, zügellos
nečak *m* Neffe *m*
nečakinja *f* Nichte *f*
nečasten unehrenhaft
nečimrn eitel
nečist unsauber
nečistovanje *n* Unzucht *f*
nečitljiv unleserlich
nečloveški unmenschlich
nedaleč unweit, unfern (von)
nedejaven tatenlos, untätig; müßig
nedelja *f* Sonntag *m* (*v ~o* am ~); *ob ~ah* sonntags
nedeljiv unteilbar
nedeljski Sonntags- (~ *izlet* Sonntagsausflug)
nedobrodošel unwillkommen, ungelegen
nedogleden unabsehbar
nedoleten minderjährig
nedoločen unbestimmt, vage
nedoločljiv unbestimmbar
nedoločnik *m* Nennform *f*
nedolžen unschuldig; *(bolezen ipd.)* harmlos
nedolžnost *f* Unschuld *f*; ~ *z dežele* Landpomeranze *f*
nedonošen *je* ~ ist eine Frühgeburt
nedopusten unzulässig
nedosegljiv unerreichbar, *(finančno)* unerschwinglich
nedosežen unerreicht
nedostopen unzugänglich, *(človek)* unnahbar
nedotaknjen unberührt; jungfräulich
nedovoljen unerlaubt
nedovzeten unempfänglich
nedra *pl* Busen *m*
nedrček *m* Büstenhalter *m*
nedvomen unzweifelhaft; *~o* zweifellos
nedvoumen eindeutig, unmißverständlich
neenak ungleich
neenakomeren ungleichmäßig; schwankend
neenakost *f* Ungleichheit *f*
neenoten uneinig
nega *f* Pflege *f*

negativen negativ, *(odgovor)* abschlägig
negiben bewegungslos, reglos
neglede ungeachtet *G*, ohne Rücksicht auf
negostoljuben ungastlich, unwirtlich
negotov *(vedenje ipd.)* unsicher, *(rezultat, prihodnost)* ungewiß, fraglich
negotovost *f* Ungewißheit *f*; *pustiti koga v ~i* hinhalten jn
negovalka *f* Pflegerin *f*
negovan gepflegt
negovati pflegen
nehati aufhören; *F* Schluß machen mit; ~ *se* aufhören, enden; unterbleiben; *(prenehati z)* etw. sein lassen
nehote unwillkürlich
nehvaležnost *f* Undank *m* (*črna* schnöd)
neimenovan ungenannt, unbenannt
neiskren unaufrichtig, falsch
neizbrisen unauslöschlich; bleibend
neizčrpen unerschöpflich
neizdelan unfertig, unausgearbeitet
neizgovorjen ungesagt, unausgesprochen
neizgovorljiv unaussprechbar
neizkušen unerfahren, ohne Erfahrung
neizmeren unendlich, *(beda)* unsäglich; unübersehbar
neizmerljiv unmeßbar, *fig.* unermeßlich
neizobražen ungebildet
neizogiben unabwendbar
neizpodbiten unanfechtbar, feststehend
neizpolnjen *(obrazec)* unausgefüllt; *(želja)* unerfüllt
neizprosen unerbittlich
neizrabljen ungenutzt
neizražen ungesagt, unausgedrückt
neizrečen namenlos
neizrekljiv unnennbar
neizumetničen natürlich
neizvedljiv undurchführbar
nejasen undeutlich, unklar; verschwommen, schleierhaft; dunkel
neješč ohne Appetit
neješčnost *f* Appetitlosigkeit *f*
nejevoljen verdrossen; ungehalten (*zaradi* über); ärgerlich; unwillig (*zaradi* über)
nekadilec *m* Nichtraucher *m*
nekaj *pron.* etwas, *F* was; *num.* einige, ein paar; ~ *vmesnega, srednjega ipd.* ein Mittelding, Zwischending
nekajkrat einige Male, wiederholt
nekako irgendwie, wie; ~ *(tako)* etwa (so); *že* ~ schlecht und recht
nekakšen sozusagen ein; ein
nekam wohin, irgendwohin
nekateri einige, etliche; so mancher *(Sing)*
nekaznovan straflos, ungestraft; *(še ne kaznovan)* nicht vorbestraft
nekdaj einst; *od* ~ von / seit jeher; *gl.* **nekoč**
nekdanji einstig, ehemalig *(bivši)*

nekdo jemand, *F* wer; *že ~* irgendeiner
neki ein, ein gewisser; *kje ~* wo denn
nekje wo, irgendwo
nekoč einst, einmal; früher, seinerzeit
nekoliko etwas, ein wenig
nekolikokrat einige Male, wiederholt
nekoristen nutzlos, unnütz; *(razmišljanje ipd.)* müßig
nekriv schuldfrei
nekrolog *m* Nachruf *m*
nekvalificiran unqualifiziert
nelikviden zahlungsunfähig
neločljiv unzertrennlich; *(zakon)* unlöslich
nem stumm, *(tih)* lautlos; Stumm- (*~i film* Stummfilm)
nemara *gl.* **mogoče**; *~ je tako* das dürfte so sein
nemaren nachlässig, schlampig, liederlich
nemasten fettlos, *(meso)* mager
nemilost *f* Ungnade *f* (*priti v* fallen in)
nemir *m* Unruhe *f*
nemiren unruhig; ruhelos, rastlos
nemoč *f* Ohnmacht *f*
nemočen kraftlos; *fig.* machtlos, ohnmächtig, hilflos
nemogoč unmöglich, nicht möglich
nemoralen sittenlos, unsittlich; *(življenje)* lose
nemščina *f* Deutsch *n*
nemški deutsch
nemudoma sofort, unverzüglich
nenačrtno planlos
nenadejan unverhofft
nenaden jäh, plötzlich; unerwartet
nenadkriljiv unübertrefflich, unerreicht
nenadoma jäh, schlagartig, auf einmal
nenadomestljiv unersetzlich
nenaglašen unbetont
nenaklonjen abgeneigt *D*, abhold *D*
nenameren ungewollt, unbeabsichtigt; *(gib)* unwillkürlich; *(zločin)* ohne Vorbedacht
nenapadalni *pakt* Nichtangriffspakt
nenasiten unersättlich
nenavaden ungewöhnlich; außergewöhnlich, eigenartig, seltsam, sonderbar
nenehen anhaltend, andauernd; Dauer- (*~a kriza* Dauerkrise)
nenormalen abnorm
neobčutljiv unempfindlich
neobdavčen steuerfrei
neobdelan brach, unbebaut; *je ~* (er) liegt brach
neobhoden unerläßlich, unumgänglich
neobičajen ungewöhnlich
neobjavljen unveröffentlicht
neobljuden unbewohnt, öde
neoborožen unbewaffnet
neobremenjen unbelastet (*z* mit), frei (*z G*)
neobveščen uninformiert, schlecht informiert
neobvezen unverbindlich; *~ predmet* Wahlfach
neodgovoren unverantwortlich

neodločen unentschlossen, unschlüssig, zaghaft; *(izid)* unentschieden; *(proces) je še* ~ (er) schwebt
neodložljiv unaufschiebbar, dringend
neodobravanje *G n* Mißfallen *n* an
neodporen nicht widerstandsfähig, anfällig für
neodpustljiv unverzeihlich
neodtujljiv unveräußerlich
neodvisen unabhängig, frei
neodvisnost *f* Unabhängigkeit *f*
neogiben unausweichlich
neokreten schwerfällig
neokrnjen ungekürzt
neokusen geschmacklos, abgeschmackt
neokusnost *f* Geschmacklosigkeit *f*
neolikan ungezogen
neomadeževan unbefleckt
neomajen unerschütterlich, unbeirrbar; *~o* felsenfest *(prepričan)*
neomejen unbeschränkt
neomikan ungebildet
neopazen unauffällig
neopažen unbemerkt, unbeobachtet
neoporečen einwandfrei, unbescholten
neopravičljiv unentschuldbar; *je ~o* das kann nicht entschuldigt werden
neorganski unorganisch
neoseben unpersönlich
neosnovan grundlos
neosvojljiv unbesiegbar; *(gora)* unbesteigbar
neotesan *(človek)* flegelhaft; *je* ~ er ist ein Flegel
neotroški unkindlich, *(otrok)* altklug
neoviran unbehindert, ungehemmt
neozdravljiv unheilbar
nepakiran *(blago)* lose
neparen *(število)* ungerade; *(čevelj ipd.)* überzählig
nepazljiv unaufmerksam; achtlos
nepismen *je* ~ er ist ein Analphabet
nepiten nicht trinkbar
neplačan unbezahlt; *~a najemnina* rückständige Miete
neploden unfruchtbar, *(zemlja)* mager, dürr; *(človek)* zeugungsunfähig; *fig.* unergiebig
nepoboljšljiv unverbesserlich; unbelehrbar
nepodkupljiv unbestechlich
nepodpisan nicht unterschrieben
nepogrešljiv unentbehrlich
nepojasnjen ungeklärt
nepojmljiv unfaßbar
nepokoren ungehorsam
nepokorščina *f* Ungehorsam *m*
nepokvarjen unverdorben
nepomemben bedeutungslos, belanglos; *(napaka, prekršek)* geringfügig; nichtssagend
nepopačen unverfälscht
nepopoln unvollständig; *je* ~ es läßt (viel) zu wünschen übrig
nepopisen unbeschreiblich; *je ~o* das spottet jeder Beschreibung
nepopravljiv bleibend; *(~o izgubljen)* unrettbar

nepopustljiv unnachgiebig
neporaben unverwendbar
naporočen ledig, alleinstehend
neposlušen ungehorsam; unbotmäßig
neposreden unmittelbar, direkt
neposredno *(nato)* anschließend; direkt
nepoškodovan unversehrt, heil
nepošten unehrlich; *(konkurenca)* unlauter
nepotešljiv unstillbar
nepotreben unnötig, unnotwendig *fig.* unnütz
nepotrjen nicht bestätigt; *(vest)* unverbürgt
nepoudarjen unbetont
nepovabljen ungeladen, unaufgefordert
nepovezan *(stavki, besede)* zusammenhanglos
nepozaben unvergeßlich
nepoznan unbekannt
nepoznavanje *n* Unkenntnis *f*
nepraktičen unpraktisch; *(predmet)* unhandlich
nepravi falsch, unecht
nepravičen ungerecht
nepravičnost *n* Ungerechtigkeit *f*
nepravilen nicht richtig, falsch, vorschriftswidrig
nepravilnost *f* Übelstand *m*; *pl* Übelstände *pl*
neprebojen schußfest, kugelfest
neprecenljiv unermeßlich; unschätzbar
neprediren undurchdringlich
nepredviden unvorhergesehen
nepregleden unübersichtlich
neprehoden *(zemljišče)* unwegsam
neprekinjeno fortlaufend, in einem fort
nepreklicen unwiderruflich
neprekosljiv unerreichbar, unübertrefflich
nepremagljiv unbesiegbar, *(odpor ipd.)* unüberwindlich
nepremičen reglos, bewegungslos
nepremičnina *f* Immobilie *f*
nepremišljen gedankenlos; unbesonnen
nepremočljiv undurchlässig; wasserdicht
nepremostljiv unüberwindlich
neprenehen dauernd, unaufhörlich
neprepusten undurchlässig; ~ *za vodo* wasserdicht, ~ *za zrak* luftdicht
nepreskrbljen unversorgt
neprespan übernächtig
neprestan unaufhörlich; unablässig
nepretrgan ununterbrochen
neprevedljiv unübersetzbar
nepreviden unvorsichtig
neprevidnost *f* Unvorsichtigkeit *f*
neprevozen nicht befahrbar; *(zemljišče)* unwegsam
nepričakovan unerwartet; unvermutet
nepridiprav *m* Tunichtgut *m*
neprijavljen unangemeldet
neprijazen unfreundlich; lieblos; *fig.* ungastlich

neprijeten unangenehm; *(dolžnost ipd.)* leidig
neprikrit unverhohlen
neprilika *f* Ärger *m*, Scherereien *pl*
neprimeren unpassend, unangebracht; *(za kak namen)* untauglich
nepripravljen unvorbereitet
neprisiljen ungezwungen, zwanglos; *(vedenje, obleka)* lässig
nepristen unecht, falsch; *(nasmeh ipd.)* gezwungen
nepristopen unzugänglich; unerreichbar; *(komunalno neurejen)* unerschlossen
nepristranski unparteiisch, unvoreingenommen
neprišteven unzurechnungsfähig
neprivlačen unscheinbar; nicht anziehend
neprizadet ungerührt; ~*i* die Außenstehenden
nepriznan unanerkannt; *(greh)* uneingestanden
neprostovoljen unfreiwillig
neprozoren undurchsichtig
neraben unbrauchbar
nerabljen ungebraucht
nerad widerwillig
neranljiv unverwundbar, immun
neraven uneben, ungerade
nerazdružljiv unzertrennlich
nerazločen unklar; dämmerig; *(obris)* verschwommen
nerazložljiv rätselhaft
nerazpoložen unpäßlich; mißmutig; ~ *za* nicht bei Laune für
nerazpoloženje *n* Unlust *f*
neraztopljiv unlöslich
nerazumljiv unverständlich, unerklärlich, rätselhaft
nerazvit unterentwickelt, ~*i* Entwicklungsländer
nered *m* Durcheinander *n*; Unordnung *f*
nereden unordentlich; *(dohodek)* nicht regelmäßig; *plačnik* kein pünktlicher Zahler
neresen *(predlog)* nicht ernst zu nehmen; *(izgovor)* luftig
nerešen unerlöst, *(problem)* ungelöst
nerešljiv unlösbar, unlöslich, ~*o (izgubljen)* unrettbar
nergač *m* Nörgler *m*
nergaški nörgelnd; mäkelig
nergati nörgeln, meckern; *(nad hrano)* mäkeln
nerjaveč rostfrei
neroda *f* Tollpatsch *m*, Trampel *m*
neroden ungeschickt, linkisch
nerodoviten unfruchtbar; *(zemlja)* karg
nervozen nervös; *(gib)* zerfahren
nesebičen selbstlos
neskaljen ungetrübt
neskladen unharmonisch; unausgewogen
neskončen unendlich, *(govorjenje ipd.)* uferlos
neslan ungesalzen; *fig.* abgeschmackt
neslišen unhörbar
nesloga *f* Zwietracht *f*
nesložen uneinig
nesluten ungeahnt
nesmiseln sinnlos, *(prizadevanje, pregovarjanje ipd.)* zwecklos, nutzlos

nesmrten unsterblich
nesnaga *f* Unrat *m*
nesoglasje *n* Unstimmigkeiten *pl*
nesojeni verhindert
nesorazmeren unverhältnismäßig
nesorazmerje *n* Mißverhältnis *n*
nespameten töricht
nespečnost *f* Schlaflosigkeit *f*
nespodoben unanständig; anstößig
nesporazum *m* Mißverständnis *n*
nesporen unstreitig
nesposoben unfähig; *(za vojaško službo)* untauglich; *~ za delo* erwerbsunfähig; *biti ~ za* versagen bei
nesposobnost *f* Unfähigkeit *f*; Versagen *n*
nespoštljiv respektlos
nespoznan unerkannt
nesprejemljiv unannehmbar, unakzeptabel; *to je ~o* das kommt nicht in Betracht / in Frage
nesramen unverschämt, frech; unverfroren
nesramnost *f* Unverschämtheit *f*; *(to je ~)* Zumutung *f*
nesreča *f* Unglück *n*; *(zla sreča)* Unheil *n*, Mißgeschick *n*; *(nezgoda)* Unfall *m (pri delu* Arbeitsunfall, *prometna* Verkehrsunfall); *priti v ~o* zu Schaden kommen; *na ~o* unglücklicherweise; *po ~i* versehentlich, ungewollt
nesrečen unglücklich; unselig
nesrečnež *m* Unglücksrabe *m*, Pechvogel *m*
nestalen unstet; Schwankungen unterworfen
nestanoviten unstet; wankelmütig
nesti tragen; *(jajca)* legen; *(biti donosen)* einträglich sein; *veliko ga nese* er verträgt viel
nestrankarski parteilos
nestrokoven nicht fachlich, nicht fachgerecht
nestrokovnjak *m* Laie *m*
nestrpen ungeduldig; zappelig
nestrpnost *f* Ungeduld *f*; *(verska)* Unduldsamkeit *f*
neškodljiv unschädlich, harmlos
nešplja *f* Mispel *f*
nešteto unzählig, zahllos; eine Unzahl von
neštetokrat unzählige Male, unendlich oft
neštevilen *(števìlen)* zahllos, unzählig; *(maloštevilen)* gering, wenig
netakten taktlos
netiti anfachen, *fig.* schüren
neto netto
netočen ungenau, *(trditev ipd.)* unzutreffend
netopir *m* Fledermaus *f*
netopljiv unlöslich, unlösbar
netrden *(tla, osnove)* schwankend
neubogljiv unfolgsam, schlimm, aufsässig
neubogljivost *f* Ungehorsam *m*
neubran mißtönig; *(glasbilo)* verstimmt
neučakan ungeduldig; stürmisch

neučinkovit *(ukrep)* erfolglos; *(organ, sistem)* nicht effektiv
neugoden ungünstig, nachteilig (für)
neugodje *n* Unbehagen *n*
neuklonljiv unbeugsam
neukrotljiv unbändig; unbezähmbar
neumen dumm, albern, blöd; *(naiven)* einfältig; geistlos; *delati se ~nega* sich dumm stellen
neumesten unangebracht
neumnež *m* Dumme(r) *m*, Dummkopf *m*
neumnost *f* Dummheit *f*; Torheit *f*; *(besede)* dummes Zeug, Mist *m*, Blödsinn *m*
neumrljiv unsterblich
neuničljiv unverwüstlich
neuporaben unbrauchbar, nicht zu gebrauchen
neupravičen unberechtigt, unrechtmäßig
neuravnovešen unausgeglichen, launisch
neustrašen unerschrocken
neurje *n* Gewitter *n*
neuslišan unerhört, *(želja)* unerfüllt
neusmiljen erbarmungslos, *~o* ohne Erbarmen
neuspeh *m* Mißerfolg *m*, Fehlschlag *m*; *(pri delu, v šoli)* Versagen *n*; *(predstave)* Durchfall *m*; *doživeti ~* Schiffbruch erleiden
neuspešen erfolglos; vergeblich; *biti ~* versagen; durchfallen
neustaven verfassungswidrig
neustrašen unerschrocken, furchtlos; *(moralno) fig.* aufrecht
neustrezen unangemessen, *(sredstvo)* unzulänglich; *~ črtati* Nichtzutreffendes streichen
neutemeljen unbegründet, *(trditev)* haltlos
neutolažljiv untröstlich
neutruden unermüdlich, rastlos; geschäftig
neuvrščen *(dežela)* blockfrei
neužiten ungenießbar
nevajen ungewohnt
nevaren gefährlich, *življenjsko ~* tödlich, lebensgefährlich
nevarnost *f* Gefahr *f*; Lebensgefahr *f*; *biti v ~i* in Gefahr schweben, Gefahr laufen, daß ...
nevažen unwichtig, bedeutungslos
nevede unwissentlich; *(se premakniti ipd.)* unwillkürlich
neveden unwissend
neveljaven ungültig, nichtig
neveljavnost *f* Ungültigkeit *f*, Nichtigkeit *f*
neverjeten unglaublich
nevernik *m* Ungläubige(r) *m*
nevesta *f* Braut *f*
nevešč *G* unkundig *G*
nevezan zwanglos, lose; *(človek)* frei
neviden unsichtbar
nevidnost *f* Unsichtbarkeit *f*
nevihta *f* Gewitter *n*, Unwetter *n*
nevljuden unverbindlich
nevmešavanje *n* Nichteinmischen *n*
nevoščljiv neidisch

nevoščljivost *f* Neid *m*; *iz gole ~i* aus lauter Neid
nevreden unwürdig *(človeka* ~ menschenunwürdig)
nevretenčar *m* Wirbellose *m*
nevsiljiv unaufdringlich
nevtralen parteilos, neutral
nevtralnost *f* Neutralität *f*
nevzdržen *(trditev)* unhaltbar, *(razmere)* unerträglich; nicht zumutbar
nevzgojen ungezogen, unartig, mißraten
nezadolžen unverschuldet, schuldenfrei
nezadosten unzulänglich, unzureichend; mangelhaft; *(ocena)* fünf; *biti ~* viel zu wünschen übrig lassen
nezadostnost *f* Unzulänglichkeit *f*
nezadovoljen unzufrieden
nezadovoljiv unzulänglich, nicht zufriedenstellend
nezadovoljstvo *n* Unzufriedenheit *f*
nezadržen unaufhaltsam
nezahteven anspruchslos, leicht; *je ~* (er) stellt keine großen Anforderungen
nezakonit rechtswidrig, unrechtmäßig
nezakonski außerehelich, unehelich
nezanesljiv unzuverlässig, unverläßlich; *je ~* auf (ihn) ist kein Verlaß
nezanimiv uninteressant, *(diskusija ipd.)* lahm
nezaposlen unbeschäftigt, *(brez službe)* stellenlos; *(~im vstop prepovedan* Unbefugten Eintritt untersagt)
nezaseden unbesetzt, frei
nezaslišan beispiellos, unerhört
nezaslužen unverdient
nezaščiten ungeschützt, schutzlos
nezaupanje *n* Mißtrauen *n*
nezaupljiv mißtrauisch, argwöhnisch
nezaupnica *f* Mißtrauensvotum *n*
nezavarovan *železniški prehod* schrankenloser Bahnübergang
nezaveden unbewußt
nezavest *f* Bewußtlosigkeit *f*
nezavesten bewußtlos, besinnungslos
nezavzeten uneinnehmbar
nezaželen unerwünscht
nezdružljiv unvereinbar; *je ~o z* (es) ist nicht zu vereinbaren mit
nezgoda *f* Unfall *m*
nezgodni Unfall- *(oddelek* Unfallstation)
nezmanjšan unvermindert, *(zasluge)* ungeschmälert
nezmeren maßlos, unmäßig
nezmotljiv unfehlbar
nezmožen unfähig, *~ za delo* arbeitsunfähig, erwerbsunfähig
nezmožnost *f* Unvermögen *n*; Unfähigkeit *f*
neznačajen charakterlos
neznan unbekannt, ungenannt
neznanec *m* Unbekannte(r) *m*
neznanje *n* Unwissenheit *f*
neznanski ungeheuer, *~o (različen)* himmelhoch
neznaten bedeutungslos, unscheinbar; geringfügig

neznosen *(bolečina)* unerträglich; *(človek)* unausstehlich
nezrel unreif, *(sadje)* grün
nezveneč stimmlos
nezvest untreu; treulos; *biti* ~ jm die Treue brechen, *(v zakonu)* fremd gehen
nezvestoba *f* Untreue *f*
nežen zart, *(človek, dotik)* zärtlich
neživ leblos
neživljenjski weltfremd
ni ist nicht, ist kein
nič nichts (*ničesar ni* es ist nichts); etwas, was (*za* nie, niemand, nirgends; *nikoli nič* nie etwas); *skoraj* ~ soviel wie nichts; ~ *mi ni do tega* es liegt mir nichts daran; ~ *novega, dobrega ipd.* nichts Neues, Gutes; *v* ~ *devati* herabsetzen; *to ni za* ~ das ist für die Katz / es taugt nicht
ničen nichtig; *(predpis)* unwirksam
ničevost *f* Nichtigkeit *f*
ničla *f* Null *f*
ničvreden nichtswürdig
nihalo *n* Pendel *m*
nihati pendeln, schwingen; *(neodločno)* schwanken; *nihajoč* Schwankungen unterworfen
nihče niemand; jemand, wer (*za* nie); *nikogar ni* niemand ist ...; kein Mensch, *F* kein Hund
nikakor durchaus nicht; keinesfalls, keineswegs; auf keinen Fall, ~*!* keine Spur!
nikakršen keinerlei
nikalen verneinend
nikamor nirgendshin
nikar sollen (du sollst nicht), dürfen (du darfst nicht); ~! Nicht!
nikdar, nikoli nie
nikjer nirgends
nimam ich habe nicht, *gl.* **imeti**
nit *f* Faden *m*, Garn *n*
niti nicht, kein (~ *trije tedni* keine drei Wochen, ~ *besede* kein Wort; ~ *malo* nicht die Bohne); ~ ... ~ weder ... noch
nivo *m gl.* **raven**
niz *m (biserov)* Kette *f*; *(dejstev)* Reihe *f*
nizati reihen, aufreihen
nizdol bergab
nizek nieder, niedrig, Tief- (~*i udarec* Tiefschlag); *biti na nizki ravni* einen Tiefstand erreicht haben
nizkoten niederträchtig, gemein
nizkotnost *f* Gemeinheit *f*
nižati *se* sinken
nižina *f* Tiefland *n*, Marsch *f*
njegov sein, *(substantivno)* seiner, der seine; *je* ~ (er) gehört ihm
njen ihr, *(substantivno)* ihrer, der ihre; *je* ~ (er) gehört ihr
njihov ihr; *je* ~ (er) gehört ihnen
njiva *f* Acker *m*
njuhanec *m* Schnupftabak *m*
no na
nobeden niemand, keiner
noben kein; keinerlei
nocoj heute Abend
noč *f* Nacht *f*; *lahko* ~ gute

Nacht; *pozno v ~* spät in die Nacht hinein; *pred ~jo* bevor es Nacht wird; *cele ~i* nächtelang; *~ ga je vzela* er verschwand

noče, nočem *gl.* **hočem**; ich will nicht, ich weigere mich zu ...

nočen nächtlich; *~i* Nacht- (*~a ptica* Nachtvogel)

nočiti *noči se* es wird Abend / Nacht

noga *f* Fuß *m*; Bein *n*; *(pri divjadi)* Lauf *m*; *ploska ~* Plattfuß, *kepasta* Klumpfuß; *od nog do glave* von Kopf bis Fuß; *od mladih nog* von klein auf; *kar nesejo ~e* was die Beine hergeben; *podstaviti ~o* ein Bein stellen *D*; *spraviti na noge* auf die Beine stellen, *spravite se na ~e* sich hochrappeln

nogavica *f* Strumpf *m*; *kratka* Socke *f*; *hlačne ~e* Strumpfhose *f*

noht *m* Nagel *m*; *gre mi za ~e* es geht mir schlecht

noj *m* Strauß *m*

nomadski *~o ljudstvo* Hirtenvolk *n*

nominalen Nominal- (*~a vrednost* Nominalwert)

nominirati *(kandidata)* aufstellen

nor verrückt, verdreht, übergeschnappt, hirnverbrannt; wahnsinnig, irre; *~ na* versessen auf, ganz wild auf

norčav schelmisch

norčevanje *n* Spott *m*

norčevati *se iz* sich lustig machen über, seinen Spott treiben mit; etw. verspotten, spotten über

norčija *f* Streich *m*, Posse *f*

nordijski nordisch

norec *m* Narr *m*; Tor *m*; *imeti za norca* zum Narren halten, anführen *A*

noreti von Sinnen sein; *(otroci)* toben

norice *pl* Wasserpocken *pl*, Windpocken *pl*

norišnica *f* Irrenhaus *n*

norma *f* Norm *f*, *fig.* Soll *n*

normalen normal, Normal- (*~o stanje* Normalzustand)

normirati normieren

norost *f* Verrücktheit *f*

nos *m* Nase *f*, *F* Rübe *f*; *zavihan* Stupsnase, *kljukast* Hakennase; *iz nosu mi kaplja* die Nase tropft / läuft; *vihati ~* die Nase rümpfen; *vleči za ~* jm etw. vormachen, nasführen; *dati pod ~* etw. unter die Nase reiben, *pobrati izpred ~u* unter der Nase wegschnappen; *dati / dobiti po ~u* eins auf den Hut geben / kriegen; *~ se mu je povesil* er machte ein langes Gesicht

nosač *m* Träger *m*

noseča schwanger, in anderen Umständen

nosečnost *f* Schwangerschaft *f*

nosila *pl* Tragbahre *f*, Bahre *f*

nosilec *m* Träger *m*, *(odlikovanja)* Inhaber *m*

nosilen tragfähig, *(konstrukcija)* tragend

nosilnica *f* Sänfte *f*
nosilnost *f* Tragfähigkeit *f*
nositi tragen, *težko* ~ schleppen, sich abschleppen mit; ~ *črnino* Schwarz tragen; ~ *se* sich gebärden; ~ *za kom* jm nachtragen
nosljati näseln
nosni Nasen- (~*a kost* Nasenbein)
nosnica *f* Nasenloch *n*
nosorog *m* Nashorn *n*
noša *f* Tracht *f*; *narodna* ~ Volkstracht *f*
nota *f* Note *f*; *izmenjava not* Notenaustausch *m*
noter herein, hinein; *potegniti* ~ einziehen
notoričen notorisch
notranji inner, Innen- (~*a stena* Innenwand), innerlich, inwendig
notranjost *f* Innere *n*, *(dežele)* Binnenland *n*; *v* ~ *(od obale)* landeinwärts
notri innen, drinnen; *pustiti (ključ)* ~ steckenlassen
nov neu; nagelneu, funkelnagelneu; *na* ~*o* frisch; *nič novega* nichts Neues, *to ni nič novega* das ist ein alter Hut
novačiti anwerben, *(vojska)* mustern
novec *m* Münze *f*, Geldstück *n*
novela *f* Erzählung *f*
november *m* November *m*
novica *f* Nachricht *f*, Neuigkeit *f*; *dnevna* Tagesgespräch *n*
novinar *m* Journalist *m*, ~*ji pl* die Presse *f*
novinarstvo *n* Journalismus *m*
novinec *m* Neuling *m*, Neue(r) *m*
novodoben neuzeitlich
novogradnja *f* Neubau *m*
novoporočen neuvermählt
novorojen neugeboren
novost *f* Neuheit *f*
nozdrvi *pl* Nüstern *pl*
nož *m* Messer *n*; *žepni* Taschenmesser, Klappmesser; *na* ~ bis aufs Messer
nožnica *f* Scheide *f*
nraven sittlich
nravi *pl* Sitten *pl*
nuditi bieten
nudizem *m* Freikörperkultur *f*
nuja *f* Not *f*
nujno dringend, eilig, vordringlich; *(potreben)* notwendig, erforderlich; ~*o pismo* Eilbrief *m*; ~*a operacija* Notoperation *f*; *nujno* dringend; unweigerlich; *(slabši, boljši ipd.)* unbedingt (schlechter, besser)
nujnost *f* Notwendigkeit *f*
nuna *f* Nonne *f*

O

o ach
o *prep.* von (*o tem, o čem* davon, wovon), über; *(temp.)* zu (*o božiču* zu Weihnachten), bei (*o lepem vremenu* bei schönem Wetter
ob *lok.* an (~ *steni* an der Wand, ~ *rob* an den Rand, ~ *Savi* an der Save); bei; *temp.* um (*ob petih* um fünf Uhr), zu (~ *pravem času* zu rechter Zeit, ~ *vsaki uri* zu allen Stunden), in (~ *letu* in einem Jahr); ~ *četrtkih, nedeljah, večerih* donnerstags, sonntags, abends; *priti ob gl.* **izgubiti**
oba beide; alle beide
obad *m* Bremse *f*
obakrat beide Male
obala *f* Ufer *n*; Küste *f*, *(plaža)* Strand *m*
obalni Küsten- (~*o področje* Küstengebiet)
obarvati färben, einfärben
občan *m* Bürger *m*
občasen jeweilig, zeitweilig; ~*o* jeweils, zwischendurch
občestvo *n* Gemeinschaft *f*, Allgemeinheit *f*
občevalen Umgangs- (~*i jezik* Umgangssprache)
občevanje *n* Verkehr *m*, Umgang *m*; *spolno* ~ Geschlechtsverkehr *m*, Beischlaf *m*
občevati verkehren (mit), Umgang haben mit; *spolno* ~ Verkehr haben mit
obči allgemein, Gemein- (~*e ime* Gemeinname)
občina *f* Gemeinde *f*
občinski Gemeinde- (~ *davek* Gemeindesteuer)
občinstvo *n* Publikum *n*, Zuhörer *pl*, Zuhörerschaft *f*
občudovalec *m* Bewunderer *m*
občudovanje *n* Bewunderung *f*
občudovati bewundern
občutek *m* Gefühl *n*; ~ *za (petje ipd.)* Sinn *m* (für); *po občutku (tehtati ipd.)* nach Augenmaß
občuten spürbar; *(izguba ipd.)* empfindlich
občutiti *(strah, žalost)* fühlen, verspüren; *(dotik, izgubo)* spüren
občutljiv empfindlich
obdajati umgeben (*se* sich)
obdariti beschenken; ~ *z* bedenken mit
obdati umgeben
obdavčiti besteuern
obdavčljiv *biti* ~ der Steuer unterliegen
obdelava *f* Bearbeitung *f*
obdelovalni ~*a zemlja* Ackerland *n*
obdelovanje *n gl.* **obdelovati**; *(zemlje)* Bebauung *f*, *(njive)* Bestellung *f*
obdelovati *(kamen, les, ko-*

ga) bearbeiten; *zemljo* bebauen, *(njivo)* bestellen, *(ledino)* urbar machen
obdobje *n* Zeitabschnitt *m*, Zeit *f*
obdolženec *m* Beschuldigte(r)
obdolžitev *f* Beschuldigung *f*, Bezichtigung
obdolžiti *G* beschuldigen *G*, bezichtigen *G*
obdržati behalten, *(navado)* beibehalten; halten (*ravnotežje* das Gleichgewicht halten); ~ *na sebi* anbehalten
obdukcija *f* Obduktion *f*
obed *m* Mittagessen *n*; *pri ~u* bei Tisch
obedovati zu Mittag essen
obenem zugleich, gleichzeitig
obesek *m* Anhänger *m*
obesiti aufhängen, hängen (*na klin* an den Nagel hängen); *koga* erhängen (*se* sich); *komu kaj* anhängen, *(blago)* andrehen; *ključavnico* das Schloß vorlegen
obešalnik *m* Aufhänger *m*; *za obleko* Kleiderbügel *m*, Bügel *m*; *stoječ* Ständer *m*
obešanka *f* Vorhängeschloß *n*, Vorlegeschloß *n*
obešenjaški ~ *humor* Galgenhumor *m*
obet *m* Aussicht *f*, Verheißung *f*; *(obljuba)* Versprechung *f*
obetati in Aussicht stellen, *si kaj* hoffen auf, *si kaj od* sich etw. versprechen von; *obeta se* (es) ist in Aussicht; *obetajo se boljši časi* wir gehen besseren Zeiten entgegen
obetaven vielversprechend; aussichtsvoll
obglaviti enthaupten, köpfen
obglavljenje *n* Enthauptung *f*
obhajati *(praznovati)* feiern, festlich begehen; *(obhaja me skrb)* beschleichen, anwandeln
obhajilo *n* Kommunion *f*, Abendmahl *n*
obhod *m* Umgang *m*, Runde *f* (*G* durch)
običaj *m* Sitte *f*, Brauch *m*
običajen üblich (*v deželi* landesüblich, *v kraju* ortsüblich); gebräuchlich, herkömmlich; *je ~* ist gang und gäbe; *običajno* gewöhnlich, üblicherweise
obilen üppig; reichlich; *(po postavi)* beleibt
obilica *f* Fülle *f*, Reichtum *m* (an)
obilo viel, reichlich
obirati ablesen; klauben; *koga* durchhecheln
obisk *m* Besuch *m*; *vljudnostni* Anstandsbesuch; *priti na ~* jn besuchen, *F* vorbeikommen
obiskati besuchen, *(koga)* aufsuchen
obiskovalec *m* Besucher
obiskovati *gl.* **obiskati**; *redno ~* verkehren bei / in; *~ šolo* zur Schule gehen
obist *f* Niere *f*; *do ~i* bis auf die Nieren
obiti, obidem herumkommen, *(zapreko)* umgehen; *koga obide jeza ipd.* er kommt in Zorn
obiti, obijem ausschlagen, mit etw. beschlagen
objava *f* Veröffentlichung *f*
objaviti veröffentlichen;

(ukaz) erlassen; *biti objavljen (ukaz ipd.)* ergehen
objem *m* Umarmung *f*
objemati umarmen, herzen
objesten übermütig, keck
objestnost *f* Übermut *m*
objeti *gl.* **objemati**; *(drevo)* umfassen, *(čez pas)* fassen um, den Arm um etw. legen
objokan verweint
objokovati klagen / weinen um
obkladek *m* Umschlag *m*; Wickel *m*
obklej wann, zu welcher Zeit
obkoliti einkreisen, einkesseln, abriegeln
obkrožiti umkreisen, *(številko ipd.)* einkreisen
obla *f* Kugel *f*
oblačen bewölkt, bedeckt, wolkig, trüb
oblačilnica *f* Umkleideraum *m*
oblačilo *n* Kleidungsstück *n*
oblačiti kleiden, bekleiden; anziehen
oblačiti *oblači se* das Wetter trübt sich
oblačnost *f* Wolkenbildung *f*, *delna ~* teilweise bedeckt
oblak *m* Wolke *f*; *brez oblakov* wolkenlos
oblanci *pl* Hobelspäne *pl*
oblast *f* Macht *f*, Obrigkeit *f*; *(vlada)* Herrschaft *f*; *(organ ~i)* Behörde *f*; *sodna ~* Rechtssprechung *f*; *imeti (se) v oblasti* (sich) in Gewalt haben; *vzeti D ~* jn entmachten
oblasten überheblich
oblastnik *m* Machthaber *m*
oblati hobeln
oblatiti verleumden
oblečen angezogen
obleči anziehen (*se* sich), ankleiden (*se* sich)
obledel ausgeblichen, verblichen, verschossen
obledeti ausbleichen, schießen, verschießen
obleganje *n* Belagerung *f*
oblegati belagern
obleka *f* Kleid *n*, *(moška)* Anzug *m*; *(oblačila)* Kleidung *f*; *poročna* Brautkleid, *~ za nosečnice* Umstandskleid; *za obleko* Kleider- (*obešalnik* Kleiderbügel)
oblepiti bekleben (*z* mit)
obletnica *f* Jahrestag *m*, Todestag *m*; *100. ~* Hundertjahresfeier *f*; *danes je 10. ~* zum (10.) Mal jährt sich der Tag ...
obležati liegen bleiben, *fig.* auf der Strecke bleiben
oblič *m* Hobel *m*
obličje *n* Antlitz *n*
oblika *f* Form *f*; *aerodinamična ~* Stromlinienform
oblikovalec *m* Gestalter *m*
oblikovanje *n* Gestaltung *f*; *(stališč ipd.)* Ausbildung *f*
oblikovati bilden *(tudi fig.)* gestalten; formen, modeln
oblina *f* Rundung *f*
obliti begießen, berieseln, übergießen; *koga oblijejo solze* jd bricht in Tränen aus
obliž *m* Heftpflaster *n*; *dati ~ na* verpflastern
obljuba *f* Versprechen *n*; Zusage *f*
obljubiti versprechen, *(denar, obisk)* zusagen; *~ nekaj za pozneje* vertrösten auf

obljubljati *gl.* **obljubiti**; ~ *zvezde z neba* das Blaue vom Himmel versprechen
obljuden bewohnt
obločnica *f* Bogenlampe *f*
obloga *f* Belag *m*, *(stene)* Verkleidung *f*
obložen belegt
obložiti auslegen, *(steno)* verkleiden
obmejni Grenz- (*~o področje* Grenzbereich)
obmetavati bewerfen (mit), werfen auf
območje *n* Bereich *m*; ~ *visokega / nizkega zračnega pritiska Hoch n* / Tief *n*
obmolkniti verstummen
obmorski Küsten-, See- (~ *kraj* Seeort)
obnašanje *n* Benehmen *n*, Betragen *n*; *(moralno)* Führung *f*; *(socialno)* Verhalten *n*
obnašati *se* sich benehmen, sich verhalten
obnesti *se* sich bewähren
obnošen abgetragen, abgewetzt
obnova *f* Aufbau *m*, Wiederaufbau *m*; *(berila)* Nacherzählung *f*
obnovitev *f* Wiederaufnahme *f*
obnoviti *(stavbe, deželo)* aufbauen, wiederaufbauen; *(berilo)* nacherzählen; *(spomin)* auffrischen; erneuern; *(pogajanja ipd.)* wiederaufnehmen
obod *m kroga* Kreislinie
obogateti reich werden
obogatiti anreichern, bereichern
oboje beides
obojestranski beiderseitig; doppelseitig; *(simpatija)* wechselseitig
obok *m* Bogen *m*; Wölbung *f*
obokan gewölbt; ~ *strop* Gewölbe *n*
obolelost *f*, **obolenje** *n* Erkrankung *f*
oboleti erkranken
oborina *f* Niederschlag *m*
oboriti ausfällen; niederschlagen
oborožen bewaffnet; ~ *sile* Streitkräfte *pl*
oboroževanje *n* Rüstung *f*; *ponovno* Wiederaufrüstung *f*
oboroževati, oborožiti bewaffnen (*se* sich), *(dežela) se* rüsten, aufrüsten
obotavljanje *n* Zögern *n*, Zaudern *n*
obotavljati *se* zögern, zaudern
oboževalec *m* Verehrer *m*
oboževati anbeten, verehren
obraba *f* Abnutzung *f*, Verschleiß *m*
obrabiti abnutzen, abnützen; verschleißen; *(z igranjem)* abspielen
obrabljen abgenutzt, verschlissen; *(od prijemanja)* abgegriffen; *(fraza)* abgedroschen
obračanje *n* Wenden *n*
obračati wenden, *(oči, besede)* verdrehen; ~ *plašč po vetru* den Mantel nach dem Wind hängen
obračun *m* Abrechnung *f*; *fig.* Auseinandersetzung *f*
obračunati abrechnen, *(vzeti v račun)* verrechnen

obračunavanje *n (fizično)* Tätlichkeiten *pl*
obračunski Verrechnungs- (*~ dolar* Verrechnungsdollar)
obramba *f* Verteidigung *f*, *(protiletalska)* Abwehr *f*; *(položaja)* Behauptung *f*
obrambni Verteidigungs- (*~ minister* Verteidigungsminister), Wehr-
obrat *m* Drehung *f*, Umdrehung *f*, Wendung *f*; *(motorja)* Tour *f*; *(industrijski)* Werk *n*, Betrieb *m*; *metalurški* Hütte *f*; (*zapreti ~* den Betrieb / das Werk stillegen)
obraten umgekehrt; *~a stran* Kehrseite *f*
obrati *gl.* **obirati**; *~ koga fig.* schröpfen
obratni Betriebs- (*~ inženir* Betriebsingenieur)
obratovati ~ / *ne ~* in / außer Betrieb sein
obratovodja *m* Betriebsleiter *m*
obravnava *f (vprašanja, predmeta)* Erörterung *f*, Abhandlung *f* (über); *sodna* Verhandlung *f*
obravnavani vorliegend
obravnavati behandeln; betrachten; erörtern; handhaben mit; *obravnavani* vorliegend
obraz *m* Gesicht *n*; *(izraz ~a)* Miene *f (z nedolžnim ~om* mit unschuldiger Miene)
obrazec *m* Vordruck *m*, Form *f*; *mat.* Formel *f*
obrazilo *n* Endung *f*
obrazložiti erklären; *gl.* **razložiti**
obred *m* Akt *m*, (kirchliche) Handlung *f*
obrekovanje *n* Verleumdung *f*; üble Nachrede *f*
obrekovati verleumden, lästern
obremenilen belastend, erschwerend; Belastungs- (*~a priča* Belastungszeuge)
obremenitev *f* Belastung *f*
obremeniti, obremenjevati belasten
obresti *pl* Zins *m*, Zinssatz *m*; (*po* zu)
obrestovati verzinsen (mit)
obrezati beschneiden, stutzen
obrežje *n* Ufer *n*, Kai *m*
obris *m* Umriß *m*
obrisati wischen, abwischen, trocknen, abtrocknen; *~ prah z* abstauben *A*; *(čevlje)* abstreifen
obrit rasiert; *glava* kahlgeschoren
obriti rasieren (*se* sich)
obrizgati bespritzen
obrniti *(avto, stran)* wenden; drehen, umdrehen (*se* sich); *~ stran* umblättern; *~ se (vrniti se)* umkehren, kehrtmachen; *se proti, na* sich wenden gegen, an; *sunkoma obrniti (volan)* herumreißen; *sunkoma se ~* herumwirbeln; *~ komu hrbet* jm den Rücken kehren, jm die kalte Schulter zeigen
obrnjen *gl.* **obrniti**; gedreht, orientiert nach; *okna so ~a na cesto* die Fenster gehen auf die Straße
obroba *f* Einfassung *f*
obrobiti einfassen, besetzen (mit)

obroč *m* Reifen *m*, Schlauch *m*; Ring *m*
obroditi tragen; *dobro je obrodilo* der Ertrag / die Ernte war gut
obrok *m* Mahlzeit *f*; Rate *f*, *na ~e* auf Raten, auf Abzahlung
obronek *m* Böschung *f*, Abhang *m*
obrt *f* Gewerbe *n*, Handwerk *n*
obrtnik *m* Handwerker *m*, Gewerbetreibende(r) *m*
obrusiti schleifen, abschleifen; *~ si pete* sich die Füße wundlaufen
obrv *f* Braue *f*, Augenbraue *f*
obseden besessen
obsedeti sitzen bleiben
obseg *m* Umfang *m*, *fig.* Ausmaß *n*
obsegati enthalten, umfassen; *obsegajoč (300 strani) (300 Seiten) stark*
obsevanje *n* Bestrahlung *f*, Strahlenbehandlung *f*
obsevati bestrahlen (mit)
obsežen umfangreich; stattlich; weitgehend
obsodba *f* Verurteilung *f*
obsoditi verurteilen (*na* zu); *~ na A* verhängen über
obsojati *gl.* **obsoditi**; den Stab brechen über, verdammen *A*
obsojenec *m* Verurteilte(r) *m*
obstajanje *n* Vorhandensein *n*
obstajati bestehen, *še naprej ~* fortbestehen; *(razmere)* herrschen; vorhanden sein; vorliegen *(razlogi, dokazi ipd.)*
obstanek *m* Dasein *n*; *ni mu ~a* er findet keine Ruhe
obstati stehenbleiben; *(pamet, srce)* stillstehen
obstoj *m* Dasein *n*, Vorhandensein *n*; Bestand *m*
obstoječ bestehend
obstojen beständig; *~ v mrazu* kältebeständig; *~e barve* lichtecht
obstreljevati unter Beschuß nehmen
obstriči stutzen
obsuti überschütten
obširen ausgedehnt, weit
obširnost *f* Weite *f*
obšiti *z* besetzen mit
obtežilnik *m* Beschwerer *m*, *za pisma* Briefbeschwerer *m*
obtežiti beschweren
obtičati steckenbleiben; *(z vozilom in fig.)* sich festfahren
obtok *m* Umlauf *m*; *krvni ~* Kreislauf; *vzeti iz obtoka (denar)* einziehen
obtožba *f* Anklage *f*
obtoženec *m* Angeklagte(r) *m*
obtoževati, obtožiti *G* anklagen *G*, jm etw. zur Last legen
obtožnica *f* Anklageschrift *f*
obubožan verarmt
obubožati verarmen
obuditi, obujati wecken, erwecken; *(od mrtvih)* auferstehen lassen;
obup *m* Verzweiflung *f*
obupan verzweifelt, mutlos
obupati verzweifeln, verzagen
obupen verzweifelt; *(grozen)* schrecklich, gräßlich
obut beschuht
obutev *f* Fußbekleidung *f*
obuti (die Schuhe) anziehen

obvarovati *pred* schützen vor, bewahren vor
obveljati gelten; *(naposled ~)* sich durchsetzen; *njegova obvelja* er hat recht, behält recht
obvestilo *n* Benachrichtigung *f*, Anzeige *f*
obvestiti verständigen, benachrichtigen
obveščen benachrichtigt, verständigt; *biti dobro ~* im Bilde sein
obveščevalec *m* Agent *m*
obveza *f* Verband *m*, (*namestiti ~o* den Verband anlegen); *(obveznost)* Verpflichtung *f*
obvezan *biti ~* gehalten sein zu
obvezati *(rano)* verbinden, einen Verband anlegen; verpflichten, festlegen
obvezen *(dogovor)* bindend; Pflicht- (*~i predmet* Pflichtfach, *~e vaje, liki* Pflichtübungen); *~a prijava* Meldepflicht
obveznica *f* Pfandbrief *m*, Anleihe *f*
obveznik *m vojni ~* Wehrpflichtige(r) *m*
obveznost *f* Pflicht *f*, *vojaška ~* Wehrpflicht; *šolska ~* Schulpflicht *m*; *brez ~i* unverbindlich
obvezujoč bindend
obviseti hängen bleiben; *na* kleben an
obvladati beherrschen, *(zapreko)* nehmen, bewältigen, *koga* überwältigen; *(biti kos) D* gewachsen sein, fertigwerden mit, meistern *A*, *ne ~* nicht aufkommen können gegen; *ne ~ se* sich gehen lassen
obvoz *m* Umleitung *f*
obzidje *n mestno* Stadtmauer *f*
obziren rücksichtsvoll, *(~o ravnati z, povedati)* schonend; *biti ~ do* Rücksicht nehmen auf
obzirnost *f* Rücksicht *f*, Rücksichtnahme *f*
obzorje *n* Horizont *m*
obzornik *m* Rundschau *f*, Wochenschau *f*
obžalovanje Bedauern *n*; *~a vreden* bedauerlich, bedauernswert
obžalovati *(napake, grehe)* bereuen, bedauern; *(sočustvovati z)* bedauern
ocariniti verzollen
ocean *m* Ozean *m*
ocena *f* Bewertung *f*, *(knjižna)* Besprechung *f*; *(šolska)* Note *f*, Zensur *f*
oceniti bewerten, beurteilen; schätzen, abschätzen; *(dati oceno)* zensieren
ocvirki *pl* Grieben *pl* Grammeln *pl*
očala *pl* Brille *f* (*močna* scharf)
očarati verzaubern, hinreißen; es jm angetan haben
očarljiv bezaubernd, entzükkend, hinreißend
oče *m* Vater *m*; *očka m* Vati *m*
očediti reinigen
očesni Augen- (*~a klinika* Augenklinik)
očetov des Vaters, vom Vater; *je ~* (er) gehört dem Vater; *po ~i strani* väterlicherseits
očetni väterlich

očetovstvo *n* Vaterschaft *f*
očim *m* Stiefvater *m*
očistiti *gl.* **čistiti**, reinigen, *(vodo)* klären
očitajoč vorwurfsvoll
očitati vorwerfen, Vorwürfe machen; jm etw. zum Vorwurf machen; jm Vorhaltungen machen; *kaj mu očitajo* was liegt gegen ihn vor
očitek *m* Vorwurf *m*; *~i* Vorhaltungen *pl*
očiten offensichtlich, augenfällig; naheliegend; *~o* sichtlich, offensichtlich, offenbar, unübersehbar, unverkennbar; *biti ~* offen zu Tage liegen, naheliegen
očividec *m* Augenzeuge *m*
očnjak *m* Fang *m*
očrneti schwarz werden
očrniti anschwärzen, heruntermachen *(samo fig.)*
očrt *m* Abriß *m*, Aufriß *m*, *(knjiga)* Grundriß *m*
očuvati bewahren
od von (*~ tega* davon), *od (tu naprej)* von (hier) an; ab; *~ daleč* von weit her; vor (*od veselja, lakote, strahu* vor Freude, Hunger, Furcht); seit (*od 1. 1., ~ novega leta* seit 1. 1., seit Neujahr)
odbijač *m* Puffer *m*, *(avtomobilski)* Stoßstange *f*
odbijati *gl.* **odbiti**; abstoßen; zurückweisen; *(svetlobo)* reflektieren; *~ se (od ozadja)* sich abzeichnen gegen
odbitek *m* Abstrich *m*, Abzug *m*
odbiti abschlagen, *(napad, nevarnost)* abwenden, abwehren; zurückweisen, von sich weisen; *(z ošabnostjo ipd.)* abstoßen; *(ponudbo)* ausschlagen; schleudern; *~ s* abprallen (von)
odblesk *m* Abglanz *m*
odbor *m* Ausschuß *m*
odbornik *m* Ausschußmitglied *n*
odcediti das Wasser abgießen von, abtropfen lassen
odcep *m* Abzweigung *f*
odcepiti *se* sich gabeln, abzweigen, *(od družbe)* sich absondern
odcveteti verblühen
odčitati ablesen
oddahniti *se fig.* aufatmen
oddaja *f* Abgabe *f*; *(TV)* Sendung *f*, *(v seriji)* Folge *f*
oddajati *gl.* **oddati**, *(toploto, vonj)* ausströmen, *paro* dampfen, *(TV)* senden; *(sobo, delo)* vergeben, *(sobo ipd.)* vermieten
oddajnik *m* Sender *m*
oddaljen abgelegen, fern; *biti ~* abliegen
oddaljenost *f* Entfernung *f*
oddaljiti *se* sich entfernen; *(od poti, linije)* abkommen (von); abweichen
oddati abgeben, aufgeben; abliefern; *(pismo v nabiralnik)* einwerfen; *(sobe)* vermieten, *(službo, delo)* vergeben; *~ zemljišče (občina ipd.)* Nutzungsrechte übereignen
oddelek *m* Abteilung *f*, *(v bolnišnici)* Station *f*; *(v vlaku)* Abteil *n*
oddih *m* Erholung *f*
odeja *f* Decke *f*, *prešita ~* Steppdecke
oder *m* Bühne *f*, Podium *n*; *(gradbeni ipd.)* Gerüst *n*

oderuh *m* Wucherer *m*
oderuški Wucher- (*~e obresti* Wucherzinsen)
odeti zudecken, bedecken
odganjati *(drevo)* treiben; wegjagen, wegzujagen versuchen; verscheuchen, *fig.* abschrecken
odgovarjati antworten, *~ za* Rede stehen für, *(biti odgovoren)* verantwortlich sein; Widerworte geben
odgovor *m* Antwort *f*, Erwiderung *f*; *pozitiven ~* Jawort *n*, Zusage *f*, *negativen* Abfuhr *f*, Absage; *f*; *klicati na ~* zur Rechenschaft ziehen; *dajati ~ za* Rechenschaft ablegen
odgovoren verantwortlich; *biti ~ za* haften für
odgovoriti antworten, beantworten *(samo tr.)*, entgegnen; *pozitivno* bejahen; zusagen
odgovornost *f* Verantwortung *f*, *prevzeti ~ za* die ~ übernehmen für, etw. verantworten, *na lastno ~* auf eigene Gefahr
odgrizniti abbeißen
odgrniti abdecken; *zavese* zurückziehen
odhajati weggehen, fortgehen
odhiteti davoneilen
odhod *m* Abgang *m*, Abtritt *m*; Abfahrt *f*, Abreise *f*; *~ čez mejo* Ausreise *f*; *naznaniti svoj ~ D* sich abmelden bei
odigrati abspielen
odirati Wucher treiben; *(trgovec)* Wucherpreise haben
oditi fortgehen, weggehen; aufbrechen, *(čete ipd.)* abziehen; sich entfernen; *(odpraviti se)* losziehen; *odšli so* sie sind fort
odjava *f* Abmeldung *f*
odjaviti abmelden (*se* sich)
odjekniti widerhallen; *fig.* einschlagen
odjem *m* Abnahme *f*
odjemalec *m* Abnehmer *m*; Kunde *m*
odjenjati nachlassen, *(človek)* nachgeben
odjuga *f* Tauwetter *n*
odkar seit; seitdem
odkašljati *se* sich räuspern
odkimati den Kopf schütteln
odklanjati ablehnen, *(možnost, ponudbo)* zurückweisen, von sich weisen; *A* abgeneigt sein *D*, ablehnend gegenüberstehen *D*
odklej seit wann
odkleniti aufschließen, aufsperren
odklon *m* Abweichung *f*; *(magnetne igle)* Ausschlag *m*
odklonilen ablehnend, *(odgovor)* abschlägig
odkloniti *gl.* **odklanjati**; ablehnen; *(ne dati)* verweigern; *(ponudbo)* zurückweisen
odklopiti abschalten, abstellen; *(tok, telefon)* sperren
odkod, odkoder woher
odkopati *A* freilegen
odkorakati abziehen, abmarschieren
odkotaliti *se* wegrollen
odkrhniti *(se)* brechen, abbrechen, ausbrechen *(samo tr.)*
odkrit offen, aufrichtig; *(sovražnik)* erklärt; *~o (pove-*

dati) frei heraus, freimütig, geradeheraus
odkriti entdecken; enthüllen; *(streho ipd.)* abdecken, aufdecken: *(karte)* öffnen; ~ *kaj fig.* auf etw. kommen; ~ *se* den Hut ziehen
odkritje *n* Entdeckung *f*; *(najdba)* Fund *m*
odkritosrčen offenherzig; freimütig
odkritost *f* Offenheit *f*
odkrižati *se G* sich entledigen *G*
odkrušiti abbrechen; ~ *se* abbröckeln
odkupiti abkaufen; ~ *se* sich loskaufen
odkupnina *f* Lösegeld *n*
odkuriti *jo* sich davonmachen, abdampfen
odlagališče *n* Abladeplatz *m*; *za smeti* Müllkippe *f*
odlagati *gl.* **odložiti**; hinausschieben, auf die lange Bank schieben; *(odgovor komu)* jn hinhalten
odlašati verschieben (auf später); hinauszögern
odleči *(bolniku)* besser gehen; *odleglo mi je* mir ist ein Stein vom Herzen gefallen
odlepiti lösen (*se* sich)
odlet *m* Abflug *m*
odleteti abfliegen, davonfliegen; *(gumb)* losgehen, abgehen; *(odbiti se od)* abprallen von
odličen ausgezeichnet, hervorragend; vortrefflich, vorzüglich
odličnjak *m* Vorzugsschüler *m*
odlika *f* Stärke *f*, Vorzug *m*; *z ~o (izdelati)* mit Auszeichnung
odlikovanje *n* Abzeichen *n*, Auszeichnung *f*, Orden *m*
odlikovati auszeichnen
odlitek *m* Abguß *m*
odliti abgießen, weggießen; *v (bron ipd.)* gießen in
odljuden wüst, wild; *(človek)* menschenscheu
odločanje *n* Entscheidung *f*
odločati *gl.* **odločiti**; *on odloča* er hat das Sagen
odločba *f* Bescheid *m*; Dekret *n*, Entscheidung *f*
odločilen entscheidend, maßgebend, ausschlaggebend, *biti ~* den Ausschlag geben
odločitev *f* Entschluß *m*; Bescheid *m*; *(vlade)* Entscheidung *f*
odločiti *se* sich entscheiden, sich entschließen, ~ / *ne ~ se* zu einem / keinem Entschluß kommen, einen / keinen Entschluß fassen
odločen entschlossen, entschieden; bestimmt; *(~o ukrepati)* zügig
odločnost *f* Entschiedenheit *f*, Bestimmtheit *f*
odlog *m* Aufschub *m*, *(plačila)* Stundung *f*; *zadnji ~* Galgenfrist *f*
odlok *m* Erlaß *m*
odlomek *m* Bruchstück *n*
odlomiti abbrechen, ausbrechen
odložitev *f* Aufschub *m*
odložiti ablegen; *(prtljago ipd.)* absetzen, abstellen; *(obleko)* abstreifen, ablegen; *(slušalko)* auflegen;

(zadevo) zu den Akten legen; *(orožje)* niederlegen; *(na poznejši čas)* aufschieben, *(razpravo)* vertagen, *(projekt)* zurückstellen

odluščiti *se* sich ablösen, abblättern

odmakniti *se od* abrücken von

odmašiti öffnen

odmet *m* Müll *m*, Abfälle *pl*; *kosovni* ~ Sperrmüll *m*

odmetavati wegwerfen, abwerfen; *gl.* **odvreči**

odmev *m* Echo *n*, Widerhall *m*; *fig.* Nachklang *m*

odmevati widerhallen, hallen

odmirati absterben

odmisliti *(si)* wegdenken; absehen von

odmočiti abweichen

odmor *m* Pause *f*

odmotati aufwickeln, abwickeln

odmreti absterben

odmrl abgestorben

odnehati nachgeben, *(mraz, bolečina)* nachlassen; ~ *od* aufgeben *A*, auslassen *A*

odnesti *v, na itd.* bringen, tragen; *(brez navedbe kam)* wegbringen, wegtragen; *(vzeti s seboj)* mitnehmen; *ladjo odnese* das Schiff treibt ab; *dobro jo* ~ glimpflich davonkommen, mit einem blauen Auge davonkommen

odnos *m* Verhältnis *n*; Beziehung *f*; Einstellung *f*; Verhalten *n*, Haltung *f*; *vzajemni ~i* Wechselbeziehungen *pl*; *kakšen ~ imate do ...?* wie stellen Sie sich zu ...? *biti v ... ~u do* sich ... verhalten zu; *biti v dobrih ~ih z* sich gut stehen mit

odnosno beziehungsweise (bzw.)

odobravanje *n* Billigung *f*; *(glasno)* Beifall *m*

odobravati billigen, gutheißen; *ne* ~ mißbilligen

odobriti bewilligen; gewähren

odojek *m* Spanferkel *n*

odpad *m* Abfall *m*; *(odpadki)* Müll *m*

odpadati abfallen, *(omet)* abblättern

odpadek *m* Abfall *m*; *~i* Abfälle *pl*, Müll *m*, *(gradbeni)* Schutt *m*

odpadnik *m* Abtrünnige(r) *m*

odpahniti den Riegel zurückziehen

odpasti abfallen, abspringen; wegfallen; *(predavanje, ogled ipd.)* ausbleiben, entfallen

odpeljati abführen; *v, na, k itd.* bringen, fahren auf, zu, in usw.; holen, wegführen; ~ *se* abfahren, wegfahren

odpet offen; auf, aufgeknöpft

odpeti öffnen; aufknöpfen; aufschnallen

odpirač *m* Öffner *m*, *za konzerve* Dosenöffner *m*; ~ *za steklenice* Korkenzieher *m*

odpirati *gl.* **odpreti**

odpisati abschreiben

odplačati abzahlen; *(kredit, dolg)* abtragen

odplačevati *gl.* **odplačati**; *na*

obroke abzahlen, *F* abstottern

odplačevanje *n* Abzahlung *f*, Teilzahlung *f*

odplačilo *n* Abzahlung *f*; *obročno ~* Ratenzahlung *f*

odplaka *f* Abwasser *n*

odplaviti wegspülen

odplaziti *se* sich davonstehlen; sich davonschleichen

odpluti *(ladja)* auslaufen

odpočiti *si* (sich) ausruhen

odpoklicati abberufen, abwählen

odpomoči abhelfen

odpor *m (upor proti)* Widerstand *m*; Abneigung *f*, Abscheu *m*, Ekel *m*; *navdajati z ~om* anekeln, anwidern; *zbuditi ~ do* Abneigung hervorrufen

odporen widerstandsfähig (*za* gegen); beständig (*za toploto* wärmebeständig); -fest (*~ za korozijo* korrosionsfest, *~ za molje* mottenfest, *~ za mraz* winterfest)

odporniški Widerstands- (*~o gibanje* Widerstandsbewegung)

odpornost *f* Widerstandskraft *f*, Widerstandsfähigkeit *f*; -festigkeit *f* (*~ na pritisk* Druckfestigkeit, *za mraz* Winterfestigkeit)

odposlanec *m* Abgesandte(r) *m*

odposlanstvo *n* Abordnung *f*

odposlati senden, absenden; versenden; abfertigen

odpošiljatelj *m* Absender *m*

odpotovati abreisen; verreisen

odpoved *f* Kündigung *f*; *čemu* Absage *f* (an), Aufgabe *f* *(G)*, Verzicht *m* (auf)

odpovedati *(stanovanje, službo)* kündigen, *(prijateljstvo ipd.)* aufkündigen; *(časopid, naročeno)* abbestellen; *(dogovor, sklenjeno)* rückgängig machen; *(prireditev, najavljeno)* absagen; *~ se čemu* verzichten auf, *D* entsagen; *~ se prestolu* abdanken

odpovedljiv kündbar

odpovedni *rok* Kündigungsfrist *f*

odprava *f* Abschaffung *f*, Aufhebung *f*; Expedition *f*

odpraviti *(ukiniti)* abschaffen, beseitigen, *(težave)* beheben; abtun (*na kratko* kurz *~*); *~ koga z besedami* mit Worten abspeisen; *plod* abtreiben; *(blago ipd.)* abfertigen; *~ se* aufbrechen, sich aufmachen, losziehen

odpravnik *m poslov* Geschäftsführer *m*, Geschäftsträger *m*; *~ vlakov* Verkehrsbeamte *m*

odpravnina *f* Abfindung *f*

odpreti aufmachen, öffnen; *(plin, pipo)* aufdrehen; aufschlagen, aufsperren, *(smučna vrata)* aufschieben, *(z nogo, komolcem)* aufstoßen, *(paket ipd.)* aufschneiden; aufklappen, *(s silo)* aufbrechen; *fig. (otvoriti)* eröffnen; *~ se* aufgehen, sich öffnen, *fig. (nov svet ipd.)* sich erschließen, sich eröffnen

odprt offen; auf; *~ih rok* freigiebig

odprtina *f* Öffnung *f*, Mündung *f*
odpust *m* Entlassung *f*
odpustek *m* Ablaß *m*
odpustiti verzeihen, vergeben, *(ostanek dolga, kazni)* schenken
odpustljiv verzeihlich
odpustnica *f* Entlassungsschein *m*
odpuščanje *n* Verzeihung *f*, Vergebung *f*
odračunati abziehen
odrasel erwachsen, *(žival)* ausgewachsen; *~i* die Erwachsenen
odrasti *D* entwachsen *D*
odraščati heranwachsen
odreči *komu kaj* jm etw. verweigern, aberkennen; *~ se D* entsagen *D*; sich lossagen von
odred *m* Abteilung *f*
odredba *f* Verordnung *f*, Anordnung *f*
odrediti anordnen, verordnen; *(zaporo, kazen)* verhängen (über)
odrekati *gl.* **odreči**
odrešiti erlösen (*G* von)
odreti abhäuten, *D* das Fell abziehen, *fig.* das Fell über die Ohren ziehen
odrevenel starr, steif, *(prsti)* taub
odreveneti steif / starr werden
odrezati abschneiden; *fig. dobro se ~* gut abschneiden, eine gute Figur machen
odrezav schnippisch, brüsk; schlagfertig
odrezek *m* Abschnitt *m*; *(košček)* Schnipsel *m*
odrgnina *f* Abschürfung *f*
odrgniti aufreiben; *~ si kožo* sich wund reiben
odriniti (von sich) stoßen, abschieben, abstoßen; *(s prerivanjem)* abdrängeln; *(odlagati)* aufschieben; *fig. (odpraviti se)* sich aufmachen, losziehen
odročen entlegen
odrski Bühnen- (*~a izreka* Bühnenaussprache)
odsedeti absitzen, *(kazen)* verbüßen
odsek *m* Abschnitt *m*; Abteilung *f*
odsekati abhacken, abschlagen
odseliti *se* wegziehen, ausziehen; *odselil se je* er ist verzogen
odsev *m* Abglanz *m*, Widerschein *m*
odsevati spiegeln, *v/i* sich ~
odskočiti abspringen
odskočna *deska* Sprungbrett *n*
odskok *m* Absprung *m*
odslej von nun an
odsloviti abfertigen; entlassen
odslužen ausgedient
odsoten abwesend; *(raztresen)* geistesabwesend
odsotnost *f* Abwesenheit *f*
odstavek *m* Abschnitt *m*, Absatz *m*
odstavitev *f* Amtsenthebung *f*; *(voljenih oseb)* Abwahl *f*
odstaviti absetzen; *(voljene osebe)* abwählen; *(z oblasti)* entmachten; *(dojenčka)* entwöhnen
odstop *m* Rücktritt *m*

odstopanje *n* Abweichung *f*
odstopati *od* abweichen von; *(omet, barva)* sich ablösen
odstopiti *komu kaj* abtreten, abgeben; *(od zahtev)* ablassen; *(s položaja)* zurücktreten, seinen Abschied nehmen, das Amt niederlegen; *(kralj)* abdanken
odstotek *m* Prozent *n*, Prozentsatz *m*
odstranitev *f* Beseitigung *f*, Entfernung *f*
odstraniti beseitigen, entfernen (*se* sich); fortschaffen, wegschaffen; *(probleme ipd.)* aus der Welt schaffen; *~ prah* abstauben
odstrel *m* Abschuß *m*
odstreliti abschießen
odstriči abschneiden
odsvetovati *A* abraten von
odščipniti abzwicken
odškodnina *f* Entschädigung *f*, *(za stroške)* Vergütung *f*, *(dediču)* Abfindung *f*; *(za škodo)* Schadenersatz *m*, *(za bolečine)* Schmerzensgeld *n*
odšteti abziehen, abschreiben
odštevanje *n* Abziehen *n*, Subtraktion *f*
odtajati auftauen
odteči auslaufen, ablaufen
odtegljaj *m* Abzug *m*
odtegniti abziehen, *fig.* entziehen
odtehtati *fig.* aufwiegen
odtekati ablaufen, auslaufen
odtenek *m* Abstufung *f*, Abtönung *f*, Schattierung *f*, *dati ~ D* tönen *A*
odtis *m* Abdruck *m*, *(tiskarski)* Abzug *m*; *prstni* Fingerabdruck
odtisniti abdrucken, drukken
odtlej seither, seitdem
odtočni Abfluß-, Ausfluß- (*~i ventil* Ausflußventil)
odtok *m* Abfluß *m*, Ausfluß *m*; Siel *n*
odtrgan abgerissen; *je ~* ist lose / ab
odtrgati abreißen, wegreißen; *~ se od* loskommen von
odtujitev *f* Entfremdung *f*
odtujiti veräußern, entfremden (*se* sich)
oduren abstoßend, häßlich
odvaditi *koga česa* abgewöhnen jm. etw. (*se* sich); entwöhnen
odvajati ableiten, *(med., denar)* abführen; *~ vode* entwässern
odvajalen *~o sredstvo* Abführmittel
odvaliti wälzen (weg von); *kamen se mi je odvalil od srca* ein Stein ist mir vom Herzen gefallen
odvažanje *n ~ smeti* Müllabfuhr *f*
odvažati abführen, wegführen
odveč überflüssig, müßig; *je ~* (es) erübrigt sich (zu)
odvesti abführen
odvetnik *m* Rechtsanwalt *m*, Anwalt *m*
odveza *f relig.* Absolution *f*; *zemljiška* Grundentlastung *f*
odvezati losbinden, *(čoln)* flott machen; *fig.* lossprechen (von)
odvijati abrollen, aufrollen,

(nit ipd.) abwickeln; *(vijak)* lockern, aufschrauben; *(kaj zavitega)* auswickeln
odvisen abhängig; angewiesen auf; *biti* ~ abhängig sein von, abhängen von, sich richten nach; *je ~o od ...* es kommt auf ... an
odvisnost *f* Abhängigkeit *f*
odviti aufdrehen, *gl.* **odvijati**
odvleči abschleppen
odvodni *~i jarek* Abzugsgraben *m*
odvoz *m* Abfuhr *f*
odvračati abhalten (*od* von), *(pozornost)* ablenken (von)
odvraten ekelhaft, widerwärtig, widerlich
odvreči wegwerfen; *(listje ipd.)* abwerfen
odvrnitev *f* Abkehr *f* (*od* von)
odvrniti abwenden, *koga od* abbringen von, *(pregovoriti)* jm etw. ausreden; ~ *se od* sich abkehren von, abschwören *D*; *(odgovoriti)* erwidern
odvzem *m* Abnahme *f*; *(vozniškega dovoljenja)* Entzug *m*
odvzeti abnehmen, wegnehmen; *(vozniško dovoljenje)* entziehen, einziehen; *(odreči pravico do)* aberkennen; *državljanstvo D* ausbürgern *A*
odzdraviti den Gruß erwidern
odziv *m* Anklang *m*
odzvati *se (vabilu)* nachkommen *D*
odžagati absägen
odžejati *se* seinen Durst stillen
ogaben scheußlich, ekelhaft
ogenj *m* Feuer *n*; ~ *in žveplo* Gift und Galle; *ognja varen* feuerfest
ogibati *se gl.* **izogibati** *se*
oglas *m* Anzeige *f*
oglasiti *se* sich melden, von sich hören lassen
oglašati *se (k besedi)* sprechen; *se* sich bemerkbar machen
oglat eckig, kantig; winkelig
ogled *m* Besichtigung *f*; Augenschein *m*; *postaviti na* ~ zur Schau stellen
ogledalo *n* Spiegel *m*; *vzvratno* ~ Rückspiegel *m*
ogledati *si* ansehen, anschauen (sich), besichtigen
ogleduh *m* Späher *m*, Spitzel *m*
oglje *n* Holzkohle *f*; *črn kot* ~ pechschwarz
ogljik *m* Kohlenstoff *m*
oglušeti taub werden
oglušujoč ohrenbetäubend
ogniti *se D* ausweichen *D*, aus dem Wege gehen *D*
ognjemet *m* Feuerwerk *n*
ognjenik *m* Vulkan *m*
ognjevit feurig
ognjišče *n* Herd *m*
ogoljufati betrügen; übervorteilen; hereinlegen, jn übers Ohr hauen
ogorčen empört, entrüstet; *biti* ~ *nad* sich entrüsten über
ogorčiti aufbringen, in Harnisch bringen
ogorek *m (cigaretni)* Kippe *f*
ogovoriti anreden, ansprechen
ograda *f* Gehege *n*, Koppel *f*
ograditi einzäunen

ograja *f* Geländer *n*; Gitter *n*; *(plot)* Zaun *m*; *odbojna ~ na cesti* Leitplanke *f*
ogrc *m (na koži)* Mitesser *m*
ogreti erwärmen (*se* sich); *fig. ~ se za* warm werden mit; *ogret za* eingenommen von
ogrevanje *n* Heizung *f*
ogrevati erwärmen (*se* sich); heizen
ogrinjalo *n* Tuch *n*, Umhang *m*
ogrlica *f* Halsband *n*
ogrniti *se z* umlegen *A*, umwerfen *A*; *fig.* sich einhüllen in
ogrodje *n* Gestell *n*; Gerüst *n*
ogromen riesengroß, riesig; *~a večina* erdrückende Mehrheit; *~ uspeh* ein Bombenerfolg
ogroziti, ogrožati bedrohen, gefährden
oguljen schäbig, abgewetzt
ohišje *n* Gehäuse *n*
ohladitev *f* Abkühlung *f*
ohladiti abkühlen; erkalten lassen; *se* erkalten, auskühlen
ohlapen locker, lose; lax; *(odnosi, predpisi)* weitmaschig
ohol hochmütig, anmaßend
ohrabritev *f* Ermunterung *f*
ohrabriti ermuntern
ohraniti erhalten, bewahren; aufrecht erhalten, beibehalten; *videz* den Schein wahren
ohranjen erhalten
ohromelost *f* Lähmung *f*
ohrometi erlahmen; absterben
ohromiti lähmen; *(promet ipd.)* lahmlegen, stillegen
ohromitev *f* Lähmung *f*
ohrovt *m* Kohl *m*, Grünkohl *m*; *brstični* Sprossenkohl *m*
ojačenje *n* Verstärkung *f*
ojačevalec *m* Verstärker *m*
okajen *F* angetrunken, *steklo* Rauchglas
okamneti zu Stein werden; erstarren
okamnina *f* Versteinerung *f*
okence *n* Schalter *m*
okenski Fenster- (*~ okvir* Fensterrahmen)
oklep *m* Rüstung *f*, Harnisch *m*; Panzer *m (tudi zoo.)*, *zoo.* Schale *f*, Kruste *f*
oklepaj *m* Klammer *f*
oklepati *se G* sich klammern an, sich anklammern an; umschlingen *A*
oklestiti *(drevo)* die Äste abschlagen *D*; *(tekst)* verstümmeln
oklevati zaudern; sich nicht entscheiden können
oklic *m* Aufgebot *n*
oklicati *za* ausrufen als
oklofutati ohrfeigen
oklopnik *m* Panzer *m*
oknica *f* Laden *m*, Fensterladen *m*
okno *n* Fenster *n*, *(do tal)* Fenstertür *f*; *vezano* Verbundfenster *n*
oko *n*, **oči** Auge *n*, *fig.* Blick *m*; *s prostim očesom* mit bloßem Auge; *med 4 očmi* unter 4 Augen; *priti pred oči* unter die Augen treten; *izgubiti izpred oči* aus den Augen verlieren
okobal rittlings

okoli um; um ... herum; *adv.* herum, umher; ~ *in* ~ rund, rundherum; ~ *petih* circa um 5; *peljati se* ~ *česa* etw. umfahren
okolica *f* Umgebung *f*
okoliš *m* Gegend *f*
okoliščina *f* Umstand *m* (*v* unter); *dodatna* ~ Nebenumstand
okoliški (*otroci ipd.*) aus / in der Umgebung, der Nachbarschaft
okolje *n* Umwelt *f*
okončina *f* Extremität *f*
okop *m* Schanze *f*
okopavati umgraben, (*krompir*) (an)häufeln, hacken
okorel verstockt, abgebrüht
okoren linkisch, unbeholfen; (*postava*) vierschrötig
okoristiti *se z* sich etw. zu Nutze machen
okostje *n* Skelett *n*, Knochengerüst *n*; (*okostnjak*) Gebein *n*, Gerippe *n*
okostnjak *m* Gerippe *n*
okov *m* Beschlag *m*
okovati in Ketten schmieden; beschlagen
okraj *m* Bezirk *m*
okrajni Bezirks- (~ *glavar* Bezirkshauptmann)
okrajšava *f* Abkürzung *f*, Kürzel *n*
okrasiti schmücken, verzieren; *fig. pej.* verbrämen
okrasni Zier- (~*e rastline* Zierpflanzen)
okrasti bestehlen
okrepčati stärken, erfrischen
okrepčevalnica *f* Erfrischungsraum *m*
okrepčilo *n* Erfrischung *f*, Stärkung *f*
okrepitev *f* Verstärkung *f*
okrepiti verstärken, bestärken; (*učinek ipd.*) steigern; *se* (*bolnik*) sich erholen
okras *m* Verzierung *f*, Schmuck *m*; Zierde *f*
okrasek *m* Verzierung *f*
okrevališče *n* Erholungsheim *n*; Kurort *m*
okrevanje *n* Genesung *f*, Besserung *f*; Erholung *f*
okrevati genesen, sich erholen
okrilje *n* Patronat *n*, Schirmherrschaft *f*; *iron.* Fittich *m*
okrniti verstümmeln; (*pravice*) beschneiden
okrog um, um ... herum; rings, ringsherum
okrogel rund; rundlich, mollig (*po postavi*); (*pijan*) voll; ~*a baterija* Stabbatterie *f*
okroglina *f* Rundung *f*
okrogloličen pausbäckig
okrožje *n* Kreis *m*, Distrikt *m*
okrožnica *f* Rundschreiben *n*
okrtačiti abbürsten
okruten grausam
oktober *m* Oktober *m*
okupator *m* Besatzungsmacht *f* Okkupant *m*
okupirati besetzen; *fig.* in Anspruch nehmen
okus *m* Geschmack *m*; *fig.* Würze *f*; Nachgeschmack *m*; *imeti* ~ *po* schmecken nach
okusen geschmackvoll; (*jed*) schmackhaft

okusiti kosten; *fig.* auskosten, zu spüren bekommen
okužba *f* Ansteckung *f*, *(vode ipd.)* Verseuchung *f*
okužen *(voda ipd.)* verseucht
okužiti anstecken; verseuchen
okvara *f* Schaden *m*; ~ *motorja* Motorschaden
okvir *m* Rahmen *m*; Fassung *f*, Einfassung *f*
okvirni Rahmen- (~ *zakon* Rahmengesetz)
olajšanje *n* Erleichterung *f*
olajšati erleichtern; mildern
olajšava *f* Milderung *f*, *(davčna ipd.)* Vergünstigung *f*
olajševalen mildernd, *(sodno)* strafmildernd
olepšati verschönen
olepšava *f brez ~e* unverblümt
olepševati *fig.* bemänteln
oleseneti verholzen, holzig werden
olika *f* Manieren *pl*
olikan manierlich; gut erzogen; höflich
oliva *f* Olive *f*
olje *n* Öl *n*; *poslednje* ~ letzte Ölung *f*; *ribje* ~ Lebertran *m*; *strojno* ~ Schmieröl, Maschinenöl *n*
oljenka *f* Öllampe *f*
oljiti ölen; schmieren
oljka *f* Ölbaum *m*
oljni Öl- (~ *madež* Ölfleck)
oltar *m* Altar *m*; *veliki* ~ Hochaltar
olupek *m* Pelle *f*; Schale
olupiti pellen, schälen
omadeževati beflecken
omagati ermatten, ermüden; zusammenbrechen; erlahmen; nicht mehr weiter können
omahljiv unentschlossen, wankend; wankelmütig
omahovanje *n* Zaudern *n*; Wanken *n*; Wankelmütigkeit *f*
omahovati wanken; zaudern
omajati erschüttern, ins Wanken bringen; *tega ni mogoče* ~ daran ist nicht zu rütteln
omaka *f* Soße *f*, Tunke *f*
omalovaževati herabsehen auf; herablassend behandeln
omama *f* Rausch *m*
omamiti betäuben
omamljen betäubt; *fig.* berauscht
omara *f* Schrank *m*, Kasten *m*; *za perilo* Wäscheschrank, *za obleko* Kleiderschrank; *vzidana* ~ Wandschrank, Einbauschrank
omarica *f* Schränkchen *n*, Kästchen n; *nočna* ~ Nachttisch *m*
omedleti in Ohnmacht fallen, ohnmächtig werden
omedlevica *f* Ohnmacht *f*
omehčati erweichen; ~ *se* weich werden
omejen beschränkt; *(umsko)* geistesschwach, geistlos
omejitev *f* Begrenzung *f*; Einschränkung *f*; ~ *hitrosti* Geschwindigkeitsbegrenzung
omejiti einschränken, beschränken; begrenzen
omelo *n* Besen *m*

omemba *f* Erwähnung *f*
omeniti erwähnen, berühren
omenjen *prej ~i* vorbenannt
omet *m* Putz *m*, Verputz *m*
ometati, omečem verputzen
omika *f* Bildung *f*
omikan gebildet
omilitev *f* Milderung *f*
omiliti mildern, *fig.* abschwächen; *(sunek, hrup)* dämpfen; *(bolečino)* lindern
omizje *n* Runde *f*; *stalno ~* Stammtisch *m*
omleden fade
omleta *f* Eierkuchen *m*, Omelett *n*, Palatschinke *f*
omočiti befeuchten
omogočati, omogočiti ermöglichen, *(komu kaj)* (jm) instandsetzen (zu); befähigen
omotati einhüllen, einwickeln; einschlagen (in)
omotica *f* Schwindel *m*, Schwindelgefühl *n*
omotičen benommen
omožiti verheiraten, unter die Haube bringen; *~ se* heiraten
omračen *(um)* umnachtet
omrežiti umgarnen
omrežje *n* Netz *n*; *priključek na ~* Netzanschluß *m*
omrtvičiti abtöten
on er, **ona** sie
onadva die beiden; sie
onečastiti entehren
onemeti verstummen
onemogel hinfällig; entkräftet, erschöpft
onemoglost *f* Erschöpfung *f*; Hinfälligkeit *f*; *do ~i (se napiti)* sinnlos, *se nasmejati* sich totlachen
onemogočiti unmöglich machen; verhindern, vereiteln
onesnaženje *n* Verschmutzung *f*
onesnažiti verschmutzen, verunreinigen
onesposobiti unfähig machen; *koga fig.* außer Gefecht setzen, zur Strecke bringen
onesrečiti unglücklich machen; ins Unglück stürzen
onesvestiti *se* bewußtlos werden, die Besinnung verlieren
oni 1. sie; 2. *demonstr. pron.* jener, jene
onkraj jenseits; *adv.* drüben
ono es
onstran jenseits
onstranski jenseitig
onstranstvo *n* Jenseits *n*
opariti verbrühen (*se* sich)
opasati *se* (einen Gürtel) umlegen; *~ si* umschnallen
opat *m* Abt *m*
opatija *f* Abtei *f*
opatinja *f* Äbtissin *f*
opazen merkbar, bemerkbar; *je ~* macht sich bemerkbar; *~o* zusehends
opaziti bemerken; beachten; beobachten; *kaj na kom* jm etw. anmerken; *ne ~* übersehen
opazka *f* Bemerkung *f*, Äußerung *f*
opazovalec *m* Beobachter *m*
opazovanje *n* Beobachtung *f*
opazovati beobachten, betrachten
opaž *m* Verschalung *f*
opažiti verschalen
opcija *f* Option *f*

opeči verbrennen (*se* sich), versengen
opečnat Ziegel- (*~ zid* Ziegelmauer)
opehariti prellen, übervorteilen
opeka *f* Ziegel *m*
opekarna *f* Ziegelwerk *n*
opeklina *f* Verbrennung *f*, Brandwunde *f*; *sončna ~* Sonnenbrand *m*
opera *f* Oper *f*
operacija *f* Operation *f*, (chirurgischer) Eingriff *m*; *nujna ~* Notoperation; *mil.* Kampfhandlung *f*
operacijski Operations- (*~a miza* Operationstisch)
opereta *f* Operette *f*
operirati operieren
operni Opern- (*~ pevec* Opernsänger)
opešati ermatten, die Kräfte schwinden jm; *(moči)* nachlassen, schwinden; *je opešal* er ist entkräftet
opevati *kaj* das Lob einer Sache singen; loben; besingen
opica *f* Affe *m*; *človeku podobna ~* Menschenaffe *m*
opičji Affen- (*~a ljubezen* Affenliebe)
opij *m* Opium *n*
opijaniti betrunken machen; *~ se* sich betrinken
opiliti feilen, abfeilen
opirati *(se na)* (sich) stützen (auf)
opis *m* Beschreibung *f*, Schilderung *f*
opisati beschreiben, schildern; umschreiben
opiti betrunken machen; *~ se* sich betrinken
oplakniti spülen, ausspülen
oplaziti streifen
oplemenititi veredeln
opleniti ausrauben, ausplündern
oplesk *m* Anstrich *m*
opleti jäten; *fig. je oplel* er hat ausgespielt
oploditev *f* Befruchtung *f*
oploditi befruchten
opna *f* Membrane *f*, Häutchen *n*, Haut *f*
opogumiti ermuntern; *se* sich ein Herz fassen; *za kaj* sich aufschwingen zu
opojen berauschend, zauberhaft
opoldne zu Mittag
opolnoči um Mitternacht
opolzek schlüpfrig
opomba *f* Bemerkung *f*; Anmerkung *f*; *(pod črto)* Fußnote *f*
opomin *m* Mahnung *f*; Verweis *m*, Verwarnung *f*
opominjati, opomniti mahnen; verwarnen
opomoči *si (fizično)* wieder zu Kräften kommen; *fig. opomogel si je* er ist über den Berg
oponašati nachäffen, *(posnemati)* nachahmen; *(očitati)* vorwerfen
opora *f* Stütze *f (biti ~* eine Stütze sein, stützen); Rückhalt *m*, Halt *m*; *(za sklepanje)* Anhaltspunkt *m*
oporekati *komu* widersprechen; *komu kaj* absprechen
oporišče *n* Stützpunkt *m*
opornica *f* Schiene *f*; *dati v ~e (zlom ipd.)* schienen
oporoka *f* Vermächtnis *n*,

Testament *n*; *zapustiti z ~o* testieren

opotekati *se* taumeln, schwanken

opozorilo *n* Hinweis *m*, Tip *m*; Warnung *f*, *(tabla)* Warnschild *n*

opozoriti aufmerksam machen auf, hinweisen auf; warnen

opraskati kratzen, zerkratzen

oprašitev *f* Bestäubung

oprašiti bestäuben

oprati waschen

oprava *f* Einrichtung *f*, *(obleka ipd.)* Aufmachung *f*, Staat *m*; *konjska* Geschirr *n*

opravek *m* Besorgung *f*, *~i* Wege *pl*; *imeti ~a z* zu tun / zu schaffen haben mit

opravičevati rechtfertigen, *gl.* **opravičiti**

opravičilo *n* Entschuldigung *f*

opravičiti entschuldigen (*se* sich), um Entschuldigung bitten; *kaj* rechtfertigen

opravičljiv entschuldbar, vertretbar

opravilo *n* Geschäft *n*, Arbeit *f*

opraviti erledigen, verrichten, vollbringen; *(preiskavo)* vornehmen, *(dolžnosti)* *D* nachkommen, *(izpit)* ablegen, *(priprave)* treffen; *veliko potrebo* Stuhlgang haben; *na kratko ~ z* kurzen Prozeß machen mit; *opravil sem s tem* ich bin fertig damit; *ki ga je treba opraviti (delo ipd.)* anfallend; *ne ~ (dolžnosti ipd.)* versäumen

opravljanje *n gl.* **opravljati**; Klatsch *m*, Gerede *n*

opravljati *gl.* **opraviti** *(službo)* versehen; klatschen (über)

opravljivec *m*, **opravljivka** *f* Klatschbase *f*

opražiti rösten; abbraten

opredelitev *f za kaj* Erklärung *f*, Entscheidung *f* für

opredeliti bestimmen; *se za* sich festlegen, sich erklären / entscheiden für

oprema *f* Ausstattung *f*; Einrichtung *f*; *notranja ~* Innenausstattung

opremiti einrichten; ausstatten (*z* mit); ausrüsten; versehen; *s pečatom* abstempeln

opremljen ausgestattet; versehen (mit)

opreti stützen (*se* sich)

oprezati spähen; Ausschau halten nach

oprhati *se* duschen

oprijemljiv greifbar, handfest

oprijet *(obleka)* anliegend

oprostitev *f (sodna)* Freispruch *m*

oprostiti entschuldigen, verzeihen; *(sodno)* freisprechen; *(dolžnosti)* freistellen von; *oprostite!* Verzeihung!

oproščen befreit, frei; *(krivde)* freigesprochen

oprsje *n* Büste *f*

oprtati schultern

oprtnik *m* Ranzen *m*; Rucksack *m*

optika *f* Optik *f*

opustiti *(upanje, položaj)* aufgeben; *(ne storiti česa)* bleiben lassen, unterlassen, abkommen (von); *(navade ipd.)* über den Haufen werfen
opustošenje n Verwüstung *f*, Verheerung *f*
opustošiti verwüsten
oral *m* Morgen *m*, Joch *n*
oranžada *f* Orangeade *f*
orati pflügen, ackern
orbita *f* Kreisbahn *f*
ordinacija *f* Sprechzimmer *n*
ordinirati Sprechstunde haben
oreh *m* Nuß *f*, Walnuß *f*; *(drevo)* Nußbaum *m*; *piškav* ~ taube / hohle Nuß
orehovina *f* Nußholz *n*
orel *m* Adler *m*
organski organisch
organizacija *f* Organisation *f*
organizirati organisieren; aufziehen
orglar *m* Organist *m*; Küster *m*
orglati Orgel spielen
orgle *pl* Orgel *f*
orglice *pl* Mundharmonika *f*
original *m* Original *n*
originalen orignell, Original- (*~a izdaja* Originalausgabe)
oris *m* Abriß *m*
orisati schildern, skizzieren
orjak *m* Hüne *m*
orjaški hünenhaft
orkester *m* Orchester *n*
orna *zemlja* Ackerland
orodje *n* Werkzeug *n*; Gerät *n*
oropati *G* berauben *G*
orositi *se (šipa)* anlaufen, beschlagen, *(oko)* feucht werden
orožarna *f* Zeughaus *n*
orožje *n* Waffe *f*, Waffen *pl*; *strelno* Schußwaffe, *težko strelno* ~ Geschütz *n*
orožni Waffen- (~ *list* Waffenschein, *orožne vaje* Waffenübung)
orožnik *m* Gendarm *m*
orumenel *m* vergilbt
os *f* Achse *f*
osa *f* Wespe *f*
osamel vereinsamt
osamiti isolieren; absondern
osamljen einsam
osamosvojiti *se* sich selbständig machen
osat *m* Distel *f*
oseba *f* Person *f*
osebek *m* *gram.* Subjekt *n*; *biol.* Individuum *n*
oseben, osebni persönlich, Personen- (*~i avto* Personenwagen), Personal- (*~i zaimek* Personalpronomen); *~a izkaznica* Kennkarte *f*; *~o (sam ~o)* selbst, persönlich, in eigener Person
osebje *n* Personal *n*; Belegschaft *f*
osebnost *f* Persönlichkeit *f*
osedlati satteln
oseka *f* Ebbe *f*
osel *m* Esel *m*, *(tovorni)* Packesel *m*; *pokazati komu osle* jm eine lange Nase machen
osem acht; *ob ~ih* um acht Uhr
osemdeset achtzig
osemdesetletnik *m* Achtziger *m*
osemdnevni achttägig
osemenjevati befruchten (*umetno* künstlich)

osemkrat achtmal
osemkraten achtfach
osemleten achtjährig
osemnajst achtzehn
osemurni *delavnik* Achtstundentag *m*
osir *m* Wespennest *n*
osirotel verwaist
osivel grauhaarig, ergraut
osiveti grau werden, ergrauen
oskrba *f* Versorgung *f*; *(v domu ipd.)* Verpflegung *f*; *dati v ~o* in Pflege geben
oskrbeti *(si)* besorgen, *z* versorgen mit, beschaffen *A*
oskrbnik *m* Verwalter *m*; *(koče)* Hüttenwart *m*
oskrbovati versorgen (mit), betreuen, *(stroj ipd.)* warten; *(bolnika)* pflegen
oskruniti schänden, *(prostor)* entweihen
oskubsti rupfen
oslabel geschwächt, entkräftet
oslabeti schwach werden, verfallen
oslabiti entkräften, *fig.* abschwächen
osladiti (ver)süßen
oslarija *f* Dummheit *f*; dummes Zeug *n*
oslepariti übervorteilen, übers Ohr hauen
oslepeti erblinden
oslepitev *f* Blendung *f*
oslepiti blenden, blind machen
osmerec *m* Achter *m*
osmeren achtfältig, achtfach
osmerokoten achteckig
osmerokotnik *m* Achteck *n*
osmešiti *se* sich lächerlich machen
osmi (der) achte; *osmega* den achten
osmica *f* Achter *m*
osmič zum achten Mal; achtens
osminka *f* Achtel *n*
osmoditi versengen
osmrtnica *f* Todesanzeige *f*
osnažiti *gl.* **snažiti**
osnova *f* Basis *f*; Grundlage *f*; Grund *m*; *na ~i G* auf Grund von; *biti za ~o* zugrunde liegen
osnovni Grund- (*~a šola* Grundschule)
osnutek *m* Entwurf *m*
osoliti salzen, versalzen
osoren barsch, brüsk, unwirsch; *~o nagovoriti koga* jn anherrschen
osovražen verhaßt
ospredje *n* Vordergrund *m*; *v ~* nach vorn; *siliti v ~* sich vordrängen
osramotiti entehren, Schande bringen über; bloßstellen, brandmarken
osrečiti, osrečevati beglükken
osrednji Zentral- (*~i problem* Zentralproblem), Kern- (*~e vprašanje* Kernfrage)
ost *f* Spitze *f*; *vzeti čemu ost* einer Sache den Stachel nehmen
ostali (die) übrigen; *~o* (das) Übrige, Rest *m*
ostanek *m* Rest *m*; Überbleibsel *n*
ostarel alternd; vergreist
ostareti alt werden, altern
ostati bleiben, *(kot ostanek)* übrigbleiben; *(v položaju)*

verharren; *pokonci* aufbleiben; *zadaj* zurückbleiben

oster scharf; *(odgovor)* schroff, spitz; geharnischt; *(bolečina)* stechend; *(mraz)* streng; *(dim)* beißend; *(luč)* grell

ostriči das Haar schneiden; *se* sich das Haar schneiden (lassen)

ostriga *f* Auster *f*

ostrina *f* Schärfe *f*; *(rezilo)* Schneide *f*

ostroga *f* Sporn *m*

ostrost *f* Schärfe *f*, *(formulacij)* Härte *f*

ostrostrelec *m* Scharfschütze *m*

ostroumnost *f* Scharfsinn *m*, Witz *m*

ostrožnik *m* Rittersporn *m*

ostuden ekelhaft, ekelerregend; widerlich

osumiti verdächtigen

osumljenec *m* Verdächtige(r) *m*

osupel verdutzt, verblüfft, bestürzt; entgeistert

osupiti *v/t* verblüfft sein, stutzig werden

osuševanje *n* Trockenlegung *f*, Austrocknung *f*

osušiti *(se)* trocknen; abtrocknen (*se* sich); *v/t* trockenlegen

osvajalec *m* Eroberer *m*

osvetlitev *f* Beleuchtung *f*, *(problema)* Durchleuchtung *f*

osvetliti beleuchten, *(film)* belichten; *fig.* durchleuchten, aufhellen

osvežitev *f* Erfrischung *f*, Auffrischung *f G*

osvežiti erfrischen; *(barve ipd.)* auffrischen

osvobodilni ~ *boj* Befreiungskampf; *~a vojna* Freiheitskrieg

osvoboditelj *m* Befreier *m*

osvoboditi befreien; *(izpustiti)* freilassen, auf freien Fuß setzen; *si (roke ipd.)* frei kriegen

osvobojen befreit

osvojevalni Eroberungs- (~ *vojna* Eroberungskrieg)

osvojitev *f* Eroberung *f*

osvojiti erobern; gefangen nehmen

ošaben hochmütig; hochnäsig

ošabnost *f* Hochmut *m*

ošiliti spitzen

ošiniti mit dem Blick streifen

oškodovanec *m* Geschädigte(r) *m*; *fig.* Leidtragende(r) *m*

oškodovati schädigen; benachteiligen

oškropiti sprenkeln, spritzen, anspritzen

ošpice *pl* Masern *pl*

ošteti, oštevati *A* schelten mit, jn hernehmen; jm Vorhaltungen machen

oštevilčiti nummerieren

otajati *(se)* auftauen, tauen

oteči, otekati schwellen, anschwellen

otekel geschwollen

oteklina *f* Schwellung *f*; Geschwulst *f*

otep *m* Bund *n*

otepati *se (braniti se)* sich spreizen, sich weigern (zu); *se s čim* etw. macht jm zu schaffen

otežiti erschweren; schwer machen
otipati betasten, fingern; anfühlen, *(pulz)* fühlen
otipljiv greifbar, fühlbar
otiščanec *m* Schwiele *f*
otočje *n* Inselgruppe *f*, Inseln *pl*
otok *m* Insel *f*; *(na reki)* Werder *m*; *(poet., fig.)* Eiland *n*
otopel abgestumpft
otopeti abstumpfen
otoški Insel- (*~a država* Inselstaat)
otovoriti beladen (*z* mit)
otožen wehmütig, melancholisch
otožnost *f* Wehmut *f*
otrdeti steif werden; *(cement ipd.)* hart werden
otrebiti *gl.* **trebiti**
otresti schütteln, abschütteln; *fig. se česa* sich etw. vom Halse schaffen
otreti abtrocknen; abreiben, frottieren
otrobi *pl* Kleie *f*
otročarija *f* Kinderei *f*
otročiček *m* Kleinkind *n*, Kind *n*
otročji kindisch
otročnica *f* Wöchnerin *f*
otrok *m* Kind *n*, *čudežni* Wunderkind *n*; *brez ~* kinderlos, *ki ima mnogo otrok* kinderreich; *za otroke* Kinder- (*knjiga za ~e* Kinderbuch)
otroški kindlich; Kinder- (*~ dodatek* Kinderzulage, Kindergeld)
otroštvo *n* Kindheit *f*
otrpel starr, steif (*od* vor); abgestorben
otrpniti erstarren
otvoritev *f* Eröffnung *f*
otvoriti eröffnen
ovadba *f* Anzeige *f*, Strafanzeige *f*
ovaditi anzeigen, Strafanzeige erstatten
ovaduh *m* Spitzel *m*, Angeber *m*
ovalen oval, eiförmig
ovca *f* Schaf *n*; Lamm *n*; (*garjava* räudig)
ovčar *m* Schäfer *m*; *(pes)* Schäferhund *m*
ovčji Schaf- (*~a volna* Schafwolle)
ovdovel verwitwet
ovedeti se zur Besinnung kommen; *se česa* sich besinnen auf
ovekovečiti verewigen
oven *m* Widder *m*; Bock *m*
ovenčati *si glavo* mit Ruhm bedecken
oveneti verwelken, welk werden
overitev *f* Beglaubigung *f*
overiti beglaubigen
oves *m* Hafer *m*
ovinek *m* Biegung *f*, Kurve *f*; Bogen *m* (*narediti velik ~ okoli* einen weiten Bogen machen um); (*daljša pot*) Umweg *m*; *brez ~ov (povedati)* unumwunden, unverblümt
ovinkariti Winkelzüge machen
ovira *f* Hindernis *n*; Hürde *f*; *biti ~* hinderlich sein
ovirati hindern, behindern; hemmen; beeinträchtigen; *~ pri čem* abhalten von; *ne ~ fig.* jn gewähren lassen,

einer Sache freien Lauf lassen
ovitek *m* Hülle *f*, Umschlag *m*
oviti *okrog* winden um; wikkeln, einwickeln; ~ *okrog prsta* um den kleinen Finger wickeln
ovlažiti anfeuchten, befeuchten
ovoj *m* Umschlag *m*; Hülle *f*, Mantel *m*
ovojnica *f* Umschlag *m*
ovratnica *f (pasja)* Halsband *n*
ovratnik *m* Kragen *m*
ovreči widerlegen; entkräften
ovsen Hafer- (*~i kosmiči* Haferflocken)
ozadje *n* Hintergrund *m*
ozdraveti genesen
ozdraviti heilen
ozdravljenje *n* Genesung *f*; Heilung *f*
ozdravljiv heilbar
ozebel angefroren
ozeblina *f* Frostbeule *f*
ozek eng, schmal
ozeleneti grün werden
ozemlje *n* Gebiet *n*; Territorium *n*
ozemljiti erden
ozimnica *f* Wintervorrat *m*
ozir *m* Rücksicht *f*, Hinsicht / Hinblick auf; *brez ~a na* ohne Rücksicht auf, ungeachtet *G*
ozirati *se* sich umschauen; *se na* beachten, berücksichtigen, Rücksicht nehmen auf
oziroma beziehungsweise (bzw.)
ozkosrčen engstirnig, engherzig
ozkost *f* Enge *f*
ozkotiren schmalspurig
označevati, označiti bezeichnen; kennzeichnen; kenntlich machen
oznaka *f* Bezeichnung *f*; *(na blagu)* Kennkarte *f*
oznanilo *n* Ankündigung *f*, Verkündigung *f*
oznaniti, oznanjevati ankündigen; verkünden; kundgeben, kundmachen
ozračje *n* Atmosphäre *f*
ozreti *se* zurückblicken; sich umschauen
ozvezdje *n* Sternbild *n*; Gestirn *n*
ožemalnik *m (stroj)* Schleuder *f*; Presse *f*
ožemati wringen, auswringen; *(strojno)* schleudern
oženiti *se* heiraten
ožeti *gl.* **ožemati**; *(limono)* auspressen
ožigosati anprangern, brandmarken, bloßstellen, *kot* stempeln zu
ožina *f* Enge *f*, Engpaß *m*
ožiti verengen, enger machen; ~ *se* sich verengen, spitz zulaufen
oživeti aufleben
oživiti beleben
oživljanje *n* Wiederaufleben *n*; *koga* Wiederbelebung *f*
ožji enger; *~a družina* Kernfamilie
ožuliti *si noge* sich wundlaufen
ožuljen wund, schwielig

P

pa aber, doch, jedoch; *(sicer)* allerdings; *(in) und*

pacient *m* Patient *m*, *(za katerega plača zavarovalnica)* Kassenpatient *m*

packa *f* Klecks *m*, *(človek)* Schmierfink *m*, Schmutzfink *m*

packati schmieren, klecksen

pač doch, nun einmal; wohl; *~ pa* vielmehr

pačiti entstellen; *~ se* Gesichter / Fratzen schneiden

padalec *m* Fallschirmspringer *m*, *(vojak)* Fallschirmjäger *m*

padalo *n* Fallschirm *m*

padar *m* Wundarzt *m*

padati *gl.* **pasti** fallen

padavine *pl* Niederschläge *pl*

padec *m* Fall *m*, Sturz *m*; Absturz *m*; *~ na* Aufprall *m*, Aufschlag *m*; *(prometa ipd.) fig.* Rückgang *m*

paglavec *m* Bengel *m*, Lausbub *m*; *(žabji)* Kaulquappe *f*

pahljača *f* Fächer *m*

pahniti stoßen, *(v nesrečo)* (ins Unglück) stürzen

pajčevina *f* Spinnwebe *f*

pajčolan *m* Schleier *m*

pajdaš *m* Spießgeselle *m*, Kumpan *m*

pajek *m* Spinne *f*

paket *m* Päckchen *n*, *(cigaret ipd.)* Packung *f*

pakirati packen, verpacken

pakt *m* Bündnis *n*

palača *f* Palast *m*

palček *m* Däumling *m*, *zoo.* Zaunkönig *m*

palica *f* Stock *m*, Stab *m*, Stange *f*; *(krepelo)* Knüppel *m*, Prügel *m*; *zlata ~* Goldbarren *m*

paluba *f* Deck *n*

pamet *f* Verstand *m* (*zdrava ~* gesunder Menschenverstand), Vernunft *f*; *F* Grütze *f*; *na ~* auswendig; *računanje na ~* Kopfrechnen; *počasne ~i* begriffstutzig, schwer von Begriff; *spraviti k ~i* zur Vernunft bringen; *politi ~* dareinreden; *ni pri pravi ~i* er ist nicht bei Trost / nicht bei Sinnen

pameten klug, gescheit, vernünftig

panj *m (čebelji)* Bienenstock *m*, Bienenkorb *m*

panoga *f* Fach *n*

papež *m* Papst *m*

papir *m* Papier *n*; *črtast* Linienpapier, *karbon ~* Kohlepapier, *ovojni* Packpapier, *toaletni* Toilettenpapier; *star ~* Altpapier; *vrednostni ~ji* Wertpapiere *pl*

papirnat Papier- (*~ tiger* Papiertiger); aus Papier

papirni Papier-; *~a vojna* Federkrieg

papirnica *f* Papierfabrik *f*;

(trgovina) Papiergeschäft *n*, Schreibwarenhandlung *f*
paprika *f* Paprika *m*, *(plod)* Paprikaschote *f*
par *m* Paar *n*; *v parih / na pare* paarweise
para *f* Dampf *m*, Dunst *m*
para *f uboga ~* armer Schlucker, armer Teufel *m*
paradižnik *m* Tomate *f*
paraliza *f* Paralyse *f*, Lähmung *f*
paralizirati lähmen; *fig.* lahmlegen
parati trennen; *~ se (šiv)* aufgehen
parazit *m* Schmarotzer *m*
parcela *f* Grundstück *n*; *gradbena ~* Baugrundstück *n*
pare *pl* Bahre *f*; *dati na ~* aufbahren
pariti paaren (*se* sich); *(blago)* dämpfen
parjenje *n* Paarung *f*
park *m* Park *m*; Parkanlage *f*; *vozni ~* Wagenpark *m*
parkiranje *n* Parken *n*; *~ prepovedano* Parken verboten
parkirati parken; das Auto abstellen
parkirišče *n* Parkplatz *m*
parkljar *m* Paarhufer *m*
parlamentaren parlamentarisch
parni Dampf- (*~a turbina* Dampfturbine)
parnik *m* Dampfer *m*
parola *f* Losung *f*
partija *f* Partei *f*
partija *f* Partie *f*; *(blaga)* Posten *m*
partijec *m* Parteigenosse *m*, Parteimitglied *m*
partijski sekretar Parteisekretär
partizan *m* Partisane *m*, Widerstandskämpfer *m*
partnerstvo *n* Partnerschaft *f*
pas *m* Gürtel *m*; *(jermen)* Riemen *m*; *anat.* Taille *f*; *(vozni ipd.)* Streifen *m*, Spur *f*; *odstavni ~* Standstreifen, *vozni* Fahrbahn *f*; *~ za počasno vožnjo* Kriechspur
pasji hündisch; Hunde- (*~e življenje* Hundeleben); Hunds- (*~i dnevi* Hundstage)
pasma *f* Rasse *f*, Züchtung *f*
past *f* Falle *f* *(nastaviti* stellen)
pasta *f* Pasta *f*; *~ za zobe* Zahnpasta
pasteta *f* Pastete *f*
pasti, padem fallen, stürzen; hinfallen, umfallen; *~ na (prileteti)* aufprallen, aufschlagen; *pri izpitu* durchfallen; *(vrednost)* sinken, zurückgehen
pasti, pasem weiden, das Vieh hüten; *~ se* grasen
pastir *m* Hirte *m*; *kačji ~* Libelle *f*
pastorek *m* Stiefsohn *m*
pastorka *f* Stieftochter *f*
paša *f* Weide *f*; *~ za oči* Augenweide *f*
pašnik *m* Weide *f*
patent *m* Patent *n*
patentni Patent- (*~ urad* Patentamt)
patrola *f* Streife *f*; *policijska* Polizeistreife

pav *m* Pfau *m*
pavola *f* Baumwolle *f*; Garn *n*
pazduha *f* Achsel *f*, Achselhöhle *f*
paziti achten (auf), acht geben (auf), aufpassen; *(se)* auf der Hut sein; *(na pohištvo, obleko)* schonen, *(na videz)* bedacht sein auf, den Schein wahren, halten auf; wachen über; ~ *se* sich vorsehen, sich in Acht nehmen (*pred* vor)
pazljiv aufmerksam
paznik *m* Wärter *m*, Aufseher *m*, *pej.* Aufpasser *m*
pecelj *m* Stengel *m*, Stiel *m*
pecilni prašek Backpulver *n*
pecivo *n* Gebäck *n*, Backwerk *n*; Bäckerei *f*
peč *f* Ofen *m*; *lončena* Kachelofen; *trajno žarna* Dauerbrandofen
pečar *m* Ofensetzer *m*, Fliesenleger *m*
pečat *m* Siegel *n*, Stempel *m*, Petschaft *n*; *fig.* Gepräge *n*; *dati ~ čemu fig.* prägen *A*
pečatni *vosek* Siegellack
pečen (fertig)gebraten; gar
pečenica *f* Bratwurst *f*
pečenka *f* Braten *m*
peči *(testo)* backen, *(meso)* braten; *v/i (dim, rana, oko ipd.)* brennen
pečica *f* Backofen *m*
pečica *f* Fels(en) *m*
pečišče *n* Kerngehäuse *n*
pečka *f* Kern *m*
ped *f* Spanne *f*; Handbreit *f*
pega *f* Fleck *m*; Sommersprosse *f*
pegast fleckig, gesprenkelt; sommersprossig
pehati *gl.* **pahniti**; *se z* sich abplagen mit; *se za čim* nachjagen *A*
pehtran *m* Bertram *m*, Estragon *m*
pek *m* Bäcker *m*
pekač *m* Backblech *n*, Blech *n*
pekarna *f* Bäckerei *f*
pekel *m* Hölle *f*
peket *m* Hufschlag *m*
peketati klappern
peklenski höllisch, Höllen- (*~e muke* Höllenqualen); *~ trušč* Heidenlärm
peklenšček *m* Teufel *m*, der Leibhaftige *m*
pekoč *m* brennend; *(dim)* beißend
pelerina *f* Pelerine *f*, Umhang *m*
pelin *m* Wermut *m*
pelinkovec *m* Bitter *m*, Wermutschnaps *m*
peljati *(se)* fahren (*~ v kolodvor* einfahren, *~ se skozi* durchfahren, *~ se z* mitfahren, *~ se okoli* umfahren *A*, *~ se proti* zufahren auf, *~ se prek* überfahren); *(voditi)* führen (*~ ven* ausführen); *~ se s kolesom* radeln, radfahren
pelod *m* Blütenstaub *m*
pena *f* Schaum *m*, *(posneta)* Abschaum *m*
pendrek *m* Gummiknüppel *m*, Schlagstock *m*
peneč schäumend, moussierend, Schaum- (*~e vino* Schaumwein)
peniti *se* schäumen, überschäumen; sprudeln

pentlja *f* Schleife *f*, Masche *f*; Schlaufe *f*
penzija *gl.* **pokojnina**
penzion *m* Pension *f*
pepel *m* Asche *f*
Pepelka *f* Aschenbrödel *n*, Aschenputtel *n*
pepelnica *f* Aschermittwoch *m*
pepelnik *m* Aschenbecher *m*
perilo *n* Wäsche *f*; *telesno* Leibwäsche *f*; *posteljno* Bettwäsche *f*; *med.* Regel *f*
perjanica *f* Federschmuck *m*
perje *n* Gefieder *n*
pernica *f* Daunendecke *f*
pero *n* Feder *f*; *nalivno* ~ Füller *m*, Füllfeder *f*
peron *n* Bahnsteig *m*
perorisba *f* Federzeichnung *f*
perunika *f* Schwertlilie *f*
perut *f* Flügel *m*
perutnina *f* Geflügel *n*; Federvieh *n*
pes *m* Hund *m*, *(samec)* Rüde *m*; ~ *čuvaj* Wachhund *m*, *policijski* ~ Spürhund, *psi goniči* Meute *f*; *morski* ~ Hai *m*, Haifisch *m*; *na ~u* verkommen, abgewirtschaftet; *kam ~ taco moli* wie der Hase läuft
pesa *f rdeča* rote Beete *f*, rote Rübe *f*
pesek *m* Sand *m*, *(grob)* Kies *m*, *med.* Grieß *m*, *metati ~ v oči* Sand in die Augen streuen
pesem *f* Lied *n*; Gedicht *n*; *(napev)* Weise *f*; *narodna, ljudska* ~ Volkslied; *vedno ista* ~ immer das alte Lied / die alte Leier
peskovnik *m* Sandkasten *m*
pesmarica *f* Gesangbuch *n*
pesnik *m* Dichter *m*
pesniški dichterisch; Dichter- (*~a beseda* Dichterwort)
pesništvo *n* Dichtung *f*
pesnitev *f* Gedicht *n*, Dichtung *f*
pesniti dichten
pest *f* Faust *f*; eine Handvoll *f*; *stisniti* ~ die Faust ballen; *na lastno* ~ eigenmächtig, auf eigene Faust; *dobiti v* ~ zu fassen kriegen
pester bunt; *(spored)* abwechslungsreich
pestiti *A* zusetzen *D*
pestovati im Arm / auf den Armen wiegen; *fig.* nähren
pestunja *f* Kindermädchen *n*
peš zu Fuß; *hoditi* ~ laufen, zu Fuß gehen
pešačiti laufen, zu Fuß gehen; wandern
pešati im Argen liegen, es steht schlecht mit ...; *(moči)* nachlassen
peščen sandig, Sand- (*~a plaža* Sandstrand)
pešec *m* Fußgänger *m*
peščica *f* wenige, einige
peška *f* Kern *m*
pet fünf; *ne znati šteti do* ~ nicht bis drei zählen können
peta *f* Ferse *f*; *(pri čevlju)* Absatz *m*, *(visoka)* Stöckel *m*; *(obrabiti* niedertreten); *biti neprestano za ~ami* auf Schritt und Tritt folgen, *obrusiti si ~e* sich die Füße abtreten / wundlaufen
petdeset fünfzig

petdesetak *m* Fünfziger *m*
petdeseti fünfzigste
petdesetletnica *f* Fünfzigjahresfeier *f*, fünfzigstes Jubiläum *n*
petdesetletnik *m* Fünfziger *m*
petek *m* Freitag *m*; *veliki ~* Karfreitag; *v ~* am Freitag; *ob ~ih* freitags
petelin *m* Hahn *m*, *(na puški)* Abzug *m*; *divji ~* Auerhahn *m*
peterčki *pl* Fünflinge *pl*
peteren fünffach
peterokoten fünfeckig
peteršilj *m* Petersilie *f*
peti (der) fünfte
peti, pojem singen, *(slavec)* schlagen
petič zum fünften Mal; fünftens
petičen vermögend; *F* bemoost
petina *f* Fünftel *n*
petje *n* Gesang *m*
petkrat fünfmal
petleten fünfjährig
petletka *f* Fünfjahresplan *m*
petnajst fünfzehn
petrolej *m* Petroleum *n*; Erdöl *n*
petrolejka *f* Petroleumlampe *f*
petrolejski vrelec *m* Ölvorkommen *n*, Ölquelle *f*
petsto fünfhundert
pevec *m* Sänger *m*, *~ka f* -in *f*
piča *f* Vogelfutter *n*, Hühnerfutter *n*
pičel knapp, spärlich, karg
pičiti stechen; *(kača)* beißen
pihalo *n* Blasinstrument *n*
pihati blasen, *(mačka, od jeze)* fauchen, *(dim)* paffen; *(v svečo ipd.)* pusten; *~ na dušo* ins Gewissen reden
pijača *f* Getränk *n*; *alkoholne ~e* Spirituosen *pl*; *vdati se pijači* dem Suff verfallen
pijan betrunken, besoffen, *fig.* trunken
pijančevati saufen, zechen
pijanec *m* Säufer *m*, Trinker *m*
pijanost *f* Trunkenheit *f*, Rausch *m*
pijavka *f* Egel *m*
pik *m* Stich *m*; *(kače)* Biß *m*
pika *f* Punkt *m*; *(na kocki)* Auge *n*; *do ~e natančno* bis auf den Buchstaben genau; *imeti na piki* einen Pik haben auf
pikapolonica *f* Marienkäfer *m*
pikčast getupft, gesprenkelt; fleckig
piker spitz, bissig
piknik *m* Picknick *n*
pikolovec *m* Pedant *m*
pila *f* Feile *f*; *~ za nohte* Nagelfeile *f*
piliti feilen (etw. / an etw.)
pilot *m (letala)* Pilot *m*; *(za ladje)* Lotse *m*
pilotirati fliegen, steuern
pilula *f* Pille *f*
pionir *m* Pionier *m*
pipa *f* Pfeife *f*; *(vodovodna)* Hahn *m*
pipec *m* Klappmesser *n*
piramida *f* Piramide *f*
pire *m* Püree *n*
pirh *m (buntes)* Osterei *n*
pisalni Schreib-; *~ stroj* Schreibmaschine *f* (*pisati na* schreiben in)

pisan bunt, farbenfroh; *~o gledati* scheel ansehen
pisar *m* Schreiber *m*
pisarna *f* Büro *n*; Amt *n*; *patentna ~* Patentamt *n*
pisarniški Büro- (*~ uslužbenec* Büroangestellter)
pisatelj *m* Schriftsteller *m*
pisati schreiben (*komu* jm, an jn; *o* über); *z veliko / malo začetnico* groß / klein schreiben; *~ s spremenjeno pisavo* die Schrift verstellen; *~ na stroj* in die Maschine schreiben; *na široko o čem* sich verbreiten über *(tu) piše* (es) steht (geschrieben)
pisava *f* Schrift *f*; Handschrift *f*
pisec *m* Schreiber *m*, Verfasser *m*
pisemski Brief- (*~ nabiralnik* Briefkasten)
pisk *m* Pfiff *m*
piskati pfeifen
pismen *je ~* er kann lesen und schreiben; *(opomin ipd.)* schriftlich
pismo *n* Brief *m*; Schreiben *n*; Zuschrift *f (pisma bralcev* Leserzuschriften *pl*); *nujno ~* Eilbrief *m*; *sveto ~* Bibel *f*, Heilige Schrift *f*
pismonoša *m* Briefträger *m*, Postbote *m*
piš *m* Bö *f*, Windbö *f*; Wind *m*
piščal *f* Pfeife *f*; Flöte *f*; *anat.* Schienbein *n*
piščalka *f* Trillerpfeife *f*
piščanec *m*, **piška** *f* Kücken *n*, Küchlein *n*; *(pohanec)* Backhähnchen *n*, Hühnchen *n*, Hähnchen *n*; *fig.* Spatz *m*
piškav taub, hohl
piškot *m* Keks *m*, Plätzchen *n*
pištola *f* Pistole *f*
pitati mästen; *(človeka)* päppeln, stopfen
piten trinkbar; (*~a voda* Trinkwasser)
piti trinken
pivec *m* Trinker *m*, Zecher *m*
pivnati löschen
pivnica *f* Weinstube *f*, Bräu *n*, Bierstube *f*
pivnik *m* Löschblatt *n*, Löschpapier *n*
pivo *n* Bier *n*
pivovarna *f* Brauerei *f*, Bierbrauerei *f*
pižama *f* Schlafanzug *m*, Pyjama *m*
plača *f* Gehalt *n*
plačanec *m* Söldner *m*; *biti ~ G* in js Sold stehen
plačati zahlen, bezahlen; *kaj* Zahlung leisten, etw. entrichten; *(večerjo, stroške)* vergüten; *~ odškodnino D* jn abfinden; *~ davek za* etw. versteuern; *~ carino za* etw. verzollen; *~ vnaprej* vorauszahlen; *fig.* büßen (*z življenjem* etw. mit dem Leben büßen, *to mi bo še plačal* das soll er mir büßen)
plačevanje *n* Zahlen *n*, Zahlung *f*
plačilni *~ natakar* Zahlkellner; *~ nalog* Zahlungsauftrag; *~ seznam* Lohnliste
plačilo *n* Bezahlung *f*, Entgelt *n* (*za* gegen); Lohn *m* (*~ po kosu* Stücklohn); Zah-

lung *f*; *dodatno ~* Aufpreis *m*, Mehrpreis *m*
plačljiv zahlbar
plačnik *m* Zahler *m*
pladenj *m* Tablett *n*
plah scheu, schüchtern, furchtsam, ängstlich
plahta *f* Plane *f*
plahutati flattern
plakat *m* Plakat *n*
plamen *m* Flamme *f*
plameneti, plamteti lodern
plamenica *f* Fackel *f*
planika *f* Edelweiß *n*
planina *f* Berg *m*; Alm *f*, Sennerei *f*
planinec *m* Bergsteiger *m*
planinski Alpen- (*~o društvo* Alpenverein), Gebirgs- (*~ orel* Gebirgsadler)
planiranje *n* Planung *f*
planirati *(načrtovati)* planen; *(zemljišče)* planieren
planiti aufspringen; *na, k, iz* stürzen auf, zu, aus; *~ k* zuschießen auf; *~ v (jok, smeh)* ausbrechen in; *fig. (pokonci, iz spanja)* auffahren
planota *f* Hochebene *f*
planski Plan- (*~o gospodarstvo* Planwirtschaft)
planšarija *f* Sennerei *f*
plapolati flattern; *(ogenj)* flackern; *(zastava)* wehen
plast *f* Schicht *f*; Lage *f*; *v ~eh* schichtweise; *zložiti v plasti* schichten
plastičen Kunststoff- (*~i predmeti* Kunststoffartikel); *je ~* ist aus Kunststoff
plastika *f* Kunststoff *m*; *(kip)* Statue *f*; *med.* Plastik *f*
plašč *m* Mantel *m*; *obračati ~ po vetru* den Mantel nach dem Wind hängen
plašen scheu; *gl.* **plah**
plašiti ängstigen; *koga* jm Angst machen
plašljivec *m* Angsthase *m*
plašnica *f* Scheuklappe *f*
plat *f* Seite *f*; *~ zvona* Sturmglocke; *biti ~ zvona* die Sturmglocke läuten, Alarm schlagen; *po eni / drugi plati* einerseits / andererseits
platnica *f* Buchdeckel *m*, Deckel *m*
platno *n* Leinen *n*, Leinwand *f (tudi filmsko ~)*
plavalec *m* Schwimmer *m*
plavanje *n* Schwimmen *n*; *prsno* Brustschwimmen, *hrbtno* Rückenschwimmen
plavati schwimmen; *(les, kos papirja itd.)* treiben; *~ kravl* kraulen
plavica *f* Kornblume *f*
plavolas hellhaarig, blond
plavut *f* Flosse *f*
plavž *m* Hochofen *m*
plaz *m* Lawine *f*; Rutsch *m*, *zemeljski ~* Erdrutsch, Bergrutsch; *fig.* Lawine, Erdrutsch
plazilec *m* Reptil *n*, Kriechtier *n*
plaziti *se* kriechen, *(po trebuhu)* robben, *(tihotapiti se)* schleichen
plaža *f* Strand *m*; *(literarna)* Schund *m*
plebiscit *m* Volksabstimmung *f*
pleča *pl* Schulter *f*
plečat breitschultrig, stämmig

pleče *n* Schulter *f*
plehek schal, fade
pleme *n* Stamm *m*, Volksstamm *m*
plemenit edel; *(po rodu)* adelig
plemenski Zucht- (*~a živina* Zuchtvieh); Stammes- (*~a skupnost* Stammesgemeinschaft)
plemič *m* Adlige(r) *m*
plemkinja *f* Adlige *f*
plemstvo *n* Adel *m*
plen *m* Beute *f*
plenica *f* Windel *f*
pleniti plündern
plenum *m* Vollversammlung *f*
ples *m* Tanz *m*; *(prireditev)* Ball *m*
plesalec *m* Tänzer *m*
plesati tanzen, *~ valček* walzen; *~ kot kdo žvižga* nach js Pfeife tanzen
plesen *f* Schimmel *m*, Schimmelpilz *m*
plesišče *n* Tanzfläche *f*; Tanzboden *m*
pleskar *m* Anstreicher *m*, Maler *m*
pleskati (an)streichen
plesneti schimmeln
plesni Tanz- (*~ korak* Tanzschritt)
plesniv schimmelig, verschimmelt
plesti flechten; *(z iglami)* stricken; *(venec ipd.)* winden
pleša *f* Glatze *f*
plešast kahlköpfig, kahl, glatzig
pleten *~a obleka* Strickkleid; *~ stol* Korbsessel
pletenine *pl* Strickwaren *pl*
pletenjača *f* Matte *f*
pleti jäten
pletilka *f* Stricknadel *f*
pletilni stroj Strickapparat *m*
pleve *pl* Spreu *f*
plevel *m* Unkraut *n*
plezalec *m* Kletterer *m*, Bergsteiger *m*
plezati klettern; *na, v* steigen auf, in
plima *f* Flut *f*
plin *m* Gas *n*; *zemeljski ~* Erdgas *n*; *mestni ~* Stadtgas
plinarna *f* Gaswerk *n*, Gasanstalt *f*
plinast gasartig
plinski Gas- (*~a napeljava* Gasleitung)
pliš *m* Plüsch *m*
plitev seicht, untief
plitvina *f* seichte Stelle, Untiefe *f*
pljuča *pl* Lunge *f*; *leva, desna polovica pljuč* linker, rechter Lungenflügel *m*; *bolan na ~ih* lungenkrank
pljučni Lungen- (*~ rak* Lungenkrebs)
pljučnica *f* Lungenentzündung *f*
pljunek *m* Spucke *f*, Auswurf *m*
pljuniti spucken
pljuskati plätschern; *~ ob* schlagen gegen
pljuvalnik *m* Spucknapf *m*
pločevina *f* Blech *n*
pločnik *m* Gehsteig *m*, Bürgersteig *m*
plod *m* Frucht *f*; *fig.* *(fantazije ipd.)* Ausgeburt *f*

ploden fruchtbar; *(človek)* zeugungsfähig

ploditi *se* sich vermehren, sich fortpflanzen

plodnost *f* Fruchtbarkeit *f*; *(ljudi)* Zeugungsfähigkeit *f*

ploha *f* Schauer *m*, Platzregen *m*

plomba *f (zobna)* Zahnfüllung *f*; Plombe *f*

plombirati plombieren; *(zobe)* füllen

plosk platt; *~a noga* Plattfuß *m*

ploskanje *n* Beifall *m*, Applaus *m*

ploskati (Beifall) klatschen

ploskev *f* Fläche *f*

plošča *f* Platte *f*; *(talna ipd.)* Fliese *f*; *(čokolade)* Tafel *f*, *spominska ~* Gedenktafel; *ledena* Treibeis *n*, Eisscholle *f*; *gramofonska ~* Schallplatte; *vezana ~* Sperrholzplatte

ploščad *f* Plattform *f*; *(trg)* Platz *m*

ploščat flach, platt

ploščina *f* Quadratur *f*

plot *m* Zaun *m*; *skok čez ~* Seitensprung *m*

plovba *f* Schiffahrt *f*

plovec *m* Bimsstein *m*

ploven befahrbar, schiffbar; *(objekt)* seetüchtig

plug *m* Pflug *m*

plundra *f* Matsch *m*

pluti fahren, verkehren; *~ okoli G* etw. umschiffen

plutovina *f* Kork *m*

plužiti pflügen

pnevmatika *f* Reifen *m*; *~e* Bereifung *f*

po je, zu (*po dva* je zwei, zu zwei)

po nach (*~ 5. uri* nach 5 Uhr, *~ novem letu* nach Neujahr; *~ mojem mnenju* meiner Meinung nach; *~ vrsti* der Reihe nach; *po mili volji* nach Herzenslust); auf (*po vodi* auf dem Wasser, *~ hribih* auf den Bergen, *udariti ~ mizi* auf den Tisch); durch (*po radiu* durch den Rundfunk, *po slu* durch einen Boten); über (*pobožati ~ laseh* übers Haar streichen); ...weise (*~ nepotrebnem* überflüssigerweise, *~ koščkih* stückweise); *iti ~ kaj* etw. holen gehen; *~ meni je* es ist um mich geschehen

poapnenje *n ~ žil* Arterienverkalkung *f*

pobalin *m* Lausbub *m*

pobarvati färben, einfärben

pobeg *m* Flucht *f*, *(iz zapora)* Ausbruch *m*; *~ voznika* Fahrerflucht *f*

pobegniti fliehen; davonlaufen, ausreißen, ausrücken, *F* türmen, Reißaus nehmen; *~ iz* entfliehen *D*, *(zapora)* ausbrechen (aus)

pobeliti tünchen, *(beliti)* ausweißen

pobesiti senken; *(oči)* niederschlagen

pobesneti in Wut geraten, wütend werden; rot sehen

pobijanje *n (trditev, škodljivcev)* Bekämpfung

pobijati bekämpfen

pobirati *(zanke)* aufnehmen; *(pridelek)* ernten; *(davke)* erheben; *(nabirati)* einsammeln

pobit niedergeschlagen, kleinlaut

pobiti *gl.* **pobijati**; *(na tla)* niederschlagen; *(ljudi)* niedermachen, töten

pobledeti blaß werden

pobočje *n* Hang *m*, Abhang *m*, Böschung *f*

poboljšanje *n* Besserung *f*

poboljšati *se* sich bessern

pobotati *se* sich aussöhnen

pobotnica *f* Erlagschein *m*; Quittung *f*

pobožati streicheln

pobožen fromm; andächtig; ~ *vzdih* Stoßgebet *n*

pobožnost *f* Andacht *f*; *(lastnost)* Frömmigkeit *f*

pobrati aufheben, auflesen, *F* aufgabeln; *na hitro, na kup* aufraffen, zusammenraffen; *(dobiček, denar)* einstreichen; *(bolezen bolnika)* hinraffen; ~ *se (postaviti se na noge)* sich aufrappeln / hochrappeln; ~ *se (oditi)* sich wegscheren, sich wegmachen

pobratim *m* Blutsbruder *m*

pobratiti *se* sich verbrüdern

pobrisati *(prah)* wischen, abwischen; ~ *jo* sich davonmachen / aus dem Staube machen, das Weite suchen

pobuda *f* Anregung *f*; Veranlassung *f*; Antrieb *m (na lastno ~o* aus eigenem Antrieb); *dati ~o za* etw. in die Wege leiten

poceni billig, preiswert, *zelo* ~ spottbillig; *~jo odnesti* glimpflich / mit einem Schrecken davonkommen

poceniti im Preis herabsetzen

pocestnica *f* Strichmädchen *n*

počakati warten; *gl.* **čakati**

počasen langsam, *(bolezen)* schleichend; *(človek)* umständlich

počasi langsam; bedächtig, sacht

počastitev *f* Ehrung *f*

počastiti ehren

počečkati bekritzeln

počen gesprungen; *je* ~ (er) hat einen Sprung

počenjati tun, machen, *(neumnosti ipd.)* treiben; anstellen

počep *m* Kniebeuge *f*

počepniti eine Kniebeuge machen; in die Knie gehen

počesati kämmen

početi tun, machen, treiben; *s tem nimam kaj* ~ dafür habe ich keine Verwendung

početje *n* Tun *n*, Treiben *n*

počez quer

počistiti *(po)* reinigen *(A)*

počitek *m* Ruhe *f*, Rast *f*; Erholung *f*

počiti *(balon ipd.)* platzen, bersten; *(veja)* krachen; *(steklo)* springen, *(plošča)* einen Sprung bekommen; *fig. F* ~ *koga (ustreliti)* abknallen, *(udariti)* eine kleben

počitnice *pl* Ferien *pl*; *(iti na* ~ in die Ferien gehen / fahren)

počivališče *n* Rastplatz *m*;

(*poslednje* letzte) Ruhestätte *f*
počivati ruhen; rasten; *(ne delati)* feiern
počrneti schwarz werden
počrniti schwarz anstreichen / anmalen
počutiti *se (dobro / slabo)* sich (wohl / schlecht) fühlen; *slabo se ~* unpäßlich sein; *ne počutim se dobro* mir ist nicht wohl
počutje *n* Befinden *n*; *dobro ~* Wohlbefinden *n*
pod *m* Boden *m*, Fußboden *m*; *ladijski* Dielenboden *m*
pod unter, unterhalb; *pod tem, njim* darunter
podaljšanje *n* Verlängerung *f*
podaljšati verlängern; strekken
podaljšek *m* Verlängerung *f*
podariti *gl.* **darovati**
podatek *m* Angabe *f*; *~ki pl* Daten *pl*
podati reichen; *(obleka) ~ se* (gut) stehen
podboj *m* Türpfosten *m*
podbradek *m* Doppelkinn *n*
podcenjevalen abschätzig
podcenjevati unterschätzen; geringachten
podčrtati unterstreichen; *fig.* hervorheben
podedovati erben; *po kom* jn beerben; vererben (er hat mir das vererbt); *~ se (biti deden)* sich vererben
podel gemein, charakterlos
podelati *se* einkoten, sich einmachen
podelitev *f* Verleihung *f*
podeliti verleihen; erteilen
podeželje *n* Land *n*; *na ~u* auf dem Land
podeželski *~ zdravnik* Landarzt *m*
podgana *f* Ratte *f*
podhranjen unterernährt
podiplomski *~ študij* Postdiplomstudium *n*
podirati *gl.* **podreti**; *~ se* baufällig sein
poditi jagen, *(stran)* wegjagen; *~ se* sich tummeln
podivjan wild; *(rastlina)* wuchernd
podivjati wild werden; verwildern
podjarmiti unterjochen, knechten, unterwerfen
podjeten unternehmungslustig, rührig
podjetje *n* Unternehmen *n*; Betrieb *m*
podkev *f* Hufeisen *n*
podkleten unterkellert
podkovan beschlagen *(tudi fig.)*; *fig.* bewandert, sattelfest
podkovati beschlagen
podkrepiti bestärken, *(trditve)* untermauern
podkupiti bestechen, *F* schmieren
podkupnina *f* Bestechungsgeld *n*, *F* Schmiergeld *n*
podkupljiv bestechlich, käuflich
podkuriti einheizen; *komu* jm die Hölle heiß machen
podlaga *f* Unterlage *f*; Grundlage *f*; Boden *m*; *brez ~e* bodenlos
podlaket *m* Unterarm *m*
podlaktnica *f* Elle *f*
podlasica *f* Wiesel *n*

podleči *(v boju)* unterliegen; *(bolezni)* erliegen
podlesek *m jesenski ~* Herbstzeitlose *f*
podlež *m* Schurke *m*, Schuft *m*, Hund *m*
podlistek *m* Feuilleton *n*
podloga *f* Futter *n*, Futterstoff *m*
podložen *komu* jm untertan sein, jm unterstehen; hörig sein
podložen gefüttert
podložiti füttern; polstern
podložnik *m* Untertan *m*
podmladek *m* Nachwuchs *m*
podmornica *f* Unterseeboot, *n*, U-Boot *n*
podnajem *m* Untermiete *f*; *oddati v* in *~* geben, vermieten
podnajemnik *m* Untermieter *m*
podnaslov *m* Untertitel *m*
podnebje *n* Klima *n*
podnevi bei Tage, tagsüber
podnožje *n* Sockel *m*
podoba *f* Bild *n*, Bildnis *n*; Gestalt *f*; *lit.* Gleichnis *n*; *(izgled)* Aussehen *n*; Ebenbild *n*
podoben ähnlich; ... *in podobno* und dergleichen; *on in njemu ~i* er und seinesgleichen; *biti ~ D* ähnlich sein, ähneln, ähnlich sehen, gleichen, jm nacharten; *~ komu kot jajce jajcu* wie aus dem Gesicht geschnitten; *čisto ~o bi mu bilo, da bi* er ist imstande zu ...
podobnost *f* Ähnlichkeit *f*
podočnjak *m* Eckzahn *m*
podoknica *f* Ständchen *n*
podolgovat länglich
podpičje *n* Strichpunkt *m*, Semikolon *n*
podpihovati anfachen, *(ljudi)* aufhetzen
podpiranje *n* Unterstützung *f*; Fördern *n*
podpirati unterstützen, stützen; beschützen, *(umetnost ipd.)* fördern; *(razloge)* bekräftigen; *koga* jm den Rücken stärken; *kaj slabega* Vorschub leisten *D*
podpis *m* Unterschrift *f*
podpisati unterschreiben; zeichnen
podpisnik *m* Unterzeichner *m*
podplat *m* Sohle *f*; Fußsohle *f*
podplut *(oči)* blutunterlaufen
podpora *f* Unterstützung *f*, *(opora)* Rückhalt *m*; *(denarna)* Zuschuß *m*; *dajati podporo D* begünstigen *A*, unterstützen *A*, *koga F* jm die Stange halten
podpornik *m* Gönner *m*
podpredsednik *m* stellvertretender Vorsitzende(r) *m*; *~ vlade* stellvertretender Ministerpräsident
podpreti stützen; *gl.* **podpirati**
podrast *f* Unterholz *n*
podražitev *f* Preiserhöhung *f*; Verteuerung
podražiti verteuern; *~ se* im Preis steigen
podrediti unterordnen (*se* / *si* sich), *~ se* sich fügen
podrejen untergeben; *biti ~ D* unterstehen *D*

podreti *(hišo)* abtragen, *(drevo)* fällen; niederschlagen; *(načrte)* zunichte machen; ~ *se (načrti)* zunichte werden, zusammenbrechen; *(strop ipd.)* einstürzen, *(drevo)* fallen
podroben genau, eingehend
podrobnost *f* Einzelheit *f*; *do ~i* bis ins Einzelne; *~i* Genaueres *n*
področje *n* Gebiet *n*; Raum *m*; Bereich *m*; *(strokovno)* Fach *n*, Fachgebiet *n*; *zaprto* ~ Sperrgebiet
podružnica *f* Zweigstelle
podržaviti verstaatlichen
podstavek *m* Sockel *m*; Untersatz *m*
podstaviti *nogo* ein Bein stellen
podstrešje *n* Dachboden *m*; Speicher *m*
podtakniti unterschieben; unterstellen; *(krivdo ipd.)* jm etw. in die Schuhe schieben
podtikati *gl.* **podtakniti**; unterstellen
podučiti belehren, aufklären
poduhovljen vergeistigt
podvig *m* Unternehmen *n*
podvodni Unterwasser- (*~a kamera* Unterwasserkamera)
podvojiti verdoppeln
podvomiti *v* anzweifeln *A*, in Zweifel ziehen *A*
podvoz *m* Unterführung *f*
podvreči unterwerfen
podvržen *(bolezni)* empfänglich für
podzavest *f* Unterbewußtsein *n*
podzavesten unterbewußt
podzemeljski unterirdisch
podzemlje *n* Untergrund *m*, Unterwelt *f*
podžigati *fig.* anfeuern, anspornen, *(prepire ipd.)* schüren
poenostaviti vereinfachen
poenotiti vereinheitlichen
pogača *f* Kuchen *m*
pogačica *f* Kniescheibe *f*
pogajanja *pl* Verhandlungen *pl*
pogajati *se* verhandeln (*o* über)
poganjati treiben, sprießen *(tudi bot.)*; *(kolo, stroj)* antreiben, betätigen
poganjek *m* Trieb *m*; Sproß *m*, Reis *n*; *(popenjavk)* Ranke *f*
pogasiti löschen; *(žejo)* stillen
poganski heidnisch
pogaziti niedertreten; *fig.* mit den Füßen treten
poginiti eingehen, verenden; krepieren
pogladiti streichen / streicheln (*po* über), mit der Hand fahren über
poglavar *m* Haupt *n*, *(plemena)* Häuptling *m*; Oberhaupt *n* (*države* Staatsoberhaupt *n*)
poglavje *n* Kapitel *n*
pogled *m* Blick *m*, *nazaj* Rückblick *m*; *na* Ausblick *m*; *(gledanje)* Sicht *f*; *(razgled)* Aussicht *f*; *(ozir)* Hinsicht *f*; *v vsakem ~u* in jeder Hinsicht
pogledati anschauen, ansehen, anblicken; *navzgor*

aufblicken, ~ *za kom* jm nachsehen, ~ *stran* wegblicken, wegsehen; ~ *kaj komu skozi prste* jm etw. durchgehen lassen, etw. nachsehen

poglobiti vertiefen (*se v* sich in)

pognati treiben, in Bewegung setzen; *(stroj)* in Betrieb setzen; ~ *korenine* Wurzeln schlagen; *(zapraviti)* durchbringen; ~ *v beg* in die Flucht schlagen; *(nagnati)* den Laufpaß geben; ~ *se (iz vode, v ...)* springen

pognojiti düngen

pogodba *f* Vertrag *m*; (*mirovna* ~ Friedensvertrag); Abkommen *n*

pogodben vertraglich, vertragsmäßig; *~e stranke* Vertragspartner *pl*

pogoditi *se o čem* übereinkommen über; aushandeln *A*

pogodu genehm; *ni mu* ~ das paßt ihm nicht; *mi je* ~ das ist mir recht

pogoj *m* Bedingung *f* (*pod* unter); Vorbedingung *f*; *(naloženi pogoj)* Auflage *f*; *mirovni ~i* Friedensbedingungen *pl*

pogojni bedingt; Bedingungs- (*~i stavek* Bedingungssatz)

pogolten gierig; *na denar* geldgierig

pogoltniti schlucken, verschlucken; verschlingen

pogon *m* Antrieb *m* (*reaktivni* ~ Düsenantrieb; *(lov)* Jagd *f*, Treibjagd *f*; *fig.* Hetzjagd *f*; *spustiti v* ~ in Betrieb nehmen / setzen

pogonski Antriebs- (*~a kolesa* Antriebsräder)

pogoreti abbrennen; *(ogenj)* niederbrennen

pogorišče *n* Brandstätte *f*

pogorje *n* Gebirge *n*, Gebirgskette *f*

pogost häufig; *~o* häufig, oft, öfter, öfters

pogostiti bewirten

pogovor *m* Gespräch *n (tudi tel.)*; Unterhaltung *f*; Aussprache *f*

pogovarjati *se* sich unterhalten (*o* über); ~ *se o čem* besprechen *A*

pogovoriti *se o* sich mit jm aussprechen über

pogovorni *jezik* Umgangssprache *f*

pogozditi aufforsten

pograbiti *(seno ipd.)* zusammenrechen; *(priložnost)* ergreifen

pograd *m* Pritsche *f*; Etagenbett *n*, Doppelstockbett *n*

pogreb *m* Beerdigung *f*, Bestattung *f*; Begräbnis *n*; Trauerfeier *f*

pogrebec *m* Trauergast *m*

pogrebni Bestattungs- (~ *zavod* Bestattungsinstitut); *~e svečanosti* Trauerfeierlichkeiten

pogrebnik *m* Leichenbestatter *m*

pogrešan vermißt; verschollen

pogrešanec *m* Vermißte(r) *m*

pogrešati missen, vermissen; *(biti brez)* entbehren

pogrešljiv entbehrlich
pogreti, pogrevati aufwärmen
pogrezniti *v/t* versenken, sinken lassen; ~ *se* sich senken; einsacken
pogrinjek *m* Gedeck *n*
pogrniti *(mizo)* decken; *F (pasti)* hinschlagen, hinhauen
poguba *f* Verderben *n*; *(zla usoda)* Verhängnis *n*
pogubiti *(izgubiti)* verlieren; verderben, ins Verderben stürzen
pogum *m* Mut *m*; Tapferkeit *f*; *brez ~a* mutlos; *vzeti ~ D* entmutigen *A*
pogumen mutig; tapfer
pohabiti verstümmeln; zum Krüppel schlagen
pohabljen verkrüppelt, *(po rasti)* verwachsen; *je ~* er ist körperbehindert
pohajkovati bummeln, auf der faulen Haut liegen; *(počasi hoditi)* schlendern
pohištvo *n* Möbel *pl*; *kos ~a* Möbelstück *n*; *blazinjeno ~* Polstermöbel, *stilno ~* Stilmöbel
pohiteti sich beeilen, sich sputen; *preveč ~ s čim* etw. übers Knie brechen
pohlep *m* Gier *f*; Habsucht *f*
pohlepen gierig; habsüchtig
pohod *m* Marsch *m*; Zug *m* *(bojni ~* Feldzug, *roparski ~* Raubzug); *(izlet)* Streifzug *m*
pohoditi niedertreten, zertreten; *(pogasiti)* austreten
pohoten lüstern, *F* geil
pohujšanje *n* Ärgern *n*, Skandal *m*
pohujšati schädlichen Einfluß haben auf
pohujšljiv anstößig
pohvaliti loben; *gl.* **hvaliti**
poigravati *se* spielen
poimenovati benennen
poimenski namentlich
poiskati suchen; aufsuchen; *(v knjigi)* nachschlagen
poiti ausgehen
poizkus, poizkusiti *glej* **poskus, poskusiti**
pojasnilo *n* Erklärung *f* *(za* für); Aufschluß *m* *(za* über)
pojasniti erklären, darlegen; Aufschluß geben über; *(zmoto, nesporazum)* richtigstellen
pojav *m* Erscheinung *f*
pojaviti *se* erscheinen, in Erscheinung treten; *(bolečina)* sich bemerkbar machen, sich einstellen; *(mnenje)* laut werden; *(človek)* erscheinen, sich einfinden
pojedina *f* Festessen *n*
pojem *m* Begriff *m*; *nima ~a o* er versteht nichts davon, er hat keine Ahnung / keinen Schimmer
pojemanje *n* Abebben *n*, Rückgang *m*
pojemati zurückgehen, abebben; *(moči)* nachlassen
pojesti aufessen; *z žlico* auslöffeln; verzehren, *(porabiti)* aufzehren
pojiti tränken
pojmovanje *n* Auffassung *f*
pojmovati auffassen, verstehen
pojutrišnjem übermorgen

pok *m* Knall *m*
pokal *m* Pokal *m*, *prehodni* Wanderpreis *m*
pokašljevati hüsteln
pokati *(veje)* krachen; *(puška)* knallen, *(stroj, motor)* knattern
pokazati zeigen; aufweisen; *(dokumente)* vorweisen; *(pot, vrata)* weisen, *(roge)* bieten, *osle* jm eine lange Nase machen; ~ *se* in Sicht kommen; *(priti)* sich blikken lassen; ~ *se (priložnost)* sich ergeben; ~ *se (izkazati se)* seinen Mann stellen, sich die Sporen verdienen
pokesati *se* bereuen *A*, es reut jn
pokimati jm zunicken
poklekniti niederknien
poklic *m* Beruf *m*; *svoboden* ~ freier Beruf; *v svobodnem ~u* freiberuflich
poklicati rufen; kommen lassen; ~ *nazaj* zurückrufen; *po telefonu* anrufen; *(pritegniti)* zuziehen; ~ *v vojsko* einziehen; *na zagovor* zur Rede stellen
poklicen beruflich; Berufs- (*~a posvetovalnica* Berufsberatung)
poklon *m* Verbeugung *f*; Kompliment *n*
pokloniti ~ *se* sich verbeugen (*komu* vor)
pokoj *m* Ruhestand *m*; (*večni* ewige) Ruhe *f*; *iti v* ~ in den Ruhestand treten
pokojni selig, weiland
pokojnik *m* Verblichene *m*, Tote *m*
pokojnina *f* Rente *f*; *družinska* Witwenrente; *starostna* Altersrente
pokol *m* Gemetzel *n*; Massaker *n*, Blutbad *n*
pokonci aufrecht; *(zbujen)* auf
pokončati vernichten; niedermachen
pokončen aufrecht
pokop *m* Beisetzung *f*, Bestattung *f*; Beerdigung *f*
pokopališče *n* Friedhof *m*
pokopati beisetzen, bestatten; beerdigen; *fig. (upanje)* zunichte machen; *(svoje upanje)* fahren lassen; *to ga je pokopalo* das war sein Verderben
pokora *f* Buße *f*; Sühne *f*; *fig.* Landplage *f*
pokoren gehorsam;
pokoriti *se* Buße tun, büßen; *se komu* sich unterwerfen jm
pokorščina *f* Gehorsam *m*
pokositi (nieder)mähen
pokrajina *f* Gegend *f*, Landschaft *f*; Provinz *f*
pokrajinski landschaftlich; Landschafts- (*~a slika* Landschaftsbild)
pokriti zudecken; bedecken; decken
pokrivalo *(za na glavo)* Kopfbedeckung *f*
pokrižati *se* sich bekreuzigen
pokrov *m* Deckel *m*; Klappe *f*
pokrovitelj *m* Gönner *m*; Schirmherr *m*
pokroviteljski gönnerhaft
pokroviteljstvo *n* Schirmherrschaft *f*

pokukati blicken, lugen
pokupiti aufkaufen
pokusiti, pokušati kosten, probieren
pokušina *f* Kostprobe *f*; *fig.* Vorgeschmack *m*
pokvariti *(se)* verderben; *~ veselje do* jm etw. verleiden, jm die Suppe versalzen
pokvarjen verdorben; kaputt; *(moralno)* verderbt
pokvarljiv nicht haltbar
pokvečen mißgestaltet
pol halb; *~ treh* halb drei; *~ leta* ein halbes Jahr, *pol ure* eine halbe Stunde
pola *f* Bogen *m*
polagati *(roke na ipd.)* auflegen; *(napeljavo, tla)* verlegen
polagoma allmählich
polaren Polar- (*~i sij* Polarschein)
polastiti *se* sich bemächtigen *G*, an sich reißen *A*; *ljudi se je polastilo razburjenje* die Leute gerieten in Aufregung
polbrat *m* Halbbruder *m*
polčas *m* Halbzeit *f*
poldan *m* Mittag *m*
poldnevnik *m* Meridian *m*
poldrugi anderthalb
poleči *se* sich legen
poledenel vereist
poledica *f* Glatteis *n*
poleg neben, bei *(poleg tega, njega* dabei, daneben); dabei (*bil je ~* er war dabei); *(zraven, tu poleg)* nebenan; *~ tega (razen)* außer, außerdem, dazu
polegati *(zaradi bolezni)* bettlägerig sein
poleniti *se* faul werden
poleno *n* Scheit *n*; *metati ~a pod noge* Knüppel zwischen die Beine werfen
polenovka *f* Stockfisch *m*, Kabeljau *m*
polenta *f* Polenta *f* (Maisbrei *m*)
polepšati verschönern
polet *m* Flug *m*, *vesoljski* Raumflug; *fig.* Auftrieb *m*, Aufschwung *m*, Schwung *m*
poleten sommerlich; Sommer- (*~i meseci* Sommermonate)
poleti im Sommer
poletje *n* Sommer *m*; *sredi ~a* im Hochsommer
polglasen halblaut
polglasnik *m* Halblaut *m*
polh *m* Bilch *m*, Siebenschläfer *m*; *spi kot ~* er schläft wie ein Murmeltier / Stein
polica *f* Bord *n*, *za knjige* Bücherbord *n*; Regal *n*; *(zavarovalna)* Police *f*, Polizze *f*
policaj *m* Polizist *m*
policija *f* Polizei *f*; *tajna ~* Geheimdienst *m*
policijski polizeilich, Polizei- (*~a ura* Polizeistunde)
polič *m* Schoppen *m*
polirati polieren
politi *(vodo)* ausschütten; *(koga)* überschütten; *z mrzlo vodo* abschrecken
političen politisch
politik *m* Politiker *m*
politika *f* Politik *f*
polizati auflecken
polje *n (njiva)* Feld *n*; Flur *f*
poljedelstvo *n* Ackerbau *m*

poljub *m* Kuß *m*
poljuben beliebig
poljubiti küssen
poljuden Populär- (*~o znanstven* populärwissenschaftlich)
polk *m* Regiment *n*
polka *f* Polka *f*
polkovnik *m* Oberst *m*
polkrog *m* Halbkreis *m*
polleten halbjährig
polletje *n* Halbjahr *n*; Semester *n*
polmesec *m* Halbmond *m*
polmesečen halbmonatig
polmrak *m* Zwielicht *n*; *v ~u* im Halbdunkel
poln voll, voller (*~ ljudi, popkov* voller Leute, voller Knospen); *nabito ~* prall; *~e postave* vollschlank; ... voll (*~ upanja* hoffnungsvoll, *~ zlih slutenj* ahnungsvoll)
polniti füllen, *v* abfüllen in, einfüllen in; *(akumulator)* aufladen
polnoč *f* Mitternacht *f*
polnočni mitternächtlich
polnokrven rassig
polnoleten volljährig, großjährig
polnomočje *n* Vollmacht *f*
polnoštevilen vollzählig; *(~o so prišli)* geschlossen
polog *m* Anzahlung *f*
polom *m* Krach *m*
polomiti brechen; *~ si zobe na* sich die Zähne ausbeißen an
polotok *m* Halbinsel *f*
polovica *f* Hälfte *f*
polovičarski halbherzig
polovičen halb (*~ uspeh* halber Erfolg); *~a zaposlitev* Halbtagsbeschäftigung
položaj *m* Lage *f*, Stellung *f*; *(sodnika, predsednika ipd.)* Amt *n*, Posten *m*; *ključni ~* Schlüsselstellung; *najvišji po ~u* Rangälteste *m*; *postaviti v slabši ~* benachteiligen
položen leicht ansteigend
položiti legen, *(roko) na* auflegen; *na tla* niederlegen; *koga na* legen, lagern; *~ orožje* die Waffen strecken; *~ na srce* nahelegen
položnica *f* Zahlkarte *f*, Erlagschein *m*
polsestra *f* Halbschwester *f*
polt *f* Teint *m*, Haut *f*
polzeti gleiten
polž *m* Schnecke *f*; *po ~evo* im Schneckentempo
polžast *~ zavoj* Schnecke *f*; *~e stopnice* Wendeltreppe *f*
pomagač *m* Helfer *m*, Handlanger *m*
pomagati helfen; behilflich sein, Hilfe leisten; sich nutzbar machen; *komu* jm unter die Arme greifen; *(malo)* nachhelfen; *(pripomoči) do* verhelfen zu
pomahati winken, *komu* zuwinken
pomakniti *(se)* rücken, *naprej* vorrücken, *se skupaj* zusammenrücken
pomanjkanje *n* Mangel *m* (an); *~ vitaminov* Vitaminmangel; Knappheit *f*; Not *f*, *ki trpi ~* notleidend
pomanjkljiv mangelhaft, lückenhaft, fehlerhaft
pomanjkljivost *f* Mangel *m*,

Unzulänglichkeit *f*; *~i* Mißstände *pl*

pomaranča *f* Orange *f*, Apfelsine *f*

pomečkati zerdrücken

pomehkužen verweichlicht

pomemben wichtig, bedeutend, bedeutsam; maßgebend, *(razlog)* schwerwiegend; *to ni ~o* das tut nichts zur Sache; *biti ~* ins Gewicht fallen

pomen *m* Bedeutung *f*, Sinn *m*; *življenjskega ~a* lebenswichtig; *istega ~a* gleichbedeutend (mit); *v prenesenem ~u* im bildlichen Sinn

pomenek *m* Gespräch *n*, Unterhaltung *f*; *(razčiščujoč)* Aussprache *f*

pomeniti bedeuten, *(kaj to pomeni)* heißen; *~ toliko kot A* gleichkommen *D*

pomenljiv vielsagend, bedeutungsvoll

pomeriti anprobieren, anpassen

pomesti, pometati kehren, fegen, auskehren; *fig. s čim* mit etw. aufräumen

pomešati *(premešati)* umrühren; *(zmešati)* vermengen, vermischen

pomežikniti blinzeln, zwinkern; *komu* jm. zublinzeln

pomigniti *komu* zuwinken; winken, einen Wink geben

pomikati *(naprej)* (weiter)rücken

pomilostitev *f* Begnadigung *f*

pomilostiti begnadigen

pomilovati bemitleiden

pomiriti beruhigen (*se* sich); *koga* beschwichtigen

pomirjevalen Beruhigungs- (*~o sredstvo* Beruhigungsmittel); beruhigend

pomislek *m* Bedenken *n*; *brez ~ov* rückhaltlos

pomisliti kurz nachdenken; *(treba je ~, da ...)* bedenken, nicht vergessen

pomišljaj *m* Gedankenstrich *m*

pomiti abwaschen, *(posodo)* spülen, *(tla)* aufwaschen

pomivalni *~ stroj* Geschirrspülmaschine *f*; *~o korito* Spüle *f*

pomlad *f* Frühling *m*, Frühjahr *n*

pomladiti verjüngen

pomniti sich merken

pomnožiti mehren, vermehren; multiplizieren

pomoč *f* Hilfe *f* (*prva ~* erste Hilfe); Hilfeleistung *f*; *(pri zločinu, denarna)* Beihilfe *f*; *(denarna)* Zuwendung *f*; *priti / priskočiti na ~* zu Hilfe kommen; *(služba) ~ in informacije* Autohilfsdienst *m*

pomočiti *v* eintauchen in; *~ se* einnässen

pomočnik *m* Gehilfe *m*; Helfer *m*; *~ v sili* Nothelfer *m*

pomodreti blau anlaufen

pomol *m (pristaniški)* Mole *f*

pomoliti *ven* vorstrecken; *komu kaj* hinhalten

pomorski See- (*~a sila* Seemacht)

pomorstvo *n* Seefahrt *f*

pomorščak *m* Seemann *m*; Seefahrer *m*

pomota *f* Versehen *n* (*po* aus); *po ~i* versehentlich, irrtümlich(erweise), aus Versehen

pomožen Hilfs- (*~a šola* Hilfsschule, *~i delavec* Hilfsarbeiter)

ponaredba *f* Fälschung *f*

ponarediti fälschen, nachmachen

ponarejen falsch, nachgemacht; *~ denar* Falschgeld

ponarejevalec *m* Fälscher *m*

ponašati *se z* sich rühmen *G* / mit

ponatis *m* Nachdruck *m*, Neuausgabe *f*, Neuauflage *f*

ponatisniti neu auflegen

ponavljanje *n* Wiederholung *f*

ponavljati wiederholen; *(besede) za kom* nachsprechen; *~ razred* sitzenbleiben, nicht versetzt werden

ponazoriti veranschaulichen, versinnbildlichen

ponečediti beschmutzen; *se* einkoten, sich einmachen; *ki se ne ponečedi* stubenrein

ponedeljek *m* Montag *m*; (*v* am); *ob ~kih* montags

ponehati nachlassen

ponekod stellenweise, mancherorts

ponesrečenec *m* Verunglückte(r) *m*

ponesrečiti *se* verunglükken; *(izgubiti življenje)* umkommen; *(poskus ipd.)* mißlingen, mißglücken

ponev *f* Pfanne *f*

ponevedoma aus Versehen, versehentlich

poneverba *f* Unterschlagung *f*

poneveriti unterschlagen, veruntreuen

ponikalnica *f* Sickergrube *f*; *reka ~* ein Fluß mit teils ober- teils unterirdischem Wasserlauf

ponikniti (ver)sickern; *fig.* verschwinden

ponižati erniedrigen (*se* sich), demütigen, herabwürdigen

ponižen demütig

poniževalen demütigend

ponjava *f* Plane *f*

ponočevati sich die Nacht um die Ohren schlagen

ponoči nachts, in der Nacht, bei Nacht

ponos *m* Stolz *m*

ponosen stolz

ponositi *(obleko)* auftragen

ponoven erneut, abermalig; wieder- (*~o oboroževati* wiederaufrüsten, *~a izvolitev* Wiederwahl, *~a združitev* Wiedervereinigung); nach- (*~o potegniti črto* nachziehen, *~o zračunati* nachrechnen); *~o* wiederholt, verschiedentlich

ponovitev *f* Wiederholung *f*; *(dogajanja)* Wiederkehr *f*

ponoviti wiederholen

ponudba *f* Angebot *n*, *(tudi ženitna)* Antrag *m*

ponuditi anbieten; antragen

ponujati *gl.* **ponuditi**; *(naprodaj)* feilbieten

poobedek *m* Nachtisch *m*

pooblačiti *se* sich bewölken

pooblastilo *n* Vollmacht

pooblastiti bevollmächtigen; ermächtigen (zu); beauftragen

pooblaščenec *m* Bevollmächtigte(r) *m*
poosebljenje *n* Personifizierung *f*
poostriti verschärfen
popačiti verzerren, verfälschen
papadek *m* Wehe *f*
popadljiv bissig
popariti überbrühen; *se* sich verbrühen
poparjen *fig.* betreten, betroffen
popasti *A* herfallen über; schnappen nach
popek *m* Knospe *f*; *anat.* Nabel *m*
popeljati geleiten; ~ *na nova pota D* neue Wege weisen
popenjavka *f* Kletterpflanze *f*
poper *m* Pfeffer *m*; *dati D* popra jm heimleuchten
popevati trällern
popevka *f* Schlager *m*
popis *m* Inventarisierung *f*; ~ *prebivalstva* Volkszählung *f*
popisati inventarisieren; zählen
popiti austrinken
popivati zechen
popivanje *n* Zechen *n*, Trinken *n*
popivnati ablöschen
popkovina *f* Nabelschnur *f*
poplačati belohnen; vergelten; *(slabo)* heimzahlen
poplakniti spülen, ausspülen
poplava *f* Überschwemmung *f*; Hochwasser *n*, Flut *f*; *(sadja, blaga)* Schwemme *f*; *(besed)* Schwall *m*
poplaviti überschwemmen
popleskati streichen, anstreichen
poplesovati tänzeln
popoldan *m* Nachmittag *m*
popoldne am Nachmittag
popoln vollkommen; vollständig; *(brez napake)* vollendet; *(nadomestilo)* vollwertig
popolnoma völlig, vollends; restlos
popolnost *f* Vollendung *f*
popopran gepfeffert
poporoden *~a doba* Wochenbett *n*, Kindbett *n*
popotnik *m* Wanderer *m*
poprati pfeffern
popravek *m* Berichtigung *f*
popravilo *n* Reparatur
popraviti verbessern, bessern; ausbessern; instandsetzen; reparieren; *(trditve, podatke)* richtigstellen, berichtigen
popravljalnica *f* Reparaturwerkstatt *f*
popravni ~ *izpit* Nachprüfung *f*
poprej vorhin, einst, früher
poprejšnji früher, vorig, Vor- (*~e kazni* Vorstrafen, *~e znanje* Vorkenntnisse)
poprijeti *za* anpacken *A*
poprsje *n* Büste *f*
popust *m* Nachlaß *m*, Vergünstigung *f*
popustiti nachlassen, sich geben; *(prijem)* lockern, *(v zahtevah)* nachgeben, *(v prepiru)* einlenken; *fig.* die Zügel schießen lassen, weich werden
popustljiv nachgiebig, nachsichtig; *biti* ~ Nachsicht üben

popustljivost *f* Nachsicht *f*
popuščanje *n napetosti* Entspannung *f*
popuščati *gl.* **popustiti**; klein beigeben; *(od zahtev)* Abstriche machen
por *m* Lauch *m*, Porree *m*
pora *f* Pore *f*; *z velikimi / majhnimi ~mi* grobporig / feinporig
poraba *f* Verbrauch *m*; *(moči, denarja)* Aufwand *m* (an)
porabiti verbrauchen; verwenden, (*~ dosti časa za* viel Zeit verwenden auf); *~ za pretvezo* etw. vorschieben; *(~ v druge namene)* zweckentfremden
poračunati abrechnen
porajati *se* entstehen, aufsteigen
porast *f* Zunahme *f*, Anwachsen *n*
poravnati *(palico ipd.)* ausbiegen, ausgleichen, zurechtbiegen; *(dolg)* abtragen, *(račun)* begleichen; *(stroške)* aufkommen für, *(konflikt)* beilegen; *~ račune z fig.* ein Hühnchen zu rupfen haben mit
poravnava *f* Ausgleich *m*, Vergleich *m*
poraz *m* Niederlage *f*, *F* Schlappe *f*
porazdeliti verteilen
poraziti besiegen, schlagen
porcelan *m* Porzellan *n*
pordeti rot anlaufen, erröten
poreden schlimm, ungezogen; *(pogled)* neckisch
poredkoma selten
poreklo *n* Herkunft *f*, Abkunft *f*
poriniti schieben, stoßen, *komu kaj* zuschieben
porjaveti braun werden
poročati berichten, Bericht erstatten
poročen verheiratet
poročevalec *m* Berichterstatter *m*
poročilo *n* Bericht *m*; Meldung *f*, Nachricht *f*; *vremensko ~* Wetterbericht *m*
poročiti trauen, vermählen; *~ se* heiraten, sich trauen lassen, sich vermählen
poročni Trau- (*~i prstan* Trauring, *~ list* Trauschein)
poročnik *m* Leutnant *m*
porod *m* Geburt *f*; Entbindung *f*; *pomagati D* pri ~u entbinden *A*
poroditi *fig.* erzeugen
porodnica *f* Wöchnerin *f*, junge Mutter *f*
porodničar *m* Geburtshelfer *m*
porodniški *dopust* Mutterschutzfrist *f*
porodnišnica *f* Entbindungsklinik *f*
porog *m* Hohn *m*
porogljiv höhnisch
porok *m* Bürge *m*; *biti ~ za* bürgen für, haften für, *fig.* sich verbürgen für, einstehen für
poroka *f* Trauung *f*, Eheschließung *f*
porota *f* Schwurgericht *n*
porotnik *m* Geschworene(r) *m*
porta *f* Pforte *f*
portret *m* Porträt *n*
porušen abgerissen; *je ~* liegt in Trümmern

porušiti abreißen, einreißen; *(mesto)* in Trümmer legen; ~ *se* einstürzen
poruvati ziehen, ausziehen
posaditi *(rastline)* pflanzen, *na prosto* auspflanzen; setzen, hinsetzen, niedersetzen
posadka *f* Besatzung *f*
posamezen einzeln
posameznik *m* Einzelperson *f*
posameznost *f* Einzelheit *f*
posamičen vereinzelt
posebej besonders, insbesondere; *(~ v ta namen)* eigens zu / für
poseben besonderer; *~a ljubezen do* Vorliebe *f* für; *~o rad* mit Vorliebe; *~o* besonders, insbesondere, *ne ~o* nicht sonderlich; *ni nič ~nega* ist nichts los, ist nicht weit her
posebnež *m* Sonderling *m*, Eigenbrötler *m*
posebnost *f* Eigenheit *f*, Besonderheit *f*
poseči greifen (*po* zu), langen (*po* nach); ~ *po (metodah ipd.)* zurückgreifen auf; ~ *daleč nazaj* weit ausholen; zugreifen; ~ *vmes* eingreifen, sich einschalten, einschreiten
posedati herumsitzen
posedovati besitzen
poseka *f* Lichtung *f*; Kahlschlag *m*
posekati fällen; abholzen, ausholzen, *(ves gozd ipd.)* roden
posel *m (služabnik)* Dienstbote *m*; Geschäft *n*; *nečisti ~i* Machenschaften *pl*
poselitev *f* Ansiedlung *f*
posesati einsaugen, aufsaugen
posest *f* Besitz *m*; *zemljiška* ~ Bodenbesitz, Grundbesitz; *izključna* ~ Vollbesitz
posestnik *m* Besitzer *m*, Eigentümer *m*
posestvo *n* Besitz *m*, Anwesen *n*
posetnica *f* Visitenkarte *f*
posevek *m* Saat *f*, Aussaat *f*
posiliti vergewaltigen; *(smeh)* überwältigen
posilstvo *n* Notzucht *f*, Vergewaltigung *f*
posinoviti adoptieren
posipati streuen, *z* bestreuen mit
poskakovati hopsen, hüpfen
poskočiti aufspringen; einen Sprung machen
poskok *m* Sprung *m*
poskrbeti sorgen (*za* um); zusehen (daß); ~ *zase* sein Schäfchen ins Trockene bringen
poskus *m* Versuch *m*, Probe *f*; *za* ~ versuchsweise, probeweise
poskusiti versuchen; einen Versuch machen mit; ~ *vse* nichts unversucht lassen; ~ *srečo* sein Heil versuchen
poskusni Probe-, Versuchs- (~ *zajček* Versuchskaninchen)
poskušnja *f* Probe *f*
poslabšanje *n* Verschlechterung *f*
poslabšati verschlechtern (*se* sich); *(odnosi)* verschärfen
posladek *m* Leckerbissen *m*, Nachtisch *m*

poslanec *m* Abgeordnete(r) *m*
poslanik *m* Gesandte(r) *m*, Botschafter *m*
poslaništvo *n* Botschaft *f*, Gesandtschaft *f*
poslanska *zbornica* Abgeordnetenhaus *n*
poslanstvo *n* Sendung *f*
poslastica *f* Leckerbissen *m*
poslati schicken, senden; *(pismo)* zukommen lassen; entsenden; *(v bolnišnico)* einweisen; ~ *po koga* jn holen lassen, kommen lassen, rufen lassen
poslavljati *se* Abschied nehmen
posledica *f* Folge *f*, Auswirkung *f*; *boleče ~e* Nachwehen *pl*; *imeti za ~o* nach sich ziehen
poslednji letzte; *~a sodba* das Jüngste Gericht *n*
poslednjič zum letzten Mal
poslej fortan, künftig, nunmehr, von nun an
poslikati bemalen; *(sobo)* ausmalen
poslopje *n* Gebäude *n*
poslovalnica *f* Geschäftsführung *f*; Arbeit *f*
posloven geschäftlich, Geschäfts- (*~i partner* Geschäftspartner)
poslovilen Abschieds- (*~i obisk* Abschiedsbesuch)
posloviti *se* sich verabschieden; Abschied nehmen (*od* von)
poslovnik *m* Geschäftsordnung *f*
poslovodja *m* Geschäftsführer *m*
posluh *m* Gehör *n*; *(za težave ipd.)* Sinn *m*, Herz *n*
poslušalec *m* Hörer *m*, Zuhörer *m*
poslušati *A* anhören *A*, zuhören *D*, sich etw. anhören; ~ *koga (nasvete)* hören auf; *med.* abhorchen
poslušen gehorsam, gefügig
poslužiti *se G* sich bedienen *G*
posmeh *m* Hohn, Spott *m*
posmehljiv höhnisch, spöttisch
posmehovati *se* höhnen; *čemu* etw. verhöhnen
posnemanje *n* Nachahmung *f*
posnemati *(peno)* abschäumen; *koga* jn nachahmen, jm etw. nachtun, nachmachen; jm etw. gleichtun
posnemovalec *m* Nachahmer *m*
posnetek *m* Aufnahme *f*; ~ *od blizu* Nahaufnahme *f*
posneti abschöpfen; *(mleko)* absahnen; *(glasbo)* aufnehmen; *(film)* ablichten
posoda *f* Gefäß *n*; Behälter *m*; Geschirr *n*
posoditi borgen, leihen; verleihen
posodovka *f* Kübelpflanze *f*
posojilo *n* Anleihe *f*; *(bančno)* Darlehen *n*
pospešek *m* Beschleunigung *f*
pospešeni *vlak* Eilzug
pospeševati beschleunigen; ankurbeln; fördern
pospešiti beschleunigen; *(zadevo)* vorantreiben
posplošiti verallgemeinern

pospraviti aufräumen, *(pridelek)* einbringen, einholen; ~ *v* einräumen; ~ *mizo* abdecken, abtragen; *fig. (jedi)* vertilgen
pospravljen aufgeräumt
posrebriti versilbern
posrečen gelungen
posrečiti *se* gelingen, geraten; glücken
posrednik *m* Mittler *m*, Mittelsmann *m*; *(na borzi)* Makler *m*
posredno mittelbar
posredovalnica *f* Vermittlung *f*; ~ *za delo* Arbeitsvermittlung *f*
posredovanje *n* Vermittlung *f*
posredovati vermitteln; *(sporočila ipd.)* übermitteln; *(intervenirati)* einschreiten, durchgreifen
post *m* Fasten *pl*, Fastenzeit *f*
postaja *f (železniška)* Bahnhof *m*; *(postajališče)* Haltestelle *f*; *policijska* Polizeirevier *n*, Wache *f*; *radijska* Sender *m*
postajališče *n* Haltestelle *f*; *pomožno* Bedarfshaltestelle
postan abgestanden
postanek *m (vlaka)* Aufenthalt *m*; *(letala)* Zwischenlandung *f*; *voziti brez ~a* durchfahren
postarati *se* altern; alt werden
postaren ältlich
postati werden; ~ *žejen, lačen* Durst, Hunger bekommen; ~ *žrtev G* zum Opfer fallen *D*
postava *f* Gestalt *f*; Körperbau *m*, Wuchs *m*; *(pravica)* Gesetz *n*; *močne ~e* beleibt
postavati herumstehen, herumlungern
postaven stattlich
postavitev *f* Aufstellung *f*, Aufbau *m*
postaviti stellen *(pogoj, vprašanje, na hladno* kaltstellen, *dol* hinstellen); aufstellen *(stražo* eine Wache aufstellen); setzen *(mejnik, cilj, na kocko* aufs Spiel setzen, *na tla* niedersetzen, *koga pred vrata* vor die Tür setzen / an die Luft setzen); *(most, spomenik)* errichten; *(ceno)* festsetzen; *(za sodnika ipd.)* bestellen zu; *(dediča)* einsetzen als; ~ *(se) v vrsto* (sich) anreihen, aufreihen; ~ *se po robu D* sich *D* entgegenstellen / entgegensetzen
postavka *f* Posten *m*
postavljati *gl.* **postaviti**; ~ *se* prahlen; *se s čim* Staat machen mit
postelja *f* Bett *n*; *priklenjen na ~o* bettlägerig
posteljica *f* Mutterkuchen *m*; Nachgeburt *f*
posteljnina *f* Bettwäsche *f*
postiti *se* fasten
postlati betten
postojanka *f* Posten *m*; Stellung *f*; Stützpunkt *m*
postopati *v/i* herumlungern; ~ *s čim* umspringen mit
postopek *m* Verfahren *n*; Vorgang *m*; *sodni, pravni* Rechtsverfahren *n*; (*začeti* einleiten)

postopoma allmählich, nach und nach
postrani schräg; *(gledati)* von der Seite / scheel
postranski nebensächlich; ~ *zaslužek* Nebenverdienst
postreči bewirten (*z* mit); ~ *z* auftischen *A*
postreliti niederschießen; niedermachen
postreščck *m* Dienstmann *m*, Gepäckträger *m*
postrežba *f* Bedienung *f*; *(strank)* Abfertigung *f*
postrežnica *f* Bedienerin *f*, Zugehfrau *f*, Aufwärterin *f*
postrgati zusammenkratzen
postriči stutzen
postrv *f* Forelle *f*
poslušen dürr, trocken
posušiti trocknen, abtrocknen; ~ *se* eintrocknen, vertrocknen
posuti bestreuen (mit); ~ *s sladkorjem* überzuckern
posvariti warnen; zurechtweisen
posvečati widmen; *(pozornost)* schenken
posvečen geweiht; heilig
posvet *m* Rücksprache *f*
posveten weltlich
posvetilo *n* Widmung *f*
posvetitev *f* Weihe *f*, Einweihung *f*
posvetiti weihen, einweihen; *(knjigo) komu* zueignen; *(knjigo, se delu)* widmen (*se* sich); *fig. (mu bom že posvetil)* heimleuchten
posvetovalnica *f* Baratungsstelle *f*; *za matere* Mütterberatung *f*
posvetovanje *n* Beratung *f*
posvetovati *se* beraten, beratschlagen, *se s kom* sich beraten mit, jn zuziehen
posvojitev *f* Adoption *f*
posvojiti adoptieren
pošaliti *se* scherzen
pošast *f* Ungeheuer *n*; Unhold *m*
poševen schief, schräg
pošiljatelj *m* Absender *m*; *(prijave za razpis ipd.)* Einsender *m*
pošiljati *gl.* **poslati**; ~ *v eter* ausstrahlen
pošiljka *f* Sendung *f*
poškodba *f* Verletzung *f*, Verwundung *f*; Schaden *m* (~ *pločevine* Blechschaden)
poškodovan verletzt; schadhaft
poškodovanec *m* Verletzte(r) *m*
poškodovati beschädigen; verletzen; ~ *se* zu Schaden kommen
pošta *f* Post *f*; *(urad)* Postamt *n*; *avionska* Luftpost *f*, *paketna* Paketpost *f*; *z obratno ~o* postwendend
poštar *m* Postbote *m*, Postbeamte *m*
pošten ehrlich, anständig, redlich; *(odgovor)* aufrichtig; *pošteno (jih povedati)* ordentlich, gehörig
poštenjak *m* ehrlicher Mensch *m*, ehrliche Haut *f*
poštenje *n*, **poštenost** *f* Ehrlichkeit *f*
poštev *vzeti v* ~ in Betracht ziehen; *priti / ne priti v* ~ in Frage / nicht in Frage kommen, in Betracht /

nicht in Betracht kommen; *ne priti v ~* entfallen
poštevanka *f* Einmaleins *n*
poštni Post-; *~i predal* Postfach *n*; *~o ležeče* postlagernd
poštnina *f* Postgebühr *f*
pošvedrati *čevlje* die Schuhe niedertreten
pot, poti *f* Weg *m*, *~ sem* Herweg, *~ v šolo* Schulweg, *božja ~* Wallfahrtsort *m*; *delati ~ D D* den Weg bahnen; *po / na ~i* unterwegs; *s ~i* von unterwegs; *zapreti ~* den Weg vertreten / verstellen; *fig. na krivi ~i* auf dem Holzwege sein, auf der schiefen Bahn; *speljati na krivo ~* irreleiten, verleiten, irreführen *hoditi svoja ~a* eigener Wege gehen; ... *gre svojo pot* (es) nimmt seinen Lauf
pot, potu *m* Schweiß *m*
potaknjenec *m* Steckling *m*
potapljač *m* Taucher *m*
potapljaški Taucher- (*~a oprema* Taucherausrüstung)
potapljati tauchen, untertauchen, *gl.* **potopiti**
poteči ablaufen; *(rok)* verstreichen
potegavščina *f* Streich *m*
potegniti ziehen (*stran* wegziehen, *dol* abziehen *še enkrat ~* nachziehen); *(s silo)* zerren (*za* an); streifen (*~ nase* überstreifen, *potegniti z rok* abstreifen); *~ na dan* hervorziehen, hervorholen; *(meč)* zücken; *~ se za* sich einsetzen für
potegovati *gl.* **potegniti**; *~ se za* sich bewerben um, konkurrieren um; *za koga* js Partei ergreifen
potek *m* Verlauf *m*; Hergang *m*; *(reke)* Lauf *m*; Ablauf *m*
potem dann, darauf, nachher
potemneti dunkel werden
potemtakem somit
poten verschwitzt
potep *m* Bummel *m*; Streifzug *m*
potepati *se* umherstreichen, sich herumtreiben, streunen
potepuh *m* Landstreicher *m*, Strolch *m*, Stromer *m*
potešiti *(lakoto, žejo)* stillen; *(otroka)* trösten, beruhigen
poteza *f (na obrazu)* Zug *m*; *fig.* Schachzug; *priti na ~o* zum Zuge kommen
potica *f* Potitze *f*, Strudel *m* (aus Hefeteig)
potihoma leise; heimlich, im Stillen
potipati fühlen, anfühlen; *fig. ~ koga* jm auf den Zahn fühlen
potiskati, potisniti schieben, rücken
potiti *se* schwitzen
potlačiti verdrängen; *(govorice)* vertuschen
potni Reise-; *~ list* Reisepaß *m*, Paß *m*; *~ stroški* Reisespesen *pl*
potnik *m* Reisende(r) *m*, *(v avtobusu, taksiju)* Fahrgast *m*, *(v letalu)* Fluggast; *(v vozilu)* Insasse *m*; *trgovski ~* Vertreter *m*, *biti trgovski ~ za* reisen in

potniški *~o letalo* Passagierflugzeug
potok *m* Bach *m*
potolažiti trösten
potolči schlagen, niederschlagen
potomec *m* Nachkomme *m*, Sproß *m*, Abkömmling *m*
potonika *f* Pfingstrose *f*
potoniti sinken, versinken; untergehen
potop *m vesoljni ~* Sintflut *f*
potopis *m* Reisebeschreibung, Reisebericht *f*
potopiti tauchen, *v* eintauchen in; versenken; *~ se* tauchen, untertauchen
potovalni Reise- (*~ urad* Reisebüro)
potovanje *n* Reise *f*; Fahrt *f*; *~ v tujino* Auslandsreise, *~ skozi (kraj)* Durchreise, *študijsko ~* Studienreise; *iti na ~* eine Reise machen / unternehmen
potovati reisen (*v, na* nach, *preko* über); eine Reise machen; *~ peš* wandern
potožiti *se* (sein Leid) klagen
potraten verschwenderisch; *(priprave ipd.)* aufwendig
potrdilo *n* Bestätigung *f*; *(blagajniško)* Quittung *f*; Kassenzettel *m*; Schein *m*, *~ o cepljenju* Impfschein; Nachweis *m*
potrditev *f (prepisa ipd.)* Beglaubigung *f*
potrditi bestätigen; *(izdati potrdilo o)* bescheinigen *A*; *(prepis)* beglaubigen; *~ se* sich bewahrheiten
potreba *f* Bedürfnis *n*; Bedarf *m*; *po ~i* nach Bedarf; Notdurft *f*; *opraviti veliko ~o* Stuhlgang haben
potreben nötig, notwendig; *(~ česa)* bedürftig; *biti ~* vonnöten sein, erforderlich sein; *zato je ~o dosti časa* es nimmt viel Zeit in Anspruch
potrebovati benötigen, brauchen; beanspruchen
potrebščine *pl* Bedarf *m*
potrepljati klopfen (*po* auf), tätscheln
potres *m* Erdbeben *n*
potrkati klopfen (*po* an), anklopfen; *~ se po čelu* einen Vogel zeigen
potrošiti *gl.* **porabiti**
potrošnik *m* Verbraucher *m*
potrošnja *f* Verbrauch *m*
potrošno *blago* Verbrauchsgüter *pl*
potrpeti sich gedulden
potrpežljiv geduldig (*biti* sein); *biti ~* Geduld haben / üben
potrpežljivost *f*, **potrpljenje** *n* Geduld *f*
potrt niedergeschlagen; *(razpoloženje)* gedrückt
potruditi *se* sich Mühe geben; *~ se, da ...* vorsorgen / zusehen, daß
potuha *f dajati D* potuho Vorschub leisten *D*
potuhniti *se* sich ducken; sich verstellen
potuhnjen hinterhältig, heimtückisch
potujoč Wander- (*~ cirkus* Wanderzirkus)
poučen lehrreich
poučevanje *n* Unterricht *m*
poučevati unterrichten

poudarek *m* Betonung *f*; Nachdruck *m*; *s ~om (zahtevati)* nachdrücklich
poudariti betonen
poudarjati betonen; hervorheben, herausstreichen; Gewicht legen auf
pouk *m* Unterricht *m*
použiti *gl.* **pojesti**
povabilo *n* Einladung *f*; *sprejeti ~* zusagen
povabiti einladen; *k* auffordern zu
povečanje *n* Vergrößerung *f*; *(stroškov ipd.)* Zunahme *f*
povečati vergrößern, *(stroške)* erhöhen, *(pooblastila)* erweitern; *~ se (stroški)* zunehmen
povečava *f* Vergrößerung *f*
povečevalno *steklo* Vergrößerungsglas *n*
povečini meist, größtenteils
povedati sagen; *~ do konca* ausreden; *na uho* ins Ohr sagen; *s svojimi besedami* nacherzählen; *prizanesljivo* schonend beibringen; *~ svoje mnenje* jm seine Meinung sagen / *(odločno)* den Marsch blasen
poveličevati in den Himmel heben
povelje *n* Befehl *m*
poveljevati befehligen, den Befehl haben über
poveljnik *m* Befehlshaber *m*; *vrhovni* Oberbefehlshaber *m*
poveljstvo *n* Kommando *n*
poverilnica *f* Delegiertenkarte *f*
poveriti beantragen; *~ z* jm etw. übertragen
povesiti senken (*se* sich), sinken lassen; *oči* die Augen zu Boden schlagen
povest *f* Erzählung *f*
površen oberflächlich, flüchtig; *~o delati* hudeln
površina *f* Fläche *f*; Oberfläche *f*; *(tloris)* Grundfläche *f*
površinski oberirdisch; oberflächlich, auf der Oberfläche; vordergründig
površje *priti na ~* auftauchen
površnik *m* Überzieher *m*
povrtnina *f* Gemüse *n*
povsem völlig, ganz
povsod überall
povšeči *gl.* **pogodu**
povzetek *m* Zusammenfassung *f*
povzeti zusammenfassen
povzetje *n* Nachnahme *f*
povzpeti *se na* besteigen *A*; *se k čemu* sich aufschwingen zu
povzročati *gl.* **povzročiti**; *~ težave* beschwerlich fallen
povzročitelj *m* Erreger *m*; *(zla)* Stifter *m*
povzročiti verursachen, nach sich ziehen, bedingen; *(nemir)* stiften, *(probleme)* schaffen, *(skrbi)* bereiten
pozaba *f* Vergessenheit *f*; *priti v* in Vergessenheit geraten / in der Versenkung verschwinden
pozabiti vergessen; verlernen; *(kaj kje)* liegenlassen, stehenlassen; *(kaj storiti)* unterlassen
pozabljiv vergeßlich
pozavna *f* Posaune *f*

pozdrav *m* Gruß *m*; *sporočiti ~e od* Grüße ausrichten, grüßen von
pozdraviti grüßen, begrüßen; willkommen heißen
pozebsti abfrieren
pozen spät, verspätet, *(ura, starost)* vorgerückt; Spät- (*~a jesen* Spätherbst)
pozimi im Winter
pozitiven positiv
poziv *m* Ruf *m*, *(k čemu)* Aufruf *m*; *telefonski* Anruf *m*; *(sodni)* Vorladung *f*; *(na dvoboj)* Aufforderung *f*
pozivati, pozvati aufrufen (*k* zu)
pozlatiti vergolden
poznan bekannt (*po* für); *dobro ~* vertraut
poznanstvo *n* Bekanntschaft *f*
poznati kennen, *~ se s kom* bekannt sein mit; *~ (stroko)* bewandert sein in; *pozna se mu, (da)* ... man sieht es ihm an, (daß)
poznavalec *m* Kenner *m*
poznavanje *n stvari* Sachkenntnis *f*
pozneje später, nachher; *(naknadno)* hinterher
pozno spät
pozor! Achtung! Vorsicht!
pozoren aufmerksam
pozornost *f* Aufmerksamkeit *f*; Aufsehen *n*; *(čustvena)* Zuwendung *f*; *posvečati ~* Aufmerksamkeit schenken; *zbuditi ~* Aufsehen erregen / *(v časopisih)* Schlagzeilen machen
pozvati rufen, *na* auffordern zu; *(priče)* vorladen
pozvedba *f* Erkundigung *f*, Ermittlung *f*
pozvedeti sich erkundigen
pozvedovanje *n* Fahndung *f* nach
pozvedovati Ermittlungen anstellen; *~ po* fahnden nach
pozvoniti klingeln
požar *m* Brand *m*, Feuer *n*
požarni Feuer- (*~e stopnice* Feuerleiter)
poželenje *n* Begierde *f*; Verlangen *n* (*po* nach); Lust *f*
poželeti *A* begehren nach / *A*
poželjiv begehrlich, lüstern
požeruh *m* Vielfraß *m*
požeti ernten; *(žito)* mähen
požgati in Brand stecken, niederbrennen; brandschatzen
požigalec *m* Brandstifter *m*
požiralnik *m* Speiseröhre *f*
požirek *m* Schluck *m*, Zug *m*
poživilo *n med.* Aufputschmittel *n*; Anregungsmittel *n*
poživiti anregen; *(spomin, barve)* auffrischen; erfrischen
požrešen gefräßig
požreti schlucken, verschlucken; verschlingen; *(žalitve)* einstecken, *(očitek)* auf sich sitzen lassen
požrtija *f* Gelage *n*
požrtvovalen aufopfernd
požrtvovalnost *f* Aufopferungsbereitschaft *f*
požugati (mit der Faust) drohen
požvižgati pfeifen, einen Pfiff ausstoßen; *~ se na* pfeifen auf, *(svarila)* in den Wind schlagen

pra- ur- (*prastar* uralt)
prababica *f* Urgroßmutter *f*
prabiten urwüchsig
pračlovek *m* Urmensch *m*
praded *m* Urgroßvater *m*
prag *m* Schwelle *f*
pragozd *m* Urwald *m*
prah *m* Staub *m*; Pulver *n*; *brez ~u* staubfrei; *brisati ~ po* abstauben *A*; *dvigniti dosti ~u* viel Staub aufwirbeln
praizvedba *f* Uraufführung *f*
praksa *f* Praxis *f*, Erfahrung *f*
pralen waschbar, waschecht
pralni Wasch- (*~ prašek* Waschpulver, *~ stroj* Waschmaschine)
pralnica *f* Wäscherei *f*; *(avtomobilska ipd.)* Waschanstalt *f*, Waschdienst *m*; *(v hiši)* Waschküche *f*
pramen *m* Strähne *f*, *(svetlobe)* Strahl *m*;
pranje *n* Waschen *n*; Wäsche *f* (*~ las* Haarwäsche); *možnost ~ja* Waschgelegenheit
prapor *m* Banner *n*, Fahne *f*
praprot *f* Farn *m*
prasec *m* Schweinehund *n*, Ferkel *n*
praska *f* Schramme *f*, Kratzer *m*
praskati kratzen
prasketati knistern, prasseln
prasniti *~ v smeh* in Gelächter ausbrechen
prastar uralt, steinalt
prašek *m* Pulver *n*; *(delček prahu)* Staub *m*, Staubkörnchen *n*; *pecilni ~* Backpulver *n*; *pralni ~* Waschpulver
prašen staubig, verstaubt
prašič *m* Schwein *n*, *(samec)* Eber *m*; *divji ~* Wildschwein
prašiti *(se)* stauben
prašnik *m* Staubfaden *m*
prati waschen
prav gerade, eben; *~ tako* desgleichen; *~ v sredini* mittendrin; *~ poseben* ausgesprochen; *~ mu je* es geschieht ihm recht; *imeti ~* im Recht sein; *ne imeti ~* im Unrecht sein, falsch liegen
pravdati *se z* prozessieren mit
praven rechtlich
pravi *(ta je ~)* richtig; *(prijatelj ipd.)* echt, wahr, wahrhaft, *fig.* waschecht
pravica *f* Gerechtigkeit *f*; Recht *n*, *(državljanske ~e* Bürgerrechte, *avtorske ~e* Urheberrechte); *~ do* Anrecht *n* auf, Anspruch *m* auf (*~ do dopusta* Urlaubsanspruch, *do pokojnine* Rentenanspruch); *po ~i* berechtigt; *po ~i povedati* wahrheitsgetreu; *imeti ~o (govoriti)* berechtigt sein zu
pravičen gerecht; *biti ~ do* einer Sache gerecht werden
pravilen richtig, *(trditev)* zutreffend; *~o (narediti)* kunstgerecht; *biti ~* stimmen, zutreffen
pravilnik *m* Geschäftsordnung *f*

pravilo *n* Regel *f*
praviti sagen; *to se pravi* das heißt; *pravijo, da je (bolan)* (er) soll (krank) sein
pravkar eben, gerade, soeben, vorhin
pravljica *f* Märchen *n*
pravljičen märchenhaft
pravnik *m* Jurist *m*
pravnoveljaven rechtskräftig, rechtsgültig
pravnuk *m* Urenkel *m*
pravo *n* Recht *n*
pravočasen rechtzeitig; fristgemäß
pravokoten rechteckig
pravokotnik *m* Rechteck
pravopis *m* Rechtschreibung *f*
pravoslaven griechisch-orthodox, serbisch-orthodox
pravzaprav eigentlich; im Grunde
prazen leer, *(hiša)* leerstehend; menschenleer; *(votel)* hohl; *(izgovor)* windig; *v ~o* ins Leere; *~ih rok* mit leeren Händen
prazgodovina *f* Vorgeschichte *f*
prazničen festlich, feierlich
praznik *m* Feiertag *m*; Fest *n* (*velik* hoch)
praznina *f* Leere *f*
prazniti leeren
praznovanje *n* Feier *f*, Fest *n*
praznovati feiern; (einen Festtag) begehen
praznoveren abergläubisch
praznoverje *n* Aberglaube *m*
pražiti *(se)* rösten
pre- *(premlad, prestar)* zu (zu jung, zu alt); *prelep* sehr schön
prebarvati übermalen
prebava *f* Verdauung *f*
prebaviti verdauen; *fig.* verarbeiten
prebavljiv verdaulich; *lahko ~* bekömmlich
prebavni Verdauungs- (*~i organi* Verdauungsorgane)
prebeg *m* Übergang *m*
prebežnik *m* Überläufer *m*
prebijati *gl.* **prebiti**; *prebijati se* sich durchs Leben schlagen
prebirati lesen; *(fižol ipd.)* auslesen
prebiti durchbrechen, durchschlagen, *(krogla)* durch etw. durchgehen; *~ dneve* die Tage verbringen; *~ si (ustnico ipd.)* sich aufschlagen
prebivalec *m* Einwohner *m*, Insasse *m*
prebivališče *n* Wohnort *m*
prebivalstvo *n* Bevölkerung *f*, Einwohnerschaft *f*
prebivati wohnen, leben in; *~ v* bewohnen *A*
prebledeti blaß werden, bleich werden; erblassen
preblisk *m* Geistesblitz *m*; Lichtblick *m*
preboj *m* Durchschlag *m*
prebojna *moč* Durchschlagskraft *f*
preboleti *(Krankheit)* überstehen; *(izgubo)* verschmerzen, verwinden, hinwegkommen über
prebosti stechen, durchstechen, aufstechen
prebrati durchlesen; *(sodbo ipd.)* verlesen; *~ iz oči* an den Augen absehen / ablesen

prebrisan schlau, pfiffig, spitzfindig
prebrskati durchstöbern
prebuditi wecken, wachrufen; ~ *se* aufwachen, erwachen
precediti durchseihen
precej ziemlich viel; ~ *ljudi* etliche Leute; ~ *denarja* ein schönes Stück Geld
precejšen ansehnlich, beträchtlich
preceniti, precenjevati abschätzen, einschätzen; *(previsoko)* überschätzen
precep *m* Zwickmühle *f*, Klemme *f (biti v* sitzen in); *vzeti v* ~ in die Schrauben nehmen
preča *f* Scheitel *m*
prečka *f* Strebe *f*
prečkati überqueren, durchqueren
prečni Quer- (~*a cesta* Querstraße)
prečrtati streichen, durchstreichen
pred vor, ~ *tem / njim* davor, ~ *čem* wovor; ~ *kratkim* vor kurzem, kürzlich, unlängst; *biti* ~ *čim D* vorausgehen
predaja *f* Übergabe *f*
predajati *se (čemu)* frönen *D*, huldigen *D*
predal *m* Fach *n*, Schublade *f*; *poštni* Postfach *n*
predalnik *m* Kommode *f*
predati aushändigen, übergeben, *(policiji)* ausliefern (*se* sich); ~ *se* sich ergeben
predavalnica *f* Hörsaal *m*
predavanje *n* Vortrag *m*, *(univerzitetno)* Vorlesung *f*; *seznam predavanj* Vorlesungsverzeichnis
predavatelj *m* Vortragende(r) *m*
predavati einen Vortrag halten; lesen, Vorlesungen halten
predčasen vorzeitig; verfrüht
preddelavec *m* Vorarbeiter *m*
predel *m* Abteilung *f*; *(dežele)* Gegend *f*, Landstrich *m*
predelati umändern, umarbeiten; umgestalten; *(snov)* durchnehmen
predelava *f* Neugestaltung *f*, Umarbeitung *f*
predeliti unterteilen, abteilen
predelni Trenn- (~*a stena* Trennwand)
predelovalna *industrija* verarbeitende Industrie
predelovati verarbeiten
preden bevor, ehe
predgorje *n* Vorgebirge *n*, Vorland *n*, Vorläufer *pl*
predgovor *m* Vorwort *n*; Vorrede *f*
predhoden Vor- (~*i izbor* Vorauswahl)
predhodnik *m* Vorgänger *m*; Vorläufer *m*
predica *f* Spinnerin *f*
predigra *f* Vorspiel *n*
predilnica *f* Spinnerei *f*
predirljiv eindringlich, *(pogled)* durchbohrend, *(krik)* gellend
predizobrazba *f* Vorbildung *f*
predjed *f* Vorspeise *f*
predlagati vorschlagen; beantragen

predlog *m* Vorschlag *m*; Antrag *m*; *gram.* Vorwort *n*
predloga *f* Vorlage *f*
predložiti vorlegen, *(predlog)* unterbreiten; *je predložen* liegt vor
predmestje *n* Vorort *m*, Vorstadt *f*
predmet *m* Gegenstand *m*; *(učni)* Lehrfach *n*, Fach *n*, *stranski* Nebenfach, *glavni* Hauptfach, *obvezni* Pflichtfach, *neobvezni* Wahlfach
prednaročilo *n* Vorbestellung *f*
prednica *f* Oberin *f*
prednik *m* Ahn(e) *m*; *~i* Vorfahren *pl*
prednjačiti vorangehen
prednji Vorder- (*~ pogled* Vorderansicht); Front- (*~ pogon* Frontantrieb)
prednost *f* Vorsprung *m*; Vorrang *m*; *(pri vstopu)* Vortritt *m*, *(pri vožnji)* Vorfahrt *f*; *imeti ~* Vorrang / Vorfahrt haben, vorgehen; *dajati čemu ~ pred* etw. einer Sache vorziehen
prednostna *cesta* Straße mit Vorfahrt
predočiti vor Augen führen, vergegenwärtigen
predor *m* Tunnel *m*
predpasnik *m* Schürze *f*
predpis *m* Vorschrift *f*; *v nasprotju / v skladu s ~i* ordnungswidrig / vorschriftsmäßig
predplačilo *n* Anzahlung
predpisati vorschreiben; festlegen; *(naložiti)* zur Auflage machen
predpostavka *f* Voraussetzung *f*, *(domneva)* Annahme *f*
predpostavljati voraussetzen, *(domnevati)* annehmen
predposteljnik *m* Bettvorleger *m*
predpravica *f* Vorrecht *n*
predpražnik *m* Fußabtreter *m*
predpriprave *pl* Vorarbeiten *pl*
predprodaja *f* Vorverkauf *m*
predračun *m* Voranschlag *m*, Kostenanschlag *m*
predrag zu teuer, unerschwinglich
predramiti (auf)wecken, aus dem Schlaf reißen
predreti durchstechen, durchbrechen; *~ se* platzen, sich öffnen
predrugačiti umändern
predrzen frech, dreist; vermessen
predrznež *m* Frechdachs *m*
predrznost *f* Frechheit *f*; Vorwitz *m*
predsednik *m* Präsident *m* (*~ zvezne republike* Bundespräsident, *ministrski ~* Ministerpräsident); Vorsitzende(r) *m*
predsedovati den Vorsitz haben, vorsitzen
predsedstvo *n* Vorstand *m*, Präsidentschaft *f*; Vorsitz *m*; Präsidium *n*
predsoba *f* Vorzimmer *n*, Diele *f*, Vorraum *m*
predsodek *m* Vorurteil *n*; *imeti ~e* voreingenommen sein; *brez ~ov* vorurteilslos, frei von Vorurteilen

predstava *f* Vorstellung *f* *(tudi teatr.)*; *teatr.* Aufführung *f*, *krstna* ~ Erstaufführung
predstaviti vorstellen (*se* sich)
predstavljati *(zastopati)* vertreten; ~ *si* sich vorstellen, sich denken; *to si je mogoče* ~ das läßt sich denken; *ni si mogoče* ~ es ist undenkbar
predstavnik *m* Vertreter *m*; *(za tisk ipd.)* Sprecher *m*
predstavništvo *n* Vertretung *f*
predstojnik *m* Vorsteher *m*; Leiter *m*; Vorgesetzte(r) *m*
predujem *m* Vorschuß *m*; *dati* ~ (Geld) vorstrecken, vorschießen
predvajanje *n* Vorführung *f*, Wiedergabe *f*
predvajati vorführen, aufführen
predvčerajšnjim vorgestern
predviden vorgesehen
predvideti, predvidevati vorsehen, voraussehen; kommen sehen
predvidoma voraussichtlich
predvojaška *vzgoja* vormilitärische Erziehung
predvojni *položaj* Vorkriegslage
predvsem in erster Linie, vor allem
predzadnji vorletzt
predzakonski vorehelich
predzgodovinski vorgeschichtlich
predznak *m* Vorzeichen *n*
preganiti falten, knicken
preganjati verfolgen; bekämpfen; *(čas)* vertreiben
preganjavica *f* Verfolgungswahn *m*
pregarati *se* sich überarbeiten
pregaziti überrennen, *fig.* überrollen
pregib *m* Falte *f*; Kniff *m*, Bruch *m*
preglas *m gram.* Umlaut *m*
preglasiti übertönen
preglavice *pl* Scherereien *pl*; *delati* ~ zu schaffen machen
preglasovati überstimmen
pregled *m* *(med.)* Untersuchung *f*; *(papirjev ipd.)* Durchsicht *f*; *(kontrola)* Überprüfung *f*; *(~ nad čim)* Überblick *m*, Übersicht *f*; *(tedenski, mesečni ipd.)* Schau *f* (Wochenschau); *imeti* ~ *nad* übersehen *A*, überblicken *A*
pregledati *(med.)* untersuchen, *(papirje)* durchsehen, *(kontrolirati)* überprüfen, prüfen
pregleden übersichtlich; überschaubar
pregnanstvo *n* Verbannung *f*
pregnati vertreiben; wegjagen, austreiben; *(izgnati)* verbannen
pregoreti durchbrennen
pregovarjati zu überreden versuchen, ~ *se z* verhandeln mit
pregovor *m* Sprichwort *n*
pregovoriti überreden, umstimmen; *(k nakupu česa)* etw. aufschwatzen
pregrada *f* Trennwand *f*; Sperre *f* (*dolinska* ~ Talsperre)

pregraditi (unter)teilen; *(dolino)* absperren
pregreha *f* Laster *n*
pregrešen lasterhaft, *fig.* sündhaft
pregrešiti *se* sich vergehen (*proti* gegen), sich versündigen (*nad* an)
pregrinjalo *n* Überwurf *m*
pregrniti zudecken, bedekken (mit)
pregrizniti zerbeißen; durchbeißen
prehajati *gl.* **preiti**, übergehen
prehiteti *(koga pri čem)* jm zuvorkommen; *(dogodke)* vorgreifen; *(z avtom ipd.)* überholen
prehitevati *gl.* **prehiteti**; *(ura)* vorgehen
prehlad *m* Erkältung *f*
prehladiti *se* sich verkühlen
prehod *m* Durchgang *m*, ~ *divjadi* Wildwechsel *m*; *fig.* Übergang *m*; *mejni* ~ Grenzübertrittstelle *f*
prehoden Übergangs- (*~e določbe* Übergangsbestimmungen); *~i pokal* Wanderpreis
prehoditi *(pot)* zurücklegen
prehrana *f* Ernährung *f*, Kost *f*; *družbena* ~ Gemeinschaftsverpflegung *f*
prehranjevati umbenennen, *D* den Namen (um)ändern
preiskati untersuchen *(tudi med.)* durchsuchen; *(zadevo)* durchforsten; *(s trkanjem: prsni koš, zid)* abklopfen, abhorchen
preiskava *f* Untersuchung *f* (*opraviti* vornehmen), Durchsuchung *f*
preiskovalni Untersuchungs- (~ *zapor* Untersuchungshaft)
preiti übergehen (*v* in); ~ *k* schreiten zu; *fig.* einmünden in
preizkušnja *f* Probe *f*, Prüfung *f*, Bewährungsprobe *f* *(prestati* bestehen); *postaviti na ~o* auf die Probe stellen
prej früher, vorher, vordem; zuvor; *(bolj)* eher; ~ *kot* früher als, ehe; *ne ~ kot* ehestens; ~ *ali slej* früher oder später, über kurz oder lang; ~ *omenjeni* der Vorgenannte
preja *f* Garn *n*
prejem *m* Empfang *m*; *potrjujem* ~ Betrag / Brief erhalten
prejemki *pl* Bezüge *pl*
prejemnik *m* Empfänger *m*
prejeti bekommen, erhalten
prejšnji vorig; Vor- (*~i večer* Vorabend, *~e leto* Vorjahr)
prek über, hinüber, über ... hinaus; *iti ~ česa fig.* überspielen *A*, mit Stillschweigen übergehen, sich hinwegsetzen über
prekaditi selchen, pökeln, räuchern
prekajen geselcht, gepökelt, Pökel-, Selch- (*~o meso* Pökelfleisch, Selchfleisch)
prekanjen gerieben, verschlagen
prekašati übertreffen *A*, überlegen sein *D*
prekat *m* Kammer *f*
prekinitev *f* Pause *f*, *(odnosov ipd.)* Abbruch *m*; ~ *dela*

Arbeitsniederlegung *f*; *brez ~e (spati, voziti se)* durch (fahren, schlafen)
prekiniti unterbrechen, *(odnose)* abbrechen, *(delo)* niederlegen
prekipeti überkochen, überschäumen
prekipevati *fig.* überschäumen
prekla *f* Stange *f*
preklati *se za* rangeln um
preklati spalten
preklet verdammt
prekleti verfluchen, verwünschen
prekletstvo *n* Fluch *m*
preklic *m* Widerruf *m*;
preklicati widerrufen, rückgängig machen
preklinjati fluchen
prekmalu zu früh
prekop *m* Kanal *m*
prekopati umgraben
prekopicniti *se* sich überschlagen; ~ *se na* purzeln auf
prekositi übertreffen, überbieten
prekriti bedecken, decken, bekleiden mit, überziehen mit
prekrivati *gl.* **prekriti**; ~ *se* sich überschneiden
prekrižati kreuzen, verschränken, übereinanderschlagen; *(načrte)* durchqueren; *načrte* in die Quere kommen, einen Strich durch die Rechnung machen
prekršek *m* Vergehen *n*, Verstoß *m jur.* Übertretung *f*
prekršiti *A* verstoßen gegen, verletzen *A*
prekrvavitev *f* Durchblutung *f*
prekucnik *m* Kipper *m*
prekucniti umstürzen, *na* kippen auf; umwerfen
prekuhati abkochen
prekupčevalec *m* Zwischenhändler *m*
prekupčevati handeln (*z* mit), hökern
prelaz *m* Paß *m*, Gebirgspaß *m*
prelepiti *z* bekleben mit, verkleben mit; *(prekriti)* überkleben
preletavati überfliegen; *(ozemlje)* abfliegen
preleteti überfliegen
preležanine *pl* Wunden *pl*; *ima* ~ (er) ist wundgelegen; *dobil je* ~ (er) hat sich wundgelegen
prelisičiti überlisten
prelistati durchblättern
preliti umfüllen, *(kri)* vergießen
preliv *morski* Meeresenge *f*; *(za lase)* Tönungswäsche *f*
prelom *m* Umbruch *m*, Wende *f*; *med.* Bruch *m*
prelomiti *(se)* brechen; ~ *besedo* wortbrüchig werden
prelomnica *f* Wendepunkt *m*; Bruchzone *f* (Erdbebengebiet)
preložiti umlegen; *(na drug čas)* verschieben
premagati besiegen, bezwingen; überwinden (*se* sich); ~ *oviro* ein Hindernis nehmen
premagovanje *n* Überwindung *f*
premakniti verschieben, be-

wegen (*se* sich), *(zganiti se)*, rühren (*se* sich); sich in Bewegung setzen, *(z mesta)* ins Rollen kommen

premaknjen *(fotografija)* verwackelt

premalo zu wenig; ~ *ceniti* unterbewerten

premamiti verleiten

premer *m* Durchmesser *m*

premestiti versetzen, *(bolnika, urad)* verlegen

premešati umrühren; *(pretresti)* durchschütteln

premet *m* Rolle *f*

premetavati *se* sich wälzen, zappeln

premeten listig

premica *f* Gerade *f*

premičen beweglich

premičnine *pl* bewegliche Güter *pl*, Sachwerte *pl*

premija *f* Prämie *f*

premik *m* Verschiebung *f*; Rutsch *m*

premikanje *n* Bewegung *f*, Gang *m*

premikati bewegen (*se* sich), *se (z mesta)* sich fortbewegen; *gl.* **premakniti**

premirje *n* Waffenstillstand *m*

premislek *m* Überlegung *f*; *brez ~a* auf Anhieb, ohne Überlegung

premisliti *gl.* **premišljevati**; überdenken, bedenken; ~ *si* seine Meinung ändern, anderen Sinnes werden, sich anders besinnen

premišljen durchdacht, *dobro* ~ wohlüberlegt; *~o* bedächtig, besonnen

premišljevati nachdenken, überlegen, ~ *o* erwägen *A*; *(resno, premalo itd.)* sich (ernste ...) Gedanken machen über

premlatiti verhauen

premoč *f* Überlegenheit *f*

premog *m* Kohle *f*

premogovnik *m* Kohlenbergwerk *n*, Zeche *f*

premor *m* Pause *f*

premostiti überbrücken

premotiti irreführen, irreleiten, verleiten

premožen vermögend, wohlhabend

premoženje *n* Vermögen *n*

premražen verfroren, durchfroren

premrl *(prsti)* klamm

prenagliti *se z* überstürzen *A*

prenagljen vorschnell; überstürzt

prenapet überspannt, *(trditev)* verstiegen

prenapolnjen überfüllt, *(trgovina, ordinacija)* überlaufen

prenarediti umändern

prenaseljen übervölkert

prenašati *(predmete)* hin und her tragen, mit sich tragen / herumtragen; *fig.* *gl.* **prenesti**

prenehati aufhören (mit / zu), unterlassen *A*; aussetzen (mit); ~ *delati* die Arbeit einstellen

prenesti übertragen (*na* auf); *(bolečine ipd.)* ertragen, vertragen, aushalten, verkraften; *ki prenese kuhanje* kochecht; *prenese dosti alkohola* (er) ist trinkfest

prenočevanje *n* Übernachtung *f*
prenočevati übernachten
prenočišče *n* Unterkunft *f*, Übernachtungsmöglichkeit *f*
prenos *m* Übertragung *f*
prenosen übertragbar; Reise- (Reiseschreibmaschine), Koffer- (Kofferradio)
prenoviti erneuern, *(stanovanje)* renovieren
preobčutljiv überempfindlich
preobilica *f*, **preobilje** *n* Überfluß *m*; Übermaß *n* (an), Zuviel *n*
preobjesti *se* sich überessen, sich im Essen übernehmen
preobleči umziehen, *(posteljo)* frisch beziehen; ~ *se* sich umziehen, sich umkleiden
preobleka *f* Verkleidung *f*; *(za stol ipd.)* Bezug *m*
preoblikovanje *n* Neugestaltung *f*
preoblikovati umformen; neugestalten, umgestalten
preobljuden übervölkert
preobložen überladen
preobračati, preobrniti umdrehen; ~ *se* sich überschlagen
preobrat *m* Umschwung *m*, Wende *f*; Umschlagen *n*
preobrazba *f* Wandlung *f*, Verwandlung *f*
preobraziti *se* sich wandeln, sich verwandeln
preobremeniti überbelasten; *(človeka)* überfordern; *(račun)* überziehen
preobtežen überbelastet, überbeladen; *spredaj* vorderlastig, *zadaj* hinterlastig
preostal übriggeblieben, restlich, Rest- (*~a vsota* Restbetrag)
preostanek *m* Rest *m*, Überbleibsel *n*
preostati übrigbleiben
prepad *m* Abgrund *m*
prepaden abgründig
prepečenec *m* Zwieback *m*
prepeljati überführen, *(bolnika)* verlegen, *(v bolnišnico)* einliefern
preperel morsch, zerschlissen, *(blago)* rissig
prepevati singen
prepih *m* Durchzug *m*, Zugluft *f*
prepir *m* Streit *m*, Zank *m*, *F* Krach *m*; *začeti* ~ einen Streit vom Zaun brechen
prepirati *se* streiten (*za* um), zanken, ~ *se za* rechten um
prepirljiv streitsüchtig
prepis *m* Abschrift *f*; *za točnost ~a* für gleichlautende Abschrift
prepisati abschreiben
preplačati überzahlen, zu teuer bezahlen
preplah *m* Panik *f*; Alarm *m*; *dati znamenje za* ~ Alarm schlagen
preplašen verängstigt, verschreckt
preplašiti erschrecken, jm bange machen, jn einschüchtern; *(in odpoditi)* verscheuchen
preplaviti überschwemmen
prepleskati streichen
prepletati flechten; *fig. se*

sich verflechten, *(tesno)* verfilzt sein
prepoditi verscheuchen, verjagen
prepojiti tränken
prepona *f* Zwerchfell *n*
preporod *m* Erneuerung *f*
prepotovati bereisen *A*, reisen durch
prepoved *f* Verbot *n*
prepovedati verbieten, untersagen
prepoznati erkennen
prepozno zu spät
preprečevanje *n* Verhütung *f*, Vorbeugung *f*
preprečevati verhüten, vorbeugen *D*
preprečiti verhindern, vereiteln; unterbinden
prepričan überzeugt
prepričanje *n* Überzeugung *f*
prepričati überzeugen (*o* von)
prepričevati glauben machen (wollen), ~ *koga* einreden auf
prepričljiv überzeugend, *(razlog)* einleuchtend, *(dokaz)* schlagend
preprodajalec *m* Zwischenhändler *m*
preproga *f* Teppich *m*; *(ozka)* Brücke *f*
preprostiti *koga* umstimmen; *dati se* ~ sich erbitten lassen
preprost einfach, schlicht
prepustiti überlassen (*se* sich); ~ *se čemu* sich hingeben *D*; ~ *(usodi)* preisgeben; ~ *se toku* sich treiben lassen
preračunati berechnen, umrechnen
preračunljiv berechnend
prerahljati auflockern
prerasti *A* entwachsen *D*, *(rastline)* überwuchern
prerekanje *n* Wortwechsel *m*; ~ *za kaj* Tauziehen *n* um
prerekati *se* streiten, zanken, rangeln um
prerez *m* Durchschnitt *m* Querschnitt *m*
prerezati durchschneiden; aufschneiden; durchtrennen
prerisati abzeichnen
prerivanje *n (pretep)* Gemenge *n*; *(pri blagajni)* Gedränge *n*
prerivati *se* drängeln
preroditi läutern
prerojen *fig.* neugeboren
prerok *m* Prophet *m*
prerokba *f* Weissagung *f*
prerokovati prophezeien; wahrsagen; *iz kart* Karten legen
presaditi umsetzen; *(lončnico)* umtopfen
presahniti versiegen, austrocknen
preseči übersteigen, gehen über, hinausgehen über, hinausführen über
presejati sieben
preselitev *f* Umzug *m*; Umsiedlung *f*
preseljevanje *n* Wanderung *f*; ~ *narodov* Völkerwanderung
preseliti *se* übersiedeln; umziehen
presen frisch
presenečenje *n* Überraschung *f*

presenetiti überraschen; überrumpeln
presenetljiv erstaunlich, überraschend
presesti (*se* sich) auf einen anderen Platz setzen; umsetzen
presežek *m* Überschuß *m*, Mehrbetrag *m*
presežen überschüssig; Mehr- (*~a vrednost* Mehrwert)
presihajoč *~e jezero* periodischer See
presihati versickern
preskočiti überspringen, *(oviro)* nehmen; *fig.* übergehen
preskrba *f* Versorgung *f* (*~ z vodo* Wasserversorgung)
preskrbeti verschaffen, vermitteln; *~ z* versorgen mit, versehen mit; *(narediti zalogo)* eindecken mit (*se* sich)
preskus *m* Probe *f*, Stichprobe *f*; Prüfung *f*
preskusiti eine Probe / Stichprobe machen; ausprobieren, prüfen
preskušen *(metoda)* bewährt
preskušnja *f* Probe *f*, Prüfung *f*, Bewährungsprobe *f* (*prestati* bestehen); *postaviti na ~o* auf die Probe stellen
presledek *m* Abstand *m*, Zwischenraum *m*
preslepiti irreführen, verleiten
preslišati überhören
presnova *f* Stoffwechsel *m*
presoditi beurteilen; *napačno ~* verkennen
presoja *f* Urteilskraft *f*; Urteil *n*, Ermessen *n*
presoliti versalzen
prespati *(čas)* verschlafen; *(predlog)* überschlafen, *(naspati se)* ausschlafen
presta *f* Brezel *f*
prestati mitmachen; durchstehen
prestava *f* Gang *m*
prestaviti *(pohištvo ipd.)* umstellen; *(službeno, v drug čas)* versetzen; *(na drug datum)* verlegen, *(na zgodnejši datum)* vorverlegen
prestavljiv verstellbar
presti spinnen, *(mačka)* schnurren; *~ čas* die Daumen drehen; *trda mu prede* er sitzt in der Klemme
prestol *m* Thron *m*
prestolnica *f* Hauptstadt *f*
prestolonaslednik *m* Thronfolger *m*, Kronprinz *m*
prestop *m* Übertritt *m*
prestopek *m* Vergehen *n*, *fig.* Verfehlung *f*
prestopiti *(na drug vlak)* umsteigen, *(z noge na nogo)* (von einem Fuß auf den anderen) treten; *(bregove)* übertreten; *~ prek česa* treten über
prestopno *leto* Schaltjahr
prestrašen erschrocken; verschreckt
prestrašiti erschrecken (erschreckte); *~ se* erschrekken (erschrak)
prestreči *(vodo ipd.)* auffangen; *(koga)* abfangen
presunljiv erschütternd
preščipniti *(vozovnico)* knipsen

prešiniti *(misel)* durchzuk-ken
prešita *odeja* Steppdecke
prešiti absteppen
prešteti zählen; abzählen; *še enkrat* nachzählen
prešuštnik *m* Ehebrecher *m*
prešuštvovati die Ehe brechen
preteči *(čas)* verstreichen
pretegniti *se* sich überheben; *~ se (pretegovati se)* sich recken, sich rekeln
pretehtan wohlabgewogen
pretehtati abmessen, *(besede)* abwägen
pretek *m* Ablauf *m*, Verlauf *m*; *na ~* in Hülle und Fülle
pretekli vergangen; *~ čas* Vergangenheit *f*
preteklost *f* Vergangenheit *f*
pretep *m* Schlägerei *f*, Rauferei *f*
pretepač *m* Raufbold *m*, Kampfhahn *m*
pretepati *gl.* **pretepsti**; *~ se* raufen, sich prügeln
pretepsti verprügeln, prügeln; *F* versohlen; *(do nezavesti)* zusammenschlagen
pretežen überwiegend; *~o* weitgehend, vorwiegend
pretihotapiti schmuggeln; *~ se* sich einschleichen (*v* in)
pretipkati abschreiben
pretiran übertrieben, maßlos
pretiravati übertreiben; *F* des Guten zuviel tun; *(v pripovedovanju)* stark auftragen; *(pri delu)* sich zuviel zumuten
pretkan gerieben, gerissen, spitzfindig
pretlačiti passieren
pretopiti schmelzen, einschmelzen
pretovarjati umladen, (Waren) umschlagen
pretres *m* Erschütterung *f*; *~ možganov* Gehirnerschütterung
pretresljiv erschütternd
pretresti *(v, na)* schütten (in, auf); *(dobro ~)* durchschütteln; rütteln; *(vprašanje)* erörten; *fig.* erschüttern
pretrgati abreißen, durchreißen; *~ se* reißen
pretrpeti (*dosti* viel) mitmachen
pretvarjanje *n* Verstellung *f*
pretvarjati verwandeln; *~ se (energija)* sich umschlagen, *(človek)* sich verstellen
pretveza *f* Vorwand *m* (*s* unter); *porabiti kot ~o* vorschieben *A*
pretvoriti verwandeln
preučiti *se* umlernen
preudarek *m* Überlegung *f*
preudaren besonnen
preudariti überlegen
preudarnost *f* Umsicht *f*
preureditev *f* Neugestaltung *f*, Ausbau *m*
preurediti umorganisieren; umbauen; neu organisieren
preusmeriti umleiten; *~ se* sich umstellen
preutrujenost *f* Übermüdung *f*
preužitek *m* Altenteil *n*
prevajalec *m* Übersetzer *m*
prevajati *gl.* **prevesti**
prevaliti wälzen; *(krivdo na)* abschieben auf, zuschieben *D*

prevara *f* Täuschung *f*, Betrug *m*
prevariti täuschen; hintergehen
prevažati transportieren; *se* fahren
preveč zuviel; über- (*~ kuriti* überheizen, *~ naložiti* überladen, *~ vprašati* überfragen *ipd.*); *~ (česa)* ein Übermaß (an); *~ si naložiti* sich übernehmen (mit)
prevejan durchtrieben
preveriti überprüfen (*glede na* auf), prüfen
preverjanje *n* Überprüfung *f*
preverjen *(novica)* verbürgt
prevesti übersetzen, übertragen
preveza *f* Verband *m*
prevezati verbinden, einen (frischen) Verband anlegen; *(da ustavimo kri)* abbinden
previden vorsichtig; *~o* vorsichtig, behutsam; *biti ~* sich vorsehen, auf der Hut sein
previdnost *f* Vorsicht *f*; *iz ~i* vorsichtshalber, vorsorglich
previti *(nit ipd.)* umspulen, umwickeln; *(rane)* einen frischen Verband anlegen; *(dojenčka)* trockenlegen
prevladovanje *n* Vorherrschaft *f*
prevladovati vorherrschen, überhandnehmen; herrschen; *prevladujoč* vorwiegend, überwiegend
prevleka *f* Bezug *m*, Überzug *m*
prevod *f* Übersetzung *f*
prevodnik *m* Leiter *m*, *(toka)* Stromleiter *m*
prevoz *m* Transport *m*, *(blaga)* Beförderung *f*
prevozen befahrbar
prevoziti fahren, abfahren, *(ovinek)* nehmen
prevpiti überschreien, *fig.* übertönen
prevrat *m* Umsturz *m*
prevraten umstürzlerisch
prevreti aufkochen
prevrniti umstoßen, umwerfen; kippen; *~ se* umkippen, sich überschlagen
prevrtati bohren, durchbohren
prevzem *m* Übernahme *f*, Annahme *f*
prevzet ergriffen
prevzeten hochmütig
prevzeti übernehmen, nehmen, entgegennehmen; *(stališča ipd.)* sich zu eigen machen; *dolžnost* eine Verpflichtung eingehen; *~ komu koga* abspenstig machen, ausspannen; *~ koga (narediti vtis)* beeindrukken, fesseln, hinreißen
prevzgoja *f* Umerziehung *f*
prezaposlen überbeschäftigt, überfordert
prezebati frieren
prezgodaj zu früh, verfrüht
prezgodnji verfrüht, frühzeitig, vorzeitig; *~ porod* Frühgeburt
prezidati umbauen
prezidava *f* Umbau *m*
prezimiti überwintern
prezir *m* Verachtung *f*
prezirati verachten, verabscheuen

prezirljiv verächtlich
prezračiti lüften; entlüften
prezrel überreif
prezreti übersehen; übergehen; *(namenoma ~ koga)* schneiden
prežati lauern; ~ *na koga* jm auflauern
prežeti durchdringen
prežganka *f* Einbrennsuppe *f*
preživeti überdauern; überleben; *(dneve)* verbringen, *(hude čase)* durchmachen
preživljati erhalten, ernähren; versorgen; ~ *se* sich ernähren (*z* von), sich durchbringen (*z* mit)
preživnina *f* Unterhalt *m*, Unterhaltszahlung *f*
prežvekovalec *m* Wiederkäuer *m*
prežvekovati wiederkäuen
prgišče *n* (eine) Handvoll *f*; *v ~u* in der hohlen Hand
prha *f* Dusche *f*, Brause *f*
prhati schnauben
prhek mürbe, *(zemlja)* locker
prhljaj *m* Schuppen *pl*
pri bei (~ *tem, njem* dabei, ~ *čem* wobei); an (~ *steni* an der Wand, ~ *mizi* am Tisch, ~ *oknu* am Fenster); ~ *nas* hierzulande; *sam ~ sebi* für sich; *(bolečina) ~ želodcu, srcu* in der Magengegend, in der Herzgegend; ~ *vratih (priti)* durch die Tür
priberačiti erbetteln
pribežališče *n* Zuflucht *f*
pribitek *m* Aufschlag *m*, Zuschlag *m*
pribiti anschlagen, aufschlagen; *(z žeblji)* nageln, annageln
približati annähern (*se* sich); ~ *se* nahen, sich nähern, näher rücken
približevanje *n* Annäherung *f*; Nahen *n*
približno annähernd; beiläufig, ungefähr; an (~ *500* an 500)
pribor *m* Besteck *n*; Zubehör *n*; *jedilni* Eßbesteck, *risalni* Reißzeug *n*
priboriti *si* erkämpfen (sich)
priča *f* Zeuge *m*, Zeugin *f*; *glavna ~* Kronzeuge *m*; *pri ~i* auf der Stelle
pričakovanje *n* Erwartung *f*; Vorfreude *f*
pričakovati erwarten *A*, warten auf; *(dogodek ipd.)* entgegensehen *D*; *napeto ~* gespannt sein auf
pričakujoč erwartungsvoll
pričanje *n* Zeugnis *n*
pričarati (herbei) zaubern; ~ *iz niča* aus dem Boden stampfen
pričati Zeugnis ablegen (*o* von / über); etw. bezeugen; *fig.* zeugen
pričeska *f* Haarschnitt *m*; Frisur *f*
pričeti anfangen, beginnen
pričkati *se z* zanken mit
pričujoč gegenwärtig; *(spis)* vorliegend
pričvrstiti befestigen; anbringen
prid *v ~ D* zugunsten *G*, *(meni)* zu (meinen) Gunsten; *biti v ~ D D* zugute kommen, sprechen für; *ni dosti ~a* ist nicht weit her
pridanič *m* Taugenichts *m*
pridelek *m* Ernte *f*, Ertrag *m*

pridelovalni Anbau- (*~a površina* Anbaufläche)
pridelovanje *n* Anbau *m*
pridelovati anbauen, bauen
priden artig, brav; *(marljiv)* fleißig
pridevnik *m* Eigenschaftswort *n*
pridiga *f* Predigt *f*; *fig.* Standpauke *f*
pridigati predigen; eine Predigt halten
pridirjati gerannt kommen; *(konj)* heransprengen
pridnost *f* Fleiß *m*
pridobitev *f* Errungenschaft *f*
pridobiti gewinnen (*pri* an, *za* für); *~ si zaslug za* sich verdient machen um
pridobivati gewinnen; erzeugen, *(rude)* fördern; *~ za kaj* werben für, *(nove člane ipd.)* anwerben
pridružiti *se* sich anschließen, sich gesellen zu
pridržati *si* sich vorbehalten, sich ausbedingen
pridržek *m* Vorbehalt *m* (*s* unter); *brez ~ov* vorbehaltlos
priganjač *m* Antreiber *m*
priganjati antreiben, *(k čemu)* drängen auf
priglasiti anmelden, melden (*se* sich)
prigoljufati durch Betrug erwerben
prigovarjanje *n* Zureden *n*, *(pomirjujoče)* Zuspruch *m*
prigovarjati zureden
prigrizek *m* Imbiß *m*, Erfrischung *f*
prihajati kommen, *fig.* im Anzug sein
prihiteti *(do, k)* zueilen auf
prihod *m* Ankunft *f*
prihodnji künftig, zukünftig, *(teden, leto)* kommend; *v ~e* in Zukunft
prihodnjič das nächste Mal
prihodnost *f* Zukunft
prihranek *m* Ersparnis *n* (*pri* an); *~ pri času* Zeitgewinn; *~i* Rücklagen *pl*, Ersparnisse *pl*
prihraniti sparen (*si* sich), ersparen (*si* sich)
priigrati im Spiel gewinnen; einspielen
priimek *m* Familienname *m*, Nachname *m*; *dekliški ~* Mädchenname
prijatelj *m* Freund *m*, **prijateljica** *f* Freundin *f*; *biti ~ z / G* befreundet sein mit, auf vertrautem Fuß stehen mit
prijateljski freundschaftlich; *~ razpoložen do* gut gesonnen sein *D*
prijateljstvo *n* Freundschaft *f*
prijava *f* Meldung *f*, Anmeldung *f*; *(policiji)* Anzeige *f*
prijaviti melden, anmelden; *(policiji)* anzeigen
prijavni Melde- (*~ urad* Meldeamt; *~ urad za tujce* Fremdenmeldeamt)
prijavnica *f* Meldeschein *m*; Anmeldung *f*
prijazen freundlich; nett, lieb; *delati se prijaznega* freundlich tun
prijaznost *f* Freundlichkeit *f*; *(usluga)* Gefälligkeit *f*
prijem *m* Griff *m*; Handgriff *m*

prijeten angenehm, nett; *(po zunanjosti)* gefällig, ansprechend; *(stanovanje)* wohnlich, behaglich
prijeti packen, anpacken, *(z roko)* anfassen; *~ za kaj* nehmen bei; *~ se za (mizo ipd.)* sich festhalten an, sich anhalten an; *~ za ušesa* bei den Ohren nehmen
prijezditi geritten kommen, reiten
prikaz *m* Darstellung *f*
prikazati darstellen, hinstellen, zeigen; *~ se* erscheinen, in Erscheinung treten, *F* auftauchen
prikazen *f* Erscheinung *f*, Gespenst *n*
prikimati nicken; *~ komu* jm zunicken
prikladen passend; entsprechend
prikleniti ketten, *(psa, fig.)* an die Kette legen; *fig. pozornost* fesseln
priklicati rufen, *k sebi* herbeirufen; hervorrufen
priključek *m* Anschluß *m*; *~ na omrežje* Netzanschluß *m*
priključiti anschließen; *(deželo ipd.)* eingliedern, einverleiben *D*
priklon *m* Verbeugung *f*, Verneigung *f*
prikloniti *se* sich verbeugen, sich verneigen (*komu* vor)
priklopiti anschließen
priklopnik *m* Beiwagen *m*
prikolica *f* Anhänger *m*; *stanovanjska ~* Wohnwagen *m*
prikorakati aufziehen, anmarschieren
prikrajšan *biti ~* zu kurz kommen
prikrajšati benachteiligen; *~ za* berauben *G*
prikrasti *se* sich einschmuggeln, sich stehlen in
prikrit verborgen
prikriti verbergen, verheimlichen, verhehlen; bemänteln, überspielen; geheimhalten; *ne ~ česa* kein Hehl machen aus
prikrojiti zuschneiden, *fig.* zurechtstutzen
prikuha *f* Beilage *f*
prikupen einnehmend, nett
prikupiti *se* sich beliebt machen (bei); sich einschmeicheln; *prikupilo se mu je ...* (es) ist ihm ans Herz gewachsen
prilagoditev *f* Anpassung *f*
prilagoditi *se* sich anpassen
prilagodljiv anpassungsfähig
prilastiti *si A* sich aneignen; an sich reißen
prilegati *se (obleka)* anliegen; *komu* jm zusagen
prilepiti kleben, ankleben, aufkleben; heften an; *biti prilepljen* kleben an
prileten betagt
prileteti geflogen kommen; fliegen; *(udariti na, ob)* prallen (an), aufschlagen (auf)
prilika *f* Gelegenheit *f*, *(lit.)* Gleichnis *n*; *ob ~i* gelegentlich; *zamuditi ~o* sich die Gelegenheit entgehen lassen
priliti gießen (dazu), (*na* auf)
priliv *m* Zufluß *m*, Zustrom *m*
prilizovati *se* schmeicheln; schöntun

priljubiti *se komu* jm ans Herz wachsen; ins Herz schließen (er hat ... ins Herz geschlossen)
priljubljen beliebt
priljuden freundlich, umgänglich
priloga *f* Beilage *f*; *(pisma)* Anlage *f*; inliegend
priložiti beilegen; *(pismu)* einschließen; zulegen; *priložen* beiliegend, inliegend
priložnost *f* Gelegenheit *f*; Anlaß *m*
priložnosten gelegentlich; Gelegenheits- (*~i nakup* Gelegenheitskauf)
primanjkljaj *m* Fehlbetrag *m*, Minderbetrag *m*
primanjkovati mangeln; *primanjkuje česa* es mangelt an, es herrscht ein Mangel an
primarij *m* Chefarzt *m*
primer *m* Beispiel *n*, Fall *m*; *na ~* zum Beispiel (z. B.), beispielsweise; *v najboljšem ~u* im besten / günstigsten Fall; *v ~u, da* ... falls ...
primera *f brez ~e* ohnegleichen, sondergleichen; *v ~i (z)* im Vergleich (zu)
primeren geeignet; entsprechend, passend; angebracht, angemessen; *biti ~ (za)* sich eignen für / zu, *(za poklic) F* das Zeug haben zu
primeriti *se* geschehen; sich treffen
primerjati vergleichen (*se* sich)
primerjava *f* Vergleich *m*
primes *f* Zusatz *m*, Zutat
primešati beimischen, beimengen
primitiven primitiv; *~o ljudstvo* Naturvolk
primorati zwingen zu; *biti primoran* sich gezwungen sehen (zu)
primorje *n* Küstenland *n*
prinašati bringen, einbringen; *s seboj* mitbringen; *(obresti)* tragen; *(na mizo)* auftragen
prinesitelj *m* Überbringer *m*
priobčiti veröffentlichen; *(članek)* bringen
priokus *m* Beigeschmack *m*
pripadajoč zugehörig
pripadati gehören; *(iti)* gebühren, zustehen
pripadnik *m* Angehörige(r) *m*
pripadnost *f* Zugehörigkeit *f*
pripaliti *(jed)* anbrennen lassen
pripasti zufallen *D*, *(kot delež)* entfallen (auf)
pripekati *(sonce)* brennen
pripeljati bringen, *(iti iskat)* holen; *(v bolnišnico ipd.)* einliefern; *~ se* fahren, kommen; *~ se pred* vorfahren
pripeti anheften, anklammern, anschnallen; aufstecken; *(pas ipd.)* umschnallen
pripetiti *se* geschehen, sich zutragen, vorfallen; *~ se komu* zustoßen, wiederfahren
pripetljaj *m* Vorfall *m*, Zwischenfall *m*
pripisati dazuschreiben
pripisovati zuschreiben, beilegen; *komu kaj* zumuten,

unterstellen; ~ *čemu manjši pomen* etw. zurücksetzen
priplaziti *se* sich heranschleichen
pripluti einlaufen
pripogniti *se* sich bücken, sich beugen
pripojiti angliedern
pripomba *f* Bemerkung *f*; Anmerkung *f*; Vermerk *m*
pripomniti bemerken, sagen
pripomoček *m* Mittel *n*, Hilfsmittel *n*
pripomoči *do* verhelfen zu
pripor *m* Untersuchungshaft *f*, Haft *f*
priporočati, priporočiti empfehlen; *(hvaliti)* preisen; *(svetovati)* nahelegen; *(zavzemati se za)* befürworten
priporočen eingeschrieben
priporočilo *n* Empfehlung *f*; *(pismeno)* Empfehlungsschreiben *n*
priporočljiv empfehlenswert; *je ~o* es ist ratsam / es empfiehlt sich zu
pripoved *f* Erzählung *f*, Geschichte *f*
pripovednik *m* Erzähler *m*
pripovedovanje *n* Erzählen *n*; *iz ~a (poznati)* vom Hörensagen
pripovedovati erzählen
pripoznati anerkennen
pripoznavanje *n* Anerkennung *f* (von)
priprava *f (naprava)* Anlage *f*, Gerät *n*; Vorbereitung *f*
pripraven geeignet, handlich; geschickt
pripraviti vorbereiten (*se* sich); *(jed)* zubereiten, bereiten, anrichten; *(obleko, orodje ipd.)* bereitlegen, bereitstellen, zurechtlegen, herrichten; ~ *se k / za* sich (an)schicken zu, sich rüsten für; ~ *se na (kaj slabega)* sich gefaßt machen auf; ~ *koga do česa* jn bewegen (zu), etw. veranlassen
pripravljalen vorbereitend; *~a dela* Vorarbeiten *pl*
pripravljanje *n (jedi)* Zubereitung *f*
pripravljati *gl.* **pripraviti**; ~ *se* Vorbereitungen treffen, sich (an)schicken zu; *(nekaj se pripravlja)* sich zusammenbrauen
pripravljen bereit (~ *pomagati* hilfsbereit, ~ *na boj* kampfbereit, ~ *za start* startbereit); willig; fertig (~ *za tisk* druckfertig, ~ *za uporabo* gebrauchsfertig, ~ *za odhod* reisefertig); ~ *za plovbo, polet* klar (seeklar); *biti ~ (na kaj slabega)* gefaßt sein auf; *(orodje ipd.)* bereitstehen
pripravljenost *f* Bereitschaft *f*; *služba stalne ~i* Bereitschaftsdienst *m*
pripreti *(vrata)* anlehnen; *(koga)* in Haft nehmen, ~ *si (prst)* sich ... (ein)klemmen
priprošnja *f* Fürsprache *f*, Fürbitte *f*
pripustiti zulassen
prirastek *m* Zuwachs *m*
priredba *f* Bearbeitung *f*
prireditelj *m* Veranstalter *m*
prireditev *f* Veranstaltung *f*
prirediti *(knjigo ipd.)* bearbeiten; *(prireditev)* veranstalten, *(zborovanje)* abhalten

priredje *n* Satzreihe *f*, Parataxe *f*
prirezati zurechtschneiden; *(vrh)* kappen
priročen handlich; Hand- (*~a knjižnica* Handbibliothek)
priročnik *m* Handbuch *n*
priroda *f* Natur *f*
prirodopis *m* Naturkunde *f*
prirojen angeboren
prisad *m plinski* Gasbrand *m*
prisaditi *se (rana)* vereitern, sich infizieren
prisebnost *f* Geistesgegenwart *f*
prisednik *m* Beisitzer *m*
priseči schwören, *(einen)* Eid leisten; *(s prisego potrditi)* beschwören *A*
prisega *f* Eid *m*, *kriva* Meineid *m*; Schwur *m*; *s prisego (potrditi ipd.)* eidlich
priseliti *se* zuziehen, *(v deželo)* einwandern
priseljenec *m* Zugezogene(r) *m*, Einwanderer *m*
prisila *f* Zwang *m*
prisilen Zwangs- (*~o delo* Zwangsarbeit)
prisiliti zwingen (*se* sich); nötigen
prisiljen gezwungen, *(nasmeh)* gequält; *biti ~ k* sich genötigt / gezwungen sehen zu
priskočiti beispringen; *~ na pomoč* jm unter die Arme greifen
priskrbeti beschaffen, besorgen; verschaffen (*si* sich)
prisloniti anlehnen, *~ na* lehnen an
prislov *m* Umstandswort *n*
prisluhniti aufhorchen, aufmerken, hellhörig werden; *čemu* lauschen
prisluškovati abhören, abhorchen, mithören
prislužiti verdienen; erarbeiten
prismoda *f* Gans *f*, Einfaltspinsel *m*
prismoditi anbrennen lassen; *~ se* anbrennen
prismojen, prismuknjen närrisch, verrückt, nicht bei Trost
prisoditi zusprechen; *(komu dejanje ipd.)* zumuten, erwarten von
prisoten anwesend
prispeti ankommen, eintreffen; *prispelo blago, pošta itd.* Eingang *m*
prispevati beitragen, beisteuern
prispevek *m* Beitrag *m*; *(denarni)* Spende *f*
prispodoba *f* Gleichnis *n*, Bild *n*
prisrčen herzlich, innig
pristajališče *n* Landeplatz *m*
pristajati, pristoji jn kleiden, kleidsam sein
pristan *m*, **pristanišče** *n* Hafen *m*
pristanek *m* Landung *f*; *zasilni* Notlandung *f*; *vmesni* Zwischenlandung *f*
pristaniški Hafen (*~e naprave* Hafenanlagen)
pristaš *m* Anhänger *m*
pristati landen, *(ladja)* anlegen, einen Hafen anlaufen; *~ na nekaj* einwilligen (in)
pristaviti *(na ogenj)* ansetzen; *(reči)* sagen

pristen echt
pristojbina *f* Gebühr *f*
pristojen zuständig
pristojnost *f* Zuständigkeit *f*
pristop *m* Zutritt *m*; *(v organizacijo)* Beitritt *m*; *fig.* Vorgehen *n*, Verfahren *n*
pristopen zugänglich
pristopiti treten zu, hinzutreten; beitreten; *fig.* vorgehen, in Angriff nehmen *A*
pristradati *(si)* erhungern
pristranski voreingenommen, befangen, parteiisch, Partei (sein)
pristriči stutzen
pristuditi verleiden; ~ *se komu* jd bekommt einen Widerwillen gegen
prisvojiti *si* aneignen sich, an sich reißen
prišč *m* Pustel *f*
prišepniti zuflüstern
prišiti annähen
prišlek *m* Zugezogene(r) *m*; Ankömmling *m*
prišteti, prištevati zählen zu
prišteven zurechnungsfähig
priteči laufen, gelaufen kommen
pritegniti anziehen, nachziehen; ~ *(za svetovalca ipd.)* hinzuziehen, zuziehen; ~ *pozornost* fesseln
pritepen hergelaufen, zugelaufen
priti kommen; ~ *vmes* dazwischenkommen, *naproti* entgegenkommen, *za kom* nachkommen, *ven* hinauskommen, herauskommen, ~ *blizu* nahekommen, *ob pravem času* zurechtkommen; ~ *na misel ipd.* verfallen auf; ~ *na dan* an den Tag treten, in Erscheinung treten, an den Tag kommen; *pride do (sporazuma ipd.)* (er) kommt zustande; *to pride od tega, da ...* das rührt daher ...
pritikline *pl* Nebenräume *pl*
pritisk *m* Druck *m*; *krvni* Blutdruck; *previsk* Überdruck, *prenizek* Unterdruck
pritiskati *na* drücken, lasten auf; *fig.* drängen, bedrängen
pritisniti drücken; *z vso silo* sich stemmen gegen; ~ *se k* sich schmiegen an
pritličje *n* Erdgeschoß *n*
pritlikavec *m* Zwerg *m*
pritok *m* Zufluß *m*, Nebenfluß *m*
pritožba *f* Beschwerde *f*, Einspruch *m*
pritožiti *se* sich beschweren (*nad* über); Einspruch erheben (*proti* gegen), *(sodno)* Berufung einlegen
pritrdilen bejahend, positiv
pritrditev *f* Befestigung *f*, Anbringung *f*; Zustimmung *f*, Bestätigung *f*, Bejahung *f*
pritrditi befestigen, festmachen, anbringen; ja sagen zu, beipflichten *D*; bestätigen, zustimmen
priučen angelernt
privabiti locken, anlocken
privaditi *koga čemu* jm etw. angewöhnen; ~ *se G / na* sich gewöhnen an
privesek *m* Anhang *m*

privesti bringen, führen; *gl.* **pripeljati**

privezati festbinden, anbinden; *(si kaj okoli vratu, pasu ipd.)* umlegen

privid *m* Gesicht *n*, Halluzination *f*

privilegij *m* Sonderrecht *n*

priviti mit Schrauben befestigen; *(vijak)* anziehen, nachziehen; *koga fig.* jn in die Schrauben nehmen

privlačen anziehend, gefällig, ansprechend

privlačiti anziehen; locken

privolitev *f* Zustimmung *f*, Einwilligung *f* (in); Zusage *f*

privoliti *v* einwilligen in, eingehen auf, genehmigen *A*, stattgeben *D*

privoščiti gönnen (*si* sich); *ne ~* mißgönnen, *ne ~ (pogleda, besede)* (keines Blikkes / Wortes) würdigen; *ne morem si dosti ~* ich kann keine großen Sprünge machen

privoz *m* Zufahrt *f*, Auffahrt *f*

privrženec Anhänger *m*; Parteigänger *m*; *~ hladne vojne* ein kalter Krieger

privzdignjen gehoben

privzeti annehmen

privzgojiti anerziehen

prizadeti treffen, verletzen; *(škodo, ipd.)* zufügen; *močno ~ (zvišanje cen prizadene ipd.)* große Härte bringen für; in Mitleidenschaft ziehen, heimsuchen

prizadevanje *n* Bemühung *f* *(večinoma pl)*, Streben *n* (nach), Bemühen *n* (um)

prizadevati *si za* streben nach, sich bemühen *n* (um)

prizadeven strebsam, rührig, geschäftig

prizanašanje *n* Schonung *f*; *brez ~a* schonungslos

prizanašati, prizanesti *D* schonen, verschonen *A*

prizanesljiv nachsichtig, mild

prizidek *m* Anbau *m*

priziv *m* Berufung *f*

priznanje *n* Anerkennung *f*; *(krivde ipd.)* Geständnis *n*, Eingeständnis *n*; *(zaslug ipd.)* Würdigung *f*

priznati anerkennen, *(komu zmožnost ipd.)* zuerkennen, zugeben, *(možnost)* einräumen; *(krivdo ipd.)* gestehen, eingestehen; *~ krivdo* sich schuldig bekennen; *(zasluge)* würdigen; *ne priznati česa* nicht zugeben, verkennen, *ne ~ si G* nicht wahrhaben wollen *A*

prizor *m* Schauspiel *n*; *(scena)* Auftritt *m*

prizorišče *n* Schauplatz *m*

prizvok *m* Nebengeräusch *n*; *fig.* Unterton *m*

prižgati anzünden, einschalten; *luč* Licht machen

prižnica *f* Kanzel *f*

problem *m* Problem *n*

proces *m* Prozeß *m*, Vorgang *m*

procesija *f* Umzug *m*; Prozession *f*

proč weg; fort; vorbei (*ura je 5 ~* es ist 5 vorbei)

prodaja *f* Verkauf *m*, Absatz *m* (von); Vertrieb *m*

prodajalec *m* Verkäufer *m*

prodati verkaufen, absetzen, *(imeti naprodaj)* feilbieten; *(vnovčiti)* zu Geld machen; ~ *na dražbi* versteigern; ~ *pod ceno* verschleudern
prodajni Verkaufs- (~*a cena* Verkaufspreis)
prodirati vordringen, vorrücken; *gl.* **prodreti**
prodor *m* Durchbruch *m*; *(čet)* Vorstoß *m*
prodreti dringen (~ *v* eindringen in), brechen; durchdringen; *(predlog)* sich durchsetzen
profesor *m* *(srednješolski)* Lehrer *m*, Studienrat *m*; *(univerzitetni)* Professor *m*, (*redni* ordentlich, *izredni* außerordentlich, außerplanmäßig)
profil *m* Profil *n*
proga *f* Bahn *f*, Strecke *f*; *(na blagu)* Streifen *m*; *(na koži)* Strieme *f*
progast streifig, gestreift
program *m* Programm *n*; *zabavni* ~ Unterhaltungsprogramm; *(v pralniku)* Waschgang *m*; *je na ~u (RTV)* wird gesendet
proizvajalec *m* Produzent *m*, Hersteller *m*
proizvajati erzeugen, herstellen, fertigen
proizvod *m* Erzeugnis *n*
proizvodnja *f* Produktion *f*; Herstellung *f*, Fertigung *f*
projekt *m* Projekt *n*, Vorhaben *n*; Bauvorhaben *n*
proletarec *m* Proletarier *m*
proletariat *m* Proletariat n
proletarski proletarisch
promet *m* Verkehr *m* (*krajevni* Ortsverkehr, *medkrajevni* Fernverkehr, Überlandverkehr); *(v trgovini)* Umsatz *m*; *iti v ~* Abnehmer finden, weggehen; *spraviti v ~* anbringen, an den Mann bringen
prometen *(ulica)* verkehrsreich; ~*i* Verkehrs- (~*i znak* Verkehrsschild)
pronicati sickern, versickern
propad *m* Verfall *m*; Untergang *m*, Niedergang *m*, Abstieg *m*
propadati verfallen, verkommen
propadel verfallen, verkommen; *(študent, ipd.)* verkracht
propasti verfallen, verkommen; zugrunde gehen; herunterkommen; untergehen; *(načrti)* zunichte werden, zuschanden werden
proračun *m (državni)* Haushalt *m*
prosilec *m* Bewerber *m*, Anwärter *m*
prositi bitten (*za* um); *(pismeno)* einen Antrag stellen, beantragen *A*, sich bewerben um; ~ *za roko* anhalten; *dati se ~* sich spreizen
prosjačiti betteln
proslava *f* Feier *f*
proslaviti feiern
proso *n* Hirse *f*
prosojen durchscheinend, durchsichtig
prost frei, Frei- (~*i čas* Freizeit); *(šole ~)* schulfrei; *dati ~o komu* jm freigeben; *vzeti ~o* sich freimachen / frei-

nehmen, *na ~em* im Freien, unter freiem Himmel
prostak *m* gemeiner Soldat *m*
prostaški ordinär, gemein, pöbelhaft
prostitucija *f* Prostitution *f*
prostitutka *f* Prostituierte *f*, Strichmädchen *n*
prostodušen treuherzig, naiv
prostor *m* Raum *m* (*vmesni* Zwischenraum); Platz *m* (*moj prostor* mein Platz, *~a dovolj* genug Platz); (*~ za pohištvo, knjige*) Stellfläche *f*
prostoren geräumig
prostornina *f* Volumen *n*, Rauminhalt *m*
prostorski räumlich
prostost *f* Freiheit *f*
prostovoljec *m* Freiwillige(r) *m*
prostovoljen freiwillig; *~o* freiwillig, aus freien Stükken
prostran weit, weitläufig
prosveta *f* Schulwesen *n*, Erziehungswesen *n*
prosvetljenstvo *n* Aufklärung *f*
proščenje *n* Kirchweihe *f*, Kirmes *f*
prošnja *f* Bitte *f* (*za* um); (*pismena*) Gesuch *n*, (*za pomilostitev*) Gnadengesuch; (*za službo ipd.*) Bewerbung *f*; *~ za* Beantragung *f* (*G*); *ustreči ~i* der Bitte nachkommen
protest *m* Protest *m*; Verwahrung *f* (gegen)
protestirati protestieren; Einspruch erheben gegen
proteza *f* Prothese *f*
protežirati bevorzugen
proti (*v smeri ~ hoditi itd.*) auf ... zu (*~ steni* auf die Wand zu, *iti ~ komu* auf jn zugehen); gegen (*~ jugu* gegen Süden, *~ večeru* gegen Abend; *~ toku* gegen den Strom, *~ plačilu* gegen Bezahlung); zu (*razmerje: 1 ~ 5* eins zu fünf); wider (*v nasprotju z: ~ svoji volji* wider Willen); ... wärts (*~ morju, kopnemu* seewärts, landwärts)
proti *adv.* dagegen; *sem ~* ich bin dagegen
pritifašističen antifaschistisch
protiletalski *~o zaklonišče* Luftschutzkeller; *~o topništvo* Flakartillerie
protin *m* Gicht *f*
protinapad *m* Gegenangriff *m*
protipostaven gesetzwidrig
protirevolucija *f* Konterrevolution *f*
protisloven widersprüchlich, widerspruchsvoll
protislovje *n* Widerspruch *m*
protistrup *m* Gegengift n
protiustaven verfassungswidrig
protiutež *f* Gegengewicht *n*
protivrednost *f* Gegenwert *m*
protizakonit widerrechtlich, gesetzwidrig
protokol *m* Protokoll *n*
proučevati erforschen
provinca *f* Provinz *f*
prozoren durchsichtig; (*izgovor*) fadenscheinig

prožen elastisch, geschmeidig; *(hoja)* federnd
prsi *pl* Brust *f*, Busen *m*
prsiti *se* sich brüsten
prsk *m* Brunft *f*
prsni Brust- (~ *čaj* Brusttee)
prst *f*, **prsti** Erde *f*, Erdreich *n*
prst *m*, **prsta** Finger *m*, *(na nogi)* Zehe *f*, Zeh *m*; *na ~e prešteti* an den Fingern abzählen; *imeti ~e pri / vmes* seine Hände im Spiel haben; *ne migniti s ~om* keinen Finger rühren; *po ~ih (hoditi)* auf den Zehenspitzen; *oviti okrog ~a* um den kleinen Finger wickeln; *pogledati skozi prste* (jm etw.) durchgehen lassen
prstan *m* Ring *m*
prstanec *m* Ringfinger *m*
prstni *odtis* Fingerabdruck *m*
pršeti sprühen; *prši* es nieselt
pršič *m* Pulverschnee *m*
pršica *f* Milbe *f*
prt *m* Tischtuch *n*, Tischdekke *f*
prtiček *m* Deckchen *n*; Serviette *f*
prtljaga *f* Gepäck *n*; Passagiergut *n*; *sprejem ~e* Gepäckannahme, *izdajanje ~e* Gepäckausgabe
prtljažnica *f* Gepäckschein *m*
prtljažnik *m* Kofferraum *m*; *(na kolesu, strehi avta)* Gepäckträger *m*
pručka *f* Fußschemel *m*, Schemel *m*
prvak *m* Meister *m*; *svetovni* Weltmeister, *evropski* Europameister
pevenec *m* Erstling *m*
prvenstvo *n* Meisterschaft *f*; *svetovno* Weltmeisterschaft
prvi (der) erste; allererste *(prvo imenovani)* (der) erstere; *kdor ~ pride ...* wer zuerst kommt
prvič zum ersten Mal; erstens
prvina *f* Element *n*
prvobiten urwüchsig
prvoborec *m* Vorkämpfer *m*
prvorazreden erstklassig
prvorojenec *m* Erstgeborene(r) *m*, Stammhalter *m*
prvoten ursprünglich; Ur- (*~a podoba* Urgestalt, *~a domovina* Urheimat)
prvovrsten erstklassig, vorzüglich
psevdonim *m* Pseudonym *n*; Deckname *m*
psica *f* Hündin *f*
psiček *m* Hündchen n
psihiater *m* Psychiater *m*
psihologija *f* Psychologie *f*
psovati schimpfen, fluchen; ~ *kaj* schmähen
psovka *f* Schimpfname *m*; Kraftausdruck *m*
pšenica *f* Weizen *m*
ptica *f*, **ptič** *m* Vogel *m*; ~ *pevka* Singvogel; ~ *selivka* Zugvogel
ptičar *m* Vorstehhund *m*
ptičji Vogel- (*~e strašilo* Vogelscheuche)
publikacija *f* Veröffentlichung *f*
pudrati pudern
puh *m* Flaum *m*
puhast flaumig
puhati paffen; schnauben

puhel *(zelenjava)* hohl; *fig.* leer, schaal
puhlica *f* Gemeinplatz *m*
puhteti dampfen, dunsten
pujsek *m* Ferkel *n*
puliti reißen, *(zobe)* ziehen; ~ *se za* sich reißen um
pulover *m* Pullover *m*, *F* Pulli *m*
pult *m* Pult *n*; Theke *f*
punčica *f* Pupille *f*; *fig.* Augapfel *m*
punčka *f* Puppe *f*; Mädchen *n*
punt *m* Aufstand *m*
puntati *se* aufbegehren gegen
puran *m* Truthahn *m*, Puter *m*
pust *m* Fasching *m*
pust öde, wüst; nüchtern; *(zemlja)* karg; *(lasje)* spröde; *(meso)* mager
pustiti lassen; ~ *zaprto* zulassen; ~ *odprto* auflassen; ~ *sedeti* sitzenlassen, ~ *ležati* liegenlassen; ~ *oditi* gehenlassen; ~ *upanje* die Hoffnung fahren lassen; ~ *koga (početi ...)* gewähren lassen
pustolovec *m* Abenteurer *m*
pustolovski abenteuerlich
pustolovščina *f* Abenteuer *n* *(iskati ~e* auf ~ ausgehen)
pustošiti *(vihar)* wüten; arg hausen (in)
puščati *gl.* **pustiti**; *(cev, posoda)* lecken, *(pipa)* tropfen; ~ *kri* zur Ader lassen; *barvo* sich verfärben
puščava *f* Wüste *f*
puščavnik *m* Einsiedler *m*
puščica *f* Pfeil *m*
puščoben öde, fad, langweilig
puška *f* Gewehr *n*, Flinte *f*; *vreči ~o v koruzo* die Flinte ins Korn werfen
pušpan *m* Buchsbaum *m*
putika *f* Gicht *f*

R

raba *f* Gebrauch *m*; Verwendung *f*; *(naslova, naziva)* Führung *f*; nepravilna ~ Mißbrauch *m*; *za zunanjo ~o* äußerlich zu gebrauchen

rabarbara *f* Rhabarber *m*

rabelj *m* Henker *m*, Scharfrichter *m*

rabiti verwenden, benützen, gebrauchen; *(nekaj rabiti za ...)* dienen (als)

rabljen gebraucht; *~ avto* Gebrauchtwagen

raca *f* Ente *f*

racati watscheln

racionalen rationell, rational

racman *m* Enterich *m*

račun *m* Rechnung *f*, *(bančni)* Konto *n*; *(potrdilo)* Kassenzettel *m*; *na njegov ~* auf seine Kosten; *dati ~ o* *fig.*Rechenschaft ablegen; *vzeti v ~* in Zahlung nehmen, *fig.* in Kauf nehmen; *priti na svoj ~* auf seine Kosten kommen; *prekrižati D ~e D* einen Strich durch die Rechnung machen

računalnik *m* Rechner *m*, Rechenmaschine *f*

računati rechnen; *(izračunati A)* berechnen; *~ s čim* Rechnung tragen von

računovodstvo *n* Rechnungsführung *f*; *(oddelek podjetja ipd.)* Buchhaltung *f*

računski Rechen- *(~a naloga* Rechenaufgabe)

računstvo *n* Rechnen *n*

rad gern; *imeti rad* gern haben, mögen, *(koga)* lieb haben

radar *m* Radar *m/n*

radič *m* Zichorie *f*

radijski Rundfunk- (*~ sprejemnik* Rundfunkempfänger)

radikalen radikal, *(sprememba)* einschneidend

radio *m* Rundfunk *m*; *(sprejemnik)* Rundfunkempfänger *m*, Rundfunkgerät *n*, Radio *n*

radiotelegrafist *m* Funker *m*

radirati radieren

radirka *f* Radiergummi *m*

radodaren freigebig

radost *f* Freude *f*; Jubel *m*

radovati *se G* sich freuen über/*G*

radoveden neugierig

radovednost *f* Neugier *f*

rafija *f* Bast *m*

raglja *f* Klapper *f*, *fig.* Klatschbase *f*

rahel locker; flockig; *(spanje, hoja, nasmeh)* leise; *(podobnost)* entfernt

rahitičen rachitisch

rahljati (auf)lockern

rahločuten einfühlsam

raj *m* Paradies *n*; *(ples)* Reigen *m*

rajati tanzen; *fig.* feiern

rajni selig, weiland
rajski himmlisch
rajši lieber; eher; *imeti A rajši* bevorzugen *A, A D* vorziehen
rak *m* Krebs *m (tudi med.)*; *iti ~om* žvižgat flöten gehen
rakast krebsartig
rakovica *f* Krabbe *f*
rama *f* Schulter *f*, Achsel *f*
ran früh, Früh- (*~o sadje* Frühobst)
rana *f* Wunde *f*; *(na želodcu ipd.)* Geschwür *n* (*na želodcu* Magengeschwür)
raniti verletzen (*se* sich), verwunden; sich weh tun
ranjenec *m* Verwundete(r) *m*
ranljiv verletzlich
rasa *m* Rasse *f*
rang *m* Rang *m*; *najvišji po ~u* der Ranghöchste *m*
raskav rauh
rast *f* Wachstum *n*, Wuchs *m*
rasti wachsen; *(divje, prehitro)* wuchern, ins Kraut schießen
rastišče *n* Standort *m*
rastlina *f* Pflanze *f*; Gewächs *n*; *(~ vrtnice, trajnice ipd.)* Stock *m*
rastlinjak *m* Gewächshaus *n*, Treibhaus *n*
rastlinojed grasfressend; Pflanzenfresser *m*
rastlinski Pflanzen- (*~ a mast* Pflanzenfett)
rastlinstvo *n* Flora *f*
raven gerade, eben, flach; *~ kot sveča* kerzengerade
raven *f* Ebene *f*, Niveau *n*
ravnatelj *m* Direktor *m*; *(univerze)* Rektor *m*
ravnati *(zemljišče ipd.)* ebnen; sich verhalten; *~ z* handhaben *A*, umgehen mit, verfahren; *~ se po* sich richten nach
ravnica *f* Ebene *f*
ravnik *m* Äquator *m*
ravnilo *n* Lineal *n*
ravnina *f* Ebene *f*; Fläche *f*
ravno gerade, eben; *(~ on, to ipd.)* ausgerechnet
ravnodušen gleichgültig; *(odnos)* lieblos
ravnokar eben
ravnotežje *n* Gleichgewicht *n*; *ujeti ~* sich fangen; *obdržati ~* das ~ halten
ravsati *se* raufen, balgen
raza *f* Ritze *f*
razbeliti glühend machen
razbičati aufpeitschen
razbijati hämmern, lärmen; *(srce)* pochen
razbiti zerbrechen, zerschlagen, zertrümmern; *~ se* zerbrechen, sich zerschlagen, entzweigehen, *fig.* in die Brüche gehen; *~ se ob* zerschellen an
razbitine *pl* Trümmer *pl*, Wrack *n*
razbliniti *se* zerrinnen, sich in nichts auflösen
razbobnati *fig.* an die große Glocke hängen
razbohotiti *se* wuchern; sich breit machen
razbojnik *m* Räuber *m*
razbrati entziffern; *(kaj iz česa)* entnemen *D*, ersehen aus
razbremeniti entlasten
razbrzdan zügellos
razburiti erregen, *fig.* auf-

wühlen; ~ *se* sich aufregen, in Aufregung geraten
razburjenje *n* Aufregung *f*, Erregung *f*, *fig*. Aufruhr *f*
razburkan bewegt, *(morje)* rauh; ~o *morje* starker Seegang
razburljiv aufregend, *(človek)* erregbar
razcapan zerlumpt, zerrissen
razcefrati zerfetzen
razcep *m* Spaltung *f*
razcepiti spalten (*se* sich); ~ *se (pot)* sich teilen, sich gabeln
razcvesti *se* aufblühen, erblühen
razcvet *m* Blüte *f*; Entfaltung *f*
razčesati auskämmen
razčetveriti vierteilen
razčistiti klären, bereinigen; ~ *s čim* reinen Tisch machen mit
razčlenitev *f* Gliederung *f*
razčleniti gliedern, aufgliedern
razčlenjen gegliedert
razdajati, razdati verschenken; *fig*. ~ *se* sich verausgaben
razdalja *f* Entfernung *f*, Abstand *m*
razdediniti enterben
razdejanje *n* Zerstörung *f*
razdejati zerstören
razdelilec *m* Verteiler *m*
razdelitev *f* Verteilung *f*, Aufteilung *f*, Einteilung *f* (in)
razdeliti verteilen; zerlegen, zerteilen, *(na 2 dela)* halbieren, Halbpart machen; ~ *na stopnje* abstufen; *(razčleniti)* aufteilen, einteilen
razdiralen zerstörerisch
razdobje *n* Zeitraum *m*, Zeitspanne *f*
razdor *m* Zerwürfnis *n*
razdražen gereizt
razdražiti reizen, aufbringen
razdražljiv reizbar
razdreti *(uro, stroj)* auseinandernehmen; *(pogodbo)* lösen; ~ se *fig*. platzen, nicht zustande kommen
razdvojiti entzweien
razen außer, abgesehen von, *(vse ~)* bis auf; ~ *tega* außerdem, zudem, überdies; ~ *če* es sei denn, (daß)
razgaliti entblößen (*se* sich); *fig*. bloßstellen
razgibati lockern; ~ *si noge* sich die Beine vertreten
razglas *m* Bekanntmachung *f*, Aufruf *m*
razglasiti verkünden, verlautbaren; *(novo državo ipd.)* ausrufen; ~ *za krivega / svetnika* schuldig / heilig sprechen
razglašen *(glasbilo)* verstimmt
razgled *m* Aussicht *f*, Ausblick *m* (auf); *imeti* ~ *na* etw. überblicken; *z ~om na jezero* mit Seeblick
razgledni Aussichts- (*~i stolp* Aussichtsturm)
razglednica *f* Ansichtskarte *f*
razgledovati *se* sich umschauen, sich umsehen
razgnati sprengen; *(oblake, ljudi)* zerstreuen
razgovor *m* Gespräch *n*, Unterhaltung *f*

razgrajati lärmen, Krach schlagen; *F* randalieren
razgreti erhitzen, erwärmen
razgristi zerbeißen
razgrniti *(zemljevid ipd.)* auseinanderfalten; *(načrte)* ausbreiten, unterbreiten
razhajati *se* auseinandergehen, *(mnenja)* nicht übereinstimmen
razhoditi *(čevlje)* austreten
razhuditi *se* in Harnisch geraten
razigran ausgelassen
raziskati untersuchen, erforschen; einer Sache nachgehen
raziskava *f (znanstvena)* Forschungsarbeit *f*
raziskovalec *m* Forscher *m*
raziskovanje *n* Forschung *f*, Erforschung *f*; *~ javnega mnenja* Meinungsforschung
razjahati absitzen, vom Pferd steigen
razjarjen erbost, empört; aufgebracht
razjasniti klarstellen, klären; *~ se (nebo)* aufheitern, *(zdeva)* sich klären
razjedati ätzen, zerfressen; *razjeda ga (zavist)* er verzehrt sich vor
razjeziti wütend machen, aufbringen; *~ se* böse werden, in Zorn geraten
razjokati *se* in Tränen ausbrechen
razkačen wütend; *biti ~ zaradi* sich entrüsten
razkaditi *se* verfliegen, verrauchen
razkazovati zeigen, vorführen, *(žalost ipd.)* zur Schau tragen; *~ se* sich in Szene setzen
razkladati *gl.* **raztovarjati, razlagati**
razklati spalten (*se* sich)
razkol *m* Zerwürfnis *n*, Zwist *m*
razkopati *(tla)* aufreißen, *(vrt)* umgraben
razkosati zerstückeln
razkošen prunkvoll; *~o (živeti)* in Saus und Braus, auf großem Fuß
razkošje *n* Pracht *f*; Prunk *m*
razkrajati *se* sich zersetzen, verwesen
razkrečiti spreizen
razkrinkati entlarven, bloßstellen
razkriti aufdecken, an den Tag bringen, *(skrivnost)* lüften
razkritje *f* Enthüllung *f*
razkroj *m* Zersetzung *f*, *(trupla)* Verwesung *f*, *fig.* Verfall *m*
razkropiti verstreuen; *~ se (po svetu)* verschlagen werden, *(množica)* sich verlaufen
razkuštrati zerzausen
razkužilo *n* Desinfektionsmittel *n*
razkužiti desinfizieren
razlaga *f* Erklärung *f*, *(teksta)* Auslegung *f*, Deutung *f*; Erläuterung *f (več. pl.)*
razlagati erklären; erläutern; *(besede)* auslegen, *(sanje, znake)* deuten
razlastitev *f* Enteignung *f*

razlastiti enteignen
razlegati *se* hallen, widerhallen; *po ... se razlega ...* (etw.) hallt vor ... wider
razleteti *se* auseinanderlaufen; zerschellen
različen verschieden, unterschiedlich; *popolnoma ~* grundverschieden; *~a merila* zweierlei Maß
različica *f* Spielart *f*
različnost *f* Verschiedenheit *f*
razlika *f* Unterschied *m*
razlikovati unterscheiden (*se* sich), *~ med* auseinanderhalten *A; ~ se od* abweichen von
razliti verschütten, vergießen
razloček *m* Unterschied *m*
razločen deutlich
razločevati unterscheiden, auseinanderhalten
razločnost *f* Deutlichkeit *f*
razlog *m* Grund *m*; *brez ~a* grundlos
razložiti erklären; *gl.* **razlagati**
razmah *m* Entfaltung *f*, Blüte *f*
razmakniti *se* auseinanderrücken
razmazati verschmieren, verstreichen
razmehčati aufweichen
razmejitev *f* Abgrenzung *f*
razmere *pl* Verhältnisse *pl*
razmerje *n* Verhältnis *n*; *začeti ~ z* sich einlassen mit
razmeroma verhältnismäßig
razmesariti zerfleischen
razmetavati herumwerfen (mit)
razmik *m* Abstand *m*; Spanne *f*
razmišljati nachdenken (*o* über), *~ o čem* etw. erwägen; *gl.* **premišljevati**
razmnoževanje *n* Vermehrung *f*; Fortpflanzung *f*
razmnoževati vervielfältigen; *~ se* sich fortpflanzen, sich vermehren
razmočiti (*se*) aufweichen
raznašalec *m* Austräger *m*
raznašati austragen
raznesti (*časopis*) austragen; explodieren (*je razneslo* ist explodiert)
raznetiti (*strasti ipd.*) entfesseln
raznežiti *se* sentimental werden
razni verschiedene
raznovrsten verschiedenartig, verschieden, vielerlei
razobesiti (*perilo*) aufhängen; (*zastavo*) hissen
razočaranje *n* Enttäuschung *f*; *doživeti ~ (v pričakovanju)* getäuscht werden
razočarati enttäuschen
razodeti offenbaren
razoglav barhaupt, barhäuptig
razorožitev *f* Abrüstung *f*
razorožiti entwaffnen
razpad *m* Verfall *m*, Zerfall *m*
razpadati, razpasti zerfallen; auseinanderfallen, sich auflösen
razpakirati auspacken
razparati aufschlitzen
razpečavanje *n* Vertrieb *m*
razpeti (*dežnik*) öffnen, (*šotor*) aufstellen; (*blago*) auslegen

razpihovati *(ogenj, strasti)* entfachen
razpis *m* Ausschreiben *n* (*nagradni* Preisausschreiben), Wettbewerb *m*
razpisati ausschreiben; *(nagrado)* aussetzen
razplesti entwirren; *(zadeva se srečno razplete)* ein (glückliches) Ende finden
razpočiti *se* bersten
razpoka *f (v steklu, zidu)* Sprung *m*, *(v lesu, ledeniška ~)* Spalt *m*, *(v zidu ipd.)* Riß *m*; Ritze *f*
razpokan rissig
razpokati platzen, springen, aufspringen; *(roke)* rissig werden
razpolaga *biti na ~o* zur Verfügung stehen; *dati na ~o* bereitstellen
razpolagati *z* verfügen über
razpoloviti halbieren
razpoložen gutgelaunt; *biti (prijateljsko) ~ do D* (freundlich) gegenüberstehen
razpoloženje *n* Stimmung *f*; Laune *f*; *spraviti v dobro ~* fröhlich stimmen
razpoložljiv verfügbar; zur Verfügung stehend
razpon *m* Gefälle *n*
razporeditev *f* Anordnung *f*, Einteilung *f*; Streuung *f*
razporediti einteilen, *(predmete)* aufstellen, anordnen
razporek *m* Schlitz *m*
razposajen *m* ausgelassen
razposlati aussenden, versenden
razpostaviti aufstellen; *(blago)* auslegen
razpošiljanje *n* Versand *m*
razpotje *n* Kreuzweg *m*
razprava *f* Abhandlung *f*; *(sodna)* Verhandlung *f*, Diskussion *f*
razpravljati *o* erörtern *A*
razpredelnica *f* Schautafel *f*, Tabelle *f*
razpreti spreizen
razprodaja *f* Ausverkauf *m*
razprodan ausverkauft, vergriffen
razprodati verkaufen; abstoßen
razprostirati *se* sich erstrekken
razprostreti auslegen, ausrollen
razpršen zerstreut
razpršilec *m* Zerstäuber *m*
razpršiti zerstäuben, *fig.* zerstreuen; *~ se* verfliegen, sich verflüchtigen
razprtija *f* Zwist *m*
razpustiti auflösen, *(lase)* öffnen
razpuščen offen, lose
razred *m* Klasse *f*; *ponavljati ~* nicht versetzt werden
razredčiti verdünnen, *(z vodo)* wässern
razredni Klassen- (*~ sovražnik* Klassenfeind)
razrednica *f* Klassenbuch *n*
razrednik *m* Klassenlehrer *m*
razrešiti *(osebo)* absetzen, *(odbor)* entlasten, *(krizo)* beilegen
razrezati zerschneiden, aufschneiden; *(žival)* zerlegen
razriti zerwühlen, aufwühlen
razrušiti zerstören, in Trümmer legen, *(mesto, zidove)* schleifen

razrvan *(živci)* zerrüttet
razsajati grassieren, sein Unwesen treiben
razsekati zerhacken
razsežen ausgedehnt, weit
razsipati streuen, verstreuen; *(denar)* verschwenden, verschleudern
razsipavanje *n* Verschwendung *f*
razsodba *f* Urteil *n*
razsodišče *n* Gericht *n*; Schiedsgericht *n*
razsoditi urteilen; (das) Urteil fällen
razsodnik *m* Schiedsrichter *m*
razsodnost *f* Umsicht *f*, Urteilskraft *f*
razsrjen erbost
razstava *f* Ausstellung *f* (*svetovna* Weltausstellung); Schau *f*
razstavišče *n* Ausstellungsplatz *m*; Messe *f*
razstaviti auseinandernehmen; ausstellen
razstavljavec *m* Aussteller *m*
razstavni Ausstellungs- (~ *katalog* Ausstellungskatalog)
razstrelitev *f* Sprengung *f*
razstreliti sprengen
razstrelivo *n* Sprengstoff *m*
razsulo *n* Zusammenbruch *m*, Zerfall *m*
razsuti ausstreuen, verstreuen
razsvetliti beleuchten
razsvetljava *f* Beleuchtung *f*
razsvetljen aufgeklärt; beleuchtet
razsvetljenstvo *n* Aufklärung *f*
razširiti, razširjati verbreiten *(vonj ipd.)*, ausbreiten; *(obrat)* erweitern, ausbauen
razširjenost *f* Verbreitung *f*, Ausdehnung *f*
razširjen verbreitet
raztegljiv dehnbar; Auszieh- (~*a miza* Ausziehtisch)
raztegljivost *f* Dehnbarkeit *f*
raztegniti dehnen, ausdehnen, ausziehen; strecken
raztezanje *n* Ausdehnung *f*, Dehnung *f*
raztopina *f* Lösung *f*
raztopiti lösen (*se* sich), zergehen lassen, *(mast)* zerlassen; ~ *se (na jeziku ipd.)* zergehen
raztovarjati ausladen, entladen, die Fracht löschen
raztresen zerstreut, zerfahren, geistesabwesend
raztresti zerstreuen
raztreščiti *se* zerschellen (*ob* an)
raztrgan abgerissen, *(blago)* zerrissen; *biti* ~ einen Riß haben
raztrgati zerreißen *(se)* *(blago)* zerfetzen; *(roparica plen)* reißen
raztrositi streuen, verstreuen
razum *m* Verstand *m*
razumem verständig; vernünftig
razumeti verstehen (*narobe* ~ mißverstehen); begreifen, *F* mitbekommen *A*, mitkommen *(intr.)*; ~ *se s kom* sich vertragen mit, sich verstehen
razumevajoč verständnisvoll

razumevanje *n* Verständnis *n*
razumljiv verständlich, begreiflich; *splošno* ~ gemeinverständlich
razuzdan ausschweifend
razvada *f* Unart *f*, Unsitte *f*
razvajati verwöhnen
razvalina *f* Ruine *f*, *(človek)* Wrack *n*
razvaljati *(testo)* ausrollen
razvedeti *se* sich herumsprechen, durchsickern
razvedrilo *n* Zerstreuung *f*, Erholung *f*
razvedriti aufheitern, unterhalten
razveljaviti außer Kraft setzen, aufheben; *(izkaznico ipd.)* für ungültig erklären
razveljavljenje *n* Ungültigkeitserklärung *f*, Aufhebung *f*
razveseliti freuen, erfreuen; viel Freude bereiten, entzücken
razveseljiv erfreulich
razveza *f* Scheidung *f*
razvezan geschieden
razvezati lösen, aufbinden; *(zakon)* scheiden; ~ *se* sich scheiden lassen
razviden ersichtlich
razvideti entnehmen *D*, ersehen aus
razvijati, razviti *(kaj zavitega)* aufrollen, auswickeln, auspacken; entwickeln (*se* sich); *(dejavnost, obrat)* ausbauen; ~ *se* sich entfalten
razvleči (testo) ausziehen; *(povest ipd.)* in die Länge ziehen; ~ *se (blago)* sich verziehen
razvodje *n* Scheide *f*, Wasserscheide *f*
razvoj *m* Entwicklung *f* *(začeti se* einsetzen); Entfaltung *f*, Ausbau *m*
razvozlati *(vozel)* lösen; *(niti, fig.)* entwirren; *fig.* entschlüsseln, entziffern
razvpit verrufen
razvrednotenje *n* Abwertung *f*, Entwertung *f*
razvrednotiti abwerten, entwerten
razvrstiti aufreihen; gliedern (in), einteilen
razzlogovati die Silben trennen
razžagati zersägen
razžaliti kränken, beleidigen
razžalostiti traurig stimmen / machen; ~ *se* traurig werden
razžariti entfachen
razžarjen *(železo)* weißglühend
razživeti *se* aufleben; in Stimmung kommen
razžreti zerfressen; durchfressen
razžrt zerfressen
raženj *m* Spieß *m*
rdeč rot; *~i križ* Rotes Kreuz; *rdeče zelje* Rotkohl
rdečelas rothaarig
rdečica *f* Rot *n*, Röte *f*
rdečilo rote Tinte *f*; Rot *n*; *(za ustnice)* Lippenstift *m*
rdečkast rötlich
rdečke *pl* Röteln *pl*
reagirati reagieren; *(na zdravilo, zdravljenje)* ansprechen auf
reaktivni *pogon* Düsenantrieb

reber *f* Hang *m*
rebro *n* Rippe *f*; *(čokolade)* Riegel *m*
recept *m* Rezept *n*; *samo na ~* nur auf ärztliche Verordnung
recipročen gegenseitig, wechselseitig
recitirati deklamieren; aufsagen
reč *f* Ding *n*; Sache *f*; *lepa ~* eine schöne Geschichte *f* / Bescherung *f*; *(te reči)* das Zeug *n*
reči sagen; *recimo* zum Beispiel; *recimo, da* angenommen daß ...; *če bo recimo ...* sollte er ...; *reči bobu bob* das Kind beim Namen nennen
red *m* Ordnung *f* (*hišni ~* Hausordnung, *dnevni ~* Tagesordnung); *(odlikovanje, meniški ~)* Orden *m*; *(šolski)* Note *f*, Zensur *f*; *vozni ~* Fahrplan *m*, *(knjiga)* Kursbuch *n*; *gosji ~* Gänsemarsch *m*; *to je v ~u* das geht in Ordnung / es stimmt
redakcija *f* Redaktion *f*
redar *m* Ordnungshüter *m*
redčiti lichten (*se* sich), auslichten; *~ se (lasje)* schütter werden
redek *(juha ipd.)* dünn, lang, *(gozd)* licht, *(lasje)* schütter, *(ptič, najdba ipd.)* selten; *~i ljudje* wenige; *~o* selten
reden regelmäßig, *(delovno mesto)* planmäßig; ordentlich *(tudi profesor)*; *redno* regelmäßig
redilen nahrhaft
reditelj *m* Ordner *m*
rediti nähren, ernähren; *(živali)* halten, züchten: *~ se* zunehmen
redkev *f* Rettich *m*
redkobeseden wortkarg, kurz angebunden
redkost *f* Seltenheit *f*
redkvica *f* Radieschen *n*
rednica *f* Pflegemutter *f*
redovati Zensuren geben
referent *m* Sachbearbeiter *m*
reforma *f* Reform *f*
refren *m* Kehrreim *m*
regal *m* Regal *n*
registracija *f* Eintragung *f*; *(avta)* Zulassung *f*
registrator *m* Ordner *m*
registrirati registrieren, eintragen; *(avto)* zulassen
regljanje *n* Gequake *n*; *fig.* Geschnatter *n*
regljati quaken; *fig.* schnattern
regrat *m* Löwenzahn *m*
regulator *m* Regler *m*
reja *f* Zucht *f*, Züchten *n*; Aufzucht *f*
rejec *m* Züchter *m*
rejen beleibt; *(žival)* rund
rejenec *m* Pflegekind *n*, Ziehkind *n*
rek *m* Spruch *m*
reka *f* Fluß *m*, *(velika ~, fig.)* Strom *m*; *po ~i navzgor / navzdol* flußaufwärts, flußabwärts
reklama *f* Werbung *f*, Reklame *f*; *delati ~o za* werben für
reklamirati *(napako)* beanstanden
reklamni Werbe- (*~ oddelek* Werbeabteilung)

rekord *m* Rekord *m* (*svetovni* Weltrekord)
rekordni *čas* Rekordzeit
relativen relativ; bezüglich
relief *m* Relief *n*
religija *f* Religion *f*
renčati knurren
rentačiti brummen, knurren, sich ärgern
rentgen *m* Röntgen *n*, Röntgenapparat *m*
rentgenizirati röntgen
rep *m* Schwanz *m*, *(kometa, fig.)* Schweif *m*; *(lisice)* Fahne *f*, *(volka, psa)* Rute *f*; *(letala)* Heck *n*; (5 ~ov v hlevu) Stück *n*; *imeti ~ in glavo* Hand und Fuß haben
repa *f* Rübe *f*
repast *(lasje)* strähnig
repatica *f* Komet *m*
repatriacija *f* Rückführung *f*
republika *f* Republik *f*; *ljudska* ~Volksrepublik
res wahr; *(~ dela, mi je žal ipd.)* wirklich; *za~* ernst, im Ernst, ernstlich; *~ je* es ist wahr, es trifft zu; *~ je, da ...* zwar
resa *f* Borste *f*, Granne *f*, *(na obleki)* Franse *f*; *bot.* Heidekraut *n*
resast rauhaarig, *(pes)* Drahthaar- (Drahthaarterrier)
resen ernst; ernsthaft; *resno se lotiti G* Ernst machen mit; *ali misliš ~o* ist das dein Ernst? *ne vzeti ~o* auf die leichte Schulter nehmen, *(svarila)* in den Wind schlagen
resje *n* Heidekraut *n*, Erika *f*
resnica *f* Wahrheit *f* (*pogrošna* Binsenwahrheit); *v ~i* in Wirklichkeit, in der Tat; *(govoriti ~o* die Wahrheit sagen, *čista ~* die reine Wahrheit)
resnicoljubnost *f* Wahrheitsliebe *f*
resničen wahr, *(~o velik, oster ipd.)* wahrhaft; *(dejanski)* wirklich; *(trditev)* zutreffend; *~o* wahrlich, wirklich
resnost *f* Ernst *m*, *(bolezni)* Schwere *f*
rešetati sieben; *fig.* erörtern
rešetka *f* Gitter *n*, Rost *m*
rešeto *n* Sieb *n*
reševalen Rettungs- (*~a služba* Rettungsdienst, Rettung)
reševanje *n* *(ponesrečenca)* Bergung *f*
reševati *(ponesrečence)* bergen; *(naloge, uganke)* lösen
rešilni erlösend; *~i čoln* Rettungsboot
rešitelj *m* Retter *m*, *fig.* Erlöser *m*
rešitev *f* Rettung *f*; Lösung *f*
rešiti retten (*se* sich); *(ponesrečenca)* bergen; *(uganko, nalogo)* lösen; *~ G (nadloge, skrbi)* erlösen (von); *~ pred* bewahren (vor), *(smrtjo)* entreißen *D*; *(prošnjo)* entscheiden, bewilligen; *~ se* davonkommen, entrinnen *D*; *~ se G* sich entledigen *G*
rešljiv lösbar
revalvirati aufwerten
reven arm (*G/z* an), *zelo ~* blutarm; *(znanje, pesem)* schlecht, elend

revež *m* der Arme; ein armer Hund
revija *f* Zeitschrift *f*; *(na ledu ipd.)* Revue *f*
revmatizem *m* Rheuma *n*, Rheumatismus *m*
revolucija *f* Revolution *f*
revolucionar *m* Revolutionär *m*
revščina *f* Elend *n*, Armut *f*
rez *m* Schnitt *m*
rezanci *pl* Nudeln *pl*
rezati schneiden; ausschneiden, beschneiden
rezbarija *f* Schnitzerei *f*, Schnitzwerk *n*
rezek schrill; scharf
rezervacija *f* Buchung *f*
rezervirati vorbestellen; buchen, belegen
rezgetati wiehern
rezilo *n* Klinge *f*, Schneide *f*; Blatt *n*
rezina *f* Schnitte *f*; Scheibe *f*
rezljati schnitzen, schnitzeln
rezultat *m* Resultat *n*, Ergebnis *n* (*končni* Endergebnis)
reža *f* Schlitz *m*, Spalt *m*
režati *se* grinsen; ~ *se kot pečen maček* wie ein Primeltopf grinsen
režija *f* Regie *f*
režim *m* Regime *n*
režiser *m* Regisseur *m*
riba *f* Fisch *m*
ribariti fischen, *(na trnek)* angeln; ~ *v kalnem* im Trüben fischen
ribati schrubben, scheuern
ribez *m* Johannisbeere *f*
ribežen *m* Reibeisen *n*
ribič *m* Fischer *m*; *(športni) Angler m*
ribiška *palica* Angelrute *f*
ribištvo *n* Fischerei *f*
ribji Fisch- (*~a jed* Fischgericht), *~e olje* Lebertran *m*
ribnik *m* Teich *m*, Weiher *m*
ribolov *m* Fischerei *f*
ricinovo *olje* Rizinusöl *n*
rida *f* Haarnadelkurve *f*
rigati schreien (der Esel schreit)
rigniti rülpsen, aufstoßen
rilec *m* Rüssel *m*
rima *f* Reim *m*
rimati reimen (*se* sich)
riniti schieben; ~ *se* sich drängen, drängeln
ris *m zoo.* Luchs *m*; *(krog)* Zauberkreis *m*
risalni Zeichen- (*~a deska* Zeichenbrett)
risanje *n* Zeichnen *n*
risanka *f* Zeichenheft *n*, Zeichenblock *m*; *(film)* Trickfilm *m*
risar *m* Zeichner *m*
risati zeichnen
risba *f* Zeichnung *f*; ~ *s tušem* Tuschzeichnung
rit *f V* Arsch *m*, *fig.* Arschloch *n*
ritka *f* Popo *m*
ritast bockig
ritensko rücklings, rückwärts
riti wühlen; scharren
riž *m* Reis *m*
rja *f* Rost *m*
rjast rostig, verrostet
rjav braun
rjaveti rosten
rjavkast bräunlich
rjovenje *n* Gebrüll *n*
rjoveti brüllen; ~ *na* anbrüllen *A*
rjuha *f* Bettuch *n*, Laken *n*

rman *m* Schafgarbe *f*
rob *m* Rand *m*, *(na obleki)* Saum *m*, *(tkan ~, na deski ipd.)* Kante *f*; *(na klobuku)* Krempe *f*; *(grede)* Einfassung *f*, *(pogorja)* Ausläufer *pl*; *postaviti se po ~u D* sich *D* entgegenstellen/entgegensetzen
robantiti brummen, knurren
robat derb, grob; hemdsärmelig
robec *m* Taschentuch *n*
robidnica *f* Brombeere *f*
robiti säumen
robnik *m* Bordstein *m*, Randstein *m*
robot *m* Roboter *m*
roč *m*, **ročaj** *m (pri košari, skodelici, vrču)* Henkel *m*; Griff *m*; *(pri lopati)* Stiel *m*
ročen Hand- (*~o delo* Handarbeit); *~o* hurtig, schnell
ročica *f* Schalthebel *m*; Bedienung *f* (*pri kurjavi* Heizungsbedienung)
ročka *f* Kanister *m*, Kanne *f*
rod *m* Geschlecht *n*, *biol.* Gattung *f*; *~ vojske* Waffengattung *f*; *v ~u* in der Familie; *(biti si) v ~u* verwandt/versippt sein; *po rodu (iz)* gebürtig (aus)
rodbina *f* Familie *f*, Sippe *f*
roden fruchtbar
roditelj *m* Elternteil *m*; *~i* Eltern *pl*
roditi gebären, entbinden *(intr.)*; zur Welt bringen; *(sadje ipd.)* tragen; *~ se* geboren werden, zur Welt kommen
rodni *(otrok, brat)* leiblich; *(kraj)* Geburtsort
rodoviten fruchtbar
rodovnik *m* Stammbaum *m*, Stammtafel *f*
rog *m* Horn *n*; *pokazati roge D* die Hörner bieten *D*
rogač *m* Hirschkäfer *m*
rogati *se D* verhöhnen *A*
rogljič *m* Hörnchen *n*, Kipfel *n*
rogoviliti lärmen, Krach schlagen
rogoznica *f* Matte *f*
rohneti wettern
roj *m* Schwarm *m*
rojak *m* Landsmann *m*
rojen geboren
rojiti schwärmen, ausschwärmen
rojstni Geburts- (*~a hiša* Geburtshaus, *~ dan* Geburtstag)
rojstvo *n* Geburt *f*
rok *m* Frist *f* (*odpovedni ~* Kündigungsfrist); *v roku* termingemäß
roka *f* Hand *f*, Arm *m*; *fig. močna ~* der starke Mann; *za ~o* bei / an der Hand, *pod ~o (držati)* unter dem Arm, *(prodati)* unter der Hand; *v ~e* zu (eigenen) Händen; *iz druge ~e (kupiti)* aus zweiter Hand; *podati si ~e* sich die Hände reichen; *dobiti v ~e* habhaft werden *G*; *ostati praznih rok* leer ausgehen; *spraviti A komu* v *~e* in die Hände spielen; *imeti (trdno) v ~h* (fest) im Griff haben *A*
rokav *m* Ärmel *m*, *(rečni) Arm m*
rokavica *f* Handschuh *m*
rokoborba *f* Ringkampf *m*

rokoborec *m* Ringkämpfer *m*, Ringer *m*
rokomet *m* Handball *m*
rokopis *m* Handschrift *f*
romanje *n* Wallfahrt *f*
romantičen romantisch
romar *m* Pilger *m*
romati pilgern
rop *m* Raub *m*; *cestni ~* Straßenraub
ropar *m* Räuber *m*
roparica *f* Raubtier *n*; *(ptica)* Raubvogel *m*
roparski Raub- (*~ napad* Raubüberfall)
ropati plündern, rauben
ropot *m* Lärm *m*, Gepolter *n*, Getöse *n*
ropotarnica *f* Rumpelkammer *f*, Abstellkammer *f*
ropotati rumpeln, lärmen; Krach schlagen; *(motor, stroj)* knattern, rattern
ropotija *f* Gerümpel *n*
rosa *f* Tau *m*; Tautropfen *pl*
rositi, rosi es nieselt
roteč flehend; eindringlich
rotiti flehen; beschwören *A*
rotovž *m* Rathaus *n*
rov *m* Schacht *m*; Stollen *m*
rovarjenje *n* Umtriebe *pl*
rovaš *m* Kerbholz *n*
rozina *f* Rosine *f*, Korinthe *f*
roža *f* Blume *f*; *(vrtnica)* Rose *f*; *suha ~* Strohblume *f*; *(petelinova)* Kamm *m*
rožast geblümt
roženica *f* Hornhaut *f*
rožice *pl* Blümchen *pl*; *biti v ~ah* einen Schwips/einen Affen haben, angeheitert sein
rožič *m* Johannisbrot *n*
rožljati rasseln
rožmarin *m* Rosmarin *m*
rožnat rosig; *(barva)* rosa
rubežnik *m* Gerichtsvollzieher *m*
rubiti pfänden
ruda *f* Erz *n*
rudar *m* Bergmann *m*, Bergarbeiter *m*
rudarstvo *m* Bergbau *m*
rudnik *m* Bergwerk *n*; Mine *f*; *delati v ~u* unter Tage arbeiten
rumen gelb
rumeneti gelb werden; vergilben
rumenjak *m* Dotter *n*; Eigelb *n*
rumenkast gelblich
runo *n* Vlies *n*
rušenje *n* Abbruch *m*, Abriß *m*
ruševina *f* Ruine *f*; Trümmer *pl*
rušiti *gl.* **porušiti**
ruta *f* Tuch *n*; *naglavna ~* Kopftuch
ruvati *se* balgen; ringen
rž *f* Roggen *m*
ržen Roggen- (*~ kruh* Roggenbrot)

S

s *gl.* **z**
sablja *f* Säbel *m*
sabljati *se* fechten
sad *m*, **sadež** *m* Frucht *f*
sadika *f* Pflanze *f*
saditi pflanzen; anbauen
sadjar *m* Obstzüchter *m*
sadjarstvo *n* Obstbau *m*
sadje *n* Obst *n*; *koščičasto ~* Steinobst
sadjevec *m* Obstschnaps *m*
sadni Frucht- (*~ sok* Fruchtsaft)
sadovnjak *m* Obstgarten *m*
sadra *f* Gips *m*
saj doch; ja eben
sajast rußig
saje *pl* Ruß *m*
salama *f* Salami *f*
sam allein; *(osebno)* selbst, selber; *~ od sebe* von selbst, von sich aus; *(~i otroci, ~e besede)* lauter, nur; *~o ob sebi umevno* selbstverständlich
samec *m* Junggeselle *m*; *zoo.* Männchen *n*
samevati allein sein; verlassen sein
samica *f* Weibchen *n*
samo nur; nichts als; lediglich; *(~o neumnosti)* lauter
samohvala *f* Eigenlob *n*
samokolnica *f* Schubkarre *f*, Karren *m*
samokres *m* Revolver *m*
samoljubje *n* Eigenliebe *f*
samomor *m* Selbstmord *m*; Freitod *m*; (*narediti ~* sich umbringen, Selbstmord verüben
samomorilec *m* Selbstmörder *m*
samonikel urwüchsig
samoobramba *f* Selbstverteidigung *f*
samoodločba *f* Selbstbestimmung
samopomoč *f* Selbsthilfe *f*
samopostrežen Selbstbedienungs- (*~a trgovina* Selbstbedienungsladen)
samospev *m* Lied *n*
samosprožilec *m* Selbstauslöser *m*
samostalnik *m* Hauptwort *n*
samostan *m* Kloster *n*
samostanski klösterlich
samostojen selbständig
samostojnost *f* Selbständigkeit *f*
samota *f* Einsamkeit *f*; Einöde *f*
samotar *m* Einzelgänger *m*
samoten einsam; abgelegen
samouk *m* Autodidakt *m*
samoumeven selbstverständlich; *je ~o* (es) versteht sich von selbst
samoupravljanje *n* Selbstverwaltung *f*
samovolja *f* Willkür *f*
samovoljen eigenwillig, eigenmächtig; willkürlich
samovšečen selbstgefällig

samozavest *f* Selbstbewußtsein *n*; Selbstvertrauen *n*
samozavesten selbstbewußt
samski ledig
sanatorij *m* Heilanstalt *f*, Sanatorium *n*
sandala *f* Sandale *f*
sani *pl* Schlitten *m* (*peljati se s ~mi* Schlitten fahren)
sanica *f* Kufe *f*
sanitaren sanitär
sanitarije *pl* sanitäre Einrichtungen *pl*
sanjač *m* Träumer *m*
sanjariti *o* träumen von, schwärmen von
sanjarjenje *n* Wachtraum *m*; Träumerei *f*
sanjati träumen (*o* von); *o tem sanja* das ist sein Wunschtraum
sanjav, sanjaški träumerisch, schwärmerisch
sanje *pl* Traum *m*; *(želja)* Wunschtraum *m*
sankališče *n* Rodelbahn *f*
sankati *se* rodeln
sanke *pl* Rodel *m*; Schlitten *m*
sapa *f* Atem *m*, *F* Puste *f*; *(vetrič)* Luftzug *m*, Lüftchen *n*; *v eni ~i* in einem Atemzug; *priti ob ~o* außer Atem kommen; *loviti ~o* nach Atem ringen; *zapreti ~o* die Sprache/Rede verschlagen; *ob ~o* atemlos, *fig.* sprachlos
sapica *f* Lüftchen *n*, Brise *f*
sapnik *m* Luftröhre *f*
sardina *f* Sardine *f*; *fig.* Hering *m* (*kot ~e* wie Heringe)
sat *m* Wabe *f*
satanski teuflisch
satelit *m* Satellit *m*, Trabant *m*
satovje *n* Waben *pl*
scati *V* pissen
scela aus einem Stück
scena *f* Szene *f*; Bühnenbild *n*
scenarij *m* Drehbuch *n*
scenograf *m* Bühnenbildner *m*
sčasoma mit der Zeit
se, sebe *(on, ona, ono, oni, Vi)* sich, *(jaz)* mich, mir, *(ti)* dich, dir, *(mi)* uns, *(vi, vidva)* euch; *biti iz sebe* außer sich, aus dem Häuschen, *imeti pri ~i* bei sich haben, mitführen; *imeti na ~i (klobuk)* aufhaben, *(obleko)* anhaben
sebičen selbstsüchtig
sebičnost *f* Selbstsucht *f*
seč *m* Harn *m*
seči greifen (*po* nach); *(segati do)* reichen bis; *~ v besedo* ins Wort fallen
sečišče *n* Schnittpunkt *m*
sečni Harn- (*~ mehur* Harnblase)
sedaj jetzt, zur Zeit, derzeit; *do ~* bisher, bislang
sedalo *n* Gesäß *n*
sedanji gegenwärtig, jetzig, derzeitig; *(predsednik ipd.)* amtierend
sedanjost *f* Gegenwart *f*
sedem sieben
sedemdeset siebzig
sedemdeseti siebzigste
sedemdesetletnik *m* Siebziger *m*
sedemkrat siebenmal
sedemnajst siebzehn
sedeti sitzen; *udarec sedi* das trifft

sedež *m (v avtu ipd.)* Sitz *m*; Sessel *m*; Sitzgelegenheit
sedežnica *f* Sessellift *m*
sedlo *n* Sattel *m*; *(prelaz)* Paß *m*
sedmerokotnik *m* Siebeneck *n*
sedmič siebentens; zum siebten Mal
sedmina *f* Siebtel *n*; *(po pogrebu)* Totenmahl *n*
segati *(do)* gehen (bis an), reichen (bis), ragen; ~ *v* übergreifen in; *ne segati do kolen* nicht das Wasser reichen können
segniti verfaulen
segreti erwärmen
seja *f* Sitzung *f* (*imeti* abhalten)
sejati säen; *(skozi sito)* sieben, seihen
sejem *m* Messe *f*; Jahrmarkt *m*
sejnina *f* Sitzungsgeld *n*, Diäten *pl*
sekalec *m* Schneidezahn *m*
sekati *(drevo)* fällen, *(gozd)* schlagen; *(drva)* hacken
sekira *f* Axt *f*, Beil *n*; *bojna* ~ Streitaxt
sekretar *m* Sekretär *m*; *namestnik ~ja* zweiter ~; *namestnik državnega ~ja* Unterstaatssekretär
seksualen sexuell
sekunda *f* Sekunde *f*; *do ~e* auf die ~
sekundaren sekundär
sel *m* Bote *m*
selitev *f* Umzug *m*
seliti siedeln; ~ *se* umziehen, ziehen; *(ptice)* wandern
selitveni *stroški pl* Umzugskosten *pl*
selivka *f* Wandervogel *m*, Zugvogel *m*
sem her, heran, herbei, *(preko česa)* herüber; hierher; ~ *ter tja* hin und her, *(kdaj pa kdaj)* dann und wann, hie und da
semafor *m* Verkehrsampel *f*, Ampel *f*
seme *n* Samen *m*
semenišče *n* Priesterseminar *n*
semenj *m* Jahrmarkt *m*; Messe *f*; *fig.* Rummel *m*
semkaj hierher, herbei
sen *m* Traum *m*; Schlaf *m*
senca *f* Schatten *m* (*dajati* spenden); *postaviti v ~o* in den Schatten stellen, *fig.* jm die Schau stehlen
sence *n* Schläfe *f*
senčen schattig; *~a stran* Schattenseite
senčnik *m* Lampenschirm *m*, Schirm *m*
sendvič *m* belegtes Brot *n*, Sandwich *n*
senen Heu- (*~i nahod* Heuschnupfen)
senik *m* Heuboden *m*, Heuschober *m*
seno *n* Heu *n*
sentimentalen sentimental; empfindsam; *fig. iron.* schmalzig
september *m* September *m*
serija *f* Serie *f*, Reihe *f*, Folge *f*
serum *m* Serum *n*
servirati servieren, auftragen; *(jed.)* vorsetzen; *fig.* auftischen
servis *m (posode)* Service *n*; *(avtomobilski ipd.)* War-

tung *f*, *(delavnica)* Reparaturwerkstatt *f*
sesalec *m* Säuger *m*, Säugetier *n*
sesalnik *m za prah* Staubsauger *m*
sesati saugen; *(prst)* lutschen
sesek *m* Zitze *f*
sesekljati wiegen (*drobno* fein), *(meso)* hacken
sesesti *se* zusammensacken; zusammenfallen
sesiriti *se* gerinnen, *(mleko)* zusammengehen
sesljati lispeln
sestanek *m* Sitzung *f*
sestati *se* sich treffen; tagen
sestati, sestojim *iz* bestehen (aus), sich zusammensetzen aus, zusammengesetzt sein aus
sestava *f* Zusammensetzung *f*, Zusammenstellung *f*; Aufstellung *f*
sestavek *m* Aufsatz *m*
sestavina *f* Bestandteil *m*; *(jedi)* Zutat *f*
sestaviti aneinanderfügen; zusammenstellen, *(pogodbo)* abfassen, *(komisijo, reprezentanco)* aufstellen, bilden
sestavljen zusammengesetzt
sestavljenka *f* Zusammensetzung *f*
sestavni *del* Bestandteil *m*
sesti sich setzen, Platz nehmen
sestoj *m* Bestand *m*
sestop *m* Abstieg *m*
sestopiti absteigen
sestra *f* Schwester *f*; ~ *v ordinaciji* Sprechstundenhilfe *f*
sestradan ausgehungert
sestreliti abschießen
sestrična *f* Kusine *f*
sesuti *se* einstürzen
sešiti nähen; *(dva dela)* zusammennähen
sešteti zusammenzählen
setev *f* Saat *f*, Aussaat *f*
sevanje *n* Strahlung *f*
seveda freilich, selbstverständlich, natürlich
sever *m* Norden *m*
severni *~no* nördlich (*od* von); *~i* Nord- (*~i tečaj* Nordpol)
severnica *f* Polarstern *m*
severnjak *m* Nordländer *m*
severo- Nord (*~zahod* Nordwesten, *~vzhod* Nordosten)
sezidati errichten; bauen; fertigstellen
seznam *m* Verzeichnis *n*, Liste *f*
seznaniti bekannt machen (*se* sich); ~ *se z* kennenlernen *A*
sezonski Saison- (~ *delavec* Saisonarbeiter)
sezuti ausziehen; ~ *se* die Schuhe ausziehen
sežgati verbrennen; *(truplo)* einäschern
sežig *m* Verbrennen *n*
shajališče *n* Treffpunkt *m*
shajati *z / brez* auskommen mit/ohne; *dobro ~ ob* gut fahren bei; ~ *se z* zusammenkommen
shod *m* Versammlung *f*
shramba *f* Speisekammer *f*
shraniti aufheben; aufbewahren

shujšati abnehmen
shujševalen Abmagerungs- (*~a kura* Abmagerungskur)
sicer sonst, zwar, *(kot grožnja)* andernfalls; immerhin; *~ pa* im übrigen
sidro *n* Anker *m* (*vreči ~* vor ~ gehen, *dvigniti* lichten)
signalni Signal- (*~a zastavica* Signalflagge)
sij *m* Schein *m*; *sončni ~* Sonnenschein, *svetniški* Heiligenschein
sijaj *m* Glanz *m*; Pracht *f*, Prunk *m*
sijajen blendend, großartig; *je ~* (es) ist eine Pracht/ein Prachtstück
sijati scheinen; glänzen
sikati zischen
sila *f* Kraft *f* (*fizikalna; oborožene ~e* Streitkräfte; *z lastno ~o* aus eigener Kraft); Stärke *f* (*konjska ~* Pferdestärke); Macht *f* (*pomorska ~* Seemacht, *velika ~* Großmacht); Gewalt *f* (*surova ~* rohe Gewalt, *storiti ~* Gewalt antun, *uporabiti ~* Gewalt anwenden, *s ~* mit Gewalt, gewaltsam); Not *f* (*za ~o* zur Not), *(stiska)* Notfall *m*, Notlage *f*; *(to je) od sile* zu bunt/allerhand
silen mächtig; heftig
siliti drängen; *k čemu* dringen auf; *~ v koga* eindringen auf; *~ v ospredje* sich vordrängen; *(cvetje)* treiben
silobran *m* Notwehr *f*
silos *m* Silo *m*
silovit heftig; stürmisch
simbol *m* Symbol *n*; Wahrzeichen *n*
simetrija *f* Symmetrie *f*
simfonija *f* Sinfonie *f*
simptom *m (bolezni)* Krankheitszeichen *n*
sin *m* Sohn *m*
sindikat *m* Gewerkschaft *f*
sinica *f* Meise *f*
sinji blau, himmelblau
sinoči gestern abend
sipa *f zoo.* Tintenfisch *m*; *sladkorna* Kristallzucker *m*
sipati schütten, streuen
sir *m* Käse *m*; *~ za mazanje* Streichkäse *m*; *topljeni ~* Schmelzkäse *m*
sirast käsig
sirček *m Quark m*, Topfen *m*
siromak *m* Arme(r) *m*
siromašen arm
siromaštvo *n* Armut *f*
sirota *f* Waise *f*; *(reva)* Arme *f*
sirotišnica *f* Waisenhaus *n*
sirotka *f* Buttermilch
sirup *m* Sirup *m*
sistem *m* System *n*; *izobraževalni ~* Erziehungswesen *n*
sit satt; *biti ~ česa* etw. über haben/satt haben die Nase voll haben von
siten verdrossen, mürrisch; *(nadležen)* lästig
sitnariti *(otroci)* quengeln
sitnost *f imeti ~i z* Verdruß haben mit, Schwierigkeiten haben mit
sito *n* Sieb *n*, *žimnato* Haarsieb
siv grau
siveti grau werden, ergrauen; *(perilo)* vergrauen

sivolas grauhaarig
skakalec *m* Springer *m*
skakalnica *f* Sprungschanze *f*, Schanze *f*; Sprungbrett *n*
skakati springen
skakljati hüpfen
skala *f* Fels *m*, Felsen *m*
skalnat felsig
skavt *m* Pfadfinder *m*
skaza *f mojster ~* Pfuscher *m*, Stümper *m*
skaziti verpfuschen, pfuschen; *(razgled ipd.)* verschandeln
skedenj *m* Scheune *f*
skeleti brennen
skesan reuevoll
skica *f* Skizze *f*; Entwurf *m*
skicirati skizzieren; hinwerfen, aufs Papier werfen
skiro *m* Roller *m*
skisati *se* sauer werden
sklad *m (štipendijski ipd.)* Stiftung *f*; *(finančni)* Fonds *m*; *geol.* Ablagerung *f*; *v ~u z* ... -mäßig (rechtmäßig, vorschriftsmäßig), *D* gemäß
skladati schichten, stapeln; *(skladbe)* komponieren
skladatelj *m* Komponist *m*
skladba *f* Komposition *f*, Stück *n*
skladen harmonisch; *~ z* in Einklang mit, ... gemäß
skladišče *n* Lager *n*, Lagerraum *m*, Lagerhaus *n*; *biti v ~u* lagern
skladnost *f* Harmonie *f*; *(~ s čim)* Einklang *m*
skladovnica *f* Stapel *m*
sklanjatev *f* Deklination *f*
skleda *f* Schüssel *f*, Schale *f*
sklenina *f* Schmelz *m*, Zahnschmelz *m*
skleniti *(zaključiti)* abschließen; *(roke)* falten; beschließen *A*, schließen; einen Beschluß fassen, einen Vorsatz fassen; *~ kupčijo* handelseinig werden
sklep *anat.* Gelenk *n*; Beschluß *m*, (namen) Vorsatz *m*; *(pri sklepanju)* Schluß *m*, Schlußfolgerung *f*
sklepati schließen; folgern; *(o čem)* beschließen über, *(skleniti A)* beschließen *A*
sklepčen beschlußfähig
sklicati einberufen
sklicevati *se na* sich berufen auf, *(pravice)* pochen auf; sich beziehen auf, Bezug nehmen auf
sključen gebeugt, zusammengesunken
sklon *m* Fall *m*
skloniti *se* sich bücken, sich beugen
sklopka *f* Kupplung *f*
skobec *m* Sperber *m*
skobčevka *f (papiga)* Wellensittich *m*
skočiti springen, *z/iz* abspringen, *kvišku* aufspringen, *proti* zuspringen auf; setzen (*~ prek* setzen über); fahren (*pokonci* auffahren, *iz kože* aus der Haut fahren)
skodelica *f* Tasse *f*, Schale *f*
skodla *f* Schindel *f*
skodran *(lasje)* kraus
skok *m* Sprung *m*; Satz *m* (*z enim ~om* mit einem Satz)
skokovit sprunghaft
skomigniti die Achseln zukken
skomigovanje *n* Achselzukken *n*

skop geizig, *(poročilo, zemlja)* karg
skopariti geizen (*z* mit)
skopati *(jarek)* ausheben; ~ *se nad* herziehen über
skopiti verschneiden; entmannen
skopneti *(sneg)* schmelzen; *fig.* vergehen, weg sein
skopost *f* Geiz *m*
skopuh *m* Geizhals *m*, Geizkragen *m*
skopuški geizig, *F* knauserig
skoraj, skoro fast, beinahe
skorajšnji baldig
skorja *f* Rinde *f*; Kruste *f*
skotaliti rollen *(se)*
skotiti werfen
skovir *m* Eule *f*
skozi durch, durch ... hindurch; ~ *okno* aus dem Fenster
skraja anfangs
skrajnež *m* Extremist *m*
skrajni äußerst, ~ *čas* höchste Zeit; *(možnost)* letzte Möglichkeit; *~o* äußerst, höchst
skrajnost *f* Extrem *n*
skrajšati kürzen, *(pot)* abkürzen; verkürzen; *(program)* zusammenstreichen
skrajšava *f* Kürzung *f*
skratka mit einem Wort
skrb *f* Sorge *f*; Besorgnis *f*; Fürsorge *f*; *(za interese ipd.)* Wahrnehmung *f*; *imeti ~i z* Kummer haben mit, etw. bereitet jm Kummer; *biti v ~eh za* sich sorgen um; *delati si ~i za* sich Gedanken machen über, sich Sorgen machen um; *brez ~i* ohne Sorgen, unbesorgt
skrben *(učenec ipd.)* eifrig, *(oče)* sorgsam, pflichtbewußt; sorgfältig
skrbeti *za* sorgen für, *(stare, bolnike)* versorgen, betreuen; *za interese, spomenike ipd.* sich annehmen *G*; *(priskrbeti)* besorgen; Sorge tragen für; *skrbi me za* ich sorge mich um
skrbnik *m* Vormund *m*
skrbnost *f* Sorgfalt *f*
skrbstvo *n* Fürsorge *f*; *socialno* ~ Fürsorgeamt *n*; Wohlfahrt *f*
skrčiti *(program)* zusammenstreichen; ~ *se* schrumpfen; *(blago)* eingehen, einlaufen
skremžiti *(obraz)* verziehen
skrinja *f* Truhe *f*; Kasten *m*
skrinjica *f* Kästchen *n*; *volilna* Wahlurne *f*; *glasbena* Spieldose *f*
skrit verborgen, versteckt
skriti verbergen, verstecken; *(polž roge)* einziehen
skrivač *m* Hehler *m*
skrivaj heimlich, in aller Heimlichkeit, im Stillen; bei Nacht und Nebel
skrivališče *n* Versteck *n*; Schlupfwinkel *m*
skriven heimlich; *(pogled)* verstohlen
skriviti krümmen
skrivnost *f* Geheimnis *n* (*velika* ein tiefes)
skrivnosten geheimnisvoll
skromen bescheiden; *(brez velikih zahtev)* anspruchslos
skromnost *f* Bescheidenheit *f*
skrotovičiti *(besede)* verballhornen

skrpucalo *n* Machwerk *n*
skrtačiti abbürsten, ausbürsten
skruniti schänden
skrušen zerknirscht; schuldbewußt
skubsti rupfen, schröpfen *(tudi fig.)*
skupaj zusammen, beisammen, beieinander; miteinander; *vse* ~ alles zusammen, insgesamt; *držati* ~ zusammenhalten, *dati* ~ zusammentun
skupen gemeinsam; gemein- (Gemeingut)
skupina *f* Gruppe *f*; Ansammlung *f*; *v ~ah* gruppenweise
skupnost *f* Gemeinschaft *f*
skupščina *f* Versammlung *f*; *generalna* Vollversammlung
skušnja *f* Erfahrung *f*
skušnjava *f* Versuchung *f*; *biti v ~i* versucht sein (zu); *spraviti v ~o* in Versuchung bringen
skušnjavec *m* Versucher *m*
skuštran zerzaust, wirr
skuta *f* Quark *m*, Topfen *m*
skvariti verderben
sla *f* Gier *f*, Sucht *f*; Leidenschaft *f*
slab schlecht; *(oči, bolnik)* schwach; übel (*~o mi je* mir ist übel); *~e volje* schlechter Laune, übelgelaunt; *~o je (stoji)* es ist schlecht damit bestellt; *~a stran* Schattenseite, Nachteil; *biti na slabšem* im Nachteil sein
slabeti schwach / schwächer werden
slabič *m* Schwächling *m*
slabiti *A* schwächen *A*
slabokrven blutarm
slabost *f* Schwäche *f*; Übelkeit *f*
slaboten schwächlich; *(bolehen)* hinfällig
slaboumen schwachsinnig
slaboviden schwachsichtig
slabšati *se* sich verschlechtern
slačilnica *f* Umkleideraum *m*
slačiti auskleiden, ausziehen (*se* sich)
slad *m* Malz *m*
sladek süß
sladica *f* Mehlspeise *f*, Süßspeise *f*
sladilo *n* Süßstoff *m*
sladkarije *pl* Süßigkeiten *pl*
sladkati zuckern, süßen; *~ se z* naschen *A*
sladkor *m* Zucker *m*; *sipa* Kristallzucker, *mleti* ~ Puderzucker, *~ v kockah* Würfelzucker
sladkorni Zucker- (*~a bolezen* Zuckerkrankheit); *imeti ~o* zuckerkrank sein
sladkornica *f* Zuckerdose *f*
sladkosneden vernascht, naschhaft
sladkost *f* Süße *f*
sladkovoden Süßwasser- (*~a riba* Süßwasserfisch)
sladokusec *m* Feinschmekker *m*
sladoled *m* Eis *n*, Speiseeis *n*, Gefrorene(s) *n*
slak *m* Winde *f*
slalom *m* Torlauf *m*
slama *f* Stroh *n*
slamica *f* Strohhalm *m*

slamnat Stroh- (*~a vdova* Strohwitwe)
slamnik *m* Strohhut *m*
slamnjača *f* Strohsack *m*
slan salzig, gesalzen; Salz- (*~o pecivo* Salzgebäck)
slana *f* Reif *m*, Frost *m*
slanik *m* Hering *m*; *(pecivo)* Salzstange *f*
slanina *f* Speck *m*
slap *m* Wasserfall *m*; *fig. (besed)* Flut *f*
slasten lecker
slaščica *f* Mehlspeise *f*, Süßspeise *f*
slaščičar *m* Zuckerbäcker *m*
slaščičarna *f* Konditorei *f*
slatina *f* Mineralwasser *n*
slava *f* Ruhm *m*
slavec *m* Nachtigall *f*
slaven berühmt; *~ človek* Berühmtheit *f*
slaviti feiern
slavje *n*, **slavnost** *f* Feier *f*
slavnosten feierlich
slavolok *m* Triumphbogen *m*
sleči entkleiden (*se* sich), *se* sich ausziehen
sled *f* Spur *f*, *(divjadi ipd.)* Fährte *f*; *brez ~u* spurlos; *ni sledu o* von ... fehlt jede Spur
slediti *(vodniku, zgledu, komu z očmi, po vrsti)* folgen *D*; *(zasledovati, ~ pogovoru ipd.)* verfolgen *A*; *(iz tega sledi)* sich ergeben, *(posledice)* erwachsen (aus); *~ si* aufeinanderfolgen *(priti za)* sich anschließen; ablösen *A*
slej ko prej nach wie vor
sleme *n* Dachfirst *m*, First *m*
slep blind (*čisto ~* stockblind); *~ za barve* farbenblind; *~a ulica* Sackgasse, *~e* miši Blindekuh *f*; *na ~o* blindlings
slepar *m* Gauner *m*; Hochstapler *m*
slepariti schwindeln; betrügen
slepec *m* Blinde(r) *m*, *zoo.* Blindschleiche *f*
slepeč blendend, grell
slepič *m* Blinddarm *m*
slepiti blenden; *~ koga / se* jm / sich etw. vortäuschen
slepota *f* Blindheit *f*; *barvna ~* Farbenblindheit; *kurja ~* Nachtblindheit
sličen ähnlich
slika *f* Bild *n*; Bildnis *n*; *(umetniška)* Gemälde *n*
slikanica *f* Bilderbuch *n*
slikanje *n* Malen *n*; Malerei *f*
slikar *m* Maler *m*
slikarstvo *n* Malerei *f*
slikati malen, *(z besedami)* schildern, ausmalen
slikovit malerisch
slina *f* Speichel *m*: *~e se mi cedijo* mir läuft das Wasser im Munde zusammen / mir wässert der Mund
slinavka *f ~ in parkljevka* Maul- und Klauenseuche
slinček *m* Latz *m*, Lätzchen *n*
slišati hören; *slabo ~* schwer hören; *to se lepo sliši* das läßt sich hören; *o tem noče slišati* davon will er nichts wissen
slišen hörbar; *~o* vernehmlich, hörbar
sliva *f* Pflaume *f*, Zwetschke *f*
slivovka *f* Sliwowitz *m*, Slibowitz *m*

slog *m* Stil *m*
sloga *f* Eintracht *f*
sloj *m* Schicht *f*
slok schlank
slon *m* Elefant *m*
slonova *kost* Elfenbein *n*
slonokoščen Elfenbein- (~ *glavnik* Elfenbeinkamm), *je* ~ ist aus Elfenbein
sloneti lehnen; *fig.* ~ *na* ruhen auf
Slovan *m* Slawe *m*
slovar *m* Wörterbuch *n*
sloveč berühmt; namhaft
sloves *m* Ruf *m*, Ruhm *m*
slovesen feierlich, festlich; ~*o obljubiti* hoch und heilig versprechen
slovesnost *f* Feier *f*, Festlichkeit *f*
sloveti *(po)* bekannt sein (für)
slovit berühmt
slovnica *f* Grammatik *f*, Sprachlehre *f*
slovo *n* Abschied *m*
slovstvo *n* Literatur *f*
složen einträchtig
slučaj *m* Zufall *m*
slučajen zufällig, Zufalls- (~ *znanec* Zufallsbekannter)
sluga *m* Diener *m*
sluh *m* Gehör *n*
slušalka *f* Hörer *m*
slutiti ahnen; *nič hudega sluteč* nichtsahnend, ahnungslos
slutnja *f* Ahnung *f*; Vorahnung *f*, Vorgefühl *n*
sluz *f* Schleim *m*
sluznica *f* Schleimhaut *f*
služabnik *m* Diener *m*
služba *f* Dienst *m* (*vojaška* ~ Wehrdienst, ~ *božja* Gottesdienst); *(službeno mesto)* Stelle *f*, Posten *m*; *(urad)* Amt *n*
služben dienstlich, Dienst- (~*a leta* Dienstjahre, Dienstalter); ~*o mesto* Stelle *f*
službovati Dienst tun; arbeiten
služinčad *f* Dienstboten *pl*
služiti dienen (*kot* als); *(za izgovor)* herhalten (müssen)
služkinja *f* Dienstmädchen *n*
smeh *m* Lachen *n*, Gelächter *n*
smehljaj *m* Lächeln *n*
smehljati *se* lächeln
smejati *se* lachen; (*na ves glas* aus vollem Halse)
smer *f* Richtung *f*; Kurs *m*; *(umetniška)* Strömung *f*; *spremeniti* ~ (ladja ipd.) abdrehen
smernica *f* Richtlinie *f*; Weiche *f*
smerokaz *m* Blinker *m*
smešen lächerlich; spaßig
smešiti lächerlich machen
smetana *f* Sahne *f*, Rahm *m*, *fig.* Elite *f*; *tolčena* ~ Schlagsahne, Schlagobers *n*
smetar *m* Müllkutscher *m*
smeti *pl* Müll *m*, Mist *m*
smeti, smem dürfen
smetišče *n* Misthaufen *m*; *(urejeno)* Müllkippe *f*
smetišnica *f* Kehrschaufel *f*, Mistschaufel *f*
smetnjak *m* Mülleimer *m*, *(hišni)* Mülltonne *f*
smiliti *se*, *smili se mi* (er) tut mir leid
smirkov *papir* Schmirgelpapier
smisel *m* Sinn *m*; *to nima smisla* das hat keinen Sinn

smiseln sinnvoll
smoditi sengen
smodnik *m* Schießpulver *n*; Pulver *n*; *sod smodnika* Pulverfaß
smokva *f* Feige *f*
smola *f* Pech *n*, *fig.* Pechsträhne *f*
smoter *m* Zweck *m*, Ziel *n*
smotrn zweckmäßig
smrad *m* Gestank *m*, Geruch *m*
smrčati schnarchen
smrček *m* Schnauze *f*
smrdeti stinken, (schlecht) riechen
smrdljiv stinkend, stinkig
smreka *f* Fichte *f*
smrkati schniefen, schnüffeln
smrkavec *m* Bengel *m*
smrkelj *m* Nasenschleim *m*, Rotz *m*
smrt *f* Tod *m*; Todesfall *m* (*~ v družini* ein Todesfall in der Familie); *na ~* zu Tode, *na ~ truden* todmüde, *na ~ bolan* todkrank; *do ~i* auf Lebenszeit
smrten sterblich; tödlich; *~i sovražnik* Todfeind
smrtnik *m* Sterbliche(r) *m*
smrtnost *f* Sterblichkeit *f*
smučar *m* Schiläufer *m*, Schifahrer *m*
smučati *se* Schi laufen
smučišče *n* Schigelände *n*, Piste *f*
smučka *f* Schi *m*, Schier *pl*
smučni Schiebe- (*a vrata* Schiebetür)
smukec *m* Talkum *n*
smukniti huschen; schlüpfen
snaga *f* Sauberkeit *f*; *(podjetje)* Müllabfuhr
snaha *f* Schwiegertochter *f*
snažen reinlich, sauber
snažilka *f* Putzfrau *f*; Raumpflegerin *f*
snažiti rein/sauber machen; putzen, reinigen
sneg *m* Schnee *m*; Schneefälle *pl*
Sneguljčica *f* Schneewittchen *n*
snemanje *n* Aufnahmen *pl*; *~ s česa* Abnahme *f*
snemati aufnehmen, filmen; *~ s česa* abnehmen von
snesti aufessen
sneti abnehmen, *(slike)* abhängen
snežen verschneit; *~i mož* Schneemann; *snežni plug* Schneepflug
snežinka *f* Schneeflocke *f*
snežiti schneien
snežka *f* Schneeschuh *m*
snežnica *f* Schneewasser *n*
snidenje *n* Treffen *n*, Zusammenkunft *f*
sniti *se* sich treffen
snop *m* Garbe *f*
snopič *m* Lieferung *f*, Band *m*
snov *f* Stoff *m*
snovati *(narava, duh)* schaffen; planen
snoven stofflich
snubec *m* Freier *m*
snubiti freien; werben um
soba *f* Zimmer *n*; *dnevna ~* Wohnzimmer, *sosednja ~* Nebenzimmer, *~ za goste* Gästezimmer, *tujska ~* Fremdenzimmer; *enoposteljna ~* Einzelzimmer, *dvoposteljna ~* Zweibettzimmer
sobarica *f* Stubenmädchen *n*

sobni Zimmer- (*~a antena* Zimmerantenne)
sobota *f* Sonnabend *m*, Samstag *m* (*v* am); *ob ~ah* sonnabends, samstags
socialen *~o zavarovanje* Sozialversicherung; *~o skrbstvo* Fürsorge *f*, Fürsorgeamt *n*; Wohlfahrt *f*
socialističen sozialistisch
socializem *m* Sozialismus *m*
sociologija *f* Soziologie *f*
sočen saftig
sočivje *n* Gemüse *n*
sočustvovanje *n* Anteilnahme *f*, Teilnahme *f*; Mitgefühl *n*
sočustvovati mitempfinden, mitfühlen; *~ z nekom v čem* teilnehmen an
sočuten mitleidig, mitfühlend
sočutje *n* Mitleid *n*
sod *m* Faß *n*, Tonne *f*
soda *f* Soda *f*
sodavica *f* Soda *n*, Sodawasser *n*
sodba *f* Urteil *n* (*izreči* fällen, *izvršili* vollstrecken); *poslednja ~* das Jüngste Gericht
sodedič *m* Miterbe *m*
sodelavec *m* Mitarbeiter *m*
sodelovanje *n* Mitarbeit *f*, Zusammenarbeit *f*
sodelovati mitarbeiten (*pri* an), mitwirken
sodišče *n* Gericht *n*; Gerichtshof *m*; *mladinsko ~* Jugendgericht; *naglo ~* Standgericht
soditi urteilen; *(presojati)* beurteilen; *(to ne sodi sem)* gehören
sodni gerichtlich, Gerichts- (*~a medicina* Gerichtsmedizin), Rechts- (*i spor* Rechtsstreit, *~a pot* Rechtsweg); *~i dan* der Jüngste Tag
sodnik *m* Richter *m*; *(športni)* Schiedsrichter *m*
sodo *(število)* gerade
sodoben zeitgemäß
sodobnik *m* Zeitgenosse *m*; *~i* Mitwelt *f*
sodrga *f* Gesindel *n*, Pöbel *m*
sodrug *m* Gefährte *m*
sodstvo *n* Justizwesen *n*
soglasen einstimmig; *~o (izvoliti)* mit Stimmeinheit
soglasje *n v ~u z* im Einvernehmen mit; *doseči ~ o* sich einig werden über
soglasnik *m* Konsonant *m*
soj *m* Schein *m*; Schimmer *m*
sok *m* Saft *m*, *sadni ~* Fruchtsaft
sokol *m* Falke *m*; *~ovo oko* Adlerblick
sokovnik *m (električni)* Entsafter *m*
sokriv mitschuldig
sol *f* Salz *n*; *fig.* Witz *m*; *morska ~* Meersalz *n*
solastnik *m* Mitbesitzer *m*
solata *f* Salat *m*; *glavnata ~* Kopfsalat
solina *f* Saline *f*
soliter *m* Salpeter *m*
soliti salzen; *~ pamet* dareinreden
solnica *f* Salzfaß *n*
solza *f* Träne *f*; *v ~ah* unter Tränen; *koga polijejo ~e* jd bricht in Tränen aus
solzen *(obraz)* tränenüberströmt; *(oči)* naß

solziti *se* tränen
solzivec *m* Tränengas *n*
som *m* Wels *m*
somrak *m* Dämmerung *f*; Halbdunkel *n*
sonce *n* Sonne *f* (*pod* unter, *na* in); *fig.* Sonnenschein *m*
sončarica *f* Sonnenstich *m*
sončen sonnig, Sonnen- (*~i sij* Sonnenschein)
sončenje *n* Sonnenbad *n*
sončiti *se* sich sonnen
sončnica *f* Sonnenblume *f*
sončnik *m* Sonnenschirm *m*
soobtoženec *m* Mitangeklagte(r) *m*
soočenje *n* Gegenüberstellung *f*
soočiti gegenüberstellen
soodgovoren mitverantwortlich
soodločanje *n* Mitbestimmung *f*
sopara *f* Dunst *m*, Dampf *m*
soparen dunstig; *(dan)* schwül
sopihati schnauben, schnaufen
sopodpisati gegenzeichnen
sopodpisnik *m* Mitunterzeichner *m*
sopotnik *m* Mitreisende(r) *m*; *(na motorju)* Beifahrer *m*
soprog *m* Gatte *m*, Gemahl *m*
soproga *f* Gattin *f*, Gemahlin *f*
sopsti keuchen
sorazmeren verhältnismäßig
sorazmerje *n* Verhältnis *n*
soroden verwandt
sorodnik *m* Verwandte(r) *m*
sorodnost *f* Verwandtschaft *f*
sorodstvo *n* Verwandtschaft *f*; *v ~u z* verwandt mit
sosed *m* Nachbar *m*; *pri ~u* nebenan
sosednji benachbart; anliegend, angrenzend; *~a soba* Nebenzimmer
soseščina *f* Nachbarschaft *f*
sostanovalec *m* Zimmergenosse *m*; Mitmieter *m*, Mitbewohner *m*
sošolec *m* Mitschüler *m*
soteska *f* Schlucht *f*
soudeležen mitbeteiligt (*pri* an)
sova *f* Eule *f*, Uhu *m*
sovoznik *m* Beifahrer *m*
sovraštvo *n* Feindschaft *f*, Haß *m*
sovražen feindselig; *(čete)* feindlich; *biti ~ do D* feindlich gegenüberstehen
sovražiti hassen; *sovražim A* etw. ist mir verhaßt
sovražnik *m* Feind *m*, *smrtni* Todfeind *m*
sovražnost *f* Feindlichkeit *f*, Feindseligkeit *f*
sožalje *n* Beileid *n*
sožalno *pismo* Beileidsschreiben *n*
spaček *m* Mißgeburt *f*; Mißbildung *f*
spačen verunstaltet, *(obraz)* verzerrt
spačiti *(obraz)* verzerren
spadati gehören, *~ zraven* dazugehören, *skupaj* zusammengehören; *~ pod (zakon)* unterliegen
spajati *se* sich verbinden
spajkati löten
spaka *f* Fratze *f*, *fig.* Mißgeburt *f*
spakedrati verballhornen
spakovati *se* Gesichter/Gri-

massen schneiden; affektiert sprechen
spalni Schlaf- (*~a bolezen* Schlafkrankheit)
spalnica *f* Schlafzimmer *n*
spalnik *m* Schlafwagen *m*
spametovati zur Vernunft bringen; *~ se* zur Vernunft kommen
spanec *m*, **spanje** *n* Schlaf *m* (*rahlo* leise); *zimsko ~* Winterschlaf *m*
spati schlafen, *~ brez prekinitve* durchschlafen; *~ kot polh* schlafen wie ein Murmeltier; *~ zimsko spanje* Winterschlaf halten
specialist *m (zdravnik)* Facharzt *m*
spečati *se z* sich einlassen mit
speči *gl.* **peči**
speljati *(vozilo)* anfahren; *na led* aufs Glatteis führen, irreführen, verleiten; *(ženo)* abspenstig machen
spet wieder
speti heften, zusammenheften; *(lase)* aufstecken
spev *m* Gesang *m*; *labodji ~* Schwanengesang *m*
spirala *f* Spirale *f*
spirati spülen; *(voda zemljo)* abschwemmen
spis *m* Schrift *f*; Schriftstück *n*, Akte *f*, Aufsatz *m*
spisati schreiben; abfassen, verfassen
spisek *m* Verzeichnis *n*, Liste *f*
splahneti schwinden
splakniti spülen, ausspülen
splašiti aufscheuchen, aufschrecken
splav *m (plovilo)* Floß *n*; Fehlgeburt *f*, *(umetni)* Abtreibung
splavitev *(ladje)* Stapellauf *m*
splaviti *(plod)* eine Fehlgeburt haben; abtreiben, eine Abtreibung machen lassen; *(ladjo)* vom Stapel lassen; *biti splavljen* vom Stapel laufen
splet *m (okoliščin)* Verkettung *f*
spletična *f* Zofe *f*, Kammerzofe *f*
spletka *f* Intrige *f*; *~e pl* Machenschaften *pl*
spletkar *m* Intrigant *m*; Ränkeschmied *m*
splezati klettern
sploh überhaupt; *~ kdaj* je, jemals; *~ ne* gar nicht, *~ nič* gar nichts
splošen allgemein; gemein- (*~o koristen* gemeinnützig, *~o razumljiv* gemeinverständlich); General- (*~a stavka* Generalstreik)
splošnost *f* Allgemeinheit *f*
spočeti zeugen; empfangen
spočetje *n* Empfängnis *f*
spočetka anfangs, am Anfang
spočiti *se* (sich) ausruhen
spodaj unten
spodbijati *(oporoko, dokaze)* anfechten; *(komu pravico do)* streitig machen, absprechen; *spodbijan* umkämpft
spodbiti *(dokaze)* widerlegen
spodbosti *(konja)* die Sporen geben; *fig.* anspornen, anstacheln, aufstacheln

spodbuda *f* Anregung *f*, Ansporn *m*
spodbujati anregen, aufmuntern; *koga k čemu* anhalten zu
spoditi *(iz)* jagen (aus) verjagen
spodkopan zerrüttet
spodkopati unterhöhlen; *fig.* untergraben, *(zakon)* zerrütten
spodleteti fehlschlagen, scheitern
spodnesti *fig.* zum Scheitern bringen; ausstechen
spodnji untere; Unter- (*~e perilo* Unterwäsche)
spodnjice *pl* Unterhose *f*
spodoben anständig, schicklich
spodobnost *f* Anstand *m*; Schicklichkeit *f*
spodrsljaj *m* Entgleisung *f*, Schnitzer *m*; Fehltritt *m*
spodrsniti ausgleiten, ausrutschen; abrutschen
spodriniti verdrängen, ausstechen
spogledati *se z* Blicke wechseln mit
spogledljiv kokett
spogledovati *se s kom* kokettieren, jm Augen machen; *~ se s čim* liebäugeln
spoj *f* Verbindung *f*
spojina *f* Verbindung *f*
spojiti verbinden
spojka *f* Klammer *f*, Heftklammer *f*
spokojen friedlich
spokoriti *se* Buße tun; sich bessern
spokornik *m* Büßer *m*
spol *m* Geschlecht *n* (*moški* männlich, *ženski* weiblich, *srednji* sächlich)
spolni geschlechtlich; sexuell; *~a bolezen* Geschlechtskrankheit
spolnik *n* Geschlechtswort *n*
spolovilo *n* Geschlechtsteil *n*
spolzek schlüpfrig
spomenica *f* Denkschrift
spomenik *m* Denkmal *n*; *kulturni ~ (zgradba)* Baudenkmal
spomin *m* Gedächtnis *n* (*dober ~* ein gutes Gedächtnis); Erinnerung *f* (*v ~ na* zur Erinnerung an); *imeti v ~u* jm gegenwärtig sein; *obujati ~e* in Erinnerungen schwelgen
spominčica *f* Vergißmeinnicht *n*
spominek *m* Andenken *n*
spominjati, spomniti erinnern (*se* sich); *~ na* ähneln; *~ se česa* gedenken *G*, sich erinnern an, sich besinnen auf
spominski Gedenk- (*~a plošča* Gedenktafel)
spomladi im Frühling
spona *f* Fessel *f*
sponka *f* Klammer *f*; Spange *f*
spopad *m* Auseinandersetzung *f*; *(manjši ~)* Plänkelei *f*
spopasti *se* sich auseinandersetzen; *(z delom)* in Angriff nehmen; *~ se s kom F* aneinandergeraten (wir sind ~)
spoprijem *m* Auseinandersetzung *f*

spoprijeti *se gl.* **spopasti**
spor *m* Streit *m* (*sodni* Rechtsstreit); Wortwechsel *m*; Streitigkeit *f*, Auseinandersetzung *f*
sporazum *m* Abkommen *n*, Abmachung *f*; *v ~u z* im Einvernehmen mit
sporazumen einverstanden; *~o z* im Einvernehmen mit
sporazumeti *se* sich verständigen; *~ se o čem* übereinkommen über
sporeči *se* sich zerstreiten mit; einen Wortwechsel haben
spored *m* Programm *n*; Spielplan *m*
sporen streitig, strittig, umstritten; Streit- (*~o vprašanje* Streitfrage)
sporočilo *n* Mitteilung *f*, Meldung *f*; Nachricht *f*; *(po radiu ipd.)* Durchsage *f*
sporočiti mitteilen, melden; *komu A* verständigen *A* von; *~ pozdrave* Grüße ausrichten, jn grüßen von
sposoben fähig (*~ za življenje* lebensfähig, *~ za vojaško službo* waffenfähig, wehrfähig); tauglich, tüchtig; *ni ~* (er) ist unfähig; *biti / ne biti ~ (storiti kaj)* imstande/außerstande sein (zu)
sposobnost *f* Fähigkeit *f*; Können *n*
sposoditi *si* sich leihen/ausleihen
spoštljiv respektvoll
spoštovan geehrt, verehrt
spoštovanje *n* Achtung *f*, Hochachtung *f*; *s ~em* achtungsvoll, hochachtungsvoll
spoštovati achten, schätzen; *ne ~* geringachten, geringschätzen
spotakljiv anstößig
spotakniti *koga* jm ein Bein stellen; *~ se* straucheln, stolpern (über)
spotika *f* Anstoß *m*
spotikati *se nad* sich stoßen an
spotiti *se* ins Schwitzen geraten
spotoma unterwegs
spoved *f* Beichte *f*
spovedati *se* beichten
spovednica *f* Beichtstuhl *m*
spovednik *m* Beichtvater *m*
spozabiti *se* sich vergessen, *~ se nad čim* sich vergreifen an; sich hinreißen lassen zu
spoznanje *n* Erkenntnis *f*; Einsicht *f*; *za spoznanje (prevelik ipd.)* eine Spur
spoznati kennenlernen, sich bekannt machen mit; *(prepoznati)* erkennen; *~ se na* sich auskennen in
spraskati zerkratzen; *(odstraniti)* abkratzen
spraševati fragen, ausfragen, aushorchen; *~ o, po* befragen über/nach
sprava *f* Versöhnung *f*, Aussöhnung *f*
spraviti bringen (*~ v posteljo* zu Bett bringen, *na dan* zutage bringen, *na varno* in Sicherheit bringen, *k zavesti* wieder zu sich bringen, *k pameti* zur Vernunft bringen, *pod streho* unter-

bringen); schaffen (*s sveta* aus der Welt schaffen, *stran* wegschaffen, fortschaffen); *(~ v kaj, na itd.)* kriegen, bekommen, (*ne morem spraviti ven* ich kann es nicht heraus bekommen); *(shraniti)* aufheben, aufbewahren; *~ se s kom* sich versöhnen mit; *~ v dobro / slabo voljo* fröhlich stimmen/verstimmen, verdrießen; *~ v zagato* in die Enge treiben; *~ se na noge* sich hochrappeln

spravljiv versöhnlich

spredaj vorn, vorne

sprednji vorder

spregati biegen

spregledati sehend werden; *koga, kaj* durchschauen, *(naklepe)* dahinterkommen, *(koga)* jm auf die Schliche kommen; (ne videti) übersehen; *~ komu kaj* hinwegsehen über, durchgehen lassen *A*

spregovoriti anfangen zu sprechen

sprehajalec *m* Spaziergänger *m*

sprehajati *se* spazieren, bummeln; einen Spaziergang machen

sprehod *m* Spaziergang *m*; *iti na ~* einen Spaziergang machen, spazieren gehen

sprejem *m* Empfang *m*; Annahme *f* (*~ prtljage* Gepäckannahme); *(člana)* Aufnahme *f*

sprejemališče *n* Annahmestelle *f*, Aufnahmestelle *f*

sprejemljiv annehmbar

sprejemnik *m* Empfänger *m*; *radijski* Rundfunkempfänger *m*, Radio *n*

sprejeti empfangen; aufnehmen; *(povabilo, predlog)* annehmen; *(odločitev)* fällen, *(zakon)* verabschieden

sprememba *f* Veränderung *f*, Änderung *f* (*narediti* vornehmen); *(vremena, razpoloženja)* Umschwung *m*, Umschlag *m*; Abwechslung *f*

spremeniti ändern (*se* sich), verändern (*se* sich), *(tekst ipd.)* abändern; *~ v dejanje* in Tat umsetzen, *~ barvo* sich verfärben, *~ smer (letalo, ladja)* abdrehen

spremenljiv veränderlich; wechselhaft

spreminjati *se* wechseln; sich wandeln

spremiti begleiten; geleiten, Geleit geben

spremljava *f* Begleitung *f*

spremljevalec *m* Begleiter *m*

spremni Begleit- (*~ dopis* Begleitschreiben)

spremstvo *n* Gefolge *n*

spreobrniti bekehren (*se* sich)

spreobrnjenje *n* Bekehrung *f*

spreten geschickt; gewandt

spreti *se z* sich überwerfen mit, sich verkrachen mit; *sprt z* zerstritten mit

spretnost *f* Fertigkeit *f*; Geschick *n*; *ročna* Handfertigkeit *f*

sprevideti einsehen; zur Einsicht gelangen (daß)

sprevod *m* Umzug *m*, Zug *m*

sprevodnik *m* Schaffner *m*

sprevreči *se (v)* umschlagen (in), sich verkehren (in); *(degenerirati)* ausarten
spričevalo *n* Zeugnis *n*; *šolsko* Schulzeugnis, *~ o vedenju* Führungszeugnis
spričo angesichts, bei; wegen
spriditi *se* verderben; mißraten
sprijateljiti *se z* sich anfreunden mit, Freundschaft schließen mit
sprijazniti *se* sich finden in, sich abfinden mit; hinnehmen *A*
sprijen lasterhaft, verderbt
sprostitev *f* Entspannung *f*
sprostiti frei machen, frei geben; *(sile)* entfesseln; *~ se* entspannen, ausspannen
sproščen ungezwungen; unbefangen, ungehemmt, entspannt
sproti entgegen, laufend
sprožilec *m* Auslöser *m*
sprožiti auslösen; *(dogajanje, proces)* in Gang setzen, *~ zadevo* den Stein ins Rollen bringen; *~ se (strel)* losgehen, sich lösen
spuntati aufwiegeln, *se* rebellieren
spust *m* Abfahrt *f*; *(v jamo)* Einfahrt *f*
spustiti lassen (*v hišo* ins Haus lassen, *~ ven* hinauslassen *ipd.*); *(zavese, naoknice)* herunterlassen; *(jadra)* streichen, *(vajeti)* schießen lassen; *~ v pogon* in Betrieb lassen/nehmen; (*~ iz rok)* auslassen, fallenlassen; *~ se (v jamo, z gore)* absteigen, *(se z liftom)* hinunterfahren; *~ se (v tek, jok ipd.)* beginnen zu; *~ se v boj* den Kampf aufnehmen, *v beg* die Flucht ergreifen; *~ se (v kaj slabega)* sich einlassen auf/in
spuščati *gl.* **spustiti;** *~ zmaja* einen Drachen steigen lassen; *~ se (zemljišče)* abfallen, fallen; *~ se v (razprave ipd.)* eingehen auf, sich einlassen auf
srajca *f* Hemd *n*; *železna ~* Panzerhemd; *v sami srajci* hemdsärmelig
sraka *f* Elster *f*
sram *m* Scham *f (anat.)*; Schamgefühl *n*; *brez ~u* schamlos, ungeniert
sramežljiv schamhaft, scheu
sramota *f* Schande *f*
sramoten schändlich; schimpflich
sramotilni Schmäh- (*~i govor* Schmährede); *~ steber* Pranger *m*
sramotiti schmähen, lästern
sramovati *se G* sich schämen *G*
sranje *n V* Scheiße *f*
srati *V* scheißen
srbeti jucken
srce *n* Herz *n*; *fig.* Seele *f*, Gemüt *n*; *s težkim / lahkim ~em* schweren/leichten Herzens; *od ~a* von (ganzem) Herzen; *iti do ~a* ans Herz greifen; *vzeti si kaj k ~u* sich etw. zu Herzen nehmen; *na ~ položiti* nahelegen; *v ~ segajoč* herzergreifend, herzzerreißend
srčast herzförmig

srčen tapfer, beherzt, mutig
srčkan niedlich, herzig, *(žival)* possierlich
srčni *~o dober* herzensgut; *(pozdrav)* herzlich; Herz- (*~a bolezen Herzkrankheit*)
srčnost *f* Beherztheit *f*
srd *m* Wut *f*, Ingrimm *m*
srdit grimmig
srebati schlürfen
srebrn silbern, Silber- (*~a verižica* Silberkette); *je ~* ist aus Silber
srebrnik *m* Silberstück *n*
srebrnina *f* Silber *n*
srebro *n* Silber *n*; *živo ~* Quecksilber *n*; *živ kot živo ~* quecksilbrig
sreča *f* Glück *n*; *na ~o* zum Glück, glücklicherweise; *od ~e* vor Glück; *na slepo ~o* auf gut Glück, aufs Geratewohl, planlos; *zla ~* Unstern *m*, Unheil *n*; *poskušati ~o* sein Glück versuchen
srečanje *n* Begegnung *f*; Treffen *n*, Zusammenkunft *f*
srečati treffen (*se* sich) *A*: begegnen *D*; *~ se* zusammentreffen
srečen glücklich, *(dogodek) freudig*
srečka *f* Los *n*; *prazna ~* Niete *f*
srečnež *m* Glückspilz *m*
sreda *f* (sredina) Mitte *f* (iz naše ~ aus unserer Mitte, *po sredi* mittendurch); Mittwoch *m*, *v ~o* am Mittwoch, *ob ~ah* mittwochs
sredi inmitten, mitten in; *biti ~ revolucije ipd.* in ... begriffen sein
sredica *f* Krume *f*; Mark *n*
sredina *f* Mitte *f*
sredinec *m* Mittelfinger *m*
središče *n* Mittelpunkt *m*; Zentrum *n*; *~ mesta* Innenstadt *f*
srednješolec *m* Oberschüler *m*, Mittelschüler *m*
srednjeveški mittelalterlich
srednji (der) mittlere, Mittel- (*~ vek* Mittelalter); *nekaj ~ega* ein Mittelding; *(~ spol)* sächlich
sredozemski Mittelmeer- (*~ dežele* Mittelmeerländer)
sredstvo *n* Mittel *n*; *pomirjevalno* Beruhigungsmittel, *~ proti rjavenju* Rostschutzmittel, *~ proti moljem* Mottenschutzmittel; *~ za odstranjevanje madežev* Fleckenreiniger *m*; *brez ~ev* mittellos
srep *(pogled)* starr, unverwandt
srepeti *v* unverwandt ansehen
srež *m* Rauhreif *m*
srhljiv unheimlich
srkati trinken; schlürfen
srna *f* Reh *n*
srnjad *f* Rotwild *n*
srnjak *m* Rehbock *m*
srp *m* Sichel *f*
sršeč *(dlaka, lasje)* struppig
sršen *m* Hornisse *f*
srt *f* Gräte *f*
stadij *m* Stadium *n*
staja *f* Stall *m*
stajica *f* Laufstall *m* Laufgitter *n*
stakniti ausfindig machen;

ergattern; *(bolezen)* sich zuziehen
stalen ständig; stet, stetig; Dauer- (*~a kriza* Dauerkrise); Stamm- (*~o omizje, gost* Stammtisch, Stammgast); *~ naseljen* ansässig, ortsansässig; *~o* fortwährend, laufend
stalež *m* Stand *m*; *bolniški* Krankenstand *m*
stališče *n* Standpunkt *m*; Auffassung *f*; *imeti (sovražno ...) do* jm/einer Sache (feindlich ...) gegenüberstehen; *imeti težko ~* einen schweren Stand haben
staliti einschmelzen
stalnost *f (v službi)* Treue *f*
stan *m* Stand *m*, *družinski ~* Familienstand *m*; (planinski) Sennerei *f*
stanarina *f* Miete *f*, Mietzins *m*
stanje *n* Zustand *m*, Stand *m*; *stvarno* Sachverhalt *m*; Lage *f*; *izjemno ~* Notstand *m*; *v drugem ~u* in anderen Umständen
stanjšati dünner machen
stanodajalec *m* Vermieter *m*
stanovalec *m* Mieter *m*; Bewohner *m*
stanovanje *n* Wohnung *f*; *službeno ~* Dienstwohnung, Werkwohnung
stanovanjski Wohn- (*~a četrt* Wohnviertel)
stanovati *v* wohnen in, bewohnen *A*
stanoviten standhaft
stanujoč wohnhaft (in)
star alt, *zelo ~* betagt, sehr alt, steinalt, hochbetagt; *~ 5 let, 10 let* fünfjährig, zehnjährig; Alt- (*~o železo* Alteisen)
starati *se* altern
starčevski greisenhaft
starec *m* Alte(r) *m*, Greis *m*
starejši älter
starikav ältlich
starina *f* Antiquität *f*, alte Sache *f*
starinar *m* Altwarenhändler *m*; Antiquitätenhändler *m*
starinski altertümlich; antik
starka *f* Alte *f*; Greisin *f*
staromoden altmodisch
starost *f* Alter *n*; *vrstnik po ~i* Altersgenosse *m*
starosten Alters- (*~i pojavi* Alterserscheinungen)
starožitnost *f* Altertum *n*
starši *pl* Eltern *pl*; *stari ~* Großeltern; *ženini, moževi* Schwiegereltern; *brezsrčni ~* Rabeneltern
stati, stanem kosten; *drago ~ fig.* teuer zu stehen kommen
stati, stojim stehen (*trdno* feststehen, *mirno* stillstehen, *komu ob strani* jm zur Seite stehen, *v vrsti* Schlange stehen), *(obleka)* sitzen; *~ na straži* Wache halten
statut *m* Satzung *f*
statutaren satzungsmäßig
statve *pl* Webstuhl *m*
stava *f* Wette *f* (*za ~o* um die Wette)
stavba *f* Gebäude *n*; Bau *m*, Bauwerk *n*
stavbišče *n* Bauplatz *m*
stavec *m* Setzer *m*
stavek m Satz *m*

staviti wetten, eine Wette eingehen; ~ *na* setzen auf
stavka *f* Streik *m*, *splošna* ~ *Generalstreik m*
stavkati die Arbeit niederlegen; streiken
staž *m (zdravniški)* Pflichtjahr *n*, Assistenzzeit *f* Turnus *m*
steber *m* Säule *f*; Pfeiler *m*; *sramotilni* ~ Pranger *m*
steblo *n* Stengel *m*, Stiel *m*, Stamm *m*
stebrišče *n* Säulengang *m*
stečaj *m* Konkurs *m*; Ruin *m*
steči anlaufen
stegniti ausstrecken, strecken
stegno *n* Schenkel *m*; Schlegel *m*, Keule *f*
stehtati abwiegen
stekati *se* zusammenfließen, *(pota)* zusammenlaufen
stekel *(pes)* tollwütig
steklar *m* Glaser *m*
steklarna *f* Glashütte *f*
steklen gläsern, Glas- (*~a polica* Glasbord); *je* ~ (es) ist aus Glas
steklenica *f* Flasche *f*
steklenina *f* Glaswaren *pl*
steklenjak *m* Glashaus *n*
steklina *f* Tollwut *f*
steklo *n* Glas *n*; *lito* ~ Preßglas *n*; *varnostno (avtomobilsko)* splitterfreies Glas/Verbundglas; *povečevalno* ~ Vergrößerungsglas *n*, Lupe *f*
stelja *f* Streu *f*
stemniti *se* dunkel/schwarz werden
stena *f* Wand *f*; *predelna* ~ Trennwand *f*
stenica *f* Wanze *f*
stenj *m* Docht *m*
stenografija *f* Stenographie *f*, Kurzschrift *f*
stenski Wand- (~ *svetilka* Wandleuchte)
steptati niedertreten
sterilen keimfrei
steza *f* Pfad *m*; *vzletna* ~ Piste *f*
steznik *m* Mieder *n*; *nositi* ~ sich schnüren
stežaj *na* ~ angelweit, sperrangelweit
stih *m* Vers *m*
stik *m* Verbindung *f*, Kontakt *m*; *kratki* ~ Kurzschluß *m*; *biti v ~u z* in Verbindung sein/stehen mit; *stopiti v* ~ Verbindung / Kontakt aufnehmen
stikalo *n* Schalter *m*
stikati *(za čim)* stöbern; ~ *se* aneinanderstoßen, sich berühren
stisk *m* ~ *roke* Handschlag *m*, Händedruck *m*
stiska *f* Bedrängnis *f*; Notlage *f*, Not *f*; ~ *za kaj* Knappheit *f* (~ *za vodo* Wasserknappheit)
stiskač *m* Geizhals *m*, Geizkragen *m*
stiskalnica *f* Presse *f*
stiskaški geizig, knauserig
stiskati, stisniti pressen, drücken (~ *v roko* in die Hand drücken); *(vrat)* zuschnüren, zudrücken; *(pest)* ballen; *(zobe)* zusammenbeißen; ~ *se v (stanovanju)* sich drängen
stlačiti quetschen; ~ *v* zwängen in, passieren; *(ljudi)* pferchen in
sto hundert

stoj! Halt!
stoja *f* Stand *m*; *na glavi* Kopfstand
stojalo *n* Ständer *m*; Gestell *n*; *slikarsko* ~ Staffelei *f*
stoje, stoječ stehend
stojišče *n* Stehplatz *m*
stojnica *f* Stand *m*; Bude *f*
stokati stöhnen, ächzen, jammern
stokrat hundertmal; *~no* hundertfach
stol *m* Stuhl *m*; Sessel *m*; *zložljiv* Klappstuhl, *pleten* Korbsessel
stolček *m* Schemel *m*
stoleten hundertjährig
stoletje *n* Jahrhundert *n*
stoletnica *f* Hundertjahresfeier *f*, hundertjähriges Jubiläum
stolica *f* Stuhl *m*, Stuhlgang *m*
stolnica *f* Dom *m*, Domkirche *f*
stolp *m* Turm *m*, *televizijski* ~ Funkturm *m*; *nadzorni* ~ Kommandoturm
stolpec *m* Kolonne *f*, Spalte *f*
stolpnica Hochhaus *n*
stonoga *f* Tausendfüßler *m*
stopalo *n* Fuß *m*, Fußsohle *f*
stopati gehen, treten; auftreten
stopinja *f* Fußstapfe *f*; *(toplote)* Grad *m*
stopiti treten; ~ *na, v* betreten *A*; ~ *nazaj* zurücktreten, ~ *ven* heraustreten; ~ *na kurje oko* auf die Zehen treten; ~ *v stik z* Kontakt aufnehmen mit
stopiti zerlassen, *(kovine)* einschmelzen
stopnica *f* Stufe *f*, Treppe *f*; *~e* Treppe *f*, *tekoče* ~ Rolltreppe, *polžaste* ~ Wendeltreppe; *po ~ah gor/dol* treppauf/treppab
stopnišče *n* Treppenhaus *n*; Treppe *f*, Stiege *f*; Aufgang *m*
stopnja *f* Stufe *f* (*nižja* Unterstufe); Grad *m* (~ *izobrazbe* Bildungsgrad); *(rasti)* Rate *f*; *razdeliti na ~e* abstufen
stopnjevanje *n* Steigerung
stopnjevati steigern, verstärken; ~ *se* sich steigern, zunehmen
storilec *m* Täter *m*
storilnost *f* Leistung *f*; Leistungsfähigkeit *f*
storitev *f* Leistung *f*, Dienstleistung *f*
storiti tun, *(kaj slabega komu)* antun; *(ukreniti)* unternehmen; *ne ~ česa* unterlassen, bleiben lassen; ~ *silo* Gewalt antun, ~ *kaj žalega* etw. zuleide tun
storž *m* Zapfen *m*, Tannenzapfen *m*
stoteren hundertfach
stoti (der) hundertste
stotica *f* Hunderter *m*
stotina *f* Hundertschaft *f*
stotinka *f* Hundertstel *n*
stotnik *m* Hauptmann *m*
stožec *m* Kegel *m*
stradanje *n* Hungern *n*
stradati hungern; verhungern
strah *m* Angst *f*, Furcht *f*; Schrecken *m*; *(pred vodo ipd.)* Scheu *f*; *nagnati komu ~ v kosti* jn einschüchtern

strahopeten feig
strahopetnež *m* Feigling *m*; Angsthase *m*, Hasenfuß *m*
strahopetnost *f* Feigheit *f*
strahota *f* Greuel *n*
strahovati in Schach halten; terrorisieren
strahovit schrecklich, verheerend, vernichtend; *(nered)* heillos
strahovlada *f* Terror *m*
stran weg, fort, beiseite; *spraviti ~* wegschaffen, fortschaffen
stran *f* Seite *f*, *fig.* Partei *f*; *~ neba* Himmelsrichtung *f*; *močna ~* Stärke *f*, *šibka ~* Schwäche *f*, *senčna ~* Schattenseite *f*; *obe ~i* beide Teile; *po ~i* ... seits *(po materini / očetovi ~i* mütterlicherseits, väterlicherseits); *po eni / drugi ~i* einerseits/andererseits; obrniti ~ (v knjigi) umblättern; *na drugi ~i (reke)* jenseits *G*, *(v knjigi)* umseitig; *dati na ~ (denar)* zurücklegen, abzweigen; *iti na ~ (na potrebo)* auf die Seite gehen, austreten; *postaviti se na ~ koga* für jn Partei ergreifen
stranica *f* Seite *f*, Seitenteil *n*
stranišče *n* Toilette *f*; Klosett *n*; *F* Klo *n*
stranka *f* Partei *f*; *(kupec)* Kunde *m*, *~e* Kundschaft *f*
strankarski Partei- (*~ sistem* Parteiensystem)
stranpot *f* Abweg *m*
stranski Neben- (*~a cesta* Nebenstraße), Seiten- (*~ oltar* Seitenaltar); seitlich

strast *f* Leidenschaft *f*
strasten leidenschaftlich
strašen furchtbar, entsetzlich, schrecklich; *(hrup ipd.)* höllisch; *~ hrup, strah* Heidenlärm, Heidenangst
strašilni *strel* Schreckschuß *m*
strašilo *n* Scheuche *f*; *ptičje ~* Vogelscheuche *f*
strašiti *(duh)* spuken, umgehen; einschüchtern, jm Angst machen
strašljiv schreckhaft, furchtsam
straža *f* Wache *f* *(biti / stati) na ~i* Wache halten/stehen); Posten *m*; *prednja / zadnja ~* Vorhut *f* / Nachhut *f*; *gorska ~* Bergwacht *f*; *telesna ~* Leibwache *f*
stražar *m* Wachposten *m*, Posten *m*
stražiti Wache stehen; *kaj* bewachen *A*
stražnik *m* Schutzmann *m*
strdek *m (krvi)* Gerinnsel *n*
strditi *se* erstarren; gelieren; *(kri)* gerinnen
streči *D* bedienen *A*, *fig.* huldigen; *~ po življenju* nach dem Leben trachten
streha *f* Dach *n*; *(avta)* Deck *n*; *spraviti pod ~o* unterbringen; *postaviti pod ~o* unterstellen
strel *m* Schuß *m*; *(Pri nogometu)* Stoß *m* *(kazenski* Strafstoß *m)*; *~ v prazno* ein Schuß ins Blaue
strela *f* Blitz *m*; Donnerschlag *m*; *~ trešči* es schlägt ein

strelec *m* Schütze *m*
strelišče *n* Schießplatz *m*
strelivo *n* Munition *f*
streljaj *m (za oddaljenost)* einen Sprung; in Hörweite, Rufweite *f*
streljanje *n* Schießen *n*, Schießerei *f*
streljati schießen, feuern; *(talce)* erschießen
strelovod *m* Blitzableiter *m*
strelski *jarek* Schützengraben; ~ *črta* Feuerlinie *f*
stremuh *m* Streber *m*
strepati *(preproge ipd.)* klopfen, ausklopfen
stresati, stresti schütteln; ausschütteln; schütten
strešni Dach- (~*a antena* Dachantenne)
strešnik *m* Dachziegel *m*
strešno *okno* Dachfenster *n*, Dachluke *f*
streti *(orehe)* knacken; *(človeka)* mürbe machen
strezniti ausnüchtern; *fig.* ernüchtern; ~ *se* nüchtern werden
streznjenje *n* Ernüchterung *f*
strežba *f* Bedienung *f*
strežnica *f* Pflegerin *f*, Helferin *f*
strežnik *m* Pfleger *m*, Wärter *m*
strgati raspeln; reiben; schaben; *(raztrgati)* zerreißen (*se* ~), ~ *se* reißen
stric *m* Onkel *m*
striči schneiden; beschneiden; *(ovce)* scheren
strigalica *f* Ohrwurm *m*
strinjati *se s čim* einverstanden sein mit, billigen *A*; *s kom* beipflichten *D*, sich einig sein mit
striženje *n (las)* Haarschnitt *m*
strm steil, *(pobočje)* jäh
strmeti starren, *v* anstarren *A*
strmina *f* steiler Weg/Abhang/Hang *ipd.*
strmoglaviti stürzen
strnišče *n* Stoppelfeld *n*
strniti zusammenfassen, *(vrste)* schließen
stročji *fižol* grüne Bohnen, Bohnenschoten
stročnica *f* Hülsenfrucht *f*
strog streng
strogost *f* Strenge *f*; *(zakona)* Härte *f*
stroj *m* Maschine *f*; *pisalni* ~ Schreibmaschine, *prenosni pisalni* ~ Reiseschreibmaschine (*pisati na* ~ tippen, in die Maschine schreiben), *pralni* ~ Waschmaschine; ~ *za mletje mesa* Fleischwolf
strojiti gerben
strojni Maschinen- (~ *stavec* Maschinensetzer)
strojnica *f* Maschinengewehr *n*; Maschinenraum *m*, Maschinenhaus *n*
strojnik *m* Maschinist *m*; *(inženir)* Maschinenbauingenieur *m*
strojništvo *n* Maschinenbau *m*
strok *m* Hülse *f*; Schote *f*; *(česna)* Zehe *f*
stroka *f* Fach *n*, Fachgebiet *n*; *osnovna* ~ Kernfach *n*
strokoven fachlich, Fach- (~*i učitelj* Fachlehrer); ~*o*

mnenje Gutachten *n*, *dati ~o mnenje o* begutachten *A*
strokovnjak *m* Fachmann *m*
strokovnost *f* Sachkenntnis *f*
strop *m* Decke *f*; *segajoč do ~a* deckenhoch
stropni Decken- (*~ svetilka* Deckenleuchte)
strošek *m* Kostenpunkt *m*; *~i pl* Kosten *pl*, Unkosten *pl*, Spesen *pl*, Aufwand *m*; *z velikimi ~i* mit großem Aufwand
strpati stopfen in, *(ljudi)* pferchen in
strpen duldsam, tolerant
strpnost *f* Toleranz *f*
strt *(od žalosti)* geknickt, gebeugt
struga *f* Flußbett *n*, Bett *n*
strumen stramm
struna *f* Saite *f*
strup *m* Gift *n*
strupen giftig, *(mraz sovraštvo)* bitter
strupenost *f* Giftigkeit *f*
strupnik *m* Giftzahn *m*
stružiti hobeln, abziehen
stržen *m* Mark *n*
stud *m* Abscheu *m*
studenčnica *f* Quellwasser *n*
studenec *m* Quelle *f*
studiti *se D* anekeln *A*, jd verabscheut *A*
stvar *f* Sache *f*; *~je v tem, da* die Sache ist die, daß
stvaren sachlich, reell
stvaritev *f* Schöpfung *f*
stvarnik *m* **stvaritelj** *m* Schöpfer *m*
stvarnost *f* Sachlichkeit *f*; *(dejanskost)* Wirklichkeit *f*
stvarstvo *n* Schöpfung *f*
stvor *m* Geschöpf *n*
substrat *m (biol.)* Nährboden *m*
subvencija *f* Beihilfe *f*
suh trocken, Trocken- (*~i šampon* Trockenshampoo), *sadje* Dörrobst, Backobst; ~a klobasa Dauerwurst; *~o zlato* reines Gold; *(mršav)* mager, dünn, hager; *(~i lasje)* brüchig; *biti ~ (brez denarja)* auf dem Trockenen sitzen, pleite sein
suhljat schmächtig
suhoparen trocken
sukanec *m* Zwirn *m*, Garn *n*
sukati drehen (*se* sich); *(pero)* führen
suknja *f* Rock *m*; Wintermantel *m*
suknjič *m* Rock *m*, Sakko *m*
sukno *n* Tuch *n*, Zeug *n*
sulica *f* Lanze *f*, Spieß *m*
sum *m* Verdacht *m*; Verdächtigung *f*; (*zbuditi ~* Verdacht erregen)
sumiti verdächtigen, in Verdacht haben; *začeti ~* Verdacht schöpfen
sumljiv verdächtig; nicht geheuer
sumničenje *n* Verdächtigung *f*
sumničiti verdächtigen, in Verdacht haben
sunek *m* Stoß *m*, Hieb *m*, Ruck *m*; *(pod rebra ipd.)* Puff *m*; *~ vetra* Böe *f*
suniti stoßen, schubsen; *(ukrasti)* stibitzen, mitgehen lassen
surov roh; *(človek)* rüde, ruppig, roh, verroht
surovina *f* Rohstoff *m*; *(človek)* Rohling *m*, Grobian *m*

surovost *f* Roheit *f*
suša *f* Trockenheit *f*, Dürre *f*
sušica *f* Schwindsucht *f*
sušilnik *m* Fön *m*; Haube *f*; ~ *za perilo* Wäschetrockner *m*
sušiti trocknen *(se)*, *(sadje)* dörren; ~ *se* vertrocknen
suvati stoßen, *(z nogo)* treten
suverenost *f* Hoheit *f*
suženj *m* Sklave *m*
suženjski sklavisch
suženjstvo *n* Sklaverei *f*
svak *m* Schwager *m*
svakinja *f* Schwägerin *f*
svaljek *m (na blagu)* Fussel *f*; *krompirjevi ~i* Kartoffelnudeln *pl*
svaljkati *se* fusseln
svarilo *n* Warnung *f*, Mahnung *f*
svariti warnen *(pred* vor); *svaril sem ga, naj ne ...* ich warnte ihn zu ...
svat *m* Hochzeitsgast *m*
svatovanje *n* Hochzeit *f*
sveča *f* Kerze *f*; *raven kot ~* kerzengerade
svečan feierlich
svečanost *f* Feier *f*
svečenik *m* Priester *m*
svečka *f* Kerze *f*; *med.* Zäpfchen *n*; *(avtomobilska)* Zündkerze *f*
svečnik *m* Kerzenhalter *m*, Kerzenständer *m*
sveder *m* Bohrer *m*
svet *m* Rat *m*, *varnostni ~ OZN* Weltsicherheitsrat *m*
svet *m* Welt *f* *(na* in/auf), *spraviti s ~a* aus der Welt schaffen: *konec ~a* Weltuntergang *m*; Land *n*, Grundbesitz *m*
svet heilig
svetel hell, *(trenutek)* licht, *(orožje ipd.)* blank; *na ~o* an den Tag
svetilka *f* Lampe *f*, Leuchte *f*
svetilni *plin* Leuchtgas *n*
svetilnik *m* Leuchtturm *m*
svetilo *n* Leuchtkörper *m*; Leuchte *f*
svetišče *n* Heiligtum *n*, Tempel *m*
svetiti leuchten; ~ *se* glänzen
svetlikati *se* schimmern, ~ *se skozi kaj* durchschimmern, durchscheinen
svetloba *f* Licht *n*; *dnevna ~* Tageslicht *n*
svetlomer *m* Belichtungsmesser *m*
svetnik *m* Rat *m*, *tajni ~* Geheimrat *m*
svetnik *m*, **svetnica** *f* Heilige *m*, *f*; *razglasiti za ~a* heiligsprechen
svetniški Heiligen- (*~ sij* Heiligenschein)
svetobolje *n* Weltschmerz *m*
svetohlinec *m* Heuchler *m*
svetopisemski biblisch
svetovalec *m* Berater *m*, Ratgeber *m*
svetovati raten, *komu* jn beraten, *~ komu kaj* jm etw. anraten
svetovljan *m* Weltmann *m*
svetovni Welt- (*~o prvenstvo* Weltmeisterschaft, *~i prvak* Weltmeister)
svež frisch, kühl
sveženj *m* Bündel *n*; *povezati v ~e* bündeln
svežina *f* Frische *f*
svidenje *n* Wiedersehen *n*; *na ~* auf Wiedersehen/bis nachher

svila *f* Seide *f*; *surova* ~ Rohseide *f*
svilen seidenweich; aus Seide; Seiden- (*~a ruta* Seidentuch)
svilnat seidig
svinčen bleiern, Blei- (*~a cev* Bleirohr); *je* ~ ist aus Blei
svinčenka *f* Kugel *f*
svinčnik *m* Bleistift *m*, Stift *m*
svinec m Blei *n*
svinja *f* Sau *f*, Schwein *n (tudi fig.)*; *divja* ~ Wildschwein *n*; *delati s čim kot ~ z mehom* Schindluder treiben mit
svinjak *m* Schweinestall *m*, Saustall *m (tudi fig.)*
svinjarija *f* Schweinerei *f*
svinjina *f* Schweinefleisch *n*, Schweinernes *n*
svinjski Schweine- (*~a mast* Schweineschmalz)
svišč *m* Enzian *m*
svit *m* Morgengrauen *n*, Dämmerung *f*
svitati *se* dämmern (es dämmert)
svitek *m* Rolle *f*
svizec *m* Murmeltier *n*
svoboda *f* Freiheit *f*, ~ *misli* Denkfreiheit *f*, Gedankenfreiheit; *(proste roke)* Bewegungsfreiheit, Spielraum *m*; *spustiti na ~o* in Freiheit/auf freien Fuß setzen
svoboden frei, *(umetnik ipd.)* freischaffend; *v svobodnem poklicu* freiberuflich
svobodoljuben freiheitsliebend; freiheitlich
svobodomiseln freigeistig
svobodomislec *m* Freigeist *m*
svoboščine *pl* Freiheiten *pl*
svod *m* Gewölbe *n*
svoj sein, sein eigenes; (ich) mein, (du) dein *itd.*; *vsakemu ~e* jedem das seine; *za svojega vzeti* an Kindes statt annehmen; *~e dni* seinerzeit
svojat *f* Gesindel *n*
svojci *pl* Angehörigen *pl*; ~ *umrlega* Hinterbliebenen *pl*
svojeglav eigensinnig
svojeročen eigenhändig
svojevoljen eigenwillig
svojilen besitzanzeigend
svojski *(komu)* eigen; typisch, eigenartig, eigentümlich
svojskost *f* Eigenart *f*

Š

šablona *f* Schablone *f*
šablonsko schablonenhaft
šah *m* Schach *m*; Schachspiel *n*
šahirati Schach spielen
šahovnica *f* Schachbrett *n*
šahovski Schach- (*~o prvenstvo* Schachmeisterschaft)
šal *m* Schal *m*
šala *f* Scherz *m*; Spaß *m*, Witz *m*, Streich *m*; *brez ~e* Spaß beiseite; *zbijati ~e* scherzen, witzeln
šaliti *se* scherzen, Spaß machen
šaljiv scherzhaft
šaljivec *m* Spaßvogel *m*, Witzbold *m*
šampanjevec *m* Champagner *m*; Sekt *m*
šampon *m* Shampoo *n*; *suhi ~* Trockenshampoo
šapa *f* Pfote *f*, Tatze *f*; *(levja ipd.)* Pranke *f*
šara *f* Kram *m*, Plunder *m*
šarenica *f* Regenbogenhaut *f*
šariti *po* wühlen in, stöbern in
šarkelj *m* Gugelhupf *m*
šatulja *f* Schatulle *f*
šavsniti *po* schnappen nach
ščebetati zwitschern
ščegetati kitzeln
ščemeti *(koža)* prickeln; *(oči)* brennen
ščene *n* Köter *m*
ščepec *m* Prise *f*
ščetina *f* Borste *f*
ščetka *f* Bürste *f*
ščinkavec *m* Fink *m*
ščip *m* Vollmond *m*
ščipati zwicken
ščit *m* Schild *n*
ščititi schützen (*pred* vor); bewahren, abschirmen; in Schutz nehmen
ščitnica *f* Schilddrüse *f*
ščitnik *m* Schirm *m*; Schoner *m*
ščuka *f* Hecht *m*
ščurek *m* Schabe *f*, Küchenschabe *f*
ščuvati hetzen, aufhetzen; scharfmachen
še noch; *~ celo* ja sogar; *~ predobro (vem ipd.)* nur zu gut; *~ enkrat tolikšen* doppelt so groß
šef *m* Chef *m*; Vorgesetzte(r) *m*
šega *f* Brauch *m*, Sitte *f*
šegav witzig
šele erst
šelesteti rascheln; knistern
šema *f* Maske *f*
šen *m* Rose *f*, Gesichtsrose *f*
šepati hinken, humpeln; *fig. (preskrba) šepa* es hapert mit ...
šepav lahm, *(verzi)* holprig
šepet *m* Geflüster *n*
šepetati, šepniti flüstern, *komu kaj* zuflüstern
šest sechs
šestdeset sechzig
šestdesetletnik *m* Sechziger *m*

šesterokotnik *m* Sechseck *n*
šesti (der) sechste
šestič zum sechsten Mal; sechstens
šestilo *n* Zirkel *m*
šestica *f* Sechser *m*
šestina *f* Sechstel *n*
šestkraten sechsfach; sechsmalig
šestleten sechsjährig
šestnajst sechzehn
šestnajsti (der) sechzehnte
šestnajstinka *f* Sechzehntel *n*
šiba *f* Rute *f*
šibati peitschen, auspeitschen; *(zlo)* anprangern
šibek schwach, *(po postavi)* schmächtig; schwächlich; *~a točka* Blöße *f*
šibica *f (vžigalica)* Zündholz *n*, Streichholz *n*
šibiti *se (miza, veje)* sich biegen
šibkost *f* Schwäche *f*
šibra *f* Schrotkorn *n*, Schrot *m*
šifra *f* Chiffre *f*, Schlüssel *m*
šifrirati verschlüsseln
šiliti spitzen
šiniti schießen, huschen; *pokonci* aufspringen
šipa *f* Scheibe *f*
šipek *m* Heckenrose *f*, Hagebutte *f*
širen weit
širina *f* Breite *f*, Weite *f*
širiti ausbreiten, *(obrat)* ausbauen, *(obleko ipd.)* breiter machen, *(novice ipd.)* verbreiten; ~ *se* sich ausbreiten, sich ausdehnen, sich verbreiten, *(panika bolezen)* um sich greifen, *(oči)* sich weiten
širjenje *n* Ausbreitung *f*, Verbreitung *f*; Umsichgreifen *n*
širok breit, weit; *pisati/govoriti na ~o o* sich verbreiten über
širokotiren breitspurig
širokoustiti *se* große Töne reden, aufschneiden
širokoustnež *m* Maulheld *m*
širom *(odpreti)* weit; *(zasloveti)* weit und breit; ~ *po deželi* im ganzen Land
šiv *m* Naht *f*
šivalni Näh- (*~i stroj* Nähmaschine)
šivanje *n* Nähen *n*; (*~i pribor)* Nähzeug *n*
šivanka *n* Nähnadel *f*
šivati nähen; *(obleko)* schneidern
šivilja *f* Schneiderin *f*, Näherin *f*
škaf *m* Schaff *n*
škandal *m* Skandal *n*, Ärgernis *n*
škarje *pl* Schere *f*
škart *m* Ausschuß *m*
škatla *f* Schachtel *f*; Karton *m*
škiliti schielen
šklepetati klappern
škoda *f* Schaden *m*, *materialna ~* Sachschaden *m*; ~ *zaradi toče* Hagelschlag *m*; *~je* es ist schade, es ist ein Jammer, es ist jammerschade; *v ~o koga* zuungunsten *G*; *biti v škodo D* schaden *D*, Abbruch tun
škoditi schaden; beeinträchtigen, *(ugledu ipd.)* Abbruch tun; *(zdravju)* angreifen *A*
škodljiv schädlich; abträg-

lich, nachteilig; ~ *za zdravje* gesundheitsschädlich
škodljivec *m* Schädling *m*
škodoželjen schadenfroh, hämisch
škodoželjnost *f* Schadenfreude *f*
škof m Bischof *m*
škofija *f* Bistum *n*
škofovski bischöflich, Bischofs- (*~a palica* Bischofsstab)
školjka *f* Muschel *f*
škorec *m* Star *m*
škorenj *m* Stiefel *m*
škrat *m* Zwerg *m*; Heinzelmännchen *n*
škrbast mit Zahnlücken
škrbina *f* Lücke *f*
škrga *f* Kieme *f*
škric *m* Schoß *m*
škripati *(pesek, zobje)* knirschen; *(stol ipd.)* quietschen
škripec *m* Flaschenzug *m*; *biti v ~ih* in der Klemme sitzen
škrjanček *m* Lerche *f*
škrlat *m* Scharlach *m*
škrlatinka *f* Scharlach *m*, Scharlachfieber *n*
škrob *m* Stärke *f*
škrobiti stärken
škropilnica *f* Gießkanne *f*, Kanne *f*
škropiti sprengen, spritzen
škrtati knirschen
šlem *m* Helm *m*
šleva *f* Memme *f*, Schlappschwanz *m*
šmarnica *f* Maiglöckchen *n*
šminka *f* Rouge *n*, *(za ustnice)* Lippenstift *m*
šoba *f* Düse *f*
šofer *m* Fahrer *m*, Chauffeur *m*
šofirati fahren, lenken
šok *m* Schock *m*
šola *f* Schule *f*; *osnovna ~* Grundschule, *srednja ~* Mittelschule, *visoka ~* Hochschule; *mala ~* Vorschule, *radijska ~* Schulfunk *m*, *celodnevna ~* Ganztagsschule; *pomožna ~* Hilfsschule
šolan geschult, gebildet
šolanje *n* Ausbildung *f*
šolar *m* Schüler *m*
šolati ausbilden, schulen
šolnina *f* Schulgeld *n*
šoloobvezen schulpflichtig
šolski schulisch, Schul- (*~a izobrazba* Schulbildung); *~a naloga* Klassenarbeit, Schularbeit
šop *m (las, dlake, trave)* Büschel *n*; *(pisem, papirjev)* Bündel *n*; *(ključev)* Bund *m*
šopek *m* Strauß *m*, Blumenstrauß *m*
šopiriti *se* sich breitmachen
šota *f* Torf *m*
šotor *m* Zelt *n* (*razpeti* aufschlagen)
šotoriti zelten
šovinizem *m* Chauvinismus *m*
špalir *m* Spalier *n*
španska *vas· fig. (to mi je)* böhmische Dörfer *pl*
špinača *f* Spinat *m*
špirit *m* Spiritus *m*, Weingeist *m*
šport *m* Sport *m*; (*za* aus); (*ukvarjati se s ~om* Sport treiben)
športen sportlich; Sport- (*~a zveza* Sportverband)

športnik *m* Sportler *m*
športno *igrišče* Sportplatz *m*
špranja *f* Ritze *f*, Spalt *m*, Spalte *f*
špricati *F (šolo)* schwänzen
štab *m* Stab *m*
štabni Stabs- (~ *oficir* Stabsoffizier)
štafeta *f* Staffel *f*; *(tek)* Staffellauf *m*
štampiljka *f* Stempel *m*
štedilnik *m* Herd *m*, Kochherd *m*, Sparherd *m*
šteti zählen, *še enkrat* ~ nachzählen; *fig.* rechnen, anrechnen, ~ *v dobro* anrechnen, *(dejanja)* hoch anrechnen; ~ *v zlo* ankreiden; ~ *za* betrachten als, halten für
štetje *n* Zählung *f*; *naše* ~ unsere Zeitrechnung *f*
števec *m* Zähler *m*
številen zahlreich; *~i* unzählige, viele
številčnica *f* Zifferblatt *n*; *(pri kompasu)* Rose *f*
številka *f* Nummer *f*, Ziffer *f*; Zahl *f* (*visoke ~e* hohe Zahlen); *telefonska* ~ Rufnummer, ~ *omrežne skupine* Vorwahlnummer *poštna* Postleitzahl *f*
število *n* Zahl *f*, Anzahl *f*; *po ~u* zahlenmäßig; *brez ~a* unzählig, zahllos
števnik *m* Zahlwort *n*
štipendija *f* Stipendium *n*; Studiengeld *n*, Studienbeihilfe *f*
štirideset vierzig
štirideseti (der) vierzigste
štirikrat viermal
štirikraten vierfach, viermalig
štirileten vierjährig
štirinadstropen vierstöckig
štirinajst vierzehn
štirinajsti (der) vierzehnte
štirinožec *m* Vierfüßler *m*
štiristo vierhundert
štor *m* Stummel *m*, Stumpf *m*, *(pri zelju ipd.)* Strunk *m*
štorast plump, ungelenk, ungeschickt
štorklja *f* Storch *m*
štorkljati stöckeln, staksen
štrbunkniti plumpsen
štrena *f* Strähne *f*, Strang *m*
štrleč herausragend; *(ušesa)* abstehend
štrleti ragen; ~ *iz* ragen aus, herausragen aus; ~ *v* hineinragen in
štruca *f* Laib *m*
študent *m* Student *m*; ~, *ki se sam preživlja* Werkstudent
študij *m* Studium *n*
študirati studieren
šum *m* Geräusch *n*
šumeti rauschen, *(suho listje)* rascheln, *(v ušesih)* sausen; *šumi mi v ušesih* ich habe Ohrensausen
šumljati rieseln, *(potok)* rauschen, *(veter v listju)* säuseln
šunka *f* Schinken *m*
šušljati munkeln, tuscheln
šušmar *m* Pfuscher *m*
šušmariti pfuschen; *(slabo delati)* Pfusch bauen
švigniti, **švigati** jagen, sausen; *(ogenj, blisk)* zucken

T

ta der, die, das; dieser, diese, dieses; *ta in ta* soundso; *za to* dafür, dazu, *o tem* davon, darüber, *s tem* damit *itd.*
tabela *f* Tafel *f*
tabla *f* Tafel *f*
tableta *f* Tablette *f*, Pille *f*
tabor *m* Lager *n*, Zeltlager *m*
taborišče *n* Lager ~n; *koncentracijsko* ~ Konzentrationslager
taboriti zelten
tabornik *m* Pfadfinder *m*
taca *f* Tatze *f*, Pfote *f*
tajati *se* tauen, schmelzen
tajen geheim; heimlich, verborgen; Geheim- (*~a policija* Geheimdienst)
tajiti leugnen, abstreiten *A*
tajnik *m* Sekretär *m*, Schriftfüher *m*
tajništvo *n* Sekretariat *n*
tajnost *f* Geheimnis *n*; *(v ~i)* Heimlichkeit *f*; *držati v ~i* geheim halten
tak (ein) solcher, solch ein, so ein; *tak kot ti* deinesgleichen, *tak kot oni, ona* ihresgleichen
tako so; *(~ veliko, grdo ipd.)* derat; ~ ... *kot tudi* sowohl ... als auch; ~ *in* ~ ohnedies, ohnehin; *~, da* indem; ~ *rekoč* sozusagen, gewissermaßen, gleichsam; *je ~ rekoč prazen* ist so gut wie leer; *tako imenovani* sogenannt
takoj sofort; umgehend, unverzüglich; auf der Stelle; *(prepoznati, se odločiti)* auf Anhieb; *(odgovoriti)* prompt; *(~ pride)* jeden Augenblick
takojšnji sofortig
takole so, folgendermaßen, auf diese Weise
takrat damals
taksa *f* Gebühr *f*, Taxe *f*; *turistična* ~ Kurtaxe *f*
taksi *m* Taxi *n*, Taxe *f*
takšen (ein) solcher, so ein; *(~a predrznost)* derartig
takten taktvoll
talec *m* Geisel *f*
talent *m* Talent *n*, Begabung *f*
talentiran talentiert, begabt
tališče *n* Schmelzpunkt *m*
taliti schmelzen, einschmelzen; ~ *se* schmelzen
talni Grund- (*~a voda* Grundwasser), Boden- (*~a obloga* Bodenbelag)
tam dort, da
tamkajšnji dortig
tampon *m* Tampon *m*; Tupfer *m*
tančica *f* Schleier *m*
tanek dünn, *(sluh)* fein, *(nos, vid)* scharf; *~o črevo* Dünndarm
tanjšati dünner machen; ~ *se* sich verjüngen, dünner werden
tank *m* Panzer *m*, Tank *m*
tankati tanken

tankočuten feinfühlend
tankovski Panzer- (*~e enote* Panzereinheiten)
tapecirati polstern, *na novo ~* aufpolstern
tapeta *f* Tapete *f*
tapetnik *m* Tapezierer *m*
tarča *f* Zielscheibe *f*
tarnanje *n* Gejammer *n*, Jammern *n*
tarnati jammern; *~ komu o* jm etw. vorjammern
tast *m* Schwiegervater *m*
tašča *f* Schwiegermutter *f*
taščica *f* Rotkehlchen *n*
tat *m* Dieb *m*
tatinski diebisch
tatvina *f* Diebstahl *m*; *(mala ~ hrane)* Mundraub *m*
tavati herumirren; *(~ v temi)* tappen
teater *m* Theater *n*
tečaj *m (učni)* Lehrgang *m*; *(obračunski)* Kurs *m* (Umrechnungskurs); *(na vratih)* Angel *f*; Pol *m (severni* Nordpol)
tečajnik *m* Kursteilnehmer *m*
tečen lästig, patzig; *(hrana)* schmackhaft
teči laufen, rennen, *(konj)* traben; *~ proti* zulaufen auf; *~ za* nachlaufen *D*; *(voda)* fließen, rinnen, *(zelo močno)* strömen; *teče iz oči* die Augen triefen, *iz nosu* die Nase läuft
tedaj da; dann; damals
tedanji damalig
teden *m* Woche *f*, *en ~* eine Woche lang; *enkrat na ~* wöchentlich, *na vsake 3 ~e* dreiwöchentlich; *trajajoč / star 3 tedne* dreiwöchig; *medeni ~i* Flitterwochen *pl*; *veliki ~* Karwoche *f*
tedenski wöchentlich
tednik *m* Wochenblatt *n*; *(filmski pregled)* Wochenschau *f*
tegoba *f* Beschwerde *f*, Schwierigkeit *f*; Gebrechen *n*
tehnični technisch
tehnik *m* Techniker *m*
tehnika *f* Technik *f*
tehtati wiegen, wägen, abwägen, *fig.* prüfen; *fig. veliko ~* schwer in die Wagschale fallen
tehten schwerwiegend
tehtnica *f* Waage *f*
tek *m* Appetit *m (vzbujati* machen); Lauf *m (tek čez zapreke* Hürdenlauf, *prosti ~* Freilauf); Gang *m (priti v ~* in Gang kommen)
tekač *m* Läufer *m*
tekma *f* Spiel *n*, Kampf *m*, Wettkampf *m*; *mednarodna ~* Länderspiel, *prvenstvena* Meisterschaftsspiel; *fig. ~ v oboroževanju* Wettrüsten
tekmec *m* Rivale *m*, Nebenbuhler *m*, *(za službo ipd.)* Mitbewerber *m*
tekmovanje *n* Wettkampf *m*; *(tek)* Wettlauf *m*, *(v letenju)* Wettfliegen, *(pevsko)* Wettgesang *m*; *strelsko* Preisschießen *n*; *fig.* Wettbewerb *m*
tekmovati kämpfen mit, antreten gegen; *fig.* wetteifern mit

tekniti schmecken, munden
tekoč flüssig, *gosto* ~ dickflüssig, zähflüssig; *(voda)* fließend; *~e stopnice* Rolltreppe *f*; *~i trak* Fließband
tekočina *f* Flüssigkeit *f*
tekst *m* Text *m*
tele *n* Kalb *n*
telebniti hinfallen, hinschlagen
telečji kälbern, Kalbs- (*~e ledvice* Kalbsniere)
telefon *m* Telefon *n*, Fernsprechapparat *m*
telefonirati telefonieren, ~ *komu* anrufen *A*
telefonski telefonisch, Telefon-, Fernsprech- (~i imenik Fernsprechbuch, ~ *naročnik* Fernsprechteilnehmer); *~a številka* Rufnummer *f* ~ *številka omrežne skupine* Vorwahlnummer
telegrafirati drahten, kabeln
teleprinter *m* Fernschreiber *m*
telesce *n* Körper *m*
telesen körperlich, leiblich; *~a vzgoja* Leibesertüchtigung *f*, Sport *m*
teletina *f* Kalbfleisch *n*, Kälbernes *n*
televizija *f* Fernsehen *n*
televizor *m* Fernseher *m*, Fernsehgerät *n*
teliti *se* kalben
telo *n* Körper *m*, *eksplozivno* ~ Sprengkörper *m*, *nebesno* ~ Weltkörper, Himmelskörper *m*; Leib *m*, *pri živem ~u* bei lebendigem Leib
teloh *m* Schneerose *f*
telovadba *f* Turnen *n*, Gymnastik *f*; *korektivna* Ausgleichgymnastik *f*
telovadec *m* Turner *m*
telovaden Turn- (*~o orodje* Turngerät)
telovadišče *n* Sportplatz *m*
telovaditi turnen
telovadnica *f* Turnsaal *m*
telovnik *m* Weste *f*
tema *f* Thema *n*
tema *f* Dunkelheit *f*, Finsternis *f*; ~ *je* es ist dunkel
teme *n* Scheitel *m*
temelj *m* Fundament *n*, Grundlage *f*
temeljit gründlich, *(pregled)* eingehend; *~o* von Grund aus, gründlich
temeljiti *na* basieren auf, beruhen auf, fußen auf
temeljni grundlegend
temen dunkel, finster, *(nameni)* undurchsichtig
temnica *f* Dunkelkammer *f*
temniti *se* dunkel werden, dunkeln (*temni se* es dunkelt)
tempelj *m* Tempel *m*, Heiligtum *n*
temperamenten temperamentvoll
temperatura *f* Temperatur *f*
temveč sondern
tenak dünn, ~ *kot las* hauchdünn; *s tenko lupino* dünnschalig; *~o črevo* Dünndarm *m*
tendenčen tendenziös
tenis *m* Tennis *n*
teologija *f* Theologie *f*
teoretik *m* Theoretiker *m*
teorija *f* Theorie *f*
tepec *m* Dummkopf *m*, Narr *m*

tepež *m* Rauferei *f*, Schlägerei *f*
tepsti prügeln (*se* sich); ~ *se* raufen, balgen
teptati trampeln *A*, stampfen; *(zakone, pravice)* mit den Füßen treten
ter und
terasa *f* Terrasse *f*
teren *m* Terrain *n*, Gelände *n*
terjatev *f* Forderung *f*, Mahnung *f*; Anspruch *m*; ~e Außenstände *pl*
terjati fordern, mahnen; *fig.* erfordern, verlangen (es verlangt viel Mühe), *(pozornost)* in Anspruch nehmen
termin *m* Frist *f*; Zeitpunkt *m*
termofor *m* Wärmeflache *f*
tesar *m* Zimmermann *m*
tesati zimmern
tesen eng, knapp, (*~o skupaj)* dicht; *na tesnem z* knapp an
teslo *n* Lümmel *m*, Flegel *m*, Rindvieh *n*
tesnilo *n* Dichtung *f*
tesniti dichten, abdichten
tesnoba *f* Angst *f*
tesnoben bange
test *m* Test *m*
testenine *pl* Teigwaren *pl*
testirati testen
testo *n* Teig *m*; *kvašeno* Hefeteig, *listnato* Blätterteig, *krhko* Mürbteig, *vlečeno* Strudelteig
tešč nüchtern; *na ~e* auf nüchternen Magen
tešiti stillen, *(tolažiti)* beruhigen
teta *f* Tante *f*, *stara* ~ Großtante
tetanus *m* Wundstarrkrampf *m*
teza *f* These *f*, Satz *m*, Leitsatz *m*
teža *f* Gewicht *n* (*prevelika* ~ Übergewicht, *premajhna* ~ Untergewicht); Schwere *f*; *(dokazov ipd.)* Last *f*
težak, težek schwer, *~ega srca* beklommen: *~o mi je (storiti ipd.)* es fällt mir schwer (zu), *ni mi ~o* es fällt mir leicht (zu);
težak *m* Schwerarbeiter *m*
težava *f* Schwierigkeit *f* (*več.* ~en *pl*); Beschwerde *f* (*~e pri dihanju* Atembeschwerden); Not *f*; *imeti ~e z* seine liebe Not haben mit, Verdruß haben mit, etw. macht jm Kummer; *s ~o (hoditi, govoriti ipd.)* Mühe haben zu, mühevoll, qualvoll; *brez ~v* mühelos, *(potekati)* reibungslos
težaven schwierig; mühsam
težavnost *f* Schwierigkeit *f*
težišče *n* Schwerpunkt *m*
težiti lasten auf, belasten, bedrücken, quälen; ~ *k čemu* streben nach, anstreben *A*
težnja *f* Bestreben *n*; Tendenz *f*, Neigung *f*
težnost *f* Schwerkraft *f*, Schwere *f*
ti du
tičati stecken
tih still; lautlos, leise; ~ *kot miška* mäuschenstill, *(popolnoma tiho)* totenstill; *po ~em* im Stillen, in aller Stille
tihotapec *m* Schmuggler *m*

tihotapiti schmuggeln
tihožitje *n* Stilleben *n*
tik *ob* dicht bei, hart an, knapp bei
tikati duzen; betreffen, angehen; *kar mene tiče* ich für meine Person, ich für mein Teil, meinetwegen, von mir aus
tiktakati ticken
til *m* Tüll *m*
tilnik *m* Nacken *m*, *anat.* Genick *n*
tinta *f* Tinte *f*
tip *m (čut)* Tastsinn *m*
tipalka *f* Fühler *m*, Antenne *f*
tipati greifen, fühlen, anfühlen; *(tipaje iskati pot ipd.)* tasten, tappen
tipičen typisch
tipka *f* Taste *f*, Druckknopf *m*; Bedienungsknopf *m*
tipkarica *n* Stenotypistin
tipkati tippen, Maschine schreiben; *(tekst)* in die Maschine schreiben
tir *m* Gleis *n*, Geleise *n*; *(planetov)* Bahn *f*; *iz tira* fassungslos; *po starem ~u* im alten Trott
tiralica *f* Fahndung *f*, Steckbrief *m*
tirati treiben
tisk *m* Druck *m*; Presse *f*
tiskarna *f* Druckerei *f*
tiskati drucken
tiskovina *f* Drucksache *f*
tisoč tausend, *na ~e* zu tausenden
tisoči (der) tausendste
tisočinka *f* Tausendstel *n*
tisočkrat tausendmal
tisočkraten tausendfach
tisočleten tausendjährig
tisočletje *n* Jahrtausend *n*
tisti, ~a, ~o derjenige, diejenige, dasjenige; jener; der fragliche
tiščati drücken, zudrücken; *(vrata ipd.)* zuhalten, *~ si ušesa* sich die Ohren zuhalten
tišina *f* Stille *f* *(popolna* lautlos)
tja, tjakaj hin, dorthin
tjavdan in den Tag hinein, ins Blaue hinein
tjulenj *m* Robbe *f*, Seehund *m*
tkalec *m* Weber *m*
tkanina *f* Gewebe *n*
tkati weben
tkivo *n* Gewebe *n (tudi med.)*; *med. divje ~* Wucherung *f*
tla *pl* Boden *m*, Fußboden *m* Erde *f*; *pasti na ~* zu Boden fallen; *fig. biti na tleh fig.* herunter sein
tlačan *m* Leibeigene(r) *m*, Fronbauer *m*
tlačanstvo *n* Leibeigenschaft *f*
tlačenka *f* Presswurst *f*
tlačiti zwängen (in); *(skrbi)* bedrücken
tlak *m* Pflaster *n*
tlaka *f* Fron *f*
tlakovati pflastern; das Pflaster auflegen
tlesk *m* Klaps *m*
tleskati schnalzen
tleti glimmen; schwelen
tloris *m* Grundriß *m*
tnalo *n* Block *m*
toaleta *f* Toilette *f*
toaletni *papir* Toilettenpapier *n*
tobak *m* Tabak *m*

toča *f* Hagel *m*; *škoda zaradi ~e* Hagelschlag *m*; *toča gre / pada* es hagelt

točen genau, pünktlich, *(pripomba)* treffend, *(odgovor)* richtig; *~o* genau, *~ ob 5h* Punkt 5 Uhr

točilnica *f* Schankzimmer *n*, Schenke *f*

točiti schenken, *(iz soda)* abzapfen; *solze* Tränen vergießen

točka *f* Punkt *m*; Stelle *f* (*boleča ~* wunde Stelle); *šibka ~* Blöße *f*

točkovanje *n* Bewertung *f* (nach Punkten)

točnost *f* Pünktlichkeit *f*; Genauigkeit *f*

toda doch, jedoch; aber; indessen

tog starr, steif

togota *f* Jähzorn *m*

togoten jähzornig; wütend

tok *m* Strom *m*; *(reke)* Strömung *f*; *med.* Fluß *m*, Ausfluß *m*; *~*, *~ovi* Entwicklung *f*, Richtung *f*, *šibki ~* Schwachstrom, *izmenični* Wechselstrom, *enosmerni* Gleichstrom

tokrat diesmal

tolažba *f* Trost *m*; *(tolaženje)* Zuspruch *m*

tolažilen tröstlich; *~a nagrada* Trostpreis

tolažiti trösten (*se* sich)

tolči schlagen, *(kamenje)* klopfen, *(orehe)* knacken, *(razbijati)* hämmern, *(kovino)* treiben

toliko soviel, soweit; *~ bolj* desto, um so; *toliko, ker* insofern als

tolikokrat so oft

tolkač *m* Klopfer *m*

tolkalo *n* Schlaginstrument *n*

tolmač *m* Dolmetscher *m*

tolmačiti dolmetschen; *(razlagati)* erläutern, auslegen, deuten, *napačno ~* mißdeuten

tolpa *f* Bande *f*, Rotte *f*

tolst feist, dick

tolšča *f* Fett *n*, Fettstoff *m*

tombola *f* Tombola *f*

ton *m* Ton *m* (*dajati ~* den Ton angeben)

tona *f* Tonne *f*

top Kanone *f*, Geschütz *n*

top stumpf

topel warm

topiti schmelzen (*se*), zergehen lassen, einschmelzen; *~ se* zergehen

toplarna *f* Heizkraftwerk *n*

toplice *pl* Thermalbad *n*, Warmbad *n*

toplina *f* Wärme *f*

topljiv lösbar, löslich

toplokrven warmblütig

toplomer *m* Thermometer *n*, Wärmemesser *m*

toplota *f* Wärme *f*; *odporen za toploto* wärmebeständig

toplotni Wärme- (*~a energija* Wärmeenergie)

toplovod *m* Fernheizung

topol *m* Pappel *f*

toporišče *n* Stiel *m*, Schaft *m*

topotati stampfen

topoumen stumpfsinnig

torba *f* Tasche *f*, *šolska (nahrbtna)* Ranzen *m*

torbica *f* Handtasche *f*

torej also, folglich

torek *m* Dienstag *m*, *v ~* am Dienstag, *ob ~ih* dienstags
tornado *m* Wirbelsturm *m*
torta *f* Torte *f*
tostran diesseits
totalitaren totalitär
tovariš *m*, Genosse *m*; Gefährte *m*, Kamerad *m*; *~ica f* Genossin *f*, Gefährtin *f*
tovarišija *f* Gesellschaft *f*
tovariški kameradschaftlich
tovarištvo *n* Kameradschaft *f*
tovarna *f* Fabrik *f*, Werk *n*
tovor *m* Fracht *f*, Last *f*; *(na vozilu)* Ladung *f*
tovorni Last- (*~i avto* Lastwagen, Lastkraftwagen), Güter- (*~i vlak* Güterzug, *~a postaja* Güterbahnhof); Fracht- (*~a ladja* Frachtdampfer)
tovornjak *m* Lastauto *n*, Lastwagen *m*, Laster *m*; Lastkraftwagen *m*
tožariti petzen; *~ se z* prozessieren mit
tožba *f* Klage *f*; Klagelied *n*
tožeč klagend, kläglich
toženec *m* Beklagte(r) *m*
tožilec *m* Ankläger *m*, *(državni)* Staatsanwalt *m*
tožiti *(gorje ipd.)* klagen; *~ koga* verklagen; *(tožariti)* petzen
tožnik *m*, **tožitelj** *m* Kläger *m*
tračnica *f* Schiene *f*; Geleise *n*
tradicionalen traditionell, überliefert, (*material, metode)* herkömmlich
tragedija *f* Tragödie *f*
trajanje *n* Dauer *f*; *~ mandata* Amtsdauer
trajati dauern, währen; *(dalj časa)* andauern, anhalten, *(zaloge)* vorhalten; *(biti trajen)* Bestand haben; *(določen čas)* sich erstrecken über; *~ dalj kot (preživeti)* überdauern *A*
trajen haltbar; *(dež ipd.)* anhaltend, andauernd; *(poškodbe)* bleibend; *(nenehen)* unablässig; beständig, *biti ~* Bestand haben
trajna *f* Dauerwelle *f*
trajnica *f* Staude *f*
trak *m* Band *n*, *tekoči ~* Fließband *n*; *žalni ~* Trauerflor *m*
trakast bandförmig
trakt *m* Flügel *m*
traktor *m* Traktor *m*, Trecker *m*
trakulja *f* Bandwurm *m*
tram *m* Balken *m*
transfuzija *f (krvi)* Blutübertragung *f*
transparent *m* Spruchband *n*
transport *m* Transport *m*, Beförderung *f* (von)
transporter *m* Förderband *n*
transportirati befördern, transportieren; *(z letalom) ~ v* einfliegen, *iz* ausfliegen
transportno *sredstvo* Beförderungsmittel *n*
tranzit *m* Durchfahrt *f*, (*~i promet)* Durchgangsverkehr *m*
traparija *f* Dummheit *f*, Quark *m F*
trapast dumm, blöde
trata *f* Rasen *pl*
tratiti verschwenden
trava *f* Gras *n*

travnik *m* Wiese *f*
trčen *biti* ~ einen Klaps haben
trčenje *n* Zusammenstoß *m*
trčiti *z* zusammenprallen, zusammenstoßen mit; ~ *v* / *ob* prallen gegen
trd *(oreh, boj, zima itd.)* hart; *(klobuk, sklep, vrat)* steif; *(trden)* fest; zäh; *(roke, križ)* lahm; *je* ~ *(na otip)* fühlt sich hart an; *biti* ~ *(od blata ipd.)* starren vor
trden standfest; fest; *(dokaz)* stichhaltig
trditev *f* Behauptung *f*
trditi behaupten; *trdi, da je bil bolan* er will krank gewesen sein
trdnjava *f* Festung *f*, *fig.* Hochburg *f*
trdnost *f* Festigkeit *f*, Stärke *f*; *(notranja)* Halt *m*
trdoglav dickköpfig, starrköpfig
trdosrčen hartherzig, herzlos
trdota *f* Härte *f*
trdovraten hartnäckig; halsstarrig
trdoživ zäh, langlebig
treba *je (narediti)* es muß (gemacht werden), *ni* ~ es braucht nicht (gemacht werden); ~ *je (paziti)* es heißt aufpassen, man muß aufpassen; ~ *je* / *ni* ~ es ist/nicht/nötig (zu); *ni mu* ~ er hat es nicht nötig zu, *ni mu* ~ *(storiti)* er braucht nicht (zu); *če bo* ~ im Notfall, notfalls; *to je* ~ *premisliti* das will überlegt werden
trebiti putzen; säubern
trebuh *m* Bauch *m*, Unterleib *m*
trebušast bauchig
trebušni Bauch- (*~a mrena* Bauchfell)
trema *f* Lampenfieber *n*
trener *m* Trainer *m*
treniti blinzeln; mit der Wimper zucken; *kot bi trenil* im Nu, im Handumdrehen
trenje *n* Reibung *f*; *(med ljudmi)* Reiberei *f*, Spannung *f*
trenutek *m* Augenblick *m* (*svetel* licht); *(določen* ~*)* Zeitpunkt *m*; *v ~u* im Nu
trenuten augenblicklich, derzeitig; *~o* im Augenblick, zur Zeit
trepalnica *f* Wimper *f*
trepetajoč zitternd, zittrig
trepetati zittern, *(od mraza)* frösteln; ~ *za koga* bangen um
trepetlika *f* Espe *f*; Zitterpappel *f*
tresti schütteln, *(zelo močno)* rütteln; ~ *se* zittern
treščiti krachen; *(vreči na tla ipd.)* schmeißen, hinwerfen; einschlagen (*treščilo je* es hat eingeschlagen)
treti knacken; aufknacken, aufschlagen
tretjič zum dritten Mal; drittens
tretjina *f* Drittel *n*
trezen nüchtern
trg *m* Platz *m*; Markt *m*, Marktplatz *m*; *fig. je na ~u* ist im Handel; *(kraj)* Markt *m*, Marktflecken *m*
trganje *n* Reißen *n*

trgatev *f* Weinlese *f*
trgati reißen, *(raztrgati)* zerreißen; *(rože)* pflücken, *(sadje)* klauben
trgovanje *n* Handel *m*
trgovati handeln
trgovec *m* Kaufmann *m*, Händler *m*; (~ *s pohištvom* Möbelhändler)
trgovina *f* Laden *m*, Geschäft *n*; Handel *m* (*zunanja* ~ Außenhandel, ~ *na drobno* Einzelhandel, ~ *s sužnji* Sklavenhandel); *samopostrežna* ~ Selbstbedienung *f*, Selbstbedienungsladen *m*; ~ *s čevlji* Schuhgeschäft
trgovski geschäftlich, Geschäfts-, Handels- (~*i potnik* Handelsreisende); ~ *potnik* Vertreter *m*, *biti* ~ *potnik za* reisen in
trhel morsch
tri drei
tribuna *f* Tribüne *f*
tricikel *m* Dreirad *n*
tričetrt dreiviertel; ~ *na pet* Viertel vor fünf, dreiviertel fünf
tričetrtinski Dreiviertel- (~ *takt* Dreivierteltakt)
trideset dreißig
trideseti dreißigste
tridesetinka *f* Dreißigstel *n*
tridesetleten dreißigjährig
trik *m* Dreh *m*, Masche *f*, Kniff *m*, Kunststück *n*
triko *m* Trikot *m*
trikoten dreieckig
trikotnik *m* Dreieck *n*
trikrat dreimal, ~*en* dreimalig
trileten dreijährig; ~*o* (*na* ~ *leta)* dreijährlich
trimesečen dreimonatig; ~*o* *(na tri mesece)* dreimonatlich
trimesečje *n* Vierteljahr *n*
trinadstropen dreistöckig
trinajst dreizehn
trinajsti dreizehnte
tristo dreihundert; ~ *zelenih* potztausend!
triuren dreistündig
trkati klopfen (*nekdo* ~ es klopft); pochen
trma *f* Trotz *m*, Eigensinn *m*
trmast trotzig, trotzköpfig; dickköpfig, eigensinnig, störrisch, stur, bockig
trn *m* Dorn *m*; ~ *v peti* ein Dorn im Auge
trnek *m* Angel *f*
trnov dornig; ~*a krona* Dornenkrone
Trnuljčica *f* Dornröschen *n*
trobec *m* Rüssel *m*
trobenta *f* Trompete *f*
trobentati Trompete blasen
trobentica *f* Schlüsselblume *f*
trobilo *n* Sprachrohr *n*
trobiti schmettern
troha *f*, **trohica** *f* ein wenig; *(pameti)* Fünkchen *n*
trohneti modern, faulen, verfaulen
trohnoba *f* Fäulnis *f*
trojčki *pl* Drillinge *pl*
trojen dreifach
trojica *f ljudi* drei Leute, die Drei, das Kleeblatt; *sveta* ~ Dreifaltigkeit *f*
trojka *f* Drei *f*, Dreier *m*
tromba *f* Posaune *f*
trop *m* Schar *f*, Haufen *m*
tropski tropisch, Tropen- (~*a čelada* Tropenhelm)

tros *m* Spore *f*
trositi streuen, ausstreuen, verstreuen; *(govorice)* verbreiten
trošiti verbrauchen, *(denar)* ausgeben
trot *m* Drohne *f*
trovrsten dreierlei
trpeč leidend, (~ *pomanjkanje* notleidend; *(pogled)* wehleidig; *~a stran* der Leidtragende
trpek herb
trpen leidend
trpeti leiden, ~ *pomanjkanje* Not leiden; ~ *koga* jn leiden können, ausstehen können
trpežen haltbar, strapazierfähig
trpinčiti quälen; ~ *se* sich kasteien
trpljenje *n* Leid *n*, Leiden *n/pl*
trpnik *m* Leideform *f*, Passiv *m*
trska *f* Span *m*; Splitter *m*; *~e pl* Kleinholz *n*
trst *m* Reis *n*, Schilf *n*; Rohr *n* (*sladkorni* ~ Zuckerrohr)
trta *f* Rebe *f*, Weinrebe *f iz ~ zvit* aus der Luft gegriffen
trtica *f* Steißbein *n*
trud *m* Mühe *f*; Bemühung *f*; Aufwand *m*; *brez ~a* mühelos
truden müde, schlapp
truditi *se* sich bemühen, sich (große) Mühe geben
trudoma *(hoditi, govoriti ipd.)* Mühe haben zu (gehen, sprechen), mit Mühe
truma *f* Schar *f*
trumoma scharweise, in Scharen
trup *m* Rumpf *m*
truplo *n* Leiche *f*, Leichnam *m*
trušč *m* Lärm *m*
trzljaj *m* Zuckung *f*
trzniti zucken
tržišče *n* Markt *m*, *na ~u* im Handel
tržni Markt- (*~i dan* Markttag), Handels- (*~a vrednost* Handelswert)
tržnica *f* Markthalle *f*; Markt *m*
tu hier, da; ~ *pa tam* hie und da, hin und wieder
tudi auch, ebenfalls, und ... dazu; mit (das ist mit ein Grund dafür)
tuhtati grübeln, brüten über
tuj fremd, Fremd- (~ *jezik* Fremdsprache); ~ *v kraju* ortsfremd
tujec *m* Fremde(r) *m*; *(inozemec)* Ausländer *m*; *tu sem* ~ ich bin hier fremd
tujek *m* Fremdkörper *m*
tujina *f* Ausland *n*, Fremde *f*
tujka *f* Fremde *f*, Ausländerin *f*; *(beseda)* Fremdwort *n*
tujski *promet* Fremdenverkehr
tukaj hier, da
tukajšnji hiesig
tulec *m* Hülse *f*; Köcher *m*
tulipan *m* Tulpe *f*
tuliti heulen
tuljava *f* Spule *f*, Rolle *f*,
tun *m*, **tuna** *f* Thunfisch *m*
tunel *m* Tunnel *m*; Stollen *m*
tur *m* Ur *m*, Auerochs *m*
tura *f* Tour *f*
turist *m* Tourist *m*, Fremde(r) *m*; Feriengast *m*

turističen *~i vodič* Fremdenführer *m*; *~a taksa* Kurtaxe: *~o društvo* Fremdenverkehrsverein
turizem *m* Fremdenverkehr *m*, Tourismus *m*
turneja *f* Tournee *f*
turoben trübselig
tuš *m* Dusche *f*; Tusche *f* (*risba s ~em* Tuschzeichnung)
tuzemec *m* Inländer *m*, Landsmann *m*
tuzemski inländisch
tuzemstvo *n* Inland *n*
tvarina *f* Stoff *m*
tvegan gewagt
tvegati wagen, riskieren; *~ kaj* etw. aufs Spiel setzen; *(bom tvegal)* ich lasse es darauf ankommen
tvoj dein
tvor *m* Geschwür *n*, Gewächs *n*
tvorba *f* Bildung *f*; Gebilde *n*
tvoren aktiv, tätig
tvoriti bilden; ausmachen
tvrdka *f* Firma *f*, Unternehmen *n*

U

ubadati *se s čim* sich abgeben mit, sich herumschlagen mit
ubežati *D* entkommen *D*
ubežen flüchtig
ubežnik *m* Flüchtling *m*
ubijati *gl.* **ubit;** ~ *se s čim gl.* **ubadati**
ubiti töten, erschlagen, umbringen (*se* sich), totschlagen; *(lonec, jajce)* zerschlagen; (veselje) verderben
ublažiti mildern; *(sunke ipd.)* dämpfen
ubod *m* Stich *m*, Einstich *m*
ubog *m* arm (*z* an); kümmerlich
ubogati gehorchen, hören auf, folgen; *F* spuren
ubogljiv gehorsam; folgsam
uboj *m* Totschlag *m*
uboštvo *n* Armut *f*
ubožen arm, bedürftig, ärmlich, elend
ubraniti *(položaje)* behaupten; ~ *se česa* abwehren *A*, sich erwehren *G*
ubranost *f* Harmonie *f*
ubrati *(pot, smer)* einschlagen; ~*jo* gehen
učbenik *m* Lehrbuch *n*
učen gelehrt
učenec *m* Schüler *m*, *fig.* Jünger *m*
učenjak *m* Gelehrte(r) *m*
učenka *f* Schülerin *f*
učilnica *f* Schulzimmer *n*
učilo *n* Lehrmittel *n*
učinek *m* Wirkung *f*, Auswirkung *f* (auf), Nachwirkung *f*; Wirken *n*; Effekt *m*, Leistung *f* (*po* ~*u* nach der Leistung)
učinkovati wirken, sich auswirken auf
učinkovit wirksam
učitelj *m* Lehrer *m*, **učiteljica** *f* Lehrerin *f*
učiteljišče *n* Lehrerbildungsanstalt *f*
učiti unterrichten; lehren, ~ *se* lernen
učni Lehr- (~*i pripomoček* Lehrmittel), Unterrichts- (~*a ura* Unterrichtsstunde)
učnina *f* Lehrgeld *n*, Schulgeld *n*
učvrstiti festigen
ud *m* Glied *n*, ~*je* Gliedmaßen *pl*; *(član)* Mitglied *n*
udar *m* Streich *m*, *državni* ~ Staatsstreich
udarec *m* Schlag *m*; Stoß *m*, Hieb *m*, *(rahel)* Klaps *m*, *(s pestjo)* Haken *m*; ~ *na, ob* Prall *m*, Anprall *m*, Aufschlag *m*; *fig.* Rückschlag *m*
udariti schlagen, zuschlagen; ~ *po* einschlagen auf, *ob* prallen gegen, klatschen gegen, schlagen gegen; ~ *po mizi* auf den Tisch schlagen; ~ *se* sich wehtun;

~ se na sich stoßen an; *~ v glavo* in den Kopf steigen
udarnik *m* Arbeitsheld *m*
udejaniti verwirklichen
udejstvovati *se* sich betätigen
udeležba *f* Teilnahme
udeležen *biti ~ pri* mitwirken an, teilnehmen an, beteiligt sein
udeleženec *m* Teilnehmer *m*, Beteiligte(r) *m*
udeležiti *se G* teilnehmen an, mitwirken an, sich beteiligen an
udinjati *se* sich verdingen
udoben bequem, behaglich, gemütlich
udobje *n* Komfort *m*, Bequemlichkeit *f*
udomačen zahm, gezähmt
udor m Erdrutsch *m*
udreti *se* einstürzen, *(v led ipd.)* einbrechen
udrihati *po* einschlagen auf, *fig.* herziehen über
udrtina *f* Beule *f*
udušiti erdrücken, drosseln; *(bolečino)* abtöten
ugajati gefallen, *ne ~* mißfallen; *to mu ugaja* er findet Gefallen daran
uganiti raten, erraten
uganjati *(norčije)* treiben
uganka *f* Rätsel *n*
ugasel erloschen
ugasiti *v/t* ausmachen, auslöschen
ugasniti *v/i* erlöschen, ausgehen
ugibati raten
uglajenost *f* Schliff *m*
uglasbiti vertonen
uglaševati stimmen
ugled *m* Ansehen *n*; *čuvati ~* sein Ansehen/Gesicht wahren
ugleden angesehen
ugnati kleinkriegen, unterkriegen
ugoden günstig, vorteilhaft
ugoditi *(prošnji)* stattgeben, gewähren
ugodje *n* Behagen *n*, Wohlbehagen *n*
ugodnost *f* Vorteil *m*; Vergünstigung *f*
ugonobiti zugrunde richten
ugotovitev *f* Feststellung *f*; Befund *m*
ugotoviti feststellen, herausbekommen, herausbringen; in Erfahrung bringen; *~ napake* beanstanden
ugovarjanje *n* Widerrede *f*
ugovarjati widersprechen; etw. einzuwenden haben gegen
ugovor *m* Widerspruch *m*, Einspruch *m*, Einwand *m*; Verwahrung gegen *f*; *brez ~a* widerspruchslos
ugrabitelj *m* Entführer *m*
ugrabiti entführen
ugriz *m* Biß *m*
ugrizniti beißen (*se* sich); anbeißen
uhajati entwischen, *plin* ausströmen
uhan *m* Ohrring *m*
uhelj *m* Ohrmuschel *f*
uho *n* Ohr *n*, *(šivanke)* Öhr *n*, *fig.* Gehör *n*; *do ušes* bis über die Ohren, *na ~o* ins Ohr: *naviti ušesa* bei den Ohren ziehen
uiti entkommen, *(nesreči, smrti)* entrinnen; *(pobegni-*

ti) davonlaufen; ~ *iz spomina* entfallen
ujec *m* Oheim *m*
ujeda *f* Raubvogel *m*
ujemati *se* zusammenpassen, passen, sich aneinanderfügen; übereinstimmen; *ujemajoč se* passend
ujeti fangen; gefangennehmen, erwischen; *(besede)* mitbekommen, aufschnappen; *(vlak)* erreichen; *(zločinca)* stellen, zur Strecke bringen; *ujeti na vabo* ködern *(tudi fig.)*; ~ *se v past* in die Falle gehen
ujetnik *m* Gefangene(r) *m*
ujetništvo *n* Gefangenschaft *f*
ujeziti verärgern; ~ *se* zornig werden
uk *m* Lehre *f*
ukana *f* List *f*
ukaniti überlisten
ukaz *m* Befehl *m*; Anordnung *f*
ukazati befehlen
ukazovalen gebieterisch
ukazovati gebieten *D* / über
ukaželjen wißbegierig, lernbegierig
ukloniti *se* sich beugen *D*
ukopati *se* sich verschanzen
ukor *m* Rüge *f*, Verweis *m*
ukrasti stehlen; *gl.* **krasti**
ukreniti *kaj* etw. unternehmen; ~ *vse potrebno* Vorkehrungen treffen, etw. veranlassen
ukrep *m* Maßnahme *f*
ukrepati handeln; vorgehen (gegen), Maßnahmen ergreifen, vorschreiten gegen
ukriviti verbiegen, beugen; zurechtbiegen
ukrivljen gebogen, *(linija)* geschwungen
ukrojiti zuschneiden
ukrotiti zähmen
ukvarjati *se z* sich befassen mit, sich abgeben mit, Aufmerksamkeit schenken *D*; *(z vprašanjem)* nachgehen *D*; *(s športom)* Sport treiben, *(z mislijo)* sich mit dem Gedanken tragen (zu)
uleči se sich niederlegen, sich hinlegen; *(gošča)* sich setzen
uležati se abliegen, ablagern, *(meso)* abhängen
ulica *f* Gasse *f*, *slepa* ~ Sackgasse
uliti gießen; ~ *se na* sich ergießen auf/über
ulomek *m* Bruchzahl *f*, Bruch *m*
ulov *m* Fang *m*
uloviti fangen
ultra zvok *m* Ultraschall *m*
um *m* Vernunft *f*; *biti iz uma* von Sinnen sein
umakniti zurückziehen, zurücknehmen; ~ *se* weichen (*pred* vor), sich zurückziehen, ~ *se iz (čete)* räumen *A*;
umazan schmutzig, verschmutzt; *F* schmierig, dreckig
umazanija *f* Schmutz *m*
umazati verschmutzen, schmutzig machen; ~ *se* schmutzig werden; ~ *se (blago ipd.)* schmutzen
umen klug
umešati anrühren; *(jajca)* abtreiben
umeten künstlich, Kunst-

(~*i led* Kunsteis), ~*a masa* Kunststoff)
umeti *gl.* **znati**
umetnica *f* Künstlerin *f*
umetnija *f* Kunststück *n*
umetnik *m* Künstler *m* (*svoboden* freischaffend)
umetnina *f* Kunstwerk *n*
umetnost *f* Kunst *f*
umetnostni künstlerisch
umeven verständlich; *sam ob sebi* ~ selbstverständlich
umik *m* Rückzug *m*; *(čet)* Abzug *m*
umikati *se* weichen *D*, zurückweichen vor
umirati im Sterben liegen
umiriti beruhigen (*se* sich)
umirjen gemessen, gesetzt
umišljen eingebildet
umiti, umivati waschen (*se* sich)
umivalnica *f* Waschraum *m*
umivalnik *m* Waschbecken *m*
umobolen geisteskrank
umobolnica *f* Irrenhaus *n*
umolkniti verstummen
umor *m* Mord *m*; *zahrbtni* ~ Meuchelmord, *seksualni* Lustmord
umoriti ermorden, *fig.* töten
umreti sterben; *(v vojni ipd.)* umkommen; ~ *od lakote* verhungern
umrl verstorben
umrljiv sterblich
umrljivost *f* Sterblichkeit *f*
umski geistig
unesti *se* nachlassen, sich geben
uničenje *n* Vernichtung *f*; Zerstörung *f*; *(razdejanje)* Verheerung *f*
uničevalen ~*a vojna* Vernichtungskrieg
uničiti vernichten; zerstören; ruinieren; *(načrte ipd.)* zuschanden machen; zugrunde richten
uničujoč niederschmetternd
uniforma *f* Uniform *f*
unija *f* Union *f*
univerza *f* Universität *f*, *F* Uni *f*; Hochschule *f*; *ljudska* ~ Volkshochschule
unovčiti *F* versilbern, vergolden; zu Geld machen
uokviriti rahmen, einrahmen
up *m* Hoffnung *f*; *na* auf Kredit; *na up kupiti* anschreiben lassen
upad *m* Rückgang *m*
upadati zurückgehen; *(vode)* sinken; abnehmen
upadel *(obraz)* eingefallen
upanje *n* Hoffnung *f*; Aussichten *pl*; (*pustiti* fahren lassen, aufgeben); *brez* ~*a* hoffnungslos, rettungslos
upasti abebben, sinken; zurückgehen
upati hoffen (*na* auf), sich Hoffnungen machen auf; *prenehati* ~ die Hoffnung aufgeben, *začeti* ~ Hoffnung schöpfen; *upam, da* hoffentlich
upati *si* sich trauen, wagen; *(drzniti si)* sich getrauen, sich zuviel herausnehmen
upehati ermüden, erschöpfen
upepelitev *f* Einäscherung *f*, Feuerbestattung *f*
upepeliti einäschern
upihniti ausblasen

upijaniti betrunken machen; ~ *se* sich betrinken
upiranje *n* Auflehnung (gegen)
upirati *se D* sich auflehnen gegen, sich sträuben gegen, sich widersetzen *D*, widerstehen *D*, Widerstand leisten *D*; *(avtoriteti)* aufbegehren gegen; ~ *se (v vrata)* sich stemmen gegen; *upira se mi* es widerstrebt mir (zu), es ist mir zuwider
uplahniti verebben, abebben
upleniti erbeuten
uplinjač *m* Vergaser *m*
upnik *m* Gläubiger *m*
upodabljati abbilden; darstellen
upodabljajoč darstellend; *(umetnost)* bildend
upodobitev *f* Abbildung *f*; Bildnis *n*
upogljiv biegsam
upogniti biegen, beugen *(mačka hrbet)* krümmen
upokojen in Ruhe, außer Dienst *(a. D.)*; ausgedient
upokojenec *m* Rentner *m*
upokojiti in den Ruhestand versetzen; ~ *se* in den Ruhestand treten
upor *m* Aufstand *m* (*kmečki ~i* Bauernaufstände);
uporaba *f* Gebrauch *m* (*navodilo za ~o* Gebrauchsanweisung); Verwendung *f*, Benutzung *f*; *(sile, pravil)* Anwendung *f*; *(vseh sil)* Einsatz *m*
uporaben brauchbar, verwendbar; *(geometrija ipd.)* angewandt; *biti ~ za* taugen für
uporabiti brauchen, gebrauchen; verwenden, benutzen, *(silo, teorijo)* anwenden, *(vse sile)* aufbieten
uporabljiv brauchbar, verwendbar
uporen widerspenstig; aufsässig, aufständisch; *~o (trditi ipd.)* hartnäckig
upornik *m* Rebell *m*, *~i* Aufständischen *pl*
uporniški aufständisch
upoštevati beachten; berücksichtigen, Rechnung tragen von; *ne ~* nicht beachten, außer Acht lassen
uprava *f* Verwaltung *f*
upraven Verwaltungs- (*~i aparat* Verwaltungsapparat)
upravičen berechtigt (*volilno ~* wahlberechtigt, *~ podpisovati* zeichnungsberechtigt); *~o* mit Recht, (wir haben) allen Grund zu
upravljanje *n* Verwaltung *f*
upravljati verwalten; *~ s (strojem)* bedienen *A*
upravnik *m* Verwalter *m*
upreti se *D* sich auflehnen gegen, sich widersetzen *D*; meutern
uprizoriti in Szene setzen, darstellen; *(igro)* auf die Bühne bringen, geben; *je uprizorjen* (es) geht über die Bühne
ura *f* Uhr *f* (*zapestna* Armbanduhr, *žepna* Taschenuhr, *stoječa* Standuhr, *stolpna* Turmuhr, *peščena* Stundenglas *n*, *~ zaostaja / prehiteva* die Uhr geht nach / vor, *dati uro nazaj*

nachstellen); Stunde *f*, (*uradne ure* Amtsstunden, *vsako ~o* stündlich, *~e in ~e* stundenlang, *četrt ure* eine Viertelstunde); *huda ~* Gewitter *n*; *koliko je ~?* Wieviel Uhr ist es? *Ura je tri.* Es ist drei Uhr.

uračunati *se* sich verrechnen

urad *m* Amt *n* (*matični ~* Standesamt); Dienststelle *f*, Behörde *f*

uraden amtlich, dienstlich; *~ni* Amts- (*~e ure* Amtsstunden)

uradnik *m* Beamte(r) *m*

urar *m* Uhrmacher *m*

uravnovešen ausgeglichen

urbanizem *m* Städtebau *m*; Raumplanung *f*

uredba *f* Verordnung *f*

ureditev *f* Ordnung *f*

urediti ordnen, in Ordnung bringen, regeln; besorgen; *(vrt, park na novo)* anlegen; herrichten, zurechtmachen (*se* sich)

urednik *m* Redakteur *m*; *glavni ~* Chefredakteur

uredništvo *n* Redaktion *f*

urejen (razmere ipd.) geordnet; ordentlich; *biti urejen v* sich ordnen in

uren flink; *~o* schnell, geschwind, hurtig

uresničiti *v/t (grožnje ipd.)* in die Tat umsetzen; *~ se* sich verwirklichen, sich bewahrheiten, eintreffen

urez *m* Einschnitt *m*

uriti *(se)* üben *(v A)*; *(čete)* exerzieren

urnik *m* Stundenplan *m*

ursahniti versiegen, vertrocknen

usedati *se* sich senken, sich setzen; *(para)* sich niederschlagen

usedlina *f* Niederschlag *m*; Satz *m*

usek *m* Einschnitt *m*

usekniti *se* sich die Nase putzen / säubern; sich schneuzen

usesti *se* sich setzen, sich niedersetzen

usidrati verankern; *~ se* vor Anker gehen

uskladiščiti lagern, auf Lager geben

uskladiti in Einklang bringen; *s čim* abstimmen auf, anpassen

uslišati erhören

usluga *f* Gefallen *m*; Dienst *m*; *narediti ~o* einen Gefallen tun

uslužbenec *m* Angestellte(r) *m*

uslužen gefällig; diensteifrig

usmeriti, usmerjati richten, steuern, *(promet ipd.)* regeln; *~ se* sich orientieren; *biti (levo) usmerjen* (links) stehen

usmeritev *f* Ausrichtung *f*

usmiliti *se G* sich erbarmen *G*

usmiljen barmherzig

usmiljenje *n* Erbarmen *n*, Mitleid *n*; *brez ~a* erbarmungslos

usmiljenka *f* barmherzige Schwester *f*

usmrtitev *f* Hinrichtung *f*

usmrtiti hinrichten, richten

usnje *n* Leder *n*

usoda *f* Schicksal *n*, Los *n*, *(zla, nesrečna)* Verhängnis *n*
usoden verhängnisvoll, folgenschwer, unheilvoll
uspavalo *n* Schlafmittel *n*
uspavanka *f* Wiegenlied *n*
uspavati einschläfern
uspeh *m* Erfolg *m*; *imeti ~* Erfolg haben, erfolgreich sein; *(pri drugih)* Beifall finden
uspešen erfolgreich; lebensfähig
uspeti gelingen, geraten, Erfolg haben, erfolgreich sein; *(človek)* es weit / zu etwas bringen
uspevati gedeihen
usposobiti befähigen; instandsetzen
usposobljen befähigt (zu)
usta *pl* Mund *m*; *na vsa ~* laut, lauthals; *zapreti usta komu* jm den Mund stopfen, jn mundtot machen
ustaliti *se* festen Fuß fassen, seßhaft werden; *(razmere)* sich einpendeln, zur Stabilität gelangen
ustaljen *(človek)* seßhaft, ausgeglichen; *(način)* eingebürgert, üblich
ustanova *f* Anstalt *f*; *(sklad)* Stiftung *f*
ustanovitelj *m* Gründer *m*, Begründer *m*; Stifter *m*
ustanovitev *f* Gründung *f*
ustanoviti gründen; einrichten; stiften
ustava *f* Verfassung *f*
ustaven verfassungsmäßig; *~a sprememba* Verfassungsänderung
ustaviti zum Stehen bringen, stoppen, *(kri)* stillen, *(postopek)* einstellen; *(promet ipd.)* stillegen, zum Stillstand bringen; *~ se* halten, stehenbleiben, haltmachen, *(pri branju, govorjenju)* innehalten, *(srce, stroj)* aussetzen, *(kri, promet)* stocken; *fig. ~ se pred* zurückschrecken vor
usten mündlich
ustiti *se* prahlen
ustje *n* Mündung *f*
ustnica *f* Lippe *f*
ustnik *m* Mundstück *n*, *(za cigarete)* Spitze *f*
ustoločiti einsetzen
ustrahovati einschüchtern
ustrašiti erschrecken (erschreckte); *~ se* erschrekken (erschrak), Angst bekommen; *~ se česa (ne storiti)* zurückschrecken vor
ustreči *(prošnji)* nachkommen; *(komu)* einen Gefallen tun, willfahren
ustreliti feuern; *(koga)* erschießen
ustrezati entsprechen; gerecht werden
ustrezen entsprechend; *(nadomestilo)* vollwertig
ustrežljiv entgegenkommend, zuvorkommend, gefällig
ustvariti, ustvarjati schaffen, bilden (*~ si mnenje o* sich ein Urteil bilden über); *(napačen vtis)* vorspiegeln
ustvarjalen schöpferisch
uš *f* Laus *f*, *listna* Blattlaus *f*; *laška* Klette *f*

uščipniti kneifen, zwicken
ušiv verlaust, lausig *(tudi fig.), fig.* lumpig
uta *f* Laube *f*, Gartenlaube *f*
utaboriti *se* das Zelt / die Zelte aufschlagen
utaja *f davkov* Steuerhinterziehung *f*
utajiti unterschlagen *(davke)* hinterziehen
utegniti Zeit haben; *to utegne biti res* es kann/mag/dürfte wahr sein
uteha *f* Trost *m*
utekočiniti verflüssigen
utelešati verkörpern
utelešenje *n fig.* Inbegriff *m*
utemeljen begründet; ~ *na* basierend auf
utemeljitev *f* Begründung *f*
utemeljiti gründen, begründen
utesnjevati beengen, einengen
utež *f* Gewicht *n*
utihniti verstummen
utirati *(pot)* bahnen, ebnen; ~ *pot čemu* etw. anbahnen
utišati dämpfen; *glas* die Stimme senken, die Stimme sinken lassen; *koga* mundtot machen
utoniti ertrinken
utopiti ertränken, ersäufen; ~ *se* ertrinken
utopljenec *m* Ertrunkene(r) *m*
utor *m* Falz *m*
utrdba *f* Festung *f*
utrditi festigen, befestigen
utrgati abreißen, *(cvet)* abbrechen, brechen; ~ *se* reißen
utrinek *m* Sternschnuppe *f*
utrip *m* Puls *m*; Pulsschlag *m*
utripalnica *f* Schlagader *f*
utripati pulsieren, (luč) blinken
utrjen fest, *(grad)* befestigt; *(proti mrazu ipd.)* abgehärtet
utrjevanje *n* Festigung *f*
utrjevati festigen, befestigen; *(položaje)* ausbauen; *(človeka proti mrazu ipd.)* abhärten (*se* sich)
utrniti *(luč)* ausmachen; *zvezda se utrne* eine Sternschnuppe fällt
utrpeti missen, entbehren; *to lahko utrpim* das kann mir gestohlen bleiben
utruditi anstrengen, mitnehmen, ermüden; ~ *se* ermüden
utrudljiv anstrengend, ermüdend
utrujen müde, abgespannt, matt
utrujenost *f* Müdigkeit *f*, Ermüdung *f*
utvara *f* Einbildung *f*; Wahn *m*
uvajati einführen, *(v delo)* einweisen
uvažati einführen
uvedba *f* Einführung *f*
uvel welk
uveljaviti durchsetzen, zur Geltung bringen; ~ *se* sich durchsetzen, zur Geltung kommen, zum Durchbruch kommen
uveljavljati *(zahteve)* geltend machen
uvesti einführen; einleiten
uvideti einsehen
uvideven einsichtig

uvod *m* Einleitung *f*, Einführung *f*; *fig.* Auftakt *m*
uvodnik *m* Leitartikel *m*
uvoz *m* Einfuhr *f*; *(v dvorišče, na cesto)* Einfahrt *f* Auffahrt *f*
uvoziti *(avto)* einfahren; *(uvažati)* einführen
uvoznik *m* Importeur *m*
uvrstiti *se* sich einreihen
uzda *f* Halfter *m*
užaliti beleidigen; kränken; *užaljen* gekränkt, beleidigt, *biti užaljen* einschnappen
užalostiti traurig stimmen
užitek *m* Genuß *m*
užiten eßbar, genießbar
uživač *m* Genießer *m*
uživalec *m* Nutznießer *m*
uživati genießen; *(zdravje ipd.)* sich erfreuen *G*

V

v in (in dem = im, *v tem* darin, hierin); nach *(v Maribor, Slovenijo, Anglijo);* an (an dem = am; *v soboto* am Sonnabend); zu (*v roke* zu Handen, *v pritličju* zu ebener Erde; *v dvoje / troje* zu zweit / dritt); *v ospredje* nach vorn, *v nasprotju z (navodili* den Ausweisungen) zuwider, wider *A*
vaba *f* Köder *m*, *fig.* Lockvogel *m*, *ujeti na ~o* ködern
vabilo *n* Einladung *f*
vabiti locken, verlocken
vabljiv einladend, verlokkend
vaditi üben
vadnica *f* Übungsbuch *n*
vagon *m* Waggon *m*, Wagen *m*
vaja *f* Übung *f*; Probe *f*
vajen *G* gewohnt an/zu
vajenec *m* Lehrling *m*
vajeti *pl* Zügel *m* (*popustiti* schießen lassen); *držati na ~h* zügeln
val *m* Welle *f*; Woge *f*; *~ovi* Wellen, Seegang *m* (*močni ~ovi* starker Seegang)
valček *m* Walzer *m*
valiti wälzen (*se* sich), rollen, *(krivdo)* schieben auf, zuschieben *D*; *(koklja)* brüten; *~ se* quellen, strömen, *~ se iz* ausströmen aus
valj *m* Walze *f*, Rolle *f*
valjar *m* Walze *f*
valjarna *f* Walzwerk *n*
valjati wälzen (*se* sich); *~ se F* herumliegen, liegen
valovit wellig; wallend
valoviti wogen; wallen
valuta *f* Währung *f*
vampi *pl* Kutteln *pl*, Kuttelfleck *pl*, Kaldaunen *pl*
vanilija *f* Vanille *f*
varati betrügen, *(videz ipd.)* trügen; täuschen, *fig.* jn hinters Licht führen
varčen sparsam; *(v porabi)* wirtschaftlich
varčevalec *m* Sparer *m*
varčevanje *n* Sparen *n*; *stanovanjsko* Bausparen *n*
varčevati sparen *(z A); ~ z* haushalten mit
varen sicher, geborgen; *na ~em* in Sicherheit, gut aufgehoben; *spraviti na ~o* in Sicherheit bringen
variti schweißen; brauen
varljiv trügerisch
varnost *f* Sicherheit *f*
varnostni *pas* Sicherheitsgurt *m*, Dreipunktgurt; *namestiti ~ pas* sich anschnallen
varovalen Schutz- (*~a barva* Schutzfarbe)
varovalka *f* Sicherung
varovalec *m* Schützling *m*; Mündel *n*
varovati schützen, *(obleko ipd.)* schonen; *(koga)* beschützen, behüten; *(nesre-*

če) bewahren vor; ~ *se* aufpassen; ~ *se česa* sich schützen vor, sich hüten vor

varstvo *n* Schutz *m*, *(otrok ipd.)* Obhut *f*; ~ *narave* Naturschutz, ~ *spomenikov* Denkmalschutz

varuh *m* Vormund *m*

varuštvo *n* Vormundschaft *f*

vas *f* Dorf *n*; *na ~i* im Dorf, *fig.* auf dem Lande

vaš *(vikanje)* Ihr; *(pl k tvoj)* euer

vaščan *m* Dorfbewohner *m*

vaški ländlich, dörflich, Dorf- (*~a lipa* Dorflinde)

vata *f* Watte *f*

vatel *m* Elle *f*

vaza *f* Vase *f*

vazal *m* Dienstmann *m*

važen wichtig; *delati se ~nega* wichtig tun, sich aufspielen

vbadati stechen, einstechen

vbod *m* Stich *m*, Einstich *m*

vbrizgniti einspritzen, spritzen

vcepiti einimpfen

včasih manchmal, zuweilen

včeraj gestern

včerajšnji gestrig, von gestern

včlaniti *se v* beitreten *D*

vdan ergeben; *pijači, igri* trinksüchtig; spielsüchtig

vdanost *f* Ergebenheit *f*

vdati *se* sich ergeben; das Spiel verloren geben, *(pri kartah)* passen; ~ *se v (usodo)* sich abfinden mit, sich schicken in, *(žalosti ipd.)* sich hingeben *D*; ~ *se pijači, igri* frönen *D*, trinksüchtig werden, spielsüchtig werden

vdelati einarbeiten, einbauen

vdeti einfädeln

vdihniti einatmen, Atem holen

vdolbina *f* Vertiefung *f*; Nische *f*

vdor *m* Einbruch *m*

vdova *f* Witwe *f*

vdovec *m* Witwer *m*

vdreti einbrechen *(se)*; *(vrata)* einschlagen, ~ *v kaj* etw. aufbrechen; *(čete)* einfallen

več mehr (*ne* ~ nicht mehr); (~ *ljudi)* mehrere; *več kot* über

večati mehren, vermehren; ~ *se* zunehmen

večen ewig

večer *m* Abend *m*, ~ *pred* Vorabend *m*

večeren abendlich, Abend- (~ *mrak* Abenddämmerung)

večeriti *večeri se* es wird Abend

večerja *f* Abendessen *n*, Abendbrot *n*, Nachtmahl *n*; Abendmahl *n*

večerjati zu Abend essen

večernica *f* Abendstern *m*

večernik *m* Abendblatt *n*, Abendzeitung *f*

večidel meist, größtenteils

večina *f* Mehrheit *f*; Mehrzahl *f*

večinoma meist, zumeist; größtenteils

večkrat oft, öfters, öfter; mehrfach

večkraten mehrfach

večnamenski *aparat* Mehrzweckgerät *n*
večnost *f* Ewigkeit *f*
večzložen mehrsilbig
veda *f* Wissenschaft *f*
vede wissentlich
vedenje *n* Benehmen *n*, Betragen *n*; *(kaznjenca ipd.)* Führung *f*; *lepo ~* Benimm *m*
vedenje *n* Wissen *n*, Kenntnis *f*
veder heiter
vedeti wissen, *~ da je kdo (srečen ipd.)* jn (glücklich) wissen; *dati vedeti komu* jn wissen lassen; *nič noče ~ o* er will davon nichts wissen, er will es nicht wahrhaben
vedeževalec *m* Wahrsager *m*
vedeževati wahrsagen; *~ iz kart* Karten legen
vedno immer, stets, *(kadarkoli)* jederzeit
vednost *f* Wissen *n*, Kenntnis *f*; *brez moje ~* ohne mein Wissen
vedoželjen wißbegierig
vedrina *f* Heiterkeit *f*
vedriti *se* aufheitern; *~ in oblačiti* das Sagen haben
vedro *n* Eimer *m*, Kübel *m*
vegast schief, verbogen
veja *f* Zweig *m*, Ast *m*
vejevje *n* Astwerk *n*
vejica *f (ločilo)* Beistrich *m*, Komma *n*, Zweig *m* (*oljčna ~* Ölzweig)
vek *m* Zeitalter *n*; *stari ~* Altertum *n*, *srednji ~* Mittelalter *n*, *novi ~* Neuzeit *f*
veka *f* lid *n*, Augenlid *n*
vekati plärren
vekomaj ewig
velblod *m* Kamel *n*
veleblagovnica *f* Warenhaus *n*
veleizdaja *f* Hochverrat *m*, Landesverrat *m*
velelnik *m* Imperativ *m*
velemesto *n* Großstadt *f*, Weltstadt *f*
veleposest *f* Großgrundbesitz *m*
veleposlanik *m* Botschafter *m*, Gesandte(r) *m*
veleposlaništvo *n* Gesandtschaft *f*, Botschaft *f*
velesejem *m* Messe *f*
velesila *f* Großmacht *f*, Weltmacht *f*
veleti befehlen, heißen; *(reči)* sagen
veletok *m* Strom *m*
veletrgovina *f* Großhandel *m*
veličanstvo *n* Majestät *f*
veličasten herrlich
veličina *f* Größe *f*
velik groß *(človek)* groß, lang; *(prostor)* geräumig, *(stroški)* hoch, *(veselje, jeza)* hell, *(skrivnost)* tief; *~i petek, teden* Karfreitag, Karwoche
velika *noč* Ostern *n*
velikan *m* Riese *m*, *(po postavi)* Hüne *m*
velikanski riesig, riesengroß; *(po postavi)* hünenhaft
velikaš *m* Magnat *m*
veliko viel
velikodušen großzügig
velikodušnost *f* Großmut *f*
velikonočen Oster- (*~i ponedeljek* Ostermontag)
velikopotezen großzügig, freizügig

velikost *f* Größe *f*, Stärke *f*; *v nadnaravni ~i* überlebensgroß
velja! abgemacht!
veljati gelten, *(pogodba)* laufen; *začeti / nehati ~ (pogodba)* in / außer Kraft treten
veljava *f* Geltung *f*
veljaven gültig; *pravno ~* rechtsgültig
veljavnost *f* Gültigkeit *f*; *z ~o za nazaj* rückwirkend
ven hinaus, heraus; aus; *iti ~* ausgehen
vendar doch, dennoch; trotzdem; immerhin
venec *m* Kranz *m*
veneti welken; verwelken
vera *f* Glaube *m*; Bekenntnis *n*, Religion *f*; *v dobri ~i* gutgläubig
veren gläubig; *~e duše* Allerseelen *n*
veriga *f* Kette *f*; *snežna ~* Schneekette *f*
verižen Ketten- (*~a reakcija* Kettenreaktion)
verižica *f* Kette *f*
verjeten glaubhaft; einleuchtend, annehmbar
verjeti glauben *A*, Glauben schenken *D*; *(svojim očem)* trauen
verjetno wahrscheinlich
verjetnost *f* Wahrscheinlichkeit *f*
vernik *m* Christ *m*
verodostojen glaubwürdig
verodostojnost *f* Glaubwürdigkeit
veroizpoved *f* Religion *f*, Glaube *m*
verolomen wortbrüchig, treubrüchig
verouk *m* Religionsunterricht *m*
verovati *v* glauben an
verski Religions-, *~a šola* Bekenntnisschule, *~a občina* Glaubensgemeinde
verzija *f* Lesung *f*, Fassung *f*
ves ganz, *(ves krvav ipd.)* über und über; *vsi* alle, *vse* alles; *vse (večji, bolj),* immer (größer, mehr) zunehmend; *vse naokoli* rundherum, *vse dotlej* bis
vesel froh; freudig, Freuden- (*~a novica* Freudenbotschaft); fröhlich, lustig; *biti ~ česa* sich freuen über; *ne biti ~ česa* nicht erbaut sein von
veselica *f* Volksfest *n*
veseliti freuen; *~ se G* sich freuen über, (*nečesa v prihodnosti* auf); *glasno se ~* jubeln, frohlocken
veselje *n* Freude *f* (*veliko* hell); Vergnügen *n* (*z ~em* mit Vergnügen); *pokvariti komu ~ do* jm etw. verleiden
veseloigra *f* Lustspiel *n*
veslač Ruderer *n*
veslaški Ruder- (*~a regata* Ruderregatta)
veslati rudern; *(kanu)* paddeln
veslo *n* Ruder *n*; *(kanuja)* Paddel *n*
vesolje *n* All *n*, Weltraum *m*, Weltall *n*
vesoljni *~ svet* die ganze Welt, *~ potop* Sinflut
vesoljski *polet* Weltraumflug *m*
vest *f* Gewissen *n*; *imeti na*

~i auf dem Gewissen haben; *s slabo ~jo* schuldbewußt; *brez ~i* gewissenlos
vest *f (novica)* Nachricht *f*, Kunde *f*
vesten gewissenhaft
vesti, vezem sticken
vesti, vedem *se* sich benehmen; sich betragen, sich aufführen
vestnik *m* Blatt *n*
vešč kundig, geschickt; *biti ~ G* können *A*
vešča *f* Falter *m*, Nachtfalter *m*; Hexe *f*
veščina *f* Fertigkeit *f*
veter *m* Wind *m*; *sunek ~a* Böe *f*, Windstoß *m*; *na vse ~ove* in alle vier Winde; *drug ~ je zapihal fig.* das Blatt hat sich gewendet; *dal mu bom ~a* ich werde ihm heimleuchten
veterina *f* Tiermedizin *f*
veterinar *m* Tierarzt *m*
veti, veje wehen; *iz ... veje (dobrohotnost ipd.)* etw. atmet ...
veto *m* Veto *n* (einlegen)
vetrič *m* Luftzug *m*, Lüftchen *n*
vetrnica *f* Wetterfahne *f*; Windrose *f*; *morska ~* Seerose *f*
vetrnjaški windig
vetrobran *m* Windschutzscheibe *f*
vetroven windig
vetrovka *f* Windjacke *f*
veverica *f* Eichhörnchen *n*, Eichkätzchen *n*
vez *f* Verbindung *f*; Band *n* (*pl* Bande); *(smučarska)* Bindung *f*
vezaj *m* Bindestrich *m*
vezalka *f* Schuhband *n*
vezana *plošča* Sperrplatte *f*
vezati binden (*se* sich); *(trte ipd.)* anbinden; knüpfen; *(prijateljstvo, telefon)* verbinden; *(beseda, prisega)* verpflichten; *(obleka veže)* spannen
vezava *f knjižna* Einband *m*
vezenina *f* Sickerei *f*
vezenje *n* Sticken *n*; Stickerei *f*; *za vezenje* Stick- (*okvir za ~* Stickrahmen)
vezni Binde- (*~ člen* Bindeglied)
veznica *f* Bindehaut *f*
veznik *m* Bindewort *n*
veža *f* Flur *m*; Halle *f*
vežbališče *n* Übungsplatz *m*
vgrajen eingebaut, Einbau- (*~a omara* Einbauschrank)
vhod *m* Eingang *m*
vi Sie; *(množina k ti)* ihr
vice *pl* Fegefeuer *n*
vid *m* Augenlicht *n*, Sehkraft *f*
videc *m* Seher *m*
viden sichtbar; *~ iz* ersichtlich aus; *vidno* sichtlich, zusehends
videti sehen; *(konec, česa ipd.)* absehen; *~ je, da* es scheint (zu); *rajši vidim, da* es wäre mir lieber, wenn; *vidi se mu, da je (žalosten)* man merkt es ihm an; *ta bo že še videl* der kann was erleben / wird sein blaues Wunder erleben
videz *m* Schein *m*, Anschein *m*; *na ~* scheinbar, anscheinend; *ohranjati ~* den Schein / die Form wahren

vidik *m* Gesichtspunkt *m*
vidljiv sichtbar
vidljivost *f* Sicht *f*
vidra *f* Otter *m*, Fischotter *m*
vidva ihr (zwei)
vihar stürmisch, *(morje, vreme)* wild; *viharno je* es stürmt
vihati umbiegen, *(nos)* rümpfen; ~ *se* sich kräuseln
vihteti schwingen
vijak *m* Schraube *f*
vijolica *f* Veilchen *n*
vijugast gewunden, krumm
vijugati *se* sich winden / schlingeln
vik in krik Gezeter *n*, Geschrei *n*
vikati siezen
vila *f* Fee *f*, Elfe *f*; *(stavba)* Villa *f*
vile *pl* Gabel *f*, Heugabel, Mistgabel
vilice *pl* Gabel *f*
vime *n* Euter *n*
viničar *m* Winzer *m*
vinjak *m* Weinbrand *m*
vinjen beschwipst, betrunken
vino *n* Wein *m*, *rdeče, črno* Rotwein, *belo* Weißwein, *kuhano* Glühwein
vinograd *m* Weinberg *m*, Weingarten *m*
vinogradništvo *n* Weinbau *m*
vinoroden Weinbau- (*~o področje* Weinbaugebiet)
vinotoč *m* Ausschank *m*
vinski Wein- (*~a klet* Weinkeller)
violina *f* Geige *f*
violončelo *m* Cello *n*
vir *m* Quelle *f*
viseč Hänge- (*~i vrtovi* Hängegärten)
viseti hängen; schweben; ~ *na lasu* auf des Messers Schneide stehen
vislice *pl* Galgen *m*
visok hoch, Hoch- (~ *šola* Hochschule); *zelo* ~ haushoch, turmhoch, himmelhoch
visokoleteč hochtrabend
visokost *f* Hoheit *f*
višavje *n* Hochland *n*, Höhenzug *m*
višek *m* Höhepunkt *m*, Blütezeit *f*; Gipfel *m*; *to je* ~ das ist die Höhe
višina *f* Höhe *f*, *nadmorska* ~ Meereshöhe; *(tekočine)* Pegel *m*, *(vode)* Wasserstand *m*
višinski Höhen- (*~o sonce* Höhensonne)
višji höher, gehoben; *biti višji od* überragen *A*
višnja *f* Weichsel *f*, Sauerkirsche *f*
vitamin *m* Vitamin *n*; *vsebujoč malo / mnogo ~ov* vitaminarm / vitaminreich; *pomanjkanje ~ov* Vitaminmangel
vitek schlank
vitel *m* Winde *f*
viteški ritterlich, Ritter- (~ *red* Ritterorden)
vitez *m* Ritter *m*
viti winden, *(roke)* ringen; ~ *se* sich winden, *(cesta)* sich schlängeln
vitica *f* Ranke *f*
vitrih *m* Nachschlüssel *m*
vizum *m* Visum *n*, Sichtvermerk *m*

vkapati eintröpfeln, einträufeln
vkleniti fesseln
vklesati meißeln in, einmeißeln
vključiti *(stroj ipd.)* einschalten
vključen (e)inbegriffen; *~o* einschließlich
vklopiti einschalten
vknjižiti buchen
vkorakati einmarschieren
vkrcati verschiffen (*se* sich)
vkuhati einkochen; *(sadje ipd.)* einlegen, einwecken
vkup zusammen, *gl.* **skupaj**
vlačilec *m* Schlepper *m*
vlačuga *f* Dirne *f*, Hure *f*
vlada *f* Regierung *f*; *deželna* Landesregierung, *zvezna* Bundesregierung
vladar *m* Herrscher *m*
vladati regieren; herrschen *(tudi fig.)*, *fig.* walten
vladni Regierungs- (*~ krogi* Regierungskreise)
vlaga *f* Feuchtigkeit *f*
vlagatelj *m* Sparer *m*
vlak *m* Zug *m*, *potniški* Personenzug, *tovorni* Güterzug, *pospešeni* Eilzug, *brzi* Schnellzug, D-Zug; *jutranji* Frühzug, *večerni* Abendzug
vlakno *n* Faser *f*; *umetno ~* Kunstfaser *f*
vlažen feucht, naß
vlažnost *f* Feuchtigkeit *f*
vleči ziehen, *(po tleh)* schleifen; zerren (*za* an) *~ za seboj* nachziehen; *~ koga (za nos)* an der Nase herumführen, anführen; *~ se za kaj* kämpfen um; *vleče me, da bi se* es drängt mich zu
vlečka *f* Schleppe *f*
vlečna *služba* Abschleppdienst *m*
vlečnica *f* Schilift *m*
vliti schütten, gießen
vljuden höflich, verbindlich
vljudnost *f* Höflichkeit *f*
vloga *f* Rolle *f*, *hranilna ~* Einlage *f*; *(prošnja)* Eingabe *f*, Gesuch *n*
vlom *m* Einbruch *m*
vlomilec *m* Einbrecher *m*
vlomiti einbrechen; *(v blagajno)* knacken *A*
vložek *m* Einlage *f*, Einsatz *m* (*~ iz čipk* Spitzeneinsatz); *higienski ~* Binde *f*, Damenbinde *f*
vložiti einlegen; *(v kartoteko ipd.)* einordnen, *(prošnje)* einreichen, *(sadje ipd.)* einmachen
vmes dazwischen; *temp.* inzwischen, mittlerweile; *(občasno)* zwischendurch; *poseči ~* eingreifen, dazwischen treten
vmesni zwischen- (*~ prostor* Zwischenraum); *nekaj ~nega* ein Zwischending
vmešavanje *n* Einmischung *f*
vmešavati *se* sich einmischen, (*v zadeve ipd.)* dazwischenreden; *ne ~ česa* etw. aus dem Spiel lassen
vnanji *gl.* **zunanji**
vnaprej im voraus, im vorhinein
vnaprejšnji *(mnenje)* vorgefaßt
vnebovzetje *n* Himmelfahrt *f*

vnema *f* Eifer *m*; Hingabe *f* (*z ~o* mit Hingabe)
vnemar *puščati* außer Acht lassen; nicht beachten / berücksichtigen
vnemati *se fig.* schwärmen (für)
vnesti eintragen; *(nemir)* verursachen
vnet eifrig
vneti *se* sich entzünden; Feuer fangen
vnetje *n* Entzündung *f*; *~ mehurja* Blasenentzündung
vnetljiv feuergefährlich
vnovčiti einlösen; zu Geld machen
vnovič erneut
vnuk *m* Enkel *m*, **~inja** *f* Enkelin *f*
vobče überhaupt
vod *m* Leitung *f*; *(vojaški)* Zug *m*
voda *f* Wasser *n*; *talna* Grundwasser, *vodovodna* Leitungswasser, *pitna* Trinkwasser, *mineralna* Mineralwasser, *iti na ~o* Wasser abschlagen; *splahniti v ~i (transport)* auf dem Wasserweg; *iti po ~i* flöten gehen; *višina ~e* Wasserstand *m*, Pegel *m*
voden wässerig
vodenica *f* Wassersucht
vodič *m* Führer *m*, *turistični* Fremdenführer
vodik *m* Wasserstoff *m*
vodilen führend, tonangebend
vodilo *n (naprava)* Leitschiene *f*; *fig.* Richtlinie *f*
voditelj *m* Führer *m*
voditi führen; leiten, lenken, anleiten, *(množico)* anführen; *(šport)* führen, in Führung liegen, an der Spitze liegen; *~ za nos* nasführen
vodja *f* Leiter *m*
vodna *(ondulacija)* Wasserwelle *f*
vodnar *m* Wassermann *m*
vodnik *m* Führer *m*; Wegweiser *m*
vodnjak *m* Brunnen *m*
vodomet *m* Springbrunnen *m*
vodoraven waagrecht
vodovje *n* Gewässer *n*
vodovod *m* Wasserleitung *f*
vodstvo *n* Führung *f*, Leitung *f*
vogal *m* Ecke *f*
vogalni Eck- (*~i kamen* Eckstein)
voh *m* Geruch *m*
vohati wittern; riechen
vohljati schnuppern, schnüffeln (*A* an)
vohun *m* Agent *m*
vohunstvo *n* Spionage *f*
vojak *m* Soldat *m*
vojaščina *f* Wehrdienst *m*
vojaški Millitär- (*~a policija* Militärpolizei), Wehr- (*~ služba* Wehrdienst); *sposoben za ~o službo* wehrfähig
vojašnica *f* Kaserne *f*
vojna *f* Krieg *m*, *svetovna ~* Weltkrieg, *osvobodilna* Befreiungskrieg, *papirna ~* Federkrieg; *križarska ~* Kreuzzug *m*, *hladna vojna* kalter Krieg
vojni Kriegs- (*~ dopisnik* Kriegsberichterstatter)

vojska *f* Armee *f*, Heer *n*; *iti v ~o* einrücken
vojskovanje *n* Kriegsführung *f*
vojskovati *se* kämpfen
vojskovodja *m* Feldherr *m*
vojščak *m* Krieger *m*
vojvoda *m* Herzog *m*
vojvodina *f* Herzogtum *n*
vol *m* Ochse *m*, *fig*. Rindvieh *n*
volan *m* Steuer *n*
volčjak *m* Wolfshund *m*
volilni Wahl- (*~a pravica* Wahlrecht)
volilo *n* Legat *n*, Vermächtnis *n*
volišče *n* Wahlplatz *m*
volitev *f* Wahl *f*; *volitve* Wahlen *pl*
voliti wählen
volilec *m* Wähler *m*
volja *f* Wille *m*; *dobre volje* gutgelaunt, guter Laune / Dinge, gut aufgelegt; *slabe volje* übelgelaunt, schlecht aufgelegt, verstimmt, schlechter Laune, verdrossen; *spraviti v slabo ~o* verärgern, verdrießen, verstimmen; *po mili volji* nach Belieben, nach Herzenslust; *rade ~e* bereitwillig; *biti na ~o* zur Verfügung stehen
voljan willig, bereitwillig; *(koža ipd.) weich, geschmeidig*
volk *m* Wolf *m*; *zeleni ~* Grünspan *m*
volkodlak *m* Werwolf *m*
volkulja *f* Wölfin *f*
volna *f* Wolle *f*
volnen wollen, *je ~* (es) ist aus Wolle; Woll- (*~a odeja* Wolldecke)
volovski Ochsen- (*~a vprega* Ochsengespann n)
vonj *m* Duft *m* *(divjačine ipd.)* Witterung *f*
vonjati duften
vosek *m* Wachs *n*; *pečatni ~* Siegellack *m*
voščen Wachs- (*~a sveča* Wachskerze), *je ~* ist aus Wachs
voščenka *f (barvnik)* Wachskreide *m*; *bot.* Wachsblume *f*
voščilo *n* Glückwunsch *m*
voščiti gratulieren, Glück wünschen; *(lahko noč ipd.)* sagen
votel hohl
votlina *f* Höhle *f*
voz *m* Wagen *m*; *(količina)* Fuhre *f*
vozač *m* Pendler *m*
vozel *m* Knoten *m*
vozen befahrbar; *~a pot* Fahrweg
voziček *m* Wagen *m*, *otroški* Kinderwagen, *invalidski* Rollstuhl *m*
vozilo *n* Fahrzeug *n*, *motorno ~* Kraftfahrzeug *n* Kraftwagen *m* (*osebno* Personen ~ PKW, *tovorno* Last ~ LKW)
vozišče *n* Fahrbahn *f*
voziti *v/t* lenken, fahren, steuern; *~ se* fahren, *(zelo hitro)* jagen; *(vlak, avtobus vozi od do)* verkehren
vozlati knoten, knüpfen
vozni Fahr- (*~red* Fahrplan, *~ pas* Fahrspur)
voznik *m* Fahrer *m*; *poklicni* Berufsfahrer

voznina *f* Fahrgeld *n*
vozniški *~o dovoljenje* Führerschein *m*; (*sodno odvzeti* einziehen)
vozovnica *f* Fahrkarte *f*
vožnja *f* Fahrt *f*; *~ navzdol* Abfahrt, *~ navkreber* Auffahrt, *~ skozi* Durchfahrt, *~ prek* Überfahrt
vpad *m* Einfall *m*, Überfall *m*
vpasti *v* einfallen in
vpeljati einführen, *(v delo)* einarbeiten
vpis *m (v šolo)* Einschreiben *n*, *(na univerzo)* Immatrikulation *f*; *(v seznam ipd.)* Eintragung *f*
vpisati einschreiben (*se* sich), *(otroka v prvi razred)* einschulen; *(na univerzo)* immatrikulieren (*se* sich); *(v seznam)* eintragen
vpiti schreien; *(tekočino)* aufsaugen
vplačati einzahlen
vplačilo *n* Einzahlung *f*
vplesti einflechten, *fig. ~ se* geraten in
vpliv *m* Einfluß *m*, *(na kaj)* Einwirkung *f* auf, *(česa na)* Auswirkung *f* auf
vplivati *na* beeinflussen *A*; sich auswirken auf, einwirken auf
vpliven einflußreich
vpogled m Einblick *m (tudi fig.)*, Einsicht *f*; *imeti ~ v* einsehen *A*
vpoklicati einberufen, berufen
vprašaj *m* Fragezeichen *n*
vprašalen Frage- (*~i stavek* Fragesatz)
vprašalnica *f* Fragewort *n*
vprašalnik *m* Fragebogen *m*
vprašan gefragt; *ne da bi bil ~* ungefragt
vprašanje *n* Frage *f*; *(po podatku, informaciji)* Anfrage *f*; *sporno ~* Streitfrage *f*, *osrednje ~* Kernfrage
vprašati fragen; *~ za svet* sich Rat holen bei
vprašljiv fraglich
vpreči einspannen
vprega *f* Gespann *n*
vpričo im Beisein *G*, in Anwesenheit *G*
vrabec *m* Spatz *m*, Sperling *m*; *to že ~i čivkajo* die Spatzen pfeifen es von den Dächern
vračanje *n* Rückkehr *f*; *(stroškov ipd.)* Rückerstattung *f*, *(čustev)* Erwiderung *f*; *~ k (starim metodam)* Rückgriff auf *m*
vračunati einbeziehen; jm etw. anrechnen
vrag *m* Teufel *m*; *k ~u* hols der Teufel, zum Henker, zum Kuckuck
vragolija *f* Ulk *m*, Posse *f*
vran *m* Rabe *m*
vrana *f* Krähe *f*; *bela ~* weißer Rabe
vranec *m* Rappe *m*
vranica *f* Milz *f*
vranični *prisad* Milzbrand *m*
vrat *m* Hals *m*, *fig.* Kehle *f*; *imeti na ~u* auf dem Halse haben, *držati za ~* beim Wickel haben, *zagrabiti za ~* beim Kragen packen; *na ~ na nos* Hals über Kopf
vrata *pl* Tür *f*, *(velika mestna)* Tor *n*; *(samostanska)*

Pforte *f*; *smučna* ~ Schiebetür, *krilna* Flügeltür; *med ~i* zwischen Tür und Angel; *za zaprtimi ~i* unter Ausschluß der Öffentlichkeit; *postaviti koga pred ~a* jm den Stuhl vor die Türe setzen, jn an die Luft setzen

vratar *m* Pförtner *m*, *(pri nogometu)* Torwart *m*, ~mann

vratni Hals- (*~o vretence* Halswirbel)

vratolomen halsbrecherisch, waghalsig

vraževeren abergläubisch

vražji verteufelt

vrba *f* Weide *f*; ~ *žalujka* Trauerweide *f*

vrbov Weiden- (*~a košara* Weidenkorb)

vrč *m* Krug *m*; Kanne *f*

vrček *m* Krug *m*; *(za pivo ipd.)* Maßkrug *m*, Humpen *m*

vreča *f* Sack *m*; *zoo.* Beutel *m*; *polniti v ~e* einsacken

vreči werfen (~ *v* einwerfen in, *na tla* niederwerfen, *stran* wegwerfen, *ven* hinauswerfen, *komu kaj* jm etw. zuwerfen); schleudern, schmeißen, *(vlado)* stürzen; *(pri izpitu)* durchfallen lassen, *(iz službe)* feuern; ~ *se* sich werfen, sich stürzen; ~ *se na koga* einstürzen; ~ *se* sich stürzen auf; ~ *se po kom* nach jm geraten

vrečka *f* Beutel *m*, *(papirna)* Tüte *f*

vred *z* ... ~ zusammen mit

vreden wert, -wert (*ki ga je vredno videti* sehenswert); -würdig (~ *človeka* menschenwürdig)

vrednost *f* Wert *m*, *tržna* ~ Handelswert, *nominalna* Nennwert, *menjalna* Tauschwert, *presežna* Mehrwert; *dvigniti* ~ *čemu* etw. aufwerten; (*določiti* ~ ansetzen, *dvigati se* steigen, *padati* sinken)

vrednostni ~ *papirji* Wertpapiere, Effekten

vrednotenje *n* Bewertung *f*

vrednotiti werten, bewerten

vrelec *m* Quelle *f*; *naftni* ~ Ölquelle, Ölvorkommen *n*

vrelišče *n* Siedepunkt *m*

vreme *n* Wetter *n*; Witterung *f*

vremenski Wetter- (*~a napoved* Wettervorhersage, *~o poročilo* Wetterbericht); Witterungs- (*~i vplivi* Witterungseinflüsse *pl*)

vrenje *n* Gärung *f*

vresje *n* Heidekraut *n*

vreščati kreischen; ~ *nad kom* keifen mit

vretence *n* Spule *f*; *anat.* Wirbel *m*

vretenčar *m* Wirbeltier *n*

vreti sieden, kochen; *(vino ipd.)* gären

vrez *m* Einschnitt *m*, Schnitt *m*

vrezati einschneiden, ~ *v* schneiden in; ~ *se* sich schneiden

vrh *m* Gipfel *m*, Spitze *f*, *(drevesa)* Wipfel *m*; das obere Ende; *proti ~u* nach oben zu; *do vrha* bis oben;

na ~u oben; obenauf, zuoberst; *~u tega* obendrein, darüber hinaus
vrhnji obere, oberste
vrhoven oberste
vrhunec *m* Höhepunkt *m*; *doseči ~* gipfeln (in)
vrhunski Spitzen- (*~i športnik* Spitzensportler)
vriskati jauchzen; jubeln
vrišč *m* Geschrei *n*, Gezeter *n*
vrl wacker, bieder
vrlina *f* Tugend *f*, starke Seite *f*
vrnitev *f* Rückkehr *f*, *(domov)* Heimkehr *f*
vrniti zurückgeben, *(prinesti)* zurückbringen; *(~ drobiž)* herausgeben, *(dolg)* zurückzahlen; *se k (čemu) fig.* zurückgreifen auf; *~ se* zurückkehren, *(domov)* heimkehren; *(obrniti se na poti)* umkehren
vroč heiß *(tudi fig.)*, *fig.* glühend
vročekrven heißblütig, hitzig
vročica *f* Fieber *n*
vročičen fiebrig
vročina *f* Hitze *f*; *med.* Fieber *n*
vročiti einhändigen, übergeben
vrsta *f* Reihe *f* (*po ~i* der Reihe nach, *na ~i* an der Reihe); Linie *f*, Folge *f*, *(telovadna)* Riege *f*; *biol.* Art *f*, Gattung *f*, *(sorta)* Schlag *m*, *(vrtnarsko ipd.)* Züchtung *f*; *iste ~e* von derselben Art / demselben Schlag; *(problem ipd.) prve ~e* ersten Ranges; *v prvi ~i* in erster Linie; *dveh / petih itd. vrst* zweierlei, fünferlei itd.
vrstiti *se* (einander) folgen, sich reihen, *zelo hitro se ~ (dogodki)* sich überstürzen
vrstnat *(cvet)* gefüllt
vrstni Reihen- (*~i red* Reihenfolge)
vrstnik *m* Altersgenosse *m*
vrt *m* Garten *m*, *~ pred hišo* Vorgarten; *živalski ~* Zoo *m*, Tiergarten *m*
vrtati bohren (*po* in)
vrtalni Bohr- (*~ stolp* Bohrturm)
vrtavka *f* Kreisel *m*; *fig.* Quirl *m*
vrtec *m* Kindergarten *m*; *(varstvena ustanova)* Hort *m*, Tagesstätte *f*
vrteti drehen (*se* sich); *(ploščo)* abspielen; *~ se* kreisen; *vrti se mi* mir ist schwindlig
vrtičkar *m* Schrebergärtner *m*
vrtiljak *m* Ringelspiel *n*
vrtina *f* Bohrloch *n*
vrtinčiti *se* wirbeln, *(dim)* sich kräuseln
vrtinec *m* Wirbel *m*, Strudel *m*; *zračni* Windhose *f*
vrtljiv drehbar, Dreh- (*~a vrata* Drehtür)
vrtnar *m* Gärtner *m*
vrtnarija *f* Gärtnerei *f*
vrtnarski *~a razstava* Gartenbauausstellung
vrtnarstvo *n* Gartenbau *m*
vrtnica *f* Rose *f*
vrtoglav schwindlig; schwindelerregend

vrtoglavica *f* Schwindel *m*, Schwindelgefühl *n*; *ima ~o* er ist schwindlig
vrv *f* Schnur *f* Strick *m*, *(plezalna, debelejša, železna)* Seil *n (za perilo)* Leine *f*, *(ladijska)* Tau *n*
vrveti wimmeln (*po ulicah mrgoli* ... die Straßen wimmeln vor ...)
vrvež *m* Gewimmel *n*
vrvica *f* Bindfaden *m*, *(pasja)* Leine *f*, Kordel *f*; Schnur *f* (*zažigalna* Zündschnur)
vrvohodec *m* Seiltänzer *m*
vrzel *f* Lücke *f*
vsaditi einsetzen, setzen
vsaj wenigstens, mindestens, zumindest
vsak jeder; *~ tretji dan* alle drei Tage; *~o leto* jährlich, *~o drugo, peto leto* zweijährlich, fünfjährlich; *~e tri mesece* dreimonatlich, *~e tri dni* dreitäglich
vsakdanji alltäglich
vsakdo jeder
vsakodneven täglich, tagtäglich
vsakokrat jedes Mal; jeweils
vsakokratni jeweilig
vsakoleten jährlich, alljährlich
vsakovrsten mancherlei, vielerlei
vsaksebi auseinander
vse alles, **vsi** alle
vsebina *f* Inhalt *m*, Gehalt *m*
vsebovati enthalten, (*in* sich) bergen; *vsebujoč (železo ipd.)* -haltig (eisenhaltig)
vseeno egal, einerlei; *~ mi je* es ist mir gleich, gleichgültig
vsekakor durchaus, durchwegs, jedenfalls, auf jeden Fall, unter allen Umständen
vselej immer
vselitev *f* Einzug *m*
vseliti *se v* einziehen in, beziehen *A*
vsemirje *n* Weltall *n*, All *n*
vsemogoče allerhand, allerlei
vsemogočen allmächtig
vseobsežen allumfassend
vsesati einsaugen; *(vonj)* annehmen
vseskozi durchwegs
vsestranski allseitig
vseučilišče *n* Universität *f*
vseveden allwissend
vsi alle; sämtliche; *~ sveti* Allerheiligen
vsiliti aufdrängen (*se* sich), aufnötigen
vsiljevati *se gl.* **vsiliti;** *(misel)* naheliegen
vsiljiv aufdringlich, zudringlich
vsiljivec *m* Eindringling *m*
vsipati *se (pesek)* rieseln
vskočiti *(namesto koga)* einspringen für
vsota *f* Betrag *m*, Summe *f*, *ogromna ~* Unsumme *f*
vstaja *f* Aufstand *m*
vstajenje *n* Auferstehung *f*
vstati aufstehen, *(od mrtvih)* auferstehen
vstaviti einsetzen
vstop *m* Eintritt *m*, *(v državo)* Einreise *f*; *~ v delovno razmerje* Arbeitsaufnahme *f*

vstopiti eintreten, treten in, *(v vozilo)* einsteigen; *v (sobo, hišo)* betreten *A*; *v (stranko)* beitreten *D*

vstopni *~a viza* Einreisevisum

vstopnica *f* Eintrittskarte *f*, Karte *f*

vsuti schütten (in)

všeč *biti ~ komu* gefallen jm, ansprechen *A*

všitek *m* Abnäher *m*; *napraviti ~e* abnähen

vštric nebeneinander, neben

vtakniti *v* stecken in, einstecken; einführen

vtepsti *komu kaj* einbläuen; *komu / si* jm (sich) etw. in den Kopf setzen

vtič *m* Stecker *m*

vtičnica *f* Steckdose *f*

vtihotapiti *se* sich einschmuggeln, *(napake itd.)* sich einschleichen

vtis *m* Eindruck *m*, Anschein *m* (*zbujati* erwecken); narediti ~ na koga beeindrucken *A*

vtisniti eindrücken; *~ se* sich eingraben, *(v spomin)* sich einprägen

vtkati einweben, einwirken

vtreti einreiben, reiben in

vulgaren ordinär, vulgär

vzajemen gegenseitig, wechselseitig; *~i odnosi* Wechselbeziehungen

vzbočen gewölbt

vzcveteti aufblühen

vzdevek *m* Spitzname *m*, Beiname *m*

vzdigniti heben, *(s tal)* aufheben, *(prah)* aufwirbeln

vzdih *m*, **vzdihljaj** *m*, požen ~ Stoßgebet *n*; *v zadnjih ~ljajih* in den letzten Zügen

vzdihniti seufzen

vzdolž entlang (*~ hriba* den Berg entlang, am Berg entlang)

vzdrhteti erbeben, erzittern

vzdržati aushalten, durchhalten, *kaj (obremenitev ipd.)* standhalten *D*; *~ se (pri glasovanju)* sich enthalten

vzdržen enthaltsam, *(trditev)* haltbar

vzdrževalnina *f* Unterhalt *m*, Unterhaltszahlung *f*

vzdrževanje *n (stavbe ipd.)* Instandhaltung *f*, *(stroja)* Wartung *f*

vzdrževati *koga* aushalten, Unterhalt zahlen für; *(temperaturo)* aufrechterhalten, *(stavbo)* instandhalten, *(stroj)* warten, pflegen; *dobro ~* gut in Schuß halten

vzdržnost *f* Enthaltsamkeit *f*

vzdušje *n* Stimmung *f*

vzeti nehmen (*si* sich) (*s seboj* mitnehmen, *ven / iz* herausnehmen, *nazaj* zurücknehmen, *v račun* in Zahlung nehmen); *(kredit)* aufnehmen; holen (*si* sich, *naj vzame hudič* das soll der Teufel holen); *~ iz obtoka* einziehen; *vzeti komu pogum, oblast* entmutigen *A*, entmachten *A*; *~ komu sapo* jm die Rede verschlagen

vzgajanje *n* Erziehung *f*

vzgajati erziehen
vzgib m Antrieb *m*; Regung *f*
vzglavje *n* Kopfende *n*
vzgoja *f* Erziehung *f*
vzgojen erzogen; *lepo ~* geraten, *slabo ~* mißraten; *biti lepo ~* eine gute Kinderstube haben
vzgojitelj *m* Erzieher *m*; Erziehungsperson *f*
vzgojiteljica *f* Erzieherin *f*; Kindergärtnerin *f*
vzgojiti erziehen; großziehen
vzgojni Erziehungs- (*~ sistem* Erziehungssystem)
vzgon *m* Auftrieb *m*
vzhajati aufgehen, *(testo)* gehen
vzhod *m* Osten *m* (*na* im); na ~ ostwärts; *sončni ~* Sonnenaufgang *m*
vzhodni östlich, Ost- (*~a Evropa* Osteuropa)
vzidana *omara* Einbauschrank *m*, Wandschrank *m*
vzidati einbauen; einmauern
vziti aufgehen
vzkipeti *fig.* auffahren, aufbrausen
vzkipljiv auffahrend
vzklik *m* Ausruf *m*, *(komu)* Zuruf *m*
vzklikati, vzklikniti ausrufen; *(odobravajoče komu)* zujubeln *D*
vzkliti keimen; *(setev)* aufgehen
vzlet *m* Abheben *n*; Abflug *m*
vzleteti abfliegen; (vom Boden) abheben
vzlic trotz *(G)*
vzljubiti ins Herz schließen *A*, Zuneigung fassen zu
vzmet *f* Sprungfeder *f*, Feder *f*
vzmetenje *n* Federung
vznak rücklings
vznemiriti beunruhigen; *~ se* unruhig werden
vznemirjen beunruhigt, erregt
vznemirjenje *n* Unruhe *f*, Erregung *f*
vznemirljiv beunruhigend
vznevoljiti verdrießen
vznožje *n (gore)* Fuß *m*, *(postelje)* Fußende *n*
vzor *m* Vorbild *n*; Beispiel *n*
vzorčast gemustert
vzorec *m* Muster *n*, *(krvi, blaga)* Probe *f*; *(v lesu)* Maserung *f*; *fig.* Kostprobe *f*
vzoren beispielhaft, vorbildlich; Muster- (*~ učenec* Musterschüler)
vzornik *m* Vorbild *m*
vzpenjača *f* Drahtseilbahn *f*
vzpenjati, vzpeti *se* steigen, *(zemljišče)* ansteigen; in die Höhe steigen; *(konj)* sich aufbäumen; *~ se na (konja, vrh)* besteigen *A*
vzpetina *f* Anhöhe *f*, Erhöhung *f*
vzplameneti entbrennen, aufflackern
vzpon *m* Anstieg *m*, Steigerung *f*; *~ na* Besteigung *G f*
vzporeden parallel
vzpostaviti *(zvezo)* herstellen, *(vladavino)* aufrichten
vzravnati *se* sich aufrichten
vzrediti aufziehen, großziehen; *(živali)* züchten
vzreja *f* Aufzucht *f*, Zucht *f*
vzrojiti aufbrausen
vzrok *m* Ursache *f*, Grund

m; Veranlassung *f*; ~ *je v tem, da* es liegt daran, daß
vztrajati ausharren; bleiben bei; *pri (trditvah, zadevah)* bestehen auf
vztrajen ausdauernd, beharrlich; *~o (trditi ipd.)* beharrlich
vztrajnost *f* Ausdauer *f*, Beharrlichkeit *f*
vzvišen erhaben; *(obraz)* überlegen
vzvod m Hebel *m*
vžgati zünden; ~ *se* sich entzünden, Feuer fangen, *(motor)* anspringen
vžig *m* Zündung *f*
vžigalen Zünd- (*~a vrvica* Zündschnur)
vžigalica *f* Streichholz *n*, Zündholz *n*
vžigalnik *m* Feuerzeug *n*
vživeti *se* sich einleben, *(v kraju)* sich eingewöhnen, *(v čustva drugih)* sich einfühlen

Z

z *(z mize, voza ipd.)* von; *z dežja pod kap* vom Regen in die Traufe; *potegniti z* abziehen von, ziehen von; *biti obdan z* umgeben sein von

z mit (*z njim / tem* damit, *s čim* womit, *z dušo in telesom* mit Leib und Seele); durch (*z branjem, ponavljanjem* durch Lesen, Wiederholen); in (*z ozirom na* im Hinblick auf); aus (*z lastnimi močmi* aus eigener Kraft, *z jasnega* aus heiterem Himmel) *z besedo na dan* heraus mit der Sprache; *skupaj z* nebst, samt

za für (*za njega, sebe* für ihn, sich, *za to* dafür, *za kaj* wofür; za vedno für immer); um (*prosti za* bitten um, *za vse na svetu* um alles in der Welt, *za božjo voljo* um Gottes willen, *za nobeno ceno* um keinen Preis); gegen (*za denar / plačilo* gegen Geld, gegen Bezahlung); bei *(prijeti za roko* bei der Hand); auf (*za stalno* auf die Dauer, *za 3 dni* auf 3 Tage, *za vedno* auf ewig, *za leta* auf Jahre hinaus); *(zadaj)* hinter; nach- *(biti za kom* jm nachstehen in, *priti za kom* nachkommen)

zabava *f* Unterhaltung *f*, Vergnügen *n*, Zeitvertreib *m*

zabavati unterhalten (*se* sich), *fig.* amüsieren, belustigen

zabaven unterhaltend, unterhaltsam; Unterhaltungs- (*~a glasba* Unterhaltungsmusik)

zabavljati *čez* nörgeln an / über, stänkern

zabeležiti niederschreiben, festhalten

zabeliti abschmalzen

zabičati einschärfen

zabit dumm, dämlich

zabiti *(žebelj)* einschlagen, schlagen in; *(z žeblji)* nageln, *(vrata)* zunageln; *(čas)* totschlagen, *(denar)* verschwenden

zabliskati *se* aufleuchten

zabloda *f* Irrweg *m*, Verirrung *f*

zabloditi vom Weg abkommen, sich verirren

zaboj *m* Kiste *f*, *(piva)* Kasten *m*

zabosti stechen (*v* in), *koga* erstechen; *si v nogo (pri hoji)* sich etw. in den Fuß treten

zabrisan verschwommen, schattenhaft; *(meja)* fließend

zabrisati verwischen

zabuhel gedunsen, aufgedunsen

zaceliti *se* verheilen, zuheilen
začaran verzaubert; verwunschen
začasen einstweilig, vorläufig, vorübergehend; *~o* zeitweise
začetek *m* Anfang *m*, Beginn *m*; *(dobe, dneva)* Anbruch *m*; *na ~u* anfangs, eingangs; *od samega začetka* von Anfang an, von vornherein; *od ~a do konca* von vorn bis hinten, vom Anfang bis zum Ende; *začeti od ~a* von vorn anfangen
začeti anfangen (*A* / zu), beginnen (mit / zu); *sestanek* eröffnen, *(postopek)* einleiten, *(delo)* in Angriff nehmen; *~ tolči, streljati* losschlagen, losschießen; *~ upati* Hoffnung schöpfen, *~ vreti* zum Brodeln / Kochen kommen; *~ prepir* einen Streit vom Zaun brechen; *~ se* beginnen, anfangen, in Gang kommen, *(razvoj)* einsetzen, *(beseda z glasom)* anlauten
začenjati *se gl.* **začeti;** anlaufen
začetni Anfangs- (*~e težave* Anfangsschwierigkeiten)
začetnica *f* Anfangsbuchstabe *m*, *(ženska)* Anfängerin *f*; *pisati z veliko / malo ~o* großschreiben, kleinschreiben
začetnik *m* Anfänger *m*
začimba *f* Gewürz *n*; Würze *f*
začiniti würzen
začinjen gewürzt, würzig
začrtati *(označiti)* kennzeichnen; *mejo* eine Grenze ziehen
začuden erstaunt, verwundert
začudenje *n* Verwunderung *f*, Erstaunen *n*
začuditi *se* erstaunen, sich wundern
začuti hören, vernehmen
začutiti spüren, verspüren
zadah *m* Muff *m*; übler Geruch *m*; *~ iz ust* Mundgeruch, *(po alkoholu)* Fahne *f*
zadaj hinten; *~ za* hinter; *od ~* von hinten, Rück- (*pogled od ~* Rückansicht)
zadati *(rane ipd.)* zufügen
zadaviti erwürgen, erdrosseln
zadegati schleudern, werfen
zadek *m* Hinterleib *m*; *(avta, letala)* Heck *n*
zadenjsko rücklings
zadetek *m* Treffer *m*, *v črno* Volltreffer
zadeti *(na ramo)* schultern
zadeti treffen (*v črno* ins Schwarze treffen); stoßen (*na skalo* auf Felsen stoßen, *se ob mizo, rob* sich stoßen an, *~ s čim ob kaj* mit etw. stoßen gegen); *~ z vozilom* anfahren *A*, prallen gegen, *(stransko)* streifen
zadeva *f* Angelegenheit *f*, Sache *f* (*v ~i* in Sachen *G*)
zadevati gl. **zadeti** betreffen
zadevni betreffend; diesbezüglich
zadirčen barsch
zadnjica *f* Hintern *m*, Gesäß *n*
zadnjič neulich, unlängst

zadnji (der) letzte, *(čisto ~i)* der allerletzte; Hinter- (*~e stopnice* Hintertreppe); ~ *(v šoli ipd.)* *F* Schlußlicht *n*; ~ *v mesecu* Ultimo *m*; *v zadnjem času* neuerdings, letztens

zadolžen verschuldet

zadolžiti verpflichten; *(finančno) ~ se* sich verschulden, in Schulden geraten; *~ se za kaj* eine Verpflichtung eingehen

zadolžnica *f* Schuldbrief *m*, Schuldschein *m*

zadosten genügend; zulänglich, ausreichend

zadosti genug

zadostovati genügen, ausreichen, langen

zadoščenje *n* Genugtuung *f*

zadovoljen zufrieden

zadovoljevati befriedigen (*se* sich)

zadovoljiti zufriedenstellen, befriedigen; *~ se s čim* sich begnügen mit, sich zufrieden geben

zadovoljitev *f* Befriedigung *f*

zadovoljiv befriedigend, zufriedenstellend

zadovoljstvo *n* Zufriedenheit *f*, Vergnügen *n* (*z ~om* mit Vergnügen)

zadrega *f* Verlegenheit *f*; *v zadregi* verlegen (*za* um); *brez ~e* ungeniert

zadremati einnicken

zadreti *(nož)* jagen, *si (trsko)* sich einrennen, stechen; ~ *se* schreien, aufschreien

zadrga *f* Reißverschluß *m*

zadrgniti verschnüren

zadrt *fig.* verbohrt

zadruga *f* Genossenschaft *f*

zadržan zurückhaltend; *(glasba ipd.)* verhalten

zadržati, zadrževati zurückhalten; aufhalten; hemmen, *(dih)* anhalten; *(nasmeh)* sich ein Lachen verbeißen, ~ *se pri* verweilen bei

zadržek *m* Hindernis *n*; *brez ~ov* hemmungslos

zadušiti ersticken, erdrükken; *(upor)* niederwerfen

zadušnica *f* Totenmesse *f*

zaenkrat vorerst, zunächst; vorläufig

zafračkati verplempern

zafrkavati verulken, hänseln, aufziehen

zaganjač *m* Anlasser *m*

zagata *f* Sackgasse *f*

zagledati erblicken

zagnati *(vreči)* schleudern, werfen; *(motor) ankurbeln, anwerfen;* (hrup) schlagen; *~ se v koga, na kaj* springen (in, auf); *~ se (v delo)* sich legen auf

zagnojiti *se* vereitern

zagon *m* Schwung *m*

zagorel braun, braungebrannt

zagoreti sich entzünden; *(koža)* braun werden

zagospodovati *D* die Herrschaft erlangen über

zagosti *jo komu* jm einen Streich spielen

zagotavljati versichern, beteuern; gewährleisten

zagotovilo *n* Versicherung *f*; Zusicherung *f*

zagotoviti *se* **zagotavljati**; sichern, sicherstellen *(pre-*

skrbo ipd.); (obljubiti) zusichern
zagovarjati verantworten, befürworten; *(koga)* verteidigen (*se* sich)
zagovor *m* Verteidigung *f*; *poklicati koga na ~* jn zur Rede stellen
zagovornik *m* Verteidiger *m*
zagovoriti *se* sich versprechen, sich verplappern; aus der Schule plaudern
zagozda *f* Keil *m*
zagrabiti packen (*za* bei), greifen (*za* zu)
zagraditi verrammeln *(pot)* verlegen; *(razgled)* verbauen
zagrebsti verscharren
zagreniti vergällen
zagrenjen verbittert
zagrešiti *(dejanje, zločin)* begehen; verbrechen, verschulden; sich etw. zuschulden kommen lassen; *~ kaznivo dejanje* straffällig werden
zagreti *se* sich erwärmen, in Fahrt kommen
zagristi *se v* sich verbeißen in
zagrizen verbissen; erbittert
zagrniti *(okno)* verhängen, *(kip ipd.)* verhüllen, zudecken; hüllen (*~ se v molk* sich in Schweigen hüllen)
zagroziti *z* androhen *A*
zahajati *(sonce)* untergehen; *(v lokal)* besuchen, *redno ~ v lokal* Stammgast sein
zahod *m* Westen *m* (*na* im); *(sončni)* Sonnenuntergang
zahoden westlich, West- (*~a Evropa* Westeuropa); *~i svet* Abendland *n*
zahrbten tückisch, heimtükkisch, hinterlistig
zahrbtnost *f* Tücke *f*, Hinterlist *f*
zahteva *f* Forderung *f*, (*po* nach); *(pismena)* Antrag *m*, Ansuchen *n*; *neupravičena* Zumutung *f*
zahtevati fordern, verlangen; *(podatke, informacije)* anfordern, *(pozornost, čas)* beanspruchen; *(postaviti za pogoj)* auflegen
zahteven anspruchsvoll, *(naloga)* schwierig
zahvala *f* Dank *m* (*v* zum)
zahvaliti *se* sich bedanken (bei), danken jm für
zaigrati spielen, vortragen; *podoknico* ein Ständchen bringen; *(na ves glas)* schmettern; *(denar ipd.)* verspielen
zaimek *m* Fürwort *n*
zaiti *(sonce)* untergehen; *(s poti)* sich verlaufen, sich verfahren, sich verirren, vom Weg abkommen; *(ptica)* sich verfliegen; *~ na kriva pota* auf Abwege / auf die schiefe Bahn geraten
zajčji Hasen- (*~a ustnica* Hasenscharte)
zajec *m* Hase *m*; *v tem grmu tiči ~* da liegt der Hase im Pfeffer
zajedavec *m* Parasit *m*, Schmarotzer *m*
zajedljiv bissig; schnippisch
zajemalka *f* Schöpfer *m*, Löffel *m*, Suppenlöffel *m*

zajemati schöpfen *(tudi fig.)*; *(z žlico)* löffeln
zajeti *sapo* Atem holen; *(vodo)* schöpfen; *(vojake ipd.)* gefangennehmen; *(skupine ipd.)* erfassen
zajeziti eindämmen; stauen
zajokati in Tränen ausbrechen; zu weinen anfangen
zajtrk *m* Frühstück *n*
zajtrkovati frühstücken
zakaditi *(sobo)* verrauchen; ~ *se v* losgehen auf, herfallen über
zakaj warum, weshalb
zakajen verraucht
zakasnel verspätet; überfällig
zakasniti *se* sich verspäten; *(dobava)* sich verzögern
zakašljati husten
zakitati verkitten
zaklad *m* Schatz *m*; *besedni* ~ Wortschatz *m*
zakladnica *f* Schatzkammer *f*
zaklati schlachten, abschlachten
zakleniti abschließen, absperren; verschließen
zakleti fluchen
zaklicati rufen, ausrufen; *komu kaj* zurufen
zaklinjati beschwören
zaključiti *gl.* **končati**
zaključni *račun* Abschluß *m*, Bücherabschluß *m*; ~ *izpit* Abgangsprüfung, *~o spričevalo* Abgangszeugnis
zaklonišče *n* Unterstand *m*, *protiletalsko* Luftschutzkeller *m*
zakol *m* Schlachten *n*, Schlachtung *f*
zakoličiti abstecken
zakon *m* Gesetz *n*, Recht *n*; *z ~om (določiti)* gesetzlich; *v skladu z ~om* rechtmäßig, *v nasprotju z ~om* rechtswidrig; *sprejeti* ~ ein Gesetz verabschieden
zakon *m* Ehe *f* (*spodkopati* zerrütten)
zakonec *m* Ehegatte *m*; *~a* Eheleute *pl*
zakonik *m* Gesetzbuch *n*
zakonit gesetzlich, gesetzmäßig, *(dedič)* rechtmäßig
zakonodaja *f* Recht *n*, Gesetzgebung *f*; *stanovanjska* ~ Mietrecht *n*
zakonodajen gesetzgebend
zakonolom *m* Ehebruch *m*
zakonolomec *m* Ehebrecher *m*
zakonski ehelich, Ehe- (*~i zadržek* Ehehindernis)
zakopati vergraben; ~ *v* graben in, eingraben
zakoreniniti *se* anwurzeln, Wurzel fassen; *biti zakoreninjen v* wurzeln in
zakoreninjen *globoko* ~ eingefleischt, verwurzelt
zakoten Winkel- (~ *advokat* Winkeladvokat)
zakričati aufschreien, ~ *komu kaj* zuschreien
zakrinkan maskiert, *fig.* verkappt
zakriti verdecken; zudecken
zakriviti verschulden; sich schuldig machen *G*
zakrivljen gebogen, krumm
zakrknjen verstockt, ausgekocht, *(samec)* eingefleischt

zakrneti verkümmern; *(organi)* schrumpfen

zakrpati flicken, *(nogavice)* stopfen

zakup *m* Pacht *f*; *dati / vzeti v ~* verpachten / pachten

zakupnik *m* Pächter *m*

zakuriti einheizen

zal hübsch, hold

zaleči hergeben; ergiebig sein; wirken, Wirkung haben; *(čistila ipd.) dosti ~* sparsam im Gebrauch sein

zaledenel vereist, eisig

zaledje *n* Hinterland *n*; Rükkendeckung *f*

zalega *f* Brut *f*

zalepiti kleben; zukleben

zalet *m* Anlauf *m*, Schwung *m*

zaletavati *se gl.* **zaleteti** *se (v vrata, zid)* rennen gegen, *v odprta vrata* offene Türen einrennen; *z glavo v zid* mit dem Kopf gegen die Wand rennen; *~ se v kaj fig.* Sturm laufen gegen

zaleteti *se v* prallen gegen, aufprallen, rennen gegen, rammen *A*; *(prenagliti se)* sich vergaloppieren; *zaletelo se mu je* er hat sich verschluckt

zalezovati *A* nachstellen *D*, nachschleichen *D*, *(sistematično)* beschatten

zaliv *m* Bucht *f*, Busen *m*, Golf *m*

zalivati, zaliti gießen, wässern

zalizki *pl* Backenbart *m*

zaljubiti *se* sich verlieben (in)

zaljubljen verliebt

zaloga *f* Vorrat *m* (*G* an), Bestand *m*; Lagerbestand *m*; *imeti na ~i* führen, liegen haben, vorrätig halten, auf Lager haben

zalogaj m Mundvoll *m*, Brocken *m (tudi fig.)*

zaloputniti zuwerfen, zuschlagen; *~ se* zuschlagen, *(vrata)* ins Schloß fallen

zalotiti ertappen

založba *f* Verlag *m*

založiti verlegen; *~ se z* sich eindecken mit

založnik *m* Verleger *m*

založniški Verlags- (*~ program* Verlagsprogramm)

zalučati schleudern, werfen

zamahniti ausholen

zamajati *A* erschüttern; *~ se* ins Wanken geraten

zaman vergebens, vergeblich, umsonst

zamaščen fettig, speckig

zamašek *m* Stöpsel *m*, Korken *m*; *(piva ipd.)* Kronenkorken *m*

zamašiti stopfen, *~ si ušesa* sich die Ohren zuhalten; *~ komu usta* knebeln jn, *fig.* den Mund stopfen jm

zamazan fleckig

zamazati verschmieren; *(obleko)* schmutzig machen

zamegliti vernebeln, *~ se (pogled, šipa)* sich trüben

zamejstvo *n* Ausland *n*

zamenjati eintauschen, umtauschen; *(del stroja ipd.)* austauschen, auswechseln; *(po pomoti)* verwechseln, vertauschen; *(stražo, direktorja ipd.)* ablösen, ersetzen

zamenjava *f* Wechsel *m* (*~*

gum Reifenwechsel, ~ *izmene* Schichtwechsel); Ablösung *f*; *(po pomoti)* Verwechslung *f*
zamenljiv austauschbar, auswechselbar
zamera *f* Groll *m*; *brez ~e* nichts für ungut
zameriti übelnehmen; *komu kaj* verübeln, verargen, verdenken; nachtragen
zamerljiv nachtragend
zamet *m* Schneeverwehung *f*
zametek *m* Keim *m fig.* Ansatz *m*
zamisel *f* Entwurf *m*, Idee *f*
zamišljen nachdenklich, in Gedanken versunken
zamižati die Augen schließen / zudrücken
zamočvirjen versumpft
zamolčati verschweigen, *fig.* totschweigen
zamolkel dumpf, *(glas)* belegt
zamorec *m* Neger *m*, Mohr *m*, Schwarzer *m*
zamoriti töten, abtöten; *veselje* verderben
zamotati einwickeln, einmummen
zamotiti *(pri čem)* ablenken (von)
zamrzniti frieren, zufrieren; *(globoko)* tiefkühlen, gefrieren, einfrieren
zamuda *f* Verspätung *f*
zamuden umständlich, zeitraubend
zamuditi versäumen; sich verspäten; ~ *A* zu spät kommen zu; ~ *priložnost* sich eine Gelegenheit entgehen lassen
zamudnik *m* Nachzügler *m*
zanamci *pl* Nachwelt *f*
zanašati *(na stran)* ziehen, schlittern (*avto zanaša* das Auto schlittert), ins Schleudern kommen; ~ *se na* sich verlassen auf, vertrauen auf, bauen auf
zanemariti vernachlässigen, *(okoliščine)* außer Acht lassen, nicht berücksichtigen; ~ *se* sich gehenlassen, verwahrlosen
zanemarjen verwahrlost; *biti* ~ verwahrlosen
zanesen schwärmerisch
zanesenjak *m* Schwärmer *m*, *pej.* Spinner *m*
zanesljiv verläßlich, zuverlässig; *ni* ~ auf ihn ist kein Verlaß
zanesti *gl.* **zanašati**; *(v kraj)* verschlagen
zanetiti anfachen, entfachen; *(upor)* anzetteln
zanič schlecht; *je* ~ (er) taugt nichts
zaničevanje *n* Verachtung *f*, Geringschätzung *f*; *~a vreden* verwerflich
zaničevati verachten, *(zavračati)* verschmähen
zaničljiv verächtlich; abschätzig, abfällig, wegwerfend
zanikanje *n* Verneinung *f*, Leugnen *n*, Abrede *f*
zanikati verneinen; abstreiten, bestreiten, leugnen; in Abrede stellen
zanikrn liederlich, schlecht; *(rastline)* kümmerlich
zanimanje *n* Interesse *n*, Anteilnahme *f*

zanimati interessieren; ~ *se za* Interesse haben für
zanimiv interessant; spannend
zanimivost *f (mesta)* Sehenswürdigkeit *f*
zanka *f* Schlinge *f*; *(pri pletenju ipd.)* Masche *f*, *spuščena ~ na nogavici* Laufmasche *f*
zanositi empfangen, schwanger werden
zaobljuba *f* Gelübde *n*
zaobljubiti *se* (ein) Gelübde ablegen
zaokrožiti *(navzgor)* aufrunden, *(navzdol) abrunden*
zaostajati *(ura)* nachgehen; *(pri hoji ipd.)* zurückbleiben hinter; *(za kom pri čem)* nachstehen jm in
zaostal *(dežela)* rückständig, *(otrok)* zurückgeblieben; *biti ~* zurücksein
zaostriti verschärfen, auf die Spitze treiben; ~ *se* schärfer werden, *(položaj)* sich zuspitzen
zapadel *(plačilo)* fällig, verfallen
zapah *m* Riegel *m*; *za ~i* hinter Schloß und Riegel; *F* hinter schwedischen Gardinen
zapahniti den Riegel vorlegen / vorschieben; *(vrata)* verriegeln
zapakirati einpacken, verpacken
zapasti *(sneg)* fallen; *(plačilo)* fällig sein, verfallen *(tudi mamilom ipd.)*; *(terjatev)* verjähren; *(kazni)* anheimfallen
zapaziti sichten; bemerken, beobachten
zapažanje *n* Beobachtung *f*
zapečatiti versiegeln, *(usodo)* besiegeln
zapeči braun braten
zapečkar *m* Stubenhocker *m*
zapeljati *(na rob ipd.)* fahren; verführen, *koga k čemu* verleiten zu
zapeljiv verführerisch
zapestje *n* Handgelenk *n*
zapestnica *f* Armband *n*, Armreifen *m*
zapet zugeknöpft
zapeti zumachen, *(z gumbi)* zuknöpfen
zapeti singen, ein Lied anstimmen, ~ *podoknico* ein Ständchen bringen
zapičiti einstechen, stechen in; *(kol v zemljo)* rammen; *(oči v)* heften an
zapirati schließen, *(razgled, pot)* versperren; ~ *se (vrata)* zugehen, zufallen, *ne ~ se (vrata)* sperren, klemmen
zapis *m* Niederschrift *f*; Eintragung *f*
zapisati aufschreiben, niederschreiben, *(na hitro)* niederwerfen; aufzeichnen, schriftlich niederlegen; ~ *se čemu* sich verschreiben *D*; *zapisan smrti* dem Tode geweiht
zapisek *m* Aufzeichnung *f*
zapisnik *m* Protokoll *n*
zapisnikar *m* Protokollführer *m*, Schriftführer *m*
zapit versoffen
zapitek *m* Zeche *f*
zapiti vertrinken

zaplata *f* Fleck *m*, Flicken *m*
zapleniti beschlagnahmen, *(ukradeno blago)* sicherstellen
zaplesati zu tanzen anfangen
zaplesti *se v* sich verfangen, *fig.* sich verstricken
zaplet *m* Verwicklung *f*
zapleten verwickelt
zapoditi verjagen, jagen, ~ *koga v beg* in die Flucht schlagen; *(psa na koga)* hetzen; ~ *se* stürmen
zapogniti umbiegen
zapolniti ausfüllen, füllen
zapomniti *si* sich merken
zaponka *f* Schnalle *f*, Spange *f*; Schließe *f*; *varnostna* ~ Sicherheitsnadel *f*
zapor *m* Arrest *m*, Gefängnis *n*, Haft *f*; *(šolski* ~ Karzer *m)*; *držati/imeti v ~u* gefangen halten; *sedeti v ~u F* brummen
zapora *f* Sperre *f*, Absperrung *f*; Riegel *m*
zaporeden aufeinanderfolgend, folgend
zaporedje *n* Folge *f*, Reihe *f*
zaporni *~a kazen* Freiheitsstrafe
zapornica *f* Schranke *f*, *(na meji)* Schlagbaum *m*, *(na vodi)* Schleuse *f*
zapornik *m* Häftling *m*
zaposlen berufstätig, erwerbstätig; beschäftigt, *zelo* ~ vielbeschäftigt; ~ *pri* tätig bei
zaposlitev *f* Beschäftigung *f*; *celodnevna* ~ Ganztagsbeschäftigung
zaposliti beschäftigen *(se* sich); ~ *se* in Dienst treten, den Dienst antreten
zaposlovati *gl.* **zaposliti;** ~ *koga (vprašanja ipd.)* bewegen
zapostavljati zurücksetzen; benachteiligen
zapoved *f* Gebot *n*
zapovedati verordnen, gebieten
zapovednik *m* Gebieter *m*
zapovrstjo nacheinander, der Reihe nach
zapoznel verspätet
zapoznelec *m* Nachzügler *m*
zaprašen verstaubt
zapraviti verschwenden, *(priložnost, možnost)* vertun, *(si zaupanje)* verwirken, *(denar)* verprassen, verpulvern
zapravljanje *n* Verschwendung *f*
zapravljiv verschwenderisch
zapravljivec *m* Verschwender *m*
zapreka *f* Hürde *f*, Hindernis *n*
zapreti schließen, zumachen, verschließen; *(pipo)* zudrehen, *(plin)* abdrehen; *(pot)* vertreten, verstellen, verlegen; *(ulico)* abriegeln, absperren; ~ *koga v* sperren in, einsperren, *(v sobo)* einschließen; *(tovarno, obrat)* stillegen; ~ *se (vrata)* ins Schloß fallen, zufallen
zapriseči (einen) Eid ablegen; ~ *koga* jn vereidigen, jm einen Eid abnehmen
zaprisega *f* Eid *m*
zaprisežen vereidigt

zaprositi ansuchen (um), nachsuchen (um), sich bewerben um
zaprt geschlossen, zu, verschlossen; *~o področje* Sperrgebiet
zaprtje *n* Verstopfung *f*; *povzročati ~* stopfen
zapustiti verlassen; *(družino, premoženje ob smrti)* hinterlassen; *(izprazniti)* räumen, *~ šolo* von der Schule abgehen; *~ komu kaj (z oporoko)* vermachen, testieren; *~ se* verwahrlosen, nicht auf sich halten
zapustnik *m* Erblasser *m*
zapuščen verlassen, *(ceste)* menschenleer
zapuščina *f* Nachlaß *m*
zaračunati verrechnen; in Rechnung stellen, anrechnen
zaradi wegen (*~ tega* deswegen, deshalb, *~ česa* weswegen, weshalb); *~ mene* meinetwegen, *~ nas* unseretwegen; *~ mene (stori kar hočeš)* von mir aus; infolge, durch (durch viel Arbeit), *(okoliščin)* dank
zarana in aller Frühe
zarasti *se* verwachsen, zuwachsen, *(rana)* vernarben
zardeti erröten, rot werden
zareči *se* sich versprechen
zares wirklich, in der Tat
zareza *f* Kerbe *f*, Rille *f*
zarezati einschneiden
zaripel rot (im Gesicht)
zarisati entwerfen; skizzieren
zarja *f* Morgenröte *f*
zarjavel rostig, verrostet
zarjaveti verrosten, rosten
zarjuti aufschreien, aufheulen
zarobljen gesäumt; *fig.* flegelhaft, grob
zaročen verlobt
zaročenec *m*, **zaročenka** *f* Verlobte *m*, *f*
zaročiti *se* sich verloben
zarod *m* Brut *f*; Nachkommenschaft *f*
zarodek *m* Embryo *m*
zaroka *f* Verlobung *f*
zaropotati *fig.* auf den Tisch schlagen, energisch werden
zarota *f* Verschwörung *f*
zarotiti *se proti* sich verschwören gegen
zarotnik *m* Verschwörer *m*
zarubiti pfänden; *to je / ni mogoče ~* es ist pfändbar / unpfändbar
zasačiti ertappen (*pri dejanju* auf frischer Tat), erwischen
zasaditev *f* Pflanzung *f*
zasaditi *A* auspflanzen *A*, *~ A s čim* bepflanzen *A* mit
zase für / bei sich
zaseben privat
zaseči beschlagnahmen, *(ukradeno blago)* sicherstellen
zaseda *f* Hinterhalt *m*; *iz ~e* hinterrücks
zasedanje *n* Sitzung *f*, Tagung *f*
zasedati tagen
zasedba *f* Besetzung *f*, *~ vlog* Rollenbesetzung
zasedbeni Besatzungs- (*~e čete* Besatzungstruppen)
zaseden besetzt

zasenčiti überschatten, *luči* abblenden; *fig.* in den Schatten stellen, ausstechen
zasesti besetzen
zasičen *(barva)* satt
zasidrati verankern, festmachen; ~ *se* vor Anker gehen, *fig.* Wurzeln fassen
zasilen Not- (*~i izhod* Notausgang), notdürftig, behelfsmäßig
zaskočiti *(žival)* decken
zaskrbeti Besorgnis erregen; *gl.* **skrbeti**
zaskrbljen besorgt, ängstlich
zaskrbljujoč bedenklich, besorgniserregend
zaslediti aufspüren
zasledovalec *m* Verfolger *m*
zasledovanje *n* Verfolgung *f*, Jagd *f* (auf)
zasledovati verfolgen; *(sistematično)* nachstellen, beschatten
zaslepiti blenden
zaslepljen geblendet, blind
zaslepljenost *f* Verblendung *f*
zaslišati hören, vernehmen; *(zasliševati)* verhören, vernehmen
zaslišanje *n* Verhör *n*, Vernehmung *f*; *navzkrižno ~* Kreuzverhör
zasliševati verhören, vernehmen, einem Verhör unterziehen
zaslomba *f* Rückendeckung *f*
zaslon *m (TV)* Bildschirm, Mattscheibe *f*, Schirm *m*
zaslonka *f* Blende *f*
zasloveti berühmt werden
zasluga *f* Verdienst *n*
zaslutiti erahnen; *gl.* **slutiti**
zaslužek *m* Verdienst *m*; Erwerb *m*
zaslužen verdienstvoll; *(priznanje ipd.)* verdient, *(spoštovanje)* gebührend
zasluženje *n po ~u* nach Gebühr
zaslužiti verdienen
zasmehovati verhöhnen
zasmejati *se* auflachen
zasnežen verschneit
zasnova *f* Anlage *f*, *(kal)* Ansatz *m*
zasnovati entwerfen
zasnutek *m* Entwurf *m*
zasopel außer Atem
zaspan schläfrig, schlaftrunken
zaspane *m* Schlafmütze *f*
zaspati einschlafen; *(zamuditi)* verschlafen; *(umreti)* entschlafen
zasramovati schmähen
zastajanje *n* Stockung *f*
zastajati sich stauen, stokken
zastaran *(terjatev)* verjährt; *(stroj)* überaltet, überholt
zastareti verjähren
zastarel *gl.* **zastaran**
zastati stocken, *(pogovor)* ins Stocken kommen; *(zaostati)* zurückfallen, zurückbleiben; *~ s plačilom* in Verzug geraten
zastava *f* Fahne *f*, Flagge *f* (*razobesiti* hissen)
zastaven stämmig, kräftig
zastavilo *n* Pfand *m*
zastaviti *(pot, vrata)* verstellen, *(stopiti na pot)* vertreten; *(v zastavljalnici ipd.)*

versetzen, verpfänden; als Pfand geben; *(vpliv)* einsetzen; *(nalogo, vprašanje)* stellen
zastavljalnica *f* Pfandhaus *n*
zastekliti verglasen
zastoj *m* Stauung *f*, Stokkung *f*, *(prometa ipd.)* Stillstand, *(gospodarski)* *Flaute f*
zastonj umsonst; kostenfrei, unentgeltlich; *napol ~* für einen Pappenstiel
zastopan vertreten
zastopati vertreten; *(ideje)* verfechten
zastopnik *m* Vertreter *m*, Sprecher *m*
zastopstvo *n* Vertretung *f*
zastor *m* Vorhang *m*
zastraševalen abschreckend
zastrašiti abschrecken, einschüchtern
zastražiti bewachen, unter Wache stellen; *zastražen* bewacht
zastreti verhängen, verhüllen
zastrupiti vergiften
zastrupljenje *n* Vergiftung *f*; *~ z alkoholom* Alkoholvergiftung, *~ s svincem* Bleivergiftung
zasukati drehen (*se* sich), *(rokave)* umkrempeln; *~ se fig.* eilen, sich sputen
zasumiti Verdacht schöpfen
zasuti zuschütten, zuwerfen; *koga / kaj* verschütten; *(z vprašanji ipd.)* überhäufen
zasužnjiti versklaven
zasvojen süchtig, *~ od* verfallen *D*, hörig *D*
zaščita *f* Schutz *m* (*~ rastlin* Pflanzenschutz, *~ mater* Mutterschutz); Abwehr *f* *(patronat)* Schirmherrschaft *f*
zaščiten geschützt, *(ime)* eingetragen; *~o ime* Markenname; *zaščitni* Schutz- (*~o cepljenje* Schutzimpfung)
zaščititi schützen (*se* sich, *pred* vor) in Schutz nehmen (vor)
zaščitnik *m* Schirmherr *m*, Gönner *m*
zašepetati *komu kaj* zuflüstern
zašiti nähen, vernähen, *(zapreti)* zunähen
zašumeti *gl.* šumeti
zatajiti leugnen, verleugnen, *(ne omeniti)* verschweigen; *ne ~* zu etw. stehen; *(odpovedati)* versagen
zatakniti stecken; *~ se* stekkenbleiben
zateči *se* flüchten zu, Zuflucht nehmen / finden
zategadelj deshalb, infolgedessen
zategel *(petje)* schleppend
zategniti zuziehen
zatemniti verdunkeln, dunkel machen
zatič *m* Dübel *m*; Stift *m*, Zapfen *m*
zatikajoč *(govor)* holperig
zatikati *se* stocken, ins Stokken kommen; nicht glatt laufen; *(okno, vrata)* klemmen
zatiran unterdrückt
zatiranje *n* Unterdrückung *f*, Bekämpfung *f*, *škodljivcev* Schädlingsbekämpfung *f*

zatirati unterdrücken; *(plevel, škodljivce)* bekämpfen
zatisniti *(oči)* zumachen, zudrücken
zatišje *n* Windstille *f*, Flaute *f*
zato deshalb, deswegen; darum; daher
zatočišče *n* Zuflucht *f*; Unterschlupf *m*, Schlupfwinkel *m*
zatohel dumpf, muffig, *(zrak)* stickig
zatohlost *f* Muff *m*
zatolči stampfen (*v* in)
zatopiti *se v* sich versenken in, *(misli)* sich in Gedanken vertiefen
zatožiti verpetzen
zatožna *klop* Anklagebank *f*
zatrapan verschossen, vernarrt
zatreti unterdrücken, *(upor)* niederschlagen, niederwerfen
zatrgati beteuern; *gl.* **trditi**
zaudarjati stinken, schlecht / übel riechen, riechen
zaupanje *n* Vertrauen *n*, *(do koga)* Zutrauen *n*, *(v prihodnost)* Zuversicht *f*; *z ~em* zuversichtlich; *vreden ~a* vertrauenswürdig, *~ zbujajoč* vertrauenerweckend
zaupati *D* vertrauen *D* / auf; Vertrauen haben zu, trauen *D*; *~ komu kaj* anvertrauen *A*, *~ komu skrivnost* ins Vertrauen ziehen jn; *ne ~ komu* mißtrauen *D*, *fig.* nicht über den Weg trauen
zaupen vertraulich; *~no* im Vertrauen, *strogo ~no* streng geheim / vertraulich
zaupljiv zutraulich
zaupnica *f* Vertrauensvotum *n*
zaupnik *m* Vertrauensmann *m*
zaustaviti *gl.* **ustaviti;** Einhalt gebieten *D*
zaušnica *f* Ohrfeige *f*, Kopfnuß *f*
zaužiti verzehren, zu sich nehmen
zavajati täuschen, hinters Licht führen, irreführen; *k (zločinu)* anstiften (zu)
zavaljen dick, plump, feist
zavarovalen Versicherungs- (*~a polica* Versicherungspolizze)
zavarovalnica *f* Versicherung *f*, Versicherungsanstalt *f*
zavarovanje *n* Versicherung; *zdravstveno* Krankenversicherung, Krankenkasse *f*; *obvezno avtomobilsko* Haftpflichtversicherung *f*
zavarovati *(pri zavarovalnici)* versichern; *(zaščititi)* schützen (*se* sich), sichern, sicherstellen
zavedeti *se* sich *G* bewußt sein
zavedati *se* zu Bewußtsein kommen, das Bewußtsein wiedererlangen; *(nevarnosti)* sich *G* bewußt werden
zaverovan eingenommen (*v* von)
zavesa *f* Vorhang *m*, Gardine *f*
zavest *f* Bewußtsein *n*; Besinnung *f*

zavesten bewußt; wissentlich
zavesti *gl.* **zavajati**
zavetje *n* Zuflucht *f*; Unterschlupf *m*
zavezan pflichtig (~ *carini* zollpflichtig, ~ *davku* steuerpflichtig)
zavezanec *m davčni* Steuerpflichtige(r) *m*, Steuerzahler *m*
zavezati verbinden, zubinden; *(čevlje)* schnüren; ~ *komu jezik* jn mundtot machen
zaveznik *m* Verbündete(r) *m*, Bundesgenosse *m*
zavidati *komu kaj* beneiden jn um; *(ne privoščiti)* mißgönnen
zavidljiv beneidenswert
zavihati *rokave* aufrollen, aufkrempeln, *fig.* sich an die Arbeit machen
zavihek *m* Ärmelaufschlag *m*, Aufschlag *m*, *(hlačni)* Umschlag *m*
zavihteti schwingen (*se* sich)
zavijati verdrehen, *(tuliti)* heulen; *gl.* **zaviti**
zaviralen hinderlich
zavirati bremsen, *(razvoj ipd.)* hemmen, behindern
zavist *f* Neid *m* (*zelena* blaß)
zavisten neidisch, mißgünstig
zavit *(neraven)* gewunden; krumm, verdreht
zavitek *m* Paket *n*, Päckchen *n*, *~i* Kolli *pl*; *(jed)* Strudel *m*
zaviti *(ukriviti)* biegen; *(v blago, papir)* wickeln, einpacken, einwickeln, *(v mokro krpo ipd.)* einschlagen; *(okoli vogala)* um die Ecke biegen, *(z vozilom)* abbiegen, *(v gostilno, domov)* gehen; *(volan)* schwenken; ~ *iz kolone* ausscheren, *v kolono* einscheren; ~ *komu vrat* den Hals umdrehen
zavlačevanje *n* Hinauszögern *n*, Verzögerung *f*
zavlačevati verzögern, hinauszögern, verschleppen
zavladati die Herrschaft antreten; *(tišina ipd.)* überhandnehmen; *zavladala je tišina* es wurde still
zavod *m* Anstalt *f* (~ *za zdravljenje* ... Heilanstalt); Amt *n* (~ *za šolstvo* Schulamt)
zavohati riechen, *(pes)* wittern; *fig.* Wind bekommen von, den Braten riechen; ~, *da je nekaj narobe* Lunte riechen
zavoj *m* Paket *n*, Packung *f*; Windung *f*, Krümmung *f*, *(ovinek)* Kurve *f*
zavojevati erobern
zavoljo um ... willen, wegen
zavora *f* Bremse *f*, *nožna* Fußbremse *f* (*pritegniti* anziehen); *(notranja)* Hemmung *f*
zavorni Brems- (*~a tekočina* Bremsflüssigkeit)
zavoziti verfahren, *(kam)* fahren
zavožen verfahren
zavračati ablehnen, von sich weisen
zavraten hinterlistig, tückisch

zavreči verstoßen; verwerfen; *(odvreči)* wegwerfen
zavreti kochen, aufkochen
zavrnitev *f* Abfuhr *f*; *(predloga)* Verwerfung *f*
zavrniti ablehnen, *(možnosti ipd.)* von der Hand weisen, *(koga)* zurückweisen; *(karati)* zurechtweisen; *(pritožbo)* verwerfen
zavrteti drehen (se sich), *(telefonsko številko)* wählen; *fig.* ~ *koga* jm den Kopf verdrehen
zavržen verworfen, verwerflich
zavzemati *gl.* **zavzeti;** ~ *se za* eintreten für, befürworten *A*
zavzeti einnehmen, *(trdnjavo)* erobern, *(v naskoku)* stürmen
zavzetost *f* Hingabe *f*
zazebsti kalt überrieseln
zazeleneti grün werden
zazibati *se* sich wiegen; ins Schwanken kommen, schwanken
zazidalni *načrt* Bebauungsplan
zazidati bebauen; *(odprtino ipd.)* vermauern, zumauern
zazidava *f* Bebauung *f*
zaznamovati kennzeichnen, bezeichnen
zaznati, zaznavati wahrnehmen
zaznava *f* Wahrnehmung *f*
zazveneti klingen, erklingen, *(struna)* anschlagen
zažareti aufleuchten
zaželen erwünscht; wünschenswert, erstrebenswert
zaželeti wünschen; ~ *si kaj* Lust bekommen auf
zažgati anzünden; *(hišo)* in Brand stecken, Feuer legen (an)
zbadanje *n* Stichelei *f*
zbadati sticheln, spötteln
zbadljiv anzüglich; spöttisch
zbati *se* Angst bekommen, erschrecken
zbegan ratlos, verwirrt
zbegati irremachen; ~ *se* irrewerden
zbezljati durchgehen
zbežati fliehen; ausreißen, durchgehen
zbijati *(ceno)* abhandeln (von), *(vročino)* herunterschlagen; *šale* spaßen
zbiralec *m* Sammler *m*
zbirališče *n* Sammelplatz *m*; Treffpunkt *m*
zbiralnik *m* Sammelbecken *n*
zbirati sammeln (*se* sich); speichern; *se* sich versammeln, *(oblaki)* sich zusammenziehen; *fig.* sich zusammenbrauen
zbirka *f* Sammlung *f*
zbiti *(z žeblji)* nageln, zusammennageln; *(iz roke, z glave)* schlagen (aus, von); *z vozilom* anfahren
zbledel verschossen, verblichen
zbližati *se* sich näher kommen
zbliževanje *n* Annäherung *f*
zbodljaj *m* Stich *m*
zbogom guten Tag; Leben Sie wohl!
zboleti erkranken, krank werden
zbor *m* Chor *m*, Versamm-

lung *f*, *učiteljski* ~ Lehrerkollegium *n*; *deželni* ~ Landtag *m*
zbornica *f* Haus *n*, Kammer *f*, *gospodarska* ~ Handelskammer, Wirtschaftskammer
zborovanje *n* Versammlung *f*; Kundgebung *f*
zborovati tagen
zborovodja *m* Chorleiter *m*
zbosti stechen
zbrati sammeln (*se* sich), versammeln (*se* sich); *(znositi skupaj)* zusammentragen; *fig.* ~ *se za* sich aufraffen zu
zbrisati *(prah ipd.)* wischen; *(z radirko)* ausradieren; *(iz seznama)* tilgen, streichen; *fig.* ungeschehen machen
zbuditi wecken, aufwecken; ~ *se* aufwachen; ~ *pozornost* Aufsehen erregen, ~ *skomine po* jm den Mund wässerig machen nach; ~ *tek* Appetit machen
zdaj jetzt, zur Zeit, nun; *za* ~ einstweilen, fürs erste; ~ *pa* ~ hie und da
zdajšnji jetzig, gegenwärtig
zdaleč bei weitem
zdavnaj längst, schon längst
zdelan fertig; *(truden)* mitgenommen
zdelati übel zurichten; *(utruditi)* mitnehmen
zdeti *se* scheinen (*zdi se, da je tu* es scheint hier zu sein); vorkommen (*zdi se mi* ... es kommt mir vor)
zdomec *m* Gastarbeiter *m*
zdraha *f* Zwist *m*
zdramiti wecken, wachrufen, *(sile)* auf den Plan rufen
zdrav gesund; wohlauf, *(nepoškodovan)* heil
zdravica *f* Trinkspruch *m*, Hoch *n*
zdravilen heilsam; ~*i* Heil- (~*a zelišča* Heilpflanzen)
zdravilišče *n* Heilbad *n*, Kurort *m*
zdraviliška *taksa* Kurtaxe *f*
zdravilo *n* Arznei *f*, Heilmittel *n*, Medizin *f*; *proti temu ni* ~*a* dagegen ist kein Kraut gewachsen
zdraviti heilen, *(zdravnik)* behandeln
zdravje *n* Gesundheit *f*; *na* ~ *prost!*, auf (Ihr) Wohl; *škodljiv* ~*u* gesundheitsschädlich
zdravljenje *n* Behandlung *f*, ~ *po operaciji ipd.* Nachbehandlung *f*; Therapie *f*, Kur *f*; ~ *alkoholikov, narkomanov* Entziehungskur *f*
zdravnik *m* Arzt *m*, ~*ca* *f* Ärztin *f*, *dežurni* Notarzt, *(v bolnišnici)* Bereitschaftsarzt; ~ *socialnega zavarovanja* Kassenarzt
zdravniški ärztlich
zdravstvo *n* Gesundheitswesen *n*
zdrgniti abreiben, *(kožo)* aufreiben
zdrkniti gleiten, ausgleiten, *(po grlu)* hinuntergleiten
zdrob *m* Grieß *m*
zdrobiti *(med prsti, v možnarju)* zerreiben; *(spone)* sprengen; *(kosti)* zersplittern (*se*)
zdrsniti abrutschen, ausrut-

schen (*zdrsnilo mu je* er rutschte aus); *(s pravega mesta)* verrutschen
združen vereint, vereinigt
združenje *n* Verband *m*, Vereinigung *f*
združevati, združiti vereinigen, *(povezovati)* verbinden; *(podjetja)* zusammenlegen, *(področja)* zusammenfassen; ~ *sile* sich zusammentun
združitev *f* Vereinigung *f*; *(tovarn ipd.)* Zusammenlegung *f*
združljiv *je* ~ *z* ist zu vereinbaren mit
zdrveti losjagen, losstürzen
zdrzniti *se* zusammenzukken, zusammenfahren
zdržati aushalten; vertragen
zdržema anhaltend
zebra *f* Zebra *n*; *(prehod za pešce)* Zebrastreifen *m*
zebsti *zebe me* mir ist kalt, ich friere
zediniti *gl.* **združiti** sich einig werden über, sich einigen
zehati gähnen
zel *f* Kraut *n*, Pflanze *f*
zelen grün; *(zavist)* blaß, *(začetnik)* blutig
zelena *f* Sellerie *f*
zeleneti grünen, grün werden
zelenica *f* Grünanlage *f*
zelenjava *f* Gemüse *n*
zelenje *n* Grün *n*
zelenkast grünlich
zelišče *n* Kraut *n*, Pflanze *f*; *zdravilno* ~ Heilpflanze, Heilkraut *(več. pl.)*
zelje *n* Kohl *m*, Weißkohl *m*, Kraut *n*; *kislo* ~ Sauerkraut; *rdeče* ~ Rotkohl, Blaukohl; *hoditi komu v* ~ jm ins Gehege kommen
zelo sehr; *(nenavaden čuden, zaželen)* höchst, *(soljen, strupen, zaposlen, zaseden, zmanjšan)* stark, *(potreben, mraz)* bitter, *(strupen)* hochgradig, viel- (~ *zaposlen* vielbeschäftigt, ~ *potreben* vielgebraucht); ~ *natančen* haargenau
zemeljski irdisch; Erd- (~*i plin* Erdgas)
zemlja *f* Erde *f*; *(tla)* Boden *m*, Erdreich *n*; *obdelovalna zemlja* Kulturland *n*
zemljepis *m* Erdkunde *f*
zemljevid *m* Landkarte *f*, Karte *f*; ~ *sveta* Weltkarte *f*
zemljišče *n* Grundstück *n*; Gelände *n*
zemljiški ~*a knjiga* Grundbuch, *(urad)* Grundbuchamt *n*; ~*a posest* Grundbesitz *m*, Bodenbesitz; ~*a odveza* Grundentlastung
zenačiti gleichsetzen; ausgleichen
zenica *f* Pupille *f*
zet *m* Schwiegersohn *m*
zevati gähnen, *(rana)* klaffen
zgaga *f* Sodbrennen *n*; Durcheinander *n*
zganiti *se* sich rühren
zgaran ausgemergelt
zglasiti *se* sich melden
zglavje *n* Kopfende *n*
zgled *m* Vorbild *n*, Beispiel *n* (*svetel* leuchtend)
zgleden vorbildlich, beispielhaft, musterhaft; Muster- (~ *učenec* Musterschüler)

zgledovati *se po* sich ein Beispiel nehmen an, sich richten nach
zgnesti kneten, verkneten
zgniti verfaulen
zgodaj früh, zeitig; ~ *jeseni* im Frühherbst
zgodba *f* Geschichte *f*, Fabel *f*; *prejšnja* ~ Vorgeschichte *f*
zgoditi *se* geschehen; kommen (*zgodilo se je, kot* ... es kam wie ...)
zgodnji zeitig, Früh- (*~e češnje* Frühkirschen)
zgodovina *f* Geschichte *f*, *umetnostna* ~ Kunstgeschichte, *literarna* ~ Literaturgeschichte
zgodovinar *m* Historiker *m*
zgodovinski geschichtlich; *~a znanost* Geschichtswissenschaft
zgolj nur; lediglich
zgoraj oben
zgoreti verbrennen; in Flammen aufgehen
zgorevanje *n* Verbrennung *f*
zgornji Ober- (*~i del* Oberteil)
zgostitev *f* Verdichtung *f*
zgostiti *(omako)* eindicken; ~ *se* sich verdichten, stocken
zgoščen gedrungen, knapp, *(tekst)* straff
zgovoren gesprächig, redselig; beredt; *(pogled)* vielsagend, *(podatek)* aufschlußreich
zgrabiti ergreifen, erfassen
zgradba *f* Bau *m*, Gebäude *n*; *fig.* Aufbau *m*
zgraditi bauen, errichten, erbauen, fertigstellen
zgražanje *n* Anstoß (*zbuditi* erregen)
zgražati *se nad* Anstoß nehmen an, Ärgernis nehmen an
zgrda mit Gewalt
zgrešiti verfehlen; ~ *pot* sich verlaufen, sich verirren
zgrmeti stürzen
zgrniti *se* zusammenströmen, ~ *k, v* zulaufen; *(oblaki)* sich zusammenziehen
zgroziti *se* schaudern, erschaudern
zgruditi *se* zusammenbrechen
zgubančiti in Falten legen
zgubiti verlieren; ~ *zaupanje v* irre werden an; ~ *se* abhanden kommen, verloren gehen; ~ *se (zaiti)* sich verlaufen
zguljen fadenscheinig, ausgeleiert
zibati wiegen (*se* sich); schaukeln
zibelka *f* Wiege *f*
zid *m* Mauer *f*, Wand *f*
zidak *m* Baustein *m*, Ziegel *m*
zidar *m* Maurer *m*
zidarski Maurer- (~ *mojster* Maurermeister)
zidati *(zid)* mauern; bauen
zijalo *prodajati ~a* gaffen, Maulaffen feilbieten
zijati *(rana ipd.)* klaffen; *(gledati)* gaffen, ~ *v* angaffen *A*, anstarren *A*; *(na široko)* Mund und Nase aufsperren
zima *f* Winter *m*
zimski winterlich, Winter- (*~o spanje* Winterschlaf)

zimzelen *m* Immergrün *n*
zimzelen wintergrün, immergrün
zjasniti *se* aufheitern, aufklären
zjutraj am Morgen, morgens, in der Frühe; *zgodaj* ~ zeitig
zlagan erlogen, lügnerisch
zlaganka *f* Baukasten *m*, Baukastensystem *n*
zlagati, zlagam stapeln, *(perilo)* falten, zusammenfalten
zlagati, zlažem *se* lügen
zlagoma gemächlich
zlahka leicht
zlasti besonders, zumal
zlat golden, Gold- (~ *prstan* Goldring), *je* ~ (er) ist aus Gold; *fig.* goldig
zlatar *m* Goldschmied *m*
zlatenica *f* Gelbsucht *f*
zlatnik *m* Goldstück *n*
zlato *n* Gold *n*; ~ *v lističih* Blattgold, ~ *v palicah* Goldbarren *m*
zleči *se (piščanec)* schlüpfen
zledeneti erstarren
zlekniti *se* sich zurücklehnen; sich niederlegen, hinlegen
zlepa im Guten, gütlich; *ne* ~ *toliko* nicht bald soviel
zlepiti zusammenkleben, verkleben
zlesti kriechen, schlüpfen, steigen
zli böse; frevelhaft; boshaft
zlikovec *m* Übeltäter *m*
zliti schütten, gießen, ausschütten; ~ *se z* aufgehen in, verschmelzen in
zlitina *f* Legierung *f*
zlo *n* Übel *n*; Übelstände *pl*, Mißstände *pl*; *šteti kaj komu v zlo* jm etw. ankreiden
zloba *f* Bosheit *f*
zloben boshaft, böse, schlecht, bösartig
zločin *m* Verbrechen *n*; Übeltat *f*; *mesto ~a* Tatort
zločinec *m* Verbrecher *m*
zločinski verbrecherisch; kriminell
zlodej *m* Teufel *m*
zlog *m* Silbe *f*
zloglasen berüchtigt, anrüchig, verschrien, verrufen
zlogovati (Silbe für Silbe) buchstabieren
zlohoten gehässig; böswillig
zlom *m* Zusammenbruch *m*, Bruch *m*; ~ *kosti* Knochenbruch; *živčni* ~ Nervenzusammenbruch
zlomek *m* Teufel *m*
zlomiti *(se)* brechen
zlonameren böswillig
zloraba *f* Mißbrauch *m*; *~e* Auswüchse *pl*
zlorabiti mißbrauchen
zlosluten ahnungsvoll
zlovoljen mißmutig, verdrießlich, verdrossen, verstimmt
zložen gemächlich
zložèn zusammengesetzt
zloženka *f* Zusammensetzung *f*
zložiti zusammenlegen, zusammenklappen, zusammenfalten, falten; *(sestaviti)* zusammensetzen
zložljiv Klapp- (~ *stol* Klappstuhl), zusammenklappbar
zmaga *f* Sieg *m*
zmagati siegen (*nad* über),

den Sieg davontragen, gewinnen

zmagoslaven siegreich; siegesgewiß

zmagovalec *m* Sieger *m*, Gewinner *m*

zmagovit siegreich

zmaj *m* Drache *m*; *spuščati zmaje* Drachen steigen lassen

zmakniti stibitzen

zmanjkati ausgehen; gestohlen werden, abhanden kommen

zmanjkovati knapp werden

zmanjšanje *n* Verkleinerung *f*, Reduktion *f*

zmanjševati vermindern, verringern, verkleinern

zmanjšati *(ugled, zasluge)* schmälern, *(učinek)* beeinträchtigen; ~ *se* abnehmen

zmečkanina *f* Quetschung *f*

zmečkati zerdrücken, *(papir v roki)* zerknüllen: *med.* quetschen

zmeda *f* Verwirrung *f*; Wirrwarr *m*, Durcheinander *n*

zmeden wirr, verworren; *(človek)* verwirrt, verstört, betreten; *(misli)* kraus

zmedenost *f* Verwirrung *f*

zmehčati weich machen; ~ *se* weich werden

zmenek *m* Verabredung *f*; Stelldichein *n*

zmeniti *se (dogovoriti se) kaj* verabreden *A*, ausmachen *A*; *(za srečanje)* sich verabreden; ~ *se za* beachten, *ne* ~ *se za* mißachten, nicht beachten, links liegen lassen

zmeraj immer (*za* auf)

zmeren gemäßigt, mäßig; *~o* in Maßen; *biti ~ (pri jedi ipd.)* maßhalten

zmeriti ausmessen, vermessen

zmerjati *A* schelten mit, schimpfen mit, ausschimpfen

zmernost *f* Mäßigkeit *f*

zmes *f* Gemisch *n*, Mischung *f*

zmesti verwirren, *fig.* beirren; *ne pustiti se zmesti* sich nicht beirren lassen

zmešan übergeschnappt; wirr

zmešati vermischen, vermengen; *(načrte, štrene)* durcheinanderbringen; ~ *koga* jm den Kopf verdrehen; *zmešalo se mu je* er schnappte über

zmešnjava *f* Verwirrung *f*; Wirrwar *m*

zmetati werfen, *(na kup)* zusammenwerfen

zmikavt *m* Dieb *m*

zmiti abwaschen

zmleti zermahlen; reiben, zerreiben

zmoči schaffen, schaffen können; *(delo ipd.)* bewältigen

zmočiti naß machen, anfeuchten

zmogljivost *f* Leistungsfähigkeit *f*, Leistung *f*

zmota *f* Irrtum *m*; Verirrung *f*, Fehler *m*, Trugschluß *m*; *biti v ~i* im Irrtum sein, irregehen

zmoten irrig, falsch, Irr- (*~i nauk* Irrlehre, *~a pot* Irrweg)

zmotiti *koga* stören; ~ *se* sich irren, einen Fehler machen; ~ *se pri računanju* sich verrechnen, *pri pisanju* sich verschreiben
zmotljiv fehlbar
zmožen fähig, -fähig (*za delo* arbeitsfähig, erwerbsfähig)
zmožnost *f* Fähigkeit *f*, Vermögen *n*
zmračiti *se* dunkel werden
zmrda *f* Grimasse *f*
zmrdovati *se* die Nase rümpfen
zmršen zerzaust, *(dlaka)* zottig
zmršiti zerzausen
zmrzal *f* Frost *m*
zmrzniti erfrieren; abfrieren
zmrznjen gefroren, *globoko* ~ tiefgekühlt
zmrzovati frieren
zmuzniti *se (iz roke)* gleiten aus; *(uiti) fig.* durch die Lappen gehen
značaj *m* Charakter *m*
značajen charakterfest
značilen charakteristisch, typisch, bezeichnend
značilnost *f* Eigenschaft *f*, Wesenszug *m*, Merkmal *n*
znajti *se* sich zurechtfinden; ~ *se nekje* geraten (wohin); *fig. ta se znajde* der weiß sich zu helfen
značka *f* Marke *f*, Abzeichen *n*, Kennzeichen *n*
znak *m* Zeichen *n* (*v* zum); Vorzeichen *n*; *(simbol)* Wahrzeichen *n*; *(značka)* Abzeichen *n*, *(bolezni)* Anzeichen *n*; Marke *f*
znamenit berühmt; *(dogodek)* denkwürdig
znamenitost *f* Sehenswürdigkeit *f*, Berühmtheit *f*
znamenje *n gl.* **znak**; Mal *n*; *(na koži)* Muttermal, Leberfleck *m*; *biti v ~u česa* im Zeichen des ... stehen
znamka *f* Marke *f*; *pisemska* Briefmarke *f*
znan bekannt; *dobro* ~ vertraut
znanec *m* **znanka** *f* Bekannte(r) *m*, -e *f*
znanilec *n* Vorbote *m*, Bote *m*
znanje *n* Können *n*, Wissen *n*; Kenntnisse *pl*; *poprejšnje* ~ Vorkenntnisse
znanost *f* Wissenschaft *f*
znanstven wissenschaftlich
znanstvenik *m* Wissenschaftler *m*; Gelehrte *m*
znašati betragen, ausmachen; ~ *se nad čim* seinen Ärger auslassen an
znaten erheblich, beträchtlich
znati können; verstehen zu; ~ *ravnati z* zurechtkommen mit
znebiti *se G* sich entledigen *G*, loswerden *A*, sich etw. vom Halse schaffen; *znebil sem se ga* ich bin ihn / es los
znesek *m* Betrag *m*, Summe *f*
znesti *gl.* **znašati;** *(jajce)* legen
znižanje *n* Senkung *f*, *cen* Preissenkung; Ermäßigung *f*; ~ *kazni* Straferlaß *m*
znižati niederer machen; herabsetzen, *(glas, ipd.)* senken; ermäßigen, *(kazen)* erlassen

znočiti *znočilo se je* es wurde Nacht
znoj *m* Schweiß *m*
znojenje *n* Schwitzen *n*, Schweißabsonderung *f*
znojiti *se* schwitzen
znosen erträglich; tragbar, *(zahteve)* zumutbar
znositi tragen, *skupaj* zusammentragen, *stran* wegtragen
znotraj innen, innerhalb (von), drinnen; *od* ~ von innen
znova erneut, aufs neue
zob *m* Zahn *m*, *(v kroni)* Zacke *f*; *modrostni* Weisheitszahn; *do zob (oborožen)* bis an die Zähne; *stisniti ~e* die Zähne zusammenbeißen; *polomiti si ~e na* sich die Zähne ausbeißen (an); *dobivati* ~e zahnen; ~ *me boli* ich habe Zahnschmerzen; *pokazati komu ~e* die Hörner bieten; *priti v ~e* ins Gerede kommen
zobat *~o kolo* Zahnrad
zober *m* Wisent *m*
zobni Zahn- (*~a gniloba* Zahnfäule, *~a ščetka* Zahnbürste)
zobobol *m* Zahnschmerzen *pl*
zobotrebec *m* Zahnstocher *m*
zobovje *n* Gebiß *n*
zobozdravnik *m* Zahnarzt *m*; *zdravljenje pri ~u* zahnärztliche Behandlung
zogleneti verkohlen
zona *f* Schauder *m*; ~ *me obliva* es überläuft mich kalt
zoper wider, gegen, entgegen
zoperstaviti *se D* entgegentreten *D*, die Stirn bieten *D*
zopet *gl.* **spet**
zoprn widerlich; *to mi je ~o* (das) ist mir zuwider
zoprnež *m* Ekel *n*
zora *f* Morgenröte *f*, Tagesanbruch *m*
zoreti reifen
zožiti enger machen, *(obleko)* einnehmen, zusammennehmen; ~ *se* sich verengen, sich verjüngen
zračen luftig; leicht
zračenje *n* Lüftung *f*, Entlüftung *f*
zračiti lüften, entlüften
zračni Luft- (~ *pritisk* Luftdruck); *visok / nizek ~ pritisk* Hochdruck / Tiefdruck
zračnica *f* Luftreifen *m*, Schlauch *m*
zračnik *m* Luftschacht *m*
zradirati ausradieren
zrahljati auflockern (*se* sich)
zrak *m* Luft *f*; *komprimiran* ~ Druckluft *f*, Preßluft; *pognati v* ~ sprengen
zrasti wachsen, *znova* ~ nachwachsen; ~ *se* zusammenwachsen; *(naselje)* entstehen
zraven daneben; *(poleg tega)* dazu; ~ *tudi* hinzu; und ... dazu; *priti* ~ dazukommen
zravnati aufrichten (*se* sich); *(zemljo)* ebnen, einebnen; ~ *z zemljo* dem Boden gleichmachen
zrcaliti spiegeln, widerspiegeln
zrcalni *~a slika* Spiegelbild

zrcaljenje *n* Spiegelung *f*
zrcalo *n* Spiegel *m*; *vzvratno* ~ Rückspiegel
zrediti *se* zunehmen, Fett ansetzen
zrel reif
zrelost *f* Reife *f*
zrelostni *izpit* Reifeprüfung *f*, Abitur *n*, Matura *f*
zrezek *m* Schnitzel *n*
zresniti *se* ernst werden
zrezati zerschneiden
zrklo *n* Augapfel *m*
zrnat körnig
zrno *n*, **zrnje** *pl* Korn *n*, *(kave)* Bohne *f*; *zdrobljeno* ~ Schrot *m*
zrušiti stürzen
zubelj *m* Flamme *f*, Flammenzunge *f*
zunaj außen, draußen; außerhalb; *biti* ~ außen stehen
zunanji äußerlich, *(sodelavec)* auswärtig, Außen- (*~a dela* Außenarbeiten); *zunanje* äußerlich zu gebrauchen
zunanjost *f* Äußere(s) *n*
zvabiti ködern, locken
zvaliti ausbrüten; ~ *se* schlüpfen; ~ *krivdo na* zuschieben jm
zvarek *m* Gebräu *n*
zvariti brauen, zusammenbrauen
zvečer am Abend, *(ob večerih)* abends
zvedav neugierig
zvedeti erfahren; in Erfahrung bringen
zvedriti *se* aufheitern *f*
zveličanje *n* Erlösung *f*
zveličar *m* Erlöser *m*, Heiland *m*
zven *m* Klang *m*
zveneč klingend; klangvoll, wohlklingend; *(soglasnik)* stimmhaft
zveneti klingen, schallen, tönen; *to lepo zveni* das hört sich gut an
zver *f* Raubtier *n*, *fig.* Biest *n*
zverinstvo *n* Untat *f*, Greueltat *f*
zvest treu; getreu
zvestoba *f* Treue *f*
zveza *f* Zusammenhang *m* (*v tej ~i* in diesem Zusammenhang), Beziehung *f*; Bezug *m* (*v ~i z vašim pismom* in Bezug auf ...); *(~ držav)* Bund *m*, *(strokovna)* Verband *m*; ~ *(na vlak, avtobus itd.)* Anschluß *m*
zvezan *(roke)* gebunden; gefesselt
zvezati binden, verbinden; *(človeka, roke)* fesseln
zvezda *f* Stern *m*, Gestirn *n*, ~ *stalnica* Fixstern; *obljubljati ~e z nebes* das Blaue vom Himmel versprechen
zvezdarna *f* Sternwarte *f*
zvezdast sternförmig
zvezdica *f* Stern *m*, Sternchen *n*
zvezek *m* Heft *n*; *(knjige)* Band *m*
zvezni Bundes- (~ *kancler* Bundeskanzler)
zvijača *f* List *f*
zvijačen listig
zvijačnost *f* Schläue *f*, Listigkeit *f*
zvijati winden (*se* sich); *(lasje)* sich ringeln, *(kača)* sich schlängeln

zvin *m* Verstauchung *f*, Verrenkung *f*
zvišanje *n* Erhöhung *f*; ~ *cen* Preiserhöhung
zvišati erhöhen, hinaufsetzen, *(plačo)* aufbessern; *(stol)* höher machen
zviška von oben, von oben herab; aus der Höhe
zvit gerissen, schlau, durchtrieben, listig
zvitek *m* Rolle *f*
zviti rollen, zusammenrollen, aufrollen; ~ *si A* sich *A* verrenken, verstauchen, *(nogo)* sich den Fuß vertreten
zvočni Ton- (~ *film* Tonfilm)
zvočnik *m* Lautsprecher *m*
zvodeneti wässerig werden, *(preiskava)* im Sande verlaufen
zvodnik *m* Zuhälter *m*, Kuppler *m*
zvodništvo *n* Kuppelei *f*
zvok *m* Schall *m*, *(zven)* Klang *m*
zvon *m* Glocke *f*; *obesiti na veliki* ~ an die große Glokke hängen
zvončnica *f* Glockenblume *f*
zvonec *m (stanovanjski, namizni)* Klingel *f*; Glocke *f*
zvonik *m* Turm *m*, Glockenturm *m*
zvoniti läuten; klingeln; *(v ušesu)* summen
zvotliti aushöhlen
zvoziti abfahren, ausfahren
zvreči *se* sich werfen, sich verwerfen
zvrhan gehäuft, *fig.* gerüttelt voll
zvrniti umstoßen, *kozarček* einen heben
zvrst *f* Abart *f*, Gattung *f*
zvrstiti *se* sich reihen, an die Reihe kommen
zvrtati bohren

Ž

žaba *f* Frosch *m*
žabica *f* Frosch *m*, *(obešenka)* Vorhängeschloß *n*
žafran *m* Safran *m*
žaga *f* Säge *f*; Sägewerk *n*
žagati sägen
žajbelj *m* Salbei *m*
žal leider; ~ *mi je* es tut mir leid; ~ *mi je zanj* er tut mir leid; *nobene žal besede* kein böses Wort; *storiti kaj ~ega* etw. zuleide tun, etw. antun
žalitev *f* Beleidigung *f*, Kränkung *f*
žaliti beleidigen; lästern
žaljiv beleidigend, ausfällig
žaljivka *f* Schimpfwort *n*
žalni Trauer- (~ *svečanost* Trauerfeier)
žaloigra *f* Trauerspiel *n*
žalost *f* Trauer *f*, Traurigkeit *f*; Kummer *m*, Leid *n*; *na* ~ leider, *na mojo* ~ zu meinem Leidwesen
žalosten traurig, *(vreme)* trüb
žalostinka *f* Klagelied *n*, Trauerlied *n*
žalostiti *se* sich grämen
žalovanje *n* Trauer *f*
žalovati *za* trauern um
žaltav ranzig
žalujka *f (vrba)* Trauerweide *f*
žalujoč trauernd; *~i ostali* die Hinterbliebenen *pl*
žamet *m* Samt *m*
žameten samtig, samtartig
žandar *m* Gendarm *m*
žar *m* Glut *f*, Feuer *n*; Rost *m*, Grill *m*
žara *f* Urne *f*
žarčenje *n* Strahlung *f*
žarčiti strahlen, ausstrahlen
žareč *(železo, lica)* glühend, *(od veselja)* strahlend
žarek *m* Strahl *m*; *(upanja)* Schimmer *m*
žareti glühen, leuchten; *(od veselja ipd.)* strahlen
žargon *m* Jargon *m*
žarišče *n* Brennpunkt *m*; Brandherd *m (tudi med.)*
žarnica *f* Glühbirne *f*, Lampe *f*
žaromet *m* Scheinwerfer *m*
žbica *f* Gewürznelke *f*
ždeti kauern
že schon, bereits; ~ *kdaj* schon einmal; seit (~ *tri dni, 2 meseca* seit drei Tagen, seit drei Monaten); ~ *davno* längst; ~ *od vsega začetka* von vornherein
žebelj *m* Nagel *m*
žebljiček *m* Stift *m*; *risalni* Zwecke *f*, Reißnagel *m*
žeja *f* Durst *m*
žejati *žeja me* ich habe Durst; *fig.* dursten nach, verlangen nach
žejen durstig; *biti / postati* ~ Durst haben / bekommen; *biti ~ česa fig.* dürsten nach

žele *m* Gelee *n*
želeti wünschen; begehren, verlangen (*si* sich) *A* / nach; *bilo bi* ~ es wäre wünschenswert
železarna *f* Eisenhütte *f*
železen eisern, Eisen- (~ *nosilec* Eisenträger), *je* ~ ist aus Eisen; ~*a srajca* Panzerhemd
železje *n* Eisen *n*
železnica *f* Eisenbahn *f*, Bahn *f*; *podzemska* ~ Untergrundbahn *f*, U-Bahn; *cestna* ~ Straßenbahn
železničar *m* Eisenbahner *m*
železnina *f* Eisenwaren *pl*
železniški Bahn-, ~ *prehod* Bahnübergang, ~*a postaja* Bahnhof *m*
železo *n* Eisen *n*; *lito* ~ Gußeisen, *staro* ~ Schrott *m*; *dati v staro* ~ verschrotten
železobeton *m* Stahlbeton *m*
želirati gelieren
želja *f* Wunsch *m*; Drang *m*, ~ *po udejstvovanju* Tatendrang; *zadnja* ~ Vermächtnis *n*; *po* ~*i* nach Belieben, auf Wunsch, wunschgemäß; *tiha* ~ Wunschtraum
željan begierig, *biti* ~ *česa* dursten nach
željno sehnlich
želo *n* Stachel *m*, *fig.* Spitze *f*
želod *m* Eichel *f*
želodčen Magen- (~*i sok* Magensaft)
želodec *m* Magen *m*; *pokvarjen* ~ Magenverstimmung *f*; *(bolečina) pri* ~*u* in der Magengegend
želva *f* Schildkröte *f*
želvovina *f* Schildpatt *n*
žemlja *f* Brötchen *n*, Semmel *f*
žena *f* Frau *f*, *(zakonska)* Ehefrau *f*
ženin *adj.* (von) der Frau
ženin *m* Bräutigam *m*
ženiti *se* heiraten; ~ *se pri* werben um
ženitni *oglas* Heiratsanzeige, ~*a posredovalnica* Ehevermittlung *f*
ženska *f* Frau *f*; Weib *n*
ženskar *m* Weiberheld *m*
ženski fraulich; weiblich
ženskost *f* Fraulichkeit *f*
ženščina *f* Frauenzimmer *n*, Weibsbild *n*
žep *m* Sack *m*, Tasche *f*; *dati / vtakniti v* ~ einstecken
žepar *m* Taschendieb *m*
žepni Taschen- (~*a knjiga* Taschenbuch)
žepnina *f* Taschengeld *n*
žerjav *m* Kranich *m*; *(naprava)* Kran *m*
žerjavica *f* Glut *f*; glühende Kohlen *pl*
žerka *f* Made *f*
žetev *f* Ernte *f*
žeti ernten, *(žito)* mähen
žezlo *n* Zepter *n*
žganje *n* Branntwein *m*, Schnaps *m*; *žitno* ~ Korn *m*, *češnjevo* ~ Kirsch *m*
žgati brennen; sengen
žgečkati prickeln, kitzeln
žgoč *(sonce)* prall
žgolenje *n* Gezwitscher *n*
žgoleti zwitschern
žica *f* Draht *m*, *(žična vrv)* Seil *n*; *bodeča* ~ Stacheldraht *m*
žicati schnorren; ~ *koga za* jn angehen um

žični Draht- (*~a košara* Drahtkorb)
žičnica *f* Drahtseilbahn *f*, Seilbahn *f*
Žid *m* Jude *m*, **~inja** *f* Jüdin *f*
židek zähflüssig, zäh
židovski jüdisch
žig *m* Stempel *m*
žigosati stempeln, abstempeln
žila *f* Ader *f*; *krčna* ~ Krampfader
žilav zäh
žilica *f* Äderchen *n*, *fig.* Ader *f*
žima *f* Roßhaar *n*
žimnica *f* Matratze *f*
žirija *f* Jury *f*
žitni Getreide-, Korn- (*~i silos* Kornspeicher)
žitnica *f* Getreidekammer *f*
žito *n* Getreide *n*, Korn *n*
živ lebendig, am Leben; *(živahen)* lebhaft, *(barva)* hell, knall- (*~o rdeč* knallrot); *iti do ~ega* nahegehen, *priti do ~ega* beikommen *D*; *živo srebro* Quecksilber *n*
živahen lebhaft; munter; *(cesta)* belebt, *(dogajanje)* bewegt; flott, *(trgovina)* schwunghaft; *tu je ~o* es geht hoch zu, hier ist was los
živahnost *f* Lebhaftigkeit *f*
žival *f* Tier *n*
živalski tierisch, Tier- (*~i vrt* Tiergarten)
živalstvo *n* Tierwelt *f*
živčen nervös; kribbelig, *(gibi)* fahrig
živčevje *n* Nervensystem *n*
živčnost *f* Nervosität *f*, Nervenschwäche *f*
živec *m* Nerv *m*; *iti na ~e* auf die Nerven fallen; *spraviti A ob ~e* verrückt machen
živeti leben; ~ *od* leben von, sich nähren von, *fig.* zehren von; ~ *samo za (delo ipd.)* aufgehen in
živež *m* Lebensmittel *pl*
živica *f* Ableger *m*; Ausläufer *m*
živilo *n* Nahrungsmittel *n*, Lebensmittel *n*
živina *f* Vieh *n*
živinoreja *f* Viehzucht *f*
živinorejec *m* Viehzüchter *m*
živinozdravnik *m* Tierarzt *m*
živinski tierisch, viehisch, Vieh- (*~a krma* Viehfutter)
življenje *n* Leben *n*; Lebenszeit *f*; *prejšnje, dosedanje* ~ Vorleben *n*; *način ~a* Lebenswandel *m*, Lebensweise *f*; *vse* ~ sein Leben lang; *plačati z ~em* mit dem Leben büßen; *izgubiti* ~ sein Leben lassen; *streči po ~u* nach dem Leben trachten
življenjepis *m* Lebenslauf *m*; Vorleben *n*
življenjski lebens- (*~o nevaren* lebensgefährlich, *~ega pomena* lebenswichtig)
život *m* Leib *m*
životariti vegetieren, dahinleben; *(finančno)* sein Leben fristen
žlahten edel
žleb *m* Rille *f*, *(strešni ipd.)* Rinne *f*
žleza *f* Drüse *f*; *spolna* ~ Keimdrüse *f*
žlica *f* Löffel *m*, *jedilna* Eßlöffel, *kavna* Teelöffel; *ena* ~ ein Löffel voll

žlindra *f* Schlacke *f*
žlobudrati plappern
žoga *f* Ball *m*, *fig.* Spielball *m*
žogati *se* Ball spielen
žolca *f* Sülze *f*
žolč *m* Galle *f*
žolčen gallig
žolna *f* Specht *m*
žolt gelb
žreb *m* Los *n*
žrebati losen, ziehen, auslosen
žrebe *n* Fohlen *n*, Füllen *n*
žrebec *m* Hengst *m*
žrelni Rachen- (~ *mandelj* Rachenmandel)
žrelo *n* Rachen *m*, Schlund *m*
žreti fressen; ~ *živce* an den Nerven zerren
žrtev *f* Opfer *n*, *(roparic)* Beute *f*; *postati* ~ *česa D* zum Opfer fallen; *biti* ~ *fig.* herhalten müssen
žrtje *n* Fraß *m*
žrtvenik *m* Opferstätte *f*
žrtvovati opfern (*se* sich); ~ *se* ein Opfer bringen *(D)*, sich aufopfern
žuboreti plätschern
žugati (mit der Faust) drohen
žuliti drücken
žulj *m* Schwiele *f*
žuljav schwielig
župan *m* Bürgermeister *m*
župnija *f* Pfarre *f*
župnik *m* Pfarrer *m*
župnišče *n* Pfarrhaus *n*
žuželka *f* Insekt *n*
žvečilni Kau- (~*a guma* Kaugummi)
žvečiti kauen
žvenketati klimpern; rasseln *(šipe)* klirren
žveplen schwefelig, schwefelhaltig; Schwefel- (~*o milo* Schwefelseife)
žveplenka *f* Schwefelhölzchen *n*
žveplo *n* Schwefel *m*
žvižg *m* Pfiff *m*
žvižgati pfeifen; *iti rakom žvižgat* flöten gehen
žvrgoleti zwitschern
žvrkljati quirlen; sprudeln